K. Dicke / St. Hobe / K.-U. Meyn / A. Peters /
E. Riedel / H.-J. Schütz / Ch. Tietje

Weltinnenrecht
Liber amicorum Jost Delbrück

Veröffentlichungen des Walther-Schücking-Instituts
für Internationales Recht an der Universität Kiel

Herausgegeben von

Jost Delbrück, Rainer Hofmann
und Andreas Zimmermann

Walther-Schücking-Institut für Internationales Recht

155

Völkerrechtlicher Beirat des Instituts:

Rudolf Bernhardt
Heidelberg

Christine Chinkin
London School of Economics

James Crawford
University of Cambridge

Lori F. Damrosch
Columbia University, New York

Vera Gowlland-Debbas
Graduate Institute of International Studies, Geneva

Fred L. Morrison
University of Minnesota, Minneapolis

Eibe H. Riedel
Universität Mannheim

Allan Rosas
Court of Justice of the European Communities, Luxemburg

Bruno Simma
International Court of Justice, The Hague

Daniel Thürer
Universität Zürich

Christian Tomuschat
Humboldt-Universität, Berlin

Rüdiger Wolfrum
Max-Planck-Institut für ausländisches öffentliches Recht und Völkerrecht, Heidelberg

© Ute Boeters, Kiel

Weltinnenrecht

Liber amicorum Jost Delbrück

Herausgegeben von

Klaus Dicke, Stephan Hobe, Karl-Ulrich Meyn,
Anne Peters, Eibe Riedel, Hans-Joachim Schütz
und Christian Tietje

Duncker & Humblot · Berlin

Bibliografische Information Der Deutschen Bibliothek

Die Deutsche Bibliothek verzeichnet diese Publikation in
der Deutschen Nationalbibliografie; detaillierte bibliografische
Daten sind im Internet über <http://dnb.ddb.de> abrufbar.

Alle Rechte, auch die des auszugsweisen Nachdrucks, der fotomechanischen
Wiedergabe und der Übersetzung, für sämtliche Beiträge vorbehalten
© 2005 Duncker & Humblot GmbH, Berlin
Fotoprint: Color-Druck Dorfi GmbH, Berlin
Printed in Germany

ISSN 1435-0491
ISBN 3-428-11497-3

Gedruckt auf alterungsbeständigem (säurefreiem) Papier
entsprechend ISO 9706 ♾

Internet: http://www.duncker-humblot.de

Geleitwort der Herausgeber
Jost Delbrück zum 3. November 2005

Den meist weit in den „hohen Norden" angereisten Teilnehmern der Kieler Völkerrechtssymposien hat Jost Delbrück gern mit einer sehr eigenen, verblüffenden Deutung von Zentrum und Peripherie das geographische Koordinatennetz verschoben. Kiel, so erklärte er, liege im Zentrum Europas, unbestreitbar auf halber Strecke zwischen Neapel und Spitzbergen. Diese Anekdote ist in mehrfacher Hinsicht aufschlussreich für Jost Delbrücks akademischen Habitus und für sein wissenschaftliches Werk. So haben die Symposien in aller Regel den heimkehrenden Teilnehmern die Einsicht mit auf den Weg gegeben, dass jenseits der kultivierten Fläche der so genannten herrschenden Meinung noch weite Gebiete darauf harren, in rechtswissenschaftliches Kulturland verwandelt zu werden. Jost Delbrück war und ist bis heute der Erste, wenn es darum ging und geht, den Pflug ein Stück weiter zu ziehen, und so hat er in der Tat in der akademischen Lehre, in den intensiven Gesprächen mit seinen Schülern und in so manchem Aufsatz Koordinatennetze verschoben und damit Perspektiven auf kaum bekanntes, aber reiches Neuland eröffnet. Am trefflichsten passt die Anekdote zu der Tatsache, dass er nach erfolgreichem Rektorat in die Wissenschaft zurückkehrte und nun – das persönliche geographische Koordinatennetz war zwischen Kiel und Bloomington neu justiert – ein weiteres Thema fand und zu bearbeiten begann, für dessen Erschließung er der Zunft Kompass und Landkarten liefert: Globalisierung und Weltinnenrecht.

Die Bausteine dieser Leistung können hier nicht im Einzelnen gewürdigt werden; die öffentlich Sichtbaren sind in der Bibliographie verzeichnet. Doch das Fundament bedarf kurzer Erwähnung: Jost Delbrück hat sich Tradition und Geist des Kieler Walther-Schücking-Instituts zu Eigen gemacht, er lebt und lehrt sie. Die Beharrlichkeit und Energie, mit der Schücking im Staatsrecht nur die halbe Strecke zurückgelegt sah und sich dem Bau des Völkerrechts als notwendiger Ergänzung und Vollendung des Rechts widmete; die nüchterne Präzision, mit der Eberhard Menzel 1969 in einem langen Aufsatz zeigte, dass und wie sich die Grenzen zwischen nationaler und internationaler Verwaltung verschoben haben; die Weite des historischen Blicks, die Gründlichkeit in der Bearbeitung und das Zusammenschweißen akademischer Teams, welche die „Friedensdokumente aus fünf Jahrhunderten" haben entstehen lassen; nicht zu vergessen „der Dahm", und schließlich die Qualifikationsschriften, die „am Institut" entstanden sind – jede von Delbrücks Schriften lässt erkennen, dass all dies mitschreibt.

Die hier vorgelegte Festschrift der Freunde, Wegbegleiter und Kollegen Jost Delbrücks steht aus zwei Gründen unter dem Titel „Weltinnenrecht": Erstens soll mit diesem Begriff, für den Jost Delbrück nicht nur die Urheberschaft, sondern auch seine Etablierung als Kategorie beanspruchen kann, das Bemühen des Jubilars gewürdigt werden, die Konstitutionalisierung des Völkerrechts in zahlreichen Aspekten der Internationalisierung *und* der Globalisierung geistig durchdrungen und auf den Begriff gebracht zu haben. Zweitens möchten Herausgeber und Autoren mit diesem Titel zum Ausdruck bringen, dass sie Jost Delbrück das Aufzeigen neuer Perspektiven verdanken und in diesem Sinne in ihrem Beitrag ein Stück weit gemeinsam den Weg über Kiel hinaus mit ihm gehen.

Jost Delbrück wurde am 3. November 1935 in Pyritz/Pommern geboren. Den größten Teil seiner Schulzeit verbrachte er in Kiel, wo er 1955 auf der Kieler Gelehrtenschule das Abitur ablegte. Das anschließende Studium der Rechtswissenschaften und der politischen Wissenschaft absolvierte er in Kiel (1955), Marburg (1955/56) und Tübingen (1956/1957), bevor er dann im Sommersemester 1957 wieder nach Kiel zurückkehrte. Dort legte er am 22. Dezember 1958 das Referendarexamen vor dem Justizprüfungsamt des Schleswig-Holsteinischen Oberlandesgerichts ab. Den anschließenden Juristischen Vorbereitungsdienst trat Jost Delbrück am 2. Februar 1959 an. Schon nach einem halben Jahr unterbrach er das Referendariat jedoch, um von August 1959 bis Juli 1960 als Stipendiat der Christian-Albrechts-Universität zu Kiel an der Indiana University, Bloomington/Indiana an der dortigen School of Law und dem Department of Government zu studieren. Das Studium an der Indiana University, aus dem eine bis heute reichende enge Verbundenheit erwachsen sollte, schloss er mit dem Grad eines Master of Laws (LL.M.) ab. Nach der Ablegung der Großen Juristischen Staatsprüfung vor dem Gemeinsamen Justizprüfungsamt der Länder Schleswig-Holstein, Bremen und Hamburg am 16. August 1963 zog es Jost Delbrück dann wieder an die Indiana University. Als Research Fellow verbrachte er dort das akademische Jahr 1963/64.

Der wissenschaftliche Werdegang von Jost Delbrück in Kiel ist zunächst von seiner Dissertation „Die Entwicklung des Verhältnisses von Sicherheitsrat und Vollversammlung der Vereinten Nationen", die von Georg Dahm betreut und mit der Promotion am 29. Juni 1963 erfolgreich abgeschlossen wurde, gekennzeichnet. Schon während seiner Zeit als Doktorand hat Jost Delbrück im Jahre 1962 als wissenschaftliche Hilfskraft am Institut für Internationales Recht an der Universität Kiel gearbeitet. Es war daher nur konsequent, dass er dort unter der Betreuung von Eberhard Menzel von 1964 bis 1971 auch als wissenschaftlicher Assistent tätig war. Mit der Schrift „Die Rassenfrage als Problem des Völkerrechts und nationaler Rechtsordnungen" habilitierte er sich am 9. Januar 1971 in Kiel. Nach Lehrstuhlvertretungen in Hamburg erfolgte dann zum Sommersemester 1972 die Berufung auf den Lehrstuhl für Politische Wissenschaften und Allgemeine Staatslehre an der Juristischen Fakultät der Georg-August-Universität in Göttingen. Am 24. Oktober 1972 wurde Jost Delbrück dort zum ordentlichen Professor ernannt und zum Direktor des Instituts für Politische Wissenschaften und Allgemeine Staatslehre bestellt. Die Zeit in Göttingen sollte jedoch kurz bleiben. Schon zum 1. Oktober 1976 erfolgte die Berufung auf den Lehrstuhl für Staatsrecht, Völkerrecht und Allgemeine Staatslehre an der Christian-Albrechts-Universität zu Kiel und die Ernennung zum Direktor des dortigen Instituts für Internationales Recht. Der Christian-Albrechts-Universität und dem heutigen Walther-Schücking-Institut für Internationales Recht blieb Jost Delbrück bis zu seiner Emeritierung im Wintersemester 2000/2001 und darüber hinaus bis heute treu. Nur im akademischen Jahr 1981/1982 erfolgte eine Unterbrechung der Kieler Zeit als Visiting Professor an der Harvard Law School.

Jost Delbrück hat zahlreiche Ämter in der akademischen Selbstverwaltung sowie in wissenschaftlichen, juristischen und gesellschaftlichen Institutionen bekleidet. Er war von 1973 bis 1981 (ab 1975 als Vorsitzender) Mitglied der Förderkommission der Deutschen Gesellschaft für Friedens- und Konfliktforschung, von 1976 bis 1991 Mitglied des deutsch-polnischen Juristenkolloquiums, 1977 bis 1985 Mitglied der Kommission für Grundsatz- und Hochschulgesetzfragen der CAU, 1978 bis 1980 Ausbilder für Attachés des Auswärtigen Dienstes, 1978 bis 1982 Mitglied der Human Rights Advisory Group des World Council of Churches, 1978 bis 1990 neben seinem Amt als Hochschullehrer Richter am OVG Lüneburg, 1979 bis 1981 Dekan der Rechtswissenschaftlichen Fakultät der CAU, 1980 bis 1984 Vorsitzender der deutschen Arbeitsgruppe der Commission of Churches for International Affairs, 1983 bis 1985 Mitglied des Zentralen Haushalts- und Planungsausschusses der CAU, 1984 Delegierter des Bundesrepublik Deutschland im UNESCO-Menschenrechtsausschuss, 1984 bis 1988 Mitglied der Senatskommission der DFG für Friedens- und Konfliktforschung, 1985 bis 1989 Mitglied der Versammlung der Landesrundfunkanstalt Schleswig-Holstein als Vertreter der Hochschulen des Landes, 1985 bis 1989 *ex officio* Mitglied und Vorsitzender des Kulturausschusses der Landeshauptstadt Kiel, 1992 bis 1996 Mitglied des Senates der CAU und 1992 bis 1997 Mitglied der Kammer für öffentliche Verantwortung der Evangelischen Kirche Deutschlands. Von besonderer Bedeutung sind die Ämter als Mitglied des Internationalen Schiedshofes in Den Haag, welche Jost Delbrück seit 1985 wahrnimmt, das des Präsidenten (ab 1. Mai 1987 Rektor) der Christian-Albrechts-Universität von 1985 bis 1989 sowie als Vorsitzender der Deutschen Gesellschaft für Völkerrecht von Juni 1997 bis März 2001.

Jost Delbrück hat für sein umfangreiches wissenschaftliches und akademisches Wirken mehrfach Ehrungen erfahren. Am 26. Januar 1998 wurde er zum Ehrensenator der Christian-Albrechts-Universität ernannt, am 4. Mai 2002 wurde ihm die Ehrendoktorwürde der Indiana University (LL.D. h. c.) und am 27. November 2002 die Ehrendoktorwürde (Dr. rer. pol. h. c.) der Fakultät für Geistes-, Sozial- und Erziehungswissenschaften der Otto-von-Guericke-Universität Magdeburg verliehen.

Die Herausgeber sind allen Autorinnen und Autoren sehr dankbar für ihre Bereitschaft, als Ausdruck akademischer Wegbegleitung an dieser Festschrift mitzuwirken. Für vielfältige technische Dienste sind sie den Mitarbeiterinnen und Mitarbeitern an den Lehrstühlen in Basel, Halle, Jena und Köln zu großem Dank verpflichtet. Rotraut Wolf hat in ihrer über Jahrzehnte bewährten Manier die Herstellung der Druckvorlage übernommen; Dr. Ursula Heinz hat den Festakt zur Übergabe dieser Festschrift am 5. November 2005 in Kiel umsichtig und effektiv wie je koordiniert. Den Herausgebern wurden so die Kieler Wurzeln nachhaltig in Erinnerung gebracht. Dafür ebenso unseren ganz herzlichen Dank wie für die Gewährung eines Zuschusses zur Drucklegung dieser Festschrift durch die Gesellschaft zur Förderung der Forschung und Lehre am Walther-Schücking-Institut für Internationales Recht an der Christian-Albrechts-Universität zu Kiel e. V. Ein besonderer Dank gilt schließlich dem Verlag Duncker & Humblot und namentlich Herrn Simon, dem es eine Selbstverständlichkeit war, die verlegerische Betreuung der Festschrift für Jost Delbrück zu übernehmen.

Basel/Halle/Jena/Köln/Mannheim/
Rostock am 3. November 2005 *Die Herausgeber*

Inhaltsverzeichnis

Alfred C. Aman, Jr.
    Globalization as Denationalization: Pluralism, Democracy Deficits in the U. S. and the Need to Extend the Province of Administrative Law 13

Wolfgang Benedek
    Der Beitrag des Konzeptes der menschlichen Sicherheit zur Friedenssicherung. 25

Rudolf Bernhardt
    Der völkerrechtliche Schutz der Menschenrechte: Texte, Institutionen, Realitäten 37

Ulrich Beyerlin
    Nachhaltige Nutzung natürlicher Ressourcen und Menschenrechtsschutz 47

Michael Bothe
    Töten und getötet werden – Kombattanten, Kämpfer und Zivilisten im bewaffneten Konflikt 67

Thomas Bruha and Christian J. Tams
    Self-Defence Against Terrorist Attacks. Considerations in the Light of the ICJ's "Israeli Wall" Opinion 85

Lucius Caflisch
    Neues zur Formulierung und Umsetzung von Urteilen des Europäischen Gerichtshofs für Menschenrechte 101

Axel Frhr. von Campenhausen
    Zur Änderung von Werken der Baukunst und der bildenden Künste zum gottesdienstlichen Gebrauch 113

Kenneth G. Dau-Schmidt and Carmen L. Brun
    Lost in Translation: The Economic Analysis of Law in the United States and Europe 131

Klaus Dicke
    Die Ideengeschichte des Friedens in der ersten Hälfte des 20. Jahrhunderts 147

Karl Doehring
    Rassendiskriminierung und Einbürgerung 159

Roger B. Dworkin
    Anything New Under the Sun? Trying to Design a New Legal Institution to Deal with Biomedical Advance 165

Tono Eitel
    Beutekunst – Die letzten deutschen Kriegsgefangenen 191

Wilfried Fiedler
    Das „Potsdamer Abkommen" und die Reform der Völkerrechtsordnung. Die Erklärungen der Westmächte vom 14. und 16. Februar 1996 215

Erhard Forndran
    Terrorismus und Friedenssicherung: Einige Anmerkungen zu den Handlungsoptionen der Akteure 235

Thomas M. Franck
    The International Judge and the Principled Imperative 267

Jochen Abr. Frowein
    Die traurigen Missverständnisse. Bundesverfassungsgericht und Europäischer Gerichtshof für Menschenrechte 279

Volkmar Götz
    Ratsbeschlüsse mit qualifizierter Mehrheit zwischen 1995 und 2009 289

Eugen D. Graue
    Machiavelli – Vor 500 Jahren entstand „Il Principe". 301

Gerhard Hafner
    The Rule of Law and International Organizations 307

Kay Hailbronner
    Arbeitsmarktzugang und Anspruch auf soziale Leistungen im europäischen Ausländerrecht 315

Stephan Hobe
    Was bleibt vom gemeinsamen Erbe der Menschheit? 329

Rainer Hofmann
    Protecting Minority Rights in Kosovo: The Agreement of 23 August 2004 between the Council of Europe and UNMIK on Technical Arrangements Related to the Framework Convention for the Protection of National Minorities 347

Knut Ipsen
    Legitime Gewaltanwendung neben dem Völkerrecht? 371

Eckart Klein
    Wesensgehalt von Menschenrechten – Eine Studie zur Judikatur des Europäischen Gerichtshofs für Menschenrechte 385

Doris König
    Die Durchsetzung internationaler Menschenrechte. Neuere Entwicklungen am Beispiel des Übereinkommens der Vereinten Nationen zur Beseitigung jeder Form von Diskriminierung der Frau 401

Siegfried Magiera
    Der Rechtsstatus der Unionsbürger 429

Franz Matscher
    Über die Grenzen des Rechts – Bemerkungen zu aktuellen Anlässen 453

Fred L. Morrison
    No Left Turn: Two Approaches to International Law 461

Inhaltsverzeichnis

Hanspeter Neuhold
Terminological Ambiguity in the Field of International Security: Legal and Political Aspects 473

Georg Nolte
Practice of the UN Security Council with Respect to Humanitarian Law 487

Karin Oellers-Frahm
The International Court of Justice and Article 51 of the UN Charter 503

Thomas Oppermann
Valéry Giscard d'Estaing – Vater der Europäischen Verfassung 519

Anne Peters
Global Constitutionalism in a Nutshell 535

Dietrich Rauschning
Umfang und Grenzen des Menschenrechtsschutzes durch die Human Rights Chamber für Bosnien-Herzegowina 551

Trutz Rendtorff
Religionsfreiheit als Ursprung der Menschenrechte. Beobachtungen zum „religiösen" Status der Universal Human Rights 571

Eibe Riedel
The Human Right to Water 585

Walter Rudolf
Großer Lauschangriff zur Abwehr drohender Gefahren 607

Edzard Schmidt-Jortzig
Zur Europatauglichkeit des Grundgesetzes zwölf Jahre nach Maastricht. Bewährung oder Reformbedürftigkeit der Europavorschriften in der deutschen Verfassung 621

Christoph Schreuer und Christina Binder
Das Verhältnis von Generalversammlung und Sicherheitsrat in Friedenssicherungsangelegenheiten 639

Dieter Senghaas
Über die Kultur des Friedens 665

Eva Senghaas-Knobloch
Weltweit menschenwürdige Arbeit als Voraussetzung für dauerhaften Weltfrieden. Der weltpolitische Auftrag der Internationalen Arbeitsorganisation (IAO) unter Bedingungen der Globalisierung 677

Kurt Siehr
Kulturgüter in Friedens- und Freundschaftsverträgen 695

Christian Starck
Allgemeine Staatslehre in Zeiten der Europäischen Union 711

Torsten Stein
Proportionality Revisited – Überlegungen zum Grundsatz der Verhältnismäßigkeit im internationalen Recht 727

Peter-Tobias Stoll
  Der Zugang zu Medizin – soziale Menschenrechte und Welthandelsordnung .. 739

Daniel Thürer and Malcolm MacLaren
  "Ius Post Bellum" in Iraq: A Challenge to the Applicability and Relevance of International Humanitarian Law?..................................... 753

Christian Tietje
  Internationales Wirtschaftsrecht und Recht auf Entwicklung als Elemente einer konstitutionalisierten globalen Friedensordnung........................ 783

Christian Tomuschat
  An Optional Protocol for the International Covenant on Economic, Social and Cultural Rights?.. 815

Detlev F. Vagts
  American International Law: A Sonderweg?........................... 835

Wolfgang Graf Vitzthum
  Die herausgeforderte Einheit der Völkerrechtsordnung 849

Rüdiger Wolfrum
  Der Kampf gegen eine Verbreitung von Massenvernichtungswaffen: Eine neue Rolle für den Sicherheitsrat....................................... 865

Gerda Zellentin
  Zivile Konfliktbearbeitung – ein Novum deutscher Außen- und Sicherheitspolitik 877

Karl Zemanek
  Für mehr Offenheit und Realismus in der Völkerrechtslehre............... 895

Andreas Zimmermann
  Uniting-for-Peace und Gutachtenanfragen der Generalversammlung – Anmerkungen aus Anlaß des Gutachtens des Internationalen Gerichtshofes zur Zulässigkeit des Sicherheitszaunes zwischen Israel und den palästinensischen Gebieten 909

Verzeichnis der Veröffentlichungen von Jost Delbrück 927

Autorenverzeichnis 942

Globalization as Denationalization: Pluralism, Democracy Deficits in the U. S. and the Need to Extend the Province of Administrative Law

By Alfred C. Aman, Jr.

I. Introduction

Jost Delbrück's contributions to the burgeoning literatures dealing with globalization have been profound, extensive and enormously helpful to scholars.[1] His analytical approach to globalization has helped to open up new perspectives for international law and domestic law scholars, as well as for social scientists engaged with law. The scale of his impact is due in part to the range of reference that informs his own understanding of the complex character of globalization as a process of denationalization. As Professor Delbrück has argued: "Globalization may be defined as the process of denationalization of markets, laws, and politics in the sense of interlacing peoples and individuals for the sake of the common good."[2] Indeed, his focus on globalization as denationalization has helped shift our scholarly focus away from traditional state centric analyses of globalization to the policy and legal implications of the horizontal relationships that have and are developing between states and non-state actors. But there is, in his work, another level of analysis, one that is deeply inspiring as well as analytically helpful. It is his belief in the capacity of law to make this a better world. Globalization, he argues, is also "a normative concept since it is related to a value judgment, i.e., that the common good is to be served by measures that are to be subsumed under the notion of globalization."[3] Globalization is about more than markets and states

---

[1] In the Indiana Journal of Global Legal Studies alone, see, Globalization of Law, Politics and Markets – Implications for Domestic Law: A European Perspective, Ind. J. Global Legal Stud. 1 (1993), 9 ff.; *Delbrück,* Global Migration-Immigration-Multiethnicity: Challenges to the Concept of the Nation-State, Ind. J. Global Legal Stud. 2 (1994), 45 ff.; *Delbrück,* The Role of the United Nations in Dealing With Global Problems, Ind. J. Global Legal Stud. 4 (1997), 277 ff.; *Delbrück,* Prospects for a "World (Internal) Law?": Legal Developments in a Changing International System, Ind. J. Global Legal Stud. 9 (2001), 401 ff.; *Delbrück,* Exercising Public Authority Beyond the State: Transnational Democracy and/or Alternative Legitimation Strategies?, Ind. J. Global Legal Stud. 10 (2003), 29 ff.; *Delbrück,* Transnational Federalism: Problems and Prospects of Allocating Public Authority Beyond the State, Ind. J. Global Legal Stud. 11 (2004), 31 ff..

[2] *Delbrück,* Globalization of Law, Politics and Markets – Implications for Domestic Law: A European Perspective (note 1), 9.

[3] *Delbrück* (note 2), 10–11.

and its understanding requires more than the traditional state centric approaches to international and domestic law. Fundamentally, it is about the adaptation of the rule of law to a new world for the purpose of preserving the fundamentally human values that the law protects. These include not only fundamental human rights but also a democratic approach to the resolution of complex political, social and economic problems. Indeed, Professor Delbrück's approach and scholarship challenge us to put a human face on globalization and its processes by taking into account the impact that globalization can have on our most cherished values. The paper that follows takes up this challenge in the context of Administrative Law and our need to preserve a democratically vibrant political life in our societies.

Administrative Law has an important role to play when it comes to providing democratic forums for deliberation and decision making on a wide range of issues. In this paper, I will argue that domestic administrative law potentially offers means for addressing the "democracy deficit" associated with globalization. The prominent law making role of international organizations such as the WTO, regional organizations such as the EU, privatization and the increasing use of markets and market actors to carry out public functions at all levels of government, requires that we broaden considerably the province of Administrative Law, so as to include various public/private partnerships as well as international /regional contexts.

Administrative law in the U.S. has been conceptualized in essentially a state centric fashion – as a bridge between the market and the state. These two realms – markets and states – have traditionally stood for very different worlds, signaling binary approaches to obligations and constraints.[4] Markets are said to stand for private ordering as opposed to state regulation; free markets as opposed to government bureaucracies.[5] An important constitutionally based version of the public/private distinction derives from these differences. The state action doctrine is based on the explicit text of the U.S. Constitution imposing various restrictions on the exercise of state power: "Congress shall make no law …";[6] nor shall "any state … deprive any person of life, liberty, or property without due process."[7] American administrative law has followed these broad constitutional outlines. It was created primarily for public bodies.[8] Private actors and federal corporations have always played an important role in the regulatory process, but the resort to the market in terms of regulatory approaches and structures, has become increasingly common and is now very much a part of the regulatory landscape.

Privatization and various forms of private ordering, in general, have become more and more common as reforms, as we move from a focus on government to a

---

[4] *Sassen,* The Mobility of Labor and Capital, 1988.
[5] *Friedman,* Capitalism and Freedom, 1962.
[6] U.S. Const. 1st Amend.
[7] U.S. Const. 14th Amend.
[8] See notes 6 and 7 supra.

study of new conceptualizations of the processes of governance.⁹ Privatization in the United States usually takes the form of giving over to the market the provision of services once provided by government.¹⁰ For example, prisons, welfare, mental health facilities and social services for the poor in general have all been subjected to the *reform* of privatization.¹¹ The political decision to move a service or governmental responsibility from the public side of the ledger to the private side is consequential. It is, in effect, a decision to delegate governmental responsibilities to the market¹² – or, in some instances, a claim that the regulatory activities involved were not appropriate for governmental action in the first instance.¹³ Privatization subjects the activity in question to the forces of the market while freeing it from the various forms of regulation – both substantive and procedural – that apply to public bodies. This does not mean that no law applies; the common law and certain statutory laws may apply.¹⁴ Nevertheless, privatization of an industry or a social service usually means the Administrative Procedures Act (APA)¹⁵ does not apply, nor the Freedom of Information Act (FOIA).¹⁶ More important, market incentives and the profit motive may too easily be substituted for the public interest as well as for primary markers of programmatic success.¹⁷ There may be a partial convergence of market and public interest goals, as private actors strive to

---

⁹ See, *Salamon* (ed.), The Tools of Governance, 2002.

¹⁰ *Freeman,* The Private Role in Public Governance, NYUL. Rev. 75 (2000), 543 ff.. For a discussion of some of the differences between privatization in Europe and the U.S., see *Majone,* Paradoxes of Privatization and Deregulation, Journal of European Public Policy 4 (1994), 53 ff.

¹¹ *Wald,* Looking Forward to the New Millenium: Social Previews To Legal Change, Temple L. Rev. 70 (1997), 1085 ff.

¹² See Developments in the Law: The Law of Prisons III. A Tale of Two Systems: Cost, Quality and Accountability in Private Prisons, 115 Harv. L. Rev. 1868 (2002).

¹³ See, e.g., *Ericson et al.,* The Political Economy of Crude Oil Price Controls, Nat. Resources J. 18 (1978); 787 ff.; *Pierce,* Reconsidering the Roles of Regulation and Competition in the Natural Gas Industry, Harv. L. Rev. 97 (1983), 345 ff.

¹⁴ See, e.g., McKnight v. Richardson, 117 S. Ct. 2100 (1997).

¹⁵ The APA is a generic procedural statute passed in 1946 and intended to apply to many if not most the federal agencies at that time. It set forth the basics as far as administrative procedure is concerned. It is premised on the idea that there are fundamental qualities that comprise what administrative adjudication or rulemaking should look like, no matter what the substantive issue may be or what agency may be involved. The Act has been supplanted by a variety of new substantive statutes in various specific areas, such as the environment, but I am using it primarily as a short hand way of referencing the fundamental values of administrative law – transparency, public participation, notice, a right to be heard, etc. Many of its procedural approaches remain highly relevant today, but many were also devised with essentially a New Deal conception of regulation involved. I do not argue that all of the Act's details remain relevant today, but rather that its core values and goals do and should persist.

¹⁶ Like the APA, FOIA applies only to "state agencies".

¹⁷ For a discussion of some of the conflict of interest concerns a merger of profit oriented approaches with public interest goals, see infra at notes 65–68; see also *Aman,* Fordham Urban Law Journal 28, 477 (481–482) (discussing legitimate and illegitimate forms of global currency).

carry out their responsibilities in cost effective and competitive ways.[18] Without a ready flow of information about the substantive success of the regulatory missions involved, the bottom line takes on more and more significance as a measure of success.

Global competition and the drive for lower taxes and lower regulatory costs that it encourages accounts, in part, for the growth of what we might call a *non-state public sector,* one that evades the administrative law protections normally applied to a state entity, while bringing to bear the efficiencies of the market to the task at hand.[19] Such approaches implicitly assume a zero sum public/private game – that is, as some matters are moved from the public to the private sphere, nothing fundamental changes in what we think of as public or as private. Markets are markets and the government is the government. If anything, government can only be improved by the demands of the market, but the two spheres remain relatively autonomous. Changes in technology or regulatory technique may favor one mode of regulation over another. Such change may be innovative, but it need not be seen as transformative in nature if all that changes is the relative degree of how much we now choose to make public and how much we now leave to the private sphere.

But this is not the case. It is not just the recourse to the market that makes such change significant, but the change itself, located in the underlying relationship of states to markets. It is the fundamental realignment in the way states and markets interrelate and at times, even merge, blurring and erasing the boundary between the two, that requires us to examine these delegations to the market at the domestic level as part of a larger picture. Several other forms of delegation of state power are involved, including (1) various *de facto delegations* to the market that result from inadequate funding of the regulatory regime in place;[20] (2) delegations to private transnational entities,[21] whose regulation would most likely require a multilateral approach, as well as (3) delegations to the international branch of government such as delegations to international organizations such as the WTO,[22] and (4) the devolution of federal responsibilities to states or, in effect, delegations to

---

[18] Vice President Al Gore: *Gore,* From Red Tape to Results: Creating a Government That Works Better and Costs Less, Rep. Of the Nat'l Performance Review, 1993.

[19] See *Greene et al.,* Privatization of Correctional Services: Evaluating the Role of Private Prison Management in Minnesota, 1999.

[20] Some agency budgets have declined or have not kept pace with increased demands. See, e.g., *Oppel,* Official Says SEC Strained, With duties Exceeding Budget, New York Times, March 6, 2002. (GAO warned that the SEC does not have financing to manage its growing work load.) Enforcement activities in most agencies suffer from an inadequate staff. This puts additional pressure on and creates incentives for administrators to promulgate rules that set goals and standards whose enforcement is less labor intensive than command-control rules.

[21] As Gunther Teubner argues, global law is made outside the political structures by private transnational actors. See *Teubner,* Global Law Without a State, 1997.

[22] See *Thomas,* Constitutional Change and International Government, Hastings L. J. 52, 1 ff.

sub-national or regional entities.[23] The cumulative effect of all of these various delegations, especially privatization, amounts to a new situation that requires that we see administrative law in a new light. The newly enlarging private sphere is not the result of simply a shift of preference for the private over the public, or the international over the national, but a new way of organizing public responsibilities and politics. Indeed, the cumulative impact of these delegations (including the privatization of social services, the deregulation of various industries as well as the increased reliance on such public policy tools as school vouchers, tax credits, and faith based initiatives), in effect, privatize the public square, disaggregating the public and fusing concepts of citizenship with consumerism.[24]

Such changes do not argue for a return to the past. Rather, they constitute new regulatory and procedural questions that require new solutions. Some of the new questions are: how best can non-state actors be involved in decision making processes,[25] how can we maximize the flow of information involving the decisions of non-state actors doing the public business,[26] and how can we mitigate conflict of interest concerns that arise from the fusion of public and private that typify many markets and market approaches to policy issues – issues ranging from private prisons to welfare eligibility.[27] Fundamental issues of democracy are now at stake.[28]

My argument is in three parts. In Part II, I discuss the democracy deficit. In Part III, I discuss two approaches to globalization – state centric and denationalized, or pluralistic. As I have indicated earlier,[29] various delegations of state power are important to the context I want to consider. In Part IV of this paper, however, I will consider only one of these: intrastate delegations from the public sector to the private sector (for example, delegation to the market in the form of privatized prisons or privatized social services for the poor).

These delegations also represent different aspects of globalization. How we understand globalization will greatly affect our sense of the law reforms that may be in order. Global processes intersect with state power in a variety of ways that can be arrayed along a continuum from state-centric to what I call denationalization.[30] These different dimensions of globalization involve different sorts of de-

---

[23] See recent federalism cases discussed from a global perspective in *Aman,* The Globalizing State, Vanderbilt Journal of Transnational Law 31 (1998), 769 ff. (848–865).

[24] See *Crenson/Ginsberg,* Downsizing Democracy, 2002.

[25] In the context of the WTO, for example, see *Esty,* The World Trade Organization's legitimacy crisis, World Trade Review 1 (2002), 7 ff.

[26] *Esty* (note 25).

[27] Regarding welfare, see *Diller,* The Revolution in Welfare Administration, NYU 75 (2000), 1121 ff.; on prisons see, note 12, supra.

[28] For a discussion of the democracy issues involved in various global contexts, see Symposium, Globalization and Governance: Prospects For Democracy, Indiana Journal of Global Legal Studies 10 (forthcoming).

[29] Text at notes 22–25, supra.

[30] See *Delbrück* (note 2), 9 ff.

mocracy deficits, and the potential role for U.S. administrative law is somewhat different, as well. Finally, citizen participation in decision-making in the newly denationalized private sector is crucial to the development of a transnational public. The fourth part of the paper thus focuses on the procedural law reforms necessary to ensure that this occurs.

II. The Democracy Problem

The democracy problem in globalization arises from the disjunction between global economic processes (on the one hand) and local processes of democratic participation (on the other). By disjunction I refer to the exclusion of key stakeholders (or stakeholder communities) from the institutional processes whose outcomes affect them directly. When the resolution of such disjunctures is left to domestic or transnational markets or international organizations that privilege market outcomes, such privatizations or market oriented international regimes only intensify the democracy problem.[31] By approaching these processes as if they were only unidimensional and subject either to the rules of the market or the more traditional and hierarchical approaches of public law, we simply reify the separate worlds of markets and states, without taking into account the ways globalization is changing these worlds and their relationship to each other, and without providing room for a debate and discourse to develop that includes a meaningful politics involving non-economic values. When regulation is given over to the market, or international decision makers, the public is no longer involved directly in decision making, nor is information usually available in a form that would make public participation meaningful.[32] This is because globalization dramatically changes the way states and markets interact, often fusing the public and private sectors in ways that can evoke a form of neo-corporatism when it comes to the ways states carry out their publicly mandated goals.[33]

The democracy problem generated by globalization in this broad sense is increasingly a feature of modern life in the U. S. A multi-dimensional, domestic administrative law offers an alternative approach to the democracy problem in at least some sectors of globalization. Commentators often refer to globalization as if it were a new supranational order, somehow "beyond" or "over" the sovereignty of individual states.[34] I use the word global to refer to a transnational public and its interests and stakes in globalization and not to make a claim to some universal interests. I see globalization as an open-ended set of dynamic and pluralistic pro-

---

[31] The state centric nature of U.S. public law makes this so.

[32] For example, WTO decision-making processes are not transparent and participation beyond the parties to the case is limited. See *Esty* (note 25).

[33] See generally, *Cawson,* Corporatism and Political Theory, 1986, 22–46; *Perrucci,* Japanese Auto Transplants In The Heartland, 1994.

[34] See, e.g., *Hardt/Negri,* Empire, 2000; *Rabkin,* Why Sovereignty Matters, 1998.

cesses that combine public and private lawmaking in novel hybrid forms. My focus is on globalization at the domestic level – the domestic "face" of globalization, if you will – particularly where it involves the effects of *delegations* of state power to private domestic and transnational entities and public international organizations that often privilege the market or fail to take into account the domestic issues involved in any realistic way.

III. State Centric and Denationalized Aspects of Globalization

Globalization thus yields intended and unintended effects on democratic participation. The prevailing analysis of globalization is state centric in nature. State centric approaches emphasize national perspectives. A state centric approach to globalization also usually means bright line distinctions between the public and the private sectors, and even more so, between domestic and international law. In so doing, however, state centric approaches often fail to distinguish between globalization and internationalization. They meet democracy concerns through the mechanism of state representation in international or multinational affairs. From a state centric perspective, multinational organizations (such as the WTO) are viewed as extensions of the state, as if they were macro-federal structures.

But, another more useful analysis of globalization is denationalization, a concept developed by Jost Delbrück long before most analysts even approached globalization in this way.[35] This term refers to processes that are essentially deterritorialized and potentially independent of states. The denationalized aspects of globalization are highly dynamic processes that are not determined by fixed jurisdictions or boundaries between countries. Conflating the "global" and the "international" neglects important differences between them and important resources for simultaneously strengthening the effectiveness of international organizations and the relevance of democracy among their member states. States thus remain highly relevant to our analysis; however, the essence of globalization as denationalization is the recognition that along with states, non-state actors as well as international and supranational bodies are all significant players. These networks (which involve state and non-state actors) amount to governance more than government.[36]

A denationalized perspective on globalization highlights the need to emphasize networks and multiple decision sites and, if you will, a kind of global legal pluralism. Pluralism does not mean relativism in this context, but rather a decentralized system of deliberative decision making that is interconnected by at least some common values and practices of legitimation. As a pluralist system, globalization is theoretically open to state and non-state actors and not bounded by territory.

---

[35] See Delbrück (note 2).
[36] *Held et al.*, Global Transformations, 1999, 50.

Problems of pollution, for example, are not bounded by territory and even economic opportunities such as free trade involve a conception of markets that is not, in theory at least, limited by state jurisdictional lines.

The denationalized aspects of globalization are easily mistaken for state-centered processes and thereby easily neglected as a domain for domestic law making and law reform. Because it is states doing the reacting to global issues or drawing our fire for failing to react, it is easy to miss the fact that most global processes are not at all state centered. The tendency to think in state centric terms – to say something is either private or public, domestic or international – cannot capture the complexity of global processes, the diversity of the global networks and players involved, and the decentered nature of the state when it does react. There is in effect a gray zone that at present cannot be captured fully either by states or (by default) by markets. This gray zone is of interest to me, since it is in the areas where a more pluralistic denationalized approach can be instituted that administrative law comes into play (since state centric approaches to globalization take the issue at hand outside the domestic arena, or leave merely a rubber stamp). In short, while most observers see globalization as essentially an *international field* comprised of states acting alone or together, I believe that viewing globalization instead as *intersecting fields* of transnational actors both inside and outside the state sphere yields both a richer understanding of the processes involved, and a fuller account of democratic possibilities. This is the perspective I take on privatization.

IV. Delegations to the Market

1. Privatization

Privatization should be understood as a principle dynamic (i.e., both cause and effect) of globalization. It is not merely one means among others for making government more efficient or for expanding the private sector. Nor is it just a reflection of current political trends and a swing of the regulatory pendulum from liberal to conservative. Rather, the increasing reliance on "the new governance" is indicative of a changing relationship between the market and the state. It is characterized by a fusion of public and private values, rhetoric and approaches, a fusion that is itself integral to the fusion of global and local economies. Privatization is the result of these fusions.

2. New Issues

Privatization has been one of the primary forms of marketization in the U.S. Some might say that there is not a great tradeoff for democracy if snow removal shifts from a city garage to a private contractor or even if a publicly operated prison is now managed by a for-profit private corporation. But the fact that such trends in management are driven by global processes assures us that a larger transformation is underway. The connection between the relatively minor example of snow removal and the more significant change in approach to prisons or welfare is in their common connection to globalization and the structural aspects of their insulation from the public.

Democracy involves and requires more than just market forces and outcomes. It involves and requires more than representation and a chance to hold public officials accountable through the ballot box.[37] Legitimacy comes in many forms and through many forums. Administrative law can facilitate the creation of multiple forums for policy discussions to occur and, if necessary, a politics to develop if contractual obligations are not met or need to be revised. Focusing on the democracy deficit brought about by globalization does not mean that only traditional legitimacy arguments, so common in administrative law, are relevant.[38] In fact, there is a major difference between legitimacy concerns expressed in traditional public law terms and today's concerns. We have moved from questions concerning the proper role of judges as opposed to legislators, when it comes to policy making, to issues concerning whether there will be any public input at all. It is not just a connection with an elected official that matters. What matters more are opportunities for interested individuals to have input in policy making processes, as well as the specific cases that may affect them.

Beyond traditional notions of electoral accountability, democracy requires the means by which issues can be drawn, information shared and a meaningful politics created. This involves multiple forums for values and views to be expressed publicly, issues beyond those likely to be relevant to just an economic conception of the problems at hand. Legitimacy requires more than a process simply to check up on those in positions of responsibility, to see if they are doing their job. It also involves creating the kind of information necessary to understand the issues involved for a real debate to ensue and for new ideas to be suggested. Administrative Law can and should play an important role in making forums available to consider and assess new approaches to issues not only considered by public agencies, but by public/private hybrids as well. The public/private distinction should not unduly shield decision-making processes from opportunities for participation and the articulation of values and points of view that enrich our politics and, indeed, make meaningful political discussion possible.

Closely related to these democracy concerns are questions of citizenship. Quite apart from the decision makers involved, how do we conceptualize those affected by these decisions? In addition to being citizens, individuals are increasingly treated as consumers, customers and clients as well. Each of these labels – citizen,

---

[37] See *Rubin,* Getting Past Democracy, U. Pa. L. Rev. 149 (2001), 711 ff.

[38] *Aman,* Proposals for Reforming the Administrative Procedure Act: Globalization, Democracy and the Furtherance of a Global Public Interest, Ind. J. Global Legal Stud. 6 (1999), 397 ff.

customer/consumer and client – carry different expectations with regard to individual and collective responsibility for the provision of services. At what point does the convergence of market-processes, private decision-makers and individuals as consumers, customers or clients actually undercut our ability as citizens to engage in the broader kinds of participation necessary for a vibrant political process?[39] It is important that the legal discourses triggered by the public/private distinction do not undercut or mask the role that citizens need to play.

A third related set of issues for the new administrative law involves conflict of interest concerns. The state-centric aspects of traditional administrative law have focused primarily only on public administrators and when it comes to conflict questions the law asks such questions as whether there was a personal economic interest tied to the decision involved,[40] whether there were inappropriate *ex parte*[41] contacts or whether there was undue bias on the part of the decision-maker involved.[42] Economic gain is a particularly relevant criterion when applied to some forms of privatization, where the decision makers involved are chosen in part because of the incentives provided by their duty to try to make a profit. Clearly, to obviate this problem, the parameters of the delegated task must be set forth with clarity. Delegation-like doctrine requirements can and should surface in this context, since it can only be assumed that a private prison provider will want to carry out its duties in as profitable a manner as possible. To assure that this does not include riding roughshod over prisoners' rights, legislative and contractual detail is necessary. Such an approach can thus eliminate a financial conflict by making clear the challenges the contractor must meet before any profit is possible.

In contexts covered by the APA, conflict questions turn largely on the nature of the proceedings involved. Are they adjudicatory or legislative? Such a discourse normally would not apply in privatized settings. Private providers are implementing public policies but, of course, new policies and approaches inevitably emerge in the dynamic contexts in which they operate. Moreover, there are some new, deregulated markets in which private bodies and private actors now make decisions with significant public implications. This clearly is one of the lessons of the

---

[39] See *Louer Schacter,* Reinventing Government or Reinventing Ourselves?, 1997, 7–9.

[40] See, e.g., Tummey v. Ohio, 273 U.S. 510 (1927) ("… the requirement of due process of law in judicial procedure is not satisfied by the argument that men of the highest honor and the greatest self sacrifice could carry it out without danger of injustice. Every procedure which would offer a possible temptation to the average man as a judge to forget the burden of proof required to convict the defendant, or which might lead him not to hold the balance nice, clear and true between the state and the accused, denies the latter due process of law.")

[41] 5 USCS sec. 557 (d) (1) (B) ("no member of the body comprising the agency, administrative law judge, or other employee who is or may reasonably be expected to be involved in the decisional process of the proceeding , shall make or knowingly cause to be made to any interested person outside the agency an ex parte communication relevant to the merits of the proceeding.")

[42] See, e.g., United States Steel Workers of America v. Marshall, 647 F.2d 1189 (1980).

Enron debacle.[43] More specifically, private providers of public services clearly have the profit motive in mind – that is their obligations to their shareholders. Yet, public policy concerns may require approaches, actions, or the sharing of information in a timely fashion that might further some public goals, but increase private costs. What are the conflicts of interest requirements of such participants in these contexts? The very nature of public and private enterprises differ. The profit-motive can be a good incentive, but, in public settings, it is not the sole goal, and it can conflict with other values. Indeed, what happens when market-oriented, bottom-line considerations drive decisions that adversely affect human rights? A private prison provider may have more incentives to construe as narrowly as possible the due process or eighth amendment requirements of the constitution even assuming they apply fully in a private setting.[44] Such matter should be dealt with specifically before they arise, by statute, without unnecessarily burdening public/private decision-making processes.

V. Conclusions

Globalization is a form of denationalization, but it is also a form of legal pluralism involving a wide range of delegations and combinations of state and non state actors. Considering the implications of this formulation can help us understand a number of things:

- why legitimacy requires broader decision making processes at the international level so as to include a wide range of non-state actors;
- why it is necessary to rely on our own domestic lawmaking processes as the best way of ensuring a public voice and a flourishing political arena for contesting international rulings that should not be rubber stamped;
- why (and where) there is untapped space in the emerging global legal order and more room for dissonance than state-centric concepts of globalization might seem to allow; and finally,
- why even purely local decisions to privatize services are best understood against a global backdrop.

Administrative law has much to add to these situations. The province of administrative law needs to expand to include private actors carrying out public responsibilities, as well as creating forums to consider, in a timely fashion, the harmonization of rules and standards that will govern globally, but only after sufficient input at the domestic level. At a minimum, the contract provisions of the APA need to be expanded to cover private actors and APA rulemaking needs to apply fully to harmonization processes.

---

[43] See, e.g., *Oppel*, U.S. Regulators Are Requiring Full Details of Energy Sales, NY Times, May 15, 2002, C1.
[44] See *Field*, Making Prisons Private: An Improper Delegation of a Governmental Power, Hofstra L. Rev. 15, 649 ff.

Governance involves the resolution of problems such as these as well as implementation of the policies necessary to carry out the agreed upon solutions. Indeed, the inclusion of affected actors with a stake in the outcome is integral to the legitimacy of the process, since an important aspect of legitimacy is the fact that agreed upon solutions are implemented. Non-state actors play an important role in this process. But to make the legitimation that flows from such a process work at the international stage, it also needs to be a part of the domestic process as well. The two systems are not separate. Legitimacy in either arena depends on how decisions are made in both arenas.

Appreciating the extent to which globalization involves important elements of denationalization informs a shift of emphasis from a federalist analogy (with its limitations) to more pragmatic, pluralist, and flexible arrangements by which national and international legitimacy and democracy might be strengthened simultaneously. Indeed, advocates of the federalist analogy restrict their attention to applications and compliance, subsuming issues of democratic participation within the constraints of sovereignty – as representation by states. The more pluralist approach would posit international agencies (such as the WTO or the EU) not as supra-federal structures but agencies among states. In so doing, the question of a single or unified "world demos" – sometimes held up as an obstacle to this very sort of effort – becomes moot, since there would be a plural demos for which democracy is not just a structural question (of state representation) but also a basis for inclusion in substantive and procedural terms.

Global legal pluralism involves decisions and decision-makers at multiple sites – public and private, domestic and international. Among the key sites are domestic points of intersection, whether they are technically public or private, international or domestic, should not hinder the ability of administrative law to provide the procedural space for democracy to flourish. This is one of the foremost challenges of public law for the years ahead. Jost Delbrück's scholarship makes it possible for us to understand these challenges in a new light and to respond to them in an effective and humane manner.

Der Beitrag des Konzeptes der menschlichen Sicherheit zur Friedenssicherung

Von Wolfgang Benedek

Einleitung

Seit etwa 10 Jahren bezeichnet das Konzept der menschlichen Sicherheit einen erweiterten Sicherheitsbegriff, der die menschliche Person in den Mittelpunkt der Betrachtung stellt. Ausgelöst durch den Erfolg der Antipersonenminenkonvention von 1997, die gegen den Widerstand der USA und anderer Großmächte durchgesetzt wurde, hat der Ansatz der menschlichen Sicherheit verstärkte Aufmerksamkeit gefunden, ist jedoch auch auf Widerstand, vor allem von die staatliche Souveränität betonenden Ländern gestoßen. Jost Delbrück hat in seinen Schriften immer wieder die Grenzen des Völkerrechts als Disziplin überschritten und sich mit Fragen des Strukturwandels im internationalen System auch von der Seite der internationalen Beziehungen befasst.[1] In diesem Sinne soll auch dieser Beitrag wichtige Veränderungen im Bereich der Friedenssicherung, sowie sich daraus ergebende Chancen für einen verstärkten Schutz der Würde der menschlichen Person und ihrer Sicherheit im Rahmen des Völkerrechts aufzeigen.[2]

I. Veränderungen der internationalen Bedrohungslage von Frieden und Sicherheit

Während, wie der jüngst erschienene Human Security Report[3] zeigt, die Bedrohungen des Menschen durch internationale kriegerische Konflikte seit Beginn der 90er Jahre zurückgegangen sind, sind andere Bedrohungen, die durch militärische Mittel nur sehr begrenzt bekämpft werden können im Steigen begriffen bzw. unverändert geblieben. Dazu gehören Bedrohungen der persönlichen Sicherheit,

---

[1] Siehe z. B. *Delbrück*, Structural Changes in the International System and its Legal Order: International Law in the Era of Globalization, Schweizerische Zeitschrift für Internationales und Europäisches Recht 11 (2001), 1 ff.; *ders.*, „Prospects for a World (Internal) Law"?: Legal Developments in a Changing International System, Indiana Journal of Global Legal Studies 9 (2002), 401ff.

[2] Siehe auch *Oberleitner*, Human Security – a Challenge to International Law, Global Governance 11 (2005), im Druck.

[3] Siehe The Human Security Report, Human Security Centre (Hrsg.), 2005.

wie der Terrorismus oder die organisierte Kriminalität, der Drogen- und Menschenhandel, aber auch Bedrohungen der sozialen Sicherheit, etwa durch epidemische Krankheiten, wie insbesondere HIV/AIDS, durch Malaria und andere „vergessene" Krankheiten des Südens, die den Norden wenig betreffen. Die Probleme mangelnder menschengerechter Entwicklung konstatiert etwa der Millenniumsbericht des Generalsekretärs der Vereinten Nationen, auf dessen Grundlage sich die OVN mit den acht Zielen der Millenniumsdeklaration wichtige Prioritäten bis zum Jahr 2015 setzten.[4] Lassen sich diese Ziele nicht verwirklichen, werden sich noch mehr Menschen Richtung Norden in Bewegung setzen, als dies bisher schon der Fall ist und durch ihre Migration neue Probleme der Sicherheit aufwerfen.

Der Millenniumsbericht ist in Anlehnung an die weitsichtige Kongressbotschaft Präsident Roosevelts im Jahr 1941 über die vier Freiheiten in zwei Hauptbereiche gegliedert, nämlich „freedom from fear" und „freedom from want", also Freiheit von Furcht und Freiheit von Not, worin eine Entsprechung zu den bürgerlich-politischen und den wirtschaftlichen, sozialen und kulturellen Rechten gesehen werden kann.[5] Die Dichotomie des Ansatzes der menschlichen Sicherheit ist für diesen Ansatz charakteristisch. Sie entspricht den beiden Hauptpfeilern des heutigen Konzeptes der menschlichen Sicherheit, nämlich der menschlichen Sicherheit im Hinblick auf Konflikte und im Hinblick auf die menschliche Entwicklung. Letztere ist seit 1990 Gegenstand des jährlichen Berichts des Entwicklungsprogramms der Vereinten Nationen (UNDP) über die menschliche Entwicklung.[6] Tatsächlich war es der UNDP-Bericht des Jahres 1994, der das Konzept der menschlichen Sicherheit in die internationale Diskussion einbrachte. Er unterschied dabei sieben Kategorien von Bedrohungen der menschlichen Sicherheit, und zwar in den Bereichen der Umwelt, der Wirtschaft, der Ernährung, der Gesundheit, der Person, der Politik und der Gemeinschaft, soweit diese chronischer Natur sind oder einen Zusammenbruch bzw. eine Zerrüttung des täglichen Lebens zur Folge haben.[7]

Im Jahr 1999 formierte sich das „Netzwerk für menschliche Sicherheit", eine lose Konsultationsgruppe von gleich gesinnten Staaten, die seither mit Hilfe dieses Konzeptes im Rahmen der Vereinten Nationen Probleme der menschlichen Sicherheit stärker thematisieren wollen. Ihm gehören zwölf Staaten, sowohl Industrie- als auch Entwicklungsländer an, wozu noch Südafrika als Beobachter kommt.[8] Die

---

[4] Siehe United Nations Millennium Declaration of 18 September, 2000, UNGA-Res. 55/2.

[5] Siehe Report of the Secretary General, We the Peoples: the Role of the United Nations in the Twenty-first century, UNGA-Doc. A/54/2000 of 27 March 2000.

[6] Siehe z. B. United Nations Development Programme (UNDP), Bericht über die menschliche Entwicklung, 2004.

[7] UNDP, Human Development Report: Annual Report 1994, 1994, 3 ff. (23).

[8] Siehe Human Security Network, Members, <www.humansecuritynetwork.org/members-e.php>.

Mitglieder sind Chile, Griechenland, Irland, Jordanien, Kanada, Mali, Niederlande, Norwegen, Österreich, Schweiz, Slowenien und Thailand. Die Gruppe stimmt sich etwa im Hinblick auf die Generalversammlung der Vereinten Nationen oder die Sessionen der Menschenrechtskommission ab, um ihre Prioritäten, die in der Regel keine Großmachtinteressen darstellen, voranzubringen. Dazu gehören die Stärkung des humanitären Völkerrechts einschließlich des Internationalen Strafgerichtshofs ebenso wie der verbesserte Schutz von Kindern in bewaffneten Konflikten, einschließlich von Friedensmissionen, die Umsetzung der Antipersonenminenkonvention sowie die Schaffung internationaler Regelungen gegen die Verbreitung von Kleinwaffen und die Bekämpfung von HIV/AIDS, Tuberkulose und Malaria, des Menschenhandels und die Nahrungsmittelsicherheit sowie die Menschenrechtsbildung und Konfliktverhütung.[9] Dabei werden Prioritäten einzelner Mitglieder des Netzwerkes gebündelt, um ihnen dadurch zur Durchsetzung zu verhelfen.

Einigen Staaten dient das Konzept der menschlichen Sicherheit auch als außenpolitische Maxime. So etwa im Fall Kanadas, wo der frühere Außenminister Lloyd Axworthy das Konzept in Abgrenzung von den Vereinigten Staaten betrieben hat[10] oder im Falle Japans, das zwar nicht Mitglied des Netzwerkes für menschliche Sicherheit ist, jedoch dem Konzept der menschlichen Sicherheit im Rahmen der Vereinten Nationen mit der Einrichtung des „Trust Fund for Human Security" und im Rahmen seiner Außen- und Entwicklungspolitik eine zentrale Rolle eingeräumt hat.[11]

Ein wesentlicher Beitrag Kanadas war der auf Initiative der kanadischen Regierung durch eine unabhängige Expertenkommission im Gefolge der Kosovo-Intervention der NATO erstellte Bericht über „The Responsibility to Protect". Dieser Bericht enthält unter anderem Kriterien für eine humanitäre Intervention, die jedoch nur als letztes Mittel erlaubt sein soll, während ein Schwerpunkt auf die „responsibility to prevent" gelegt wird.[12]

Japan wiederum hat den Bericht der sogenannten Kommission für menschliche Sicherheit unter Leitung von Sadako Ogata und Amartya Sen initiiert, der unter dem Titel „Human Security Now" im Jahr 2003 erschienen ist.[13] In dessen Struktur findet sich die charakteristische Dichotomie der menschlichen Sicherheit

---

[9] Siehe Human Security Network (Fn. 8).

[10] *Axworthy,* Human Security and Global Governance: Putting People First, Global Governance 7 (2001), 19 ff.

[11] Siehe dazu *Bosold/Werthes,* Human Security in Practice: Canadian and Japanese Experiences, Internationale Politik und Gesellschaft 1 (2005), 84 ff.

[12] International Commission on Intervention and State Sovereignty, Report, *Evans/Sahnoun* (Co-chairs), The Responsibility to Protect, International Development Research Centre, 2001, 19 ff.

[13] Commission on Human Security, *Ogata/Sen* (Co-chairs), Human Security Now, Protecting and Empowering People, Commission on Human Security, 2003.

wieder, indem Bedrohungen der menschlichen Sicherheit im Zusammenhang mit gewalttätigen Konflikten einschließlich der Probleme von Flüchtlingen und Vertriebenen sowie des gesellschaftlichen Wiederaufbaus nach Konflikten einerseits und der wirtschaftlichen und sozialen Sicherheit, einschließlich der Gesundheit und des Zugangs zur Bildung andererseits untersucht werden.

In der Praxis weisen die dem Konzept der menschlichen Sicherheit verbundenen Länder unterschiedliche Schwerpunkte auf, die einmal stärker im Bereich der Konfliktverhütung bzw. -bewältigung, einmal mehr im Bereich der menschlichen Entwicklung liegen. So hat Kanada seinen Schwerpunkt im Bereich der Freiheit von Angst, während Japan sein Hauptaugenmerk auf die Freiheit von Not lenkt. Die Schweiz sieht sich vor allem der Förderung des humanitären Völkerrechts verpflichtet, Thailand der Bekämpfung von HIV/AIDS und Chile der Ernährungssicherheit, während Österreichs Schwerpunkte in den Bereichen Menschenrechtsbildung und Schutz von Kindern in bewaffneten Konflikten liegen.

In diesem Zusammenhang stellt sich die Frage nach der Haltung der Europäischen Union, deren Europäische Sicherheits- und Verteidigungspolitik sowohl vom Buchstaben als auch der Praxis her sehr starke Elemente des Konzeptes der menschlichen Sicherheit enthält. In diesem Zusammenhang ist ein 2004 erschienener Bericht einer internationalen Expertengruppe unter Leitung von Mary Kaldor von der London School of Economics von Interesse, der eine „Human Security Doctrine" für Europa mit einer „Human Security Response Force" vorschlägt, deren Zusammensetzung zu einem Drittel ziviler Natur sein sollte. Darin sollen Polizeikräfte mit Menschenrechtsbeobachtern und Experten für Entwicklung und humanitäre Fragen u. a. zusammenwirken, um unter der Verantwortung des zukünftigen europäischen Außenministeriums in Konfliktgebieten eingesetzt werden zu können. Für die Einsätze sollen sieben Prinzipien gelten, und zwar der Vorrang der Menschenrechte, klare politische Verantwortlichkeiten, multilaterale Vorgangsweise, „bottom-up approach", regionaler Fokus, der Einsatz rechtlicher Instrumente und die Anwendung angemessener Gewalt. Entsprechend dem „Bottom-up"-Ansatz soll das Verhältnis zur lokalen Bevölkerung durch die Grundsätze der Kommunikation, der Konsultation, des Dialogs und der Partnerschaft gekennzeichnet sein.[14] Der Einsatz humanitärer, wirtschaftlicher oder entwicklungspolitischer Maßnahmen wird nicht erörtert, obwohl gerade darin eine Stärke der Europäischen Union liegt.

Die verschiedenen Ausprägungen werfen die Frage nach den gemeinsamen Besonderheiten des Konzeptes der menschlichen Sicherheit auf.

---

[14] A Human Security Doctrine for Europe, The Barcelona Report of the Study Group on Europe's Security Capabilities, *Kaldor* (convenor), 2004, <www.lse.ac.uk/Depts/global/Human%20Security%20Report%20Full.pdf>.

II. Die Besonderheiten und Diskussion des Konzeptes der menschlichen Sicherheit

Gemeinsame Besonderheiten des Konzeptes der menschlichen Sicherheit lassen sich sowohl in den Inhalten als auch in den Verfahren, also der Vorgangsweise feststellen. Was die Inhalte betrifft, ergibt die Fokussierung auf die Bedürfnisse der menschlichen Person und ihre Menschenwürde als Angelpunkt des Ansatzes wie gezeigt eine neue Sichtweise und Prioritätensetzung. Nicht die nationalen Sicherheitsinteressen des Staates oder einer anderen Organisationsform stehen im Vordergrund, sondern die Sicherheitsinteressen des Einzelmenschen bzw. des Volkes. Diese können sich im Idealfall mit den Sicherheitsinteressen des Staates oder einer Staatenverbindung bzw. Verteidigungsgemeinschaft decken und werden sich zumindest meist, aber nicht immer überschneiden, wenn es sich um einen Staat handelt, der demokratisch auf Grundlage der Menschenrechte und Rechtsstaatlichkeit organisiert ist, so dass der Wille des Volkes entscheidet. Damit ist verbunden, dass der Staat selbst den Schutz der menschlichen Sicherheit als seine Aufgabe betrachtet und nicht etwa den Erhalt der Macht einer herrschenden Gruppe. Wesentliches Ziel des Konzeptes der menschlichen Sicherheit ist somit der Schutz und die Verwirklichung der Menschenrechte.[15]

Dies bedeutet eine Relativierung der Rolle der militärischen Sicherheit. Militärische Maßnahmen sind gegen viele Bedrohungen der menschlichen Sicherheit kein optimales Mittel oder wie im Falle des Rechts auf Gesundheit oder auf Bildung ungeeignet. Aber auch die Erfolge des militärischen Ansatzes im Kampf gegen den Drogen- und Menschenhandel halten sich in Grenzen bzw. binden unverhältnismäßig große Mittel. Andererseits ist die stabilisierende Rolle des Militärs nach Konflikten oder zum Schutz gegen bewaffnete Gruppen manchmal unverzichtbar, wie die friedenserhaltenden Missionen der Vereinten Nationen zeigen. Im Idealfall wird das Militär zum Verbündeten der zivilen Kräfte in der Gewährleistung von Ordnung und Sicherheit und dem Schutz der Bevölkerung.[16]

Wesentlich für den Ansatz der menschlichen Sicherheit ist das Verfahren der Bestimmung der Prioritäten und der Entwicklung neuer Regelungsinstrumente in partizipativer Weise. Auf Grundlage des internationalen Kooperationsgrundsatzes und der Herrschaft des Rechts, die ihrerseits auch Ziele darstellen, wird in einem partizipativen Verfahren nach Lösungen für die identifizierten Probleme gesucht. Dabei kommt die Expertise von internationalen Organisationen ebenso zum

---

[15] Siehe *Ramcharan,* Human Rights and Human Security, 2002 und *Oberleitner,* Human Security and Human Rights, European Training and Research Centre for Human Rights and Democracy (ETC), Occasional Paper Series, Issue No. 8, 2002, www.etc-graz.at sowie *Benedek,* Human Rights and Human Security: Challenges and Prospects, in: Yotopoulos-Marangopoulos (Hrsg.), The Current State of Human Rights in the World: Challenges and Prospects, 2005, im Druck.

[16] Siehe *Newman/Richmond* (Hrsg.), The United Nations and Human Security, 2001.

Einsatz wie die von internationalen und nationalen Nichtregierungsorganisationen. Die Einbindung der globalen Zivilgesellschaft ist ein erklärtes Ziel.

So sind zu den Experten- und Ministertagungen des Netzwerkes für menschliche Sicherheit immer auch NGO-Vertreter eingeladen, die an der Erarbeitung der Ergebnisse etwa in den Bereichen des Schutzes von Kindern in bewaffneten Konflikten, der Beschränkung der Verbreitung von Kleinwaffen oder der Menschenrechtsbildung aktiv beteiligt sind. Zum Beispiel wurde die anlässlich eines Ministertreffens unter österreichischem Vorsitz angenommene „Erklärung von Graz über die Grundsätze der Menschenrechtsbildung und der menschlichen Sicherheit" vom Mai 2003[17] vom österreichischen Außenministerium gemeinsam mit dem Europäischen Trainings- und Forschungszentrum für Menschenrechte und Demokratie (ETC) in Graz vorbereitet, welches auch die Erarbeitung eines Handbuches der Menschenrechtsbildung durch eine internationale Expertengruppe betreute, das im Rahmen des Netzwerkes und darüber hinaus zum Einsatz kommt.[18]

Charakteristisch für das Konzept der menschlichen Sicherheit ist auch sein *ganzheitlicher Ansatz* („holistic approach"), in dem entsprechend dem Grundsatz der Interdependenz Probleme der Sicherheit gemeinsam mit Fragen der Entwicklung und der Menschenrechte behandelt werden. Auf diese Weise soll kein wesentlicher Aspekt vernachlässigt werden.[19]

Von besonderer Bedeutung ist die Schwerpunktsetzung auf den Aspekt der *Prävention*, der Verhütung von Gefahren[20], welcher etwa durch Bildungs- und Trainingsmaßnahmen, wie ein Trainingscurriculum über Kinderrechte für die Ausbildung von „peace-keeping forces"[21], das schon erwähnte Handbuch für Menschenrechte, aber auch durch frühzeitige Befassung der Internationalen Gemeinschaft mit Konflikten und Problemen erfolgen soll. Darüber hinaus geht es insbesondere um den Schutz von verletzbaren Gruppen in gewalttätigen Konflikten und anderen Bedrohungssituationen, etwa um den Schutz von Flüchtlingsfrauen und Kindern in bewaffneten Konflikten.[22]

In dieser Besonderheit liegt ein wesentlicher Mehrwert des Konzeptes der menschlichen Sicherheit gegenüber den traditionellen Sicherheitskonzepten. Es

---

[17] Siehe Graz Declaration on Principles of Human Rights Education and Human Security, <www.humansecuritynetwork.org/meeting-e.php>.

[18] Siehe *Benedek/Nikolova* (Hrsg.), Understanding Human Rights, Manual on Human Rights Education, 2003 bzw. *Benedek/Nikolova* (Hrsg.), Menschenrechte verstehen, Handbuch für Menschenrechtsbildung, 2004.

[19] Vgl. *Hampson,* Human Security and World Disorder, 2002.

[20] Siehe *Cockell,* Human Security and Preventive Action Strategies, in: Newman/Richmond (Hrsg.), The United Nations and Human Security, 2001, 15 ff.

[21] Siehe Child Rights Training Curriculum, Human Security Network (Fn. 17).

[22] Vgl. *Goucha/Aravena* (Hrsg.), Human Security, Conflict Prevention and Peace, 2003 sowie United Nations Special Representative of the Secretary-General for Children and Armed Conflict and Human Security Network, Children and Armed Conflict, International Standards for Action, 2003.

ermöglicht eine umfassende Erfassung von Problemen der Sicherheit, die den heutigen Realitäten besser entspricht. Der Ansatz der menschlichen Sicherheit erlaubt Koalitionen, auch gegen Großmachtinteressen, zu Anliegen wie die Antipersonenminenkonvention, den Internationalen Strafgerichtshof oder Maßnahmen gegen die Verbreitung von Kleinwaffen in den internationalen Gremien voran zu treiben. Ihm kommt damit eine wichtige Rolle im „agenda-setting" zu. Auch in der Umsetzung der Anliegen ist der *inklusive* und *partizipative* Ansatz den staatlichen Sicherheitsansätzen überlegen, da eine breitere Mobilisierung durch den Einbezug aller relevanten Kräfte möglich ist, während in anderen Fällen Auseinandersetzungen und widersprüchliche Interessen das Bild bestimmen.

Das Konzept der menschlichen Sicherheit ist aber auch Gegenstand akademischer Diskussionen. So wird von einigen Autoren vor allem seine Breite und Unschärfe kritisiert, die eine Abgrenzung schwierig mache. Sie schlagen daher eine Beschränkung auf Phänomene, die auf Gewalt beruhen, vor.[23] Das Konzept des UNDP und viele andere Autoren beziehen jedoch Probleme der Entwicklung wie die Erfüllung wirtschaftlicher und sozialer Rechte in das Konzept der menschlichen Sicherheit ein. In ähnlicher Weise geht auch der Bericht der Kommission für menschliche Sicherheit auf das Recht auf Gesundheit, die Sicherung der Nahrungsmittelversorgung und die Armutsbekämpfung ein.[24] Das Thema „food security" war auch Gegenstand einer Deklaration des sechsten Ministertreffens des Netzwerkes für menschliche Sicherheit in Bamako, Mali, im Mai 2004.[25]

Eine vermittelnde Position schlägt vor, eine Schwelle aufgrund der Schwere der Bedrohung einzuführen, ab welcher von einer Bedrohung der menschlichen Sicherheit ausgegangen werden kann, wobei die Schwelle selbst Ergebnis des politischen Diskurses sein soll.[26] Das Recht auf Bildung[27] käme in dieser Sicht nicht in Betracht, während der Bericht der Kommission für menschliche Sicherheit sehr wohl das Recht auf Grundbildung als Teil des Ansatzes der menschlichen Sicherheit versteht.[28] Darin zeigt sich, dass die Abgrenzung des Konzeptes der menschlichen Sicherheit noch nicht abgeschlossen ist. Wahrscheinlich werden immer Auffassungsunterschiede bestehen bleiben, die sich nicht zuletzt aus den unter-

---

[23] *Krause,* The Key to a Powerful Agenda, if Properly Delimited, Security Dialogue 35 (2004), 3 (367 f.); *Mack,* A Signifier of Shared Values, Security Dialogue 35 (2004), 3 (366 f.). Siehe auch *Paris,* Human Security: Paradigm Shift or Hot Air?, International Security 26 (2001), 2 (87 ff.).

[24] Siehe UNDP, Human Development Report 1994 (Fn. 7) und Commission on Human Security (Fn. 13), 94 ff. und 72 ff. sowie 122.

[25] Siehe HSN Declaration on Food Security of 29 May 2004 (Fn. 17).

[26] Siehe *Owen,* Human Security – Conflict, Critique and Consensus: Colloquium Remarks and a Proposal for a Threshold-Based Defintion, in: Security Dialogue 35 (2004), 3 (373 ff., 382 ff.).

[27] Siehe *Delbrück,* The Right to Education as an International Human Right, GYIL 35 (1992), 92 ff.

[28] Siehe Commission on Human Security (Fn. 13), 114 ff.

schiedlichen Sichtweisen, v. a. in Nord und Süd, ergeben, was unter Bedrohungen der menschlichen Sicherheit zu verstehen ist.

III. Der Beitrag des Konzeptes der menschlichen Sicherheit zur Entwicklung des Systems der Friedenssicherung der Vereinten Nationen und des Völkerrechts

Themen der menschlichen Sicherheit haben vermehrt in die Agenda des Sicherheitsrates der Vereinten Nationen Eingang gefunden, wie an den Resolutionen des Sicherheitsrates zu Kindern in bewaffneten Konflikten, zum Problem der Verbreitung von Kleinwaffen als Bedrohung in Westafrika oder zum Kampf gegen HIV/ AIDS und andere epidemische Krankheiten, u. a. gesehen werden kann.[29] Andere im Sicherheitsrat erörterte Themen betrafen etwa Zivilisten in bewaffneten Konflikten,[30] Frauen in Verbindung mit Frieden und Sicherheit[31] und die Rolle der Zivilgesellschaft, aber auch der Wirtschaftsunternehmen im Aufbau des Friedens nach Konflikten.[32] Es steht zu erwarten, dass ein erweiterter, reformierter Sicherheitsrat für Anliegen der menschlichen Sicherheit noch größere Offenheit zeigen könnte

Aber auch andere Gremien der Vereinten Nationen sind mit Fragen der menschlichen Sicherheit befasst, wie insbesondere die Menschenrechtskommission und ihre Unterkommission, wo etwa das Thema der Verbreitung von Kleinwaffen behandelt wird.[33]

Von Bedeutung ist auch die zunehmende Institutionalisierung des Ansatzes der menschlichen Sicherheit in den Vereinten Nationen. So wurde im Büro der Vereinten Nationen für Drogen und Verbrechen in Wien im Jahr 2003 sowohl eine Abteilung für menschliche Sicherheit („Human Security Branch") eingerichtet als auch im Jahr 2004 im Büro für die Koordination humanitärer Angelegenheiten im Sekretariat der Vereinten Nationen in New York eine Einheit für menschliche Sicherheit geschaffen („Human Security Unit"). Letztere soll insbesondere mit dem im Wesentlichen von Japan gespeisten Treuhandfonds der Vereinten Nationen für menschliche Sicherheit, der beachtliche Summen für Projekte von Organisationen im System der Vereinten Nationen zur Verfügung stellt, zusammenarbeiten.[34] Beide gehen vor

---

[29] Vgl. UN SC-Res. 1539 (2004) on children and armed conflict und UN SC-Res. 1467 (2003) on proliferation of small arms and light weapons and mercenary activities threats to peace and security in West Africa sowie UN SC-Res. 1308 (2000) on the AIDS crisis.

[30] Security Council, Press Release 8267 (2004).

[31] Security Council, Press Release 8230 (2004).

[32] Security Council, Press Release 8128 (2004) und 8058 (2004).

[33] Siehe *Frey*, Prevention of human rights violations committed with small arms and light weapons, Progress Report, UN-Doc. E/CN.4/Sub.2/2004/37 of 21 June 2004 und Sub-Commission on Human Rights Resolution 2002/25 of 14 August 2002 zum selben Thema.

[34] Siehe The Trust Fund for Human Security, The United Nations Information Centre, Tokyo, 2003.

allem auf das Betreiben Japans zurück, das die Institutionalisierung der menschlichen Sicherheit in den Vereinten Nationen zu einem besonderen Anliegen seiner Politik gemacht hat.

Dabei stieß das Konzept der menschlichen Sicherheit jedoch auch auf Widerstand. So mussten Bezüge zur menschlichen Sicherheit, die auf Betreiben Japans oder des Netzwerkes für menschliche Sicherheit in verschiedenen Resolutionen der Vereinten Nationen vorgeschlagen wurden, letztlich wieder entfernt werden, da bestimmte souveränitätsorientierte Entwicklungsländer gegen das Konzept Vorbehalte haben. Diese Länder stellen einen Bezug zwischen dem Konzept der menschlichen Sicherheit und der Doktrin der humanitären Intervention her, bzw. sehen darin nur eine neue Verpackung für das Anliegen einer liberalen humanitären Ordnung.[35] Ihr Verdacht erhielt durch den von Kanada initiierten Bericht über die „responsibility to protect" neuen Auftrieb, obwohl dieser Bericht gerade durch Kriterien dem Einsatz des Instruments der humanitären Intervention Schranken setzen will und diese nur als letztes Mittel zum Schutz von Menschen, zum Beispiel gegen einen Genozid zulässt.[36]

Dies ist insbesondere dann von Bedeutung, wenn eine Handlungsunfähigkeit des Sicherheitsrates vorliegt, wie dies auch von Delbrück bereits im Jahr 1999 aufgezeigt wurde.[37] Bereits dort sowie an anderen Orten weist Delbrück auch auf das Problem der völkerrechtlichen Behandlung des internationalen Terrorismus hin und zwar sowohl was die Frage des Gewaltverbots als auch der Menschenrechte betrifft.[38] Diese Fragen sind auch unter dem Gesichtspunkt der menschlichen Sicherheit zu sehen, da hier einerseits das Konzept der militärischen Sicherheit weitgehend versagt und der auf der Gewährleistung der Menschenrechte basierende Ansatz der menschlichen Sicherheit in seiner präventiven Wirkung gegen das Phänomen des Terrorismus von Bedeutung ist.[39]

Der Widerstand gegen das Konzept der humanitären Intervention war auch schon im Zusammenhang mit dem Bericht der Kommission für menschliche Sicherheit spürbar, der in den Vereinten Nationen keinen offiziellen Rahmen fand

---

[35] Vgl. *Owen* (Fn. 26), 379.

[36] International Commission on Intervention and State Sovereignity (Fn. 12), 53 ff.

[37] Siehe *Delbrück*, Effektivität des UN-Gewaltverbots, Zur Effektivität völkerrechtlicher Vertragsregime am Ende des 20. Jahrhunderts, Die Friedens-Warte 74 (1999), 1 f. (139 ff., 154 f.).

[38] Siehe *Delbrück* (Fn. 37), 156 sowie *Delbrück,* The Fight Against Global Terrorism: Self-Defense or Collective Security as Internationnal Police Action? Some Comments on the International Legal Implications of the „War Against Terrorism", GYIL 44 (2001), 9 ff. und *ders.,* Safeguarding Internationally Protected Human Rights in National Emergencies: New Challenges in View of Global Terrorism, in: Bröhmer/Bieber/Calliess/Langenfeld/ Weber/Wolf (Hrsg.), Internationale Gemeinschaft und Menschenrechte – Festschrift für Georg Ress zum 70. Geburtstag am 21. Januar 2005, 2005, 35 ff.

[39] Siehe *Benedek,* Human Security and Prevention of Terrorism, in: Benedek/Yotopoulos-Marangopoulos (Hrsg.), Anti-Terrorist Measures and Human Rights, 2004, 171 ff.

und auch nicht breit rezipiert wurde. Es ist wahrscheinlich nicht überraschend, dass ein Konzept, das die Sicherheit des Einzelmenschen radikaler als zuvor in den Mittelpunkt stellt, von Staaten, die keinen besonderen Hintergrund im Bereich Menschenrechte und Demokratie aufweisen, argwöhnisch betrachtet wird. Dies zeigte sich in den letzten Jahren auch in der Arbeit der Menschenrechtskommission der Vereinten Nationen. Dieser Widerstand macht die Bedeutung des neuen Ansatzes nur noch größer.

Das Konzept der menschlichen Sicherheit hat die Stärkung der „rule of law", der Herrschaft des Rechts in den internationalen Beziehungen zum Ziel und unterstützt damit die Entwicklung des Völkerrechts. Es sieht das Völkerrecht vor allem als Instrument der Prävention, des Schutzes und der Verwirklichung internationaler politischer Strategien und Verpflichtungen. Dies kommt etwa im Bereich der Menschenrechte zum Ausdruck, die sowohl als Ziel als auch als Mittel der menschlichen Sicherheit von zentraler Bedeutung sind.[40] Hier geht es nicht nur um die Achtung der Menschenrechte durch die Staaten, sondern auch um ein „empowerment", einer Befähigung des Individuums zur Verwirklichung seiner Rechte und somit um einen emanzipatorischen Aspekt, der zum Beispiel in den Frauen- und Kinderrechten besonders deutlich wird.

Im Hinblick auf die Entwicklung neuer völkerrechtlicher Standards hat der Ansatz der menschlichen Sicherheit die multilaterale Diplomatie unterstützt und zur Bekräftigung und Stärkung bestehender sowie der Schaffung neuer multilateraler Standards beigetragen, was im Hinblick auf Relativierungstendenzen im Gefolge des Kampfes gegen den Terrorismus und des Feldzuges gegen den Irak von zusätzlicher Bedeutung ist.[41] Insbesondere lässt sich jedoch eine eindrucksvolle Liste von internationalen Konventionen und Protokollen anführen, welche direkt oder indirekt vom Konzept der menschlichen Sicherheit beeinflusst wurden, wie insbesondere die Internationale Konvention gegen Antipersonenminen (1997), das Statut des Internationalen Strafgerichtshofes (1998), das Protokoll über die Beteiligung von Kindern in bewaffneten Konflikten (2000), das Protokoll über Kinderhandel, Kinderprostitution und Kinderpornographie (2000), die Konvention gegen transnationales organisiertes Verbrechen (2000), das Protokoll über Frauen- und Kinderhandel (2000) und das Protokoll zur Antifolterkonvention der Vereinten Nationen über ein internationales Besuchssystem für Orte der Festhaltung (2002).

IV. Schlussfolgerungen

Die Erweiterung und Vertiefung des Konzeptes von Frieden und Sicherheit, die insbesondere seit dem Ende des Kalten Krieges zu beobachten sind, boten das

---

[40] Vgl. *Sicilianos*, The Prevention of Human Rights Violations, 2001.

[41] Siehe die Beiträge und Fallstudien in *McRae/Hubert* (Hrsg.), Human Security and the New Diplomacy, Protecting People, Promoting Peace, 2001.

geeignete Umfeld für die Entwicklung des Konzeptes der menschlichen Sicherheit, das in seinen Grundzügen der Freiheit von Angst und Not jedoch in die Zeit der Grundlegung des Systems der Vereinten Nationen vor den Kalten Krieg zurück reicht. Die Verbindung der menschlichen Sicherheit mit den Menschenrechten und der menschlichen Entwicklung beschreibt eine neue Sichtweise eines auf den Menschen und dessen Bedrohungen bezogenen Sicherheitskonzeptes und ergänzt damit analoge Vorgänge im Bereich der Menschenrechte und der nachhaltigen menschlichen Entwicklung auch im Bereich der Sicherheit und des Friedens.

Der Schwerpunkt auf der Prävention und Maßnahmen *ex ante* entspricht der Erfahrung der weit höheren Kosten von *ex post* gesetzten Maßnahmen zur Beendigung der Gewalt und anderer Bedrohungen des Menschen. Das Problem der Mobilisierung des dafür nötigen politischen Willens kann durch eine Koalition von staatlichen und nicht-staatlichen Akteuren und die Beteiligung einer noch im Aufbau befindlichen globalen Zivilgesellschaft eher erfolgen als durch rein zwischenstaatliche Verfahren. Dies hat eine Stärkung der Rolle nicht-staatlicher Akteure zur Folge.[42]

Das Konzept der menschlichen Sicherheit stellt einen wesentlichen Beitrag zur Friedenssicherung auf Grundlage eines inklusiven Völkerrechts dar, das neue, effektivere Zugänge für die Prävention und Bewältigung von Konflikten erschließt.

Der spezifische Ansatz der menschlichen Sicherheit kann als ein umfassender statt sektoraler, ein partizipativer statt exklusiver und ein präventiver statt reaktiver Ansatz charakterisiert werden. Seine Verwirklichung bedeutet eine neue Qualität der Zusammenarbeit in den internationalen Beziehungen, die nicht ohne Widerstände erreichbar sein wird.

Eine Schwäche des Konzeptes der menschlichen Sicherheit liegt in seiner Breite und seinen verschiedenen Ausprägungen in der Praxis. Die Ausrichtung auf den Menschen anstelle des Staates oder der Nation ist ein strategischer Vorzug des Konzeptes. Eine weitere inhaltliche Stärke des Konzeptes der menschlichen Sicherheit ist seine Fähigkeit, die realen Bedrohungen der Sicherheit des Menschen umfassender abzubilden.

Die Stärkung der Herrschaft des Rechts durch das Konzept der menschlichen Sicherheit als auch des völkerrechtlichen Grundsatzes internationaler Zusammenarbeit zur Lösung von den die Menschen bedrohenden Problemen stellt ein bedeutendes Gegengewicht zu neuen unilateralistischen Ansätzen dar. Dies gilt auch für

---

[42] Vgl. die Beiträge in *Hofmann* (Hrsg.), Non-State Actors as New Subjects of International Law, International Law – From the Traditional State Order Towards the Law of the Global Community, Proceedings of an International Symposium of the Kiel Walther-Schücking-Institute of International Law, March 25 to 28, 1998, 1999 sowie *Benedek,* The Emergencing Civil Society: Achievements and Prospects, in: Rittberger/Nettesheim/Rieth (Hrsg.), Changing Patterns of Authority in the Global Political Economy, 2005, im Druck.

eine neue Welle des Souveränitätsdenkens im Bereich der Menschenrechte und die Begründung von Einschränkungen der Menschenrechte mit dem Kampf gegen den Terrorismus, wo der Gesichtspunkt der menschlichen Sicherheit zu anderen Ansätzen und zur Begrenzung der neuen Einschränkungen beiträgt.

Schließlich bietet die Verbindung von „good governance" auf nationaler Ebene mit den Anforderungen an eine partizipative „globale governance" auf internationaler Ebene auf Grundlage von Menschenrechten und Demokratie die Perspektive einer Stärkung der demokratischen Legitimität des internationalen Systems.

Der völkerrechtliche Schutz der Menschenrechte: Texte, Institutionen, Realitäten

Von Rudolf Bernhardt

Jost Delbrück hat sich nicht nur in herausragender Weise mit den Normen und Prinzipien des Völkerrechts beschäftigt, sondern seine Aufmerksamkeit auch der Realität der internationalen Beziehungen gewidmet.[1] So mag es erlaubt sein, einige Betrachtungen darüber anzustellen, ob und wie bei dem internationalen Schutz der Menschenrechte Normen und Fakten zueinander passen. Es handelt sich um einen Versuch, in zweifellos vereinfachenden Betrachtungen einige Zweifel und Sorgen darüber zu artikulieren, ob nicht Normen und Realitäten in auffälliger Weise auseinanderklaffen.

I. Texte, Normen

Es gibt wohl kaum eine Materie, die in gleichem Umfang wie die Menschenrechte durch völkerrechtliche Verträge umhegt wird. Auf universeller Ebene wurden im Gefolge der Menschenrechtserklärung der Vereinten Nationen von 1948 die beiden UN-Pakte erarbeitet und abgeschlossen, die inzwischen für die große Mehrheit der Staaten in Kraft sind. Hinzugekommen sind im Laufe der Zeit verschiedene Konventionen zum Schutz einzelner Rechte oder Personengruppen: Die Konventionen gegen Völkermord, gegen rassische Diskriminierung, gegen Folter, zum Schutz der Frauen, zum Schutz der Kinder, u. a. m.

Die Zahl regionaler Konventionen ist kaum geringer. Die Europäische Menschenrechts-Konvention von 1950 führt die Liste an. Die Europäische Sozial-Charta, die Europäische Anti-Folter-Konvention und andere Texte, meist im Rahmen des Europarats ausgearbeitet und angenommen, kommen hinzu. Die amerikanische Menschenrechts-Konvention, die afrikanische Charta für die Rechte der Menschen und Völker gelten für viele Staaten zweier anderer Kontinente. Es gibt auch Bemühungen, im Rahmen der Arabischen Liga den Menschenrechtsschutz auszubauen. So gibt es, wenn wir von Asien als Kontinent absehen, fast die ganze Welt erfassende regionale Absprachen.

---

[1] Siehe z. B. *Delbrück,* The Fight against Global Terrorism: Self-Defence or Collective Security as International Police Action? Some Comments on the International Legal Implications of the „War against Terrorism", German Yearbook of International Law 44 (2001), 9–24.

Viele völkerrechtlich unverbindliche Texte kommen hinzu. Resolutionen der Vereinten Nationen und regionaler Organisationen, etwa des Europarats und der Organisation amerikanischer Staaten, widmen sich dem Schutz der Menschenrechte. Die Helsinki-Akte von 1975 und spätere Erklärungen der Konferenz/Organisation für Sicherheit und Zusammenarbeit in Europa haben mit ihren Menschenrechts-Proklamationen politisch große Wirkungen gezeitigt.

Auf die humanitären Vorschriften für bewaffnete Konflikte kann hier nur mit einem Satz hingewiesen werden.

Nach ganz überwiegender Ansicht ist der Kern der Menschenrechte auch völkergewohnheitsrechtlich geschützt. Einige Garantien werden zum *ius cogens* gezählt. Das Verbot willkürlicher Verletzungen des Rechts auf Leben, das Verbot von Folter und unmenschlicher Behandlung sollten hierzu gerechnet werden, auch das Verbot willkürlicher Inhaftierung oder längerer Freiheitsentziehung ohne richterliche Kontrolle gehören zum Kern der Menschenrechte. Wie steht es mit der Gewissensfreiheit, einer völligen Versagung der Meinungs- und Pressefreiheit, dem Recht auf Respektierung des Kernbereichs der Privatsphäre? Natürlich muss für jedes Grundrecht genauer untersucht werden, wie weit die völkervertraglichen und die völkergewohnheitsrechtlichen Garantien reichen, aber dass es solche Garantien in großem Umfang gibt, kann nicht ernsthaft bestritten werden.

Eine Feststellung lässt sich nach dieser Skizze uneingeschränkt treffen: Die Menschenrechtssituation in einem Staat gehört keinesfalls zu den ausschließlichen inneren Angelegenheiten dieses Staates, die von der Staatengemeinschaft zu respektieren sind. Das gilt für alle staatlichen Akte, auch für die Terrorbekämpfung. Der vielfache und vielfältige völkerrechtliche Schutz der Menschenrechte hat diesen zu einem Gegenstand gemacht, dessen Respektierung dritte Staaten, internationale Organisationen und die internationale Gemeinschaft insgesamt kontrollieren und einfordern dürfen. Das heißt natürlich nicht, dass alle denkbaren Mittel eingesetzt werden dürfen, um Menschenrechtsverletzungen entgegenzutreten. Natürlich gilt prinzipiell das Gewaltverbot, wobei hier zur Zulässigkeit humanitärer Interventionen in Fällen besonders gravierender Menschenrechtsverletzungen nicht Stellung genommen werden soll. Natürlich eignet sich das Repressalienrecht allenfalls in engen Grenzen zur Einflussnahme dritter Staaten auf Menschenrechtsverletzungen. Natürlich müssen auch andere Maßnahmen genauer auf ihre Zulässigkeit sowohl nach allgemeinem Völkerrecht als auch nach dem jeweils anwendbaren Vertragsrecht geprüft werden. Hier geht es nur darum festzustellen, dass die immer wieder artikulierte Berufung auf den *domaine réservé* der Staaten bei Verstößen gegen die Menschenrechte kategorisch als rechtlich nicht haltbar zurückzuweisen ist. Der Ständige Internationale Gerichtshof hat schon vor vielen Jahrzehnten erklärt, der Bereich der inneren Angelegenheiten der Staaten sei relativ und ändere sich je nach dem Fortschreiten völkerrechtlicher Normierungen.[2] Das gilt nicht zuletzt für den Schutz der Menschenrechte im heutigen Völkerrecht.

---

[2] PCIJ, *Nationality Decrees Issued in Tunis and Morocco*, Advisory Opinion of February 7th, 1923, Publications Series B, No. 4, 24.

II. Institutionen

Das Besondere der Verträge zum Schutz der Menschenrechte, verglichen mit anderen zwischenstaatlichen Vereinbarungen, liegt darin, dass sie den Schutz von Individuen gegen Übergriffe der Staatsgewalt anstreben und es in der Regel keine dritten Staaten gibt, deren Rechte betroffen sind und die ein eigenes Interesse daran haben, Verletzungen der Menschenrechts-Konventionen zu rügen. Nicht selten gibt es sogar unheilige Allianzen, wenn etwa der eine Staat im Hinblick auf eigenes Fehlverhalten vor Menschenrechtsverletzungen in einem anderen Staat die Augen verschließt. Auch die Forderung, sich nicht in die inneren Angelegenheiten eines anderen Staates einzumischen, gehört zu den gängigen Abwehr-Strategien.

Angesichts dieser und anderer Erfahrungen sind immer mehr Institutionen geschaffen worden, die die Respektierung der Menschenrechte überwachen und Verletzungen gegebenenfalls rügen können und sollen. Dabei steht die Einsicht Pate, dass Kontrollen durch unabhängige Gremien und Institutionen oft unabdingbar sind, wenn die Menschenrechtsgarantien nicht tote Buchstaben bleiben sollen. Die mittlerweile zahlreichen Institutionen lassen sich grob in die folgenden Kategorien unterteilen: (1) Nichtstaatliche, oft selbst ernannte Organisationen wie Amnesty International. Dass sie keine verbindlichen Entscheidungen treffen können, ist selbstverständlich, doch können sie – und haben sie bisher – wesentlich dazu beigetragen, dass Menschenrechtsverletzungen publik wurden (und manchmal wohl auch korrigiert wurden). Die Rolle des Internationalen Roten Kreuzes innerhalb und außerhalb bewaffneter Konflikte lässt sich vielleicht dieser Kategorie zuordnen, doch ist das nicht unproblematisch, da sowohl das Gebot der Unparteilichkeit als auch die völkerrechtliche Verankerung des Roten Kreuzes für seine Sonderstellung sprechen. (2) Von den Staaten – nicht selten im Rahmen internationaler Organisationen – gebildete Kommissionen nehmen sich zuweilen ohne ausdrückliche vertragliche Grundlage des Schutzes der Menschenrechte an. Hierher gehören die vom Wirtschafts- und Sozialrat der Vereinten Nationen gebildete Menschenrechtskommission oder die UNESCO-Verfahren. Abgesehen davon, dass in manchen Gremien die Politik weit vor der rechtlichen Betrachtung rangiert, ist es zweifelsfrei, dass rechtlich verbindliche Entscheidungen in derartigen Verfahren in der Regel nicht möglich sind. Letzteres gilt prinzipiell auch für Ombudspersonen, die verschiedentlich zum Schutz von Menschenrechten eingesetzt wurden. (3) Kontrollinstanzen, die vertraglich vorgesehen sind, doch ebenfalls keine rechtlich verbindlichen Entscheidungen treffen können, sind eine verbreitete Erscheinung im internationalen Menschenrechtsschutz. Sie haben nicht selten zwei unterschiedliche Kompetenzen, die Prüfung periodisch zu erstattender Staatenberichte über die Menschenrechtssituation in den beteiligten Staaten und die Entgegennahme und Prüfung von Individualbeschwerden. Manchmal ist nur die Prüfung von Staatenberichten vorgesehen, manchmal erfordert die Kompetenz für die Prüfung von Individualbeschwerden eine gesonderte Erklärung der Staaten. Komitees, die in diese Kategorie fallen, kennen die Konventionen gegen rassische Diskriminierung, die Menschenrechtspakte der Vereinten Nationen, die Konventionen zum Schutz der

Frauen und von Kindern. Regionale Menschenrechtskommissionen, wie sie für Europa (nun hinfällig), Amerika und Afrika geschaffen wurden, gehören ebenfalls hierher. (4) Schließlich gibt es internationale Gerichte zum Schutz der Menschenrechte, die verbindlich über behauptete Menschenrechtsverletzungen entscheiden, in Europa, im inter-amerikanischen System und nun auch (vorerst nur auf dem Papier) in Afrika.

Es gibt also nicht nur ein weltumspannendes Netz völkerrechtlicher Texte zum Schutz der Menschenrechte, sondern auch zahlreiche Institutionen, die zur Kontrolle geschaffen wurden, und eine umfangreiche Tätigkeit dieser Institutionen. Dass sie meist keine rechtsverbindlichen Entscheidungen fällen dürfen, muss kein gravierender Mangel sein – falls die nationale und die internationale Praxis bereit wären, den Texten und den Feststellungen der Institutionen zu folgen.

III. Prinzipielle Spannungen zwischen Texten und Realitäten

Wenn die Realität mit den Menschenrechtstexten durchweg im Einklang stünde, hätten wir universell einen hohen Menschenrechtsstandard erreicht. Die große Mehrheit der Staaten würde die Menschenrechte respektieren, eine beträchtliche Mehrheit der Menschen auf der Erde könnte die garantierten Freiheiten genießen. Der 1976 in Kraft getretene Pakt der Vereinten Nationen über bürgerliche und politische Rechte bindet über 150 Staaten. Dazu gehören Staaten aus allen Kontinenten und mit den unterschiedlichsten politischen Regimen. Afghanistan ist seit 1983 Partner. Die Sowjet-Union, Weißrussland und die Ukraine haben den Pakt schon 1973 ratifiziert. Iran und Irak haben ebenfalls schon vor dem Inkrafttreten ratifiziert, dasselbe gilt für Libyen und Syrien. Der Kongo ist seit 1983 an den Pakt gebunden, Indien seit 1979. Der Jemen ist seit 1987, Zimbabwe seit 1991 Vertragspartner.

Die UN-Konvention gegen „Torture and Other Cruel, Inhuman or Degrading Treatment or Punishment" ist seit 1987 in Kraft und bindet inzwischen etwa 140 Staaten, darunter Belarus, China, Indonesien, Russland, das Vereinigte Königreich und die Vereinigten Staaten von Amerika.

Wir nennen die speziell erwähnten Staaten nur deshalb, um den weiten Geltungsbereich der Konvention deutlich zu machen, eine konventionswidrige Realität in diesen Staaten wird damit natürlich nicht behauptet.

Der UN-Pakt über bürgerliche und politische Rechte enthält einen umfang- und detailreichen Grundrechtskatalog, er garantiert nahezu alle klassischen Freiheitsrechte. Artikel 3 fordert gleiche Rechte für Männer und Frauen. Artikel 9 Abs. 3 fordert:

> „Anyone arrested or detained on a criminal charge shall be brought promptly before a judge or other officer authorized by law to exercise judicial power and shall be entitled to trial within a reasonable time or to release."

Artikel 12 Abs. 2 sagt: „Everyone shall be free to leave any country, including his own". Gedanken-, Gewissens- und Religionsfreiheit werden in Art. 18 geschützt, Meinungsfreiheit, Versammlungsfreiheit und Vereinigungsfreiheit in den Artikeln 19, 21 und 22 garantiert. Artikel 25 gibt allen Bürgern das Recht,

„to vote and to be elected at genuine periodic elections which shall be by universal and equal suffrage and shall be held by secret ballot, guaranteeing the free expression of the will of the electors".

Die Anti-Folter-Konvention der Vereinten Nationen enthält in Art. 2 Abs. 2 eine generelle Aussage:

„No exceptional circumstances whatsoever, whether a state of war or a threat of war, internal political instability or any other public emergency, may be invoked as a justification of torture."

Wenden wir uns nun der Frage zu, wo Anlass besteht, ein Auseinanderklaffen von Normen und Realität anzunehmen. Dabei handelt es sich natürlich nicht um die Tatsache, dass in allen Staaten in Einzelfällen Menschenrechtsverletzungen vorkommen. Der einen Verhafteten misshandelnde Polizist, das fehlerhafte und zu lange dauernde Gerichtsverfahren, die Unterdrückung einer der Obrigkeit missliebigen Publikation, die Auflösung einer friedlichen Versammlung sind Erscheinungen, die in einer mangelhaften Welt nicht ganz zu eliminieren sind, hier können internationale Kontrollen durch unabhängige Organe am ehesten wirken und Abhilfe im Einzelfall schaffen. Das Problem, das uns vor allem beschäftigt, betrifft das Auseinanderklaffen von Völkerrechtsnorm und Realität nicht im Einzelfall und als Ausnahme, sondern als generelle Erscheinung in der Staatenwelt. Dabei bedarf es natürlich einiger Differenzierungen.

Wenn man sich den Inhalt der 1976 in Kraft getretenen Menschenrechtspakte der Vereinten Nationen und die Liste der gebundenen Staaten ansieht, kommen Zweifel, ob manche der ratifizierenden Staaten jemals die Absichten hatten, ihre Rechtsordnungen den völkerrechtlichen Verpflichtungen anzupassen. Die damals kommunistischen Staaten haben frühzeitig ratifiziert, aber sicher nicht beabsichtigt, die individuelle Freiheiten in vielerlei Hinsicht beschränkenden Regime zu ändern oder aufzugeben. Manche afrikanischen und asiatischen Staaten hatten oder haben nach nahezu allen verfügbaren Quellen kein funktionierendes und unabhängiges Rechtsschutzsystem. Manche Regime in arabischen Staaten geben der Shariah Vorrang vor „westlichen" Menschenrechtsgarantien. Ist die Annahme abwegig, dass die Ratifizierung von Menschenrechtspakten nicht selten in erster Linie ein politisch für opportun gehaltener Schritt war, und die jeweiligen Regierungen es sich stillschweigend (zuweilen auch ausdrücklich) vorbehielten, die Pakte nach ihrem Verständnis auszulegen und anzuwenden? Menschenrechtsschutz nach Maßgabe der eigenen (Rechts-)Ordnung ungeachtet aller völkerrechtlichen Verpflichtungen als Maxime? Vieles spricht dafür, diese Fragen dahin zu beantworten, dass oft kein ernsthafter Wille bestand, die Realitäten den Normen anzupassen. Damit stimmt auch die Beobachtung überein, dass sich zuweilen die Menschenrechtspraxis eines Staates nach der Ratifizierung eines einschlägigen

Vertrages verschlechtert hat,³ da man offenbar dieser Ratifizierung eine Alibi-Funktion beimaß.

Der Europarat hat sich seit etwa 15 Jahren intensiver bemüht, Normen und Fakten bei dem europäischen Menschenrechtsschutz zusammenzuführen. Diese Bemühungen stehen im Zusammenhang mit dem Ende des Ost-West-Konfliktes und dem Wunsch nahezu aller mittel- und osteuropäischen Staaten, in den Europarat aufgenommen zu werden. Die bisherigen Mitgliedstaaten des Europarates waren zur Aufnahme bereit, aber unter der Bedingung, dass die Beitrittskandidaten die Menschenrechte respektieren und dies durch Ratifizierung der Europäischen Menschenrechtskonvention bekräftigen. Die Staaten waren regelmäßig hierzu bereit. In einem mehrstufigen Verfahren prüften sodann die Organe des Europarats, insbesondere die Parlamentarische Versammlung, die Menschenrechtssituation in den betroffenen Staaten, sie holte dazu Berichte von unabhängigen Experten ein, und zwar von noch aktiven oder ehemaligen Mitgliedern der Europäischen Kommission und des Europäischen Gerichtshofs für Menschenrechte. Die Experten erstatteten einen Bericht zur Menschenrechtslage im jeweiligen Staat, der nicht selten noch erheblichen Verbesserungsbedarf konstatierte, aber meist zugleich die bestehenden Reformbemühungen unterstrich. In allen Fällen wurden die Beitrittskandidaten schließlich aufgenommen, die bisherigen Mitglieder des Europarats und seine Organe stellten dabei noch bestehende Bedenken zurück und folgten dem Prinzip Hoffnung, nämlich der Hoffnung, dass Mängel im Menschenrechtsbereich eher bei einer Mitgliedschaft im Europarat als beim Fernbleiben ausgeräumt werden könnten. Die neuen Mitgliedstaaten erhielten in der Regel eine Übergangsfrist, nach deren Ablauf die Europäische Menschenrechtskonvention ratifiziert werden sollte; das ist dann auch in allen Fällen geschehen. Mit der Ratifikation der Konvention sind nunmehr alle Staaten dieser Konvention und der Jurisdiktion des Europäischen Gerichtshofs für Menschenrechte unterworfen. Ist der soeben skizzierte Versuch, Normen und Realitäten zusammenzuführen, gelungen? Zweifel sind angebracht. Entsprechen das Gerichtssystem und die Gerichtspraxis in allen neuen Mitgliedstaaten des Europarats den Verpflichtungen der Europäischen Menschenrechts-Konvention? Steht die Situation in den Gefängnissen im Einklang mit der Konvention, wenn man berücksichtigt, dass der Europäische Gerichtshof für Menschenrechte manche Haftbedingungen als Verstoß gegen Art. 3 der Konvention, das Verbot unmenschlicher Behandlung, angesehen hat.[4] Wie steht es mit der Meinungs-, der Versammlungsfreiheit, dem Eigentumsschutz? Die Hoffnung, der Europäische Gerichtshof für Menschenrechte könne noch bestehende Mängel korrigieren, schwindet, wenn man feststellt, dass Zehntausende von Beschwerden auf eine Entscheidung warten und etwa Russland, das

---

[3] Vgl. *Tomuschat,* Human Rights: Between Idealism and Realism, 2003, 61 („Through ratification of such instruments [key human rights instruments], governments show to the outside world that they belong to the group of ‚good countries', a gesture which removes them for a while from the sharp forms of international attention.").

[4] Urteile aus neuerer Zeit u. a.: EGMR, *Peers v. Greece,* Judgment of 19 April 2001, Reports 2001-III, 277; *Kalashnikov v. Russia,* Judgment of 15 July 2002, Reports 2002-VI, 95.

Völkerrechtlicher Schutz der Menschenrechte: Texte, Institutionen, Realitäten 43

seit 1998 der Jurisdiktion des Gerichtshofs unterworfen ist, bisher nur in wenigen Fällen von meist geringerer Bedeutung effektiv in Straßburg kontrolliert wurde.

Dies sind Fragen, für die zurzeit eine klare Antwort kaum möglich ist. Wenden wir uns nun noch einigen Sachverhalten zu, bei denen die Diskrepanz zwischen Norm und Realität offensichtlich und zugleich besonders besorgniserregend erscheint.

IV. Beispiele gravierender Diskrepanzen zwischen Norm und Realität

Das Recht auf Leben, das Verbot von Folter und unmenschlicher Behandlung, das Verbot willkürlicher Inhaftierung und der Freiheitsentziehung ohne richterliche Kontrolle gehören zum Kern der Menschenrechte und ihrer völkerrechtlichen Verankerung. Das geht so eindeutig aus allen einschlägigen Texten hervor, dass darüber kein Streit bestehen sollte. Doch die Realitäten sprechen eine andere Sprache.

Die genannten Menschenrechte gelten, jedenfalls den Texten nach, auch bei der Bekämpfung des Terrorismus und von Terroristen. Es gibt auch kein seriöses rechtliches Argument, dass diese Menschenrechte bei der Terrorismusbekämpfung zurückstehen müssen, nach der Devise *inter arma silent leges*. Etliche internationale Konventionen kennen Notstandsklauseln, die gewisse Grundrechtsbeschränkungen erlauben, doch nicht beim Verbot der Folter. Es ist auch bemerkenswert, dass die Notstandsklauseln bei der Terrorismusbekämpfung kaum je ausdrücklich in Anspruch genommen wurden, wohl deshalb, weil man dann auch ihre Modalitäten und Grenzen beachten müsste. Es scheint jedenfalls bei einigen Regierungen die Ansicht zu bestehen, dass man bei der Bekämpfung des Terrorismus beliebig, d. h. im Grunde willkürlich handeln dürfe und rechtlich nicht gebunden sei.[5]

Vertragspartner der Europäischen Menschenrechts-Konvention sind damit auch an Art. 2, das Gebot zur Beachtung des Rechts auf Leben, gebunden. Nach zuverlässigen Berichten, auch aus russischen Quellen, sind Tausende von Menschen in Tschetschenien verschwunden und viele von ihnen nachweislich tot, sie wurden nicht selten von Uniformierten aus ihren Häusern geholt, ohne je wieder aufzutauchen. Eine offizielle Version scheint dahin zu gehen, dass Terroristen für die Entführungen verantwortlich sind. Eben dieses Argument wurde früher auch von der türkischen Regierung in Straßburg vorgebracht, hinsichtlich mancher Vorgänge im von Kurden bewohnten Gebiet der Türkei. In nun schon ständiger Rechtsprechung

---

[5] Die FAZ vom 30.8.2004 berichtet über eine Tagung der Internationalen Juristenkommission im Zusammenhang damit, dass führende Rechtsberater des amerikanischen Justizministeriums „in einem Memorandum für das Weiße Haus ernstlich so gut wie alle Rechte und internationalen Verpflichtungen der Vereinigten Staaten zur Disposition des Präsidenten stellen, wenn dies nur dem Kampf gegen den Terror dient …". Über ähnliche Äußerungen und Vorgänge wird daselbst aus Pakistan und Kolumbien berichtet. S. jetzt auch *Bilder/ Vagts*, Speaking Law to Power: Lawyers and Torture, AJIL 98 (2004), 689–695.

hat der Europäische Gerichtshof für Menschenrechte entschieden, dass Art. 2 der Europäischen Menschenrechtskonvention es auch gebietet, dass der Staat mögliche Verletzungen des Rechts auf Leben untersucht. Hat Russland nicht in Tausenden von Fällen Art. 2 der Konvention verletzt, weil entweder das russische Militär für die Entführungen verantwortlich ist oder zumindest nichts nachweisbar unternommen wurde, diese Entführungen aufzuklären und Schuldige zu bestrafen? Es spricht viel dafür, diese Frage zu bejahen. Zutiefst beunruhigend sind auch Berichte, dass Beschwerdeführer, die wegen der Vorgänge in Tschetschenien den Europäischen Gerichtshof für Menschenrechte anrufen, behindert bzw. mundtot gemacht werden.[6] In gefestigter Rechtsprechung hat der Gerichtshof entschieden, dass ein Staat Art. 34 der Konvention verletzt, wenn er die Einlegung und weitere Verfolgung von Individualbeschwerden in Straßburg behindert.[7] Auch insoweit spricht viel dafür, dass zahlreiche Verletzungen der Konvention vorliegen. Auf einem anderen Blatt steht, dass von den 45 Mitgliedern des Europarates kein Staat bisher bereit war, Staatenbeschwerde (Art. 33 der Konvention) wegen der Menschenrechtsverletzungen in Tschetschenien einzulegen.[8] Staatsräson geht offenbar vor Menschenrechtsschutz.

Das Verbot von Folter, von unmenschlicher und erniedrigender Behandlung ist so nachdrücklich in völkerrechtlich bindenden Konventionen enthalten, dass man seine weltweite Anerkennung und Respektierung annehmen könnte. Doch manche Nachrichten sprechen eine andere Sprache. Vorgänge in irakischen Gefängnissen haben weltweit Aufsehen erregt und Abscheu hervorgerufen.[9] Der Verurteilung der Taten und der Täter in den bekannt gewordenen Fällen steht die Tatsache gegenüber, dass Versuche zur Rechtfertigung von Folter jedenfalls in Ausnahmesituationen zunehmen. Dabei geht es nicht um den Extremfall, dass die Androhung oder auch Anwendung von Folter ein anderes, konkret bedrohtes Menschenleben retten könnte, sondern um eine vorbeugende Bekämpfung von Terrorgefahren.

---

[6] Berichte über Feststellungen von Amnesty International in: Le Monde, 7./8.11.2004 und FAZ, 25.11.2004 (Verschwinden von Personen nach der Anrufung des Europäischen Gerichtshofs für Menschenrechte).

[7] Siehe zuletzt: *Case of Ilaşcu and others v. Moldova and Russia,* Judgment of 8 July 2004, 108–110, wo der EGMR zum Verhalten der russischen Regierung wie folgt Stellung nahm: „... such conduct on the part of the Government of the Russian Federation represented a negation of the common heritage of political traditions, ideals, freedom and the rule of law mentioned in the Preamble to the Convention and were capable of seriously hindering its examination of an application lodged in exercise of the right of individual petition and thereby interfering with the right guaranteed by Article 34 of the Convention itself."

[8] Im Jahre 2000 hat die Parlamentarische Versammlung des Europarats die Mitgliedstaaten aufgefordert, Staatenbeschwerden gegen Russland wegen seines Vorgehens in Tschetschenien einzulegen (Recommendation 1456), doch die Aufforderung blieb ohne Erfolg. Siehe auch *Francis,* La Tchétchénie. Un défi au sein du Conseil de l'Europe, Revue de droit international et de droit comparé 2004, 123–168.

[9] Siehe *Gardner,* U.S. Abuse of Prisoners and the Need for International Law, The Federalist Debate, No. 2, July 2004, 20: „The abuses of prisoners in Iraq by U.S. personnel are clear violations of multiple international legal commitments of the U.S. ...".

Wenn das Verbot der Folter in diesen Fällen prinzipiell in Frage gestellt wird, ist der Rückfall in die Barbarei nahe.

Das alles hat auch mit dem Gebot gerichtlichen Rechtsschutzes zu tun. In allen einschlägigen völkerrechtlichen Konventionen ist verankert, dass Freiheitsentziehungen nur unter gerichtlicher Kontrolle und nur aus enumerativ aufgeführten Gründen erfolgen dürfen. Die Inhaftierung von Personen auf Guantánamo Bay ist mit diesen Prinzipien schlechterdings unvereinbar.[10]

V. Ausblick

Wenn unsere skizzenhafte Bestandsaufnahme zutrifft, sind Sorgen über den internationalen Schutz der Menschenrechte angebracht. Texte und geschriebene Normen gibt es genug, doch ihre Befolgung und Durchsetzung ist alles andere als befriedigend. Angesichts mancher Reaktionen auf die Bedrohung durch Terrorismus zeigen sich neue Gefahren für den Menschenrechtsschutz ab, der zwischen Gefahr und Überreaktion zerrieben werden könnte.

---

[10] Siehe nur *Thürer,* Guantánamo: Ein „Legal Black Hole" oder ein System sich überschneidender und überlagernder „Rechtskreise"?, Schweizerische Zeitschrift für Internationales und Europäisches Recht 2004, 1–7.

Nachhaltige Nutzung natürlicher Ressourcen und Menschenrechtsschutz

Von Ulrich Beyerlin

I. Einleitung

„Eradicating poverty is the greatest global challenge facing the world today and an indispensable requirement for sustainable development, particularly for developing countries".

Von dieser Einsicht ließ sich der Johannesburger Weltgipfel zur nachhaltigen Entwicklung von 2002 maßgeblich leiten.[1] Tatsächlich verfügen heute noch 2 ½ bis 3 Milliarden Menschen über weniger als US $ 2 pro Tag. Als extrem arm gelten Menschen, die mit weniger als US $ 1 pro Tag auskommen müssen. Ihre Zahl verringerte sich zwar in den letzten 25 Jahren beträchtlich, betrug 1998 aber immer noch 1,2 Milliarden.[2] Zur Verbesserung des Loses dieser Menschen appellierte der Johannesburger Plan of Implementation an die Staatengemeinschaft, auf allen Ebenen Anstrengungen zu unternehmen, um diese Zahl ebenso wie den Anteil der Menschen an der Weltbevölkerung, die Hunger leiden und keinen Zugang zu sauberem Trinkwasser und einfachen sanitären Anlagen haben,[3] bis zum Jahre 2015 zu halbieren.[4]

Es kann als Verdienst des Johannesburger Gipfels gelten, dass er erstmals darauf aufmerksam gemacht hat, dass der Raubbau an der Natur eine der Hauptursachen der epidemischen Armut in Entwicklungsländern ist. Die Schonung der natürlichen Ressourcen vor Ort ist daher eine unverzichtbare Komponente jeder

---

[1] So lautet der Eingangssatz in § 7 des am 4.9.2002 auf dem Johannesburger Gipfel einstimmig verabschiedeten Plan of Implementation. Siehe den Text dieses Dokuments, das für sich keine völkerrechtliche Verbindlichkeit beanspruchen kann, in: Report of the World Summit on Sustainable Development, UN Doc. A/CONF.199/20.

[2] Diese Zahlen sind dem World Development Report 2003 der Weltbank („Sustainable Development in a Dynamic World. Transforming Institutions, Growth, and Quality of Life"), 2003, 1 f., entnommen.

[3] Damit sind nur die sichtbarsten Armutssymptome genannt. Hinzu kommen epidemische Krankheitsbilder wie insbesondere Aids, aber auch gravierende Defizite etwa im Bereich der Schulbildung und der sozialen Sicherheit.

[4] § 7 (a) des Plans (Fn. 1), 9. Der Weltgipfel griff damit eine Forderung auf, die die UN-Generalversammlung bereits in § 19 ihrer Millennium-Deklaration vom 8.9.2000 (UN Doc. A 55/2) erhoben hatte.

Erfolg versprechenden Strategie zur Armutsbekämpfung.[5] Mit der Fokussierung der Debatte über nachhaltige Entwicklung auf die Armutsbekämpfung rückt das Los der in Armut lebenden Menschen in den Mittelpunkt des Interesses. Dies bringt bereits die Rio-Deklaration über Umwelt und Entwicklung von 1992 in ihrem ersten Prinzip mit der Feststellung zum Ausdruck: „Human beings are at the centre of concerns for sustainable development. They are entitled to a healthy and productive life in harmony with nature".[6] Dies legt die Frage nahe, ob nicht jeder einzelne Menschen das Recht haben sollte, für sich selbst einen angemessenen Zugang zu denjenigen natürlichen Ressourcen zu reklamieren, auf deren Nutzung er zur Befriedigung seiner elementaren Lebensbedürfnisse dringlich angewiesen ist.

Um diese Frage beantworten zu können, gilt es zunächst einmal einige Fakten zur Problematik der Ressourcennutzung in der Dritten Welt zusammenzutragen (II.) und zu klären, inwieweit die Staaten nach heutigem Umweltvölkerrecht zum schonenden Umgang mit ihren natürlichen Ressourcen wie Land und Boden, Wasser sowie Flora und Fauna verpflichtet sind (III.). Danach soll untersucht werden, ob es auf universeller oder regionaler Ebene Ansätze für einen ökologischen Menschenrechtsschutz gibt. Im Mittelpunkt steht dabei die Frage, ob es ein Menschenrecht auf eine saubere Umwelt oder andere Menschenrechte gibt, die Individuen ein Recht auf angemessene Nutzung der natürlichen Ressourcen Wasser, Land und Boden sowie Flora und Fauna vermitteln (IV.). Am Ende wird insbesondere zu fragen sein, wie ein ökologischer Menschenrechtsschutz beschaffen sein müsste, um zur Stärkung des auf Staaten zentrierten Umweltvölkerrechts beizutragen (V.).

II. Die Ressourcennutzungsprobleme in der Dritten Welt

1. Land und Boden

Nach dem „World Development Report 2003" sind heute weltweit 30 % des bewässerten Landes, 40 % des beregneten Agrarlandes und 70 % des Weidelandes insbesondere durch Erosion, Versalzung und Verdichtung der Böden in Mitleidenschaft gezogen.[7] In Afrika gilt der kultivierbare Boden, der 21 % seiner Gesamtfläche ausmacht, als zu zwei Dritteln schwer oder mittelschwer degradiert.[8] Dies hat umso gravierendere Folgen, als die afrikanische Gesellschaft nach wie

---

[5] Vgl. hierzu eingehend *Beyerlin*, Sustainable Use of Natural Resources – A Key to Combating Poverty, ZaöRV 63 (2003), 417 ff.

[6] Prinzip 1 der Rio-Deklaration, ILM 31 (1992), 874 (876).

[7] Siehe den World Development Report 2003 der Weltbank „Sustainable Development in a Dynamic World: Transforming Institutions, Growth, and Quality of Life", 2003, 85.

[8] Siehe den von UNEP herausgegebenen Bericht „Africa Environment Outlook", 2002, 221.

vor in ihrer großen Mehrheit direkt von der Nutzung landwirtschaftlicher (und mineralischer) Ressourcen abhängt.[9] Zwar stiegen in Afrika die Ernteerträge und die Bestände an Nutztieren in den letzten 30 Jahren nicht unbeträchtlich. Diese Zuwächse an Produktivität wurden durch die rapide Bevölkerungszunahme und die entsprechend gewachsene Nachfrage nach Nahrungsmitteln aber wieder zunichte gemacht; pro Kopf gerechnet nahm die Ernteproduktion ebenso wie das verfügbare Ackerland sogar ab.[10] 66 % der afrikanischen Landfläche sind als Wüsten oder Trockengebiete klassifiziert, die keine produktive agrarische Nutzung erlauben, und 46 % sind anfällig für Wüstenbildung.[11] Die Ursachen für die Bodendegradierung und die daraus resultierenden gravierenden Engpässe bei der Nahrungsmittelversorgung sind vielfältig. Viele von ihnen müssen als „manmade" gelten, so z.B. die Abholzung der Wälder zwecks Gewinnung neuen Agrarlands, die aus extremen Klimaschwankungen resultierenden Bodenverluste und die oftmals auch auf Fehler im agrarwirtschaftlichen Management zurückzuführende Übernutzung der Böden. Ein zusätzliches erhebliches Hindernis für die Entwicklung geeigneter Systeme nachhaltiger Bodennutzung bilden – etwa im südlichen Afrika – die vielfach immer noch beträchtlichen Unsicherheiten hinsichtlich der Aufteilung der Landnutzungsrechte. Hier sind schwierige Reformprozesse im Gange, die der zu Zeiten kolonialer und rassistischer Beherrschung weitgehend entrechteten schwarzen Landbevölkerung einen besseren Zugang zu agrarisch nutzbarem Land und Boden verschaffen sollen. Erfolg verspricht in diesem Zusammenhang eine „bottom-up"-Strategie, die den einzelnen landlosen Farmern ebenso wie den lokalen und indigenen Gesellschaften vor Ort sichere Landnutzungsrechte zuerkennt; nur so werden sie nämlich zu überzeugen sein, dass sich eine schonende Bodennutzung lohnt.[12]

2. Wasser

Wie bereits eingangs festgestellt, haben heute noch weltweit mehr als 1 Milliarde Menschen keinen Zugang zu sauberem Trinkwasser und einfachen sanitären Anlagen. Täglich sterben 14 000 bis 30 000 Menschen an Krankheiten, die durch Wassermangel oder verseuchtes Wasser bedingt sind. Die Hauptursache hierfür ist sicherlich die tendenziell immer noch zunehmende Knappheit an Frischwasser,[13] unter der heute ein Drittel der Weltbevölkerung leidet. 2025 wird dies möglicherweise bereits für zwei Drittel der Menschheit gelten, wenn die Anstrengungen zur

---

[9] Noch 1990 waren nach Schätzungen der Weltbank von 2001 südlich der Sahara 68 % der Menschen in der Agrarwirtschaft und nur 9 % in der Industrie beschäftigt, während im nördlichen Afrika die Vergleichszahlen bei 37 % und 25 % lagen. Vgl. ibid., 190.
[10] Ibid., 191 f.
[11] Ibid., 193 f.
[12] Vgl. hierzu Näheres bei *Beyerlin* (Fn. 5), 425 ff.
[13] In Entwicklungsländern mit ausreichenden Wasserressourcen kann deren mangelhafte Infrastruktur gleichwohl zu erheblichen Wasserversorgungsproblemen führen.

Erhaltung der Frischwasserressourcen nicht rasch und entschieden verstärkt werden. Das Defizit an sauberem Trinkwasser hat vor allem zwei Ursachen: In den letzten Jahrzehnten wurden Naturräume von beträchtlicher Größe in agrarische Nutzflächen verwandelt, die dann – meist wenig rationell – bewässert wurden;[14] so entfielen 1995 bereits 63 % aller Wasserentnahmen in Afrika auf den Agrarsektor, insbesondere zum Zwecke der Bewässerung von Farmland.[15] Hinzu kommt, dass es die Staaten bis dahin vielfach versäumten, Seen und Flüsse, über die sie teils allein, teils zusammen mit einem oder mehreren Nachbarländern verfügen, vor den vielfältigen Verschmutzungsquellen hinreichend zu schützen oder ihre Übernutzung zu verhindern. Die Folge – wiederum vor allem in den Entwicklungsregionen – ist, dass heute viele Seen und Flüsse nicht mehr die Wasserqualität haben, um als Reservoire für die Trinkwasserversorgung dienen zu können. Die in Entwicklungsländern vielfach ohnehin schwierige Trinkwasserversorgungslage wird – wie z.B. in einigen afrikanischen Subregionen – noch zusätzlich dadurch verschärft, dass extreme Regenfälle, die zu Überschwemmungen breiter Landflächen führen, unversehens von Dürren abgelöst werden, welche die Flüsse und Seen austrocknen lassen; dabei haben gerade in Afrika die Häufigkeit und Schwere dieser unberechenbaren Wetterphänomene in den letzten 30 Jahren erheblich zugenommen.[16] Ob die Menschen ausreichenden Zugang zu sauberem Wasser und sanitären Anlagen haben, hängt nach allem in hohem Maße davon ab, ob ihr Staat eine vernünftige und verantwortungsvolle Gewässerpolitik betreibt[17] und hierbei die gutnachbarschaftliche Zusammenarbeit mit etwaigen Anrainerstaaten sucht.[18]

3. Flora und Fauna

Der nach wie vor ungebremste Schwund kostbarer Tier- und Pflanzenarten[19] trifft die einzelnen Weltregionen sehr unterschiedlich, verfügen die Entwicklungs-

---

[14] Machten die bewässerten Landflächen um 1900 nur etwa 50 Millionen Hektar aus, so belaufen sie sich heute auf mehr als 267 Millionen Hektar. Die Zahlen stammen von *Gleick*, The World's Water 1998–1999: The Biennial Report on Freshwater Resources, 1998; zitiert nach *Scanlon/Cassar/Nemes,* Water as a Human Right?, IUCN Environmental Policy and Law Paper No. 51 (2004), 17.

[15] Vgl. den Bericht (Fn. 8), 159.

[16] Vgl. Näheres ibid., 158.

[17] Von den ca. 500 großen Flüssen der Welt sind nach Angaben des World Water Development Report (zitiert nach *Scanlon/Cassar/Nemes* [Fn. 14], 17) heute 250 schwer verschmutzt bzw. durch Übernutzung in ihrer Funktion ernsthaft geschwächt.

[18] Heute gibt es 261 internationale Flussgebiete, an denen 145 Staaten territoriale Anteile haben; sie geben häufig Anlass zu Streitigkeiten, z.B. zwischen Ober- und Unterlieger-Staaten. Vgl. wiederum *Scanlon/Cassar/Nemes,* ibid., 23.

[19] Heute gelten 24 % der Säugetiere, 12 % der Vögel, 62 % der bekannten Reptilien, 39 % der Amphibien und 49 % der Fische sowie 58 % der Nicht-Wirbeltiere und 69 % der Pflanzen als weltweit vom Aussterben bedroht; dabei waren die Zuwachsraten der bedrohten Arten teilweise gerade in den letzten Jahren alarmierend hoch. Die Zahlen sind der 2003 IUCN Red List of Threatened Species entnommen, erhältlich im Internet: <www.redlist.org>.

länder doch über einen weitaus höheren Anteil am Gesamtbestand der Arten als die Industriestaaten. Regelmäßig können freilich nur die letzteren dank ihres technologischen „know how" und ihrer Finanzkraft die genetischen Ressourcen dieser Arten gewinnbringend nutzen. Dies geht jedoch häufig auf Kosten der lokalen und indigenen Gemeinschaften in den Entwicklungsländern, die auf die Nutzung der Tier- und Pflanzenvorkommen in ihren Gebieten selbst dringlich angewiesen sind, um ihre Grundbedürfnisse zu befriedigen.[20]

In Afrika, einem Kontinent, der sich durch seinen besonderen Reichtum an biologischen Ressourcen auszeichnet, hängt das ökonomische und soziale System und damit Gedeih und Verderb der afrikanischen Gesellschaft entscheidend von der nachhaltigen Nutzung und gleichzeitigen Erhaltung der biologischen Vielfalt ab. So betont der Bericht „Africa Environment Outlook" von 2002: „Biological resources are the backbone of the African economy as well as the life-support system for most of Africa's people".[21] Als die vier Hauptursachen für die Bedrohung der biologischen Vielfalt in Afrika nennt der Bericht den Verlust an natürlichen Lebensräumen für Tier- und Pflanzenarten, den Verlust an Arten, das Eindringen nicht-heimischer Arten in endemische Naturräume sowie den mangelnden Respekt vor dem traditionellen Wissen der indigenen Völker.[22]

Die biologische Vielfalt in Entwicklungsländern wird ganz besonders dadurch gefährdet, dass wertvolle Habitate zerstört oder fragmentiert werden, um Raum für alternative Landnutzungsformen zu gewinnen.[23] Als entscheidende Ursachen für den Verlust der afrikanischen Habitate gelten „human population growth and the resulting demand for space, food and other resources; widespread poverty; a dependence on natural resources; and economic pressures to increase exports, particularly of agricultural produce, timber and mineral products".[24] Schutzgebiete, die diesem Verlust an Naturräumen entgegenwirken könnten, gibt es meist zu wenige. Sie erfüllen zudem ihren Schutzzweck oft nur bedingt, weil die dort siedelnden lokalen und indigenen Gesellschaften nicht hinreichend in die Erhal-

---

[20] Diesen Interessenkonflikt zwischen Nord und Süd versucht das Übereinkommen über die biologische Vielfalt von 1992 dadurch auszuräumen oder jedenfalls abzumildern, dass es ein auf Ausgleich bedachtes internationales Regime der nachhaltigen Nutzung dieser Ressourcen schafft. Vgl. hierzu eingehender *Beyerlin*, „Erhaltung und nachhaltige Nutzung" als Grundkonzept der Biodiversitätskonvention, in: Wolff/Köck (Hrsg.), 10 Jahre Übereinkommen über die biologische Vielfalt, 2004, 55 ff.

[21] Ibid., 55.

[22] Ibid., 56.

[23] So gingen im Zeitraum zwischen 1970 und 2000 mehr als 211 Millionen Hektar des afrikanischen Waldes verloren, was in etwa 30 % seines ursprünglichen Bestandes entspricht. Im gleichen Zeitraum nahm die Fläche kultivierten Landes um 21 % zu. Nicht zu verkennen ist allerdings, dass die Waldverluste in Afrika im Vergleich zu der Dezimierung der Regenwälder im brasilianischen Amazonas-Gebiet und in einigen südostasiatischen Staaten als eher gering erscheinen.

[24] Ibid.

tungsmaßnahmen einbezogen werden.[25] Mit der fortschreitenden Dezimierung heimischer Wildtiere und ihrer Lebensräume wird im Übrigen auch dem „wildlife"-Tourismus zunehmend die Basis entzogen; damit droht den Entwicklungsländern und deren lokalen Gesellschaften eine wichtige Verdienstmöglichkeit verloren zu gehen.

Einen zweiten wichtigen Grund für die Bedrohung der biologischen Vielfalt bilden die illegale Jagd von Wildtieren, der illegale Handel mit geschützten Tieren und Pflanzen und deren Überausbeutung zu medizinischen Zwecken.[26] Tatsächlich ist der Bestand an traditionellen Heilpflanzen, von denen die medizinische Versorgung der afrikanischen Bevölkerung noch immer zu 80 % abhängt,[27] vielerorts bereits ernsthaft gefährdet.

III. Staatenverpflichtungen zur Bewahrung und Nutzung natürlicher Ressourcen

Der Degradierung und übermäßigen Nutzung natürlicher Ressourcen, wie sie soeben für die Dritte Welt geschildert wurden, versuchen eine Reihe von völkerrechtlichen Umweltschutzübereinkommen entgegenzuwirken. Sie sollen im Folgenden – wenn auch nur kursorisch – vor allem darauf hin näher beleuchtet werden, ob sie Regelungen enthalten, welche die Vertragsstaaten zur Rücksichtnahme auf die Ressourcennutzungsinteressen von Individuen bzw. Gruppen von Individuen verpflichten.

1. Land und Boden

Völkerrechtlich verbindliche Übereinkommen, die spezifisch Fragen der Bodenerhaltung und -nutzung regeln, sind auffallend selten. Nur drei verdienen Erwähnung:

Die sub-regionale Alpenkonvention vom 7.11.1991[28] verpflichtet unter anderem zur Verminderung von Bodenbeeinträchtigungen durch bodenschonende land- und forstwirtschaftliche Produktionsverfahren, sparsamen Umgang mit Grund und Boden sowie Eindämmung der Erosion und Versiegelung von Böden. Das zur Ausführung dieser Konvention am 16.10.1998 verabschiedete Bodenschutzprotokoll spezifiziert diese Verpflichtung. Sie geht – wie die Konvention selbst – auf die individuellen Bodennutzungsinteressen jedoch nicht ein.

---

[25] Ibid., 56 ff.

[26] Vgl. ibid., 58 f.

[27] Nach Schätzungen der WHO sollen sich die Menschen in der Dritten Welt immer noch zu 80 % auf traditionelle Medizinen verlassen, die ihrerseits zu 85 % auf Pflanzenextrakten beruhen. Vgl. ibid., 59.

[28] ILM 31 (1992), 767.

Interessanter ist das Übereinkommen zur Bekämpfung der Wüstenbildung vom 17.6.1994,[29] das sich mit den physikalischen, biologischen und sozioökonomischen Aspekten der Wüstenbildungs- und Dürreprozesse in trockenen, halbtrockenen und trockenen subhumiden Landzonen befasst, die Probleme des Bodenschutzes und der Bodennutzung also keineswegs allgemein regelt. Im Hinblick darauf, dass zwischen dem Phänomen der Wüstenbildung und den gravierenden Armutsproblemen in den betroffenen Gebieten enge Wechselbeziehungen bestehen, hat es zum Ziel, die Wüstenbildung zu bekämpfen, deren Folgen abzumildern und damit zur nachhaltigen Entwicklung dieser Gebiete beizutragen. Es verfolgt ein klares Konzept der „Hilfe zur Selbsthilfe", indem es den betroffenen Staaten aufgibt, im nationalen, sub-regionalen und regionalen Rahmen selbst Strategien zur Bekämpfung der Wüstenbildung zu entwickeln und ihnen in ihren Politiken Vorrang einzuräumen.[30] Besonders bemerkenswert ist sein „bottom-up"-Ansatz, dem zufolge die Planung und Durchführung der Bekämpfungsmaßnahmen unter Beteiligung der betroffenen Bevölkerungsgruppen und örtlichen Gemeinschaften mit Unterstützung durch NGOs erfolgen sollen.[31]

Die Afrikanische Konvention über die Erhaltung der Natur und natürlichen Ressourcen vom 11.7.2003[32] verpflichtet die Vertragsstaaten u.a., wirksame Maßnahmen zur Vermeidung der Landdegradierung zu treffen und zu diesem Zweck langfristige integrierte Strategien für die Erhaltung und ein nachhaltiges Management der Landressourcen zu entwickeln, Landnutzungspläne aufzustellen, die auf „local knowledge and experience" basieren sollen, sowie „land tenure policies able to facilitate the above measures, inter alia by taking into account the rights of local communities" zu verfolgen (Art. VI). Hinsichtlich aller Regelungsbereiche der Konvention, einschließlich Land und Boden, müssen die Parteien „adopt legislative and regulatory measures necessary to ensure timely and appropriate ... access of the public to environmental information; ... participation of the public in decision-making with a potentially significant environmental impact; and ... access to justice in matters related to protection of environment and natural resources" (Art. XVI).

---

[29] ILM 33 (1994), 1328.

[30] Die Industriestaaten sagen den betroffenen Ländern hierbei jedoch ihre technologische und finanzielle Unterstützung zu.

[31] Siehe Art. 3 des Übereinkommens. Vgl. auch Art. 6 des speziell Afrika gewidmeten Anhangs I.

[32] Die neue Maputo-Konvention (Text erhältlich im Internet: <www.africa-union.org>) revidiert die gleichnamige Algier-Konvention vom 15.9.1968. Bislang wurde sie von 28 der 53 Mitgliedstaaten der Afrikanischen Union unterzeichnet, jedoch nur von den Komoren und Ruanda ratifiziert (Stand: 1.11.2004). Für ihr Inkrafttreten sind 15 Ratifikationen notwendig.

2. Wasser

Anders als bei Land und Boden gibt es heute zahlreiche völkerrechtliche Gewässerschutzübereinkommen. Dabei handelt es sich vornehmlich um Verträge von Anrainerstaaten internationaler Gewässer mit dem Ziel, deren Ressourcen gemeinsam zu bewirtschaften und vor Verschmutzung zu schützen.[33] Ihnen gemeinsam ist das Ziel, die jeweiligen Ökosysteme der Flüsse und Seen durch die Reduzierung von Schadstoffeinleitungen intakt zu halten oder wiederherzustellen sowie gemeinsame Maßnahmen zur Erreichung einer umweltverträglichen und gerechten Nutzung der oberirdischen und Grundwasserressourcen zu treffen. Erklärtes Ziel insbesondere einiger in jüngster Zeit errichteten Gewässerschutzregime in Europa ist u.a. die Erreichung einer bestimmten Wassergüte, um die Trinkwassergewinnung zu gewährleisten.[34] Was die entsprechenden außereuropäischen Vereinbarungen betrifft, so verdienen die Vereinbarung über die nachhaltige Entwicklung des Mekong-Beckens von 1995[35] und das revidierte Protokoll über die gemeinsamen Wasserlaufsysteme in der Southern African Development Community (SADC) Region von 2000 besondere Erwähnung. Letzteres verpflichtet die Vertragsstaaten, „a shared watercourse system in an equitable manner" zu nutzen, insbesondere im Hinblick auf „attaining optimum utilization thereof and obtaining benefits therefrom consistent with adequate protection of the watercourse system". Soweit ersichtlich schützt jedoch keines dieser Abkommen explizit die Interessen der Menschen in den Einzugsgebieten von Wasserläufen an einer angemessenen Trinkwasserversorgung.

Generelle multilaterale Konventionen zum Schutz und zur schonenden Nutzung von Flüssen und Seen gibt es lediglich zwei: das UN-Übereinkommen vom 21.5.1997,[36] das auch in der Dritten Welt zum Tragen kommen kann,[37] und das im Rahmen der ECE entwickelte und damit im Wesentlichen nur im Verhältnis zwischen Industriestaaten anwendbare Übereinkommen vom 17.3.1992.[38]

Das UN-Übereinkommen will zwischenstaatliche Wassernutzungskonflikte vermeiden helfen, indem es die Anrainerstaaten internationaler Wasserläufe zu Konsultationen über „mutually agreeable measures and methods" des Gewässerschutzes, einschließlich der Festlegung gemeinsamer Wasserqualitätsziele und

---

[33] Vgl. den Überblick über solche Vereinbarungen in Europa und anderen Weltregionen bei *Beyerlin,* Umweltvölkerrecht, 2000, 91 ff., mit Einzelnachweisen.

[34] Dies gilt vor allem etwa für die Vereinbarungen betreffend die Donau von 1994 (BGBl. 1996 II, 875), die Elbe von 1990 (BGBl. 1992 II, 942) und den Rhein von 1999 (BGBl. 2001 II, 849); vgl. ibid., 92 f., 94 f., 97 ff.

[35] ILM 34 (1995), 864; vgl. wiederum *Beyerlin* (Fn. 33), 106 f.

[36] ILM 36 (1997), 700.

[37] Zu den bislang zwölf Ratifikanten zählen der Irak, Libanon, Namibia, Katar, Südafrika und die Syrische Arabische Republik (Stand: 1.11.2004).

[38] ILM 31 (1992), 1312.

-kriterien, sowie über ein geeignetes Gewässermanagement anhält; die Errichtung eines „joint management mechanism" stellt hierbei aber lediglich eine Option dar.

Der Verpflichtungsgehalt des ECE-Übereinkommens ist – entsprechend seinem Charakter als Rahmenübereinkommen – ziemlich abstrakt. Es wird durch zwei Grundsätze geprägt, nämlich die Vermeidung, Überwachung und Verringerung erheblicher grenzüberschreitender Umweltbelastungen und die Verpflichtung der Anrainerstaaten, die Wasserressourcen so zu bewirtschaften, dass der Bedarf der heutigen Generationen gedeckt werden kann, ohne dass dies zu Lasten künftiger Generationen geht. Das zum ECE-Übereinkommen gehörige Protokoll über Wasser und Gesundheit vom 24.3.1999[39] verpflichtet seine Parteien, zum Schutz der menschlichen Gesundheit für die Gewährleistung einer adäquaten Trinkwasserversorgung und adäquater sanitärer Anlagen sowie für einen wirksamen Schutz der Wasserressourcen und einen ausreichenden Gesundheitsschutz zu sorgen. Dieses Protokoll ist für die hier erörterte Menschenrechtsschutzproblematik deswegen interessant, weil sich seine Parteien u.a. von folgendem Ansatz leiten lassen sollen: „Access to information and public participation in decision-making concerning water and health are needed, ... in order to enhance the quality and the implementation of the decision, ... to give the public the opportunity to express its concerns and to enable public authorities to take due account of such concerns. Such access and participation should be supplemented by appropriate access to judicial and administrative review of relevant decisions".

Dass dieser Ansatz auch für Staaten der Dritten Welt im Wassersektor verbindlich werden könnte, zeigt der oben[40] bereits erwähnte Art. XVI der Maputo-Konvention von 2003. Bemerkenswerterweise erhebt diese Konvention neben der Erhaltung der Wasserressourcen „at the highest possible quantitative and qualitative levels" ausdrücklich auch den Schutz der menschlichen Gesundheit zum Ziel. Zudem sieht sie vor, dass die Vertragsstaaten „shall endeavour to guarantee for their populations a sufficient and continuous supply of suitable water" (Art. VII).

3. Flora und Fauna

Die internationalen Artenschutzübereinkommen der 1970er Jahre[41] verfolgen im Wesentlichen eine rein „konservative" Strategie. Sie lassen die wirtschaftlichen Interessen der Staaten und deren lokaler Gesellschaften, die mit den bedrohten Tier- und Pflanzenarten vor Ort zu tun haben, also weitgehend außer Acht. Im Gegensatz hierzu ist das Übereinkommen über die biologische Vielfalt (CBD) von 1992 von vornherein auf die Zielkombination der Erhaltung und nachhaltigen Nutzung von Bestandteilen der biologischen Vielfalt gerichtet, zu denen zweifellos

---

[39] TB 2000 Nr. 48.
[40] Siehe unter III. 1.
[41] Vgl. hierzu im Überblick *Beyerlin* (Fn. 33), 185 f., 190 ff.

auch die Artenvielfalt der Flora und Fauna zählt.[42] Um sie zu erhalten, sind die Parteien der CBD insbesondere zur „in-situ"-Erhaltung, also vor allem zur Errichtung von Schutzgebieten verpflichtet. Ungeregelt bleibt jedoch die Frage, wie das Management dieser Schutzgebiete zwecks bestmöglicher Erreichung der Erhaltungsziele beschaffen sein sollte.

Wegweisend könnte insoweit das SADC Protocol on Wildlife Conservation and Law Enforcement vom 18.8.1999[43] sein, dem zufolge die Parteien jeweils auf nationaler Ebene die Zusammenarbeit zwischen Regierungsbehörden, NGOs und dem privaten Sektor sicherstellen müssen (Art. 3). Im nationalen und regionalen Rahmen sollen die Erhaltung von „shared wildlife resources through the establishment of transfrontier conservation areas" gefördert und „community-based natural resource managment practices for management of wildlife resources" erleichtert werden (Art. 4). Ähnlich wie das SADC-Protokoll verlangt auch die Maputo-Konvention von den Parteien, dass sie „the establishment by local communities of areas managed by them primarily for the conservation and sustainable use of natural resources" fördern. Diese Verpflichtung wird durch die in Art. XVI der Maputo-Konvention geforderten allgemeinen Partizipationsrechte noch verstärkt.[44] Gerade im südlichen Afrika finden sich denn auch einige interessante Praxisbeispiele für die Schaffung eines solchen "community-based wildlife management" und die Beteiligung der lokalen Gemeinschaften am gewinnbringenden „wildlife"-Tourismus.[45]

Der Partizipationsgedanke kommt auch in der Frage des Zugangs zu genetischen Ressourcen und der Teilhabe indigener Gemeinschaften an den Erträgen aus der Nutzung dieser Ressourcen zum Tragen. Die CBD legt allerdings nur die Konturen eines solchen Regimes fest. Sie verpflichtet die Entwicklungsländer, interessierten Industriestaaten und deren Unternehmen den Zugang zu ihren genetischen Ressourcen zu sichern, um im Gegenzug an den Erträgen aus der Ressourcennutzung gerecht und fair beteiligt zu werden. Dabei hat jeder Vertragsstaat „soweit möglich und sofern angebracht" die Kenntnisse indigener Gemeinschaften zu „achten, bewahren und erhalten", die breitere Anwendung dieser Kenntnisse zu „begünstigen" und deren Träger hierbei zu „beteiligen" sowie die gerechte Aufteilung der aus der Nutzung dieser Kenntnisse gezogenen Vorteile zu „fördern" (Art. 8 j CBD). Im Einklang mit der CBD verpflichtet die Maputo-Konvention die afrikanischen Staaten, legislative und andere Maßnahmen zu ergreifen, „to ensure that traditional rights and intellectual property rights of local communities including farmers' rights are respected ...". Sie verlangt darüber hinaus, „that access to indigenous knowledge and its use be subject to the prior informed consent of the

---

[42] Eingehender hierzu *Beyerlin* (Fn. 20), 55 ff.

[43] Text erhältlich im Internet: <www.iucnrosa.org/zw/elisa/SADC-Protocols/wildlife_protocol_summary.html>.

[44] Vgl. oben unter III. 1.

[45] Vgl. hierzu Näheres bei *Beyerlin* (Fn. 5), 433 ff.

concerned communities and to specific regulations recognizing their rights to, and appropriate economic value of, such knowledge" (Art. XVII).

IV. Ansätze eines ressourcenbezogenen Menschenrechtsschutzes auf universeller und regionaler Ebene

Die bisherige Untersuchung hat gezeigt, dass zahlreiche universelle und regionale Übereinkommen Regelungen von unterschiedlicher Dichte zur Erhaltung und nachhaltigen Nutzung der Ressourcen Land und Boden, Wasser sowie Flora und Fauna treffen. Auffallend ist jedoch, dass nur einige dieser Abkommen den Interessen und Bedürfnissen der von der Knappheit oder Degradierung dieser Ressourcen betroffenen lokalen und indigenen Gemeinschaften ausdrücklich Beachtung schenken und nur wenige von ihnen eine angemessene Teilhabe dieser Gemeinschaften an den nationalen und transnationalen Entscheidungsprozessen bezüglich Ressourcenerhaltung und -nutzung gebieten. Es fragt sich daher, ob ein entsprechender ressourcenbezogener Menschenrechtsschutz zur besseren Durchsetzung dieser umweltvölkerrechtlichen Übereinkommen beitragen könnte oder gar die Staaten dazu zwingen würde, künftige Übereinkommen dieser Art stärker mit individualrechtsschutzrechtlichen Komponenten auszustatten.

1. Allgemeines

Gäbe es ein Menschenrecht auf eine intakte Umwelt oder ein Menschenrecht auf einen angemessenen Lebensstandard, für den der Zugang zu sauberem Wasser und akzeptablen sanitären Anlagen, eine ausreichende Ernährung und ein Minimum an Verdienstmöglichkeiten unabdingbare Voraussetzungen sind, so wären beide ihrem Charakter nach den wirtschaftlichen, sozialen und kulturellen Menschenrechten zuzuordnen. Für sie ist typisch, dass ihr Inhaber von seinem Staat ein Handeln verlangen kann, das darauf gerichtet ist, ihn vor Eingriffen anderer Individuen in seine Rechtssphäre zu schützen und ihm gegenüber bestimmte Leistungen zu erbringen. Menschenrechte dieser Art begründen also bestimmte staatliche Schutz- und Leistungspflichten. Ihr Inhaber wird hingegen – anders als bei den bürgerlichen und politischen Menschenrechten – nur eher selten[46] direkte staatliche Eingriffe in seine Rechtssphäre abwehren müssen. Die Hauptfunktion ökologischer Menschenrechte, um deren Nachweis es im Folgenden geht, liegt nach allem darin, Individuen oder Gruppen von Individuen notfalls einklagbare Ansprüche auf staatliche Fürsorge zu geben. Nicht zu verkennen ist freilich, dass der Wert eines solchen Anspruchs von vornherein dadurch geschmälert wird, dass dessen Inhaber bei seinem Staat kaum jemals eine Schutzmaßnahme oder Leistung bestimmter Art und Güte oder bestimmten Umfangs mit Aussicht auf Erfolg ein-

---

[46] Dass solche Fälle keineswegs auszuschließen sind, zeigt das unter IV. 2. berichtete Beispiel.

fordern kann. Ansprüche, deren Erfüllung das Leistungsvermögen des betreffenden Staates übersteigt, werden schwerlich begründet sein. Diese Schwächen des ökologischen Menschenrechtsschutzes lassen sich möglicherweise dadurch auffangen, dass den Opfern der Degradierung oder Überausbeutung natürlicher Ressourcen gewisse prozedurale Rechte zuerkannt werden, die sie in die Lage versetzen, ihre materiellen Interessen und Bedürfnisse gegenüber ihrem Staat und dessen Entscheidungsträgern selbst geltend zu machen. Als besonders wirkungsvoll erweist sich in diesem Zusammenhang das Recht auf Umweltinformation, angemessene Beteiligung an einschlägigen Entscheidungsprozessen sowie behördlichen und gerichtlichen Rechtsschutz. Im letzteren Fall kann sich der Rechtsinhaber dann, wenn sein Staat ihm keinen ausreichenden Rechtsschutz gewährt, mit einer Beschwerde an eine internationale gerichtliche oder gerichtsähnliche Instanz wenden. Wie sich zeigen wird, sind es gerade diese prozeduralen Rechte, die dem völkerrechtlichen Schutz natürlicher Ressourcen eine menschenrechtliche Dimension und damit künftig größere praktische Wirksamkeit verleihen können.

2. Menschenrecht auf eine intakte Umwelt?

Ein genuines Menschenrecht darauf, in einer hinreichend intakten Umwelt zu leben, findet sich in keinem einzigen universellen Menschenrechtsabkommen; auch seine völkergewohnheitsrechtliche Geltung lässt sich nicht nachweisen.[47] Lediglich zwei regionale Menschenrechtsinstrumente sehen ein solches Recht vor, nämlich die Afrikanische Menschenrechtscharta vom 27.6.1981 in Art. 24 („All peoples shall have the right to a general satisfactory environment favorable to their development")[48] und das San Salvador-Zusatzprotokoll über wirtschaftliche, soziale und kulturelle Menschenrechte vom 14.11.1988 zur Amerikanischen Menschenrechtskonvention von 1969, wo es in Art. 11 heißt: „Everyone has the right to live in a healthy environment and to have access to basic public services. The State Parties shall promote the protection, preservation and improvement of the environment".[49]

Über Wert oder Unwert eines materiellen Menschenrechts auf eine der Entwicklung förderliche Umwelt, das sich naturgemäß nur abstrakt fassen lässt, wird in der Lehre nach wie vor kontrovers diskutiert. Dabei überwiegen jedoch die kritischen Stimmen, welche die inhaltliche Unbestimmtheit dieser Garantie bemängeln und ihr dementsprechend wenig Durchschlagskraft beimessen.[50] Diese

---

[47] Siehe statt vieler *Beyerlin* (Fn. 33), 298.

[48] ILM 21 (1982), 58 (63).

[49] ILM 28 (1989), 156 (165).

[50] Siehe nur etwa *Boyle,* The Role of International Human Rights Law in the Protection of the Environment, in: Boyle/Anderson (Hrsg.), Human Rights Approaches to Environmental Protection, 1996, 43 (48 ff.), und *Handl,* Human Rights and Protection of the Environment, in: Eide/Krause/Rosas (Hrsg.), Economic, Social and Cultural Rights, 2001, 303 (306 ff.).

Kritik ist schwer zu entkräften. Dass Art. 24 der Afrikanischen Menschenrechtscharta gleichwohl praktische Bedeutung erlangen kann, zeigt die Entscheidung der Afrikanischen Menschenrechtskommission im „Ogoni"-Fall von 2002.[51] In diesem Fall war die nigerianische Militärregierung beschuldigt worden, an der Ausbeutung der Ölressourcen im Ogoniland,[52] die dort zu schweren Umweltzerstörungen und gravierenden Gesundheitsbeeinträchtigungen geführt hatte, direkt beteiligt gewesen zu sein. Die Kommission entschied denn auch, dass die nigerianische Regierung Art. 16 (Recht auf Gesundheit) und Art. 24 (Recht auf Umwelt) verletzt habe, und gab ihr auf, „to ensure protection of the environment, health and livelihood of the people of Ogoniland". Die Kommission begründete ihre Entscheidung wie folgt:

> „The right to a general satisfactory environment, as guaranteed under Article 24 of the African Charter ... imposes clear obligations upon a government. It requires the State to take reasonable and other measures to prevent pollution and ecological degradation, to promote conservation, and to secure an ecologically sustainable development and use of natural resources".[53]

Sie betonte ferner, dass beide Rechte

> „obligate governments to desist from directly threatening the health and environment of their citizens. The State is under an obligation to respect the just noted rights and this entails largely non-interventionist conduct from the State for example, not from carrying out, sponsoring or tolerating any practice, policy or legal measures violating the integrity of the individual".[54]

Die „Ogoni"-Entscheidung belegt, dass in Fällen, in denen es – wie gerade in Entwicklungsländern nicht selten – zu massiven Umwelt- und Gesundheitsbeeinträchtigungen mit direkter staatlicher Beteiligung kommt, die Berufung auf eine menschenrechtlich garantierte „saubere Umwelt" durchaus ein probates Mittel sein kann, sich hiergegen zu wehren. Sie wird jedoch kaum jemals weiterhelfen, wenn ein Bürger bei seinem Staat, der bereits für ein Mindestmaß an Umweltschutz sorgt, darüber hinausreichende Umweltschutzmaßnahmen bestimmter Qualität und Quantität einfordert, sofern er nicht geltend machen kann, dass ohne diese Maßnahmen sein Leben oder Gesundheit gefährdet wäre. In einem solchen Fall griffe freilich bereits ein anderes Menschenrecht als das Recht auf eine intakte Umwelt.

Dies ist wohl auch der Grund, weshalb die Europäische Menschenrechtskonvention (EMRK) vom 4.11.1950 bis heute ohne eine spezifische Umweltschutz-

---

[51] Decision Regarding Communication 155/96 (Social and Economic Rights Action Center/Center for Economic and Social Rights v. Nigeria), African Commission on Human and Peoples' Rights, May 27, 2002; Text erhältlich im Internet: <www1.umn.edu/humanrts/africa/comcases/155-96.html>. Vgl. zu dieser Entscheidung die Anmerkung von *Shelton*, AJIL 96 (2002), 937 ff.

[52] Die Ausbeutung erfolgte durch ein Konsortium, bestehend aus einer nigerianischen Gesellschaft und Shell.

[53] Ibid., Ziffer 52 der Entscheidung.

[54] Ibid.

garantie auskommt. Gleichwohl haben die Rechtsschutzorgane der EMRK[55] im letzten Jahrzehnt auf der Basis des Rechts auf Leben, des geschützten Privatlebens, des Rechts auf Eigentum sowie der prozeduralen Garantien des fairen Verfahrens und Informationszugangs eine zunehmende Spruchpraxis zum ökologischen Menschenrechtsschutz entwickelt. Dessen Niveau wird allerdings dadurch abgesenkt, dass der Europäische Menschenrechtsgerichtshof den Staaten in umweltpolitischen Fragen regelmäßig einen weiten Ermessensspielraum einräumt.[56]

3. Menschenrecht auf einen angemessenen Lebensstandard?

Ausdrückliche Menschenrechtsgarantien, die Individuen oder bestimmten Gruppen von Individuen den Zugang zu den Ressourcen Land und Boden, Wasser, Flora und Fauna zwecks nachhaltiger Nutzung gewährleisten, gibt es heute weder auf universeller noch auf regionaler Ebene.[57] Ein solches Zugangs- und Nutzungsrecht kann demnach heute allenfalls mittelbar menschenrechtlich gesichert sein. Ansatzpunkte hierfür könnten das Recht auf einen angemessenen Lebensstandard in Art. 11 Abs. 1 und Abs. 2 des UN-Wirtschafts- und Sozialpaktes von 1966 und das Recht auf ein Höchstmaß an körperlicher und geistiger Gesundheit in Art. 12 dieses Paktes bieten.

Art. 11 Abs. 1 anerkennt das Recht eines jeden auf einen angemessenen Lebensstandard, einschließlich ausreichender Ernährung, sowie auf eine stetige Verbesserung der Lebensbedingungen. Zur Verwirklichung dieses Rechts müssen die Vertragsstaaten „geeignete Schritte (unternehmen)". Art. 11 Abs. 2 hält dann die Staaten „(i)n Anerkennung des grundlegenden Rechts eines jeden, vor Hunger geschützt zu sein", insbesondere dazu an, einzeln und gemeinsam die erforderlichen Maßnahmen zu treffen, um die Methoden der Erzeugung, Haltbarmachung und Verteilung von Nahrungsmitteln zu verbessern, was u.a. durch die Entwicklung oder Reform landwirtschaftlicher Systeme mit dem Ziel einer möglichst wirksamen Erschließung und Nutzung der natürlichen Ressourcen erreicht werden soll. Das Recht auf Gesundheit in Art. 12 weist demgegenüber keinen direkten Bezug zur Erhaltung und Nutzung natürlicher Ressourcen auf.[58]

---

[55] Ehemals Menschenrechtskommission und Menschenrechtsgerichtshof; seit Ende 1998 nur noch letzterer.

[56] Vgl. eingehend hierzu *Schmidt-Radefeldt,* Ökologische Menschenrechte, 2000.

[57] Art. 14 Abs. 2 h) der Konvention über die Beseitigung aller Formen der Diskriminierungen der Frauen von 1979, wo davon die Rede ist, dass Frauen angemessene Lebensbedingungen, u.a. bezüglich „sanitation, electricity and water supply" genießen sollen, vermittelt ebenso wenig wie Art. 24 Abs. 2 a) der Konvention über die Rechte des Kindes von 1989, der die Vertragsstaaten zu „appropriate measures" verpflichtet, um Krankheit und Unternährung u.a. durch die Versorgung mit angemessenen Lebensmitteln und sauberem Trinkwasser zu bekämpfen, unmittelbar einklagbare Individualrechte.

[58] Zur Verwirklichung dieses Rechts sollen u.a. Maßnahmen zur Senkung der Kindersterblichkeit, Verbesserung der Umwelt- und Arbeitshygiene und Bekämpfung epidemischer Krankheiten getroffen werden (Art. 12 Abs. 2).

Die Frage, ob die Rechte auf einen angemessenen Lebensstandard und bestmögliche Gesundheit in Art. 11 und 12 des UN-Sozialpaktes notwendigerweise die menschenrechtliche Garantie des Zugangs zu den Ressourcen Land und Boden, Wasser, Flora und Fauna zwecks nachhaltiger Nutzung einschließen, wird, soweit ersichtlich, erst seit kurzem diskutiert. So erinnerte der Johannesburger Gipfel im Hinblick auf die notwendige Bekämpfung des Hungers in der Welt die Vertragsparteien des UN-Sozialpaktes an ihre Verpflichtung aus Art. 11[59] und forderte sie auf, „to develop and implement integrated land management and water-use plans, taking into account indigenous and local, community-based approaches, as well as to adopt policies that guarantee well defined and enforceable land and water use rights".[60] Intensiver erörtert wird bislang allerdings nur die Frage, ob der Zugang zu sauberem Wasser menschenrechtlich garantiert sein könnte.[61] Dank des General Comment No. 15 des Menschenrechtsausschusses für den Sozialpakt vom November 2002[62] sind in diesem Zusammenhang die Art. 11 und 12 des Sozialpaktes in den Mittelpunkt des Interesses gerückt.

Der Ausschuss hält sich mit dem Nachweis, dass das Recht aus Art. 11 des Sozialpaktes das Recht auf Wasser impliziert, nicht lange auf, sondern stellt lapidar fest: „The right to water clearly falls within the category of guarantees essential for securing an adequate standard of living, particularly since it is one of the most fundamental conditions for survival".[63]

Was den normativen Gehalt des Menschenrechts auf Wasser betrifft, so unterscheidet der Ausschuss zwischen den „freedoms", insbesondere dem Recht, nicht willkürlich von der Wasserversorgung abgeschnitten oder Opfer von Wasserkontaminierungen zu werden, und den „entitlements", zu denen der Anspruch auf ein Wasserversorgungssystem und -management gehört, das allen Inhabern des Rechts auf Wasser gleiche Zugangsmöglichkeiten bietet.[64]

Eingehend analysiert der Ausschuss dann die aus dem Recht auf Wasser resultierenden Verpflichtungen der Vertragsstaaten, die er in Respektierungs-, Schutz-

---

[59] Plan of Implementation (Fn. 1), § 40 (a).

[60] Ibid., § 40 (b)–(r).

[61] Vgl. hierzu insbesondere die Untersuchung von *Scanlon/Cassar/Nemes* (Fn. 14), die intensiv nach möglichen Grundlagen für die Annahme eines solchen Menschenrechts im Völkerrecht und im internationalen „soft law" Ausschau hält. Vgl. auch die Überlegungen des Wissenschaftlichen Beirats der Bundesregierung Globale Umweltveränderungen (WBGU) zu Art. 11 UN-Sozialpakt in: politikpapier 1: Die Chance von Johannesburg: Eckpunkte einer Verhandlungsstrategie, 2001, 12 f.

[62] UN Doc. E/C.12/2002/11 vom 26.11.2002.

[63] Im Übrigen verwies der Ausschuss auf seinen General Comment No. 6 von 1995 (UN Doc. E/1996/22 – The economic, social and cultural rights of older persons), in dem bereits festgestellt worden sei, dass Art. 11 Abs. 1 des Sozialpaktes ein Menschenrecht auf Wasser enthalte. Siehe General Comment No. 15 (Fn. 62), Ziffer 3.

[64] Ibid., Ziffern 10 ff. Für den materiellen Gehalt des Rechts auf Wasser sollen die Faktoren der „availability", „quality" und „accessibility" bestimmend sein (ibid., Ziffer 12). So auch *Scanlon/Cassar/Nemes* (Fn. 14), 28 ff.

und Erfüllungspflichten unterteilt.[65] Eingedenk des Umstands, dass die Vertragsstaaten des UN-Sozialpaktes alle dort niedergelegten Rechte nicht unmittelbar zu gewährleisten, sondern die „volle Verwirklichung" dieser Rechte nur „nach und nach mit allen geeigneten Mitteln" zu erreichen haben (Art. 2 Abs. 1 des Sozialpaktes), macht der Ausschuss in Art. 11 und 12 eine Reihe von Kernverpflichtungen („core obligations") aus, die unmittelbare Wirkung („immediate effect") haben sollen. Dies kann nur heißen, dass die Vertragsstaaten unmittelbar die volle Erfüllung dieser Kernpflichten schulden und sich dem auch nicht unter Hinweis auf mangelnde eigene Kapazitäten entziehen können.[66]

Die prozedurale Komponente des Rechts auf Wasser kommt im General Comment No. 15 vergleichsweise kurz. Immerhin weist der Ausschuss darauf hin, dass das Recht von Individuen und Gruppen, an wasserrelevanten Entscheidungsprozessen zu partizipieren, integraler Bestandteil jeder „policy, programme or strategy concerning water" sein müsse und Individuen und Gruppen „full and equal access to information concerning water, water services and the environment" haben sollten.[67] Ferner sollten nach Auffassung des Ausschusses Individuen und Gruppen, denen das Recht auf Wasser vorenthalten wurde, Zugang zu „effective judicial or other appropriate remedies at both national and international levels" und Anspruch auf „adequate reparation" haben.[68] Auffallend ist jedoch, dass der Ausschuss die meisten dieser prozeduralen Verpflichtungen nachgiebig formuliert („should") und – im Gegensatz zu den Verfassern der Studie „Water as a Human Right?"[69] –

---

[65] Während die „obligation to respect" es jedem Staat verbietet, direkt oder indirekt in die Ausübung des Rechts auf Wasser einzugreifen, besteht die „obligation to protect" darin, wirksame legislative und andere Maßnahmen zu treffen, um private Dritte daran zu hindern, den gleichen Zugang zu adäquatem Wasser zu torpedieren, sowie von Wasserverschmutzungen und unangemessenen Wasserentnahmen abzuhalten. Die „obligation to fulfil" der Vertragsstaaten besteht darin, alle Maßnahmen „directed towards the full realization of the right to water" zu treffen, was die Verabschiedung umfassender, integrierter Strategien und Programme zur Gewährleistung einer ausreichenden und sicheren Wasserversorgung für heutige und zukünftige Generationen, aber auch alle geeigneten Formen der internationalen Zusammenarbeit einschließt. Siehe im Einzelnen General Comment No. 15 (Fn. 62), Ziffern 20 ff. Vgl. zu dieser Dreiteilung der Staatenverpflichtungen auch *Scanlon/Cassar/Nemes* (Fn. 14), 22.

[66] Die Kernpflichten aus Art. 11 und 12 des Sozialpakts bestehen nach Auffassung des Ausschusses u.a. darin, „(a) to ensure access to the minimum essential amount of water, that is sufficient and safe for personal and domestic uses to prevent disease; (b) to ensure the right of access to water and water facilities and services on a non-discriminatory basis, especially for disadvantaged or marginalized groups; ... (e) to ensure equitable distribution of all available water facilities and services; (f) to adopt and implement a national water strategy and plan of action addressing the whole population"; General Comment No. 15 (Fn. 62), Ziffer 37.

[67] Ibid., Ziffer 48.

[68] Ibid., Ziffer 55.

[69] *Scanlon/Cassar/Nemes* (Fn. 14), 31.

offenkundig auch nicht zu den „core obligations" rechnet.[70] Dies ist umso mehr zu bedauern, als die Aussichten, dass alle Vertragsstaaten des Sozialpaktes ihren materiellen „core obligations" aus den Art. 11 und 12 tatsächlich nachkommen werden, nicht überschätzt werden dürfen. Zu befürchten ist nämlich, dass vor allem Staaten der Dritten Welt, die unter notorischer Wasserknappheit, einer schwachen Infrastruktur oder politischer Instabilität leiden, trotz aller Bemühungen kurz- und mittelfristig schwerlich in der Lage sein werden, eine flächendeckende Wasserversorgung zu gewährleisten, die den Ansprüchen des Menschenrechts auf Wasser genügt, wie sie der Menschenrechtsausschuss formuliert hat.

Folgt man der Auffassung des Menschenrechtsausschusses, so lässt sich aus den Art. 11 und 12 des UN-Sozialpaktes ein Menschenrecht auf sauberes Wasser ableiten, zu dessen Verwirklichung die Vertragsstaaten dringlich aufgefordert sind. Es hätte freilich eine gesteigerte Wirkung, wenn es den Staaten nicht nur materielle, sondern auch prozedurale „core obligations" auferlegen würde. Jeder Staat sähe sich dann nämlich unmittelbar mit Individuen und Gruppen konfrontiert, die ihr Recht auf Zugang zu sauberem Wasser mittels Informations-, Partizipations- und Rechtsschutzbegehren selbst durchzusetzen versuchen. Dass diese prozeduralen Teilhaberechte ein Kernelement dieses Rechts bilden sollten, wird im General Comment No. 15 leider nicht hinreichend bedacht.

Schwierigkeiten bereitet die Frage, ob die Menschenrechte auf angemessenen Lebensstandard und Gesundheit nicht nur das Recht auf Wassernutzung, sondern auch das Recht zur Nutzung von Land und Boden sowie Flora und Fauna einschließen könnten. Sie wäre zu bejahen, wenn die Nutzung dieser Ressourcen im selben Maße wie die Wassernutzung eine unabdingbare Voraussetzung für die Verwirklichung der in Art. 11 und 12 des Sozialpaktes garantierten Rechte wäre. Es müsste sich also zeigen lassen, dass eine gerechte Teilhabe an der Nutzung von Land und Boden sowie Pflanzen und Tieren in gleicher Weise wie die ausreichende Versorgung mit sauberem Wasser für das Überleben des Menschen von fundamentaler Bedeutung ist. Dass sich eine ausreichende Ernährung als unverzichtbare Komponente eines angemessenen Lebensstandards (Art. 11 Abs. 1 des Sozialpaktes) nur durch die Teilhabe des Menschen an der Nutzung der genannten Ressourcen sicherstellen lässt, kann schwerlich für die Menschheit insgesamt, wohl aber für bestimmte Segmente der Weltbevölkerung angenommen werden. Wie bereits gezeigt,[71] leiden die lokalen und indigenen Gesellschaften in vielen Entwicklungsländern auch heute noch unter extremer Armut, weil sie keinen sicheren Zugang zu sauberem Wasser haben, über keine gesicherten Land- und Bodennutzungsrechte verfügen und auch an der oftmals einträglichen Nutzung von Pflanzen und Tieren nicht angemessen teilhaben. Die Folge ist, dass sie vielerorts nicht einmal ihre Grundbedürfnisse hinreichend befriedigen können, geschweige denn ein Maß

---

[70] Einzig im Zusammenhang mit der in Ziffer 37 (f) des General Comment No. 15 (Fn. 62) formulierten „Kernverpflichtung" heißt es: „the strategy and plan of action should be devised ... on the basis of a participatory and transparent process".

[71] Vgl. oben unter II.

an Lebensstandard und Gesundheit erreichen, das demjenigen in Art. 11 und 12 des Sozialpaktes entspricht.

Der UN-Menschenrechtsausschuss dürfte schwerlich gehindert sein, außer der Wassernutzung weitere Ressourcennutzungen in die Garantien dieser beiden Paktbestimmungen einzubeziehen, auch wenn damit deren Anwendungsbereich doch wohl etwas überdehnt würde. Kaum anzunehmen ist freilich, dass sich der Ausschuss in diesem Falle entschließen würde, aus diesen beiden Menschenrechten nicht nur materielle, sondern auch prozedurale „core obligations" der Staaten abzuleiten. Gerade solchen Partizipationsrechten von Individuen und Gruppen, denen eine angemessene Teilhabe an der Nutzung der fraglichen natürlichen Ressourcen vorenthalten wird, dürfte in der Praxis jedoch entscheidende Bedeutung zukommen.

V. Schlussbetrachtung

Die Suche nach Ansätzen eines ressourcenbezogenen Menschenrechtsschutzes, der die bislang vornehmlich zwischenstaatlichen Übereinkommen vorbehaltenen Bemühungen um die Erhaltung und schonende Nutzung der natürlichen Ressourcen Wasser, Boden und Land sowie Flora und Fauna stützen und verstärken könnte, war trotz des vom UN-Menschenrechtsausschuss für den Sozialpakt propagierten Menschenrechts auf sauberes Wasser jedenfalls auf universeller Ebene insgesamt wenig ergiebig. Besonders dringlich wäre ein solcher Menschenrechtsschutz in denjenigen Weltregionen, in denen breite Bevölkerungssegmente chronisch verarmt sind und weiter zu verelenden drohen, wenn ihnen nicht Möglichkeiten eröffnet werden, ihre elementaren Interessen selbst wirksam geltend zu machen. Gefragt sind daher regionale Menschenrechtsschutzinstrumente, die dafür sorgen, dass die lokalen und indigenen Gesellschaften in Entwicklungsländern einen fairen Zugang zu den meist ohnehin schon knappen und degradierten natürlichen Ressourcen bekommen und an deren Nutzung gerecht beteiligt werden. Die begrüßenswerte Entscheidung der Afrikanischen Menschenrechtskommission im „Ogoniland"-Fall kann ebenso wenig wie einige Entscheidungen der Interamerikanischen Menschenrechtsschutzorgane[72] darüber hinwegtäuschen, dass die regionalen Menschenrechtsabkommen derzeit weder Individuen noch Gruppen spezifische Ressourcennutzungsrechte zuerkennen. Auch die langjährigen Anstrengungen, den indigenen Gesellschaften einen spezifischen ökologischen Menschenrechtsschutz zu vermitteln, sind bislang leider nicht über den Entwurf von „Draft Principles on Human Rights and the Environment" von 1994 hinaus gediehen.[73] In

---

[72] Vgl. allgemein zum Interamerikanischen Menschenrechtssystem und zur Spruchpraxis seiner Schutzorgane *Harris/Livingstone* (Hrsg.), The Inter-American System of Human Rights, 1998.

[73] Dieser Entwurf enthält einige vorbildliche Regeln zu den Ressourcennutzungs- und Partizipationsrechten (Teile II und III). Siehe UN Commission on Human Rights, Sub-Commission on Prevention of Discrimination and Protection of Minorities, Final Report of

jedem Falle dürfte sich ein solcher regionaler Menschenrechtsschutz nicht auf materielle Garantien bezüglich der Nutzung natürlicher Ressourcen beschränken, sondern müsste den marginalisierten lokalen und indigenen Gesellschaften und deren Mitgliedern in Entwicklungsländern auch und gerade handfeste Partizipationsrechte vermitteln.[74] Für deren nähere Ausgestaltung könnte die bislang nur im Rahmen der ECE anwendbare Aarhus-Konvention von 1998[75] als Vorbild dienen.

---

the Special Rapporteur; UN Doc. E/CN.4/Sub.2/1994/9 vom 6.7.1994, 74. Vgl. allgemein zum Menschenrechtsschutz indigener Völker *Thornberry,* Indigenous peoples and human rights, 2002.

[74] In diesem Sinne auch *Boyle* (Fn. 50), 59 ff., und noch dezidierter *Handl* (Fn. 50), 318 ff. Speziell zur Partizipation indigener Völker an ressourcenbezogenen Aktivitäten vgl. *Triggs,* The Rights of Indigenous Peoples to Participate in Resource Development: An International Legal Perspective, in: Zillman/Lucas/(Rock) Pring (Hrsg.), Human Rights in Natural Resource Development, 2002, 123 ff.

[75] Übereinkommen über den Zugang zur Information, die Beteiligung der Öffentlichkeit an der Entscheidungsfindung und den Zugang zu den Gerichten vom 25.6.1998, ILM 38 (1999), 517.

Töten und getötet werden – Kombattanten, Kämpfer und Zivilisten im bewaffneten Konflikt

Von Michael Bothe

Die völkerrechtliche Hegung bewaffneter Gewalt war in Lehre und Forschung ein grundlegendes Anliegen des Jubilars. Dem seien darum auch die folgenden Zeilen gewidmet.[1] Im bewaffneten Konflikt ist ein wesentliches Element der völkerrechtlichen Begrenzung der Gewalt die Unterscheidung zwischen Zivilpersonen und zivilen Objekten auf der einen und Militär bzw. militärischen Zielen auf der anderen Seite. Im internationalen Konflikt dürfen Kampfhandlungen nur durch Militärpersonen vorgenommen werden, sie dürfen grundsätzlich nur gegen Militärpersonen und militärische Ziele gerichtet werden. Mit dieser Begrenzung wird eine wesentliche Einschränkung zulässiger militärischer Gewalt erreicht. Auf der anderen Seite ist eben diese Unterscheidung im modernen bewaffneten Konflikt vielfältig unter Druck. Das gilt einmal für die Abgrenzung zwischen zivilen Objekten und militärischen Zielen.[2] Die folgenden Zeilen beschäftigen sich mit der anderen, der personalen Seite der Unterscheidung. Vielfältig nehmen Personen an Kampfhandlungen teil oder wirken an ihnen mit, die nicht zur staatlichen Militärorganisationen gehören. Wie weit ist das zulässig? Wie sind sie zu behandeln? Dürfen Sie jederzeit und wo auch immer getötet werden? Diese Frage der „gezielten Tötungen" ist allerdings nur eines der vielen Probleme,[3] die sich in diesem Zusammenhang stellen.

I. Die Ausgangslage – Kombattanten und Zivilpersonen im internationalen Konflikt

Die Komplexität des humanitären Völkerrechts beruht unter anderem darauf, dass die Rechtsstellung einer Person im Recht bewaffneter Konflikte von der Einordnung dieser Person in bestimmte Kategorien abhängt (Kombattanten, Kriegs-

---

[1] Der folgende Beitrag beruht in wesentlichen Teilen auf einer Studie, die der Verfasser für das Internationale Komitee vom Roten Kreuz angefertigt hat. Er gibt die persönliche Auffassung des Verfassers wieder.

[2] Vgl. dazu *Bothe*, Legal Restraints on Targeting: Protection of Civilian Population and the Changing Faces of Modern Conflicts, Israel Yearbook on Human Rights 31 (2001), 35 ff.; ebenfalls veröffentlicht in *Wall* (Hrsg.), Legal and Ethical Lessons of NATO's Kosovo Campaign, Naval War College International Law Studies 78 (2002), 173 ff.

[3] Dazu *Tomuschat*, Gezielte Tötungen (Targeted Killings), VN 52 (2004), 136 ff.

gefangene, Zivilpersonen, Sanitätspersonal usw.). Mit anderen Worten: anders als beim völkerrechtlichen Schutz der Menschenrechte[4] sieht das humanitäre Völkerrecht keine einheitlichen Rechte und Pflichten vor, die für jedermann gelten. Im Gegenteil: das humanitäre Völkerrecht sieht unterschiedliche Rechte und Pflichten jeweils für bestimmte Gruppen von Personen vor. Im internationalen bewaffneten Konflikt ist die grundlegende Dichotomie, wie bereits angedeutet, diejenige zwischen der Zivilbevölkerung und dem Militär, d. h. den Angehörigen der Streitkräfte. „Zivilperson" wird in Art. 50 Abs. 1 ZP I[5] negativ definiert, d. h. Zivilperson ist jede Person, die nicht Militärperson ist. Letztere wird wiederum durch einen Verweis auf bestimmte Kategorien von Personen bestimmt, die in Art. 4 Buchstabe A, Abs. 1, 2, 3 und 6 des III. Genfer Abkommens und Art. 43 ZP I genannt sind. Mit Ausnahme einiger besonderer Unterkategorien sind nach Art. 43 Abs. 2 ZP I die Angehörigen der Streitkräfte „Kombattanten", d. h. sie dürfen unmittelbar an Kampfhandlungen teilnehmen und dürfen andererseits individuell zum Ziel von Angriffen gemacht werden. Zivilpersonen dagegen dürfen grundsätzlich nicht angegriffen werden. Sie genießen „Immunität".

Angesichts dieses rechtstechnischen Ansatzes einer Negativdefinition ist ganz wesentlich für die Frage, welche Personen diese Immunität besitzen, die Definition des Kombattanten. Schlüsselbegriff in der Kombattanten-Definition des Art. 43 Abs. 2 ZP I ist „members of the armed forces", der wiederum auf die Definition der „armed forces" in Art. 43 Abs. 1 verweist:

> „The armed forces of a Party to a conflict consist of all organized armed forces, groups and units which are under a command responsible to that Party for the conduct of its subordinates ..."

Dies setzt also eine gewisse, wenn auch u. U. lockere Zugehörigkeit zum Staatsapparat einer Konfliktpartei voraus. Dieser Teil des Staatsapparates muss von der Konfliktpartei für die Aufgabe, Kampfhandlungen vorzunehmen, bestimmt sein. Diese „Widmung" zur Vornahme von Kampfhandlungen muss auch transparent sein. Dies wird deutlich in Art. 43 Abs. 3:

> „Whenever a Party to a conflict incorporates a paramilitary or law enforcement agency into its armed forces it shall notify the other Parties to the conflict."

Personen, die Gewalthandlungen vornehmen, ohne zu dieser Organisation einer Konfliktpartei zu gehören, sind nicht Angehörige der Streitkräfte und können keine Kombattanten sein, auch nicht „unlawful combatants" oder „enemy combatants", wie auch immer die (aus sogleich noch zu erörternden Gründen) verwandten Begriffe lauten. Denn der Kombattantenbegriff ist eben auf die Mitglieder der Streitkräfte beschränkt. Die häufig für die gegenteilige Meinung angeführte Ent-

---

[4] Zu dieser Unterscheidung vgl. *Provost,* International Human Rights and Humanitarian Law, 2002, 34 ff.

[5] Zusatzprotokoll I zu den Genfer Abkommen vom 12. August 1949 über den Schutz der Opfer bewaffneter Konflikte vom 8. Juni 1977.

scheidung des U.S. Supreme Court in Sachen Ex parte Quirin[6] bestätigt dies in Wahrheit: Die Personen, um die es in dieser Entscheidung ging, waren in der Tat Kombattanten, nämlich Angehörige der deutschen Streitkräfte, die auf dem Gebiet der Vereinigten Staaten Sabotage-Akte vornehmen sollten und sich der Verletzung einer ganz grundlegenden Pflicht von Kombattanten schuldig gemacht hatten, nämlich der Pflicht, sich vor der Vornahme von Kampfhandlungen äußerlich erkennbar von Zivilpersonen zu unterscheiden.[7] Sie hatten damit das Kombattanten-Privileg verwirkt. Für solche Personen trifft der Begriff „unlawful combatant" zu.[8] Eine ganz andere Frage ist, wie denn Nicht-Angehörige der Streitkräfte (m. a. W. Zivilpersonen) zu behandeln sind, wenn sie an Kampfhandlungen teilnehmen. Die Antwort darauf findet sich in Art. 51 Abs. 3 ZP I: Zivilpersonen verlieren ihre Immunität, wenn

„and for such time as they take a direct part in hostilities."

Man kann insoweit von ungeschützten Zivilpersonen sprechen. Diese dürfen wie Kombattanten zum Objekt individuell gezielter Angriffe gemacht werden. Im Unterschied zu Kombattanten gilt das aber nur während der direkten Teilnahme an den Kampfhandlungen („for such time as"). Nehmen diese Zivilpersonen nicht mehr direkt an Kampfhandlungen teil, so dürfen sie auch nicht mehr angegriffen werden. Ein Kombattant hingegen darf immer angegriffen werden, auch wenn er gerade nicht an Kampfhandlungen teilnimmt.

Auf der anderen Seite besteht ein wesentlicher Unterschied zwischen dem Kombattanten und der ungeschützten Zivilperson im Fall der Gefangennahme: Der Kombattant wird Kriegsgefangener und genießt als solcher das sog. Kriegsgefangenen-Privileg: Er darf für seine Teilnahme an den Kampfhandlungen nicht bestraft werden, wenn er bei diesen Kampfhandlungen das Kriegsvölkerrecht beachtet[9] und sich nicht (wie bereits angedeutet) einer schwerwiegenden Verletzung der Pflicht zur äußerlichen Unterscheidung schuldig gemacht hat. Der Zivilist, der sich an den Kampfhandlungen beteiligt hat, darf jedoch vom Gegner dafür bestraft werden, freilich nur nach einem ordentlichen Gerichtsverfahren.[10]

Diese Unterscheidungen spielen eine besondere Rolle, wenn in besetzten Gebieten Widerstand geleistet wird. Wird dieser Widerstand von Kombattanten geleistet, dann dürfen diese getötet werden, wo immer das möglich ist. Geht der

---

[6] 317 U.S. 1 (1942).

[7] Vgl. dazu *Paust,* War and Enemy Status after 9/11: Attacks on the Laws of War, Yale Journal of International Law 28 (2003), 325 (331).

[8] Zu diesem Begriff wohl etwas zu weitgehend *Dinstein,* Unlawful Combatancy, Israel Yearbook on Human Rights 32 (2002), 247 ff.

[9] *Solf,* Article 44 – Combatants and Prisoners of War, in: Bothe/Partsch/Solf (Hrsg.), New Rules for Victims of Armed Conflicts. Commentary on the Two 1977 Protocols Additional to the Geneva Conventions of 1949, 1982, 241 (243 f.).

[10] Das ergibt sich insbesondere aus Art. 75 Abs. 4 ZP I. Für den Kombattanten, der das Kriegsgefangenen-Privileg verwirkt hat, spricht Art. 44 Abs. 4 ZP I von „equivalent protections".

Widerstand hingegen von Zivilisten aus, genießen diese wiederum Schutz vor individuellen Angriffen, wenn sie nicht mehr direkt an den Kampfhandlungen teilnehmen. Die Besatzungsmacht kann gegen diese Personen vorgehen, aber nur mit den polizeilichen Mitteln, die ihr als Besatzungsmacht zu Gebote stehen, um im besetzten Gebiet für Sicherheit und Ordnung zu sorgen. Dies setzt für den Einsatz von Zwangsmitteln und insbesondere für den Schusswaffengebrauch andere rechtliche, auch völkerrechtliche Grenzen. Ist die rechtmäßige Kriegshandlung im bewaffneten Konflikt eine zulässige Einschränkung des Rechts auf Leben, gelten für den Schusswaffengebrauch durch Polizeibehörden wesentlich engere Grenzen, wie sie etwa in Art. 2 Abs. 2 EMRK deutlich, in Art. 6 Abs. 1 unklarer[11] formuliert sind.

Deshalb ist sowohl der Begriff des Kombattanten als auch der der direkten Teilnahme an den Feindseligkeiten rechtlich ausschlaggebend dafür, wie eine Person von der jeweils anderen Konfliktpartei behandelt werden darf, insbesondere welche Maßnahmen eine Besatzungsmacht gegen sie ergreifen darf.

Wie bereits eingangs bemerkt, ist konstitutiv für die Eigenschaft als Kombattant die Zugehörigkeit zu den Streitkräften einer Konfliktpartei. Damit ist notwendig eine weitere völkerrechtliche Statusfrage aufgeworfen: Wer ist jeweils Konfliktpartei? In den besetzten palästinensischen Gebieten (so die offizielle UN-Terminologie) besteht ein bewaffneter Konflikt, wenn überhaupt,[12] zwischen Israel auf der einen und dem palästinensischen Volk, das durch die Palästinensische Behörde („Authority") vertreten wird, auf der anderen Seite. Dieser bewaffnete Konflikt ist noch nicht (oder jedenfalls noch nicht vollständig) durch eine Friedensregelung abgelöst. Kombattanten können in diesem Konflikt auf palästinensischer Seite darum nur solche Personen sein, die zu den Streitkräften der Authority gehören. Die Widerstandsgruppen wie Hamas können aber wohl kaum der Authority als deren bewaffnete Organe zugerechnet werden. Können sie das nicht, ist das gezielte Töten von Mitgliedern der Hamas nur zulässig nach den Regeln über polizeilichen Schusswaffengebrauch oder in dem Moment, wo sie sich unmittelbar an Kampfhandlungen beteiligen.

Ähnlich ist die Lage im Irak. Jedenfalls bis zur Einsetzung einer irakischen Übergangsregierung Ende Juni 2004 bestand ein bewaffneter Konflikt zwischen der den Staaten der Koalition und dem Irak. Ob sich diese Situation durch die Einsetzung einer neuen Regierung mit Billigung der Vereinten Nationen grundlegend geändert hat, muss man bezweifeln. Denn faktisch lag und liegt die wesentliche Herrschaftsgewalt immer noch in den Händen der Militärbehörden der Koalition. Sei dem wie auch immer: Kombattanteneigenschaft können die Widerstand Leis-

---

[11] *Tomuschat* (Fn. 3), 137.

[12] Zweifelnd *ibid.*, 138. Die Praxis der Vereinten Nationen und vieler Staaten steht jedoch diesen Zweifeln entgegen. Sonst gäbe es keine Erklärung dafür, dass allenthalben die Anwendung des IV. Genfer Abkommens auf diese Situation gefordert wird. Dieses Abkommen ist nun einmal nur im Falle eines bewaffneten Konflikts anwendbar.

tenden nur besitzen, wenn und soweit sie als bewaffnete Organe des Irak anzusehen sind. Das kann nicht angenommen werden.

Damit kommt es für die Zulässigkeit von Tötungshandlungen durch die Besatzungsmacht sowohl im Falle der besetzten palästinensischen Gebiete als auch im Irak darauf an, was unter direkter Teilnahme an den Feindseligkeiten zu verstehen ist. Die Zugehörigkeit zu einer der Besatzungsmacht feindlich gesinnten Organisation reicht dazu nicht aus. Auch die Planung von Kampfhandlungen ist noch keine direkte Beteiligung. Die Bewegung zum Ort der geplanten Kampfhandlung, das Beladen eines Autos mit einer Bombe, all dies sind Vorbereitungshandlungen, die schon als unmittelbare Teilnahme gewertet werden können. Während dieser Tätigkeiten ist die gezielte Tötung als Kampfhandlung zulässig, aber nur während dieser.

Es sei nicht verkannt, dass dies aus der Sicht der Besatzungsmacht gewisse Probleme mit sich bringt. Es schränkt die Befugnis der Besatzungsmacht ein, gewisse Personen gezielt zu töten, die sie für gefährlich hält. Entsprechendes gilt übrigens auch für die Tötung von Personen, die als Terroristen angesehen werden, außerhalb des Bereichs von Kampfhandlungen. Das hat juristische Rechtfertigungsstrategien ausgelöst, die auf eine Ausweitung des Kombattanten-Begriffs hinauslaufen, freilich in widersprüchlicher und darum rechtlich unakzeptabler Weise. Ein Kombattant darf töten und getötet werden. Wer das Recht in Anspruch nimmt, bestimmte Gruppen jederzeit und überall zu töten, muss ihnen dann auch das Recht zu töten einräumen. Eben das wollen die Vertreter dieses erweiterten Kombattanten-Begriffs aber offenbar gerade nicht.

Gegen die hier vertretene Einschränkung des Rechts zum gezielten Töten wird auch eingewandt, dass durch sie die Möglichkeit eines „Drehtür-Effekts" eröffnet würde: Kämpfer bei Nacht – geschützter (!) Zivilist bei Tag. Aber damit muss eine Besatzungsmacht leben. Es bedeutet ja nicht mehr, als dass die Bekämpfung eines Widerstands, der sich in nächtlichen Aktionen äußert, bei Tag darauf beschränkt wird, dass die Verhaftung verdächtiger Personen versucht werden muss, und nicht einfach auf diese Personen geschossen werden darf, sondern erst dann, wenn sie sich der Verhaftung zu entziehen suchen (wie das jedenfalls völkerrechtlich gesehen jeder Polizist tun darf, der einen Verbrecher verhaftet). Dass Schießen manchmal einfacher ist als Verhaften, gehört zu den Kosten des Rechtsstaats, der auch in besetzten Gebieten zu verwirklichen ist.

Eine etwas andere Sicht der Dinge gewönne man, wenn man die Organisationen, die Widerstand leisten, selbst als Konfliktparteien ansähe. Damit würden sie, wenn auch begrenzt auf die Anwendung des humanitären Völkerrechts, Völkerrechtssubjekte. Dies ausdrücklich anzuerkennen, ist die jeweils andere Konfliktpartei aus politischen Gründen gewöhnlich nicht bereit. Völkerrechtlich würde eine solche Konstruktion voraussetzen, dass die Widerstand leistende Partei einen gewissen Grad an Organisation und wohl auch territorialer Kontrolle erreicht hat. Die Lage wäre dann ähnlich wie in einem nicht internationalen bewaffneten Konflikt. Gerade im Irak ist eine rechtliche Betrachtungsweise zu erwägen, die den Widerstand, der sich ja auch gegen die neuen und international anerkannten Regierungsorgane richtet, als einen nicht-internationalen bewaffneten Konflikt ansieht, der durch die Beteiligung der ausländischen Streitkräfte dann wieder zu einem internationalen wird, jedenfalls im Verhältnis zwischen Interventionsstreitkräften und Rebellen. In einem solchen Konflikt könnte den bewaffneten Gruppen der Rebellen Kombattanteneigenschaft zukommen, wenn man die Rebellen als eigenständige Konfliktpartei ansähe.

Mit der letztgenannten rechtlichen Konstruktion ist die Lage im nicht internationalen bewaffneten Konflikt angesprochen, die im nächsten Abschnitt genauer zu untersuchen ist.

II. Zivilpersonen und „Kämpfer" im nicht-internationalen bewaffneten Konflikt

Im nicht-internationalen Konflikt erscheint die Situation von vorn herein anders als im internationalen. Weder der gemeinsame Art. 3 der Genfer Abkommen, der die grundlegenden Regeln über den nicht-internationalen Konflikt enthält, noch das ZP II[13] zu den Konventionen kennen den Begriff des Kombattanten. In Art. 3 taucht der Ausdruck „Mitglieder der Streitkräfte" auf, aber nur in einem spezifischen Zusammenhang, nämlich dem, dass sie sich „außer Gefecht" befinden. Es stellt sich aber die Frage, ob im nicht-internationalen Konflikt nicht doch ähnliche Kategorien des Status von Personen bestehen wie im internationalen Konflikt, mit der Folge, dass in ähnlicher Weise Unterschiede in der rechtlich gebotenen oder erlaubten Behandlung bestehen.

Die Tatsache, dass der Begriff des Kombattanten in den vertraglichen Regelungen über den nicht-internationalen Konflikt nicht vorkommt, erklärt sich daraus, dass die Staaten nicht bereit sind, das soeben dargestellte Kriegsgefangenen-Privileg auch Aufständischen zu gewähren. Daraus könnte man die Folgerung ziehen, dass der oben dargestellten negativen Definition der Zivilperson die Grundlage entzogen ist. Dann ist es folgerichtig, dass Art. 3 auch die Begriffe „Zivilperson" oder „Zivilbevölkerung" vermeidet. Die Bestimmung schützt Personen, „die nicht unmittelbar an den Feindseligkeiten teilnehmen" und gibt eine nicht abschließende Liste von Beispielen solcher Personen. Die Liste enthält „Mitglieder der Streitkräfte, welche die Waffen gestreckt haben". Ferner genießen Verwundete und Kranke einen besonderen Schutz.

„Mitglieder der Streitkräfte" bezieht sich auf bestimmte Individuen, nicht auf die Streitkräfte als Organisation.[14] Das bedeutet, dass diese Mitglieder der Streit-

---

[13] Zusatzprotokoll zu den Genfer Abkommen vom 12. August 1949 über den Schutz der Opfer nicht internationaler Konflikte vom 8. Juni 1977.

[14] *Pictet* (Hrsg.), Les Conventions de Genève. Commentaire, Bd. 1, 1952, 56 ff.

kräfte (letzterer Begriff wird nicht definiert), wenn sie nicht die Waffen gestreckt und auch nicht aus anderen Gründen außer Gefecht sind, nicht durch die Regeln über menschliche Behandlung nach Art. 3 geschützt sind. Mehr lässt sich aus dieser Bestimmung für eine Unterscheidung zwischen Streitkräften und Nicht-Streitkräften nicht entnehmen. Die Bestimmung besagt nichts über den Status von Personen, die nicht nach dieser Vorschrift geschützt sind. Diese Lücke ist erklärlich. Die Genfer Abkommen von 1949 regeln ohnehin nicht die Methoden der Kriegführung, deshalb auch nicht die allgemeine Unterscheidung zwischen Zivilpersonen und Kombattanten. Von daher war es konsequent, diese Frage für den nicht internationalen Konflikt an dieser Stelle offen zu lassen.

Diese Fragen wurden dann erst mehr als 20 Jahre nach den Genfer Verhandlungen über die vier Abkommen von 1949 bei der Ausarbeitung des ZP II auf den Tisch gelegt. Die folgende Diskussion versucht, die Bedeutung der in diesem Protokoll verwandten Begrifflichkeiten im Licht der Verhandlungsgeschichte zu klären. Viele gegenwärtige Konflikte fallen aber nicht unter das ZP II, sei es, weil der betreffende Staat nicht Vertragspartei ist, sei es, weil der Konflikt nicht die relativ hohe Anwendungsschwelle des Protokolls erreicht. In diesen Fällen sind die rudimentären Schutzregeln des Art. 3 nach wie vor relevant. Darüber hinaus stellt sich die Frage, wie weit sich das völkerrechtliche Gewohnheitsrecht insofern entwickelt hat.

Die Rechtsprechung einiger internationaler Gerichte hat in den letzten Jahrzehnten erheblich zur Festigung und Entwicklung des Rechts nicht-internationaler Konflikte beigetragen. Vor allem die Urteile der *Ad-hoc*-Tribunale für das ehemalige Jugoslawien und für Ruanda haben diese Regelung nicht-internationaler Konflikte näher an diejenige internationaler Konflikte herangeführt.

Zunächst hat der IGH in seinem Nicaragua-Urteil festgestellt, dass die in Art. 3 der Genfer Konventionen enthaltenen Grundsätze zum völkerrechtlichen Gewohnheitsrecht gehören.[15] Für das Jugoslawien-Tribunal war das der Ausgangspunkt, es ging jedoch darüber hinaus, indem es die Regelungen für den nicht-internationalen Konflikt weitgehend an die für den internationalen Konflikt anglich. Die Grundlage dafür sah es in Art. 3 seines Statuts, der dem Gericht die Befugnis verleiht, „to prosecute persons violating the laws and customs of war":

„The Trial Chamber concludes that article 3 of the Statute provides a non-exhaustive list of acts which fit within the rubric of "laws or customs of war". The offences it may consider are not limited to those contained in the Hague Convention and may arise during an armed conflict regardless of whether it is international or internal."[16]

Die Berufungskammer bestätigte diese Auffassung vollinhaltlich:

„Since the 1930s, ... the ... distinction (between "belligerency and insurgency", i.e. between international and internal conflicts) became more and more blurred and international legal rules have increasingly emerged or have been agreed upon to regulate inter-

---

[15] IGH, *Nicaragua,* ICJ Reports 1986, 14 (113 ff., §§ 218 ff.).

[16] *Prosecutor v. Tadić,* Trial Chamber, 10. August 1995, § 64.

nal armed conflict. ... If international law, while of course duly safeguarding the legitimate interests of States, must gradually turn to the protection of human beings, it is only natural that the aforementioned dichotomy should gradually lose its weight."[17]

Dies veranlasst die Berufungskammer, einige im nicht-internationalen Konflikt geltende Grundsätze genauer herauszuarbeiten. Darauf ist sogleich noch zurückzukommen.

Diese Rechtsprechung des Jugoslawien-Tribunals wurde durch das Statut des Ruanda-Tribunals bestätigt, das nunmehr das Gericht ausdrücklich ermächtigt, Verletzungen des gemeinsamen Artikels 3 der Genfer Abkommen zu verfolgen. Dies war ein bedeutender Schritt in der Assimilierung des Rechts nicht-internationaler Konflikte an das Recht internationaler Konflikte. Diese Assimilierung wurde wiederum durch das 1998 angenommene Statut des Internationalen Strafgerichtshofs bestätigt. Dieses enthält eine lange Liste von Kriegsverbrechen, die im nicht-internationalen Konflikt begangen werden (Art. 8 Abs. 2 (c) bis (f) und 3). Diese Aufnahme der strafrechtlichen Sekundärnormen für den nicht-internationalen Konflikt kann nur so erklärt werden, dass die Schöpfer des Statuts der Auffassung waren, die entsprechenden Normen des Primärrechts seien Gewohnheitsrecht.[18]

1. ZP II und seine Redaktionsgeschichte

Es war einer der Hauptzwecke der in den späten 60ern und frühen 70er Jahren vorhandenen Bestrebungen, das humanitäre Völkerrecht weiter zu entwickeln, das Recht nicht-internationaler Konflikte näher an das Recht der internationalen Konflikte heranzuführen.[19] Demgemäß verwandte der IKRK-Entwurf für Protokoll II in der Tat den Begriff des „Kombattanten", also einen Schlüsselbegriff des Rechts internationaler Konflikte, den es bislang im Recht nicht-internationaler Konflikte noch nicht gegeben hatte. Die einschlägigen Bestimmungen des IKRK-Entwurfs von 1973 lauteten:

> „Article 24 (1)
> In order to ensure respect for the civilian population, the parties to the conflict shall confine their operations to the destruction or weakening of the military resources of the adversary and shall make a distinction between the civilian population and combatants, and between civilian objects and military objectives.
>
> Article 25 (1)
> Any person who is not a member of the armed forces is considered to be a civilian.

---

[17] *Prosecutor v. Tadić*, Appeal Chamber, 2. Oktober 1995, § 97.

[18] *Bothe*, War Crimes, in: Cassese/Gaeta/Jones (Hrsg.), The Rome Statute of the International Criminal Court, Bd. 1, 2002, 417.

[19] CICR, Commentaire des Protocoles additionnels du 8 juin 1977 aux Conventions de Genève du 12 août 1949, 1986, Rn. 4360 ff.; *Pokštefl/Bothe*, Bericht über Entwicklungen und Tendenzen des Kriegsrechts seit den Nachkriegskodifikationen, ZaöRV 35 (1975), 574 (585 ff.).

Article 26
1. The civilian population as such, as well as individual civilians, shall not be made the object of attack. ...
2. Civilians shall enjoy the protection afforded by this article unless and for such time they take a direct part in hostilities."

Nach diesem Entwurf bestand kein wesentlicher Unterschied zwischen der Lage in einem internationalen und der in einem nicht-internationalen Konflikt. Auch der Text, der der abschließenden Plenarsitzung der Diplomatischen Konferenz schließlich 1977 zur endgültigen Beschlussfassung unterbreitet wurde, änderte daran nichts. Der Begriff „combatant" wurde beibehalten, in Art. 25 wurden lediglich die Worte „or of an organized armed group" eingefügt, um den Text an den der neuen Version des Art. 1 ZP II anzugleichen.

Die abschließende Plenardebatte führte jedoch zu einem Text, der etwas euphemistisch als „vereinfachte" Version des Protokolls bezeichnet wurde.[20] Die Artikel 24 und 25 verschwanden aus dem Text, und nur Art. 26 verblieb als Art. 13 Abs. 2 und 3. Dieser Prozess der „Vereinfachung" wurde ausgelöst durch die von Seiten einiger Entwicklungsländer formulierte (und von einigen anderen Staaten vielleicht stillschweigend geteilte) Befürchtung, dass die Anwendung des Protokolls die Fähigkeit des Staates untergraben könnte, angemessen mit internen Unruhen fertig zu werden. Diese Fähigkeit, so wurde argumentiert, werde nicht zuletzt dadurch untergraben, dass der Status von Aufständischen aufgewertet würde. Deshalb mussten in der revidierten Version Ausdrücke wie „Konfliktparteien", die eine gewisse Gleichheit zwischen der Regierungs- und der Rebellenseite signalisierten, vermieden werden. In diesem Zusammenhang wurde auch der Begriff des Kombattanten anstößig. Allerdings ist die Kritik insofern nicht völlig unberechtigt. Denn man kann das ZP II kaum dahin verstehen, dass dem gefangen genommenen Kombattanten das Kriegsgefangenen-Privileg verschafft werden sollte. Auch die ursprüngliche Version des Protokolls beschränkte sich auf Regeln über die menschliche Behandlung von Gefangenen. Regeln, die auf so etwas wie einen Kriegsgefangenen-Status, vergleichbar dem nach dem III. Genfer Abkommen, hinausliefen, gab es nicht.

Auch in seiner „vereinfachten" Version gebraucht das Protokoll jedoch die Ausdrücke „Zivilbevölkerung" und „Zivilperson". Parallel zum internationalen Konflikt nach ZP I ist auch die Regelung über den Verlust des Schutzes, der eintritt, wenn „they take a direct part in hostilities". Dies legt es nahe, dass es auch im nicht-internationalen Konflikt zwei Kategorien von Personen (und die Unterkategorie der ungeschützten Zivilpersonen) gibt, ähnlich wie im internationalen Konflikt. Das scheint schon ein Gebot juristischer Logik zu sein: Wenn es Zivilisten gibt, die nicht angegriffen werden dürfen, dann müsste es auch Nicht-Zivilisten geben, die angegriffen werden dürfen. Die Frage ist dann nur, wie denn diese Nicht-Zivilisten zu definieren sind.

---
[20] Zu dieser Entwicklung *Partsch,* Introduction, in: Bothe/Partsch/Solf (Hrsg.) (Fn. 9), 604 (606 ff.).

Bevor wir uns dieser Frage zuwenden, müssen wir uns mit dem Argument auseinandersetzen, dass die Diplomatische Konferenz durch die Streichung der alten Art. 24 Abs. 1 und 25 Abs. 1 des Entwurfs praktisch die Lage wieder herstellen wollte, die nach Art. 3 der Genfer Abkommen bestand, der nur unterscheidet zwischen Personen, die an den Kampfhandlungen teilnehmen, und solchen, die dies nicht tun. Aus den Debatten der diplomatischen Konferenz lässt sich nichts für eine dahingehende Absicht entnehmen. Der Unterschied zu Art. 3 der Genfer Abkommen wird schon dadurch deutlich, dass der Begriff der Zivilbevölkerung gebraucht wird, der eben in Art. 3 fehlt. Dies ist ein Schlüsselbegriff des Teils IV ZP II. Gegenwärtige Bemühungen um eine Neuformulierung des Rechts nichtinternationaler Konflikte, die im Rahmen des Instituts für humanitäres Völkerrecht in San Remo unternommen werden,[21] behalten darum das Prinzip der Unterscheidung bei und sehen dem gemäß eine besondere Kategorie von Personen vor, die als Mitglieder einer entsprechenden Organisation an den Kampfhandlungen teilnehmen und deshalb auch stets zum Gegenstand individueller Angriffe gemacht werden dürfen. Um den Ausdruck „Kombattant" zu vermeiden, wird diese Kategorie „Kämpfer" („fighter") genannt. Dieser terminologische Unterschied spiegelt auch den verbliebenen Unterschied zwischen dem recht internationaler und dem nicht-internationaler Konflikte wieder und deutet wohl vor allem auf das Fehlen des Kriegsgefangenen-Privilegs hin.

Eine Analyse des Wortlauts des Art. 13 Abs. 3 ZP II legt den gleichen Schluss nahe. Der Verlust des Schutzes von Zivilpersonen ist eindeutig zeitlich begrenzt („for such time as"). Wenn der einzige Statusunterschied im nicht-internationalen Konflikt auf dieser Unterscheidung beruhte, gäbe es keine permanenten Nicht-Zivilisten. Auch die Streitkräfte der Regierung wären dann Zivilisten, wenn sie gerade nicht kämpften, eine etwas merkwürdig anmutende Schlussfolgerung. Wir kommen also für die Auslegung des ZP II zu dem Schluss: Wie im Falle des internationalen Konflikts gibt es zwei unterschiedliche Statusgruppen: Kämpfer und Zivilpersonen, wobei die ungeschützten Zivilpersonen eine Untergruppe der letzteren sind.

2. Die Entwicklung der Rechtsprechung und das Gewohnheitsrecht

Diese Kategorisierung findet sich ansatzweise auch in der einschlägigen Rechtsprechung. Wie weit sie als Gewohnheitsrecht angesehen werden kann, bleibt zu erörtern.

Das Jugoslawien-Tribunal hält das Prinzip der Unterscheidung, wie es in Art. 51 ZP I formuliert ist, für Gewohnheitsrecht:

---

[21] San Remo Manual on the Protection of Victims of Non-International Armed Conflicts prepared by international lawyers convened by the International Institute of Humanitarian Law, co-ordinated by Dieter Fleck, verfügbar auf Anfrage beim Koordinator: DieterFleck@t-online.de.

„Article 50 of Additional Protocol I ... contains a definition of civilians and civilian populations, and the provisions in this article may largely be viewed as reflecting customary law."[22]

Nach einer eingehenden Analyse der Praxis hält die Berufungskammer im Tadić-Fall diese Regeln auch für Gewohnheitsrecht im Falle eines nicht-internationalen Konflikts: :[23]

„The first rules that evolved in this area were aimed at protecting the civilian population from the hostilities. ... "

Eine Bestätigung für diese Auffassung findet die Kammer bereits in der Staatenpraxis während des Spanischen Bürgerkrieges und während einer Anzahl von nicht-internationalen Konflikten, die nach dem 2. Weltkrieg stattgefunden haben. Sie bezieht sich auch auf die Regeln, die die Generalversammlung der Vereinten Nationen in bezug auf alle Arten von Konflikten formuliert hat.[24] Dazu gehört der Grundsatz

„That distinction must be made at all times between persons taking part in the hostilities and members of the civilian population ..."

Abschließend stellt die Kammer fest:

„...customary rules have developed to govern internal strife. These rules, as specifically identified in the preceding discussion, cover such areas as protection of civilians from hostilities, in particular from indiscriminate attacks, protection of civilian objects ..., protection of all those who do not (or no longer) take active part in hostilities ..."

Diese Unterscheidung liegt auch der einschlägigen Bestimmung des Statuts des Internationalen Strafgerichtshofs (Art. 8 Abs. 2 (e)(i)) für den nicht-internationalen Konflikt zugrunde, die, wie bereits erläutert, als Nachweis von Gewohnheitsrecht angesehen werden muss:

„Intentionally directing attacks against the civilian population as such or against individual civilians not taking direct part in hostilities;"

Ob diese Formulierung die oben entwickelten Kategorisierungen impliziert, ist fraglich: auf der einen Seite verwenden sie den Begriff der Zivilbevölkerung bzw. Zivilpersonen, die grundsätzlich nicht angegriffen werden dürfen. Das legt nahe, dass es als Gegenpart den Status des Nicht-Zivilisten, d. h. Kombattanten oder Kämpfers gibt, der jederzeit angegriffen werden darf. Aber die entsprechenden Termini werden gerade vermieden. Die ungeschützten Personen werden nur dadurch definiert, dass sie nicht oder nicht mehr an Kampfhandlungen teilnehmen.

Eine Kategorisierung, die der des internationalen Konflikts oder der Entwürfe des ZP II für den nicht-internationalen Konflikt deutlich parallel läuft, findet sich in dem soeben schon erwähnten Projekt eines Handbuchs der gewohnheitsrecht-

---

[22] *Prosecutor v. Blaskić*, Appeal Chamber, 29. Juli 2004, § 110; vgl. auch *Prosecutor v. Galić*, Trial Chamber, 5. Dezember 2003, § 45.

[23] *Prosecutor v. Tadić*, Appeal Chamber, 2. Oktober 1995, §§ 100 ff.

[24] UN GA Res. 2444/1968.

lichen Regeln für den nicht-internationalen Konflikt, das im Rahmen des San Remo-Instituts erarbeitet wird:

> „115. Certain general principles of conduct underpin all military operations, regardless of their nature. They are
> – distinction between fighters and civilians ...
> 202. *Distinction*. A distinction must always be made in the conduct of military operations between fighters and civilians ...
> 205. *General Rule*. Attacks must be directed only against fighters or military objectives."

Damit stellt sich die Frage, wie genau die Kategorie der Kämpfer zu definieren ist.

III. Der Begriff der „Streitkräfte" und der „bewaffneten Gruppen" – ein Vergleich mit Art. 43 Abs. 1 ZP I

Die Lösung des Problems der Definition des Begriffs „Kämpfer", einer Kategorie, die wie gesagt in Art. 13 ZP II vorausgesetzt wird, kann durch eine systematische Auslegung dieser Bestimmung gefunden werden. Der Schlüssel zu dieser Auslegung findet sich in Art. 1 ZP II. Das wurde insbesondere durch den Wortlaut des gestrichenen Art. 25 Abs. 1 des Entwurfs für ZP II deutlich. Um den Begriff der Zivilperson (negativ) zu definieren, benutzte diese Bestimmung die Terminologie des Art. 1 ZP II: Streitkräfte und „bewaffnete Gruppen". Indem Art. 1 den Typ von Konflikt umschreibt, auf den das ZP II anwendbar ist, umschreibt er zugleich die Charakteristika der Konfliktparteien (ohne dieselben so zu bezeichnen): Auf der einen Seite sind es die „Hohen Vertragsschließenden Parteien" mit ihren Streitkräften, auf der anderen Seite sind es „dissident armed forces or other organized armed groups", die allerdings gewisse weitere Kriterien erfüllen müssen. Insbesondere müssen sie „under a responsible command" stehen. Sie müssen fähig sein, militärische Operationen durchzuführen. Mit anderen Worten, die Vorschrift setzt als Parteien auf der einen Seite den Staat mit seiner Militärorganisation voraus, auf der anderen Seite einen Verband, der gleichfalls einen gewissen Grad an administrativer Organisation besitzt, auch eine Militärorganisation. Feindseligkeiten finden zwischen diesen Militärorganisationen statt, und nur zwischen ihnen. Wenn in diesem Zusammenhang im ZP II der Begriff der Streitkräfte verwandt wird, so wird die Definition des Art. 43 Abs. 1 ZP I angesprochen:[25]

> „The armed forces of a Party to a conflict consist of all organized armed forces, groups and units which are under a command responsible to that Party for the conduct of its subordinates ..."

Was dies bedeutet, ist für die Seite der Regierung und die der Aufständischen etwas unterschiedlich zu betrachten.

---

[25] Siehe bereits oben unter I.

1. Die Regierungsseite

Während der Diplomatischen Konferenz wurde diskutiert, ob für die Streitkräfte der Regierungsseite im nicht-internationalen Konflikt nach ZP II dasselbe gelte wie im internationalen Konflikt nach ZP I. Dazu heißt es in einer „explanatory note" des zuständigen Ausschusses der Diplomatischen Konferenz:[26]

> „In this Protocol, so far as the armed forces of a High Contracting Party are concerned, the expression armed forces means *all* the armed forces – including those which under some national systems might not be called regular forces – constituted in accordance with national legislation under some national systems; according to the views stated by a number of delegations, the expression would not include other governmental agencies the members of which may be armed; examples of such agencies are the police, customs and other similar organizations."

Die Klarheit dieses Dokuments lässt durchaus zu wünschen übrig. Zunächst ist gar nicht klar, ob das Dokument eine Auslegung dokumentiert, auf die sich die relevanten Akteure der Diplomatischen Konferenz bereits geeinigt hätten. Man kann auch fragen, ob mit der gewählten Formulierung alle Ordnungsbehörden aus dem Begriff der Streitkräfte hinausdefiniert wurden,[27] insbesondere diejenigen, die eine gewisse militärische Organisation besitzen. Die Interpretation läuft aber letztlich darauf hinaus, dass hier die gleichen Grundsätze gelten wie in Protokoll I.

2. Die Seite der Aufständischen

Wenn und soweit auf der Seite der Aufständischen eine militärische Organisation besteht, auf die die Bezeichnung „Streitkräfte" wirklich zutrifft, gelten ähnliche Erwägungen wie die zuvor angestellten. Hinsichtlich des Begriffs „organized armed groups" hat das IKRK während der Verhandlungen folgende Erklärung abgegeben:[28]

> „The expression does not mean any armed band acting under a leader. Such armed groups must be structured and possess organs, and must therefore have a system for allocating authority and responsibility; they must also be subject to rules of internal discipline. Consequently, the expression "organized armed groups" does not imply any appreciable difference in degree of organisation from that of regular armed forces."

Es ist eben diese Notwendigkeit einer Organisation, welche dem Status des „Kämpfers" auch im nicht-internationalen Konflikt eine gewisse Dauerhaftigkeit verleiht. Die Mitgliedschaft in dieser Organisation ist Voraussetzung dafür, dass eine Person als Kämpfer angesehen werden kann. Das liegt auch dem Urteil des Jugoslawien-Tribunals im Tadić-Fall zugrunde:

---

[26] CDDH/I/238/Rev.1 = Official Records Bd. X, 93 ff.
[27] Dazu *Partsch* (Fn. 20), 626.
[28] *Ibid.*

„... an individual who cannot be considered a traditional ‚non-combatant' because he is actively involved in the conduct of hostilities *by membership* in some kind of resistance group ..."[29]

Das löst nicht das Transparenzproblem.[30] Wie sogleich noch zu zeigen sein wird, ist eine gewisse Sichtbarkeit des Status Voraussetzung einer effektiven Anwendung des Prinzips der Unterscheidung.

Das Erfordernis einer Organisation setzt eine gewisse Dokumentation voraus, aus der sich ergibt, wer zu dieser Organisation gehört. Aber dies muss unter den unterschiedlichen Bedingungen der Konflikte in unterschiedlichen Teilen der Welt nicht notwendig so sein. Und selbst wo diese Dokumentation besteht, kann sie verborgen sein. Im Falle eines internationalen bewaffneten Konflikts wird mindestens verlangt, dass der Kombattant „während jedes militärischen Einsatzes" und „während eines militärischen Aufmarsches vor Beginn eines Angriffs, an dem er teilnehmen soll, seine Waffen solange offen trägt, wie er für den Gegner sichtbar ist" (Art. 44 Abs. 3 ZP I). Im nicht internationalen bewaffneten Konflikt können die Anforderungen jedenfalls nicht höher sein.

Deshalb darf ein „Kämpfer" eine zivile Bekleidung tragen, solange er nicht kämpft. Aber er oder sie darf auch angegriffen werden. Das schafft für die andere Seite nicht unerhebliche Schwierigkeiten. Darauf wird sogleich noch zurückzukommen sein.

IV. Anfang, Ende und Folgen des Status des „Kämpfers"

Wie soeben entwickelt, ist die Voraussetzung dafür, dass eine Person als Kämpfer angesehen werden kann, ihre Zugehörigkeit zu einer Organisation, die die „Streitkräfte" oder eine andere „organized group" darstellt. Die Mitgliedschaft in dieser Organisation erwirbt eine Person durch einen konstitutiven Rechtsakt der Organisation. Es gibt keine selbst-ernannten Mitglieder der Streitkräfte. Im Falle staatlicher Streitkräfte ist konstitutiv regelmäßig ein Verwaltungsakt, eine Ernennung oder Ähnliches. Es kann sich aber auch um einen Vertrag handeln. Das gilt *mutatis mutandis* auch für die Nicht-Regierungs-Seite. Dieser Akt, der die Mitgliedschaft in der Organisation begründet, ist der Beginn des Status des Kämpfers.

Dieser Status kann nur durch einen *actus contrarius* (oder durch Tod!) beendet werden. Es kann sich um eine Entlassung, Vertragsauflösung oder Ähnliches handeln. Die Beendigung einer Teilnahme an den Kampfhandlungen hat diese Wirkung nicht. Hört ein Kämpfer auf zu kämpfen, geht nach Hause und zieht zivile Kleidung an, beendet das nicht seine Mitgliedschaft in der Organisation. Er bleibt Kämpfer.

---

[29] *Prosecutor v. Tadić*, Trial Chamber, 7. Mai 1997, § 689 (Hervorhebung des Verfassers).

[30] Siehe oben unter I.

Das wirft jedoch Fragen der Sichtbarkeit auf. Zwar bleiben Kämpfer, auch wenn sie zivile Kleidung tragen und einer rein zivilen Tätigkeit nachgehen, Kämpfer und können angegriffen werden. Aber wie kann die andere Konfliktpartei wissen, ob es sich um solche zulässige Angriffsziele handelt?

Hat eine Person, die wie eine Zivilperson aussieht, im Zweifel auch als solche zu gelten? Diese Regel gilt für den internationalen Konflikt (Art. 50 Abs. 1 a. E. ZP I). Der IKRK-Entwurf für das ZP II enthielt eine solche Regel nicht, sie war jedoch Bestandteil des Textes, der nach den Beratungen in den Ausschüssen der Diplomatischen Konferenz dem abschließenden Plenum zur Beratung vorgelegt wurde (Art. 24 Abs. 4 i. V. m. Abs. 1 a. E.). Diese gesamte Bestimmung fiel jedoch dem oben beschriebenen Prozess der „Vereinfachung" zum Opfer. Im Hinblick auf die Bedeutung, die diese Regel für die Möglichkeiten einer Regierung hat, Aufständische in rechtlich zulässiger Weise zu bekämpfen, kann man das ZP II nicht ohne weiteres so interpretieren, als gäbe es die gestrichene Bestimmung noch. Dennoch würde das Prinzip der Unterscheidung jede praktische Bedeutung verlieren, wäre der Angreifer frei, einfach von der Annahme auszugehen, Personen, die wie Zivilisten aussehen, seien in Wahrheit Kämpfer. Folglich muss eine Auslegung des Prinzips der Unterscheidung, die am *effet utile* der Regel orientiert ist, verlangen, dass der Angreifer Vorsichtsmaßnahmen trifft, die denen gleichen, die Art. 57 Abs. 2 im Falle eines internationalen Konflikts verlangt – obwohl es eine solche Bestimmung im ZP II nicht gibt und sie auch in den Vorentwürfen nicht enthalten war. Es bedeutet, dass die Person, die über einen Angriff entscheidet, „alles praktisch Mögliche zu tun (hat), um sicher zu gehen, dass die Angriffsziele weder Zivilpersonen noch zivile Objekte sind ...".

V. Verlust des Schutzes als Zivilperson: unmittelbare Teilnahme an den Kampfhandlungen

Für Zivilpersonen, die unmittelbar an Kampfhandlungen teilnehmen, gilt auch im Falle eines internationalen Konflikts ein besonderes Regime. Vergleichbar den Kombattanten sind sie insofern, als sie gezielt und individuell bekämpft werden dürfen. In zwei wesentlichen Punkten jedoch sind sie den Kombattanten nicht vergleichbar. Zum ersten sind sie in dem Augenblick wieder geschützt, in dem sie nicht mehr an den Kampfhandlungen teilnehmen. Zum zweiten genießen sie bei Gefangennahme nicht das Kriegsgefangenen-Privileg, d. h. sie können für ihre Teilnahme an den Kampfhandlungen bestraft werden, auch wenn sie dabei die einschlägigen Regeln des Rechts der bewaffneten Konflikte beachtet haben. Im nichtinternationalen Konflikt genießen jedoch weder die Kämpfer[31] noch Zivilpersonen dieses Privileg. Umso bedeutsamer ist es, ob eine Person nun Kämpfer oder Zivil-

---

[31] Vgl. *Hoffmann*, Quelling Unlawful Belligerency: the Juridical Status and Treatment of Terrorists Covered by the Laws of War, Israel Yearbook on Human Rights 31 (2002), 161 (163).

person ist. Denn Letztere genießen wieder den Schutz vor Angriffen, wenn sie nicht mehr unmittelbar an den Kampfhandlungen teilnehmen. Dieses Prinzip wird durch eine Reihe richterlicher oder quasi-richterlicher Entscheidungen auch für den nicht-internationalen Konflikt bestätigt. Bezüglich des Konflikts in Kolumbien hat die Interamerikanische Menschenrechtskommission festgestellt:[32]

> „It is important to understand that while these persons forfeit their immunity from direct attack while participating in hostilities, they, nonetheless, retain their status as civilians. Unlike ordinary combatants, once they cease their hostile acts, they can no longer be attacked, although they may be tried and punished for all their belligerent acts."

Die Frage, was nun im Einzelfall eine unmittelbare Teilnahme an den Feindseligkeiten ist, stellt sich dabei im nicht-internationalen Konflikt ähnlich wie im internationalen. Die Schwierigkeiten der Abgrenzung wurden eingangs schon beleuchtet.

VI. Zwischenergebnis für den nicht-internationalen Konflikt

Auch im nicht-internationalen Konflikt gibt es zwei Kategorien von Personen, die einen unterschiedlichen Status gemäß dem humanitären Völkerrecht besitzen: Kämpfer und Zivilpersonen. Das gilt sowohl gemäß ZP II als auch (mit gewissen noch zu erörternden Einschränkungen) nach völkerrechtlichem Gewohnheitsrecht. Zivilpersonen genießen Schutz vor Angriffen, außer sie nehmen unmittelbar an Kampfhandlungen teil.

– Sowohl Kämpfer als auch ungeschützte Zivilpersonen dürfen als Individuen zum Ziel von Angriffen gemacht werden.

– Kämpfer sind diejenigen Personen, die zu dem besonderen administrativen Apparat einer Konfliktpartei gehören, der die Aufgabe hat, Kampfhandlungen durchzuführen (Streitkräfte, organisierte bewaffnete Gruppen).

– Kämpfer besitzen diesen Status während der gesamten Zeit ihrer Zugehörigkeit zu dieser Organisation.

– Alle Personen, die keine Kämpfer sind, sind Zivilpersonen und verlieren ihren Schutz nur, solange sie tatsächlich an Kampfhandlungen teilnehmen.

VII. Parallelität zwischen internationalem und nicht-internationalem Konflikt – Kriegshandlung oder Rechtsdurchsetzung

Das soeben dargestellte Ergebnis hinsichtlich der Kategorisierung von Person im Hinblick auf ihre Stellung im humanitären Völkerrecht entspricht einem in den

---

[32] Third Report on the Human rights Situation in Columbia, 26 February 1999, § 54; erhältlich im Internet: <www.cidh.org/countryrep/colom99en/table%20of%20contents.htm>.

Debatten um die Entwicklung dieses Rechtsgebiets wirkmächtigen Trend: Zur Verbesserung des Schutzes der Opfer sollte das Recht des nicht-internationalen bewaffneten Konflikts weitgehend dem des internationalen bewaffneten Konflikts angeglichen werden – ein altes Anliegen.[33] Dieses Ergebnis wurde im Wesentlichen aus einer systematischen Auslegung des ZP II gewonnen. Inwieweit die staatliche Praxis und die Rechtsprechung diese Parallelität wirklich wiederspiegelt, ist weniger sicher.

Bedenken, die nicht nur praktischer, sondern letztlich auch systematischer Art sind, leiten sich zunächst aus der Tatsache her, dass, wie bereits mehrfach erwähnt, im nicht-internationalen Konflikt ein wesentliches Element des Ausgleichs der unterschiedlichen Schutzinteressen fehlt, nämlich das Kriegsgefangenen-Privileg. Damit entfällt, das ist nicht zu verkennen, ein wesentlicher Anreiz zur Beachtung des humanitären Völkerrechts. Damit hängt eine Problematik zusammen, die im Tatsächlichen liegt: Gibt es überhaupt einen administrativen Apparat einer Konfliktpartei, der einen dem Kombattanten vergleichbaren Status verleihen kann? Das ZP II mit seiner hohen Anwendungsschwelle stellt insofern, das wurde oben dargelegt, erheblich Ansprüche an die Konfliktparteien, die häufig nicht eingelöst werden können. Dann ist das ZP II nicht anwendbar. Deshalb ist eine durchaus kritische Betrachtung der tatsächlichen Lage geboten, bevor der rechtliche Schluss zulässig ist, dass eine Person, die einer Widerstandsgruppe angehört, jederzeit zum Ziel eines individuellen Angriffs gemacht werden kann.

Bei Großkonflikten wie dem Spanischen Bürgerkrieg, der vielfach als Denkmuster gedient hat,[34] oder dem Biafra-Konflikt[35] ist die Parallelität zwischen internationalem und nicht-internationalem Konflikt sicher angemessen. In der Praxis wird hier das Fehlen des Kriegsgefangenen-Privilegs auch dadurch ausgeglichen, dass sich die staatliche, aber auch die aufständische Seite im Hinblick auf die Gegenseitigkeit der Interessen an der Behandlung der Gefangenen mit der Strafverfolgung derselben zurückhalten wird.

Wenn und soweit eine solche Situation aber nicht vorliegt, d. h. der Regierungsseite nicht wirklich eine in wesentlichen Punkten staatlichen Strukturen vergleichbare Partei gegenüber steht, kann es einen dem Kombattanten vergleichbaren Status des Kämpfers nicht geben. Davon geht offenbar auch die Interamerikanische Menschenrechtskommission in dem oben zitierten Fall Kolumbiens aus. Die kämpfenden Personen bleiben Zivilisten. Sie gewinnen ihren Schutz zurück, wenn sie sich nicht mehr an den Kampfhandlungen beteiligen.

An diesem Punkt trifft sich das Recht des nicht-internationalen bewaffneten Konflikts mit dem vergleichbaren Regelungsproblem im internationalen Konflikt, nämlich dem der Befugnisse der Besatzungsmacht im besetzten Gebiet. Auch hier

---

[33] Siehe oben Fn. 19.
[34] Siehe die Zitate oben Fn. 17.
[35] Dazu *Bothe*, Article 3 and Protocol II: Case Studies of Nigeria and El Salvador, American University Law Review 31 (1982), 899 ff.

geht der Widerstand häufig von Gruppen aus, die sozusagen nicht „parteifähig", d. h. nicht zu einer Partei des internationalen bewaffneten Konflikts gehören. Diese Widerstandskämpfer sind keine Kombattanten. In beiden Fällen muss sich eine Konfliktpartei ähnliche Einschränkungen bei der Zielauswahl gefallen lassen. Das humanitäre Völkerrecht erlaubt dann nur die Bekämpfung der Personen, die sich aktuell an den Kampfhandlungen beteiligen. Gegen Personen, die das gerade nicht tun, stehen die Zwangsmittel zu Gebote, die sowohl der Staat in seinem Gebiet als auch die Besatzungsmacht im besetzten Gebiet allgemein besitzt. Das kann unter Umständen auch die Tötung von Aufständischen, „Terroristen", sonstigen Kriminellen usw. bedeuten. Maßstab für die Zulässigkeit solcher Tötungen ist dann aber nicht das Recht bewaffneter Konflikte, das die Tötung von Kombattanten/Kämpfern erlaubt, sondern es sind die Menschenrechte. Sie schließen staatliche Zwangsmaßnahmen bis hin zur Tötung nicht generell aus, unterwerfen sie aber einem strengen Regime der Verhältnismäßigkeit. Die Durchsetzung staatlicher Oberhoheit gegen Aufstände und Unruhen und die Gewährleistung von Recht und Ordnung gegen Widerstand im besetzten Gebiet sind asymmetrische Situationen, in denen dem Staat die Lizenz zum Töten nicht in gleichem Umfang zur Verfügung steht wie sonst im Krieg.

Self-Defence Against Terrorist Attacks. Considerations in the Light of the ICJ's "Israeli Wall" Opinion

By Thomas Bruha and Christian J. Tams

I. Introduction

The legal rules governing the use of force by States feature prominently in Jost Delbrück's *oeuvre*. In many works, Jost Delbrück has stressed the comprehensive character of the prohibition against the use of force, as contained in Article 2 (4) of the UN Charter.[1] On the other hand, beginning already in his legal doctorate,[2] he has however also emphasised that the Charter regime governing the use of force would have to be flexible enough to adapt to new realities – a premise which led him to defend the legality of General Assembly-mandated peace enforcement along the lines of GA Res. 377 (V) ('Uniting for Peace')[3] and, more recently, NATO's intervention in Kosovo.[4] The guiding principle synthesising both of these trends would seem to have been a quest for effectiveness in the Charter (and the customary international law) regime governing the use of force: in order to be effective, the Charter rules would have to be comprehensive, but at the same time sufficiently open to allow actors other than, for example, the Security Council, to step in defence of Charter principles.

Yet another issue where that same tension (between the comprehensive character of Article 2 (4) and the need to defend Charter principles) has been felt very clearly is the international response against risks posed by international terrorism. In this respect, it is worth noting that already in 1999, long before the attacks of

---

[1] See notably *Delbrück,* Die Effektivität des Gewaltverbots – bedarf es einer Modifikation der Reichweite des Art. 2 (4) UN-Charta?, Die Friedens-Warte 74 (1999), 139; *id.,* The Fight Against Global Terrorism: Self-Defense or Collective Security as International Police Action?, GYIL 44 (2001), 9; *id.,* Die Idee des gerechten Krieges aus völkerrechtlicher Sicht, in: Der gerechte Krieg – Krieg als Unrecht (1998), 13; *id./Dicke,* The Christian Peace Ethic and the Doctrine of Just War from the Point of View of International Law, GYIL 28 (1985), 194.

[2] *Delbrück,* Die Entwicklung des Verhältnisses von Sicherheitsrat und Vollversammlung der Vereinten Nationen, 1964.

[3] See, *e. g., Delbrück* (note 2), especially at 48 *et seq.; id.,* Rechtsprobleme der Friedenssicherung durch Sicherheitsrat und Generalversammlung der Vereinten Nationen, in: Kewenig (ed.), Die Vereinten Nationen im Wandel, 1975, 131; *id.,* Article 24, in: Simma (ed.), The United Nations Charter – A Commentary, Vol. I, 2nd ed., 2002, para. 8.

[4] For example *Delbrück,* Effektivität (note 1), 152–154.

11 September 2001, Jost Delbrück had addressed this matter in a separate section of his contribution to the 75th Anniversary Issue of the *Friedens-Warte*.[5] The discussion found there, of possible ways of preserving the integrity of Article 2 (4) while at the same time recognising the risks emanating from non-State terror networks,[6] in fact foreshadows much of the debate triggered by the 9/11 attacks and the subsequent responses, by the United States as well as other countries, against terrorist organisations. Since 2001, diplomats and academics have controversially assessed how international law could engage with the new risks posed by terrorist violence and yet maintain international standards and the rule of law more generally.[7]

As far as the right to respond forcibly against terrorist attacks is concerned, debates have focused on the possibility of international enforcement action under Chapter VII of the Charter and the right of self-defence in the sense of Article 51. Dogmatically speaking, the first of these two issues poses relatively few problems: the Security Council's response in the wake of the 9/11 attacks (in this respect confirming an already existing trend[8]) clarified that Resolutions can target non-State actors directly; and few today doubt the Council's competence to qualify terrorist attacks as "threats to the peace" in the sense of Article 39 of the Charter.[9]

The second issue is more problematic. Of course, States have long claimed a right to use self-defence against non-State actors, and terrorists in particular.[10] However, it is only since the late 1990s that debates on the matter seem to have gained momentum. In 2004, the question also reached the United Nation's principal judicial organ, the International Court of Justice. In its advisory opinion on the *Legal Consequences of the Construction of a Wall in the Occupied Palestinian Territory*,[11] the Court addressed the matter when considering whether Israel's construction of a so-called "security fence" could be justified as a measure of self-defence in the sense of Article 51. Given the Court's prominent role in the development of international law, and the traditional importance of its pronouncements

---

[5] See note 1.

[6] *Ibid.*, especially section 5.

[7] For comprehensive discussions see, *e. g.*, the contributions in: *Bianchi* (ed.), Enforcing International Law Norms against Terrorism, 2004; *Walter/Vöneky/Röben/Schorkopf* (eds.), Terrorism as a Challenge for national and International Law: Security versus Liberty?, 2004.

[8] For earlier examples of Resolutions directed at non-State entities see, *e. g.*, SC Res. 1127 (1997), 1173 (1998), 1295 (2000) (targeting UNITA); SC Res. 1355 (2001), 1399 (2002) (directed against the different factions in the Congo conflict).

[9] *Cf.* further *Frowein/Krisch,* Article 39, in: Simma (note 3), para. 22; *Krisch,* The Rise and Fall of Collective Security: Terrorism, the US Hegemony, and the Plight of the Security Council, in: Walter/Vöneky/Röben/Schorkopf (note 7), 879; *Delbrück,* Global Terrorism (note 1), 19 *et seq.*

[10] *Cf.* below, section III.2.

[11] Advisory Opinion of 9 July 2004, 43 ILM (2004), 1009; also available on the Internet: <www.icj-cij.org>.

on use of force issues,[12] these statements deserve to be addressed in some detail. This in particular because the issues in question divided the Court, and three of its members expressed considerable doubts about the validity of the majority's analysis of Article 51 of the Charter.

II. The Court's Position

At the outset, it should be noted that despite the sensitive character of the topic, the question of self-defence did not seem to be a central issue for the Court, for it devoted no more than five paragraphs to it,[13] only one of which is concerned with the actual interpretation of Article 51 of the UN Charter. This of course has not escaped the attention of commentators. To Daniel Khan, for example, the Court's brief treatment of the self-defence issue was "of little help";[14] while Sean Murphy found it "startling in its brevity and, upon analysis, unsatisfactory."[15] But even those favourably receiving the judgment, or at least the section on self-defence, have apparently felt the need to go beyond the Court's reasoning. Iain Scobbie's defence of the Court's position, for example, recognises the "telegraphic nature" of the statements on Article 51;[16] according to commentators, his analysis "provides a fuller statement of the kinds of reasons on which the Court might have relied".[17] In short, the Court's treatment of the self-defence issue is brief, and is widely seen as too brief.

What, then, did the Court have to say on the matter, and why did its assessment prompt largely critical comments in the literature? To begin with its result, the Court concluded that Israel's construction of a wall did not qualify as a measure of self-defence, and therefore could not be justified with reference to Article 51 of the UN Charter. Upon closer analysis, it appears that this result was based on three (interrelated) arguments.

(1) Citing the UN Charter, the Court began by observing that "Article 51 of the Charter thus recognizes the existence of an inherent right of self-defence in the

---

[12] Notably in ICJ, *Corfu Channel*, ICJ Reports 1949, 4; ICJ, *Nicaragua*, ICJ Reports 1986, 14; or more recently ICJ, *Oil Platforms*, ICJ Reports 2003, 161.

[13] Paras. 138–142 of the Opinion.

[14] Khan, Sicherheitszaun oder Apartheidmauer? Das Gutachten des Internationalen Gerichtshofes vom 9. Juli 2004 zu den israelischen Sperranlagen gegenüber dem Westjordanland, Die Friedens-Warte 79 (2004), 345 (363–364) ("wenig hilfreich").

[15] *Murphy*, Self-Defense and the *Israeli Wall* Opinion – An *Ipse Dixit* from the Court?, AJIL 99 (2005), 62.

[16] *Scobbie*, Words My Mother Never Taught Me – In Defence of the International Court, AJIL 99 (2005), 76 (87).

[17] *Fisler Damrosch/Oxman*, Editors' Introduction to the Symposium, AJIL 99 (2005), 1 (4). *Scobbie* (note 16), 87, himself argues that the situation faced by the Court "militate[d] against an exhaustive exposition of the law of self-defense".

case of armed attack *by one State against another State*."[18] This brief phrase ("armed attack by one State against another State"), which is the most important aspect of the discussion of self-defence, is based on the view that only attacks by States could trigger a right of self-defence in the sense of Article 51.

(2) In addition, the Court noted that "Israel does not claim that the attacks against it are imputable to a foreign State", but "originate within, and not outside, th[e] [occupied] territory", over which "Israel exercises control".[19] This of course is related to the first argument, but goes beyond it. In the view of the Court, Article 51 does not apply to attacks that originate within territory over which the self-defending State exercises control, but only to attacks of an external origin.

(3) Finally, the Court briefly dismissed Israel's reliance on Security Council Resolutions 1368 (2001) and 1373 (2001), which – as will be discussed more fully below – were said to have broadened the scope of Article 51 of the Charter.[20] Since these concerned transborder attacks, i. e. attacks of an "external origin", they were different from the Israeli-Palestine situation as interpreted by the Court, and could not be relied upon by Israel.[21]

III. Analysis

The previous summary already indicates the ground to be covered in the following discussion, which will focus on the Court's two main arguments (that Article 51 presupposes an armed attack *by a State,* and that it has to emanate from *without the State's territory),* and also touch upon Resolutions 1368 and 1373. However, before addressing the Court's reasoning, it is necessary briefly to speak about the *outcome* of its interpretation of Article 51. This can be done in a rather summary form. Even though the Court's reasoning might have been controversial, probably very few would seriously take issue with the Court's finding that the re-

---

[18] Para. 139 of the Opinion

[19] *Id.*

[20] "[T]he construction of the barrier is consistent with [...] Security Council Resolutions 1368 (2001) and 1373 (2001)"; cited in Annex I of the Secretary-General's Report ("Report of the Secretary-General Prepared Pursuant to GA Res. ES -0/13"), UN Doc. A/ES-10/248.

[21] Para. 139 of the Opinion. Having thus dismissed arguments based on self-defence, the Court considered whether Israel could rely on necessity as another type of justification. In this respect, it does not express a view on whether necessity would be applicable to the types of breaches committed by Israel. Instead, it held that in any event, the requirements of necessity, as spelled out in Article 25 of the ILC's Articles on State Responsibility, were not met, as "the construction of the wall along the route chosen" was not "the only means to safeguard the interests of Israel against the peril which it has invoked as justification for that construction" (para. 140). Given that this comment is intended to focus on use of force issues, to which necessity probably does not apply at all, or at least only in exceptional instances (*cf.* para. 20 of the ILC's commentary to Article 25, reproduced in: *Crawford,* The ILC's Articles on State Responsibility, 2001), this aspect of the Court's reasoning will be left to a side here.

quirements of Article 51 of the UN Charter *in casu* were not met. This in fact was common ground among an overwhelming majority of judges,[22] including most of those who expressed concerns about the majority's reasoning, such as Judge Higgins[23] or Judge Kooijmans.[24] For once, it might be open to challenge whether non-forcible measures (such as the construction of a wall) could at all amount to self-defence, or whether that concept only covers forcible measures.[25] More importantly, it is generally accepted (and has in fact been frequently underlined by Jost Delbrück[26]) that in order to qualify as self-defence, measures have to be necessary and proportionate, and that these tests also apply to the concrete circumstances of the case.[27] As far the Israeli wall was concerned, the Court might have discarded claims based on self-defence on that specific ground: As Judge Higgins pointed out in her separate opinion, very little suggested that in order to be effective the wall had to follow the specific route chosen by Israel.[28] Why the Court decided not to dismiss self-defence claims on this narrower, factual basis is a matter for speculation. That it was aware of them is clear from its reasoning on the question of necessity – which it discarded for lack of necessity/proportionality.[29] It may be that as far as self-defence was concerned, the Court considered the *Wall case* "a good opportunity" – to quote a statement made by Judge Lachs about a different case, and a different influential dictum – "to nail down certain provisions of the law".[30] Whether it was wise to do so will be discussed in the remainder of this comment, which addresses the above-mentioned arguments in turn.

1. The External Origin of Attacks

At the outset, it is necessary to address the Court's statement that States can only exercise self-defence against armed attacks that originate outside their territory, but not against acts which originate within occupied territory over which they

---

[22] Only Judge Buergenthal's position was equivocal: see paras. 5–6 of his Declaration.

[23] Sep. Op. Higgins, paras. 33–35.

[24] Sep. Op. Kooijmans, paras. 35–36.

[25] *Cf.* Sep. Op. Higgins, para. 35.

[26] See, *e. g.*, *Delbrück,* Global Terrorism (note 1), 17 *et seq.;* or in *id.,* Proportionality, in: Bernhardt (ed.), Encyclopedia of Public International Law, Vol. III, 1997, 1140.

[27] For a recent affirmation see the Court's judgment in ICJ, *Oil Platforms*, ICJ Reports 2003, 161.

[28] See para. 35 of Judge Higgins' separate opinion: "While the wall does seem to have resulted in a diminution on attacks on Israeli civilians, the necessity and proportionality for the particular route selected, with its attendant hardships for Palestinians uninvolved in these attacks, has not been explained."

[29] See note 21.

[30] *Lachs,* The International Court of Justice, in: Sturgess/Chubb (eds.), Judging the World. Law and Politics in the World's Leading Courts, 1988, 461 (464) (referring to the famous dictum on obligations *erga omnes* made in ICJ, *Barcelona Traction*, ICJ Reports 1970, 3 (32–33, paras. 33–34).

exercise control. This raises serious questions about the applicability of the international *ius ad bellum*, and, in particular, its relationship to the *ius in bello*.

That self-defence only applies to armed attacks with a certain international element seems generally accepted – in Judge Kooijmans' words, it "is a rule of international law and thus relates to international phenomena."[31] For example, it is beyond doubt that no State can claim to exercise self-defence against an armed attack by a group of criminals, which operate within its territory and are citizens of that State. On the other hand, it equally seems to be common ground that self-defence does not require the actual crossing (by troops, tanks, etc.) of inter-State borders, for attacks against ships might qualify as armed attacks even if perpetrated from the High Seas,[32] and States can exercise self-defence against foreign troops stationed on the defending State's territory, provided that they act in violation of the relevant stationing agreement.[33]

However, these extreme examples do not solve the intricate difficulty of determining *which* level of international involvement is required to turn an internal armed attack (not triggering a right of self-defence) into an armed attack sufficiently internationalised to come within the scope of Article 51 of the Charter. In the case before it, the Court had to address this issue with regard to a situation that itself had characterised (in line with the prevailing view) as one of belligerent occupation.[34] Since a more general analysis of the matter is beyond the scope of this comment, the subsequent discussion will focus on that scenario. In this respect, a lot suggests that while the Court's reliance on the "within/outside" dichotomy may be somewhat simplistic, its application of the law is correct.[35]

The rights and responsibilities of an occupying power are governed by the *ius in bello*, especially the 1907 Hague Regulations and the Fourth Geneva Convention. While the relationship between the *ius in bello* and the *ius ad bellum* has been the subject of scholarly discussion for quite some time and still is far from clear,[36] there is good reason to argue that at least occupying powers cannot rely on self-defence in response to attacks originating within the occupied territory. Of course,

---

[31] Sep. Op. Kooijmans, para. 36.

[32] *Cf., e. g.,* ICJ, *Oil Platforms,* ICJ Reports 2003, 161 (para. 72).

[33] See *e. g. Randelzhofer,* Article 51, in: Simma (note 3), para. 28; as well as Article 3 (e) of the General Assembly's Definition of Aggression, GA Res. 3314 (XXIX).

[34] Paras. 90–101 of the Opinion. For more recent support see, *e. g.,* the judgments of the Israeli Supreme Court sitting as the High Court of Justice, in *Physicians for Human Rights v. Commander of IDF Forces,* 30 May 2004 (HCJ 4764/04); and *Beit Sourik Village Council v. Israel,* 30 June 2004 (HCJ 2056/04, also reprinted in: ILM 43 (2004), 1099).

[35] For further comment on this aspect see also *Scobbie* (note 16), 82–84.

[36] On the discussion see, *e. g., Schindler,* Abgrenzungsfragen zwischen ius ad bellum und ius in bello, in: Hangartner/Trechsel (eds.), Völkerrecht im Dienste des Menschen. Festschrift für Hans Haug, 1986, 251 (with further references); *cf.* also more recently *Rosas,* Construing International Law and Order, in: Petman/Klabbers (eds.), Nordic Cosmopolitanism. Essays in International Law for Martti Koskenniemi, 2003, 89 (91 *et seq.*).

occupied territory, by definition, is legally distinct from the occupying power's territory – otherwise it would not be "occupied" – and attacks originating in that territory thus could be said to be "attacks from without".[37] Admittedly, the text of Article 51 of the Charter does not contain an express proviso excluding self-defence against attacks originating within occupied territory either. However, this exclusion seems to be a necessary corollary to the rights and competences enjoyed by the occupying power under the rules of belligerent occupation, which, as *leges speciales*, would seem to displace the right to exercise self-defence in the sense of Article 51.

In particular, under Article 43 of the 1907 Hague Regulations, the core provision of that body of law (which is largely repeated in Article 64 of the Fourth Geneva Convention), the occupant is entitled to "take all the measures in his power to restore, and ensure, as far as possible, public order and safety". Similarly, Article 27 (4) of the Fourth Geneva Convention recognises the right of conflicting parties to "take [the necessary] measures of control and security in regard to protected persons." According to the Pictet Commentary, these measures may range from

> "comparatively mild restrictions such as the duty of registering with and reporting periodically to the police authorities, the carrying of identity cards or special papers, or a ban on the carrying of arms, to harsher provisions such as a prohibition on any change in place of residence without permission, prohibition of access to certain areas, restrictions of movement, or even assigned residence and internment [...]. A great deal is thus left to the discretion of the Parties to the conflict as regards the choice of means."[38]

It is interesting to note that the Court's opinion hardly addresses these public order and security provisions.[39] However, for present purposes, it is more impor-

---

[37] Along these lines Sep. Op. Higgins, para. 34: "I fail to understand the Court's view that an occupying power loses the right to defend its own civilian citizens at home if the attacks emanate from the occupied territory – a territory which it has found not to have been annexed and is certainly 'other than' Israel"; similarly Declaration Buergenthal, para. 6: "[I]t is irrelevant that Israel is alleged to exercise control on the Occupied Palestinian Territory – whatever the concept of 'control' means given the attacks Israel is subjected from that territory – or that the attacks do not originate from outside the territory. For to the extent that the Green Line is accepted by the Court as delimiting the dividing line between Israel and the Occupied Palestinian Territory, to that extent the territory from which the attacks originate permit Israel to exercise its right of self-defence against such attacks [...]". But contrast Sep. Op. Kooijmans, para. 36, arguing against the background of Security Council Resolutions 1368 (2001) and 1373 (2001): "Resolutions 1368 and 1373 refer to acts of international terrorism as constituting a threat to international peace and security; they therefore have no immediate bearing on terrorist acts originating within a territory which is under control of the State which is also the victim of these acts. And Israel does not claim that these acts have their origin elsewhere. The Court therefore rightly concludes that the situation is different from that contemplated by Resolutions 1368 and 1373 and that consequently Article 51 of the Charter cannot be invoked."

[38] *Pictet* (ed.), Commentary on the Geneva Convention (IV) relative to the Protection of Civilian Persons in Time of War, 1958, 207.

[39] *Cf.* the critical observation by *Murphy* (note 14), 71 (relating to Article 27 of the Fourth Geneva Convention).

tant that the recognition, in the law of belligerent occupation, of broad public order and security powers of the occupant suggests that *ius ad bellum* powers such as the right to self-defence should no longer be available. The written Palestinian statement submitted to the Court makes the point very clearly; it refers to the occupant's right, under the *ius in bello,* to take "forcible measures against civilians" and goes on to observe:

> "That exhausts the legal rights of an Occupying Power. A State may not use all of its powers under the Fourth Geneva Convention and the Laws of War and then decide that those powers are inadequate and then invoke the more general right of self-defence, which belongs to the *jus ad bellum.*"[40]

This indeed seems to be the most convincing interpretation of the interplay between the two areas of the law – even though one may doubt whether Article 51, if applicable, would really allow for measures that go beyond the *ius in bello* powers of the occupant,[41] as the Palestinian statement seems to suggest.[42] Occupying powers therefore cannot avail themselves of the right to self-defence in the sense of Article 51 of the Charter. The Court's assessment of the matter, while indeed telegraphic (and also failing to take into account the specific problems presented by the devolution of powers, by Israel, to the Palestinian self-governing authority[43]), therefore is reasonable and provides a solid basis for rejecting claims based on self-defence.

2. Armed Attacks "by another State"

a) General Remarks

It remains to be seen whether the Court's second consideration – the requirement that the armed attack in question is made *by another State* – is equally valid. This is all the more important because the Court's treatment of the matter would have far-reaching consequences, far exceeding those of the 'external origin argument' considered so far. Whereas the previous discussion affects special cases like

---

[40] Written Observation by Palestine, available on the Internet: <www.icj-cij.org>, para. 534. In his oral statement, counsel for Palestine (Professor Abi-Saab) pointedly spoke of an "impermissible confusion" between the *ius ad bellum* and the *ius in bello* (CR 2004/1, available on the Internet: <www.icj-cij.org>, 44).

[41] Arguably, there is a linkage between the *ius ad bellum* and the *ius in bello* insofar as recourse to force under Article 51 of the Charter cannot be regarded as necessary and proportionate when not respecting the principles of international humanitarian law. *cf. Schindler* (note 36), 254.

[42] See note 40.

[43] *Cf. Tomuschat,* Gezielte Tötungen (Targeted Killings). Zugleich ein Kommentar zum Gutachten des Internationalen Gerichtshofs vom 9. Juli 2004, Vereinte Nationen 52 (2004), 136 (138), who rightly criticizes the opinion in this respect and argues that an application of the norms of *ius ad bellum* (self-defence) should have been considered by the Court at least by way of analogy.

belligerent occupation, the question of whether Article 51 of the Charter presupposes an attack by a State is of general relevance for the law of self-defence. As noted above, the Court, having quoted Article 51, observed that that provision "*thus* recognizes the existence of an inherent right of self-defence in the case of armed attack *by one State against another State*."[44] Since none of the attacks directed against Israel had been made by another State, it was clear that self-defence claims would not succeed.

The question remains whether the underlying premise – that self-defence should only be available against attacks by States – is correct. The Court's almost laconic deduction suggests that the matter was self-evident; however, this masks a number of difficult problems. Whatever one might think of the outcome Court's restrictive interpretation, it is clear that its analysis of the matter is altogether too brief. As a brief glance at the text of the Charter shows (and as Judges Kooijmans, Buergenthal and Higgins clarified[45]), Article 51 says nothing about the State-to-State character of the armed attack in question. Contrary to the Court's matter-of-fact style of reasoning, and its use of the term "thus", the text of Article 51 certainly does not require that the armed attack in question be made by a State. As Judge Higgins correctly observes, "*[T]hat* qualification is rather a result of the Court so determining in *Military and Paramilitary Activities in and against Nicaragua*."[46]

Before addressing the Court's restrictive reading of Article 51, it is necessary however to clarify that its position is not quite as restrictive as it might seem. For even those supporting the requirement of an armed attack by a State do not mean to say that only State organs or troops could commit an armed attack. Problems of interpretation notwithstanding, it is clearly understood that Article 51 could also cover acts amounting to so-called "indirect armed attacks", notably the involvement of States in forcible acts of non-State groups. As was pointed out in the *Nicaragua* judgment (which in turn drew support from the General Assembly's Definition of Aggression), this would notably include "the sending by or on behalf of a state of armed bands, groups, irregulars or mercenaries, which carry out acts of armed force against another state".[47] In addition, good authority suggests that private armed attacks are also "promoted" to the level of State attacks if a State supports and controls the private group,[48] or if it willingly recognises and adopts

---

[44] Para. 139 of the Opinion (emphasis added).

[45] See Sep. Op. Kooijmans, para. 35; Declaration Buergenthal, para. 6; Sep. Op. Higgins, para. 33.

[46] Sep. Op. Higgins, para. 33.

[47] ICJ Reports 1986, 14 (104, para. 195).

[48] There is however much discussion about the required degree of control: In *Nicaragua*, the ICJ's majority held that the financing and equipping of armed bands was in itself not sufficient, and found that Article 51 required effective direction and control (*cf.* ICJ Reports 1986, 14 (103, para. 195)). In its *Tadic* judgment, the ICTY's Appeal Chamber seemed to go further when accepting that a general degree of control was sufficient. For a comprehensive analysis *cf. Krajewski,* Selbstverteidigung gegen bewaffnete Angriffe nicht-staatlicher Organisationen, Archiv des Völkerrechts 40 (2002), 183; *de Hoogh,* Articles 4 and 8

their conduct.[49] In short, private attacks can amount to an armed attack in the sense of Article 51 if the private conduct is imputable to the State in question – a matter to be assessed pursuant to the regular rules of imputability as, for example, set out in Part One, Chapter II of the International Law Commission's Articles on State Responsibility. The question therefore is not whether Article 51 covers private conduct at all. Rather, it must be inquired whether it only covers acts that – because of the level of official involvement therein – are imputable to a State, or whether it also includes purely private attacks not imputable to any State.

b) The Notion of an 'Armed Attack' in the Sense of Article 51

It is in the light of these considerations that the Court's analysis needs to be analysed. This analysis requires an interpretation of Article 51 of the Charter. One aspect of this interpretation has been referred to already: As noted by Judges Buergenthal, Kooijmans and Higgins, the wording of Article 51 (speaking of "an armed attack" without mentioning a State involvement) provides no support for the Court's restrictive reading. Other methods of interpretation seem rather inconclusive, and provide conflicting evidence. For example, it seems broadly agreed that the *travaux préparatoires* suggest a restrictive understanding, since drafters in 1945, while not discussing the matter in depth, were mainly concerned with military conflicts between States.[50] But this may be contrasted to the *locus classicus* of the law of self-defence, namely the *Caroline* incident, which involved defensive measures against private individuals, and still came to define the contours of the law of self-defence as carried into Article 51 of the Charter.[51]

As far as systematic arguments are concerned, the broad formulation of Article 51 may be contrasted to Article 2 (4) of the Charter, which quite clearly requires a threat or use of force by one State against another State.[52] This comparison however does not impose one specific result: It can of course be argued that both provisions are related, and the State-to-State requirement of Article 2 (4)

---

of the 2001 ILC Articles on State Responsibility, The Tadic Case and Attribution of Acts of Bosnian Serb Authorities to the Federal Republic of Yugoslavia, BYIL 72 (2003), 255.

[49] As happened (with respect to other breaches of international law) during the Teheran Hostages crisis; see ICJ Reports 1980, 3, for the Court's assessment.

[50] For a different interpretation contrast however *Kearley*, Regulation of Preventive and Preemptive Force in the United Nations Charter: A Search for Original Intent, Wyoming Law Review 3 (2003), 663 (693 *et seq.*); *Murphy* (note 15), 70.

[51] For more on the *Caroline* incident see *Jennings*, The Caroline and McLeod Case, AJIL 32 (1938), 82. As the ILC notes, it may have really been a case of necessity rather than self-defence; *cf.* para. 5 of the Commentary to Article 25, reproduced in: Crawford (note 21). But it has certainly been treated as an issue of self-defence traditionally, and the line between the two concepts is thin anyway.

[52] The text of Article 2 (4) is indeed unequivocal: "All Members shall refrain in their international relations from the threat or use of force against the territorial integrity or political independence *of any state* [...] (emphasis added).

should be read into Article 51 as well.[53] But predictably, others have suggested that (at least in this respect) Article 51 was broader than Article 2 (4) precisely because it did not repeat the State-to-State language of that provision.[54] Logically speaking, both position are tenable – every argument by analogy can theoretically be turned into an *argumentum e contrario*. Systematic considerations therefore do not seem to conclude the matter.

What is more, the object and purpose of Article 51 seem equally ambiguous, and has been invoked by adherents of both sides of the debate: Supporters of the Court's reading are likely to stress the comprehensive character of the Charter's prohibition of the use of force, and the need for a narrow reading of exceptions. But critics have an equally valid point in asserting that a vital and inherent right of States, such as that of self-defence, should not depend on formal criteria, such as the organisational structure of the attacker; rather it should depend on material criteria, notably the intensity of the attack.[55]

c) In Particular: The Subsequent Practice of States

Given the inconclusiveness of these arguments, it may be more fruitful to analyse the subsequent practice of UN member States under Article 51. This in particular since their conduct has undergone considerable change in recent years.[56] Until at least the late 1990s, most States indeed seemed content to restrict Article 51 to armed attacks by other States. Of course, the *Nicaragua* judgment, which confirmed that position, prompted criticism, but this seemed to refer to the implementation of the imputability test rather than the point of principle. In a well-known article in the European Journal of International Law, Antonio Cassese, writing in 2001, clarified that a clear majority of States had previously not accepted recourse to self-defence in response to non-State attacks.[57] In line with this understanding, Judge Kooijmans, in his separate opinion in the *Wall case,* noted that the restrictive interpretation "has been the generally accepted interpretation for more than 50 years".[58] This is not the place to engage in a detailed examination of

---

[53] *Cf., e. g., Abi-Saab,* The Proper Role of International Law in Combating Terrorism, in: Bianchi (note 7), xviii; *Bruha,* Kampf gegen den Terrorismus als neue Rechtfertigungsfigur für die Anwendung militärischer Gewalt, in: id./Heselhaus/Marauhn (eds.), Legalität, Legitimität und Moral – können Gerechtigkeitspostulate Kriege rechtfertigen?, 2005 (forthcoming).

[54] *Murphy* (note 15), 64.

[55] See *e. g. Bruha* (note 53).

[56] For a comprehensive and up-to-date assessment see *Wandscher,* Internationaler Terrorismus und Selbstverteidigungsrecht, Doctoral Dissertation, Kiel 2005 (not yet published; manuscript on file with the authors).

[57] *Cassese,* Terrorism Is also Disrupting Some Crucial Legal Categories of International Law, EJIL 12 (2001), 993 (996).

[58] Sep. Op. Kooijmans, para. 35.

the law as it stood at the time of the *Nicaragua* judgement, or at any other point during the last 50 years. However, it is necessary to assess whether the traditional reading remains "generally accepted"[59] today. In this respect, one can hardly fail to notice that expansive readings have gained momentum in the wake of the more vigorous anti-terrorist measures adopted since the late 1990s. The evidence supporting such a re-reading of Article 51 can be divided into three groups:

- *First*, the world community's response against the 9/11 attacks provides the most prominent example in point. Much suggests that a number of international institutions as well as a large number of States considered these attacks to be "armed attacks" in the sense of Article 51 of the Charter. To give but a handful of examples, SC Res. 1368 of 12 September expressly affirmed the United States' right to use self-defence;[60] similar language appeared in the preamble of Security Council Resolution 1373 (2001) and in Resolutions adopted by NATO and OAS member States.[61] It is important to note that these early statements are not concerned with establishing a relation between the terrorist attacks and the conduct of a particular host State.[62]

- *Second*, a number of States has exercised, or at least claimed, a right of self-defence against terrorist movements, even where their conduct could not be imputed to another State. The US bombardment of Sudan and Afghanistan in 1998 is a well-known example.[63] In 2004, Russia proclaimed a right to respond extra-territorially against terror networks, irrespective of their involvement with State (or at least sub-State official) structures.[64] Less known, but perhaps equally relevant, are Israeli's anti-terror raids into Syria in 2003,[65] or Iran's use of force against the MKO terror group operating within Iraq in 1999.[66] All of these instances, were justified on the basis of Article 51 of the Charter, even though the targeted terrorist networks were probably not controlled or directed by a

---

[59] *Cf. ibid.*

[60] SC Res. 1368 (2001) (Preamble); also reproduced in: ILM 40 (2001), 1277.

[61] For the text of the relevant documents see ILM 40 (2001), 1267 and 1273 respectively.

[62] For a more detailed assessment *cf. e. g. Krajewski* (note 48); *Gray,* International Law and the Use of Force, 2nd ed., 2004, 159 *et seq.*; *Cassese* (note 57); *Stahn,* Nicaragua is Dead, long live *Nicaragua!*, in: Walter/Vöneky/Röben/Schorkopf (note 7), 827.

[63] Justifying its conduct, the United States expressly relied on "the right of self-defence confirmed by Article 51": *cf.* Letter to the United Nations, 20 August 1998, UN Doc. S/1998/780. As that letter implies, there was very little evidence suggesting that the Sudanese or Afghan governments had been substantially involved in the previous Al-Qaida bombings; hence the United States could merely claim to have made "repeated efforts to convince the Government of the Sudan and the Taliban regime im Afghanistan to shut these terrorist activities down" (*id.*). For further information see *Lobel,* The Use of Force to Respond to Terrorist Attacks: The Bombing of Sudan and Afghanistan, Yale Journal of International Law 24 (1999), 537.

[64] For further information *cf. Wandscher* (note 56), 194 of the manuscript.

[65] See UN Doc. SC/7887 for the factual background.

[66] *Cf.* UN Doc. S/1999/781 for Iran's justification of the measure.

foreign State (in the sense of any of the tests enunciated in *Nicaragua, Tadic* or Part One, Chapter II of the ILC's work).

– *Third*, the level of protests against such expansive assertions of a right to self-defence has decreased rapidly. Of course, it would be wrong to say that the instances alluded to in the last paragraph were universally welcomed. But the criticism of, for example, Israel's 2003 anti-terror raids into Syria seemed guarded compared to the storms of protest that same country had to weather when claiming a right to use self-defence against PLO terrorists in the 1980s,[67] not to mention Apartheid South Africa's claims that self-defence would provide a basis for its cross-border raids into Front Line States, which the world community rejected unequivocally.[68] Furthermore, claims that Article 51 covers defensive measures against terrorist groups have also been received far more favourably than other extensive re-readings of the UN Charter provisions regulating the use of force. In this respect, the relative easiness with which most States have accepted the designation of anti-terrorist measures as acts of self-defence may be contrasted to their reaction against other attempts to re-design the law governing the use of force, notably the firm opposition of most States against the Bush doctrine justifying the *pre-emptive* use of force. In short, reliance on self-defence to justify measures against terror groups is far more likely to be accepted today than it was ten or twenty years ago.

d) Consequences for the Interpretation of Article 51

Admittedly, practice is still far from uniform, and the current state of the law is difficult to assess. However, there seems to be at least a trend towards the recognition of a right to use self-defence in response to armed attacks by terrorists. Whether this trend should be welcomed, is of course another matter. As any other expansive reading of exceptions to Article 2 (4) of the UN Charter, it increases the number of instances in which States are entitled to use force in international law, is open to misuse or abuse, and can be criticised on that basis.

---

[67] See, *e. g.*, SC Res. 573 (1985) condemning Israel's bombardment of PLO headquarters in Tunis. For further evidence on this incident and Israel's 1981 counter-terrorist attacks against Lebanon see *Wandscher* (note 56), 133 *et seq.; Levenfeld,* Israel's Counter-*Fedayeen* Tactics in Lebanon: Self-Defense and Reprisal Under Modern International Law, Columbia Journal of Transnational Law 21 (1982/83), 1. Before the Security Council, Israel had justified its conduct in terms which probably would have resonated far more positively today than they did in 1985: "A country cannot claim the protection of sovereignty when it knowingly offers a piece of its territory for terrorist activity [...]", UN Doc. S/PV.2615, 40th year, 2615th mtg., 17, para. 193.

[68] See, *e. g.*, SC Res. 568 (1985); and further *Higginbotham,* International Law, the Use of Force in Self-Defence, and the South-African Conflict, Columbia Journal of Transnational Law 25 (1987), 529 (especially at 568 *et seq.*); *Kühn,* Terrorism and the Right of Self-Defence, South African Yearbook of International Law 6 (1980), 42; *Gray* (note 62), 111–112. For a summary of further pre-9/11 practice *cf. Stahn* (note 62), 831 *et seq.*

On the other hand, to recognize a right of self-defence against private armed attacks might also be seen as an organic development adapting the Charter law to new realities – a development, which the wording of Article 51 certainly does not preclude, and which would have the additional advantage of bringing anti-terrorist measures within the scope of Article 51 and of subjecting it to the restrictions of that provisions.[69] In any event, international lawyers should not ignore the development of international practice, even if they find it a matter for concern. On that basis, it is necessary to consider how the recent trend just described – if confirmed by further practice – could be accommodated by the traditional regime governing the use of force. Two forms of legal development could be envisaged.

A first possibility would be to retain the traditional understanding of self-defence as a justification of the use of force *between States*, but to recognise the existence of special rules concerning terrorists. This cautious re-reading would loosen the criteria under which terrorist attacks could be imputed to a host State. As a consequence, that host State would have to accept anti-terrorist measures of self-defence directed against its territory, even though it might not have exercised the degree of control required by the *Nicaragua* and *Tadic* judgments, for example if it had only (perhaps out of pure pragmatism, or because it was not in a position to suppress them) tolerated the existence terrorist groups.[70] As a consequence, there would be a special standard of imputability in relation between terrorist groups and host States.[71] To give but one example, Afghanistan would have had to accept that forcible measures directed against Al-Qaida would affect its territorial integrity, because (even though it was unlikely to control that network) it had failed to adopt the required measures against Al-Qaida.[72]

The second, more radical re-reading of the law of self-defence would be to drop the State-attack requirement altogether. Article 51 would then apply to all forms of armed attacks, irrespective of their State or non-State origin, and would permit forcible responses against terrorist attacks of a serious scale.[73]

Whether any of these re-readings will become accepted is too early to tell, and an analysis is beyond the scope of the present comment. Suffice it to say that in

---

[69] *Cf. Bruha* (note 53).

[70] *Cf. Stahn* (note 62), 838: "If there is one certainty after September 11, it is the turnover of the ICJ's 'effective control' test in *Nicaragua*".

[71] See, *e. g., Randelzhofer* (note 33), para. 34; similarly *Tietje/Nowrot*, Völkerrechtliche Aspekte militärischer Maßnahmen gegen den internationalen Terrorismus, Neue Zeitschrift für Wehrrecht 2002, 1 (14); *Slaughter/Burke-White,* An International Constitutional Moment, Harvard International Law Journal 43 (2002), 1.

[72] *Cf.*, *e. g., Tomuschat* (note 43), 540–541; *Tietje/Nowrot* (note 71), 6 *et seq.* It should be added that this does not, in and of itself, mean that the occupation of Afghanistan would have been covered by Article 51. This question however concerns the scope of measures that could be taken under Article 51 – a matter that cannot be pursued here.

[73] For increasing support *cf. e. g. Bruha* (note 53); *Murphy* (note 15); *Krajewski* (note 48), 183 *et seq.* (with further references).

terms of legal reasoning, both re-readings of Article 51 have their strengths and weaknesses. The more cautious option referred to above seems somewhat artificial, and risks introducing a form of liability of States for terrorist activity originating from their territory, which runs counter to the regular rules of imputability. On the other hand, the radical re-reading would have to explain why anti-terrorist measures targeting terrorists in foreign States could justify the violation of that host State's sovereignty.[74] In nearly all cases (but for attacks against terrorists operating from, for example, the High Seas), anti-terrorist measures of self-defence would at the same time involve a forcible violation of another State's territorial integrity requiring to be justified. At least for that conduct to be justified, it would be necessary to fall back on rules of imputability. In short, neither way of opening Article 51 to anti-terrorist measures is without problems. However, it seems that the recent trend seems to warrant some form of re-thinking about the correct interpretation of Article 51, and the problem of "private" armed attacks in particular.

Unfortunately, none of the developments described in the preceding paragraphs features in the majority's opinion on the *Israeli Wall case*.[75] Precisely for that reason, Judges Kooijmans, Higgins and Buergenthal expressed serious concerns about the Court's opinion. The point was made most clearly by Judge Kooijmans. Recognising that Resolutions 1368 and 1373 had adopted a new, broader interpretation, pursuant to which non-State attacks could qualify as armed attacks in the sense of Article 51 of the UN Charter, Judge Kooijmans observed:

> "The Court has regrettably by-passed this new element, the legal implications of which cannot as yet be assessed but which marks undeniably a new approach to the concept of self-defence."[76]

The previous considerations, which suggest that there is more to the "new approach" than Resolutions 1368 and 1373, makes the Court's light treatment of the self-defence issue all the more regrettable. If indeed, the Court sought to nail down certain principles of the law, it ought to have engaged with the conflicting evidence rather than addressing a highly complex and topical issue in a meagre two or three lines.

3. The Relevance of Security Council Resolutions 1368 (2001) and 1373 (2001)

In the light of these considerations, the Court's treatment of Resolutions 1368 and 1373 can be dealt with rather briefly. The Court was of course right to observe that these resolutions concerned transborder attacks, and were thus different from the situation facing Israel (or indeed the Court itself). However, the Court failed to

---

[74] *Cf. Delbrück*, Global Terrorism (note 1), 18 *et seq.*

[75] Admittedly, the Court briefly dealt with Resolutions 1368 and 1373. For comment see *infra*, section III.3.

[76] Sep. Op. Kooijmans, para. 35. For a similar (and more detailed) discussion of the development of the law see also Judge Buergenthal's Declaration.

appreciate that they qualified terrorist attacks as armed attacks in the sense of Article 51, and thus did not square well with the State-oriented reading of Article 51.

IV. Conclusion

To conclude, the Court, in paras. 138–142 of its advisory opinion, has opted for a rather restrictive interpretation of the right of self-defence. It rightly concluded that Article 51 of the UN Charter did not justify the construction of the wall, but did so on the basis of a problematic reasoning. Insofar as the Court's restrictive reading stresses the requirement that an armed attack in the sense of Article 51 originate outside the self-defending State's own territory, or territory occupied by it, it introduces a welcome clarification. In contrast, insofar as the Court, in a mere two sentences, has sought to restrict the notion of armed attacks in the sense of Article 51 to *State attacks*, it has failed to appreciate the new complexity of the issue, and the recent renaissance of forcible anti-terrorist measures justified as self-defence.

Given the context of the proceedings, it is tempting to describe the Court's restrictive approach as the "construction of a wall" around Article 51. While Article 51 no doubt is in need to be protected against abuse, the advisory proceedings generally suggest that the building of walls is not always the ideal option. In particular, they show that if a wall has to be built at all, it should follow the correct course. In the light of the foregoing considerations, much suggests that the Court's wall around Article 51 fails that test, just as Israel's wall failed it. What is more, the wall around Article 51 unfortunately has not been built solidly. Had the Court wanted to prevent an erosion of Article 51, it ought to have addressed the matter more fully. In any event, the authority of ICJ pronouncements is not likely to gain if the Court ignores new trends in the law. As it stands, its wall around Article 51 is likely to be no more than a temporary security fence. One would hope that in subsequent judgments, the Court shows greater care when addressing sensitive issues concerning the use of force.

Neues zur Formulierung und Umsetzung von Urteilen des Europäischen Gerichtshofs für Menschenrechte

Von Lucius Caflisch

I. Einführung

Artikel 46 der Europäischen Konvention für Menschenrechte vom 4.11.1950 (EMRK) hat folgenden Wortlaut:

„1. Die Hohen Vertragsparteien verpflichten sich, in allen Rechtssachen, in denen sie Partei sind, das endgültige Urteil des Gerichtshofs zu befolgen.
2. Das endgültige Urteil des Gerichtshofs ist dem Ministerkomitee [des Europarats] zuzuleiten; dieses überwacht seine Durchführung."

Artikel 41 sieht seinerseits folgendes vor:

„Stellt der Gerichtshof fest, dass diese Konvention oder die Protokolle dazu verletzt worden sind, und gestattet das innerstaatliche Recht der Hohen Vertragspartei nur eine unvollkommene Wiedergutmachung für die Folgen dieser Verletzung, so spricht der Gerichtshof der verletzten Partei eine gerechte Entschädigung zu, wenn dies notwendig ist."

Schließlich bestimmt Artikel 74.1.j. der Prozessordnung des Gerichtshofs vom Monat November 2003, dass in den endgültigen Urteilen der Kammern und der Grossen Kammer „gegebenenfalls", d. h. bei Feststellung einer oder mehrerer Verletzungen der Konvention oder der Zusatzprotokolle durch den beklagten Staat, auch eine Entscheidung über Parteikosten gefällt werden muss.

Aus diesen Bestimmungen und der Praxis des Straßburger Gerichtshofs ergibt sich, dass dessen Entscheidungen in der Sache Feststellungs- und, bei Verletzungen, auch Leistungsurteile sind. Falls keine Verletzung der Konvention oder der Zusetzprotokolle festgestellt wird – was immerhin häufig vorkommt –, entfällt die Verpflichtung, über eine gerechte Entschädigung und Kostenfolge zu befinden. Im gegenteiligen Fall kann der Gerichtshof zum Schluss gelangen, die Feststellung einer Verletzung biete als solche eine hinreichende Genugtuung, oder eine gerechte Entschädigung für den erlittenen materiellen Schaden festsetzen. Schließlich wird er entscheiden müssen, ob dem Beschwerdeführer Schmerzensgeld zuzusprechen ist und ob dem beklagten Staat die Parteikosten des Beschwerdeführers – Gerichtskosten gibt es keine – ganz oder teilweise aufzuerlegen sind, gegebenenfalls nach Abzug der vom Gerichtshof zugesprochenen Verfahrenskostenhilfe.

Aus Vorstehendem ergibt sich, dass die Straßburger Instanz ein völkerrechtliches Kontrollorgan ist, welches die Einhaltung von Verträgen durch die Partei-staaten überwacht. Das Besondere daran ist, dass die Verfahren von Einzelpersonen ausgelöst werden und dazu dienen, Letzteren Entschädigung und Genugtuung zu verschaffen.

Der Gerichtshof ist keine Appell-, Revisions- oder Kassationsinstanz: er kann innerstaatliche Entscheidungen weder kassieren und an ihre Urheber zurückweisen, noch sie revidieren. Seiner Natur nach ist er einem Verfassungsgerichtshof nicht unähnlich darin, dass er Einzelklagen über behauptete Verletzungen von Grundrechten und Freiheiten beurteilt, wenn auch aus überstaatlichen Sicht; unähnlich ist er einer solchen Instanz dadurch, dass er in seinen Urteilen den beklagten Staaten über deren Gesetzgebung keinerlei Vorhaltungen zu machen hat und vor allem diesem Staat keine Gesetzesänderungen oder andere allgemeine oder individuelle Maßnahmen aufzwingen darf.

Der Grund dieser Einschränkungen liegt darin, dass Verletzungen der EMRK und der Zusatzprotokolle durch einen Vertragsstaat sich in einer direkten völkerrechtlichen Haftung des letzteren gegenüber den betroffenen Einzelpersonen niederschlagen. Der Gerichtshof verbleibt also auf der völkerrechtlichen Ebene der Beziehungen zwischen Vertragstaat und Individuum, und es ist ihm grundsätzlich verwehrt, in die Hoheitsbefugnis des Staats einzudringen. Diese Einschränkung gilt allerdings nur für den Gerichtshof, nicht aber für das Ministerkomitee als Exekutivorgan des Europarats. Diesem bleibt es unbenommen, bei der Vollstreckung von endgültigen Urteilen der Straßburger Instanz dem verurteilten Staat auch weitere Maßnahmen nahezulegen, beispielsweise eine Abänderung seiner Gesetzgebung, um weiteren Konventionsverletzungen vorzubeugen.

Soweit die bestehende Praxis. Inzwischen haben sich, auch angesichts der Lawine von hängigen Einzelbeschwerden, Änderungen abgezeichnet. Erstens hat der Gerichtshof damit begonnen, in gewissen Fällen den beklagten Staaten konkrete Maßnahmen vorzuschlagen oder vorzuschreiben; so geschehen namentlich in Assanidse g. Georgien.[1] Zweitens hat das Ministerkomitee des Europarats am 13.5.2004 in einer Entschließung den Gerichtshof aufgefordert, wenn immer möglich diejenigen seiner Urteile zu identifizieren, welche das Bestehen von Strukturproblemen innerhalb des beklagten Staats offenbaren, und dies dem Ministerkomitee mitzuteilen, um es ihm zu ermöglichen, dem betroffenen Staat bei der Erarbeitung einer Gesamtlösung beizustehen.[2] Eine solche Feststellung hat im Fall Broniowski g. Polen[3] bereits stattgefunden. Drittens wären die in Zusatzprotokoll

---

[1] Große Kammer (GK), Beschwerde Nr. 71503/01, Urteil vom 8. April 2004. Deutsche Übersetzung in EuGRZ 2004, 268. Siehe auch *Breuer,* Zur Anordnung konkreter Abhilfemaßnahmen durch den EGMR. Der Gerichtshof betritt neue Wege im Fall Assadnidse g. Georgien, EuGRZ 2004, 257–263.

[2] DH Res. (2004) 3.

[3] GK, Beschwerde Nr. 31443/96, Urteil vom 22. Juni 2004. Deutsche Übersetzung in EuGRZ 2004, 472. Siehe auch *Breuer,* Urteilsfolgen bei strukturellen Problemen: Das erste ‚Piloturteil' des EGMR. Anmerkung zum Fall Broniowski gegen Polen, EUGRZ 2004, 445–451.

Nr. 14[4] vorgesehenen Reformen zu erwähnen, deren Ziel es ist, eine engere Zusammenarbeit zwischen Gerichtshof und Komitee und damit größere Wirksamkeit beim Vollzug von endgültigen Urteilen herbeizuführen.

II. Der Fall Assanidse und seine Vorläufer

Bereits im Fall Scozzari und Giunta g. Italien,[5] bei dem es um die behördliche Unterbringung zweier Kinder in einem italienischen Kinderheim zweifelhaften Rufs ging, stellte der Gerichtshof im Jahr 2000 eine Verletzung von Artikel 8 der EMRK fest, sprach der Mutter und den Kindern eine gerechte Entschädigung zu und äusserte sich in Paragraph 249 seines Urteils wie folgt über die sich aus Artikel 46 der Konvention ergebenden Verpflichtungen der Vertragsparteien:

> „Der Gerichtshof unterstreicht zunächst, dass sich die Vertragsparteien in Artikel 46 verpflichten, endgültige Urteile in Rechtssachen, in denen sie Partei sind, zu befolgen. Das Ministerkomitee hat die Aufgabe, den Vollzug dieser Urteile zu überwachen. Daraus ergibt sich namentlich, dass der beklagte Staat, der sich erwiesenermaßen einer Verletzung der Konvention oder deren Zusatzprotokolle schuldig gemacht hat, der Gegenpartei nicht nur die ihr zugesprochene angemessene Entschädigung ausbezahlt, sondern auch unter der Aufsicht des Ministerkomitees die allgemeinen und/oder individuellen Maßnahmen im Rahmen seiner Rechtsordnung wählt, welche es erlauben, der vom Gerichtshof festgestellten Verletzung ein Ende zu setzen und deren Folgen soweit möglich zu beseitigen (…). Dabei versteht sich, dass der beklagte Staat, vorbehältlich der Kontrolle des Ministerkomitees, in der Wahl der Mittel zur Erfüllung der gemäß Artikel 46 anfallenden Verpflichtungen frei bleibt; diese Mittel müssen allerdings mit den im Urteil gezogenen Schlussfolgerungen vereinbar sein."

Im soeben zitierten Text beschreibt der Gerichtshof im Wesentlichen die Praxis bei der Anwendung von Artikel 46, welche in den Händen des Staats liegt, jedoch der Aufsicht des Ministerkomitees unterliegt. Immerhin spricht er bereits hier die Warnung aus, nur Mittel zu wählen, „welche mit den im Urteil gezogenen Schlussfolgerungen vereinbar sind". Dies könnte als eine Absichtserklärung ausgelegt werden, in den Vollstreckungsprozess eingreifen zu wollen im Fall nicht urteilsgerechter Maßnahmen. In diesem Passus liegt wohl der ursprüngliche „Sündenfall" des Gerichtshofs.

Einen Schritt weiter ging die Dritte Sektion des Straßburger Organs in einer Reihe von Urteilen gegen die Türkei, worin Einzelpersonen von sog. Staatsgerichtshöfen zu oft langen Freiheitsstrafen wegen staatsgefährlicher Tätigkeit verurteilt worden waren. Nachdem der Straßburger Gerichtshof die Zusammensetzung dieser Instanzen unter dem Gesichtspunkt von Artikel 6.1 der Konvention beanstandet hatte – diese bestanden aus zwei zivilen und einem Militärrichter –, machte

---

[4] Europäische Verträge, Nr. 194. Es handelt sich um die in Artikel 16 und 15 des Protokolls vorgesehenen Maßnahmen.
[5] GK, Beschwerden Nr. 39221/98 und 41963/98, Urteil vom 13. Juli 2000, EGMR, Reports of Judgments and Decisions 2000-VIII, 401 (528). Deutsche Übersetzung des Verfassers.

sich die türkische Legislative daran, die Militärrichter aus diesen Gremien zu entfernen. Dies geschah am 22.6.1999. Vor dem Inkrafttreten dieser Änderung des einschlägigen Gesetzes waren indes in Straßburg viele Beschwerden gegen die bisherige Regelung eingereicht worden. Diese Beschwerden wurden so behandelt, dass eine Verletzung von Artikel 6.1 festgestellt und beigefügt wurde, diese Feststellung bilde als solche eine hinreichende Genugtuung für den Beschwerdeführer. Dass dem in allen Fällen so war wurde allerdings bald angezweifelt, waren doch zahlreiche Beschwerdeführer von solch konventionswidrigen Gerichten zu langen Freiheitsstrafen verurteilt worden. Deshalb wurde in Gençel g. Türkei[6] und in zahlreichen Nachfolgefällen dem Urteil folgender Passus beigefügt:

> „Gelangt der Gerichtshof zum Schluss, der Beschwerdeführer sei von einem Gericht verurteilt worden, welches weder unabhängig noch unparteiisch im Sinn von Artikel 6.1 war, befindet er, dass die beste Abhilfe grundsätzlich darin bestünde, den Fall des Beschwerdeführers bei Gelegenheit einer unabhängigen und unparteiischen Gerichtsinstanz zur Neubeurteilung vorzulegen."

Im Urteil Assanidse g. Georgien vom 8.4.2004 hat die Straßburger Instanz „neue Wege betreten"[7] und die ihr von Artikel 46.2 der EMRK auferlegte Zurückhaltung weiter relativiert. Es ging in diesem Fall um den früheren Bürgermeister von Batum, Hauptstadt der Autonomen Republik Adscharien, Teilstaat der Republik Georgien. Wegen illegaler Geschäfte war der Beschwerdeführer am 4.10.1993 in Untersuchungshaft genommen und am 27.4.1995 in letzter Instanz vom Obersten Gerichtshof Georgiens zu einer Gefängnisstrafe verurteilt worden. Er verblieb jedoch auch nach seiner Verurteilung im Untersuchungsgefängnis des Sicherheitsministeriums der Teilrepublik.

Am 1.10.1999 wurde Assanidse vom damaligen georgischen Staatspräsidenten Schewardnadse begnadigt. Das Opfer seiner illegalen Geschäfte beschwerte sich gegen diese Maßnahme, jedoch ohne Erfolg: der Oberste Gerichtshof Georgiens bestätigte sie am 11.7.2000. Dennoch wurde der Beschwerdeführer weiterhin von Adscharien in Untersuchungshaft gehalten, da mittlerweile gegen ihn ein weiteres Verfahren wegen Bildung einer kriminellen Vereinigung und versuchter Entführung eines Regierungsbeamten eröffnet worden war. Der Beschwerdeführer wurde zunächst vom Obersten Gericht Adschariens verurteilt, doch dessen Urteil wurde am 21.1.2001 vom Obersten Gerichtshofs Georgiens aufgehoben und die sofortige Freilassung Assanidses verfügt. Die adscharischen Behörden weigerten sich allerdings, dieser Verfügung Folge zu leisten.

Im Jahr 2002 befand ein Ausschuss des georgischen Parlaments, die Begnadigung des Beschwerdeführers durch Präsidenten Schewardnadse weise Verfahrensfehler auf und sei offensichtlich von politischen Erwägungen beeinflusst worden; desgleichen wurde der Freispruch Assanidse's durch den Obersten Gerichtshof

---

[6] Beschwerde Nr. 39221/98, Urteil vom 23. Oktober 2003, § 27. Deutsche Übersetzung des Verfassers.

[7] Der Ausdruck wird von *Breuer* (Fn. 1) im Titel seines Aufsatzes gebraucht.

Georgiens kritisiert. Am 25.3.2003 widersetzte sich der georgische Generalstaatsanwalt jedoch einer Wiederaufnahme des Verfahrens. Der Beschwerdeführer blieb weiterhin in Haft.

Wie unschwer zu erraten, lag der Schwerpunkt dieses Falls bei Artikel 1 der EMRK, d. h. den Fragen der Rechtshoheit Georgiens über seine unbotmäßige Teilrepublik Adscharien[8] und der Haftung des Zentralstaats für Handlungen eines Teilstaats. Beide Fragen wurden vom Gerichtshof bejaht,[9] ebenso wie diejenigen der Verletzung von Artikel 5 (Recht auf Freiheit und Sicherheit)[10] und 6 (faires Verfahren)[11] der Konvention. Die Republik Georgien, die ihre Haftung nicht bestritten hatte, wurde zur Zahlung einer hohen Summe als Ersatz für den von Assanidse erlittenen materiellen und immateriellen Schaden verurteilt.[12]

Der Straßburger Gerichtshof befasste sich ebenfalls mit den Maßnahmen, die geeignet waren, der Verletzung, d. h. der fortdauernden Inhaftierung des Beschwerdeführers, ein Ende zu setzen. In Paragraph 202 seines Urteils erklärt er, seine Entscheidungen seien im wesentlichen Feststellungsurteile; es ist also – vorbehältlich der Überwachung der Umsetzung durch das Ministerkomitee des Europarats – der betroffenen Staat selbst, welcher die zur Beseitigung des Unrechtstatbestands nötigen und geeigneten Maßnahmen bestimmt. Der Ermessensspielraum des verurteilten Staats ergibt sich aus der in Artikel 1 der EMRK niedergelegten Verpflichtung der Vertragsparteien, die von der Konvention gewährleisteten Rechte und Freiheiten zu sichern. Somit liegt es am betroffenen Staat, in seiner Rechtsordnung bestehende geeignete Mittel einzusetzen, um seiner Verpflichtung aus Artikel 46 (Befolgung der endgültigen Urteile des Gerichtshofs) zu genügen. Dies gilt allerdings nur, wie der Gerichtshof bereits in Scozzani und Giunta ausführte, wenn „diese Mittel vereinbar sind mit den im Urteil enthaltenen Schlussfolgerungen",[13] d. h. deren Umsetzung bewirken.

---

[8] Artikel 1 der Konvention hat folgenden Wortlaut: „Die Hohen Vertragschließenden Teile sichern allen ihrer Jurisdiktion unterstehenden Personen die in Abschnitt I dieser Konvention niedergelegten Rechte und Freiheiten zu." Die Auslegung des Begriffs „Jurisdiktion" ist Gegenstand einer Reihe von Urteilen, bei denen es um die Ausübung von Staatsgewalt ausserhalb des eigentlichen Staatsgebiet ging, siehe beispielsweise *Zypern g. Türkei*, GK, Beschwerde Nr. 25781/94, Urteil vom 10. Mai 2001, EGMR, Reports 2001-IV, 1, § 77, und *Banković und Andere g. Belgien und 16 andere Vertragsstaaten*, GK, Beschwerde Nr. 52207/99, Entscheidung vom 12. Dezember 2001, EGMR, Reports 2001-XII, 333, §§ 54–82. Der gegenwärtige Fall hatte die Jurisdiktion über unbotmässige Teile des eigenen Gebiets zum Gegenstand. Dasselbe trifft teilweise zu für den Fall *Ilascu und Andere g. Moldawien und Russland*, GK, Beschwerde Nr. 48787/99, Urteil vom 8. Juli 2004, §§ 310–331.

[9] Urteil, §§ 137–150.

[10] Im vorliegenden Fall ging es um Haft ohne konventionsrechtliche Grundlage. Urteil, §§ 151–178.

[11] Hier: Nichtvollstreckung eines rechtskräftigen Urteils. Urteil, §§ 179–184.

[12] € 150.000, sowie Kosten und Auslagen in der Höhe von € 5.000, siehe Urteil, Punkt 14.b und c.

[13] Vgl. oben, S. 103.

Genau hier liegt nun der springende Punkt. *In casu* war nur *eine* Maßnahme geeignet, der Verletzung ein Ende zu setzen: die möglichst baldige Freilassung des Beschwerdeführers. Diese Forderung wird sowohl in der Begründung des Urteils wie auch in dessen Dispositivum ausgesprochen.[14] Soweit zu erfahren ist, wurde der Beschwerdeführer einen Tag nach Verkündung des Straßburger Urteils durch die adscharischen Behörden auf freien Fuss gesetzt.[15]

Der Gerichtshof hat es sich in seinem Urteil über diesen Punkt nicht leicht gemacht, hat er sich doch dazu durchgerungen, sowohl in die Hoheit des betroffenen Vertragsstaats (Artikel 46.1) als auch in die Befugnisse des Ministerkomitees (Artikel 46.2) einzugreifen.[16]

Dieser Eingriff – so der Gerichtshof – war durch die Umstände des Einzelfalls bedingt, d. h. das Fehlen einer echten Möglichkeit einer anderen staatlichen Maßnahme,[17] sowie die Notwendigkeit unverzüglichen Handelns. Im vorliegenden Fall hat die Reaktion der lokalen Behörden der Straßburger Instanz recht gegeben, hat doch Assanidse seine Freiheit in kürzester Frist wiedererlangt. In anderen Situationen könnten jedoch solche Eingriffe auf den Widerstand des verurteilten Staats stoßen mit Hinweis auf den Wortlaut von Artikel 46 der EMRK, auf die geltende Praxis und auf die Gefahr eines Auseferns der neuen Praxis. Ein weiterer Einwand wäre, dass die neue Praxis des Gerichtshofs dem Grundsatz der Gewaltentrennung zuwiderläuft ebenso wie demjenigen einer Beschränkung der Funktion des Gerichts auf das Fällen von Feststellungsurteilen.

Angesichts der Reform des Straßburger Systems, wie sie sich aus Zusatzprotokoll Nr. 14 ergibt, wird eine engere Zusammenarbeit zwischen Gerichtshof und Ministerkomitee von den Vertragsparteien gewünscht. Dieser Wunsch schlägt sich beispielsweise nieder in der nunmehr dem Ministerkomitee eingeräumten Möglichkeit, an den Gerichtshof zu gelangen, um ihn sein Urteil auslegen zu lassen oder um festzustellen, ob der betroffene Staat dieses tatsächlich vollstreckt hat; oder auch in der Beteiligung des Ministerkomitees am Vollzug gütlicher Regelungen.[18]

Was die Einwände über Gewaltentrennung und Beschränkung auf Feststellungsurteile betrifft, so ist zu bemerken, dass innerstaatliche Instanzen routinemäßig Leistungsurteile erlassen, ohne dass deshalb der Grundsatz der Gewaltentrennung als angetastet empfunden wird.

---

[14] § 203 des Urteils, bzw. Punkt 14.a des Dispositivums.

[15] Vgl. *Breuer* (Fn.1), 261–262.

[16] Trotzdem fordert *Breuer* eine stärkere dogmatische Fundierung (*ibid.*, 263), vorzugsweise als „Annexkompetenz" der (unausgesprochenen) Befugnis zur Feststellung von Konventionsverletzungen.

[17] Oder, wie *Breuer* (*ibid.*, 263) sich ausdrückt, bei „Ermessensreduzierung auf null".

[18] Siehe oben, S. 103.

Solange die in Assanidse getroffene Lösung auf Fälle beschränkt bleibt, wo kein anderes Mittel tauglich ist, um mit der gebotene Eile und Wirksamkeit einen Verletzungszustand zu beseitigen, scheint die neue Praxis der Straßburger Instanz unbedenklich und, bei maßvoller Anwendung, sogar begrüßenswert.

III. Der Fall Broniowski und die Entschließung des Ministerkomitees vom 13.5.2004

Der durch ein Urteil vom 22.6.2004 materiell entschiedene Fall Broniowski g. Polen hatte das „jenseits des Flusses Bug" zurückgelassene Eigentum von nach dem Krieg nach Westpolen umgesiedelten Polen zum Gegenstand. In den sog. Republikverträgen, deren Gültigkeit übrigens von der polnischen Regierung bestritten wurde, hatte sich der beklagte Staat gegenüber Weissrussland, der Ukraine und Litauen verpflichtet, die Umgesiedelten für ihr verlorenes Eigentum zu entschädigen. Diese Verpflichtung wurde ab 1946 ins polnische Recht übergeführt. Die Geschädigten konnten vom staatlichen Fiskus in Versteigerungen staatliches Grundeigentum erwerben oder sich ein „ewiges Nutzungsrecht" einräumen lassen; die Entschädigung für das verlorene Eigentum bildete die Anrechnung dessen Werts an den Erwerbspreis (Anrechnungsanspruch). Im Jahr 1981 erwarb die Mutter des Beschwerdeführers denn auch ein kleines Grundstück; die vom Erwerbspreis abgezogene Summe belief sich auf zwei Prozent der der Familie des Beschwerdeführers zustehenden Entschädigung.

Dieser neuartige Entschädigungsmodus wurde nach 1990 zur Makulatur, da das bisher dem polnischen Fiskus unterstellte Grundeigentum durch Gesetzgebung den polnischen Gemeinden übertragen worden war. Diese Maßnahme brachte die Abhaltung von Versteigerungen unter den oben erwähnten Bedingungen, d. h. unter Anrechnung der Entschädigungssumme an den Zuschlagspreis, praktisch zum Erliegen. Dazu kam, dass aufgrund von weiteren gesetzlichen Bestimmungen der Fiskus auch die noch vorhandenen, militärisch oder landwirtschaftlich genutzten staatlichen Güter nicht mehr zur Versteigerung freigab.

Die Frage nach der Abgeltung der „Polen jenseits des Flusses Bug" beschäftigte auch die innerstaatlichen Gerichte und den polnischen Gesetzgeber. Die ersteren – namentlich der Verfassungsgerichtshof – bejahten in mehreren Entscheidungen das Bestehen eines Anrechnungsanspruchs. Der Gesetzgeber seinerseits erließ eine Reihe von einschlägigen Gesetzen, neuestens dasjenige aus dem Monat Dezember 2003. Dieses Gesetz bestätigte den Anrechnungsanspruch, beschränkte ihn jedoch auf 15 Prozent des Werts des verlorenen Eigentums oder 50.000 Zloty und schloss all diejenigen Personen aus, welche – wie die Mutter des Beschwerdeführers – bereits eine wenn auch geringe Anrechnung erhalten hatten.

Dieses Gesetz trat am 30.1.2004 in Kraft, doch wurden die darin vorgesehenen Einschränkungen alsbald als verfassungswidrig vor dem polnischen Verfassungsgerichtshof in Frage gestellt. In einem Urteil vom 15.12.2004 hat der polnische

Verfassungsgerichtshof zwei dieser Beschränkungen (Begrenzung der Entschädigungen, Ausschluss der Personen, welche bereits eine Entschädigung erhalten haben) ungültig erklärt.

In seinem Urteil vom 22.6.2004 bejaht der Straßburger Gerichtshof die Anwendbarkeit von Artikel 1 des Ersten Zusatzprotokolls zur EMRK und stellt eine Verletzung dieser Bestimmung fest. Die Entscheidung über die Frage einer gerechten Entschädigung gemäß Artikel 41 der Konvention verschiebt er auf später, wobei jedoch dem Beschwerdeführer bereits eine Prozesskostenentschädigung zugesprochen wird.[19] Das Hauptinteresse des Urteils liegt aber in den Artikel 46 der EMRK gewidmeten Betrachtungen des Gremiums.

Diese Betrachtungen beginnen mit der Feststellung, aus den Schlussfolgerungen des Urteils ergebe sich das Bestehen eines verbreiteten Problems. Dieses Problem – so der Gerichtshof – besteht aus einer Funktionsstörung in der polnischen Gesetzgebung und Verwaltungspraxis und betrifft eine große Anzahl von Personen – gegenwärtig sind 167 ähnliche Fälle in Straßburg hängig, und nahezu 80.000 Polen sind infolge dieser Funktionsstörung nicht in einer Artikel 1 von Protokoll Nr. 1 angemessenen Weise entschädigt worden. Auch der polnische Verfassungsgerichtshof hat in einem Urteil die in der Sache bestehende Gesetzgebung als Ursache einer „unzulässigen strukturellen Funktionsstörung" qualifiziert. Der Straßburger Gerichtshof schließt deshalb auf „im Fall des Beschwerdeführers aufgedeckte Defizite des innerstaatlichen Rechts wie der innerstaatlichen Praxis", welche „zahllose begründete Beschwerden nach sich ziehen können".[20]

Der Gerichtshof wendet sich anschließend den Maßnahmen zu, die das Ministerkomitee des Europarats ergriffen hat, um die Wirksamkeit des Konventionssystems zu steigern: dem Protokoll Nr. 14 vom 12.5.2004, sowie zwei Entschließungen des Komitees. Die erste Entschließung[21] bezieht sich auf den Ausbau der innerstaatlichen Beschwerdewege und legt den Vertragsstaaten nahe, nach Urteilen des Gerichtshofs, die strukturelle oder andere generelle Defizite in ihrer Rechtsordnung aufzeigen, die Wirksamkeit dieser Wege zu überprüfen, um damit eine Überlastung des Straßburger Mechanismus mit Parallelfällen zu vermeiden.

Die zweite Entschließung, welche dasselbe Datum trägt,[22] unterstreicht das Bestreben des Ministerkomitees, den Vertragsstaaten bei der der Lösung von strukturellen Problemen beizustehen, welche in Urteilen der Straßburger Instanz eruiert wurden. Anschließend wird der Gerichtshof aufgefordert,

„in den Urteilen, in denen er eine Konventionsverletzung feststellt, deutlich zu machen, worin nach seiner Auffassung ein zugrunde liegendes strukturelles Problem besteht und was die Ursache dieses Problems ist, insbesondere wenn dies möglicherweise zu einer

---

[19] Urteil, §§ 126–187.
[20] Ibid., §§ 189 und 193.
[21] Ministerkomitee, Rec. (2004) 6.
[22] Ministerkomitee, DH Res. (2004) 3.

Vielzahl von Beschwerden führen kann, um den Staaten beim Finden einer angemessenen Lösung und dem Ministerkomitee in der Überwachung der Urteilsdurchführung zu helfen".

Dieser Text muss, so der Gerichtshof, im Kontext von dessen Überlastung betrachtet werden, welch letztere vor allem auch der Vielzahl von Fällen mit denselben strukturellen oder systemischen Ursachen zuzuschreiben ist.[23]

Der Gerichtshof meint, der vom Ministerkomitee gewählte Weg lasse sich aus Artikel 46 der EMRK ableiten. In der Tat verpflichtet diese Bestimmung verurteilte Staaten, endgültige Straßburger Urteile zu befolgen, wobei die Überwachung der Umsetzung dem Ministerkomitee obliegt. Die Umsetzung besteht nicht nur in der Ausrichtung einer gerechten Entschädigung gemäss Artikel 41 der Konvention,

„sondern auch – vorbehaltlich der Überwachung durch das Ministerkomitee – [darin,] diejenigen allgemeinen und/oder, soweit angemessen, individuellen Maßnahmen zu wählen, die im innerstaatlichen Recht ergriffen werden müssen, um die vom Gerichtshof festgestellte Verletzung abzustellen und für die sich hieraus ergebenden Folgen soweit möglich Wiedergutmachung zu leisten. Vorbehaltlich der Überwachung durch das Ministerkomitee ist der betroffene Staat frei, diejenigen Mittel zu wählen, mit denen er seiner Verpflichtung aus Artikel 46 der Konvention nachkommen wird, vorausgesetzt dass diese Mittel mit den im Urteil des Gerichtshofs enthaltenen Schlussfolgerungen vereinbar sind (...)."[24]

Der Schluss dieser Zitats stammt aus dem Urteil Scozzari und Giunta,[25] womit der Zusammenhang zwischen dem hier behandelten Problem und dem in Punkt 2 dieses Aufsatzes angesprochenen klargemacht wird.

In der Folge befindet die Straßburger Instanz, die Anzahl der bestehenden und zukünftigen Beschwerden in Sachen Grundeigentum jenseits des Bug stelle für die Haftung des beklagen Staat gemäß Artikel 1 von Zusatzprotokoll Nr. 1 einen erschwerenden Umstand dar wie auch eine Bedrohung für die Wirksamkeit des Konventionssystems. Daraus schließt der Gerichtshof – obwohl die Wahl der innerstaatlichen Remedur grundsätzlich beim beklagten Staat selbst liegt –, dass im Fall von strukturellen Defiziten des staatlichen Rechts, denen die Verletzungen anzulasten sind, diese Defizite zu beseitigen sind, um eine Überlastung des Konventionssystems durch einen Schwall paralleler Beschwerden zu vermeiden.

Dies sollte in erster Linie der betroffene Vertragsstaat selbst tun. Im vorliegenden Fall versucht die Straßburger Instanz jedoch, diesem Staat bei der Erfüllung seiner Verpflichtungen nach Artikel 46 der EMRK beizustehen. Ob das Gesetz aus dem Monat Dezember 2003 in diesem Sinn als eine geeignete Maßnahme betrachtet werden kann, ist nicht auszumachen, da für diese Gesetzgebung noch keine Anwendungspraxis besteht; allerdings steht fest, dass es für den Beschwerdeführer wie für andere Kläger in einer ähnlichen Situation nicht genügt, schließt es doch

---

[23] Urteil, § 190.
[24] Urteil, § 192.
[25] Siehe oben, Fn. 5.

Personen aus, die bereits eine (wenn auch bescheidene) Abgeltung erhalten haben. Des Weiteren muss der Staat durch angemessene gesetzliche und verwaltungstechnische Maßnahmen alle Hindernisse beseitigen, die einer konventionskonformen Auslegung von Artikel 1 des Protokolls Nr. 1 für die unzähligen anderen Geschädigten im Weg stehen, um damit den letzteren zu ermöglichen, ihre Ansprüche schnell und wirksam durchzusetzen, unter Berücksichtigung der im Urteil genannten Entschädigungsgrundsätze.

Soweit die Begründung des Urteils aus dem Blickwinkel der Vollstreckung. Diese Frage wird auch im Dispositivum des Urteils aufgegriffen. Nach Feststellung seiner Zuständigkeit und einer Verletzung von Artikel 1 des Zusatzprotokolls Nr. 1 führt der Gerichtshof in den Punkten 3 und 4 folgendes aus:

„3. die festgestellte Verletzung resultiert aus einem strukturellen Problem im Zusammenhang mit einer Funktionsstörung der innerstaatlichen Gesetzgebung wie der innerstaatlichen Praxis, die ihre Ursache in dem Fehlen effektiver Mittel zur Durchsetzung des ‚Anrechnungsanspruchs' der Anspruchsteller wegen jenseits des Bug belegenen Grundeigentums hat;
4. der beklagte Staat muss durch geeignete gesetzliche Maßnahmen und verwaltungstechnische Praktiken entweder sicherstellen, dass die übrigen Anspruchsteller wegen jenseits des Bug belegenen Grundeigentums ihr in Frage stehendes Eigentumsrecht durchsetzen können, oder stattdessen diesen eine entsprechende Entschädigung gewähren, und zwar in Übereinstimmung mit den in Artikel 1 [des Ersten Zusatzprotokolls zur EMRK] niedergelegten Grundsätzen des Eigentumsschutzes."

Die Beschreibung dieses einen Aspekts des Broniowski-Urteils wäre unvollständig ohne Erwähnung des Sondervotums von Richter Zupančič. Dieses Votum verweist auf Artikel 41 der EMRK, welcher sich auf Fälle bezieht, wo das innerstaatliche Recht nur eine teilweise Wiedergutmachung erlaubt. Nach Richter Zupančič ist diese Bestimmung dahingehend auszulegen, dass gerechte finanzielle Entschädigung nicht die einzige Abhilfe sein kann (siehe den Fall Scozzari und Giunta), dass im Fall von Dauerverletzungen für die Zukunft andere Maßnahmen nötig sind und dass der Gerichtshof darum allen Anlass hat, nach solchen Maßnahmen zu suchen. Deshalb – so Richter Zupančič – hat die hier behandelte Frage mit der Erfüllung von Artikel 41 viel und mit der Überlastung der Straßburger Instanz wenig zu tun.[26]

Angesichts dieser Argumentation ist man versucht, auf die von Richter Zupančič aufgeworfene Frage mit „sowohl als auch" zu antworten. Zweifellos ist es richtig, zwischen Artikel 41 und Punkten 3 und 4 des Dispositivums im Broniowski-Urteil einen Zusammenhang zu sehen. Ein solcher Zusammenhang besteht allerdings auch mit Artikel 46.2: der Gerichtshof dringt durch sein Broniowski-Urteil in die Sphäre der Exekutive ein und stellt damit das Vollzugsmonopol des Ministerkomitees teilweise in Frage – dies allerdings in einem vom Komitee gewünschten Sinne, wie sich aus dessen Entschließung DH Res. (2004) 3 ergibt. Trotzdem

---

[26] EuGRZ 2004, 483. Auch hier kritisiert *Breuer* (Fn. 3), 245 und 449, die „zu einseitige" Berufung des Gerichtshofs auf seine Überlastung und ruft nach einer „dogmatisch befriedigenden Begründung".

ist klar, dass die Feststellung von strukturellen Problemen zu Händen des Ministerkomitees *auch* zu einer Entlastung des Gerichthofs führt.

Das Vorgehen des Straßburger Gremiums im Fall Broniowski ist auf Entschließung DH (2004) 3 abgestützt.[27] Diese hat im Wesentlichen die Beziehungen zwischen Gerichtshof und Komitee zum Gegenstand, und es kann mit Sicherheit behauptet werden, dass diese Entschließung für den Entscheid des Gerichtshofs und die damit verbundene Verschiebung in der Abgrenzung der Befugnisse zwischen beiden Organe eine taugliche Rechtsgrundlage bildet. Allerdings kann sie das von ihr angestrebte Ziel nur dann erreichen, wenn es dem Ministerkomitee gelingt, in politischen Verhandlungen vom beklagten Staat die nötigen gesetzgeberischen und verwaltungstechnischen Maßnahmen auf innerstaatlicher Ebene zu erwirken. Wenn dies nicht der Fall ist, bleibt das Problem der zahlreichen Parallelfälle ungelöst.

IV. Ergebnisse

Die in diesem Aufsatz angesprochenen und kommentierten Urteile des Straßburger Gerichtshofs haben zu einer Verschiebung der Grenze zwischen den Befugnissen des letzteren und denjenigen der Exekutive des Europarats geführt. Diese Verschiebung ergibt sich teilweise aus dem Willen, Artikel 41 der EMRK zu voller Wirkung zu verhelfen und dem Ministerkomitee in der Erfüllung seiner aus Artikel 46.2 fliessenden Aufgabe beizustehen; teilweise entspricht sie auch dem Wunsch nach einer Entlastung des Gerichtshofs im Sinne der Entschließung DH Res. (2004) 3 des Ministerkomitees, kann also als eine Art flankierende Maßnahme der in Zusatzprotokoll Nr. 14 geplanten Reform des Straßburger Mechanismus gelten.

Diese Reform hat am Recht der Individuen auf Einzelbeschwerde, oder vielmehr für die Behandlung solcher Beschwerden, gewisse Änderungen – oder, für die Gegner der Reform, Abstriche – gebracht. Die Frage ist, ob diese Änderungen als vernünftig und verhältnismäßig angesehen werden können. Dies ist zweifellos zu bejahen, da ohne sie wohl der ganze Straßburger Mechanismus noch mehr zu leiden hätte oder gar zusammenbrechen könnte. Oder, um es drastischer zu formulieren, ohne solche Änderungen wäre dieser Mechanismus so gelähmt, dass die Beschwerdeführer jahrelang oder gar über Jahrzehnte hinaus auf die Behandlung ihrer Klagen zu warten hätten.

Die sich aus der Reform, insbesondere aus der hier angesprochenen Verschiebung der Grenze zwischen den Kompetenzen des Gerichtshofs und denjenigen des Ministerkomitees, ergebenden Änderungen erheischen auch seitens der Vertragsparteien gewisse Opfer, werden doch die im Sinn einer *restitutio in integrum* nöti-

---

[27] Wie bereits erwähnt (siehe oben, S. 109), könnte dieses Vorgehen auch direkt auf Artikel 41 und 46 abgestützt werden.

gen innerstaatlichen Maßnahmen nicht mehr allein und in allen Fällen vom beklagten Staat bestimmt. Angesichts der Notwendigkeit einer Beseitigung von Strukturmängeln ist auch diese Neuerung, obschon sie die inneren Souveränität des Staats schmälert, durchaus angemessen. Einerseits trägt sie zur Steigerung der Wirksamkeit des Systems bei. Anderseits müssen die dem letzteren unterworfenen Individuen gewisse Einschränkungen des Rechts auf Einzelbeschwerde in Kauf nehmen; es scheint also nicht unangemessen, auch die Rechte der Vertragsparteien etwas zu beschneiden.

Im Gesamtergebnis ist also die hier dargelegte neue Praxis – größere Beteiligung des Straßburger Gerichtshofs am Vollstreckungsprozess – durchaus vertretbar. Allerdings ist zu beachten, dass diese Praxis nicht ausufern und damit die Grundsätze untergraben darf, dass die Vollstreckung dem Ministerkomitee vorbehalten ist und dass die Identifizierung der auf innerstaatlicher Ebene zu treffenden Maßnahmen in die Zuständigkeit des betroffenen Staats fällt.

Zur Änderung von Werken der Baukunst und der bildenden Künste zum gottesdienstlichen Gebrauch[1]

Von Axel Frhr. von Campenhausen

Als in der früheren DDR Lenindenkmäler und ähnliche Scheußlichkeiten beseitigt wurden, erfuhr die verblüffte Öffentlichkeit, dass in einem Falle erhebliche Rechtsprobleme dadurch entstanden, dass die Witwe des sowjetischen Künstlers, der die Gesamtgestaltung eines Platzes und eines Denkmals zu verantworten hatte, dagegen protestierte, dass hier irgendetwas geändert würde. Vergleichbare Probleme gibt es auch in der Kirche, wo wünschenswerte Modernisierung zur Anpassung des Gebäudes an einen geänderten räumlichen oder liturgischen Bedarf oder auch Änderungen aus städtebaulichen Gründen vorkommen und nicht selten entsprechende Rechtsprobleme aufwerfen. Diese Fragen gelten vergleichbar auch für kirchliche Innenräume. Bisweilen spielen auch baupolizeilich motivierte Änderungswünsche eine Rolle. Das Urheberrecht stellt bei der Klärung solcher urheberrechtlichen Ansprüche auf den Einzelfall ab. Das spiegelt eine im Ganzen homogene Rechtsprechung, die sich aber einer Wiedergabe in drei Sätzen entzieht.

I.

Diese Rechtsprechung geht davon aus, dass Werke der Baukunst oder der bildenden Künste den Schutz des Urheberrechts auch dann genießen, wenn diese einen bestimmten Zweck erfüllen. Ist eine Änderung dieser Werke darauf gerichtet, seinen Gebrauchszweck zu erhalten oder zu verbessern, dann erkennen die Gerichte darin ein berechtigtes Anliegen des Werknutzers, welches im Einzelfall mit den Ansprüchen des Urhebers abzuwägen ist. Eine zusammenfassende Betrachtung der einschlägigen Entscheidungen ergibt als Tendenz der Rechtsprechung, dass ein Urheber zu derartigen Änderungen im Grundsatz seine Zustimmung nicht verweigern kann. Diese allgemeine Orientierung ist zwar in der Literatur anerkannt. Da die Rechtsprechung zu urheberrechtlichen Ansprüchen jedoch regelmäßig auf den Einzelfall abstellt, ist mit dem Hinweis auf eine grundsätzliche Zulässigkeit gebrauchsbedingter Änderungen wenig gewonnen.[2]

---

[1] Dem Folgenden liegt ein Gutachten des Kirchenrechtlichen Instituts zu Grunde, das wir auf Anfrage der Badischen Landeskirche im Jahr 2005 erstattet haben. Ich danke Herrn Oberkirchenrat Dr. Burghard Winkel, der die Last der Gutachtenanfrage getragen hat.

[2] Zum Ganzen vgl. nur BGHZ 62, 331 (Schulerweiterung) sowie *Schack*, Kunst und Recht:

Aufmerksamkeit verdient, dass die Gerichte bei Änderungswünschen von Kirchengemeinden an ihren Gotteshäusern oder an deren Einrichtung gelegentlich auf Art. 4 GG verweisen und von den Kirchengemeinden geltend gemachte sakrale und liturgische Interessen mit den Rechten des Urhebers abwägen. Der Hinweis auf Art. 4 GG kennzeichnet die Besonderheit der urheberrechtlichen Auseinandersetzungen mit Kirchengemeinden. In diesen Verfahren steht kein materielles Verwertungsinteresse im Vordergrund, welches die Gerichte gemeinhin mit dem geistigen und persönlichen Interesse eines Urhebers abzuwägen haben.[3]

Vor diesem Hintergrund konzentriert sich die Untersuchung darauf, die Bedeutung des Art. 4 Abs. 1 und 2 GG und des Selbstbestimmungsrechts der Kirchengemeinden grundsätzlich zu klären, wenn Änderungen an urheberrechtlich geschützten Werken vorgenommen werden sollen, die dem gottesdienstlichen Gebrauch dienen. Da das Urheberrecht maßgebend von der Rechtsprechung bestimmt wird, ist von den Entscheidungen der Gerichte auszugehen, die Änderungen von Kirchengebäuden oder ihrer sakralen Einrichtung zum Gegenstand haben. Die Bewertung dieser Entscheidungen muss die Bedeutung von Werken der Baukunst und der bildenden Künste für den gottesdienstlichen Gebrauch der Kirchen ebenso im Blick haben wie das Verhältnis von Kunst und Religion. Davon ausgehend kann schließlich die Bedeutung des Art. 4 Abs. 1 und 2 GG und des Selbstbestimmungsrechts der Kirchengemeinden für die Rechte von Urhebern an den von ihnen geschaffenen Werken begründet werden.

II.

Der Wunsch von Kirchengemeinden, nachträglich Änderungen an urheberrechtlich geschützten Kirchengebäuden vorzunehmen, hat in der Vergangenheit die Gerichte wiederholt beschäftigt. Ebenso hatten die Gerichte mehrfach darüber zu entscheiden, ob Kirchengemeinden die sakrale Inneneinrichtung ihrer Kirche verändern dürfen. Zur Prüfung der Zulässigkeit solcher Änderungen verweisen die Gerichte bis heute auf eine grundsätzliche Entscheidung, die bereits 1912 das Reichsgericht zum Verhältnis des Urhebers eines Werkes zu seinem Eigentümer herbeigeführt hat. Das Reichsgericht entschied damals, dass der Besteller und Eigentümer eines der Öffentlichkeit zugänglichen Gemäldes gemäß § 903 BGB nicht befugt ist, an diesem ohne Einwilligung seines Urhebers Änderungen vorzunehmen.[4]

Zur Begründung verwies das Gericht darauf, dass die Rechtsordnung nicht allein das Vermögensinteresse des Urhebers, sondern auch das geistige Interesse an seinem Werk

---

Bildende Kunst, Architektur, Design und Fotografie im deutschen und internationalen Recht, 2004, Rn. 743 (781).

[3] Vgl. nur BGH, Urteil vom 2.10.1981 – I ZR 137/79 – (Kirchen-Innenraumgestaltung), NJW 1982, 639 = GRUR 1982, 107 = KirchE 19, 67.

[4] RGZ 79, 397.

schütze. Dieser Schutz sei zwar nicht ausdrücklich gesetzlich bestimmt.[5] Der Gesetzgeber sei jedoch davon ausgegangen, dass der Urheber das höchstpersönliche Recht habe, das von ihm geschaffene Werk als Ausfluss seiner individuellen künstlerischen Schöpferkraft der Mit- und Nachwelt in seiner unveränderten individuellen Gestaltung zu erhalten. Änderungen an seinem Werk müsse er deshalb nur dann dulden, wenn er dazu seine Einwilligung nach Treu und Glauben nicht versagen könne.[6]

Auch das Verhältnis des Urhebers eines Werkes zu seinem Eigentümer habe in den urheberrechtlichen Regelungen keinen unmittelbaren Ausdruck gefunden. Der Gesetzgeber habe lediglich eine vollständige oder teilweise Übertragung von Verwertungsrechten geregelt und dabei das Persönlichkeitsrecht des Urhebers vorausgesetzt. Liefere der Urheber auf Bestellung ein Kunstwerk, dann sei von zwei privaten Rechten an dem vollendeten Werk auszugehen. Zum einen sei dies das Urheberrecht des Künstlers und zum anderen das Eigentumsrecht des Bestellers. Für diese Rechte gelte, dass „grundsätzlich das Urheberrecht nur unbeschadet des Eigentumsrechts, das Eigentumsrecht nur unbeschadet des Urheberrechts ausgeübt werden" könne.[7]

Dem entspreche, dass der Eigentümer das Kunstwerk zwar veräußern, verkaufen, vertauschen, verschenken, beseitigen oder gar völlig vernichten könne. Damit müsse ein Künstler rechnen, der sein Werk gegen Entgelt veräußert habe. Das Urheberrecht gewähre ihm jedoch Schutz vor Eingriffen in die künstlerische Eigenart seines Werkes und damit einen Schutz, der trotz Übertragung des Eigentums fortbestehe. Dem entspreche § 903 BGB, der die Verfügungsmacht des Eigentümers an die Wahrung der Rechte Dritter binde.[8]

Auf diese Leitentscheidung verwies das OLG Nürnberg, als es 1957 das Begehren eines Architekten zurückwies, die von ihm errichteten und im 2. Weltkrieg zerstörten Turmhelme einer Kirche getreu dem Original wiederherstellen zu lassen.[9]

Unstreitig war zwischen den Parteien, dass es sich bei dem in den Jahren 1934 bis 1939 errichteten Kirchengebäude um ein Kunstwerk i. S. des Urheberrechts handelt. Das Gericht folgte dieser Auffassung und wies darauf hin, dass anderes nicht etwa deshalb gelte, weil das Kirchengebäude nicht allein künstlerischen, sondern als Hauptaufgabe praktischen (gottesdienstlichen) Zwecken diene. Davon ausgehend müsse das Kirchengebäude im Grundsatz zwar dem Original getreu wieder aufgebaut werden, und jede Abweichung bedeute grundsätzlich eine Verletzung des Urheberrechts des Architekten. Zulässig seien jedoch Abweichungen vom ursprünglichen Zustand, zu denen der Architekt seine Einwilligung nach Treu und Glauben nicht versagen könne.
Die Zulässigkeit der beabsichtigten Abweichungen prüfte das Gericht im Rahmen einer Abwägung. In diese bezog es finanzielle und prozessuale Erwägungen, Belange der Öffentlichkeit sowie städtebauliche Gründe ein und kam zu dem Ergebnis, dass die Kirchengemeinde erhebliche finanzielle Mehrkosten oder Nachteile nicht in Kauf nehmen müsse, um eine originalgetreue Wiederherstellung der Turmhelme zu gewähr-

---

[5] Mit Hinweis auf das Kunstschutzgesetz vom 9.1.1907, RGBl. 1907, 7.
[6] RGZ 79, 397 (399).
[7] RGZ 79, 397 (400).
[8] RGZ 79, 397 (401).
[9] OLG Nürnberg, 2.4.1957 – 3 U 59/57 –, *Schulze*, OLGZ Nr. 28.

leisten. Auch müsse die Kirchengemeinde keine prozessualen Risiken auf sich nehmen, um die Entscheidung der Baubehörde anzufechten, die ihrerseits aus städtebaulichen Gründen eine dem Original getreue Wiederherstellung abgelehnt hatte. Dem Architekten sei jedoch zuzumuten, Rücksicht auf die Stellung der Kirchengemeinde in der Öffentlichkeit und auf die Bedürfnisse der Gemeindeglieder zu nehmen. Deshalb habe der Architekt beim Wiederaufbau diejenigen Änderungen zu dulden, die sich aus dem Zweck ergäben, für den das Gebäude errichtet worden sei. Bei praktischen (gottesdienstlichen) Zwecken dienenden Kunstwerken fordere der Begriff „Treu und Glauben" nämlich generell eine weitgehend die Interessen des Werkeigentümers berücksichtigende Auslegung.[10]

Nicht die äußere Gestalt eines Kirchengebäudes, sondern die Zulässigkeit einer Änderung im Innenraum der Kirche durch eine provisorisch aufgestellte elektronische Orgel war 1981 Gegenstand einer Entscheidung des BGH.[11]

Auch diese Entscheidung geht von einem allgemeinen Änderungsverbot urheberrechtlich geschützter Werke eines Architekten aus und stellt klar, dass neben der äußeren Gestalt auch der Innenraum eines Kirchengebäudes urheberrechtlich geschützt sein könne. In diesem Fall sei dem Eigentümer auch im Innenraum seiner Kirche regelmäßig eine Änderung verwehrt. Das Änderungsverbot sei jedoch grundsätzlich auf den Schutz vor Eingriffen des Eigentümers in die vom Architekten geschaffene körperliche Substanz des Gebäudes gerichtet.[12] Der BGH verneinte einen unzulässigen Eingriff, da eine provisorisch aufgestellte elektronische Orgel mit ihren Lautsprechern zum einen nicht in die körperliche Substanz des Kirchengebäudes eingreife. Zum anderen seier Architekt und Kirchengemeinde bei der Planung zwar übereinstimmend von der Aufstellung einer Pfeifenorgel ausgegangen. Der Einbau der Orgel sei jedoch ausdrücklich nicht Gegenstand des mit dem Architekten vereinbarten Auftrags gewesen.

Neben dem Änderungsverbot prüfte der BGH gesondert das Verbot, urheberrechtlich geschützte Werke zu entstellen. Zwar erübrige eine zulässige Änderung der körperlichen Substanz des Gebäudes im Grundsatz eine solche Prüfung. Das Entstellungsverbot schütze den Urheber jedoch selbstständig und neben dem Änderungsverbot vor sonstigen, sich auf den Gesamteindruck seines Werks beziehenden Beeinträchtigungen und damit vor einer Verletzung seiner geistigen und persönlichen Urheberinteressen. Deshalb könne eine Entstellung auch in einer vom Plan des Architekten abweichenden Aufstellung von Einrichtungsgegenständen liegen, wenn diese derart in die bauliche Innenraumgestaltung einbezogen seien, dass sie das Raumbild entscheidend prägten.

Seine Prüfung stützte der BGH auf die tatsächlichen Feststellungen der Vorinstanz. Er verneinte eine Entstellung oder sonstige Beeinträchtigung der geistigen und persönlichen Interessen des Architekten durch das Provisorium und bestätigte in diesem Zusammenhang auch die Auffassung der Vorinstanz, dass es die im Rahmen des Art. 4 Abs. 2 GG von der Kirchengemeinde autonom getroffene Entscheidung sei, in welcher Weise sie den Organisten in den Gottesdienst einbeziehe. Deshalb bleibe auch bei einer endgültigen Gestaltung des Innenraums zu

---

[10] Vgl. Leitsatz 2 b) der Entscheidung des OLG Nürnberg vom 2.4.1957 (Fn. 9).
[11] BGH, Urteil vom 2.10.1981 (Fn. 3).
[12] Mit Hinweis auf BGHZ 62, 331 = GRUR 1974, 675.

prüfen, ob das Interesse des Urhebers, seine architektonischen Vorstellungen zu verwirklichen, gegenüber dem Interesse der Kirchengemeinde zurücktreten müsste, die Kirche entsprechend ihrer Zweckbestimmung für Gottesdienste und ihre musikalische Begleitung zu nutzen.

Den beabsichtigten Abriss eines Kirchengebäudes als Teil eines Ensembles mit Turm, Pfarrzentrum, Platz und Innenhof beurteilte das OLG München im Jahr 2000 als unzulässige Teilvernichtung eines Gesamtkunstwerkes.[13]

> In diesem Verfahren widersprach die Witwe des Architekten der Absicht der Kirchengemeinde, das Kirchenschiff ggf. zusammen mit dem separat errichteten Turm aus wirtschaftlichen Gründen abzureißen, um einen Gottesdienstraum zu errichten, der für die kleiner gewordene Gemeinde Geborgenheit und Intimität ausstrahle. Dieses Vorhaben der Kirchengemeinde bewertete das Gericht als unzulässige Teilvernichtung eines urheberrechtlich geschützten Gesamtwerkes, weil die verbleibenden Teile des Ensembles weiter an den vor 20 Jahren verstorbenen Architekten hinwiesen und an das von ihm geschaffene Werk erinnerten.
>
> Die gegenteilige Ansicht der Kirchengemeinde und der Baubescheid für den Teilabriss war für die vom Gericht erkannte Urheberschutzfähigkeit des Ensembles ohne Bedeutung. Auch sei eine Schwächung der Urheberrechte des Architekten 20 Jahre nach seinem Tod bei einer urheberrechtlichen Schutzdauer von 70 Jahren gering. Rechte der Kirchengemeinde und ihre Glaubensfreiheit würden nicht beeinträchtigt, wenn sie bei der Errichtung und Erhaltung von Gotteshäusern an weltliche Gesetze wie das Bau- und Urheberrecht gebunden seien. Nicht zuletzt erscheine es für eine Kirchengemeinde nicht unzumutbar, ein Kirchengebäude mehr als 35 oder 37 Jahre zu erhalten. Die wirtschaftlichen Erwägungen der Kirchengemeinde überzeugten nicht, da sie das Kirchengebäude habe verfallen lassen. Die Kirchengemeinde habe auch nicht glaubhaft machen können, dass der von ihr gewünschte Gottesdienstraum nicht ebenso durch eine Umgestaltung des vorhandenen Raumes geschaffen werden könne, die einer irreversiblen Werkvernichtung in jedem Falle vorzuziehen sei.[14]

Weil das OLG Karlsruhe 2003 in einer von einem Künstler vorgesehenen räumlichen Anordnung von Kunstwerken im Innenraum eines Kirchengebäudes kein Gesamtkunstwerk erkennen konnte, ließ es eine Veränderung der räumlichen Anordnung durch die Kirchengemeinde zu.[15]

> Das Gericht stellte in seiner Entscheidung auf die Auffassung der für Kunst empfänglichen und mit Kunstanschauungen einigermaßen vertrauten Verkehrskreise ab.[16] Davon ausgehend folgte das OLG der Feststellung der Vorinstanz, dass ein durchschnittlich künstlerisch gebildeter und für Kunst empfänglicher Betrachter einen künstlerischen Aussagegehalt im Sinne eines ästhetisch-geistigen Zusammenwirkens der Einzelelemente in der vom Künstler vorgesehenen räumlichen Anordnung von Altar, Tabernakel, Ambo und Marienstatue nicht erkennen könne. Es könne deshalb nicht von einem Gesamtkunstwerk ausgegangen werden. Dies zu beurteilen sei Aufgabe der Gerichte, die zu den angesprochenen Verkehrskreisen gehörten. Im Übrigen habe die Vorinstanz

---

[13] OLG München, Urteil vom 21.12.2000 – 6 U 3711/00 –, GRUR 2001, 177 = KirchE 38, 527 (Teilabdruck).

[14] Mit Hinweis auf *Erdmann*, Sacheigentum und Urheberrecht, in: ders. (Hrsg.), Festschrift für Henning Piper, 1996, 650 (668 ff.).

[15] OLG Karlsruhe, Urteil vom 11.6.2003 – 6 U 132/02 –, NJW 2004, 608.

[16] Zum Maßstab vgl. BGHZ 27, 351 (356), st. Rspr.

zu Recht darauf hingewiesen, dass die von der Kirchengemeinde vorgenommenen Änderungen in jedem Falle auf der Grundlage einer Interessenabwägung zulässig gewesen wären, da die religiösen und liturgischen Bedürfnisse der Gemeindeglieder nicht ohne weiteres hinter dem Interesse des Künstlers an der Erhaltung des von ihm geschaffenen Zustandes zurücktreten müssten.

Die Veränderung des vom Künstler gewünschten und ihm zunächst auch zugestandenen Standortes eines Kruzifixes im Altarraum ließ 2004 das OLG Naumburg zu.[17]

Das Gericht verwarf zunächst das Vorliegen einer Vereinbarung zwischen dem Künstler und der Kirchengemeinde über einen bestimmten Standort des Kruzifixes. Des Weiteren sei das Kruzifix vom Künstler auch nicht gezielt in Korrespondenz zum Altarraum dieser Kirche konzipiert und geschaffenen worden. Auf diesen Standort bezogen läge damit keine den urheberrechtlichen Schutz voraussetzende schöpferische Leistung des Künstlers vor. Daran ändere nichts, dass der Künstler das Kruzifix in der Erwartung verändert habe, es damit im Altarraum besser zur Geltung zu bringen.

Des Weiteren prüfte das Gericht, ob der von der Kirchengemeinde gewählte neue Standort in einer Seitenkapelle das Kruzifix in einer Weise entstelle oder beeinträchtige, die geeignet sei, die geistigen oder persönlichen Interessen des Künstlers an seinem Werk zu gefährden. Auch dies verneinte das Gericht, weil in den Augen eines unvoreingenommenen Durchschnittsbetrachters eine Verschlechterung oder Abwertung des Werkes nicht wahrzunehmen sei. Davon habe sich das Gericht durch eigene Augenscheinnahme überzeugt und dabei den Eindruck gewonnen, dass eine Steigerung der ästhetischen Wirkung des Kruzifixes durch seine Aufstellung im Altarraum zwar möglich sei. Dies allein rechtfertige es aber nicht, eine Entstellung oder Beeinträchtigung im Sinne des Urheberrechts anzunehmen.

Das LG Mannheim entschied 2004 schließlich, dass eine Kirchengemeinde die Fenster ihres Kirchengebäudes nachträglich und ohne Zustimmung des Architekten farbig gestalten könne, obwohl der Architekt farbloses Glas verwandt hatte, um den schlichten Charakter des Kirchenbaus zu betonen.[18]

In diesem Verfahren war umstritten, ob der schlichte Bau aus den sechziger Jahren mit Gestaltungsmerkmalen und Stilelementen von Mehrzweckhallen die Anforderungen an ein urheberrechtlich geschütztes Werk der Baukunst erfüllt. Daneben machte die Kirchengemeinde geltend, der Baukörper gewähre eine direkte Sonneneinstrahlung, die der im Kirchenraum aufgestellten Orgel schade.

Das Gericht billigte dem Bauwerk den Schutz des Urheberrechts zu, weil Kirchen generell keine reinen Zweckbauten seien und das umstrittene Kirchengebäude sich aus architektonischer Sicht von anderen Gotteshäusern abhebe. In der daraufhin vorgenommenen Abwägung der Rechte des Architekten mit denen der Kirchengemeinde ging das Gericht von einer relativ hohen schöpferischen Eigenart des Bauwerkes aus und stellte dieser das Interesse der Kirchengemeinde gegenüber, ihr Gotteshaus, einem allgemeinen Trend folgend, nachträglich zu „sakralisieren", um es für die Gemeinde insgesamt attraktiver zu gestalten. Den geltend gemachten Schaden für die Orgel lehnte das Gericht ab, in die Abwägung einzubeziehen. Im Ergebnis seiner Abwägung räumte das Gericht dem Anliegen der Kirchengemeinde ein größeres Gewicht ein, da es einer gefestigten sakralen Zweckbestimmung der Kirche Rechnung trage und auch geeignet sei, diese zu verwirklichen. Nach eigenem Augenschein verneinte das Gericht daneben auch eine Entstellung

---

[17] OLG Naumburg, Urteil vom 31.3.2004 – 6 U 36/03 –, nicht veröffentlicht.
[18] LG Mannheim, Urteil vom 14.5.2004 – 7 O 373/03 –, nicht veröffentlicht.

des vom Architekten geschaffenen Werkes durch die von der Kirchengemeinde beabsichtigte Verglasung, da nur eines der vom Architekten verwendeten Stilelemente verändert werde und die sonstigen von dieser Veränderung nicht unmittelbar betroffen seien. Einem derartigen Eingriff in sein Urheberrecht müsse der Architekt deshalb nach Treu und Glauben noch zustimmen.

Der vorstehende Überblick fügt sich ohne weiteres in die Rechtsprechung zum Schutz zweckbestimmter Werke der Baukunst ein.[19] Er belegt die Bereitschaft der Gerichte, Kirchengebäude oder ihre sakrale Ausstattung als dem gottesdienstlichen Gebrauch bestimmte Werke der Baukunst oder Kunstgegenstände zu würdigen und die Urheberrechte der Architekten oder Künstler mit den Rechten der Kirchengemeinde abzuwägen.

III.

Die gelegentlichen Hinweise der Gerichte auf Art. 4 GG und ihre Bereitschaft, die sakralen und liturgischen Interessen der Kirchengemeinden in die Abwägung mit den Interessen des Urhebers einzubeziehen, werden in den vorliegenden Entscheidungen nicht im Einzelnen begründet. Sie werden in Frage gestellt durch die Ansicht, es könnte sich im Kirchenbau insbesondere um Repräsentationsbauten oder um „rein künstlerische Darstellungen" handeln, die eine Kirchengemeinde auch bei einem „veränderten religiösen Empfinden" tolerieren müsse, da „der religiöse Bezug eines Kunstwerks ... kein urheberrechtlicher Rechtfertigungsgrund für eine Art von Bilderstürmerei" sein könne.[20]

Diese Ansichten verkennen nicht nur den gottesdienstlichen Zweck kirchlicher Kunst im Kirchenbau. Sie bestreiten bereits im Ansatz einer Kirchengemeinde das Recht, ihre Kirchengebäude und deren sakrale Einrichtung ihrem Selbstverständnis entsprechend verändern zu können, wenn das Gebäude und seine Einrichtung urheberrechtlichen Schutz genießen.

1. Urheberrechtlichen Schutz genießen nach dem geltenden Recht (u. a.) Werke der Baukunst und der bildenden Künste.[21] Dabei verzichtet der Gesetzgeber auf den Versuch, Kunst zu definieren und kennzeichnet mit den Umschreibungen „Werke der bildenden Künste" und „Werken der Baukunst" eine persönliche geistige Leistung des Architekten oder Künstlers, wenn dieser z. B. für einen vom Besteller vorgegebenen Zweck Funktion und Material in einer originären Weise miteinander verbindet. Kombiniert er dagegen mehr oder weniger gelungen ledig-

---

[19] Vgl. hierzu nur BGHZ 62, 331 = GRUR 1974, 675.
[20] Vgl. *Schack* (Fn. 2), Rn. 744; sowie *Nahme*, Veränderungen an urheberrechtlich geschützten Werken der Baukunst und der Gebrauchskunst, GRUR 1966, 474 (476 f.).
[21] Vgl. §§ 1 und 2 Nr. 4 des Gesetzes über Urheberrecht und verwandte Schutzrechte (Urheberrechtsgesetz – UrhG –) vom 9.9.1965, BGBl. 1965 I, 1273, zuletzt geändert durch Gesetz zur Regelung des Urheberrechts in der Informationsgesellschaft vom 10.9.2003, BGBl. 2003 I, 1774.

lich übliche Elemente und Techniken, ohne dass das Werk eine von seinem Schöpfer geprägte Gestalt erhält, dann verfehlt die erbrachte Leistung die urheberrechtlichen Anforderungen. Das Urheberrecht schützt das Besondere, nicht das Alltägliche.[22] Das Kriterium der Originalität als Voraussetzung urheberrechtlichen Schutzes ist ebenso umstritten wie das Abstellen auf die Auffassung der für Kunst empfänglichen und mit Kunstanschauungen einigermaßen vertrauten Verkehrskreise.[23] Dieser Streit kann hier dahingestellt bleiben, da Kirchengebäude und ihre sakrale Einrichtung regelmäßig als Kunstformen anerkannt sind.

Bei einer Würdigung der Sakralkunst als Kunstform ist zu beachten, dass eine Kirchengemeinde im Rahmen eines Auftrags von einem Künstler oder einem Architekten eine Leistung erwartet, die sich in bestehende Kunstformen der Kirchengemeinde einfügt. Dieser Umstand bindet den modernen Kirchenbau und die Kirchenkunst der Moderne zwar nicht an traditionelle Stilformen.[24] Er macht jedoch deutlich, dass Kirchengebäude als Werke der Baukunst wie auch Gegenstände der Sakralkunst für einen Gottesdienst bestimmt sind, dessen wandlungsfähige Liturgie selbst Anspruch darauf erheben kann, als Kunstform zu gelten.[25]

In der Sakralkunst gesellt sich damit Kunst zu Kunst, und die von Architekten und Künstlern zu schaffenden Kirchengebäude und sakralen Gegenstände treffen als materialisierte geistige Schöpfungen des Urhebers auf ein dynamisches Verständnis der Kirche davon, wie ein Kirchengebäude zu gestalten und auszustatten ist, um der christlichen Gemeinde einen öffentlichen Raum zum Gottesdienst zu geben und zu erhalten.[26] So ist den evangelischen Kirchen z. B. der in der zweiten Hälfte des 20. Jahrhunderts verschiedentlich zu beobachtende Versuch fragwürdig geworden, die Aufteilung in eine sakrale und eine profane Welt als „gnostischen Pessimismus" durch einen betont am Alltäglichen orientierten Kirchenbau zu überwinden.[27] Die

---

[22] *Schack* (Fn. 2), Rn. 746.

[23] Vgl. hierzu *Ahlberg*, in: Möhring/Nicolini (Hrsg.), Urheberrechtsgesetz, 2. Aufl., 2000, zu § 2 Rn. 59, 108 f.

[24] Zur Tradition des Kirchenbaus vgl. aus dem umfangreichen Schrifttum z. B. die Beiträge von *Freigang* und *White* zum Art. „Kirchenbau", in: RGG, Bd. 4, 4. Aufl., 2001, Sp. 1059 ff.; die Beiträge von *Brandenburg, Haas, Hammer-Schenk* und *Schwebel* zum Art. „Kirchenbau", in: TRE, Bd. 18, 1989, 442 ff.; sowie den Beitrag von *Volp,* im Art. „Kirchenbau", in: EKL, Bd. 2, 3. Aufl., 1989, Sp. 1102 ff.

[25] Vgl. *Raschzok,* Kirchenbau und Kirchenraum, in: Schmidt-Lauber/Meyer-Blanck/Bieritz (Hrsg.), Handbuch der Liturgie, 3. Aufl., 2003, 391 (395). Siehe dazu auch *Emminghaus,* Der gottesdienstliche Raum und seine Gestaltung, in: Meyer u. a. (Hrsg.), Gottesdienst der Kirche. Handbuch der Liturgiewissenschaft, 1987, 347 ff.; *Volp,* Kirchenbau und Kirchenraum, in: Schmidt-Lauber/Bieritz (Hrsg.), Handbuch der Liturgik, 2. Aufl., 1995, 490 ff.; sowie die Beiträge in: Schwebel (Hrsg.), Kirchenräume – Kunsträume: Hintergründe, Erfahrungsberichte, Praxisanleitungen für den Umgang mit zeitgenössischer Kunst in Kirchen, 2002.

[26] Vgl. Kundgebung der Synode der EKD zum Sachthema „Der Seele Raum geben – Kirchen als Orte der Besinnung und Ermutigung" vom 25.5.2003, Abl. EKD 2004, 89.

[27] *Steffensky,* Der Seele Raum geben – Kirchen als Orte der Besinnung und Ermutigung, in: Leipzig 2003, Bericht über die 1. Tagung der 10. Synode der Evangelischen Kirche in Deutschland vom 22.–25.5.2003, 43.

Kirchen erinnern daran, dass Kirchengebäude nicht nur die Gegenwart Gottes im Alltag abbilden, sondern als Sakralbauten auch „für eine andere Welt stehen". Sie fordern dazu auf, „Kirchen neu als öffentliche Räume zu begreifen, als Orte, an denen man in erster Linie, aber nicht nur, durch den Gottesdienst Vertrautem und Gewohntem, sondern auch Fremdem und Neuem begegnen kann". Nicht zuletzt vermitteln sie die Erfahrung, dass ein Kirchengebäude für einen bestimmten kirchlichen Zweck (z. B. als City-, Diakonie-, Jugend-, Musikkirche) oder als Meditationsraum neue Akzente setzen kann.[28]

Derartige Wandlungen im Verständnis von Sinn und Zweck eines Gotteshauses regen die Kirchengemeinde an zu überlegen, wie ihr eigenes Kirchengebäude und seine Ausstattung den aktuellen Bedürfnissen Rechnung tragen kann. Die Kirchengemeinden werden dabei das Vorhandene als theologisches Dokument seiner Zeit respektieren, eventuell verborgene Möglichkeiten des bestehenden Gebäudes neu entdecken und berücksichtigen, dass Kirchenräume in Architektur und Ausstattung christliche Glaubensaussagen und Traditionen bewahren.[29] Veränderungen an ihrem Kirchengebäude und seiner Ausstattung sollen Kirchengemeinden deshalb nur nach einer sorgfältigen Prüfung und grundsätzlich erst dann erwägen, wenn sie unumgänglich sind und verhindern können, dass der christlichen Gemeinde ihr Gotteshaus fremd wird.[30]

2. Mit der Kunst bewahren die Kirchen nicht nur Repräsentationsbauten oder rein künstlerische Darstellungen, sondern insbesondere ihre geistliche Tradition. Das Verhältnis von Kunst und Religion ist jedoch ambivalent geworden. Das Grundgesetz schützt beide durch eigenständige Gewährleistungen. Dient ein Werk der Baukunst oder der bildenden Künste dem gottesdienstlichen Gebrauch, dann berührt dies beide Gewährleistungen.

a) In der Antike bildeten Religion und Kunst ursprünglich ebenso eine Einheit wie Staat und Religion. Kult und Kunst waren aufeinander bezogen. Die Kunst stand im Dienst der Religion, war entweder selbst Kulthandlung wie die Liturgie, in der die religiöse Sprache zur Kunstform gestaltet wurde, oder war für den Kult bestimmt wie die sinnbildliche Darstellung einer Gottheit oder die Sakralbauten. Diese bildeten gewissermaßen das architektonische Gehäuse für die liturgischen Vollzüge. Die Kunst war die unvermeidliche Form all dessen, was für den Menschen heilig oder mächtig war.[31]

---

[28] Kundgebung der Synode der EKD zum Sachthema „Der Seele Raum geben – Kirchen als Orte der Besinnung und Ermutigung" (Fn. 27).

[29] *Raschzok* (Fn. 25), 404.

[30] Hinweise auf kirchenamtliche Empfehlungen zum Umgang mit dem Kirchenraum gibt *Raschzok* (Fn. 25), 406 f.

[31] *Hillgruber*, Die Religion und die Grenzen der Kunst, 2002, 55, mit Hinweis auf *Burckhardt*, Weltgeschichtliche Betrachtungen. Über geschichtliches Studium, Ausgabe unter Beachtung der Vervollständigungen von Oeri, 1970, 58.

Für das Christentum leitete die Renaissance einen grundlegenden Wandel im Verhältnis zwischen Religion und Kunst ein. Es entstand eine von Adel und Bürgertum getragene weltliche Kultur, welche die überkommenen kultisch-religiösen Bindungen des Mittelalters abstreifte. Das Mäzenatentum und die Abhängigkeit der Kunst von den Auftraggebern blieb zwar erhalten, der Künstler ging jedoch dazu über, sich in dem von ihm geschaffenen Kunstwerk selbst zu verwirklichen. „Das Schöne und das Heilige wurden unterscheidbar."[32]

Im 19. und 20. Jahrhundert entfremdeten sich Kunst und Religion, und unter dem Grundgesetz verwirklicht sich der Künstler in seinem Schaffen im Grundsatz frei von staatlichen oder kirchlichen Vorgaben.

b) Begegnen sich unter dem Grundgesetz Kunst und Religion, wie z. B. im Bereich der Sakralkunst, dann treten zwei autonome Grundrechtsträger miteinander in Beziehung, denn das Grundgesetz gewährt die Rechte der Religionsgemeinschaften aus Art. 4 Abs. 1 und 2 GG ebenso ohne Vorbehalt wie die Freiheit der Kunst gemäß Art. 5 Abs. 3 S. 1 GG.[33] Beide Gewährleistungen beinhalten nicht allein individuelle Abwehrrechte gegen den Staat, sondern eine Schutzpflicht des Staates für einen staatsfreien Entfaltungsraum, der vom Staat weder erzeugt noch in seiner Eigenart rechtlich gestaltet wird.[34] So gewährt die Religionsfreiheit dem Einzelnen ebenso wie der religiösen Vereinigung ohne Vorbehalt das Recht, sich zu einem Glauben zu bekennen und das gesamte Verhalten an der Glaubenslehre auszurichten, ohne dass dem Staat eine Definitionskompetenz des Religiösen zukäme.[35] Eine Einmischung in den Bereich des Religiösen ist dem Staat verwehrt. Gleichzeitig gebieten Art. 4 Abs. 1 und 2 GG dem Staat im positiven Sinn, dem Einzelnen ebenso wie der religiösen Vereinigung Raum für die aktive Betätigung der Glaubensüberzeugung zu sichern.[36] Als wertentscheidende Norm der Verfassung eröffnet Art. 4 Abs. 1 und 2 GG den religiösen Vereinigungen nicht nur – wie jedem Anderen auch – die Möglichkeit, dispositives Recht auszuschöpfen, sondern auch das Recht, Auslegungsspielräume zwingender Vorschriften um der Religionsfreiheit willen zu nutzen, ohne die Rechte anderer zu vernachlässigen.[37]

---

[32] *Ratschow,* Art.: „Kunst. I. Kunst und Religion, religionsgeschichtlich-phänomenologisch", in: RGG, Bd. 4, 3. Aufl., 1960, Sp. 130; *Hillgruber* (Fn. 31), 58 f.

[33] Grundlegend dazu *Heckel,* Staat – Kirche – Kunst. Rechtsfragen kirchlicher Kulturdenkmäler, 1968; sowie *ders.,* Religionsbedingte Spannungen im Kulturverfassungsrecht, in: Geis/Lorenz (Hrsg.), Staat – Kirche – Verwaltung, Festschrift für Hartmut Maurer zum 70. Geburtstag, 2001, 351 ff. = *Heckel,* Gesammelte Schriften, Bd. V, 2004, 351 ff.

[34] *Denninger,* Freiheit der Kunst, in HStR, Bd. VI, 2. Aufl., 2001, § 146, Rn. 1.

[35] BVerfGE 24, 236 (245); 32, 98 (106); 53, 366 (387).

[36] BVerfGE 41, 29 (49).

[37] BVerfGE 83, 341 (356). Zum Ganzen vgl. nur *v. Campenhausen,* Religionsfreiheit, in HStR, Bd. VI, 2. Aufl., 2001, § 136; *Starck,* in: v. Mangoldt/Klein/Starck (Hrsg.), GG, Bd. 1, 4. Aufl., 1999, zu Art. 4 Abs. 1 und 2 GG; sowie *Heckel,* Religionsfreiheit. Eine säkulare Verfassungsgarantie, in: ders., Gesammelte Aufsätze, Bd. IV, 1997, 647 ff.

Entsprechendes gilt für die Freiheit der Kunst. Der Sinn und die Aufgabe des Grundrechts aus Art. 5 Abs. 3 Satz 1 GG besteht vor allem darin, die auf der Eigengesetzlichkeit der Kunst beruhenden, von ästhetischen Rücksichten bestimmten Prozesse, Verhaltensweisen und Entscheidungen von jeglicher Ingerenz öffentlicher Gewalt freizuhalten.[38] Die Freiheit des Lebensbereichs „Kunst" zu schützen, obliegt dem Staat, ohne dass er sich auf die Unmöglichkeit zurückziehen könnte, Kunst generell zu definieren.[39] Schließlich beinhaltet auch Art. 5 Abs. 3 GG eine objektive Wertentscheidung der Verfassung. Sie stellt dem modernen Staat, der sich als Kulturstaat versteht, die Aufgabe, ein freiheitliches Kunstleben zu erhalten und zu fördern.[40]

c) Von der grundrechtlich verbürgten Freiheit der Kunst ist das geltende Urheberrecht bestimmt. Es schützt die Interessen des Urhebers an seinem Werk und gewährt ihm das Recht, einer Veränderung, einer Entstellung oder einer anderen Beeinträchtigung seines Werkes entgegenzutreten. Dazu gewährt das Urheberrecht dem Architekten oder Künstler zwei unterschiedliche Rechte.

Einerseits garantiert es dem Urheber das an seine Persönlichkeit gebundene unveräußerliche Recht, eine Entstellung oder eine andere Beeinträchtigung seines Werkes zu verbieten, die geeignet ist, seine berechtigten geistigen oder persönlichen Interessen am Werk zu gefährden.[41] Dieses Recht besteht unabhängig davon, wer Eigentümer oder Nutzer des geschaffenen Werkes ist und verbindet das Werk dauerhaft mit seinem Schöpfer.

Das Persönlichkeitsrecht des Urhebers ist deshalb auch dann zu wahren, wenn der Urheber zur wirtschaftlichen Verwertung einem Dritten Nutzungsrechte an seinem Werk einräumt. In diesen Fällen tritt jedoch neben das geistige und persönliche Interesse des Urhebers das Interesse des Nutzers an der Verwertung des urheberrechtlich geschützten Werkes. Auf diesen Fall bezogen stellt das Gesetz dem Urheber neben dem Persönlichkeitsrecht ein weiteres Recht zur Verfügung. Es ermöglicht dem Urheber, sich gegen Werkänderungen im Interesse der Verwertung seines Werkes zu wenden. Solche Werkänderungen muss er nur dann dulden, wenn er seine Einwilligung nach Treu und Glauben nicht versagen kann.[42] Da das Persönlichkeitsrecht des Urhebers neben und unabhängig von Nutzungsrechten an seinem Werkes besteht, schützt das Gesetz den Urheber jedoch auch in diesem

---

[38] BVerfGE 30, 173 (190).

[39] Vgl. BVerfGE 67, 213 (226).

[40] Vgl. BVerfGE 36, 321 (331). Zum Ganzen vgl. nur *Denninger* (Fn. 34), § 146; *Starck,* in: v. Mangoldt/Klein/Starck (Hrsg.), GG, Bd. 1, 4. Aufl., 1999, zu Art. 5 Abs. 3 GG, Rn. 266 ff.; sowie *Weber,* Kunst in der Rechtsprechung des Bundesverwaltungsgerichts, in: Schmidt-Aßmann u. a. (Hrsg.), Festgabe 50 Jahre Bundesverwaltungsgericht, 2003, 991.

[41] § 14 UrhG.

[42] § 39 Abs. 2 UrhG.

Fall davor, dass sein Werk ohne seine Zustimmung nicht mehr mit ihm als Urheber in Verbindung gebracht wird.[43]

Diesem zweiseitigen Schutz des Urhebers tragen die Gerichte Rechnung, indem sie die Zulässigkeit der Änderungen eines urheberrechtlich geschützten Werkes in zwei Schritten prüfen. Zum einen prüfen sie, welchen Änderungen der Urheber eines Werkes nach Treu und Glauben gemäß § 39 Abs. 2 UrhG seine Zustimmung nicht versagen kann. Dies entscheiden die Gerichte durch eine Abwägung zwischen den bestehenden Interessen des Urhebers und des Nutzers seines Werkes. Eine Abwägung nehmen die Gerichte vor, weil sich starre, allgemeingültige Richtlinien, welche Änderungen nach Treu und Glauben zu gestatten sind, nicht aufstellen lassen.[44]

Zum anderen prüfen die Gerichte, ob durch eine Änderung des Werkes das Persönlichkeitsrecht des Urhebers, also seine berechtigten geistigen oder persönlichen Interessen an seinem Werk entstellt oder in sonstiger Weise gemäß § 14 UrhG beeinträchtigt werden. Dies beurteilen sie auf den Einzelfall bezogen und bei Werken der Baukunst und der bildenden Künste i. d. R. nach eigenem Augenschein. Dabei treten die Gerichte auch hier in eine Abwägung ein, um die berechtigten Interessen des Urhebers von seinen sonstigen Interessen am Werk abzugrenzen.[45]

Vor dem Hintergrund der beiden Prüfungen machen die Gerichte die Zulässigkeit der Änderungen eines Werkes im Übrigen davon abhängig, dass mit der Änderung des Werkes keine Entstellung oder andere Beeinträchtigung verbunden ist, die geeignet ist, die berechtigten geistigen und persönlichen Interessen des Urhebers an seinem Werk zu gefährden.[46] Von den vorgenannten Grundsätzen geht die Rechtsprechung auch dann aus, wenn ein Werk der Baukunst oder der bildenden Künste für einen bestimmten Zweck im Rahmen eines Auftragsverhältnisses geschaffen wurde. Die Zweckbindung des Werkes wird dann von den Gerichten in die Abwägung einbezogen. In diesem Zusammenhang stehen die Hinweise der Gerichte auf die Rechte der Kirchengemeinden aus Art. 4 GG.

d) Kirchenkunst ist traditionell und bis heute überwiegend Auftragskunst. Vereinbart ein kirchlicher Auftraggeber mit einem Architekten die Errichtung eines Kirchengebäudes oder mit einem Künstler die Anfertigung eines Werkes der bildenden Künste zum gottesdienstlichen Gebrauch, dann ist das Interesse des kirchlichen Auftraggebers auf ein geistlich authentisches Werk gerichtet. Im Idealfall korrespondiert das geistige Interesse des Urhebers mit dem geistlichen Anliegen des Auftraggebers. Wirtschaftliche Verwertungsmöglichkeiten des vom Urheber geschaffenen Werkes stehen nicht im Vordergrund.

---

[43] § 39 Abs. 1 UrhG.
[44] BGHZ 55, 1 (3); 62, 331 (334 f.).
[45] BGHZ 62, 331 (338).
[46] So ausdrücklich BGHZ 62, 331, LS.

Das Interesse des kirchlichen Auftraggebers ist deshalb regelmäßig auch nicht oder im Besonderen auf das vom Urheber zu übertragende Eigentumsrecht am Werk gerichtet. Es ist vorrangig davon bestimmt, das vom Urheber geschaffene Werk dem kirchlichen Selbstverständnis entsprechend zu nutzen. Wandelt sich dieses Selbstverständnis, kann beim Auftraggeber das Bedürfnis entstehen, das vom Urheber geschaffene Werk oder seinen ursprünglich vorgesehenen Gebrauch zu verändern oder es dem gottesdienstlichen Gebrauch zu entziehen.

Ein dem gottesdienstlichen Gebrauch dienendes Werk zu verändern oder dem gottesdienstlichen Gebrauch zu entziehen, gehört unbestritten zu den Rechten der Kirchengemeinde. Sie kann eigenständig und ihrem Selbstverständnis entsprechend bestimmen, ob sie das Werk unverändert nutzt, es verändert oder dem gottesdienstlichen Gebrauch entzieht.[47] Die selbstständige Entscheidung der Kirchengemeinde hat jedoch die Rechte des Urhebers des betroffenen Werkes zu wahren. Um dies zu gewährleisten, wägen die Gerichte das Interesse der Kirchengemeinde mit dem des Urhebers ab. Damit vollziehen sie auf der Grundlage der urheberrechtlichen Bestimmungen eine Prüfung, die derjenigen vergleichbar ist, ob die Kirchengemeinde ihr Selbstbestimmungsrecht im Rahmen des für alle geltenden Gesetzes gemäß Art. 140 GG/Art. 137 Abs. 3 WRV ausübt.

Ist das Bedürfnis des kirchlichen Auftraggebers, eine Werkänderung vorzunehmen, nicht von ihren Rechten aus dem Eigentum am Werk, sondern von liturgischen Erwägungen oder aber davon bestimmt, die christliche Gemeinde zum Gottesdienst zu sammeln und ihr dazu einladende Möglichkeiten zu schaffen, dann macht die Kirchengemeinde nicht allein ihr Selbstbestimmungsrecht, sondern gleichzeitig den Kernbereich ihres Rechts auf ungestörte Religionsausübung geltend.[48] Unter dieser Voraussetzung ist das Selbstbestimmungsrecht der Kirchengemeinden nicht nur eine notwendige, rechtlich selbstständige Gewährleistung des Grundgesetzes, die der Freiheit des religiösen Lebens und Wirkens der Kirchen und Religionsgemeinschaften die zur Wahrnehmung dieser Aufgabe unerlässliche Freiheit der Bestimmung über Organisation, Normsetzung und Verwaltung hinzufügt.[49] In diesem Fall wird der Inhalt des kirchlichen Selbstbestimmungsrechts von den Rechten der Kirchengemeinde aus Art. 4 Abs. 1 und 2 GG bestimmt. Dem von Art. 4 GG geschützten Selbstverständnis der Religionsgemeinschaft kommt dann eine besondere Bedeutung zu, die bei einer erforderlichen Abwägung mit anderen für das Gemeinwesen bedeutsamen Rechtsgütern zu berücksichtigen ist.[50]

---

[47] Zum Grundsatz des Selbstbestimmungsrechts der Kirchen und Religionsgemeinschaften vgl. nur Art. 140 GG/Art. 137 Abs. 3 WRV; BVerfGE 53, 366 (401); *Hollerbach,* Der verfassungsrechtliche Schutz kirchlicher Organisation, in: HStR, Bd. VI, 2. Aufl., 2001, § 139, Rn. 115; *ders.,* Freiheit kirchlichen Wirkens, in: ebd., § 140, Rn. 1 f.; sowie *v. Campenhausen,* in: v. Mangoldt/Klein/Stark (Hrsg.), GG, Bd. 3, 4. Aufl., 2001, zu Art. 137 WRV, Rn. 31 f.

[48] BVerfGE 24, 236 (245); 83, 341 (354); 99, 100 (118 f.)

[49] BVerfGE 53, 366 (401), st. Rspr.

[50] Vgl. BVerfGE 53, 366 (401 ff.).

Das gilt auch dann, wenn die Änderung eines Werkes der Baukunst oder der bildenden Künste für den gottesdienstlichen Gebrauch im Streit steht.

3. Auf die vorstehend dargelegten Rechte der Kirchengemeinden gehen die Entscheidungen der Gerichte nicht ein. Anzuerkennen ist jedoch, dass ihre urheberrechtlichen Begründungen der teilweise im Rahmen des einstweiligen Rechtsschutzes zustande gekommenen Entscheidungen die Belange von Kirchengemeinden mit vertretbaren Ergebnissen berücksichtigen. Sie lassen jedoch eine Auseinandersetzung mit dem Selbstbestimmungsrecht der Religionsgemeinschaften vermissen.

a) So sieht das OLG München in seiner Entscheidung vom 2.4.1957 zur Wiedererrichtung der im 2. Weltkrieg zerstörten Turmhelme dazu keinen Anlass. Der BGH bestätigt in seiner Entscheidung vom 2.10.1981 zur provisorisch eingebauten elektronischen Orgel immerhin den Hinweis der Vorinstanz auf Art. 4 Abs. 2 GG als zutreffend. Aber auch er setzt sich mit dem Selbstbestimmungsrecht der Kirchengemeinde nicht auseinander. Ohne darauf einzugehen, meint das OLG München 2000 anlässlich eines beabsichtigten Teilabrisses sogar darauf hinweisen zu müssen, dass eine Bindung an das Bau- und Urheberrecht die Glaubensfreiheit einer Kirchengemeinde nicht beeinträchtige. Auch das OLG Karlsruhe sieht 2003 wie das OLG Naumburg 2004 keinen Anlass für eine Berücksichtigung des Selbstbestimmungsrechts der Kirchengemeinden, obwohl die von ihnen selbst bestimmte räumliche Anordnung von Sakralgegenständen Gegenstand der Verfahren waren. Schließlich setzt auch das LG Mannheim 2004 im Streit um die Kirchenfenster von der Kirche selbst bestimmte sakrale und liturgische Interessen voraus, ohne sich mit staatskirchenrechtlichen Erwägungen aufzuhalten.

Die im Rahmen des Urheberrechts gebotene Abwägung der Interessen des Urhebers mit denen des Eigentümers verdeckt in der bisherigen Rechtsprechung die Frage nach dem Selbstbestimmungsrecht der Kirchengemeinde. Dennoch klingt sie gelegentlich an, so z. B. in der kritischen Anfrage, ob die Anerkennung der Zweckbestimmung eines Werkes der Baukunst für den Urheber *a priori* einen geringeren urheberrechtlichen Schutz mit sich bringe.[51] Auch der Hinweis des OLG München, eine Umgestaltung des vorhandenen Kirchenraumes sei dem beabsichtigten Abriss vorzuziehen, findet seine zutreffende Begründung in dem für alle geltenden Gesetz gemäß Art. 140 GG/Art. 137 Abs. 3 WRV, welches das Selbstbestimmungsrecht der Kirchengemeinde begrenzt.[52]

Schließlich entscheidet auch das LG Mannheim 2004 über die Reichweite des Selbstbestimmungsrechts der Kirchengemeinden, wenn es zwar die sakralen und

---

[51] *A. Müller* in seiner Anmerkung zum Urteil des OLG Nürnberg vom 2.4.1957 (Fn. 9), 16 ff.

[52] OLG München, Urteil vom 21.12.2000 (Fn. 13).

liturgischen Interessen der Kirchengemeinde in die Abwägung einstellt, nicht jedoch den Schutz der Orgel vor einer schädigenden Sonneneinstrahlung.[53]

b) Erscheint der Verzicht auf die Einbeziehung des Selbstbestimmungsrechts der Kirchengemeinden in die Abwägung mit den Interessen des Urhebers angesichts der bisherigen Entscheidungen noch hinnehmbar, so stößt er dort auf Bedenken, wo das Selbstbestimmungsrecht der Kirchengemeinde auf ihren Rechten aus Art. 4 Abs. 1 und 2 GG beruht. Hier kommt dem Selbstverständnis der Religionsgemeinschaft ein besonderes Gewicht zu.

Das besondere Gewicht des Selbstverständnisses der Kirchengemeinde hat Auswirkungen in der Abwägung mit den Interessen des Urhebers. Es begründet, dass der Urheber die Zustimmung, die er gemäß § 39 Abs. 2 UrhG nach Treu und Glauben nicht versagen darf, regelmäßig dann geben muss, wenn eine Kirchengemeinde aus allgemein geistlichen oder speziell liturgischen Gründen Änderungen an urheberrechtlich geschützten Werken vornehmen will, die gottesdienstlichen Zwecken dienen.[54] Führt das LG Mannheim in seiner Entscheidung von 2004 in diesem Zusammenhang aus, zur Begründung der von der Kirchengemeinde beabsichtigten Änderung reiche aus, dass diese auch geeignet sei, die sakrale Zweckbestimmung zu erfüllen, dann wird diese Feststellung als säkulare Hülse für die von Art. 4 Abs. 1 und 2 GG getragenen Anliegen der Kirchengemeinde erkennbar.[55] Die Einbeziehung der von Art. 4 Abs. 1 und 2 GG getragenen Anliegen ist nicht auf die Abwägung mit den Interessen des Urhebers gemäß § 39 Abs. 2 UrhG beschränkt. Art. 4 Abs. 1 und 2 GG stellt die davon bestimmten Interessen der Kirchengemeinde auf eine Ebene mit dem Persönlichkeitsrecht des Urhebers gemäß § 14 UrhG.

Steht das in Art. 5 Abs. 3 GG verankerte Persönlichkeitsrecht des Urhebers einem Anliegen der Kirchengemeinde gegenüber, welches in Art. 4 Abs. 1 und 2 GG ruht, dann sind die Gerichte im Falle eines Konfliktes verpflichtet, beiden Freiheitsrechten nach Maßgabe der grundgesetzlichen Wertordnung und unter Berücksichtigung der Einheit dieses grundlegenden Wertsystems Geltung zu verschaffen.[56] Damit ist dem Persönlichkeitsrecht des Urhebers jedenfalls eine Vorrangstellung gegenüber den Rechten der Kirchengemeinde aus Art. 4 Abs. 1 und 2 GG versagt. Beide Rechtspositionen erheben Anspruch auf Geltung und müssen miteinander selbst dann zum Ausgleich gebracht werden, wenn der Urheber eine

---

[53] LG Mannheim, Urteil vom 14.5.2005 (Fn. 18).
[54] So im Ergebnis auch *Jestaedt*, Die Zulässigkeit der Änderung von Werken der Baukunst durch den Inhaber des Nutzungsrechts nach § 39 UrhG, 1997, 114, mit Hinweis auf *Nahme* (Fn. 20), 477; *Neuenfeld*, Handbuch des Architektenrechts, Loseblattsammlung Bd. 1, Stand Januar 1984, 42 f., Anm. 62; und *van Waasen*, Das Spannungsfeld zwischen Urheberrecht und Eigentum im deutschen und ausländischen Recht, 1994, 117.
[55] LG Mannheim, Urteil vom 14.5.2004 (Fn. 18).
[56] Vgl. BVerfGE 32, 98 (107 f.), st. Rspr.

Entstellung oder eine andere Beeinträchtigung seines Werkes gemäß § 14 UrhG verbieten kann, die geeignet ist, seine berechtigten Interessen zu gefährden.

Vor diesem Hintergrund erscheint schließlich fraglich, ob die in der Rechtsprechung vertretene Auffassung, die zulässige Änderung eines urheberrechtlich geschützten Werkes gemäß § 39 Abs. 2 UrhG setze voraus, dass es nicht gemäß § 14 UrhG entstellt oder beeinträchtigt werde, auf Kirchengebäude oder ihre sakrale Einrichtung übertragbar ist.

c) Rechtsstreitigkeiten im Bereich des Urheberrechts stellen eine Vielzahl möglicher Konstellationen vor. Dies gilt auch bei einer Beschränkung auf Fälle, in denen eine Änderung von Kirchengebäuden und ihrer sakralen Einrichtung im Streit stehen. Die Vielfalt der Konstellationen hindert nicht die Forderung, das Selbstbestimmungsrecht der Kirchen und Religionsgemeinschaften in die Abwägung mit den berechtigten Interessen der Urheber einzustellen, wenn ihre gottesdienstlichen Zwecken dienenden Werke der Baukunst oder der bildenden Künste verändert werden sollen. Starre, allgemeingültige Richtlinien, welche Änderungen danach zulässig sind, lassen sich jedoch auch hier nicht aufstellen.[57] Soweit die Bereitschaft der Gerichte angemahnt wird, das Selbstbestimmungsrecht der Kirchengemeinden in die urheberrechtliche Abwägung der Interessen einzubeziehen, wird der Erfolg einer solchen Mahnung auch davon abhängen, ob die Kirchengemeinden selbst ihr Selbstbestimmungsrecht im Streit mit einem Urheber geltend machen.

IV.

Zusammenfassend ist damit festzuhalten: Zur urheberrechtlichen Bewertung von Änderungswünschen der Kirchengemeinden an ihren Kirchengebäuden und ihrer sakralen Einrichtung wägen die Gerichte die Interessen des Urhebers mit denen der Kirchengemeinden ab. Dabei sind die Gerichte zwar erkennbar oder ausdrücklich bereit, den aus Art. 4 Abs. 1 und 2 GG resultierenden Rechten der Kirchengemeinden Bedeutung zuzumessen. Eine Auseinandersetzung mit diesen Rechten ist der bisherigen Rechtsprechung jedoch nicht zu entnehmen. Die Kirchengemeinden können sich bei einer beabsichtigten Änderung urheberrechtlich geschützter Werke der Baukunst und der bildenden Künste auf ihr Selbstbestimmungsrecht gemäß Art. 140 GG/Art. 137 Abs. 3 WRV berufen. Die im Rahmen des Art. 140 GG/Art. 137 Abs. 3 WRV erforderliche Abwägung wird in der bisherigen Rechtsprechung von der urheberrechtlichen Abwägung der Interessen der Kirchengemeinde als Eigentümer mit denen des Urhebers verdeckt. Die Nichtberücksichtigung des Selbstbestimmungsrechts der Kirchen hindert die Gerichte zu erkennen, dass der Urheber zur Änderung seines Werkes die Zustimmung gemäß § 39 Abs. 2 UrhG regelmäßig dann nicht versagen kann, wenn die Begrün-

---

[57] Vgl. BGHZ 55, 1 (3).

dung der Kirchengemeinde für eine Änderung auf Art. 4 Abs. 1 und 2 GG beruht. Daneben muss das in Art. 5 Abs. 3 GG ruhende Persönlichkeitsrecht des Urhebers mit den Rechten der Kirchengemeinden aus Art. 4 Abs. 1 und 2 GG verfassungskonform zum Ausgleich gebracht werden, wenn die Zulässigkeit der Änderung eines Werkes der Baukunst oder der bildenden Künste zum gottesdienstlichen Gebrauch im Streit steht.

Lost in Translation: The Economic Analysis of Law in the United States and Europe[*]

By Kenneth G. Dau-Schmidt and Carmen L. Brun

I. Introduction

The economic analysis of law enjoys a long and proud tradition in the United States (U.S.) and is firmly rooted in its legal system. The growth of the "law and economics movement" in the American legal environment has been compared to the release of the rabbit in Australia. "[E]conomics found a vacant niche in the 'intellectual ecology' of the law and rapidly filled it."[1] Although initially confined to areas like antitrust and regulated industries, thanks to pioneering scholarship of academic luminaries such as Gary Becker, Ronald Coase, Richard Posner, and Guido Calabresi, the American law and economics movement has entered into almost every nook and cranny of the American legal landscape including criminal law, family law, employment discrimination, and procedural law.[2]

If the success of the application of economic analysis to legal problems in the U.S. can be compared to that of the rabbits released in Australia, the law and economics movement in Europe might best be compared to the experience of the camels that were released into the American southwest.[3] Although the economic analysis of law has been of some interest to European scholars, it seems curiously out of place in their work and, so far, the discipline has not been successfully transplanted to the European academic eco-system. Although European economists have shown a willingness to develop or apply economic analysis to law, the

---

[*] The authors would like to thank Tom Ulen, John Reitz, Nick Georgakopoulos, Amitai Aviram, and the rest of the participants of the Fourth Annual Meeting of the Midwestern Law and Economics Association for their useful comments on this essay. The authors would especially like to thank Professor Elisabeth Zoller for taking the time to tutor the authors on French culture and law during her comparative law seminars at Indiana University/Bloomington and Université Panthéon-Assas (Paris II). Any insights the authors have presented regarding the French legal system and the economic analysis of law were captured through discussions with Professor Zoller. Any mistakes, of course, are ours alone.

[1] *Cooter/Ulen,* Law and Economics, 3rd ed., 2000, 3.

[2] *Posner,* The Future of the Law and Economics Movement in Europe, International Review of Law and Economics 17 (1997), 3 (4).

[3] *Berg,* Camels West, Saudi Aramco World 53, No. 3 (May–June 2002), available on the Internet: <http://www.saudiaramcoworld.com/issue/200203/camels.west.htm>.

European legal system has remained largely immune to its benefits.[4] Indeed, Professor Dau-Schmidt's experience has been that the primary interest of European legal scholars in the economic analysis of law is for use as a window into the American legal mind, rather than for purposes of applying the same principles in the analysis of European laws. The impact of the economic analysis of law on European legislation and court decisions has been negligible.[5] Although it appears that the movement is currently under-appreciated in Europe, the authors believe there is tremendous opportunity for its future application on this continent.

This essay will examine the reasons why the economic analysis of law has not flourished in European countries as it has in the U.S. In particular, this paper will focus on three European countries – the United Kingdom (U.K.), Germany, and France. Each of these countries has a different culture, legal system, and legal academy, which have led to different degrees of success in the application of economic principles in the analysis of law.

The economic analysis of law might seem a curious subject for this volume honoring Professor Delbrück, given that his tremendous contributions in scholarship and teaching have been largely in the field of international human rights. However, this essay stands as a tribute to many of Professor Delbrück's other strengths. Whenever Professor Dau-Schmidt visited Kiel, Professor Delbrück invariably treated him like a lost son. Throughout his career, Professor Delbrück has always been open to new ideas, including those well outside his chosen field of scholarship, and he encouraged his students to be similarly inquisitive. Professor Dau-Schmidt has since taught seminars in the economic analysis of law in France and England, but his first two invitations to introduce this body of scholarship to European students came from Professor Delbrück and his Institut für Internationales Recht at Christian-Albrechts-Universität. Professor Delbrück also always enjoyed remarkable working relationships with his students and assistants – as attested to by this volume. Even in the U.S., Professor Delbrück helped establish the Indiana Journal of Global Legal Studies in 1993, a faculty and student-edited interdisciplinary journal focusing on globalization. Today, Professor Delbrück continues his close collaboration with the student editorial staff as one of the Journal's faculty-editors. Given Professor Delbrück's dedication to the intellectual growth of his students and assistants, it is fitting that this essay honoring Professor

---

[4] *Montagné*, Law and Economics in France, in: Bouckaert/Geest (eds.), Encyclopedia of Law and Economics, Vol. 1, 2000, 150 (150 *et seq.*), available on the Internet: <http://encyclo.findlaw.com/0325book.pdf>. *Brousseau*, Did the Common Law Bias the Economics of Contract ... and May It Change?, in: Deffains/Kirat (eds.), Law and Economics in Civil Law Countries, 2000, available on the Internet: <http://www.brousseau.info/en/publications/index.php?req=29>. *Mattei/Pardolesi*, Law and Economics in Civil Law Countries: A Comparative Approach, International Review of Law and Economics 11 (1991), 265 (266).

[5] *Kirchner*, The Difficult Reception of Law and Economics in Germany, International Review of Law and Economics 11 (1991), 277 (277).

Delbrück be a collaborative effort between one of his junior American colleagues and a student who has studied with both men.

II. Economic Analysis of Law in the U.S.

The economic analysis of law has played a significant role within the U.S. legal academy as well as in the development of the country's legal system. The U.S. legal academy has engaged in a dynamic interdisciplinary debate for decades; included most prominently in that discussion is the law and economics movement.[6] Scores of articles are written analyzing American legal doctrines and statutes from an economic perspective.[7] Proponents of the economic analysis of law hold prestigious appointments to the federal bench, including Court of Appeals Judges Richard Posner and Frank Easterbrook and Supreme Court Justices Antonin Scalia and Stephen Breyer.[8] Why has the economic analysis of law prospered in the U.S.? An examination of the American culture, legal system, and legal academy yields many insights.

1. The American Culture and Legal System: The Protection of Rugged Individualism

Forged on the North American frontier, American culture is defined by the rugged individualism and autonomy of classic Lockean liberalism. Liberalism holds that citizens are inevitably self-interested.[9] Molding the citizenry towards a common good is a waste of time because one cannot remove self-interest, and in fact, diversity of interest precludes anything like a common good. The goal of classic liberalism is to encourage citizens to pursue their own views and goals.[10] Liberalism also holds that individuals are endowed with certain natural rights that are reserved by the individual and are not dependent on the government for their legitimacy.[11] This is inconsistent with the French version of the social contract

---

[6] *Posner,* Law and Economics in Common-Law, Civil-Law, and Developing Nations, Ratio Juris 17 (2004), 66 (66). *Ulen,* A Crowded House: Socioeconomics (and Other) Additions to the Law School and Law and Economics Curricula, San Diego Law Review 41 (2004), 35 (35 *et seq.*). *Ellickson,* Bringing Culture and Human Frailty to Rational Actors: A Critique of Classical Law and Economics, Chicago-Kent Law Review 65 (1989), 23 (29 *et seq.*).

[7] *Posner* (note 6), 66, n. 1.

[8] *Veljanovski,* The Economics of Law: An Introductory Text, 1990, 26.

[9] *Locke,* in: Gough (ed.), The Second Treatise of Government (An Essay Concerning the True Original, Extent and End of Civil Government) and A Letter Concerning Toleration, 3rd ed., 1966, 64: "[Y]et men, being biased by their interest."

[10] *Locke* (note 9), 63 *et seq.*

[11] *Locke* (note 9), 43.

based on the work of Rousseau, which will be discussed shortly, in which all individual rights are put into the social contract and no rights are reserved. Moreover, since our experience as a British colony, Americans have been suspicious of big government and, therefore, strongly believe in limited government and decentralized decision-making.

These characteristics of American culture are consistent with the economic analysis of law. Neo-classical economic analysis is based on individual, rational decision-making, akin to the individual decision-making revered by classic liberalism. Moreover, the logic of neo-classical economic analysis supports decentralized decision-making by market participants with minimal government interference as a means of maximizing efficiency. This logic is consistent with the American distrust of government power and our Constitutional system of protecting individual rights from government intrusion. Accordingly, it is not surprising that legal problems of interest to Americans are readily amenable to economic analysis.

Consistent with classical liberalism, individual rights in America, not reserved by the individual, are an integral part of the U.S. Constitution through the Bill of Rights. The government is responsible for protecting individual rights and in the event these rights are infringed, the courts must decide the limits and proper protection of these rights. As a result of Americans' suspicion of big government, the U.S. Constitution created three separate and distinct branches of the federal government, each enjoying relatively equal distribution of power through a system of checks and balances. This system was established to protect individual rights, and the states, from federal government encroachment. The judiciary enjoys a relatively powerful role through judicial review established in Marbury v. Madison.[12]

The relative strength and fluidity of the American judiciary seem to have provided significant impetus for the growth of the economic analysis of law in the American experience.[13] Given their position of relative strength in our system of checks and balances, American judges are allowed, perhaps even compelled, to be more creative than their European counterparts. Even in comparison with their British common law cousins, American judges are "considered far more adventurous."[14] Legislation to countermand a court decision, or remedy a problem, has to clear more hurdles under the U.S. legal system than under the European parliamentarian system.[15] Moreover, in America it is "altogether natural for a lawyer in

---

[12] *Marbury v. Madison*, 5 U.S. 137 (1803).

[13] *Posner* (note 2), 3 *et seq.*

[14] *Cooter/Ginsburg,* Comparative Judicial Discretion: An Empirical Test of Economic Models, International Review of Law and Economics 16 (1996), 295 (295). *Georgakopoulos,* Independence in the Career and Recognition Judiciary, Chicago Roundtable 7 (2000), 205 (using a comparative empirical analysis to establish that American judges exercise greater discretion than their European siblings).

[15] Under the American system of checks and balances, laws must be approved by the House, Senate, and President to become law, and are subject to filibuster. Under the British

the course of his career to be a professor, a practicing attorney, a judge, and even a politician ... this fluidity of roles has enabled a number of law professors identified with the movement to become consultants, practitioners, government officials, judges, and even Supreme Court justices."[16] Some of the movement's best-known scholars, including Judges Richard Posner and Guido Calabresi, have been promoted to the bench.[17]

America's common law system itself is also widely believed to have helped spur the law and economics movement. It is presumed that a common law system is more efficient than a civil law system because "the common law [is] designed to give effect to private bargains with minimum active interference from the state ... and common law rules tend to become precedential only to the extent that they are efficient ... more efficient rules are upheld while less efficient ones are overruled."[18] Moreover, the role of the judge in the common law system is more extensive than that in a civil law system. Under a common law system, judges interpret statutes and the Constitution while "discovering" the common law that prevails in the absence of relevant legislation. Under a civil law system the judge is merely the "mouth piece for the law" interpreting the legal rights and relationships that are established by the legislature in the code.[19]

2. The American Legal Academy

The American legal academy combines student graduate study with a professionally trained professorate in a way that provides little cover for an entrenched philosophy of legal discipline. In the U.S., students typically undertake study for a three-year graduate legal degree (J.D.) after they have already successfully completed a four-year undergraduate degree. Traditionally, American law school professors had no education beyond the same three-year graduate degree conferred upon all attorneys and were drawn from legal practice. This practice is changing, in no small part due to the success of the law and economics movement.[20] However, at the time of the rise of the law and economics movement in

---

parliamentary system, laws can be passed merely with the approval of one house of parliament. The German parliamentary system has two houses and the French Presidential-Parliamentary system has two houses and holds the possibility of a split in party allegiance between the President and the Parliament, however, in practice both of these systems generally offer an easier time for the passage of corrective legislation than the American system of checks and balances. *Cooter/Ginsburg* (note 14), 295 *et seq.*

[16] *Posner* (note 2), 3 *et seq.*; *Posner* (note 6), 76 *et seq.*

[17] *Veljanovski* (note 8), 26.

[18] *Hovenkamp*, The First Great Law & Economics Movement, Stanford Law Review 42 (1990), 993 (1015).

[19] *Montesquieu*, in: Bell (ed.), The Spirit of Laws, Vol. 1, 1906, 170.

[20] The attainment of an additional graduate degree in law or even a Ph.D. in another discipline, is an increasingly important credential for young legal academics in America,

the U.S. during the 1960's and 70's, the American academy combined a relatively well-educated student body that had been exposed to a variety of academic disciplines with a faculty with a relatively small investment in any particular academic perspective or school of thought. This combination provided a fertile ground for the spread of economic analysis in the American academy in that it provided both students who had the undergraduate preparation for instruction in such theory and a professorate who were not overly wedded to existing legal philosophy.

Further undermining the entrenchment of the academic status quo in the U.S. is the fact that American legal scholarship is published in an exceedingly large number of primarily student-edited journals. Because the vast majority of U.S. journals are student-edited, legal scholars do not need to convince a fellow professor, steeped in the arguments of the prevailing legal discipline, that an article is important in order to get it published. Only student editors need be convinced. Articles in student-edited journals are published not because they fall into the traditional legal discipline but because they are interesting, novel, or controversial. Accordingly, it is relatively easy for new and novel ideas from a variety of disciplines to find their way into the American legal literature.

Finally, just prior to the rise of the law and economics movement in the U.S., the American legal academy experienced a void in legal theory. During the middle of the twentieth century, the logic of legal formalism gave way to the empirical demands of legal realism in the United States.[21] Rather than divining the inherent logic of the law from disparate appellate opinions, the American legal academy became increasingly concerned with documenting the reality of the law in practice. At the same time, scholarship in philosophy undermined the traditional normative underpinnings of American legal thought.[22] This decline in formalism and traditional normative theory created an opportunity for the rise of the economic analysis of law in the American legal academy.[23] Not only was the structure of the

---

while prior legal practice has declined in importance. *Ulen,* The Unexpected Guest: Law and Economics, Law and Other Cognate Disciplines, and the Future of Legal Scholarship, Chicago-Kent Law Review 79 (2004), 403 (414 *et seq.*).

[21] *Leff,* Economic Analysis of Law: Some Realism about Nominalism, Virginia Law Review 60 (1974), 451 (453 *et seq.*): "Once upon a time there was Formalism. The law itself was a deductive system, with unquestionable premises leading to ineluctable conclusions. It was, potentially at least, all consistent and pervasive ... Then, out of the hills, came the Realists ... they were much more interested in the way law actually functioned in society ... The critical questions were henceforth no longer to be those of systematic consistency, but of existential reality." *Ulen* (note 20), 403.

[22] *Leff* (note 21), 454 *et seq.*

[23] *Mattei,* Comparative Law and Economics, 1997, 85: "[O]ne of the reasons for the success of law and economics in America was the need for 'reconstruction' after years of realist jurisprudence had reduced legal scholarship to little more than a sterile commentary on case law. Law and economics was seen as a tool for thinking about the law in broad theoretical terms, giving scholars back their role as social engineers." (citing *Ackerman,* Reconstructing American Law, 1984, 45 *et seq.*; *Chiassoni,* Economic Analysis of Law, in

American legal academy amenable to change, but the American legal academy needed to borrow from economics and other disciplines to fill the gaps in its own disciplinary perspective. Among all of the disciplines that the law has borrowed from, economics is the most important. "The moving force of this change is not *all* of the 'law and' developments of the last twenty years but one particularly – law and economics."[24]

3. Why the Economic Analysis of Law Has Succeeded in the U.S.

The American cultural and legal landscapes have proven extremely fertile ground for the law and economics movement. The neo-classical model of individual rational decision-making through decentralized markets strikes a harmonious cord with American individualism and our distrust of centralized government power. Moreover, our system of governmental checks and balances and common law adjudication makes for a relatively strong and adventuresome judiciary that is more likely to be subject to evolutionary pressure towards efficient legal rules or to decide cases on the basis of public policy. Finally, the history and structure of our legal academy allows for a wide-open scholarly debate that incorporates facets from many disciplines. Thus, it is not surprising that the careers of the greatest theorists in the law and economics movement, including Ronald Coase, Guido Calabresi, and Judge Posner, have been undertaken in the United States.

III. Economic Analysis of Law in Europe

Although Europeans are curious about the law and economics movement, its impact on their legal environment has been comparatively slight, especially in the civil law countries. Few European universities offer classes strictly devoted to the study of law and economics.[25] Additionally, the study of law and economics is not generally incorporated into traditional law courses.[26] Articles employing the economic analysis of law are relatively rare in the European academy and there is only one European journal dedicated solely to the economic analysis of law.[27] Economic analysis is fairly uncommon in European cases outside its traditional

---

Search of Constructive Realism, in: Pardolesi/Van Den Bergh (eds.), Law and Economics: Some Further Insights, 1991, 88 *et seq.*).

[24] *Ulen* (note 20), 405.

[25] In Germany, for instance, only law schools in Hamburg, Munich, Oldenburg, and Hanover regularly offer courses in law and economics. *Henne,* Environmental Policy in Germany and the United States, American Journal of Comparative Law 51 (2003), 207 (226, n. 84) (reviewing *Ackerman,* Controlling Environmental Policy: The Limits of Public Law in Germany and the United States, 1995).

[26] *Kirchner* (note 5), 279 *et seq.*

[27] *Posner* (note 6), 66.

stronghold of antitrust, and there are no comparable judicial appointments of law and economics scholars to the bench as there has been in the U.S. Of the three countries profiled in this paper, law and economics has been most successful in England and least successful in France. An examination of the cultures, legal systems, and legal academies of these various countries, in comparison with our analysis of the U.S., will yield insight into this observation.

1. European Culture and Legal Systems: Cultured Collectivism

a) The United Kingdom: A Proud Tradition of Collective Laissez-Faire

Class identity is still important in British society. Unlike in the U.S where wealth and social stature are generally attributed to individual achievement, wealth and social stature in England can often be determined by birth.[28] Class organization is strong among, but not between, the classes. The organized working class has little trust in the upper class, which includes much of the British legislature and judiciary.[29]

The British are more invested in history and tradition than Americans, even though both countries follow the common law system. Unlike the U.S., England has no written constitution. The British constitution is not the outcome of a revolution as in France and the U.S. Instead, it is an historical constitution to which only gradual, inch-by-inch, changes are made over centuries. The British have always looked to their inheritable past and time-honored traditions to determine the scope of their laws.[30]

Parliamentary sovereignty reigns in the U.K. Parliament is comprised of a compound body made up of the Crown, the Lords, and the Commons.[31] There is nothing above parliament. Parliamentary sovereignty has facilitated a strong legislature at the expense of the executive and judiciary, and consequently, even though the British have a common law system, the judges have only a limited role in the interpretation of the law.

---

[28] *Dau-Schmidt*, Labor Law and Industrial Peace: A Comparative Analysis of the United States, the United Kingdom, Germany, and Japan Under the Bargaining Model, Tulane Journal of International and Comparative Law 8 (2000), 117 (137) (citing *Brown*, The Origins of Trade Union Power, 1983, 208 *et seq.*

[29] *Dau-Schmidt* (note 28), 137.

[30] *Burke,* in: Pocock (ed.), Reflections on the Revolution in France, 1987, 27 *et seq.*: "The [Glorious] Revolution [of 1689] was made to preserve our *ancient*, indisputable laws and liberties and that *ancient* constitution of government which is our only security for law and liberty ... All the reformations we have hitherto made have proceeded upon the principle of reverence to antiquity."

[31] *Dicey,* Introduction to the Study of the Law of the Constitution, 9th ed., 1962, 407. Legislation UK, Human Rights Act 1998, 1998 chapter 42, available on the Internet: <http://www.hmso.gov.uk/acts/acts1998/80042--a.htm#1>.

b) Germany: Human Rights in a Well-Ordered System of Co-Determination

Due to their experience in World War II, modern Germans place the utmost importance on human rights and collective cooperation. German law values people as humans rather than commodities. Moreover, the Germans have organized their society in a way that allows for the state mediation of interests among groups. For instance, Germany regulates its industrial relations system to encourage nationwide collective bargaining between labor and management in an environment of cooperative consultation and exchanges of information.[32] The net result is a more cooperative and productive system of industrial relations, with fewer work stoppages than in the U.S. and the U.K.[33]

While Germany does have a separation of powers doctrine, historic events have modified this doctrine to grant more power to the legislature, at the expense of the executive and the judiciary. Although the German judiciary is independent, its discretion is generally limited to the interpretation of the civil code enacted by the legislature.[34] "The German law courts tend to stay within the boundaries of traditional legal reasoning to keep their factual autonomy vis-à-vis the legislature."[35] Like the British, German judges avoid bringing external value judgments into the decision-making because of the ease in which the German legislature can overturn a judge-made legal rule.[36]

Not only does the threat of the loss of autonomy limit the role of German judges but the nature of a civil law system also narrows judicial discretion. Under a common law system, the "judge is somehow expected to judge" whereas in civil law systems, the code is expected "to have already judged."[37] Civil law "judges are not to be the cheerleaders for capitalism" but, instead, they should passively and mechanically enforce the law without regard to the wealth or social class of the parties.[38] Values of fairness and equity tend to be more important under civil law systems than the efficiency that often influences U.S. common law decisions.[39]

---

[32] *Dau-Schmidt* (note 28), 146.

[33] *Dau-Schmidt* (note 28), 146.

[34] *Kirchner* (note 5), 283 *et seq.*

[35] *Kirchner* (note 5), 285.

[36] *Id.*

[37] *de S.-O.-l'E. Lasser,* Comparative Law and Comparative Literature: A Project in Progress, Utah Law Review (1997), 471 (471).

[38] *Posner* (note 6), 76. "[T]he national judges are no more than the mouth that pronounces the words of the law, mere passive beings, incapable of moderating either its force or its rigour." *Montesquieu* (note 19), 170.

[39] *Spector,* Fairness and Welfare from a Comparative Law Perspective, Chicago-Kent Law Review 79 (2004), 521 (539). In contract disputes, French courts are less willing to allow the parties to renegotiate the terms of a contract and are more willing to grant specific performance over efficient breach because these doctrines will guarantee the fair-

c) France: "Liberté, Egalité et Fraternité!" dans une Société de Confrontation et de Conflit

The effect of the French Revolution was to overthrow the class-based system and to create national sovereignty.[40] Unlike England, the French cultural and legal landscape is not predicated on class. The French do not focus on individual self-interest but rather the common good of society. "[L]aws are supposed to primarily organize relationship among people in order to avoid negative externalities and to ensure public order."[41]

The French cultural and legal landscape has been shaped by Jean-Jacques Rousseau's theory of social contract.[42] Under the social contract, all people form an association by giving to this community all of their individual rights. None are reserved to the individual. In return, the community provides order and gives back these rights to its citizens guaranteeing the rights in the social contract. The community defends and protects the people and their goods.[43] The sovereign, in this case the nation, creates an ordering system to determine what is right for the common good of the community.[44] Because law is an expression of the general will, it is not subject to judicial review. It is the law that decides the division of rights and not the courts.

France, like Germany, is also a civil law system. Common law was shunned because it was "identified with the losing side" of the French Revolution.[45] Judges were viewed with suspicion because they had upheld the class-based ancient régime by regularly overruling bourgeois reforms. The revolutionaries "wanted to uproot 'medieval' practices and replace them with 'rational' ones. The revolutionaries proclaimed that law derived its authority from the popular will as expressed through legislators, not from social norms as found by judges."[46]

---

ness of the contract. By contrast, American courts are more flexible and apply the doctrine that will provide the most efficient outcome. *Brousseau* (note 4), 4.

[40] A nation "is a body of associates, living under a *common* law, and represented by the same *legislature,* etc." *Sieyès,* What is the Third Estate?, in: Sonenscher (ed.), Political Writings, 2003, 97.

[41] *Brousseau* (note 4), 5.

[42] *Rousseau,* On the Social Contract, Or Principles of Political Economy, in: Cress (ed.), On the Social Contract and Discourses, 1983, 15 *et seq.*

[43] *Rousseau* (note 42), 23 *et seq.*

[44] *Rousseau* (note 42), 25 *et seq.*

[45] *Cooter,* Decentralized Law for a Complex Economy: The Structural Approach to Adjudicating the New Law Merchant, University of Pennsylvania Law Review 144 (1996), 1643 (1650).

[46] *Cooter* (note 45), 1650 *et seq.*

2. The European Academy

In general, European legal education combines undergraduate study for students with extensive academic preparation for the professorate. In France and Germany, a law diploma is an undergraduate degree taught by highly professional scholars with graduate degrees beyond the regular law degree. Although the traditional method of legal education in the U.K. is by reading for the bar, recently the British have adopted legal education through formal undergraduate education at degree granting institutions. European law professors, on the other hand, undergo not only years of undergraduate study, but also years of practicum and graduate study, emerging from the end of a long process with degrees and training that would be the American equivalent of a Ph.D. in law. As a result, in comparison with their American colleagues, European law professors teach students who have less preparation in other disciplines and European professors are more heavily invested in existing legal scholarship.

Institutional features of the European academy further entrench disciplinary practices and ideals. Publication by European legal scholars is mostly in faculty-edited books or journals. There are fewer European journals overall and only one European journal dedicated solely to the economic analysis of law.[47] Very few of the general journals publish articles by law and economic scholars.[48] Tenure, at least in France, is granted on a national, rather than an institutional, basis. Review is undertaken through a unitary national process and review committee. As a result, new approaches in the analysis of law must receive approval from scholars invested in the existing body of scholarship before they can be published or gain the author tenure.

Finally, formalism did not suffer the same precipitous decline in Europe that it did in the U.S. The European conception of "legal science" consists of a massive body of legal scholarship that can trace its roots all the way back to Roman law and which is considered such an important backdrop for the drafting of modern legal codes that all legal arguments generally start, and sometimes finish, with this body of accumulated wisdom.[49] Although the legal realist movement made a strong challenge to formalism in Germany in the 1920's and 30's, the movement became associated with the Nazi regime and accordingly suffered a disadvantage in its consideration by modern European legal theorists.[50] European scholars of course recognize that strict formalism is not an accurate view of the development of law, but because this school of thought did not suffer the same precipitous

---

[47] *Posner* (note 6), 66.

[48] *Henne* (note 25), 226, n. 84.

[49] *Reiman,* Nineteenth Century German Legal Science, Boston College Law Review 31 (1990), 837.

[50] *Cooter/Gordley,* Economic Analysis in Civil Law Countries: Past, Present, Future, International Review of Law and Economics 11 (1991), 261 (262) (citing *Kirchner* (note 5), 284).

decline it suffered in America, there has been no similar void in the discipline of law for the law and economics movement to fill. European legal academic institutions are less open to change because the law is already an established discipline and scholars are not necessarily looking to supplement it with other disciplines. Accordingly, in Europe, the discipline of law has suffered less of a crisis of confidence, and there has been less need for legal theorists to borrow from other disciplines, including economics.

3. Why Europe Has Not Been Fertile Ground for the Economic Analysis of Law

The relative lack of success of the economic analysis of law in Europe to date can be traced to characteristics of European culture, legal systems, and the European legal academy.

In general, European culture is more communitarian and steeped in history and tradition than American culture. European society is more state-oriented and less trusting of the market.[51] These aspects of European culture often make the analysis of legal problems from the perspective of individual rational actors in market exchange more curious from a European perspective. British culture organizes its society and law more around the traditional interaction of social groups than around rational individual action. For example, for years the British tolerated one of the most inefficient industrial relations systems in the industrialized world, based on work days lost to industrial strife, due to their acceptance of a tradition of class conflict through industrial strife.[52] Similarly, the Germans' commitment to human rights causes them to disdain express discussions of the value of human life and the efficient level of medical care or regulation.[53] However, perhaps the French pose the best example of a communitarian society with their commitment to national sovereignty and the social contract as envisioned by Rousseau. The French conception that the nation state adopts a system of ordering and law is inconsistent with the assumptions of the normative equality among all activities and the valuation of entitlements based on willingness to pay implicit in the simple neoclassical economic model.[54] Moreover, the French do not focus on individual

---

[51] *Reitz,* Political Economy as a Major Architectural Principle of Public Law, Tulane Law Review 75 (2001), 1121 (1130).

[52] *Dau-Schmidt* (note 28), 139 *et seq.*

[53] This statement is based on Professor Dau-Schmidt's seminar discussions with German students at the Institut für Internationales Recht, Christian-Albrechts-Universität, on the value of human life and efficient safety regulation.

[54] For example, in his lectures at Université Panthéon-Assas (Paris II) concerning the Coase theorem, Professor Dau-Schmidt found that his French students were particularly skeptical of Coase's claim of the reciprocity of harm. *Coase,* The Problem of Social Cost, Journal of Law and Economics 3 (1960), 1 (3 *et seq.*). Similarly, Becker's notion of the efficient level of crime based on an implicit valuing of the benefits of crime to the criminal makes no sense to the French. *G. Becker,* Crime and Punishment: An Economic Approach, Journal of Political Economy 76 (1968), 169.

exchange and efficiency but rather on fairness and equity. "The rationality of the economic agent who is perfectly aware of prices, and operates calculated choices in order to maximize his pleasure at the least cost, is a disconcerting model for one who searches solutions in equity and not in utility."[55]

European legal systems also are less amenable to the economic analysis of law than the American system. The European parliamentary systems allocate power more to the legislature, and less to the judiciary, than the American system. Under British parliamentary sovereignty, the word of parliament is supreme. Similarly, Germany's separation of power doctrine allocates power to the legislature at the expense of the judiciary. Although the German judiciary is independent, it is very careful not to "invoke external values or consideration of public policy" and risk losing its autonomy.[56] As a result, the use of social sciences has met with great resistance when such arguments have been raised in legal interpretation.[57] French judges also have a limited role in creating new law. Like their German counterparts, French judges are ostensibly only to interpret the law because the law, as written by the nation, has already been judged.[58] Policy-based arguments, like those used in economic analysis, are generally not welcome.

The European civil law systems generally provide a more limited role for judges. "Civil law reasoning typically starts from abstract premises and concepts and, therefore, gives little room to the kind of consequentialist, forward-looking reasoning on which law and economics relies."[59] Although European scholars recognize that in reality even merely "reading" a statute can involve important policy decisions, the rhetoric of European legal practice in the civil systems is that all of the policy decisions have already been addressed by the legislature.[60] Even though the British have a common law system that is the precursor of the American system, the role of the judges is more limited in the British system. Because of parliamentary sovereignty, judges are less likely to be adventurous and stray too much from the time-honored traditions.[61] They tend to rely more on the doctrine of

---

[55] *Montagné* (note 4), 154.

[56] *Kirchner* (note 5), 285 *et seq*.

[57] *Kirchner* (note 5), 284.

[58] *de S.-O.-l'E. Lasser* (note 37), 471.

[59] *Spector* (note 39), 536.

[60] Some scholars believe that French judges go beyond strict formalism in the decisions but are doing it behind the scenes. "French judges do approach cases with a certain pragmatic concern for realism, equity, and justice. On the other hand, the dominant, rigid French conception of adjudication requires that French judges mask their pragmatism, forcing them to operate under the table. This cuts French judges off from each other, preempting any reasoned and collective application of caselaw techniques. The result is a combination of frustratingly formalist decision making and closeted, individual, ad hoc, unprincipled, and unconstrained judicial pragmatism." *de S.-O.-l'E. Lasser* (note 37), 474.

[61] *Cooter/Ginsburg* (note 14), 295.

stare decisis than their American common law counterparts, which has the effect of leaving little room for policy analysis.[62]

Moreover, the relationship of the judiciary to practitioners and academics in Europe, and the lack of fluidity among these three forms of practice, may also contribute to the slow growth of the law and economics movement in Europe. The British legal profession "has been notoriously unwilling to admit the relevance of social science" into the discipline.[63] "The English legal fraternity is wary of theory, contemptuous of experts and academics, and reluctant to accept the idea that other disciplines have something valuable to say about 'law.'"[64] In Germany, the legal academy is under the influence of the judiciary.[65] The judiciary's cautionary relationship with social sciences has prevented economic analysis from becoming an integral part of the German legal academy.[66] Lastly, a European legal scholar is unlikely to move from professor to practicing attorney to judge and to legislator. In Germany and France, for instance, the judiciary is a separate profession. "The isolation and the relative political impotence of European judiciaries have contributed to their formalist approach, in which law is conceived of as a technical, autonomous discipline sealed off from other fields, such as economics."[67]

Finally, the structure of the European legal academy has been less amenable to the growth of the law and economics movement in Europe. The Europeans are heavily invested in law as an autonomous discipline and are quite happy with the academic product they produce. Although there is certainly interest in inter-disciplinary research, the Europeans perceive no intellectual void or disciplinary crisis of confidence that they must fill with the economic analysis of law. Moreover, the European systems of publication in faculty-edited journals and national tenure help to reinforce the entrenched academic establishment. In order for new methods of analysis to make it into European scholarship, they have to gain at least some acceptance by academics that have built their careers on the status quo.

IV. The Future of Law and Economics in Europe

Although the economic analysis of law may never be as important to Europeans as it is to Americans, it undoubtedly has applicability to European legal problems and potential to grow in its importance. No civil code is without its flaws. Scholars have long known that "the official and perfectly formalist conception of passive

---

[62] *Spector* (note 39), 537.

[63] *Veljanovski* (note 8), 11 (quoting *Ogus/Richardson,* Economics and the Environment: A Study of Private Nuisance, Cambridge Law Journal 26 (1977), 284).

[64] *Veljanovski* (note 8), 12.

[65] *Kirchner* (note 5), 284.

[66] *Id.*

[67] *Posner* (note 2), 5.

adjudication on the basis of the unproblematic application of the Codes' grammar is ... no longer ... tenable."[68] Civil law judges often have to fill these holes in the code with policy-based rules, although this process is often hidden from public view. Moreover, civil law systems are increasingly relying on case law as well as statutes and regulations outside of the code to resolve disputes.[69] Economic analysis can be a valuable tool in making such decisions.

If law and economics is to be successfully implemented in European countries, especially in those where the judiciary is not on equal footing with the legislature, then the economic analysis of law must be addressed to the legislature as well as the judiciary. Although it is true that even civil law judges inevitably make policy decisions in reading the code and deciding cases, within the European legal environment arguments that present express policy considerations are more appropriately made to the legislature. If economic analysis of law is openly considered and applied by the legislature, then these arguments will become important to European judges and academics.

The economic analysis of law may also become more important to Europeans as the European Union continues to extend its regulatory coverage. As European countries continue to work together within the Union, they will need a common language to unite their regulatory efforts and objectives. Although the language of the law may differ among European countries, the language of economics is universal.[70] Moreover, although its structures were crafted in light of the more state-centered political systems of Europe, the European Union was founded on the idea of liberalizing markets among the member states and has been supported by pro-market scholars.[71] Given its foundations in market theory, it will be difficult for the European legal community to ignore the success of law and economics in analyzing the legal problems posed by the European Union.

The economic analysis of law may also enjoy more success in Europe as alternatives such as socio-economics and behavioral law and economics become more important in the law and economics movement.[72] These alternatives to traditional neoclassical economic analysis consider group dynamics and limits to human

---

[68] *de S.-O.-l'E. Lasser* (note 37), 488.

[69] *Mattei/Pardolesi* (note 4), 268 *et seq*. For example, a body of case law has been developed for nuisance law in France and product liability law in Germany. *Mattei/Pardolesi* (note 4), 269.

[70] *Posner* (note 2), 6.

[71] *Offe*, The European Model of 'Social' Capitalism: Can it Survive European Integration?, Journal of Political Economy 11 (2003), 437.

[72] See for example *Ulen/Korobkin,* Cognition, Rationality and the Law, forthcoming 2005; *Korobkin/Ulen,* Law and Behavioral Science: Removing the Rationality Assumption from Law and Economics, California Law Review 88 (2000), 1054; *Dallas,* Law and Public Policy: A Socioeconomic Approach, forthcoming 2005; *Dau-Schmidt,* Economics and Sociology: the Prospects for an Interdisciplinary Discourse on Law, Wisconsin Law Review (1997), 389.

rationality that may seem more realistic and appealing to European audiences. In considering the legal questions posed by societies that are organized more around the interaction of classes and groups in society, Europeans may find the analysis of socio-economics more compelling. Even Americans are now being drawn to these less traditional economic analyses in examining legal questions.[73]

While Europe currently lags significantly behind the U.S. in the economic analysis of law, it is possible for this gap to be quickly reduced. The success of the European Union may create the opportunity for economic analysis to succeed first with the European legislatures and then with the judiciary and academy. If the desire is there, the talented and highly skilled European academy can quickly assimilate this method of analysis. Moreover, because European judges are generally recruited directly from law school, if the legal academy develops a program of study in which economic principles were consistently taught, these concepts will quickly enter the European judiciary.[74] Although the law and economics movement in Europe currently suffers a fate similar to that of feral camels of the American Southwest, perhaps now that the camel's nose is under the tent, we will soon see more of this homely, yet useful, animal.

---

[73] *Dau-Schmidt,* Pittsburgh, City of Bridges: Developing a Rational Approach to Interdisciplinary Discourse on Law, Law and Society Review 38 (2004), 199 (201); *Dau-Schmidt,* Law and Economics, in: Kritzer (ed.), Legal Systems of the World: A Political, Social and Cultural Encyclopedia, 2002, 856 (859).

[74] *Mattei/Pardolesi* (note 4), 271.

Die Ideengeschichte des Friedens in der ersten Hälfte des 20. Jahrhunderts

Von Klaus Dicke

I. Einführung

Walther Schückings 1908 erschienenes Werk „Die Organisation der Welt" und Kurt von Raumers „Ewiger Friede. Friedensrufe und Friedenspläne seit der Renaissance" von 1953[1] markieren die zeitlichen Eckpunkte einer historisch neuen, methodisch eigenständigen und inhaltlich überaus reichhaltigen Gattung politischer Literatur: der Ideengeschichte des Friedensdenkens. Im ausgehenden Kaiserreich und in der Weimarer Republik kann man es geradezu als eine intellektuelle Strategie vor allem des „organisierten Pazifismus" ansehen, die Geschichte des Friedensdenkens ideengeschichtlich aufzuarbeiten und damit den Gedanken des Friedens zu propagieren, eine Strategie im übrigen, die sich im gleichen Zeitraum auch die Europabewegung zu eigen machte, wie auf sehr unterschiedliche Weise Coudenhove-Kalergi hier und Hans Wehberg dort[2] belegen. Diese Strategie und die in ihrer Verfolgung entstehende Literaturgattung war keineswegs auf Deutschland beschränkt, sie findet sich vielmehr in allen westlichen Staaten, erinnert sei nur an das monumentale Projekt des Carnegie Endowment, unter der Federführung von James Brown Scott die Klassiker des Völkerrechts zu edieren, sowie an englische, französische, italienische oder amerikanische Historiographien des Friedensdenkens.[3]

Der folgende Beitrag will in einigen tentativen, ein Forschungsprogramm aufreißenden Überlegungen die These entfalten, dass in dieser nach heutigen akademischen Begriffen der politischen Ideengeschichte zuzurechnenden Literaturgattung aus der ersten Hälfte des 20. Jahrhunderts ein erstes thematisch konsistentes „corpus" politischer Ideengeschichte überhaupt zu sehen ist, das sowohl über die Entstehung dieser heutigen Teildisziplin der Politikwissenschaft als auch über ihre

---

[1] *Schücking,* Die Organisation der Welt, 1908; *von Raumer,* Ewiger Friede. Friedensrufe und Friedenspläne seit der Renaissance, 1953.

[2] Coudenhove-Kalergi hat in seinem „Paneuropa" die Ideengeschichte Europas unter dem Aspekt ihrer Nicht-Realisierung nachgezeichnet: *Coudenhove-Kalergi,* Paneuropa, 1923; *Wehberg,* Ideen und Projekte betr. die Vereinigten Staaten von Europa in den letzten 100 Jahren (1941), 1984, beginnt seine Darstellung mit den „Fahnenträgern" des europäischen Gedankens.

[3] Etwa *Beales,* The History of Peace, 1931; *Mathieu,* Evolution de l'idée de la Société des Nations, 1923.

methodische und disziplinäre Professionalisierung einigen Aufschluss gibt. Um diese These zu begründen, ist zunächst ein kurzer bibliographischer Überblick über diese Literaturgattung zu geben und ihre Konsistenz darzulegen (II). Danach werden in einigen kursorischen Überlegungen die allgemeinen geistes- und wissenschaftsgeschichtlichen Hintergründe zu beleuchten sein, aus denen heraus die Entstehung einer politischen Ideengeschichte generell und einer Ideengeschichte des Friedens speziell am Beginn des zwanzigsten Jahrhunderts zu erklären ist (III). Vor diesem Hintergrund kann dann eine Systematisierung der Motive einzelner Beiträge zur Ideengeschichte des Friedens(- und des Europa)gedankens vorgenommen werden (IV), um daraus weiterführende Schlussfolgerungen für die Entstehung, Professionalisierung und Methodik der politischen Ideengeschichte allgemein, aber auch für die Entfaltung des Friedensbegriffs im Untersuchungszeitraum zu ziehen (V).

II. Ideengeschichte des Friedens als neue Literaturgattung und Forschungsrichtung

Der erste Befund, der Anlass zu der Vermutung gibt, in der ersten Hälfte des zwanzigsten Jahrhunderts habe sich in Gestalt der „Ideengeschichte des Friedensdenkens" eine neue Literaturgattung bzw. Forschungsrichtung herausgebildet, resultiert aus der bibliographischen Beobachtung, dass seit dem letzten Jahrzehnt des 19. Jahrhunderts in auffallender Häufung Monographien zum Thema erscheinen. Allein in den 1880er und 1890er Jahren lassen sich in Deutschland mindestens drei Monographien hierzu ausmachen.[4] Sie werden freilich an Systematik und historischem Material von Schückings 1908 erschienener Schrift und an ideengeschichtlicher Interpretationskraft von Meineckes „Weltbürgertum und Nationalstaat"[5] in den Schatten gestellt. Die Pionierphase scheint in beiden Schriften überwunden, das Systematisieren vorliegender Erkenntnisse beginnt. Einen neuen Aufschwung für die ideengeschichtliche Bearbeitung des Friedensdenkens verursachten die Haager Friedenskonferenzen und die Idee des Völkerbundes, die national und international historische, vor allem aber auch ideengeschichtliche Studien anregten, aus der in Deutschland Veith Valentins „Geschichte des Völkerbundsgedankens in Deutschland" hervorzuheben ist. Es entsteht eine in gewisser Weise „angewandte", auf das politische Projekt des Völkerbundes gerichtete Ideengeschichte des Friedensdenkens.[6] Einen weiteren Höhepunkt stellen die

---

[4] *von Holtzendorff*, Die Idee des ewigen Völkerfriedens, 1882; *Heilberg*, Die Idee des allgemeinen Völkerfriedens, 1891; *Stein*, Die Philosophie des Friedens, 1899.

[5] *Meinecke*, Weltbürgertum und Nationalstaat. Studien zur Genesis des deutschen Nationalstaates, 6. Aufl., 1922 (1. Aufl., 1907).

[6] *Valentin,* Geschichte des Völkerbundgedankens in Deutschland, 1920; *von Graueret,* Zur Geschichte des Welt-Friedens, der Idee des Völkerrechts und der Idee einer Liga der Nationen, 1920; *York,* League of Nations, Ancient, Medieval and Modern, 1919; vgl. auch *Mendelssohn Bartholdy,* Deutsche Literatur zur Völkerbundfrage, Schmollers Jahrbuch 46 (1922), 237–249.

bereits vom Haager Werk inspirierten zwischen 1916 und 1929 erschienenen Arbeiten Jacob ter Meulens dar, die in fast enzyklopädischer Absicht das für das völkerrechtliche Wissen relevante thesaurierte Friedensdenken der Geschichte handbuchartig zusammenfasst.[7] Die Arbeiten von Hans-Jürgen Schlochauer[8] sowie der auch heute noch den Rang eines Standardwerks genießende Band von Kurt von Raumer schließlich belegen erstens eine Kontinuität dieser Literaturgattung „Ideengeschichte des Friedensdenkens" über den Nationalsozialismus hinaus, stellen zweitens aber auch insoweit eine historische Zäsur dar, als sie die vorläufig letzten größeren und systematischen ideengeschichtlichen Bearbeitungen des Friedensdenkens jedenfalls in Deutschland darstellen.[9]

Bereits diese bibliographischen Beobachtungen lassen erste Schlussfolgerungen für die Entstehung einer eigenen Literaturgattung und Forschungsrichtung „Ideengeschichte des Friedens" zu: Einzelne aus dem 19. Jahrhundert überkommene Darstellungen werden am Beginn des 20. Jahrhunderts zu Referenzwerken verdichtet. Die Haager Konferenzen und später vor allem die Gründung des Völkerbundes verhelfen der neuen Forschungsrichtung zu erheblicher praktischer Relevanz, welche den Bedarf nach handbuchartiger Aufbereitung des erarbeiteten Wissensbestandes entstehen lässt. Damit liegt ein nahezu modellhafter Ablauf der Entstehung einer geisteswissenschaftlichen Forschungsrichtung vor, den auf anderen Gebieten vergleichend zu untersuchen sich lohnen dürfte, um Licht in den Prozess der Ausdifferenzierung geistes- und sozialwissenschaftlicher (Teil-)Disziplinen in der ersten Hälfte des 20. Jahrhunderts zu bringen.

Doch zurück zur Ideengeschichte des Friedens: wie steht es mit der Konsistenz der neuen Forschungsrichtung? Neben übergreifende Monographien zur kosmopolitischen Ideengeschichte des Friedens tritt ein umfangreiches „corpus" von Bearbeitungen einzelner Denker oder einzelner Epochen des Friedensdenkens – in größeren Aufsätzen oder ebenfalls in monographischer Bearbeitung. Wilhelm Nestles Darstellung des antiken Friedensdenkens, die Arbeit von Fuchs über Augustin, vereinzelte Studien über den Abbe de St. Pierre, die Untersuchung von Hans Prutz über „die Friedensidee im Mittelalter"[10] und vor allem eine mit Ende des 19. Jahrhunderts einsetzende Flut von Arbeiten über Kants „Zum ewigen

---

[7] *ter Meulen*, Der Gedanke der Internationalen Organisation in seiner Entwicklung, 2 Bde., 1916/1929.

[8] *Schlochauer*, Die Idee des ewigen Friedens. Ein Überblick über Entwicklung und Gestaltung des Friedenssicherungsgedankens auf der Grundlage einer Quellenauswahl, 1953.

[9] Zur Ideengeschichte des Friedensdenkens im 20. Jahrhundert auch *Dicke*, Die Entwicklung des Friedensbegriffs im 20. Jahrhundert und seine Rezeption in „Gerechter Friede", in: Justenhoven/Schumacher (Hrsg.), „Gerechter Friede" – Weltgemeinschaft in der Verantwortung, 2003, 140–153.

[10] *Nestle*, Der Friedensgedanke in der antiken Welt, 1938; *Prutz*, Die Friedensidee im Mittelalter, 1915; *ders.*, Die Friedensidee. Ihr Ursprung, anfänglicher Sinn und allmählicher Wandel, 1917; *Fuchs*, Augustin und der antike Friedensgedanke. Untersuchungen zum 19. Buch der Civitas Dei, 1926; *Medicus*, J. G. Fichte als Anhänger und als Kritiker des Völkerbundgedankens, Zeitschrift für Völkerrecht XI (1919), 152 ff.

Frieden"[11] sind vor allem zu nennen. Spezialisten greifen das neue Thema auf und machen es zum Gegenstand von Detailuntersuchungen aus der Perspektive ihres Fachwissens. Eine bald auftretende dritte species in der neuen Literaturgattung sind politiktheoretische Arbeiten oder auch politische Tendenzschriften, in die eine Ideengeschichte des Friedens eingeflochten oder einbezogen wird: Quiddes Skizze zur Geschichte des Pazifismus[12], C. J. Friedrichs sehr zu Unrecht fast vergessenes Buch „Inevitable Peace" von 1948 oder auch Johannes Schuberts Behandlung der Friedensfrage in seinem Buch über „Machiavelli und die politischen Probleme unserer Zeit" von 1927[13] mögen als Beispiele genügen. Die Ideengeschichte des Friedens gilt in den genannten Werken als etabliertes Thema, das Berücksichtigung verlangt.

Kann man bereits auf der Grundlage dieses Befundes von einer sich verdichtenden neuen Literaturgattung und Forschungsrichtung sprechen, so treten weitere Indikatoren hinzu, die zeigen, dass die in den genannten Werken sich ausdrückenden Bemühungen weit mehr als eine die Zeitläufe begleitende Modeerscheinung waren: Erstens setzen editorische Bemühungen mit dem Ziel ein, die in den einzelnen Historiographien des Friedensdenkens behandelten Werke der Forschung (wieder) zugänglich zu machen. Herausragend ist sicher das bereits erwähnte Projekt James Brown Scott's, aber auch Editionen Walther Schätzels u. a. sind zu nennen. Zweitens finden die Ergebnisse des ideengeschichtlichen Bemühens spätestens in der Weimarer Republik Eingang in einschlägige Lehrbücher, namentlich in solche des Völkerrechts. Drittens schließlich werden die Erträge in einer eigenen, immerhin siebenbändigen Bibliographie zur Friedensfrage generell der Erschließung durch die „scientific community" zugänglich gemacht.[14]

Im Ergebnis macht diese Skizze bibliographischer Befunde deutlich, dass sich in der ersten Hälfte des 20. Jahrhunderts die Ideengeschichte des Friedens als neue geisteswissenschaftliche Forschungsrichtung etabliert und professionalisiert. Dieser Befund soll hier genügen. Die zu seiner näheren wissenschaftshistorischen Analyse erforderlichen Untersuchungen z. B. über die Karriere des Themas in Zeitschriften, die Profession und den Professionalisierungsgrad der Autoren, „Trickle-down"-Effekte in den akademischen Unterricht und anderes mehr können späteren Untersuchungen vorbehalten werden. Hier interessiert zunächst die Frage, ob das Auftreten der neuen Forschungsrichtung und Literaturgattung „Ideengeschichte des Friedens" aus allgemeinen Fragestellungen und Entwicklungen der Geisteswissenschaften in der ersten Hälfte des 20. Jahrhunderts heraus erklärt wer-

---

[11] V. a. *Vorländer,* Kant und der Gedanke des Völkerbundes. Mit einem Anhange: Kant und Wilson, 1919; *Adler,* Kant und der ewige Friede, Die Friedenswarte 24 (1924), 138–146; vgl. auch *Hackel,* Kants Friedensschrift und das Völkerrecht, 2000, 132–181.

[12] *Quidde,* Die Geschichte des Pazifismus, in: Lenz/Fabian (Hrsg.), Die Friedensbewegung. Ein Handbuch der Weltfriedensströmungen der Gegenwart, 1922, 6–35.

[13] *Friedrich,* Inevitable Peace, 1948; *Schubert,* Machiavelli und die politischen Probleme unserer Zeit, Berlin 1927.

[14] *Fülster,* Monographien zur Friedensfrage, 7 Bde., 1923/24.

den kann. Möglicherweise sind daraus Schlüsse auch auf die Bedeutung und Relevanz des Friedensthemas im 20. Jahrhundert zu ziehen.

III. Zur Genealogie der politischen Ideengeschichte

Die Historiographie der Politikwissenschaft in Deutschland ist sich über die innere Disziplingeschichte des Fachs keineswegs einig. So vertritt Bleek gerade auch im Hinblick auf die Teildisziplin der politischen Ideengeschichte die Auffassung, zwischen den Politiklehren des Liberalismus im 19. Jahrhundert, namentlich Dahlmanns „Politik", und der Einrichtung des Fachs als Universitätsdisziplin zu Zwecken der „reeducation" nach 1945 habe es einen „Winterschlaf" der Politikwissenschaft gegeben.[15] Andere Autoren wie Thomas Duve[16] datieren die Entstehung einer eigenständigen Politikwissenschaft um das Jahr 1900, wobei der in der Tat gerade ideengeschichtlich sehr ergiebigen Allgemeinen Staatslehre von Richard Schmidt und der von ihm mitbegründeten Zeitschrift für Politik (1907) konstitutive Bedeutung beigemessen wird. Jenseits dieser wissenschaftshistorisch wichtigen, wenn auch in politisch-praktischen Begriffen akademisch anmutenden Kontroverse wird hier die These vertreten, dass die Entstehung einer konsistenten und vom Anspruch her sich durchaus als politikwissenschaftlich verstehenden Forschungsrichtung „Ideengeschichte des Friedens" in der ersten Hälfte des 20. Jahrhunderts auch für das heutige Verständnis der politikwissenschaftlichen Teildisziplin der politischen Ideengeschichte wichtige Leitideen hergibt. Um diese These zu begründen, ist zunächst unabhängig von der Ideengeschichte des Friedens der Frage nachzugehen, ob und in welcher Absicht sich Geisteswissenschaftler in der ersten Hälfte des 20. Jahrhunderts der Aufgabe zuwandten, das Betreiben politischer Ideengeschichte in Forschung und Lehre zu verankern. Es sind vor allem vier Argumente, die dafür sprechen, die Formationsphase einer politischen Ideengeschichte zumindest in Deutschland auf die erste Hälfte des 20. Jahrhunderts zu datieren. Diese Argumente geben zugleich Hinweise darauf, wie der praktische Aussagewert der Ideengeschichte des Friedens interpretatorisch zu erheben ist.

In den ersten drei Jahrzehnten des 20. Jahrhunderts entstehen Klassiker der politischen Ideengeschichte, die sich ihrer Pionierrolle durchaus bewusst sind und diese reflektieren. Dazu gehören etwa Friedrich Meineckes Studien über Staatsräson sowie über Weltbürgertum und Nationalstaat, wichtige Arbeiten Hermann Hellers, aber auch Werke von Karl Mannheim oder Antonio Gramsci.[17] Dass es sich hierbei um Unternehmungen handelt, die zwar auf einige Werke namentlich

---

[15] *Bleek*, Geschichte der Politikwissenschaft in Deutschland, 2001, 16 f.

[16] *Duve*, Die Gründung der Zeitschrift für Politik – Symbol und Symptom für die Entstehung der Politikwissenschaft um 1900, ZfP N. F. 45 (1998), 405–426.

[17] Vgl. *Münkler*, Politische Ideengeschichte, in: ders. (Hrsg.), Politikwissenschaft. Ein Grundkurs, 2003, 103–131.

der Allgemeinen Staatslehre, so vor allem auf Robert von Mohls dreibändige Geschichte und Literatur der Staatswissenschaften (1855–1858) zurückgreifen können, sich aber gleichwohl als Vorstöße in wissenschaftliches Neuland begreifen, lässt sich zumindest an einigen Indizien ablesen. Obgleich das unter Federführung von Fritz Berolzheimer herausgegebene zweibändige „Handbuch der Politik" von 1912 geradezu auf der Prämisse aufbaut: „Die Grundlage für die Wissenschaft der Politik bildet die Geschichte"[18], findet die politische Ideengeschichte hier noch keine systematische Berücksichtigung. So überrascht es nicht, dass Karl Vorländer im Vorwort zu seiner Darstellung neuzeitlicher Staats- und Gesellschaftstheorien als – übrigens auch aus heutiger Sicht über-bescheidene – „captatio benevolentiae" formuliert: „Da ein solcher Versuch ziemlich neu ist, bitte ich ihn mit der gebotenen Nachsicht zu beurteilen".[19] Er kann freilich bereits auf einige Bände der seit Beginn der Zwanzigerjahre edierten Reihe „Klassiker der Politik" zurückgreifen. Noch 1968 aber fragt Hans Maier: „Aber Klassiker des politischen Denkens?"[20]

Ein zweites Indiz ist im Aufkommen des Begriffs der Ideengeschichte und in der Etablierung der Ideengeschichte „als spezifische Ausprägung der Literatur- und Geistesgeschichte"[21] zu sehen. Es ist aufschlussreich und zugleich nicht frei von Ironie, wenn das erste dem Gegenstand gewidmete Werk des 20. Jahrhunderts abschließend feststellt: „Die historische Ideenlehre in der Gestaltung, welche ihre charakteristische Eigentümlichkeit ausmachte, gehört der Vergangenheit an", um dann aber fortzufahren: „Die Disziplinen aber, welche die Aspirationen der historischen Ideenlehre, soweit sie wissenschaftlicher Natur sind, aufnehmen, sind Sozial- und Völkerpsychologie und entwickelnde Kulturgeschichtsschreibung".[22] Hier liegt ein wichtiger Hinweis darauf vor, dass es in der Tat die Ausdifferenzierung der Sozial- und Kulturwissenschaften am Beginn des 20. Jahrhunderts war, welche der Ideengeschichte als Disziplin die entscheidenden Impulse gab. Zudem weist die Formulierung „entwickelnde Kulturgeschichtsschreibung" darauf hin, dass das evolutionstheoretische Denken bei der Entwicklung der professionalisierten Disziplin „Ideengeschichte", wie sie im Werk A. O. Lovejoys und dem von ihm 1940 begründeten „Journal of the History of Ideas" ihre professionelle Form

---

[18] *Zorn,* Politik als Staatskunst. Ihr Begriff und Wesen, in: Berolzheimer (Hrsg.), Handbuch der Politik, Bd. 1, 1912, 2.

[19] *Vorländer,* Von Machiavelli bis Lenin. Neuzeitliche Staats- und Gesellschaftstheorien, 1926, 278 ff. zum damaligen Forschungsstand.

[20] *Maier/Rausch/Denzer* (Hrsg.), Klassiker des politischen Denkens I, 1968, VII.

[21] *Geldsetzer,* Ideengeschichte, in: Ritter/Gründer (Hrsg.), Historisches Wörterbuch der Philosophie, Bd. 4, 1976, 135. Siehe ferner *Mittelstraß,* Ideengeschichte, in: ders. (Hrsg.), Enzyklopädie Philosophie und Wissenschaftstheorie, Mannheim 1984, 183 f.; sowie *Gebhardt,* Über das Studium der politischen Ideen in philosophisch-historischer Absicht, in: Bermbach (Hrsg.), Politische Theoriegeschichte. Probleme einer Teildisziplin der Politikwissenschaft (PVS-Sonderheft 15), 1984, 126–160.

[22] *Goldfriedrich,* Die historische Ideenlehre in Deutschland. Ein Beitrag zur Geschichte der Geisteswissenschaften, vornehmlich der Geschichtswissenschaft und ihrer Methoden im 18. und 19. Jahrhundert, 1902, 539 f.

fand[23], Pate stand. Damit wird freilich zugleich – mindestens hypothetisch – ein erster Grund dafür benannt, warum sich der Pazifismus der Jahrhundertwende, der sich als „soziale Bewegung" verstand, auf die Ideengeschichte des Friedens kaprizierte: Friede und Kosmopolitismus erschienen als Endziel der kulturhistorischen Evolution der zivilisierten Welt, und ein sich wissenschaftlich verstehender Pazifismus hatte sich der Entwicklungsepochen der in diesem Endziel begreifbar werdenden Zivilisation zu vergewissern.

Ein drittes Indiz schließlich, und zwar nicht allein, ja nicht einmal überwiegend im deutschen Kontext, ist die Wirkungsgeschichte, welche die geisteswissenschaftliche Methodik Wilhelm Diltheys und die ihr verpflichteten Werke Friedrich Meineckes zeitigten. Dilthey hat der Wissenschaft die Geschichte des Denkens als das Gedächtnis des Menschen – ein intrinsisch kosmopolitisches Unterfangen – erschlossen. Sein Bemühen ging dahin, „to understand the movement of the human mind ... genetically". Und jenseits eines kruden Faktenpositivismus einerseits und einer spekulativen Metaphysik andererseits hat Dilthey dieses Gedächtnis der Menschheit in seinem Programm der „Geisteswissenschaften" zu entschlüsseln und zu vergegenwärtigen gesucht. „He had created a new literary type of historical writing lying between the classical essay and the monograph, which we still consider a model for research in the field of the history of ideas".[24] Und Friedrich Meinecke, der erste Großmeister der politischen Ideengeschichte in deutscher Sprache, griff diesen Diltheyschen Gedanken auf. Er hat in Verfolgung dieses Bemühens der Politikwissenschaft nicht nur „altehrwürdige Idealtypen"[25] hinterlassen, sondern beansprucht, eine Antwort auf das von Nietzsche vorgehaltene Problem des Nihilismus zu geben: Seine Ideengeschichte ist Wert-Geschichte. Auch jenseits strikter Kausalanalytik lässt sich – so sein ideengeschichtliches Programm – wissenschaftlich der Einfluss von Kulturwerten ermitteln, der im Ergebnis bedeutsamer ist, als etwa massenpsychologische Studien erkennen lassen. Und die Disziplin, die diese Kulturwerte zu erfassen versucht, nennt er: politische Ideengeschichte.[26]

Dass die bis heute Geltung beanspruchenden frühen Klassiker der politischen Ideengeschichte – Arnold Brecht, Eric Voegelin, Leo Strauss, in gewisser Weise Hermann Heller, auch Kurt Sontheimer, Walter Theimer und Dolf Sternberger – den hier angedeuteten Ursprüngen der politischen Ideengeschichte Anstoß und Anregung verdanken, ist ebenso ein weiteres Indiz für die Entstehung der Disziplin am Beginn des 20. Jahrhunderts wie die Tatsache, dass die von Dilthey und

---

[23] Vgl. *Geldsetzer* (Anm. 20), 136; *Mittelstraß* (Anm. 20), 184.

[24] *Masur,* Wilhelm Dilthey and the History of Ideas, Journal of the History of Ideas 13 (1952), 94 (102, 104).

[25] *Wehler,* Nationalismus. Geschichte, Formen, Folgen, 2001, 51.

[26] Ich folge hier *Anderson,* Meinecke's Ideengeschichte and the Crisis in Historical Thinking, in: ders./Cate (Hrsg.), Medieval and Historiographical Essays in Honor of James W. Thompson, 1938, 361–396. Unübertroffen deutlich Hermann Hellers Rezension in: *ders.,* Gesammelte Schriften 1, 1971, 726 f.

Meinecke verfolgte Methode durchaus auf Kritik und Widerspruch – etwa von Seiten Hermann Hellers[27] – stieß.

Dieser knappe Überblick hat vier Motive zutage gefördert, die am Beginn des 20. Jahrhunderts die politische Ideengeschichte als eine eigene Literaturgattung bzw. Forschungsdisziplin haben entstehen lassen: Erstens die Ausdifferenzierung der Sozial- und Kulturwissenschaften und das Bedürfnis dieser neu entstehenden Disziplinen, sich Menschheitserfahrungen als Grundlagen ihrer Forschung aufzubereiten; zweitens das auf dem Hintergrund der Dominanz eines evolutionstheoretischen Denkens verständliche Bemühen, auch die Evolution der Kultur und der europäischen Zivilisation wissenschaftlich zu erfassen; drittens das Bemühen, der Herausforderung des Nihilismus eine kulturhistorisch fundierte Antwort entgegenzustellen und viertens das mit den Namen Dilthey und Meinecke verbundene Programm einer „Ideengeschichte" genannten historischen und dabei weder positivistischen noch metaphysisch-spekulativen „Geisteswissenschaft". In welcher Weise – so ist nun zu fragen – treffen diese vier Motive auf die Bedürfnisse des sich als soziale „Bewegung" formierenden[28] Pazifismus?

IV. Motive der Ideengeschichte des Friedens in der ersten Hälfte des 20. Jahrhunderts

Sucht man die Beweggründe zu systematisieren, die für die Hinwendung des Pazifismus zur politischen Ideengeschichte maßgebend waren, so wird man zunächst und vor allem das Bestreben Frieds, aber auch Schückings und Wehbergs u. a. sozusagen vor der Klammer in Rechnung stellen müssen, in Abgrenzung vom religiös motivierten angelsächsischen Pazifismus „einen pragmatisch-realistischen, theoretisch fundierten Pazifismus" zu entwickeln, „einen wissenschaftlichen Pazifismus, dessen Vision der Zusammenschluss der Kulturstaaten bildete".[29] Von daher ist eine gewisse Appetenz des Pazifismus neuen geisteswissenschaftlichen Methoden gegenüber naheliegend. Ob und inwieweit sich diese z. B. auch auf das in seinen wichtigsten pazifistischen Vertretern anti-positivistische Völkerrecht erstreckt, wäre eine eigene Untersuchung durchaus wert.

Jenseits dieses wissenschaftshistorischen Arguments lassen sich die folgenden Beweggründe identifizieren, die nicht ohne Interesse auch für die nähere politische Charakterisierung des Pazifismus in der ersten Hälfte des 20. Jahrhunderts sind: In der Inkubationszeit des Nationalismus in Europa stand die Friedensbewegung ers-

---

[27] Vgl. *Heller* 3 (Anm. 26), 134 ff., 139, 199 f.

[28] Vgl. *Zorn*, Friedens- und Kriegsbündnisse, die Internationale Schiedsgerichtsbarkeit, die Idee des ewigen Friedens, in: Berolzheimer (Anm. 18), Bd. 2, 795–802.

[29] *Delbrück*, Internationale Gerichtsbarkeit. Zur Geschichte ihrer Entstehung und der Haltung Deutschlands, in: Zimmermann (Hrsg.), Deutschland und die internationale Gerichtsbarkeit, 2004, 13 (15). Vgl. auch *Holl*, Pazifismus, in: Brunner/Conze/Koselleck (Hrsg.), Geschichtliche Grundbegriffe, Bd. 4, 1978, 767 ff.

tens vor der Herausforderung, den Nachweis anzutreten, dass ihr Kosmopolitismus kein leeres, negatives Hirngespinst sei, sondern in der Entwicklung des europäischen Geistes seinen fest etablierten Platz habe. Schückings „Organisation der Welt" liegt dieses Bemühen ebenso zugrunde wie Wehbergs Geschichte des Europa-Gedankens, über die Hans Boldt im Vorwort schreibt: „Wehberg zeigt uns, welche Gemeinsamkeiten zwischen Europa, der Welt und Deutschland es im 19. und 20. Jahrhundert gab, von denen die wenigsten etwas ahnen. Es gilt einen Schatz zu heben, der zweifellos dazu beiträgt, einen europäischen Standpunkt über den Tag und die europäischen Alltäglichkeiten hinaus zu gewinnen".[30] Boldt macht damit deutlich, dass sowohl die Suche nach der „ratio abscondita" internationaler Organisation als auch die Suche nach einer über den Tagesstreitigkeiten und -notwendigkeit stehenden ideellen Orientierung den Blick des Pazifismus in die Geistesgeschichte motivierte. Die antinationalistische Stoßrichtung verdeutlicht auch Valentin, wenn er betont, „dass der Völkerbundgedanke ein Gemeingut der europäischen Nationen ist" und jede der großen europäischen Nationen ihren Anteil an seiner Entwicklung habe. Die damit angesprochene europäische „Familienhaftigkeit" habe der Nationalismus dahinschwinden lassen.[31] Zugleich dient ihm der Blick in die Ideengeschichte des Völkerbundes aber auch dazu, die internationale Organisation als lange erhobene und nun umzusetzende Forderung an die praktische Politik auszuweisen.

Mit diesem Motiv eng zusammen hängt eine Überlegung, die sich ebenfalls bei Schücking und Valentin, explizit vor allem bei Coudenhove-Kalergi aufzeigen lässt: eine den Frieden sichernde internationale (bzw. europäische) Organisation gehört nach den ideengeschichtlichen Rekonstruktionen der Friedensidee zu den ältesten Vorstellungen des europäische Geistes. Was schon die Antike als mit der Zeit herbeiführbar projektierte, was in den „Friedensrufen" von der Renaissance bis zur Aufklärung programmiert wurde und was durch Kant die Legitimation im Freiheitspathos – in des Wortes ursprünglicher Bedeutung – erfuhr, das muss nun endlich umgesetzt werden. Der Begriff und die Vorstellungswelt, mit der die „internationale Organisation" am Beginn des 20. Jahrhunderts gefasst wurde, macht ja durchaus Anleihen bei den Vorstellungen der industriellen Arbeitswelt. Friede ist durch politische Arbeit organisierbar – dies war das verbindende Bekenntnis des organisierten Pazifismus, und Schücking und Wehberg sprechen vom Völkerbund als von einer „Arbeitsgemeinschaft".[32] Die ideengeschichtliche Untersetzung dieses Bekenntnisses machte den Umkehrschluss plausibel, dass seine Nicht-Realisierung in einer Zeit, in der die Verwirklichung real möglich erscheint, irrational sei und „den Fortschritt der Kulturmenschheit" behindere.[33]

---

[30] *Boldt,* Vorwort, in: Wehberg (Anm. 2), 9.
[31] *Valentin* (Anm. 6), 3 f.
[32] Vgl. etwa *Schücking,* Der Bund der Völker. Studien und Vorträge zum organisatorischen Pazifismus, 1918.
[33] *Ibid.,* 154.

In Teilen haben diese Überlegungen zweifellos den Charakter des im europäischen Argumentationskanon wohlbekannten Autoritätsbeweises an sich. Zugleich weisen sie jedoch auf einen Grundzug der Friedensbewegung am Beginn des 20. Jahrhunderts hin, der im Frieden das verbindende Telos der europäischen Kulturentwicklung überhaupt sieht. Am deutlichsten wird dies vielleicht in der vielfach – nicht unberechtigt! – als „unbrauchbar" bezeichneten Studie über die Friedensidee von Samuel M. Melamed. Er geht den biblischen Ursprüngen der Friedensidee nach und konstatiert: „das Gattungsbewusstsein des Menschen und der Glaube an die Zukunft waren die Voraussetzungen der Friedensidee".[34] Hier sind in einer sehr allgemeinen Form die beiden Eckpunkte des Friedensdenkens im 20. Jahrhundert benannt: der kosmopolitische Gedanke von der Einheit der Menschheit hier und das mit dem Aufschwung der Naturwissenschaft im ausgehenden 19. Jahrhundert aufstrebende evolutive Fortschrittsdenken dort. Im Frieden scheint die Geschichte des Denkens der Menschheit zu seinem theoretischen Ziel gelangt zu sein, das nunmehr völkerrechtliche Umsetzung in der Praxis fordert.[35] Die Verbindung oder gar die Einheit dieser beiden Pole ist oft in Kants Schrift „Zum ewigen Frieden" hineingelesen und damit ihrerseits ideengeschichtlich dignifiziert worden – mit welchem Recht, sei hier dahingestellt.[36] Festzuhalten ist freilich, dass der Gedanke des Kosmopolitismus bzw. der internationalen Organisation als Telos oder notwendige Vervollständigung der europäischen Kulturentwicklung in seiner Verbindung mit dem technischen Fortschrittsdenken des frühen 20. Jahrhunderts ein lohnendes Forschungsthema für denjenigen darstellt, der den politischen Geist des 20. Jahrhunderts begreifen will.

Ein letztes, mit dem Hinweis auf den „Autoritätsbeweis" implizit bereits angesprochenes Motiv für die Ideengeschichte des Friedens in der ersten Hälfte des 20. Jahrhunderts ist eine spezifische Version des heutigen konstruktivistischen Grundsatzes „ideas matter". Wenn Hans Wehberg Kant, Guiseppe Mazzini und Victor Hugo als die „drei Fahnenträger" des Europagedankens bezeichnet und Schücking sich wieder und wieder auf „unser[en] größte[n] Philosoph[en] Kant" beruft,[37] dann impliziert dies durchaus eine bestimmte Theorie der historischen Wirksamkeit von Ideen. Ideen sind hier nicht als Ausdruck ihrer Zeit historisiert, sondern als wirkend, lenkend, orientierend, Wege weisend vorausgesetzt. Sie wirken dadurch, dass sie propagiert werden, damit Politiker und Meinungsführer durch sie beeinflusst werden und sich in ihrem Handeln von ihnen bestimmen lassen. Mit diesem Motiv schließt sich der Kreis insoweit, als es vielleicht am

---

[34] *Melamed,* Theorie, Ursprung und Geschichte der Friedensidee. Kulturphilosophische Wanderungen, 1909, 55. Zu den Urteilen über Melamed vgl. *ter Meulen* (Anm. 7).

[35] Vgl. *Schücking,* Der Dauerfriede. Kriegsaufsätze eines Pazifisten, 1917, 10 f.

[36] Vgl. dazu *Dicke,* „Das Weltbürgerrecht soll auf Bedingungen der allgemeinen Hospitalität eingeschränkt sein", in: ders./Kodalle (Hrsg.), Republik und Weltbürgerrecht 1998, 115–130; und *ders.,* Der Fremde als Weltbürger. Zur Tradition und Relevanz des Kosmopolitismus, in: Dummer/Vielberg (Hrsg.), Der Fremde – Freund oder Feind? Überlegungen zu dem Bild des Fremden als Leitbild, 2004, 43–54.

[37] *Wehberg* (Anm. 2), 13 f.; *Schücking* (Anm. 35), 45.

plausibelsten erklärt, warum sich der organisatorische Pazifismus im Übergang vom 19. zum 20. Jahrhundert mit hoher akademischer Energie der politischen Ideengeschichte des Friedens und des Kosmopolitismus zuwandte.

V. Schlussbemerkungen

Die vorstehende Skizze über die Entstehung der politischen Ideengeschichte des Friedens hat die Herausbildung einer heute zum festen Kanon der Politikwissenschaft gehörenden wissenschaftlichen Disziplin nachgezeichnet und geisteswissenschaftlich zu deuten versucht. Sie bedarf vielfältiger Ergänzung vor allem völkerrechtshistorischer Art, hat andererseits aber die eine oder andere wissenschaftshistorische und wissenssoziologische Hypothese formulieren können. Zugleich hat die Skizze aber auch gezeigt, dass die Herausbildung des in der Ideengeschichte des Friedens sich manifestierenden Friedensdenkens in der ersten Hälfte des 20. Jahrhunderts an spezifische gesellschaftliche und geistesgeschichtliche Bedingungen gebunden ist. Kann dieses Friedensdenken uns heute, unter neuen, von der Globalisierung diktierten Bedingungen noch etwas sagen, oder müssen wir warten, bis etwa die Betriebswirtschaft sich mit der Rationalität des Friedens in vergleichbarem Umfang befasst?

Jost Delbrück hat sich zumindest implizit im Blick auf den aktuellen Aussagewert von Kants Schrift „Zum ewigen Frieden" mit dieser Frage auseinandergesetzt. Er geht davon aus, dass in der Tradition des Friedensdenkens thesaurierte Vernunft vorliegt – Erfahrungen in der Geschichte, die neuerliches Denken in der Gegenwart anregen können. Aber er sieht eine Grenze: nicht theoretische Prognostik, sondern Hilfe zu eigener Prinzipienbildung schreibt er Kants Schrift – und dies darf man wohl auf die gesamte Geschichte des Friedensdenkens ausweiten – zu. „Prinzipien zu entwickeln, nicht aber praktische Handlungsanleitungen oder konkrete Entwürfe für die Umsetzung der genannten Prinzipien vorzulegen" – diese Aufgabe weist er der Ideengeschichte des Friedens zu.[38] Damit ist ein sich selbst bescheidender, gleichwohl aber ein eine enorm schwere Aufgabe beschreibender Anspruch an die Geisteswissenschaft formuliert: der Anspruch, zur Prinzipienbildung beizutragen. Dieser Anspruch bedarf des historischen Wissens, aber er setzt Fragezeichen, wo Wissenschaft sich eines politischen Plans gewiss zu sein wähnt. Dieser Anspruch weiß um den Wert historischen Wissens, aber auch um dessen Geschichtlichkeit. Und zugleich ist dieser Anspruch nichts weniger als theoretisch: Er zielt auf Maßstäbe zur Beurteilung jeweiliger politischer Praxis, und er hat die akademische Bildung als seine ureigene Praxis hervorgebracht. Die praktische Relevanz der Ideengeschichte des Friedens als akademischer Disziplin erweist sich damit – in der Praxis akade-

---

[38] *Delbrück*, „Das Völkerrecht soll auf einen Föderalism freier Staaten gegründet sein". Kant und die Entwicklung internationaler Organisation, in: Dicke/Kodalle (Anm. 36), 180 (184).

mischer Lehre. Nur in dieser Praxis – und insoweit ist das geisteswissenschaftliche Programm Diltheys alles andere als überholt – kann Ideengeschichte Wertvermittlung werden.

Rassendiskriminierung und Einbürgerung

Von Karl Doehring

Vor mehr als 30 Jahren veröffentlichte Jost Delbrück sein umfangreiches Werk über die Rassenfrage als Problem des Völkerrechts und nationaler Rechtsordnungen.[1] Der Autor sieht klar die entscheidenden Fragestellungen, verdrängt sie nicht und bleibt dennoch optimistisch. Inwieweit das gerechtfertigt war, mag der Betrachter der seither sich fortentwickelnden Rechtslage selbst beurteilen, doch kann wohl, objektiv gesehen, festgestellt werden, dass die immer stärker fortschreitende internationale Migration ein Ausmaß angenommen hat, das die Problematik verlagert, nämlich vom Schutz der Rassen vor Diskriminierung zur Frage des Schutzes von geschlossenen Rechts- und Kulturordnungen. Nimmt der eine Schutzbereich zu, verringert sich der andere. Es gilt ähnliches wie im Asylrecht; seine großzügige Gewährung verringert den Staatsschutz, genauer gesagt, den Schutz der Staatsbürger im überkommenen Sinne.[2] Dabei ergibt sich, dass in der bis heute bestehenden, internationalen Staatenwelt, jeder Staat letztlich sich primär selbst nur schützen kann und muss, während gleichzeitig ihm die Pflicht zum humanitären Schutz aller Weltbürger immer stärker auferlegt wird. Wie nun der einzelne Staat mit einer ihm immer mehr auferlegten Bürde fertig wird, bleibt sein Problem. Nicht einmal eine schon weit fortgeschrittene Europäische Gemeinschaft hat oder konnte hier wesentlich helfen.

Die Frage danach, ob Deutschland ein Einwanderungsland sei, wird von mancher Seite als gegenstandslos mit der Begründung angesehen, das sei doch längst der Fall. Dabei wird völlig übersehen, dass es wesentlich ist, ob ein Staat ein Einbürgerungsland sein will, oder ob er, durch welche Umstände auch immer, dazu gezwungen wird. Ähnlich wird festgestellt, unser Staatsvolk sei schon längst multikulturell zusammengesetzt. Daher sei die Frage müßig, ob Multikulturalität gewünscht sei. Auch hier fragt es sich, ob ein solcher Trend fortgesetzt werden soll, oder gar muß, oder ob es Gründe gibt, eine weitere Entwicklung in dieser Richtung abzuwehren.

Doch die politische Frage, was man wollen oder nicht wollen soll, ist nicht Gegenstand der nachfolgenden Betrachtung. Es geht hier darum, was der Staat darf oder nicht darf, weil das Völkerrecht Ge- oder Verbote enthält. Welche sind diese nun?

---

[1] *Delbrück*, Die Rassenfrage als Problem des Völkerrechts und nationaler Rechtsordnungen, 1971.
[2] *Doehring*, Asylrecht und Staatsschutz, ZaöRV 26 (1966), 33 ff.

Bis heute ist jeder Staat frei, allein zu entscheiden, ob er Einbürgerungen vornehmen will und nach welchen Kriterien das vorgenommen wird. Das Völkerrecht verlangt nicht einmal eine Begründung entsprechender nationaler Entscheidungen oder Vorschriften.[3] Diese Freiheit kann durch humanitäre Verträge eingeschränkt werden, etwa zur Erleichterung einer Familienzusammenführung, zur Vermeidung von Staatenlosigkeit oder aus anderen Gründen. Aber solche Verträge sind im Rahmen der Vertragsfreiheit freiwillig eingegangen. Verdichten sich solche Verträge zu völkerrechtlichem Gewohnheitsrecht, kann allerdings eine allgemeine Pflicht erzeugt werden. Doch das ist eine sehr eingehend zu prüfende Frage des Einzelfalles in Bezug auf einen bestimmten Vertrag.[4] Auch kann sich eine völkerrechtliche Pflicht aus Gewohnheitsrecht ergeben, wenn dieses durch die Staatenpraxis erzeugt ist. So könnte die grundsätzlich garantierte Freiheit der Staaten als eingeschränkt sich erweisen.[5]

Haben sich nun im Völkerrecht Rechtsnormen entwickelt, die die Freiheit zur Einbürgerung begrenzen, insbesondere im Hinblick auch auf die Grundlagen eines Verbots rassischer Diskriminierung? Allgemein gehaltene Verbote rassischer Diskriminierung finden sich so zahlreich in völkerrechtlichen Verträgen, insbesondere in Menschenrechtsverträgen, dass ein solches Verbot wohl Eingang gefunden hat in das allgemeine völkerrechtliche Gewohnheitsrecht. Aber die Grenzen des Verbotes bleiben unklar. Vor allem fragt es sich im hier behandelten Zusammenhang, ob und inwieweit die Einbürgerungsfreiheit betroffen ist.

Eine Feststellung ist vorab zu treffen. Der Tatbestand der Diskriminierung liegt nur vor, wenn eine Ungleichbehandlung in Bezug auf Rechtsnormen stattfindet.[6] Wenn kein spezielles Recht, insbesondere kein spezielles Menschenrecht betroffen ist, genügt nach einer immer mehr akzeptierten Auffassung die Verletzung des Gleichheitssatzes als einer Rechtsnorm. Aber diese Auffassung verschiebt nur das Problem, denn nun wäre zu entscheiden, was der allgemeine Gleichheitssatz gebietet. Das Gebot der Gleichbehandlung kann – in einem formellen Sinne – bedeuten, dass die Gleichheit bei der Gesetzesanwendung oder aber, dass die Gleichheit – materielle – verletzt ist, wenn das Gesetz selbst den Gleichheitssatz inhaltlich verletzt. Alles kommt dann darauf an, was nun der Gleichheitssatz aussagt. Die grobe Formel lautet, dass Willkür zu vermeiden ist, was dann nicht der Fall ist, wenn kein vernünftiger Grund für eine Ungleichbehandlung besteht.

Nun wäre also zu fragen, woran im Falle der Ablehnung eines Einbürgerungsantrages der Begriff der Willkür zu messen ist. Schon Georg Dahm hatte darauf hingewiesen, dass diese Feststellung auf außerordentliche Schwierigkeiten stößt.[7]

---

[3] *Jennings/Watts,* Oppenheim's International Law, 9. Aufl., 1992, 876.
[4] *Doehring,* Gewohnheitsrecht aus Menschenrechtsverträgen, in: Klein (Hrsg.), Menschenrechtsschutz durch Gewohnheitsrecht, 2002, 67 ff.
[5] Friendly Relations Declaration v. 24.10.1970, UNKB 24, 788, Prinzip 3.
[6] *Partsch,* Discrimination Against Individuals and Groups, in: EPIL, Bd. 1, 1992, 1079 ff.
[7] *Dahm,* Völkerrecht, Bd. 1, 1958, 500.

So meinte er, dass u. a. Willkür dann nicht angenommen werden könne, wenn ein Staat die Einbürgerung auf Personen beschränkt, von denen er erwartet, sie assimilieren zu können, was auf den berechtigten Grund hinweise, die eigene Kulturordnung vor Überfremdung schützen zu dürfen. Ähnlich hatte schon eine Resolution des Institut de Droit International im Jahre 1892 festgestellt,[8] dass einer der Gründe, die Zulassung von Fremden in das Staatsgebiet abzulehnen, auf der Besorgnis beruhen könne, es liege eine „différence fondamentale" der Sitten vor, oder eine „accumulation dangereuse d'étrangers". Auch hier wird der Selbstschutz der Kulturordnung eines Staates als nicht willkürlich gewertet.

Eine weitere Erwägung ist geboten. Ein subjektives Recht auf Einbürgerung kann das Völkerrecht nicht gewähren. Die Staatsgewalt jedes Staates verfügt über ein weites Ermessen bei einer solchen Entscheidung. Es könnte also nur darum gehen, die Grenzen dieses Ermessens zu bestimmen, bzw. um das Gebot pflichtgemäßer Ermessensausübung. Es ist nicht einmal anzunehmen, dass der Einbürgerungswillige ein subjektives Recht auf pflichtgemäße Ermessensausübung geltend machen kann. Denn auch hier ist, wie bei jeder Ermessensausübung, die Frage wesentlich, in wessen Interesse die Rechtsordnung eine Ermessensfreiheit zubilligt, d. h. wessen rechtlich geschütztes Interesse bei der Ermessensausübung zu beachten ist. Dabei ergibt sich, dass allein das Interesse des Staates maßgeblich sein kann, der über die Einbürgerung entscheidet. Eine Abwägung zwischen den Interessen des Individuums und denjenigen des Staates kann nicht gefordert werden. Wäre es anders, könnte die Abwägung im Einzelfall auch zu dem Ergebnis kommen, dass das staatliche Interesse zurückzutreten habe, was wohl kein Staat akzeptieren würde, denn es würde verkannt werden, dass der Staat in erster Linie die Interessen seines Staatsvolkes und dessen Schutz zu achten hat.[9] Für das deutsche Recht wird angenommen, dass, obwohl für die Ausübung des Einbürgerungsermessens öffentliche Interessen maßgebend sind, der Bewerber einen Anspruch auf fehlerfreie Ermessensausübung habe.[10] Das heißt jedoch nicht, dass dieses Einzelinteresse des Einbürgerungswilligen zu berücksichtigen ist, sondern es könnte auch bedeuten, dass nur Ermessensfehler, wie etwa die Interessenkollision des die Entscheidung vornehmenden Beamten, relevant sind. Es könnte u. a. ein Anspruch auf die Gleichbehandlung allerdings vorliegen, erzeugt durch Selbstbindung der Verwaltung als ständige Verwaltungspraxis. Offen bleibt hierbei natürlich, wie denn nun die Verwaltungspraxis inhaltlich ausgestaltet ist, bzw. gehandhabt werden müsse. Dass dieser Individualschutz, gewährt von einer besonderen Grundrechtsfreundlichkeit, auch eine Forderung des allgemeinen Völkerrechts sei, kann nicht angenommen werden. Ein Staat, der einen Gerichtsschutz

---

[8] Annuaire de l'Institut de Droit International, Bd. 12 (1892–94), 220.

[9] *Hailbronner,* in: Hailbronner/Renner (Hrsg), Staatsangehörigkeitsrecht, 3. Aufl., 2001, in Art. 8 STAG, Rn. 43 ff.: „Bei Erfüllung der gesetzlichen Voraussetzungen kann eine Einbürgerung erfolgen, wenn im Einzelfall ein öffentliches Interesse an der Einbürgerung festgestellt werden kann."

[10] *Hailbronner* (Fn. 9), Rn. 46 ff.

wegen der Ablehnung eines Einbürgerungsantrages nicht vorsieht und auch keinen Begründungszwang, begeht jedenfalls kein völkerrechtliches Delikt, es sei denn, er hätte sich vertraglich hierzu verpflichtet.[11]

Eine Pflicht zur Einbürgerung, bzw. ein Gebot, nicht zu diskriminieren, könnte sich aus völkerrechtlichen Verträgen ergeben. Es sollen hier nicht alle in Betracht kommenden völkerrechtlichen Verträge untersucht werden, denn es geht nur darum, ob die Ablehnung einer Einbürgerung aus Gründen der Rasse vertraglich ausgeschlossen ist. Im Wesentlichen ist daher das internationale Übereinkommen zur Beseitigung jeder Form von Rassendiskriminierung zu betrachten.[12] Dieser Vertrag bindet die Vertragspartner und von ihm kann aber auch nicht angenommen werden, dass sein Inhalt zum völkerrechtlichen Gewohnheitsrecht geworden ist.[13] Der Bestand eines gemeinsamen, überwiegenden Interesses der Staatengemeinschaft an der weltweiten Geltung dieses Übereinkommens kann nicht angenommen werden, insbesondere deshalb nicht, weil die Gebote, die zur Abgrenzung einer Diskriminierung gelten, in drastischer Art die Souveränität der Staaten beschränken würden. Auch sind Hinweise im Übereinkommen so emotional geprägt, dass man von einer klaren Konzeption kaum sprechen kann. So heißt es in der Präambel, „dass jede Lehre von einer auf Rassenbetrachtung gegründeten Überlegenheit einer Rasse" wissenschaftlich falsch und verwerflich sei. Diese Feststellung ist unsinnig. Soweit ethische Urteile zu der Annahme einer Überlegenheit führen würde, könnte dem nicht entgegengehalten werden, dass die „Wissenschaft" das Gegenteil erwiesen habe. Eine solche Feststellung kann sich ihrer Natur nach nicht mit Wertungen dieser Art befassen. Ganz das Gleiche würde gelten, wenn man trotz des Vorliegens eines Minderheitenschutzes die Frage „wissenschaftlich" behandeln wollte, ob bei Einwanderung mehr Integration zu fördern sei, was die Eigenarten der Minderheiten einschränken würde, oder mehr Minderheitenschutz, der die Eigenarten der Minderheiten weitgehend aufrecht erhalten würde.

Nun aber geht es um die Frage, wie das Übereinkommen zur Vermeidung von Rassendiskriminierung sich zur Einbürgerung verhält. Vorab sei bemerkt, dass die Feststellung rassischer Unterschiede von dem Übereinkommen vorausgesetzt werden muss, worauf schon hingewiesen wurde. Würde man solche Unterschiede ernstlich leugnen, bedürfte es des gesamten Übereinkommens nicht.

Auf den ersten Blick sieht es so aus, als bestehe hier völlige Neutralität des Übereinkommens, indem es die Frage der Einbürgerung ausklammert. In Art. 1 des Übereinkommens heißt es (Nr. 3), dass es nicht die nationalen Vorschriften

---

[11] Zur Rechtsvergleichung s. *Giegerich/Wolfrum* (Hrsg.), Einwanderungsrecht – national und international, 2001.

[12] Übereinkommen gegen Rassendiskriminierung v. 7.3.1966 (BGBl 1969 II, 961).

[13] Auch *Wolfrum*, Völkerrechtliche Rahmenbedingungen für die Einwanderung, in: Giegerich/Wolfrum (Hrsg.) (Fn. 11), 19 (29), spricht nur von einer Bindung der Vertragsstaaten.

über Staatsangehörigkeit und Einbürgerung berühre. So scheint die Frage der Einbürgerung ausdrücklich nicht als Gegenstand der Rassendiskriminierung gewertet zu werden und also aus dem Geltungsbereich des Übereinkommens ausgeschlossen zu sein. Schwer verständlich aber ist dann die Einschränkung, dass Staatsangehörigkeit und Einbürgerung doch Gegenstand des Abkommens sein sollen, wenn sie sich gegen die Angehörigen eines bestimmten Staates richten. Wenn damit gemeint sein sollte, dass bei der Ausübung des Einbürgerungsermessens ein bestimmter Staat, dessen Staatsangehörige nicht berücksichtigt werden, so nicht diskriminiert werden darf, fragt man sich, wie denn die Rassendiskriminierung dabei involviert sein soll, was also eine solche Bestimmung im Geltungsbereich der Konvention für eine Bedeutung haben kann. Rasse und Staatsangehörigkeit sind, insbesondere bei fortschreitender Migration, völlig verschiedene Kategorien. Es ist dazu geäußert worden, dass diese Bestimmung in Verbindung mit Art. 5, d, iii auszulegen seien, wonach Rassendiskriminierung u. a. nicht das Recht auf Staatsangehörigkeit verletzen darf.[14] Daraus wird die Schlussfolgerung gezogen, dass dann, wenn ein Staat, was sicherlich eine Ausnahme ist, ein Individualrecht auf Erwerb der Staatsangehörigkeit zuerkennt, dieses Recht nicht aus Gründen der Rasse aberkannt werden darf, also eine Einbürgerung erfolgen muss, wenn es ein Recht darauf gibt.[15] Es verstoße daher gegen das Übereinkommen, wenn nationale Einbürgerungsvorschriften bestimmte Staaten oder Staatengruppen unter das Gebot von Quotenregelungen stellen. Diese Schlussfolgerung aber ist unverständlich. Die Regelung des Übereinkommens wäre nur dann verständlich, wenn vermieden werden soll, dass unter dem Deckmantel der Staatsangehörigkeit letztlich eine Rasse betroffen bzw. getroffen werden soll. Doch das gibt weder der Wortlaut des Übereinkommens, noch sein Sinnzusammenhang her. Art. 5, d, iii kann nur meinen, dass eine Staatsangehörigkeit, zu Recht erworben, nicht wegen Rassenzugehörigkeit aberkannt werden darf. Ein subjektives Recht auf Staatsangehörigkeitserwerb kennt das allgemeine Völkerrecht nicht. Es ließe sich durch Verträge begründen, wie z. B. zur Vermeidung der Staatenlosigkeit von Kindern, die nach dem *ius soli* behandelt werden sollen. Hier dürfte dann schon aufgrund des Art. 5, d, iii die Einbürgerung des Kindes nicht wegen Rassenzugehörigkeit ausgeschlossen werden.

Aus allem ergibt sich, dass das Übereinkommen ein Verbot nicht begründet, bei Einbürgerung sei eine Ablehnung des Antragstellers wegen Rassezugehörigkeit zu berücksichtigen. Käme man zu einem gegenteiligen Ergebnis, hätte das abstruse Folgen. Jeder Einbürgerungswillige würde sich auf irgendeine Rassenzugehörigkeit berufen und damit die Grenze der Ermessensfreiheit des einbürgernden Staates immer enger ziehen. Jeder Staat müsste sich hüten, überhaupt noch einzubürgern.

---

[14] Übereinkommen (Fn. 12), Art. 5, d, iii.
[15] *Wolfrum* (Fn. 13), 29.

Wenn es Rassenunterschiede gibt – es wurde schon darauf hingewiesen, dass ohne diese Annahme ein Diskriminierungsverbot sinnlos würde –, dann können Unterschiede, die mit einer bestimmten Rassezugehörigkeit verbunden sind, nicht unbeachtet bleiben. Wenn einem Staat vorgeworfen werden sollte, er diskriminiere eine bestimmte Rasse, könnte eingewendet werden, die fremde Rasse per se werde gar nicht abgelehnt, sondern es seien bestimmte Eigenschaften dieser Rasse, die man in der eigenen Rechts- und Kulturordnung nicht akzeptieren möchte, und von denen man vielleicht annimmt, dass sie auch durch Integration nicht einzuschränken seien. Ein einprägsamer Vorgang mag das erläutern. Das Landgericht Frankfurt hatte folgenden Fall zu entscheiden. Ein Türke hatte seine Frau mit 48 Messerstichen getötet. Sein Motiv war letztlich, dass er Ungehorsam seiner Frau ihm gegenüber nicht ertragen könne. Seine Frau hatte sich von ihm wegen brutaler Misshandlungen getrennt. Für die Richter des Landsgerichts stellte sich die Frage, ob auf Totschlag oder Mord zu erkennen sei. Der Mordtatbestand wurde dann nicht angewendet, weil man das Vorliegen „niedriger" Beweggründe verneinte. Der Angeklagte sei so fest mit seinem anatolischen Kulturgut und den dort herrschenden Überzeugungen verbunden, dass er außerstande sei, die deutsche Bewertung dieses Handlungsantriebes als „niedrig" nachzuvollziehen. Der Bundesgerichtshof hob diese Entscheidung auf.[16] Es komme nicht darauf an, ob der Angeklagte nach Maßgabe seiner Kulturordnung sein Verhalten nicht als durch niedrige Beweggründe motiviert betrachte, sondern wesentlich sei, dass er habe erkennen müssen, was in dieser Hinsicht das deutsche Recht aussagt. Dann aber macht auch der Bundesgerichtshof eine bemerkenswerte Einschränkung. Es könne nämlich sein, dass „bei einem ausländischen Täter, der den in seiner Heimat geltenden Anschauungen derart intensiv verhaftet sei, dass er deswegen die in Deutschland gültigen abweichende sozial-ethische Wertung seiner Motivation nicht in sich aufnehmen ... könne." Für diesen Fall hält offenbar auch der BGH das Vorliegen niedriger Beweggründe für nicht gegeben und daher auch nicht den Tatbestand des Mordes. Im hier behandelten Zusammenhang ergibt sich nun die Frage, ob die Abweisung von Einbürgerungsanträgen der Angehörigen einer bestimmten Rasse dann keine Diskriminierung bedeute, wenn der einbürgernde Staat der Auffassung ist, zwar sei nicht die Rasse ein Hinderungsgrund, aber doch eine so feste Verwurzelung ihrer Mitglieder in ihrer eigenen Kultur- und Rechtsordnung, dass nicht angenommen werden könne, sie würden unter Aufgabe ihrer Besonderheiten sich der Ordnung des einbürgernden Staates eingliedern. Läge dann Rassendiskriminierung vor? Wird diese Frage bejaht, ergäbe sich auch bei der Ermessensausübung der Einbürgerungsbehörde eine Ermessensgrenze besonderer Art. Müsste die Behörde prüfen, wie tief im Einzelfall die fremde Kulturordnung im Einbürgerungswilligen verfestigt sei? Zu wessen Lasten ginge – i. S. der objektiven Beweislast – die Unaufklärbarkeit dieser Frage? Man sieht, zu welchen Problemen es führen würde, wollte man ein Verbot rassischer Diskriminierung bei der Entscheidung über Einbürgerungsanträge annehmen.

---

[16] BGH v. 28.1.2004, NJW 2004, 1466 ff.

Anything New Under the Sun?
Trying to Design a New Legal Institution to Deal with Biomedical Advance

By Roger B. Dworkin

I. Introduction

Jost Delbrück's decades of contributions to the once virgin field of international law have been pathbreaking. In a sense all his work has been about the question of whether something new – real law on an international stage – could bring order to a troubled world.

The question of new law or new approaches to law exists domestically as well as internationally. As technology develops and values are challenged, the question of whether existing institutions are adequate to deal with a "Brave New World" becomes ever more pressing. Nowhere is this more the case than with the rapid developments in biology, medicine, and biotechnology.

Developments that only a few years ago seemed startling and fraught with difficulties – surrogate motherhood, life-sustaining technologies, organ transplantation, etc. – already seem almost old hat despite the fact that society is far from having figured out how to deal with them. Today all attention is focused on cloning, stem cell research, and gene therapy as individuals and nations seek to reap the enormous potential benefits of these newly emerging technologies while avoiding their physical and ethical hazards.

In attempting to strike the benefit-hazard balance persons and nations naturally look to law. Yet, as I have argued elsewhere, our legal institutions are highly imperfect, and often the effort to resolve difficult bioethical dilemmas through law does more harm than good.[1] I have previously developed the idea that in confronting social issues posed by biomedical advance we should start from the recognition that human beings can never get things right, and that our task should be to try to get them as little wrong as possible.[2] This requires accepting the hard to swallow notion that in law half a loaf is not only better than none, but is also usually better than a whole one. It requires adopting an attitude of modesty about

---

[1] *Dworkin,* Limits: The Role of the Law in Bioethical Decision Making, 1996.
[2] *Id.*

our ability to solve bio-social problems and requires both the adoption of prudent circumspection in the use of law and careful matching of legal institutions with particular social problems to see which institutions are likely to be able to deal best (least badly) with which particular problems.

Matching institutions to problems reveals several interesting things. For example, if the issues posed by a scientific or technological development do not require conduct control, do not require scientific sophistication, and do require subtle, fact-based differentiations, then a common law approach is likely to be the most successful.[3] Comparing the common law's remarkable success in handling the legal issues posed by artificial insemination with the woeful failures of both actual and model legislation in the area makes the point.[4]

On the other hand, serious efforts to control behavior cannot come from the common law. They require either legislation or administrative law-making. Yet legislatures and administrative agencies are not without their flaws. Legislation is no more likely than common law adjudication to be based on scientific sophistication. Legislation is often the product of politics rather than careful policy analysis. It is general and across-the-board, which means that it is unlikely to make subtle, but important factual distinctions. It is slow to make and slower to remake, which means that it runs the risk of freezing technology at a given moment. It promises, but does not deliver certainty because of the vagaries of language and judicial interpretation, and to the extent that it does provide certainty, that is likely not to be an advantage unless the certain solution also turns out to be a good one.[5]

Administrative agencies offer more scientific expertise than legislatures or common law courts, but this too is not an unmixed blessing. First experts are likely to be the persons who work in a field, so that reliance on them leads to the well-known phenomenon of capture in which the persons or groups to be regulated end up regulating themselves. Second, no legal problem can properly be solved by persons with one kind of expertise. Legal problems are social problems, and excessive deference to scientific experts is likely to lead to regulation that pays too little attention to social, economic, ethical, and other issues. Administrative agencies are able to deal in broad terms by adopting regulations and in narrow, fact-centered ones through adjudication. This dual ability is an enormous benefit. However, the agencies are susceptible to many of the problems of legislation, not only because they must be created by the legislature and are dependent upon it for their funding, but also because administrators are no more prescient or omniscient than legislators are.[6] They also cannot avoid the problems with judicial lawmaking because their work is often subject to judicial review.[7] In addition, administrative

---

[3] *Id.* at 7 *et seq.,* 69, 170.

[4] See *id.* at 61 *et seq.*

[5] See *id.* at 10 *et seq.*

[6] See *id.* at 14 *et seq.*

[7] See *id.* at 19; see generally, *Aman/Mayton,* Administrative Law, 1993, 447 *et seq.*

agencies, which were designed to be fast and informal, are slow, formal, and cumbersome in accomplishing their tasks.[8] Finally, agencies are staffed by politicians and bureaucrats who are generally insulated from public attention and control,[9] a situation that calls their utility, not to mention their legitimacy, into question.

In the United States the ultimate legal response is constitutional adjudication, an approach that combines the worst features of national legislation and common law adjudication. It is national, theoretically principled law, which is made by scientifically unsophisticated judges on a case by case basis, often without the guidance of even plausibly helpful constitutional text. The costs of constitutional mistakes are high and long lasting, and as I have developed at much greater length elsewhere, the likelihood that constitutional law will be the best way to deal with an issue posed by biomedical developments is very small indeed.[10]

All of this raises the question of whether one or more new legal institutions can be created to overcome the shortcomings of existing institutions in dealing with social issues raised by biomedical developments. Occasionally, suggestions for new institutions, such as the so-called Science Court, have been made,[11] and some bodies that could be called legal institutions have been used in various ways in attempting to deal with bio-social problems.[12] I shall discuss these efforts after I explore the characteristics that a new legal institution would need to have to constitute an improvement over existing ones.

Before describing the ideal attributes of a new legal institution, it is important to emphasize two points. First, any new institution should be designed to supplement, not to replace existing institutions. Sometimes common law, legislation, administrative law, constitutional adjudication, and various combinations of them work adequately. What is necessary is to identify the specific kinds of problems for which they are inadequate and the reasons for their inadequacy. Then it will be possible to consider whether one can design one or more new institutions to overcome specific shortcomings.

Second, this paper represents an inquiry, not a proposal. Indeed, as the reader will see, I have come to the tentative conclusion that no institution that meets our needs can be designed and put into service. This leads to the further conclusion that sometimes the search for solutions in law, rather than ethics and other social control mechanisms, will be fruitless. The purpose of this article is to begin a dis-

---

[8] See *Dworkin* (note 1), 15.

[9] *Id.* at 14.

[10] *Id.* at 15 *et seq.*, 22 *et seq.*, 170 *et seq.*

[11] See, *e.g.*, *Kantrowitz,* The Science Court Experiment, 13 no. 3 Trial (1977) 48; *Martin,* The Proposed Science Court, Mich. L. Rev. 75 (1977), 1058.

[12] *E.g.*, various blue ribbon panels, see text accompanying nn. 31–36, *infra;* institutional review boards, see text accompanying nn. 22–30, *infra;* hospital ethics committees, see text accompanying nn. 17–21, *infra;* and what I have called, an "expert town meeting", *Dworkin,* Science, Society, and the Expert Town Meeting, S. Cal. L. Rev. 51 (1978), 1471.

cussion. If nobody talks about anything until they think they have solved all the problems, many important matters will never be discussed. In this spirit I shall state frankly what I see to be problems with creating a new institution, problems that I think render the task impossible. My hope is that others with more imagination will prove me wrong.

II. Characteristics of a New Legal Institution

Human cloning is an example of an emerging technology that poses social issues that existing institutions are not likely to be able to deal with satisfactorily. Some issues posed by human cloning are typical legal issues that can be dealt with adequately by common law courts. For example common law courts can respond to claims that persons have been injured by cloning experiments. Even tricky questions like whether there should be a cause of action for being born or being born in a particular condition[13] and the extent to which emotional damages ought to be compensated,[14] have reasonably significant common law pedigrees. Similarly, family law problems raised by cloning are the kinds of problems courts have handled for centuries, and there is no reason to think they cannot continue to do so in this new context.

However, family law and compensation issues are not the essence of the debate about cloning. The critical questions are whether human cloning should be permitted, and, if so, for all or only some purposes and with what regulations, guidelines, and safeguards. Looked at from a different perspective the question could be whether and to what extent cloning should actually be promoted by the legal system. These are questions our existing legal institutions are inadequate to answer.

Cloning is a rapidly developing technology that requires considerable scientific sophistication to understand. However, as the technology is still in its infancy, even leading scientific experts do not have the knowledge or understanding to be able to answer questions about the technology's ultimate benefits and drawbacks. This means that decisions either to prohibit cloning or to leave it unregulated or to encourage it are likely to be unsound. Enacting legislation to ban a technology that may prove very fruitful because of fears about possible harms may deprive society of important benefits for no good reason. On the other hand, allowing or encouraging a potentially dangerous new technology because it may offer benefits runs the risk of imposing damage on society for no good reason. Therefore,

---

[13] Compare, *e.g.*, Becker v. Schwartz, 386 N.E.2d 807 (N.Y. 1978); Dumer v. St. Michael's Hosp., 233 N.W.2d 372 (Wis. 1975); Elliott v. Brown, 361 So.2d 546 (Ala. 1978); Gildiner v. Thomas Jefferson Univ. Hosp., 471 F. Supp. 692 (E.D.Pa. 1978), with Harbeson v. Parke-Davis, Inc., 656 P.2d 483 (Wash. 1983); Procanik v. Cillo, 478 A.2d 755 (N.J. 1984); Turpin v. Sortini, 182 Cal. Rptr. 337 (Sup. Ct. 1982).

[14] See, *e.g.*, Howard v. Lecher, 397 N.Y.S.2d 363 (Ct. App. 1977).

legislation, which is unlikely to be able to paint with a fine brush; doing nothing; or simply funding cloning all seem ill advised. Certainly taking an extreme position – there is a right to engage in human cloning, or human cloning violates the Constitution – in the face of scientific ignorance would make no sense at all. Common law adjudication, which is ill-equipped to obtain or use scientific expertise, is also unlikely to be satisfactory, and the inability to deal in a sophisticated way with science is yet another reason that constitutional adjudication will not succeed.

In addition to its inability to deal competently with matters of science, the common law is inadequate to deal with cloning issues for yet another reason. The basic question about cloning is whether and to what extent to permit or encourage it. That is, any legal response must be well-suited to achieve conduct control. The common law, which makes fact-based decisions after activities have already occurred, is not an efficient conduct controller. Yet legislation, which is better for controlling conduct, is inappropriate for reasons already discussed.

Administrative agencies, as we know them, are also not up to the task of dealing with the social issues posed by cloning. At bottom the question of what to do about cloning, a technology that may or may not be useful and that may or may not be hazardous, is an ethical question.

When people discuss the potential hazards of cloning, they are talking about more than physical hazards. At the moment, human cloning to produce children seems to create unacceptable physical hazards to the clones.[15] However, I assume that such hazards can eventually be reduced or eliminated. Even if they are, though, hazards will still remain.[16] Questions exist about what human cloning will do to our view of children and human beings generally. Will we come to view human beings as products with a resulting loss of dignity and cheapening of the value of life? What psychological dangers does human cloning pose for persons who will know that they are manufactured twins of an older relative? Is cloning an inappropriate use of a person as a means rather than an end? If so, is that always the case because every clone will have been created to serve some goal of previously living persons, or is it only the case sometimes, for example, if a clone is created to provide an organ for transplantation to a previously living person? What impact will cloning have on family life and on relations between the generations? What will it do to the size of the world's population? Is it appropriate to attempt to make genetic copies of "great" people? If so, how many, and who is to decide who is great enough to be reproduced? If market value becomes the measure of greatness, we will be awash in rock musicians and basketball players; if popular will is the standard, our electoral follies may be revisited upon us an infinite number of times; if perceptions throughout history are any guide, Hitler, Stalin, and Mao were all considered great in some societies for some periods of

---

[15] *President's Council on Bioethics,* Human Cloning and Human Dignity: An Ethical Inquiry, in: BioLaw, 2002, Vol. 3, 329 *et seq.*

[16] See generally, *id.* at 330.

time. Finally, if cloning is to be permitted, who is to have access to it, only those who can afford it? If so, will cloning guarantee the creation of a society divided between an increasingly powerful genetic elite and a permanent genetic underclass?

The fact that these questions exist does not provide answers to them. Commodification of human beings, psychological problems for clones, use of persons as means, changes in family life and generational relations, population growth, reproducing great persons, and the creation of a genetic underclass may not occur or may be worth the cost if the benefits are great enough. Some of them may even be desirable or be viewed as desirable by some responsible persons.

The existence of these questions demonstrates that remitting cloning issues to one or more administrative agencies would be inappropriate. First, agencies are staffed by bureaucrats, persons with one kind of expertise, and politicians. They are largely immune from public control. Sound resolution of the social issues posed by cloning requires multiple kinds of expertise (at least scientific, economic, sociological, and ethical), decision-making based on the merits, rather than political concerns, and the involvement of ordinary persons (nonexperts) to assure legitimacy.

Second, administrative agencies are subject to the will of the legislature, which both creates and funds the agency. This again constrains the agency, reduces the range of its options, and increases the likelihood of political, rather than merit-based decision making.

Third, agency procedure is hopelessly slow and complex, and agency actions are subject to judicial review, thus slowing them down even more and increasing the chance of decision making rooted in scientific ignorance. Dealing well with the issues cloning raises requires the ability to respond quickly to changes in technology and perceptions and to the recognition of new or newly proved benefits and hazards. It requires an ability to correct mistakes quickly and to assure that the mistakes that will inevitably be made are the cheapest mistakes possible.

What then are the characteristics of cloning issues that make our existing institutions inadequate? First, the issues are largely dependent on the resolution of uncertainties that are based on rapidly changing, scientific facts. Only experts can understand the facts, and even they are unlikely really to understand them because the technique is so new. Second, even though the issues are scientifically fact-dependent, they are not scientific issues, but ethical issues, which require ethical as well as scientific expertise to resolve and which require policy making involvement from ordinary people. However, ordinary people's usual way to be involved in policy making, the legislature, is unlikely to deal well with the issues because of legislative lack of both scientific and ethical sophistication, the vagaries of politics, and the legislature's inability to paint with a fine brush. The need to paint with a fine brush, making subtle, fact-based decisions is crucial because of the range of issues involved, the unlikelihood that one answer will prove best for all of them, and the importance of assuring that legal mistakes do as little harm as possible. Yet the common law, which is usually the best institution for making fact-based decisions whose mistakes are cheap and easy to fix, cannot work here because of judges' lack of scientific understanding and the common law's inability to control conduct. The issues are too complex and multi-faceted to be dealt with by persons with one kind of expertise and whose decision-making legitimacy may be questioned. Finally, the issues are characterized by deep ethical divisions about which no constitutional text has anything even plausibly relevant to say and which have nothing to do with the nature and structure of government.

Cloning is typical of developments that raise issues for which none of our institutions has adequate competence. Given that, it is relatively easy to describe the characteristics that a new institution to deal with such problems should have. It is harder to describe such an institution and to design it and fit it into the governmental framework.

Any new institution designed to deal with new developments in biomedicine must be staffed in part by persons with expertise in the relevant scientific disciplines. This means that if there is only to be one such institution, it must have a large pool of scientific experts from which to draw. For example, issues posed by cloning and by end of life decision making involve quite different science.

Second, because the science is new and evolving, a new institution must be staffed in large part by persons who are sophisticated enough about relevant science to be able to read and understand scientific literature and to recognize gaps in scientific knowledge, but who are not themselves members of the relevant scientific community that is to be considered for possible regulation. In addition, some distance from the relevant field is necessary to avoid "capture."

Third, the issues to be resolved are social-legal issues with a scientific dimension, not scientific issues. That means that the institution must not be captured by science any more than it is captured by scientists. It must be staffed in large part by persons who are trained in the policy arts, by which I mean at least law, political science, economics, sociology, philosophical ethics, and public administration.

Fourth, in order to have legitimacy the institution must be staffed in part by ordinary persons, that is persons who have expertise in neither science, nor the policy arts. These persons must be strong enough not to be overwhelmed by the scientists' and policy artists' claims of expertise, and they must be independent enough not to turn into bureaucrats.

Fifth, the institution must be able to achieve conduct control. That means it must be able to act in advance, not merely respond to problems that have arisen. However, unlike a legislature, it must be able to react on a small scale, to paint with a fine brush, because ignorance and conflicting values will often make comprehensive responses unsound.

Sixth, the institution should have a number of responses available to it. These should include positive responses, like providing funding, as well as negative responses like punishment and regulation.

Seventh, the institution must be able to act quickly to keep pace with rapidly changing science and to correct its own mistakes.

III. Older Models

Some new institutions already exist or have been proposed to deal with biosocial and similar issues. Hospital ethics committees, various blue ribbon advisory panels, Institutional Review Boards that are part of the review process for dealing with research with human subjects, and the proposed, but rejected, Science Court all deserve consideration.

1. Ethics Committees and Institutional Review Boards

Since the Supreme Court of New Jersey gave official sanction to the use of hospital ethics committees in legal decision making about allowing patients to die,[17] such committees have become a regular part of the hospital landscape.[18] As the committees are typically appointed by hospital administrations and receive their authority from the administration, the trustees, or the medical staff, they differ widely in membership, functions, and powers.[19] Typically, they are comprised of physicians, nurses, other health professionals, hospital administrators and/or trustees, a lawyer, an expert in ethics (often a member of the clergy), and one or more ordinary persons.[20] They may develop policies to recommend to the hospital staff, administration, or trustees; retrospectively consider cases that have occurred in the hospital, and comment on how well the issues were resolved; and/or consider pending cases, either to make recommendations or to require a certain resolution.[21]

Institutional Review Boards (IRBs), which must exist at every institution that receives federal research funding,[22] are similar in many ways. IRBs are appointed by the administration of the university or other recipient of federal funds. They are made up mostly of members of the staff of the institution (faculty members, for example).[23]

---

[17] *Matter of Quinlan*, 355 A. 2d 647, 668–69, 671 (N J.), *cert. den. sub nom.* Garger v. New Jersey, 429 U.S. 922 (1976).

[18] Eighty percent of American hospitals have standing ethics committees. Maryland Healthcare Ethics Committee Network, available on the Internet: www.law.maryland.edu/maryhealth/MHECN/ (last visited, 30 September 2004).

[19] See, *e.g., id.;* University of Washington, Ethics in Medicine, available on the Internet: eduserv.hscer.washington.edu/bioethics/topics/ethics/html (hereinafter, Washington Ethics) (last visited, 30 September 2004).

[20] Washington Ethics (note 19).

[21] *Id.*

[22] C.F.R. Part 46 (2003).

[23] *Id.,* § 46.107.

Thus, the majority of the members can be assumed to be committed to the research endeavor. Members represent a variety of disciplines. In addition there must be at least one member from outside the institution.[24] IRBs must approve research that involves human subjects before the research can be funded or approved.[25] Their consideration must be based on specific criteria, which are embodied in federal regulations.[26] Research with certain vulnerable subjects (children,[27] pregnant women,[28] fetuses,[29] prisoners[30]) is subject to a second level of review at the national level. The IRBs have no authority or budget to actually fund research. They are merely one necessary hoop that funding applicants must jump through in their search for support.

The most attractive feature of ethics committees and IRBs is their ability to seek consensus decision making in relatively informal settings in which representatives of multiple disciplines are involved. However, they have shortcomings that make them inadequate as models for dealing with social-scientific issues more broadly.

First and most importantly, both ethics committees and IRBs lack legitimacy. They are appointed by interested parties. Putting "a lawyer," or "an ethicist," or "a consumer" on a board or committee achieves little if the attorney, ethicist, or consumer is hand picked for the post. Moreover, no reason exists to believe that the lawyer or ethicist possesses the widest range of relevant legal or ethical expertise or the willingness or ability to share all relevant considerations with the board or committee. The consumer representative may have little relevant knowledge, and may well be cowed by the experts in the group, thus rendering him or her mere window dressing. Moreover, at least a lawyer on a board or committee appointed by an organization is likely to feel an obligation to act like a lawyer and keep the institution out of trouble, and the other members of the group may expect that. Such a relationship with the appointing authority is unlikely to lead to getting socially optimal policy making advice from the lawyer.

Second, both institutions lack sufficiently diverse memberships to regularly produce sound policy. A pool of representatives from every relevant discipline is needed. A handful of representatives from a few scientific disciplines plus a lawyer and an ethicist won't do. Where are representatives of other sciences and of economics, public administration, etc.?

Third, neither ethics committees nor IRBs have sufficient power or broad enough mandates to be general policy makers. IRBs can often prevent research

---

[24] *Id.*, § 46.107(d).
[25] *Id.*, § 46.109.
[26] *Id.*, § 46.111.
[27] *Id.*, §§ 46.401–09.
[28] *Id.*, §§ 46.201–07.
[29] *Id.*
[30] *Id.*, §§ 46.301–06.

from going forward by preventing it from being funded; they cannot promote it or deal with the social questions it raises. Ethics committees have ambiguous mandates. Sometimes all they can do is recommend future action or criticize actions after the fact. Neither IRBs nor ethics committees have the power to paint with a broad brush and to make overarching science policy.

Thus, while the new proposed institution can learn from the consensus model of decision making and multi-disciplinary approach of IRBs and ethics committees, such institutions are ultimately too limited in authority, expertise, and legitimacy to be adequate models for overall science policy making.

2. Blue Ribbon Panels

Like ethics committees and IRBs, blue ribbon panels, which have been widely used in the bioethics area, are inadequate responses to the limitations of existing legal institutions. Typified by the National Bioethics Advisory Commission,[31] numerous select bodies have been appointed to make recommendations for science policy and science law. Perhaps the best known and most successful of these groups, The President's Commission for the Study of Ethical Problems in Medicine and Biomedical and Behavioral Research, issued an influential series of reports dealing with matters as diverse as end of life decision making, assisted reproduction, and research with human subjects.[32] More recently, variously named bodies have been convened to consider cloning, stem cell research, and other biosocial issues.[33]

While some of these blue ribbon bodies have made major contributions, and while those who appointed them often deserve credit for seeking expert input, blue ribbon panels are ultimately not much of an addition to the legal armamentarium. First, such bodies have no power. All they can do is make recommendations to the legislature or the executive, who are free to ignore the recommendations or run them through highly flawed legislative or administrative processes.

Second, they have no legitimacy. They are appointed without public consultation. At best they are undemocratic; at worst, they are tools to "launder" political decisions by making them appear to have been reached after consultation with disinterested expert groups. This can be accomplished in at least two ways. First, the appointing group may have already decided what to do, and may attempt to

---

[31] The Commission was established in 1995, and its authority expired in 2001. See web site: bioethicsgeorgetown.edu/nbac (last visited, 26 September 2004).

[32] *President's Commission for the Study of Ethical Problems in Medicine and Biomedical and Behavioral Research*, Summing Up, Final Report of March 1983, available on the Internet: www.bioethics.gov/reports/past_commissions/summing_up.pdf.

[33] The most important of these is The President's Council on Bioethics which was created by executive order on 28 November 2001, available on the Internet: www.whitehouse.gov/news/releases/2001/11/20011128-13.html (last visited 26 September 2004).

manipulate the blue ribbon body into recommending what has already been decided. That is what the Carter administration did, for example, with a group that was theoretically to make recommendations about extending and providing funding under the National Sickle Cell Anemia, Cooley's Anemia, Tay Sachs, and Genetic Diseases Act.[34] Second, the appointing authority may appoint a body whose members are thought to be sympathetic to the appointer's point of view and then replace members whose actions on the blue ribbon body disappoint the appointer. This is what the George W. Bush administration has been accused of doing with the current President's Council on Bioethics.[35]

Third, almost by definition, because they are created to make general policy recommendations, blue ribbon panels lack the ability to deal with specific cases. They can paint with a broad brush, or they can recommend that matters be left to someone who can paint with a narrow one; but they cannot do the fine, detail work of solving real cases themselves.[36] Thus, blue ribbon panels are not the answer to the search for new legal institutions to deal with social issues posed by rapid change in biology and medicine.

3. The Science Court

Perhaps the most ambitious effort to provide a new institutional response to biosocial developments was the proposed Science Court[37]. The Science Court was to be a body that dealt with the factual, scientific questions that had to be resolved in order to make sound social policy about emerging issues. When a social question with a scientific dimension arose, the legislature or court confronted with the issue, was supposed to submit the question to the Science Court for resolution. The Science Court, which was to be comprised of scientists, was to answer the scientific question and send the answer to the court or legislature. The latter body would then make the necessary policy judgment based on scientific reality and enact an appropriate statute, decide the case before it, or whatever.

The Science Court had several virtues. It recognized that social questions posed by science are multi-dimensional questions, and it did not pretend that sound answers could either ignore or be dictated by science. It incorporated experts into the legal decision making process, but it made them *part* of the process. It did not

---

[34] Pub. Law 94-278 (1976). The assertion in the text is based on the author's personal experience at a Public Meeting sponsored by the Public Health Service Genetics Coordinating Committee in Bethesda, Maryland, 7–9 December 1977.

[35] See Union of Concerned Scientists, Scientific Integrity in Policy Making, 2004.

[36] Of course, they can propose and "solve" hypothetical cases, but these will never offer the richness or detail that real cases offer. Moreover, the blue ribbon body may not even imagine the real problems that will arise. That is a regular problem of advance policy making. It depends on imagination rather than reality.

[37] See generally, *Kantrowitz* (note 11); *Martin* (note 11).

allow them to take it over. By making that limited use of experts, the Science Court also retained the legitimacy that existing institutions possess by leaving ultimate law-making authority to established courts and legislatures.

Nonetheless, the Science Court was ultimately an unsound idea, and it has not been pursued. First, the Science Court proposal assumed that it is possible to separate questions of value or policy from questions of fact. That assumption is incorrect. All questions, including the question of what questions to ask, are mixed questions of fact and value. Therefore, the belief that the scientific component of a legal question could be separated from the policy component was fundamentally flawed. Second, the proposal paid too little attention to the selection and qualification of the experts who were to comprise the court. Third, it ignored the fact that scientific knowledge is constantly changing so that a decision made on the basis of today's best scientific understanding may turn out to be based on incorrect or outdated information. Fourth, to the extent that there is such a thing as scientific truth, it cannot be decided by majority vote in any area, much less a newly emerging one. For some questions scientific consensus or orthodoxy exists. That is no assurance that the orthodox view is correct. For emerging areas, like stem cell research and cloning, it is too early even for orthodoxy. Yet the proponents of the Science Court, while they called for controlling the power of scientists by withholding from them policy making power, nevertheless gave scientists too much power by allocating them absolute control over deciding questions of so-called scientific fact. Suppose that our courts and legislatures had made decisions on the basis of judgments from a Science Court staffed with the most eminent experts of their day to deal with the social issues posed by the theories of Galileo or Copernicus or Lamarck, or on the 1920s' understanding of race and eugenics. The results would have been catastrophic. Fourth, human beings lack the imagination even to know when science poses legal issues. How many people would have thought in the early days of Mendel's work that his studies of sweetpeas might be relevant to criminal moral responsibility and employment discrimination? And finally the proposal provided no answer about what to do if a court or legislature wilfully refused to follow the Science Court's decision or misunderstood and therefore misapplied it.

While the proponents of the Science Court are to be praised for their intentions and for their recognition of the importance of procedure in the science-legal process, their suggestion, unfortunately, was seriously flawed.

IV. Creating a New Institution

As no existing or previously proposed legal institution is adequate to deal with social issues like those posed by cloning and similar biological and medical developments, an entirely new institution is needed if the law is to make a significant contribution to resolving the issues. As noted above, the institution must have a large pool of scientific experts upon which to draw; it must be staffed in part by persons with scientific sophistication who are not part of the scientific community that is being considered for possible regulation; it must be staffed in part by persons with expertise in the policy arts; it must be staffed in part by strong-willed, independent ordinary persons (persons who are not experts in either science or the policy arts); it must be able to act in advance of behavior, like a legislature, but be able to do so in individual cases as well as in sweeping strokes; it must have multiple responses, both positive and negative, available to it; and it must be able to act quickly to keep pace with science and to correct its own mistakes.

The first thing that should be apparent is that we lack persons to adequately staff an institution with the characteristics noted. In the United States ordinary people understand almost nothing about science.[38] That means that they either react with ignorance to social questions posed by scientific developments or they defer excessively to persons who claim to be experts. Neither response bodes well for developing sound science policy.

In addition, even persons educated in relevant fields are likely to be too narrowly trained to contribute maximally to science policy formation. Scientists who know little or nothing about law, politics, and philosophy, and economists who don't know the difference between congenital and genetic anomalies are also not the ideal persons to create and administer legal responses to scientific movement.

Thus, the first thing that we need is a massive educational effort at several levels. Beginning in the elementary schools and continuing throughout college everyone in an educational setting must be taught science at the highest level possible for the particular audience. They also must be exposed to education about the nation's legal and political systems at a level beyond the clichés and patriotic platitudes they now receive. In addition, universities must create, expand, and promote programs to educate persons to a high level of sophistication in *both* one or more sciences and the policy arts. That is, we need physicians and persons with Ph.D. level knowledge in biology, chemistry, physics, etc., who also have graduate level familiarity with law, politics, economics, philosophy, etc.; and we need Ph.D. philosophers, economists, etc. and fully trained lawyers with graduate level understanding and reading ability in one or more scientific subjects.

If ordinary people are not scientifically ignorant and if they *understand* something about law, politics, etc., they will be able to contribute substantively to policy debates and policy formulation about science and society issues, and they are less likely than they now are to be cowed by experts. If the experts themselves

---

[38] See, *e.g.*, *Moore*, Public Understanding of Science – and Other Fields, American Scientist Online (1998), available on the Internet: www.americanscientist.org/template/assetDetail/assetid/30745. A National Science Foundation report states that as many as one-third of Americans believe in astrology, that about one-half believe in ESP, that one-third to one-half believe in UFOs, that one-fifth to one-half believe in haunted houses and ghosts, faith healing, communicating with the dead, and lucky numbers. National Science Foundation, Indicators 2000, Chapter 8, available on the Internet: www.nsf.gov/sbe/srs/seind00/access/c8/c8s5.htm.

have broader understanding, they too are likely to make better substantive contributions and to be more effective than they now are at balancing the views of those with other kinds of expertise.

Unfortunately, the kind of educational reform I am proposing will take decades to bear fruit. We cannot wait that long to deal with social questions posed by science. If we are to have a new institution, we should try to create it now, staff it as well as we can, and do our best until the educational system catches up However, the lack of adequately educated persons and the need for massive educational reform are the first indicators that creating a new institution may not be feasible.

The institution I envision bears similarities to administrative agencies, hospital ethics committees, and institutional review boards, but it would be different than any of them. For lack of a better name let us call the institution the Science Policy Board (SPB), although what it is called is not very important.

The SPB should have a broad membership. It should include a pool of scientists, a pool of policy artists, and a pool of ordinary persons. Some mechanism must exist to select persons from each pool to deal with problems that are presented to the Board. Perhaps a triumvirate of one person from each pool could select the teams or panels. Each panel should contain an equal number of persons from each pool, selected to reflect the expertise needed to confront a particular issue.

How the panels should proceed would be dictated in part by the issues they confront. A few things, however, are clear. First, the panels must be able to deal with the full range of questions presented by an issue. One problem with the earlier proposed Science Court was that its projected job was to resolve questions of scientific fact, leaving questions of social policy to Congress or others. As noted before, it is impossible to separate questions of fact from questions of value or policy. Even what level of certainty is required as a precondition to action, is a question of policy – judgment about which kinds of mistakes will be least bad for the society.

Second, the panels would need the authority to act on their own, not simply to make recommendations. A properly constructed SPB would contain both a full range of relevant expertise and legitimating popular membership. No other institution would be as well equipped to resolve questions of science policy. Moreover, once the SPB had dealt with an issue, remitting the question to another body would be needlessly costly and would waste time. If someone were dissatisfied with a panel's decision, appeal should be available to a larger group of the SPB. That would assure that the appellate body is as well qualified to resolve the issue as the panel was, and it would also economize somewhat on time by avoiding the necessity to repeat in an altogether independent forum the scientific proof and social arguments that had already been made once. This means that judicial review of SPB decisions should not be available. In the United States this is a truly radical thought and one that is anathema to most lawyers. However, the SPB would only deal with issues that none of our existing institutions, including the courts, is competent to handle. Therefore, submitting SPB decisions to the courts for review would be to shift decision making from a competent to an incompetent body. The SPB, through its protections against capture and its inclusion of the legitimating force of the involvement of ordinary persons, reduces the dangers that usually make judicial review necessary. Nonetheless, the commitment to judicial review may be too strong and too important to overcome.

The SPB and its panels should be able to resolve both particular disputes and general regulatory issues. That is, they should be authorized, like administrative agencies, both to regulate and to adjudicate. The same requirements for broad expertise and legitimacy apply to both regulation and adjudication. Moreover, sound social policy sometimes requires painting with a broad and sometimes with a narrow brush. An appropriate institution ought not to be disabled from one essential kind of lawmaking.

To succeed, the SPB would need a broad range of responses available to it. It would have to be authorized to prohibit and regulate conduct and to impose sanctions on those who disobey its mandates. However, it also would need the authority to promote desirable developments. That means that it should either have a sufficient budget to become an independent source of funding, or it should have the authority to require funding sources to direct monies in particular ways.

Finally, the SPB would need to be able to act quickly to correct its own mistakes and to keep pace with scientific advance. This requires careful consideration of the relative importance of reaching substantively desirable decisions and of consistency.

1. Staffing

To be successful the SPB should consist of three pools of persons, (1) scientists, (2) policy artists, and (3) ordinary persons. What the qualifications of the members of each pool should be, and how the members of the pools should be selected are difficult questions. The only way the questions can be addressed is to ask what the reason for the appointments is and to select members whose appointment would most nearly serve the purpose.

a) Qualifications

aa) Scientists

The purpose of having scientists on the SPB would be to assure that the Board is able to understand as well as humanly possible the scientific considerations relevant to particular social policy issues. This includes having the ability to understand what is not known, as well as what is known, and to appreciate degrees of scientific uncertainty.

In addition the scientist members of the SPB must be aware that they are dealing with social questions, not scientific ones. They must be literate in one or more of the policy arts and appreciate that social decisions based on a single kind of expertise are unlikely to be sound.

Given the wide range of science relevant to social issues, the scientific pool would have to be quite large. However, it is unlikely that any individual member would be called upon to sit on many disputes during any given year. Therefore, in order to have the best talent available serve on the SPB while not wasting scientists by having them do nothing for long periods of time, membership in the scientific pool should be a part-time, not a full-time obligation. Conflict of interest rules would be needed to assure that scientists' other commitments did no affect their judgment. The part-time nature of the appointment would also help to assure that the scientists did not become bureaucrats, but rather remained active researchers with the independence that comes from not having to rely on a governmental appointment for their livelihood.

Each scientist member should have a Ph.D. in a science or a relevant professional degree, like an M.D. While a categorical requirement for specific degrees may seem problematic, it should be acceptable where the requirement represents the universally accepted standard for scientific expertise, which is the *raison d'être* for inclusion in the pool. After all, who would invalidate a university's insistence that members of its physics faculty hold the Ph.D. degree in physics?

In addition, in order to make the scientist members of the SPB maximally useful in contributing to social policy formation, they should have some fairly sophisticated exposure to one or more of the policy arts. Insisting on this may be unrealistic until the educational reforms suggested earlier have been achieved. For now, the appointing authority should look for distinguished scientists with as much exposure to the policy arts as feasible and with minds that are open to nonscientific expertise.

bb) Policy Artists

The policy artists are a more difficult group to identify and select than the scientists. While any given issue before the SPB may raise questions about multiple scientific disciplines, most would raise issues that can be competently dealt with by a person with one kind of scientific training. Alternatively, if different kinds of expertise are needed, they should be relatively easy to identify. For example, what uses of atomic energy to permit requires expertise in physics, medicine, and agricultural ecology. The relevant team can be assembled.

On the other hand, only the most arrogant or foolish person would suggest that any social problem can be well handled by resort to only one of the policy arts.

How can a social issue be intelligently resolved unless knowledgeable persons can deal with its economic, social, political, organizational, philosophical, and legal dimensions? Yet, it is not feasible to staff every SPB panel with an economist, a sociologist, a political scientist, a public administration expert, a philosopher, and a lawyer – not to mention an anthropologist and a representative of every other discipline that might legitimately claim to have something to contribute. How is the field to be narrowed?

Before narrowing the pool to work on particular issues, the members of the entire pool must be selected. This raises the relatively easy issue of credentials. Whatever their discipline, the policy artists must be as qualified as the scientists. That is, each of them must possess the Ph.D. in his or her discipline or an appropriate professional degree, like the J.D.

Narrowing can begin by noting that sometimes it will be possible to ascertain which policy arts are most relevant to a particular issue. For example, cloning for research[39] raises few sociological, anthropological, or political organization issues. Therefore, the policy artist or artists who sit on the relevant SPB panel need not include a sociologist, political scientist, or public organization specialist. To the extent that a discipline is incorrectly eliminated or that it has enough to contribute that it ought to be considered, the SPB panel could commission studies or reports from experts and, of course, read the existing literature. After all, the panels are supposed to make informed decisions, not to rely on their general backgrounds and their intuition.

Once the credentialing requirement has been met and the basic narrowing has occurred, actual appointment to a panel should be a function of two things: the particular expertise of the individual members of the pool and the interdisciplinary education of all the members. If the issue is research cloning, and one of the philosophers in the pool has studied and written on that subject, while another has studied and written primarily about death and dying, the cloning expert is obviously to be preferred. Most importantly, however, problems of selection can be addressed by insisting that all members of the pool be interdisciplinary in training and/or experience. For example, if both law and economics are relevant to a problem, a lawyer or an economist who is a law and economics scholar will be more useful than a lawyer or an economist who lacks that interdisciplinary outlook. If both, law and sociology, political science, history, etc. are relevant, the appointers should look for law and society scholars, whatever their primary discipline. Remember, the critical point is breadth of outlook accompanied by depth of expertise. In that regard, it goes without saying that the policy artists must be at least scientifically literate, respectful of the scientific method, and open to the contribution that science can make to policy formation.[40]

---

[39] Not cloning to create children.

[40] I do not mean to suggest that social science is not science. For purposes of this paper, however, when I use the term, "science", I am referring to the natural and physical sciences.

cc) Ordinary Persons

The third group of members of the SPB would be "ordinary persons." "Ordinary" is a difficult word. It can mean typical, even average, or it can mean undistinguished. I do not use the term here in either of those senses. By "ordinary persons" I simply mean persons who are not experts in either science or the policy arts.

Participation by nonexperts is important for two reasons. First, no body of experts, however well balanced, can be counted upon to make sensible decisions. It is easy to imagine a panel of eggheads trying to decide how many stem cells can balance on the head of a pin. One need not be a romantic admirer of the rustic or a populist to understand that common sense is a virtue in short supply and of great value. There must be room for it in any sound science policy making body.

Second, representation by nonexperts would be essential to give the SPB legitimacy. Improving decision making does not mean sacrificing the virtues of democracy. Appointed philosopher and scientist kings are likely to prove just as dangerous as anointed hereditary ones.

Who then would these ordinary persons be? In order to perform their function they would have to be intelligent, sophisticated, literate in both science and the policy arts, hard-working, open minded, and strong willed. They do not have to have specific credentials. I can imagine finding such persons not only in the ranks of business executives, school teachers, and librarians, but also among farmers, labor union activists, community organizers, independent shopkeepers, technicians and mechanics, etc. Neither a college education, nor any particular training is required to be savvy.

Nonetheless, there is an element of elitism in this suggestion. Chronically unemployed persons, good souls with low intelligence, and others are unlikely to be able to stand up to the experts or to make sophisticated enough judgments to contribute meaningfully to the science policy process. While this may sound offensive when stated plainly, it obviously reflects the will of all the people: How many members of the groups I have mentioned do the people elect to represent them at any level of government?

Perhaps the most important traits of the ordinary members of the SPB would be a combination of strong will and open mindedness. Many persons are cowed or unduly respectful of those who know or appear to know more than they do about a subject. If the ordinary persons on the SPB just went along with what the experts suggested, they would not contribute to the venture, and having them on the SPB would be empty symbolism. On the other hand, there is a difference between not being easily or inappropriately swayed and being open to rational persuasion. Zealots need not apply. The abortion controversy would not have been handled any better by having right-to-life and pro-choice advocates yell at each other in an SPB meeting or by selecting an SPB panel to include advocates of only one of the two sides than it has been handled by our existing legal institutions.

A related point is that the ordinary persons should not be representatives of any special group. The idea is not to "balance" the SPB by including, for example, both providers and consumers of a service or technology. It is to achieve the most satisfactory solution for the society at large. For example, fathers of children with Down Syndrome could be heard by the SPB, but they are too likely to have a one-value focus to be the best members of the SPB. Just as the lawyer who represents him or herself has a fool for a client, so too the SPB that decides cases in which its members have an interest will make foolish decisions. Obviously, political criteria, such as membership in a particular political party (or efforts to balance party representation) or previous commitment to a particular view on a contested issue would be unacceptable.

b) Selection

How could members of the SPB be selected? Neither the electoral, nor the political appointment process seems likely to produce members who meet the suggested criteria. Yet the members must come from somewhere. Perhaps an appointive process that shares authority among the fifty states and the federal government may be as close to satisfactory as can be devised.

The Secretary of Health and Human Services and the most nearly equivalent administrative official of each state could each be authorized to make a number of appointments. That would have the effect of reducing the likelihood that one political party could stack the Board as it is likely that some states will have Republican and some will have Democrat chief health and science officers. Once appointed, each pool – scientists, policy artists, and ordinary persons – should elect its own appointive committee to make appointments to particular panels.

Members should serve staggered terms so that over time the likelihood that one political party will be able to control the SPB will be reduced. In making appointments to particular panels, the appointive committees would have to function under certain constraints. There must be assurances that members are appointed to serve within their actual areas of expertise, and there must be requirements that imposed both under- and over-utilization rules so that no one became a *de facto* science czar, and no one was blackballed because of his or her views.

This appointment suggestion is far from ideal as it fails to entirely remove politics from the process and it smacks of an effort to balance political representation. Nonetheless, if the criteria for appointment to the pools and for each panel and the rules to prevent over- and under-utilization are well drafted, these problems may be reduced. However, the problem of appointment may be a major stumbling block and may be one factor that renders the idea of an SPB unworkable.

2. Full Authority

Within the area of its jurisdiction the SPB would need the authority to act on its own, to act determinatively, and to act finally. That means it would have to be authorized to act without being requested to do so, that it should have the full range of authority needed to respond to all the social aspects of a problem, and that its decisions should not be subject to review by some other legal institution.

a) Self-Starting

If the SPB cannot become involved with a problem until its assistance is requested, it will lose much of its value. Each problem before it will also be before some other law making or law applying body. That means that time and money will be wasted through duplication of effort; that problems will come to the Board in terms coined by somebody else, which may not be the best terms; and that the problems that disqualify common law courts, legislatures, administrative agencies, and constitutional courts from dealing with some kinds of social problems posed by science will also beset the SPB. Therefore, within the area of its jurisdiction, the SPB must be able to act without being requested to do so.

That creates two enormous problems, (1) defining the SPB's jurisdiction, and (2) overcoming the limits of human foresight.

aa) Jurisdiction

The SPB would be to resolve social issues posed by science or by scientific advance. What does that mean? In a sense all social problems are posed by science because natural phenomena determine the situations in which humanity finds itself. However, a more useful approach for our purposes may be to think of "social issues posed by science" as issues raised by formal efforts or proposed efforts of persons who are self-consciously engaged in the pursuit of scientific or technological study, experimentation, design, or implementation.

Even so narrowed, however, the definition poses enormous problems. If the SPB's jurisdiction over issues posed by science is to be exclusive, then battles over what qualifies as such an issue will occur between the SPB and other institutions. If the SPB is made the arbiter of such questions, that is, if it is to decide its own jurisdiction, then the danger that it will swallow the other organs of government and become the self-anointed dictator of the nation may be real. If it is not to be the judge of its own jurisdiction, or if it is not to have sole authority over social issues posed by science, then it will have only limited utility for solving the shortcomings of our other institutions.

The easiest way to solve the problem of deciding the SPB's jurisdiction would be to have the SPB only authorized to act in specific areas that have been narrowly defined by some other institution like the legislature. But that would defeat the principle of self-starting. The conflict between the principle of self-starting and the determination of jurisdiction may render any effort to create an SPB futile.

bb) Human Foresight

One of the many reasons that legislation is often inadequate to deal with scientific advance is that legislators, like all law makers, are human. In theory legislatures can act prospectively. In reality legislators must recognize that a problem exists in order to deal with it.

Members of the SPB would, of course, be human beings too. Their imaginations would also be limited. The fact that two-thirds of the SPB would be made up of persons with relevant kinds of expertise, might make the SPB better than a legislature at foreseeing the future, but it would not make it perfect. To some extent any institution will follow, rather than anticipate change. Thus, it would be foolish to believe that the SPB could overcome all the problems of the law's efforts to keep pace with science. Despite the slogan about a government of laws, not of [persons], all governments are governments of persons in the sense that all legal institutions are designed, run, and staffed by human beings. The limitations of humanness cannot be overcome.[41]

b) Full Range of Action

In order to overcome the problems inherent in existing institutions' efforts to deal with science, the SPB would need a full range of authority. That means that it would have to be able on its own not only to prohibit conduct that it decided was inimical to the public welfare, but that it must also be able to resolve disputes and to encourage and even require conduct that it decided was important to the public welfare. What good would it do for the SPB to decide, for example, that cloning for research or certain kinds of stem cell research should proceed because they are vitally important to society if an administration that opposed such cloning or research could simply withhold the funding needed to permit it or restrict access to stem cell lines?

However, like self-starting, full action is very problematic. First it would require that the SPB have an enormous budget or the power to require Congress to make certain appropriations. The first approach raises the question of where the budget would come from. The second raises extraordinary problems of separation of powers.

---

[41] Unless the SPB fails to stop the take-over of society by artificial intelligence. This science fiction scenario I leave for others.

For that matter, even negative authority, like the power to prohibit research cloning or stem cell research, would pose separation of powers issues. Just as Congress must authorize administrative agencies to take action, somebody must authorize the SPB. A constitutional amendment would probably be necessary. That unappetizing prospect would probably have the effect of making creation of the SPB take so long that the educational reforms I have suggested could have begun to be effective by the time the SPB existed.

As unattractive as the constitutional amendment process is, at least an amendment to create an SPB would be about the nature and structure of government, which is the domain of the Constitution,[42] as opposed to efforts to regulate the definition of marriage, for example, which trivialize the very nature of a constitution.

c) No Judicial Review

One of the major problems with administrative agencies is that after they have expended often enormous amounts of time resolving problems committed to them, their resolution may be second guessed by courts.[43] It is true that courts adopt a deferential attitude toward the review of agency actions,[44] but review is still expensive and time consuming, and it does sometimes result in reversing administrative action. If some of the goals of an SPB are to speed and reduce the cost of decision making, then judicial review handicaps it in achieving those goals. If an even more important goal is reaching decisions that are the best humanly possible by using a carefully selected membership with great flexibility of response, then judicial review is even more clearly at odds with that for all the reasons that make courts less than ideal decision makers about issues posed by scientific advance. Therefore, if the SPB is to succeed, its decisions must not be subject to judicial review.

However, judicial review is a vitally important component of the American legal system. It protects constitutional values, which are the fundamental values of the nation, even when momentarily existing majorities would abandon them. It prevents agencies from exceeding their jurisdiction. It prevents them from carrying out political agendas under the guise of fact-finding and expertise as it did, for example, when the Reagan-era Department of Health and Human Services sought to compel the treatment of even the most hopelessly compromised newborns.[45]

In theory the SPB would be less likely to exceed its jurisdiction and make illegitimate political decisions than other bodies of government because of its

---

[42] See *Dworkin* (note 1), 53.
[43] *Id.* at 15.
[44] *Aman/Mayton,* Administrative Law, 1993, 447–49.
[45] See Bowen v. American Hosp. Ass'n., 476 U.S. 610 (1986).

unique composition, comprising scientific and policy expertise and popular representation. Nonetheless, its members would be human. Mistakes and improprieties would be inevitable. Therefore, rejecting judicial review of SPB actions would be a dangerous and extreme course to pursue. On balance its advantages may not be great enough to outweigh its dangers. If that is the case, and if SPB actions must be judicially reviewable, that may be yet another reason to believe that efforts to create an SPB will be futile.

3. Speed and Consistency

A final difficulty in creating an SPB is that in order to achieve its goals, the Board must be able to act quickly and decisively in a manner that recognizes the particular factual circumstances of each situation it addresses. The idea is to get *this* problem resolved as close to correctly as possible and as quickly as possible. That suggests that the Board ought not to follow any principle of *stare decisis*.

One of the most fundamental characteristics of science is that it changes very quickly. The law must act similarly quickly for its decisions to make any sense and to avoid being a roadblock on the path to progress. Moreover, rapid change makes it relatively unlikely that situations that are truly analogous to previously decided ones will arise, so that looking for analogies is likely to be wasteful of time and effort, to lead to strained interpretations, and to hinder rather than help the decision making process. Therefore, in deciding what to do in particular situations, the SPB should evaluate the particulars of the situation without considering earlier decisions.

On the other hand, *stare decisis* is vitally important. It is not some trivial and meaningless slogan.[46] *Stare decisis* serves many purposes. Some of them are relatively unimportant in the science policy arena. For example, reliance on precedent serves goals of stability and predictability. Neither of these is very important when dealing with social issues posed by scientific advance. First, such problems are new. There is no stability to maintain. Second, if the SPB worked as it should its actions would precede actions taken in expectation of what it would do. Speed would be one of its purported virtues, and speed reduces the importance of predictability. Nobody should be able to claim reliance on the actions of the SPB for two reasons. It will act before anyone could reasonably rely, and by rejecting *stare decisis* it will have alerted those who might otherwise rely on it that reliance is unreasonable.

However, other reasons that support *stare decisis* make it less easy to abandon. First, *stare decisis* is one of our most important protections against human fallibility. It forces modesty and consideration of what other intelligent, well-motivated

---

[46] For a lengthy, if flawed, discussion of the values of *stare decisis,* see Planned Parenthood v. Casey, 505 U.S. 833 (1992) (opinion of O'Connor, Kennedy, and Souter, JJ.).

decision makers have done. Freeing a decision maker from the demands of respect for the decisions of others increases the likelihood of error and increases the dangers of arrogance and pursuit of political agendas.

Second, and even more importantly, *stare decisis* serves the fundamental principle of justice that like cases should be decided alike. It is all well and good for me to assert that given the speed of scientific advance, analogous situations are unlikely to arise, but I am human too. My assertion is a supposition, not a fact. Suppose truly analogous situations do arise, how can any decent system of lawmaking decide the same problem one way today and the opposite way tomorrow? I have suggested that representation by ordinary persons is important to legitimacy. *Stare decisis* also is important to legitimacy.

If the SPB must reject *stare decisis* to be effective, and if rejection of *stare decisis* is arrogant, dangerous, and illegitimate, then another reason not to create an SPB exists.

V. Conclusion

None of our existing legal institutions is adequate, alone or in combination, to deal with the social issues raised by biomedical advances like cloning. These are issues that are characterized by (1) the need to resolve uncertainties based on rapidly changing, scientific facts; (2) deep-seated ethical conflicts that require both policy experts and ordinary persons to contribute to their resolution; (3) the need to simultaneously resolve narrow issues in particular situations and broad issues of general policy; (4) the absence of any plausibly relevant constitutional text; and (5) questions that are unrelated to the nature and structure of government.

A new institution to deal with such issues would need the following characteristics: (1) staffing in part by persons with a high level of sophistication in relevant areas of science; (2) staffing in part by scientists who are not involved in the type of work being considered for regulation; (3) staffing in part by persons with a high level of sophistication in the policy arts; (4) staffing in part by ordinary persons; (5) the ability to control conduct both in specific situations and in general; (6) the availability of a number of responses, both positive and negative; and (7) the ability to act quickly to keep pace with science and to correct its own mistakes.

It is implausible to believe that such an institution can be created now for several reasons. First, we lack persons who are adequately educated to staff the institution, and the educational reforms necessary to provide such persons would take decades to bear fruit even if they were already in place and not as controversial as they would undoubtedly be. Second, any method of selection of members of the institution would run the risk of being sufficiently political to defeat the need for an institution that can proceed strictly on the merits. Third, a conflict exists between the new institution's need to act on its own and the need to determine its jurisdiction. This problem is exacerbated by the limits of human foresight and the difficulty of defining what one means by a social issue posed by science. Fourth, in order to be maximally effective, the new institution must have a full range of action available to it. That poses insuperable problems of budget and separation of powers. Finally, it is both essential and intolerable for the new institution to be able to proceed without judicial review of its actions.

If no existing institution can deal with issues of the type discussed here, and no new institution can be created to deal with them, that suggests that a range of issues exists as to which legal responses are bound to be unsatisfactory. If that is so, then nothing could be more salutary than for the citizenry to be reminded that law is one tool of social control, but not the only one, and that one cannot make law to control everything one is concerned about.

Families, schools, churches, professional organizations, benevolent associations, charities, and philosophical ethics all have contributions to make to dealing with social issues. Sometimes the best law will be no law, and if sometimes law and the other institutions of social control all fail, freedom may have something to recommend it after all.

Beutekunst – Die letzten deutschen Kriegsgefangenen[*]

Von Tono Eitel

I. Begriffe

Die – treffende – Metapher der Überschrift habe ich 1998 auf der Washingtoner Konferenz über Holocaust-Vermögenswerte gehört.[1] Dort ging es vornehmlich um Kulturgüter aus vormals jüdischem Besitz, die ein wichtiger Sonderfall der allgemeinen Beute- und Raubkunstproblematik sind.

Es hat sich in Deutschland ein Sprachgebrauch eingebürgert, nach welchem „Beutekunst" deutsche Kulturgüter sind, die noch im Ausland, vor allem bei zwei unserer östlichen Nachbarn, festgehalten werden. „Trophäenkunst" ist ein Unterfall dieser Beutekunst, nämlich Kulturgüter, die zu und nach Ende des Zweiten Weltkrieges durch sowjetische „Trophäenkommissionen" oder „-brigaden" aufgespürt, sequestriert und in die Sowjetunion abtransportiert wurden. Beute- und Trophäenkunst ist gemeinsam, dass sie meist zunächst in Depots von Museen, Bibliotheken oder Archiven verschwanden, geheimgehalten und erst nach der Wende Anfang der 90er Jahre zögernd ans Licht der Öffentlichkeit gebracht wurden.

„Raubkunst" schließlich sind Kulturgüter, die durch Deutsche im Inland bei Verfolgten des Naziregimes, insbesondere Juden, oder generell im besetzten Ausland beschlagnahmt oder auf zweifelhaftem Wege erworben wurden, mithin der Rückgabe unterlagen oder noch unterliegen. Die Rückgabe von Kulturgütern aus jüdischem Eigentum, soweit sie sich noch in Bundesbesitz befinden, hatte die Bundesregierung auf der oben erwähnten Washingtoner Konferenz zugesagt. Diese Zusage wurde ausdrücklich auch auf ins Ausland gelangte und von dort als

---

[*] Der Beitrag gibt die persönliche Meinung des Verfassers wieder.

[1] a) Dokumentiert in: *Bindenagel* (Hrsg.), Washington Conference on Holocaust-Era Assets, November 30 to December 3, 1998, Proceedings, US Government Printing Office, 1999; ferner in: Beauftragte der Bundesregierung für Kultur und Medien (BKM) (Hrsg.), Handreichung vom Februar 2001, 4. Aufl., 2003, 27 ff.

b) Siehe zur deutschen Teilnahme an der Konferenz *Eitel,* „Nazi-Gold" und andere „Holocaust-Vermögenswerte"; zu den beiden Konsultationskonferenzen von London (2. bis 4.12.1997) und Washington (30.11. bis 3.12.1998) in: Epping/Fischer/Heintschel von Heinegg (Hrsg.), Brücken bauen und begehen – Festschrift für Knut Ipsen zum 65. Geburtstag, 2000, 57–75.

c) Es war der amerikanische Kunstmäzen Ronald Lauder, Vorsitzender der „Commission for Art Recovery", der die Rückkehr der „letzten Kriegsgefangenen" forderte, *Bindenagel* (Hrsg.), (Fn. 1 a), 468.

Beutekunst in Zukunft zurückzugebende Kulturgüter aus jüdischem Eigentum ausgedehnt.² Ein Jahr später konnte die für den Bundesbesitz ausgesprochene Rückgabezusage in einer gemeinsamen „Erklärung" auch auf Werke im Besitz der Länder und Kommunen erweitert werden.³ Mit dieser Erweiterung steht die ganz überwiegende Mehrheit der deutschen Museen und ähnlicher Institutionen unter dem Versprechen der Restitution Juden abgenommener Raubkunst. Auch bezüglich nicht-jüdischer Raubkunst besteht deutscherseits eine weitgehende und immer wieder praktizierte Rückgabebereitschaft.

Der hier und andernorts verwandte Begriff der „Kulturgüter" („cultural properties", „biens culturels") ist eigentlich recht vage. Es ist daher gelegentlich versucht worden, ihn präziser zu fassen. Artikel 56 der Anlage zum Haager Abkommen betreffend die Gesetze und Gebräuche des Landkrieges vom 18.10.1907 (Haager Landkriegsordnung – HLKO)⁴ schützt unter anderem „Werke der Kunst und der Wissenschaft", indem er unter anderem ihre „Beschlagnahme ... untersagt" und solche Beschlagnahmen sogar „geahndet" sehen will. Artikel 1 der Konvention zum Schutz von Kulturgut bei bewaffneten Konflikten vom 14.5.1954⁵ zählt zum geschützten Kulturgut unter anderem „Kunstwerke, Manuskripte, Bücher und andere Gegenstände von künstlerischem, historischem oder archäologischem Interesse sowie wissenschaftliche Sammlungen und bedeutende Sammlungen von Büchern, Archivalien oder Reproduktionen des oben bezeichneten Kulturgutes". Artikel 1 schließlich des UNESCO-Übereinkommens über Maßnahmen zum Verbot und zur Verhütung der unzulässigen Einfuhr, Ausfuhr und Übereignung von Kulturgut vom 14.11.1970⁶, dessen Ratifizierung durch Deutschland derzeit vorbereitet wird, definiert Kulturgut als „das von jedem Staat aus religiösen oder weltlichen Gründen als für Archäologie, Vorgeschichte, Geschichte, Literatur, Kunst oder Wissenschaft besonders wichtig bezeichnete Gut, das folgenden Kategorien angehört" (es folgen mehr als 15 Gebiete, von zoologischen Exemplaren über Antiquitäten und „Gut von künstlerischem Interesse" bis zu Steuermarken, Archiven und Möbelstücken, die mehr als 100 Jahre alt sind). Die Bezeichnung als

---

² In Washington wurde eine – empfehlende – Erklärung zur Rückgabepraxis verabschiedet, in: *Bindenagel* (Hrsg.), (Fn. 1 a), 971 ff. Auf der Anschlusskonferenz in Vilnius, 3. bis 5.10.2000, wurde vergeblich versucht, die deutsche Praxis der Ersatzrückgabe an jüdische Organisationen zu verallgemeinern; die „Vilnius-Erklärung" ist inhaltlich wiedergegeben in: The Art Newspaper XI (2000), 3. Für eine zusammenfassende Darstellung der deutschen Rückgabepraxis s. *Lehmann,* Es war der Versuch, eine ganze Kultur zu beschlagnahmen, FAZ vom 1.4.2003, 38.

³ „Erklärung der Bundesregierung, der Länder und der kommunalen Spitzenverbände zur Auffindung und zur Rückgabe NS-verfolgungsbedingt entzogenen Kulturgutes, insbesondere aus jüdischem Besitz" vom Dezember 1999, in: Beauftragte der Bundesregierung für Kultur und Medien (Hrsg.), (Fn. 1 a), 29 ff.

⁴ RGBl. 1910, 132 ff.; abgedruckt in: *Hinz/Rauch* (Hrsg.), Kriegsvölkerrecht, 3. Aufl., 1984, Nr. 1504, 18.

⁵ BGBl. 1967 II, 1233; abgedruckt in: *Hinz/Rauch* (Hrsg.), (Fn. 4), Nr. 1510. 3.

⁶ ILM 10 (1971), 289.

„besonders wichtig" kann hier vernachlässigt werden, da sie Voraussetzung für einen Sonderschutz nach Art. 5 ff. ist.

Schon dieser kurze und selektive Überblick, dem noch die Bemühungen der VN-Generalversammlung[7] und anderer internationaler Institutionen[8] angeschlossen werden könnten, sollte genügen, um den Versuch einer griffigen Definition des „Kulturgutes" als wenig aussichtsreich erscheinen zu lassen. Zu Recht hat von Schorlemer in ihrer grundlegenden Arbeit es deshalb bei einer „Annäherung an den Begriff ‚Kulturgut'" (immerhin 40 Seiten) belassen und ähnlich geht Fitschen vor in seiner umfassenden Arbeit über Archive – die ja zweifelsohne zu den Kulturgütern zählen – und für die es ebenfalls keine allgemein gültige Definition gibt.[9] Hier soll es daher mit dem Ansatz von Schoen sein Bewenden haben, die nach dem Befund, es gebe im Völker- oder nationalen Recht der Staaten (noch?) keine einheitliche Definition des „Kulturgutes", sich mit der – tautologischen – Erklärung aus der Brockhaus-Enzyklopädie begnügt: „Gegenstand, der als kultureller Wert Bestand hat und bewahrt wird."[10] Zudem ist mir kein Fall bekannt, in welchem ein Staat oder eine Person gegen einen Anspruch auf Herausgabe von Beutekunst eingewandt hätte, bei dem fraglichen Gegenstand handele es sich nicht um ein Kulturgut.

II. Beutekunst bei unseren ehemaligen westlichen Kriegsgegnern

Es war im alten Europa, dass das Kriegsbeuterecht häufig und umfassend ausgeübt und dann nach und nach eingegrenzt wurde. Der Prediger der Berliner Hugenotten-Gemeinde, Jean Henry, hat ein lesenswertes Tagebuch hinterlassen, in dem er, als „Königlich (preußischer) Kommissar für die Reklamation der Kunstobjekte" 1814 nach Paris gesandt, seine Bemühungen um die Restitution der von Napoleon erbeuteten preußischen Kulturgüter beschreibt.[11] Er berichtet nicht nur von den Manövern der französischen Seite, an Beutekunst festzuhalten[12], sondern beklagt auch das Desinteresse der Berliner Regierung, sich beutekunsthalber mit der nunmehr befreundeten neuen Regierung anzulegen; solche Abneigung gibt es

---

[7] Vgl. etwa *Fitschen,* The Resolution on the Return and Restitution of Cultural Property in the Countries of Origin Adopted by the General Assembly on December 13, 2001, International Journal of Cultural Property 11 (2002), 337 ff.

[8] s. etwa das Dokumentenverzeichnis in: *von Schorlemer,* Internationaler Kulturgüterschutz, 1992, 646–670.

[9] *von Schorlemer* (Fn. 8), 46–86; *Fitschen,* Das rechtliche Schicksal von staatlichen Akten und Archiven bei einem Wechsel der Herrschaft über Staatsgebiet, 2004, 27–34. s. auch grundsätzlich *Fiedler,* Kulturgüter als Kriegsbeute? Rechtliche Probleme der Rückführung deutscher Kulturgüter aus Russland, 1995.

[10] *Schoen,* Der rechtliche Status von Beutekunst, 2004, 69.

[11] *Henry,* Journal d'un voyage à Paris en 1814, 2001.

[12] *Henry* (Fn. 11), 49, 51 f., 55, 60, 80, 90 etc.

wohl auch heute noch.[13] Nur langsam hat sich, zumal in den oben zitierten völkerrechtlichen Instrumenten, die *opinio iuris* durchgesetzt, dass ihre Kulturgüter zum Eigentlichen einer Nation gehören und deshalb, will man nicht, wie Deutschland während des Zweiten Weltkrieges im Osten, eine Nation im Kern treffen und ihrer Kohäsion, ja ihrer Seele berauben, unbedingt geschützt und als nationales Erbe belassen werden müßten. Das Dritte Reich hat sich erklärtermaßen nicht an die HLKO halten wollen und aus den besetzten Gebieten im Westen wie im Osten Kulturgüter in großer Zahl geraubt. Als im Nürnberger Prozess gegen die Hauptkriegsverbrecher von der Verteidigung die Geltung der HLKO im Hinblick auf Art. 2 (Allbeteiligungsklausel) des oben zitierten Haager Abkommens bestritten wurde (einige der zahlreichen Kriegsgegner waren nicht Abkommenspartei), hat der Internationale Militärgerichtshof diesen Einwand zwar gelten lassen, die wichtigeren Regeln der HLKO, auch für den Bereich des Kulturgüterschutzes, jedoch als Kodifizierung von Völkergewohnheitsrecht gleichen Inhalts nicht unmittelbar, aber entsprechend angewandt; auch der IGH hat später in den Rechtsgutachten, die er der VN-Generalversammlung über Nuklearwaffen erstattet hat, das gleiche getan.[14]

Der Respekt vor dem erwähnten Völkerrecht und den ihm zugrunde liegenden Einsichten über die Bedeutung seines kulturellen Erbes für jeden Staat hat unsere westlichen Kriegsgegner davon abgehalten, nach dem Siege Gleiches mit Gleichem zu vergelten und in größerem Umfang deutsche Kulturgüter von Staatswegen wegzuführen. Eine Ausnahme bilden Archiv- und Aktenbestände, die inzwischen aber weitgehend zurückgekommen sind, zuletzt im Oktober 2004 aus Frankreich ein Konvolut von Akten des deutschen auswärtigen Dienstes. Die grundsätzliche Haltung unserer ehemaligen westlichen Kriegsgegner verdient hohe Anerkennung.

Mit großem Einsatz und Erfolg wurde in den westlichen Besatzungszonen Deutschlands, und vor allem durch die Amerikaner, die Restitution der in Deutschland vorgefundenen Raubkunst ins Werk gesetzt; letzteres wurde dadurch erleichtert, dass ein großer Teil der geraubten Kulturgüter noch nicht verteilt, sondern an sicher erscheinenden Orten, etwa Bergwerkstollen, zwischengelagert war. So wurden „Central Collecting Points", etwa in Wiesbaden und München, eingerichtet und über sie die teilweise noch verpackten Gemälde usw. an die Staaten, aus

---

[13] *Henry* (Fn. 11), 21 ff., 41, 72, 83 etc. Zur heutigen Lage s. die Kritik des polnisch-deutschen Sammlers Niewodniczanski, bei *Jeschonnek*, Imago Poloniae, Deutschland-Archiv 35 (2002), 446 (447).

[14] IGH, *Nuclear Weapons,* ICJ Reports 1996, 225 ff., (para. 74–87). Zur deutschen Haltung während des Zweiten Weltkrieges *von Schorlemer* (Fn. 8), 274 ff. unter Anführung eines Führerbefehls und weiterer Weisungen und Fakten aus den Akten des „Prozess(es) gegen die Hauptkriegsverbrecher vor dem Internationalen Militärgerichtshof Nürnberg, 14. November 1945–1. Oktober 1946", 1947. Ebenso und auch zu den deutschen Plünderungen während des Russlandfeldzuges *Schoen* (Fn. 10), 35 ff., 42 ff.; zu letzterem ferner *Güttler,* Der Gotha-Fall und die Bundesrepublik Deutschland, in: Güttler/Carl/Siehr (Hrsg.), Kunstdiebstahl vor Gericht, 2001, 8 f.

denen sie stammten, zurückgegeben. Diese Zuständigkeit nahmen die Westalliierten bis zum „Vertrag zur Regelung von aus Krieg und Besatzung entstandenen Fragen (Überleitungsvertrag)" vom 26.5.1952 wahr, der in der Fassung vom 23.10.1954 am 6.5.1955 in Kraft trat.[15] Dann fiel unter anderem die „äußere Restitution" von Raubkunst in deutsche Zuständigkeit. Da die Alliierten vorzügliche und schnelle Arbeit geleistet hatten, blieben nur noch Einzelfälle übrig. Dies hat heute zu einer Asymmetrie deutscher Ansprüche auf Rückgabe von Beutekunst aus dem Osten gegenüber deutschen Möglichkeiten zur Restitution von Raubkunst geführt.[16]

Die hochherzige und völkerrechtstreue Haltung der westlichen Regierungen hat natürlich nicht ausschließen können, dass einzelne Soldaten, in der Regel durch Diebstahl, wertvolle deutsche Kunstgüter an sich brachten und mit nach Hause nahmen, um sich an ihrem Besitz zu freuen oder sie zum eigenen Vorteil zu verkaufen. Diese Mitnahme deutscher Kulturgüter, aber auch solcher aus Österreich, Japan und Korea, in die USA nahm Ausmaße an, dass die US-Regierung offiziell einschritt,[17] so kam zum Beispiel ein kostbarer Psalter nach Mainz zurück. Später, als die Täter nicht mehr in flagranti ertappt oder überführt werden konnten, gestaltete sich die Rückholung, auch aus anderen westlichen Ländern, sehr viel schwieriger. In der Regel musste prozessiert werden, um zum Beispiel Einreden des gutgläubigen Erwerbs oder der Verjährung zu entkräften.[18] Ein Prozess betraf ein 1946 aus Gotha nach Moskau, später über Berlin (!) nach London gelangtes Gemälde („Die heilige Familie" von Joachim Wtewael); nach einem Aufsehen erregenden Verfahren erging 1999 das das Bild nach Gotha restituierende Urteil.[19] Ein anderer Fall betraf den Anfang der 90er Jahre mit den Erben eines amerikanischen Soldaten geschlossenen Vergleich über den Rück-„Kauf" des vom Erblasser 1945 gestohlenen Quedlinburger Domschatzes.[20] Dieser Vergleich ist von

---

[15] BGBl. 1955 II, 405 ff. Ausführlich zu den Restitutionsbemühungen der Westalliierten *Kowalski*, Restitution of Works of Art Pursuant to Private and Public International Law, Recueil des Cours, 288 (2001), 157–187; *Pomrenze*, Personal Reminiscences of the Offenbach Archival Depot, 1946–1949, in: Bindenagel (Hrsg.) (Fn. 1 a), 523 ff., berichtet von den über 1,8 Mio. „items", verpackt in 2.351 Kisten und Paketen, die seine Stelle an jüdische Organisationen, die Niederlande, Frankreich, Italien, die Sowjetunion und auch Deutschland zurück gegeben habe.

[16] *Güttler* (Fn. 14), 9.

[17] *Kowalski* (Fn. 15), 185 f.

[18] *Carl*, Der „Gotha-Case", in: Carl/Güttler/Siehr (Hrsg.) (Fn. 14), 34, berichtet von Gerichtsverfahren in den 60er und 70er Jahren des vorigen Jahrhunderts betreffend Gemälde von Rembrandt, Terborch und Dürer; *Güttler* (Fn. 14), 16, zitiert eine 1998 in den Niederlanden wegen Verjährung abgewiesene Klage des Freistaates Sachsen; *Kowalski* (Fn. 15), 190 ff., stellt ausführlich das Gerichtsverfahren wegen der zwei Tucher-Portaits von Dürer dar (*Kunstsammlungen zu Weimar v. Elicofon*, 536 F. Supp. 829 (1981), 678 F. 2 d 1150 (1982)).

[19] Dokumentiert in: Carl/Güttler/Siehr (Hrsg.), (Fn. 14).

[20] s. *Kötzsche* (Hrsg.), Der Quedlinburger Schatz, 1992.

Güttler, einem der besten Kenner der deutschen Beutekunstproblematik, zu Recht als unguter Präzedenzfall kritisiert worden.[21]

Zusammenfassend ist zu sagen, dass in allen Himmelsrichtungen die Raubkunstprobleme von 1945 an durch die von den Westalliierten bewirkte rasche und umfassende Restitution, was die Masse anging, bereinigt wurde und dass Fälle, die jetzt noch gelegentlich entdeckt werden, weitestgehend einvernehmlich durch Rückgabe erledigt werden. Die Beutekunstproblematik ist wegen der Zurückhaltung und des Respekts der Westalliierten vor den deutschen Eigentumsrechten nie über die Ebene von, wenn auch hochbedeutenden, Einzelfällen hinaus gelangt. Auf dieser Ebene haben wir einige schmerzliche Verluste erlitten, sind aber dank der grundsätzlichen und auch einseitig geübten völkerrechtstreuen Haltung der betreffenden Regierungen vor noch größerem Schaden bewahrt geblieben

III. Beutekunst bei unseren ehemaligen östlichen Kriegsgegnern

Für die Raubkunst, also die von Deutschen aus den besetzten Gebieten geraubten Kulturgüter, gilt das gerade Gesagte: Die Alliierten, die ab 1945 Herren in Deutschland waren, haben auch gen Osten die aufgefundenen Kunstwerke etc. alsbald zurückgegeben. Güttler spricht von etwa 500.000 Kunstwerken, die allein aus den westlichen Besatzungszonen an die Sowjetunion zurückgegeben worden seien.[22] Ganz anders hingegen als im Westen sieht es, von Anfang an, bezüglich deutscher Beutekunst aus. Hier gibt es Unterschiede sowohl hinsichtlich der Inbesitznahme durch die Siegermächte wie auch hinsichtlich der Rückgabebereitschaft.

1. Sowjetunion bzw. Russland

Alsbald nach der Besetzung deutscher Regionen[23] suchten sowjetische „Trophäenkommissionen" oder „-brigaden", die in der Regel mit Fachleuten besetzt waren, dort vorhandene Kulturgüter (Kunstwerke, Museumsbestände, Bibliotheken, Archive etc.), beschlagnahmten sie und brachten sie in die Sowjetunion. Gefundene Raubkunst wurde laut einem Bericht von Valery Kulishov von 1998[24] an die be-

---

[21] *Güttler* (Fn. 14), 13, 16, 18.

[22] *Güttler* (Fn. 14), 9; nach *Schoen* (Fn. 10), 57, mit Nachweis, sind zwischen 1945 und 1948 von amerikanischen Kunstschutzstellen 534.120 Kunstwerke und aus der sowjetischen Besatzungszone 21 Güterwagen mit verschleppten Kulturgütern allein in die Sowjetunion heimgeführt worden. Laut Staatsministerin Chr. Weiss „[sind] in den öffentlichen Sammlungen Deutschlands heute keine kriegsbedingt aus Rußland verbrachten Kulturgüter mehr bekannt", in: Lehmann/Schauerte (Hrsg.), Kulturschätze – verlagert und vermißt, Berlin 2004, 7.

[23] *Schoen* (Fn. 10), 38, erwähnt einen „Wettlauf" um Beutekunst in den Westsektoren Berlins vor deren Übergabe an die Westmächte, den die sowjetischen Trophäen-Brigaden für sich entschieden.

[24] In: *Bindenagel* (Hrsg.), (Fn. 1 a), 461 f., zitiert er eine Aufstellung aus dem Jahre 1946.

troffenen Länder überstellt. Die Masse der requirierten Kulturgüter indes war genuin deutsches Eigentum; sie ging in die Sowjetunion. Nach Güttler lagern allein in Russland, also dem bedeutendsten früher sowjetischen Staat, „mehr als 200.000 Einzelstücke aus deutschen Museen und Sammlungen, etwa 4,6 Millionen Bücher und 3 Regalkilometer Archivalien."[25] Ein russischer Autor (M. Dejtsch) spricht von „1,2 Millionen musealer Güter".[26]

Der Abtransport konnte zwar nicht geheim bleiben. Museumsdirektoren mögen Quittungen verlangt haben, erhielten sie aber auch nicht häufiger als ihre sowjetischen und polnischen Kollegen wenige Jahre vorher von den deutschen Besatzern. Einen gewissen Überblick über die Entnahmen aus in der Regel ostdeutschen kulturellen Einrichtungen mag jedoch in späteren Jahren die eine oder andere Ostberliner Stelle gehabt haben; Ansprüche aber gegen die sowjetische Besatzungsmacht konnte sich die DDR wohl nicht leisten. Immerhin hatte man aber in der Sowjetunion kein reines Gewissen; denn die deutsche Beutekunst wurde als Geheimsache behandelt, in Depots und Magazinen eingelagert und niemals öffentlich gezeigt oder auch nur erwähnt.[27] Mitte der 50er Jahre hatte sich zum Abschluss des Warschauer Paktes die Freundschaft der Sowjetunion mit der DDR soweit gefestigt, dass größere Rückgabeaktionen in die DDR möglich wurden. 1955 kamen die Gemälde der Dresdner Gemäldegalerie, 1958 Kunstwerke aus dem Grünen Gewölbe nach Dresden zurück, 1958 außerdem Bestände der Berliner Museen, darunter der Skulpturenfries des Pergamonaltares; nach M. Dejtsch ist die Rückgabe dadurch erleichtert worden, dass die DDR damals praktisch „eine der Sowjetrepubliken der UdSSR" gewesen sei.[28]

Erst mit der Öffnung der Sowjetunion unter Gorbatschow („Glasnost") drangen Nachrichten darüber, dass abtransportierte Kunstschätze nicht verloren gegangen

---

[25] *Güttler* (Fn. 14), 9; ebenso *Schoen* (Fn. 10), 60 mit Nachweis. s. auch die Dokumentensammlung zur Verschleppung von Büchern aus deutschen Bibliotheken von *Lehmann/ Kolasa* (Hrsg.), Die Trophäenkommissionen der Roten Armee, Zeitschrift für Bibliothekswesen und Bibliographie (ZfBB), Sonderheft 16 (1996); ferner *Kolasa*, Sag mir, wo die Bücher sind, ZfBB 42 (1995), 4. Allein die „Stiftung preußische Schlösser und Gärten Berlin Charlottenburg" fahndet nach 3.000 abhanden gekommenen Gemälden, s. FAZ vom 5.8.2004, 38 und Stiftung Preussische Schlösser und Gärten Berlin-Brandenburg (Hrsg.), Zerstört – Entführt – Verschollen – Die Verluste der preußischen Schlösser im Zweiten Weltkrieg, Potsdam 2004.

[26] *Dejtsch*, Der Gewinn – Restitution auf sowjetisch oder „Das allgegenwärtige koffervolle Hamstern" (Deutsche Übersetzung aus dem Russischen), Moskowskij Komsomolez vom 25.4.1998.

[27] *Dejtsch* (Fn. 26), beschreibt im Einzelnen „Trophäen-Aufbringung" aus deutschen Depots von Hochwalde bei Meseritz über Karlshorst bis zum Pergamon-Museum: Niemand wusste, wie viele „Trophäen" es gab. Bis zum heutigen Tage würden Dokumente hierzu in den Archiven sehr unwillig, manche überhaupt nicht, herausgegeben; die auf diesen stehende Kennzeichnung „streng geheim" gelte bis heute. s. auch *Schoen* (Fn. 10), 57 f.; *Güttler* (Fn. 14), 9 f.

[28] *Dejtsch* (Fn. 26), zählt allein 1955 für die Dresdner Gemäldegalerie 1240 Kunstgegenstände; immerhin sei aber noch z. B. der Verbleib von 2 Rembrandts und auch von Gemälden von van Dyck unklar.

seien, nach außen, und damit nach Deutschland. Dass zum Beispiel der so genannte „Schatz des Priamos", den Schliemann in Troja ausgegraben hatte, nicht zerstört war, sondern in einem Moskauer Depot lagerte, gab Kulturminister Sidorov erst im August 1993 bekannt.[29]

Die Zeit der so genannten „Wende" brachte eine zuvor für undenkbar gehaltene deutsch-sowjetische, dann deutsch-russische Annäherung. Noch mit der Sowjetunion schloss Deutschland 1990 den „Vertrag über gute Nachbarschaft, Partnerschaft und Zusammenarbeit" ab.[30] Mit einer Anzahl von Nachfolgestaaten der Sowjetunion, darunter Russland selbst, Armenien, Aserbaidschan, Georgien und der Ukraine wurde nach der Dismembration der UdSSR die Fortgeltung dieses Vertrages vereinbart[31]. Artikel 16 dieses Vertrages lautet:

> „Die Bundesrepublik Deutschland und die Union der Sozialistischen Sowjetrepubliken werden sich für die Erhaltung der in ihrem Gebiet befindlichen Kulturgüter der anderen Seite einsetzen.
> Sie stimmen darin überein, dass verschollene oder unrechtmäßig verbrachte Kunstschätze, die sich auf ihrem Territorium befinden, an den Eigentümer oder seinen Rechtsnachfolger zurückgegeben werden".

Der Vertrag ist zwei Monate nach dem „Vertrag über die abschließende Regelung in bezug auf Deutschland", dem sogenannten „Zwei-plus-Vier-Vertrag"[32] abgeschlossen und daher wohl etwas mit der heißen Feder formuliert worden; so dürfte zum Beispiel der Wechsel im Ausdruck von „Gebiet" (Abs. 1) zu „Territorium" (Abs. 2) des vorstehenden Artikels keinen Sinnunterschied machen. Das gleiche sollte für die zu erhaltenden „Kulturgüter" (Abs. 1) und die zurückzugebenden „Kunstschätze" (Abs. 2) gelten; sollte aber zwischen (einfachen) „Gütern" und (wertvolleren) „Schätzen" eine gewollte Unterscheidung getroffen worden sein, so würde die Rückgabepflicht gerade letztere, also die bedeutenderen Kunst- und Kulturwerke, treffen. Aber diese Überlegungen dürften, soweit Russland betroffen ist, kaum operativ werden, da am 16.12.1992, also zwei Jahre nach dem Nachbarschaftsvertrag mit der Sowjetunion, das deutsch-russische Abkommen über kulturelle Zusammenarbeit abgeschlossen wurde,[33] das wohl als *lex specialis,* genauer *pactum speciale* für den Bereich der Beutekunst anzusehen sein dürfte. Sein Artikel 15 lautet:

> „Die Vertragsparteien stimmen darin überein, dass verschollene oder unrechtmäßig verbrachte Kulturgüter, die sich in ihrem Hoheitsgebiet befinden, an den Eigentümer oder seinen Rechtsnachfolger zurückgegeben werden".

---

[29] *Schoen* (Fn. 10), 57 f., mit Nachweis.

[30] Vertrag vom 9.11.1990, BGBl. 1991 II, 703.

[31] Liste der Vertragsstaaten und Fundstellen bei *Randelzhofer* (Hrsg.), Völkerrechtliche Verträge, 9. Aufl., 2002, Nr. 8, 100, Fn. 2; im Hinblick auf die ausdrückliche Vereinbarung der Fortgeltung auch mit Russland (BGBl. 1992 II, 1016) scheint *Schoens* (Fn. 10), 63 f., 66, Prüfung des Übergangs von Rechten und Pflichten wohl entbehrlich.

[32] Vertrag vom 12.9.1990, BGBl. 1990 II, 1318.

[33] BGBl. 1993 II, 1256.

Dieser Text ist der in den beiden oben erwähnten Auffälligkeiten („Kunstschätze", „Territorium") überarbeitete Wortlaut des Art. 16 Abs. 2 des deutsch-sowjetischen Nachbarschaftsvertrages.

Die für die in Russland befindlichen deutschen Kulturgüter in Betracht kommende Völkerrechtslage besteht also zunächst – multilateral – aus dem Beschlagnahmeverbot des Art. 56 der HLKO; wenn trotz der Ratifizierung durch Deutschland und das zaristische Russland[34] dessen unmittelbare Geltung bestritten werden sollte – etwa weil die Sowjetunion die Fortgeltung der vom zaristischen Russland übernommenen Verpflichtung ablehnte,[35] oder weil die Allbeteiligungsklausel des Art. 2 durch einige Kriegsparteien nicht erfüllt werde – dann gilt die Regel des Art. 56 von dem Wegnahmeschutz der Kulturgüter, wie oben dargetan, immer noch gewohnheitsrechtlich. Die Völkerrechtslage wird dann ferner – bilateral – durch Art. 16 Abs. 2 des deutsch-sowjetischen Nachbarschaftsvertrages und insbesondere durch das *pactum speciale* des deutsch-russischen Kulturabkommens, das heißt, dessen Art. 15, bestimmt, der unter anderem die Rückgabe unrechtmäßig verbrachter Kulturgüter vorschreibt. Die Wegnahme deutscher Kulturgüter durch sowjetische Trophäenbrigaden war demnach rechtswidrig gemäß Art. 56 der HLKO in direkter oder gewohnheitsrechtlicher Anwendung und die sequestierten Güter sind rückgabepflichtig gemäß Art. 15 des bilateralen Kulturabkommens, zudem auch noch gemäß Art. 16 Abs. 2 des bilateralen Nachbarschaftsvertrages.

Diese – so will es scheinen – eindeutige Völkerrechtslage hat Russland durch untaugliche, nämlich nationale, Gesetzgebung zu unterlaufen versucht. Die russische *Duma* hat am 15.4.1998 ihr „Bundesgesetz Nr. 64 – FZ über Kultur-Schätze, die als ein Ergebnis des 2. Weltkrieges in die UdSSR verbracht wurden und sich auf dem Territorium der russischen Föderation befinden" verabschiedet.[36] Nach diesem Gesetz (Art. 6 i. V. m. Art. 4) wurden u. a. deutsche Kulturgüter (Art. 4 enthält eine weit umfassende Definition der „Kulturgüter"), die auf Befehl sowjetischer Militärstellen in die Sowjetunion verbracht worden waren und sich jetzt in Russland befinden, in Ausführung „kompensatorischer Restitution" zum Eigentum der russischen Föderation erklärt. „Kompensatorische Restitution" wird, wiederum in dem Definitionsartikel 4, im Wesentlichen definiert als „Form von materieller völkerrechtlicher Haftung eines Aggressorstaates" in Fällen, in denen eine „gewöhnliche Restitution nicht möglich ist"; sie soll in der Verpflichtung bestehen, Kompensation zu leisten für materiellen Schaden, u. a. dadurch, dass der geschädigte Staat „Gegenstände der gleichen Art zu seinen Gunsten einzieht" wie die, welche vom Aggressorstaat seinerseits unrechtmäßig entzogen worden waren. Artikel 4 erklärt auch den Begriff „Restitution" in der üblichen Weise als Rückgabe oder Wiederherstellung des vorherigen Zustandes und zählt ferner die „ehe-

---

[34] Vgl. *Hinz/Rauch* (Hrsg.), (Fn. 4), Nr. 1503, 1.

[35] So *Schoen* (Fn. 10), 42.

[36] Englische Übersetzung in *Bindenagel* (Hrsg.) (Fn. 1), 1049 ff., sowie in International Journal of Cultural Property 7 (1998), 512 ff.; in deutscher Übersetzung in Archiv des Völkerrechts 38 (2000), 72 ff.

maligen Feindstaaten" auf als „Deutschland und die mit ihm während des Zweiten Weltkrieges verbündeten Staaten – Bulgarien, Ungarn, Italien, Rumänien und Finnland". Mit dieser Aufzählung wird der Hinweis auf Art. 107 der Vereinte Nationen-Charta aufgenommen, der gemäß Art. 2 des Gesetzes zusammen mit den Friedensverträgen von 1947, besatzungshoheitlichen Akten in Deutschland 1945 bis 1949, dem österreichischen Staatsvertrag von 1955, dem Zwei-plus-Vier-Vertrag von 1990 und einer Erklärung der Vereinten Nationen vom 5.1.1943 die „Grundlage" des Gesetzes bilden soll. Gemäß Art. 8, 10 kommt ausnahmsweise eine Rückgabe von Trophäenkunst an Deutschland in Betracht aufgrund eines formgerechten Rückgabeverlangens, das vor Ablauf von 18 Monaten nach Erhalt offizieller Kenntnis von dem Verbleib des betreffenden Kulturgutes geltend gemacht worden ist und falls es sich um Eigentum 1. einer nicht-nazistischen religiösen oder caritativen Institution oder 2. von aktiven Widerständlern gegen den Nazismus oder von Naziverfolgten handelt. 3. können Familienandenken (Archive, Fotografien, Portraits und ähnliches) gemäß Art. 12 und 19 gegen Bezahlung und Kostenerstattung der Familie zurückgegeben werden. Hinzu müsste 4. die Trophäenkunst kommen, die nicht „in Ausführung des sowjetischen Rechts auf kompensatorische Restitution", wie sie Art. 6 vorsieht, sondern durch individuelle Plünderung oder Diebstahl nach Russland gelangte.

Auf Einspruch Präsident Jelzins hin gelangte das Gesetz zur Überprüfung an das Verfassungsgericht der Russischen Föderation; das Gericht hat es mit Urteil vom 20.7.1999 mit geringen Modifizierungen, insbesondere hinsichtlich einiger Verfahrensfragen, bestätigt. Die Einzelheiten sind ausführlich bei Schoen dargestellt.[37]

Deutschland hat nicht nur im diplomatischen Verkehr seit November 1999 immer wieder protestiert, sondern auch öffentlich in Russland seine Rechtsauffassung dargelegt, etwa im März 2004 durch die zuständige Staatsministerin im Bundeskanzleramt, Weiss, in einem Interview mit der Moskauer Iswestija.[38] Auch Bundeskanzler Schröder engagiert sich gegenüber seinen russischen Gesprächspartnern. Auf einer gemeinsamen Pressekonferenz mit ihm anlässlich eines Besuchs in Moskau im April 2004 bestätigte Präsident Putin dies.[39]

Welchen Widerständen sich das deutsche Anliegen gegenüber sieht, kann man an einem Vortrag erkennen, den der stellvertretende Vorsitzende des Kulturausschusses der *Duma* und frühere Kulturminister der Sowjetunion Nicolai Gubenko 1998 auf der eingangs erwähnten Washingtoner Konferenz über das gerade erlas-

---

[37] *Schoen* (Fn. 10), 108 ff., 138 f.

[38] Iswestija vom 23.3.2004: „Das russische Beutekunstgesetz entspricht nicht dem Völkerrecht. Wir haben eine klare juristische Position, die dem Völkerrecht entspricht. Trotzdem werden wir immer mit großer Vorsicht verhandeln."

[39] „Und die Frage über die Kunstwerke, die nach dem Zweiten Weltkrieg nach Russland gerieten, besprechen wir praktisch auf jedem unserer Treffen. […] Ich will jedenfalls sagen, dass Russland dieses Thema nicht schließt. Wir behandeln es zusammen mit dem Bundeskanzler". Pressekonferenz Nowo-Ogarjowu vom 2.4.2004.

sene Gesetz hielt.⁴⁰ Er vergleicht die ausländische Unterstützung für die deutsche Rechtsauffassung mit der Unterstützung, die Hitler aus dem Ausland von „gewissen Ländern" erhalten habe. Die Völkerrechtmäßigkeit des Gesetzes gegenüber Deutschland versucht er aus den folgenden, dem Gesetz entnommenen Argumenten herzuleiten. 1. sähen die Friedensverträge von 1947 mit den anderen Feindstaaten „kompensatorische Restitution" vor. (Diese scheint übrigens nie ausgeführt worden zu sein.)⁴¹ Da es indessen einen ähnlichen Vertrag mit Deutschland nicht gibt, stützt hier der Umkehrschluss gerade die deutsche Position. Gubenko zitiert 2. ein Dokument des alliierten Kontrollrats „vom April 1947". Es dürfte sich um den im April 1947 veröffentlichten Anhang zu dem Beschluss vom 25. Februar 1947 über „Restitution in kind" handeln, den Kowalski⁴² ausführlich behandelt und von dem er dartut, dass schließlich die USA ihn nicht akzeptiert haben. Kowalski, der seit Jahren polnischer Verhandlungsführer in Beutekunstverhandlungen mit Deutschland ist,⁴³ dürfte unverdächtig sein, die deutsche Position zu Unrecht unterstützen zu wollen. Im Übrigen könnte es für die Völkerrechtswidrigkeit einer Wegnahme von Kulturgütern auch keinen Unterschied machen, wie viele Besatzungsmächte eine solche Praxis billigen: Die Zahl der Besatzer kann nicht deren Befugnisse erweitern; wenn Kunstraub seit 1907 absolut verboten ist, dann für einen Besatzer ebenso wie für deren vier oder, etwa im Irak, für zehn. Das gilt dann auch im Hinblick auf weitere Beschlüsse und Erklärungen der Alliierten, wie die in Art. 2 des *Duma*-Gesetzes angezogene Erklärung vom 5.1.1943. 3. verweist Gubenko im Zusammenhang des Zwei-plus-Vier-Vertrages auf den an die Außenminister der vier Hauptsiegermächte gerichteten Gemeinsamen Brief der beiden deutschen Außenminister vom 12. September 1990. In ihm wird zugesichert, dass Enteignungen, die 1945 bis 1949 „auf besatzungsrechtlicher bzw. besatzungshoheitlicher Grundlage" erfolgten, nicht rückgängig gemacht werden würden.⁴⁴ Dieser Brief aber ist nicht einschlägig, da in jenen Jahren ja nicht die Enteignung der Beutekunst dekretiert worden war, sondern nur ihre Wegführung. Andernfalls hätte aus russischer Sicht das „enteignende" *Duma*-Gesetz keinen Sinn mehr und bei den 1955 und 1958 zurückgegebenen Kunstwerken hätte es sich um (Rück-)Schenkungen handeln müssen. Von einem solchen Sprachgebrauch hat man indes nie gehört. Der Eigentumsübergang sollte ja vielmehr erst mit dem *Duma*-Gesetz, also viel später und erst nach dem gemeinsamen Brief, bewirkt werden. Soviel zu den Argumenten von Gubenko. Für seine darüber hinausgehende Polemik wird Verständnis haben, wer am Schluss seines Vortrages erfährt, dass Gubenkos Vater im Krieg gefallen ist und seine Mutter von deutschen Besatzern gehenkt wurde, weil sie Juden versteckt hatte.

---

⁴⁰ *Bindenagel* (Hrsg.), (Fn. 1 a), 513 ff.
⁴¹ So *Frowein*, Beutekunst in Russland, Ziff. 3, in: Bröhmer u. a. (Hrsg.), Internationale Gemeinschaft und Menschenrechte: Festschrift für Georg Ress zum 70. Geburtstag, 2005.
⁴² *Kowalski* (Fn. 15), 170 f.
⁴³ Zu diesen Verhandlungen s. unten unter 4.
⁴⁴ Zu diesem Brief ausführlicher und mit Nachweis *Schoen* (Fn. 10), 60, 131.

Das *Duma*-Gesetz selbst verweist – wie oben gesagt – noch auf Art. 107 der VN-Charta. Nach dieser Bestimmung werden Maßnahmen, die von Regierungen als Folge des Zweiten Weltkrieges gegen einen Staat ergriffen werden, der während dieses Krieges Feind eines der Unterzeichner der Charta war, *von der Charta weder außer Kraft gesetzt noch untersagt* (Hervorhebung von mir). Dieser sog. „Feindstaatenartikel" läuft aber im Falle der Beutekunstproblematik ins Leere; denn der Schutz der Kulturgüter beruht eben nicht auf irgendeiner ggf. dispensierten Chartabestimmung, sondern, wie oben dargelegt, auf der direkten oder gewohnheitsrechtlichen Anwendung von Art. 56 der HLKO. Schon nach seinem Wortlaut schlösse Art. 107, falls er heute noch greifen würde, nur die Berufung des „Feindstaates" auf Chartabestimmungen aus, nicht aber auf sonstiges Vertrags- oder Gewohnheitsrecht[45]. Artikel 107 hob also nur Beschränkungen auf, welche *durch die Charta* den Siegermächten im Umgang mit ehemaligen Feindstaaten auferlegt worden wären. Keinesfalls war Art. 107 eine Ermächtigungsnorm. Eine solche würde im restlichen Völkerrecht gefunden werden müssen.[46] Dies ist weder dem *Duma*-Gesetz noch Gubenko möglich gewesen. Im Übrigen darf man annehmen, dass Art. 107 (sowie auch der andere Feindstaatenartikel 53) mit dem Beitritt der ehemaligen „Feindstaaten" zur VN-Charta obsolet geworden ist, eine Berufung auf ihn also auch dann nicht mehr verschlüge, wenn ein ehemaliger Feindstaat zum Schutz seiner Interessen sich auf Chartabestimmungen bezöge[47].

Eigentliche Basis des *Duma*-Gesetzes (wie auch der weiter unten behandelten polnischen Haltung) ist die Vorstellung, immer noch Ansprüche auf „kompensatorische Restitution" (Art. 6), auch „Restitution in kind" genannt, geltend machen zu können. Nun ist „Restitution" eine Form der „Reparation". So hat es zum Beispiel im Jahre 2001 auch die Völkerrechtskommission der Vereinten Nationen in ihrem Entwurf einer Konvention über Staatenverantwortlichkeit gesehen. Dessen Art. 34 lautet:

„Full reparation for the injury caused by the internationally wrongful act shall take the form of restitution, compensation and satisfaction, either singly or in combination in accordance with the provisions of this chapter."[48]

In den drei folgenden Artikel-Entwürfen werden die drei Wiedergutmachungsformen definiert. Restitution bedeutet:

„... to re-establish the situation which existed before the wrongful act... provided and to the extent that restitution a) Is not materially impossible; b) Does not involve a burden out of all proportion to the benefit deriving from restitution instead of compensation".

---

[45] s. auch *Ress,* in: Simma (Hrsg.), The Charter of the United Nations, 2. Aufl., 2002, Art. 107 Rn. 7.

[46] *Ress* (Fn. 45), Rn. 1.

[47] So auch *Ress* (Fn. 45), Rn. 2; *Albano-Müller,* Die Deutschland-Artikel in der Satzung der Vereinten Nationen, 1967, 63 ff.

[48] Abgedruckt in: United Nations (Hrsg.), Report of the International Law Commission, Fifty-third session (2001), UN Doc. A/56/10, 52.

Kompensation für den Schaden wird im Entwurf von Art. 36 hilfsweise vorgesehen,

„... insofar as such a damage is not made good by restitution" und „shall cover any financially assessable damage".

Für Satisfaktion schließlich gibt der Entwurf von Art. 37 als Beispiele
„... an acknowledgement of the breach, an expression of regret, a formal apology or another appropriate modality."

Wenn auch der Entwurf der Völkerrechtskommission sich nicht mit Kriegsfolgen befasst, sondern mit allgemeinem internationalen Schadensrecht, so sind doch die Begriffe weitgehend die gleichen. Reparationen sind Sach-, Geld- und Dienstleistungen, Restitution ist Wiederherstellung des ursprünglichen Zustandes durch Rückgabe und/oder Reparatur von Gegenständen.[49] Kompensation ist die Wiedergutmachung da, wo Restitution nicht möglich ist. „Kompensatorische Restitution" oder „Restitution in kind" sind dann eigentlich hybride Begriffe, ja Oxymora: Entweder wird der originale Zustand wiederhergestellt, oder es wird Kompensation dafür geleistet, dass diese Wiederherstellung unmöglich ist; Wiederherstellung schließt Kompensation aus, und umgekehrt. Der Begriff kann zur Not da Anwendung finden, wo es sich um den Verlust von wenig individualisierten Gütern handelt, modernen Produkten wie etwa Maschinen und Massengütern etc.[50] Kulturgüter sind demgegenüber Kreationen von hohem bis höchstem Individualisierungsgrad; Gemälde ist nicht gleich Gemälde, Skulptur nicht gleich Skulptur und Autograph nicht gleich Autograph. Kulturgüter sind mit der Ausnahme von Büchern und wenigen anderen Werken Unikate; aber auch die Ausnahmen sind häufig im Laufe der Zeit zu den einzig überlebenden Exemplaren und mithin ebenfalls zu Unikaten geworden. Zudem hat die Herstellung eines Kulturgutes oder seine Aufnahme in einen Sammlungszusammenhang ihm regelmäßig auch eine ethnische oder nationale Färbung gegeben, wodurch ein solches Werk zum Bestandteil des jeweiligen nationalen Patrimoniums geworden ist. Dies erklärt ja, warum Art. 56 der Haager LKO Kulturgüter unter ein absolutes Beschlagnahme- und Aneignungsverbot gestellt hat.[51] Auch das Beuterecht, soweit es hier überhaupt einschlägig sein könnte,[52] gestattet keine Ausnahme.[53]

---

[49] s. etwa *Döhring,* Reparationen für Kriegsschäden, in: Döhring/Fehn/Hockerts (Hrsg.), Jahrhundertschuld, Jahrhundertsühne, 2001, 9 ff.; *Seidl-Hohenveldern,* Reparations, sowie: Reparations after World War II, in: Bernhardt (Hrsg.), Encyclopedia of Public International Law (EPIL), Bd. IV, 2000, 178 ff., 180 ff.; *Thomsen,* Restitution, in: Bernhardt (Hrsg.), EPIL, Bd. IV, 2000, 229, für den Restitutionsbegriff im engeren Sinne.

[50] s. die Beispiele bei United Nations (Hrsg.), (Fn. 48), 245 ff.

[51] *Solf,* Cultural Property, Protection in Armed Conflict, in: Bernhardt (Hrsg.), (Fn. 49), Bd. I, 1992, 892.

[52] s. zum Umfang des Beuterechts *Dinstein,* Booty in Land Warfare, in: Bernhardt (Hrsg.), (Fn. 49), 432 ff.

[53] *Frowein* (Fn. 41), Ziff. 2 zur dortigen Fn. 1.

Zuletzt stößt sich die Völkerrechtsmäßigkeit des *Duma*-Gesetzes noch an der Rechtstatsache, dass die Sowjetunion (ebenso wie übrigens Polen) mit Erklärung vom 22. August 1953 gegenüber der DDR mit Wirkung vom 1. Januar 1954 auf alle künftigen Reparationsansprüche gegen „Deutschland" verzichtet hat. Auch wenn dieser Verzicht nicht in einer Vereinbarung mit der DDR ausgesprochen wäre,[54] sondern in einer einseitigen Erklärung, so wäre auch letztere rechtswirksam.[55] Es ist bezeichnend, dass das Urteil des Russischen Verfassungsgerichtes diese Verzichtserklärung, ebenso wie die Verträge von 1990 und 1992, nicht einmal erwähnt. In Russland aufbewahrte deutsche Beutekunst ist demnach dorthin unter Verletzung von Art. 56 der Haager LKO, mithin „unrechtmäßig" im Sinne von Art. 16 des Deutsch-Sowjetischen Nachbarschaftsvertrages und Art. 15 des deutsch-russischen Kulturabkommens „verbracht" worden; das *Duma*-Gesetz kann dies nicht ändern.

Immerhin sind unter strikter Anwendung der in Art. 8 f. des *Duma*-Gesetzes vorgesehenen Ausnahmen seit seinem Erlass einige wertvolle Kulturgüter, wie 101 Zeichnungen nach Bremen, Kirchenfenster nach Frankfurt/Oder und ein Teil des Rathenau-Archivs zurück gekommen; allerdings haben Restaurationsarbeiten deutscher Sponsoren an russischen im Kriege zerstörten Kunstwerken, etwa dem Bernsteinzimmer aus Zarskoje Selo, geholfen, ein hierfür günstiges Klima zu schaffen. Die 1993 begonnenen Verhandlungen zur Implementierung der vertraglichen Rückgabebestimmungen sind gleichwohl im folgenden Jahr zum Erliegen gekommen. Seither werden die einschlägigen Gespräche, wie oben erwähnt, auf der höchsten Ebene geführt. Wie schwierig sie auch auf dieser Ebene sind, mag man auch am Schicksal eines Konvoluts von ebenfalls nach Bremen gehörenden weiteren Zeichnungen ermessen, die ein sowjetischer Hauptmann namens Baldin „auftragslos" mitgenommen hatte. Sie fallen daher unter die entsprechende Ausnahme des *Duma*-Gesetzes, wurden aber im letzten Augenblick durch Intervention des schon zitierten *Duma*-Abgeordneten Gubenko zurückgehalten, da sie durch Zeitablauf „ersessen" worden seien ... Man möchte sich Frowein[56] in der Hoffnung anschließen, „dass Russland auf die Dauer feststellen wird, dass es in seinem eigenen Interesse zur Erhaltung der guten Beziehungen mit Deutschland liegt, wenn es der Verpflichtung nachkommt, die es in den Verträgen übernommen hat". Ein Aufhänger im *Duma*-Gesetz könnte Art. 18 Abs. 3 sein, der u. a. auch „Schenkung, Tausch oder irgend eine andere Form der Veräußerung" von verbrachten Kulturgütern vorsieht.

---

[54] Von einer Vereinbarung gehen *Seidl-Hohenveldern* (Fn. 49), 183 und *Ress* (Fn. 45), Rn. 20, aus.

[55] Vgl. die Urteile des IGH, *Nuclear Tests Case (Australia v. France)*, ICJ Reports 1974, 243, para. 42–60, und *(New Zealand v. France)*, ICJ Reports 1974, 457, para. 45–63, über die Rechtswirksamkeit gewichtiger einseitiger Erklärungen, auch wenn sie nur gegenüber der Öffentlichkeit abgegeben wurden.

[56] *Frowein* (Fn. 41), a. E.

2. Georgien, Armenien, Aserbaidschan, Estland und Rumänien

Gottdank konnte man bei anderen ehemaligen Sowjet-Republiken auf der Grundlage freundschaftlicher Beziehungen auf größeres Entgegenkommen bei der Regelung von Beutekunstfragen zählen; dabei ist einzuräumen, daß diese Republiken, bis auf Estland, kaum die schrecklichen Kriegserfahrungen machen mussten, die die deutsche Invasion in den Westteil der Sowjetunion brachte. Dieserhalb, so darf man annehmen, und auch wegen des praktizierten sowjetischen Zentralismus', waren es nicht Kunstschätze wie die Sixtinische Madonna, die nach Eriwan oder Baku gelangten (die Sixtinische Madonna gehörte übrigens zu den Rückgaben des Jahres 1955), sondern eher Bibliotheken, für den Aufbau örtlicher Akademien. Georgien machte 1996 den Anfang und restituierte etwa 75.000 Bücher, die an 36 deutsche öffentliche Einrichtungen und eine Reihe privater Bibliotheken gingen. Der Löwenanteil kam nach Bremen und Magdeburg zurück.[57] 1998 folgte Armenien mit beinahe 600 kostbaren Handschriften. Ca. 20.000 Bücher, deren größter Teil wiederum aus Bremen und Magdeburg stammte, folgten im Jahre 2000. Nach Aserbaidschan waren 12 Zeichnungen (darunter Dürers „Frauenbad") gegeben worden, die dort 1993 gestohlen, 1997 in New York beschlagnahmt und dann mit aserischer Hilfe zurück erlangt werden konnten. Zuvor waren im November 1999 vom aserischen Staatspräsidenten dem Bundeskanzler 2 Zeichnungen (Raphael und Bernini) übergeben worden. Auch diese Zeichnungen gehörten nach Bremen. Spontanes Entgegenkommen zeigte Estland, wo unlängst ein im Magazin des Kunstmuseums von Tallinn aufbewahrtes Gemälde als Dürers „Johannes der Täufer" identifiziert wurde. Estland restituierte es 2004 bereitwilligst und mit großer Selbstverständlichkeit nach Bremen.[58] Eine mit Dankbarkeit registrierte Geste! Im Rückgabeprotokoll bestätigen beide Staaten einander, „dass sie sich bei der Rückführung kriegsbedingt verlagerter Kulturgüter vom Völkerrecht leiten lassen" und „damit weitere Staaten zu solchem Verhalten ermutigen wollen".

---

[57] Die Kulturabkommen Deutschlands mit Georgien (vom 25.6.1993 – BGBl. 2000 II, 200, Art. 16), Armenien (vom 21.12.1995 – BGBl. 2000 II, 181, Art. 15), Aserbaidschan (vom 22.12.1995 – BGBl. 2000 II, 186, Art. 15), Estland (vom 29.4.1993 – BGBl. 2000 II, 445, Art. 16) und Rumänien (vom 16.5.1995 – BGBl. 2000 II, 216, Art. 16) enthalten alle in den vorgenannten Bestimmungen die aus Art. 15 des deutsch-russischen Kulturabkommens übernommene Verpflichtung, „verschollene und unrechtmäßig verbrachte Kulturgüter, die sich in ihrem Hoheitsgebiet befinden, an den Eigentümer oder seinen Rechtsnachfolger zurückzugeben." Zu der Rückgabe aus Georgien und Armenien s. *Hamann*, Auf Büchersuche, in: Staatsbibliothek zu Berlin (Preußischer Kulturbesitz) (Hrsg.). Mitteilungen NF 10 (2001) Nr. 1, 130–149; zur Restitution von Teilen der Berliner Ärztebibliothek s. Berichte über deren Ausstellung in der Universitätsbibliothek Bochum, in: Ruhrnachrichten vom 21.2.04 „Beutekunst kehrt an die RUB zurück".

[58] Dort wurde es nach der Rückkehr ausgestellt; s., auch zum Auszug aus dem Rückgabeprotokoll, FAZ vom 15.11.2003, 35 („Dürers ‚Johannes' kehrt aus Estland nach Berlin zurück") und FAZ vom 26.5.2004, 37 („Dürers ‚Johannes der Täufer' in Bremen").

Erwähnt werden muss schließlich, dass auch Rumänien es sich nicht hat nehmen lassen, im Rahmen der kulturellen Zusammenarbeit Militärarchivalien bald nach ihrer Entdeckung an Deutschland zurückzugeben.

3. Ukraine

Auch die Ukraine hat sich durch die furchtbaren Kriegsereignisse, welche die deutsche Invasion über Land und Leute gebracht hat, nicht von einer völkerrechtsgemäßen Behandlung der Kulturgüterproblematik abhalten lassen. Nach dem „Gesetz über die Ausfuhr, Einfuhr und Rückführung von Kulturgütern" aus dem Jahre 1999[59] „gelten" zwar „die auf das Hoheitsgebiet der Ukraine infolge des Zweiten Weltkrieges als teilweiser Ersatz für den durch die Besatzer zugefügten Schaden eingeführten Kulturgüter" „als Kulturgüter der Ukraine" (Art. 3); es werden aber ausdrücklich die internationalen Verträge als eine einschlägige Rechtsquelle erwähnt (Art. 2). Ein solcher Vertrag ist das deutsch-ukrainische Kulturabkommen von 1993,[60] dessen Art. 16 die schon aus dem deutsch-sowjetischen Nachbarschaftsvertrag von 1990 und dem deutsch-russischen Kulturabkommen von 1992 sowie den vorstehend erwähnten Abkommen mit ehemaligen Sowjetrepubliken bekannte Formel enthält, wonach „verschollene oder unrechtmäßig verbrachte Kulturgüter ... zurückgegeben werden". Artikel 5 des Gesetzes sieht ausdrücklich vor, dass Kulturgüter, „deren Ursprung aber mit der Geschichte bzw. Kultur anderer Staaten im Zusammenhang steht, ... in diese Staaten durch den Abschluss eines Kaufvertrages, durch den Austausch auf beidseitig vorteilhafter Basis bzw. durchs Erhalten als Geschenk zurückgeführt werden (können)". Artikel 14 schließlich legt fest, dass Kulturgüter, die in das Register des nationalen Kulturerbes oder in den nationalem Archiv- oder Museumsbestand aufgenommen wurden, nicht ausgeführt werden dürfen.

Es ist Präsident Kutschma persönlich und dem Leiter des in Art. 8 geschaffenen Staatlichen Kontrolldienstes, Professor Fedoruk, zu danken, dass die vorgenannten Bestimmungen gegen gewisse Widerstände dem Völkerrecht und den Tatsachen entsprechend angewandt werden. So wurde 2001 ein gewichtiger (zweieinhalb Tonnen) Archivbestand mit Musikalien und Autographen, von der Bachfamilie bis zum Ende des 19. Jahrhunderts, der in Kiew nicht archivarisch eingegliedert war, an den Eigentümer, die Sing-Akademie zu Berlin, zurückgegeben.[61] Schon 1996 hatte Präsident Kutschma dem Bundeskanzler drei Kupferstichalben, die nach Dresden gehörten, überreicht. Zwei weitere folgten 2004. Die Ukraine hat deutschen Experten Zugang zu Museen, einschließlich Depots und Archiven gewährt,

---

[59] Gesetz Nr. 1068 – ChGU vom 21.9.1999.

[60] Vertrag vom 15.2.1993, BGBl. 1993 II, 1736.

[61] Am 15.5.2002 fand in der Berliner Philharmonie der entsprechende Festakt statt, bei dem Außenminister Fischer der Ukraine bei diesem „mutigen Schritt eine Vorreiterrolle" attestierte.

um nach deutschem Kulturgut zu suchen. Über die Restitution von Funden wird im freundschaftlichen Geist verhandelt. Außenminister Fischer konnte seine Hoffnung ausdrücken, dass „weitere Kulturgüter, über die wir noch verhandeln, bald folgen werden".[62] Dass, wo es deutscherseits noch Etwas zurückzugeben gibt, solche Restitution keine Einbahnstraße ist, belegt die 1997 deutscherseits erfolgte Rückgabe von ca. 3000 geraubten Fotografien aus dem ukrainischen Kino-, Foto- und Phonoarchiv. 2004 half die Bundesregierung der Ukraine, eine unabhängig von den Kriegsereignissen gestohlene wertvolle Ikone („Christi Einzug in Jerusalem") zurück zu erhalten. Die ukainischen Kulturgüterverluste wurden außerdem – bislang als erste und einzige ausländische Dokumentation – 2004 in die im Internet veröffentlichten Suchlisten der deutschen Koordinierungsstelle für Kulturgutverluste eingestellt.[63]

Auch in die Niederlande wurde aus Kiew restituiert: Sie erhielten 2004 die dort lagernde Hälfte (kostbare Grafiken) der Gemäldesammlung Koenigs zurück; diese Sammlung war während des Krieges nach Deutschland gelangt, danach in die Sowjetunion verbracht worden. Die andere Hälfte liegt noch in Moskau.

Es steht zu hoffen, daß auch unter Präsident Juschtschenko die Ukraine an ihrer bisherigen Rückgabepraxis festhält.

4. Polen

Demgegenüber scheint ebenso wie Russland auch Polen Schwierigkeiten zu haben, Beutekunst völkerrechtsgemäß zu behandeln.

Was zunächst Raubkunst angeht, also deutscherseits weggeführte polnische Kulturgüter, so ist, wie schon oben bemerkt, das, was die Alliierten in Deutschland vorfanden, sozusagen umgehend restituiert worden. Diese Restitutionen ließen aber noch so große Lücken, dass bis heute in Polen der Verdacht geäußert wird, in Deutschland werde an verschwiegenen, aber den Kundigen bekannten Plätzen im großen Stil polnische Kunst versteckt, „notfalls 100 oder 200 Jahre", bis man sie hervorholen – und natürlich behalten – könne.[64] Die traurige Wahrheit aber dürfte sein, dass deutsche Eroberer und Besatzer in schrecklicher ethnischer Verblendung und ohne jegliche Rücksicht auf das Völkerrecht das, was sie nicht mitnahmen, gern verbrannt oder sonst wie vernichtet haben. Es dürfte also nicht mehr allzu viel auftauchen.

---

[62] Fn. 61.

[63] Die Koordinierungsstelle wurde 1994 von zunächst 9, 1998 zusätzlich von den weiteren 7 der deutschen Bundesländer eingerichtet und hat seither ihren Sitz in Magdeburg. Sie fungiert sozusagen als „Kriegsgefangenen-Suchdienst". Ihre Internetseite heißt www.lostart.de.

[64] s. *Kalicki,* Preußischer Schatz in Krakau, Gazeta Swiateczna (Wochenendbeilage der Gazeta wyborcza) vom 22./23.10.1994, 14–18.

Um in den Besitz wichtigster deutscher Kulturgüter zu gelangen, war Polen in und nach den letzten Kriegsmonaten nicht auf Trophäenbrigaden nach russischem Vorbild angewiesen: Man fand diese Werte in den östlichen Reichsprovinzen vor, wohin sie von öffentlichen wie privaten Eigentümern aus dem bombengefährdeten übrigen Reichsgebiet, insbesondere aus dem Raum Berlin/Brandenburg „kriegsbedingt verlagert" worden waren. Neben diesen „Gästen" gibt es dann natürlich noch ebenfalls genuin deutsche Kulturgüter, die in den Ostprovinzen entstanden oder gesammelt worden sind. Von beiden, den kriegsbedingt verlagerten wie auch den autochthonen Kulturgütern, ist der größere Teil im Chaos von Flucht und Vertreibung der letzten Kriegs- und dann folgenden Nachkriegsmonate an Ort und Stelle geblieben und von Polen beansprucht worden. Mit dem „Dekret vom 8. März 1946 über verlassene und ehemalige deutsche Vermögen" wurde u. a. „jegliches Vermögen" des deutschen Reiches und Danzigs, ferner solches deutscher und Danziger Bürger einschließlich Juristischer Personen, für den polnischen Staatsschatz (Art. 2 Abs. 1) reklamiert und das Vermögen der ehemaligen Deutschen und Danziger Juristischen Personen des Öffentlichen Rechts den „entsprechenden polnischen Juristischen Personen" zugewiesen. Das Dekret setzte die Vorläufergesetze vom 6. Mai 1945 „über verlassene und aufgegebene Vermögen" und die während der Potsdamer Konferenz der drei Hauptsiegermächte erlassene Novelle vom 23.7.1945 außer Kraft (Art. 41).[65]

Als dann die Sowjetunion, wie oben bemerkt, im August 1953 gegenüber der DDR für „Deutschland" ihren Verzicht auf weitere Reparationen aussprach, tat sie dies ausdrücklich auch für Polen und mit polnischem Einverständnis. Dies rührte daher, dass sich die Sowjetunion im Potsdamer Abkommen[66] verpflichtet hatte, Polens Ansprüche aus ihren Reparationen mit zu befriedigen. Gleichwohl schob Polen noch eine eigene Erklärung gleichen Inhalts im Hinblick auf bereits erhaltene bedeutende Leistungen nach. Der polnische Reparationsverzicht wurde anlässlich des Abschlusses des Warschauer Vertrages vom 7.12.1970 noch einmal ausdrücklich bestätigt.[67] Während all dieser Jahre wurde, wie im übrigen Ostblock, der Besitz der deutschen Kulturgüter geheim gehalten und geleugnet.[68] Gleichwohl

---

[65] Siehe *Schieder* (Bearb.), Dokumentation der Vertreibung der Deutschen aus Ost-Mitteleuropa, Bd. I/3, 126 b ff.; das Gesetz vom 6.5.1945 ging der deutschen Kapitulation im Übrigen um zwei Tage voraus.

[66] Abgedruckt in: *von Siegler* (Hrsg.), Dokumentation zur Deutschlandfrage, ab 1961, Bd. I, 34 ff.

[67] s. *Zündorf,* Die Ostverträge, 1979, 74. In der Sejm-Debatte vom 25.8.2004 bezog sich der Regierungsvertreter Truszczynski ausdrücklich auf diesen Verzicht, offenbar ohne die Abgeordneten sehr zu beeindrucken, deren Mehrheit weiter über Reparationsforderungen an Deutschland diskutierte (s. Gazeta Wyborcza vom 26.8.2004) und ihre Geltendmachung am 10.9.2004 fast einstimmig beschloss (s. FAZ vom 11.9.2004, 1.) Zur deutschen Sicht und die Ablehnung von Reparationsleistungen ausführlich begründend *Schweisfurth,* Reparationen an Polen?, FAZ vom 16.9.2004, 10.

[68] s. etwa *Nowicki,* Die begehrte „Berlinka", Zycie vom 3.3.2001, wonach auf Befehl der Parteibehörden zwischen 1947 und 1977 niemand die „Berlinka" (bedeutende Beutekunst aus der Berliner Preußischen Staatsbibliothek) habe sehen dürfen.

sickerte die eine oder andere Nachricht durch, bis mit der Wende die freimütige Offenlegung begann. So lag es nahe, dass in den deutsch-polnischen „Vertrag über gute Nachbarschaft und freundschaftliche Zusammenarbeit vom 17. Juni 1991"[69] eine Bestimmung über Kulturgüterrückgabe aufgenommen wurde (Art. 28 Abs. 3):

> „Im gleichen Geiste (der Verständigung und der Versöhnung) sind die Vertragsparteien bestrebt, die Probleme im Zusammenhang mit Kulturgütern und Archivalien, beginnend mit Einzelfällen, zu lösen."

Vergleicht man diesen Text mit den entsprechenden Bestimmungen der Verträge mit der Sowjetunion und Russland sowie den anderen ehemaligen Sowjetrepubliken, so fällt einerseits die zurückhaltendere Formulierung („... bestrebt, die Probleme im Zusammenhang mit ... zu lösen"), andererseits die größere Präzision („... beginnend mit Einzelfällen ...") auf. Es scheint, dass bislang die Zurückhaltung die Verhandlungen, die seit 1992 geführt werden, dominiert. Der zitierte „Geist der Verständigung und der Versöhnung" hat es offenbar schwer, die traumatischen Erfahrungen der Polen aus deutschen Untaten zu überwinden. Mancher Deutsche mag gehofft haben, dass Zeitablauf, gemeinsame Mitgliedschaft in NATO und Europäischer Union und deutsche Bemühungen um Wohlverhalten mehr hätten bewirken können. Andererseits unterscheidet sich das deutsch-polnische vom deutsch-russischen Verhältnis dadurch, dass ersteres sehr viel mehr als letzteres durch den Umstand geprägt ist, dass der Großteil der autochthonen Bevölkerung aus den Ostprovinzen des Reiches vertrieben wurde, mithin deutsches Kulturgut aus und in den nun polonisierten Provinzen mehr als solches aus Russland auf seine Vertreibungsrelevanz hin zu untersuchen ist.

Um welche Kulturgüter geht es? Güttler[70] erwähnt von deutscher Seite Bestände der früheren Preußischen Staatsbibliothek (jetzt Staatsbibliothek zu Berlin), die sog. „Berlinka", Bestände der Deutschen Luftfahrtsammlung (ca. 25 Flugzeuge oder Motoren), ferner Bibliotheksbestände der früheren „Deutschen Arbeitsfront" und Stücke aus dem berliner Deutschen Historischen Museum sowie ähnliche Fälle privater Sammlungen und kirchlicher Einrichtungen. Allein die vorgenannte „Berlinka", die im Wesentlichen in der jagiellonischen Universitätsbibliothek in Krakau liegt, besteht u. a. aus mehr als 1.400 abendländischen Handschriften sowie 19.000 orientalischen Handschriften und historischen Drucken, ca. 200.000 Autographen bedeutender Deutscher, der Sammlung Varnhagen mit ca. 300.000 Dokumenten und wertvollsten Musikalien von Bach über Mozart und Beethoven bis zur Originalfassung des Deutschland-Liedes; schließlich noch ca. 300.000 Bücher.[71]

---

[69] BGBl. 1991 II, 1315; auch abgedruckt in: *Randelzhofer* (Fn. 31), 107 ff.

[70] *Güttler*, Eine unendliche Geschichte?, in: Deutscher Museumsbund (Hrsg.), Museumskunde, Bd. 65, Heft 2, 2000, 145 ff. (148).

[71] Staatsbibliothek zu Berlin (Preußischer Kulturbesitz) (Hrsg.), Verlagert. Verschollen, Vernichtet ... Das Schicksal der im Zweiten Weltkrieg ausgelagerten Bestände der Preußischen Staatsbibliothek 1995 (unveränderter Nachdruck 1998); ferner *Jeschonnek* (Fn. 13), 450.

Polen verlangt von Deutschland 73 Urkunden des Deutschen Ordens als früheste Zeugnisse polnischer Souveränität, ein Pontificale aus Plock und Archivalien, die zwar in Preußen entstanden sind, aber sich auf die damals deutschen Ostprovinzen beziehen. Zu Beginn der Verhandlungen übergab die deutsche Seite als Geste des guten Willens den sog. „Posener Goldschatz" mit frühgeschichtlichen Schmuckstücken sowie Gold- und Silbermünzen[72]. Danach sind deutscherseits an Polen restituiert worden: Ein Altar (Ferber) von Hamburg an Danzig (1993), Archivalien der Jahre 1939 bis 1945 (1995), eine Marienstatue an Danzig und mehrere 100 Akteneinheiten des Generalgouvernements (beides 1997), ein Buchbestand aus Bremen nach Danzig (2000), ein etruskischer Spiegel aus Hamburg (2002) und 2003 über 3000 Kirchenbücher ehemals deutscher katholischer Gemeinden aufgrund innerkirchlicher Vereinbarung[73]. Auf eine umfangreiche polnische Verlustliste hin wurde bei über 300 deutschen kulturellen Einrichtungen nachgesucht, leider ohne Ergebnis, wie Polen 1996 mitgeteilt wurde: Nach Deutschland geraubtes Kulturgut war, wie oben gesagt, bis auf Einzelstücke schon von den Alliierten zurückgegeben worden.

Deutscherseits hatten 1998 positive Bemerkungen von Staatspräsident Kwasniewski und 1999 die Übergabe einer Liste an Deutschland zu restituierender Archivalien durch Ministerpräsident Busek Anlass zur Hoffnung auf Fortschritte gegeben. Ende 2000 übergab dann der Polnische Ministerpräsident Busek aus Anlass des 30. Jahrestages der Unterzeichnung des Warschauer Vertrages von 1970 Bundeskanzler Schröder eine wertvolle lutherische Bibelübersetzung aus dem Krakauer „Berlinka"-Bestand.

Von den erhofften Fortschritten weiß seither niemand mehr zu berichten. Auf eine parlamentarische Anfrage des Abgeordneten Marschewski nach dem Stand der offenbar „stagnierenden Verhandlungen" antwortete der Staatssekretär des Auswärtigen Amtes am 13.5.2004 (Bundestagsdrucksache 15/3159), dass „die Verhandlungen sich schwierig (gestalten), weil die Frage der Kulturgüterrückführung von polnischer Seite mit Forderungen aus den Folgen des deutschen Angriffskrieges und der bewussten Vernichtung polnischen Kulturgutes durch die deutsche Besatzungsmacht verknüpft wird". Während sich in den Verhandlungen laut Güttler[74] die deutsche Seite „flexibel und aufgeschlossen" gezeigt habe sei die polnische Delegation „unnachgiebig" geblieben. Eine Vorstellung der polnischen Haltung vermittelt ein Aufsatz des polnischen Experten Kalicki,[75] in welchem aus den Verhandlungen berichtet wird, dass die auf heutiges polnisches Territorium sich beziehenden Archivalien nach dem Territorialprinzip herausverlangt werden, ferner eine Rückgabe der Flugzeuge „ausgeschlossen" sei und dass die „offizielle"

---

[72] *Güttler* (Fn. 70), auch zum Folgenden; ferner *Jeschonnek* (Fn. 13).

[73] s. hierzu Antwort von Staatsministerin Müller an MdB Singhammer vom 11.3.2004.

[74] *Güttler* (Fn. 70), 150.

[75] Gazeta Wyborcza vom 13.10.2001: „Krieg und Kulturgüter: Geraubte Kunst und Kunst des Kompromisses".

Haltung der polnischen Regierung bezüglich der „Berlinka" die gleiche wie hinsichtlich der Flugzeuge sei. Die Berliner Sammlungen seien von den Deutschen selber nach Niederschlesien gebracht und dort zurückgelassen worden. Sie seien als „verlassenes Gut" Eigentum des polnischen Staates geworden; außerdem erfülle die „Berlinka" als „Schulbeispiel" alle Bedingungen einer „Ersatzrestitution". Die polnischen Kulturgüter-Kriegsverluste betrügen etwa 20 Mrd. Dollar. Solange Deutschland diese gigantischen Verluste bei den Verhandlungen „ignoriere", könne die „Berlinka" nicht zurückkehren. Als Kompromiss schlägt Kalicki eine „Wiedergutmachung" von „mindestens einigen Mrd. DM" vor. Deutsche Diplomaten und Publizisten gäben demgegenüber zu verstehen, dass nach den Zwangsarbeiterentschädigungen die Zahlung weiterer hoher Entschädigungen nicht zu „verkraften" sei. Kalicki schließt, dass dann „die Manuskripte von Mozart und Bach ... als Geisel in Krakau verbleiben". Die Forderung nach Reparationen für deutsche Zerstörungen hatten vor der polnischen Unterhausschließung vom 10.9.2004 schon der Bürgermeister von Warschau sowie der ehemalige Vorsitzende der Stiftung „Deutsch-Polnische Aussöhnung" erhoben.[76]

So ist denn die Situation weiß Gott nicht einfach. Die Völkerrechtslage scheint, wie im Fall Russlands, weniger kompliziert: Die Beschlagnahme der vorgefundenen Kulturgüter und ihre intendierte – entschädigungslose (!) – Enteignung verletzen die durch Art. 56 der Haager LKO statuierte Immunität solcher Güter. Das Vorgehen der Besatzer müsste nach dieser Vorschrift gar „geahndet" werden. Die hiervon unabhängige Reparationsfrage hat durch den mehrfach bestätigten Verzicht ihre Erledigung gefunden, selbst wenn dies von Politikern gelegentlich verdrängt wird. Der Schutz der Kulturgüter verbietet ihre Heranziehung zu „Ersatz"- oder „Kompensatorischer Restitution", die als eine Reparationsleistung nach dem Verzicht auf Reparationen auch aus diesem Grunde rechtsgrundlos wäre. Völkerrecht und Politik gehen hier verschiedene Wege.

So kann nicht ausbleiben, dass von verschiedenen, häufig sehr wohlmeinenden, Seiten Vorschläge zur Auflösung des Knotens von Recht und Politik gemacht werden. Es gibt Anregungen zu deutschen unmittelbaren oder durch eine Stiftung kanalisierten Zahlungen (Kalicki) oder einfach einer Vertagung der Lösungsbemühungen. Ein deutsch-polnischer Diskussionszirkel, die „Kopernikus-Gruppe", hat 2000 vorgeschlagen, Polen gleichberechtigt in die Stiftung „Preußischer Kulturbesitz" aufzunehmen; dann befände sich, was in Polen bliebe, innerhalb des Stiftungsgebiets und Abgaben an die Berliner Zentrale fielen leichter, würden auch durch engste Zusammenarbeit honoriert.[77] Abgesehen davon, dass Deutschland damit die Hälfte eines der bedeutendsten Kulturensembles der Welt, vom Ischtar-Tor bis zur Sammlung Berggruen, abgäbe, trat auch Polen nicht in die Diskussion

---

[76] s. oben Fn. 67, ferner FAZ vom 16.7.2004, 2 „Forderung nach Reparationen".

[77] s. FAZ vom 11.12.2000, 14 „Gemeinsames europäisches Kulturerbe wahren" mit Kommentar „De revolutionibus", a. a. O., vom 12.12.2000, 49 und Erwiderung des Präsidenten der Stiftung, *Lehmann*, „Wir brauchen neue Ideen, keine neue Bürokratie", a. a. O., vom 19.12.2000.

dieses Vorschlags ein; schon das Adjektiv „preußisch" wurde als Zumutung empfunden.

Eher skurril mutet der Vorschlag an, den Günter Grass 2001 in einer Rede an der Europa-Universität Viadrina in Frankfurt/Oder machte:[78] Auf einer über die Oder zu schlagenden Brücke solle von Deutschen und Polen ein Museum für die Gegenstände des „hässlichen Worts ‚Beutekunst'" erbaut werden, „in dem die umstrittenen Bilder, Skulpturen, Manuskripte, Partituren und Bibliotheken ihren bleibenden Ort finden". (Dieses zusammengewürfelte Konvolut auch von Teilstücken wäre wohl noch um die Flugzeuge zu ergänzen.) Finanziert werden sollte dieses Projekt u. a. durch ein „Bußgeld", das das „aufkaufwütige Haus Kapfinger" zu zahlen hätte. Der jetzige Inhaber dieses Zeitungsverlages, der nach der Wende Zeitungen in Polen erworben habe, solle damit dafür büßen, dass sein Vater bis in die 70er Jahre einen Pressefeldzug („gezielte Verleumdungsstrategie") gegen Willy Brandt und seine Ostpolitik geführt habe.

IV. Schluss

Dass Polen und Russland sich in der Kulturgüterproblematik, soweit zu sehen, allein gegen die völkerrechtsgemäße Praxis der übrigen europäischen Staaten stellen, kann nicht das letzte Wort bleiben. Totschweigen wird die Malaise nicht lindern. Großzügige und enge Zusammenarbeit und das Schnüren übergreifender Pakete sollten einen Ausweg finden lassen.

Der Bundeskanzler hat in seiner Rede in Warschau am 1. August 2004 zum 60. Jahrestag des Beginns des Warschauer Aufstandes einen enormen Schritt in Richtung auf polnische Vorstellungen getan, indem er sich, für die Bundesregierung, gegen „Restitutionsansprüche aus Deutschland ..., die die Geschichte auf den Kopf stellen", aussprach und zusagte, „individuelle Forderungen, soweit sie dennoch geltend gemacht werden", nicht zu „unterstützen" und „diese Position ... auch vor allen internationalen Gerichten (zu) vertreten".[79]

Wenn man wollte und auch die Vorgeschichte außer Acht ließe, könnte man unter diesem weiten Wortlaut auch Ansprüche auf Rückgabe von Beutekunst subsumieren. Es wäre allerdings schwierig zu behaupten, sie „stellten die Geschichte auf den Kopf". Vertragliche Ansprüche, über die ein Dutzend Jahre verhandelt wird, werden nicht so beiläufig implizit aufgegeben. Sie sind daher durch die Kanzler-Erklärung nicht berührt worden. Dies ist auch die Auffassung des von Frowein und Barcz im Auftrage der deutschen und der polnischen Regierung

---

[78] Abgedruckt in FAZ vom 14.7.2001, 47: „Auf deutsch, auf polnisch macht die Ostsee blubb, piff, pschsch ...".

[79] Auszüge aus der Rede in: FAZ vom 3.8.2004, S. 2.

gemeinsam erstatteten Rechtsgutachtens.[80] Die Bewegung aber, die der Bundeskanzler im Übrigen in die Restitutionsfragen gebracht hat, könnte die polnische Seite ermutigen, endlich auch ihrerseits ihre Zurückhaltung (in jedem Wortsinne) zu Beutekunstfragen zu überdenken.

---

[80] In deutscher Sprache ist das Gutachten abrufbar unter http://www.mpil.de/de/hp/gutachten/anspr_dt.pdf.

Das „Potsdamer Abkommen" und die Reform der Völkerrechtsordnung[*]

Die Erklärungen der Westmächte vom 14. und 16. Februar 1996

Von Wilfried Fiedler

I. Die neue Fragestellung

Das neue Jahrhundert lenkt den Blick mit aller Vorsicht, aber unabweisbar auf die Würdigung der wichtigsten völkerrechtlichen Weichenstellungen, die das letzte Jahrhundert entscheidend prägten. Unter diesen Ereignissen nimmt auch die Potsdamer Konferenz der „Großen Drei" eine besondere Position ein, denn sie gestaltete mit ihren grundlegenden Entscheidungen den gesamten Verlauf der zweiten Hälfte des 20. Jahrhunderts in ganz unterschiedlicher Richtung. Ebenso wie der Zweite Weltkrieg mit seinem kaum begreiflichen Ausmaß an Opfern und Zerstörungen formte die Potsdamer Konferenz die nachfolgenden Friedensjahre in einer Weise, die die politische Stabilität des Staatensystems ebenso betraf wie die Existenzgrundlage von Menschen und Völkern in Ost und West. In diese Entwicklung sind auch die späteren Arbeiten von Jost Delbrück voll eingebettet.

Die Potsdamer Beschlüsse blieben jahrzehntelang im Streit, nicht nur in einer spezifischen Prägung des „kalten Krieges", sondern wegen einer Vielzahl formaler und inhaltlicher Mängel, die von den verschiedenen Seiten oft gegensätzlich interpretiert wurden. Hierauf ist im folgenden nicht mehr einzugehen, da die wesentlichen Diskussionslinien inzwischen als bekannt vorausgesetzt werden können.[1]

---

[*] Der Beitrag erschien zunächst in der Festschrift für Jens Hacker (Wandel durch Beständigkeit, 1998) und wurde nunmehr leicht geändert und ergänzt.

[1] Aus der älteren Literatur vgl. lediglich *Faust,* Das Potsdamer Abkommen und seine völkerrechtliche Bedeutung, 4. Aufl., 1969; *Hacker,* Sowjetunion und DDR zum Potsdamer Abkommen, 1968; *Deuerlein,* Deklamation oder Ersatzfrieden?, Die Konferenz von Potsdam 1945, 1970; *Deuerlein* u. a., Potsdam und die deutsche Frage, 1970; *Deuerlein,* Potsdam 1945. Ende und Anfang, 1970; *Klein/Meissner* (Hrsg.), Das Potsdamer Abkommen und die Deutschlandfrage, I. Teil, 1970; *Meissner/Veiter* (Hrsg.), Das Potsdamer Abkommen und die Deutschlandfrage, II. Teil, 1987; *de Zayas,* Nemesis at Potsdam, 2. Aufl., 1979; ausf. weitere Literaturangaben bei *Kimminich,* Der völkerrechtliche Hintergrund der Aufnahme und Integration der Heimatvertriebenen und Flüchtlinge in Bayern, 1993, 31 ff., 235 ff.. Aus der neueren Literatur vgl. weiter *Ipsen/Poeggel* (Hrsg.), Das Verhältnis des vereinigten Deutschlands zu den osteuropäischen Nachbarn – zu den historischen, völkerrechtlichen und politikwissenschaftlichen Aspekten der neuen Situation, 1993; Friedrich-Ebert-Stiftung (Hrsg.), Das Potsdamer Abkommen und der Zwei-plus-Vier-Vertrag: Die Klammer der deutschen Nach-

Hinzugekommen sind einzelne Bereiche, die auch weltweite Auswirkungen der Beschlüsse betreffen, die bislang weniger beachtet wurden.[2] Dieser Umstand wäre an sich kein Anlaß, das Thema aus seinem – verdienten – historischen Schlummer zu reißen. Anstöße zur Wiederaufnahme der Thematik erfolgten in den letzten Jahren jedoch aus ganz unerwarteter Richtung. Denn der Versuch einer völkerrechtlichen Bilanz des 20. Jahrhunderts im Zeichen aktueller Fortschreibungen – etwa durch die International Law Commission (ILC) der Vereinten Nationen – warf zusammen mit neuen offiziellen Erklärungen der im Jahre 1945 maßgeblich beteiligten Staaten[3] grundsätzliche Fragen der künftigen Entwicklung des Völkerrechts neu auf.

Im Zusammenhang mit der Untersuchung der Auswirkungen des Potsdamer Abkommens auf die Entwicklungen des allgemeinen Völkerrechts konnte es 1994 noch begrüßt werden, „daß das Potsdamer Abkommen heute im wesentlichen von historischer, nicht mehr von aktueller juristischer Bedeutung ist".[4] Diese Aussage erwies sich als allzu optimistisch im Blick auf amtliche Erklärungen der Vereinigten Staaten, Großbritanniens und Frankreichs vom Februar 1996. Zugleich wandte sich die scheinbar abgeschlossene Diskussion dem Fragenkreis der seit dem Ende des Ersten Weltkriegs verlorenen Kunst des Friedensschlusses zu.[5]

Fast zur gleichen Zeit unterwarf Christian Tomuschat das Potsdamer Abkommen einer eingehenden kritischen Prüfung unter dem Gesichtspunkt der Friedensgestaltung nach kriegerischen Konflikten.[6] Das Ergebnis war insgesamt bis auf

---

kriegsgeschichte, 1995 (mit Beiträgen von Bräutigam, Poeggel, Tomuschat und Misselwitz); *Meissner/Blumenwitz/Gornig* (Hrsg.), Das Potsdamer Abkommen, III. Teil: Rückblick nach 50 Jahren, 1996; *Kempen,* Die deutsch-polnische Grenze nach der Friedensregelung des Zwei-plus-Vier-Vertrages, 1997, 63 ff., 249 ff.; *Czaplinski,* Das Potsdamer Abkommen nach 50 Jahren aus polnischer Sicht, Die Friedens-Warte 72 (1997), 49 ff.

[2] Vgl. etwa die Beiträge in *Timmermann* (Hrsg.), Potsdam 1945, Konzept, Taktik, Irrtum?, 1997; ferner die Beiträge von *Blumenwitz* und *Gornig* in: Meissner/Blumenwitz/Gornig (Hrsg.), (Fn. 1), 91 ff., 103 ff.

[3] Vgl. die Erklärungen der Vereinigten Staaten und Großbritanniens vom 14.2.1996 sowie die Erklärung Frankreichs vom 16.2.1996, abgedr. in: Die Friedens-Warte 72 (1997), 107/108.

[4] *Fiedler,* Die völkerrechtlichen Präzedenzwirkungen des Potsdamer Abkommens für die Entwicklungen des allgemeinen Völkerrechts, in: Timmermann (Hrsg.), (Fn. 2), 293 ff., 303.

[5] Hierzu insbesondere *Hacker,* Einführung in die Problematik des Potsdamer Abkommens, in: Klein/Meissner (Hrsg.), (Fn. 1), 5 ff.; *ders.,* Die Entmilitarisierungs-Bestimmungen des Potsdamer Abkommens, in: Meissner/Veiter (Hrsg.) (Fn. 1), 77 ff.; *ders.,* Die Nachkriegsordnung für Deutschland auf den Konferenzen von Jalta und Potsdam, in: Becker (Hrsg.), Die Kapitulation von 1945 und der Neubeginn in Deutschland, 1987, 1 ff.; *ders.,* Die Fremdbestimmung: Übernahme der obersten Gewalt und Potsdamer Konferenz, in: Klein/Eckart (Hrsg.), Deutschland in der Weltordnung 1945–1995, 1996, 13 ff.; weitere Nachweise in *ders.,* Der Ostblock: Entstehung, Entwicklung und Struktur 1939–1980, 1. Aufl., 1983, 961 f.; *ders.,* Integration und Verantwortung – Deutschland als europäischer Sicherheitspartner, 1995, 356 ff.

[6] *Tomuschat,* How to Make Peace after War - The Potsdam Agreement of 1945 Revisited, Die Friedens-Warte 72 (1997), 1, 11 ff.; vgl. ferner *Steinhardt,* The Potsdam Accord – Ex Nihilo Nihil Fit?, ebd., 29 ff.

zwei Ausnahmen ernüchternd: „To sum up, Potsdam can hardly be considered a model for how peace should be concluded".[7] Dieses Ergebnis wog um so schwerer, als es nach einer Musterung der Kriterien zustande kam, die die Völkerrechtsgemeinschaft an anderer Stelle, etwa im Rahmen der Politik der Vereinten Nationen oder der Normierungen der International Law Commission (ILC)[3] voraussetzt. Die Maßstäbe für eine zukunftsgerichtete Friedensgestaltung, die auf diese Weise entwickelt und angelegt wurden, werfen ein eigenartiges, zugleich aber deutliches Licht auf die Beschlüsse von Potsdam. Hinzu treten aus einer anderen, wiederum unvermuteten Richtung aktuelle Bewertungen durch den Internationalen Gerichtshof (IGH) in seinem Gutachten zur Rechtmäßigkeit der Drohung mit oder dem Gebrauch von Atomwaffen vom 8. Juli 1996.[9] Hier ging es zwar nicht unmittelbar um das Potsdamer Abkommen, sondern um die Bewertung von rechtlichen Instrumenten, die in der unmittelbaren Nachkriegszeit herangezogen wurden und sie insofern mitgestalteten, wie etwa die Haager Landkriegsordnung (HLKO). Indem der IGH die gewohnheitsrechtliche Geltung der Haager Regeln bestätigte und zugleich den Zusammenhang mit der Rechtsprechung des Nürnberger Internationalen Militärgerichtshofes herstellte,[10] lenkte er den Blick auf eher gegenläufige Entwicklungslinien des Völkerrechts in der Mitte des 20. Jahrhunderts. Die wiederholte Berufung der Alliierten auf die HLKO fand ihre Entsprechung in Nürnberg, mußte aber zugleich die Frage nach dem Verhältnis der Potsdamer Beschlüsse zu demselben, 1996 vom IGH mit herangezogenen Bewertungsmaßstab provozieren.

Die Mißachtung der Regeln der HLKO stand im Vordergrund der eindeutigen, massiven und folgerichtigen juristischen Abrechnung mit nationalsozialistischen Kriegsverbrechern in den Nürnberger Prozessen, und auch die zeitgenössische Diskussion widmete diesem Fragenkreis intensive Aufmerksamkeit. Zurück blieb, gefördert durch den immer stärker und dominierender werdenden Ost-West-Gegensatz, eine große Unsicherheit in bezug auf den Stand der Entwicklung des Völkerrechts unmittelbar nach dem Ende des Zweiten Weltkrieges. Es mußte unausweichlich erscheinen, auch das „Potsdamer Abkommen" selbst an den Kriterien zu messen, die das – damals – geltende Völkerrecht zwingend zur Verfügung stellte.

Dabei konnte nicht übersehen werden, daß eine solchermaßen ausgerichtete Kritik von vornherein eine schwache Grundlage aufweisen mußte, sofern sie aus Deutschland kam. Denn nach den Verantwortungen, die auf dem deutschen Staat durch die nationalsozialistische Staatsführung unabweisbar lagen, konnte eine Kritik nicht mit Sympathie rechnen: Das Potsdamer Abkommen war für den sowjetisch beherrschten Teil der Welt ohnehin zur unangreifbaren Magna Charta

---

[7] *Tomuschat* (Fn. 6), 28.
[8] Näher *Tomuschat* (Fn. 6), 24 f.
[9] IGH, Advisory Opinion requested by the General Assembly, HRLJ 17 No. 7–10, 253 ff.
[10] Ebd., 265 f., Nr. 80, 81 (unter dem Gesichtspunkt des humanitären Völkerrechts).

politischen Handelns geworden,[11] aber auch im Westen wurde die völkerrechtliche Wirksamkeit der Potsdamer Beschlüsse trotz der Sonderposition Frankreichs kaum ernsthaft in Frage gestellt.[12] In Deutschland vertrat die Bundesregierung zwar eine konsequente Linie,[13] doch fiel es in der Diskussion nicht schwer, eine Kritik am Potsdamer Abkommen eher politischen Finsterlingen zuzuordnen, sie im Zeichen übergeordneter Bündnisorientierung in das juristische Abseits zu weisen oder auf andere Weise auszuschalten. Inzwischen ist deutlich geworden, daß die Auseinandersetzung mit den Potsdamer Beschlüssen von ganz anderer Seite her gefordert ist: durch die am Ende des 20. Jahrhunderts überfällige Reform des Systems der Vereinten Nationen und die damit zusammenhängende notwendig kritische Reflexion einer Fortentwicklung der Völkerrechtsordnung selbst. Vor allem aus diesem Grunde führen die amtlichen Äußerungen Großbritanniens und der Vereinigten Staaten zum Potsdamer Abkommen zu erheblichen Irritationen und Schwierigkeiten.

II. Die Erklärungen der Vereinigten Staaten und Großbritanniens vom 14. Februar 1996

Das U.S. State Department formulierte eine knappe grundsätzliche Stellungnahme zur Bedeutung des Potsdamer Abkommens gerade im Zeitpunkt intensiver deutsch-tschechischer Verhandlungen über eine gemeinsame Erklärung, bei der es u. a. um die Beilegung von erheblichen Kontroversen über die Bewertung der Vertreibung der Deutschen aus der Tschechoslowakei nach dem Zweiten Weltkrieg ging.[14] Daraus erklärt sich zugleich der Umstand, daß die Erklärung Großbritanniens vom gleichen Tage durch die britische Botschaft in Prag veröffentlicht wurde,[15] während Frankreich sich zwar ebenfalls durch seinen Botschafter in Prag

---

[11] Vgl. aus neuerer Zeit nach wie vor *Poeggel* und *Badstübner,* in: Ipsen/Poeggel (Hrsg.), (Fn. 1), 23 ff., 29 f., 31 ff.; vgl. auch *Czaplinski* (Fn. 1), 49.

[12] Zur Position Frankreichs *Frowein,* Potsdam Agreements on Germany (1945), in: Bernhardt (Hrsg.), Encyclopedia of Public International Law (EPIL), Inst. 4 (1982), 141 ff., 143, *Hacker* (Fn. 5), Einführung, 12 f.

[13] Vgl. *Hacker* (Fn. 5), Einführung, 22; *Fiedler* (Fn. 4), 294 f.; *Tomuschat* (Fn. 6), 22.

[14] Sie konnte schließlich am 21.1.1997 unterzeichnet werden, Text in: Bulletin des Presse- und Informationsamts der Bundesregierung v. 22.1.1997, 61 f.

[15] Die Erklärung vom 14.2.1996 hat folgenden Wortlaut:
„The conclusions of the Potsdam Agreement were endorsed by the Governments of the UK, USA and the USSR at Potsdam in July/August 1945. As far as the United Kingdom is concerned, the conclusions were soundly based in international law. The Potsdam conference recognised that the transfer of the German population of Czechoslovakia had to be undertaken, and that it should be effected in an orderly and humane manner."

äußerte, jedoch in inhaltlich anderer Weise und zeitlich versetzt.[16] Die Erklärung des U.S. State Departments lautete:

> „February 14, 1996 – The decisions made at Potsdam by the governments of the United States, United Kingdom, and the then-Soviet Union in July/August of 1945 were soundly based in international law. The Conference conclusions have been endorsed many times since in various multilateral and bilateral contexts.
> The Conference recognized that the transfer of the ethnic German population of Czechoslovakia hat to be undertaken. Article XIII of the Conference Report called for this relocation to be ‚orderly and humane'.
> The conclusions of the Potsdam Conference are historical fact, and the United States is confident that no country wishes to call them in question.
> It would be inappropriate for the United States to comment on any current bilateral discussions under way between the Czech Republic and Germany."

Die Erklärung wirft bereits in ihrem äußeren Duktus verschiedene Rechtsfragen auf. So spricht sie, anders als die britische Erklärung, nicht vom Potsdamer Abkommen („Potsdam agreement"), sondern von den in Potsdam getroffenen Entscheidungen. Damit sind von vornherein die Zweifel an der Art des Zustandekommens beiseite gerückt und durch die Substanz der Aussagen der Potsdamer Beschlüsse ersetzt: Es handelte sich um völkerrechtlich wirksame Entscheidungen ohne Rücksicht auf mögliche, in den folgenden Jahrzehnten mehr oder weniger mühsam nachgewiesene formale Mängel eines Vertragsschlusses.[17] Unterstützt wird dieser Befund durch eine Formulierung des 3. Absatzes: Die Ergebnisse der Potsdamer Konferenz seien historische Tatsachen („historical fact"). Auf diese Weise wird zwar der Vertragscharakter nicht völlig beiseite geschoben, aber durch die „historische Tatsache" so in den Hintergrund gedrängt, daß das zur Genüge und in den Einzelheiten nachgewiesene politische Konsensgefüge der Potsdamer Konferenz[18] leicht aus dem Blick gerät: Historische Tatsachen unterliegen kaum juristischen Zweifeln oder Anfechtungen, mögen sich diese gleichwohl unerbittlich aufdrängen. Unmittelbar angefügt ist in diesem Sinne eine Formulierung, die an Deutlichkeit nichts zu wünschen übrig läßt:

> „... and the United States is confident that no country wishes to call them (erg.: die Konferenzergebnisse) in question".

---

[16] Die Erklärung vom 16.2.1996 lautet:
„Dès lors que l'objectif est de ‚tirer un trait sur le passé', je ne pense pas qu'il soit particulièrement indiqué de revenir sur la question des accords de Potsdam, et ceci pour deux raisons:
– la France n'a pas participé à la Conférence de Potsdam. Elle est donc dans une situation différente des Etats-Unis, de la Grande-Bretagne et de l'URSS;
– il s'agit d'un chapitre historique qui est clos. Le véritable problème est celui de l'avenir, qui ne doit pas être l'otage du passé. Or l'avenir, c'est d'abord l'adhésion à l'Union européenne. Sur ce point, la position de la France est bien connue: soutien plein et entier à la candidature tchèque."

[17] Vgl. auch die Hinweise von *Tomuschat* auf die *faktische* Kompetenz der Alliierten, zugleich aber auf ihre ungewisse rechtliche Basis (Fn. 6), 17 f.

[18] Vgl. aus neuerer Zeit lediglich *Meissner*, Die Potsdamer Konferenz, in: Meissner/Blumenwitz/Gornig (Hrsg.), (Fn. 2), 9 ff., 11 ff. m. w. N.

Damit korrespondiert die Feststellung des vierten Absatzes, die Vereinigten Staaten hielten es für unangemessen („inappropriate"), zu laufenden Verhandlungen zwischen der Tschechischen Republik und Deutschland Stellung zu nehmen.

Auch diese Bemerkung kann unterschiedlich interpretiert werden, betrifft aber mehr das politische Procedere. Juristisch auffälliger erscheint demgegenüber, daß die Vereinigten Staaten im Zusammenhang mit den Potsdamer Entscheidungen ausdrücklich die daran beteiligten Staaten erwähnen (USA, Großbritannien und die ehemalige Sowjetunion), während die britische Erklärung die rechtlichen Konsequenzen aus der Sicht des eigenen Staates formuliert: „as far as the United Kingdom is concerned". Die wesentliche inhaltliche Aussage beider Erklärungen ist hingegen identisch in zwei Richtungen.

Zunächst in der ungewöhnlichen Aussage über die Völkerrechtsmäßigkeit der Konferenzergebnisse: sie seien „soundly based in international law". Dieser Passus taucht gleichermaßen in der britischen Erklärung auf, doch wird er in der Erklärung der USA ergänzt durch den Hinweis, die Konferenzergebnisse, „have been endorsed many times since in various multilateral and bilateral contexts". Beide Formulierungen lassen nach dem Grund der einerseits emphatischen, andererseits bekräftigenden Wortwahl fragen. Der Hinweis auf die im Völkerrecht „fest verankerten" bzw. „fest gegründeten" Konferenzergebnisse betont die Völkerrechtmäßigkeit so eindringlich, daß vermutet werden kann, man habe sich vielleicht ausdrücklich gegen nicht näher bezeichnete erhebliche Zweifel wehren wollen, wie sie offiziell nicht nur von deutscher Seite geäußert worden waren. Der Hinweis auf die spätere Staatenpraxis versucht, eine entsprechende Kritik zusätzlich abzuwehren. Möglich ist auch, die Ergänzungsformulierung als Begründung des vorangestellten Passus („soundly based") zu verstehen. Wie immer eine exakte Interpretation des Wortlautes aussehen mag, in jedem Falle kann der Eindruck einer an sich überflüssigen Verteidigung entstehen. Sie kommt in der britischen Erklärung freilich ohne den Hinweis auf die Staatenpraxis aus.

Die zweite inhaltlich bedeutsame Aussage bezieht sich auf den in der Literatur hinreichend erörterten Art. XIII des Potsdamer Abkommens,[19] der in bezug auf die Tschechoslowakei wiederholt und bekräftigt wird, wenn auch mit leichten sprachlichen Veränderungen. War im ursprünglichen Text noch vom „transfer" der „German populations or elements thereof" die Rede,[20] so ist nunmehr allgemeiner „the ethnic German population of Czechoslovakia" genannt, doch ändert dies zunächst nichts an der Aussage selbst, die im Jahre 1945, wie nunmehr auch im Jahre 1996, die entsprechende Bevölkerungsverschiebung billigt („had to be undertaken"). Dennoch liegt es nahe, die Erklärungen von 1996 lediglich auf die Dokumente von 1945 zu beziehen und insofern von einer bloßen Bestätigung einer historischen

---

[19] Vgl. statt anderer die ausführliche und behutsame Interpretation von *Kimminich,* Potsdam und die Frage der Vertreibung. Folgen für Geschichte und Kultur Ost-Mitteleuropas, in: Meissner/Blumenwitz/Gornig (Hrsg.), (Fn. 2), 33 ff.

[20] Text bei *v. Münch,* Dokumente des geteilten Deutschland, 2. Aufl., 1976, 42 f.

Position auszugehen. Aber auch bei vorsichtiger Beurteilung kann es nicht verborgen bleiben, daß die Bekräftigung eines Konferenzergebnisses nach über fünfzig Jahren mehr bedeutet als eine nur zeitgenössische Interpretation der Nachkriegsjahre. Es wird von den an den Potsdamer Beschlüssen beteiligten Staaten nicht verlangt werden können, daß sie ihr eigenes Handeln auch nach einem halben Jahrhundert rechtlich, politisch oder moralisch kritisieren. Es fällt aber auf, daß die Erklärungen vom Februar 1996 ohne sichtbare Einwirkung der geradezu umwälzenden Entwicklung etwa des Menschenrechtsschutzes während der letzten Jahrzehnte geblieben sind. Die historische rechtliche Position wäre von einer zeitgerechteren völkerrechtlichen Beurteilung der Massendeportationen des Jahres 1945 aus der Sicht der Alliierten nicht notwendig angegriffen worden.

Statt dessen fügen beide Erklärungen verkürzt den Passus des Art. XIII hinzu, der die Vertreibung in einer ordnungsgemäßen und humanen Weise („orderly and humane") vorsieht. Auch hier wird man nach dem Sinn des Nachsatzes fragen müssen. Daß auf ihn besonderes Gewicht gelegt wurde, kann mit der Entstehung des Artikels begründet werden. Kein anderer Autor als Otto Kimminich hat in vergleichbarer Weise die Bemühungen der USA und Großbritanniens um eine Humanisierung der Vertreibungen herausgearbeitet und den Nachweis erbracht, daß von den Potsdamer Beschlüssen keineswegs ein Vertreibungsbefehl ausging.[21] Kein anderer Autor hat in dieser zugleich äußerst zurückhaltenden Weise aber auch so deutlich gemacht, daß der Wortlaut des Art. XIII gleichwohl eine Kapitulation vor vollendeten Tatsachen bedeuten mußte und der Hinweis auf eine „ordnungsgemäße und humane" Durchführung der Vertreibung weitgehend ins Leere stieß.[22]

Wenn nunmehr die – nach wie vor bezweifelte – politisch-rechtliche Absegnung der „wilden" Vertreibungen zusammen mit den „offiziellen" Umsiedlungen trotz ihrer nachgewiesenen Disparität wiederholt werden, so kann über diese Wortwahl aus der Perspektive des humanitären Völkerrechts auch nicht durch den Hinweis auf Abs. 3 der Erklärung hinweggetröstet werden: die Konferenzergebnisse seien „historical fact". Der Versuch, das Potsdamer Abkommen auf diese Weise außer Streit zu stellen, würde die Beurteilung der künftigen Entwicklungslinien des Völkerrechts zwar erheblich erleichtern, zugleich aber die Strukturen des gegenwärtig geltenden Völkerrechts in zentralen Punkten verfälschen (dazu unter IV). Damit wäre wenig gewonnen, von den offenkundigen Problemen wissenschaftlicher Verantwortung ganz abgesehen. Ihr entspricht es, auf die mißglückte Formulierung des dritten Absatzes der Erklärung der USA hinzuweisen und den zweiten Satz so zu interpretieren, wie dies in der Literatur nicht selten bereits geschehen ist: als Beleg für die Ohnmacht der Westmächte im Jahre 1945 und den meist nur papierenen Schutz von Millionen von Zivilisten: „orderly and

---

[21] Vgl. *Kimminich* (Fn. 19), bes. 47 ff.
[22] Näher *Fiedler* (Fn. 4), 299 f.

humane" als Ausdruck von verständlicher Selbstberuhigung angesichts gegenläufiger Fakten.[23]

Die Erklärung der USA fügt in die bekannte Wortwahl des Jahres 1945 eine sprachliche Variante ein, die in der britischen Fassung nicht zu finden ist. Denn sie umschreibt den „transfer" mit der gleichgeordneten Bezeichnung „relocation". Aber auch auf diese Weise wird dem „Transfer" nur wenig von der Kälte technokratischer Abläufe genommen. Seit jeher stieß die Bezeichnung als „Transfer" auf die Kritik derjenigen, die in Vertreibungen eher die Deportation von Menschen sahen, auf die die Einstufung als mehr technischer Vorgang von vornherein nicht zutreffen konnte. Wenn nunmehr mit dem Begriff der „relocation" stärker die „Umsiedlung" thematisiert wird, so erscheinen dadurch immerhin die betroffenen Menschen wieder im Zentrum der Diskussion.

Aber auch die geänderte Wortwahl kann zu neuen Fragen führen. Denn mit der „relocation" könnte sich nicht nur die eher neutrale „Umsiedlung" verbinden, sondern auch die „Rücksiedlung" mit ihrer unverkennbaren Verwandtschaft zur „Repatriierung". Ein derartiges (Neben-)Verständnis würde die Umkehr einer 700 bis 800 Jahre zurückliegenden Besiedlung bedeuten und ein eher monströses Rechtsverständnis andeuten. Dieses würde sich zudem auf einen Staat beziehen, der – wie die Tschechoslowakei – erst im Jahre 1919 gegründet wurde, aus der Sicht des Jahres 1945 vor nur 26 Jahren. Angesichts dieser Faktenlage scheint eine entsprechend hintersinnige Interpretation der „relocation" eher fernliegend und absurd zu sein.

Zweifel erwecken andere Abweichungen des Wortlautes der amerikanischen und der britischen Erklärung. Während sich die britische Erklärung mit der Erwähnung des „transfer of the German population of Czechoslovakia" an den offiziellen Wortlaut von 1945 hält, spricht das U.S. State Department von „transfer of the ethnic German population". Dadurch müssen unversehens die rechtlichen Unterschiede zwischen einer ethnischen oder anderweitig gekennzeichneten deutschen Bevölkerung in den Sinn kommen. Spielt etwa die Staatsangehörigkeit eine besondere Rolle,[24] oder handelt es sich nur um einen unbedachten Umgang mit der Sprache? Von einem amtlichen Dokument wird man dies nicht vermuten können, so daß von einem bewußt formulierten Text auszugehen ist. Welches aber sind die rechtlichen Folgen der erwähnten Differenzierung?

---

[23] Vgl. für die Oder-Neiße-Gebiete nunmehr die Zahlenangaben bei *Kempen* (Fn. 1), 66, zu denen die über 3 Mill. Menschen aus den Sudetengebieten hinzutreten, sowie die Vertriebenen, die in den anderen osteuropäischen Gebieten seit Jahrhunderten gelebt hatten; dazu *Fiedler* (Fn. 4), 301 ff.

[24] Vgl. v. *Mangoldt,* Die Vertriebenen im Staatsangehörigkeitsrecht, in: Blumenwitz (Hrsg.), Flucht und Vertreibung, 1987, 161 ff.; *Krülle,* Options- und Umsiedlungsverträge, ebd., 131 ff.

III. Die Erklärung des französischen Botschafters und die Position der Bundesrepublik Deutschland

Die Erklärung des französischen Botschafters vom 16. Februar 1996 weicht in entscheidenden Aussagen von den beiden zuvor besprochenen ab. Fortgeführt wird die bekannte kritische Linie Frankreichs, die nicht zuletzt darauf beruhte, daß Frankreich anders als die USA, Großbritannien und die ehemalige Sowjetunion zwar an der Berliner Erklärung vom 5. Juni 1945 beteiligt wurde, nicht aber an der Potsdamer Konferenz selbst und Frankreich eine Unterzeichnung des Protokolls daher ablehnte. Die Erklärung vom 16. Februar 1996 weist auf diesen Unterschied ausdrücklich hin. Frankreich hält es danach nicht für angezeigt, auf das Potsdamer Abkommen zurückzukommen. Diese Position ähnelt der von der Bundesregierung seit langem vertretenen Linie. Der zweite Punkt der Begründung im französischen Text zeigt jedoch Gemeinsamkeiten mit der amerikanischen Erklärung: es handele sich um ein abgeschlossenes historisches Kapitel. Im Unterschied zu diesen Erklärungen folgt jedoch keine Kommentierung genereller oder spezifischer Fragen des Inhalts des Potsdamer Abkommens, sondern eine unmittelbare Hinwendung zu den Zukunftsaspekten und zu dem – offen unterstützten – Beitritt der Tschechischen Republik zur Europäischen Union. Die Grundlage für diese zukunftsbezogene Position wird schon zu Beginn gelegt durch das Kriterium, „einen Schlußstrich unter die Vergangenheit zu ziehen". Auf diese Weise gelingt es, einerseits die seit Jahrzehnten gezeigte offizielle Position Frankreichs beizubehalten, andererseits den Blick politisch von den wenig angenehmen Seiten des Potsdamer Abkommens auf künftige Entwicklungsmöglichkeiten zu lenken.

In diesem Punkte trifft sich die französische mit der deutschen Position, wenn auch auf unterschiedlicher politischer und rechtlicher Grundlage.[25] Sie kehrt wieder in der Antwort der Bundesregierung auf eine Kleine Anfrage[26] im Bundestag vom 23. April 1996,[27] insbesondere in der Aussage, daß „die Bundesregierung keine Veranlassung sieht, Aussagen von Vertretern der drei Teilnehmerstaaten der Potsdamer Konferenz über die damaligen Beschlüsse zu kommentieren".[28] In dieser Formulierung zeigt sich die Verbindungslinie zu der von der Bundesregierung stets betonten Auffassung, es handele sich bei dem Potsdamer Abkommen um eine „res inter alios acta". Mit dieser schon traditionellen Begründung schuf sich die Bundesregierung zugleich auch den Freiraum, um einzelne Bereiche der Potsdamer Beschlüsse abweichend zu beurteilen.

---

[25] Hierzu u. a. *Hacker,* in: Becker (Hrsg.), (Fn. 5), 1 ff., 16 ff.: „Jede einzelne Bestimmung des Potsdamer Abkommens bedarf einer näheren Prüfung darauf hin, ob ihr Frankreich zugestimmt hat oder nicht und ob sie Gegenstand eines amtlichen Vorbehalts war oder nicht". Eingehend jetzt *Hüser,* Frankreich und die Potsdamer Konferenz – Die deutsche Einheit in französischer Perspektive, in: Timmermann (Hrsg.), (Fn. 2), 59 ff., bes. 68 ff. m. w. N.

[26] Der Abgeordneten Ulla Jelpke und der Gruppe der PDS.

[27] BT-Drucks 13/4439 v. 23.4.1996.

[28] Ebd., 4 f.

So wird in der „Vorbemerkung" ausdrücklich und mit wörtlichem Zitat auf eine Passage aus einem Zeitungsinterview von Bundesaußenminister Kinkel vom 20. Februar 1996 Bezug genommen, in dem darauf hingewiesen wird, daß „in Übereinstimmung mit der deutschen Völkerrechtswissenschaft ... alle früheren Bundesregierungen und auch die jetzige Regierung die Vertreibung der Deutschen nach Kriegsende immer als rechtswidrig verurteilt und die Beschlüsse der Potsdamer Konferenz vom 2. August 1945 nicht als Rechtfertigung der Vertreibung angesehen" haben.[29] Dem möglichen Vorwurf, hiermit werde gleichwohl das Potsdamer Abkommen „kommentiert", baut die Antwort dadurch vor, es gehe bei den Gesprächen mit der Tschechischen Republik um die Gestaltung der Zukunft, nicht um eine Bewertung der Gültigkeit der Potsdamer Beschlüsse, sondern um Versöhnung und Bewältigung der Vergangenheit, „insbesondere auch angemessene Worte zum schweren Schicksal der vertriebenen Sudetendeutschen" zu finden.[30] Nur in diesem Zusammenhang seien die Potsdamer Beschlüsse erwähnt worden.

Die Bundesregierung hat damit in geschickter Weise eigene Auffassungen zum Potsdamer Abkommen betont, gleichzeitig aber eine Bewertung der Gültigkeit der Potsdamer Beschlüsse ausdrücklich ausgeschlossen. Darin kann zugleich eine Reaktion auf die Erklärung des U.S. State Departments vom 14. Februar 1996 gesehen werden, insbesondere auf Abs. 3, wonach, wie bereits erwähnt, „The United States is confident that no country wishes to call them in question." Einer entsprechenden amtlichen Bemerkung hätte es in bezug auf die Bundesregierung freilich gar nicht bedurft, denn diese hat schon früh auf Gebietsforderungen gegenüber der Tschechoslowakei verzichtet. Daß sie gleichwohl die Vertreibungen nicht für rechtmäßig hielt und hält, ändert an der längst erreichten territorialen Befriedung des Verhältnisses zwischen Deutschland und der Tschechischen Republik nichts. Eine sorgsame Beurteilung des erwähnten Art. XIII gelangt ohnehin zu dem bereits behandelten Ergebnis, die entsprechende Bestimmung enthalte keinen „Vertreibungsbefehl". Daß im übrigen eine rechtlich-politische Grauzone im Blick auf Folgewirkungen bestehen blieb, ist an anderer Stelle hinreichend deutlich formuliert worden.[31]

IV. „Historische Tatsache" und „Schlußstrich"

Zwischen der französischen Stellungnahme vom 16. Februar 1996 und der Antwort der Bundesregierung vom 23. April 1996 bestehen weitere und auffallende

---

[29] Ebd., 3.

[30] Ebd.

[31] Kimminich wies 1996 deutlich auf „beunruhigende Perspektiven" hin: „Die Vertreibung von 1945/46 hat offenbar in den Vertreiberstaaten mentale Wirkungen erzeugt, die nicht durch Grenzanerkennungen, Bekenntnisse zum Gewaltverbot und zur Versöhnung, Hilfsbereitschaft und Milliardeninvestitionen zu verändern sind. Es sind Wirkungen, die das ethische Fundament der dort neu errichtenden Rechtsordnungen gefährden und damit die Zukunft Ost- und Mitteleuropas in düsterem Licht erscheinen lassen", *Kimminich* (Fn. 19), 51.

Gemeinsamkeiten, die ebenfalls als Reaktion auf die – nicht eigens erwähnte – Erklärung des U.S. State Departments gewertet werden können. Denn die Bundesregierung beginnt ihre Antwort mit einer ausdrücklichen Zustimmung zur Prager Erklärung Frankreichs, es handele sich bei den Potsdamer Beschlüssen um ein „abgeschlossenes historisches Kapitel". Das französische wie das deutsche Dokument knüpfen dabei an die Feststellung des U.S. State Departments in bezug auf die Potsdamer Konferenz als „historical fact" an. Diese auffällige Gemeinsamkeit dreier amtlicher Stellungnahmen muß über die bereits aufgeworfenen Fragen hinaus auch nach den juristischen Konsequenzen fragen, selbst im Blick auf den in der französischen Erklärung erwähnten „Schlußstrich unter die Vergangenheit".

Die Erwähnung eines „abgeschlossenen historischen Kapitels" könnte in diesem Zusammenhang möglicherweise als Thematisierung der Frage von Gültigkeit und Geltung der Potsdamer Beschlüsse verstanden werden, wenn auch in ungewöhnlicher Form. Fragen politischer oder historischer Art werden nicht selten auf diese Weise beantwortet. Für eine völkerrechtliche Beurteilung genügt der Hinweis auf den historischen Abschluß jedoch keinesfalls, denn in dem Maße, in dem das Völkerrecht auf die ständige Orientierung an der Staatenpraxis angewiesen ist, wächst die Notwendigkeit, historische Ereignisse ganz selbstverständlich in die aktuelle juristische Bewertung einzubeziehen. Insofern stellt die historische Unabänderlichkeit kein Verbot der Neubeurteilung oder einer anderweitigen Berücksichtigung dar. Die juristisch gebotene historische Betrachtung hat grundsätzlich nichts mit der Infragestellung historischer Entscheidungen zu tun, wenn nicht besondere Umstände hinzutreten. Zu diesen Umständen zählt etwa, ob die historische Betrachtung von „offizieller" staatlicher Seite oder durch die Wissenschaft selbst erfolgt. Die Völkerrechtswissenschaft hat es stets mit „historical facts" zu tun und zusätzlich mit dem Problem ihrer Bewertung. Daß das Potsdamer Abkommen ausdrücklich als „historical fact" bezeichnet wird, ändert nichts daran, daß vor und nach diesem Zeitpunkt stets und fortlaufend neue historische Tatsachen zur Bewertung anstanden bzw. neu anstehen. Wissenschaftlich gesehen kann es ein Zufall sein, welches Datum desselben Jahres eine gesteigerte Beachtung findet, und viel spricht dafür, etwa die Gründung der Vereinten Nationen für historisch bedeutsamer anzusehen als die Potsdamer Beschlüsse. Selbst im gleichen Fragenkreis, in bezug auf die Sicherung der Grenzen der Tschechoslowakei, kann zweifelhaft sein, wo in einer turbulenten historischen Entwicklung ein historischer Schlußstrich zu ziehen ist. Im Blick auf das Verhalten Frankreichs und Großbritanniens als Signatar-Mächten des „Münchener Abkommens" vom 29. September 1938[32], mag es für diese politisch verständlich erscheinen, einen Schlußstrich auch wissenschaftlich zu ziehen, doch könnte dies für eine völkerrechtliche Fragestellung nicht ausschlaggebend sein. Die juristische Beurteilung der Stellungnahmen beider Staaten im Jahre 1996 kann vielmehr aus der besonderen historischen Kon-

---

[32] Dieses ruhte seinerseits u. a. auf dem Gebietsabtretungsvorschlag Frankreichs und Großbritanniens vom 19.9.1938, den die Tschechoslowakei am 21.9.1938 annahm, vgl. Doc. on British Foreign Policy; 3. Reihe, Bd. II, 1949, 404 ff., 447 f.

stellation Antworten auch auf die Frage finden, warum Großbritannien und Frankreich die Stabilität der Tschechoslowakei bzw. der Tschechischen Republik seit 1945 und heute rechtlich wie politisch besonders unterstützen. Auch bei einer entsprechend vorsichtigen Würdigung der Texte von 1996 ist nicht davon auszugehen, daß die Betonung als historisch abgeschlossene Periode mehr sein kann als eine politische Bekräftigung, jedoch ohne juristischen Aussagewert.

V. Die künftige Entwicklung des Völkerrechts

1. Sektoral unterschiedliche Bewertungen

Der juristische Kern der Aussagen von 1996 ist, soweit die Vereinigten Staaten und Großbritannien betroffen sind, in der Feststellung zu suchen, die Potsdamer Beschlüsse seien „fest im Völkerrecht verankert" einschließlich aller unmittelbar ergänzenden Aussagen. Daß an der Völkerrechtmäßigkeit des Potsdamer Abkommens nicht unerhebliche Zweifel bestehen, ist in der Literatur hinlänglich diskutiert worden, insbesondere in bezug auf die Art und Weise des Vertragsschlusses.[33] Hinzu kommt, daß das Potsdamer Abkommen nur schwer eine Gesamtbeurteilung zuläßt, denn es stellt, wie Chr. Tomuschat ausdrücklich betont, ein „Konglomerat unterschiedlicher Elemente" dar,[34] deren Bewertung zu sektoral unterschiedlichen Ergebnissen führen kann.[35] Läßt man die bekannten Zweifel am völkerrechtlich wirksamen Zustandekommen als Vertrag beiseite, so bleiben durchaus unterschiedlich einzuschätzende Partien des Textes übrig, die zu divergierenden Bewertungen führen können. Dieser Uneinheitlichkeit werden die Stellungnahmen der Vereinigten Staaten und Großbritanniens von 1996 nicht gerecht. Die Potsdamer Konferenzergebnisse werden vielmehr blockhaft und undifferenziert als „soundly based in international law" bezeichnet.

Beschränkt man sich lediglich auf die durch die Erklärungen herausgehobenen Probleme des Art. XIII und die damit verbundenen territorialen Veränderungen, so gilt die neuere Bekräftigung ausgerechnet einem Bereich, der in bezug auf den heute gewonnenen völkerrechtlichen Schutzstandard die größten Zweifel erweckt. Chr. Tomuschat bezeichnet die Vertreibungen als „one of the largest actions of forced resettlement – according to present-day terminology ethnic cleansing".[36] Damit ist eine Verbindungslinie zu den „ethnischen Säuberungen" der Gegenwart

---

[33] Nachweise bei *Fiedler* (Fn. 4), 297; vgl. auch *Tomuschat* (Fn. 6), 17.

[34] Ebd., 13.

[35] Positiv etwa in bezug auf die Einrichtung eines Internationalen Strafgerichtshofs, vgl. *Tomuschat* (Fn. 6), 28; vgl. bereits *Frowein*, Ermutigender Neubeginn, FAZ v. 23.9.1996, Beilage. Zur Fortentwicklung der Tribunale von Tokyo und Nürnberg zu einem Weltgerichtshof vgl. auch *Kaul,* Auf dem Weg zum Weltstrafgerichtshof, Vereinte Nationen 5/1997, 177 ff. Zu den Impulsen durch das „Nürnberger Recht", *Ternon*, Der verbrecherische Staat, 1996, 26 ff.

[36] *Tomuschat* (Fn. 6), 23.

gezogen, die ohnehin seit langem offensichtlich ist, auch wenn sie selbst von kundigen Völkerrechtlern nicht immer ausdrücklich gezogen wird.[37] Vergleicht man zusätzlich die Zahl der im früheren Jugoslawien betroffenen Menschen mit den für 1945 zur Verfügung stehenden Daten, so wird die ungeheure Dimension der Deportationen unmittelbar nach 1945 bewußt. Es handelte sich um nichts anderes als eine kollektive Bestrafung der in Ostdeutschland und Osteuropa seit Jahrhunderten lebenden Deutschen.[38] Hätten entsprechende Aktionen in der Gegenwart stattgefunden, so wäre die Beurteilung eindeutig in die Kategorien einzuordnen, die die ILC mit dem Begriff des „international crime" bezeichnet und die in dem auch von Tomuschat genannten Art. 18 des „Draft Code of Crimes against the Peace and the Security of Mankind" mit aufgelistet sind: „(g) arbitrary deportation or forcible transfer of population".[39]

In diesem Punkte zeigt sich zugleich, daß der besänftigende Hinweis auf die „ordnungsgemäße und humane" Form der Umsiedlung den Kern der rechtlichen Problematik nicht trifft. Denn nicht die Art und Weise der Aktion erfüllt die heute eindeutig als völkerrechtswidrig einzustufende Vorgehensweise, sondern die Zwangsumsiedlung selbst, unabhängig von gelegentlich so genannten „Exzessen". Diese mögen die Deportationen begleiten oder nicht: die Vertreibungen selbst sind gemeint, wenn heute von Völkerrechtsverbrechen in den Kodifizierungsentwürfen der ILC die Rede ist.

*2. Das Völkerrecht im Jahre 1945 und aus heutiger Sicht:
Notwendige Divergenzen*

Dennoch wäre es unangebracht, heutige Beurteilungen ohne weiteres auf das Jahr 1945 zu projizieren. Denn die Umstände, in denen die Potsdamer Konferenz abzulaufen hatte, weisen historische Besonderheiten erheblichen Ausmaßes auf.[40] Sie verbieten eine pauschale und undifferenzierte Anwendung rechtlicher Maßstäbe der Gegenwart. Der Hinweis auf das „international law" nimmt zunächst notwendig Bezug auf die Situation nach Kriegsende, und es wäre nach dem Stand des Völkerrechts zu diesem Zeitpunkt zu fragen. Dabei ist der damals konkret zu beachtende Rechtsstandard zu ermitteln, und es steht außer Frage, daß die heutige

---

[37] Vgl. auch *Fiedler* (Fn. 4), 300 ff.

[38] *Tomuschat* (Fn. 6), 23. Deutlich wird durch diesen Autor auch gemacht, daß ähnliche Bestrafungsaktionen bei späteren, selbst schweren kriegerischen Konflikten nicht mehr durchgeführt wurden und auch die Entwürfe der ILC den Strafaspekt, etwa bei Gegenmaßnahmen, ausschlossen, ebd., 14 ff.

[39] Report of the ILC, 48. Sitzg., 6.–26.7.1996, GA Off. Rec., 51. Sitzg. (A/51/10), 14. Zu erwähnen ist ferner Art. 20 des Entwurfs, ferner die Konvention über die Verhütung und Bestrafung des Völkermords vom 9.12.1948, die in Art. II bestimmte Handlungen erfaßt, „die in der Absicht begangen (werden), eine nationale, ethnische, rassische oder religiöse Gruppe als solche ganz oder teilweise zu zerstören" (UNTS Vol. 78, 277; BGBl. 1954 II, 730).

[40] Etwa die Notwendigkeit schneller Entscheidung, vgl. *Tomuschat* (Fn. 6), 12.

Einschätzung etwa der Menschenrechte für diese historische Periode nicht vorauszusetzen ist. Fest steht hingegen, daß die Praxis der Vertreibung durch die damalige Völkerrechtsordnung nicht abgedeckt war, und eine zeitgerechte Interpretation der HLKO und anderer Dokumente die Völkerrechtswidrigkeit der entsprechenden Zwangsmaßnahmen ergeben müßte.[41] Auf diesen Befund nahm auch Bundesaußenminister Kinkel in dem vor dem Bundestag zitierten Passus Bezug.[42] Die HLKO geht selbst nicht ausdrücklich auf ein Vertreibungsverbot ein, sondern setzte die Praxis des 19. Jahrhunderts voraus, nach der Massenvertreibungen, wie sie seit 1945 stattfanden, von vornherein außerhalb jeder juristischen Vorstellung blieben.

a) 1945 – eine historische Ausnahmesituation?

Denkbar erscheint, die unmittelbare Nachkriegszeit im Sinne einer historischen Einmaligkeit zu betrachten und aus diesem Grunde besondere Maßstäbe anzulegen. Das Kriterium historischer Einmaligkeit enthält jedoch seinerseits erhebliche Risiken, nicht zuletzt im Blick auf die Staatenpraxis und die von ihr dominant ausgehende Wirkung auf die völkerrechtliche Normbildung. „Ausnahmesituationen" bieten seit jeher ein Feld für dogmatisch-juristisch schwer nachzuvollziehende, beliebig wiederholbare politische Willkürentscheidungen und entlasten die juristische Problembewältigung nur unerheblich.

Der Annahme einer juristischen Ausnahmesituation stehen zudem die nicht geringen Folgewirkungen entgegen, die die unvermeidliche Geschichtsbezogenheit der Völkerrechtsordnung dokumentieren.[43] Nicht zuletzt sind es erschreckende Fernwirkungen, die sich unvermutet zeigen, gerade in der Verbindung der Deportationen der Zeit vor und nach 1945 mit den „ethnischen Säuberungen" etwa in Ex-Jugoslawien.[44] Fernwirkungen anderer Art zeigten sich in der Berücksichtigung der territorialen Bestimmungen des Zwei-plus-Vier-Vertrages. Sie folgten den Entscheidungen, die in Potsdam zwar rechtlich nur vorläufig getroffen worden waren, die aber 1990 außer Streit gestellt worden sind. Das Potsdamer Abkommen ist im Zwei-plus-Vier-Vertrag nicht ausdrücklich erwähnt worden, doch lieferte es die faktische Ausgangssituation[45] für weitreichende Vertragsbestimmungen des Jahres

---

[41] Vgl. jetzt auch *Tomuschat,* Die Vertreibung der Sudetendeutschen, ZaöRV 55 (1996), 1 ff., 34 f.

[42] BT-Drucks. (Fn. 27).

[43] Damit zugleich den „engen, wesensmäßigen und notwendigen Zusammenhang zwischen Völkerrecht und politischem System", vgl. *Grewe,* Epochen der Völkerrechtsgeschichte, 1984, 25.

[44] Vgl. etwa *Ipsen,* in: Ipsen/Poeggel (Hrsg.), (Fn. 1), 97; vgl. auch *Fiedler* (Hrsg.), Deportation, Vertreibung, „ethnische Säuberung", 1999, 19.

[45] Vgl. dazu *Hacker* (Fn. 5), 35, der zutreffend feststellt, die staatliche Spaltung Deutschlands gehe nicht auf Vereinbarungen der Alliierten zurück, sondern sei die Folge der 1945 einsetzenden politischen Entwicklung. Art. 1 Abs. 2 des Zwei-plus-Vier-Vertrages bestätigt

1990.[46] Auch diese Fernwirkung könnte nur schwer auf eine juristische Ausnahmesituation gestützt werden. Nicht zuletzt die bewußte Offenheit der Verträge in der Frage der Begründung der territorialen Veränderungen beläßt den Parteien und politisch Betroffenen die Möglichkeit, den eigenen – entgegengesetzten – Standpunkt zur Beurteilung etwa der Oder-Neiße-Linie beizubehalten.[47] Auch insoweit kann man nicht von einer jegliche Diskussion erstickenden historisch-juristischen Ausnahmesituation ausgehen.

b) Die Nürnberger Rechtsprinzipien

Die Annahme einer dominanten juristischen Ausnahmesituation läßt sich auch kaum mit den Rechtsprinzipien vereinbaren, die für den Nürnberger Internationalen Militärgerichtshof aufgestellt wurden und in den Akzentuierungen ihre Wurzeln finden, die auch in der HLKO selbst verankert sind. Die schon frühe Qualifizierung als humanitäres Völkergewohnheitsrecht schuf Maßstäbe der HLKO, die unmittelbar nach dem Zweiten Weltkrieg auch den alliierten Siegermächten Grenzen setzten.[48] Versuche, diese Grenzen in einem juristischen Niemandsland zwischen *debellatio* und *occupatio bellica* versickern zu lassen,[49] verzeichneten trotz anfänglicher Irritationen keinen dauerhaften Erfolg. Ebensowenig der entgegengesetzte Versuch, die HLKO ohne Rücksicht auf ihre durch sie selbst vorgesehene Fortbildungsmöglichkeit[50] starr und unbeweglich anzuwenden. Die in Nürnberg praktizierten Grundforderungen des humanitären Völkerrechts waren auf unmittel-

---

die fehlende bzw. umstrittene rechtliche Urheberschaft von Potsdam. Vgl. auch die Bezugnahme auf das Potsdamer Abkommen in der sowjetischen Erklärung zum Beginn der Zwei-plus-Vier-Verhandlungen vom 14.3.1990, EA 1990 I, D 493.

[46] So insbesondere für die territoriale Regelung des Art. 1; vgl. auch *Tomuschat* (Fn. 6), 21 f. Ausführlich *Hacker,* Die Interpretation der Drei- und Vier-Mächte-Beschlüsse über Deutschland von 1944/45 durch die UdSSR und DDR, in: Meissner/Blumenwitz/Gornig (Hrsg.), (Fn. 1), 135 ff., 149 ff.

[47] Zur Position Polens vgl. etwa *Uschakow,* in: Meissner/Blumenwitz/Gornig (Hrsg.), (Fn. 1), 155 ff., 156 ff.; *ders.,* in: Meissner/Veiter (Hrsg.), (Fn. 1), 179 ff.; *Ihme-Tuchel,* Die „Friedensgrenze" an Oder und Neiße und die ostdeutsch-polnische „Völkerfreundschaft" in den fünfziger Jahren, in: Timmermann (Hrsg.), (Fn. 2), 306 ff.; aus polnischer Sicht, aber noch im alten Stile, *Czaplinski* (Fn. 1), 52 ff.

[48] Zur notwendigen Differenzierung im Umgang mit den Kriegsverbrecherprozessen nach 1945 und ihrer Reichweite ausführlich *Schöbener,* Kriegsverbrecherprozesse vor amerikanischen Militärgerichten: die Dachauer Prozesse, in: Meissner/Blumenwitz/Gornig (Hrsg.), (Fn. 1), 53 ff.

[49] Kennzeichnend das Gutachten der Völkerrechtsabteilung des Heeresministeriums der Vereinigten Staaten zur Anwendbarkeit der Haager Landkriegsordnung und Genfer Konvention auf das besetzte Deutschland vom 10.12.1945, Text in: JIR 6 (1956), 300 ff. Zur umfangreichen Diskussion in Deutschland vgl. aus spezieller Perspektive *Fiedler,* Safeguarding of Cultural Property during Occupation – Modifications of the Hague Convention of 1907 by World War II?, in: Briat/Freedberg (Hrsg.), Legal Aspects of International Trade in Art, 1996, 175 ff., bes. 180 f.

[50] Zur Martens'schen Klausel *ders.,* ebd., 181.

bare Gestaltung des Völkerrechts angelegt und erhielten in diesem Sinne auch ohne Verzug die ausdrückliche Billigung der Vereinten Nationen.[51] Sie sind in die Tradition des bindenden Völkergewohnheitsrechts durch den IGH aufgenommen worden.[52] Versucht man, das Potsdamer Abkommen in die in Nürnberg entwickelten rechtlichen Grundlinien einzuordnen, so ergeben sich augenfällige Widersprüche, die aus der spezifischen Nachkriegssituation zu erklären sind. Das zeitgleiche Nebeneinander zukunftsträchtiger Völkerrechtsgestaltung durch die Gründung der Vereinten Nationen und die Praktizierung der Prinzipien der Nürnberger Gerichtsbarkeit einerseits, die in manchen Teilen der Potsdamer Texte deutlich heraustretende Mißachtung des geltenden Völkerrechts andererseits: beide Elemente zählen zu der weitgehend unkoordinierten Phase eines rechtlich oft gegenläufig[53] und in besonderer Eile konzipierten Fortschreitens des Völkerrechts, einer Phase, die in ihren sektoralen Stärken und Schwächen insgesamt vorauszusetzen und bei einer Fortentwicklung zu berücksichtigen ist. Werden Uneinheitlichkeit und Gegenläufigkeiten als Ausgangspunkte für künftige Besserungen verstanden, so entfällt jeder Zwang, die zeitgleichen Entscheidungen des Jahres 1945 in toto als völkerrechtsmäßig oder völkerrechtswidrig qualifizieren zu müssen. Es war daher konsequent, daß sich Chr. Tomuschat in erster Linie der Frage des angemessenen Friedensschlusses widmete, nicht hingegen der pauschalen Frage einer möglichen Völkerrechtswidrigkeit. Die Eigenart der Völkerrechtsfortbildung in der unmittelbaren Nachkriegszeit liegt vielmehr in ihrer kriegsbedingten Zerklüftung begründet, ohne daß von einer Ausnahmesituation gesprochen werden kann. Der parallelen Uneinheitlichkeit der Staatenpraxis entspricht es vielmehr, den Widerspruch zum geltenden Völkerrecht in einzelnen Bereichen gesondert zu prüfen und Entwicklungslinien herauszuarbeiten. Unter diesen Voraussetzungen einer historisch geformten, rechtlich unkoordinierten Staatenpraxis kann es nicht als juristisch anstößig gelten, entsprechende Gegenläufigkeiten wissenschaftlich auszuloten und auf ihre zukunftsoffene Ausbaufähigkeit hin zu untersuchen. Folglich kann wissenschaftlich auch nicht ausgeschlossen werden, daß durch die Potsdamer Beschlüsse rechtlich angestoßene faktische Vorgänge der Zeit nach 1945 in einen

---

[51] Vgl. die Bekräftigung der Nürnberger Prinzipien durch die Generalversammlung der UN vom 11.12.1946, UN-Res. Ser. I, Vol. I (1946–1948), 175.

[52] Zuletzt im Gutachten des IGH vom 8.7.1996, vgl. oben Fn. 9.

[53] So etwa in bezug auf den in der Berliner Erklärung der Vier Mächte vom 5.6.1945 ausdrücklich formulierten Annexionsverzicht und die fast zeitgleich durch die Potsdamer Beschlüsse zur Deportation der Bevölkerung („transfer") faktisch ermöglichten Annexionsvoraussetzungen. Daß die Nürnberger Prozesse wenig später die Verstöße gegen das völkerrechtliche Annexionsverbot mit zum Maßstab der Anklage erhoben, liefert aus heutiger Sicht einen nur schwer nachvollziehbaren Akzent. Vgl. auch die früheren Ausführungen von Chr. Tomuschat zum Territorialbezug des Selbstbestimmungsrechts, das auch „das anerkannte Siedlungsgebiet eines Volkes" schütze (*Tomuschat,* Staatsvolk ohne Staat?, in: Hailbronner (Hrsg.), Staat und Völkerrechtsordnung – Festschrift für Karl Doehring, 1989, 985 ff., 999). Zur Widersprüchlichkeit der Rechtslage vgl. auch *Tomuschat* (Fn. 41), 33. *Czaplinski* (Fn. 1), orientiert sich hingegen mehr am Verhalten der Nationalsozialisten (als Gegenpol) denn am Völkerrecht selbst, vgl. etwa 53 f. („kann das Verhalten Nazi-Deutschlands in diesem Fall die Entscheidung der Alliierten rechtfertigen").

Vergleich zu den zeitgleich rechtlich konsequent abgeurteilten Straftaten gebracht werden. Ebensowenig könnte die durch die Satzung der Vereinten Nationen vorgenommene Sonderbehandlung der „Feindstaaten" einen Hinderungsgrund dafür abgeben, etwa die Geltung der Haager Landkriegsordnung für die betroffenen Staaten von vornherein zu leugnen.

3. Historisch geprägte Gestaltungsmöglichkeiten und die Frage der Systemgerechtigkeit

Für die Potsdamer Beschlüsse bedeutet dies nicht zuletzt, daß sie im jeweiligen Normgefüge zu prüfen sind und nicht geschlossen oder pauschal vorausgesetzt werden können. Historisch geprägte Offenheit enthält die Gestaltungsmöglichkeiten für die Zukunft, solange die jeweilige Systemgerechtigkeit beachtet wird. So entspricht es der HLKO, sie in erster Linie als Teil des humanitären Völkerrechts zu sehen, nicht jedoch einseitig unter einem territorialen Aspekt. Vorwürfe des Verstoßes der Potsdamer Beschlüsse gegen die HLKO betreffen in erster Linie den humanitären Aspekt, nicht jedoch die staatliche Zuordnung der betreffenden Territorien selbst. Folglich ist eine unter dem Gesichtspunkt der HLKO am Potsdamer Abkommen formulierte Kritik in erster Linie humanitär begründet. Die in Art. XIII behandelten Deportationen („transfer") sind lediglich insofern gebietsbezogen, als die zwangsweise Trennung der Bevölkerung von ihrem Wohngebiet gerade die humanitäre Komponente des Verstoßes gegen die HLKO ausmacht.

Dennoch überwiegt die personelle Komponente, und unter diesem Aspekt ist eine sektoral spezifische Völkerrechtswidrigkeit der Potsdamer Beschlüsse zu beurteilen. Die Kritik an den in Art. XIII gebilligten Massenvertreibungen gilt diesem Aspekt, dem territorialen Element nur am Rande. Umgekehrt: die an der territorialen Komponente orientierten Stabilitätserwägungen, die politisch im Hintergrund der Erklärungen des U.S. State Department stehen mögen, zielen auf einen Rechtszusammenhang, der das Humanitäre nicht erfaßt, es ausklammert und insofern verfehlt. Das „Infragestellen" der Potsdamer Beschlüsse bezieht sich auch aus diesem Grund bezüglich des Art. XIII zentral auf den humanitären Aspekt der Deportationen.[54]

Die in sich undifferenzierte Behauptung, das Potsdamer Abkommen ruhe, aus der Sicht des Jahres 1996, fest im Völkerrecht, schließt bei der zeitorientierten Beurteilung den Fortschritt aus, den das Völkerrecht seit dem Kriegsende auf dem Gebiet des humanitären Völkerrechts und in bezug auf den Schutz der Menschenrechte unbezweifelbar zu verbuchen hat.[55]

---

[54] Vgl. zu einem entsprechenden Ansatz *Steinhardt* (Fn. 6), bes. 38 ff.

[55] *Henkin*, Human Rights, in: Bernhardt (Hrsg.), Encyclopedia of Public International Law, Vol. 2 (1995), 886 ff.; *Meron*, Human Rights and Humanitarian Norms as Customary Law, 1989; *Kimminich*, Die Menschenrechte in der Friedensregelung nach dem Zweiten Weltkrieg, 1990, 61 ff.; *Lillich*, Humanitarian Intervention through the United Nations:

Sie vernachlässigt zudem die Interpretation des Potsdamer Abkommens, die dieses in dem hier behandelten Bereich bald nach dem Kriege in den Vereinigten Staaten selbst zu verzeichnen hatte.[56] Die davon abstrahierende Erklärung vom 14. Februar 1996 mag zwar von einem wichtigen Kritiker als „peinlich" bezeichnet werden,[57] doch ändert dies nichts an der so und nicht anders offiziell vorgenommenen Bewertung des Potsdamer Abkommens durch wichtige Vertragspartner des Jahres 1945 im Jahre 1996.

4. Deportationen als notwendige Kosten territorialer Stabilität?

Als Ausweg böte sich an, die Erklärungen von 1996 als lediglich politische zu bewerten und ihnen jeglichen Rechtsgehalt abzusprechen. Dies erscheint wegen der deutlichen juristischen Bezugnahme vor allem der amerikanischen und britischen Erklärung nicht möglich. Doch zeigt sich in diesem Punkte bereits eine Möglichkeit der politischen „Entlastung". Die Erklärungen von 1996 sind erkennbar von dem Wunsch nach Erhaltung der Stabilität der Nachkriegsordnung getragen und verkennen wohl aus diesem Grunde die Grenzen, die das Völkerrecht heute in bezug auf das Potsdamer Abkommen deutlich werden läßt. Der Wille zur Erhaltung der territorialen Stabilität im Nachkriegs-Europa nimmt – auch in seinem unausgesprochenen Bezug auf den Zwei-plus-Vier-Vertrag[58] – die unvorstellbare Dimension der Deportationen und Menschenopfer der Zeit nach 1945 als notwendige „Kosten" der Stabilität in Kauf.[59] Eine ernste Besorgnis ist der Erklärung der USA insofern nicht abzusprechen. Daß die Erklärung einer zeitgerechten Fortschreibung des Völkerrechts, insbesondere auf humanitärem Gebiet, große Hindernisse in den Weg legt, zählt wohl ebenfalls zu den akzeptierten oder nicht gesehenen „Kosten", zu denen nicht zuletzt auch die Opfer auf polnischer Seite zu rech-

---

Towards the Development of Criteria, ZaöRV 53 (1993), 576; *Cossmann,* Reform, Revolution, or Retrenchment? International Human Rights in the Post-Cold War Era, HIJL 32 (1991), 339 ff.; *Merrills,* The Development of International Law by the European Court of Human Rights, 1988; *Thornberry,* International Law and the Rights of Minorities, 1991.

[56] Vgl. nur *de Zayas,* US-Politik hinsichtlich der Vertreibung und Deutschlands östliche Grenzen nach Potsdam, sowie *Meissner,* George Marshall und die Gebiete östlich der Oder und westlichen Neiße auf der Moskauer Tagung der Außenminister 1947, in: Kulturstiftung der Deutschen Vertriebenen (Hrsg.), George Marshall, Deutschland und die Wende im Ost-West-Konflikt, 1997, 57 ff., 13 ff.

[57] So *de Zayas* (Fn. 56), ebd., 71.

[58] Vgl. auch Art. 1 Abs. 1 S. 3 des Zwei-plus-Vier-Vertrages: „Die Bestätigung des endgültigen Charakters der Grenzen des vereinten Deutschlands ist ein wesentlicher Bestandteil der Friedensordnung in Europa". Der Stabilitätsaspekt tritt nicht zuletzt in der Präambel hervor.

[59] Zur Bedeutung des Stabilitätsfaktors für das Verständnis der Potsdamer Beschlüsse aus östlicher Sicht kennzeichnend etwa *Badstübner,* Das Jaltaer/Potsdamer Friedensprojekt – realistische oder utopische Weichenstellung für eine dauerhafte Friedensordnung in Europa?, in: Ipsen/Poeggel (Hrsg.), (Fn. 1), 31 ff. Zu den „human costs" in bezug auf Art. XIII vgl. aber *Steinhardt* (Fn. 6), 29.

nen sind, die im Rahmen der „Westverschiebung" Polens im Osten des Landes zu beklagen waren.

Zu den „Kosten" rechnet wohl auch der Tonfall mancher Teile der amerikanischen Erklärung, der noch aus der Zeit vor Abschluß des Zwei-plus-Vier-Vertrages zu stammen scheint, insbesondere der bereits behandelte Abs. 3. Daß schließlich dem Anlaß der Erklärungen – den deutsch-tschechischen Verhandlungen – jeder territoriale Destabilisierungseffekt fehlte, macht nur ein anderes, bisher nicht eigens genanntes Charakteristikum der westlichen Erklärungen, mit Abstrichen allerdings der französischen, deutlich: ihre Überflüssigkeit.

Offensichtlich hat man die Tragweite der Bestimmungen des „Potsdamer Abkommens" nicht erkannt und offene Widersprüche zum geltenden Völkerrecht übersehen. So wird die Vertreibung im Rom-Statut des Internationalen Strafgerichtshofs vom 17. Juli 1998 ganz selbstverständlich zu den „Verbrechen gegen die Menschlichkeit" gezählt[60], wozu die Aussage des Art. XIII des „Potsdamer Abkommens" nicht paßt, die Vertreibungen hätten „ordnungsgemäß und human" („orderly and humane") zu erfolgen. „Ethnische Säuberungen" des Kriegsendes hätten heute keine Chance mehr, so generell wie 1945 akzeptiert zu werden. Denn der Sache nach begab man sich auf das Niveau von Adolf Hitler und stimmte ohne Bedenken einer Kulturgütervernichtung größten Ausmaßes zu. Die Entwicklung des Völkerrechts ist selten in vergleichbarer Weise verkannt worden[61].

---

[60] Vgl. Art. 7 des Rom-Statuts.
[61] Dazu ausführlich *Fiedler* (Hrsg.), (Fn. 44), 1999, 17 ff.

Terrorismus und Friedenssicherung: Einige Anmerkungen zu den Handlungsoptionen der Akteure

Von Erhard Forndran

I. Begriffe und Fragen

1. Terrorismus – der Krieg der Terroristen?

In letzter Zeit ist viel über Herausforderungen, die als aktuelle Spielart des Terrorismus begriffen werden, geredet und geschrieben worden.[1] Der Terrorismus ist zu einem zentralen Thema der Politik, der Berichterstattung und der wissenschaftlichen Analyse avanciert. Er gehört zu der Art von Gewalt, die den sogenannten „neuen Kriegen" ihre Gestalt gibt.[2] Er erlaubt dadurch, dass er Sicherheit zur zentralen Forderung macht, zugleich die Legitimierung einer Politik, die andere politische Werte zurückstellt. Die Thesen zur Charakterisierung und zur politischen Relevanz des Terrorismus sind freilich umstritten. Schon die Benutzung des Begriffs Krieg wird von einigen Beobachtern abgelehnt. Der Terrorismus sei eine Form der Gewaltanwendung und Gewaltwirkung *sui generis*. Mit dem Begriff Krieg würden staatliches Verhalten und zwischenstaatliche Beziehungen

---

[1] Es gibt auch eine ältere Debatte zu diesem Thema. Dazu u. a.: *Alexander u. a.* (Hrsg.), Terrorism. Theory and Practice, 1979; *Karstedt-Henke,* Theorien zur Erklärung terroristischer Bewegungen, in: Blankenburg (Hrsg.), Politik der inneren Sicherheit, 1980, 169 ff.; *Laqueur*, Terrorismus. Die globale Herausforderung, 1987 und *Mommsen u. a.* (Hrsg.), Sozialprotest, Gewalt, Terror. Gewaltanwendung durch politische und gesellschaftliche Randgruppen im 19. und 20. Jahrhundert, 1982.

[2] Zur neueren Debatte liegen inzwischen viele Publikationen vor, u. a.: *Bendel/Hildebrandt* (Hrsg.), Im Schatten des Terrorismus, 2002; *Böge,* Alte und neue Kriege: Die traurige Realität in den Krisenregionen der Welt, in: Globale Trends, 2003, 309 ff.; *Bos/Helmerich* (Hrsg.), Neue Bedrohung Terrorismus. Der 11. September 2001 und die Folgen, 2003; *Hippler*, Die Folgen des 11. September 2001 für die internationalen Beziehungen, in: Aus Politik und Zeitgeschichte 54/3–4 (2004), 3 ff.; *Hirschmann*, Internationaler Terrorismus gestern und heute, in: Frank/Hirschmann (Hrsg.), Die weltweite Gefahr, 2002, 27 ff.; *Hirschmann/Gerhard* (Hrsg.), Terrorismus als weltweites Phänomen, 2000; *Hoffmann*, Terrorismus. Der unerklärte Krieg, 2001; *Kaldar*, Neue und alte Kriege, 2000; *Karstedt*, Terrorismus und neue Kriege, in: Kriminologisches Journal 34/2 (2002), 124 ff.; *Kotzur*, Krieg gegen den Terrorismus, in: Archiv des Völkerrechts 40/4 (2002), 454 ff.; *Matthies*, Immer wieder Krieg? Eindämmen – beenden – verhüten?, 1994; *Münkler*, Die neuen Kriege, 2003; *Münkler*, Über den Krieg, 2003; *Münkler*, Ältere und jüngere Formen des Terrorismus, in: Weidenfeld (Hrsg.), Herausforderung Terrorismus, 2004, 29 ff.; *Sielke* (Hrsg.), Der 11. September 2001, 2002; *Stofsky*, Zeiten des Schreckens, 2002, vor allem 147 ff. und *Talbott/Chanda* (Hrsg.), Das Zeitalter des Terrors, 2002.

beschrieben, militärische Aktivitäten von Staaten seien die Bedingung für die Nutzung des Begriffs Krieg. Terrorismus aber – sieht man vom nicht zu unterschätzenden Staatsterror ab, der hier allerdings nicht behandelt werden soll – ist ein Phänomen gesellschaftlicher Beziehungen. Wollte man trotzdem beim Terrorismus von Krieg sprechen, hätte dies zwangsläufig zur Folge, auch Formen der entstaatlichten, vergesellschafteten oder gar privatisierten Gewaltnutzung, so weit diese organisiert ist und politische Ziele verfolgt, als Krieg zu bezeichnen. Umstritten ist, ob man den Begriff so weit fassen soll.

Für eine derartige Argumentation sprechen die über die Gewaltdimension hinausgehenden allgemeinen Tendenzen einer Entstaatlichung wichtiger Bereiche der Weltpolitik.[3] Allerdings darf die Akzentuierung der gesellschaftlichen Dimension des modernen Terrorismus nicht zu einer völligen Vernachlässigung der Staatenwelt führen. Staaten beziehungsweise ihre Einrichtungen und Repräsentanten sind nicht nur ein Objekt von Terroristen. Sie können auch als terroristische Akte unterstützende Institution Wirksamkeit entfalten. In der aktuellen Debatte werden derartige Staaten mit dem Makel der sogenannten Schurkenstaaten belegt. Eine Analyse der Handlungsmöglichkeiten der Terroristen verlangt daher eine Berücksichtigung der Rolle der Staaten.

Auch dieser Hinweis führt freilich nicht zu einer eindeutigen Antwort in bezug auf die Benutzung des Begriffs Krieg zur Beschreibung des Terrorismus. Wenn man trotzdem dem Vorschlag folgt, auch bei terroristischen Aktivitäten von Krieg zu sprechen, muss man sich der daraus folgenden definitorischen Unschärfen bewußt sein, denn der Krieg der Terroristen kennt keine Regeln und stellt einen Rückfall in archaische Formen der uneingeschränkten und privatisierten Gewaltnutzung dar. Diese richtet sich meist gegen strukturell labile Staaten, denen die Aufrechterhaltung öffentlicher Ordnung nicht gelingt.[4] Der gesellschaftliche Raum wird zum Schlachtfeld und die Gewalt zielt auf den Zerfall politischer Einrichtungen und lokaler Ökonomien.[5] Ein Gegenargument insistiert, es handle sich auch beim aktuellen Terrorismus nur um kriminelle Handlungen, die nicht mit den Aktivitäten von Kriegführenden gleichgesetzt werden dürften, da dies zu einer rechtlichen und damit politischen Aufwertung der Terroristen führen würde. Im übrigen kann auch die These von der Neuartigkeit der Privatisierung der Gewalt bezweifelt werden. Man denke nur an die Rolle der SA oder anderer Kampfbünde in der Weimarer Republik. Schon diese Gegensätze im Verständnis von Terroris-

---

[3] U. a. *Hummel,* Die Privatisierung der Weltpolitik. Tendenzen, Spielräume und Alternativen, in: Brühl u. a. (Hrsg.), Die Privatisierung der Weltpolitik. Entstaatlichung und Kommerzialisierung im Globalisierungsprozess, 2001, 32 ff.; *Neyer,* Postnationale politische Herrschaft. Vergesellschaftung und Verrechtlichung jenseits des Staates, 2004; *Zangl/Zürn,* Frieden und Krieg, 2003, 149 ff. und *Zürn,* Regieren jenseits des Nationalstaates, 1998.

[4] *Schneckener,* Transnationale Terroristen als Profiteure fragiler Staatlichkeit, SWP Studie S. 18, Mai 2004.

[5] *Schluchter,* Fundamentalismus, Terrorismus, Krieg, 2003.

mus und Krieg verlangen offensichtlich vor einer Bearbeitung einiger Fragen eine, wenn auch nur knappe Annäherung an den Begriff.

Vor diesem Schritt ist die Unterscheidung zwischen Terrorismus und Terroristen zu betonen. Der Begriff Terrorismus verweist auf die Gewaltanwendung zur Durchsetzung politischer Absichten. Es geht um Techniken, Sachen zu zerstören und Menschen zu töten. Unterschiedliche Formen der Nutzung von Gewaltinstrumenten sind angesichts der Asymmetrie der kulturellen Traditionen und der militärischen und ökonomischen Handlungsoptionen mitgedacht. Die begrenzten Möglichkeiten, Gewalt zu nutzen, müssen dabei – wie der 11. September 2001 und die Vorgänge im Irak seit dem amerikanischen Einmarsch im Frühjahr 2003 zeigen – auch für die Terroristen, die weit von modernen militärischen Fähigkeiten entfernt sind, nicht von Nachteil sein. Der militärische Sieg der USA auf dem Schlachtfeld bedeutete eben nicht, dass Frieden im Irak eingetreten ist, sondern nur, dass die Auseinandersetzungen mit anderen, den Terroristen näherliegenden Mitteln fortgesetzt werden. Die Terroristen sind nicht besiegt, sondern in den Untergrund getrieben. Dort aber bewegen sie sich viel erfolgreicher als die Besatzungsmacht. Aber selbst bei diesem Verständnis von Terrorismus lassen sich die unterschiedlichen terroristischen Aktivitäten durch das einheitliche Merkmal der Gewaltnutzung nicht ausreichend charakterisieren. Der Begriff erfaßt nämlich unzureichend die Akteure und die variierenden Gründe für ihr Verhalten. Es kann trotz der inzwischen erreichten Transnationalität des Terrorismus nicht davon ausgegangen werden, dass die Taliban, die tschetschenischen Rebellen, die Aufständischen auf den Philippinen, auf Bali und in Thailand, in Kaschmir, Usbekistan, Saudi-Arabien, im Sudan und Algerien oder in Kolumbien, die Separatisten in Nordirland, im Baskenland oder auf Korsika, die bombenwerfenden Aktivisten der palästinensischen Intifada oder die verschiedenen Feinde der amerikanischen Besatzungsmacht im Irak die gleichen Gründe für ihr Verhalten haben. Es gibt sehr unterschiedliche Motive für die Gewaltbereitschaft.[6] In einigen Fällen mag es religiöser Fundamentalismus sein. Viel häufiger ist die Bereitschaft zu terroristischen Aktivitäten oder wenigstens zur Zustimmung zu dieser Handlungsweise vor allem bei Jugendlichen auf die Trostlosigkeit der Lebensbedingungen und die fehlenden Zukunftschancen zurückzuführen. Schließlich erzeugt ein starkes Nationalgefühl eine Feindschaft gegen die westliche Lebensart.[7] Es geht offensichtlich nicht allein um einen Religionskrieg. Al Kaida rechnete bei dem geplanten terroristischen Anschlag gegen Amman mit 80.000 Toten – in der großen Mehrzahl Moslems.[8] Die Feindschaft bezieht sich nicht nur auf die Fremden, sondern auch auf die Eliten im eigenen Staat, die zu eng mit dem Westen zusammenarbeiten und ungläubige

---

[6] Wie junge Usbekinnen zu Terroristen wurden, in: NZZ 21.04.2004, 6. Grundsätzlicher zu den Gründen für Terrorismus *Bendel/Hildebrandt* (Fn. 2), 35 ff., 57 ff., 70 ff.; *Frank/Hirschmann* (Fn. 2), 105 ff., 115 ff.; *Hirschmann/Gerhard* (Fn. 2), 59 ff., 69 ff. und *Reuter*, Parasiten des Zorns. Wie Al Kaida neue Akteure rekrutiert, in: Internationale Politik 59/2 (2004), 12 ff.

[7] Zwei Fronten im Irak, in: NZZ 10./11.04.2004, 3.

[8] *Ladurner*, Das Ende der Illusionen, in: Die Zeit 15.04.2004, 3.

Besatzer auf islamischer Erde zulassen. Verachtung und Haß speisen den Glauben an die eigene Mission. Kommen noch glaubwürdige Vorbilder hinzu, gewinnen die Terroristen leicht Gefolgsleute. Es bedarf kaum einer hierarchischen Befehlsstruktur oder eines dichtgeknöpften Netzes, um terroristische Aktivitäten an den verschiedensten Orten und in unterschiedlichen Formen aufbrechen zu lassen. Die Vorstellung von dem weltweiten und einheitlich kriegführenden Netzwerk der Terroristen ist eher ein Bild, das von außen auf die Welt der Terroristen projeziert wird.[9] Es hilft, Ängste zu verbreiten und dadurch den Terroristen in die Hände zu spielen.

Die Unterscheidung zwischen Terrorismus und Terroristen ist also bedeutsam. Terrorismus korrespondiert mit vielfältigen Formen der Gewaltnutzung, während die politischen Gründe für diese und damit auch die Möglichkeiten zu ihrer Bearbeitung bei den Personen anzusiedeln sind, die sich für die Anwendung von Gewalt entscheiden. Allerdings ist nicht jeder gewaltbereite oder gewaltsam handelnde Akteur gleich als Terrorist zu bezeichnen. Unterschiedlichste Formen von Gewalt nutzen auch Piraten, Partisanen, Separatisten, Rebellen, Attentäter, Geiselnehmer und Warlords, Schmuggler und Waffenhändler sowie andere Kriminelle wie beispielsweise Hacker sowie korrupte Wirtschaftsführer und Politiker. Diese Tatsache führt zu einem äußerst schwankenden Sprachgebrauch. Da gehen beispielsweise Aussagen über Paramilitärs, Guerillas und Rebellen durcheinander.[10] Trotzdem ist die Analyse der Akteursdimension wichtig. Ein wichtiges Unterscheidungskriterium ist die Nutzung der Gewalt für private Ziele, oder – wie dies für die Terroristen gilt – für die Durchsetzung politischer Absichten.

Die Berücksichtigung der Akteursdimension ist auch noch aus einem anderen Grunde zu fordern. Es sind die Beobachter, die abhängig von ihren eigenen Interessen und Wertpositionen den gewaltbereiten Personen das Merkmal des Terroristen zuschreiben. Dieses Urteil kann sehr unterschiedlich ausfallen: die gleiche Handlung kann als zu verabscheuende Tat von Terroristen oder als zu achtende Leistung von Freiheitskämpfern interpretiert werden. Dabei ist nicht einmal ausgeschlossen, dass sich die Sicht auf einen Gewaltakt im Laufe der Zeit in den Augen desselben Beobachters dramatisch ändert und ein Freiheitskämpfer für den Urteilenden, der ihn eventuell sogar früher gefördert hat, zu einem verurteilenswürdigen Terroristen wird.

2. Terrorismus – eine Form der Gewalt neben anderen

Sucht man die Erläuterungen zum Terrorismus beziehungsweise zum Terroristen in den wichtigsten Lexika auf, so fällt zunächst einmal auf, dass der Staatsterror – der Terror, der von den Herrschenden zur Festigung und Erweiterung ihrer

---

[9] *Scholl-Latour,* Weltmacht im Treibsand. Bush gegen die Ayatollahs, 2004, 17.
[10] Lavieren der Paramilitärs in Kolumbien, in: NZZ 15.04.2004, 7.

Macht eingesetzt wird – in den Aussagen meist unberücksichtigt bleibt. Terrorismus wird als eine Form der extremistischen Zielen dienenden, organisierten Gewaltkriminalität einer kleinen Zahl entschlossener Aktivisten beschrieben, die Gewaltanschläge planmäßig durchführen und die dadurch entstehende Angst für politische Zwecke auszubeuten suchen. Diese kriminelle Handlungsweise verabsolutiert eigene Ansichten und sucht das Denken sowie die Einstellungen der angegriffenen Gesellschaft zu beeinflussen. Erwartet wird, Zustimmung und Unterstützungsbereitschaft bei relevanten Bevölkerungsgruppen zu erreichen, um auf diesem Weg staatliches Handeln zu delegitimieren. Die Provokation soll eine Überreaktion der staatlichen Organe herbeiführen und damit einen Keil zwischen Herrschende und Beherrschte treiben. Kriminelle handeln möglichst, ohne aufzufallen. Terroristen suchen zwar auch das Dunkel des Geheimen. Mit ihren Taten – verstanden als „direkte Aktion", als Signal im öffentlichen Raum – aber wollen sie gerade eine besondere Aufmerksamkeit erlangen. Durch Verbreitung von Furcht soll die Staats- und Gesellschaftsordnung destabilisiert und damit die konkreten Herrschaftsverhältnisse erschüttert werden.[11] Die Gründe für terroristische Handlungen können dabei sehr unterschiedlich sein. Sie reichen von irredentistisch-sezessionistischen Motiven über ideologisch-gesellschaftliche oder fremdenfeindlich-nationalistische Argumentationslinien bis hin zu befreiungsideologischen und religiös-fundamentalistischen Behauptungen.[12] Dabei sind Überschneidungen zwischen den Begründungen und Mischformen nicht ausgeschlossen. Letztlich speist sich der Terrorismus aus der Differenz zwischen der politischen und sozialen Wirklichkeit und der Gesellschaftsanalyse sowie den Wertvorstellungen der Terroristen. Sie lehnen Normen und Spielregeln, auf die sich Gesellschaften geeinigt haben und auf denen das Zusammenleben ruht, ab und behaupten, gestützt auf einem moralischen Rigorismus, die umfassende Wahrheit und die zweifelsfrei richtige Problemlösung zu besitzen. Die Ablehnung jedes funktionierenden staatlichen Gewaltmonopols gefährdet dabei die Sicherheit und Freiheit der Bürger. Die Gegnerschaft der Terroristen trifft allerdings nicht nur den Staat, sondern gleichzeitig die Globalisierungsprozesse, auch wenn diese ebenfalls die Rolle der Staaten in Frage stellen.[13]

In der neuesten Form des Terrorismus zielen die gewaltsamen Aktivitäten nicht mehr nur gegen Exponenten des politischen Systems. Ursprünglich standen die Herrschaftseliten im Fadenkreuz dieser politischen Kriminalität, die in ihrer extremsten Form im Tyrannenmord gipfelte. Heute sind die terroristischen Handlungen vielfach transnationaler Art.[14] Außerdem werden neben den politischen Funktionsträgern heute wahllos Personen angegriffen, die sich zufällig am Ort des

---

[11] *Waldmann*, Terrorismus und Bürgerkrieg: Der Staat in Bedrängnis, 2003.
[12] *Mohn,* Clash of Religions, in: Bos/Helmerich (Fn. 2), 69 ff.
[13] *Barth*, Internationaler Terrorismus im Zeitalter der Globalisierung, 2002, und *Schumann*, Die wahren Globalisierungsgegner oder: die politische Ökonomie des Terrorismus, in: Aus Politik und Zeitgeschichte 53/13–14 (2003), 24 ff.
[14] *Schneckener*, Transnationaler Terrorismus, 2003.

Anschlages aufhalten. Wahllosigkeit der Gewaltanwendung bedeutet allerdings nicht Ziellosigkeit. Terroristen verfolgen mit ihren Aktivitäten politische Ziele – Besitz der Macht als Folge politischer Veränderungen. Dies bedeutet nicht, dass Terroristen die Symmetrie der gewaltsamen Handlungsmöglichkeiten mit ihren Gegnern suchen müssen. Es bedeutet aber, dass sie die politische Zustimmung und Unterstützung wichtiger Bevölkerungsteile gewinnen müssen. Ob dies aber in jedem Fall mit den Formen gewaltsamer Aktivitäten der Terroristen erreichbar ist, kann bezweifelt werden.

Dies bedeutet, dass trotz der Betonung des politischen Charakters der terroristischen Aktivitäten die Grenze des Terrorismus zu anderen Formen der Gewaltanwendung unscharf bleibt. Die Überlappung von Krieg und Terrorismus ist schon angesprochen worden. Trotzdem ist der Terrorismus nicht einfach mit anderen Fällen von Gewalt gleichzusetzen, auch wenn Terroristen sich diese Gewaltformen zueigen machen können. Zu diesen zählen unter anderem die sogenannten Finanz-, Wirtschafts-, Handels- und Ressourcenkriege, der psychologische und der Medienkrieg oder auch der Technologie- und Netzwerkkrieg – also Kriege, die nicht notwendigerweise mit direkter physischer Gewaltsamkeit verbunden sein müssen, aber zur Instabilität einer Gesellschaft ganz erheblich beitragen können. Selbst der Guerillakrieg unterscheidet sich in Bezug auf politisch-strategische und organisatorische Fragen grundlegend vom Terrorismus, so dass man gesagt hat, die Guerilla versuche Räume zu besetzen, Terroristen aber bemühten sich um die Beherrschung der Köpfe, beziehungsweise Partisanen agierten im wesentlichen defensiv, während die Terroristen im Kern offensiv handelten, um mit den Mitteln der Gewalt ihren politischen Willen durchzusetzen.[15] Dieser Unterschied bleibt selbst dann gravierend, wenn zuzugeben ist, dass Argumentations- und Arbeitsweisen der Stadtguerilla für bestimmte Formen des Terrorismus vorbildhaft gewirkt haben. Im allgemeinen wird mit dem Begriff der Guerilla die bewaffnete Erhebung quasi-militärischer, zerstreut kämpfender Einheiten gegen Fremd- oder Gewaltherrschaft verknüpft. Es handelt sich um eine Form der Kriegsführung, bei der Überfälle, Sabotageakte und andere organisierte Gewalthandlungen gegen militärische Einrichtungen oder Streitkräfte des eigenen Staates oder einer Besatzungsmacht auf dem Territorium des umkämpften Staates zumindest anfangs im Vordergrund stehen.[16] Soweit es sich um organisierte Widerstandsgruppen gegen eine Besatzungsmacht handelt, die neben einer verantwortlichen Führung durch Kennzeichnung eindeutig erkennbar sind und ihre Waffen offen tragen, unterliegen sie dem Kriegsrecht der Genfer Konvention. Freilich ist auch hier der Übergang zu terroristischen Aktivitäten fließend, da derartige Verbände die Regeln des Krieges häufig nicht einhalten und zu Attenta-

---

[15] So z. B. *Münkler*, Terrorismus heute. Die Asymmetrierung des Krieges, in: Internationale Politik 59/2 (2004), 1 ff.

[16] *Hahlweg* (Hrsg.), Lehrmeister des kleinen Krieges. Von Clausewitz bis Mao Tse-tung und (Che) Guevara, 1968.

ten und Sabotageakten greifen.[17] Die Bestimmung der Grenze zwischen Terrorismus und Guerilla ist also nicht einfach. Letztere kann mehr als nur der Kampf gegen Besatzungstruppen sein. Neben der militärischen Unterstützung des eigenen Landes im regulären Kampf gegen Aggressionen von außen können sich derartige Aktivitäten auch mit emanzipatorischer oder gar revolutionärer Absicht gegen die herrschenden Eliten im eigenen politischen System richten. Zumindest letztere gewinnt einen eminent politischen Charakter. Die Ähnlichkeit der Handlungsweisen der Guerilla und der Terroristen wird auch dadurch deutlich, dass beide Gewaltformen mit den Attributen Untergrundaktivitäten und verdeckter Kampf verknüpft werden können. Beide Arten der Gewaltnutzung sind im übrigen durch hohe Flexibilität und durch die Möglichkeit, Zeit und Ort des Angriffs zu bestimmen, sich aber auch vorübergehend zurückzuziehen, gekennzeichnet. Sie versuchen damit ihre Schwächen im Verhältnis zu den militärischen und polizeilichen Optionen der Herrschenden auszugleichen und die eigenen operativen Ziele als identisch mit den Ambitionen des Volkes zu propagieren. Konsequent erschöpfen sich die Handlungen der Guerilla mit ihren ersten militärischen Aktivitäten nicht. Ihre weiteren Schritte umfassen den Übergang zu einem hartnäckigen Widerstand und schließlich, nachdem sie die entsprechenden Fähigkeiten erworben haben, zum offenen Bewegungskrieg. Trotz dieser langfristig angelegten politischen Dimension wird die Guerilla doch mit dem Begriff Krieg verknüpft, wenn auch in ihrem Zusammenhang von Kleinkrieg, Partisanenkrieg, Krieg ohne Fronten und subversive Kriegsführung gesprochen wird.

Das Abgrenzungsproblem besteht allerdings nicht nur zwischen Terrorismus und Krieg oder Guerilla. Auch zu anderen Formen organisierter Gewaltanwendung sind die Unterscheidungsmerkmale nicht eindeutig. Illegaler Waffenhandel, gewalttätige Geldbeschaffung oder Rauschgiftdelikte werden zwar in aller Regel nicht als terroristische Aktivitäten gewertet, sie können aber für Terroristen eine notwendige Handlung darstellen, um anschließend terroristische Schritte einleiten zu können.

Von einer allgemein anerkannten Definition des Terrorismus kann offensichtlich nicht ausgegangen werden. Der Begriff ist vage und wird variierend gebraucht. Inhaltliche Überschneidungen mit anderen Begriffen, die verwandte Phänomene zu erfassen suchen, sind nicht ausgeschlossen.[18] Diese Tatsache könnte zu der Überlegung führen, sich den Erklärungen politischer Institutionen anzuschließen. Bei Überprüfung der dort vorgenommenen Festlegungen zeigt sich freilich, dass auch dieses Vorgehen wenig erhellend ist. Die Dokumente machen

---

[17] *Schulz* (Hrsg.), Partisanen und Volkskrieg. Zur Revolutionierung des Krieges im 20. Jahrhundert, 1985.
[18] Dazu *Helmerich,* Wider dem Etikettenschwindel. Ein politisch-wissenschaftlicher Erklärungsversuch des Begriffs „Terrorismus", in: Bos/Helmerich (Fn. 2), 13 ff.; *Herzog,* Terrorismus. Versuch einer Definition und Analyse internationaler Übereinkommen zu seiner Bekämpfung, 1991 und *Lutz,* Was ist Terrorismus? Definitionen, Wandel Perspektiven, in: Sicherheit + Frieden 20/1 (2002), 2 ff.

deutlich, dass sich die wichtigsten internationalen Institutionen schon seit vielen Jahrzehnten mit diesem Phänomen herumschlagen, ohne ausreichende Klarheit über diese Herausforderung zu gewinnen. Sie zeigen zugleich, dass für viele Verantwortliche – so für den Generalsekretär der UN Kofi Annan[19] – mit dem 11. September eine neue Qualität bei der Nutzung dieser Gewaltform eingetreten ist. So betrachten sich die Vereinigten Staaten seit diesem traumatischen Geschehen im Krieg mit den Terroristen. Zugleich bekämpfen sie Staaten – vor dem Irak bereits Afghanistan –, die Terroristen unterstützen oder von denen dies behauptet wird beziehungsweise die zur Verbreitung von Massenvernichtungswaffen beitragen. Diese neue Dramatik wird auch in den reagierenden Resolutionen des Sicherheitsrates der Vereinten Nation[20] oder in der Tatsache deutlich, dass die NATO nach dem 11. September zum erstenmal in ihrer Geschichte den Bündnisfall eines bewaffneten Angriffs gegen eines ihrer Mitglieder feststellte. Alle diese Erklärungen beinhalten aber keine eindeutige Definition des Terrorismus. Dies gilt auch für die entsprechenden Dokumente der EU,[21] auch wenn in ihnen immerhin in 13 Punkten die verschiedenen terroristischen Straftaten differenziert benannt werden und ältere internationale Übereinkommen von 1997 bzw. 1999, die von der Bekämpfung terroristischer Bombenanschläge bis hin zur Finanzierung des Terrorismus reichten, herangezogen werden. In letzteren wurde allerdings nicht explizit von Terrorismus oder terroristischen Handlungen gehandelt. Immerhin wird bereits im Übereinkommen des Europarates zur Bekämpfung des Terrorismus von 1977 in allgemein gültigem Sinne von diesem Phänomen gesprochen und im Artikel 29 des EU-Vertrages werden terroristische Aktivitäten als Formen der Kriminalität bezeichnet. Trotz der Behandlung dieser Aspekte des Terrorismus in den verschiedenen Dokumenten muss aber festgehalten werden, dass von einer, von den wichtigen politischen Akteuren akzeptierten Definition des Terrorismus nicht ausgegangen werden kann. Die weiteren Ausführungen müssen daher eine vorsichtige und gegen mögliche Einwände offene Argumentation wählen. Sie konzentriert sich auf die Handlungsmöglichkeiten der Akteure – der Terroristen und ihrer Gegner. Andere möglicherweise wichtige Themen sollen ausgespart bleiben. So werden die Gründe für den Terrorismus, die psychologische Seite des Phänomens[22] oder konkrete Einzelthesen, die beispielsweise den USA oder Saudi-Arabien eine Mitverantwortung für den Terrorismus anlasten,[23] nicht behandelt.

---

[19] *Kofi Annan* am 23.01.2004 in Davos, in: Internationale Politik 59/2 (2004), 130 ff.

[20] Resolutionen des UN-Sicherheitsrates 1368 vom 12.09.2001 und 1373 vom 28.09.2001.

[21] Vorschlag der Kommission der Europäischen Gemeinschaften für einen Rahmenbeschluss des Rates zur Terrorismusbekämpfung mit Begründung vom 19.09.2001, KOM (2001) 521 endgültig 2001/0217 (CNS).

[22] *Auchter,* Der 11. September: psychoanalytische, psychosoziale und psychohistorische Analysen von Terror und Trauma, 2003; *Moghaddam,* Understanding terrorism: psychosocial roots, consequences, and interventions, American Psychological Association, 2004 und Schwerpunktthema: Die Psychologie des Terrorismus, in: Politische Studien 53 (2002), 386 ff.

[23] *Chomsky,* Power and Terror: US-Waffen, Menschenrechte und internationaler Terrorismus, 2004; *Napoleoni,* Die Ökonomie des Terrors: auf den Spuren der Dollars hinter dem

Auch die Bedeutung des Terrorismus für die Theorie der internationalen Beziehungen wird nicht Gegenstand der folgenden Überlegungen sein.[24] Die Begrenzung auf die Handlungsoptionen hat außerdem Folgen für die Möglichkeit der Verallgemeinerung der Forschungsergebnisse angesichts der schon herausgestellten Unterschiede zwischen den verschiedenen terroristischen Gruppen. Auch in diesem Punkt ist daher Vorsicht in der Urteilsbildung angeraten.

II. Handlungsmöglichkeiten der Terroristen

1. Breite möglicher Angriffsziele und Instrumente

Eine Beurteilung der Optionen, über die Terroristen heute verfügen, und der mit ihnen verknüpften Gefährdungen von Gesellschaften und politischen Institutionen muss zunächst die möglichen unmittelbar wirksamen Kampfarten dieser Akteure in den Blick nehmen.[25] Entsprechend den Dokumenten der Europäischen Union[26] gelten in den folgenden Überlegungen als terroristische Akteure Einzelpersonen oder Vereinigungen, die in einem oder mehreren Ländern deren Institutionen oder Bevölkerung mit dem Vorsatz angreifen, diese einzuschüchtern und ihre politischen, wirtschaftlichen oder gesellschaftlichen Strukturen ernsthaft zu schädigen. Zu den terroristischen Straftaten zählen demnach Mord, Körperverletzung, Entführung, Geiselnahme, Bedrohung, Erpressung, Diebstahl und Raub. Genauso bedeutsam sind Herstellung, Besitz, Erwerb, Beförderung oder Bereitstellung von Waffen oder Sprengstoffen, die widerrechtliche Inbesitznahme oder Beschädigung von öffentlichen Einrichtungen, öffentlichen Verkehrsmitteln und der Infrastruktur. Besonders wichtig sind auch rechtswidrige Aktivitäten, die mit Hilfe von Computern oder anderen elektronischen Geräten begangen werden, oder solche, die die Bedrohung von Menschen beziehungsweise von Eigentum, Tieren oder der Umwelt durch Freisetzung kontaminierender Stoffe oder Herbeiführung von Bränden, Überschwemmungen oder Explosionen beinhalten. Zu den unter Strafandrohung stehenden Handlungen gehören auch die Manipulation oder Störung der Versorgung mit lebenswichtigen Ressourcen und allgemein die Förderung, Unterstützung oder Beteiligung an einer terroristischen Vereinigung. Zur Förderung gehört auch die Finanzierung terroristischer Aktivitäten. Verfolgt wird bereits die Androhung

---

Terrorismus, 2004 und *Alexiev*, Ölmilliarden für den Dschihad. Saudi-Arabien finanziert den globalen Islamismus, in: Internationale Politik 59/2 (2004), 21 ff.

[24] *Behr*, Entterritoriale Politik: Von Internationalen Beziehungen zur Netzwerkanalyse. Mit einer Fallstudie zum globalen Terrorismus, 2004; und zur Bedeutung des 11. September für die Disziplin Internationale Beziehungen: Forum, in: Zeitschrift für Internationale Beziehungen 2004/1, 89 ff. und *Knöbl*, Krieg, „Neue Kriege" und Terror: Sozialwissenschaftliche Analysen und „Deutungen" der aktuellen weltpolitischen Lage, in: Soziologische Revue 27/2 (2004), 186 ff.

[25] Hinführend *Hirschmann*, Terrorismus, 2003 und *Münkler*, Ältere und jüngere Formen des Terrorismus, in: Weidenfeld (Fn. 2), 29 ff.

[26] Vgl. (Fn. 21).

einer der genannten Straftaten und ganz besonders das Anführen einer terroristischen Vereinigung. Die Folgen der Aktivitäten von Terroristen sind nicht nur durch die Wahl der eingesetzten Mittel von der hausgemachten Briefbombe bis zu neuesten Techniken der Massenvernichtung bestimmt, sie sind auch abhängig von der Skrupellosigkeit der Terroristen und dem Fehlen jeder moralischen Schranke beim Einsatz dieser Mittel. Die vielfältigen Handlungsmöglichkeiten haben sich in letzter Zeit noch dadurch vermehrt, dass die Terroristen „die Infrastruktur der angegriffenen Länder in Waffen verwandeln ... und ihre Logistik in die Ströme der Schattenglobalisierung einlagern."[27]

Eine fast klassische Form direkter Gewalt, die trotz aller neuen Elemente des Terrorismus weiterhin große Wirkung gewinnen kann, besteht in der sabotageartigen Zerstörung von Sachen und der Einführung und Ermordung führender Vertreter aus Politik, Justiz und Wirtschaft des bekämpften Staats- und Gesellschaftssystems.[28] Benutzt werden bei derartigen Angriffen leicht zu beschaffende Waffen vom Sprengstoff bis hin zu unterschiedlichen Kleinwaffen. Autobomben sind besonders beliebt bei Selbstmordanschlägen.[29] Anschläge auf Ausländer sollen die Isolierung einer Gesellschaft und den Rückzug fremder Staaten aus ihrem Engagement für diese Gesellschaft und ihren Staat erreichen.[30] Ein Beispiel für diese Aggressionsform ist der Irak, der im Bann von Geiseldramen mit grausamen Morden steht.[31]

Die letzten Hinweise zeigen die enge Verknüpfung terroristischer Handlungen gegen bestimmte Personengruppen mit dem immer häufiger auftretenden wahllosen Terrorismus. Tatsache ist jedenfalls, dass die Terroristen ihre Aktivitäten nicht mehr allein und vielleicht nicht einmal mehr primär gegen die verantwortlichen Eliten in einer Gesellschaft richten, sondern die allgemeine Verletzlichkeit der hochzivilisierten, meist städtischen Lebensformen nutzen, um Menschen, die zufällig zugegen sind, anzugreifen und damit die gesamte Bevölkerung in Geiselhaft zu nehmen. Denkbar sind auch Angriffe gegen wichtige Einrichtungen, die die Funktionsfähigkeit einer Gesellschaft ausmachen, zum Beispiel gegen die Luftfahrt, gegen Kraftwerke oder gegen Pipelines. Diese Einrichtungen können kaum vollständig geschützt werden. Auf diese Weise erweitern Terroristen ihre Handlungsoptionen von den Personen mit Führungsaufgaben als Ziele hin zu Zermürbungsattacken gegen ein ganzes politisches System. Diese Form des Angriffs kann dann Flugzeuge oder auch Schiffe beziehungsweise ihre Ladung zu Bomben umfunktionieren,[32] sie kann aber auch mit dem klassischen Mittel des

---

[27] *Münkler* (Fn. 15), 1.

[28] Z. B. die Ermordung des Präsidenten Tschetscheniens Achmat Kadyrow, in: Hannoversche Allgemeine Zeitung 10.05.2004, 1.

[29] *Schmidbauer,* Der Mensch als Bombe. Eine Psychologie des neuen Terrorismus, 2003.

[30] *Rogg,* Das Zweistromland in Aufruhr, in: NZZ 10./11.04.2004, 1 f. und 3.

[31] NZZ 16.04.2004, 3.

[32] *Stockfisch,* Bedrohung auf See: Terrorismus und Piraterie, in: Truppendienst 2003/2, 136 ff.; und: Erhöhte Sicherheit im Schiffsverkehr, in: NZZ 23.04.2004, 3.

Sprengstoffs gleichzeitig auf mehrere, schwer zu schützende Orte – wie die Vorortzüge in Madrid – gerichtet sein. In die Reihe derartiger möglicher Ziele gehören auch Gefahrguttransporte oder Sportstadien, Kirchen und Tempel sowie staatliche Institutionen – Polizeistationen, Gefängnisse oder Flugplätze: also Orte, die wie zum Beispiel Firmengelände, auf denen hochgefährliche Stoffe lagern, in sich bereits die besonderen Gefahrenmomente enthalten oder an denen das Zusammenkommen vieler Menschen zu vorher bekannten Zeiten die Gefahren potenzieren.[33] Denkbare Angriffsziele können auch von Terroristen nach einer Besetzung relativ leicht zu verteidigende Inseln oder Bohrplattformen im Off-shore-Bereich sein. Eine zusätzliche besondere Gefahr liegt bei einigen dieser möglichen Angriffsziele in der Tatsache, dass ein Gegenangriff die Zahl der Opfer noch vergrößern kann und damit die Bereitschaft zu dieser Reaktion reduziert. Spekuliert wird auch über die besondere Gefährlichkeit einiger möglicher Angriffsinstrumente wie zum Beispiel die sogenannten „schmutzigen Bomben", die einen mit radioaktivem Schrott versehenen Sprengsatz besitzen können. Der Angriff mit Giftgas auf die U-Bahn in Tokio und die Briefe mit Anthrax in den USA nach dem 11. September zeigen jedenfalls, dass die Terroristen nicht nur Ort und Zeit ihrer Aktion bestimmen können, sondern dass sie auch über eine große Breite möglicher Instrumente für ihre Aktivitäten verfügen. Von ganz anderer Natur, allerdings mit gleicher Gefährlichkeit für moderne Gesellschaften, sind ökonomische Ziele. In einem Klima von Angst sollen auf Dauer untragbare wirtschaftliche Beeinträchtigungen der angegriffenen Gesellschaften geschaffen werden. Wege zu diesem Ziel sind die Unterbrechung oder Umlenkung von Kapital- und Informationsströmen sowie des Personenverkehrs und die gleichzeitige Nutzung des internationalen Bankensystems zur Durchführung eigener Transaktionen. Zumindest der islamische Terrorismus ist durch starke finanzielle Verflechtungen und durch ein weltweit agierendes Netz von Stiftungen und Unternehmen gekennzeichnet – Bedingungen, die die Aktivitäten der heutigen Terroristen überhaupt erst möglich machen.[34] Die Kommerzialisierung des Terrorismus wird aber auch dadurch unterstrichen, dass Raub, Schutzgelderpressung, Geiselnahme und Schmuggel genauso zu den terroristischen Aktivitäten gehören wie der Handel, der terroristische Handlungen ökonomisch absichert.[35]

Bei der Auswahl ihrer Ziele spielt für die Terroristen die Wirkung ihrer Handlungen in den Medien eine erhebliche Rolle, da Bilder die Dramatik des Geschehens unterstreichen und besonders geeignet sind, Ängste zu erzeugen. Ein weiteres Auswahlkriterium kann im Symbolcharakter des angegriffenen Objektes liegen, wenn es das verhaßte politische System repräsentiert. Eine Rolle spielt natürlich auch die Erreichbarkeit des Zieles, der zu erwartende Schaden und die Fähigkeit, die Abwehrmaßnahmen zu umgehen oder zu durchbrechen. Es ist

---

[33] *Staud*, Bloß keine Panik, in: Die Zeit 20.04.2004, 10.

[34] *Turek*, Das Netz. Die finanziellen Verflechtungen des islamischen Terrorismus, in: Internationale Politik 59/2 (2004), 87 ff.

[35] *Schluchter* (Fn. 5), 127.

außerdem nicht auszuschließen, dass Terroristen auch Ziele wählen, bei denen die Bilder keine so drastische Sprache sprechen, die Anfälligkeit moderner Gesellschaften gegenüber bestimmten Gewaltformen aber besonders deutlich vorgeführt werden kann. Nicht auszuschließen ist dabei, dass derartige Aktivitäten mit symbolträchtigen Handlungen kombiniert werden. Ein Beispiel für eine derartige Angriffsweise wäre der Cyber-Terrorismus.[36] Die Wahrscheinlichkeit eines derartigen Vorgehens der Terroristen ist freilich in der Literatur umstritten, da eine Abschätzung der Wirkung nicht möglich scheint. Klar ist, dass eine klassische Abschreckungsstrategie in diesem Fall nicht funktioniert und dass Regelwerke nicht brauchbar wären, weil Terroristen sich nicht daran halten würden. Eine Abwehr ist überhaupt nur möglich, wenn präventiv Sicherungsmaßnahmen zum Schutz der Netze entwickelt werden, um Schwachstellen in den Kommunikationswegen – vor allem in den Knotenpunkten – zu beseitigen. Allerdings bleibt die Frage nach dem Grad dieser Gefährdung offen. Manche Beobachter sprechen davon, dass die Gefahren für die Netze vor allem in nichtterroristischen Attacken von Hackern oder in Insider-Sabotage in Firmen bestünden. Es muss offen bleiben, ob Terroristen, selbst wenn sie die Fähigkeit zu einer derartigen Attacke besitzen, auch ein Interesse an ihrer Nutzung entwickeln. Angesichts der Verwundbarkeit der Kommunikationsnetze und angesichts der Tatsache, dass jederzeit und an jedem Ort abrufbares Wissen zu einem entscheidenden Produktionsfaktor wird, ist eine derartige Aktion von Terroristen selbst bei kleiner Wahrscheinlichkeit nicht völlig auszuschließen. Unrechtmäßiger Datenzugang, Datenverfälschung und Datenlöschung können erheblichen Schaden anrichten. Zu den besonders anfälligen Einrichtungen zählen neben dem Bank-, Finanz- und Versicherungswesen vor allem das Gesundheitswesen, der gesamte Bereich der Vor- und Entsorgung moderner Gesellschaften – vor allem Wasser und Energie –, das Transport- und Verkehrswesen sowie die verschiedenen Teile des Regierungsapparates. Das Angriffsmittel bestände in einem ausreichenden Wissen und genügender Vorbereitungszeit, um die Netze zu manipulieren. Eine besondere Bedeutung der Bedrohung der Kommunikationswege liegt in der Tendenz zu unilateraler Reaktion, da bei den Nutzern der Netze die Sorge besteht, der Kooperationspartner im Netz besitze keine ausreichenden Abwehrmöglichkeiten gegen diese Gefahrenquellen, so dass wegen der starken Verflechtung der Netze auch die eigenen Anlagen unmittelbar betroffen sein könnten.

Eine weitere Frage bezieht sich auf die Bedeutung von Massenvernichtungswaffen in der Hand des Terrorismus.[37] Denkbar sind Nuklearwaffen, biologische

---

[36] *Hutter,* Wie lassen sich offene hochtechnologisierte Gesellschaften schützen? Das Beispiel „Cyber-Terror", in: Weidenfeld (Fn. 2), 173 ff.; teilidentisch mit *Hutter,* Cyberterrorismus: Risiken im Informationszeitalter, in: Frank/Hirschmann (Fn. 2), 225 ff.; und *Schulzki-Haddouti,* Würmer und Viren im Netz. Gefahren des Cyber-Terrors und seiner Bekämpfung, in: Internationale Politik 59/2 (2004), 41 ff.

[37] *Kamp,* Nuklearterrorismus – Fakten und Fiktionen, in: Hirschmann/Gerhard (Fn. 2), 191 ff.; *Kelle,* Terrorism using biological and nuclear Weapons: a critical analysis of risks after 11 September 2001, 2003; *Neuneck,* Terrorismus und Massenvernichtungswaffen: Eine

Kampfstoffe und Giftgase sowie giftige Chemikalien und radiologische Waffen. Eine Antwort muss zunächst einmal zwischen der Produktion und dem Gebrauch dieser Waffen unterscheiden. Bisher spricht selbst nach dem Anschlag in Tokio wenig dafür, dass terroristische Gruppen selbst derartige Waffen herstellen. Etwas anderes ist die Möglichkeit ihres Einsatzes, wenn diese von Dritten – zu denken ist hier vor allem an Staaten, die die Terroristen unterstützen – weitergegeben werden. Es ist jedenfalls kaum anzunehmen, dass terroristische Gruppen wegen hoher Opferzahlen oder wegen des Todes von Glaubensgenossen vor einem Gebrauch dieser Instrumente zurückschrecken würden. Der Bericht über den geplanten Anschlag auf Amman mit bis zu 80.000 Toten spricht eine deutliche Sprache.[38] Eine Koalition zwischen zur Weiterverbreitung von Massenvernichtungswaffen bereiten Staaten und Terroristen würde zudem nicht ausschließen, dass letztere auch weitreichende Trägersysteme zur Verfügung haben. Aber auch diese Gefahr sollte nicht übertrieben werden. Es ist nämlich offen, ob Terroristen weitreichende Trägersysteme benötigen, wenn sie die tödlichen Materialien auch einfacher mit Schiff, Flugzeug, Eisenbahn oder Auto ans Ziel bringen können. Wichtiger als diese Waffen ist für die meisten terroristischen Gruppen immer noch die Verfügungsgewalt über die verschiedenen so genannten Kleinwaffen. Der 11. September und die Ereignisse danach sprechen dafür, dass Terrorismus in der Form des globalen Kleinkrieges „künftig von besonderer Bedeutung sein wird."[39]

2. Grenzen möglicher terroristischer Aktivitäten

Über die Wahrscheinlichkeit eines Erfolges der Terroristen entscheidet nicht allein deren Rückgriff auf eine ihnen zur Verfügung stehende Handlungsoption. Genauso bedeutsam für die Wirkung terroristischer Aktivitäten sind zunächst einmal die Gegenmaßnahmen der bedrohten beziehungsweise angegriffenen Gesellschaften und Staaten. Dies wird später noch zu behandeln sein. Es gibt weitere Bedingungen, die über die Möglichkeit und das Gewicht terroristischer Anschläge mitbestimmen, ohne dass die Terroristen allein Einfluss auf diese Bedingungen, ihre Veränderungen und ihre Wirkungen besitzen. Schon in ihren Planungen müssen auch die Terroristen sich fragen, ob sie die Bedingungen für einen Erfolg ihrer Handlungen richtig einschätzen sowie ob und wie weit die Maßnahmen, die die Gegner gegen eine grundsätzliche oder aktuelle Bedrohung ergreifen, für ihre Aktivitäten störend sein können. Auch wenn das Risikokalkül beziehungsweise die Kostenrechnung der Terroristen – vor allem der Selbstmordattentäter – anders aussehen als bei ihren Anhängern und erst recht bei ihren Gegnern, wird das Wissen

---

neue Symbiose? in: Hirschmann/Gerhard (Fn. 2), 129 ff.; und *Thränert*, Terrorismus mit biologischen und chemischen Kampfstoffen, in: Hirschmann/Gerhard (Fn. 2), 199 ff.

[38] *Ladurner* (Fn. 8) und *Nüsse*, Mehr als ein TV-Ereignis: Das Geständnis der Terroristen, in: Hannoversche Allgemeine Zeitung 28.04.2004, 3.

[39] *von Trotha*, Vom Wandel der Gewalt und der Theorie über die Gewalt, in: Soziologische Revue 27/2 (2004), 201 ff.

über die Bedingungen terroristischer Handlungen auch für die Planer des Terrorismus nicht einfach zu erhalten sein. Die Planungen werden im übrigen von ihren Einstellungen zu ihren Gegnern und den Bildern, die sie sich von ihnen machen, beeinflusst werden. Im Umkehrschluss macht diese Tatsache eine gewisse Beeinflussung der Terroristen durch ihre Gegner möglich. Nachdem der erste Schuss gefallen beziehungsweise die erste terroristische Handlung publik geworden ist, ist schließlich – wie im Falle kriegerischer Handlungen – auch für die Terroristen eine Sicherheit in Bezug auf den Ablauf des Angriffs und mehr noch in Bezug auf die Folgen ihres Tuns nicht mehr gegeben.

Auch die Terroristen müssen sich in einer Welt bewegen, die sie zwar radikal verändern wollen, die aber von anderen Akteuren und Faktoren entscheidend gestaltet wird. Die wichtigsten aktuellen Phänomene, die die Spielräume der handelnden Akteure bestimmen, werden mit den Begriffen Transformation, Globalisierung und Fragmentierung belegt. Die Rolle der Staaten und Gesellschaften und die Beziehungen zwischen diesen verändern sich. Im Zuge der Entstaatlichung der Politik werden selbst die Formulierung und Durchsetzung von Regelwerken privatisiert. Alle diese Prozesse ziehen einerseits wegen der zunehmenden grenzüberschreitenden Vorgänge – zum Beispiel bei der Zusammenarbeit in der Bekämpfung von Kriminalität – die Handlungskreise der Terroristen enger, andererseits eröffnen sie aber auch Chance für terroristische Absichten. Krisen und Konflikte machen unter anderem den Prozess der Transformation und der Globalisierung aus. Sie schaffen Situationen, die die Terroristen für ihre eigenen Planungen nutzen können. Der Zusammenbruch überkommener Lebensgewohnheiten, Einstellungen und gesellschaftlicher Strukturen kann zur Quelle von Instabilität werden und damit eine Tür öffnen, durch die Terroristen in eine Region eindringen können. Die Verlierer der Transformations- und Globalisierungsprozesse, die unfähig sind, mit dem gesellschaftlichen, wirtschaftlichen, politischen und geistigen Umbruch umzugehen, und daher Abstiegsängste entwickeln, sind besonders anfällig für die Versprechungen der Terroristen. Transformation und Globalisierung sind – selbst wenn die Terroristen mit ihren Aktivitäten eher Reagierende sind – für sie von großer Bedeutung. Da sie sie aber nur begrenzt beeinflussen können, ist die Unsicherheit in ihren Kalkülen unmittelbar einsichtig.

Ein weiterer Fall, bei dem diese Unsicherheit Auswirkungen auch auf die Entscheidungen und Handlungen der Terroristen haben kann, betrifft die Bestimmung der Ziele ihrer Aktivitäten. Auch dabei sind sie keineswegs völlig frei in ihrer Wahl. Wenn die Anschläge mehr als nur pure Gewaltorgien sein sollen, wenn die Gewalt zu einem politischen Mittel wird, werden die Akteure eine Fülle von Informationen zu verarbeiten haben, nicht nur die Ziele im einzelnen festlegen müssen, sondern auch bezogen auf den konkreten Fall die optimalen Instrumente und Strategien zu bestimmen haben. Dabei werden die Terroristen die typischen Schwierigkeiten erleben, zwischen widerstreitenden Zielen und Vorstellungen ihrer Verwirklichung auf der Basis eines unzureichenden Wissens zum Beispiel in Bezug auf die Reaktion des Angegriffenen abwägen zu müssen.

Dieser These liegt die Annahme zugrunde, dass auch die Terroristen nicht die Gewalt an sich und ihre Anwendung als letztes Ziel sehen, sondern dass der Terrorismus politische Ziele befördern soll.[40] Die These sagt damit auch, dass die terroristische Handlung ähnlich dem Bürgerkrieg nicht als eine bloß irrationale Tat abzutun ist. Geht man davon aus, so wird man festhalten können, dass auch für die Terroristen die Urteilsbildung über beabsichtigte Aktivitäten wegen der hohen Komplexität der jeweiligen Situation schwierig ist. Dies liegt allein schon an der Tatsache, dass sich derartige Handlungen immer gleichzeitig an sehr unterschiedliche Adressaten richtet: Der Gegner soll vernichtet werden, zugleich soll die Tat bei großen Bevölkerungsteilen Zustimmung finden. Die Entscheidungssituation des Terroristen ist sogar noch unübersichtlicher. Folgt man nämlich der Interpretation von den politischen Absichten der Gewaltnutzung, ist selbst der gelungene Terroranschlag auch in den Augen der Terroristen noch nicht der Sieg über den verhassten Gegner. Zweifellos gibt es auch Einzelforderungen an das bekämpfte politische System, die trotz ihrer politischen Seite immer noch als Dimension der Gewaltanwendung gelten können. Dazu gehören beispielsweise Vorschläge zum Gefangenenaustausch, zum Rückzug staatlicher Einheiten aus einer Region oder zur Einrichtung demilitarisierter Zonen.[41] Eine enge Verknüpfung von gewaltsamen Maßnahmen und kurzfristigen politischen Zwischenzielen stellen auch die im Irak immer wieder vorkommenden Geiselnahmen dar, mit denen meist der Abzug von Streitkräften oder die Einstellung ziviler Tätigkeiten für die Regierung oder die Besatzungsmacht erzwungen werden soll. Neben diesen mit konkreter Gewalt verknüpften politischen Tageszielen ist aber – so die These – die langfristig angelegte Zielvorgabe für das Verhalten der Terroristen bedeutsam. Dass diese beiden Arten von Zielen immer konfliktfrei miteinander vereinbar sind, kann kaum angenommen werden. Trotzdem läßt sich die These von der letztlich politisch begründeten Gewalt mit Argumenten belegen. Dies zeigen vor allem die Auswahl der Ziele und die Terminierung der Anschläge. Das Aufblitzen der Gewalt in Istanbul, das auf internationale Konferenzen zielt und politische wie wirtschaftliche Rückschläge in diesem Land erwarten lässt,[42] oder die Anschläge von Madrid, die mit dazu beitrugen, dass die Parlamentswahlen ein nicht erwartetes Ergebnis brachten, stützen diese Annahme.[43]

Wenn Politik auch für die Handlungen der Terroristen eine wichtige Rolle spielt, steht auch für die Planer des Terrorismus die Frage im Raum, worauf der Terrorismus hinauslaufen soll. Was ist das politische Ziel? Geht es in der realitätsabgewandten Weltsicht der Terroristen darum, eine Zivilisation zum Einsturz zu bringen und dem weltpolitisch relevantesten Akteur Grenzen aufzuzeigen?[44] Eine weitere Frage wird in diesem Zusammenhang wichtig. Können die Terroristen

---

[40] Vgl. dazu *Jean/Rufin* (Hrsg.), Ökonomie der Bürgerkriege, 1999.
[41] NZZ 29.04.2004.
[42] NZZ 22./23.11.2003, 1.
[43] NZZ 28.04.2004, 1.
[44] *Laqueur,* Krieg dem Westen. Terrorismus im 21. Jahrhundert, 2. Aufl., 2003.

davon ausgehen, dass der globale terroristische Kleinkrieg keinen Sieg mehr kennt, er also auch nicht mehr anzustreben ist oder verlangt die politische Zielsetzung nicht doch den Kampf um eine Symmetrie der Gewaltnutzungsmöglichkeiten oder – besser noch – um eine neue, für die Terroristen vorteilhafte Überlegenheit? Ein Verzicht auf eine im Sinne der Terroristen erfolgreiche Beendigung der Gewaltanwendung würde – abgesehen von politischen Detailzielen – weder politisch sinnvoll sein noch für längere Zeit die Zustimmung und Unterstützung der gewaltnahen Massen erhalten. Dieses wahrscheinlich notwendige Streben nach zielorientiertem Erfolg der Terroristen schließt freilich für einen langen Zeitraum Terrorismus in der Form der letzten Jahre nicht aus.

Ein weiterer Punkt der Unsicherheit besteht für die Terroristen in der Tatsache, dass sie immer wieder die Unterstützung von sogenannten Schurkenstaaten brauchen. Diese betrifft nicht nur die Zuführung von Waffen und die logistische Absicherung der gewaltsamen Vorhaben, sondern auch die Bereitstellung von Rückzugsmöglichkeiten und Ruhezonen. Selbst die Biographie Bin Ladens macht die große Abhängigkeit der Terroristen von anderen Akteuren deutlich. Mit welchen Gefahren sie rechnen müssen, zeigt die Tatsache, dass sogar die Taliban bereit waren, unter bestimmten Bedingungen den Führer der Al Kaida auszuliefern. Diese Unsicherheiten zwingen die Terroristen, Netzwerke aufzubauen und eine Infrastruktur funktionsfähig zu halten,[45] um schnell untertauchen zu können. Weitere wichtige Aufgaben der Netzwerke für die terroristischen Aktivitäten sind unter anderem die Übermittlung von Nachrichten und Finanzmitteln, die Bereitstellung von Dokumenten und die Sicherung militärischer Ausbildungsgelegenheiten.

Andererseits befördern diese Herausforderungen eine hohe Beweglichkeit der Aktivisten und die Flexibilität in ihren Strategien. So ist der Irak „zum neuen Mekka der nihilistischen Glaubenskämpfer geworden, hat im Dschihad-Ranking Tschetschenien und Kaschmir überholt."[46] Die Schlagkraft der Terroristen hat trotz jahrelanger Belagerung ihrer Führer höchstens begrenzt gelitten.[47] Auch wenn nach dem 11. September eine Verlagerung der terroristischen Aktivitäten zurück in Zonen politischer Instabilität nicht zu übersehen ist, ist doch andererseits festzuhalten, dass es trotz der Treibjagden auf die Terroristen nicht einmal gelungen ist, die inneren Strukturen des Netzes einwandfrei zu klären und das punktuelle Aufflackern des terroristischen Kleinkrieges an allen möglichen Stellen der Welt zu verhindern.[48] Wichtiger noch scheint zu sein, dass die notwendigerweise hoch komplexen Planungen für terroristische Schritte offensichtlich – eventuell durch

---

[45] *Hirschmann,* Der Triumph der Al-Qaida? – Im Nachkriegsirak findet sich ein Stelldichein des 'Who is Who' des islamischen Terrorismus. Netzwerkterrorismus heißt das zentrale Problem im Irak, in: Allgemeine Schweizerische Militärzeitschrift 169/11 (2003), 10 f.

[46] *Reuter* (Fn. 6), 13 f.

[47] NZZ 3./4.04.2004, 5.

[48] *Steinmetz,* Globale Guerilla: der internationale Terrorismus als Mittel der globalen Kleinkriegsführung eines substaatlichen Akteurs, 2003.

die Gegenmaßnahmen erzwungen – in einer Form ablaufen, dass Beratungen zwischen den Führungskräften kaum stattfinden oder wenigstens nicht erkennbar sind. Die Handlungsfähigkeit der Terroristen ist anscheinend trotz der verschiedenen Antiterror-Maßnahmen noch nicht grundsätzlich in Frage gestellt.

Trotzdem bleibt eine weitere Unsicherheit auf Seiten der Terroristen bestehen. Ihre Absichten müssen längerfristig die Zustimmung großer Bevölkerungsteile in den umkämpften Regionen sowohl zu den Zielen als auch zu den Aktivitäten der Terroristen gewinnen. Diese muss auch dann erreichbar sein, wenn der Terror schreckliche Folgen gerade für diese Bevölkerung hat. Die ökonomischen Auswirkungen des Terrorismus[49] und die tiefwirkende Verwundbarkeit vor allem der postmodernen Gesellschaften[50] mögen noch politische Vorgaben sein, die für Terroristen nicht als Hindernis, sondern eher als Ansporn wirken. Durch die Symbiose von Medien und Gewalt, die durch die Art der Berichterstattung und Kommentierung den Terroristen teilweise geradezu in die Hände spielt,[51] und durch die vorherrschende Konzentration terroristischer Handlungen auf Regionen, die durch schwach ausgebildete Staatlichkeit,[52] fehlgeschlagene Modernisierung[53] und regionale Konflikte[54] gekennzeichnet sind, entstehen relativ klare Planungsgrundlagen. Offen ist allerdings die Frage, ob schwach ausgeprägte Staatlichkeit Voraussetzung oder Ergebnis von Terrorismus ist. Staaten, die wenig Erfolg bei der Sicherung ihrer inneren Ordnung haben, gibt es zweifellos auch ohne Terrorismus. Offensichtlich kann Terrorismus aber auch derartige Staaten ganz besonders in Bedrängnis bringen.

Trotz dieser Handlungsspielräume, bleibt doch die Unsicherheit für die Terroristen, ob sie politisch erfolgreich oder dauernd auf der Flucht sein werden. Darüber bestimmen sie nur in kleinem Umfang. Entscheidend sind diejenigen, die ihnen zustimmen und sich ihnen unterwerfen oder die eine Abwehrfront aufbauen. Die Terroristen müssen versuchen, die grundsätzlichen, länger wirksamen politischen Einstellungen der durch ihre Taten Angesprochenen beziehungsweise Bedrohten zu beeinflussen. Sie können dies tun, indem sie die staatliche Ord-

---

[49] *Huether,* Weltwirtschaftliche Folgen des Terrorismus: mittel- und langfristige Perspektiven, in: Info-Schnelldienst, 56/1 (2003), 3 ff.; und *Ramel,* Ökonomie der Angst. Die Terroranschläge vom 11. September 2001 und die Auswirkungen auf die Weltwirtschaft, in: Bos/Helmerich (Fn. 2), 127 ff.

[50] *Crenshaw,* The Vulnerability of Post-Modern Societies: Case study 'United States of American', in: Hirschmann/Gerhard (Fn. 2), 209 ff.

[51] *Brosius,* Die Symbiose von Medien, Gewalt und Terrorismus, in: Bos/Helmerich (Fn. 2), 139 ff.

[52] *Holsti,* The State, war and the state of war, 1996.

[53] *Avineri,* Fehlgeschlagene Modernisierung als Sicherheitsproblem, in: Weidenfeld (Fn. 2), 55 ff.

[54] *Debiel,* Gewalt, Repression und Sicherheit im Schatten des 11. September. Zu globalen und regionalen Auswirkungen des neuen Terrorismus, in: Nord-Süd aktuell 15/1 (2002), 63 ff.; und *Lange,* Terrorismus als Folge regionaler Konflikte, in: Hirschmann/Gerhard (Fn. 2), 59 ff.

nungsmacht als hilflos und überreagierend darstellen, so dass sie Handlungsweisen entwickelt, die eine Militarisierung der Gesellschaft und einen Überwachungsstaat zur Folge haben können. Sie können um die Meinung großer Bevölkerungsgruppen kämpfen, indem sie Themen besetzen, die auch für die Umworbenen wichtig sind. Dies ist freilich schwieriger als gemeinhin angenommen. Die Vorgänge im Irak belegen dies. Der radikale Prediger Sadr suchte in zornigen Reden die Unterstützung der Massen, vor allem der ungeduldigen Jugend zu gewinnen. Dem amerikanischen Präsidenten schleuderte er entgegen: „Sie kämpfen jetzt gegen eine ganze Nation."[55] Doch dies stimmte nicht. Gerade die Radikalität des Predigers verhinderte, dass die ganze Nation seine Sichtweise teilte. Die extremen Forderungen Sadrs hielten den schiitischen Klerus und den gemäßigten Mittelstand auf Distanz zu Sadr. Ähnlich war die Situation bei den führenden sunnitischen Geistlichen, die sich gegen die Geiselnahmen wandten.[56] Die Mehrheit der Bürger im Irak blieb zumindest vorläufig passiv und schloss sich nicht den Terroristen an.[57] Von der Isolierung der Terroristen kann freilich nur so lange ausgegangen werden, wie diese nicht zu Helden und Märtyrern gemacht werden. Diese Situation zwingt die Terroristen, ihre Argumentation den jeweils vorherrschenden Konfliktlinien anzupassen. Es macht einen Unterschied, ob die jeweilige politische Programmatik potentieller Unterstützer nationalistisch oder befreiungsideologisch ausgerichtet ist oder ob es sich um eine religiös-fundamentalistische Position handelt. Diese Unterschiede sind auch von den Terroristen zu beachten. Bemühungen um die politische Kultur einer Gesellschaft können durch Gewaltakte eventuell befördert werden. Freilich werden diese allein kaum ausreichen, um terroristische Aktivitäten politisch zu stabilisieren, und zu ausufernde Gewalt beziehungsweise falsche Gewaltopfer können selbst eine Gesellschaft, die den Terrorismus nicht vollständig ablehnt, zur Abkehr von diesem führen. Besonders wichtig für die Terroristen ist daher die Vermittlung der Botschaft, die den „höheren Sinn" des Terrorismus verdeutlichen soll und ihn in ein politisches Programm einordnet – so unscharf es auch sein mag. Nur die Glaubwürdigkeit des versprochenen Erfolges der angekündigten neuen Ordnung wird längerfristig die Möglichkeit der Zustimmung wichtiger Bevölkerungsteile zur Begründung der Notwendigkeit der Gewalt sichern. Aus dieser Tatsache folgt, dass die Terroristen die Beeinflussung der Massenmedien in ihrem Sinne anstreben müssen, denn diese entscheiden, welche Informationen für die Öffentlichkeit zugänglig werden, und erst diese schaffen eine öffentliche Verbindung zwischen terroristischem Anschlag und der Begründung der Tat.

---

[55] NZZ 10./11.04.2004, 2 und 3.
[56] NZZ 16.04.2004, 3.
[57] *Ladurner* (Fn. 8).

III. Mögliche Reaktionen auf den modernen Terrorismus

1. Bedingungen und eine erste Antwort: Die Bekämpfung von Kriminellen

Die vorgetragenen Argumente machten deutlich, dass auch die Aktivitäten der Terroristen unter Rahmenbedingungen ablaufen, deren Entwicklung nicht allein von ihnen gesteuert werden kann. Trotzdem ist nicht zu bezweifeln, dass die Handlungsmöglichkeiten der Terroristen und ihrer Gegner unterschiedlich sind. Erstere haben in der Regel – wie schon gezeigt – die Freiheit, über den Ort und den Zeitpunkt sowie über die Mittel und das Ausmaß des gewaltsamen Angriffs zu bestimmen. Letztere können nur begrenzt durch demonstrierte Wachsamkeit und Vorsichtsmaßnahmen den Gefahren begegnen beziehungsweise nach erfolgtem Anschlag reagieren.[58] Die Unterschiede in den Optionen sind damit angedeutet. Terroristen fühlen sich meist nicht an Regeln gebunden, während die politischen Kräfte, die sie bekämpfen, soll ihre Reaktion den Kriterien der Legalität und vor allem der Legitimität entsprechen, den Prinzipien der Menschenrechte folgen müssen. Diese Tatsache schränkt die Spielräume für Maßnahmen gegen Terroristen ein. Weitere Faktoren beeinflussen die Möglichkeiten der Terroristen und ihrer Gegner unterschiedlich stark. Dazu gehören – wie schon gesagt – die Tendenzen zur Globalisierung und zur Entstaatlichung wichtiger Entscheidungen. Die Transnationalität terroristischer Netzwerke und ihre Möglichkeiten gegen fragile Staatlichkeit[59] hängen mit diesen Tendenzen zusammen.

Unabhängig von diesen begrenzenden beziehungsweise kanalisierenden Faktoren wird jede Bekämpfung der terroristischen Aktivitäten davon ausgehen müssen, dass auch eine andauernde Wachsamkeit sowie Strafandrohung Anschläge nicht zu verhindern vermag. Die folgenden Überlegungen können daher schon aus diesem Grunde nicht beanspruchen, allgemeingültige und grundsätzlich erfolgversprechende Konzepte für die Bekämpfung der Terroristen zu benennen. Diese Zurückhaltung hängt auch damit zusammen, dass es nicht nur unterschiedliche terroristische Gewaltformen geben kann, sondern dass von „dem Terroristen" gar nicht gesprochen werden kann. Dazu gibt es viel zu viele Unterschiede in der Motivlage und in den konkreten Ausgangspunkten für Terrorismus. Die Attentate werden immer mehr von autonomen regionalen Gruppen verübt, so dass selbst eine Vernichtung des harten Kerns von Al Kaida oder ihr Auseinanderfallen nicht mit einem Sieg über die Terroristen gleichgesetzt werden kann. Sie verbindet zwar der Haß gegen alles Westliche, aber diese Gemeinsamkeit kann die großen Differenzen in den Begründungen für terroristische Aktivitäten nicht verdecken. Sogar innerhalb des islamischen Raums sind die Motive der verschiedenen terroristischen Gruppen nicht identisch und nicht allein religiös begründet. Im Irak spielt zum Beispiel ein ausgeprägtes Nationalgefühl eine große Rolle und vermischt sich

---

[58] *Kümmel/Collmer* (Hrsg.), Asymmetrische Konflikte und Terrorismusbekämpfung. Prototypen zukünftiger Kriege?, 2003.
[59] *Schneckener* (Fn. 4).

mit religiösen Gegensätzen.⁶⁰ Andererseits beeinflussen die verschiedenen historischen Erfahrungen, politischen Entwicklungsbedingungen und Wirkungen struktureller Stabilitätsfaktoren die sozialen Milieus und religiös bedingten politischen Einstellungen. Diese entscheiden mit über den Grad der jeweiligen Zustimmung zu oder wenigstens Hinnahme von terroristischen Anschlägen in den betroffenen Gesellschaften.

Die angesprochene Zurückhaltung hat aber auch mit den Bedingungen der Urteilsbildung über den Terrorismus und über Gegenmaßnahmen zu tun. Die Würdigung der Gegenmaßnahmen ist einerseits verknüpft mit der Einstellung des Beobachters gegenüber dieser Gewalt, sie ist aber zugleich abhängig vom Grad der Zustimmung oder Ablehnung bestehender Herrschaft beziehungsweise möglicher Herrschaftsformen. Hinzu kommt, dass die Legitimierung von Herrschaft von mehr Faktoren als nur von der Terrorismusbekämpfung abhängt. Ein Urteil über die verschiedenen Handlungsvorschläge gegen Terroristen stützt sich auf den Grad der Betroffenheit durch den Terrorismus, auf die Erwartungen gegenüber den Folgen dieser Gewalt und die Folgen ihrer Bekämpfung, aber auch auf Faktoren, die nicht unmittelbar mit diesem Phänomen verknüpft sind. Das Urteil wird daher auch von der Verschiedenartigkeit der subjektiven Annahmen bestimmt, die das Urteil überhaupt erst möglich machen. Jede Zustimmung oder Ablehnung eines im folgenden vorzustellenden Konzeptes ist daher in starkem Umfang wertgebunden. Nicht jeder Vorschlag taugt außerdem als Reaktion auf alle Fälle terroristischer Aktivitäten. In jedem Einzelfall müssen die allgemeinen Überlegungen um eine hier nicht leistbare Analyse der konkreten Situation ergänzt werden. Die folgenden Antworten auf die Frage, wer auf welche Weise die Aufgabe der Bekämpfung der terroristischen Bedrohungen und der Anschläge übernehmen soll, sind also zwangsläufig unvollständig.

Eine erste Antwort geht von der These aus, dass es sich bei der Bekämpfung der Terroristen nicht um Krieg dreht,⁶¹ sondern dass es sich bei Terroristen um Gewaltverbrecher handelt und die Umgangsformen eines Rechtsstaates mit Kriminellen auch für sie gelten sollten.⁶² Der Rückgriff auf die Polizei⁶³ und auf ein Verfahren, dass zu einer gerechtfertigten Verurteilung von Terroristen führt, sei die glaubwürdige Antwort auf die terroristische Herausforderung. Dies setzt zunächst einmal die Existenz wirksamer Strafvorschriften voraus. Aber selbst die Realisierung dieses Punktes kann unzureichend sein. Dies gilt selbst dann, wenn – wie in der EU – die Entwicklung hin zu einer Stärkung der internationalen Polizeibehörden, zur Öffnung der Datenbanken für andere Polizeien sowie zur

---

⁶⁰ *Dreyer*, Islamischer Terrorismus. Ausmaß – Ursachen – Gegenstrategien, 2002 und *Ladurner* (Fn. 8).

⁶¹ *Heymann*, Terrorism, freedom and security: winning without war, 2003.

⁶² Allgemein zu dieser Thematik *Bendel/Hildebrand* (Fn. 2).

⁶³ *Klink*, Innere Sicherheit. Strategien zur polizeilichen Bekämpfung des Terrorismus, in: Frank/Hirschmann (Fn. 2), 359 ff.

Schaffung eines europäischen Haftbefehls und eines Übergabeverfahrens geht.[64] Diese Forderung ist eventuell auch deshalb unzureichend, weil es einerseits schwierig ist, einem vermuteten Terroristen Gerichtsverwertbares nachzuweisen, und andererseits die staatlichen Organe zumindest in Demokratien verpflichtet sind, die Verfahrensrechte der Angeklagten zu schützen. Diese Tatsachen können Prozesse gegen Terroristen zur Farce werden lassen, wenn es den Ermittlern nicht gelingt, Beweise zu liefern, die in einem rechtlich einwandfreien Verfahren zur Verurteilung führen. Trotz dieser Gefahr ist es wichtig, diese Regeln einzuhalten. Es sind auch nicht nur die Terroristen, die die innere Sicherheit bedrohen. Die darauf gerichtete Politik muss gleichzeitig flexibel auf die dauernden Veränderungen des rechtlichen Regelwerkes oder der bürokratischen Strukturen und Entscheidungsweisen antworten. Die Asymmetrie betrifft also nicht allein das Verhältnis von Terroristen und ihren Gegnern, sondern auch die Verantwortlichkeiten und Handlungsoptionen der verschiedenen Akteure auf der Seite derjenigen, die den Terrorismus zu verhindern suchen.

Eine Verfolgung von Kriminellen wäre allerdings weitgehend nur reaktiv. Dies gilt auch für vorbeugende Maßnahmen, wie beispielsweise für die Entwicklung und Bereitstellung von effektiven Impfstoffen gegen einen nicht auszuschließenden Bioterror. Auch die Forderung, die Bevölkerung solle auf terroristische Anschläge mit großer Gelassenheit reagieren, beinhaltet noch kaum Elemente einer offensiven Auseinandersetzung mit diesem Gegner.[65] Vorgeschlagen werden daher auch Maßnahmen, die einen Gegendruck schaffen, so dass die Freiheit der Terroristen zur Bestimmung von Ort und Zeit ihrer Aktivitäten eingeschränkt wird. Dazu zählen ein geheimdienstliches Vorgehen, um zum Beispiel Zufluchtsorte der Terroristen und ihrer Helfer ausfindig zu machen, und Schritte zum Austrocknen der Finanzmacht der Terroristen,[66] indem zum Beispiel das Netz der Stiftungen und Unternehmen stärker kontrolliert wird und die internationale Geldwäsche erschwert wird.[67] In diesem Zusammenhang können neben den polizeilichen Kräften eventuell auch militärische Einheiten zur Umsetzung von Gegenstrategien eingesetzt werden, ohne dass dies kriegerische Maßnahmen wären. Man denke nur an den Schutz des Schiffsverkehrs[68]

---

[64] U. a. Rahmenbeschluss des Rates vom 13.06.2002 zur Terrorismusbekämpfung (2002/475/JI) in: Amtsblatt der Europäischen Gemeinschaften 22.06.2002, L 164/3 ff. sowie Rahmenbeschluss des Rates vom 13.06.2002 über den Europäischen Haftbefehl und die Übergabeverfahren zwischen den Mitgliedsstaaten (2002/584/JI) in: Amtsblatt der Europäischen Gemeinschaften 18.07.2002, L 190/1 ff. Auch Beschluss des Rates vom 19.12.2002 über die Anwendung besonderer Maßnahmen im Bereich der polizeilichen und justiziellen Zusammenarbeit bei der Bekämpfung des Terrorismus gemäß Artikel 4 des gemeinsamen Standpunktes 2001/931/GASP (2003/48/JI) in: Amtsblatt der Europäischen Gemeinschaften 22.01.2003, L 16/68 ff.
[65] *Münkler* (Fn. 15), 9.
[66] NZZ 3./4.07.2004, 15.
[67] *Kümmel/Collmer* (Fn. 58). Auch *Hirschmann* (Fn. 25).
[68] *Wolfrum*, Schiffahrt. Sicherheit – Terrorismus-Bekämpfung auf See, in: Hansa 140/4 (2003), 12 ff.

oder der Pipelines für Öl und Gas.[69] Die Bekämpfung der Terroristen wird mit der Einsicht leben müssen, dass es immer schwieriger wird, eine eindeutige Trennlinie zwischen Militäreinsatz und Polizeiarbeit und folglich zwischen äußerer und innerer Sicherheit zu ziehen. Der Gebrauch militärischer Fähigkeiten garantiert allerdings ebenfalls nicht den Erfolg im Kampf gegen die Terroristen. Die Erfahrungen der Vereinigten Staaten warnen jedenfalls vor einem unbegründeten Optimismus in Bezug auf rasche Erfolge in der Bekämpfung der Terroristen. Sie zeigen vielmehr, dass selbst die vielen früheren Anschläge und Warnungen nicht zu einer ausreichenden Wachsamkeit der amerikanischen Behörden geführt haben[70] und dass der Aufbau einer erfolgversprechenden Terrorabwehr offensichtlich mehrere Jahre erfordert.[71] Über diese Schwächen kann auch die Rede des amerikanischen Ministers für innere Sicherheit, Tom Ridge, vor dem Ausschuss für innere Sicherheit des Repräsentantenhauses am 20.05.2003 nicht hinwegtäuschen.[72] Das rechtsstaatliche Vorgehen gegen die Terroristen mit vor allem innerstaatlichen Maßnahmen und internationaler Zusammenarbeit muss zweifellos an erster Stelle stehen. Trotzdem bleibt die Frage nach weiteren Aktivitäten wichtig.

2. Die militärische Bekämpfung der Terroristen

Eine zweite Antwort auf die Frage nach dem Umgang mit der terroristischen Gefahr konzentriert sich auf die Bedeutung militärischer Fähigkeiten. Es ist dabei unwichtig, ob man sie unter den Begriff des Krieges subsumiert oder nicht. Bedeutsamer ist die Tatsache, dass die Grenze zwischen Terrorismus und Krieg genauso wie zwischen Terrorismus und Bürgerkrieg immer schon unscharf war und angesichts des zunehmenden Gewichts der asymmetrischen Handlungsmöglichkeiten und der wachsenden Zerstörungskraft moderner Gewaltinstrumente noch unklarer geworden ist. Der Verlauf des Irak-Krieges hat gezeigt, dass der Krieg trotz entsprechender Erklärungen der amerikanischen Regierung nicht mit dem Ende der militärisch ausgetragenen Kämpfe geendet hat, sondern dass der militärisch Schwächere im Augenblick der Niederlage in andere Formen der Gewaltanwendung ausweichen kann und so aus einem Krieg eine Auseinandersetzung mit Terroristen werden kann. Diese Unschärfe wird auch in der nicht eindeutigen Haltung der Europäischen Union deutlich, wenn diese den Terrorismus „ausdrücklich ... als eine Kriminalitätsform" definiert, andererseits aber den Ausbau der gemeinsamen Außen- und Sicherheitspolitik (GASP) ankündigt und die europäische Sicherheits- und Verteidigungspolitik (ESVP) als Instrument zur

---

[69] NZZ 23.04.2004, 3.

[70] *Clarke*, Against All Enemies. Inside America's War on Terror, 2004. Zur geheimen CIA Warnung vom August 2001 NZZ 10./11.04.2004, 5 und NZZ 13.04.2004, 1.

[71] NZZ 15.04.2004, 3 und NZZ 16.04.2004, 4.

[72] In Auszügen in: Internationale Politik 59/2 (2004), 99 ff.

Terrorismusbekämpfung stärken will.[73] Eindeutiger ist die Position der amerikanischen Regierung, die eine strafrechtliche Verfolgung der Terroristen für unzureichend ansieht und von einem wirklichen Krieg spricht.[74] Eine eindeutige Antwort auf die Frage nach der Bedeutung militärischer Fähigkeit in der Bekämpfung der Terroristen ist damit allerdings nicht gegeben.

Die Bedeutung von Fähigkeiten zu kriegerischen Handlungen ist andererseits nicht zu unterschätzen,[75] auch wenn eine Reihe von Handlungsmöglichkeiten der Terroristen, vor allem wenn sie aus dem Untergrund heraus nach geheimer Vorbereitung genutzt werden, militärisch nur schwer beantwortet werden können. Trotzdem können militärische Optionen in der Bekämpfung von Terroristen ihre Bedeutung besitzen. Da terroristische Angriffe oder ihre Vorbereitung beispielsweise auf See oder von See aus erfolgen können, sind Kriegsschiffe auch als ein Instrument gegen Terroristen denkbar. Ein Angriff auf den Seetransport könnte den Welthandel ganz entscheidend beeinträchtigen und die Explosion eines Schiffes in einer Hafenstadt könnte zu erheblichen Verlusten an Menschenleben führen. Ins Visier der Seestreitkräfte kann daher neben der traditionellen Aufgabe der Abschreckung und der Projektion von Macht gegen Landziele vermehrt die Abwehr der terroristischen Aktivitäten geraten.[76] Die Breite möglicher Handlungen reicht dabei von der Bekämpfung der Piraterie bis zur Kontrolle regionaler Konflikte. Voraussetzung für einen Erfolg ist die Fähigkeit der Nachrichtenbeschaffung, des schnellen Erreichens des Einsatzortes und der kurzfristigen Vernichtung der logistischen Basen der Terroristen.

Freilich ist dies immer noch reagierende Politik. Es sind daher alle Maßnahmen zu prüfen, die passiv-abwartendes Verhalten überwinden und „den Kampf zum Feind bringen."[77] Hintergrund dieser Forderung ist die These, dass die bewährten Formen der Einhegung und Bearbeitung von Konflikten angesichts der Herausforderungen durch die Terroristen wirkungslos geworden seien und proaktive Verteidigungsformen angebracht seien.[78] Dabei geht es nicht nur darum, die Terro-

---

[73] Fn. 21 und Gemeinsame Erklärung der Staats- und Regierungschefs der Europäischen Union, der Präsidentin des Europäischen Parlaments, des Präsidenten der Europäischen Kommission und des Hohen Vertreters für die gemeinsame Außen- und Sicherheitspolitik vom 14.09.2001.

[74] Bericht zur Lage der Nation von Präsident *George* W. *Bush* vom 20.01.2004, in Auszügen in: Internationale Politik 59/2 (2004), 126 (129).

[75] *Weiler,* Streitkräfte zur Terrorismusbekämpfung – Eine taugliche Option?, in: Frank/Hirschmann (Fn. 2), 381 ff.

[76] *Kürsener,* Die US Navy im Kampf gegen den Terror, in: NZZ 02.09.2004, 5; *Papenroth,* Die Zukunft der Deutschen Marine, SWP-Studie S. 17, Mai 2004 und *Stehr,* Terrorismus auf See. Die neue asymmetrische Bedrohung, in: Schiff + Hafen 2002/10, 27 ff..

[77] Namensartikel des amerikanischen Verteidigungsministers, *Donald H. Rumsfeld* in: Washington Post vom 26.10.2003, abgedruckt in: Internationale Politik 59/2 (2004), 113 ff.

[78] So u. a. *Münkler,* Angriff als beste Verteidigung? Sicherheitsdoktrinen in der asymmetrischen Konstellation, in: Internationale Politik und Gesellschaft 2004/3, 22 ff.

risten dorthin zu verfolgen, wo sie leben und Anschläge planen, sondern auch darum, den Terroristen die Verfügungsgewalt über die Faktoren Zeit und Ort und über für diese notwendige Ressourcen zu entreißen und den Staaten, die die Terroristen unterstützen, die Konsequenzen ihrer Handlungen deutlich zu machen.[79] Allerdings verlangt ein solches Konzept, will man die Terroristen in ihren Häusern oder Höhlen angreifen, die Kenntnis ihres Standortes und ihre Isolierung in der Gesellschaft, in der sie sich bewegen. Im Fall des Iraks werden diese Schwierigkeiten deutlich, wenn es darum geht, die Anhänger des schiitischen Mullah Mokktada al-Sadr von den ausländischen Terroristen zu unterscheiden, ihr Zusammengehen nicht zu provozieren und durch Einsatz militärischer Mittel nicht Märtyrer zu schaffen. Die militärischen Fähigkeiten werden daher vermutlich mehr Wirkungen als Drohinstrument gegen die Unterstützerstaaten besitzen.

Aber selbst bei Anerkennung dieses Faktors muss vor einer zu optimistischen Beurteilung der möglichen Rolle von kriegerischen Handlungen gegen Terroristen gewarnt werden. Schnelle militärische Erfolge mit endgültigen Entscheidungen sind nicht zu erwarten. Selbst wenn kleine hochgerüstete und hochbewegliche Verbände auf dem Schlachtfeld einen schnellen Erfolg erlauben, sind sie doch offensichtlich ungeeignet für eine anschließende Befriedungspolitik im besetzten Land. Die These, ein militärischer Sieg sei gleichbedeutend mit einem politischen Sieg, greift jedenfalls zu kurz. Selbst wenn es zu einem durchaus nicht immer sicheren militärischen Sieg in der Auseinandersetzung mit Terroristen kommen sollte – man denke an Großbritannien im Irak nach dem Ersten Weltkrieg oder an Frankreich in Algerien zwischen 1954 und 1962[80] – ist der politische Erfolg noch nicht gesichert. Sowohl die Briten als auch die Franzosen schlugen den jeweiligen Aufstand blutig nieder, mussten aber einsehen, dass sie ihre Herrschaft nicht aufrechterhalten konnten. Erfolgreiche militärische Lösungen sind offensichtlich nicht übermäßig wahrscheinlich. Terroristen können, wenn sie sich auf dem offenen Schlachtfeld oder im Häuserkampf in den Städten nicht behaupten können, in den Untergrund abtauchen und auf geheim vorbereitete Anschläge ausweichen. Auf diese Weise können aus regulären Soldaten Terroristen werden. Ihre Anschläge können besonders katastrophal ausfallen, wenn besondere Gefahrenquellen unzureichend geschützt werden[81] oder wenn sie sogenannte dynamische Lagen erzeugen, das heißt, wenn nach Eintreffen der Rettungskräfte am Ort des Anschlages weitere Bomben explodieren.[82] Durch fortgesetzte Angriffe können besonders schwierige Situationen eintreten, wenn zum Beispiel Verbandsmaterial, Arzneien

---

[79] Rede des amerikanischen Vizepräsidenten, *Dick Cheney*, über die Gefahren des Terrorismus am 26.01.2004 in Rom, gekürzt wiedergegeben in: Internationale Politik 59/2 (2004), 131 (132).

[80] *Scholl-Latour* (Fn. 9), 49.

[81] *Lombardi,* Postmoderner Terrorismus am Beispiel des Nuklearterrorismus – Bisher wurden kaum konkrete und effektive Schritte unternommen, das lückenhafte Sicherungsniveau im Umgang mit radiologischen Quellen zu verbessern, in: Allgemeine Schweizerische Militärzeitschrift 169/6 (2003), 13 ff.

[82] *Staud* (Fn. 33).

oder das Trinkwasser knapp werden. Der militärische Sieg über ein politisches System kann aber noch andere problematische Folgen haben. Er kann dazu führen, dass Terroristen überhaupt erst die Möglichkeit erhalten, in das entstehende politische Vakuum einzuströmen und damit eine neue Front aufzumachen.

Die Bedeutung militärischer Handlungen in den Auseinandersetzungen mit den Terroristen darf auch deshalb nicht überschätzt werden, weil die klassische Konzeption der Abschreckung gegen Terroristen kaum wirksam ist, die den Selbstmord einkalkulieren oder aus ideologischen Gründen vom Sieg ihrer Sache überzeugt sind und daher rationalen Kalkülen nicht immer zugängig sind. Ein Gegner ist außerdem schwer militärisch zu bekämpfen, dessen Anschrift unbekannt ist, der kein Hauptquartier hat und der der offenen Feldschlacht ausweicht. Kriege kann man Staaten oder Nationen erklären, nicht aber Gegnern, die über kein eigenes Territorium verfügen und in der meisten Zeit unerkennbar in einer Gesellschaft mitschwimmen. Terroristen haben Zeit und nutzen die schwachen Stellen ihrer Gegner – im Falle der demokratischen Gesellschaften unter anderem deren Abhängigkeit von Kommunikationswegen und Medien. Sie können zudem zumindest in der Einzelaktion durch die Festlegung ihres konkreten Vorgehens über das Ausmaß eigener Verluste bestimmen. Die Terroristen sind sicherlich nicht omnipotent, aber ihre Möglichkeit, weiche Ziele überraschend und fast an jeden Ort anzugreifen, und dann sofort unterzutauchen, macht sie schwer bekämpfbar und damit kaum abschreckbar.

In diesem Zusammenhang wird häufig auf die Gefahr der Nutzung von Massenvernichtungswaffen durch die Terroristen verwiesen.[83] Sie ist ohne Zweifel nicht unbedeutend. Übersehen wird freilich von diesen Warnern meist, dass die Terroristen keine nuklearen, bakteriologischen, radiologischen oder chemischen Waffen und entsprechende Trägersysteme brauchen, um erfolgversprechend ihre Ziele zu verfolgen. Diese Tatsache schließt das Streben der Terroristen nach Massenvernichtungswaffen allerdings nicht aus. Wenn durch militärische Fähigkeiten fundierte Abschreckungspolitik eine Bedeutung hat, dann eher in den Beziehungen zu den potentiellen Unterstützerstaaten des Terrorismus. Diese können aus ihren eigenen Sicherheitsinteressen heraus und eventuell auch als offensives Drohinstrument in den politischen Auseinandersetzungen Massenvernichtungswaffen anstreben und im Falle ihres Besitzes diese Terroristen anbieten. Denkbar ist aber auch, dass den Terroristen nach einem durch innere Schwäche oder durch von außen herbeigeführten Zusammenbruch der Regierungsgewalt solche Waffen in die Hände fallen. In diesem Zusammenhang tauchen dann auch weitere Probleme auf. Zu klären wäre beispielsweise, ob die Bekämpfung des Terrorismus eine globale Raketenabwehr nahelegt[84] oder ob die Rüstungskontrollpolitik vor allem als Strategie gegen die Verbreitung von Rüstungen – besonders von Massenvernichtungswaffen

---

[83] *Thränert,* Biologische und chemische Kampfstoffe in den Händen von Terroristen: Gefahren und Schutzmöglichkeiten, in: Frank/Hirschmann (Fn. 2), 389 ff.
[84] *Huber,* Terrorismus und die Notwendigkeit einer globalen Raketenabwehr. Eine Möglichkeit zur Zusammenarbeit mit Rußland?, in: Politische Studien 382 (2002), 61 ff.

– ihre Bedeutung zurückgewinnt.[85] Diese Politik kann auf der Ebene der zwischenstaatlichen Beziehungen mit Wirkung auf die Terrorismusbekämpfung auch auf einen vertraglich festgehaltenen Verzicht auf eine Erstnutzung von Massenvernichtungswaffen oder den Schutz bestimmter Einrichtungen – zum Beispiel der Kommunikationssysteme – hinauslaufen. Weitgehend ungeklärt ist freilich, ob eine präventive Rüstungskontrolle gegen die Möglichkeiten der Terroristen – abgesehen von einseitigen Maßnahmen zum Schutz eigener technischer Anlagen – durchführbar ist. Aber wie immer das Gewicht dieser Konzepte – des Krieges, der Abschreckung und der Rüstungskontrolle – beurteilt werden mag, ausreichend sind diese militärischen Fähigkeiten kaum, um dem Terrorismus erfolgreich zu begegnen.

3. Die politischen Konzepte gegen die Terroristen

Eine dritte Antwort auf die Frage nach den möglichen Formen der Auseinandersetzung mit den Terroristen wird sich politischen Strategien zuwenden müssen. Im Mittelpunkt dieser Konzepte steht die Prävention und die Krisennachsorge, letztere als Mittel der Vorbeugung gegen eine erneute Eskalation einer ruhiggestellten Krise. Prävention meint nicht die grundsätzliche Vermeidung von Konflikten, aber auch nicht die Option des Präventivkrieges, sondern die Nutzung friedlicher politischer Handlungsmöglichkeiten, die freilich die manchmal befriedende Wirkung von Polizei und Militär nicht ausschließen muss. Ziel einer solchen Politik ist das frühzeitige Erkennen möglicherweise gewaltsamer Konflikte, der Motivlage und der möglichen Aktivitäten der Akteure sowie der Konzepte, die die Wahrscheinlichkeit einer Überschreitung der Grenze zur Gewalt hin reduzieren. Gesucht werden Vorschläge, die den Gefahren der Gewaltnutzung durch Deeskalation entgegenwirken. Es handelt sich bei diesem Verständnis von Prävention um eine vorausschauende, planende und zielgerichtete Verhütung des Ausbruchs von jeder Form von Gewalt auf den unterschiedlichsten Ebenen von Staat und Gesellschaft. Prävention betrifft also nicht allein den Terrorismus, sondern auch andere Arten von Gewalt bis hin zum Bürgerkrieg und zum Krieg.[86]

Damit beginnt die Problematik einer solchen Politik. Nicht alle vorbeugenden Strategien gegen Gewaltnutzung sind geeignet, auch den Terroristen zu begegnen. Zur Diskussion über ihre Grenzen gehört neben noch anzusprechenden Einzelpunkten die grundsätzliche Frage, ob die behaupteten gemeinsamen Interessen der Weltgesellschaft nicht eigentlich nur die Interessen der westlichen Länder sind[87] und ob die Ablehnung von Autonomie und Eigenständigkeit fremder Kulturen den

---

[85] *Thränert,* Wozu noch Rüstungskontrolle? in: Fricke/Meyer (Hrsg.), Sicherheit einer neuen Weltära, 2003, 197 ff.

[86] *Klink,* Nationale und internationale Präventions- und Bekämpfungsstrategie, in: Hirschmann/Gerhard (Fn. 2), 241 ff.

[87] *Assheuer,* Fundamentalismus der Killer, in: Die Zeit 29.04.2004, 41.

Terrorismus erst herbeiführt. Trotz der Schwierigkeiten in der Bestimmung erfolgversprechender Gegenstrategien gegen terroristische Aktivitäten ist es angebracht, die wichtigsten Konzepte vorzustellen.

Es lassen sich verschiedene Typen von Präventionsstrategien unterscheiden, die sich in der politischen Realität vermischen können. Der prozessorientierten Prävention geht es darum, deeskalierende Wirkung gegenüber einem noch nicht, aber demnächst möglicherweise gewaltsam ausgetragenen Konflikt zu entfalten, während strukturorientierte Prävention auf die Veränderung der zu Grunde liegenden Konfliktursachen drängt und für einen Erfolg daher größere Zeiträume beansprucht. Die hier gesuchte Antwort bezieht sich primär auf die strukturorientierte Prävention. Bei dieser Art der Prävention ist vor allem die Kenntnis der Konfliktgründe wichtig, um eine Konfliktbearbeitung ohne Gewaltnutzung möglich zu machen. Ein Problem besteht freilich in der Tatsache, dass sehr unterschiedliche Konfliktgründe bestehen können und dass sie sich vermengen und gegenseitig verstärken können. Die wichtigsten in der Literatur genannten Gründe sind historisch begründete Frustration und Unterlegenheitsgefühle, ideologisch-religiös begründete Überlegenheitsphantasien mit umfassendem Wahrheitsanspruch für die eigene Position oder ökonomisch-soziale Hoffnungslosigkeit. Die Unterschiede in den Gründen für Terrorismus schränken die Erfolgswahrscheinlichkeit der Reaktion auf die terroristische Bedrohung erheblich ein. Als weitere Schwierigkeit kommt hinzu, dass die Konfliktbearbeitung im Falle der Terroristen vermutlich nur denkbar ist, wenn die Bedrohung an deren Entstehungsort bekämpft wird. Andererseits aber sprechen die Erfahrungen dafür, dass die Möglichkeit einer Einwirkung von außen auf die religiösen und politischen Einstellungen einer Gesellschaft nur in sehr bescheidenem Umfang besteht. Nur die Analyse der längerfristig wirksamen Politikbedingungen in einer Region und der konkreten Situation wird die Beantwortung der Frage nach der im jeweiligen Fall geeigneten Konzeption – wenn auch nur in Ansätzen – möglich machen. Eine zentrale historische Erfahrung spricht dafür, dass voll funktionierende Staatlichkeit und eine stabile internationale Ordnung die Einstellung der Gesellschaften gegenüber der Gewalt beeinflussen, so dass die Zustimmung der Bevölkerung zu terroristischen Aktivitäten und deren Unterstützung durch herrschende Eliten weniger wahrscheinlich wird. Demgegenüber sind ohnmächtige Staaten, die unfähig sind, den Zusammenbruch jeder Ordnung zu verhindern, besonders anfällig gegenüber dem terroristischen Phänomen. Einige Terroristen – zum Beispiel in Kolumbien – rechtfertigen ihre Handlungen sogar ausdrücklich damit, dass der Staat seine Aufgaben nicht erfülle.[88] Diese Fakten führen zu einer breiten Rekrutierungsbasis.[89]

Die geforderte starke Staatlichkeit meint nicht allein wirtschaftlichen Wohlstand für möglichst Viele, sondern auch die glaubwürdige Versicherung einer sinnvollen Zukunftsgestaltung. Dieser letzte Gesichtspunkt ist vor allem für die

---

[88] NZZ 15.04.2004, 7.
[89] Eine neue Generation von Kaida-Kämpfern, in: NZZ 22./23.11.2003, 5.

heranwachsende Generation bedeutsam, da er über ihre Integration in die Gesellschaft und ihre Anerkennung des politischen Systems mit entscheidet. Im islamischen Raum ist die Jugend besonders anfällig für terroristische Konzepte und Aktionen. Die Terroristen stellen für sie eine Hoffnung dar, was ihre Instrumentalisierung durch Terroristen nahelegt. Die ökonomischen und sozialen Instabilitäten kommen dann meist verstärkend hinzu. In anderen Regionen können allerdings Hungersnöte oder eine dramatisch unzureichende medizinische Versorgung eine Gesellschaft anfällig für Terrorismus machen, auch wenn die meisten Menschen in derartigen Situationen zur Apathie neigen und nur wenige terroristisch aktiv werden. In diesen Fällen werden akut Lebensmittellieferungen und langfristig die Vermittlung moderner Methoden des landwirtschaftlichen Anbaus und der Wassergewinnung bedeutsam sein. Die beiden Hinweise zeigen, wie unterschiedlich die Gründe für die Zustimmung zu terroristischen Aktivitäten sein können. Ein zweites Argument, das die Notwendigkeit voll funktionsfähiger Staaten und internationaler Organisationen für die Bekämpfung der Terroristen unterstreicht, dreht sich um die Bedeutung des Rechts und der Rechtsdurchsetzung. Die Vorstellungen über die Wirkung des Staates auf die Entwicklung und Sicherung des Rechts setzt seine weiterhin gesicherte Stellung als auf diesem Gebiet weitgehend unabhängig handeln könnendes Subjekt voraus.[90] Es ist umstritten, ob diese Bedingung noch gegeben ist und ob nicht sogar umgekehrt für eine erfolgreiche Bekämpfung der Terroristen die Bereitschaft auch der starken Staaten notwendig ist, Souveränität teilweise aufzugeben.[91] Allerdings ist auch die Notwendigkeit der Weiterentwicklung des Völkerrechts umstritten. Manche Autoren begründen, dass das bestehende Völkerrecht einen hinreichenden Rahmen für die Bekämpfung der Terroristen bietet.[92] Tatsache ist außerdem, dass die Ausbildung transnationaler Öffentlichkeit die Legitimationsprozesse staatlicher Politik tiefgreifend verändert und die Kontrolle seiner Tätigkeit auch durch andere Staaten und fremde gesellschaftliche Akteure erfolgt. Gleichzeitig wird die Verflechtung ökonomischer und wissenschaftlich-technologischer Prozesse über nationale Grenzen hinweg für die Leistungsfähigkeit eines Staates immer wichtiger. Alle diese Faktoren schränken souveräne Handlungen ein, heben sie aber nicht gänzlich auf.[93]

---

[90] *Dicke*, Sovereignty under law, in: Justenhoven/Turner (Hrsg.), Rethinking the State in the Age of Globalisation, 2003, 195 ff.

[91] Bericht über einen Vortrag *Bertram* in Zürich, in: NZZ 22./23.11.2003, 2.

[92] *Frowein*, Der Terrorismus als Herausforderung für das Völkerrecht, in: ZaöRV 62/4 (2002), 879 ff.; *Hamm*, Weltpolitik und Frieden: Menschen- und Völkerrechte nach dem Irakkrieg, in: Globale Trends, 2003, 253 ff.; *Heintze*, Das Völkerrecht wird unterschätzt, internationale Antworten auf den internationalen Terrorismus, in: Internationale Politik und Gesellschaft 2004/3, 38 ff.; *Heinz*, Terrorismus als Bedrohung. Sind völkerrechtskonforme Antworten möglich?, in: Friedens-Forum 16/5 (2003), 42 ff.; *Hoyer*, Völkerrecht reformieren, um es zu bewahren, in: Internationale Politik 59/2 (2004), 63 ff; *Hutter*, Menschenrechte nach dem 11. September 2001, in: Deutsches Institut für Menschenrechte, 2003 und *Simma*, Terrorismusbekämpfung und Völkerrecht, in: Bos/Helmerich (Fn. 2), 93 ff.

[93] *Zangl/Zürn* (Fn. 3).

Eine weitere Behauptung besagt, dass auch asymmetrische Gewaltnutzungsmöglichkeiten nicht das Gewicht einer Politik des Menschenrechtsschutzes reduzieren. Die Menschenrechte stärken entscheidend das Prinzip der Persönlichkeit des Einzelnen und seiner Würde – ein Prinzip, das freilich – genauso wie das Demokratiekonzept[94]- nicht in allen Kulturkreisen einen hohen Stellenwert besitzt. Diese zentralen Grundlagen westlicher Politik können daher im Gegensatz zu manchem Optimismus höchstens in langen Zeiträumen Vorbildcharakter entfalten. Menschenrechtswidriges Verhalten – wie das amerikanische im Irakkrieg – reduziert die Wirkung dieser Wertvorstellungen. Manche Beobachter sind noch skeptischer und erwarten zum Beispiel auch bei einem demokratisierten Irak eine Welt, die weit unsicherer ist als diejenige vor dem Irakkrieg.[95] Diese Wirkungsgrenze gilt in manchen Regionen auch für die Forderung nach funktionsfähiger Staatlichkeit, weil dort eine von der Religion losgelöste Staatlichkeit nicht geduldet wird und weil die rechtliche Stellung der Terroristen im Gegensatz zum westlichen Verständnis vom Status der Kämpfer und nicht von den Kampfmethoden abhängig gemacht wird. Für die Forderung nach starker Staatlichkeit spricht andererseits, dass nur sie die Möglichkeit beinhaltet, präventive Gewaltanwendung höchstens als *ultima ratio* zu verstehen. An dieser Stelle ist dann auch auf die Diskussion zu verweisen, ob es zulässig oder gar geboten ist, bei massiver Verletzung der Menschenrechte gewaltsam zu intervenieren. Freilich zeigt der Irakkrieg, dass die Intervention die Terroristen stärken kann, weil sie im Kampf gegen die Besatzer ein Ziel verfolgen, das auch im Interesse nichtterroristischer Gruppen der Bevölkerung liegt. Auch in diesem Punkt ist also zu konstatieren, dass eine Beurteilung der Konzepte zur Bekämpfung der Terroristen nicht auf einfachen Argumenten gründen kann.

Ein weiteres Problem für die Bekämpfung der Terroristen besteht darin, dass anders als bei Bürgerkriegen und regionalen zwischenstaatlichen Kriegen Versuche einer vorbeugenden Politik die Terroristen selbst in ihrem Verhalten kaum entscheidend beeinflussen werden. Das Angebot guter Dienste beispielsweise zur Überwindung eines Kommunikationsstillstandes in einer gewaltträchtigen Krise mittels einer Gesprächsvermittlung, durch Beratung der Konfliktparteien, durch Entwicklung von Problemlösungsvorschlägen, durch Bereitstellung von Vorteilen bei erfolgreicher Konfliktbearbeitung ist für die Beziehungen zwischen Terroristen und ihren Gegenspielern kaum anwendbar. Überhaupt spricht vieles dafür, dass eine Prävention durch Einmischung einer dritten Partei angesichts der Totalität der Gegnerschaft für die Bekämpfung der Terroristen keine geeignete Strategie ist. Die Weltbilder und Wertvorstellungen der Terroristen und ihrer Gegenspieler schließen sich grundsätzlich aus, so dass eine neutrale Rolle Dritter in diesen Auseinandersetzungen nicht denkbar ist. Allerdings gibt es zu dieser Sichtweise eine Gegenthese. Wenn man, wie einige Beobachter annehmen, davon ausgehen kann,

---

[94] *Abou El Fadl* (Hrsg.), Islam and the Challenge of Democracy, 2004 und *Wilkinson*, Terrorism versus Democracy, 2003.
[95] *Clarke* (Fn. 70).

dass zumindest die islamischen Terroristen nur begrenzte politische Ziele verfolgen, die westliche Wertvorstellungen und Menschenbilder gar nicht in Frage stellen, sondern nur westliche Interessen – die Existenz Israels oder der Einfluss im Nahen und Mittleren Osten – bekämpfen, ist die Bedeutung der friedlichen Maßnahmen vorbeugender Politik eventuell größer, da Kompromisse bei divergierenden Interessen leichter erreichbar sind als bei grundlegenden Gegensätzen in Werturteilsfragen. Freilich kann die Grundannahme dieser These mit guten Gründen bezweifelt werden.

Eine vorbeugende Politik wird sich vor allem auf die Befürworter des Terrorismus, die nicht selbst aktiv werden, und auf die möglichen Unterstützer – seien es gesellschaftliche Kräfte oder Staaten – konzentrieren müssen. Die Isolation der Terroristen gelingt nach allen Erfahrungen am besten in funktionsfähigen Staaten und stabilen Zivilgesellschaften mit verläßlichen Konfliktaustragungsmodi. Die Unterstützung des Aufbaus politischer Institutionen und Konfliktregelungsformen zur Entspannung sozialer und ökonomischer Krisen sowie ideologischer und ethnologischer Gegensätze und die Vermittlung von Dialogen zwischen den in Gegnerschaft verharrenden Gruppen können die Kooperationswilligkeit konkurrierender gesellschaftlicher Kräfte fördern und die Terroristen ihrer Erfolgsmöglichkeiten berauben.

Die letzten Überlegungen haben bereits die Frage nach den Akteuren, die den Kampf gegen die Gewalt aufnehmen können und müssen, angesprochen. Die Geschichte nicht erst seit dem 11. September 2001 lehrt, dass die Entstaatlichung vieler Politikbereiche auch die Privatisierung der Gewaltnutzung und der Sicherheit gegen diese Tendenzen fördern: private Sicherheitsagenturen, Söldner, Kindersoldaten und eben auch Terroristen sind Ausdruck dieser Entwicklung. Diese Akteure richten ihr Verhalten nicht an geltenden Regeln und nicht an Kriterien des Gemeinwohls aus. Den gesellschaftlichen Gruppen wird man daher kaum allein die Aufgabe übertragen können, gegen die Terroristen vorzugehen. Freilich besagt dies nicht, dass die gesellschaftlichen Kräfte bei diesem Thema unwichtig seien.

Da es sich auch um einen Krieg der Ideen handelt, ist der Kampf um die Köpfe wichtig. Eine starke Einstellung der Gesellschaften für Demokratie, Recht und Gewaltfreiheit, Geduld und Risikobereitschaft kann die Spielräume der Terroristen entscheidend beschränken und staatliche Handlungen gegen diese legitimieren. Wenn sie außerdem eine gewisse innere Ruhe und Stabilität auch bei terroristischen Anschlägen bewahren, werden die Terroristen einsehen müssen, dass sie keine Zustimmung zu ihren Handlungen erwarten dürfen.

So wichtig die gesellschaftliche Dimension ist, sie allein entscheidet nicht über den Ausgang der Auseinandersetzung mit den Terroristen. Mindestens gleich bedeutend sind die Aktivitäten von Staaten und internationalen Organisationen. Dies ist nicht umstritten, umstritten ist allerdings die Bedeutung der Kooperation zwischen ihnen. Staaten können sich auf objektive, ihnen allen gemeinsame, aber Konkurrenz befördernde Interessen berufen. Auch ihre Handlungen gegen Terroristen spiegeln ihre Ziele des Überlebens, der Autonomie und Selbstachtung sowie des Wohlstandes in einer Umgebung weitgehend ungeregelter Anarchie wider. Ihre Handlungen sind freilich gleichzeitig Ausdruck der Einstellung der meisten Bürger zu diesen Zielen. Ob die jeweiligen konkreten Konzepte der einzelnen Staaten zur Terrorismusbekämpfung allerdings problemangemessen sind und die Kooperation zwischen den Terrorismusgegnern erlaubt, ist eine andere Frage. Die Beziehung der Staaten untereinander in diesem Kampf ist sicherlich nicht optimal. Die Erfahrungen seit 2001 stützen die Empfehlung, auf eine militärische Politik möglichst zu verzichten und stattdessen die internationale Zusammenarbeit von Staaten und internationalen Organisationen auszubauen. Die terroristischen Aktivitäten sind eine transnationale und potentiell weltumspannende Herausforderung, die eine multinationale Antwort verlangt.[96] Besonders wichtig ist die Stärkung der Befugnisse der Vereinten Nationen und ihrer Entscheidungsrechte im Rahmen der neueren Interpretation des Kapitels VII der Charta sowohl gegen Staaten als auch gegen gesellschaftliche Akteure, die gewaltsam ihre Ziele verfolgen.[97] Gleichzeitig ist die zuverlässige Zusammenarbeit der Staaten auch außerhalb der Vereinten Nationen in anderen internationalen Organisationen auf der Basis internationaler Übereinkommen zu stärken. Besonders bedeutsam ist die Funktionsfähigkeit der Antiterror-Koalition innerhalb der westlichen Gemeinschaft und der Verzicht auf die Partner überraschende nationale Alleingänge. Nur gemeinsames Handeln wird die terroristische Gewalt einschränken können, und selbst dies ist keineswegs sicher.

Bedenkt man nämlich die Handlungsmöglichkeiten der Terroristen und die drei Antworten auf die Frage nach den ihren Gegnern offenstehenden Reaktionen, so fällt nicht nur die große Bedeutung in der Asymmetrie möglicher Aktivitäten auf. Den Gegnern der Terroristen sind – wollen sie ihren eigenen Werten treu bleiben – in Bezug auf bestimmte Handlungen die Hände gebunden. Außerdem ist eine gemeinsame, weltweit akzeptierte Wertebasis als Ausgangspunkt der Gegenaktivitäten nicht gesichert. Die besondere Ausprägung der Bedrohung ergibt eine inhärente Unberechenbarkeit der terroristischen Aktivitäten. Weder die konkrete Größe und Art der Gefahr noch die Eintrittswahrscheinlichkeit des Terrors sind genau kalkulierbar. Selbst der Versuch, durch immer mehr Informationen der Terroristen Herr zu werden, verstärkt die Gefahr, dass lediglich der Heuhaufen, in dem die Stecknadel zu suchen ist, größer wird. So zeigen die langen Bemühungen, Bin Laden habhaft zu werden, wie schwierig die Bestimmung des Aufenthaltsortes eines Terroristen ist – eine Voraussetzung, um ihn persönlich erfolgversprechend bekämpfen zu können. Andererseits legt der Irakkrieg von 2003 die These nahe,

---

[96] *Schweitzer,* The Globalization of terror: the challenge of Al-Quaida and the response of the international community, 2003.

[97] *Behr,* Terrorismusbekämpfung vor dem Hintergrund transnationaler Herausforderungen. Zur Anti-Terrorismuspolitik der Vereinten Nationen seit der Sicherheitsrats-Resolution 1373, in: Zeitschrift für Internationale Beziehungen 11/1 (2004), 27 ff.; *Dicke,* Die Zukunft der Vereinten Nationen, in: Die Politische Meinung 412 (2004), 43 ff. und *Wüstenhagen,* Die Vereinten Nationen und der internationale Terrorismus: Versuch einer Chronologie, in: Praxishandbuch UNO, 2003, 101 ff.

dass der Kampf gegen Unterstützerstaaten – abgesehen von der Frage, ob dies im Falle des Irakkrieges überhaupt gegeben war – den Terrorismus nicht beseitigt, sondern ihn eher stärkt. Immerhin hat der amerikanische Präsident Bush eingestanden, dass er in Bezug auf die Bedingungen im Irak nach dem Krieg einer Fehleinschätzung erlegen sei.[98] Manche Beobachter vertreten daher die Meinung, dass das Ziel der Weltgemeinschaft nicht unbedingt in der Zerstörung der Terroristen bestehen kann, sondern höchstens in ihrer Paralyse. Das Gegenargument verweist darauf, dass ein zurückhaltendes Vorgehen als Schwäche ausgelegt werden könnte und daher den Terroristen weiteren Zulauf sichern würde. Als Fazit all dieser Ansichten bleibt eine große Unsicherheit, welche Handlungsweise welche Ergebnisse zeitigen wird. Selbst der amerikanische Präsident schwankt in seinem Urteil, ob der Krieg gegen den Terror gewonnen werden kann. Es ist zumindest nicht überraschend, dass ernstzunehmende Analysen die Niederlage der zivilisierten Welt im Kampf gegen die Terroristen nicht ausschließen.[99] Auch wenn diese Annahme nicht als eindeutig gesicherte Aussage gewertet werden kann, ist doch nicht zu leugnen, dass es sich um bedenkenswerte Hinweise handelt, die ein leichtfertiges Umgehen mit dieser Gefahr verbieten.

---

[98] NZZ 28./29.08.2004, 2.

[99] Hannoversche Allgemeine Zeitung 31.08.2004, 2 und 04.09.2004, 1. Anonymus, Imperial Hybris. Why the West is losing the War on Terror, 2004 und The 9/11 Commission Report. Final Report of the National Commission on Terrorist Attacks upon the United States, 2004. Vgl. auch „Verliert der Westen den Krieg gegen den Terrorismus? Eine skeptische Sicht der Dinge aus dem Inneren der CIA", NZZ 18.08.2004, 5.

The International Judge and the Principled Imperative

By Thomas M. Franck[*]

I. Introduction

My colleague, Professor Ronald Dworkin, has recently reminded us that "responsibility for articulation is the nerve of adjudication. Judges are supposed to do nothing that they cannot justify in principle, and to appeal only to principles that they thereby undertake to respect in other contexts as well. People yearning for reasoning rather than faith or compromise would naturally turn to the institution that, at least compared to others [the Church or Parliament] professes the former ideal. I do not mean," he adds, "that judges are more rational or more skilled at analytical reasoning than theologians or parliamentarians. We have no guarantee that the political principles that our judges deploy will be the right or best ones, or that they will articulate those principles consistently or coherently; indeed, since our judges disagree among themselves, we know that they cannot all be right and that they will not always be consistent. But the code of their craft promises, at least, that they will try."[1]

During the past decade I have had several opportunities to observe the extent to which the process of adjudication at the International Court conforms to Dworkin's ideal of judicial process. Is it, or does it strive to be, a dispassionate discourse which, at its outcome, generates an enunciation of articulated principles of general applicability? Since I have had several turns as legal counsel, and one two-part turn at serving as a judge ad hoc, I may be able to provide some insight into that process.

In the end, how a court operates is largely a function of the personal skills and traits of the judges. The one extrinsic variable is the process by which judges are chosen and subject to reelection. While this may not be the most important determinant of judicial performance, it is invariably a factor in establishing the degree to which the Court, as an institution, is able to support judges' ability to fulfill the ideal of an impartial judiciary.

---

[*] An earlier version of this essay was delivered as a luncheon address at a meeting of the American Branch of the International Law Association in New York on October 25, 2003.

[1] *Dworkin,* The Judge's New Role: Should Personal Conviction Count?, Journal of International Criminal Justice 1 (2003), 4.

The Dworkin test of judicial probity is straightforward. Do the judges try shining through the litigants' discourse the pure light of enunciated principles? Do they decide cases on the basis of norms capable of resolving not merely one, but many disputes? Do its judges reflect and, through their powers of public reasoning, refract the common sense of the society in which they operate?

What appears a simple issue of institutional architecture raises complex questions of cultural anthropology. Can 15 persons coming from vastly different societies and cultures be expected to manifest a "common sense" that informs the search for the transcendent principles of general application? Can they, given their cultural diversity, expect to come up with neutral principles on which to decide a case? More important, can they so explain their decision as to transform a mere instance of conflict-resolution into a "leading case" that enriches the armory of legal principles available to defuse future disputes?

II. The Judges

The most evident common characteristic of judges of the International Court is that, before coming to the Court, most, for most of their professional lives, have served their governments in high office: as Foreign Ministers, legal advisers to their nation's foreign ministers or attorneys-general. A substantial number of others have had long service in diplomatic service. Relatively few have come primarily from academia, national judiciaries, or private practice.

While generalizations are fraught with pitfalls, one may venture that appointments to the World Court, with very notable exceptions – including some of the British and American judges – tend to be persons whose career-training has taken place primarily in the environment of government service.

All professions and institutions generate a sort of "corporate" culture. It should be not at all surprising that government service is no exception. Senior government, everywhere, tends to develop a culture of short-term solutions. It prizes the ability to solve specific problems but does not, necessarily, encourage its government lawyers to cultivate a tendency to think about underlying causes or the connections between one set of problems and another. It values facts above ideas and general principles. Government service tends to celebrate pragmatism somewhat the way the culture of academia worships theory.

Moreover, the culture of the foreign relations establishments of governments – not excluding the law officers of foreign offices, defence departments and attorneys-general's chambers – tend towards a distinctly benign and protective view of national sovereignty. In this culture, states may pool sovereign prerogatives through treaties they freely enter into; but sovereignty is not to be infringed at the instance of some international institution that claims independent powers.

These aspects of the common culture of those in the service of national governments, the constituency from which most judges of the ICJ are drawn – cannot but predispose, to a degree, the Court's way of thinking about the matters that come before it. The proclivity to pragmatic problem-solving affects the scope of judgments, which tend to be narrowly tailored to the facts of each specific case. The benign view of sovereignty tends to restrain the judges from fashioning their opinions in ways that might seem to "make law" without the cherished precondition of specific state consent.

Of course, the career path a person has followed before being named to the bench will not necessarily predict how that person will behave or reason after being made a judge, whether at the I.C.J. or elsewhere. Still, if most of the judges on a tribunal are drawn from the apex of a particular professional caste, the values and habits of that caste are likely to echo in the court to which they are appointed.

In the instance of the International Court of Justice, the consequence of this common culture is reflected in a preference for deciding cases, when possible, on the facts rather than on law; and in a parallel tendency to base decisions on *lex lata* rather than on *lege ferenda*.

This may be more than a matter of the judges common cultural conditioning giving rise to a shared sense of common sense. It may also be a very defensible understanding of the mandate under which they are licensed to operate. Article 38(1) of the Court's Statute authorizes the judges to apply:

a. international conventions,
b. international custom, as evidence of general custom accepted as law,
c. the general principles of law recognized by civilized nations, and
d. judicial decisions and teachings of the most highly qualified publicists of the various nations.

In practice, however, it is my impression that the judges rely heavily on (a) and the first part of (d) – that is, on treaties and precedents – with only minor attention to evidence of general practice or general principles, let alone the teachings of "publicists".

If that is so, it is likely to preposition the Court to give lesser weight to reasoning based on what one might call public policy or the common sense of the international community. After all, evidence of "general custom" and "general principles," not to mention the "teachings of qualified publicists" are the open windows through which judges could interpret the language of black-letter law in old treaties and old precedents in a way that would accord with modern sensibilities.

A reluctance to resort to these "other" sources constitutes one of the minor paradoxes of international jurisprudence. From the evidence of judges' decisions it appears that it is the contemporary common sense and policy of most judges that, so far as possible, they should decide in a way that tends to close the door to arguments based on the common sense and policy of the community in which they operate.

It is true that some legal systems seek to restrain judges from embarking on voyages into general principles. Article 5 of the French *Code Civil* specifically cautions judges never to "prononcer par voie de disposition générale et reglementaire sur les causes qui leur sont soumises." The tendency to restrain judges from elucidating general principles is present in most civil law jurisdictions and, to a lesser extent, in the English legal system.

There is something admirable about such judicial restraint when practiced by judges in democracies, where parliaments can amend laws that are unclear or otiose. Yet the same reticence may be less admirable in judges of the global judiciary, which operates in a system where remedial legislation – usually in the form of treaty amending – is extraordinarily difficult to achieve. In the latter context, judicial reticence may merely fail to achieve the objective of keeping the legal system growing and flexible.

At the inauguration of the I.C.J., the U.N. General Assembly, in Resolution 171(III) of 14.11.1947, declared it to be "of paramount importance that the Court should be utilized to the greatest practicable extent in the progressive development of international law, both in regard to legal issues between States and in regard to constitutional interpretation." Is the global judiciary sufficiently fulfilling this high calling?

III. The Cases

There have certainly been some judicial tendencies in this direction. One outstanding example is found in the South West Africa cases of 1966 concerning the obligations of South Africa, as the mandatory power, towards the territory now known as Namibia.[2] A revolt against the majority's austere and technical decision was led by U.S. Judge Philip Jessup.[3] The issue in the case turned primarily on the complaint of the applicant African states that South Africa, by introducing the laws of *apartheid* to South West Africa, had violated the obligations it had assumed under its mandate agreement with the League of Nations by which it had assumed control over the territory. By dint of very narrow procedural rulings, the Court refused to address the substance of this complaint, a disastrous outcome that almost, for a time, consigned the Court to a kind of legal purdah. Jessup, in a masterly dissent, insisted that the Court was both juridically capable and authorized to discern the "contemporary international community standard" that South Africa was charged with violating[4] and that "the disagreement of the United Nations" with South African racial policies "is of decisive practical – and juridical value in determining the applicable standard. This Court" he insisted, "is bound to

---

[2] ICJ, *Ethiopia v. South Africa, Liberia v. South Africa, Second Phase*, ICJ Reports 1966, 6.

[3] *Id.*, 323.

[4] *Id.*, 441.

take account of such a consensus as providing the standard to be used in the interpretation of ... the Mandate."[5] His rejection of narrow legal formalism[6] still makes refreshing reading a half-century later. The Court, however, preferred to rely on the "strict construction" of a text written more than forty years earlier.

Another thirty years later, one still finds the same proclivities apparent in the Case Concerning East Timor.[7] This was a case brought to test the legality of continued Indonesian occupation of the former Portuguese colony of East Timor where, repeatedly, the United Nations had purported to endorse a right of self-determination. When an agreement to divide the natural resources of the waters between East Timor and Australia was concluded by the latter with Indonesia, Portugal brought an action in its capacity as the last title-holder of record.

The Court's decision came only six years before the collapse of Indonesia's illegal occupation and East Timor's accession to self-determination and independence. Nevertheless, the Court refused to decide the case. It relied on the narrowly technical ground that, to do so, it would have to rule on the rights of a state (Indonesia) that had not agreed to be a party to its jurisdiction[8]. In this instance, the role played by Judge Jessup was assumed by Judge Weeramantry, another of the small number of Court members who had served on his country's judiciary and as a professor, but not as an official of his country's executive branch.

In his opinion, Judge Weeramantry insisted on the paramount importance the Court should attach to the contemporary right of the people of East Timor to self-determination, "the central nature of this right in contemporary international law, the steady development of the concept, and the wide acceptance it has commanded internationally."[9] Weeramantry, rejecting the Court's narrow approach, stated that "the corpus of the law on which conduct according to law is based consists not only of commands and prohibitions, but of norms, principles and standards of conduct. Commands and prohibitions cover only a very small area of the vast spectrum of obligations. Quite clearly, duties under international law, like duties under domestic law, are dependent not only on specific directions and prohibitions but also on norms and principles."[10]

It is noteworthy that Judge Weeramantry, after nine years of exemplary service on the bench, was not reelected by the representatives of the nations that make up the U.N. As the foremost practitioner of what may be called an expansive jurisprudence, he may have been considered something of a threat to the prevailing foreign office culture.

---

[5] *Ibid.*
[6] *Ibid.*
[7] ICJ, *East Timor (Portugal v. Australia),* ICJ Reports 1995, 90.
[8] *Id.,* 101.
[9] *Id.,* 194.
[10] *Id.,* 210.

IV. My Experience as a Judge

Serving as judge ad hoc for Indonesia in the recent case concerning the islands of Ligitan and Sipadan involved deciding two separate issues. In one I found myself writing with the majority but for separate and very different reasons. In the other I was in flat-out dissent. I realize that, being in a sense "Indonesia's judge," my differences with a Court that decided almost unanimously for Malaysia on the merits may be construed as special pleading. Please bear in mind, however, that, on the first issue – whether the Philippines should be allowed to intervene in the proceedings – Indonesia had no interest whatsoever, either way. On the second issue – title to the two islands – Indonesia accepted its defeat with extraordinary good grace. As for me, I admitted in my dissent that the Court, on its narrow view of the applicable sources of law, may well have come to the right decision. In both instances, my objections were not to the outcome but to the way in which, in reaching it, the Court had narrowed the ambit of its role and powers.

First, the matter of the Philippine intervention.

It will be recalled that the dispute between the two principal parties concerned title to two small islands off Borneo's east coast. Not much farther east lies the archipelago of the Philippines, now a sovereign republic but once a part the domain of the Sultan of Sulu. Article 62 of the I.C.J. Statute provides for intervention by a third party at interest in the outcome of litigation between two other states, at the Court's discretion.[11] This contrasts with article 63 of which confers authority on states to *intervene as of right* whenever the cause of action before the Court involves "the construction of a convention" to which it is also a party. Since the Philippines is not a party to any relevant instruments at issue in the Indonesia-Malaysia case, it proceeded under article 62, alleging an "interest of a legal nature."

This interest, however, did not consist of a claim of title to the disputed islands. Indeed, Manila had been explicit in pointing out to the Court that it had no legal claim to Ligitan or Sipadan. Rather, it explained, the sole purpose was to ensure that the Court, in adjudicating title as between the Indonesian and Malaysian claimants, would not construe various colonial-era instruments in a way that might prejudice the Philippine claim, based on the pre-colonial title of the Sultan of Sulu, to parts of two states of the Malaysian Federation.[12] In effect, the Court was being asked to recognize, not a Philippine interest in the dispute between Indonesia and Malaysia concerning two small islands, but a much larger historic interest in territory which, for forty years, had been part of Malaysia.

---

[11] Article 62, Statute:
"1. Should a State consider that it has an interest of a legal nature which may be affected by the decision in the case, it may submit a request to the Court to be permitted to intervene.
2. It shall be for the Court to decide upon this request."

[12] Philippine Application for Permission to Intervene, para. 5 (a). See also oral pleadings, CR 2001/1, 33–35, paras. 5–9 (Magallona).

The Court, in its majority opinion, rejected the intervention. It did so by examining each of the instruments before it in connection with the dispute over Ligitan and Sipadan and satisfying itself that the Philippine claim would not be adversely affected by the outcome of the Indonesian-Malaysian litigation.

This approach, it seemed to me, was another example of the majority's preference for basing decisions on findings of fact rather than of law. This approach required the Court to proceed on the assumption that The Philippines' status as successor to the rights once asserted by the Sultan of Sulu in the nineteenth century might still, conceivably, form the basis of a claim to a large part of the territory of the Malaysian Federation. That assertion, one of many claims to "historic title" that still bedevil the stability of the international order, seemed to me to call for a legal pronouncement.

I agreed with the decision of the Court but wanted it to rule on the larger issue of titles that predate the modern doctrine of self-determination. Citing other decisions of the Court, as well as state practice and the activities of the principal organs of the United Nations system, my separate opinion pointed out that the people of Malaysia, almost four decades earlier, had taken part in an internationally-verified election that had fixed the precise terms of their future status. "Accordingly, in the light of the clear exercise by the people of North Borneo of their right to self-determination," I wrote, "it cannot matter whether this Court, in any interpretation it might give to any historic instrument or efficacy, sustains or not the Philippines claim to historic title. Modern international law does not recognize the survival of a right of sovereignty based solely on historic title; not, in any event, after an exercise of self-determination conducted in accordance with the requisites of international law, the bona fides of which has received international recognition by the political organs of the United Nations. Against this, historic claims and feudal pre-colonial titles are mere relics of another international legal era, one that ended with the setting of the sun on colonial imperium."[13]

The difference between the Court's majority opinion and mine might appear to be merely one of form, since we arrived at the same result. But it is not. The Court took the position, implicitly, that, given a difficult question of fact and law, it should decide the matter in a way least likely to draw attention to its power to declare what the law *is*. I took the position that the Court *should* exercise it law-declaring function whenever doing so can be justified by treaty law, state practice and the evolution of law through its reiterated implementation by the leading organs of international institutions. In the instance, I believed, the international system had strongly re-enforced the claims of self-determination against those of colonial and other historic title. In particular, I believed that, in view of the prevalence of troublesome, unresolved claims based on historic title, it would have been a service to world public order had the Court elucidated the law in such a

---

[13] Separate opinion of Judge Thomas Franck, Philippine Application to Intervene, 2001, 4–5.

way as to resolve not only the narrow issue presented by the Philippine claim, but also other disputes in which acts of self-determination were resisted by pre-colonial claims. In the age of democratic empowerment, it seemed to me useful to use the claim of the Philippines, based as it was on the ancient prerogatives of the Sultan of Sulu, to lay all such feudal pretensions to rest. However, I was unable to persuade any of the members of the Court to join in what may have been, for them, too bold an assertion of judicial law-making.

This case, too, seems to me to demonstrate that there is a common sense that operates to inform the views of international judges. It is not primarily the common sense of Jordanians and British, Czechs and Americans, Brazilians and Egyptians, although no doubt there is some of that as the human imagination of peoples, generally, comes under the influence of experiential globalization through technology, education and travel. Rather, what seems to me to underpin the judiciary's common sense is a more profound similarity of life-experience shared by a much narrower tranche of humanity, but one from which the majority of international judges are drawn.

While this may explain the international judiciary's claim to global legitimacy, it suggests some less benevolent aspects of this achievement. There is, it seems, a common sense among the judges that a case should enunciate no more general principles of law than absolutely necessary to achieve a resolution of the particular dispute before the court. This gives rise to questions that go beyond the legitimacy *to the quality* of the common judicial enterprise. Does the common sense manifested by the judges sufficiently conduce to the development of the law? Does it promote that development in directions that secure the well-being of future generations? It may be a sign of the maturation of the very concept of an international judiciary that one may even begin to address these further questions.

The second decision of my case was the one in which I dissented, and it went to the merits of the dispute. The case, which was brought to the International Court of Justice jointly by the two disputant states, required painstaking judicial interpretation of a small provision of an 1891 Convention between Britain and Holland. These two venerable colonial powers, between them, each claimed most of the very large east-Asian island of Borneo. The 1891 treaty established an agreed line of demarcation across more than 800 miles, dividing an area slightly larger than Texas. Where the line reaches the east coast of Borneo, Article IV of the Convention stipulates that the allocation of the adjacent area shall follow the line of 4°10' latitude, proceeding in an easterly direction "across the Island of Sebittik ..." Sebittik, now called Sebatik, is a large-ish dependency off Borneo's coast and is easily identified. But there are other off-shore islands, smaller and more scattered. They are not mentioned in the treaty. The disposition of most of these is easily deducible from their geographic location. Ligitan and Sipadan, however, are just a shade south of the 4°10' line.

In dispute was whether the parties, in choosing these words in Article IV – allocating to the British North Borneo Company and, as its ultimate successor, the state of Malaysia) the territory north of this 4° 10' line and the "the portion south of that parallel to the Netherlands" (and, ultimately, Indonesia) – thereby intended the allocation line to stop at the east coast of the small, clearly identified island of Sebatik; or whether they expected or intended – or should be deemed to have wanted – the line to continue eastward so as to allocate any remaining disputed bits of offshore territory in the region east of Borneo.

This was no minor matter. If the 4° 10' line is taken to have continued eastward, then Ligitan and Sipadan, and perhaps the adjacent waters should have been deemed to belong to Indonesia by virtue of the Convention and by the law of state succession. If, however, the 1891 term "across" were construed to mean "across *and no further,*" then the 4° 10' line would have no significance and, consequently, the islets beyond Sebatik would belong to Malaysia by virtue of the British, over the years, having sporadically engaged in somewhat more regulatory activity – effectivities – on this uninhabited terrain than had the Dutch.

All the judges agreed that no definitive conclusion as to its meaning could be teased from the ambiguous word "across." I thought that it stood to reason that, having drawn a line across this huge terrain to end disputation between two vast adjacent empires, one would logically presume that the parties did not intend to leave title to two tiny offshore specks unresolved, but would – or should – have wanted the 4°10' line to apply also to them. If so, the disputed islands, being south of that line, would be Indonesian. My fellow judges, however, were unwilling to venture such a presumption and relied, instead, on evidence of the parties' effectivities performed during, and after, the colonial period: such rare and relatively trivial acts as occasional visit to the islands by a sea-plane or naval vessel, or the inclusion of mention of the islands in an ordinance purporting to regulate seasonal turtle-egg harvesting by visiting Borneo fishermen. As no one resided on the islands, such evidence of intent to exercise sovereignty was bound to be scarce and ambiguous. Both parties performed occasional acts pertaining to the islands. Neither party, however, paid them much attention.

The Court, however, thought that, on balance, the record of such acts somewhat favored the British and that the decision should turn on that finding. I felt that the evidence of effectivities, like the word "across" used in the 1891 treaty, was incurably ambiguous and indecisive. I remarked in my dissent that the Court was "weighing a handful of feathers against a handful of grass."[14] I thought that, instead of sifting incoherent fragments of evidence about the unknowable, the Court should have proceeded on the basis of what was *known* to make a deduction, by way of a presumption, to that which common sense dictates as a *probable inference.*

The logical process by which the judges might have made such an inference would have been as follows: absent strong evidence to the contrary, a treaty

---

[14] ICJ, *Case concerning Sovereignty Over Pulau Ligitan and Pulau Sipadan (Indonesia/Malaysia),* Judgment, 17 December 2002, 10, para. 39.

between two States, one clearly intended to end territorial disputes and preclude disputation between the signatories, should be read *in the way most likely to accomplish its overall objective.*[15]

In this instance, the 4° 10' line could have been taken as extending eastward so as to allocate whatever bits and pieces of territory might subsequently have given rise to dispute between the parties. Such a presumption, had the court adopted it, would have manifested the judges' common sense that: *first*, this is what reasonable parties to a treaty are commonly expected to do, and, *second*, that it is sound public policy for courts to presume that this is what they *ought* to have intended: at least in the absence of significant evidence to the contrary. Treaties, the judges might have said, should be interpreted whenever possible to have solved as many as possible of the problems they purport to address. Had the Court followed this course, the resultant presumption would have manifested a mixture of judges' common experiences ("this is what negotiators do") and their shared policy preference ("this is what negotiators ought to do").

In the event, however, none of the other judges shared this "common sense," thereby demonstrating eloquently that it was not a common sense at all. It is never entirely comfortable to be the lone dissenter in a court of respected and well-liked peers. At the very least, it was bound to occasion some retracing of the steps in one's logical progression. A good place to start is with the Dworkin description of the judges' special claim to legitimacy.

V. Judicial Legitimacy

As has been noted, officials serving national governments may be culturally inclined to view with skepticism the claim of the ICJ to tell governments what to do. The judges evidently do not have quite the claim to democratic legitimacy that underpins the law-making powers of most national governments, nor can they be said to have the historic legitimacy conferred by tradition on the best of the national judiciaries. What does justify the exercise of considerable power by this small group of distinguished, but quite obscure lawyers who constitute the "world court"?

One answer may be their parsimony: that they deliberately exercise as little power as possible. They decide only cases which states, one way or another, have consented to have resolved judicially,[16] and they decide them as narrowly as

---

[15] "This Court should have adopted the beneficial presumption that, absent strong evidence to the contrary, a treaty between two States to end territorial disputes and preclude disputation should be read in the way most likely to achieve the presumed objective of obviating all such disputes as might arise between them." *Id.,* dissenting op. of Judge Franck, 10, para. 41.

[16] States appearing before the Court have either accepted its compulsory jurisdiction under art. 36 (2) of the Statute, ort under a provision of a treaty, or by special agreement under art. 36 (1) of the Statute.

possible so as not to declare more law than absolutely necessary to resolve the instant case.

Parsimony, however, conflicts with "Dworkin's imperative": that judges legitimate their role in society by pronouncing principles of general application; that is, by practicing the sort of broad legal reasoning employed by Judges Jessup and Weeramantry; principles of long-term importance that will still be equally applicable to future disputes because of their manifest rootedness in the common sense expectations and normative experience of the international community.[17]

Professor Herbert Wechsler made this very point in his historic 1959 essay on "neutral principles" in U.S. constitutional adjudication.[18] He insisted that "the main constituent of the judicial process is precisely that it must be genuinely principled, resting with respect to every step that is involved in reaching judgment on analysis and reasons quite transcending the immediate result that is achieved. To be sure, the courts decide, or should decide, only the case they have before them. But must they not decide on grounds of adequate neutrality and generality, tested not only by the instant application but by others that the principles imply?"[19]

This, I think, is the test of good judge-made law. The I.C.J., not infrequently, has practiced this sort of principled adjudication, making very specific cases bear the responsibility of advancing principles of very great importance. On thinks of the famous decision in the Bernadotte case[20] which decided that the U.N. had been endowed with sufficient legal personality to pursue a claim in law against the party responsible for the death of one of its officials. No words in the Charter extend this right to the Organization. Rather, the Court said, the right must be implied, or the intent to extend it to the U.N. must be presumed, from a perusal of the tasks entrusted to the Organization; tasks for which its legal personality are a necessary

---

[17] I use the term "common sense" as a lawyer, not a philosopher. By common sense I mean only this: that the proposition being stated ("Britain is north of France") is one so generally accepted by persons anywhere that it need not be demonstrated empirically by traveling from the one country to the other with a compass in hand. The proposition need not be true in an absolute sense, but it must be widely accepted to be true at the time it is stated. Indeed, it can be a statement incapable of verification ("music soothes the troubled breast"), so long as it is generally believed to be true among the public to which it is addressed or within which it is commonly deployed. See *Moore,* A Defense of Common Sense, in: Muirhead (ed.), Contemporary British Philosophy, vol. 2, 1925, 193; and the discussion thereof in: *Grice,* Studies in the Way of Words, 1989, 154–70. The statement "We believe these truths to be self evident ..." is an example of an appeal to a common sense for the purpose of achieving normativity without having to adduce empirical proof of its validity as objective truth.

[18] *Wechsler,* Toward Neutral Principles of Constitutional Law, Harvard Law Review 73 (1959), 1.

[19] *Wechsler* (note 18), 6.

[20] ICJ, *Reparations for Injuries Suffered in the Service of the United Nations,* Advisory Opinion of the International Court of Justice, ICJ Reports 1949, 174.

means.[21] Thus, a common sense of probability is clearly spelled out, in a principled way that has echoed down the years and in many other circumstances. On this great decision the U.N. has built its capacity to act as a legally-recognized entity in its own right, a personality distinct from that of its member states.

A similar broad recourse to general principles informs the Court's 1962 advisory opinion in Certain Expenses of the United Nations[22] in which the Court was able to construe Article 24 of the Charter with a wide ranging perspective that permitted a reading of the words:

> "In order to ensure prompt and effective action by the United Nations, its Members confer on the Security Council primary responsibility for the maintenance of international peace and security ..."

as implying that the General Assembly was meant to exercise a *secondary* responsibility for maintenance of international peace and security. This important principle, which has validated several important initiatives in peacekeeping by the Assembly, need not have been included in the decision, which also rested on several alternative grounds. Concern for the development of principled jurisprudence, not juristic penury, seemed to be the driving impetus for such expansive decision-making by the Court.

One has not seen much of that impetus in recent years. Perhaps the proliferation of law-making through treaties, conventions, and other tribunals – the International Criminal Tribunal for Yugoslavia has been particularly prolific – has discouraged the Court.

One hopes not. The judges are called upon to play the principled philosopher to the king. After all, as Dworkin says, "the code of their craft promises, at least, that they will try."

---

[21] "It is difficult to see how such a convention could operate except upon the international plane and as between parties possessing international personality." *Id.,* 179.

[22] ICJ, *Certain Expenses of the United Nations (Article 17, Paragraph 2 of the Charter),* Advisory Opinion, ICJ Reports 1962, 151.

Die traurigen Missverständnisse.
Bundesverfassungsgericht und Europäischer Gerichtshof für Menschenrechte

Von Jochen Abr. Frowein

I. Einleitung

Jost Delbrück hat vor 30 Jahren gefragt: Quo vadis Bundesverfassungsgericht?[1] Dazu besteht wieder Anlass. Obwohl das Bundesverfassungsgericht das erste Mal in seiner Geschichte die Entscheidung eines deutschen Gerichtes deswegen aufgehoben hat, weil dieses Gericht eine Entscheidung des Europäischen Gerichtshofes für Menschenrechte nicht beachtet hatte, war die Wirkung dieser bahnbrechenden Entscheidung des höchsten deutschen Gerichts vom 14.10.2004[2] verheerend. Die gesamte Presse berichtete nur, das Bundesverfassungsgericht habe die deutsche Souveränität über die Europäische Menschenrechtskonvention und den Europäischen Gerichtshof für Menschenrechte gestellt. Der Präsident des Europäischen Gerichtshofs für Menschenrechte gab eine Pressekonferenz, auf der Sorgen hinsichtlich der Haltung des deutschen Verfassungsgerichts formuliert wurden.[3] Der Präsident des Bundesverfassungsgerichts hielt es für richtig, dem Europäischen Gerichtshof für Menschenrechte den Rat zu geben, sich nur darum zu kümmern, ob die Konvention in grundsätzlicher oder in systematischer Hinsicht missachtet wird.[4]

---

[1] *Delbrück*, Quo vadis Bundesverfassungsgericht? Überlegungen zur verfassungsrechtlichen und verfassungsfunktionalen Stellung des Bundesverfassungsgerichts, in: ders./Ipsen/Rauschning (Hrsg.), Recht im Dienst des Friedens: Festschrift für E. Menzel, 1975, 83–105.

[2] BVerfG, JZ 2004, 1171 mit Anmerkung Klein.

[3] Der Spiegel v. 15.11.2004, 10.

[4] FAZ v. 9.12.2004, 5. Siehe auch Interview der neuen deutschen Richterin am EGMR R. Jaeger, die bisher Richterin am Bundesverfassungsgericht war, TAZ v. 28.10.2004, 10. Dem Verfasser, der von 1973 bis 1993 deutsches Mitglied der Europäischen Kommission für Menschenrechte war, ist die These, die Straßburger Organe sollten sich nur mit gravierenden Fällen befassen, gut bekannt. Ohne besondere Ermächtigung eine begründete Beschwerde zu verwerfen, ist aber für ein judizielles Organ unmöglich. Gemäß der Neuregelung in Art. 37 Abs. 1 c der Konvention kann der Gerichtshof Beschwerden streichen, bei denen „eine weitere Prüfung ... aus anderen Gründen nicht gerechtfertigt ist." Das kann bei „lächerlichen" Fällen ohne jede Bedeutung eine Möglichkeit sein, sicher aber nicht bei begründeten Beschwerden normaler, aber nicht systematischer oder grundsätzlicher Art.

Ganz offenbar hatte die Entscheidung des Bundesverfassungsgerichts, in der die besondere Rolle der Europäischen Menschenrechtskonvention, „die dazu beiträgt, eine gemein-europäische Grundrechtsentwicklung zu fördern", so deutlich herausgestellt worden war,[5] zu gravierenden Missverständnissen geführt. Wenn man den entscheidenden Satz des Beschlusses vom 14.10.2004 liest, so kann man das kaum verstehen. Dort heißt es:[6] „Die angegriffene Entscheidung des Oberlandesgerichts Naumburg vom 30.6.2004 verstößt gegen Art. 6 GG in Verbindung mit dem Rechtsstaatsprinzip. Das Oberlandesgericht hat das Urteil des Europäischen Gerichtshofs für Menschenrechte vom 26.2.2004 bei seiner Entscheidungsfindung nicht hinreichend berücksichtigt, obwohl es dazu verpflichtet war." Der Tenor zeigt, dass die Entscheidung aufgehoben wird.

Freilich belässt das Bundesverfassungsgericht es nicht bei der eben zitierten Feststellung, die nach Meinung des Verfassers relativ einfach hätte begründet werden können, wie noch deutlich werden wird. Es versteigt sich vielmehr zu einer Argumentation, die manchmal kaum nachvollziehbar ist, ja zu Äußerungen, die in der Tat im Verhältnis zur so erfolgreichen Gerichtsbarkeit des Europäischen Gerichtshofs für Menschenrechte einmalig erscheinen. Es ist denn auch kein Wunder, dass der Präsident des Europäischen Gerichtshofs für Menschenrechte das Bundesverfassungsgericht auf seine Autorität in Europa und seine Vorbildrolle hingewiesen hat, um seine Sorgen zu begründen.[7] Wenn schon Deutschland seine Souveränität unproblematisch ins Feld führen kann, um Bindungen eines Menschenrechtsschutzvertrages abzuschütteln, dann können das auch andere tun.

II. Die verfassungsrechtliche Rolle der Europäischen Menschenrechtskonvention

Anders als nach österreichischem Verfassungsrecht ist unzweifelhaft, dass in Deutschland die Europäische Menschenrechtskonvention keinen Verfassungsrang hat. Das folgt unmittelbar aus Art. 59 Abs. 2 GG. Freilich bedeutet das natürlich nicht, dass die Konvention sich indifferent zur innerstaatlichen Rechtsordnung verhält, wie das Bundesverfassungsgericht wenig glücklich formuliert.[8] Richtig ist freilich, dass die Konvention nicht als solche völkerrechtlich mit einem Vorrang vor nationalem Recht in das innerstaatliche Recht hineinwirkt.[9] Das wollte das Bundesverfassungsgericht hier offenbar sagen. Besonders erfreulich ist, dass das

---

[5] JZ 2004, 1175.

[6] JZ 2004, 1176.

[7] Der Spiegel (Fn. 3), 11: „Jedenfalls sollte diese rein deutsche Auseinandersetzung um die Bindungswirkung der Menschenrechte stärker das europäische Element berücksichtigen. Da würde ich mir gerade bei den Deutschen mehr europäisches Verantwortungsbewusstsein wünschen."

[8] JZ 2004, 1173 unter d).

[9] Ein wichtiger Teil der Regelungen der Konvention, etwa das Folterverbot, kann als allgemeine Regel des Völkerrechts den Vorrang vor Gesetzen beanspruchen (Art. 25 GG).

Gericht die Entscheidung vom 26.3.1987, unter der die Namen Zeidler, Niebler, Steinberger, Träger, Mahrenholz, Böckenförde, Klein und Graßhof stehen, in klarer Weise bestätigt.[10] Danach sind die Entscheidungen des Europäischen Gerichtshofs für Menschenrechte für die Auslegung der deutschen Grundrechte zu beachten. Nicht leicht verständlich erscheint es dann, dass das Bundesverfassungsgericht ausdrücklich darlegt, das Grundgesetz sei „nicht die weitesten Schritte der Öffnung für völkerrechtliche Bindungen gegangen", das Völkerrecht sei nicht mit dem Rang des Verfassungsrechts ausgestattet.[11] Gewiss ist diese Feststellung richtig. Man fragt sich nur, warum sie notwendig war.

Offenbar sollte damit eingeleitet werden, dass das Grundgesetz nicht auf „die in dem letzten Wort der deutschen Verfassung liegende Souveränität" verzichtet.[12] Daraus soll folgen, dass es nicht dem Ziel der Völkerrechtsfreundlichkeit widerspreche, wenn der Gesetzgeber ausnahmsweise Völkervertragsrecht nicht beachtet, sofern nur auf diese Weise ein Verstoß „gegen tragende Grundsätze der Verfassung abzuwenden ist".[13] Hier stutzt der Leser. Wie kann man sich vorstellen, dass die Anwendung der Grundrechte der Europäischen Menschenrechtskonvention oder der Entscheidungen des Europäischen Gerichtshofs für Menschenrechte zu einem Verstoß gegen tragende Grundsätze unserer Verfassung führen könnte? Offenbar genügt diese abstrakte Formulierung nicht, sondern es wird hinzugefügt, dass das Grundgesetz, das hier zu einem besonderen Rechtssubjekt wird, keine jeder verfassungsrechtlichen Begrenzung und Kontrolle entzogene „Unterwerfung unter nichtdeutsche Hoheitsakte will".[14] Hier kann man die Sorgen des Präsidenten des Europäischen Gerichtshofs für Menschenrechte plötzlich verstehen. Warum bedarf es derartiger Worte? Das versteht man umso weniger, wenn man sich klar macht, dass das Bundesverfassungsgericht im konkreten Fall völlig eindeutig dem Europäischen Gerichtshof für Menschenrechte folgte und die Entscheidung des Oberlandesgerichts Naumburg aufhob.

In der folgenden Analyse soll versucht werden, die zweifellos schwierigen Probleme, die im Verhältnis der Europäischen Menschenrechtskonvention und der Entscheidungen des Gerichtshofes gegenüber nationalen Rechtsordnungen auftreten, nüchtern und soweit möglich klar zu lösen. Dabei müssen auch die Grenzen der Kompetenz des Europäischen Gerichtshofs für Menschenrechte geklärt werden.

---

[10] JZ 2004, 1172 unter 1. a).
[11] JZ 2004, 1172 unter 1. b).
[12] JZ 2004, 1172 unter 1. b).
[13] JZ 2004, 1172 unter 1. b).
[14] JZ 2004, 1172 unter 1. b).

III. Die Wirkung von Urteilen des Europäischen Gerichtshofs für Menschenrechte

Wie das Bundesverfassungsgericht zutreffend feststellt, sind Urteile des Europäischen Gerichtshofs für Menschenrechte Feststellungsurteile, die keine kassatorische Wirkung haben.[15] Das bedeutet aber gerade nicht, dass sie keine Rechtswirkung im deutschen Recht hätten. Vielmehr bestimmt das Bundesverfassungsgericht die Rechtswirkung der Entscheidung eines internationalen Gerichts zutreffend nach dem Inhalt des inkorporierten völkerrechtlichen Vertrages und der aus Art. 59 Abs. 2 GG insofern folgenden entsprechenden Geltungsanordnung des Grundgesetzes. Daraus folgt, dass eine unmittelbare Geltung des Urteiles überall dort eintritt, wo eine solche Wirkung im Vertrag angeordnet ist. Diese Feststellung des Bundesverfassungsgerichts ist von weittragender Wirkung. Sie erkennt richtig, dass die Begrenzung der völkerrechtlichen Wirksamkeit des Urteils nichts daran ändert, dass die Bindungswirkung nach deutschem Recht eintritt, soweit sie von dem Vertrag vorgesehen ist. Damit ist klar, dass die Verbindlichkeit des Urteils gemäß Art. 46 der Konvention auch im deutschen Recht von erheblicher Bedeutung ist.[16]

Sehr wichtig ist, dass das Bundesverfassungsgericht ausdrücklich nach deutschem Recht feststellt, dass alle deutschen Gerichte einer Pflicht zur Berücksichtigung der Entscheidungen des Gerichtshofs unterliegen.[17] Die Begründung zeigt, dass das Gericht hier zutreffend die in der Pakelli-Entscheidung schon angelegte Bindungswirkung in Bezug auf fortdauernde Konventionsverletzungen im Auge hat.[18] Deutsches Recht gebietet insoweit, dass eine festgestellte Konventionsverletzung beendet wird. Freilich ist es richtig, dass dieses nur in den dafür rechtsstaatlich angeordneten Verfahren möglich ist. Die Einfügung der Wiederaufnahmemöglichkeit in § 359 Nr. 6 StPO ist ein gutes Beispiel für eine entsprechende Regelung. Wenn eine rechtskräftige deutsche Entscheidung der Berücksichtigung entgegensteht, so ist unter Umständen nur durch eine Entschädigung Ausgleich zu leisten. Wo immer Möglichkeiten der Korrektur nach innerstaatlichem Recht gegeben sind, müssen diese benutzt werden.

IV. Die kompetenzwidrige Anordnung des Europäischen Gerichtshofs für Menschenrechte im Ausgangsfall

Es spricht vieles dafür, dass eine kompetenzwidrige Anordnung des Europäischen Gerichtshofs für Menschenrechte im Ausgangsfall zu den Formulierungen

---

[15] JZ 2004, 1173 unter 2. b).

[16] JZ 2004, 1174 oben.

[17] A. a. O.

[18] BVerfG, *Pakelli,* EuGRZ 1985, 654 (656); vgl. auch *Frowein,* Anmerkung zur Pakelli-Entscheidung des Bundesverfassungsgerichts, ZaöRV 46 (1986), 286–294; eingehend dazu *Polakiewicz,* Die Verpflichtungen der Staaten aus den Urteilen des Europäischen Gerichtshofs für Menschenrechte, 1993.

des Bundesverfassungsgerichts geführt hat, die kritisiert werden müssen. Der Europäische Gerichtshof für Menschenrechte hat die Vereinbarkeit mit der Konvention jeweils in Bezug auf einen bestimmten Sachverhalt zu entscheiden. In jüngster Zeit hat er begonnen, ausdrücklich festzulegen, welche Konsequenzen Staaten aus der entschiedenen Konventionsverletzung ziehen müssen. So hat er etwa festgelegt, dass eine konventionswidrig in Haft gehaltene Person freigelassen werden muss.[19] Diese über die bloße Feststellung der Konventionsverletzung und die Verurteilung zu einer Entschädigung hinausgehende Anordnung erscheint dann unbedenklich, wenn sie die unmittelbare Folge der festgestellten Konventionsverletzung ist, die der Staat beenden muss. Der beurteilte Sachverhalt kann aber dergestalt sein, dass sich die für das Urteil des Europäischen Gerichtshofs für Menschenrechte maßgebliche Rechts- und Sachlage weiterentwickelt. Wegen der Dauer der Verfahren vor dem Europäischen Gerichtshof für Menschenrechte und der besonderen Problematik bestimmter Fallgestaltungen ist hier eine behutsame und genaue Analyse des Zusammenspiels der internationalen und der nationalen Gerichtsbarkeit vonnöten.

Der Ausgangsfall, in dem der Europäische Gerichtshof für Menschenrechte eine Verletzung von Art. 8 EMRK festgestellt hatte, betraf, soweit hier von Interesse, das Umgangsrecht eines Vaters mit seinem Kind. Der Europäische Gerichtshof für Menschenrechte hatte unter Art. 41 die ausdrückliche Feststellung getroffen: „Dies bedeutet in der vorliegenden Rechtssache, dass dem Beschwerdeführer mindestens der Umgang mit seinem Kind ermöglicht werden muss."[20] Hier hat der Europäische Gerichtshof für Menschenrechte seine Kompetenz missachtet. Diese Feststellung konnte er nur unter der Voraussetzung treffen, dass sich der Sachverhalt, über den er entschieden hatte, nicht ändern würde. Gerade bei Fällen, in denen es um den Umgang von Eltern mit ihren Kindern geht, ist eine solche Änderung leicht möglich. Man braucht nur an strafrechtlich relevante Vorgänge zu denken.

Der Europäische Gerichtshof für Menschenrechte hätte seine Anordnung, den Umgang zu ermöglichen insofern klar einschränken müssen. Ganz offenbar hat diese mangelnde Einschränkung beim Bundesverfassungsgericht zu einer Irritation geführt. Richtig stellt das Bundesverfassungsgericht fest, dass die Entscheidungswirkung nur auf die *res iudicata* bezogen ist und sich bis zu einem erneuten nationalen Verfahren unter Beteiligung des Beschwerdeführers die Sach- und Rechtslage entscheidend ändern kann.[21] Daraus konnte zutreffend abgeleitet werden, dass die Bindungswirkung der Entscheidung des Europäischen Gerichtshofs für Men-

---

[19] Vgl. etwa EGMR, *Ilaşcu and Others v. Moldova and Russia,* Urteil v. 8.7.2004, 117, para. 22: „Holds unanimously that the respondent States are to take all necessary measures to put an end to the arbitrary detention of the applicants still imprisoned and secure their immediate release."
[20] EGMR, *Görgülü ./. Deutschland,* Urteil v. 26.2.2004, 19 Rn. 64; der Gerichtshof weist hier ausdrücklich auf die aus Art. 46 folgende Verpflichtung der Staaten hin, die festgestellte Verletzung abzustellen und den Folgen so weit wie möglich abzuhelfen.
[21] JZ 2004, 1173, 2. b) am Ende.

schenrechte in dem Moment unbeachtlich wird, wo eine derartige Änderung eingetreten ist. Leider belässt es das Bundesverfassungsgericht aber nicht bei dieser Feststellung, die nur implizit erfolgt, sondern beginnt eine längere Analyse der Begrenzungen der Bindungswirkung, die nur als verfehlt angesehen werden muss.

V. Allgemeine Grenzen der Bindungswirkung der Entscheidungen des EGMR?

Wenn man die Ausführungen des Gerichts unter 3. allein betrachtet, so scheinen sie in einem kaum auflösbaren Widerspruch zu der übrigen Entscheidung zu stehen.[22] Nur wenn man den Versuch macht, sie im Lichte anderer Passagen zu lesen, erscheint es denkbar, dass ihre relativierende Wirkung aufgehoben wird. Schon der erste Absatz der Ausführungen ist in seinem Schlusssatz kaum zu verstehen. Es heißt: „Sowohl die fehlende Auseinandersetzung mit einer Entscheidung des Gerichtshofs als auch deren gegen vorrangiges Recht verstoßende schematische ‚Vollstreckung' können deshalb gegen Grundrechte in Verbindung mit dem Rechtsstaatsprinzip verstoßen."[23] Wie soll derartiges möglich sein, wenn nach dem Urteil des Gerichtshofes auch nach deutschem Recht feststeht, dass eine bestimmte Maßnahme gegen deutsches Recht verstößt? Das Gericht hat doch vorher ausdrücklich gesagt, dass die Vertragspartei, also deutsche Staatsorgane, nicht mehr die Ansicht vertreten können, ihr Handeln sei konventionsgemäß gewesen und dass dieses auch in der deutschen Rechtsordnung wirkt, weil insofern die Feststellung durch den Gerichtshof gemäß Art. 59 Abs. 2 für die deutsche Rechtsordnung maßgebend ist.[24] Damit ist es aber ganz unvereinbar, so zu tun, als ob es jetzt darauf ankomme, zu prüfen, ob eine schematische „Vollstreckung" gegen Grundrechte in Verbindung mit dem Rechtsstaatsprinzip verstoßen könne.

Ebensowenig ist es zu begreifen, wenn danach die zuständigen Behörden oder Gerichte verpflichtet werden, nachvollziehbar zu begründen, warum sie der „völkerrechtlichen Rechtsauffassung" gleichwohl nicht folgen wollen.[25] Wenn sie dieses nachvollziehbar begründen, verstoßen sie, wie das Bundesverfassungsgericht vorher festgestellt hat, gegen deutsches Recht. Das kann also nicht zutreffend sein. Wenn das Bundesverfassungsgericht hier lediglich meint, dass die Bindungswirkung des europäischen Urteils genau auf seine Grenzen hin analysiert werden muss, dann hätte das anders ausgedrückt werden müssen. Ebenso verfehlt ist die daran anschließende Überlegung zu mehrpoligen Grundrechtsverhältnissen. Natürlich ist es richtig, dass vor dem Europäischen Gerichtshof für Menschenrechte ebenso wie vor dem Bundesverfassungsgericht nur ein Grundrechtsträger als Beschwerdeführer auftritt. Daraus folgt aber doch nicht, dass die Wirkung des Ur-

---

[22] JZ 2004, 1174, 1175, unter 3; ähnlich *Klein,* Anmerkung, JZ 2004, 1176 (1177).
[23] JZ 2004, 1174, 3. vor a).
[24] JZ 2004, 1174, unter 2. d).
[25] JZ 2004, 1174, unter 3. a).

teils begrenzt wäre. Gewiss müssen Bundesverfassungsgericht und Europäischer Gerichtshof für Menschenrechte diese Mehrpoligkeit beachten. Bei beiden Gerichten mag man in Einzelfällen Kritik hinsichtlich der Berücksichtigung der Mehrpoligkeit formulieren können. Daraus folgt aber doch nicht eine grundsätzliche Begrenzung der Urteilswirkung.[26]

Ganz bedauerlich ist die in diesem Zusammenhang weiter geführte These, wonach die Berücksichtigung von Entscheidungen des Gerichtshofes dann begrenzt sein soll, wenn es sich um ein in seinen Rechtsfolgen ausbalanciertes Teilsystem des innerstaatlichen Rechts handelt, das verschiedene Grundrechtspositionen miteinander zum Ausgleich bringen will.[27] In der deutschen Rechtsordnung werden als solche differenzierten nationalen Teilrechtssysteme Familien- und Ausländerrecht sowie das Recht zum Schutz der Persönlichkeit besonders genannt. Im Zusammenhang mit dem Persönlichkeitsrecht wird die bekannte Caroline-Entscheidung des Europäischen Gerichtshofs für Menschenrechte vom 24.6.2004 ausdrücklich genannt. Das kann nur verwundern. Ganz gleich, wie man zu der Entscheidung steht – der Verfasser verhehlt nicht, dass er in diesem Fall dem Europäischen Gerichtshof für Menschenrechte vollständig zustimmt –, mit der konkreten Problematik im hier zu entscheidenden Fall hatte das überhaupt nichts zu tun. Wenn dann formuliert wird, dass es Aufgabe der nationalen Gerichte sei, eine Entscheidung des Europäischen Gerichtshofs für Menschenrechte in den betroffenen Teilrechtsbereich der nationalen Rechtsordnung einzupassen, so scheint völlig vergessen zu sein, dass die Rechtswidrigkeit der konkreten Entscheidung nach nationalem deutschem Recht vorher festgestellt worden war.

VI. Die unglückliche Verbindung von Tatsachenbasis und Verfassungsrecht

Die kompetenzwidrige unbedingte Anordnung des Europäischen Gerichtshofes für Menschenrechte zur Gewährung des Umganges hat auf der Seite des Bundesverfassungsgerichts eine ganz unglückliche Verbindung der Problematik von Veränderungen der Tatsachenbasis und dem Verfassungsrecht herbeigeführt. Das Gericht formuliert hinsichtlich der Bindung deutscher Gerichte an die Konvention: „Etwas anderes gilt nur dann, wenn die Beachtung der Entscheidung des Gerichtshofs etwa wegen einer geänderten Tatsachenbasis gegen eindeutig entgegenstehendes Gesetzesrecht oder deutsche Verfassungsbestimmungen, namentlich auch gegen Grundrechte Dritter verstößt."[28] Die beiden hier angedeuteten Begrenzungen, geänderte Tatsachenbasis, sowie entgegenstehendes Gesetzes- oder Verfassungsrecht haben richtigerweise nichts miteinander zu tun.

---

[26] JZ 2004, 1174, unter 3. a).
[27] JZ 2004, 1175, unter 3. c).
[28] JZ 2004, 1175, unter 4.

Die geänderte Tatsachenbasis ist unproblematisch eine Begrenzung der Bindungswirkung der Entscheidung des Europäischen Gerichtshofs für Menschenrechte. Entgegenstehendes Gesetzes- oder Verfassungsrecht kann natürlich von Bedeutung sein. Wie das Bundesverfassungsgericht zutreffend feststellt, sind Gerichte dann zu einer Berücksichtigung eines Urteils des Europäischen Gerichtshofs für Menschenrechte verpflichtet, wenn sie in verfahrensrechtlich zulässiger Weise erneut über den Gegenstand entscheiden und dem Urteil ohne materiellen Gesetzesverstoß Rechnung tragen können.[29] Ein Gesetzes- oder Verfassungsverstoß in derartigen Fällen wäre vor allem dann denkbar, wenn ein Gericht eine nach deutschem Recht in Rechtskraft erwachsene Entscheidung nicht beachten würde.

Ein Verstoß gegen materielle Normen des Verfassungsrechts bei Beachtung einer Entscheidung des Europäischen Gerichtshofs für Menschenrechte erscheint unvorstellbar. Gewiss kann man im großen Umfang über die Auslegung von Grundrechten streiten. Wenn aber durch Urteil des Europäischen Gerichtshofs für Menschenrechte festgestellt worden ist, dass eine konkrete Auslegung gegen die Konventionsrechte verstößt, so sollte meines Erachtens nicht behauptet werden, dass die Beachtung dieser Entscheidung in der Sache gegen Verfassungsrecht verstoßen kann. Das Problem lässt sich an dem Caroline-Urteil erörtern. Das Bundesverfassungsgericht hatte auf Verfassungsbeschwerde hin festgestellt, dass die Veröffentlichung einiger Bilder gegen das Persönlichkeitsrecht der Beschwerdeführerin verstieß. Bei anderen hatte es das nicht festgestellt. Der Europäische Gerichtshof für Menschenrechte ging weiter und stellte auch bei anderen Bildern den Verstoß fest. Lässt sich in diesem Zusammenhang behaupten, dass die Befolgung des Urteils des Europäischen Gerichtshofs für Menschenrechte in einem Parallelfall gegen Verfassungsrecht verstieße? Das erscheint unmöglich.

Im konkreten Fall der Bilder ist freilich zuzugeben, dass hier die weitere Veröffentlichung durch eine insoweit rechtskräftige und vom Bundesverfassungsgericht aufgrund von Art. 5 GG bestätigte Entscheidung gedeckt ist, während feststeht, dass sie gegen Art. 8 EMRK verstößt. Hier bricht sich die Verpflichtung deutscher Gerichte und Behörden, den Rechtsverstoß nach Art. 8 EMRK zu beachten an der vorrangigen Feststellung des Bundesverfassungsgerichts nach Art. 5 GG. Das ist zwar bedauerlich, aber *de lege lata* nicht zu verhindern. Natürlich könnte erneut eine Beschwerde in Straßburg eingelegt und Deutschland zur Entschädigung nach Art. 41 verurteilt werden.

Ob in diesem Zusammenhang über die Wiederaufnahme des Verfahrens beim Bundesverfassungsgericht nachgedacht werden könnte, soll hier nicht vertieft werden. Zum Teil wird eine Gesamtanalogie zu den Wiederaufnahmevorschriften der Prozessordnungen auch für das Verfahren vor dem Bundesverfassungsgericht vorgeschlagen.[30] Auch ist zu beachten, dass die Verpflichtung zur Beendigung der

---

[29] A. a. O.
[30] *Klein,* in: Benda/Klein, Verfassungsprozessrecht, 2. Aufl., 2001, 539.

Verletzung aus der Konvention bestehen bleibt. Hier sollte der Gesetzgeber weitere Vorkehrungen treffen.[31]

Aus der Erkenntnis, dass es im Ausnahmefall in der Tat dazu kommen kann, dass die rechtskräftige Entscheidung des Europäischen Gerichtshofs für Menschenrechte von deutschen Staatsorganen nicht beachtet werden kann, weil eine eindeutig widersprechende Entscheidung des Bundesverfassungsgerichts vorliegt wie im Caroline-Fall, sollte nicht der Schluss gezogen werden, dass dieses Problem die richtige Lösung der Normalfälle unmöglich macht.

VII. Schluss

Die Leitsätze des Zweiten Senats zu dem Beschluss vom 14.10.2004 betonen in unglücklicher Weise die Begrenzungen, die das Gericht formuliert hat. Ohne Einschränkung ist der Satz des Beschlusses: „Die Bindungswirkung einer Entscheidung des Gerichtshofs erstreckt sich auf alle staatlichen Organe und verpflichtet diese grundsätzlich, im Rahmen ihrer Zuständigkeit und ohne Verstoß gegen die Bindung an Gesetz und Recht (Art. 20 Abs. 3 GG) einen fortdauernden Konventionsverstoß zu beenden und einen konventionsgemäßen Zustand herzustellen."[32] Dieser Satz sollte die künftige Erörterung bestimmen. Dabei ist von besonderer Bedeutung, dass das Bundesverfassungsgericht ausdrücklich die Verfassungsbeschwerde gestützt auf das betreffende Grundrecht in Verbindung mit dem Rechtsstaatsprinzip als eine Abhilfemöglichkeit gegen die Missachtung dieser Berücksichtigungspflicht herausstellt.[33] Die genannten Formulierungen sollten für die Beurteilung der Entscheidung maßgeblich sein.

---

[31] Es erschiene durchaus erwägenswert, für diesen seltenen Fall einer andauernden Verletzung eine besondere Abhilfemöglichkeit im innerstaatlichen Recht zu schaffen.

[32] JZ 2004, 1172, links oben.

[33] JZ 2004, 1172 links oben, 1175 rechts unten; der Verfasser hatte diese Möglichkeit aus Art. 2 Abs. 1 GG entnommen; *Frowein,* Das Bundesverfassungsgericht und die Europäische Menschenrechtskonvention, in: Fürst/Herzog/Umbach (Hrsg.), Festschrift W. Zeidler, Bd. 2, 1987, 1763 (1768 ff.).

Ratsbeschlüsse mit qualifizierter Mehrheit zwischen 1995 und 2009

Von Volkmar Götz

I. Funktionen und Funktionsbedingungen der Mehrheitsbeschlussfassung im Rat der EU

1. Die Regeln von Nizza sind geltendes Recht bis 31.10.2009
– und vielleicht darüber hinaus

Die Beschlussfassung des Rates mit qualifizierter Mehrheit ist das wohl bedeutsamste Thema der europäischen Institutionen. In der am 18.6.2004 erfolgreich abgeschlossenen Regierungskonferenz über den Verfassungsvertrag lösten die Regeln der Mehrheitsbeschlussfassung die größte politische Kontroverse aus. Der Verfassungsvertrag nimmt Abschied von dem System der Bemessung des Stimmgewichts der Mitgliedstaaten, wie es seit dem Beginn der ersten Eröffnung der Mehrheitsbeschlussfassung am 1.1.1966, der dritten Stufe der Übergangszeit des Gemeinsamen Marktes der EWG, gegolten hat. Wenn der Verfassungsvertrag von allen Mitgliedstaaten ratifiziert ist, wird dieses System sein Ende finden, allerdings erst nach Ablauf der auf den 31.10.2009 festgelegten Übergangsfrist. Das bisherige System der Bemessung des Stimmgewichts der Mitgliedstaaten durch „Gewichtung" teilt diese in Größenklassen ein, die ihrerseits am Bevölkerungskriterium orientiert sind. In der Sechsergemeinschaft waren das drei Größenklassen, in der EU der 15 Mitgliedstaaten von 1995 bis zum 30.4.2004 sechs, in der Übergangszeit zwischen dem 1.5.2004 und dem 31.10.2004 bei 25 Mitgliedstaaten ebenfalls nur sechs, während die Stimmgewichtung nach dem ab 1.11.2004 geltenden Recht zwar eine stärkere Spreizung aufweist, die 25 Mitgliedstaaten aber weiterhin in sechs Größenklassen eingeteilt sind. Gleich geblieben ist in allen Epochen, von der Sechsergemeinschaft bis zur EU nach der Osterweiterung, dass die „großen" Mitgliedstaaten Deutschland, Großbritannien, Frankreich, Italien über gleiches Stimmgewicht verfügen. In der Gegenwart – dem am 1.11.2004 begonnenen und frühestens am 31.10. 2009 endenden Zeitraum – gilt dies aber nur noch mit einer Einschränkung. In Nizza gelang es Deutschland, ein zusätzliches Kriterium der Mehrheitsbeschlussfassung durchzusetzen. Diese kommt nur zustande, wenn die Mitgliedstaaten, die auf Grund ihrer „gewichteten" Stimmen die qualifizierte Mehrheit bilden, zugleich 62 % der Gesamtbevölkerung der Union repräsentieren. Dadurch wird das Stimmgewicht aller „großen" Staaten gestärkt. Die neue Regelung ist das Resultat einer Forderung, die die Gruppe der „großen" Staaten nachdrücklich schon in der mit dem Vertrag von Amsterdam abgeschlossenen Regierungskonferenz erhoben hatte. Diese Staaten befürchten als Folge der Aufnahme neuer Mitgliedstaaten in zunehmendem Maße eine „Schieflage" zugunsten kleiner und mittlerer Staaten. Von der neuen Mehrheitsregel „mindestens 62 % der Gesamtbevölkerung"[1] profitiert Deutschland als mit Abstand bevölkerungsreichstes Land am meisten. Ab 1.11.2009 wird, vorausgesetzt der Verfassungsvertrag wird von allen Vertragsstaaten ratifiziert, die Stimmgewichtung abgeschafft. Die auf Vorschlag der Kommission gefassten Mehrheitsbeschlüsse kommen zustande, wenn sie von 55 % der Mitgliedstaaten, mindestens aber 15 Mitgliedstaaten getragen werden und diese Staatenmehrheit mindestens 65 % der Gesamtbevölkerung der EU repräsentiert. Die „doppelte Mehrheit" der Staaten und der durch sie repräsentierten Bevölkerung ist ein politischer Fortschritt. Die Stimmgewichtung (*weighted voting*) wird dann abgeschafft sein – wobei man sich aber im Klaren darüber sein sollte, dass die Stimmen der Mitgliedstaaten sehr wohl weiterhin gewichtet werden, nämlich exakt nach dem Bevölkerungsanteil, während lediglich die Gewichtung nach „Größenklassen" entfällt.

Ob die Mehrheitsbeschlussfassungsregeln des Vertrages von Nizza die einhellig schlechte Beurteilung verdienen, die sie vor allem in Begleitung der 2003/2004 zum Verfassungsvertrag abgehaltenen Regierungskonferenz bekommen haben, wird sich in der nahen Zukunft in der Praxis des Rates herausstellen. Man darf mit vorsichtigem Optimismus hoffen, dass sich die Regeln von Nizza, entgegen der allgemein verbreiteten Ansicht, bewähren werden. Denn sie erhalten den Mitgliedstaaten die Verhandlungsspielräume, die sie zur Wahrung ihrer Interessen unbedingt benötigen. Darauf wird beim Thema „Sperrminorität" noch zurückgekommen. In einer anderen Frage, die fast zum Scheitern der Regierungskonferenz über den Verfassungsvertrag geführt hätte, ist dagegen, bezogen auf das System als Ganzes, eher nur ein, freilich nicht unwichtiger, Nebenpunkt zu erblicken: Der Verfassungsvertrag wird die Heranführung des Stimmgewichts der „fast großen" Staaten Spanien und Polen an das der großen Staaten, wie sie in Nizza auf Druck des spanischen Ministerpräsidenten beschlossen („Aznar-Bonus")[2] und danach auf Polen erstreckt wurde und die jetzt geltendes Recht ist, durch den Übergang zum Kriterium der Bevölkerungszahl gegenstandslos machen.

*2. Entscheidungen im gesamteuropäischen Interesse
unter Wahrung nationaler Interessen*

Die Mehrheitsbeschlussfassung (*qualified majority voting*) im Rat soll zu Entscheidungen im gesamteuropäischen Interesse führen. Das Verfahren der Mehr-

---

[1] Art. 205 Abs. 4 EG in der Fassung des am 1.5.2004 in Kraft getretenen Beitrittsvertrages vom 16.4.2003.

[2] *Giering,* Die institutionellen Reformen von Nizza, in: Weidenfeld (Hrsg.), Nizza in der Analyse, 3. Aufl., 2002, 51 (78 ff.).

heitsbeschlussfassung ist nicht lediglich auf die effektive Durchsetzung der Ziele europäischer Politik angelegt, wie sie durch den Vorschlag der Kommission vorgegeben werden. Es ist auch dazu bestimmt, nationale Interessen zur Geltung zu bringen. In vielen europapolitischen Debatten zur Entscheidungsfindung im Rat werden nationale Interessen oft nur mit Verlegenheit erwähnt und mit scheinbarer Selbstverständlichkeit als stets zu überwindende Hindernisse auf dem Weg in die gemeinsame europäische Zukunft betrachtet. Diese Sichtweise ist grundlegend verfehlt. Der Rat ist diejenige Institution der Union, in der die Vertretung nationaler Interessen nicht nur legitim ist, sondern notwendig stattfinden muss. Nationale Interessen fließen zwar auch – über die Arbeit der Lobby, durch die Parlamentsabgeordneten und auf andere Weise – in die Beiträge der Kommission und des Europäischen Parlaments zum Beschlussverfahren ein. Aber nur im Rat können sie, auf der Grundlage der demokratischen Legitimation der nationalen Regierungen, vollkommen authentisch in die europäischen Entscheidungsverfahren eingebracht werden. Es geht daher im Mehrheitsbeschlussverfahren nicht darum, die Geltendmachung und Durchsetzung nationaler Interessen in Zweifel zu ziehen und zu verhindern. Die maßgebliche Frage ist allein, *wie* der Konflikt zwischen gesamteuropäischem Interesse und nationalem Interesse gelöst wird. Der 20 Jahre durchlebte Lernprozess zum „Luxemburger Kompromiss" von 1966 und seinen Folgen[3] hat den Blick dafür geschärft, dass ein einzelnes Land (und auch nicht zwei Länder) mit seinen nationalen Interessen, mögen diese einfach, gewichtig oder gar „vital" sein, die Mehrheitsbeschlussfassung nicht aufhalten kann. Jeder Mitgliedstaat benötigt Verbündete zur Wahrung seiner nationalen Interessen. Das Nähere ist beim Thema „Sperrminorität" zu erörtern.

Die Legitimität und Notwendigkeit, nationale Interessen im Rat zur Geltung zu bringen, wird auf den weitaus meisten Gebieten der Beschlussfassung außerdem durch die Struktur der europäischen Kompetenzordnung gestützt. Diese zeichnet sich durch ein Höchstmaß der „Politikverflechtung" aus.[4] Die meisten Agenden europäischer Beschlussfassung, von den vielfältigen Sachbereichen des EG-Vertrages bis hin zur Außenpolitik und inneren Sicherheit, stehen der EU zur „geteilten" Zuständigkeit mit den Mitgliedstaaten zu, sofern es sich nicht überhaupt nur um „Unterstützungs-, Koordinierungs- und Ergänzungsmaßnahmen" handelt, die ergänzend zur Wahrnehmung nationaler Zuständigkeiten hinzutreten. Europäische Angelegenheiten sind daher auch stets nationale Angelegenheiten geblieben. Europäische Beschlusszuständigkeiten betreffen Materien, die auch in nationaler Zuständigkeit stehen. Das ist der Preis dafür, dass sie im Verlauf der Verfassungsentwicklung der Union immer zahlreicher geworden sind. Letztlich gibt es, wie mit nur geringer Übertreibung konstatiert werden kann, kein Sachgebiet mehr, das dem Zugriff der Union vollständig verschlossen geblieben ist.

---

[3] *Götz*, Mehrheitsbeschlüsse des Rates der Europäischen Union, in: Due u. a. (Hrsg.), Festschrift für Ulrich Everling, Bd. 1, 1995, 339 (340 ff.).
[4] *Götz*, Kompetenzverteilung und Kompetenzkontrolle in der Europäischen Union, in: Schwarze (Hrsg.), Der Verfassungsentwurf des Europäischen Konvents, 2004, 43 (56).

Schließlich darf die Ratsbeschlussfassung mit qualifizierter Mehrheit nicht als ein dem nationalen Parlamentarismus nachgebildetes Mehrheitsbeschlussverfahren und erst recht nicht als Abstimmungsmaschine missverstanden werden. Während im Parlamentarismus periodische Wahlen die Funktion eines politischen Korrekturmechanismus haben, dessen Existenz es als vollkommen legitim erscheinen lässt, dass die Mehrheit der Abgeordneten jeweils ihren Standpunkt durchsetzt, fehlt im permanent amtierenden Organ Rat ein entsprechendes Korrektiv.

3. Die Sperrminorität

Wir haben hier einen Begriff (engl.: *blocking minority*), der für Europaenthusiasten von vornherein negativ besetzt zu sein scheint. In Wahrheit liegt in der Mehrheitsschwelle und der sich aus ihr ableitenden Sperrminorität die wichtigste Funktionsbedingung des Verfahrens der Mehrheitsbeschlussfassung im Rat. Jeder Mitgliedstaat, der seine eigenen im Vorschlag der Kommission unberücksichtigt gebliebenen Vorstellungen und Interessen durchsetzen möchte, ist auf die Herstellung einer zur Sperrminorität führenden Koalition von Staaten angewiesen. Mitgliedstaaten, die in den Verhandlungen der Arbeitsgruppen des Rates und der vorbereitenden Gremien (Ausschuss der Ständigen Vertreter; Sonderausschuss Landwirtschaft) isoliert bleiben, werden in absehbarer Zeit überstimmt. So wird verfahren, seit in Brüssel die Uhren nicht mehr nach dem „Luxemburger Kompromiss" von 1966 gestellt werden und die bis Mitte der 80er Jahre des 20. Jahrhunderts geübte Praxis, grundsätzlich in *allen* Angelegenheiten nur einstimmig zu beschließen[5], aufgegeben wurde.

Die Sperrminorität ist nicht mit einer Totalblockade der Beschlussfassung gleichzusetzen. Diese Wirkung hat sie in einzelnen Fällen. Ihre regelmäßige, positive Funktion besteht darin, den sich in der Sperrminoritätszone versammelnden Staaten überhaupt Verhandlungsmöglichkeiten zu sichern. Dabei pflegen die so aufgebauten Sperrminoritäten typischerweise instabil und „flüchtig" zu sein. Die Kommission kann jederzeit einzelnen Mitgliedstaaten in bestimmten Fragen entgegenkommen und auf diese Weise diejenigen Staaten, die gravierendere Vorbehalte gegen den Kommissionsvorschlag haben, ihrer Koalitionspartner berauben. Den Verhandlungsführern der Regierungen verlangt dieses System ein Höchstmaß an Beweglichkeit ab.

Was den institutionellen Rahmen der Mehrheitsbeschlussfassung und seine Veränderungen im Verfassungsrecht der Union bis zum gegenwärtigen Schlusspunkt im Verfassungsvertrag betrifft, so ist die Sperrminorität in jedem Zeitpunkt der Parameter, den alle Regierungen zur Beurteilung des Systems verwenden. Die Modelle werden stets unter dem Vorzeichen der Sperrminorität durchgerechnet. Dies besagt, wie noch einmal hervorzuheben ist, keineswegs, dass das primäre

---

[5] *Götz* (Fn. 3), 340 ff.

Interesse der Regierungen dasjenige an der Blockade europäischer Beschlussfassung sei (obwohl auch dies hier und da der Fall ist). Die Sperrminorität ist der erste Indikator für die Verhandlungsmöglichkeiten jedes Staates im Zuge europäischer Beschlussfassung. Der institutionelle Rahmen ist trotz der Veränderungen, die sich aus den Erweiterungen von 1995 (Österreich, Schweden, Finnland) und 2003/04 (8 mittel- und osteuropäische Staaten sowie Malta und Zypern) ergaben, im Wesentlichen stabil geblieben. Das heißt, er weist stets ein gewisses Maß an „Sicherheiten" auf, die es verhindern, dass bestimmte Staatengruppierungen, die strukturell von vornherein festliegende, erkennbare Übereinstimmungen ihrer Interessen aufweisen, diejenigen Gruppierungen überstimmen können, deren Mitglieder die entgegengesetzten Interessen haben. Das System wurde, mit anderen Worten, so angelegt, dass weder die Staaten Nord- und Mitteleuropas die Mittelmeerländer (die „Südschiene" einschließlich Portugals) überstimmen können noch umgekehrt diese die ersteren. Die Nettonutznießer der Agrarpolitik haben keine Beschlussmehrheit über die Zahlerstaaten der Agrarpolitik und umgekehrt diese wiederum nicht über die Empfängerländer. Diese Grundstruktur des Systems, durch das Erfordernis der „qualifizierten" Mehrheit die durch strukturelle Übereinstimmungen gebildeten Staatenblöcke jeweils nicht mit Beschlussmehrheiten, sondern mit Sperrminoritäten zu versehen, übt naturgemäß in hohem Maße Zwang aus, sich auf Konsenssuche zu begeben. Schlimmstenfalls können daraus auch bedenkliche Paketlösungen oder dauerhafte Blockaden resultieren.

Sowohl der Beitritt von Österreich, Schweden und Finnland als auch die Osterweiterung haben das berechtigte Postulat einer strukturellen Stabilität des Systems der Mehrheitsbeschlussfassung auf die Probe gestellt. Im ersten Falle gingen die Besorgnisse, der Beitritt werde zu Verschiebungen führen, von Großbritannien und Spanien aus. Spanien konnte bis 1995 mit Italien und Griechenland eine Koalition der Mittelmeerländer bilden, die exakt über die erforderlichen 23 Stimmen der Sperrminorität der 10er-Union (Beschlussmehrheit: 54 von 76 Stimmen) verfügte. Naturgemäß ging diese knappe Sperrminorität verloren, als Österreich, Schweden und Finnland aufgenommen wurden und ursprünglich auch der Beitritt Norwegens vereinbart war. Aber war nicht eigentlich auch Portugal ein Koalitionspartner der „Südschiene", mit dem zusammen die Sperrminorität erhalten blieb? Jedenfalls war es schwerlich einleuchtend, warum der Beschluss von Ioannina[6] erzwungen werden musste, der in der 15er-Union einer aus 23 bis 25 Stimmen bestehenden Koalition (unterhalb einer Sperrminorität von 26) ein gewisses Anrecht auf Fortsetzung der Beratungen geben sollte. Spanien beharrte aber später noch auf seinem Problem, das beim Vertragsschluss von Amsterdam ausdrücklich als „Sonderfall Spanien" in der 50. Erklärung zum Protokoll über die Organe im Hinblick auf die Erweiterung der EU Erwähnung fand. Auch Großbritannien unter Premierminister John Major hatte beim Beschluss von Ioannina Pate gestanden.

---

[6] *Poensgen,* Das Paradox von Ioannina: Betrachtungen zu einem Ratsbeschluss, in: Due u. a. (Hrsg.), Festschrift für Ulrich Everling, Bd. 2, 1995, 1133; *Hummer/Obwexer,* in: Streinz (Hrsg.), EUV/EGV (Kommentar), 2003, Art. 205 Rn. 14 f.

Dabei ging es aber nicht um den Verlust einer zur Sperrminorität führenden Koalition, sondern um die Hoffnung auf Aufbau einer solchen aus mehrheitlich als euroskeptisch eingeschätzten Staaten (Großbritannien, Dänemark, Norwegen, Schweden) zusammen mit Irland.

Das System von Nizza, wie es jetzt in dem am 1.5.2004 in Kraft getretenen Beitrittsvertrag vom 16.4.2003 seine rechtlich maßgebliche Gestalt gefunden hat, beruht auf der Forderung aller „großen" Staaten mit Deutschland an der Spitze, ihr relatives Stimmengewicht nach dem Beitritt einer großen Zahl überwiegend kleiner und mittlerer Staaten (mit der einzigen Ausnahme Polens als „fast großem" Staat) nicht zu verlieren. Die am 17.6.1997 in Amsterdam abgeschlossene Regierungskonferenz hatte die Forderung anerkannt und auch das Junktim mit dem Verzicht auf das zweite Kommissionsmitglied bei der Zusammensetzung der Kommission akzeptiert.[7] Sie war aber nicht in der Lage, die Forderung umzusetzen, sondern hinterließ diese Aufgabe der Regierungskonferenz von Nizza. Das System von Nizza[8] gilt für die auf 25 Mitgliedstaaten erweiterte Union in der Fassung des Beitrittsvertrages vom 16.4.2003.[9] Es verlangt für die Beschlussfassung des Rates auf Vorschlag der Kommission 1. die Staatenmehrheit (13 von 25 Staaten), 2. die Stimmenmehrheit (232 von 321 Stimmen), was einer Mehrheitsschwelle von 72,2 % entspricht (geringfügig höher als die Mehrheitsschwelle von 71,2 % in der 15er-Union), 3. muss die den Beschluss tragende Mehrheit mindestens 62 % der Gesamtbevölkerung der Union repräsentieren. Die Bevölkerungsschwelle von 62 % ist als eine zusätzliche Form der Sperrminorität konzipiert, was daran sichtbar wird, dass sie nur auf Antrag eines Mitgliedstaates überprüft wird. Später ist in den Beratungen der Regierungskonferenz zum Verfassungsvertrag das Argument strapaziert worden, es genüge nicht, wie in Nizza geschehen, die Sperrminoritäten zu stärken, sondern es sei notwendig, die Mehrheitsfähigkeit zu stärken. Das erscheint etwas vordergründig. Was das geltende System von Nizza betrifft, so ist jedenfalls ein Unterschied zwischen Beschlusserfordernissen und Sperrminoritäten nicht zu machen. Beide korrespondieren jeweils. Die Bevölkerungsschwelle von 62 % ist eine Mehrheitsschwelle. Gleichzeitig eröffnet sie die Möglichkeit, eine Sperrminorität über das Bevölkerungskriterium zu begründen. Es fragt sich, ob diese neue, zusätzliche Sperrminorität Koalitionen absichert, die andernfalls nach der Osterweiterung gefährdet wären. Besonders stellt sich diese Frage für Deutschland, das der größte Interessent an der neuartigen Bevölkerungsschwelle ist. Für die strukturell vorgegebenen Koalitionen gibt es folgenden Befund. Deutschland befindet sich in diesen „strukturellen"

---

[7] Protokoll über die Organe im Hinblick auf die Erweiterung der Europäischen Union.

[8] *Giering* (Fn. 2), 71 ff.; *Gnan,* Der Vertrag von Nizza, BayVBl. 2001, 449; *Moberg,* The Nice Treaty and Voting Rules in the Council, JCMS 40 (2002), 259; *N. K. Riedel,* Der Vertrag von Nizza und die institutionelle Reform der Europäischen Union, ThürVBl. 2002, 1; *Touscoz,* Un large débat. L'avenir de l'Europe après la Conférence intergouvernementale de Nice, RMCUE 2001, 225 (229 f.); *Wessels,* Die Vertragsreformen von Nizza, Integration 24 (2001), 8 (12 ff.).

[9] BGBl. 2003 II, 1408.

Koalitionen bereits auf Grund der Stimmenschwelle innerhalb der Sperrminorität: „Nettozahler", „Nordstaaten", EG-Gründerstaaten, EURO-12-Staaten, Zahlerstaaten der Agrarpolitik. Das Bevölkerungskriterium spielt in diesen Fällen keine Rolle. Was die „Gegenkoalitionen" anbelangt, so bleibt das Bevölkerungskriterium ebenfalls ohne Einfluss. Die Nettoempfänger, die Empfängerländer der Agrarpolitik, auch die 13 kleinsten Staaten und die 10 Beitrittsstaaten zusammen mit den 4 alten Kohäsionsländern haben eine Sperrminorität. Dagegen besteht keine Sperrminorität der 10 Beitrittsstaaten (im Unterschied zur Übergangszeit zwischen dem 1.5.2004 und 31.10.2004), und die neue Südschiene aus Italien, Spanien, Portugal, Griechenland, Malta und Zypern verfügt auch nicht mehr über die Sperrminorität.

4. Stimmengewichtung

Den dreifachen Mehrheitserfordernissen der Beschlussfassung entsprechend wird das Votum jedes Mitgliedstaats dreifach gewertet. Erstens hat jeder Staat eine Stimme, die zur Herstellung der einfachen Mehrheit in der Union der 25 Mitgliedstaaten benötigt wird. Zweitens kommt es auf die durch Art. 205 Abs. 2 EGV[10] zugeteilte Stimmenzahl an. Drittens wiegt die Stimme jedes Mitgliedstaates genauso viel, wie der Anteil dieses Staates an der Gesamtbevölkerung der Union beträgt. Das relative Gewicht jedes Staates im Beschlussfassungsverfahren resultiert aus dem jeweils höchsten der drei Werte. Deutschland als größter Mitgliedstaat hat 18,17 % der Gesamtbevölkerung der Union der 25 Mitgliedstaaten, hält aber nur 29 von 321 gewichteten Stimmen (9 %) und trägt zur Bildung einer Staatenmehrheit nur eine von 25 Stimmen (4 %) bei. Umgekehrt ist beim kleinsten Mitgliedstaat Malta mit 0,09 % der Gesamtbevölkerung die „B"-Stimme vernachlässigbar, die gewichtete Stimme mit 3 von 321 (0,9 %) immer noch unbedeutend im Vergleich zum Gewicht, das der Staat bei der Bildung der Staatenmehrheit hat (4 %). Die Einführung der Bevölkerungsschwelle (62 %) bedeutet bereits für das geltende System von Nizza die Einführung einer strikt proportional zur Bevölkerungsgröße eines Staates erfolgenden Stimmgewichtung, wenn auch nur für eine zweite Wertung der Stimmen („B"-Stimme). Dadurch relativiert sich auch der mit dem „Aznar-Bonus"[11] Spanien und Polen zugefallene Sondervorteil bei der Apportionierung der eigentlichen Stimmgewichtung („A"-Stimme). Gleichwohl hat der „Aznar-Bonus" zur Folge, dass Spanien bei der durch das Hinzutreten von 10 neuen Mitgliedstaaten ausgelösten Abschmelzung seines Stimmenanteils im Vergleich zu anderen Staaten günstig abschneidet (27 von 321 Stimmen = 8,4 % gegenüber früher 5 von 87 Stimmen = 9,1 %). Im Übrigen bewirkt die stärkere „Spreizung" der Stimmengewichte,[12] dass im Zuge der Ost

---

[10] In der Fassung des Beitrittsvertrags vom 16.4.2003.
[11] Fn. 2.
[12] *Giering* (Fn. 2), 78; *P. Schäfer*, Der Vertrag von Nizza, BayVBl. 2001, 460 (462); *Baldwin/Widgrén*, Council Voting in the Constitutional Treaty: Devil in the Details,

erweiterung die kleineren und mittleren Staaten mehr an Stimmgewicht verlieren als die größeren.

II. Praxis der Mehrheitsbeschlussfassung

1. Statistische Informationen

In der Praxis des Rates finden fortwährend Mehrheitsbeschlussfassungen statt. Allerdings pflegt am Ende der Beratungen nicht formell abgestimmt zu werden.[13] Es finden keine förmlichen Abstimmungen statt, wie sie etwa im Bundesrat gang und gäbe sind und einen nicht unbeträchtlichen Teil seiner Sitzungen ausfüllen. Die Ratspräsidentschaft nimmt die Voten der einzelnen Delegationen zur Kenntnis und stellt fest, dass in Übereinstimmung mit dem Vorschlag eine Mehrheit erreicht ist. Dabei wird Schweigen als Zustimmung gewertet. Es ist Sache der Delegationen, Vorbehalte anzubringen. Seit 1993 werden die Abstimmungsergebnisse bekannt gegeben. 1998 veröffentlichte die EU Zahlen zum Abstimmungsverhalten im Rat zwischen Januar 1995 und Juli 1998.[14] Hiernach gab Deutschland am häufigsten eine Gegenstimme ab (40mal). Es folgten das Vereinigte Königreich (27), Italien (22), Schweden (20), die Niederlande (16), Dänemark (15), Spanien, Griechenland (je 9), Österreich, Portugal (je 8), Belgien, Irland, Finnland (je 7), Frankreich (6), Luxemburg (2). Zwischen 2000 und 2003 hat der Rat insgesamt 515 (2000), 494 (2001), 522 (2002) und 603 (2003) „Rechtsakte" angenommen.[15] Diese Zahlen erfassen Rechtsakte aller Art, nicht nur Legislativakte, sondern auch Stellungnahmen und politische Entschließungen und im Bereich der Legislativakte nicht nur die endgültige Verabschiedung, sondern beispielsweise auch die Gemeinsamen Standpunkte. Sie betreffen die Gesamtzahl der Beschlüsse ohne Unterscheidung, ob sie dem Einstimmigkeitserfordernis unterliegen oder mit qualifizierter Mehrheit erlassen werden konnten. Am häufigsten gaben Schweden (22mal) und Dänemark (17) Gegenstimmen ab. Es folgen Deutschland (16), Österreich (15), das Vereinigte Königreich und die Niederlande (je 14), Italien (10), Griechenland, Spanien, Portugal (je 9), Belgien (8), Frankreich und Irland (je 7), Finnland und Luxemburg (je 5). Statistisch erfasste Informationen über Gegenstimmen einzelner Staaten haben keinen eindeutigen Aussagewert. Denn sie verraten nicht, ob die Gegenstimmen ein Unterliegen bei der Geltendmachung natio-

---

erhältlich im Internet: <http://heiwww.unige.ch/~baldwin/PapersBooks/Devil_in_the_details_BaldwinWidgren.pdf>, 3.

[13] Dies sollte besonders hervorgehoben werden, weil Art. 11 der Ratsgeschäftsordnung (v. 22.3.2004, ABl. EU 2004 L 106/22) derartige förmliche Abstimmungen „auf Veranlassung" des Präsidenten, eines Ratsmitglieds oder der Kommission durchaus vorsieht.

[14] Frankfurter Allgemeine Zeitung v. 11.9.1998.

[15] Quelle: Rat der Europäischen Union, Monatliche Aufstellungen der Rechtsakte des Rates. Zur Auswertung der Abstimmungsprotokolle 2002 s. *Hartwig,* Der Rat der Europäischen Union, in: Jahrbuch der Europäischen Integration 2002/2003, 71 (72 ff.).

naler Interessen signalisieren oder nur Marginalien eines im Übrigen im Konsens erlassenen Beschlusses betreffen oder etwa in der begrenzten Mandatierung der im Rat anwesenden Regierungsvertreter ihre Ursache haben. Schließlich erfasst die Bekanntgabe des Abstimmungsverhaltens nur die gefassten Beschlüsse, nicht die gescheiterten Rechtsetzungsvorschläge.

2. Fälle

Fallstudien zur Mehrheitsbeschlussfassung sind ein noch weitgehend unerschlossenes Gebiet. Sie vermitteln mehr Einsichten als die Spieltheorie[16] oder die Statistik. Einige Beispiele müssen an dieser Stelle genügen.

a) Die Sperrminorität als Mittel zur Wahrung des Subsidiaritätsprinzips
 – das Sonntagsfahrverbot für schwere Lastwagen

Fahrverbote für schwere Lastwagen an Sonn- und Feiertagen und an bestimmten Sonnabenden (Wochenendfahrverbot) werden bislang ausschließlich im nationalen Recht geregelt. Die Kommission betreibt, unterstützt von den Staaten an der westlichen Peripherie der Union (Portugal, Spanien, Irland), den Einstieg in die Materie, während sich dem die Staaten in der Mitte Europas (Frankreich, Deutschland, Luxemburg, Österreich) widersetzen. Der aktuelle Richtlinienvorschlag[17] sieht zwar Bestandsschutz für die am Stichtag 1.11.2000 bestehenden Fahrbeschränkungen vor. Dennoch befürchten die Staaten Mitteleuropas als die wichtigsten Ziel- und Transitländer des Schwerverkehrs, dass die Fahrverbote, wenn sie einmal in die Zuständigkeit der Union übergegangen sind, mittelfristig aufgeweicht werden. Am 12.6.2004 wies der Rat der Verkehrsminister das Dossier an den Ausschuss der Ständigen Vertreter zurück, weil eine Sperrminorität gegeben

---

[16] Die zahlreichen Beiträge der Spieltheorie zur Abstimmungsmacht im EU-Ministerrat verdienen den Respekt des Juristen (vgl. etwa *Hosli,* An Institution's Capacity to act: What are the effects of majority voting in the Council of the EU and in the European Parliament? 1998; *Hosli/van Deemen,* Effects of enlargement on efficiency and coalition in the Council of the European Union, in: Hosli/van Deemen/Widgrén (Hrsg.), Institutional challenges in the European Union, 2002, 65; *Laruelle,* The EU decision-making procedures: some insight from non-cooperative game theory, in: Hosli/van Deemen/Widgrén (Hrsg.), Institutional challenges in the European Union, 2002, 89; *Sutter,* Messung von Abstimmungsmacht und Anwendung auf den EU-Ministerrat, WiSt 2001, 339). Die Spieltheorie setzt Abstimmungsmacht nicht mit dem relativen Stimmenanteil gleich, sondern misst sie als die Fähigkeit, durch Zutritt zu einer Koalition diese von einer Verlierer- in eine Gewinnkoalition zu verwandeln (oder umgekehrt durch Austritt aus einer Koalition deren Niederlage zu verursachen). Von der Spieltheorie erfahren wir auch, dass es bereits in der 15er-Union 32768 mögliche Koalitionen und davon 2549 „Gewinnerkoalitionen" gegeben habe (*Golub,* Institutional reform and decision-making in the European Union, in: Hosli/van Deemen/ Widgrén (Hrsg.), Institutional challenges in the European Union, 2002, 134 (139)).
[17] KOM (2003) 473 endgültig v. 1.8.2003.

war, in der sich Deutschland, Frankreich, Österreich und Luxemburg und auch Großbritannien zusammengefunden hatten und zu der die neuen EU-Mitgliedstaaten Tschechien, Ungarn, Slowakei, Malta, Estland und Lettland hinzutraten. Die osteuropäischen Staaten unterstützten bei dieser Gelegenheit noch den deutschen Standpunkt, dass die Materie in nationaler Zuständigkeit bleiben sollte. Das könnte sich ändern, sobald sie sich eingearbeitet haben und die Gesamttendenz der europäischen Regelung, die ausschließlich auf eine Eingrenzung der Wochenendfahrverbote und in keiner Weise auf deren Einführung oder Absicherung gerichtet ist, als für ihre Wirtschaftsinteressen vorteilhaft erkannt haben. Wie ist die Rechtslage zur Sperrminorität? In der Übergangszeit vom 1.5. bis 31.10.2004 haben die drei „großen" Staaten Deutschland, Frankreich und Großbritannien zusammen 30 Stimmen[18] und verfehlen damit die Sperrminorität (37 von 124 Stimmen), die sie auch zusammen mit Österreich (4) und Luxemburg (2) nicht erreichen, so dass bei „Flüchtigkeit" der osteuropäischen Staaten tatsächlich Malta (2) den Ausschlag geben würde. Nach dem 1.11.2004 haben die 3 „großen" Staaten mit insgesamt 44,4 % Bevölkerungsanteil bereits die Sperrminorität. Deutschland beruft sich in dieser Angelegenheit auf das Subsidiaritätsprinzip und verteidigt damit den nationalen Anteil an der Kompetenzmaterie Verkehrspolitik. In der Tat ist, wie hier nicht weiter ausgeführt werden soll, die Sperrminorität das einzige wirksame Mittel zur Durchsetzung des Subsidiaritätsprinzips, aber auch seine Wirksamkeit ist wegen der schon mehrfach angesprochenen Flüchtigkeit der Sperrminoritäten begrenzt.

b) Ohne Sperrminorität bleibt das Subsidiaritätsprinzip wirkungslos
– das neue Tabakwerbeverbot

Das Tabakwerbeverbot ist eine *cause célèbre* des Europarechts, weil es dem in der Abstimmung unterlegenen Mitgliedstaat Deutschland gelungen war, das Resultat der Abstimmung durch eine erfolgreiche Nichtigkeitsklage zu korrigieren. Das EuGH-Urteil[19] in der Sache Tabakwerbeverbot wird im allgemeinen stark überschätzt, wenn mit ihm die Erwartung verbunden wird, der EuGH werde künftig auch die Rolle eines Hüters der der Union verschlossenen nationalen Kompetenzen einnehmen. Im Tabakwerbe-Urteil hob der EuGH hervor, dass der Erlass einer Richtlinie, die bestimmte Formen der Werbung und des Sponsoring zugunsten von Tabakerzeugnissen verboten hätte, auf der Grundlage der Binnenmarktkompetenz zulässig gewesen wäre.[20] Dieser Hinweis konnte nicht folgenlos bleiben. Die gegen die Stimmen Deutschlands und Großbritanniens beschlossene Richtlinie über Werbung und Sponsoring zugunsten von Tabakerzeugnissen vom

---

[18] Art. 26 Beitrittsvertrag v. 16.4.2003.

[19] EuGH, Rs. C-376/98, *BR Deutschland ./. EP und Rat,* Slg. 2000, I-8419 (= JZ 2001, 32 m. Anm. *Götz*).

[20] Fn. 19 (Rn. 117).

26.5.2003[21] sieht ein bis 31.7.2005 umzusetzendes Tabakwerbeverbot für Zeitungen und Zeitschriften (auch solche lokalen und regionalen Charakters!) im Radio und Internet vor. Verboten wird den Tabakunternehmen auch das Sponsern von Veranstaltungen, an denen mehrere Mitgliedstaaten beteiligt sind oder die „eine sonstige grenzüberschreitende Wirkung" haben. Tabakwerbung im Kino, an Litfasssäulen oder indirekte Werbung über Kleidung und Accessoires bleibt erlaubt. Das Tabakwerbeverbot wird in Deutschland stark kritisiert. Diese Kritik bleibt aber ohne Folgen. Das einzig wirksame Mittel gegen die Aufdrängung unerwünschter Verbote ist die Sperrminorität. Es ist offensichtlich, dass die beiden „großen" Mitgliedstaaten Deutschland und Großbritannien sie zusammen noch nicht erreichen. Im System von Nizza könnten *drei* „große" Mitgliedstaaten, Deutschland sogar zusammen mit einem anderen „großen" und einem „fast großen" Mitgliedstaat (Spanien, Polen) die Sperrminorität bilden. Die Regierungskonferenz zum Verfassungsvertrag hielt für den künftigen Endzustand der Verfassung eine Korrektur für angebracht. Die Sperrminorität soll dadurch erschwert werden, dass sie mindestens 4 Mitgliedstaaten umfassen muss. Diese Korrektur dürfte reine Kosmetik sein, weil ein Bündnis aus drei großen Staaten höchstwahrscheinlich weitere Partner haben wird.

c) Soziokulturell geprägte Lagerbildung – Tierschutz

Am 26.4.2004 brach der Rat ergebnislos den Versuch ab, sich auf verbesserte Tierschutzbestimmungen für Tiertransporte zu einigen.[22] Die Position der nord- und mitteleuropäischen Tierschutzkoalition aus Deutschland, Großbritannien, den skandinavischen und Benelux-Staaten sowie Österreich und Finnland erwies sich als unvereinbar mit derjenigen der romanischen Länder und Griechenlands. Nicht nur scheiterte die Einigung auf einen Kompromiss (Höchstdauer der Tiertransporte neun Stunden mit anschließenden zwölf Stunden Ruhezeit), sondern der Rat beschloss auch, bis Mitte 2005 sich nicht mehr mit der Frage zu befassen. Dann werden die neuen Mitgliedstaaten den Ausschlag geben. Es wird erwartet, dass dies die wechselseitige Blockade der beiden Koalitionen nicht auflöst.

d) Kompromissfindung – Kennzeichnung und Zulassung gentechnisch veränderter Futter- und Lebensmittel

2004 wurde nach einem rund 6jährigen „Moratorium" die Zulassung gentechnisch veränderter Lebensmittel und Futtermittel wieder aufgenommen. Vorausgegangen war ein Kompromiss in der Frage, wo die Schwelle für die Kennzeichnungspflicht liegen sollte. Der Kompromiss, auf den sich die Staatenmehrheit

---

[21] ABl. EU 2003 L 152/16.
[22] Frankfurter Allgemeine Zeitung v. 28.4.2004.

einigte, war die Einführung eines Schwellenwertes von 0,9. Nahrungs- und Futtermittel müssen ab 0,9 % gentechnisch veränderten Anteilen gekennzeichnet werden. Die Gegenstimmen des Vereinigten Königreichs, Österreichs und Luxemburgs beruhen auf einander entgegengesetzten Vorbehalten. Dem Vereinigten Königreich erschien die Schwelle zu niedrig (Votum mindestens 1,0 %), Österreich und Luxemburg zu hoch (Votum 0,5 %).[23]

e) Übergangsfristen – was ist zu tun, wenn die Partie eigentlich 1 : 14 steht?

Für Agraralkohol führt die am 8.4.2003 beschlossene Verordnung (EG) Nr. 670/2003[24] die volle Geltung des europäischen Beihilfeaufsichtsrechts[25] ein, allerdings erst nach Ablauf einer über 7jährigen Übergangsfrist zum 1.1.2011. Das dahinter stehende Problem ist ein rein deutsches. Die (norddeutschen) Kartoffelschnapsbrenner und die (süddeutschen) Obstbrenner genießen den traditionellen Vorteil, dass die Bundesmonopolverwaltung ihr Produkt übernimmt, worin die Kommission, weil ein über Marktpreisen liegender Übernahmepreis gezahlt wird, eine Beihilfe erblickt, gegen die sie vorzugehen beabsichtigt. Deutschland gelang es zeitweise, neun weitere Mitgliedstaaten als Verbündete für die weitere Ausnahme seines Agraralkohols von der Beihilfenaufsicht[26] zu gewinnen. Am Ende jahrelanger Verhandlung und unter erhöhtem Druck der Kommission mündete diese Unterstützung in die nahezu einstimmig beschlossene Regelung mit der nach politischen Kriterien als maximal zu bewertenden Übergangsfrist.

---

[23] Agra-Europe v. 2.12.2002.

[24] ABl. EU 2003 L 97/6.

[25] Sie hängt davon ab, dass der Rat sie durch Verordnung bestimmt (Art. 36 EG). Die VO (EWG) Nr. 26 aus dem Jahre 1962 bewirkt nur die partielle Anwendbarkeit der Beihilfevorschriften (Art. 88 Abs. 1 und Abs. 3 S. 1 EG, nicht auch Art. 88 Abs. 2 EG).

[26] Agra-Europe v. 6.5.2002.

Machiavelli – Vor 500 Jahren entstand „Il Principe"

Von Eugen D. Graue

Ein Held war er nicht. Ihn umgaben Gewalt, Unrecht und Bosheit, aber er begnügte sich damit, sie nüchtern und leidenschaftslos zur Kenntnis zu nehmen, soweit sie politisch bedeutsam schienen. Er trat als Geschichtsschreiber hervor, als er gemäß einem Auftrag seiner heimischen Universität (damals noch „lo Studio fiorentino") die mehrbändigen „Istorie fiorentine" verfasste. Aber seine Berufung sah er nicht darin, seine reichen Gaben auf einen so engen und räumlich beschränkten Gegenstand zu verschwenden. Ihn lockte die Tat des Staatsmannes. Aber sie selbst zu vollbringen, sah er sich zu schwach. So reichte sein Ehrgeiz nicht in die erste Reihe der Mächtigen seiner Zeit, sondern äußerstenfalls in die zweite. Nicht Handelnder wollte er sein, sondern Ratgeber, Beobachter, Gesandter, Kommentator und Kritiker, möglichst ohne persönliches Risiko. Mag dies auch bis in die neueste Zeit für so manchen ein Ziel des Ehrgeizes gewesen sein, so ging sein Bestreben darüber hinaus. Er wollte als Ergebnis aller verfasster Briefe, Gutachten, Denkschriften, sein gesammeltes Wissen von der Staatskunst in überschaubaren Regeln zusammenfassen und daraus nicht nur die Vergangenheit und Gegenwart, sondern auch die Zukunft durchschaubar machen. Eine gänzlich zweckfreie Staatslehre war dies nicht. Er wünschte sich einen würdigen Leser, der mit Tatkraft und Verständnis seine Ratschläge in praktisches Handeln umsetzen sollte. Auch ein Ziel schwebte ihm vor: es sollte Aufgabe des Nutzers dieser Ratschläge sein, die „lanzenecchi", die fremden Landsknechte, vom Boden Italiens zu vertreiben, denn dann werde auch das Volk seinen „redentore", den Erlöser in ihm begrüßen und ihm, gern alle Mittel nachsehen, deren er sich zur Befreiung des Landes bedient habe.[1] Bleibt nur die Frage, wer sollte dieser Erlöser sein? Cesare Borgia, auf den er früher große Hoffnungen gesetzt hatte, lebte bei Vollendung des „Principe" schon nicht mehr. Die wieder eingesetzten Medici sahen in ihm einen heimlichen Anhänger der Republik, die ihm seine frühere Machtstellung verschafft hatte, die Päpste misstrauten ihm, vom Volk hielt er selbst nicht viel, sah es als instinktlose, urteilslose, wetterwendische, am Gewinn interessierte, verführbare, zwischen brüllender Begeisterung und ängstlichem Schweigen wechselnde Masse. Im „Principe" wird das Volk nur selten erwähnt und mit einigen verächtlichen Wendungen abgetan.[2]

---

[1] *Machiavelli,* Il Principe, 1950/1980, Cap. XXVI, 7: „Non si debba adunque, lasciare passare questa occasione acciò che la Italia, dopo tanto tempo, vegga uno suo redentore."

[2] *Machiavelli* (Fn. 1), Cap. XVII, 2: „… degli uomini si puo dire questo generalmente: che sieno ingrati, volubili, simulatori e dissimulatori, fuggitori de pericoli, cupidi di guadagno."

In den 58 Jahren seines Lebens (1469–1527) war er der Zeitgenosse mehrerer Päpste, römischer und deutscher Kaiser und französischer Könige, die sein Land zur Bühne ihrer Auseinandersetzungen machten. Im Jahr 1492 ging die Papstwürde von Innozenz VIII. auf Alexander VI. aus dem ursprünglich spanischen Hause Borgia über. Nachdem dieser und sein Nachfolger Pius III. kurz nacheinander 1503 verstorben waren, wurde Giugliano della Rovere als Julius II. (Giulio II.) gewählt. Diesem folgte, als er 1513 starb, der bisher in Florenz wirkende Kardinal Giovanni de Medici unter dem Namen Leo X., außerhalb Italiens als Gegner Luthers bekannt geworden. Ihm folgte 1521 Hadrian VI., diesem nach zweijähriger Amtszeit wieder ein Medici, Clemens VII., in dessen Amtszeit 1527 die Plünderung Roms (sacco di Roma) fiel. Machiavelli hat diese Katastrophe noch erlebt. Zusammen mit dem Verlust seines Ansehens in Florenz kann sie zu seinem Tode beigetragen haben.

Die römisch-deutsche Kaiserkrone trugen damals die Habsburger: 1486–1519 Maximilian I. und 1519–1556 Karl V., dieser zugleich als König von Spanien. Machiavelli hat Maximilian 1507 in Tirol aufgesucht und die hoch entwickelte Städtefreiheit im Reich mit freundlichen Worten bedacht. Allerdings scheint er nur Tirol und die alemannischen Kantone der Schweiz bereist zu haben.[3] Die Versuche Maximilians, auf die italienischen Verhältnisse Einfluss zu nehmen, scheinen ihn nicht beunruhigt zu haben. Erst die Wahl Karls V., der über seine Mutter Juana la Loca (Johanna die Wahnsinnige) die spanische Krone erbte, stürzte das politische Gleichgewicht in Italien endgültig um. Das „sacco di Roma" war 1527 eine Folge dieses Ereignisses.

Stärkeren Einfluss hatten auf ihn und seine Heimatstadt die französischen Könige Charles VIII., Louis XII. und François Premier. Bereits Charles VIII. hatte 1494 ein Heer nach Italien geschickt und dabei auch Florenz betreten. Infolge dessen brach in der Stadt eine Revolte aus, die zur Wiederherstellung der Republik und de facto zur Herrschaft des Predigers Gerolamo Savonarola führte. Florenz betrieb in den folgenden Jahren eine Schaukelpolitik zwischen Frankreich und dem Papsttum. Die französische Italienpolitik unter Louis XII. kritisierte Machiavelli pedantisch aus sechs Gründen.[4] 1525 verlor François Premier die Schlacht von Pavia und wurde gefangen genommen. Damals schrieb er an seine Mutter die in Schulbücher eingegangenen Worte: „Tout est perdu, sauf l'honneur". Bald wieder freigelassen, blieb er bis zu seinem Tode im Kampf gegen die spanisch-deutsche Umklammerung ein gefährlicher Gegner des Kaisers.

In seinem näheren Umkreis lösten die Bewahrer des Bestehenden und ihre Gegner einander ab. Hatte anfangs noch die Familie Medici geherrscht, so entstand um 1490 durch die Predigten des wortgewaltigen Kirchenreformators Gerolamo Savonarola ein Klima der Unruhe, das erst mit dem Feuertod des Predigers

---

[3] *Machiavelli* (Fn. 1), Cap. X, 2: „Le città di Alamagna sono liberissime … e obediscano allo imperadore quando le vogliono."

[4] *Machiavelli* (Fn. 1), Cap. III, 10–14.

1498 ein Ende fand. Machiavelli hatte Savonarola stets misstraut. Sein Ende erleichterte ihm die Bewerbung um den Posten, der ihm – im Alter von erst 29 Jahren – ein Höchstmaß an Macht und Einfluss versprach. Er wurde „segretario della seconda cancelleria" und konnte in der Folgezeit durch Missionen in Piombino, Forli, Pistoia und Rom die Fußangeln des diplomatischen Geschäfts kennen lernen. Wenig später wurde die Begegnung mit dem sechs Jahre jüngeren Cesare Borgia für ihn zu einem Schlüsselerlebnis. Damals näherte sich Cesare Borgia dem Gipfel seines kurzlebigen Ruhmes. Als nichtehelicher Sohn des Papstes Alessandro VI. Borgia hatte er dessen Tücke und Bedenkenlosigkeit im Umgang mit politischen Gegnern geerbt. Seine Eroberungszüge für die Vergrößerung des Kirchenstaates waren mit zahlreichen Gräueltaten verbunden. Machiavelli scheint diese, die er teilweise selbst beobachtet hatte, entsprechend seines Auftrags ohne Gemütsbewegung wahrgenommen zu haben und lobte sogar den „duca Valentino" – eine protokollarische Artigkeit, die darauf beruhte, dass Cesare Borgia zum Lohn für eine anrüchige Dienstleistung zum „Duc de Valence" ernannt worden war – wegen seiner Fürsorge für die von ihm geführte Söldnertruppe. Erst als nach dem Tode des Papstes Alessandro Borgia, der bisher durch seine Macht und Autorität die Untaten seines Sohnes gedeckt hatte, Cesare Borgia sich wenig um ein gutes Verhältnis zum neuen Papst Giuliano della Rovere (Julius II.) bemühte, erlosch sein Stern ebenso schnell, wie er aufgegangen war.[5] Julius II. verdrängte ihn nach Spanien, wo er 1507 umkam. Vielfach wird er als das eigentliche Vorbild des „Principe" gesehen. Mochte er 1502 einige Persönlichkeiten, die ihm lästig geworden waren, hinterrücks ermorden lassen, mochte er den Spanier Remiro de Lorqua zur Strafe für Vergehen, die er selbst veranlasst hatte, öffentlich zersägen lassen, so fand Machiavelli darin keinen Grund zum Tadel; ein Fürst musste, um sich durchzusetzen, gelegentlich eben grausam sein. Dass Cesare Borgia aber nach dem Tode seines Vaters geglaubt hatte, der neue Papst werde ihm gewogen bleiben und seine Macht nicht antasten, ließ auf einen Mangel an politischem Gespür schließen und stufte ihn zu dem ungewöhnlich grausamen und lediglich durch seine Abstammung hervorgehobenen Söldnerführer herab, der er im Grunde geblieben war. Neuerdings wird bestritten, dass Cesare Borgia überhaupt ein Vorbild des „Principe" war. Machiavelli habe sich doch schon lange vor Erscheinen des „Principe" von ihm losgesagt.[6] Seine früheren Lobessprüche lassen aber doch auf zeitweilige Bewunderung für einen brutalen Machtmenschen schließen.

Vorbild oder nicht – jedenfalls ist dem Cesare Borgia ein ganzes und als solches auch recht langes Kapitel des „Principe" gewidmet (Capitolo VII). Seine Taten und Untaten sind daher ein beachtlicher Teil des in diesem Werk enthaltenen Stoffes. Dieser umfasst, wie aus einem Füllhorn ausgeschüttet, eine Vielzahl historischer Ereignisse, großenteils der griechisch-römischen Antike entnommen, mit der Machiavelli durch lateinisch schreibende Autoren – griechisch scheint er

---

[5] *Machiavelli* (Fn. 1), Cap. VII, 3: „Cesare Borgia ... acquistò lo stato con la fortuna del padre, e con quella lo perdé."

[6] *Hoeges*, Niccolo Machiavelli, Die Macht und der Schein, 2000, 174 ff.

nicht gelernt zu haben – wohl vertraut war. Andere Beispiele entnahm er zumeist der – aus seiner Sicht – neueren Geschichte. Was dazwischen geschehen war, scheint ihn kaum interessiert zu haben. Was er aus diesen Vorlagen macht, erhebt ihn zu einem der Wegbereiter des modernen Italienisch, das trotz Dante und Petrarca immer noch seine Loslösung vom übermächtigen lateinischen Erbe nicht vollendet hatte. Welche Ratschläge gibt Machiavelli dem unbekannten, aber mit Ergebenheitsfloskeln angeredeten Leser?

„Dem Fürsten darf kein anderer Gegenstand noch anderer Gedanke noch eine andere Beschäftigung wichtig sein außer der Kriegskunst, ihren Regeln und ihrer Ausübung, denn das ist die einzige Kunst, die man von dem erwartet, der Befehle gibt."
(Debbe adunque uno principe non avere altro obietto né altro pensiero né prendere cosa alcuna per sua arte, fuora della guerra e ordini e disciplina di essa perché quella e sola arte che si espetta a chi comanda.) (Cap. XIV, 1)

„... man darf nie eine Unordnung eintreten lassen, um einem Krieg zu entgehen, denn ihm entgeht man nicht, sondern er verzögert sich zu deinem Nachteil."
(...non si debbe mai lasciare seguire uno disordine per fuggire una guerra, perché la non si fugge, ma si differisce a tuo disavvantaggio.) (Cap., III, 13).

„Der Fürst muss darauf bedacht sein, dass er gefürchtet wird, so dass er, wenn er schon keine Zuneigung gewinnt, dem Hass entgeht, denn viel besser ist es, zugleich gefürchtet aber nicht verhasst zu sein, was er stets erreichen wird, wenn er sich vom Besitz seiner Bürger und seiner Untertanen und von ihren Frauen fernhält. Und wenn er doch gegen das Blut eines einzelnen vorgehen muss, so sorge er dafür, dass dann eine passende Rechtfertigung und offenbarer Grund vorliegt, aber vor allem halte er sich fern vom Besitz der anderen, denn die Menschen vergessen eher den Tod des Vaters als den Verlust des Vermögens."
(Debbe il principe farsi temere in modo, che se non acquista lo amore, che fugga l'odio, perché più volte bene stare insieme essere temuto e non odiato, il che farà sempre, quando si astenga della roba de sua sudditi, e dalle donne loro. E quando pure li bisognasse procedere contro al sangue di alcuno, farlo quando vi sia iustificazione conveniente e causa manifesta, ma, sopra tutto, astenersi dalla roba di altri, perché gli uomini dimenticano più presto la morte del padre che la perdita del patrimonio.) (Cap. XVII, 3)

„Die Menschen scheuen sich weniger, jemand zu verletzen, der geliebt werden möchte, als jemand, der gefürchtet werden möchte, denn die Zuneigung hängt ab von einem Pflichtbewusstsein, das wegen der Reizbarkeit der Menschen durch jeden Anlaß zum Eigennutz erschüttert wird, aber die Furcht wird durch die Angst vor Strafe bestimmt, die dich nie verlässt."
(Gli uomini hanno meno respetto a offendere uno che si facci amare che uno che si facci temere, perché l'amore e tenuto da uno vinculo di obligo il quale, per essere gli uomini tristi, da ogni occasione di propria utilità è rotto ma il timore e tenuto da una paura di pena che non ti abbandona mai. (Cap. XVII, 2)

„Der Fürst muss darauf achten, dass seinen Mund nie ein Wort verlässt, das nicht voll ist von den nachbezeichneten fünf Eigenschaften, und dass er sichtbar wie hörbar sie zu haben scheint, lauter Frömmigkeit, lauter Redlichkeit, lauter Integrität, lauter Menschlichkeit, lauter Religion. Und nichts ist notwendiger als diese letzte Eigenschaft dem Anschein nach zu haben."
(Debbe avere uno principe gran cura che non gli esca mai di bocca una cosa che non sia piena delle sottoscritte cinque qualità, e paia, a vederlo e udirlo, tutto pietà, tutto fede,

tutto integrità, tutto umanità, tutto religione. E non e cosa più necessaria che parere a avere questa ultima qualità.) (Cap. XVIII, 5)

„Bei der Eroberung eines Staates muss der Eroberer alle jene Untaten begehen, die ihm notwendig erscheinen, und alle auf einmal begehen, um sie nicht täglich erneut begehen zu müssen. Denn die Unrechtstaten müssen alle gleichzeitig geschehen, damit sie weniger verletzen, und Wohltaten müssen stückweise erwiesen werden."
(Nel pigliare uno stato debbe l'occupatore discorrere tutte quelle offese che gli è necessario fare e tutte farle a un tratto per non le avere a rinnovare ogni dì Perché le iniurie si debbono fare tutte insieme acciò che offendino meno e benefizii si debbono fare a poco a poco.) (Cap. VIII, 8)

„... es kann keine guten Gesetze ohne gute Waffen geben, und wo die Waffen gut sind, sollten auch die Gesetze gut sein."
(... non puo essere buone legge dove non sono buone arme e dove sono buone arme conviene sieno buone legge.) (Cap. XII, 1)

Nicht enthalten ist in dieser Blütenlese die nicht selten Machiavelli zugeschriebene, in Wirklichkeit aber nach übereinstimmender Meinung erst nach seinem Tode aufgekommene Bezeichnung „Staatsräson" (Ragione di Stato), die den Staat als denkendes Wesen erscheinen ließ.

Der „Principe" entstand etwa um 1513. Einem Bekannten, dem florentinischen Botschafter in Rom, Francesco Vettori, hat Machiavelli damals das Ereignis mitgeteilt.[7] Ursprünglich nannte er sein Werk „De Principatibus", entsprechend der Einteilung von Staaten, wie er sie in den ersten Abschnitten vorgenommen hatte. Hinter ihm lag eine Zeit erzwungener Reife. Nach dem Tode des Papstes Julius II. und der Niederlage der florentinischen Bürgermilizen bei Prato war die republikanische Stadtverfassung von Florenz beseitigt, der langjährige Gonfaloniere (eigentlich Fahnenträger) Piero Soderini vertrieben und Machiavelli selbst mit anderen Amtsträgern der Republik abgesetzt, zeitweilig sogar eingesperrt und gefoltert. In Florenz, wo bereits die Kirche durch einen Kardinal Giovanni de Medici vertreten wurde, hatten die Medici nun auch die weltliche Macht zurück gewonnen. Machiavelli musste sich auf sein ererbtes Landgut San Casciano zurückziehen, wo er sich wie ein Verbannter fühlte. Er war wohl zu sehr Städter, um das Landleben zu genießen. Seinem Werk muss aber die Einsamkeit gut bekommen sein. 1515 überreichte er es Lorenzo II. de Medici, wahrscheinlich nur mangels eines aus seiner Sicht würdigeren Empfängers. Sein früheres Amt erhielt er nicht zurück. Wenn die Widmung aus Liebedienerei erfolgte, hatte sie sich nicht gelohnt. Lorenzo II. starb bereits 1519. An seiner Stelle übernahm der Kardinal Giulio de Medici die weltliche Macht. Namens des Papstes betraute er Machiavelli mit verschiedenen Aufgaben; im Auftrag der entstehenden Universität Florenz durfte Machiavelli auch eine Geschichte der Stadt schreiben, die ihn seit 1520 fünf Jahre lang beschäftigte. Durch eine Dienstreise nach Modena hatte er Gelegenheit,

---

[7] Machiavelli an Vettori, Brief vom 10.12.1513: „Ho ... composto uno opuscolo. De principatibus dove io mi profondo quanto io posso nelle cogitazioni ... di questo subbietto, disputando che cosa è principato, di quale spetie sono, com'e si acquistono, com e si acquistono, com'e si mantengono, perché e si perdono." Text abgedruckt in: *Machiavelli* (Fn. 1), 38.

sich mit dem dortigen Beauftragten des Papstes, Francesco Guicciardini, anzufreunden; mit diesem hoch gebildeten, 14 Jahre jüngeren Mann (1483–1540) verband ihn lange Zeit hindurch ein reger Briefwechsel. Gestützt auf reiches historisches Wissen, das demjenigen seines Briefpartners kaum nachstand, konnte Guicciardini sich zum Gegenpol seines Freundes entwickeln und dessen Ansicht, dass die Geschichte bestimmten Regeln folge, als „grande errore" bekämpfen; vielmehr seien alle geschichtlichen Ereignisse durch ihre Besonderheit und Ausnahme gekennzeichnet (tutte hanno distinzione e eccezione per la varietà delle circunstanze).[8]

Ab 1525 erreichte Machiavelli die Versöhnung mit seinen bisherigen Gegnern. Er überreichte in Rom dem inzwischen gewählten Papst Clemens VII. seine „Istorie fiorentine" und wurde von ihm zur Vorbereitung der Abwehr eines Angriffs aus dem Norden herangezogen. In Florenz selbst wurde er rehabilitiert. Inzwischen wuchs nach dem Sieg Karls V. über die Franzosen bei Pavia das allgemeine Bewusstsein einer heraufziehenden Gefahr. Noch 1526 schlossen sich Frankreich, der Papst, Venedig und Mailand in der Liga von Cognac gegen den Kaiser zusammen. Machiavelli suchte die Truppe gemeinsam mit seinem Freund Guicciardini anzufeuern. Aber im Mai 1527 erstürmten die „lanzenecchi" des Kaisers die Ewige Stadt und verwüsteten sie; als „sacco di Roma" lebte das Ereignis in der italienischen Geschichte fort. Gleichzeitig wurde in Florenz nach vorübergehendem Waffenstillstand die Regierung der Medici gestürzt und die republikanische Verfassung wieder hergestellt. Machiavelli kehrte daraufhin von Cività Vecchia eilends in die Stadt zurück, musste aber erfahren, dass er nun von den republikanischen Machthabern kaum weniger verabscheut wurde als früher von den Medici. Man hatte seine Zusammenarbeit mit diesen nicht vergessen, las auch sein mittlerweile bekanntes Werk nur noch als Ratschlag, wie der Herrscher die Reichen ausplündern und den Armen ihre Freiheit nehmen könne; die einen hielten ihn für einen Ketzer, die anderen für einen Heuchler. An eine Rückerlangung seiner Ämter war nicht zu denken. Am 21.6.1527 starb er verarmt und verbittert.

Sein Grab liegt im östlichen Teil des Stadtkerns von Florenz, in der Chiesa di Santa Croce, wo in zwei gegenüberliegenden Reihen im Halbdunkel die Sarkophage berühmter Florentiner stehen. An einem von ihnen ist der Name Machiavelli angebracht und darunter findet sich die unbescheidene Aufschrift: „Halt an, Wanderer, und verneige dich vor dem Geist des Florentiners."

---

[8] *Guicciardini,* Opere, 1953, 98; Machiavelli e Guicciardini, nota di Ettore Janni, in: *Machiavelli* (Fn. 1), 57.

The Rule of Law and International Organizations

By Gerhard Hafner

I. Introduction

The famous textbook "Völkerrecht", written originally by Georg Dahm, second edition thoroughly revised by Jost Delbrück and Rüdiger Wolfrum, observes a certain discomfort of Member States with international organizations, in particular with the "power of international technocrats" ("Herrschaft internationaler Technokraten") reflecting the constraints on States effectuated by such organisations.[1] This sentence refers to an issue that, in particular in recent time, has gained wider attention, namely the question whether and if so, to what extent international organizations are subject to the rule of law.

This contribution makes an attempt to briefly structure and summarize, in a very cursory manner, the ramifications of this issue. Several international institutions and *fora* are presently dealing with this issue under various titles such as international organizations and responsibility,[2] international organizations and accountability,[3] international organizations and good governance.[4] The common core of all these subjects is undoubtedly that there exists certain dissatisfaction with international organizations; they are said to suffer from a legal deficiency and democratic deficit or to enjoy wide discretion in their activities, which precludes any reasonable expectation about their future activities and excludes any possibility of control.

This issue became even more critical in view of the fear that international organizations could be (and indeed were) used by the States as a device to avoid responsibility and accountability by transferring the decision making competences to the organizations.[5] This situation was aggravated by the fact that, at the same time, the influence of organizations on international relations started to grow;

---

[1] *Dahm/Delbrück/Wolfrum,* Völkerrecht, Vol. I/1, 2nd ed., 1989, 14.

[2] Cf., e. g., International Law Commission, First Report on Responsibility of International Organizations, by Mr. Giorgio Gaja, Special Rapporteur, UN Doc. A/CN.4/532 of 26 March 2003.

[3] The International Law Association, Report of 70th Conference, New Delhi 2002, 772.

[4] See, for instance, *Wouters/Ryngaert,* Good Governance: Lessons From International Organizations, available on the Internet: <www.law.kuleuven.ac.be/iir/eng/wp/WP54e.pdf>.

[5] Cf. *Barnett/Finnemore,* The Politics, Power, and Pathologies of International Organizations, International Organization 53 (1999), 699 (704).

international organizations began to replace states concerning decisions with a direct impact even on the social, political, economic and legal status of individuals. This growing power of international organizations in international relations and the lack of democracy which they are allegedly suffering[6] risk endangering the standards of international law, which the States already have achieved.

These tendencies generated the increase of the demand for more accountability of international organizations,[7] primarily expressed in the request for a limitation of their power, a stricter compliance with international law and the respect of the rights and interests of individuals.

II. The Different Categories of Legal Relations

The question of the application of the rule of law to international organizations arises in different contexts: In this regard, one can distinguish the legal relations between the international organization and
– its Member States,
– its staff,
– individuals, and, eventually,
– third States.

1. The Relations Between International Organizations and Member States

(i) As far as the legal relations between the organizations and their Member States are concerned, their basis is undoubtedly the constituent instrument.[8] A clear reflection of such a regulation can be found in the preamble of the Vienna Convention on the Law of Treaties between States and International Organizations or between International Organizations of 1986.[9] But, as experience proves the constituent instruments are unable to regulate all matters that can arise during the life of the organization created by them. The doctrine of implied powers[10] has in recent time been stretched very far in order to legitimate the most different activities of the organizations.[11] But, if the treaty endows the organization with a certain competence and authorizes it to certain activities, the additional question arises

---

[6] *Keohane,* International Institutions: Can Interdependence work?, Foreign Policy 1998, 82.

[7] Cf. for instance the Report of the ILA (note 3).

[8] *Seyersted,* International Personality of Intergovernmental Organizations, Indian Journal of International Law 4 (1964), 1 (25).

[9] "Affirming that nothing in the present Convention should be interpreted as affecting those relations between an international organization and its members which are regulated by the rules of the organization."

[10] ICJ, *Reparation for Injuries,* ICJ Reports 1949, 174 (182).

[11] In particular through *Seyersted* (note 8), *passim.*

whether and to which extent these activities are limited by the all encompassing legal system, namely general international law.[12] The theoretical answer is very clear insofar as the activities attributable to the organizations are subject to the rules of general international law as far the latter governs such activities and as far as the organization has no authority to change them. In such a situation the international organizations as subjects of international law and their activities are governed by the general system of international law.[13] However, the result received from the practice is quite different from the answer to the question given by theory insofar as international organizations feel themselves hardly bound by general international law. This issue becomes more serious if an organ starts legislating and changing the applicable rules; it cannot be denied that international organizations expand their power to create applicable rules of international law on their own to the utmost limit.[14] Imperative norms of international law can hardly serve as an ultimate limit to such competence in view of the uncertainty about their substance.[15]

(ii) But, even if the organizations are considered to be bound by a set of rules of general international law, there is hardly any possibility to enforce it. The ICJ cannot be resorted to in cases against the organizations except the – less helpful – cases of advisory opinion, which, however, cannot be initiated by States, but only by the organizations.[16] Whether, as is provided for in Headquarter Agreements, arbitration can be established is again a matter of the relevant organization.[17]

(iii) In this context a further issue arises: Can the creation of an organization be used by its Member States to escape the latter's duties under international law, such as those resulting from treaties conclude by them? There is of course a certain temptation on the side of States to confer relevant competences to the organizations in order to evade their own obligations since the organization is usually not party to such treaties. In this respect, however, a certain limit was already set by the decision of the ECHR in the Matthews case of 18 February

---

[12] See in particular the Bossuyt-Report: "The Adverse Consequences of Economic Sanctions on the Enjoyment of Human Rights", Working paper prepared by Marc Bossuyt, UN Doc. E/CN.4/Sub.2/2000/33.

[13] See *Patel,* The Accountability of International Organisations: A Case Study of the Organisation for the Prohibition of Chemical Weapons, Leiden Journal of International Law 13 (2000), 571 (575).

[14] This tendency raises the question of *ultra vires* acts of international organizations, see *Annacker,* Der fehlerhafte Rechtsakt im Gemeinschafts- und Unionsrecht, 1998, 23.

[15] *Zemanek,* How to Identify Peremptory Norms of International Law, in: Festschrift Tomuschat (forthcoming).

[16] As to a possible detrimental effect see *Aust,* The Role of Human Rights in Limiting the Enforcement Powers of the Security Council: A Practitioner's View, in: de Wet/Nollkaemper (eds.), Review of the Security Council by Member States, 2003, 31 (36).

[17] Cf. Agreement between the Republic of Austria and United Nations regarding the Seat of the United Nations in Vienna of 29 November 1995, BGBl. III, Nr. 99/1995, Section 45 and 46.

1999,[18] but the problem of the general applicability is still unresolved. In particular further complicated issues are generated by these problems such as the attributability of acts of Member States to the organization[19] and *vice versa* or whether organizations have to answer for acts of States performed in application of a binding decision of the organizations.[20]

2. The Relations Between Organizations and Their Staff

The second category of relations is that between the organizations and their staff members as governed by their service contracts. If organizations are deemed to be bound by general international law they would also be subject to human rights as part of customary international law, in particular if the latter are qualified as *ius cogens*. Nevertheless, practice shows that Administrative Tribunals hardly, if at all, refer to human rights as part of general international law;[21] they mostly decide the cases only by referring to the terms of the contract and acquired rights.[22]

3. The Relations Between Organizations and Individuals

In their recent practice, international organizations are performing activities and adopting decisions that directly affect individuals. This development results in particular from the so-called targeted sanctions[23] that are taken in the course of the

---

[18] ECHR, *Matthews v. United Kingdom* (Application No. 24833/94), Judgment of 18 February 1999; this case dealt with the exclusion of Gibraltar from the franchise for the European parliamentary elections. This exclusion was based on the EC legislation, but claimed to be a breach of Article 3 of Protocol No. 1 to the European Convention on Human Rights and Fundamental Freedoms, which provides: "The High Contracting Parties undertake to hold free elections at reasonable intervals by secret ballot, under conditions which will ensure the free expression of the opinion of the people in the choice of the legislature." The Court declared the United Kingdom of having breached its human rights obligation.

[19] See the discussion in the context of the elaboration of draft articles on international responsibility of international organizations by the ILC; United Nations, International Law Commission, Report on the work of its fifty-sixth session (3 May to 4 June and 5 July to 6 August 2004), General Assembly, Official Records, Fifty-ninth Session, Supplement No. 10 (A/59/10), 94.

[20] Cf. WTO, *EC-Computer Equipment*, Report of the Panel of 5 February 1998, WT/DS62/R, WT/DS67/R, WT/DS68/R.

[21] *Schermers/Blokker*, International Institutional Law, 1995, 364; *Pellet*, La grève des fonctionnaires internationaux, RGDIP 79 (1975), 932.

[22] See the Report (Rapporteur: Mr. Giuseppe Aleffi): Nature and scope of the contractually acquired rights of Council of Europe staff, Council of Europe, Parliamentary Assembly, Doc. 8868 of 11 October 2000.

[23] *Elliott*, Analysing the Effects of Targeted Financial Sanctions, in: Swiss Federal Office for Foreign Economic Affairs, Department of Economy in cooperation with the United Nations Secretariat, 2nd Interlaken seminar on targeting UN financial sanctions, March 29–31, 1999, Interlaken, Switzerland, 190.

combat of international terrorism.²⁴ Though they are needed in order to effectively combat international terrorism, it has also been stressed that human rights must be respected and ensured. This was a particular request from the Madrid Meeting of March 2005 where it was stated that "the global phenomenon of terrorism points to the increasing need for, and relevance of, international law responses to terrorism; scrupulous respect for the rule of law, good governance and accountability at the national as well as the international level are absolute requirements for the maintenance of international peace and security and for effectively preventing and suppressing terrorism".²⁵ The Madrid Agenda recommends "the incorporation of human rights laws in all anti-terrorism programmes and policies of national governments as well as international bodies".²⁶

However, as yet, individuals are hardly able to resort to any legal institution to challenge such acts and to institute legal proceedings in order to ensure their human rights.²⁷ A main device that protects organizations against proceedings before national courts is their relatively broad immunity.²⁸ Although first steps in the direction towards a protection of the individual's rights have been taken,²⁹ they are, however, still considered as being insufficient to meet the generally accepted human right standards. This issue is not only a singular matter, namely one of the targeted sanctions taken by the Security Council, but also one relating to other organizations such as the WTO³⁰ or the conditionality of the International Monetary Fund.³¹

---

[24] Cf. for instance the resolution S/RES/1566 (2004), or S/RES/1267 (1999).

[25] Club de Madrid, Preparation for the International Summit on Democracy, Terrorism and Security, 8–11 March 2005, Madrid; Working group on legal responses to terrorism. Co-ordinator: Ambassador Hans Corell, former Legal Counsel of the United Nations.

[26] The Madrid Agenda is available on the Internet: <www.clubmadrid.org/cmadrid/index.php?id=543>.

[27] *Cramér,* Recent Swedish Experiences with Targeted UN Sanctions: The Erosion of Trust in the Security Council, in: de Wet/Nollkaemper (eds.) (note 16), 85 (102).

[28] *Reinisch/Weber,* In the Shadow of Waite and Kennedy. The Jurisdictional Immunity of International Organizations, the Individual's Right of Access to Courts and Administrative Tribunals as Alternative Means of Dispute Settlement, International Organizations Law Review 1 (2004), 59, where immunity granted to international organizations is seen as justified by the accessibility to adequate judicial instruments within the organizations as far as staff members are concerned.

[29] After serious concerns were voiced, the Resolution 1267 Committee adopted a "Delisting procedure" according to which some sort of review of the list could be initiated, see *Cameron,* Targeted Sanctions and Legal Safeguards, available on the Internet: <www-hotel.uu.se/juri/arkiv/sanctions.pdf>, 15.

[30] See *Tandon,* The WTO: A Rich Man's Club, available on the Internet: <www.ictsd.org/dlogue/1999-02-10/TANDON.pdf>, 4.

[31] As to this problem particularly during the 60ies and 70ies, see *Gathii,* Construing intellectual property rights and competition policy consistently with facilitating access to affordable aids drugs to low-end consumers, Florida Law Review 53 (2001), 727 (739).

4. The Relations Between Organizations and Third States

The legal system governing the fourth category of relations, namely those between organizations and third States, is the general system of international law. Activities of organizations with effect to third States have to keep with the legal parameters established by this system, provided the organization enjoys legal personality also in relation to third States.[32] These parameters cannot be altered by the organizations as such; a modification needs the consent of the third State.

Nevertheless, that seemingly simple phrase only disguises structural problems relating to the legal assessment of activities taken in the scope of international organizations. The problem already surfaced as to whom activities performed by organizations and/or their Member States should be attributed[33] and who should assume responsibility for those acts.[34] Since the organizations cannot act without Member States there is a certain need to involve the latter in the activities performed under the auspices of the organizations with the consequence of some sort of joint accountability.

But even if the accountability of the organization has been established, it suffers from the deficiency resulting from the absence of legal institutions competent to decide conflicts between international organizations and third States. The first step in order to offer judicial instruments was set by the United Nations Convention on the Law of the Sea where international organizations were accorded a *ius standi* before international judicial institutions;[35] this first step remained, however, without general consequences.

III. The Function and Objective of General International Law

This brief and very general assessment of the practice of international organizations establishes that there is a certain lack of compliance of organizations with the rule of law, encompassing a deficiency of legal instruments to ensure the compliance with law as well as some doubts as to the applicability of general international law to them.

---

[32] This problem is of particular significance with regard to the legal status of the European Union in relation to non-Member States.

[33] Accordingly, the doctrine discussed whether agreements under Article 24 EUT were to be attributed to the Member States represented by the Council, resp. Presidency, or to the European Union.

[34] United Nations, International Law Commission, Report on the work of its fifty-sixth session (3 May to 4 June and 5 July to 6 August 2004), General Assembly, Official Records, Fifty-ninth Session, Supplement No. 10 (A/59/10), 94.

[35] See Article 7 of Annex IX to the United Nations Convention on the Law of the Sea of 1982, reprinted in: United Nations, The Law of the Sea, 1983, 156.

It may, however, be asked whether there is a need of the application of the rule of law to international organizations: The answer to this question substantially depends on the definition of the genuine function and objective of international law. This function consists in the creation of a certain legal order governing international relations[36] based on commonly shared values and perceptions.[37] Only such a legal order can avoid chaos and anarchy, the absence of any regulatory system governing the foreign policy of States. Such an absence would generate an unpredictability of international interactions of States; States could not rely on any expected attitude of other States based on common values. Limits to the activities of States would only be the power of other States. Neither would the attitude of States become predictable, nor would commonly shared values such as justice and democracy as well as stability in international relations be ensured unless the stability is only based on sheer and unregulated power.[38] But, predictability and stability, justice and democracy as commonly shared values are necessary in order to ensure stable and peaceful relations and to accrue the maximum benefit from international relations for the entire community of States, including mankind, and not only for the most powerful States. Without such a legal order, the attitude of States will become unforeseeable so that the international relations would become very complex. The international legal order would help reduce this complexity[39] and through this reduction ensure confidence in the international system.[40]

Even powerful States would suffer from unpredictability and instability of international relations. As one American international lawyer in the discussion on the withdrawal of the United States from the Optional Protocol to the Vienna Convention on Consular Relations of 1963[41] recently stated, no State, not even the only remaining superpower, has enough gunboats available in order to replace the possibility to resort to institutions like the ICJ as is provided in the Optional Protocol.[42]

---

[36] *Ipsen,* Regelungsbereich, Geschichte und Funktion des Völkerrechts, in: Ipsen, Völkerrecht, 4th ed., 1999, 1 (43).

[37] See *Bederman,* The Spirit of International Law, 2002, 110.

[38] *Byers,* Custom, Power and the Power of Rules, 1999, 6.

[39] *Luhmann,* Vertrauen. Ein Mechanismus der Reduktion sozialer Komplexität, 1973, 35.

[40] *Id.,* 23.

[41] Optional Protocol to the Vienna Convention on Consular Relations Concerning the Compulsory Settlement of Disputes of 24 April 1963; U.N.T.S. Nos. 8638–8640, vol. 596, 262. On March 7, 2005, U.S. Secretary of State Condoleezza Rice sent a letter to the Secretary-General of the United Nations Secretary-General, which stated the following: "This letter constitutes notification by the United States of America that it hereby withdraws from the [Consular Convention's Optional Protocol Concerning the Compulsory Settlement of Disputes]. As a consequence of this withdrawal, the United States will no longer recognize the jurisdiction of the International Court of Justice reflected in that Protocol." See the Information available on the Internet: <www.asil.org/ilib/2005/03/ilib050329.htm#b1>.

[42] This statement was made by Prof. Thomas Franck at the 2005 meeting of the American Society of International Law.

IV. The Relation Between International Organizations and International Law

These conclusions can be applied to international organizations. Without legal order and means to ensure it by judicial means, the activities of organizations would become unpredictable and subject to the influence by the most powerful Member States. The organizations would no longer remain a reliable instrument of international relations, but become dependent on the will of certain Member States governed by their individual, if not even selfish interests. Such a situation, characterized by a lack of compliance with the rule of law, would engender a substantial loss of confidence in the organizations with the consequence of the loss of authority of these institutions.

One must acknowledge that the present world can provide safety to individuals, can ensure their survival under human conditions exclusively through the instrument of international organizations. The efficiency of international organizations substantially depends on the trust States place in them. It is for this purpose important that States have every confidence in them. This confidence can only be established if the States are convinced that the organizations act in full compliance with the rule of law. It is only under these circumstances that international organizations would become effective and reliable in order to secure peace and security in the broadest sense in the interest of mankind.

Arbeitsmarktzugang und Anspruch auf soziale Leistungen im europäischen Ausländerrecht

Von Kay Hailbronner

I. Harmonisierung des Ausländer- und Asylrechts durch das Recht der Europäischen Union

Der Vertrag von Amsterdam hat der Europäischen Gemeinschaft eine weitreichende Gesetzgebungszuständigkeit im Bereich des Einwanderungs- und Asylrechts übertragen. Unter anderem ist die Gemeinschaft dafür zuständig, die Einreise und den Aufenthalt von Drittausländern zu regeln sowie Maßnahmen zu erlassen, unter denen Drittstaatsangehörige, die bereits ein längerfristiges Aufenthaltsrecht in einem Mitgliedstaat haben, sich in einem anderen Mitgliedstaat auf Dauer niederlassen können. Gestützt auf diese Kompetenzen hat der Rat eine Reihe von Richtlinien erlassen, die regelmäßig in einem Zeitraum von zwei Jahren, d. h. bis Mitte 2006, umgesetzt werden müssen. Das Zuwanderungsgesetz hat in einigen Fällen den Richtlinien Rechnung getragen, aber bei weitem nicht alle Änderungen berücksichtigen können, die sich aus der Richtlinienumsetzung ergeben. So ist daher die Prognose, dass nicht nur im Hinblick auf innerstaatliche Anpassungen an mittlerweile verabschiedete Vorschriften, sondern vor allem im Hinblick auf die Notwendigkeit der Anpassung an ca. 10 ausländer- und asylrechtliche Richtlinien der Europäischen Union, das Zuwanderungsgesetz reformbedürftig ist. Um nur einige zu nennen:

– Familiennachzug von Drittstaatsangehörigen,
– Aufenthaltsrecht von Studenten,
– Aufenthaltsrecht der Opfer von Menschenhandel,
– die rechtliche Stellung von Unionsbürgern,
– die Qualifizierung als Flüchtlinge oder Personen, die berechtigt sind, subsidiären Schutz in Anspruch zu nehmen,
– Mindeststandard im Asylverfahren,
– Richtlinie über die aufenthaltsrechtliche Stellung von Drittstaatsangehörigen, die einen langfristigen Aufenthaltstitel in einem anderen Mitgliedstaat besitzen.

Einige dieser Richtlinien – nicht alle – erfordern substantielle Änderungen im Zuwanderungsgesetz. Um nur einige Beispiele zu nennen:

– Unionsbürger haben nach einem 5-jährigen rechtmäßigen Aufenthalt ein besonders privilegiertes Aufenthaltsrecht, das nur noch unter ganz besonderen Bedin-

gungen aufenthaltsbeendende Maßnahmen zulässt und z. B. im sozialrechtlichen Bereich umfassende Gleichbehandlung gewährt;
- Drittstaatsangehörige, die bereits anderweitig ein Aufenthaltsrecht in einem anderen Mitgliedstaat haben, haben Anspruch auf einen besonderen Aufenthaltstitel, wenn sie sich entschließen, sich in Deutschland niederzulassen.

Schon aus zeitlichen Gründen war es nicht möglich, all dies in das Zuwanderungsgesetz einzubeziehen. Sowohl das Aufenthaltsgesetz als auch das EU-Freizügigkeitsgesetz werden daher im nächsten Jahr novelliert werden müssen.

In der Palette der Rechtsakte fehlt bislang ein wichtiges Teilstück, nämlich die Richtlinie über die Zulassung von Drittstaatsangehörigen zum Zweck der Ausübung einer Beschäftigung. Ein Richtlinienvorschlag der Kommission vom Jahr 2001[1] sah vor, dass Staatsangehörige, die bestimmte Voraussetzungen erfüllen, ein Recht auf Erteilung einer Aufenthaltserlaubnis zum Zweck der Ausübung einer Beschäftigung erhalten sollten. Ein Antrag sollte durch den Drittstaatsangehörigen oder den zukünftigen Arbeitgeber gestellt werden können auf der Basis eines gültigen Arbeitsvertrags und des Nachweises, dass ein Arbeitsplatz auf Grund einer mindestens vierwöchigen europaweiten Ausschreibung nicht durch einen Unionsbürger oder einen rechtmäßig in der Gemeinschaft ansässigen Drittstaatsangehörigen besetzt werden kann. Die Aufenthaltserlaubnis sollte für eine Dauer von zunächst drei Jahren erteilt werden und für einen weiteren Zeitraum von drei Jahren verlängerbar sein. Drittstaatsangehörige sollten in Bezug auf die Arbeitsbedingungen, Anerkennung von Diplomen und soziale Sicherheit Unionsbürgern gleichberechtigt sein. Arbeitslosigkeit wird nicht als ausreichender Grund für die Beendigung des Aufenthaltsrechts anerkannt, sofern sie nicht einen Zeitraum von 6 Monaten übersteigt, wenn es sich um Drittstaatsangehörige handelt, die bereits seit 2 Jahren in der Gemeinschaft sind.

Die Verhandlungen im Rat über diese Richtlinie sind insbesondere im Hinblick auf das Rekrutierungsverfahren und über die Befugnisse der Mitgliedstaaten, den Zugang von Drittstaatsangehörigen zum Arbeitsmarkt zu entscheiden, ins Stocken geraten. Es ist derzeit nicht absehbar, ob in nächster Zeit eine Einigung über die Richtlinie erreicht werden kann.

Bei den Einwirkungen des europäischen Gemeinschaftsrechts lassen sich vereinfacht folgende Kategorien von Drittstaatsangehörigen unterscheiden:

1. Unionsbürger und freizügigkeitsberechtigte Familienangehörige von Unionsbürgern,
2. türkische Staatsangehörige, die auf Grund des Assoziationsrechts eine privilegierte Stellung beim Zugang zum Arbeitsmarkt und damit auch in Bezug auf das Aufenthaltsrecht genießen,
3. privilegierte Drittstaatsangehörige, die bereits ein Aufenthaltsrecht in der Gemeinschaft haben und innerhalb der Gemeinschaft weiterwandern,

---

[1] KOM (2001) 386.

4. sonstige Drittstaatsangehörige, die auf Grund von EU-Richtlinien ein Recht auf Aufenthalt in einem Mitgliedstaat der Union entweder als Flüchtlinge, humanitär schutzwürdige Personen, Familienangehörige oder als Wanderarbeitnehmer beanspruchen.

II. Die aufenthaltsrechtliche Stellung von Drittstaatsangehörigen

Das Recht der Mitgliedstaaten der Union, über die Einreise und den Aufenthalt von Drittstaatsangehörigen zum Zweck der Ausübung einer Beschäftigung zu entscheiden, wird grundsätzlich durch das Unionsrecht nicht eingeschränkt, so lange keine einschlägigen Richtlinien über die Einreise und den Aufenthalt von Wanderarbeitnehmern vorliegen. Umstritten war und ist, wie weit die Kompetenz der Union nach Art. 63 Ziff. 3 des EG-Vertrages reicht, Regelungen über den Zugang von Drittstaatsangehörigen zum Arbeitsmarkt der Mitgliedstaaten zu erlassen. Ausdrücklich steht darüber im Vertrag nichts. Der Vertrag spricht von Einreise- und Aufenthaltsvoraussetzungen sowie Normen für die Verfahren zur Erteilung von Visa für einen langfristigen Aufenthalt und Aufenthaltstiteln, einschließlich solcher zur Familienzusammenführung durch die Mitgliedstaaten. Die Kommission hat sich auf den Standpunkt gestellt, dass dies auch die Zulassung von Drittstaatsangehörigen zum Arbeitsmarkt einschließt, während Deutschland die Position vertreten hat, dass die Zulassung zum Arbeitsmarkt von der Kompetenz der Mitgliedstaaten nicht gedeckt wird. Tatsächlich enthalten aber eine Reihe von Richtlinien, die mittlerweile verabschiedet worden sind, Regeln über den Zugang zum Arbeitsmarkt, wobei diese Bestimmungen in der Regel zu den am heftigsten umstrittenen Vorschriften gehören. Bei der Richtlinie betreffend die Familienzusammenführung[2] bestimmt Art. 14 Abs. 2, dass die Mitgliedstaaten gemäß dem nationalen Recht beschließen können, unter welchen Bedingungen die Familienangehörigen eine unselbständige oder selbständige Erwerbstätigkeit ausüben können. Vorgesehen werden kann eine maximale Frist von 2 Monaten. Nach Ablauf dieser Frist müssen die Mitgliedstaaten eine Arbeitsmarktprüfung durchführen, bevor sie den Familienangehörigen gestatten, eine unselbständige oder eine selbständige Erwerbstätigkeit auszuüben. Daraus folgt, dass nach Ablauf eines Jahres der prinzipielle Zugang zum Arbeitsmarkt nicht beschränkt werden kann, wohl aber eine Vorrangprüfung nach wie vor zulässig ist. Soweit der Familiennachzug den Familienangehörigen im weiteren Sinne, also z. B. Eltern und unverheirateten Kindern, gestattet wird, können die Mitgliedstaaten den Zugang nach nationalem Recht einschränken.[3]

Das Zuwanderungsgesetz sieht bei Familienangehörigen von Deutschen einen unbeschränkten Zugang zum Arbeitsmarkt vor,[4] bei Familienangehörigen von

---

[2] Richtlinie 2003/86 v. 22.9.2003.
[3] Vgl. Art. 14 Abs. 2.
[4] § 28 Abs. 5 AufenthG.

Ausländern einen Zugang zum Arbeitsmarkt nach Maßgabe der Erlaubnis durch die Bundesagentur für Arbeit, wenn der Ausländer, zu dem der Familiennachzug erfolgt, zur Ausübung einer Erwerbstätigkeit berechtigt ist oder wenn die eheliche Lebensgemeinschaft seit mindestens zwei Jahren rechtmäßig im Bundesgebiet bestanden hat.[5] Mit der Richtlinie dürften diese Einschränkungen vereinbar sein, da auch die Richtlinie davon ausgeht, dass die Familienangehörigen „in gleicher Weise wie dieser selbst" das Recht auf Zugang zu einer unselbständigen oder selbständigen Erwerbstätigkeit haben.

Über die sozialrechtliche Stellung von nicht privilegierten Drittstaatsangehörigen sagt die Richtlinie nichts aus. Lediglich in Bezug auf den Zugang zu allgemeiner Bildung wie zur beruflichen Ausbildung, Fortbildung und Umschulung besteht ein Anspruch auf Gleichbehandlung mit dem Zusammenführenden, nicht aber ein allgemeiner Anspruch auf Inländergleichbehandlung.

Differenziert geregelt ist der Zugang zur Beschäftigung und zu Sozialleistungen bei anderen Kategorien nicht privilegierter Drittstaatsangehöriger, wie z.B. Flüchtlingen und Personen, die subsidiären Schutz genießen; anerkannte Flüchtlinge haben nach der Richtlinie 2004/83[6] Anspruch auf Zugang zum Arbeitsmarkt „nach den Vorschriften, die für den betreffenden Beruf oder für die öffentliche Verwaltung allgemein gelten". Bei Personen, die subsidiären Schutz genießen, d. h. im Wesentlichen Personen, denen nach § 25 Abs. 3 eine Aufenthaltserlaubnis wegen des Vorliegens von Abschiebungshindernissen zusteht, wird die Aufnahme einer Erwerbstätigkeit ebenfalls gestattet, wobei die nationale Arbeitsmarktlage in den Mitgliedstaaten unter Durchführung einer Vorrangprüfung bei Beschäftigungszugang berücksichtigt werden kann. Für Sozialhilfeleistungen ist prinzipiell Inländergleichbehandlung vorgesehen. Eine Einschränkung macht die Richtlinie aber bei der Sozialhilfe für Personen, denen der subsidiäre Schutzstatus zuerkannt worden ist. Hier kann die Sozialhilfe auf Kernleistungen beschränkt werden, wie sie im gleichen Umfang und unter denselben Voraussetzungen für eigene Staatsangehörige gewährt werden. Eine entsprechende Einschränkung ist auch bei der medizinischen Versorgung möglich. Für Asylbewerber ist dagegen grundsätzlich eine Beschränkungsmöglichkeit bis auf ein Jahr nach Einreichung des Asylantrags zugelassen. Nach Ablauf dieses Zeitraums haben die Mitgliedstaaten zu beschließen, unter welchen Voraussetzungen dem Asylbewerber Zugang zum Arbeitsmarkt gewährt wird. Für die sozialen Rechte ist sowohl eine Beschränkung bei der medizinischen Versorgung als auch bei dem Zugang zu Sozialleistungen vorgesehen, indem die materiellen Aufnahmebedingungen in Form von Sachleistungen, Geldleistungen oder Gutscheinen oder einer Kombination dieser Leistungen gewährt werden können.

---

[5] § 29 Abs. 5 AufenthG.

[6] Richtlinie v. 29.4.2004 über Mindestnormen für die Anerkennung und den Status von Drittstaatsangehörigen oder Staatenlosen als Flüchtlinge oder als Personen, die anderweitig internationalen Schutz benötigen und über den Inhalt des zu gewährenden Schutzes.

Von erheblicher praktischer Bedeutung ist indes die vor kurzem verabschiedete Richtlinie über die Rechtsstellung der langfristig aufenthaltsberechtigten Drittstaatsangehörigen.[7] Es geht hier um den Rechtsstatus von Drittstaatsangehörigen auf der gemeinschaftsrechtlichen Ebene. Bislang hatten Drittstaatsangehörige, sieht man von dem Recht ab, auf Grund eines gemeinschaftseinheitlichen Visums sich kurzfristig in den Mitgliedstaaten der Europäischen Union aufzuhalten, keine gemeinschaftsweit geltenden Rechte, wenn es um einen langfristigen Aufenthalt und den Zugang zum Arbeitsmarkt ging. 1999 beschloss der Europäische Rat von Tampere, dass der Status von Drittstaatsangehörigen, die bereits über ein Aufenthaltsrecht in einem Mitgliedstaat der Gemeinschaft verfügen, zu verbessern sei, insbesondere durch Einbeziehung eines Freizügigkeitsrechts im Sinne eines freien Personenverkehrs innerhalb der Gemeinschaft. Die Rechtsstellung der Drittstaatsangehörigen, die über einen gesicherten Aufenthaltstitel in einem Mitgliedstaat verfügen, sollte daher an diejenige der Staatsangehörigen der Mitgliedstaaten angenähert werden und einen langfristigen Aufenthaltstitel beinhalten mit Rechten, „die denjenigen der Unionsbürger so nahe wie möglich sind".[8] Allerdings haben sich die Verhältnisse bezüglich des Arbeitsmarktes und der sozialen Systeme nicht unerheblich, zumindest stimmungsmäßig, verändert. Spätestens seit 2001 bestimmt das Problem der Reduzierung von Arbeitslosigkeit die migrationspolitische Situation in erheblich stärkerer Weise als dies noch Ende der 90er Jahre der Fall war. Die Analyse, wonach ein Arbeitskräftebedarf allenfalls bei bestimmten spezialisierten Branchen festgestellt werden kann, hat sich daher auch in den Vorschriften der Richtlinie über das Daueraufenthaltsrecht von Drittstaatsangehörigen niedergeschlagen. Die Richtlinie enthält zwei wesentliche, für den Zugang zum Arbeitsmarkt und für die Sozialsysteme praktisch bedeutsame Vorschriften. Zunächst legt sie Kriterien fest, die für die Erlangung der Rechtsstellung eines „langfristig Aufenthaltsberechtigten" erfüllt sein müssen. Das ist zum einen der 5 Jahre dauernde, ununterbrochene Aufenthalt im Hoheitsgebiet eines Mitgliedstaates, wobei bestimmte Zeiten zur Hälfte angerechnet werden. Darüber hinaus verlangt die Richtlinie auch das Vorliegen fester und regelmäßiger Einkünfte, die ohne Inanspruchnahme von Sozialhilfe den Lebensunterhalt des Drittstaatsangehörigen und seiner Familienangehörigen ermöglichen, und eine Krankenversicherung. Sind diese Voraussetzungen gegeben, besteht grundsätzlich ein Recht auf Zugang zum Arbeitsmarkt. Allerdings können Zugangsbeschränkungen, die nach den nationalen oder gemeinschaftsrechtlichen Rechtsvorschriften einen Vorrang von eigenen Staatsangehörigen und gleichberechtigten Unionsbürgern vorsehen, beibehalten werden. Auch der Hochschulzugang kann von der Erfüllung besonderer Bildungsvoraussetzungen abhängig gemacht werden.

---

[7] Richtlinie v. 23.1.2004; vgl. dazu *Hauschild*, Neues Europäisches Einwanderungsrecht: Das Daueraufenthaltsrecht von Drittstaatlern, ZAR 2003, 350 ff.; *Hailbronner*, Langfristig aufenthaltsberechtigte Drittstaatsangehörige, ZAR 2004, 163 ff.

[8] Vgl. Erwägungsgrund Nr. 2 der Richtlinie 2003/109.

Auch bei den allgemeinen Sozialhilfeleistungen können die Mitgliedstaaten Gleichbehandlung auf „Kernleistungen" beschränken. Darunter verstehen die Erwägungsgründe zumindest ein Mindesteinkommen sowie die Unterstützung bei Krankheit, Schwangerschaft, Elternschaft und Langzeitpflege. Die Modalitäten bei Gewährung dieser Leistungen sollen der Bestimmung durch das nationale Recht überlassen bleiben. Im Übrigen besteht Gleichbehandlung insbesondere beim Zugang zur allgemeinen und beruflichen Bildung, sowie zu Stipendien und Ausbildungshilfen, wobei im Rahmen von Sozialhilferegelungen finanzierte Maßnahmen wiederum ausgenommen sind. Die Gleichbehandlung wirkt auch nicht zwangsläufig für Familienangehörige, da Mitgliedstaaten die Möglichkeit haben, den Zugang zu Stipendien und Ausbildungshilfen daran zu knüpfen, dass die Familienangehörigen die Voraussetzungen für die Erlangung der Rechtsstellung eines langfristig Aufenthaltsberechtigten selbst erfüllen. Die neue Richtlinie wird wohl bei der Umsetzung im deutschen Recht keine allzu großen Schwierigkeiten aufwerfen, da es eine entsprechende Einschränkung beim Zugang zur Sozialhilfe nicht gibt.

Die eigentliche Besonderheit der Richtlinie liegt jedoch darin, dass mit dem neuen Titel der langfristigen Aufenthaltsberechtigung auch das Recht erworben wird, sich in einem anderen Mitgliedstaat niederzulassen. Das Weiterwanderungsrecht umfasst die Aufnahme einer Erwerbstätigkeit, aber auch Studium oder Berufsausbildung oder sonstige nichtwirtschaftliche Zwecke, wobei allerdings auch hier vorausgesetzt wird, dass feste und regelmäßige Einkünfte ohne Inanspruchnahme von Sozialhilfeleistungen und eine Krankenversicherung nachgewiesen werden. Wer weiterwandert, kann grundsätzlich Zugang zum Arbeitsmarkt beanspruchen, wobei die Mitgliedstaaten ungeachtet dieses Rechts eine Arbeitsmarktprüfung durchführen können und hinsichtlich der Anforderungen der Besetzung einer freien Stelle ihre nationalen Verfahren anwenden können. Die Vorrangprüfung für Unionsbürger und sonstige privilegierte Drittstaatsangehörige kann beibehalten werden.[9] Schließlich können die Mitgliedstaaten Quotenregelungen für die Zulassung von Drittstaatsangehörigen beibehalten, sofern diese bei Annahme der Richtlinie bereits im geltenden Recht vorgesehen sind. Sobald langfristig Aufenthaltsberechtigte im zweiten Mitgliedstaat ihren spezifischen Aufenthaltstitel erhalten haben, gilt nunmehr für diese das Gebot der Gleichbehandlung, das nach der Richtlinie auch die Gleichbehandlung nach der erstmaligen Erteilung des langfristigen Aufenthaltsrechts umfasst. Für den Zugang zum Arbeitsmarkt können allerdings für Drittstaatsangehörige weiterhin gewisse Beschränkungen vorgenommen werden, indem die Mitgliedstaaten für einen Zeitraum von höchstens 12 Monaten einen beschränkten Zugang zu anderen unselbständigen Erwerbstätigkeiten als denjenigen, für die ihnen ihr Aufenthaltstitel gewährt wurde, vorsehen. Die Grundregel, wonach langfristig Aufenthaltsberechtigte Zugang zum Arbeitsmarkt nach dem Grundsatz der Gleichbehandlung haben, wird auf diese Weise eingeschränkt.

---

[9] Vgl Art. 14 Abs. 3 Unterabs. 2.

III. Die Rechtsstellung von Unionsbürgern

Während für privilegierte Drittstaatsangehörige auch nach der Richtlinie über die Erlangung eines gesicherten Aufenthaltsrechts noch Beschränkungen beim Zugang zum Arbeitsmarkt bestehen, gibt es für Unionsbürger und freizügigkeitsberechtigte Familienangehörige keine derartigen Beschränkungen. Sie sind grundsätzlich ohne jede Einschränkung in allen Bereichen des Arbeitslebens gleichgestellt. Ähnliches gilt grundsätzlich auch für den Zugang zu den Sozialleistungssystemen der Mitgliedstaaten, jedenfalls soweit es sich um Ansprüche für Arbeitnehmer und ihre Familienangehörigen auf Leistungen der sozialen Sicherheit im Sinne der Koordinierungsverordnung[10] handelt.

Allerdings hat das Gemeinschaftsrecht bislang beim Zugang zu Sozialleistungen unterschieden zwischen verschiedenen Kategorien von Unionsbürgern. Im EG-Vertrag sind die wirtschaftliche Betätigung von Unionsbürgern, die Arbeitnehmerfreizügigkeit, die Dienstleistungsfreiheit und die Niederlassungsfreiheit geregelt. Zahlreiche Richtlinien und Verordnungen haben insbesondere für die Arbeitnehmer eine umfassende Gleichbehandlung nicht nur bei den Arbeitsbedingungen, sondern auch bei jeder Art von sozialen und steuerlichen Vergünstigungen hergestellt. Der Europäische Gerichtshof hat diese Bestimmungen im Sinne einer möglichst umfassenden Verwirklichung der Marktfreiheit sehr weit interpretiert und z. B. als soziale Vergünstigung im Sinne der Verordnung 1612/68 auch das Recht angesehen, aus dem Grundsatz der Gleichbehandlung ein Aufenthaltsrecht für einen nichtehelichen Lebenspartner beanspruchen zu können, wenn das nationale Recht ein derartiges Aufenthaltsrecht für Inländer vorsah.[11] In die Gleichbehandlung beim Zugang zu Sozialleistungen aller Art sind nach der EuGH-Rechtsprechung auch Familienangehörige, ungeachtet ihrer Nationalität einbezogen worden. So hat das italienische Kind eines in Deutschland lebenden italienischen Wanderarbeitnehmers Anspruch auf Finanzierung seines Studiums in Mailand auf Grund der BAföG-Vorschriften, die eine Finanzierung des Auslandsstudiums unter bestimmten Voraussetzungen vorsehen, ohne Rücksicht darauf, ob Italien entsprechende Studienbeihilfen oder Darlehen vorsieht.[12]

Allerdings hat das europäische Gemeinschaftsrecht bislang zwischen erwerbstätigen und nicht erwerbstätigen Unionsbürgern und ihren Familienangehörigen differenziert. Grundsätzlich war und ist Voraussetzung für ein Aufenthaltsrecht nichterwerbstätiger Unionsbürger nach drei Richtlinien von 1990 bzw. 1992, dass sie über ausreichende Mittel zum Lebensunterhalt und einen Krankenversicherungsschutz verfügen. Gestützt auf diese Unterscheidung hatte der EuGH in einem früheren Verfahren unter anderem entschieden, dass Unionsbürger, die in einem

---

[10] Früher Verordnung Nr. 1408/71; auch VO Nr. 833/2004 v. 29.4.2004, ABl. L 200 v. 7.6.2004, 1; vgl. dazu *Marhold,* Das neue Sozialrecht der EU, 2005.

[11] Vgl. EuGH, Rs. 59/85, *Reed,* Slg. 1986, 128.

[12] EuGH, Rs. C-308/89, *Carmina di Leo,* Slg. 1990, I-4185; vgl. dazu *Hailbronner,* EuZW 1991, 171.

anderen Mitgliedstaat studieren wollen, sich zwar auf die Inländergleichbehandlung beim Zugang zur Ausbildung, d. h. z. B. bei Gebührenregelungen, berufen können, nicht aber auf Studienbeihilfen, die den Lebensunterhalt von Studierenden decken sollen.[13] Ähnlich hat der EuGH entschieden für die Frage des Zugangs zur Sozialhilfe von Unionsbürgern, die sich in einen anderen Mitgliedstaat zum Zweck der Arbeitssuche begeben.

Diese Entscheidungen ergingen allerdings zu einem Zeitpunkt, zu dem die Unionsbürgerschaft noch nicht in den Vertrag aufgenommen worden war. Nun gewährleistet allerdings der EG-Vertrag in Art. 18 ein Aufenthaltsrecht von Unionsbürgern lediglich unter den in diesem Vertrag und den dazu ergangenen Rechtsvorschriften vorgesehenen Bedingungen und Beschränkungen. Es ließe sich eigentlich bei unbefangener Auslegung der gemeinschaftsrechtlichen Vorschriften ableiten, dass ein Aufenthaltsrecht von Unionsbürgern nur besteht, solange die in den einschlägigen Rechtsvorschriften des Gemeinschaftsrechts niedergelegten Voraussetzungen, insbesondere die Mittel zum Lebensunterhalt, d. h. die Nichtinanspruchnahme von Sozialhilfe und die sonstigen Bedingungen weiterhin gegeben sind. In seiner neueren Rechtsprechung weicht der EuGH allerdings hiervon grundsätzlich ab unter Berufung darauf, dass die Unionsbürgerschaft der fundamentale Status des Unionsbürgers sei.

Mittlerweile hat der Gerichtshof in einer Reihe von Entscheidungen deutlich gemacht, dass es sich hierbei nicht nur um einen Sonderfall handelt, sondern dass seine Rechtsprechung verallgemeinerbar ist. Ein Beispiel ist etwa der Fall *Trojani*.[14] *Trojani* ist ein französischer Staatsangehöriger, der sich in Belgien seit 2001 aufhielt und dort in ein Heim der Heilsarmee aufgenommen wurde, wo er im Rahmen des Projekts der gesellschaftlichen und beruflichen Eingliederung verschiedene Leistungen erbrachte. Da er mittellos war, beantragte er bei den belgischen Behörden, ihm die Sozialhilfe in Form des „Minimex" zu gewähren. Der Gerichtshof stellte zunächst fest, der Kläger könne sich nur dann auf ein Aufenthaltsrecht als Arbeitnehmer im Sinne von Art. 39 EG berufen, wenn es sich bei der von ihm ausgeübten unselbständigen Tätigkeit um eine tatsächliche und echte berufliche Tätigkeit handle. Dies ist wohl auf Grund der Fakten im vorliegenden Fall zu verneinen, muss aber letztlich von den nationalen Gerichten entschieden werden. Die eigentlich brisante Frage war, ob sich ungeachtet dessen der Kläger auf die Unionsbürgerschaft berufen könne.

Der EuGH stellt fest, die Unionsbürgerschaft sei zwar nicht unbeschränkt gewährleistet, sondern setze im Prinzip ausreichende Existenzmittel im Sinne der RL 90/364 voraus. Dennoch könne er sich auf Art. 12 EG, d. h. den allgemeinen Grundsatz, wonach im Anwendungsbereich des Vertrags eine Diskriminierung aus Gründen der Staatsangehörigkeit verboten ist, berufen. Aus der Tatsache, dass die Mitgliedstaaten den Aufenthalt eines nicht wirtschaftlich aktiven Unionsbürgers

---

[13] EuGH, Rs. 316/85, *Lebon*, Slg. 1987, 2811.
[14] EuGH v. 7.9.2004, Rs. C-956/, *Trojani*, Slg. 2004, C-456/02.

zwar von der Verfügbarkeit ausreichender Existenzmittel abhängig machen dürften, ergebe sich nämlich nicht, dass einer solchen Person während ihres rechtmäßigen Aufenthalts im Aufnahmemitgliedstaat nicht das Prinzip der Gleichbehandlung zu Gute komme. Auch die Sozialhilfe falle in den Anwendungsbereich des Vertrages. Zwar dürfe ein Mitgliedstaat bei Nichterfüllung der Voraussetzungen für das Aufenthaltsrecht ggf. eine Ausweisungsmaßnahme vornehmen. Die Inanspruchnahme des Sozialhilfesystems durch einen Unionsbürger dürfe jedoch nicht „automatisch" eine solche Maßnahme zur Folge haben.[15]

Im Fall *Collins*[16] hat der EuGH dies auch für die Berufung eines Unionsbürgers, der in einem anderen Mitgliedstaat nach einer Beschäftigung sucht, bestätigt. Er stellt fest, dass im Gegensatz zu seiner früheren Rechtsprechung der Anspruch auf Gleichbehandlung beim Bezug von Sozialhilfe in den Anwendungsbereich des Vertrags fällt und sich daher auch ein Arbeitssuchender auf die Inländergleichbehandlung bei der Sozialhilfe berufen könne. Zwar wird der Leistungsanspruch zuwandernder Unionsbürger in unklarer Weise dadurch eingeschränkt, dass ein Aufnahmemitgliedstaat als Voraussetzung der Gewährung finanzieller Leistungen eine sachgerechte Verbindung zwischen der Arbeitssuche und dem Arbeitsmarkt verlangen dürfe, z. B. dadurch, dass die betreffende Person für einen vernünftigen Zeitraum ernsthaft Arbeit im Aufnahmemitgliedstaat gesucht und zu diesem Zweck bereits eine gewisse Zeit im Aufnahmemitgliedstaat gewohnt habe. Der Zeitraum müsse jedoch in einem angemessenen Verhältnis zu den legitimen Zielen nationaler Gesetzgebung stehen und unabhängig von der Staatsangehörigkeit der betroffenen Person gelten.

Eine mögliche Grenzziehung machen die Schlussanträge des Generalanwalts *Geelhoed* in der Rs. C-209/03.[17] Es ging hier um einen französischen Staatsangehörigen, der von vornherein nach England zum Zweck des Studiums eingereist war, mit der Absicht, dort finanzielle Zuschüsse für das Studium in Form eines zinslosen Darlehens zu beantragen. Nach den einschlägigen englischen Vorschriften erfüllte er jedoch nicht die nach inländischem Recht erforderliche Wohnzeit von 4 Jahren. Nach Auffassung des Generalanwalts ist ungeachtet der eindeutig entgegenstehenden Vorschriften des sekundären Gemeinschaftsrechts, insbesondere der Richtlinie über die Studenten seit der Einführung der Unionsbürgerschaft und „im Hinblick auf die Entwicklungen im Zusammenhang mit der Zuständigkeit der Union im Bereich der Bildung" die Unterhaltsförderung für Studenten in Form von Darlehen oder Stipendien vom Inländergleichbehandlungsgrundsatz des EG-Vertrags umfasst.

Die umfassende Gleichbehandlung gilt jedoch nach dieser Auffassung nur dann, wenn dem Studenten eine unbeschränkte Aufenthaltsgenehmigung erteilt worden wäre. Wird dagegen nur eine befristete Aufenthaltsgenehmigung erteilt

---

[15] Vgl. EuGH v. 7.9.2004, Rs. C-456/02, Rn. 45.
[16] Rs. C-1378/02.
[17] V. 11.11.2004, *The Queen v. London Borough of Ealing*, Rs. C-456/02

und hat der betreffende Unionsbürger kein uneingeschränktes Aufenthaltsrecht, könne er auch nicht auf Grund des Diskriminierungsverbots eine völlige Gleichbehandlung bei einem Zugang zu sozialen Leistungen beanspruchen. Es bleibt abzuwarten, ob der Gerichtshof dieser Auffassung folgen wird.

Mit der Unionsbürgerrichtlinie 2004/38[18] ist der aufenthalts- und sozialrechtliche Status des Unionsbürgers grundlegend neu geregelt worden. Die Richtlinie führt eine neue Unterscheidung ein zwischen dem „gewöhnlichen" Aufenthaltsrecht, das jedem Unionsbürger im Hoheitsgebiet eines anderen Mitgliedstaats zusteht, wenn er entweder Arbeitnehmer ist oder für sich und seine Familienangehörigen über ausreichende Existenzmittel verfügt, und einem besonderen Recht auf Daueraufenthalt für solche Unionsbürger, die sich rechtmäßig fünf Jahre lang ununterbrochen im Aufnahmemitgliedstaat aufgehalten haben. Das Daueraufenthaltsrecht nach 5-jährigem rechtmäßigem Aufenthalt ist nicht mehr an die allgemeinen Voraussetzungen des Nachweises von ausreichenden Mitteln und einem Krankenversicherungsschutz geknüpft. Es beinhaltet vielmehr einen weitergehenden Anspruch auf Gleichbehandlung. Zwar gilt grundsätzlich für alle Unionsbürger ein Anspruch auf Gleichbehandlung, der sich auch auf Familienangehörige erstreckt, die nicht die Staatsangehörigkeit eines Mitgliedstaates besitzen und das Recht auf Aufenthalt oder das Recht auf Daueraufenthalt genießen. Eine Einschränkung macht jedoch die Richtlinie bei anderen Personen als Arbeitnehmern oder Selbständigen bezüglich der ersten drei Monate des Aufenthalts für der Zeitraum danach insofern, als der Aufnahmemitgliedstaat nicht verpflichtet ist, diesen Personen einen Anspruch auf Sozialhilfe oder vor Erwerb des Rechts auf Daueraufenthalt Studienbeihilfen, einschließlich Beihilfen zur Berufsausbildung in Form eines Stipendiums oder Studiendarlehens zu gewähren. Daraus ergibt sich folgende Unterscheidung: Grundsätzlich ist für einen Zeitraum von fünf Jahren das Aufenthaltsrecht von Unionsbürgern von gewissen Voraussetzungen abhängig. Allerdings lässt sich aus der Richtlinie mittelbar entnehmen, dass die Sozialhilfeabhängigkeit noch nicht unmittelbar zu einem Verlust des Aufenthaltsrechts führt. Vielmehr steht den Unionsbürgern und den Familienangehörigen das Aufenthaltsrecht solange zu, solange sie die Sozialhilfeleistungen des Aufnahmemitgliedstaates nicht unangemessen in Anspruch nehmen. Die Inanspruchnahme von Sozialhilfeleistungen darf daher nicht automatisch zu einer Ausweisung führen.[19] Darüber hinaus darf gegen Unionsbürger oder ihre Familienangehörigen auf keinen Fall eine Ausweisung verfügt werden, wenn die Unionsbürger Arbeitnehmer oder Selbständige sind oder die Unionsbürger in das Hoheitsgebiet des Aufnahmemitgliedstaates eingereist sind, um Arbeit zu suchen. In diesem Fall dürfen sie nicht ausgewiesen werden, solange sie nachweisen können, dass sie weiterhin Arbeit suchen und dass sie eine begründete Aussicht haben, eingestellt zu werden. Solange diese Voraussetzung erfüllt ist, besteht auch ein Anspruch auf Gleichbehandlung beim

---

[18] ABl. L 158 v. 30.4.2004, 1; ber. ABl. L 229 v. 29.6.2004, 35.
[19] So ausdrücklich Art. 14 Abs. 3 der Richtlinie.

Zugang zu allen Sozialleistungen, die ein Staat für Arbeitssuchende zur Verfügung stellt.

Nach Erwerb des Daueraufenthaltsrechts gelten diese Beschränkungen nicht mehr. Es besteht ein umfassender Gleichbehandlungsanspruch, der auch einen Schutz vor aufenthaltsbeendenden Maßnahmen bei dauernder Abhängigkeit von Sozialhilfe beinhaltet. Das Daueraufenthaltsrecht gilt auch für nicht erwerbstätige Personen. Es besteht ohne jede Beschränkung auch in dem Fall, dass Personen weder erwerbstätig sind noch Existenzmittel nachweisen können. Für Erwerbstätige gilt darüber hinaus, dass sie ein Daueraufenthaltsrecht vor Ablauf des Fünfjahreszeitraums erwerben können, wenn sie zum Zeitpunkt des Ausscheidens aus dem Erwerbsleben das in dem betreffenden Mitgliedstaat für die Geltendmachung einer Altersrente gesetzlich vorgesehene Alter erreicht haben oder als Arbeitnehmer im Rahmen einer Vorruhestandsregelung ihre Erwerbstätigkeit beenden, sofern sie die Erwerbstätigkeit mindestens während der letzten 12 Monate ausgeübt und sich dort mindestens drei Jahre ununterbrochen aufgehalten haben. Auch Selbständige, die sich seit mindestens zwei Jahren ununterbrochen im Aufnahmemitgliedstaat aufgehalten haben und ihre Erwerbstätigkeit in Folge dauernder Arbeitsunfähigkeit aufgeben, kommen bereits früher in den Genuss des Daueraufenthaltsrechts. Nach Ablauf von fünf Jahren besteht daher ein unbeschränkter Anspruch auf alle Sozialleistungen ohne Rücksicht darauf, ob und inwieweit der betreffende Arbeitnehmer durch Steuerleistungen zum allgemeinen Steueraufkommen beigetragen hat. Diese Ausweitung sozialer Solidarität ist nicht unproblematisch.[20] Noch einen Schritt weiter geht der Entwurf einer europäischen Verfassung. Unter den sozialen Grundrechten des zweiten Teils der Verfassung findet sich in Art. II/94 ein Recht auf soziale Sicherheit und soziale Unterstützung.[21] Danach anerkennt die Union das Recht auf Zugang zu den Leistungen der sozialen Sicherheit und zu den sozialen Diensten, die in Fällen wie Mutterschaft, Krankheit, Arbeitsunfall, Pflegebedürftigkeit, im Alter sowie bei Verlust des Arbeitsplatzes Schutz gewährleisten, nach Maßgabe des Unionsrechts und den einzelstaatlichen Rechtsvorschriften und Gepflogenheiten. Absatz 2 gibt jedem Menschen, d. h. jedermann ohne Rücksicht auf die Zugehörigkeit zur Union, sofern er in der Union seinen rechtmäßigen Wohnsitz hat und seinen Aufenthalt rechtmäßig wechselt, Anspruch auf die Leistungen der sozialen Sicherheit und der sozialen Vergünstigungen nach dem Unionsrecht und den einzelstaatlichen Rechtsvorschriften und Gepflogenheiten. Darüber hinaus achtet die Union das Recht auf eine soziale Unterstützung und eine Unterstützung für die Wohnung, die allen, die nicht über ausreichende Mittel verfügen, ein menschenwürdiges Dasein sicherstellen soll nach Maßgabe des Unionsrechts und der einzelstaatlichen Rechtsvorschriften und Gepflogenheiten.

---

[20] Vgl. *Sinn,* Ifo-Standpunkte 2004, Freizügigkeitsrichtlinie: Freifahrt in den Sozialstaat.
[21] Vgl. die gleichlautende Bestimmung von Art. 34 der Charta der Grundrechte der Europäischen Union; hierzu *Riedel,* in: Meyer (Hrsg.), Kommentar zur Charta der Grundrechte der Europäischen Union, 2003, Art. 34 Rn. 14 f.

Die Auslegung der Vorschrift wirft im Hinblick auf die Tragweite und Auslegung des Anspruchs auf Sozialleistungen eine Reihe von Fragen auf. In Art. II/112 sind Einschränkungen vorgesehen, wenn sie erforderlich sind und den von der Union anerkannten, dem Gemeinwohl dienenden Zielsetzungen oder den Erfordernissen des Schutzes der Rechte und Freiheiten anderer tatsächlich entsprechen. Darüber hinaus soll den einzelstaatlichen Rechtsvorschriften und Gepflogenheiten, wie es in der Charta bestimmt ist, in vollem Umfang Rechnung getragen werden. Welche Rechte der Mitgliedstaaten zur Konkretisierung bzw. Differenzierung sich hieraus ergeben, bleibt jedoch offen. Mit der Einbeziehung der Sozialhilfe neben der sozialen Sicherheit unter dem Oberbegriff des sozialen Schutzes wird jedoch der grundsätzliche Anspruch auf Gleichbehandlung postuliert. Zwar sollte durch die Verwendung der Klausel „nach Maßgabe/..." nach dem Gemeinschaftsrecht und den einzelstaatlichen Rechtsvorschriften und Gepflogenheiten den Einwänden der Kritiker gegen weitreichende Verpflichtungen der Mitgliedstaaten zur Ausdehnung von sozialen Leistungsansprüchen Rechnung getragen werden. Auch sollte durch die Verwendung der Formulierung „wonach die Union anerkennt und achtet" verdeutlicht werden, dass sich aus der Vorschrift keine unmittelbaren individuellen Leistungsansprüche ableiten lassen. Es dürfte jedoch nicht allzu fern liegen, dass der EuGH, der letztendlich die Bestimmung der Verfassung authentisch interpretieren wird, einschränkenden Motiven und Vorstellungen der Mitgliedstaaten bei der Ausarbeitung der Verfassung nur wenig Bedeutung schenken wird. Anhaltspunkte bietet jedenfalls der Wortlaut der Verfassung hinreichend, um Art. II/94 zur Grundlage eines weitreichenden Anspruchs auf soziale Gleichbehandlung unabhängig von der Zugehörigkeit zu einem Mitgliedstaat der Europäischen Union zu machen. Hierfür könnte sich auch eine Grundlage aus Abs. 2 ergeben, der ausdrücklich ausschließlich auf den rechtmäßigen Wohnsitz abstellt und im Falle eines Aufenthaltswechsels den Anspruch nicht auf die Leistungen der sozialen Sicherheit beschränkt, sondern soziale Vergünstigungen mit einbezieht. So ist nach den Erläuterungen zu Art. 34 anerkannt, dass die erfassten Ausländer neben den Leistungen der sozialen Sicherheit auch Anspruch auf Leistungen der Sozialhilfe haben, wenn sie einen rechtmäßigen Aufenthalt und einen rechtmäßigen Wohnort in einem EG-Mitgliedstaat nachweisen können.[22]

IV. Türkische Staatsangehörige

Türkische Staatsangehörige sind auf Grund des Assoziationsabkommens zwischen der EWG und der Türkei und des Beschlusses Nr. 1/80 des Assoziationsrats EWG/Türkei, sofern sie sich rechtmäßig in einem Mitgliedstaat der Union aufhalten, beim Zugang zum Arbeitsmarkt privilegiert. Art. 6 des ARB Nr. 1/80[23] gewährt türkischen Staatsangehörigen abgestufte Rechte auf Zugang zum Arbeits-

---

[22] Vgl. dazu *Riedel,* in: Meyer (Fn. 21), Art. 34 Rn. 20 f.; *Bernsdorff,* Soziale Grundrechte in der Charta der Grundrechte der Europäischen Union, VSSR 2001, 1 (21).

[23] Vgl. hierzu *Hailbronner,* Ausländerrecht, D 5.2.

markt. Nach einem Jahr ordnungsgemäßer Beschäftigung besteht Anspruch auf Erneuerung der Arbeitserlaubnis bei dem gleichen Arbeitgeber. Nach drei Jahren ordnungsgemäßer Beschäftigung hat ein türkischer Arbeitnehmer das Recht, sich für den gleichen Beruf bei einem Arbeitgeber seiner Wahl auf ein anderes Stellenangebot zu bewerben. Nach vier Jahren ordnungsgemäßer Beschäftigung hat er schließlich freien Zugang zu jeder von ihm gewählten Beschäftigung im Lohn- oder Gehaltsverhältnis. Der EuGH hat in einer umfangreichen Rechtsprechung diese Bestimmungen im Sinne eines impliziten Aufenthaltsrechts interpretiert.[24] Als Leitlinie verwendet er dabei den aus dem Assoziationsabkommen abgeleiteten Grundsatz, die Bestimmungen über die Freizügigkeit der Unionsbürger soweit wie möglich auf türkische Arbeitnehmer und ihre Familienangehörigen zu übertragen. Auf Grund dieser Rechtsprechung sind daher weite Teile des zu Art. 39 EG-Vertrags entwickelten Freizügigkeitsrechts auf ordnungsgemäß in einem Mitgliedstaat der EU beschäftigte türkische Arbeitnehmer bezüglich des Aufenthaltsrechts und aufenthaltsbeendender Maßnahmen auf türkische Staatsangehörige angewandt worden.

Mit der Überlagerung des Freizügigkeitsrechts der Arbeitnehmer durch die Unionsbürgerschaft, bei der häufig nicht mehr eindeutig ersichtlich ist, inwieweit sich der EuGH bei seiner Argumentation auf Art. 18 EG-Vertrag oder Bestimmungen über die Arbeitnehmerfreizügigkeit stützt, wird in zunehmenden Maße zweifelhaft, inwieweit die neuere Rechtsprechung des EuGH auch für die Auslegung der Rechte türkischer Arbeitnehmer herangezogen werden kann. Dies gilt insbesondere für die Reichweite von Gleichbehandlungsgeboten.

Für türkische Staatsangehörige ist das allgemeine gemeinschaftsrechtliche Diskriminierungsverbot des Art. 12 EG bei der Gewährung sozialer Leistungen nicht anwendbar. Jedoch ist in der Rechtsprechung des EuGH und der deutschen höchstrichterlichen Rechtsprechung geklärt, dass auf Grund von Art. 3 Abs. 1 ARB 3/80 türkische Staatsangehörige unter den gleichen Voraussetzungen wie Staatsangehörige der Mitgliedstaaten der Europäischen Union verlangen können, bei der Gewährung sozialer Leistungen gleich behandelt zu werden. Zu berücksichtigen ist allerdings, dass insoweit lediglich ein Gleichbehandlungsanspruch für türkische Arbeitnehmer und deren Familienangehörige besteht, nicht dagegen für türkische Staatsangehörige, die sich nicht auf Grund eines Arbeitsverhältnisses oder der Geltung der für Arbeitnehmer geltenden Rechtsvorschriften im Bundesgebiet aufhalten.

Artikel 3 Abs. 1 ARB 3/80[25] kommt unmittelbare Wirkung in dem Sinne zu, dass sich betroffene Personen vor den Gerichten der Mitgliedstaaten auf sie berufen können. Der persönliche als auch der sachliche Anwendungsbereich des ARB

---

[24] Vgl. dazu *Hailbronner* (Fn. 23), D. 5.2
[25] Beschluss Nr. 3/80 v. 19.9.1980 über die Anwendung der Systeme der sozialen Sicherheit der Mitgliedstaaten der Europäischen Gemeinschaft auf die türkischen Arbeitnehmer und deren Familienangehörige, ABl. C 110/84 v. 25.4.1983, *Hailbronner* (Fn. 23), D 5.3.

Nr. 3/80 ist im Wesentlichen mit demjenigen der Verordnung Nr. 1408/71[26] gleich. Türkische Staatsangehörige, die Arbeitnehmer sind, können daher beanspruchen, bei der Gewährung der Leistungen, die in den Anwendungsbereich des ARB Nr. 3/80 fallen, gleich behandelt zu werden. Darunter fallen z. B. Familienleistungen, wie auch das Erziehungsgeld oder sonstige Leistungen, die einem System der sozialen Sicherheit zuzuordnen sind. Nicht umfasst hiervon sind Ansprüche auf Gleichbehandlung beim Zugang zu allgemeinen Sozialhilfeleistungen. Insoweit kommen die erwähnten Vorschriften der Richtlinie über die Rechtsstellung langfristig sich in einem Mitgliedstaat der Europäischen Union aufhaltender Drittstaatsangehöriger, in Zukunft möglicherweise die Vorschriften der Europäischen Verfassung zur Anwendung.

---

[26] Nunmehr VO Nr. 883/2004.

Was bleibt vom gemeinsamen Erbe der Menschheit?

Von Stephan Hobe

Einleitung

Verglichen mit der Diskussion in den 1970er Jahren ist es vergleichsweise ruhig geworden um das gemeinsame Erbe der Menschheit. Damals war die Diskussion geprägt von der weit umfassenderen, grundlegenden Debatte um eine neue Weltwirtschaftsordnung,[1] also in der Essenz um neue Kriterien globaler Verteilungsgerechtigkeit, als deren Protagonisten einerseits die sog. industrialisierte Welt und andererseits die sog. sich entwickelnde Welt sowie das Lager der sozialistischen Länder auftraten. Als normatives Ergebnis dieser Debatte konnte u. a. die Inkorporation der Konzeption des gemeinsamen Erbes der Menschheit in einer Reihe internationaler Abkommen für die sog. „global commons" verzeichnet werden, so neben dem ansatzweise das Konzept enthaltenden Weltraumvertrag von 1967, insbesondere im Seerechtsübereinkommen von 1982 und dem internationalen Mondvertrag von 1979. Heute hat die damals auch mit ideologischen Tönen geführte Debatte viel von ihrer Schärfe verloren. Doktrin wie Rechtspraxis sind vielmehr damit befasst, die dogmatischen Auswirkungen der Konzeption aufzuspüren bzw. umzusetzen. Dabei lässt sich namentlich in der völkerrechtsdogmatischen Debatte eine große Unsicherheit über die Einordnung und den Rechtscharakter der Konzeption des gemeinsamen Erbes der Menschheit feststellen.[2] Wird dieses einerseits als völkergewohnheitsrechtlich wirkendes Prinzip des Völkerrechts, teilweise sogar mit zwingendem Charakter eines jus cogens-Grundsatzes betrachtet,[3] gehen andere Auffassungen so weit, dem Konzept jegliche Rechtswirkung abzusprechen.[4] Sicher ist dabei jedenfalls, dass eine gewisse Fortentwicklung der Konzeption stattgefunden hat. Diese im Nachfolgenden im Einzelnen nachzuzeichnen-

---

[1] Siehe für typische Stellungnahmen der damaligen Zeit etwa *Castaneda,* The Underdeveloped States and the Development of International Law, 1961.

[2] Siehe etwa aus jüngerer Zeit die Werke von *Stocker,* Das Prinzip des Common Heritage of Mankind, 1993; *Baslar,* The Concept of the Common Heritage of Mankind, 1998; *Wolter,* Grundlagen „Gemeinsamer Sicherheit" im Weltraum nach universellem Völkerrecht, 2003.

[3] *Christol,* The Jus Cogens Principle and International Space Law, Proc. IISL Coll., 1984, 1; *Wolter* (Fn. 2), 208 m. w. N.

[4] Siehe etwa *Pinto,* Common Heritage of Mankind: From Metaphor to Myth, in: Makarczyk (Hrsg.), Theory of international law at the threshold of the 21st century: Essays in honour of Krzysztof Skubiszewski, 1996, 249 ff.; *Joyner,* Legal Implications of the Concept of Common Heritage of Mankind, ICLQ 35 (1986), 190 (199); *Stocke*r (Fn. 2), 206 f.

de Fortentwicklung der dogmatischen Bausteine bzw. Bestandteile der übergreifenden Konzeption des gemeinsamen Erbes ist so ein interessantes Beispiel sich wandelnden Völkerrechts. In welche Richtung diese Modifikation sich bewegt und ob, sowie inwieweit dieser Wandel die grundlegenden Anliegen des Konzepts erfasst hat, soll dabei im Nachfolgenden besonders untersucht werden. Denn es geht um nicht weniger als um die Frage, ob und in welcher Form die der Konzeption jedenfalls eigene Staatengemeinschaftsgerichtetheit nach wie vor deren Wesensgehalt ausmacht und wie insofern der Beitrag dieser Konzeption zur Dogmatik des Rechtes der Staatengemeinschaftsgüter zu verorten ist. Damit zielt diese Untersuchung auch auf eine Auslotung des Beitrags des Konzepts des gemeinsamen Erbes zur Dogmatik der „norms in the public interest", einem zentralen Bestandteil des wissenschaftlichen Wirkens von Jost Delbrück,[5] als dessen wesentliches Grundanliegen es bezeichnet werden kann, die Wandlung der Völkerrechtsordnung von einer Koexistenz- zu einer Kooperationsordnung im Zeitalter der Globalisierung im Sinne der Herausbildung von das Staatengemeinschaftsinteresse in den Blick nehmenden Normen darzustellen und zu analysieren. Diesem Grundansatz sieht sich der Verfasser dieser Zeilen zudem seit der Betreuung seiner diesen Fragenbereich bereits berührenden Dissertation[6] durch den Jubilar verpflichtet.

Den Überlegungen ist eine Nachzeichnung der Entstehungsgeschichte des Konzepts vorangestellt (I.), bevor aktuelle Entwicklungstendenzen skizziert werden (II.), die dann einige Aussagen zur Einordnung der Idee des gemeinsamen Erbes der Menschheit in den Kreis der Normen im öffentlichen Interesse ermöglichen sollen (III.).

I. Entstehungsgeschichte

Die Konzeption des Menschheitserbes fand in die moderne völkerrechtliche Diskussion Eingang, als es zur Etablierung einer neuen Nutzungsordnung für die staatsfreien Räume, die sog. „global commons" kam.[7] Abgesehen von dem hier einen Sonderfall darstellenden Staatengemeinschaftsraum der Antarktis, stellt sich etwa für die Hohe See und den Meeresboden im Rahmen der 3. Seerechtskonferenz der Vereinten Nationen wie auch im Rahmen der seit 1967 andauernden Kodifikation der rechtlichen Rahmenbedingungen für die Nutzung und Erforschung des Weltraums und der Himmelskörper die Frage einer „gerechten" Ausgestaltung einer entsprechenden Nutzungsordnung. Die Entstehung der Menschheitserbekon-

---

[5] Nachweise einschlägigen Schrifttums des Jubilars infra III; dort insbesondere Fn. 45, 54 und 56.

[6] *Hobe,* Die rechtlichen Rahmenbedingungen der wirtschaftlichen Nutzung des Weltraums, 1992.

[7] Zur vielfach geschilderten Entstehungsgeschichte siehe nur *Wolfrum,* Die Internationalisierung staatsfreier Räume, 1984, 328 ff. und *ders.,* The Principle of the Common Heritage of Mankind, ZaöRV 43 (1983), 312 (315 ff.).

zeption vollzieht sich zeitlich im Rahmen des anhaltenden Dekolonisierungsprozesses und der damit zusammenhängenden Diskussion um eine neue internationale Wirtschaftsordnung.[8] Konkrete normative Ausprägung hat das Konzept dann vor allem in Teil XI der Seerechtskonvention von 1982 mit dem Zusatzprotokoll von 1994 für den Tiefseeboden und im internationalen Mondvertrag von 1979 erhalten und in etwas abgewandelter Form im internationalen Weltraumvertrag von 1967 und dem UNESCO-Übereinkommen zum Schutz des Kultur- und Naturerbes der Welt von 1972[9] sowie der Sache nach im internationalen Fernmeldevertrag auch in der neuesten Fassung von 1994 – ursprünglich Art. 33 Abs. 2, nunmehr Art. 44 Abs. 2 der ITU Convention.[10]

Dabei hat das Konzept, welches etwa den Meeresboden, den Mond und andere Himmelskörper und deren jeweilige Ressourcen zum gemeinsamen Erbe der Menschheit erklärt, für diese staatsfreien Räume eine relativ greifbare normative Struktur erhalten. Man kann insgesamt fünf verschiedene Elemente des Konzepts unterscheiden, die in ihrer Verbindung seinen zentralen Bedeutungsgehalt ausmachen.[11] Es findet sich regelmäßig ein sog. Aneignungsverbot – jedenfalls für das Gebiet, wobei es teilweise auch auf die Ressourcen bezogen wird –, es findet sich zweitens ein Element, welches sich mit der (Nicht-)Militarisierung des Gebietes befasst, es findet sich sodann drittens ein Element, welches die wissenschaftliche Forschung in dem entsprechenden Raum betrifft und schließlich viertens ein Element, welches Umweltschutz zum Inhalt hat. Das in aller Regel kontroverseste ist allerdings das fünfte Element, welches sich mit der Frage der wirtschaftlichen Nutzung befasst. Außer dieser relativ ähnlichen Elementenkontur des Konzepts des „common heritage of mankind" sind dessen einzelne Elemente durchaus unterschiedlich ausgeprägt. Schon insofern ist es nicht ganz einfach, gemeinsame Aussagen über ein „Prinzip" des gemeinsamen Erbes der Menschheit auszumachen. Diese Schwierigkeit wird noch dadurch verstärkt, dass die institutionelle Stärkung etwa durch Errichtung einer internationalen Organisation zur Steuerung der möglichen auch privaten Aktivitäten in den jeweiligen Räumen bislang durchaus unterschiedliche Ausprägung erhalten hat. Von daher rührt die Zurückhaltung mancher Autoren, hier von einem gar zwingenden Prinzip des Völker(gewohnheits)rechts zu sprechen, wiewohl dies, wie angedeutet, in der Literatur zum Teil vertreten wird. Im Grundsatz ist allerdings festzustellen, dass die Grundkonzeption

---

[8] Vgl. dazu etwa die „Erklärung über die Errichtung einer neuen Weltwirtschaftsordnung", UNGA Res. 3202 (S-VI) vom 1.5.1974 und die „Charta der wirtschaftlichen Rechte und Pflichten der Staaten", UNGA Res. 3201 (S-VI) vom 12.12.1974, dazu *Stemberg,* Die Charta der wirtschaftlichen Rechte und Pflichten der Staaten, 1983.

[9] Dazu etwa *Baslar* (Fn. 2), 298 ff.

[10] Zur diese Vorschrift konkretisierenden Frequenzzuweisungspraxis der ITU siehe den Überblick bei *Baslar* (Fn. 2), 190 ff.

[11] Siehe etwa *Kewenig,* Common heritage of mankind – politischer Slogan oder völkerrechtlicher Schlüsselbegriff?, in: von Münch (Hrsg.), Staatsrecht, Völkerrecht, Europarecht: Festschrift für Hans-Jürgen Schlochauer zum 75. Geburtstag am 28. März 1981, 1981, 385 (388 f.).

des gemeinsamen Erbes ein Aneignungsverbot für das ihr unterfallende Gebiet und eine gemeinschaftsbezogene Begrenzung staatlicher Forschungs-, Militär-, Umwelt- und wirtschaftlichen Aktivitäten zum Inhalt hat.

Im Nachfolgenden soll jetzt für die jeweiligen Elemente zunächst einmal der normative Grundbaustein in den entsprechenden internationalen Vereinbarungen aufgezeigt und sodann die Entwicklung des jeweiligen Elements für die entsprechenden Teilrechtsordnungen näherhin verfolgt werden. Daraus wird Aufschluss erhofft über die derzeitige normative Grundstruktur der Konzeption des gemeinsamen Erbes der Menschheit.

II. Normativer Grundbestand und Entwicklung der einzelnen Elemente des Konzepts

Vor allem die Veränderung des Gehalts der einzelnen Elemente seit dem Abschluss der entsprechenden völkerrechtlichen Verträge ermöglicht einen interessanten Aufschluss über die Fortentwicklung des Völkerrechts.

1. Aneignungsverbot

Wenden wir uns zunächst dem Aneignungsverbot zu, welches in der Seerechtskonvention wie auch im Weltraum- bzw. Mondvertrag deutliche normative Ausprägungen erfahren hat. Man ist sich dabei heute in der Diskussion und praktischen Anwendung dieses Grundsatzes einig darüber, dass sowohl die staatliche als auch die private Aneignung von Gebieten innerhalb des bezeichneten Raumes, also des Tiefseebodens bzw. des Weltraums und der Himmelskörper, kraft gesetzlicher Vereinbarung untersagt ist.[12] Dies ist insofern Ausdruck der Gemeinwohlbezogenheit der möglichen Nutzung dieser Räume, als die rein staatliche oder private Aneignung eine exklusive staatliche oder private Nutzung ermöglichen würde, welche in den Staatengemeinschaftsräumen gerade nicht erlaubt sein soll. Ist bezüglich dieses Aneignungsverbots einerseits relativ unstreitig, dass die gebietsbezogene Inanspruchnahme durch Staaten wie auch durch Private unterbleiben soll, so ergeben sich doch eine Reihe von schwierigen Folgefragen, für die in weit geringerem Maße Konsens zu konstatieren ist. So ist die wichtige Frage anzusprechen, ob aus dem Aneignungsverbot für das Gebiet auch ein absolutes wirtschaftliches Nutzungsverbot folgt, welches man insofern aus dem Anliegen des Aneignungsverbots deduzieren könnte, als die entsprechenden Gebiete vollständig unangetastet bleiben sollten.[13] Betrachtet man allerdings

---

[12] Siehe etwa *Hobe* (Fn. 6), 77 ff. m. w. N. Der Antarktisvertrag untersagt in seinem Art. IV ausdrücklich die Aneignung von Gebietsteilen der Antarktis und friert bestehende Ansprüche bestimmter Staaten ein.

[13] Dazu etwa *Dettmering,* Die Stellung von Menschen, Stationen und Niederlassungen auf Himmelskörpern, 1971, 176; andere Ansätze differenzieren in ein Aneignungsverbot für erschöpfliche und kein entsprechendes Verbot für nicht erschöpfliche Ressourcen, so etwa

den Grundcharakter und die Grundaussagen der entsprechenden Konventionen, wird man eine solche Reichweite des Aneignungsverbots nicht feststellen können. Denn neben den entsprechenden Aneignungsverboten statuieren sowohl die Seerechtskonvention als auch der Weltraumvertrag bzw. der Mondvertrag ausdrückliche Nutzungsbestimmungen. Diese limitieren zwar die einzelstaatliche oder private völlig freie Nutzung, schließen sie damit aber gerade jedenfalls vom Grundsatz her nicht vollständig aus. Und so ist ja auch schon im Vorangehenden zum Ausdruck gebracht worden, dass das Konzept des gemeinsamen Erbes der Menschheit sowohl ein Aneignungselement als auch eben ein spezifisches Nutzungselement enthält.

In jüngerer Zeit ist freilich das Aneignungsverbot gerade für den Bereich des Weltraums und insbesondere die Himmelskörper gewissen Herausforderungen ausgesetzt. So gibt es etwa Aktivitäten des US-Amerikaners Denis Hope und seiner Firma Lunar Embassy, Zertifikate über den Verkauf sog. Mondgrundstücke auszustellen. Die Berechtigung zum Verkauf dieser Grundstücke wird dabei aus amerikanischem Recht und einer entsprechenden Absicherung des Grundstückverkaufs durch Einträge im Grundbuch von San Francisco hergeleitet.[14] Wiewohl derartige Versuche als evident völkerrechtswidrig zurückzuweisen sind – und dies auch in der gebotenen Form etwa durch eine offizielle Erklärung des Vorstandes des International Institute of Space Law (IISL) geschehen ist[15] –, ist deutlicher noch, als dies in der Erklärung geschehen ist, darauf hinzuweisen, dass ein Staat, der gegen ein entsprechendes Vorgehen Privater nicht einschreitet, sich völkerrechtswidrig verhält und deshalb zur Verantwortung gezogen werden kann. Ob zudem in der jedenfalls nicht eindeutigen Haltung der USA, die bislang gegen entsprechende Aktivitäten ihrer Staatsbürger auf ihrem Territorium nicht eingeschritten sind, von einer der ansonsten eindeutigen *opinio iuris* widersprechenden Staatenauffassung der USA auszugehen ist, erscheint aber schon deshalb zweifelhaft, weil es entsprechende offizielle Verlautbarungen, welche das Aneignungsverbot in Frage stellen würden, nicht gibt. Insofern scheint es so unbedenklich zu sein, das Aneignungsverbot für die staatsfreien Räume, jedenfalls soweit es als Kernelement des Konzepts des gemeinsamen Erbes der Menschheit formuliert ist, als Bestandteil des Völkergewohnheitsrechts zu betrachten.[16] Darüber hinaus wird

---

Pritzsche, Die Nutzung des Weltraums, in: Böckstiegel (Hrsg.), Handbuch des Weltraumrechts, 1991, 567 f.; sowie *Bittlinger,* Grundbegriffe und Grundprinzipien des Weltraumrechts, in: Böckstiegel (Hrsg.), Handbuch des Weltraumrechts, 1991, 126.

[14] Siehe zu diesen Vorgängen etwa die Schilderung in GEO spezial, Januar 2004, 42 f.

[15] Statement by the Board of Directors of the International Institute of Space Law (IISL) on the Claims to Property Rights Regarding the Moon and Other Celestial Bodies, vom 15. Mai 2004, erhältlich unter: www.iaf-astro-iisl.com (besucht am 30.08.2004).

[16] Ganz h. M., siehe nur *Tennen,* Art. II of the Outer Space Treaty, the Status of the Moon and Resulting Issues, IISL/ECSL Space Law Symposium 2004 on the Occasion of the 43rd Session of the Legal Subcommittee of the UNCOPUOS, 29 March 2004, 9 mwN (noch nicht veröffentlicht).

man es aber auch insofern als Status bildend bezeichnen können,[17] als der gesamte Rechtsstatus des Weltraums, der Himmelskörper wie auch des Tiefseebodens und der Hohen See vom Aneignungsverbot gekennzeichnet sind, mit der Konsequenz, dass es konkret gar keiner nationalen Umsetzung dieser Statusanordnung bedarf, sondern diese als „self executing" anzusehen ist.

2. Das militärpolitische Element

Kann Demilitarisierung der vom common heritage-Grundsatz erfassten Gebiete als ein weiteres Grundanliegen dieses Konzepts angesehen werden, so findet sich neben Art. 1 des Antarktis-Vertrages hier in Art. 141 der Seerechtskonvention das Gebot der Nutzung des Tiefseebodens ausschließlich zu friedlichen Zwecken. Für den Weltraum findet sich in Art. IV Abs. 2 des Weltraumvertrages das Gebot an die Vertragsstaaten, den Mond und andere Himmelskörper zu ausschließlich friedlichen Zwecken zu nutzen, wobei ausdrücklich freilich nur die Stationierung von atomaren und sonstigen Massenvernichtungswaffen auf einer Erdumlaufbahn verboten ist. Damit wird durch den Weltraumvertrag keine vollständige Demilitarisierung erreicht. Zum einen werden nicht aggressive militärische Einrichtungen vom Verbot nicht erfasst, andererseits gilt das Stationierungsverbot nur bei Verbringen eines Objektes in einen vollen Erdorbit.[18] Im freilich sehr wenig akzeptierten Mondvertrag wird allerdings in Art. 3 für den Mond und die anderen Himmelskörper ein vollständiges Stationierungsverbot für militärische Installationen statuiert.

Insgesamt ist damit festzuhalten, dass dem militärpolitischen Element die Tendenz zur Demilitarisierung innewohnt, allerdings eine völlige Entmilitarisierung weder erreicht noch auch je angestrebt wurde. So ist etwa für die Nutzung des Weltraums zu militärischen Zwecken die Bedeutung des Weltraumvertrages deutlich hinter namentlich in der Ära des Kalten Krieges und hernach abgeschlossene bilaterale Rüstungskontroll- und Abrüstungsabkommen zwischen den damaligen Supermächten UdSSR und USA zurückgetreten.[19]

3. Freiheit der wissenschaftlichen Forschung

Diesbezüglich herrscht weitgehend Konsens. Art. 143 bzw. Art. 256 der Seerechtskonvention und Art. 3 des Antarktisvertrages sowie Art. I des Weltraumvertrages und Art. 6 Abs. 1 des Mondvertrages statuieren jeweils die Freiheit der

---

[17] Zu Statusverträgen allgemein siehe *E. Klein,* Statusverträge im Völkerrecht. 1980.

[18] Siehe dazu etwa *von Kries,* Die militärische Nutzung des Weltraums, in: Böckstiegel (Fn. 13), 307 (334 ff.), sowie *Wolter* (Fn. 2), 279 ff.

[19] Siehe hierzu für die Zeit bis 1983 die Sammlung einschlägiger Dokumente in: *Delbrück* (Hrsg.), Friedensdokumente aus fünf Jahrhunderten, 1984.

wissenschaftlichen Forschung, wobei hier insbesondere im Seerecht (Art. 143 Abs. 1 SRK) wie auch im Weltraumrecht (Art. I Abs. 1 WRV) eine gewisse Tendenz zu einer gemeinwohlverpflichteten Kooperation erkennbar ist.[20]

4. Das ökologische Element

Obwohl ganz ohne Zweifel dem Menschheitserbeansatz als Kernbestandteil ein die Schöpfung bewahrendes ökologisches Element innewohnt, ist doch festzustellen, dass die normative Grundstruktur in den verschiedenen Rechtsregimen durchaus unterschiedlich ausgeprägt ist. So befasst sich etwa die Seerechtskonvention in Art. 145 mit der Frage des Schutzes der Meeresumwelt im Hinblick auf Tätigkeiten im Gebiet (also dem Meeresboden); auch in Teil XII der Seerechtskonvention wird auf die Bewahrung der Meeresumwelt besonders rekurriert. Andererseits sind etwa umweltschützende Bestimmungen im Weltraumrecht durchaus schwach ausgeprägt. Rekurriert Art. 11 Abs. 7 des Mondvertrages immerhin auf eine schonende Nutzung des Mondes bzw. anderer Himmelskörper und ihrer Ressourcen, finden sich doch im übrigen Weltraumrecht nur relativ schwach gehaltene Verpflichtungen, wie etwa die allgemeine Umweltverträglichkeitsklausel des Art. IX S. 2 des Weltraumvertrages, wonach sich die Vertragsstaaten verpflichten, die Untersuchung und Erforschung des Weltraums unter Vermeidung von schädlicher Kontamination und Umweltveränderung durchzuführen.[21]

Wie problematisch der konkrete Verpflichtungsgehalt dieser Abkommen ist, zeigt die Diskussion einmal um den Einsatz nuklearer Energiequellen im Weltraum, der nur zu einer rechtlich unverbindlichen, immerhin aber einen Verhaltensmaßstab ausdrückenden Resolution der UN-Generalversammlung geführt hat,[22] und die bislang relativ fruchtlose Diskussion zum Thema der sog. Weltraumtrümmer („space debris"). Hier verstanden es vor allem die Hauptweltraummächte, in den Diskussionen des Weltraumausschusses der Vereinten Nationen jeglichen Schritt zur konkreteren Normierung entsprechender Umweltschutzbestimmungen abzuwehren. Allerdings gibt es Tendenzen aus jüngerer Zeit dahingehend, dass es möglicherweise doch demnächst zu einer solchen Diskussion auch auf rechtlicher Ebene kommen könnte.[23] Insgesamt ist zu bedenken, dass die Formulierungen der hier einschlägigen internationalen Abkommen wesentlich in den 70er und 80er Jahren, also zu einer Zeit vollzogen wurden, als die umweltrechtliche Diskussion noch nicht die heutige Tiefenschärfe erreicht hatte. Insofern erscheint es nicht

---

[20] Vgl. dazu etwa *Wolfrum*, Internationalisierung (Fn. 7), 284 ff., 442 ff.

[21] Siehe dazu *Frantzen*, Umweltbelastungen durch Weltraumaktivitäten, in: Böckstiegel (Fn. 13), 597 ff. m. w. N.

[22] UNGA Res. 47/69 vom 14.12.1992.

[23] Zur entsprechenden Diskussion des wissenschaftlich-technischen Unterausschusses des Weltraumausschusses aufgrund GA Res. 58/89 siehe UN Doc. A/AC.105/761, para. 10.

verwunderlich, dass insbesondere bezüglich des ökologischen Elements der
„Common-heritage"-Ansatz durchaus als konturschwach anzusehen ist. Wenn
man, worauf bei der sogleich erfolgenden Diskussion des Nutzungselements des
„Common-heritage"-Ansatzes zurückzukommen sein wird, der heutigen Diskussion entsprechend Fragen der Bewahrung des ökologischen Erbes bei der Nutzung
verbinden möchte mit Fragen distributiver Gerechtigkeit bei der wirtschaftlichen
Nutzung,[24] so könnte es durchaus nahe liegen, unter Verweis auf die umweltrechtliche Diskussion, die die Gesichtspunkte der Ökologie mit denen der wirtschaftlichen Entwicklung vereint („environment and development"), dem ökologischen
Element des gemeinsamen Erbes auch Gesichtspunkte einer zwar von der Staatengemeinschaft gemeinsam getragenen, allerdings nach Verursachungsgraden und
vor allem Nutzungsgraden unterschiedlichen Verantwortlichkeit („common but
differentiated responsibility")[25] zuzumessen.

5. *Das Element der wirtschaftlichen Nutzung*

Zweifelsohne ist das wirtschaftliche Nutzungselement das jedenfalls ursprünglich kontroverseste, handelt es sich doch hierbei um den entscheidenden Bestandteil des namentlich von den Entwicklungsländern im Anschluss an den Dekolonisierungsprozess favorisierten Konzeptes einer neuen distributiven Gerechtigkeitsvorstellung. Artikel 136 SRK, vergleichbar Art. 11 Abs. 1 des Mondvertrags
für den Mond und andere Himmelskörper erklärt das Gebiet („the area") des Meeresbodens und seine Ressourcen zum gemeinsamen Erbe der Menschheit und leitet
daraus Konsequenzen für die Ausgestaltung des Nutzungsregimes ab. Nach dem
ursprünglichen Ansatz der Seerechtskonvention sollte nun gemäß des Art. 140
SRK insbesondere für die Interessen und Bedürfnisse der Entwicklungsländer die
nach Abs. 2 dieser Vorschrift etablierte Behörde als Repräsentant der Menschheit
mit der Aufgabe betraut sein, die Erträgnisse von Tiefseebergbauaktivitäten zu
verteilen. Meeresbergbau sollte nur nach Lizensierung bei vorheriger Exploration
zweier Felder zum Bergbau (Art. 8 Annex 3) und einer Art mandatorischem
Transfer von Technologie an die Behörde (Art. 5 Abs. 5 Annex 3) möglich sein,
in deren Rat die Entwicklungsländer eine Dreiviertelmehrheit besitzen sollten.
Deutlicher konnte das Grundanliegen des Ansatzes des gemeinsamen Erbes der
Menschheit im Sinne einer Kehrtwende von unregulierter freier Nutzung des
Meeresbodens hin zu einer internationalen Verwaltung unter akzentuierter Privilegierung der Interessen der Entwicklungsländer kaum zum Ausdruck gebracht
werden. Vorzugsbehandlung und obligatorischer Technologietransfer zugunsten
der Entwicklungsländer stellten das kompensatorische Element dar, welches sich

---

[24] Dieser Zusammenhang wird herausgestellt bei *Franck,* Fairness in International Law
and Institutions, 1995, 78.

[25] Dazu jüngst *Stone,* Common but differentiated responsibilities in international law,
AJIL 98 (2004), 276.

diese Gruppe von Staaten auch als wesentliches Element der neuen Weltwirtschaftsordnung vorstellte.[26]

Doch hier muss bereits in der Grundkonzeption des gemeinsamen Erbes der Menschheit eine unterschiedliche Entwicklung konstatiert werden. Sah das Regime für die Antarktis schon von Beginn an grundsätzlich keinerlei wirtschaftliche Nutzung vor und ist diese mittlerweile ausdrücklich durch ein Zusatzprotokoll zum Antarktisvertrag im Wege eines Moratoriums unmöglich gemacht,[27] so war doch, vergleichbar dem Meeresbodenregime, die Nutzungsordnung für die Ressourcen des Weltraums und der Himmelskörper trotz der Verwendung des Menschheitserbekonzepts im Mondvertrag und insbesondere dessen Art. 11 weit weniger rigide ausformuliert. Zunächst war hier festzustellen, dass der internationale Mondvertrag, der freilich kaum Rezeption in der Staatengemeinschaft gefunden hat und bislang nur von 10 Staaten ratifiziert worden ist, unter denen sich keine Weltraumnation befindet, differenzierter als das ursprüngliche Meeresbodennutzungsregime immerhin Elemente wie rationelles Management der Himmelskörperressourcen als Bestandteile vorsieht, allerdings auch formuliert, dass die Verteilung der Erträge der Himmelskörperressourcen die Interessen und Bedürfnisse der Entwicklungsländer neben denjenigen solcher Staaten, die zur Erforschung der Himmelskörper beigetragen hätten, besonders zu berücksichtigen habe. Interessanterweise wird aber etwa der Aufbau einer internationalen Organisation in Form einer Weltraumbehörde, vergleichbar der Meeresbodenbehörde, nicht zur unabdingbaren Konsequenz der Erklärung des Weltraums und der Himmelskörper zum gemeinsamen Erbe der Menschheit gemacht.[28]

Freilich sind auf einem Sonderfeld der Weltraumnutzung, nämlich der Verteilung von Satellitenparkplätzen im Geostationären Orbit und den dazugehörigen Frequenzen durch die Internationale Fernmeldeunion (ITU) nach dem damaligen Art. 33 Abs. 2 des Internationalen Fernmeldevertrags Ansätze zur internationalen Verwaltung bei der Verteilung dieser Parkplätze und Frequenzen durch die ITU festzustellen. Getrieben von der Idee, den zunächst vorherrschenden Verteilungsmechanismus „first come, first served" durch die Konzeption eines für alle Staaten gleichen Zugangs zu dieser begrenzten natürlichen Ressource zu gewährleisten, ist die ITU hier im Sinne internationaler Verwaltung tätig geworden.[29]

Kann damit konstatiert werden, dass bezüglich des Nutzungselements schon in der Grundkonzeption jedenfalls bezüglich des Umverteilungsaspektes keine vollständige konzeptionelle Klarheit bestanden hat, so zeigt ein Blick auf die spätere

---

[26] Dazu im Einzelnen *Wolfrum,* The Principle of the Common Heritage of Mankind, ZäöRV 43 (1983), 312 (321 ff.).

[27] Umweltschutzprotokoll vom 4.10.1991, in Kraft seit 14.1.1998, Annex V seit 24.5.2002.

[28] Dazu *Wolfrum,* Internationalisierung (Fn. 7), 694 f.

[29] Beschreibung bei *Hobe* (Fn. 6), 180 ff.; siehe auch *White/White,* Evolving Principles of Space Communication Regulation in the ITU 1959–1985, Proc. IISL Coll., 1988, 304 ff.

Staatenpraxis hier eine noch deutlicher veränderte Akzentsetzung. Es erwies sich nämlich, dass sowohl im Bereich des Tiefseebodenbergbaus als auch des prospektiven Ressourcenabbaus auf Himmelskörpern der dirigistische Ansatz der Ausformung des Konzepts des gemeinsamen Erbes der Menschheit jedenfalls keinerlei Unterstützung bei den Staaten finden würde, welche dank ihrer Technologie und auch wirtschaftlichen Möglichkeiten, sei es selbst, sei es durch ihre Unternehmen, am ehesten zur Exploration und auch Ausbeutung dieser Ressourcen in der Lage sein würden, so dass schon der Grundansatz einer möglichen Umverteilung zugunsten der Entwicklungsländer mangels Partizipation der industrialisierten Welt nicht erreichbar schien. Dies wurde zum ersten Mal deutlich nach Abschluss des Seerechtsübereinkommens, welches über viele Jahre nicht die für das Inkrafttreten erforderlichen 60 Ratifikationen erreichte. Unter maßgeblicher Beteiligung des damaligen UN-Generalsekretärs Peres de Cuellar kam es nach informellen Konsultationen dann am 28.07.1994 zum Abschluss eines Zusatzabkommens zum Seerechtsübereinkommen,[30] welches im Wesentlichen zentrale Passagen des Teils XI über den Meeresbergbau des Seerechtsübereinkommens modifizierte.[31] So wurden bezüglich der Menschheitserbekonzeption das Parallelsystem wie auch jegliche Verpflichtung zum Technologietransfer vollständig beseitigt und die Abstimmungsverhältnisse im Rat der Meeresbodenbehörde für die industrialisierten Staaten günstiger gestaltet. Maßgeblich aufgrund dieser Korrekturen gelang dann kurze Zeit später das Inkrafttreten des Seerechtsübereinkommens.

Im Bereich des Weltraums ist, wie bereits erwähnt, dem internationalen Mondvertrag bis heute kein durchgreifender Erfolg beschieden. Hier kann man von einer faktischen Nichtbeachtung des Abkommens sprechen. Interessanterweise sind dabei auch sämtliche Möglichkeiten einer Revision dieses Abkommens – gem. Art. 18 des Abkommens vorgesehen 10 Jahre nach dessen Inkrafttreten am 11.7.1984, also 1994 – bis heute unausgeschöpft geblieben. Vielmehr lassen heute erhebliche normative Neuakzentuierungen des Menschheitserbeansatz in der Arbeit der Vereinten Nationen Zweifel daran zu, dass das Menschheitserbekonzept, so wie es in Art. 11 des Mondvertrages ursprünglich vorgesehen war, noch die damals intendierte Form besitzt. So hat sich der Weltraumausschuss zwischen 1989 und 1996 mit der konkreten Implementation der Vorgabe des Art. I Abs. 1 des Weltraumvertrages, wonach sich die Nutzung des Weltraums zum Wohle und für die Interessen aller Staaten unter besonderer Berücksichtigung der Bedürfnisse der Entwicklungsländer zu vollziehen habe, der Gemeinwohlklausel also, befasst, was im Jahr 1996 zur Verabschiedung einer entsprechenden Resolution der Generalversammlung geführt hat.[32] Zentral sind zwei Aussagen dieser Resolution, wo-

---

[30] Abkommen zur Durchführung von Teil XI des Seerechtsübereinkommens von 1982, siehe ILM 33 (1994), 1309.

[31] Siehe dazu etwa *Charney,* Entry into Force of the 1982 Convention on the Law of the Sea, VirgJIntlL 1995, 381 ff.

[32] Res. 51/122 vom 13.12.1996 mit dem Titel „Declaration on International Cooperation in the Exploration and Use of Outer Space for the Benefit and in the Interest of All States, Taking into Particular Account the Needs of Developing Countries".

nach zum einen Staaten völlige Freiheit dabei genießen, Art und Umfang ihrer Zusammenarbeit bei der Erforschung und Nutzung des Weltraums und der Himmelskörper zu bestimmen (Abs. 2) und diese internationale Zusammenarbeit auf möglichst effektive und den beteiligten Staaten angemessene Weise durchgeführt werden soll (Abs. 5 und 6). Diese Entwicklung ist durchaus kohärent mit sichtbaren Akzentverschiebungen der entwicklungspolitischen Debatte seit Abschluss der Uruguay-Runde zum GATT im Jahre 1994. Die hier von den Entwicklungsländern vollzogene Wandlung, weg von der Konfrontation und hin zur Kooperation, mündete in deutlichen Erfolgen in Form eines verbesserten Marktzugangs für ihre Produkte durch Zollsenkungen und Abschaffung oder Umwandlung nichttarifärer Handelshemmnisse. Darüber hinaus wurden die Verhandlungen auf die Themen Landwirtschaft und Textilhandel ausgeweitet und spezielle Abkommen in diesen Bereichen vereinbart, die auch spezifische Interessen der Entwicklungsländer berühren. Schließlich enthielt die Schlussakte von Marrakesch zahlreiche Sonderbestimmungen für Entwicklungsländer. Allerdings ist insbesondere für die am wenigsten entwickelten Länder noch immer kein befriedigendes Ergebnis erzielt, so dass auch in der aktuellen Welthandelsrunde die Debatte um Handel und Entwicklung andauert.[33] Insofern ist darauf zu verweisen, dass in der jüngsten Ministererklärung der aktuellen Welthandelsrunde von Doha ausdrücklich betont wird, dass die Bedürfnisse und Interessen der Entwicklungsländer zentrales Anliegen dieser Runde seien und insofern auf die besondere Bedeutung der Klauseln der WTO-Abkommen verwiesen wird, die ein sog. „special and differential treatment" zugunsten der Entwicklungsländer, also eine – allerdings zeitlich begrenzte – Vorzugsbehandlung zum Inhalt haben.[34]

Auch diese Entwicklung hat dazu beigetragen, dass bei den Beratungen über die Fortentwicklung des Weltraumrechts in Bezug auf zukünftige kommerzielle und auch private Nutzungen des Weltraums und der Himmelskörper der Weltraumausschuss der International Law Association auf der 70. Tagung im Jahr 2002 in New Delhi eine Resolution verabschieden konnte, nach der kein grundsätzlicher Widerspruch (mehr) zwischen dem im Mondvertrag enthaltenen Menschheitserbekonzept und der Möglichkeit auch kommerzieller Nutzung des Weltraums zum Nutzen der gesamten Menschheit gesehen wird.[35] Dies könnte sich als wichtige Basis für die noch immer ausstehende Ausarbeitung eines konkreten Nutzungsregimes für entsprechende Himmelskörperressourcenaktivitäten in der Zukunft erweisen.

---

[33] Siehe nur *Stoll,* Die WTO: Neue Welthandelsorganisation, neue Welthandelsordnung, ZaöRV 54 (1994), 241 ff., und *Weiß/Herrmann,* Welthandelsrecht, 2003, Rn. 996 ff.

[34] Siehe Erklärung des Allgemeinen Rates vom 1.8.2004, Doc. WT/L/579 v. 2. August 2004 (sog. July package).

[35] Siehe Resolution 1/2002 der International Law Association, verabschiedet auf der 70. Konferenz in New Delhi: „Considering further that the common heritage of mankind concept has developed today as also allowing the commercial uses of outer space for the benefit of mankind, and that certain adjustments are suggested to article XI of this Agreement concerning the international regime to be realistic in today's international scenario."

Insgesamt ist damit für das Nutzungselement festzuhalten, dass es zwar nach wie vor auf einen gewissen Gemeinwohlbezug der Nutzung staatsfreier Räume hinweist und dabei durchaus die Interessen der Entwicklungsländer berücksichtigt wissen will, dass aber die anfänglich normierte Rigidität und Einseitigkeit zur Durchsetzung einer neuen, die unterentwickelten Länder bevorzugenden Verteilungsgerechtigkeit praktisch vollständig verschwunden ist.

III. Schlussfolgerungen für die Entwicklung des Völkerrechts

1. Was bleibt also, so ist mit der Themenstellung zu fragen, vom gemeinsamen Erbe der Menschheit? Immerhin hatte sich diese Konzeption in den 1960er und 70er Jahren unter dem Gesichtspunkt der Einbeziehung von Interessen der Staatengemeinschaft an wirtschaftlicher Erschließung und weltweiter gerechter(er) Verteilung der Ressourcen des Meeresbodens und des Weltraums entwickelt. Das Prinzip des gemeinsamen Erbes der Menschheit war insofern als staatengemeinschaftliches Solidaritätsrecht verstanden worden. Allerdings verdient hier festgehalten zu werden, dass es, wie die Analyse ergeben hat, schon aufgrund der so unterschiedlichen Ausprägungen in den verschiedenen Rechtsregimen staatsfreier Räume kein einheitliches Rechtsprinzip (oder Konzept) des gemeinsamen Erbes der Menschheit gibt. Und weiter ist wohl zu konstatieren, dass zwar eine gewisse Gemeinschaftsbindung staatlicher Handlungsfreiheit in den Staatengemeinschaftsräumen Platz greift, andererseits etwa im Bereich des Nutzugsregimes ein deutliches Abstandnehmen von Umverteilungsgesichtspunkten offenbar wird.

Im Einzelnen erweist sich nun auch, dass wirklich tragfähig und von der internationalen Gemeinschaft vollständig akzeptiert zum einen das staatliche wie auch private Aneignungsverbot für das Gebiet in den entsprechenden staatsfreien Räumen zu sein scheint. Auch gelegentliche Versuchungen in andere Richtungen vermögen die sich deutlich verfestigte *opinio iuris* der Staatengemeinschaft hier nicht ernstlich zu gefährden. Auch mag man den Demilitarisierungsaspekt als allgemein konsentiert ansehen, wobei über dessen Reichweite sicherlich nach wie vor kein absoluter Konsens zu erzielen war, er jedenfalls interpretationsfähig bleibt. Das Prinzip der Freiheit der Forschung ist darüber hinaus ebenfalls relativ unbestritten, wobei allerdings die konkrete Gemeinwohlbindung der Erkenntnisse der Forschung, so sie über die allgemeine Publikation wissenschaftlicher Erkenntnisse hinaus gehen, eher undeutlich bleibt, jedenfalls etwa der privaten kommerziellen Nutzung von Satellitenfernerkundungsdaten keine erkennbaren Schranken setzt. Schließlich ist für das ökologische Element festzustellen, dass es als Konsequenz des Ansatzes des gemeinsamen Erbes sowohl im Seerecht als auch im Weltraumrecht relativ konturlos geblieben ist. Entwicklungsgeschichtlich ist allerdings festzustellen, dass das heute im internationalen Umweltrecht gebräuchliche Prinzip des „common concern of mankind" bzw. „common concern of humankind",[36] mit

---

[36] Dazu *Biermann,* Common Concern of Humankind, AVR 34 (1996), 426.

dem nach vorherrschender Auffassung ein Staatengemeinschaftsinteresse im Umweltschutz zum Ausdruck kommt und in dem entsprechend dort formulierte Rechtspflichten zu erga omnes-Pflichten transformiert werden, auf einen Vorstoß Maltas aus dem Jahr 1988 zurückzuführen war, das Weltklima durch die UN-Generalversammlung zum gemeinsamen Erbe der Menschheit zu erklären. Dieser Vorstoß führte dann allerdings nach verbreitetem Widerstand gegen die Menschheitserbekonzeption zur Verabschiedung der Generalversammlungsresolution 43/54 vom 6.12.1988, in welcher der Klimawandel als „Gegenstand gemeinsamer Sorge" („common concern of mankind") erklärt wurde. Diese sich seit dem Rio-Prozess in weiteren, das internationale Umweltrecht prägenden Dokumenten etwa des Klimaschutzes, der Biodiversitätskonvention,[37] der Weltgrundsatzerklärung,[38] der Wüstenkonvention[39] u.ä. ausprägende Begrifflichkeit wird heute weit überwiegend nicht mehr dem „Common-heritage"-Ansatz zugerechnet, was insbesondere auch von Entwicklungsländern nachhaltig unterstützt wird, die sich dagegen wehrten, etwa Tropenwälder oder sonstige Ressourcen als potentiell internationalisierungsfähige gemeinsame Ressource anzusehen.[40] Insofern wird man, ohne die Diskussion jetzt im Weiteren nachzuverfolgen, zwar einen gewissen Anstoß der modernen Umweltschutzdebatten durch die Menschheitserbekonzeption sehen können, aber auch feststellen müssen, dass die Diskussion im internationalen Umweltrecht heute deutlich anders akzentuiert ist.[41]

Bleibt schließlich das ursprünglich besonders zentrale Nutzungselement, welches, wie dargestellt, das vor allem für die sich entwickelnde Welt zentrale Solidaritätsanliegen zu formulieren bestimmt war. Auch hier hat die Analyse ergeben, dass jedenfalls dem „Common-heritage"-Ansatz heute kaum mehr eine eigenständige Förderverpflichtung für die Entwicklungsländer zu entnehmen ist. Die Konzeption hat sich also dank der sich wandelnden Rahmenbedingungen selbst deutlich verändert. In einer total interdependenten und globalisierten Welt, die durch die generelle Marktöffnung, ja das Verständnis der Welt als einem globalen Markt, beruhend auf Technologie basierten, weltweiten Transaktionen, gekennzeichnet ist, ist wenig Platz für Umverteilungsvorstellungen anhand von internationaler Verwaltung. Es dominieren die Ideen des Freihandels, die allenfalls teilweise und für bestimmte Zeitabschnitte zugunsten der Entwicklungsländer suspendiert werden („special and differential treatment"). Das Konzept des gemeinsamen Erbes der Menschheit bleibt also, zusammenfassend betrachtet, wesentlich auf die Staatengemeinschaftsräume bezogen und hat zwar in der einen oder anderen Richtung

---

[37] United Nations Convention on Biological Diversity, in: ILM 31 (1992), 818 ff.

[38] Non-Legally Binding Authoritative Statement of Principles for a Global Consensus on the Management, Conservation and Sustainable Development of all Types of Forest, in: ILM 31 (1992), 881 ff.

[39] Convention to Combat Desertification in those Countries Experiencing Drought and/or Desertification, Particularly in Africa, ILA 33 (1994), 1332.

[40] Siehe im Einzelnen die Schilderung bei *Durner*, Common Goods, 2001, 235 ff. m. w. N.

[41] So auch *Durner* (Fn. 40).

der völkerrechtlichen Diskussion Impulse geben können, sich jedoch selbst im Laufe der Zeit bedeutsam gewandelt.

2. Was die Diskussion um die Ausgestaltung der Nutzungsordnungen für die Staatengemeinschaftsräume insbesondere in der Akzentuierung des Ansatzes des gemeinsamen Erbes allerdings erbracht hat, ist eine Belebung der Diskussion um Staatengemeinschaftsinteressen im Völkerrecht der zweiten Hälfte des 20. Jahrhunderts.[42] Ihr seien die abschließenden Überlegungen gewidmet. Der Beginn der Diskussion um die Menschheitserbekonzeption steht in einem engen zeitlichen Kontext mit der Inkorporation des jus cogens-Grundsatzes in die Wiener Vertragsrechtskonvention von 1969 und dem bedeutenden – die Existenz von erga omnes-Normen betonenden Urteil des IGH in der Sache der Barcelona Traction des Jahres 1970.[43] Unter dem für erga omnes-Normen wesentlichen Gesichtspunkt der Gemeinschaftsbindung ist freilich sofort hervorzuheben, dass mit der Bezeichnung der Menschheit als Bezogenem des gemeinsamen Erbes nach allgemeinem Konsens diese nicht etwa den Status eines Völkerrechtssubjekts zugewiesen erhalten hat.[44]

Essentiell für das Konzept des gemeinsamen Erbes der Menschheit ist nach wie vor die für das gesamte Völkerrecht relevante Zuwendung zu einer Gemeinschaftsbindung, also der Inpflichtnahme der Staaten zum Wohl der internationalen Gemeinschaft. Im Grundsatz soll jedenfalls für die Staatengemeinschaftsräume die Menschheit als Ganzes treuhänderisch das ihr anvertraute Erbe verwalten. Dieses Anliegen wird in der Grundkonzeption verfolgt einerseits durch das Element der vollständigen Entstaatlichung derartiger Gebiete, also ihre Umformung zu Staatengemeinschaftsräumen, und andererseits durch die konkrete Einführung eines materiellen Elements der Gemeinschaftsbindung, welches nun allerdings, wie beschrieben, verschiedene Inhalte haben kann.[45] Dabei kennzeichnet gerade das Element der Gemeinschaftsbindung teilweise auch die Idee einer Ausgleichsfunktion etwa in Form der Benennung konkreter Kooperations- und Solidarpflichten mit dem Ziel, alle Staaten – ungeachtet ihres wirtschaftlichen und wissenschaftlichen Entwicklungsstandes – an der Nutzung (des Staatengemeinschaftsraumes) partizipieren zu lassen. Insofern konnte als das wesentliche ursprüngliche Grundanliegen

---

[42] Siehe etwa die exzellente Aufbereitung der dem Begriff der internationalen Gemeinschaft innewohnenden – unterschiedlichen – Konzeptionen bei *Paulus,* Die internationale Gemeinschaft im Völkerrecht, 2001, *passim.*

[43] Dazu *Frowein,* Die Verpflichtungen erga omnes im Völkerrecht und ihre Durchsetzung, in: Bernhardt/Geck/Jaenicke/Steinberger (Hrsg.), Völkerrecht als Rechtsordnung, internationale Gerichtsbarkeit, Menschenrechte: Festschrift für Hermann Mosler, 1983, 241 (243).

[44] Ganz h. M., siehe nur *Wolfrum* (Fn. 26), 319 m. w. N. der verschiedenen Meinungen, der freilich zutreffend eine gewisse Einbeziehung der Interessen zukünftiger Generationen im Terminus „Menschheit" angesprochen sieht.

[45] Siehe dazu grundlegend *Wolfrum,* Internationalisierung (Fn. 7), 680 ff.

die Einführung einer gewissen „sozialen Komponente" in das Völkerrecht beobachtet werden.[46]

Betrachtet man zusammengefasst die heutige Ausprägung eingedenk der oben beschriebenen Entwicklung, so lässt sich zwar der erste Teil der Konzeption, nämlich die Entstaatlichungskomponente als Voraussetzung von Gemeinschaftsbindung, als komplett verwirklicht betrachten. Alle darüber hinausgehenden Elemente der Gemeinschaftsbindung sind jedoch, wie beschrieben, nur mehr oder minder fragmentiert realisiert. Konnte zwar noch der Grundkonsens im Sinne einer gewissen Gemeinschaftsbindung bei militärischen und Forschungsaktivitäten konstatiert werden, so sind die essentiellen Bereiche der Gemeinschaftsbezogenheit des Konzepts, also der Nachhaltigkeit beim Umweltelement und namentlich der wirtschaftlichen Nutzung, doch in ihrer Ausprägung einerseits sehr disparat und andererseits bezüglich des Solidaritätsaspekts deutlich zurückhaltend.

Kann angesichts dieser Entwicklung die Konzeption als solche überhaupt dem Bereich der „laws in the public interest" (Jost Delbrück)[47] zugerechnet werden?[48] Bekanntlich hatte der IGH in der Sache Barcelona Traction, ohne solche Normen spezifisch aufzulisten, erga omnes-Normen als „obligations of a State towards the international community as a whole" bezeichnet, wobei „all States can be held to have a legal interest in their protection".[49] Es handelt sich bei solchen Bestimmungen also um Normen, die dem Schutz von Werten, die von den Mitgliedern einer Gemeinschaft als Gemeinschaftsinteressen angesehen werden, und deshalb der Disposition der einzelnen Mitglieder entzogen sein sollten.[50] Unter diesem Gesichtspunkt betrachtet ist also das zentrale Kriterium, ob die Bedeutung einer Norm für die Staatengemeinschaft derart hoch ist, dass sich kein Staat eine

---

[46] *Wolfrum,* Internationalisierung (Fn. 7), 609; siehe auch zur Problematik einer Verankerung dieses sozialen Gehalts in einer Art Kooperationspflicht des allgemeinen Völkerrechts *Dahm/Delbrück/Wolfrum,* Völkerrecht, Bd. I/3, 2. Aufl., 2002, 851 ff.; *Hobe/Kimminich,* Einführung in das Völkerrecht, 8. Aufl., 2004, 352 ff.

[47] *Delbrück,* „Laws in the Public Interest" – Some Observations on the Foundations of erga omnes Norms in International Law, in: Götz/Selmer/Wolfrum (Hrsg.), Liber Amicorum Günther Jaenicke – Zum 85. Geburtstag, 1998, 17 ff.; siehe zur Entfaltung dieser Idee auch *ders.,* Wirksameres Völkerrecht oder neues „Weltinnenrecht"?, in: *ders.,* Die Konstitution des Friedens als Rechtsordnung, 1996, 318 ff. und *ders.* (Hrsg.), New Trends in International Law Making – International Legislation in the Public Interest, 1997.

[48] Dies tut ausdrücklich etwa *Wolter* (Fn. 2), 198; *Riedel,* International Environmental Law – A Law to Serve the Public Interest?, in: Delbrück (Hrsg.), New Trends in International Law Making – International Legislation in the Public Interest, 1997, 61 ff. zitiert aus *Riedel,* Die Universalität der Menschenrechte, 2003, 71 (98), der im Übrigen den Menschheitserbeansatz in der Perspektive der Drittgenerationsmenschenrechte betrachtet.

[49] Barcelona Traction, Light and Power Co. (Belgium v. Spain), Urt. v. 5.2.1970, ICJ Reports 1970, 3, Tz. 33.

[50] *Annacker,* Die Durchsetzung von erga omnes Verpflichtungen vor dem Internationalen Gerichtshof, 1994, 31 ff.

Anweichung von ihr erlauben kann, ob er ihrer Entstehung zugestimmt hat oder nicht.[51]

Unter diesen Prämissen ist zunächst festzuhalten, dass der Ansatz des Konzeptes des gemeinsamen Erbes dieses ohne Zweifel zu einem Kandidaten einer erga omnes-Verpflichtung machen würde. Die Inpflichtnahme der Staaten bei der Nutzung von Staatengemeinschaftsräumen durch Entstaatlichung und Gemeinschaftsbindung als solche könnte eine solche Kandidatur rechtfertigen. Angesichts des konkreten aktuellen normativen Befundes der heutigen Ausprägung der einzelnen Elemente fällt die Analyse diesbezüglich freilich eher negativ aus. Einzig das Entstaatlichungselement ist heute derart klar ausgeprägt, dass man ihm erga omnes-Qualität zubilligen kann.[52] Dem militärpolitischen und dem Forschungselement wird man immerhin noch ein gewisses Moment der Gemeinschaftsbindung entnehmen können. Insbesondere die zentralen Facetten zur Verwirklichung der Gemeinschaftsbindung aber, das ökologische Element, welches unter Nachhaltigkeitsgesichtspunkten sicherlich durchaus die Qualität einer erga omnes-Norm hätte, wie auch das wirtschaftliche Element, welches die ursprünglich spezifisch kompensatorischen Gedanken von Verteilungsgerechtigkeit zum Inhalt hatte, sind heute derart disparat, dass ihre Kandidatur zur erga omnes-Norm eher zweifelhaft erscheint. Wie aufgezeigt, bewegt sich die ökologische Diskussion insgesamt auch in anderen, nur indirekt von der Menschheitserbekonzeption beeinflussten Bahnen, wobei hier der Kompensationsgesichtspunkt des wirtschaftlichen Elements des Menschheitserbes möglicherweise auch heute in Gestalt des das Umweltrecht beeinflussenden Konzepts der „common but differentiated responsibility"[53] in Erscheinung treten könnte. Die heutige Ausprägung des wirtschaftlichen Elements hat sich indes weit von der durch die Auferlegung einseitiger Kompensationspflichten gekennzeichneten distributiven Gerechtigkeitsvorstellung entfernt. Allerdings wird man auch hier jedenfalls in Ansätzen eine gewisse Gemeinschaftsverpflichtetheit staatlichen Verhaltens verwirklicht sehen können, wie es etwa im Bereich der WTO als „special and differential treatment" in Erscheinung tritt.

Das Gesamturteil über die Verwirklichung des Gemeinwohlpotentials des Menschheitserbekonzepts in seiner heutigen Ausprägung fällt also eher zurückhaltend aus. Immerhin ist etwa im Bereich des Umweltschutzes wie auch des Wirtschaftsvölkerrechts erkennbar geworden, dass von der Konzeption ersichtlich Anstöße für die weitere Völkerrechtsentwicklung auch im Hinblick auf die Formulierung von Anliegen der Staatengemeinschaft ausgegangen sind.

Ob freilich angesichts gravierender Probleme der Staatengemeinschaft in der Zukunft, die in der Tatsache der in ihren Konsequenzen und in ihrer Wirkung noch

---

[51] *Delbrück*, „Laws in the Public Interest" – Some Observations on the Foundations of erga omnes Norms in International Law, in: Götz/Selmer/Wolfrum (Fn. 47), 27.

[52] So etwa auch *Tennen* (Fn. 16), 12.

[53] Dazu *Stone* (Fn. 25), 299 ff.

gar nicht absehbaren drastisch ungleichmäßigen Bevölkerungsentwicklung zwischen Nord und Süd begründet liegt[54], nicht zukünftig doch stärker an Konzeptionen anzuknüpfen ist, die im Interesse von weltweitem Frieden und Vermeidung von Migration der Solidaritätsvorstellung auch normativen Ausdruck verleiht, es also doch der stärkeren Inkorporation spezifischer im Menschheitserbe-Ansatz angedeuteter kompensatorischer Kooperationspflichten im allgemeinen Völkerrecht bedarf,[55] weil es sich dabei um einen Grundsatz im öffentlichen Interesse handelt, sei hier nur fragend angemerkt.

Schluss

Abschließend sei noch einmal hervorgehoben, dass die zudem dort fragmentierte Konzeption des Menschheitserbes auf die Rechtsregime der Staatengemeinschaftsräume beschränkt geblieben ist. Insofern bleibt hier festzuhalten, dass sich das der Grundkonzeption durchaus innewohnende Ausstrahlungspotential eines normativen Konzepts im Staatengemeinschaftsinteresse angesichts der neueren Völkerrechtentwicklung, die in gewisser Weise die weltwirtschaftliche Entwicklung reflektiert, nicht hat entfalten können, sich wohl auch wegen derzeit durchaus unterschiedlich ausgeprägter Solidaritätsvorstellungen nicht hat entfalten sollen.

Insofern sei aber besonders herausgestellt, dass es auf anderen Gebieten des Völkerrechts dennoch genügend von Jost Delbrück benannte Beispiele für die Annahme gibt, dass das Völkerrecht am Beginn des 21. Jahrhunderts sich durch eine deutliche Hinwendung zu einer objektiven Ordnung auszeichnet,[56] die, um es in den Worten des Jubilars zu sagen, „bindend ist, weil dies für das Überleben der Menschheit notwendig ist".[57] Zusammen mit der vom Grundsatz her akzeptierten und in der Wiener Vertragsrechtskonvention (Art. 53) inkorporierten Konzeption der Existenz bestimmter konsensunabhängig gültiger Normen zwingenden Völker-

---

[54] Siehe dazu die Erträge des im Juli 2004 von Eckart Klein veranstalteten Symposiums zum 10jährigen Bestehen des Menschenrechtszentrums Potsdam unter dem Titel „Globaler demographischer Wandel und Schutz der Menschenrechte" und darin etwa *Hobe,* Gemeinschaft und Individuum – Menschenrechtliche Antworten zur Auflösung eines Spannungsfeldes, erscheint 2005.

[55] Für eine Bestandsaufnahme des Kooperationsgehalts der Völkerrechtsordnung siehe neben den in Fn. 46 genannten Werken die Beiträge und Diskussionen in: Delbrück (ed.), International Law of Cooperation and State Sovereignty, 2002.

[56] Siehe für solche Beispiele etwa *Delbrück,* Von der Staatenordnung über die internationale institutionelle Kooperation zur „supraterritorial or global governance": Wandel des zwischenstaatlichen Völkerrechts zur Rechtsordnung der Menschen und Völker?, Internationale Tagung anlässlich des 85. Geburtstages von Carl-Friedrich von Weizsäcker, 1998, 55 (65); siehe auch *ders.,* Weltinnenrecht (Fn. 47), 346 ff., sowie *Hobe,* Völkerrecht im Zeitalter der Globalisierung, AVR 37 (1999), 253 (270 ff., 281).

[57] *Delbrück,* Staatenordnung (Fn. 56), 65.

rechts sind diese Elemente objektiv geltenden Völkerrechts deutliche Anzeichen eines voranschreitenden internationalen Konstitutionalisierungsprozesses.[58]

---

[58] *Delbrück,* Transnational Federalism: Problems and Prospects of Allocating Public Authority Beyond the State, Indiana Journal of Global Legal Studies 11 (2004), 31; zur Beschreibung des Konstitutionalisierungstrends siehe zudem etwa *Frowein,* Konstitutionalisierung des Völkerrechts, BDGVR 39 (2000), 427 ff.; *Tomuschat,* Obligations Arising for States Without or Against Their Will, RdC 241 (1993), 209 ff.; *Simma,* From Bilateralism to Community Interest in International Law, RdC 250 (1994), 229 ff.

Protecting Minority Rights in Kosovo:
The Agreement of 23 August 2004 between the Council of Europe and UNMIK on Technical Arrangements Related to the Framework Convention for the Protection of National Minorities

By *Rainer Hofmann*

I. Introduction

One of the many consequences of the end of the cold war subsequent to the demise of the former socialist regimes in Europe and, in particular, the dissolution of the former Soviet Union is the considerable increase of United Nations (UN) activities in the field of the maintenance of international peace and security. This increase, as it is well-known, does not only relate to the more traditional peace-keeping activities performed under Chapter VI of the UN Charter (UNC), but also – albeit to a significantly lesser degree – to peace-enforcing activities based upon pertinent authorisations by the Security Council acting under Chapter VII of the UNC. The latter activities reflect in particular the recent practice of the Security Council as concerns a wider interpretation of the term "peace" in Art. 39 UNC which, in some instances, has been considered as being threatened by internal situations within a state and not only by international conflicts in the traditional sense, i. e. conflicts between states. In addition thereto, the Security Council has increasingly accorded so-called "robust mandates" to UN missions which, notwithstanding the fact that this practice blurs the distinction between peace-keeping and peace-enforcing activities and, thus, creates a kind of "grey zone", should be welcomed as a necessary step in order to increase the effectiveness of such UN missions. Finally – and this is the subject of this contribution – the Security Council has even been prepared to entrust UN missions with the task of temporarily administering whole territories pending the final solution of their future status.[1] The most prominent and also most important example is the establishment, based upon United Nations Security Council (UNSC) Resolution 1244 (1999) adopted on 10 June 1999, of an international civil and security presence in Kosovo. This

---

[1] On this issue see, *inter alia, Frowein,* Notstandsverwaltung von Gebieten durch die Vereinten Nationen, in: Arndt (ed.), Völkerrecht und deutsches Recht. Festschrift für Walter Rudolf, 2001, 43; *Matheson,* United Nations Governance of Postconflict Societies, AJIL 95 (2001), 76; *de Wet,* The Direct Administration of Territories by the United Nations and its Member States in the Post Cold War Era: Legal Bases and Implications for National Law, Max Planck UNYB 8 (2004), 291; and *Wilde,* From Danzig to East Timor and Beyond: The Role of International Territorial Administration, AJIL 95 (2001), 583.

international presence is comprised of the NATO-led peace-keeping Kosovo Force (KFOR) and the United Nations Interim Administration Mission in Kosovo (UNMIK) as its non-military branch.[2]

Under UNSC Resolution 1244 (1999), KFOR is mandated to establish and maintain a secure environment in Kosovo, including public safety and order; to monitor, verify and, when necessary, enforce compliance with the agreements that ended the military conflict; and to provide assistance to UNMIK.

UNSC Resolution 1244 (1999) called upon UNMIK to perform basic civilian administrative functions; to promote the establishment of substantial autonomy and self-government in Kosovo; to facilitate a political process to determine Kosovo's future status, to coordinate humanitarian and disaster relief of all international agencies; to support the reconstruction of key infrastructure; to maintain civil law and order; to promote human rights; and to assure the safe and unimpeded return of all refugees and displaced persons to their homes in Kosovo. To implement this vast mandate, UNMIK initially brought together four "pillars" under its leadership. At the end of the emergency stage, Pillar I (humanitarian assistance), led by the Office of the United Nations High Commissioner for Refugees (UNHCR), was phased out in June 2000. In May 2001, a new Pillar I was established. Currently, the pillars are: Pillar I (Police and Justice), under the direct leadership of the UN; Pillar II (Civil Administration), equally under the direct leadership of the UN; Pillar III (Democratization and Institution Building), led by the Organization for Security and Co-operation in Europe (OSCE); and Pillar IV (Reconstruction and Economic Development), led by the European Union (EU). The head of UNMIK is the Special Representative of the Secretary-General for Kosovo (SRSG) who, as the most senior international civilian official in Kosovo, presides over the work of the pillars and is tasked to facilitate the political process designed to determine the future status of Kosovo.

This process has been aptly characterized by the slogan "From Standards to Status" which means that discussion on the future and final status of Kosovo should only begin once the standards set out in the document "Standards for Kosovo", published in Pristina on 10 December 2003 and subsequently endorsed

---

[2] On UNMIK see, *inter alia, Bothe/Marauhn,* UN Administration of Kosovo and east Timor: Concept, Legality and Limitations of Security Council-Mandated Trusteeship Administration, in: Tomuschat (ed.), Kosovo and the International Community, 2002, 217; *Brand,* Institution-Building and Human Rights Protection in Kosovo in the Light of UNMI Legislation, NordicJIL 70 (2001), 461; *von Carlowitz,* UNMIK Lawmaking between Effective Peace Support and Internal Self-Determination, AVR 41 (2003), 336; *Irmscher,* Legal Framework for the Activities of the United Nations Interim Administration Mission in Kosovo: The Charter, Human Rights, and the Law of Occupation, GYIL 44 (2001), 353; *Ruffert,* The Administration of Kosovo and East Timor by the International Community, ICLQ 50 (2001), 613; *Stahn,* International Territorial Administration in the former Yugoslavia: Origins, Development and Challenges ahead, ZaöRV 61 (2001), 107; and *Zimmermann/Stahn,* Yugoslav Territory, United Nations Trusteeship or Sovereign State? Reflections on the Current and Future Legal Status of Kosovo, Nordic JIL 70 (2001), 423.

by the UN Security Council in its statement of 12 December 2003, are reached. The objective of these standards is to bring about a truly multi-ethnic, stable and democratic Kosovo which is approaching European standards and involves the progressive transfer of responsibilities from UNMIK to the so-called Provisional Institutions of Self-Government (PISG) which are based upon UNMIK Regulation N° 2001/9, of 15 May 2001, providing for a "Constitutional Framework for Provisional Self-Government in Kosovo". This Regulation set up, as such Provisional Institutions of Self-Government, the Assembly, the President of Kosovo, the Government, the Courts, and other bodies and institutions as set forth in the Constitutional Framework, in particular the Municipalities. Their respective areas of competences are determined in Chapter 5.1 of the Constitutional Framework. According to paras. 10 and 11 of UNSC Resolution 1244 (1999), UNMIK has the responsibility of "organizing and overseeing the development of provisional self-governing institutions" which means that they act under the authority of UNMIK.

As concerns the rights of national minorities and their members in Kosovo – or of Kosovo Communities as they are referred to in Chapter 4 of the above-mentioned Constitutional Framework – it is important to note that PISG must ensure that all Communities and their members may exercise these rights, while the SRSG, based on his direct responsibilities under UNSC Resolution 1244 (1999) to protect and promote human rights and to support peace-building activities, retains the authority to intervene as necessary in the exercise of self-government for the purpose of protecting the rights of Communities and their members. In order to determine which these rights are, attention must be drawn to various documents: First, in his Report of 12 July 1999, which detailed the authority and competences of UNMIK, the UN Secretary-General interpreted UNMIK's obligation under UNSC Resolution 1244 (1999) to protect and promote human rights as requiring it to be guided by internationally recognized human rights standards as the basis for the exercise of its authority. In a second step, UNMIK Regulation 1999/1 of 25 July 1999 – the first UNMIK Regulation promulgated – made domestic law applicable only in so far as it was compatible with human rights standards and required all persons undertaking public duties or holding public office to observe internationally recognized human rights standards in the course of their functions.[3] In a next and – so far – final step, Article 3.3 of the above-mentioned Constitu-

---

[3] Under Article 1.3 of UNMIK Regulation 1999/1 "in exercising their functions, all persons undertaking public duties or holding public offices in Kosovo shall observe internationally recognized human rights standards, as reflected in particular in: The Universal Declaration of Human Rights of 10 December 1948; The European Convention for the Protection of Human Rights and Fundamental Freedoms of 4 November 1950 and the Protocols thereto; the International Covenant on Civil and Political Rights of 16 December 1966 and the Protocols thereto; the International Covenant on Economic, Social and Cultural Rights of 16 December 1966; the Convention on the Elimination of All Forms of Racial Discrimination of 21 December 1965; the Convention on the Elimination of All Forms of Discrimination Against Women of 17 December 1979; the Convention Against Torture and Other Cruel, Inhumane or Degrading Treatment or Punishment of 17 December 1984; and the International Convention on the Rights of the Child of 20 December 1989."

tional Framework provided for the direct applicability in Kosovo of the provisions on rights and freedoms of the international human rights instruments set forth in Article 3.2 of the Constitutional Framework; these include, in addition to the human rights instruments referred to in UNMIK Regulation 1999/1, the European Charter for Regional and Minority Languages and the Council of Europe Framework Convention for the Protection of National Minorities (FCNM).

Thus, UNMIK and the PISG have undertaken to exercise their respective responsibilities under UNSC Resolution 1244 (1999) and the Constitutional Framework in compliance with the provisions of the international human rights instruments referred to above, including – which is of obvious relevance for the protection of the rights of persons belonging to national minorities – the principles contained in the FCNM. This means – and this must be emphasized – that the UN, as far as UNMIK is concerned and notwithstanding that the UN, as an international organisation, cannot and are not a member to any of the mentioned human rights treaties, have unilaterally accepted to be legally – and not only politically – bound by the provisions of such treaties and to be under a legal – again: not only a political – obligation to ensure their implementation in Kosovo, both as regards the exercise of their own responsibilities and of those transferred to the PISG. This is all the more noteworthy as three of these instruments do not constitute universally applicable treaties elaborated under the auspices of the UN, but are human rights treaties of only regional, i. e. European, applicability, among them the FCNM as the most relevant legal instrument for the protection of national minorities in Europe.

This unilateral acceptance of UNMIK to be bound by, and responsible for the implementation of, human rights treaty provisions is of considerable relevance for future activities of UN missions. It contributes to the understanding that UN missions which exercise, on behalf – or as trustees – of the international community, for an interim period legislative, executive and judicial functions in part, or the whole, of the territory of a state are indeed bound by a legal obligation to respect and implement international human rights standards as set forth in the major international – and, as the case may be, also regional – human rights treaties. Thus, it might indeed be argued that such UN missions are already now under a customary law obligation, to be read into Article 103 UNC, to respect and to ensure the implementation not of the very provisions of such treaties but of the very body of international human rights law so far as it constitutes customary law – or at least, that we are witnessing the evolvement of such a customary law rule.

However, as it is well-known in the field of international human rights law, the mere fact that a state is a party to a human rights treaty as such does not guarantee the actual respect for, and implementation of, the respective provisions of that treaty. Indeed, very much depends on the existence of an international monitoring system and its effectiveness. If such monitoring systems are provided for by the respective treaty, they range from systems establishing the obligation of states parties to report periodically to a monitoring organ over systems allowing for the right of individuals to submit communications to a supervisory organ entitled to formulate legally non-binding views and culminate, in the case of the European Convention on Human Rights (ECHR), to file individual applications to be decided upon by an international court, the European Court of Human Rights, in a legally binding judgment. In particular as regards the universally applicable human rights treaties, states' obligations exceeding mere reporting are only incurred by virtue of a specific act such as the ratification of an additional or optional protocol.

Now, it is clear that the unilateral acceptance by UNMIK to respect and ensure the implementation of the provisions of the above-mentioned international human rights treaties does not make it a party to any of these treaties. This again means that it might be rightly argued that such unilateral acceptance did not establish any obligation for UNMIK to fulfil the same obligations as states parties to such treaties as concerns the monitoring activities provided for by the respective treaty. This applies in any case as regards regional human rights treaties such as ECHR[4] and FCNM. As concerns international human rights treaties elaborated under the auspices of the UN and monitored by UN-related bodies such as the Human Rights Committee (HRC) entrusted with supervisory functions under the 1966 International Covenant on Civil and Political Rights (ICCPR), one might indeed argue that the situation is different and that the unilateral acceptance by UNMIK to respect and ensure the implementation of the ICCPR provisions entails an obligation of UNMIK to submit a report to the HRC as provided for states parties under Article 40 ICCPR. In this context, it is important to note that UNMIK seems to be prepared to submit such a report and, thus, to comply with a pertinent request by the HRC. It remains to be seen, however, whether UNMIK will clarify whether it considers the submission of such a report as the fulfilment of a legal obligation resulting from its unilateral acceptance of being bound by the ICCPR, or whether it does so only in order to show its willingness fully to cooperate with the HRC.

In any case, it must be emphasized that it cannot be maintained that an international human rights treaty applies in Kosovo simply because Serbia and Montenegro is a state party to that treaty: Notwithstanding the fact that according to UNSC Resolution 1244 (1999) all UN member states are committed "to the sovereignty and territorial integrity of the Federal Republic of Yugoslavia" – of which Serbia and Montenegro is the successor state – it is clear that by virtue of that Resolution Serbia and Montenegro does not, as a general rule, exercise "jurisdiction" over Kosovo and cannot therefore be held accountable for human rights violations stemming from acts or omissions which are outside of its control. Moreover, it cannot be maintained that any human rights treaty to which Serbia and Montenegro is a party is automatically binding upon UNMIK seen as a care-taker for Serbia and Montenegro, having assumed the latter's obligations under such treaties or having succeeded in those obligations. Such an assessment would imply

---

[4] See, in this context, the Council of Europe Venice Commission "Opinion on Human Rights in Kosovo: Possible Establishment of Review Mechanisms" of 11 October 2004, CDL-AD (2004)033, paras. 75–90.

the assertion that all UN interim administrations would have to respect all treaties which the state on whose territory they operate has concluded, and continues to conclude. Such a rule would contradict the need for the UN to establish and implement a mandate which is unrestrained by limitations which are created independently by individual member states or other third parties. Indeed, the UN Charter provides that the Security Council may, acting under Chapter VII, take binding decisions, such as UNSC Resolution 1244 (1999), and it states in its Article 103 that the obligations of the Charter "shall prevail" over "obligations under any other international agreement". However, it must be emphasized that, at least in this author's opinion, the UN Security Council, when acting under Chapter VII of the UN Charter, does not have unlimited powers but, quite to the contrary, must respect limitations derived from general international law; this assessment applies, in particular, to the fields of international humanitarian law and human rights law where the UN Security Council is, even when acting under Chapter VII of the UN Charter, under a customary law obligation – to be read into the UN Charter – to respect, in general, those norms of these two branches of international law which constitute customary law including the rules on the limitation of the individual rights considered to have the status of customary law. In other words: While UNMIK is under a customary law obligation to respect those norms of human rights law which clearly constitute customary law, this obligation does not entail a legal obligation, on the part of UNMIK, to respect and ensure the implementation of the very provisions of any international human rights treaty – not to speak of any legal obligation to comply with the monitoring system set up by such a treaty.

Therefore, for UNMIK to be bound by the substantive provisions of any such treaty, it was necessary to specifically establish such an obligation – as was done by UNSC Resolution 1244 (1999) as interpreted by the UN Secretary-General in his above-mentioned Report of 12 July 1999. However, in order to be bound by the provisions on the monitoring of the implementation of such provisions in Kosovo, an additional specific act, by the UN or UNMIK, was needed; the first such act was the signature, on 23 August 2004, of the "Agreement between the United Nations Interim Administration Mission in Kosovo and the Council of Europe on Technical Arrangements Related to the Framework Convention for the Protection of National Minorities".[5]

In order to understand better the practical implications of the signature of this Agreement, this paper will, therefore, give a short overview of the contents of this Agreement and continue by discussing the procedural and substantive aspects of its implementation.

---

[5] For the text of this Agreement see Appendix 2 to the Council of Europe Committee of Ministers Decision, taken at its 890th meeting on 30 June 2004, CM/Del/Dec(2004)890/2.1b.

II. Overview of the Contents of the Agreement

The Agreement consists of a Preamble and an operative part which contains seven substantive provisions.

1. The Preamble

The Preamble sets out by noting that 35 states are parties to the FCNM, including Serbia and Montenegro, and continues by referring to the various legal documents which are of relevance to the protection of the rights of persons belonging to national minorities in Kosovo. These documents are UNSC Resolution 1244 (1999) of 10 June 1999 which, while recognising the sovereignty and territorial integrity of the Federal Republic of Yugoslavia (now Serbia and Montenegro), establishes the authority of UNMIK, as the international civil presence, to provide an interim administration for Kosovo; UNMIK Regulation N° 2001/9 of 15 May 2001 on a Constitutional Framework for Provisional Self-Government in Kosovo, which provides for the responsibilities of the PISG; and Chapter 3 of the Constitutional Framework which states that the provisions on the rights and freedoms set forth in the FCNM shall be directly applicable in Kosovo as part of the Constitutional Framework.

The Preamble further recalls that UNMIK and the PISG have undertaken to exercise their respective responsibilities under UNSC Resolution 1244 (1999) and the Constitutional Framework in compliance with the principles contained in the FCNM. It also emphasizes that the Agreement does not make UNMIK a party to the FCNM and that it is without prejudice to the future status of Kosovo to be determined in accordance with UNSC Resolution 1244 (1999). The preamble concludes by stating that the Agreement is entered into with a view to promoting technical cooperation between the Council of Europe and UNMIK, to ensuring respect and compliance in Kosovo with the substantive norms in the FCNM, and to facilitating monitoring arrangements in conformity with the FCNM.

2. The Operative Part

In Article 1, UNMIK affirms on behalf of itself and the PISG that their respective responsibilities will be exercised in compliance with the principles contained in the FCNM.

The monitoring modalities which reflect the pertinent provisions of the FCNM and the Council of Europe Committee of Ministers' Resolution (97) 10 of 17 September 1997 which apply to the monitoring of state obligations under the FCNM,[6]

---

[6] On the procedural aspects of monitoring under the FCNM see *Hofmann*, Zur Überwachung der Umsetzung des Rahmenübereinkommens zum Schutz nationaler Minderheiten – Eine Bilanz nach fünf Jahren, Europa Ethnica 61 (2004), 3 (4 *et seq.*).

are set out in Article 2. It stipulates that the Council of Europe Committee of Ministers, assisted by the Advisory Committee on the FCNM, shall monitor the implementation of the FCNM in Kosovo. To this end, UNMIK shall submit, within six months following the entry into force of the Agreement, to the Committee of Ministers full information on the legislative and other measures taken to give effect to the principles set out in the FCNM. This submission shall be made public. Thereafter, UNMIK shall submit to the Committee of Ministers on a periodical basis and whenever the Committee of Ministers so requests, any further information of relevance to the implementation of the FCNM. The Advisory Committee may also request further information from UNMIK and other sources in Kosovo and hold meetings with them for this purpose. Furthermore, following receipt of information from UNMIK and an opinion of the Advisory Committee, the Committee of Ministers shall consider and adopt its conclusions concerning the adequacy of the measures taken to give effect to the principles of the FCNM. It may also adopt recommendations in respect of UNMIK and set a time-limit for the submission of information on their implementation. Finally, the Committee of Ministers may invite UNMIK to attend meetings in which information on compliance with the FCNM in Kosovo is considered. UNMIK shall participate in such meetings in an observer capacity.

The issue of publicity of the monitoring process is dealt with in Article 3, according to which the conclusions and recommendations of the Committee of Ministers, the opinions of the Advisory Committee and any related comments by UNMIK, shall be made public.

Articles 4 to 7 of the Agreement may be considered as traditional final clauses: Pursuant to Article 4, the Agreement may only be amended by written agreement; under Article 5, the Parties to the Agreement are under an obligation to resolve amicably by good faith any disputes or disagreements with respect to the interpretation or implementation of the Agreement; Article 6 provides for the entry into force of the Agreement upon signature by the representatives of the Parties[7] and stipulates that the Agreement shall remain in force for the duration of UNMIK's mandate as interim administration in Kosovo under the authority of the UN – unless terminated in accordance with Article 7 of the Agreement, i. e. by unilateral termination by either party to be notified to the other party.[8]

It is important to stress that UNMIK – although not a party to the FCNM – has accepted to be bound by – *grosso modo* – the same monitoring obligations incurred by states parties to the FCNM. This applies in particular to the most important

---

[7] The signature – and, accordingly, the entry into force – of the Agreement took place on 23 August 2004 in Strasbourg. This means that the "report" by UNMIK containing information on the legislative and other measures taken to give effect to the principles set out in the FCNM is due on 23 February 2005.

[8] Such termination shall become effective on the first day of the month following the expiration of a period of six months after the date of receipt of the notification, unless otherwise agreed to by the parties in writing.

role of the Advisory Committee as the monitoring body which performs most of the monitoring activities under the FCNM and the opinions of which constitute, to a very large extent, the basis upon which the Committee of Ministers adopts its conclusions.[9]

III. Implementation of the Agreement

The following section of this paper will discuss the major procedural and substantive aspects of the implementation of the Agreement based upon the experiences made by the Advisory Committee and the Committee of Ministers during the first cycle of monitoring of the FCNM, i. e. in the period between 1999 when the first state reports were received, and 2004 when the Advisory Committee concluded its work under the first cycle of monitoring and began its pertinent tasks under the second cycle of monitoring.[10]

1. Procedural Aspects

As regards the procedural aspects of the implementation of the Agreement it is important to stress that it provides, in its Article 2, for the application *mutatis*

---

[9] On the practice of the Committee of Ministers see *Hofmann* (note 6), 6 *et seq.*

[10] As of 15 December 2004, the Advisory Committee had adopted the following 34 opinions on state reports submitted during the first cycle of monitoring: On 22 September 2000 on Denmark, Finland, Hungary, and Slovakia; on 30 November 2000 on Liechtenstein, Malta, and San Marino; on 6 April 2001 on Croatia, Cyprus, Czech Republic, and Romania; on 14 September 2001 on Estonia and Italy; on 30 November 2001 on the United Kingdom; on 1 March 2002 on Germany, Moldova, and Ukraine; on 16 May 2002 on Armenia and Austria; on 12 September 2002 on Albania, Norway, Russian Federation, and Slovenia; on 21 February 2003 on Lithuania, Sweden, and Switzerland; on 23 May 2003 on Azerbaijan and Ireland; on 27 November 2003 on Poland, Serbia and Montenegro, and Spain; and on 28 May 2004 on Bosnia and Herzegovina, Bulgaria, and the former Yugoslav Republic of Macedonia. Thus, the Advisory Committee had, immediately after the end of the first cycle of monitoring, concluded its work on 34 out of 35 states parties – the state report by Portugal which was due on 1 September 2003 had, as of 15 December 2004, not been received.
The Advisory Committee had, as of 15 December 2004, also adopted its first opinions under the second cycle of monitoring, namely on 1 October 2004 on Croatia and Liechtenstein, and on 9 December 2004 on Denmark, Hungary, and Moldova.
As of 15 December 2004, the Committee of Ministers had adopted its resolutions, and thereby concluded the monitoring under the first cycle, with respect to the following states parties: On 31 October 2001on Denmark and Finland; on 21 November 2001 on Hungary and Slovakia; on 27 November 2001 on Liechtenstein, Malta, and San Marino; on 6 February 2002 on Croatia and Czech Republic; on 21 February 2002 on Cyprus; on 13 March 2002 on Romania; on 13 June 2002 on Estonia and United Kingdom; on 3 July 2002 on Italy; on 15 January 2003 on Armenia, Germany, and Moldova; on 5 February 2003 on Ukraine; on 8 April 2003 on Norway, on 10 July 2003 on Russian Federation; on 10 December 2003 on Lithuania, Sweden, and Switzerland; on 4 February 2004 on Austria; on 5 May 2004 on Ireland; on 13 July 2004 on Azerbaijan; on 30 September 2004 on Poland and Spain; and on 17 November 2004 on Serbia and Montenegro.

mutandis of the pertinent provisions of the FCNM and Resolution 97 (10) of the Committee of Ministers. Therefore, it seems appropriate to briefly outline the procedural standards developed so far by the Advisory Committee and the Committee of Ministers and to identify those issues which might be of particular relevance for the future work of the two monitoring bodies as concerns Kosovo.

In order to facilitate the task of the authors of state reports, the Advisory Committee elaborated an Outline for State Reports[11] to be used for all reports to be submitted during the first cycle of monitoring. The contents of this Outline were introduced to members of UNMIK and the PISG at an information meeting held in Pristina on 3 December 2004, jointly organised by UNMIK and the Council of Europe. During this meeting, representatives of the Council of Europe Secretariat of the Framework Convention for the Protection of National Minorities stressed the importance to include in the report not only information as to the legal measures taken in Kosovo with regard to the rights of persons belonging to national minorities, but also information pertaining to the factual situation. Based upon the experience gathered during the first cycle of monitoring, the lack of adequate factual information was identified as a rather widespread shortcoming of the reports submitted so far. It was also stressed that the Advisory Committee had continuously welcomed the approach taken by some governments to closely cooperate with relevant non-governmental organisations in the process of drafting the respective state reports; although it was underlined that the final responsibility for the contents of any state report remained with the respective government, the Advisory Committee had felt that such an inclusive approach considerably added to the transparency of the reporting process and the accuracy of the information submitted. Therefore, it is to be hoped that UNMIK and PISG authorities will contact organisations representing national minorities and ask for their input into the drafting of the report on Kosovo.

Immediately after the receipt of a state report by the Council of Europe, it was transmitted to all members of the Advisory Committee. The members of the country-specific working group set up within the Advisory Committee received, in addition to the report, all pertinent information available at the Secretariat, such as the often quite voluminous annexes to the state reports with the texts of the relevant legislation and pertinent court decisions, reports of other monitoring bodies operating under UN or Council of Europe human rights treaties, and documents of other international organisations such as the OSCE; of particular relevance were also reports authored by NGOs such as, in particular, Minority Rights Group (MRG) or the International Helsinki Federation and organisations representing national minorities. In many instances, these reports were quite extensive *alternative reports* which provided – just as the official state reports – comprehensive and substantial information on all articles of the FCNM from a different perspective. It is to be expected that this will also be the situation in the case of Kosovo.

---

[11] Council of Europe Document ACFC/INF(98)1, adopted by the Committee of Ministers on 30 September 1998.

In a first meeting, the members of the respective working-group identified those issues as to which they felt to be in need of additional information in order to be able to adequately assess the implementation of the FCNM in the state concerned. The working-group then drafted a questionnaire which, subsequent to its adoption by the plenary of the Advisory Committee, was sent to the competent authorities, requesting an answer within a reasonable period of time. Again, it is to be expected that this procedure will also be followed in the case of Kosovo.

However, country-visits constituted the most important part of the process leading up to the formulation of a draft opinion by the respective working-groups. Such country-visits, conducted by the members of the working-groups upon an invitation by the government concerned, included not only meetings with government officials but also with representatives of other state organs such as Members of Parliament, Ombudsmen, Judges and with representatives of national minorities and knowledgeable members of civil society. As a rule, such visits also included travels into regions where national minorities reside in order to obtain a better understanding of the situation *in situ*.[12] All such country-visits proved to be extraordinarily informative, as they were characterized by the determination of all parties to assist the working-groups, in open and frank discussions conducted in a spirit of true cooperation, in understanding the extent to which the provisions of the FCNM had been implemented; these discussions regularly also addressed shortcomings in the domestic application of the FCNM and ways and means to reduce them. After the final meeting, the members of the respective working-groups identified the essential aspects of its draft opinion which was then transmitted to the plenary for a first reading and, with the amendments agreed upon, put to a vote. It should be stressed that all opinions were adopted with overwhelming majorities, quite often unanimously. The opinions were then transmitted to the governments concerned and the Committee of Ministers which, in fact, means the Ministries of Foreign Affairs of all member states of the Council of Europe. Again, it is to be hoped – and expected – that the same procedure will also be applied with respect to Kosovo; in particular, the conduct of a visit to the area including to regions where national minorities reside seems to be of essential relevance for the full understanding of the sometimes quite complex factual and legal issues involved.

---

[12] During the first cycle of monitoring, such visits have been conducted to the following states parties (in chronological order): In 1999, to Finland and Hungary; in 2000, to Slovakia, Denmark, Romania, Czech Republic, Croatia, Cyprus, and Italy; in 2001, to Estonia, United Kingdom, Germany, Moldova, Ukraine, Armenia, and Austria; in 2002, to Slovenia, Russian Federation, Norway, Albania, Switzerland, Lithuania, and Sweden; in 2003, to Ireland, Azerbaijan, Poland, Serbia and Montenegro, the Former Yugoslav Republic of Macedonia, and Bulgaria; the visit to Bosnia and Herzegovina took place in 2004. Only the government of Spain regrettably did not invite the respective working-group to conduct a visit to this country. In view of the specific situation in Liechtenstein, Malta and San Marino and the information available, the respective working-groups felt that their work on the state reports could be completed without country visits. This practice of country-visits is being continued during the present second cycle of monitoring.

The actual discussion of the opinions of the Advisory Committee as well as of the comments which both the government of the respective state party and other governments wished to submit, took place in the Rapporteur Group on Human Rights (GR-H), a sub-body of the Committee of Ministers. The opinions were introduced by representatives of the Advisory Committee who were also invited to be available for an ensuing exchange of views with the members of GR-H. This practice considerably contributed to the creation of a constructive dialogue between the two monitoring bodies. This atmosphere of cooperation and constructive dialogue was also reflected in most of the comments made by the governments concerned which often consisted of information on developments which had taken place after the adoption of the opinion; most frequently, they were prompted by critical remarks made during a country-visit. In addition thereto, governments of course expressed their views if they disagreed with the findings of the Advisory Committee. As particularly useful were considered those government comments which had been drafted in cooperation with organisations representing national minorities or where governments had annexed, to their own comments, those of such organisations; such an approach most considerably adds to the creation of a constructive dialogue between the governments and the national minorities concerned. It is therefore to be hoped that UNMIK will adopt this approach once it will have to draft its comments on the future opinion of the Advisory Committee on Kosovo.

Of particular relevance, however, is the fact that the resolutions of the Committee of Ministers largely followed the opinions of the Advisory Committee. This is well reflected in its conclusions which both recommend states parties for their good practices and identify persisting shortcomings in the implementation of the obligations of states parties resulting from their membership to the FCNM. It must also be stressed that the Committee of Ministers consistently called upon governments to keep the Advisory Committee regularly informed about the measures being taken in order to implement the conclusions and recommendations set out in the resolutions. This means that, in contrast to the mechanisms prevailing in some international human rights treaties monitoring systems, states parties are not only obliged to report periodically, but are under a legal duty to maintain a continuous dialogue with the Advisory Committee. An important element of this follow-up procedure concerns initiatives aimed at increasing public awareness and knowledge of the opinions of the Advisory Committee and stimulating a constructive dialogue on the domestic level. To this end, it is essential that the opinions be made publicly accessible as early as possible and be translated not only into the official language(s) of the state party concerned, but also into relevant minority languages. The most important element of the follow-up procedure were, however, follow-up seminars.[13] Such seminars were open to the public and attended by com-

---

[13] Such follow-up seminars have been organised – in 2002 – in Finland, Croatia, Estonia, Romania, and Hungary; in 2003, in Armenia, Germany, Slovakia, Ukraine, Moldova, and Czech Republic; and in 2004 in Cyprus, Russian Federation, Italy, Norway, and Lithuania.

petent government officials, representatives of national minorities, members of civil society, and representatives of the Advisory Committee. They offered an ideal opportunity to present the contents of the opinions of the Advisory Committee and the pertinent governments' comments as well as to engage in a fruitful exchange of views as to the measures to be taken by the respective governments with a view to complying with the pertinent findings of the Advisory Committee. Since Article 2.3 of the Agreement is to be understood as reflecting this particular aspect of the follow-up procedure, it is to be expected that UNMIK will agree to organise, jointly with the Council of Europe, such a follow-up seminar some time after the adoption of the pertinent resolution of the Committee of Ministers.

2. Substantive Aspects

In the absence of the "report" to be submitted by UNMIK on 23 February 2005, it is of course difficult to foresee all the substantive issues which might be raised during the future monitoring activities. However, in view of the information generally available on the situation of national minorities in Kosovo[14] and based upon the experiences made by the Advisory Committee during the first cycle of monitoring,[15] it is possible – and not mere speculation – to identify some of such substantive issues.

At the outset, it should also be mentioned that the Advisory Committee has so far not dealt with the situation in Kosovo: While it was clear that the FCNM should apply, in principle, also in the area of Kosovo as a result of the accession to that treaty by the (then) Federal Republic of Yugoslavia on 11 May 2001, it was equally clear that the government in Belgrade was prevented from exercising effective control over that area by virtue of UNSC Resolution 1244 (1999) establishing the international administration of Kosovo. In line with its previous practice developed with respect to Cyprus (as concerns the part of the country presently under Turkish occupation)[16] and Moldova (as concerns the part of the country frequently referred to as Transnistria),[17] the Advisory Committee refrained from including the situation in Kosovo in its monitoring activities with respect to Serbia and Montenegro.[18]

---

[14] See, in particular, Council of Europe Venice Commission (note 4), paras. 24–61; the regular UNHCR/OSCE Assessments of the Situation of Ethnic Minorities in Kosovo; and the MINELRES Shadow Report on the Implementation of the Framework Convention for the Protection of National Minorities in Serbia, Montenegro, and Kosovo of 17 February 2002, available at <http://www.minelres.lv/coe/FRY_NGO.htm>, and the various documents available on the Human Rights Watch website (<http://hrw.org/reports/2004/kosovo>), and on the European Centre for Minority Issues (ECMI) in Flensburg website (<http:/www. ecmi.de>).

[15] See *Hofmann* (note 6), 7 *et seq.*

[16] See para. 10 of the Advisory Committee Opinion on Cyprus.

[17] See para. 11 of the Advisory Committee Opinion on Moldova.

[18] See para. 9 of the Advisory Committee Opinion on Serbia and Montenegro.

a) Personal Scope of Application

The personal scope of application of the FCNM constituted throughout the first cycle of monitoring one of the major issues of the monitoring activities – and it is to be expected that this situation will continue during the present second cycle of monitoring. This situation is a result of the fact that the drafters of the FCNM did not agree on a definition of the term *national minority* and thus failed to provide the monitoring bodies with a clear indication as to the personal scope of application of the FCNM. This prompted several states to add *declarations* to their instruments of ratification; these usually limit the applicability *ratione personae* to such groups as are commonly referred to as 'old' or 'traditional' minorities, i. e. those which have long-lasting ties with the territory on which they live and are nationals of the state of which that territory is a part. They thus wished to exclude, in particular, 'new' minorities from the scope of personal application of the FCNM. A similar approach was taken by some states which indicated in their reports only 'old' minorities as being covered by the FCNM, whereas other states opted for a broad and inclusive approach making the FCNM applicable also to 'new' minorities.

In view of this situation, in particular of the quite intricate legal problems raised by such declarations,[19] the Advisory Committee made use of the flexibility inherent in the wording of the FCNM and adopted a more pragmatic and flexible approach. It considered that in the absence of a definition of the term 'national minority' the states parties must examine the personal scope of application to be given to the FCNM in the respective countries. The position of any government, as reflected in declarations made upon ratification or statements in a state report on the personal applicability of the FCNM, was deemed to be the outcome of this examination. In this respect, states parties have a certain margin of appreciation in order to take into due account the specific circumstances prevailing in their countries; on the other hand, this margin of appreciation must be exercised in accordance with general principles of international law and the fundamental principles set out in Article 3 FCNM. In particular, the implementation of the FCNM must not be a source of arbitrary or unjustified distinctions. Therefore, the Advisory Committee considered as part of its duties to verify that no such arbitrary or unjustified distinctions were made. If, in the view of the Advisory Committee, this was clearly the case, such assessment would be clearly spelled out in the relevant country-specific opinion.[20] In other - less clear - situations the Advisory Commit-

---

[19] These issues concern questions as to their legal quality (they might constitute *declarations, interpretative declarations* or even – disguised – *reservations*) as well as to their legal effect (are they considered to be binding upon the Advisory Committee and the Committee of Ministers?). For a thorough discussion see *Frowein/Bank*, The Effect of Member States' Declarations Defining 'National Minorities' upon Signature or Ratification of the Council of Europe Framework Convention for the Protection of National Minorities, ZaöRV 59 (1999), 649.

[20] See, *e.g.,* paras. 17–22 of the Opinion on Albania where the Advisory Committee held that the *a priori* exclusion of the *Egyptians* as a group which had resided for centuries in

tee called upon the states parties concerned to discuss the issue with representatives of the group concerned.[21]

As concerns Kosovo, all organisations involved in the task of protecting national minorities agree on the existence of several groups which are, from a legal point of view, to be considered as national minorities. These are the Serbs, most of whom (around 100.000 persons) are concentrated in enclaves and live isolated in the northern part of Kosovo (Mitrovica) and some rural areas; in particular in the northern part, Serbs constitute the local majority population. The second group generally recognised as a national minority is formed by Muslims who call themselves either Bosniaks (some 20.000 persons in the Prizren region) or Gorani (some 16.000 persons in the Sharr region); the former speak a language that resembles Serbian whereas the latter speak a language that is similar to Macedonian. The Turks are, together with the Croats, the smallest ethnic group in Kosovo, but have the longest tradition as the most ancient minority group; most of the approximately 10.000 persons belonging to this minority reside in urban areas. Finally, there is the national minority composed of (predominantly Serbian-speaking) Roma, (Albanian-speaking) Ashkaeli and Egyptians who, in the 1991 census, amounted to some 50.000 persons; they continue to face wide-spread discrimination, in particular those who, before the NATO intervention, had – allegedly – sided with the Serbian population. Many of these persons, mainly Roma, either live as refugees in Serbia or as Internally Displaced Persons in camps and other provisional settlements in the northern part of Kosovo.

It is to be expected that UNMIK will recognise persons belonging to these groups as being covered by the provisions of the FCNM. This approach should also apply to those Serbs and Roma who, as Internally Displaced Persons, presently do not live in their traditional places of settlement.

Finally, it is also to be expected that UNMIK will consider those Albanians who live in the predominantly Serbian-speaking part of Kosovo as persons to whom the provisions of the FCNM should be – as a rule – applied. Although the Advisory Committee has so far not extensively dealt with this complex issue of a so-called 'minority within a minority', it has, however, stated, in the context of the Finnish-speaking population of the Åland Islands, that such persons should be given an opportunity to rely on the protection provided by the FCNM as far as the

---

Albania from the personal scope of application of the FCNM was incompatible with Article 3 FCNM; and paras. 13–25 of the Opinion on Denmark where the same conclusion was reached with respect to, *inter* alia, the Roma – a conclusion which was explicitly confirmed in the pertinent Resolution of the Committee of Ministers.

[21] See, *e.g.,* paras. 12–20 of the Opinion on Austria with respect to inhabitants of Vienna of Polish origin; para. 28 of the Opinion on Poland with respect to the *Silesians*; paras. 14–18 of the Opinion on Romania with respect to the *Csangos*; paras. 13–19 of the Opinion on Sweden with respect to the inhabitants of Scania and Gotland; paras. 13–16 of the Opinion on Ukraine with respect to the *Rusyins*; and paras. 11–16 of the Opinion on the United Kingdom with respect to the *Cornish*.

issues concerned are within the competences of the province of Åland.[22] Although it is true that the present administrative structure of Kosovo does not provide for any autonomous regions with powers comparable to those held by the Ålandic authorities, UNMIK should make the provisions of the FCNM applicable to Albanians living in a minority situation at least as far as competences of the municipalities are concerned in order to contribute to the improvement of majority-minority-relations also in this part of Kosovo.

b) Non-discrimination and Effective Equality

The Advisory Committee consistently stressed that Article 4 FCNM requires not only the enactment of legislation protecting all persons against discrimination, both by public authorities and private entities, but also effective remedies against such acts of discrimination.[23] Moreover, it found that, in some countries, Roma face a broad range of socio-economic problems to a disproportionate degree. Therefore, it welcomed pertinent government action, and stressed that when implementing such programmes, particular attention should be paid to the situation of Roma women.[24]

In view of the information available, it is clear that discrimination against Serbs and, in particular, Roma constitutes a most serious problem in Kosovo. It is therefore to be expected that UNMIK will devote considerable space to this issue; such discrimination is particularly widespread as concerns equal access to education, employment, social services and health care. Discriminatory practices seem to persist also in the field of housing and property rights, specifically as concerns access to funds ear-marked for reconstruction and return purposes, and the restitution of land and other properties.[25] Moreover, UNMIK should also submit information on the programmes implemented or planned to combat such ethnically motivated discrimination.

c) Inter-cultural Dialogue and Tolerance

Notwithstanding the existence of pertinent domestic legislation and the quasi-unanimous view of politicians as to the necessity to combat incidents involving

---

[22] See para. 17 of the Opinion on Finland.

[23] See, *e.g.,* paras. 21–25 of the Opinion on Croatia; and para. 31 of the Opinion on Serbia and Montenegro.

[24] See, *e.g.,* paras. 28–30 of the Opinion on the Czech Republic; paras. 33–36 of the Opinion on Moldova; paras. 27–29 of the Opinion on Romania; paras. 39–43 of the Opinion on Serbia and Montenegro; paras. 20–21 of the Opinion on Slovakia; and paras. 31–38 of the Opinion on Spain.

[25] See, *e.g.,* the information contained in the regular OSCE/UNHCR Assessment of the Situation of Ethnic Minorities in Kosovo.

racial hatred and ethnically motivated violence, the Advisory Committee identified, as an apparently rather wide-spread and disconcerting phenomenon, not only ongoing discrimination against Roma in many societal settings but noted also instances of physical violence or threats against Roma.[26] This situation was further aggravated by the fact that some media continued to present information in such a way as to rather strengthen existing negative stereotypes of minorities, in particular of the Roma. The Advisory Committee, therefore, called upon governments to support measures aimed at promoting accurate and balanced reporting on minority questions while recognising the essential relevance of freedom of expression as a most fundamental basis for any democratic society.[27]

Again, there can be no doubt that efforts to increase inter-cultural dialogue and tolerance in Kosovo need to be vigorously stepped up and implemented. This assessment as to the need of additional initiatives applies in particular to the issue of security and freedom of movement for persons belonging to national minorities in Kosovo, above all for Serbs and Roma who still face, in many parts of the area, considerable risks to be victims of physical violence. Information will also be needed as to programmes aiming at combating anti-minority attitudes among Kosovo police and security forces as well as among local officials.

d) Freedom of Religion and Political Rights
(Freedom of Assembly, Association, Expression, Thought, and Conscience)

It is a truism that freedom of religion and political rights such as freedoms of assembly, expression, thought and conscience belong to the very basics of any truly democratic society. Moreover, in view of the special situation of national minorities, they have a particular relevance for persons belonging to such minorities.

As regards freedom of religion, there seems to be little specific practice of the Advisory Committee concerning the special situation of national minorities. The main point might be that it has recognised that 'religious' minorities constitute 'national' minorities for the purposes of the FCNM.[28] Whereas the pertinent practice of the Advisory Committee mainly related to very specific issues often connected with disputes concerning property rights of churches and other religious monuments, it might be useful to stress that the Advisory Committee, while recognizing that Article 8 FCNM does not exclude all differences in the treatment of

---

[26] See, *e.g.*, para. 40 of the Opinion on Albania; paras. 39–43 of the Opinion on the Czech Republic; paras. 40–41 of the Opinion on Romania; and para. 28 of the Opinion on Slovakia.

[27] See, *e.g.*, para. 33 of the Opinion on Croatia; para. 37 of the Opinion on the Czech Republic; paras. 34–35 of the Opinion on Romania; para. 62 of the Opinion on the Russian Federation; and para. 26 of the Opinion on Slovakia.

[28] See, *e.g.*, paras. 18–21 of the Opinion on Cyprus with respect to the Maronites; and para. 19 of the Opinion on Armenia with respect to the Yesidi.

religious entities, was of the opinion that such differences must not result in undue limitations of the rights of persons belonging to national minorities.[29]

With respect to political rights, it is important to note that activities of political organisations aiming at the promotion of the distinct identity of national minorities do not *per se* constitute a threat to national security and must, therefore, not be prohibited unless there are additional reasons such as, *e.g.*, indications that such aims shall be achieved by non-democratic means.[30] Of particular relevance is the view that domestic legislation prohibiting as such the establishment of political parties of national minorities raises considerable problems as to its compatibility with Article 7 FCNM.[31]

With respect to Kosovo, it is clear that, in particular after the events of 17 March 2004, the right of persons belonging to the Orthodox Church to manifest their religion is not being guaranteed throughout the area. It will therefore be important that this issue, as well as questions connected with property rights concerning churches and monasteries, will be addressed in an adequate manner in the report to be submitted by UNMIK. The same applies to instances where the participation of persons belonging to national minorities in the political process has been, and continues to be, adversely affected by anti-minority attitudes of officials on the local level.

e) Media Rights

Media rights including, in particular, the right to have adequate access to, and visibility in, public audio-visual media and to establish private print and audio-visual media (sound radio and television broadcasting), are of obviously fundamental relevance for the protection and promotion of the distinct identity of national minorities. In an era in which societal developments are largely influenced by the media, information on, and by, national minorities is clearly essential for the understanding of such distinct identities both by the majority population and the persons belonging to such minorities themselves. Moreover, since most national minorities in Europe have as one – and most often as the most important – criterion to distinguish them from the majority population their own, distinct language, print and audio-visual media using such languages are also essential for the learning of such languages as well as for keeping them alive.[32]

---

[29] See, *e.g.*, para. 38 of the Opinion on Croatia.

[30] See, *e.g.*, paras. 43–45 of the Opinion on Azerbaijan; and para. 49 of the Opinion on Moldova.

[31] See paras. 68–70 of the Opinion on the Russian Federation.

[32] On this issue see *Jakubowicz,* Persons Belonging to National Minorities and the Media, International Journal on Minority and Group Rights 10 (2003), 291.

As concerns the pertinent practice of the Advisory Committee under Article 9 FCNM, it is important to note that the bulk of its concerns related to situations of insufficient access of national minorities to public radio and television broadcasting programmes and the uneven allocation of financial and other resources to different national minorities concerning private radio and television programmes.[33]

Again, in view of the information available, it is clear that the situation of national minorities in Kosovo remains unsatisfactory as regards their media rights under article 9 FCNM. It will therefore be necessary for UNMIK not only to inform on this issue but also, and even more so, on the measures taken, or envisaged to be taken, in order to bring about a truly pluralistic media situation in Kosovo.

f) Linguistic Rights

Since most national minorities in Europe are characterised by their language, linguistic rights are of essential relevance to the protection and promotion of the distinct identity of national minorities. Such linguistic rights include the right to use one's own language in the private and public sphere and, to some extent, in contacts with administrative and judicial bodies; the right to use one's own name in the minority language and the right to official recognition thereof; and the right to display, in a minority language, signs of a private nature and, under specific conditions, to display topographical signs in a minority language.

At the outset, it must be stressed that the Advisory Committee has, on several occasions, expressed its view that the FCNM does not preclude the existence of a state language. It has also recognised the legitimacy of measures to promote and to protect such state language provided that such initiatives are implemented in such a way that safeguards the rights of persons belonging to national minorities.[34] With respect to several states, the Advisory Committee concluded that considerable problems existed as to the practical implementation of domestic legislation providing for the use of minority languages in official dealings with administrative authorities.[35] More specifically, it explicitly welcomed legislation in Austria, Romania, and Slovakia which allowed for such use of minority languages in areas in which the minority population represented 10 % (Austria) or 20 % (Romania and

---

[33] See, *e.g.*, paras. 47–49 of the Opinion on Albania; paras. 47–50 of the Opinion on Armenia; paras. 38–40 of the Opinion on Austria; paras. 40–42 of the Opinion on Croatia; paras. 55–57 of the Opinion on Estonia; paras. 44–47 of the Opinion on Germany; paras. 62–65 of the Opinion on Poland; paras. 76–78 of the Opinion on the Russian Federation; and paras. 43–47 of the Opinion on Ukraine.

[34] See, *e.g.*, para. 39 of the Opinion on Estonia; para. 70 of the Opinion on Lithuania; para. 81 of the Opinion on Moldova; and para. 63 of the Opinion on Ukraine.

[35] See, *e.g.*, paras. 57–59 of the Opinion on Armenia; paras. 54–56 of the Opinion on Lithuania; paras. 80–85 of the Opinion on the Russian Federation; paras. 48–50 of the Opinion on Sweden; and para. 56 of the Opinion on Switzerland.

Slovakia) of the overall population[36] while, in contrast thereto, it declared a similar quota of 50 % as too high.[37] Finally, it emphasized that the fact that persons belonging to national minorities have a command of the (dominant) language is not decisive as the effective use of minority languages remains essential in consolidating the presence of minority languages in the public sphere.[38]

As to the right to use one's own name in the form of the minority language, the Advisory Committee strongly welcomed pertinent legislative reforms[39] and criticized cases in which persons were forced to use versions of their name in the state language.[40] With respect to topographical signs, it welcomed relevant possibilities in certain states,[41] but criticized in some instances a lack of clarity of the pertinent legislation.[42] More specifically, it strongly welcomed a judgment of the Austrian *Verfassungsgerichtshof* in which it had ruled that if a national minority formed more than 10 % of the total population in an area over a long time, this was sufficient to entitle the inhabitants to the display of bilingual topographical indications.[43] The same positive assessment was given to recent Czech legislation by virtue of which bilingual topographical signs might be displayed if 20 % of the population residing in a municipality consider themselves as persons belonging to the national minority concerned, and, of these, at least 50 % so require.[44] In contrast thereto, it considered a quota of 50 % an obstacle to the effective exercise of such right.[45] These numbers might indeed be indicative as regards the future formulation of generally applicable standards in this field.

As concerns the situation in Kosovo, it must be stressed that under UNMIK Albanian, Serbian and English are official languages. Nonetheless, there are numerous reports indicating that the use of Serbian in dealings with official authorities on the municipal level or the display of topographical signs in Serbian is often unduly restricted – the same is reported as concerns the use of Albanian in predominantly Serbian-speaking areas. The situation is even more unsatisfactory as

---

[36] See paras. 44–46 of the Opinion on Austria; para. 49 of the Opinion on Romania; and para. 36 of the Opinion on Slovakia.

[37] See paras. 43–45 of the Opinion on Croatia; paras. 39–41 of the Opinion on Estonia; para. 62 of the Opinion on Moldova; and paras. 49–53 of the Opinion on Ukraine.

[38] See, *e.g.*, para. 49 of the Opinion on Germany.

[39] See, *e.g.*, para. 58 of the Opinion on the Czech Republic; and paras. 58–59 of the Opinion on Norway.

[40] See, *e.g.*, para. 55 of the Opinion on Albania; para. 37 of the Opinion on Slovakia; and paras. 54–56 of the Opinion on Ukraine.

[41] See, *e.g.*, para. 35 of the Opinion on Finland; para. 52 of the Opinion on Italy; and para. 51 of the Opinion on Sweden.

[42] See, *e.g.*, para. 56 of the Opinion on Albania; para. 58 of the Opinion on Lithuania; and para. 87 of the Opinion on the Russian Federation.

[43] See para. 50 of the Opinion on Austria.

[44] See para. 59 of the Opinion on the Czech Republic.

[45] See para. 57 of the Opinion on Ukraine.

concerns the other minority languages which do not have the status of an official language. UNMIK is, therefore, expected to report on the measures taken – or envisaged to be taken – to address and remedy this situation which seems to be incompatible with the obligations flowing from Articles 10 and 11 FCNM.

g) Educational Rights

It is a truism that education is the key for any successful protection and promotion of any cultural identity, in particular of national minorities. Since, as stated above, national minorities in Europe are usually defined by their distinct language and culture, the right to learn one's mother tongue is an absolute *conditio sine qua non* for the survival of any national minority. Therefore, educational rights are indeed of central relevance for the international protection of national minorities. But for a state policy aimed at the preservation and promotion of the distinct identity of a national minority, the learning – and teaching – of a minority language to pupils belonging to that minority is not enough; it is equally important that these pupils are familiarized with their own history and culture – as well as with language, history, and culture of the majority population. Finally, it is also necessary to acquaint pupils – and the general public – belonging to the majority population with the history and culture of the national minorities residing in the country concerned and to enable them, if they so wish, to learn minority languages. Thus, it is clear that the issue of educational rights of persons belonging to national minorities ranks highly among the issues dealt with in the field of international minority rights protection.[46]

With respect to the rights guaranteed under Article 12 FCNM, the Advisory Committee had to accord particular attention to the situation of Roma children: Not only did it express its deep concern about the abnormally high level of absenteeism among Roma pupils,[47] but also about an apparently wide-spread practice of placing Roma children in special educational groups or even schools designed for mentally disabled children, due to either real or perceived language and cultural differences between the Roma and the majority population. The Advisory Committee stressed that such placing should only occur when absolutely necessary and on the basis of consistent, objective and comprehensive tests.[48] More generally, it noted that, notwithstanding commendable efforts to improve the

---

[46] On this issue see *Wilson,* Educational Rights of Persons Belonging to National Minorities, International Journal of Minority and Group Rights 10 (2003), 315.

[47] See, *e.g.,* para. 55 of the Opinion on Italy; and paras. 81–83 of the Opinion on the United Kingdom.

[48] See, *e.g.,* para. 49 of the Opinion on Croatia; paras. 61–63 of the Opinion on the Czech Republic; para. 41 of the Opinion on Hungary; paras. 57–59 of the Opinion on Romania; and paras. 39–40 of the Opinion on Slovakia.

situation, a shortage of both available textbooks in minority languages and of qualified teachers still persisted in some countries.[49]

With respect to the right of instruction of, or instruction in, the mother tongue as provided for by Article 14 FCNM, the Advisory Committee stressed that when decisions are taken concerning the continuation or closure of schools, particular attention must be paid to the fact that schools with instruction in, or of, a minority language contribute, by their very existence, to the preservation of the distinct identity of the national minority concerned.[50] It also emphasized that states parties should, when embarking upon a far-reaching reform of their educational system resulting in a decrease of instruction in minority languages, introduce detailed guarantees as to how persons belonging to national minorities will be provided with adequate opportunities for being taught the minority language or for receiving instruction in that language. It also recommended that such reforms should always be planned and implemented in close consultations with those primarily concerned.[51]

It is clear that the present situation of the educational system in Kosovo is far from meeting the requirements laid down in Articles 12 and 14 FCNM. Indeed, in view of the long period characterized by the suppression of the Albanian language in the public educational system under the Milošević regime and the absence of the financial means to rebuild a functioning educational system in Kosovo, this does not come as a surprise. In particular, there can be no doubt that the schooling situation of, in particular, children belonging to the Roma minority is incompatible with the obligations flowing from Articles 12 and 14 FCNM. Therefore, UNMIK should not only openly address these issues but also, and in particular, present those programmes aimed at fundamentally improving this situation and discuss the obstacles met in the course of implementation of such programmes.

h) Participatory Rights

The right to effective participation in cultural, economic, and social life and in public affairs is another principle essential for any democratic society. In view of the potentially vulnerable situation of national minorities, it is of particular relevance for the survival of their distinct cultures and identities. This assessment results from the correct understanding that only those national minorities whose members feel that the state in which they reside is also 'their' state, that it also be-

---

[49] See, *e.g.*, paras. 63–65 of the Opinion on Armenia; para. 48 of the Opinion on Croatia; para. 74 of the Opinion on Moldova; and para. 59 of the Opinion on Ukraine.

[50] See, *e.g.*, para. 63 of the Opinion on Austria; paras. 59–61 of the Opinion on Germany; and para. 73 of the Opinion on Lithuania.

[51] See, *e.g.*, paras. 50–52 of the Opinion on Estonia; paras. 70–72 of the Opinion on Lithuania; paras. 81–83 of the Opinion on Moldova; and paras. 63–65 of the Opinion on Ukraine.

longs to 'them', will be prepared to fully integrate themselves into that state and its structures which, in turn, will contribute to stability and peaceful majority/minority-relations. To achieve this end, effective participation clearly is another *conditio sine qua non*.[52]

In its pertinent practice, the Advisory Committee noted that in some countries the representation of national minorities on local, regional and central level legislative bodies was low, and recommended that governments examine ways and means to improve this situation.[53] In particular, they should ensure that, if advisory or consultative bodies are established, they represent national minorities in an adequate manner.[54]

Furthermore, the Advisory Committee found that, in a number of countries, persons belonging to national minorities were clearly under-represented in a wide range of public sector services,[55] and that unemployment rates are often higher amongst persons belonging to national minorities.[56] It also stressed that language proficiency requirements should be limited carefully to situations where they are necessary to protect a specific public interest; the same considerations applied as to candidates running for elections.[57]

Finally, the Advisory Committee expressed its concern about the shortcomings that remain, notwithstanding a number of commendable efforts made by the governments concerned, as regards the effective participation of the Roma in social and economic life and the negative impact that these shortcomings have on the social and economic living conditions of this minority in general and of Roma women in particular.[58]

---

[52] On this issue see *Weller*, Creating the Conditions Necessary for the Effective Participation of Persons Belonging to National Minorities, International Journal on Minority and Group Rights 10 (2003), 265.

[53] See, *e.g.*, paras. 69–70 of the Opinion on Albania; paras. 58–62 of the Opinion on Croatia; and paras. 69–70 of the Opinion on Ukraine.

[54] See, *e.g.*, paras. 71–74 of the Opinion on Albania; paras. 77–80 of the Opinion on Armenia; paras. 57–58 of the Opinion on Estonia; paras. 77–79 of the Opinion on Lithuania; paras. 85–89 of the Opinion on Moldova; and paras. 101–108 of the Opinion on the Russian Federation.

[55] See, *e.g.*, para. 75 of the Opinion on Albania; paras. 55–57 of the Opinion on Croatia; para. 66 of the Opinion on Italy; and para. 96 of the Opinion on the United Kingdom.

[56] See, *e.g.*, para. 59 of the Opinion on Estonia; para. 109 of the Opinion on the Russian Federation; and paras. 74–75 of the Opinion on Ukraine.

[57] See, *e.g.*, paras. 55–60 of the Opinion on Estonia; and para. 106 of the Opinion on the Russian Federation.

[58] See, *e.g.*, para. 75 of the Opinion on Albania; para. 71 of the Opinion on Austria; para. 65 of the Opinion on Croatia; para. 71 of the Opinion on the Czech Republic; para. 66 of the Opinion on Germany; para. 54 of the Opinion on Hungary; para. 65 of the Opinion on Italy; para. 63 of the Opinion on Norway; para. 69 of the Opinion on Romania; para. 79 of the Opinion on Spain; para. 77 of the Opinion on Switzerland; and para. 47 of the Opinion on Slovakia.

All these elements of concern to the Advisory Committee are to be found in Kosovo. As long as the vast majority of the Serbs abstain from voting in elections, they are largely excluded from effective participation in public affairs. Moreover, there seem to exist strong attitudes against allowing in particular Roma to take part in public life. Finally, it is clear that in an area as war-stricken and economically weak as Kosovo, the economic and social situation of persons belonging to the numerically smaller minorities is – as a rule – worse than that of the majority population. It will therefore be essential that UNMIK reports on the initiatives taken with a view to improve this extremely difficult situation and identifies the obstacles which have to be removed in order to successfully implement these initiatives.

IV. Concluding Remarks

The signature and entry into force of the Agreement between UNMIK and the Council of Europe on the monitoring of the obligations flowing from the FCNM constitutes in at least two aspects an important development.

First, from a general international law point of view, it shows that the UN, when responsible for the international administration of a territory, seem to be willing to accept to be not only bound by the norms of international human rights law as laid down in the pertinent treaties, but also to subject such international administration to the pertinent monitoring systems. In a time when more and more governments accept that their armed and other forces deployed abroad and exercising there effective control over a territory, continue to be bound by the international treaty law obligations such states might have incurred, this new position of the UN is only to be welcomed: It does not only considerably improve the human rights situation of the population concerned, but also strengthens the general tendency to consider respect for human rights as a legal – and not only political – obligation to be observed by any subject of public international law, including the UN.

Second, from a minority rights point of view, it shows the unequalled relevance of the FCNM for the protection of the rights of persons belonging to national minorities. At this moment, the future status of Kosovo is still unclear and remains to be decided. There can be, however, no doubt as to the crucial relevance of a well-balanced and well-functioning system of minority rights protection in this area as a *conditio sine qua non* for any peaceful, stable and lasting solution – unless one accepts the unacceptable, namely that in the early years of the 21st century ethnic cleansing still constitutes an acceptable solution to an ethno-politically very complex situation.

Legitime Gewaltanwendung neben dem Völkerrecht?

Von Knut Ipsen

Der Jubilar hat in seinem bemerkenswerten Beitrag zur Eitel-Festschrift das zeitlose Problem des Spannungsverhältnisses zwischen Recht und Macht aufgegriffen, es indessen fokussiert auf die Führungsposition von Großmächten in der internationalen Gemeinschaft im Verhältnis zu einer völkerrechtlichen „rule of law".[1] Seine abschließende Forderung („What is needed is good leadership under law, not above the law")[2] schlägt den Kreis zu einem vier Jahrzehnte zurückliegenden Bemühen, Kongruenz und Divergenz von Sicherheitspolitik und Völkerrecht abzutasten, das uns – damals Assistenten am Institut für Internationales Recht an der Universität Kiel – unter Leitung unseres gemeinsamen akademischen Lehrers Eberhard Menzel zusammengeführt hatte.[3] Zu diesem großen Themenkreis gehören auch die nachfolgenden Gedanken, die sich mit der Erstanwendung von Waffengewalt durch die USA und ihrer Rechtfertigung in der jüngsten Diskussion befassen.

I. Erstanwendung von Waffengewalt als genuin unilateraler Akt

Die Grundidee der Vereinten Nationen als eines universalen kollektiven Sicherheitssystems war, wie seit ihrer Gründung unablässig wiederholt, den Angreiferstaat einer Front rechtstreuer Staaten gegenüberzustellen. Das materielle Verbot der Erstanwendung von Waffengewalt gem. Art. 2 Nr. 4 SVN, ergänzt durch das notwehr- und nothilfeähnliche Recht der individuellen oder kollektiven Selbstverteidigung in seiner Begrenzung nach Verhältnis und Zeit im Sinne von Art. 51 SVN, war durch die Vorschriften über den Sicherheitsrat, über sein Verfahren und insbesondere über seine Befugnisse nach Kapitel VII der VN-Satzung komplettiert worden. Das materielle Verbot der Erstanwendung von Waffengewalt hat sich in den nunmehr fast sechs Jahrzehnten seines Bestehens als hinreichend stabil erwiesen, was seinen Schutzbereich anbetrifft. Weder Versuche, den Gewaltbegriff

---

[1] *Delbrück,* Right v. Might, Great Power Leadership in the Organized International Community of States and the Rule of Law, in: Frowein u. a. (Hrsg.), Verhandeln für den Frieden, FS Tono Eitel, 2003, 23 ff.

[2] *Delbrück* (Fn. 1), 39.

[3] s. hierzu Abschreckung und Entspannung – 25 Jahre Sicherheitspolitik zwischen bipolarer Konfrontation und begrenzter Kooperation, Veröffentlichungen des Instituts für Internationales Recht an der Universität Kiel 76, 1977.

durch Staatenpraxis (z. B. „measures short of war") auf bewaffnete Konflikte größerer Intensität und Ausdehnung zu reduzieren, noch das Bemühen, unter „Gewalt" ebenfalls Pressionen unterhalb der Schwelle des Waffeneinsatzes zu verstehen (z. B. die „ökonomische" oder „strukturelle" Gewalt) konnten sich zu einer nachfolgenden Praxis der Staaten in der Anwendung des Art. 2 Nr. 4 SVN verdichten, die das Gewaltverbot verengt oder erweitert hätte. Kritik richtete sich dagegen immer wieder auf die verfahrensmäßige Durchsetzung des Gewaltverbots durch die Vereinten Nationen: Die Repräsentanz der 191 VN-Mitgliedstaaten durch den Sicherheitsrat, die von der Gesamtzahl her wie auch hinsichtlich der Kategorie der ständigen Mitglieder immer wieder unter dem Aspekt der von Art. 23 SVN geforderten „angemessenen geographischen Verteilung der Sitze" kritisiert wurde; das leidige „Veto", das ursprünglich im positiven Sinne als gemeinschaftliches Entscheiden und Handeln der fünf ständigen Mitglieder gedacht war und während der Ost-West-Konfrontation zum Blockadeinstrument denaturiert worden war; der Befund schließlich, daß wichtige Entscheidungen des Sicherheitsrats nicht *in* den Verhandlungen in diesem Organ, sondern – wie im multilateralen Bereich auch ansonsten üblich – in diversen (ständigen oder ad hoc gebildeten) Zirkeln gefaßt werden und im Sicherheitsrat lediglich noch ihre Kundgabe finden.

Dies alles wird im Jahre 2005 Gegenstand der Diskussion über die Reform des Sicherheitsrats sein. Dabei verstellt gerade die Ausrichtung der Diskussion auf die Zusammensetzung des Organs und sein Verfahren den Blick dafür, daß die VN-Konstruktion mit einem Entstehungsfehler behaftet ist, der durchweg nicht in den Vordergrund der Erörterungen gestellt wird. Es ist dies der Umstand, daß den VN trotz ihrer Ausgestaltung als des ersten universalen Systems kollektiver Sicherheit entgegen vielfältiger Annahme der Wissenschaft keineswegs *das* zugewiesen worden ist, was als „Gewaltmonopol" verstanden wird. Das materielle Verbot der Erstanwendung von Waffengewalt, die Bestimmung des Organs und des Verfahrens zu seiner Durchsetzung und die Normierung des Notwehr- bzw. Nothilferechts haben immer wieder dazu geführt, auf der Ebene des Völkerrechts Strukturen als zumindest annähernd erreicht zu sehen, wie sie das staatliche Gewaltmonopol kennzeichnen. Das staatliche Gewaltmonopol basiert auf zwei Elementen, die beide für seine Effektivität unverzichtbar sind. Es besteht aus einem normativen und aus einem faktischen Element. Das normative Element ist die Rechtsordnung, bestehend aus einer Fülle von Rechtsregeln, die bis hin zur strafbewehrten Vorschrift die Gewaltanwendung unterbinden und in der eng geregelten Ausnahmesituation staatlichen Organen vorbehalten. Das faktische Element – als Folge des zielgerichteten normativen Elements – stellt sicher, daß die Instrumente bewaffneter Gewalt ebenfalls beim Staat konzentriert sind und in einem vergleichbaren Maße natürlichen Personen und ihren Einrichtungen nur wiederum unter Rechtsbruch verfügbar sein können. Im Völkerrecht konnte das für ein VN-Gewaltmonopol erforderliche normative Element trotz jahrzehntelanger Bemühungen um Rüstungskontrolle und Abrüstung zu keiner Zeit auch nur annähernd die Regelungsdichte und Effektivität innerstaatlicher Kriegswaffenkontrolle erreichen. Das faktische Element, nämlich eine Monopolisierung der Instrumente bewaffneter Gewalt auf der Ebene der Vereinten Nationen anstelle der staatlichen Ebene ist eine zu keiner Zeit auch nur seriös angedachte Utopie. Nicht einmal die bescheidenen Möglichkeiten des Kapitels VII der VN-Satzung zur Multilateralisierung eines begrenzten Potentials von Waffengewalt über Art. 43 SVN, um Maßnahmen nach Art. 42 SVN überhaupt unverzüglich und effizient gewährleisten zu können, sind auch nur annähernd ausgeschöpft worden. Der Sicherheitsrat verdeckt diese Situation nur unvollkommen dadurch, daß er bei Beschlüssen über die Mandatierung des Gewalteinsatzes nicht ausschließlich und zentral auf Art. 41 SVN rekurriert, sondern regelmäßig das gesamte Kapitel VII als Rechtsgrundlage aufführt. Solche Mandatierungsbeschlüsse sind ein letztes Indiz dafür, daß das Gewaltmonopol nach wie vor bei den Staaten und nicht bei den VN liegt, denn sie setzen samt und sonders voraus, daß die zur Mandatsübernahme bereiten Mitgliedstaaten zunächst auf staatlicher Ebene entsprechend ihrer eigenen Rechtsordnung die nationale Entscheidung treffen, ihre Streitkräfte im Rahmen des VN-Mandats einzusetzen.

Doch selbst bei mitgliedstaatlicher Bereitschaft, im Rahmen eines VN-Mandats Streitkräfte zur Verfügung zu stellen und einzusetzen, nähern sich die VN hinsichtlich des faktischen Elements keinem Gewaltmonopol. Gerade das knappe Dutzend der VN-Mitgliedstaaten, das über ein für robuste Friedenssicherungsmaßnahmen hinreichendes Militärpotential verfügt, stellt den Vereinten Nationen Streitkräftekontingente üblicherweise nicht im Wege der Organleihe zur Verfügung.[4] Das zum Zwecke der Organleihe entwickelte „model agreement" der VN ist gerade in Fällen einer „mission defense", d. h. eines VN-Streitkräfteeinsatzes mit Kampfauftrag, nicht verwendet worden. In dem Somalia-Verfahren vor dem Bundesverfassungsgericht führte der damalige VN-Unter-Generalsekretär Petrovsky aus, daß bis dato „kein einziges Land, und ich wiederhole, kein Land, dieses model-agreement oder ein agreement unterschrieben (hat), das mit diesem model-agreement deckungsgleich gewesen wäre".[5] Namentlich die Staaten, die den VN ein effektives militärisches Machtsubstrat überantworten könnten, behalten sich die Letztentscheidung über ihren Streitkräfteeinsatz auch im Rahmen der VN vor.

Nach alledem ist der Beschluß des VN-Sicherheitsrats über einen Streitkräfteeinsatz gem. Kapitel VII SVN ein multilateraler Rechtsakt, der seine Effektivität erst durch einseitige Rechtsakte der einsatzbereiten VN-Mitgliedstaaten vor dem Einsatz und während des Einsatzes erlangt. Damit ist selbst die Entscheidung über eine eventuelle Erstanwendung von Waffengewalt im Rahmen des Kapitels VII nicht effektiv ohne entsprechende, genuin einseitige Rechtsakte der VN-Mitgliedstaaten. So betrachtet, hat das VN-Sicherheitssystem seinen Mitgliedstaaten nicht

---

[4] Zur Organleihe, s. *Ipsen,* Völkerrecht, 5. Aufl., 2004, § 40, Rn. 21.

[5] s. *Dau/Wöhrmann,* Der Auslandseinsatz deutscher Streitkräfte – Eine Dokumentation des AWACS-, des Somalia- und des Adria-Verfahrens vor dem Bundesverfassungsgericht, 1996, 744 f.

die reale Möglichkeit genommen, national darüber zu bestimmen, wie sich der jeweilige Staat in einer Situation des Kapitels VII verhält. Der Bundeskanzler hat diesen Befund der teils staunenden, teils erschütterten Welt vorgeführt, als er vor Ausbruch des Irak-Krieges definitiv erklärte, die Bundesrepublik Deutschland würde sich an einer Militäraktion gegen den Irak nicht beteiligen, weder ohne noch mit Mandat des VN-Sicherheitsrates.

Mithin geht es heute hinsichtlich des Machtsubstrats der VN nicht nur um „the outdated structure of the UN Security Council, which better reflected the power balance of 1945 than 2003"[6], sondern um den grundlegenden Befund, daß ungeachtet des VN-Sicherheitssystems gerade diejenigen Staaten, die zum Machtsubstrat der VN beitragen könnten, sich die Entscheidungsgewalt über den Einsatz ihrer Streitkräfte vorbehalten. Insofern ist es nur folgerichtig, daß in der strategischen Diskussion innerhalb der USA Stimmen an Gewicht gewinnen, die sich primär mit dem Paradigmenwechsel vom Multilateralismus zum Unilateralismus befassen und die das Problem des völkerrechtlichen Rahmens teils gar nicht oder teils nur marginal erwähnen. Schon vor Ausbruch des Irak-Krieges wurde die „new grand strategy" der USA analysiert, die nach Auffassung mancher Experten grundlegend dadurch gekennzeichnet war, daß sich die USA weniger an ihre Partner und an „global rules and institutions" gebunden fühlten, sondern eine „more unilateral and anticipatory role" bevorzugten.[7] Diese Stimmen haben sich mit Beginn der zweiten Bush-Amtszeit vermehrt und an Deutlichkeit gewonnen. Die Bush-Administration folge, so wird gesagt, wie alle US-Regierungen vor ihr den Grundregeln der internationalen Politik, indem sie auf Nützlichkeit, Effizienz und Macht ausgerichtet sei.[8] Es gäbe nach wie vor drei Hauptwege für einen Staat, Macht auszuüben, nämlich durch den Gebrauch oder die Androhung von Gewalt, durch Belohnung von Gefolgschaft oder durch „soft power", d. h. durch das Gewinnen von Gefolgschaft für die Werte des eigenen Landes und die Bereitschaft zur Einbindung anderer Staaten. In der jüngsten U.S.-Außenpolitik sei ein Verlust an Berücksichtigung des dritten Hauptwegs zu verzeichnen, was korrigiert werden sollte.[9] Die USA, so wird festgestellt, beanspruchen eine Befugnis zur Präemption, die so extensiv verstanden wird, daß sie die klassische Prävention gegenüber künftigen Risiken mit umfaßt. Das Bemühen um multilaterale Unterstützung einer präventiven Anwendung militärischer Gewalt schließe nicht ein, daß irgendjemandem ein Veto gegen Aktivitäten zugestanden würde, welche die USA zur Gewährleistung ihrer Sicherheit und zur Beförderung ihrer Interessen unternehmen. Es gehe vielmehr darum, eine möglichst große Gruppe von Staaten davon zu überzeu-

---

[6] s. *Gaddis,* Grand Strategy in the Second Term, Foreign Affairs 84/2005, 2 (6).

[7] Vgl. für viele, *Ikenberry,* America's Imperial Ambition, Foreign Affairs 81/2002, 44 (49).

[8] *Suleiman,* Der irrelevante Kontinent, Internationale Politik 1/2005, 64 (65).

[9] Hierzu *Nye,* Sanfter Machtverlust (bessere Übersetzung: Verlust an sanfter Macht), Internationale Politik 1/2005, 68.

gen, daß ihre eigenen Interessen durch die Aktionen der USA gefördert oder zumindest nicht verletzt würden.[10]

Bemerkenswert an dieser jüngsten U.S.-amerikanischen Diskussion ist zweierlei: Zum einen ist sie konzentriert auf die Androhung oder Anwendung militärischer Gewalt im Zusammenhang mit der Bekämpfung des Terrorismus und der Verbreitung von Waffenvernichtungswaffen in und über Risikostaaten. Zum anderen ist nicht mehr die Kernfrage vorherrschend, ob in diesem Sektor der Sicherheitspolitik Unilateralismus oder Multilateralismus das Gebot der Stunde sei. Als tragende Säule wird das unilaterale Vorgehen gekennzeichnet; multilaterale Aspekte haben eher eine Hilfsfunktion. Dabei bleibt der normative Handlungsrahmen, der für alle 191 Mitgliedstaaten der VN gilt, nämlich die Charta mit ihrem eindeutigen Verbot der Erstanwendung von Waffengewalt, außer Betracht. Die im Frühjahr 2003 von der US-Regierung behauptete Irrelevanz der Vereinten Nationen hat – so scheint es – die Expertendiskussion bereits derart infiziert, daß das geltende Völkerrecht der Charta in den Erörterungen der „grand strategy" kaum noch der Erwähnung für würdig befunden wird. Verbreitet scheint sich durchzusetzen, was Stanley Hoffmann noch vor Ausbruch des Irak-Krieges einer sachkundigen Meinungsgruppe vorgeworfen hat: „U.S. values and power are all that is needed for world order".[11] Gerade die unerschütterliche Überzeugung von den eigenen Werten ist es, was die ebenso unerschütterliche Definition eigener nationaler Interessen ermöglicht. So schrieb die jetzige U.S.-Außenministerin Condoleezza Rice schon zu Beginn des Jahres 2000, die neue Regierung müsse alle Bündnisse, Verträge und sonstigen Verpflichtungen der USA einer Überprüfung und Einordnung anhand des nationalen Interesses der Vereinigten Staaten unterziehen.[12]

II. Die faktische Irrelevanz des völkerrechtlichen Gewaltverbots bei existentiellen Bedrohungen

Ist angesichts der sicherheitspolitischen U.S.-Position und ihrer Aufnahme in der inneramerikanischen Diskussion eine Krise des Völkerrechts zu diagnostizieren, in deren Zentrum die USA stehen, wobei die Welt mit einem Herrschaftsanspruch konfrontiert ist, „der den Grundpfeiler des modernen Völkerrechts als solchen in Frage stellt"?[13] Wer meint, solches erst seit Amtsantritt der Bush-Administration, insbesondere seit dem 11. September 2001, feststellen zu müssen, blendet zugleich rund vier Jahrzehnte nuklearer Ost-West-Konfrontation aus. Die in jener Zeit entwickelten Nuklearstrategien der antagonistischen Supermächte ließen kaum eine Drohoption – von der flexiblen Reaktion bis zur massiven Vergeltung,

---

[10] So *Gaddis* (Fn. 6), 6 f.
[11] *Hoffmann,* Flash of Globalizations, Foreign Affairs 81/2002, 104 (113).
[12] *Rice,* Promoting the National Interest, Foreign Affairs 79/2000, 47.
[13] So *Nolte,* Die USA und das Völkerrecht, Die Friedens-Warte 78/2003, 119 (132).

von dem „Counter-force"-Schlag bis zum „Counter-city"-Schlag, vom selektiven Einsatz bis zur sichergestellten Vernichtung – unberücksichtigt, um das Gleichgewicht des Schreckens zu erhalten, wobei das Verbot der Drohung mit Waffengewalt gem. Art. 2 Nr. 4 SVN gleichzeitig geltendes Völkerrecht war. Daß die Staatenwelt 1977 mit dem Protokoll I zu den Genfer Abkommen über den Schutz der Opfer internationaler bewaffneter Konflikte die Waffenwirkungsverbote bestätigte und in nahezu akribischer Weise zum Schutze der Konfliktopfer fortentwickelte, hinderte die drei westlichen Nuklearmächte nicht zu erklären, daß die Vorschriften des Protokolls den Einsatz nuklearer Waffen weder verböten noch regulierten, noch irgendwelche Auswirkung auf diese Waffen hätten. Auch diese Infragestellung des Grundpfeilers des Genfer Rechts, nämlich des Konfliktopferschutzes, hat niemanden damals eine Krise des Völkerrechts heraufbeschwören lassen.

Natürlich können schlechte Beispiele nie weiteres Negativverhalten rechtfertigen. Doch läßt sich nicht in Abrede stellen, daß gerade im sicherheitspolitischen Bereich auch schon vor der Bush-Ära Situationen aufgetreten sind, in denen die Effektivität des Verbots der Androhung und Anwendung von Waffengewalt nicht nur durch Einzelakte oder irgendwelche kurzlebigen Doktrinen, sondern durch zeitlich und rüstungsmäßig nachhaltige Strategien relativiert oder außer acht gelassen worden ist. Die Gretchenfrage an eine Weltmacht, wie sie es denn mit dem Gewaltverbot halte, ist daher ein Dauerproblem. Daß die USA unter dem völkerrechtlichen Regime der Charta stets ein leuchtendes Vorbild für die Protagonisten des Gewaltverbots als Bestandteil der „rule of international law" gewesen sind, läßt sich angesichts der Kette direkter und indirekter Interventionen selbst mit Bündnisrücksicht und Wohlwollen nicht behaupten. Daß sich die USA seit dem Zweiten Weltkrieg zur Garantie ihrer Sicherheit nicht in allererster Linie ihrer militärischen Macht, sondern des VN-Sicherheitssystems bedient haben, könnte nur derjenige behaupten, der blind gegenüber der Vergangenheit ist.

Die reservierte Einschätzung der Effektivität des Gewaltverbots durch die USA ist somit gewiß nicht neu. Neu ist allenfalls die bisweilen brutale Offenheit, mit der die Bush-Administration die Insuffizienz des VN-Sicherheitssystems anprangert und die nationale Alternative anspricht. So erklärte Präsident Bush drei Tage vor dem Beginn des Angriffs auf den Irak: „Die Vereinigten Staaten von Amerika haben das souveräne Recht, Gewalt einzusetzen, um ihre nationale Sicherheit zu garantieren … Der Sicherheitsrat der Vereinten Nationen ist seiner Verantwortung nicht gerecht geworden, deshalb werden wir der unseren gerecht".[14] Ein Versagen des Sicherheitsrats in Fällen der Friedensstörung war die Welt, bedauerlicherweise auch nach Beendigung des Ost-West-Konflikts, gewohnt. Ungewohnt war, daß ein U.S.-Präsident diesen bekannten Befund mit derart schonungsloser Deutlichkeit ansprach und gleichermaßen unverblümt die nationale Entschlossenheit zur Erstanwendung von Waffengewalt außerhalb des VN-Systems bekundete. Immerhin haben derart unverhüllte Äußerungen der Bush-

---

[14] Deutscher Text s. FAZ v. 18.3.2003, 37.

Administration wie die soeben zitierte dazu geführt, daß eine inneramerikanische Grundsatzdiskussion – vornehmlich zwischen Liberalen und Neokonservativen – über die Völkerrechtsbindung früherer und aktueller U.S.-Sicherheitspolitik initiiert worden ist. Diese Diskussion gipfelt in einer jüngst zu verzeichnenden Kontroverse zwischen Robert W. Tucker sowie David C. Hendrickson einerseits und Robert Kagan andererseits. Tucker und Hendrickson verfaßten in einer Replik auf einen Beitrag Kagans[15] eine Philippika auf die Völkerrechtsbindung U.S.-amerikanischer Sicherheitspolitik[16]. Danach hätten sich die U.S.-Präsidenten nach dem Zweiten Weltkrieg beim Einsatz von Waffengewalt grundsätzlich dem Völkerrecht verpflichtet gefühlt, zwar hätten sich die USA nicht immer peinlich genau an die Regeln der VN-Satzung gehalten, im allgemeinen hätten sie jedoch jede Anstrengung unternommen, um ihre Aktionen mit dem Völkerrecht in Einklang zu bringen. Trotz einiger Überschreitungen („some transgressions") sei eine grundsätzliche Völkerrechtstreue der Vereinigten Staaten festzustellen. – Dies wiederum hat Kagan in einer Duplik als Fehleinschätzung gekennzeichnet.[17] Daß die USA im und nach dem Kalten Krieg nachdrücklich versucht hätten, sich an die VN-Satzung zu halten und ihre Macht dem Völkerrecht zu verpflichten, sei unhistorisch, sogar fantasiereich. Die Liste von U.S.-Aktionen außerhalb des Völkerrechts und seiner Institutionen sei eindrucksvoll. Daher sei es eine Untertreibung zu behaupten, die USA hätten sich hinsichtlich ihres Machteinsatzes nicht immer peinlich genau an das Völkerrecht gehalten.

Gleichviel, zu welchen gesicherten Ergebnissen künftige Forschung der Politikwissenschaftler oder der Neuhistoriker hinsichtlich dieser Kontroverse gelangen wird – unverkennbar ist, daß in der jüngsten inneramerikanischen Diskussion über die „grand strategy" der Bush-Administration die Ausrichtung der Gewaltanwendung an einer völkerrechtlichen „rule of law" kaum eine Rolle spielt. Selbst dort, wo festgestellt wird, daß die „new grand strategy" zum Einsatz der konkurrenzlosen Militärmacht der USA „to manage the global order" führt, wird der damit verbundene präventive Einsatz von Waffengewalt nicht völkerrechtlich problematisiert, sondern mit der lakonischen Aussage bedacht, daß damit Art. 51 SVN „almost meaningless" sei.[18]

Kontroversen über die Machtbindung sind so alt wie Machtausübung selbst. Was an der dargelegten Kontroverse beunruhigen muß, sind zwei Folgewirkungen:

Je stärker die Erstanwendung bewaffneter Gewalt von ihrer völkerrechtlichen Einhegung getrennt wird, desto mehr Raum ergibt sich für außerrechtliche Begründungen der Machtanwendung. Ein typisches Beispiel hierfür sind die weitergehen-

---

[15] *Kagan,* America's Crisis of Legitimacy, Foreign Affairs 83/2004, 65 ff.

[16] *Tucker/Hendrickson,* The Sources of American Legitimacy, Foreign Affairs 83/2004, 170.

[17] *Kagan,* A Matter of Record. Security, not Law Established American Legitimacy, Foreign Affairs 84/2005, 170 ff.

[18] So *Ikenberry* (Fn. 7), 51.

den Überlegungen Robert Kagans.[19] Die Anwendung militärischer Gewalt in der Außen- und Sicherheitspolitik sei kein spezifisches Problem der Bush-Administration, sondern ein grundsätzliches Machtproblem. Die konkurrenzlose militärische Stärke der USA habe folgerichtig zu Überlegungen geführt, diese Stärke auch effizient zu nutzen. Staaten oder Staatengruppierungen, die über eine derartige militärische Stärke nicht verfügen, haben ebenso folgerichtig eine Abneigung gegenüber der Anwendung militärischer Gewalt. Deshalb sei es die militärische Schwäche der Staaten Europas, die deren Streben nach einer Welt verursacht habe, in der es nicht auf Macht ankommt, in der vielmehr das Völkerrecht und völkerrechtliche Institutionen vorherrschen, in der einseitige Aktionen mächtiger Staaten verboten seien, in der alle Staaten unabhängig von ihrer Macht die gleichen Rechte haben und gleichermaßen durch vereinbarte Verhaltensregeln geschützt seien. Staaten, die sich nicht durch Macht schützen können, hätten stets den Schutz durch Recht angestrebt. So habe das Eintreten für Völkerrecht und Multilateralismus für die europäischen Staaten eine reale praktische Bedeutung, für die USA dagegen nicht, denn sie würden ihre inzwischen gewonnene Handlungsfreiheit wieder einbüßen. In diesem Sinne gedacht, sind die USA gegenwärtig der einzige Staat, der über die „reale Möglichkeit" verfügt, „im gegebenen Fall kraft eigener Entscheidung den Feind zu bestimmen und ihn zu bekämpfen ... während kleinere und schwächere Staaten freiwillig oder notgedrungen auf das *ius belli* verzichten, wenn es ihnen nicht gelingt, durch eine richtige Bündnispolitik ihre Selbständigkeit zu wahren". Dies ist Carl Schmitt.[20] Gleich, ob man Carl Schmitt ob solcher Auffassungen als „kulturmüden Gewaltästheten" apostrophiert, wie Hermann Heller es getan hat,[21] oder ob man einräumt, daß die weitgehende Deckungsgleichheit der Überlegungen Robert Kagans und der Gedanken Carl Schmitts in bestechender Weise zeitlos geltende Erkenntnisse zur Macht nachweist: In jedem Falle reduziert Kagan friedenssicherndes Völkerrecht in einer Grundsätzlichkeit auf eine nur instrumentale Funktion, welche die bescheidenen zivilisatorischen Erfolge bei der Einhegung der Gewaltanwendung wieder zunichte macht.

Zum anderen aber weist die gegenwärtige amerikanische Diskussion einen Aspekt auf, in dem die eigentliche Gefahr beruht, nämlich den Versuch, die Anwendung von Waffengewalt außerhalb des Völkerrechts zu legitimieren.

III. Die außerrechtliche Legitimierung von Gewaltanwendung

Die bereits zitierte Kontroverse zwischen Robert W. Tucker sowie David C. Hendrickson einerseits und Robert Kagan andererseits betrifft neben dem Streit

---

[19] *Kagan*, Power and Weakness, Policy Review 113/2002; vgl. hierzu auch *Ipsen*, Ein neues ius ad bellum?, in: Machura u. a. (Hrsg.), Recht – Gesellschaft – Kommunikation: FS K. F. Röhl, 2003, 249.
[20] *Schmitt*, Der Begriff des Politischen, 7. Aufl., 1963, 45 f.
[21] *Heller*, Staatslehre, 4. Aufl. (Neudruck), 1970, 222.

über die Völkerrechtstreue früherer U.S.-Sicherheitspolitik die Kernfrage, wodurch die Anwendung von Waffengewalt seitens der USA legitimiert sei. Abgesehen davon, daß Kagan seinen Kontrahenten vorhält, sie hätten das VN-System kollektiver Sicherheit 1992 selbst als „Totgeburt" bezeichnet, die Vereinten Nationen hätten in der U.S.-Außenpolitik eine zu vernachlässigende Rolle gespielt,[22] hält auch Kagan eine Legitimierung der U.S.-Macht und ihrer Anwendung für geboten. Er sieht die Legitimität der U.S.-Macht und ihre Anwendung indessen in erster Linie in der Position der USA als Führungsmacht der freien Welt, die für den Grundwert der Demokratie eintritt und ihren auf den gleichen Wert fixierten Verbündeten Sicherheit gegen Gefährdungen bietet.[23] Soweit in der jüngsten Strategiediskussion unilaterales Verhalten der USA kritisiert wird und die Vorteile multilateraler Einbindungen gesehen werden, führt dies überwiegend nicht zu der Forderung, dann doch primär das VN-System zu nutzen. So wird beispielsweise durchaus die Notwendigkeit gesehen, die während der Bush-Administration zu verzeichnende Erweiterung vom Präemptivschlag auf den Präventivschlag zu legitimieren.[24] Als Legitimationskriterium wird jedoch nicht das völkerrechtsbasierte VN-System berufen, sondern „as large a group of States as possible".[25] Genau dieser Versuch der Legitimierung ist mit der vielbeschworenen „Koalition der Willigen" beim Angriff auf den Irak unternommen worden. Doch ist dieser Legitimierungsversuch der Bush-Administration nicht einfach als Unikat in der Irak-Situation abzutun. Gerade Robert Kagan, der übrigens ein Forschungsprojekt „A New American Century" der Carnegie-Endowment for International Peace leitet, hat seine Vorstellungen zur Legitimität sehr ausführlich dargelegt.[26] Mit seinen Überlegungen zur Legitimität, die auch er für erforderlich hält, erweist sich Robert Kagan nicht als rüder Unilateralist. Vielmehr gäbe es „gute Gründe", weshalb die USA die Zustimmung der Europäer zu ihrer Außen- und Sicherheitspolitik brauchten. Diese Gründe hätten aber „nichts mit dem Völkerrecht, der Stärke des Sicherheitsrats und dem bislang noch nicht existierendem Gefüge der internationalen Ordnung zu tun".[27] Europa sei für die USA vielmehr deshalb von Bedeutung, weil „Europa und die USA das Zentrum der freiheitlichen, demokratischen Welt bleiben. Das zutiefst freiheitliche, demokratische Gepräge der USA macht es für Amerikaner schwer, wenn nicht unmöglich, die Ängste, Sorgen, Interessen und Forderungen anderer liberaler Demokratien zu ignorieren. Die U.S.-Außenpolitik wird unter dem Einfluß des amerikanischen Liberalismus ein harmonischeres Verhältnis zu Europa anstreben, sofern die Europäer gewillt und fähig sind, eine solche Eintracht zu ermöglichen". Deshalb sei es gerade „das Bedürfnis nach

---

[22] *Kagan* (Fn. 17), 171.

[23] *Kagan* (Fn. 17), 170.

[24] So *Gaddis* (Fn. 6), 6.

[25] *Gaddis* (Fn. 6), 7.

[26] *Kagan,* Macht und Ohnmacht. Amerika und Europa in der neuen Weltordnung (Original: Of Paradise and Power. America and Europe in the New World Order, 2003), 2004, 148, 167 ff.

[27] *Kagan* (Fn. 26), 168.

internationaler Legitimität, definiert als Zustimmung der freiheitlichen, demokratischen Welt, die vor allem von Europa verkörpert wird", was den außenpolitischen Kurs der USA maßgeblicher bestimmen könnte. Die USA müßten somit „in einer ihrem Wesen gemäßen Weise nach Legitimität streben, indem sie die Prinzipien der liberalen Demokratie fördern, nicht nur als ein Mittel zu mehr Sicherheit, sondern als Zweck an sich. Ein erfolgreicher Abschluß dieser Bemühungen wird den USA ein gewisses Maß an Legitimität in der freiheitlichen, demokratischen Welt und damit auch in Europa verschaffen. Denn Europäer können nicht auf Dauer ihre (d. h. der USA) Vision einer humaneren Welt ignorieren, auch wenn sie sich in letzter Zeit vor allem für ihre Vision interessieren, die völkerrechtliche Ordnung zu stärken".[28] Die „Legitimitätskrise", die Kagan zwischen den USA und manchen europäischen Staaten sieht, wird andauern, solange sich die USA und die Europäer nicht auf eine gemeinsame Strategie zur Abwehr der Bedrohung durch den Terrorismus und durch Massenvernichtungswaffen werden einigen können, denn „die Europäer werden den USA auch die Legitimation verweigern, wenn die USA diesen Bedrohungen im Alleingang und mit dem Mittel entgegentreten, das sie manchmal als unabdingbar erachten, nämlich militärischer Gewalt".[29] Und die Kritik an „den Europäern" gipfelt schließlich in dem Vorhalt: „In ihrem leidenschaftlichen Einsatz für eine völkerrechtliche Ordnung verlieren sie womöglich die anderen liberalen Prinzipien aus dem Auge, die das postmoderne Europa zu dem gemacht haben, was es heute ist".[30] Die Überlegungen Robert Kagans erinnern an das konkrete Ordnungsdenken Carl Schmitts.[31] Nach diesem Versuch der Abgrenzung von rechtswissenschaftlichem Positivismus, Normativismus und Dezisionismus ist es nicht die Norm, welche die Ordnung schafft, sondern die entstandene Ordnung muß in der Norm verfestigt werden. Damit spiegelt das Recht – auch das Völkerrecht – die Ordnung wider, aus der es entstanden ist. Immerhin ist dies auch der Entstehungsvorgang von Völkergewohnheitsrecht, dessen objektives Element die allgemeine Übung und dessen subjektives Element die entsprechende Rechtsüberzeugung ist und somit ein Indiz dafür bildet, wie Völkerrecht einer entstandenen Ordnung folgt. Folgerichtig weitergedacht, müßte sich daraus ergeben, daß ein Ordnungswandel oder eine neue Ordnung das aus der früher existenten Ordnung entstandene Recht allmählich in den Hintergrund treten läßt, es nach und nach seiner Effektivität beraubt und schließlich zur Bedeutungslosigkeit relativiert. Daß Recht – innerstaatliches Recht wie Völkerrecht – in bezug auf Einzelnormen oder ganze Normenkomplexe einem solchen Erosionsprozeß ausgesetzt sein kann, ist ein kaum zu widerlegender empirischer Befund. Ein Prozeß, in dessen Verlauf das Verbot der Erstanwendung von Waffengewalt gemäß dem VN-Sicherheitssystem zunächst bei überwiegendem nationalen Inter-

---

[28] *Kagan* (Fn. 26), 173.

[29] *Kagan* (Fn. 26), 175.

[30] *Kagan* (Fn. 26), 176.

[31] Hierzu neuestens *Masala,* Carl Schmitt als Theoretiker der internationalen Politik, Zeitschrift für Politikwissenschaft 3/2004, 881 ff.

esse, aber unter gleichzeitigen Begründungsversuchen *intra chartam* verletzt wird, sodann ohne Rechtsbegründung außer acht gelassen wird und schließlich für irrelevant erklärt wird, läßt in eine Zukunft blicken, die dunkle Vergangenheit heraufbeschwört.

Es wäre naheliegend, der durch Robert Kagan repräsentierten Denkrichtung entgegenzuhalten, daß der von ihr zur Legitimation einer „robusten" Sicherheitspolitik in Anspruch genommene Grundwert der freiheitlichen Demokratie ein aus der Aufklärung herrührendes, gemeinsames Erbe der USA und Europas ist (wie Kagan hier und dort übrigens selbst einräumt), und daß die Grundsätze der Vereinten Nationen wie insbesondere die Gleichheit der Staaten in ihrer Souveränität sowie Unverletzlichkeit ihrer Gebietshoheit und politischen Unabhängigkeit ihre Wurzeln ebenfalls ideengeschichtlich in jener Gemeinsamkeit haben (was Kagan nicht sieht). Doch allein die Forderung nach einer Rückbesinnung auf die Gründungsideen der Vereinten Nationen, als es um den Schutz der Welt gegen nationalistische Großraumansprüche des absterbenden Imperialismus ging, dürfte angesichts der heutigen Bedrohungssituation nicht ausreichen. Weltweit operierender Terrorismus, dem es um die physische Vernichtung des Feinds mit Methoden und Mitteln geht, die samt und sonders durch das von den Staaten geschaffene humanitäre Völkerrecht geächtet sind, und der Erwerb von Massenvernichtungswaffen ausgerechnet durch solche Staaten, die ihre unheilvolle Qualität als „Risikostaaten" immer wieder unter Beweis stellen, lassen sich allein durch das kollektive VN-Sicherheitssystem – *quod est demonstratum* – nicht einhegen. Solange VN-Mitgliedstaaten der Versuchung nicht widerstehen können, ihnen fernerliegende Maßnahmen multilateraler Friedenssicherung auf dem Altar nächstliegender innenpolitischer (Wahl-)Erfolge zu opfern, wird sich kaum etwas ändern. Unser eigenes Land hat hierfür ein bedrückendes Beispiel geboten. Wenn der Regierungschef eines Landes, das kurz vor seiner zweijährigen Mitgliedschaft im Sicherheitsrat steht und zudem einen ständigen Sitz in diesem Hauptorgan globaler Friedenssicherung erstrebt, definitiv erklärt, das Land würde sich unter seiner Regierung weder ohne noch mit Sicherheitsrats-Mandat an einer Aktion gegen den Irak beteiligen, und wenn sodann die Oppositionsführerin ein Ultimatum der USA gegen den Irak gutheißt, das unter Anspannung weitestmöglicher Interpretationskünste nicht mit dem Gewaltandrohungsverbot gem. Art. 2 Nr. 4 SVN vereinbar ist, dann läßt sich schwerlich begründen, daß sich ein solcher Staat als besonders geeignet für einen Beitrag „zur Wahrung des Weltfriedens und der internationalen Sicherheit" als geeignet erweist, was Art. 23 SVN im Hinblick auf die Mitglieder des Sicherheitsrats verlangt. Dabei dürfte sich ein Deutscher nicht damit beruhigen, daß das Verhalten seines Landes im Zusammenhang mit der Irak-Intervention eben kein „deutscher Weg", sondern eher ein arttypisches Verhalten ständiger und nichtständiger Sicherheitsratsmitglieder war.

Doch die Divergenz der Positionen diesseits und jenseits des Atlantiks haben tieferliegende Ursachen. Der vorstehend zitierte, eher vordergründige Vorwurf Robert Kagans, die Europäer verlören angesichts ihres massiven Eintretens für eine völkerrechtliche Ordnung womöglich die anderen liberalen Prinzipien aus dem Blickfeld, die das postmoderne Europa erst zu seiner heutigen Befindlichkeit geführt haben, weisen einen tieferliegenden Kern auf, und dies insbesondere in bezug auf Deutschland. Dem in den drei Gewalten verfassungskonformen freiheitlich-demokratischen Rechtsstaat wird heute – zu Recht – die Legitimität zuerkannt, die in der Zerfallsphase der Weimarer Republik in Gegensatz zur Verfassungsordnung des Staates geriet. Der Bruch zwischen defizitärer Legalität und von den Usurpatoren der Macht behaupteter Legitimität wurde nicht zuletzt ideell befördert durch ein Verständnis, nach dem „die Legitimität der Herrschaft zur Legalität der generellen, zweckvoll erdachten, formell gesatzten und verkündeten Regel wird"[32]. Für den hochentwickelten, funktionsgerechten und akzeptierten Rechtsstaat von heute scheint die Gleichsetzung von Legitimität und Legalität angemessen zu sein. Endet dagegen ein Legalitätssystem „in einem gegenstands- und beziehungslosen Formalismus und Funktionalismus"[33], dann werden für die Legitimität unausweichlich Richtpunkte außerhalb der defizitären Legalität gesucht.

Doch selbst, wer in der jüngsten inneramerikanischen Legitimitätsdiskussion an der Legitimierung der Gewaltanwendung durch die VN-Satzung festhält, kann dem immanenten Spannungsverhältnis zwischen Legalität und Legitimität nicht ausweichen. Denn wer die Legitimität aus der Legalität ableitet oder gar mit ihr gleichsetzt, der belastet die Legitimität zugleich mit allen vorhandenen oder künftig entstehenden Defiziten der Legalität und öffnet das Tor für die Suche nach anderweitiger Legitimation. Vielleicht hat bereits Hermann Heller recht gehabt, als er einen materiellen und organisationstechnisch-formellen Zusammenhang zwischen Legalität und Legitimität „überhaupt nur im gewaltenteilenden Rechtsstaat" als gegeben annahm, und dort auch nur, sofern man in demokratischer Rechtssetzung „einen Akt der sich sittlich selbstbestimmenden Vernunft sah". Da jedoch nicht anzunehmen sei, „daß alles, was die Volkslegislative normiert, auf Grund irgendwelcher metaphysischer Prädestination richtiges Recht" darstelle, sei selbst „die rechtsstaatliche Legalität außerstande, die Legitimität zu ersetzen"[34]. Diese Erkenntnis des möglichen Auseinanderfallens von Legalität und Legitimität ist in den über siebzig Jahren seit Hermann Heller durch die Wirklichkeit immer wieder bestätigt worden, und auch neue Konstruktionen wie die der Legitimation durch Verfahren haben dies nicht hindern können.

Wie immer man zu diesem Befund stehen mag: Auf internationaler Ebene die Deduktion der Legitimität allein aus dem existenten Völkerrecht vorzunehmen, erscheint schon deshalb nicht als angängig, weil eine Vergleichbarkeit zwischen Rechtsstaatstruktur und Völkerrechtsstruktur nur partiell gegeben ist. Der Rechtsstaat garantiert rechtlich und tatsächlich, daß dem gewaltsamen Störer des Rechtsfriedens unverzüglich und angemessen entgegengetreten wird. Eine vergleichbare

---

[32] Vgl. hierzu *Weber,* Soziologie, weltgeschichtliche Analysen, Politik, hrsg. v. J. Winckelmann, 3. Aufl., 1964, 438.

[33] *Schmitt,* Legalität und Legitimität, 1932, 14.

[34] So *Heller,* Staatslehre, 4. Aufl. (Neudruck), 1970, 221.

Garantie vermag das VN-Sicherheitssystem trotz einschlägiger materieller und verfahrensmäßiger Vorkehrungen der VN-Satzung nicht zu geben. Damit hängt zusammen, daß die legitimitätschaffende Kraft des freiheitlich-demokratischen Rechtsstaates ungleich größer ist als eine vergleichbare Wirkung des VN-Systems. Daß die USA angesichts eines solchen Befunds gegenüber Bedrohungen ihrer Sicherheit die Legitimation eigener Gewaltanwendung eher darin suchen, den ihren eigenen Staat repräsentierenden Grundwert zu bewahren, als einer von der Völkerrechtswissenschaft herausgearbeiteten „rule of law" zu folgen, deren Effektivität zweifelhaft bleibt, ist zumindest nicht ganz abseitig. Soweit sich die Völkerrechtswissenschaft darauf beschränkt, die Legitimität reaktiven Verhaltens auf als existentiell empfundene Bedrohungen allein an der Völkerrechtsmäßigkeit zu messen, gerät sie in die Situation, in der Immanuel Kant vor 210 Jahren große Völkerrechtsgelehrte des 17. und 18. Jahrhunderts wie Grotius, Pufendorf und Vattel als „lauter leidige Tröster" apostrophiert hatte, weil es doch kein Beispiel dafür gäbe, daß sich jemals ein Staat durch die „Zeugnisse so wichtiger Männer" veranlaßt gesehen hätte, von einem Kriegsvorhaben abzustehen.[35]

So wird es auch künftig wenig Sinn machen, die USA wegen Verletzung des Gewaltverbots an den Pranger zu stellen und schlicht seine Beachtung einzufordern, wenn es nicht zugleich gelingt, die in jüngster Vergangenheit zu verzeichnende und mit Sicherheit auch künftig auftretende außerrechtliche Legitimation solcher Gewaltanwendung wieder völkerrechtlich einzuhegen. Die Struktur des VN-Sicherheitsrates ist hierfür nur ein erster und kleiner, sicherlich nicht genügender Schritt, denn ob der Sicherheitsrat 15 oder 24 Mitglieder hat, 11 ständige Mitglieder (darunter 5 mit Vetorecht) oder 13 ständige Mitglieder (neben den 5 ständigen 8 Mitglieder für vier Jahre) hat, wird die Situation nur graduell verändern. Mit den beiden im Dezember 2004 von einer Expertenkommission vorgelegten Modellen mag die geographische Repräsentation verbessert werden. Insbesondere dürfte die Dominanz des Nordens gegenüber einer stärkeren Gewichtung des Südens dieser Welt relativiert werden. Allein ist von allen potentiellen Kandidaten für die zusätzlichen ständigen Sitze, die samt und sonders dem Sicherheitsrat schon als nicht-ständige Mitglieder angehört haben, wohl kaum zu erwarten, daß sie den Sicherheitsrat in einer Weise handlungsfähig machen, die dazu führt, daß die außerrechtliche Legitimation der Anwendung von Waffengewalt gegenüber vermeintlich oder wirklich existentiellen Bedrohungen wieder verschwindet.

Im vergangenen Jahr, dem 200. Todesjahr Immanuel Kants, ist dieser wiederum wie so häufig zuvor zum Ahnherrn der Vereinten Nationen und ähnlicher Friedenssicherungssysteme berufen worden – zu Unrecht, denn der von ihm erdachte Friedensbund hatte gerade nichts mit Systemen auf der Grundlage von Völkervertragsrecht zu tun, dem er wenig friedenssichernde Wirkkraft zumaß.[36]

---

[35] *Kant,* Zum ewigen Frieden, Akademie-Ausgabe VIII, 355, Z. 9 ff.

[36] s. hierzu *Ipsen,* Ius gentium – ius pacis? Zur Antizipation grundlegender Völkerrechtsstrukturen der Friedenssicherung in Kants Traktat „Zum ewigen Frieden", in: Merkel/Witt-

Die Schlüsselposition von Kant war, „daß doch die Vernunft vom Throne der höchsten moralisch gesetzgebenden Gewalt herab, den Krieg als Rechtsgang schlechterdings verdammt, den Friedenszustand dagegen zur unmittelbaren Pflicht macht"[37]. Die Anerkennung dieser Vernunft ist bislang noch nicht Gemeingut der Staaten.

---

mann (Hrsg.), „Zum ewigen Frieden", Grundlagen, Aktualität und Aussichten einer Idee von Immanuel Kant, 1996, 290 ff.

[37] Akademieausgabe VIII, 356 Z. 2 ff.

Wesensgehalt von Menschenrechten
Eine Studie zur Judikatur des Europäischen Gerichtshofs für Menschenrechte

Von Eckart Klein

I. Einleitung

Die Frage nach Existenz und Reichweite des Wesensgehaltes eines Grund- oder Menschenrechts stellt sich im Kontext einer allfälligen Beschränkung dieses Rechts, der durch eine solche Wesensgehaltsgarantie selbst wieder eine Schranke gezogen werden soll („Schranke-Schranke"). Dem deutschen Juristen ist das Problem aus Art. 19 Abs. 2 GG wohlbekannt;[1] allerdings ist diese Vorschrift mit zahlreichen Unklarheiten behaftet geblieben.[2] Gleichwohl entfaltete sie für manche andere Verfassungen Vorbildwirkung.[3] Offenbar hat die Vorstellung, daß selbst eine an sich zulässige Einschränkung die Essenz des Rechtes unangetastet lassen muß, ihre eigene Plausibilität. Sie entzieht sich jedoch bei näherem Hinsehen schnell der Handhabbarkeit und scheint verschiedentlich den Charakter eines bloßen rhetorischen Rankenwerks in der Argumentation anzunehmen.

Wie im folgenden darzustellen ist, greift auch der Europäische Gerichtshof für Menschenrechte (EGMR) auf den Begriff des Wesensgehaltes zurück. Es wird zu erörtern sein, was dies für die Auslegung und Anwendung der Rechte der Europäischen Menschenrechtskonvention (EMRK) bedeutet.

Das Erkenntnisinteresse geht jedoch weiter. Da die nationalen Grundrechte im Lichte der EMRK-Garantien auszulegen sind,[4] ist die Einschätzung der nach der

---

[1] Vgl. etwa *Stern,* Das Staatsrecht der Bundesrepublik Deutschland, Bd. III/2, 1994, 847 ff.; *Häberle,* Die Wesensgehaltsgarantie des Art. 19 Abs. 2 Grundgesetz, 3. Aufl., 1983.

[2] Hierzu etwa die Kommentierungen von *Roellecke,* in: Umbach/Clemens (Hrsg.), Grundgesetz, Mitarbeiterkommentar, Bd. I, 2002, Art. 19 Abs. 1–3, Rn. 44 ff.; *P. M. Huber,* in: v. Mangoldt/Klein/Starck (Hrsg.), Bonner Grundgesetz, Kommentar, Bd. 1, 4. Aufl., 1999, Art. 19 Rn. 104 ff.

[3] Vgl. zuletzt Art. 36 Abs. 4 der Eidgenössischen Bundesverfassung von 2000: „Der Kerngehalt der Grundrechte ist unantastbar."

[4] BVerfGE 74, 358 (370); inakzeptabel restriktiv demgegenüber OLG Naumburg, Beschluß vom 9.7.2004, FamRZ 2004, 1507; zurechtgerückt durch BVerfG, Beschluß v. 14.10.2004 – 2 BvR 1481/04, JZ 2004, 1171 m. Anm. *E. Klein.*

Konvention bestehenden Wesensgehaltsgarantie, sollte diese weiter reichen als Art. 19 Abs. 2 GG, für die Interpretation der deutschen Grundrechtsgewährleistungen heranzuziehen. Entsprechendes gilt für die Gemeinschaftsgrundrechte, die ja ganz wesentlich von der EMRK geprägt sind.[5] Die Präambel, vor allem aber Art. 52 Abs. 3 und 53 der Charta der Grundrechte der Europäischen Union[6] weisen auf diesen Zusammenhang nochmals ausdrücklich hin. Wenn Art. 52 Abs. 2 Satz 1 Charta unter diesen Umständen statuiert, daß jede Einschränkung der Ausübung der in der Charta anerkannten Rechte und Freiheiten nicht nur gesetzlich vorgesehen sein muß, sondern auch den Wesensgehalt[7] dieser Rechte und Freiheiten achten muß, so zeigt sich auch insoweit, daß das vom EGMR zugrunde gelegte Verständnis des Wesensgehalts der EMRK-Rechte weitreichende Auswirkungen haben könnte.

II. Die Rechtsprechung des EGMR – Bestandsaufnahme

1. Ausgangslage

Im Text der EMRK findet sich kein ausdrücklicher Hinweis auf eine Wesensgehaltsgarantie.[8] Gleichwohl hat der EGMR die Existenz einer die Einschränkung der Gewährleistungen ihrerseits begrenzenden Schranke nicht nur angedeutet,[9] vielmehr pointiert festgestellt und daran bis heute festgehalten. Entwickelt wurde diese Argumentation allerdings ganz überwiegend im Zusammenhang der Prüfung solcher Rechte, deren Beschränkung nicht unmittelbar von der EMRK vorgesehen ist, sondern (nur) aufgrund impliziter Eingriffsermächtigungen vorgenommen werden kann.[10]

2. Recht auf Bildung

Eine erste Annäherung erfolgte im Kontext des „Rechts auf Bildung" nach Art. 2 Protokoll Nr. 2. In seinem Urteil zum *Belgischen Sprachenstreit* (1968) wird nicht nur auf die positive Verpflichtung des Staates hingewiesen, die Regeln für die Realisierung dieses Rechts zu schaffen „according to the needs and re-

---

[5] Art. 6 Abs. 2 EUV.

[6] ABl. EG Nr. C 364 v. 18.12.2000, 1. Eingeordnet in den EU-Verfassungsentwurf handelt es sich um Art. II-112 und II-113 (Fassung vom 29.10.2004, CIG 87/2/04 REV 2).

[7] Der englische Text spricht von „essence", der französische von „contenu essentiel".

[8] Anknüpfungspunkte finden sich freilich in Art. 17 und 18 EMRK.

[9] So aber *Huber* (Fn. 2), Rn. 218.

[10] *Brems,* The Margin of Appreciation Doctrine in the Case-Law of the European Court of Human Rights, ZaöRV 56 (1996), 240 (289 f.).

sources of the community and of individuals", sondern auch betont, daß diese Regeln „do not injure the substance of the right, and that they respect a just balance between the protection of the general interest of the community and individual rights".[11]

3. Gerichtszugang

Besonders intensiv hat sich die Rechtsprechung zum Wesensgehalt im Zusammenhang mit dem Recht auf Gerichtszugang („right to court/access to court") entwickelt, das in verschiedenen Garantien enthalten ist. Ein Anfang wurde im Fall *Golder* (1975) gemacht, wo es dem Gerichtshof freilich primär darauf ankam nachzuweisen, daß dieses Recht nicht absolut sei, ihm vielmehr implizite Grenzen gezogen seien, die allerdings „the very content of any right" zu beachten hätten.[12] In den nachfolgenden Entscheidungen wird dann die bis heute gültige Formel geprägt, wonach die Beschränkung „cannot justify impairing the very essence of the right".[13] Der Gesamtzusammenhang der Erwägungen wird etwa im Fall *Bellet* (1995) wie folgt dargestellt:

„(a) The right of access to the courts secured by Article 6 para. 1 is not absolute but may be subject to limitations; these are permitted by implication since the right of access by its very nature calls for regulation by the State, regulation which may vary in time and in place according to the needs and resources of the community and of individuals.

(b) In laying down such regulation, the Contracting States enjoy a certain margin of appreciation, but the final decision as to observance of the Convention's requirements rests with the Court. It must be satisfied that the limitations applied do not restrict or reduce the access left to the individual in such a way or to such extent that the very essence of the right is impaired.

(c) Furthermore, a limitation will not be compatible with Article 6 para. 1 if it does not pursue a legitimate aim and if there is not a reasonable relationship of proportionality between the means employed and the aim sought to be achieved."[14]

Der EGMR greift auf diese grundsätzlichen Aussagen in allen entsprechenden Fällen immer wieder zurück.[15]

---

[11] EGMR, *Belgischer Sprachenfall*, Urteil v. 23.7.1968, Ser. A Nr. 6 Rn. 5; vgl. auch EGMR, *Kjeldsen*, Urteil v. 5.11.1976, Ser. A Nr. 23 Rn. 53. Im folgenden zitierte Urteile des EGMR finden sich, soweit nicht anders angegeben, im Internet veröffentlicht unter <http://hudoc.echr.coe.int>.

[12] EGMR, *Golder*, Urteil v. 21.2.1975, Ser. A Nr. 18 Rn. 38.

[13] EGMR, *Winterwerp*, Urteil v. 24.10.1979, Ser. A Nr. 33 Rn. 60; *Ashingdane*, Urteil v. 28.5.1985, Ser. A Nr. 93 Rn. 57.

[14] EGMR, *Bellet*, Urteil v. 4.12.1995, Ser. A Nr. 333-B Rn. 31.

[15] Hingewiesen sei etwa nur auf EGMR, *Levages Prestations Services*, Urteil v. 23.10.1996, Vol. 1996-V Rn. 40, 41; *Omar*, Urteil v. 29.7.1998, Vol. 1998-V Rn. 34, 40; *Sotiris and Nikos Koutras Attee*, Urteil v. 16.11.2000, Vol. 2000-XII Rn. 15, 23; *Morsink*, Urteil v. 11.5.2004, Nr. 48865/99, Rn. 69.

4. Recht auf Eheschließung

Der Gerichtshof hat seine Überlegungen konsequent auf das Recht auf Eheschließung (Art. 12 EMRK) ausgedehnt. Auch hier handelt es sich um ein Recht, dessen Einschränkungsmöglichkeiten die Konvention nicht ausdrücklich definiert, dies vielmehr den innerstaatlichen Gesetzen überläßt. In den bislang behandelten Fällen ging es stets darum, ob (postoperative) Transsexuelle ein Recht auf Eheschließung mit einem Partner haben, der dasselbe Geschlecht wie sie vor ihrer Geschlechtsumwandlungsoperation hatte.

Im Fall Rees hat der EGMR zu den von den Vertragsparteien dem Eheschließungsrecht gezogenen Schranken ausgeführt, daß diese „must not restrict or reduce the right in such a way or to such extent that the very essence of the right is impaired."[16] Eine solche Verletzung wurde jedoch in diesem Fall und in späteren Fällen verneint, das insoweit bestehende gesetzliche Verbot der Eheschließung also nicht beanstandet.[17] Erst mit zwei Entscheidungen aus dem Jahr 2002 vollzog der Gerichtshof eine Kehrtwendung, freilich nicht im rechtlichen Ansatz, sondern in seiner Wertung. Er hält zwar an der Zulässigkeit, die Ehe auf Personen des jeweils anderen Geschlechts zu beschränken, fest, doch sei das Festgehaltenwerden an dem bei der Geburt registrierten Geschlecht für postoperative Transsexuelle eine den Wesensgehalt des Eheschließungsrechts beeinträchtigende Beschränkung: „… it is artificial to assert that post-operative transsexuals have not been deprived of the right to marry as, according to law, they remain able to marry a person of their former opposite sex. The applicant in this case lives as a woman, is in a relationship with a man and would only wish to marry a man. She has no possibility of doing so. In the Court's view, she may therefore claim that the very essence of her right to marry has been infringed."[18]

5. Wahlrecht

Nach Art. 3 Protokoll Nr. 1 zur EMRK verpflichten sich die Vertragsparteien, in angemessenen Zeitabständen freie und geheime Wahlen unter Bedingungen abzuhalten, welche die freie Äußerung der Meinung des Volkes bei der Wahl der gesetzgebenden Körperschaften gewährleisten. Die Realisierung des Rechts (aktives und passives Wahlrecht) erfordert den Erlaß staatlicher Vorschriften.

---

[16] EGMR, *Rees,* Urteil v. 17.10.1986, Ser. A Nr. 106 Rn. 50.

[17] EGMR, *F.,* Urteil v. 18.12.1987, Ser. A Nr. 128 Rn. 32; *Cossey,* Urteil v. 27.9.1990, Ser. A Nr. 184 Rn. 43; *Sheffield and Horsham,* Urteil v. 30.7.1998, Vol. 1998-V Rn. 66.

[18] EGMR, *Goodwin,* Urteil v. 11.7.2002, Vol. 2002-VI Rn. 101; ebenso der am selben Tag entschiedene Fall *I.,* Nr. 25680/94, Rn. 70, 81.

In dieser Hinsicht geht der EGMR von der Auffassung aus, daß dieses Recht – ungeachtet seiner großen Bedeutung für Demokratie und Rechtsstaat[19] – nicht absolut gewährleistet sei, sondern „there is room for implied limitations (see, mutatis mutandis, the Golder judgement of 21 February 1975, Series A no. 18, pp. 18–19, § 38)." Die Staaten können die Ausübung des Wahlrechts Bedingungen unterwerfen. „They have a wide margin of appreciation in this sphere, but it is for the Court to determine in the last resort whether the requirements of Protocol No. 1 have been complied with; it has to satisfy itself that the conditions do not curtail the right in question to such an extent as to impair their very essence and deprive them of their effectiveness; that they are imposed in pursuit of a legitimate aim; and that the means employed are not disproportionate."[20] Der Gerichtshof hat diese Rechtsprechung ungebrochen bis in die jüngste Zeit fortgeführt.[21]

6. Rechte mit ausdrücklicher Beschränkungsmöglichkeit

Zahlreiche Rechte der EMRK weisen – ganz wie die Grundrechte des Grundgesetzes – ausdrücklich auf die Möglichkeit ihrer Einschränkung hin und formulieren die hierzu erforderlichen Voraussetzungen.[22] Obgleich die Prüfung eines Eingriffs (gesetzliche Grundlage, legitimes Ziel, Verhältnismäßigkeit)[23] der Sache nach ebenso verläuft wie im Hinblick auf Rechte, die (nur) implizite Schranken kennen,[24] fällt auf, daß die Wesensgehaltsgarantie als Schrankenschranke keine besondere Rolle zu spielen scheint. Dies heißt nicht, daß der Begriff in der Argumentation überhaupt nicht auftaucht.

In den Gewerkschaftsfällen *Young, James und Webster* (1981) erklärte der Gerichtshof: „... to construe Article 11 as permitting every kind of compulsion in the field of trade union membership would strike at the very substance of the freedom it is designed to guarantee."[25] In anderen Art. 11 EMRK gewidmeten Fäl-

---

[19] Dies wird besonders hervorgehoben von EGMR, *Hirst*, Urteil v. 30.3.2004, Nr. 74025/01, Rn. 36.

[20] So die erste maßgebliche Entscheidung EGMR, *Mathieu-Mohin und Clerfayt*, Urteil v. 2.3.1987, Ser. A Nr. 113 Rn. 52.

[21] EGMR, *Gitonas*, Urteil v. 1.7.1997, Vol. 1997-IV Rn. 39; *Ahmed*, Urteil v. 2.9.1998, Vol. 1998-VI Rn. 75; *Matthews*, Urteil v. 18.2.1999, Vol. 1999-I Rn. 63; *Labita*, Urteil v. 6.4.2000, Vol. 2000-IV Rn. 201; *Podgolzina*, Urteil v. 9.4.2002, Vol. 2002-II Rn. 33; *Zadak u. a.*, Urteil v. 11.6.2002, Vol. 2002-IV Rn. 31; *Hirst* (Fn. 19); *Aziz*, Urteil v. 22.6.2004, Nr. 69949/01, Rn. 25; *Santoro*, Urteil v. 1.7.2004, Nr. 36681/97, Rn. 54.

[22] Paradigmatisch Art. 8–11 EMRK.

[23] *Grabenwarter*, Europäische Menschenrechtskonvention, 2003, 124 ff.; *Peters*, Einführung in die Europäische Menschenrechtskonvention, 2003, 22 ff.

[24] Vgl. oben im Text bei Fn. 14.

[25] EGMR, *Young, James and Webster*, Urteil v. 13.8.1981, Ser. A Nr. 44 Rn. 56; dazu *R. Weiß*, Das Gesetz im Sinne der Europäischen Menschenrechtskonvention, 1996, 139 f.

len wird hingegen bei der Prüfung der Rechtfertigung des Eingriffs allein auf die in Abs. 2 dieser Bestimmung enthaltenen Einschränkungsvoraussetzungen hingewiesen.[26]

In einem Art. 10 EMRK betreffenden Fall wird auf dessen allgemeinen Gehalt und Wesensgehalt („the Article's overall content and its very essence") aufmerksam gemacht, um den Schutzbereich der Meinungsäußerungsfreiheit – es ging um die Bestrafung einer behaupteten Diffamierung – weit zu ziehen.[27]

Ähnlich ist der Gerichtshof bei der Auslegung von Art. 8 EMRK verfahren. Das Wesensgehaltargument ist in diesem Kontext, soweit ersichtlich, nicht als Prüfungsmaßstab für Einschränkungen der dort garantierten Rechte auf Achtung des Privat- und Familienlebens eingesetzt worden, wohl aber zur Begründung der Einbeziehung bestimmter Verhaltensweisen in den Schutzbereich dieser Vorschrift. Im Unterschied zu dem gerade zu Art. 10 EMRK berichteten Fall wird dabei freilich nicht auf den Wesensgehalt der konkreten Garantie abgestellt, sondern der Gerichtshof bemüht vielmehr den Wesensgehalt der Konvention insgesamt: „The very essence of the Convention is respect for human dignity and human freedom."[28] Die Lebensqualität und die persönliche Autonomie (*Pretty, van Kück*) sowie die persönliche Identität (*Goodwin*) betreffende staatliche Ingerenzen werden so unter dem Aspekt des Art. 8 EMRK geprüft.[29]

7. Recht auf Individualbeschwerde

Die Wesensgehaltsargumentation hat schließlich Eingang in die Beurteilung einer möglichen Verletzung des Rechts auf Erhebung einer Individualbeschwerde (Art. 34 neu, Art. 25 alt EMRK) gefunden, das zunächst die Vertragsparteien ausdrücklich anzuerkennen hatten, das aber seit Inkrafttreten des Protokolls Nr. 11 (1.11.1998) allen der Hoheitsgewalt der Vertragsparteien unterstehenden Personen eröffnet ist. Insoweit stellte der Gerichtshof fest: „… it flows from the very essence of this procedural right that it must be open to individuals to complain of alleged infringements of it in Convention proceedings. In this respect also the Convention must be interpreted as guaranteeing rights which are practical and effective as

---

[26] Vgl. EGMR, *Sigurdur A. Sigurjónsson,* Urteil v. 30.6.1993, Ser. A Nr. 264 Rn. 40 f.

[27] EGMR, *Perna,* Urteil v. 6.5.2003, NJW 2004, 2653 (Rn. 47 f.). Im Ergebnis wurde keine Verletzung von Art. 10 EMRK festgestellt.

[28] EGMR, *Pretty,* Urteil v. 29.4.2002, Vol. 2002-III Rn. 65; *Goodwin,* Urteil v. 11.7.2002, Vol. 2002-VI Rn. 90; *I.,* Urteil v. 11.7.2002, Nr. 25680/94, Rn. 70; *van Kück,* Urteil v. 12.6.2003, NJW 2004, 2505 (Rn. 69).

[29] Der Wesensgehalt der Konvention wird auch im Zusammenhang mit Art. 7 EMRK herangezogen, um zu begründen, daß es nicht gegen diese Vorschrift verstößt, nationale Strafvorschriften über Vergewaltigung auch auf den Ehemann des Opfers zu beziehen; vgl. etwa EGMR, *S. W.,* Urteil v. 22.11.1995, Ser. A Nr. 335-B Rn. 44.

opposed to theoretical and illusory."³⁰ Daher ist in verschiedenen Fällen das Verhalten des verklagten Staates, Zweifel an der Gültigkeit der Beschwerde und der Glaubwürdigkeit des Beschwerdeführers zu wecken, als Versuch gewertet worden, „to frustrate the applicant's successful pursuance of his claims, which also constitutes a negation of the very essence of the right of individual petition."³¹

III. Analyse der Rechtsprechung

1. Zum Anwendungsbereich der Wesensgehaltsgarantie

a) Zunächst ist die Verwendung des Begriffs des „Wesensgehalts der Konvention" („the very essence of the Convention") aus der weiteren Betrachtung auszuklammern. Hier handelt es sich nämlich um ein allgemeines Interpretationsprinzip, wonach die Einzelgarantien im Lichte des Gesamtzwecks des Vertrags zu interpretieren sind.³² Diese Argumentation steht nicht auf derselben Ebene wie die Nutzung des Wesensgehalts eines bestimmten Rechts als Schranken-Schranke.

b) Die (fast vollständige) Eingrenzung des Wesensgehaltsarguments auf die Behandlung der Rechte, für die die Konvention selbst keine konkreten Beschränkungen vorsieht, ist ein im Grunde erstaunlicher Befund, da er den Erkenntnissen im Bereich des übrigen internationalen und nationalen Menschen- und Grundrechtsschutzes nicht entspricht. Der UN-Menschenrechtsausschuß etwa hat in zwei Allgemeinen Bemerkungen (General Comments) deutlich gemacht, daß die Wesensgehaltsgarantie immer zu beachten ist, wenn Einschränkungen, gleich ob ausdrücklicher oder impliziter Natur, zulässig sind. In der Allgemeinen Bemerkung Nr. 27 (1999) zur Freizügigkeit (Art. 12 IPBPR) heißt es: „In adopting laws providing for restrictions permitted by article 12, paragraph 3, States should always be guided by the principle that the restrictions must not impair the essence of the right (cf. art. 5, para. 1); the relation between right and restriction, between norm and exception, must not be reversed."³³ In der Art. 2 IPBPR gewidmeten Allgemeinen Bemerkung Nr. 31 (The Nature of the General Legal Obligation Imposed on States Parties to the Covenant) von 2004 wird im Hinblick auf die vom Zivilpakt zugelassenen Rechtsbeschränkungen ausgeführt: „Where such restrictions are made, States must demonstrate their necessity and only take such measures as are proportionate to the pursuance of legitimate aims in order to ensure continuous and

---

³⁰ EGMR, *Cruz Varas,* Urteil v. 20.3.1991, Ser. A Nr. 201 Rn. 99.

³¹ EGMR, *Orhan,* Urteil v. 18.6.2002, Nr. 25656/94, Rn. 410; *Tanrikulu,* Urteil v. 8.7.1999, Vol. 1999-IV Rn. 132.

³² Ähnliche Überlegungen stellt auch der Interamerikanische Gerichtshof für Menschenrechte an, *Baena Ricardo u. a.,* Urteil v. 2.2.2001, Ser. C Nr. 72 Rn. 169, unter Rückgriff auf das Gutachten des Gerichtshofs vom 9.5.1986, Ser. A Nr. 6 Rn. 26 f.

³³ UN Doc. CCPR/C/21/Rev. 1/Add. 9, Ziff. 13.

effective protection of Covenant rights. In no case may the restrictions be applied or invoked in a manner that would impair the essence of a Covenant right."[34] Dieser Gedanke ist von *Tomuschat,* gestützt auf Art. 5 IPBPR, in einem Sondervotum zu einer Individualbeschwerde, schon lange zuvor (1981) formuliert worden: „Governments may never use the limitation clauses supplementing the protected rights and freedoms to such an extent that the very substance of those rights and freedoms would be annihilated."[35] In einem anderen Sondervotum, das Art. 19 IPBPR betrifft – auch eine Vorschrift, die ausdrückliche Schranken für das garantierte Recht enthält –, wird festgestellt: „The restrictions placed on the author did not curb the core of his right to freedom of expression."[36]

Artikel 52 Abs. 1 Charta der Grundrechte der Europäischen Union bezieht sich nach seinem Wortlaut im Hinblick auf die Wesensgehaltsgarantie ebenfalls auf alle Formen der Einschränkung.[37]

Dies ist auch die ganz vorherrschende Auffassung zu Art. 19 Abs. 2 GG. Überlegungen im Parlamentarischen Rat, die Wesensgehaltsgarantie nur auf Grundrechte mit explizitem Gesetzesvorbehalt zu beziehen, sind nicht weiter verfolgt worden; die gefundene Formulierung, daß „in keinem Fall" der Wesensgehalt angetastet werden darf, bezieht offenbar auch vorbehaltlos garantierte Grundrechte, soweit sie einschränkbar sind, ein, aber eben gerade auch Rechte, die mit ausdrücklicher Begrenzungsklausel versehen sind, und schützt nicht nur gegen Eingriffe sondern auch Ausgestaltungen und Inhaltsbestimmungen.[38]

Interessanterweise hält *Maunz* gerade im Bereich immanenter Schranken die Wesensgehaltsgarantie für gegenstandslos, da es ein Widerspruch in sich wäre, aus immanenten Schranken die Aufhebung des Grundrechtes schlechthin zu folgern.[39] Diese Logik trifft freilich nur dann zu, wenn immanente Schranken als den grund-

---

[34] UN Doc. CCPR/C/21/Rev. 1/Add. 13/Ziff. 6.

[35] Sondervotum (29.7.1981) HRC, *Celiberti,* Nr. 56/1979, UN Doc. A/36/40 (1981), Annex XX, 185 ff. Zur Bedeutung von Art. 5 IPBPR vgl. *E. Klein,* Reflections on Article 5 of the International Covenant on Civil and Political Rights, in: Ando (ed.), Towards Implementing Universal Human Rights, 2004, 127 ff. (132 f.). Ferner *Nowak,* CCPR Commentary, 1993, Art. 5 Rn. 6.

[36] Sondervotum Ziff. 10 (Evatt, Kretzmer, Klein), HRC, *Faurisson,* CCPR/C/58/D/550/1993 (16.12.1996). – Das Komitee zur Beseitigung von Rassendiskriminierung (CERD) hat in seiner Entscheidung vom 17.3.2000 zu Art. 6 Rassendiskriminierungskonvention, der Art. 2 IPBPR entspricht, generell ausgeführt: „that the margin of appreciation should not be exercised in a manner which would impair the very essence of article 6 of the Convention"; CERD/C/56/D/17/1999, Ziff. 4.6.

[37] So offenbar auch *Kühling,* Grundrechte, in: v. Bogdandy (Hrsg.), Europäisches Verfassungsrecht, 2003, 583 (624 f.).

[38] *H. Dreier,* in: ders. (Hrsg.), Grundgesetz, Kommentar, 2. Aufl., 2004, Art. 19 II Rn. 9; *Huber* (Fn. 2), Art. 19 Rn. 114.

[39] *Maunz,* in: Maunz/Dürig, Grundgesetz, Kommentar, Art. 19 Abs. 2, Rn. 27 (Stand: 1977).

rechtlichen Schutzbereich bereits vorab klar umreißend verstanden werden, sie also nicht – wie ich es für richtig halte – eine Form der Beschränkung vorbehaltlos gewährleisteter Grundrechte darstellen; denn in der Tat kommt die Argumentationsfigur der Schranken-Schranke bei der Bestimmung des Grundrechtstatbestandes nicht zum Zuge.[40]

c) Überzeugt daher die sich auf implizite Begrenzungen der Konventionsrechte beschränkende Wesensgehalts-Rechtsprechung des EGMR? Überblickt man die einschlägige Judikatur, wird schnell deutlich, daß das Wesensgehaltsargument als Gegengewicht zu den von der Konvention selbst nicht ausdrücklich genannten, aber aus ihr doch abgeleiteten, jedenfalls (stillschweigend) vorausgesetzten Beschränkungsmöglichkeiten einzelner Freiheitsgarantien herangezogen wird. Es ist offenbar ein dem Gerichtshof zu Gebote stehendes Instrument, um die Berufung der Staaten auf solche impliziten Schranken unter Kontrolle zu halten. Die impliziten Schranken weisen – wegen der fehlenden ausdrücklichen Hervorhebung – ein über das allgemeine Interpretationsrisiko hinausgehendes Unsicherheitspotential auf, dem offenbar mit dem Wesensgehaltsargument die Spitze genommen werden soll. Dies gilt um so mehr als – wie oben anhand des Falles *Bellet* ausführlich dargestellt wurde[41] – die Frage, ob und wie diese impliziten Schranken realisiert werden, weitgehend den Staaten überlassen bleibt, die insoweit über einen Gestaltungsspielraum („margin of appreciation") verfügen. Die fehlende Definitionsschärfe der impliziten Schranken schlägt sich – vom allgemeinen Interpretationsproblem abgesehen – nicht nieder, wo die Konvention die Einschränkungsmöglichkeiten selbst formuliert (Art. 8–11 EMRK). Die allenfalls äußerst zurückhaltende Heranziehung des Wesensgehaltsarguments in diesen Fällen[42] läßt vermuten, daß der EGMR meint, die Reichweite zulässiger Einschränkungen anhand der expliziten Grundrechtsschranken selbst kontrollieren zu können und auf das Zusatzargument der Wesensgehaltsgarantie nicht angewiesen zu sein.[43]

Andererseits ist zu bedenken, daß die Voraussetzungen, unter denen in ein Konventionsrecht eingegriffen werden darf, vom Gerichtshof nach denselben Prüfungsschritten geprüft wird, unabhängig davon, ob das Recht explizite oder nur implizite Schranken hat. Eine Beschränkung bedarf nicht nur der rechtlichen Grundlage, des legitimen Eingriffszieles und der Verhältnismäßigkeit von Zweck und Mittel, son-

---

[40] Für eine (extensive) Auslegung des Grundrechtstatbestandes kann indessen ggf. auf den Zweck und „Wesensgehalt der Konvention" zurückgegriffen werden, dazu im Text bei Fn. 32.

[41] Siehe oben bei Fn. 14.

[42] Siehe oben II. 6.

[43] Dies würde sich konzeptionell mit Ausführungen in BVerfGE 58, 300 (348) decken: „Die dem Gesetzgeber bei der Inhalts- und Schrankenbestimmung gezogenen Grenzen ergeben sich unmittelbar aus der Instituts- und Bestandsgarantie des Art. 14 Abs. 1 Satz 1 GG und dem Grundsatz der Verhältnismäßigkeit. Werden diese Grenzen eingehalten, kann kein Verstoß gegen Art. 19 Abs. 2 GG vorliegen."

dern auch der Gestaltungsspielraum des Staates („margin of appreciation") spielt hier wie dort bei der Frage, ob und wie von den Eingriffsvoraussetzungen Gebrauch gemacht wird, eine erhebliche Rolle.[44] Die Wesensgehaltsgarantie könnte daher durchaus auch dann, wenn von expliziten Schranken Gebrauch gemacht wird, im Sinne einer (äußersten) Grenze (Schranken-Schranke) zur Anwendung kommen.

Ein Unterschied fällt jedoch auf. Die nach Art. 8–11 EMRK gewährleisteten Menschenrechte enthalten eine spezifische Qualifikation der erforderlichen Zweck-Mittel-Relation, die vom EGMR auf die Verhältnismäßigkeitsprüfung bei der Kontrolle impliziter Beschränkungen nicht angewendet wird; es wird nämlich verlangt, daß die vorgesehenen Einschränkungen „in einer demokratischen Gesellschaft notwendig" sind („necessary in a democratic society").[45] Die Argumentation liegt nicht fern, daß für diese mit expliziten Beschränkungsmöglichkeiten versehenen Rechte der Begriff des in einer demokratischen Gesellschaft Notwendigen dieselbe Funktion erfüllt wie die Wesensgehaltsgarantie.[46] Um diese Frage beantworten zu können, ist zunächst die inhaltliche Bedeutung der vom EGMR herangezogenen Wesensgehaltsgarantie zu ermitteln.

2. Bedeutung der Wesensgehaltsgarantie

a) Der EGMR ließ sich bisher nicht darauf ein, klare inhaltliche Aussagen zur Wesensgehaltsgarantie zu treffen. Hervorgehoben wird indes im Zusammenhang mit der Wesensgehaltsargumentation in zahlreichen Entscheidungen, daß die Rechte, die nach der Konvention „praktisch und effektiv" sein sollen, durch die Beschränkungen nicht „theoretisch und illusorisch" werden dürfen.[47] Weiterreichende Ausführungen finden sich nicht. Erkenntnisse ergeben sich auch nicht aus den Fällen, in denen der Gerichtshof eine Wesensgehaltsverletzung ausdrücklich annahm.[48]

Ist es die Idee der Wesensgehaltsgarantie, daß ein Recht nicht auf eine bloß theoretisch oder illusorische Bedeutung reduziert werden darf, dann gibt es keinen Grund, diese Garantie nur auf Rechte zu beziehen, die keine expliziten, sondern

---

[44] Vgl. *Grabenwarter* (Fn. 23), 127 ff.

[45] Grundlegend dazu *Hailbronner,* Die Einschränkung von Grundrechten in einer demokratischen Gesellschaft, in: Festschrift für H. Mosler, 1983, 359 ff.

[46] So etwa *Hoffmann-Remy,* Die Möglichkeiten der Grundrechtseinschränkungen nach den Art. 8–11 Abs. 2 der Europäischen Menschenrechtskonvention, 1976, 78 ff.

[47] Z. B. EGMR, *Cruz Varas,* Urteil v. 20.3.1991, Ser. A Nr. 201 Rn. 99; *Ait-Mouhoub,* Urteil v. 28.10.1998, Vol. 1998-VIII Rn. 52.

[48] Etwa EGMR, *Winterwerp,* Urteil v. 24.10.1979, Ser. A Nr. 33 Rn. 75; EGMR, *Orhan,* Urteil v. 18.6.2002, Nr. 25656/94, Rn. 410; *Goodwin,* Urteil v. 11.7.1979, Vol. 2002-VI Rn. 101.

implizite Schranken haben. In der Tat hat der Gerichtshof allgemein ausgesprochen, die Konvention müsse so ausgelegt werden, daß sie praktische und effektive Rechte garantiere.[49] Gleichwohl bleibt festzuhalten, daß der EGMR die Beschränkungen von Rechten, denen explizite Schranken beigegeben sind, nicht an der Wesensgehaltsgarantie, sondern allein am Grundsatz der Verhältnismäßigkeit – „necessary in a democratic society" – mißt. Sind daher Wesensgehaltsgarantie und Verhältnismäßigkeitsprinzip identisch?

b) Aus den Prüfungsschritten, die der EGMR im Hinblick auf (implizite) Schranken vornimmt, ergibt sich, daß er zwischen der Wesensgehaltsgarantie und dem Verhältnismäßigkeitsgrundsatz unterscheidet: „(T)he Court must be satisfied, *firstly,* that the limitations applied do not restrict or reduce the access left to the individual in such a way or to such an extent that the very essence of the right is impaired. *Secondly,* a restriction must pursue a legitimate aim and there must be a reasonable relationship of proportionality between the means employed and the aim sought to be achieved."[50]

Mit Hilfe der Wesensgehaltsgarantie wird somit zunächst getestet, ob die Heranziehung impliziter Schranken, auf deren Grundlage ein Staat Konventionsrechte eingeschränkt hat, überhaupt und in dem praktizierten Umfang zulässig ist. Diese Prüfung ist deshalb wichtig, weil es ein Widerspruch in sich wäre, wenn der Staat eine vertragliche Verpflichtung auf sich nähme, deren beliebige Einschränkung, ja Reduzierung auf Null ihm gleichzeitig zugestanden würde. Eine derartige Prüfung entfällt aber dort, wo die Vertragsstaaten die grundsätzliche Möglichkeit der Einschränkung von Rechten bereits selbst vorgesehen und die Modalitäten hierfür festgelegt haben. In diesen Fällen kann nicht argumentiert werden, daß eine Einschränkung des Rechts als solche und eine den vorgesehenen Schranken entsprechende Einschränkung dem Wesensgehalt des von den Vertragsstaaten garantierten Rechts zuwiderlaufen. Diese Frage ist sozusagen durch die vertragliche Ausformung der Garantie bereits vorab beantwortet. Ob freilich die konkrete Einschränkung den vorgesehenen (expliziten) Schranken entspricht, bedarf der Kontrolle, die am Maßstab der Tatbestandselemente der jeweiligen Schranken vorzunehmen ist. Die Rolle, die dabei der Grundsatz der Verhältnismäßigkeit spielt, ist signifikant. Er beherrscht das Prüfungsszenario.[51]

---

[49] Ständige Rechtsprechung seit EGMR, *Airey,* Urteil v. 9.10.1979, Ser. A Nr. 32 Rn. 24; *Soering,* Urteil v. 7.7.1989, Ser. A Nr. 161 Rn. 87. Vgl. auch *Frowein/Peukert,* EMRK-Kommentar, 2. Aufl. 1996, 5.

[50] EGMR, *Tolstoy Miloslavsky,* Urteil v. 13.7.1995, Ser. A Nr. 316-B Rn. 59 (Hervorhebung von mir); *Levages Prestations Services,* Urteil v. 23.10.1996, Vol. 1996-V Rn. 40. Vgl. auch oben im Text bei Fn. 14 (Fall *Bellet*).

[51] Allgemein hierzu vgl. *Cremona,* The Proportionality Principle in the Jurisprudence of the European Court of Human Rights, in: Beyerlin u. a. (Hrsg.), Festschrift für Bernhardt, 1995, 323 ff.; *van Drooghenbroek,* La proportionnalité dans le droit de la Convention européenne des droits de l'homme, 2001.

Damit ist noch nicht entschieden, ob zwischen Wesensgehaltsgarantie und Grundsatz der Verhältnismäßigkeit dogmatisch klar getrennt werden muß. Es ist nämlich so, daß trotz der oben aufgezeigten Trennung der Prüfschritte be: Fällen impliziter Rechtsbeschränkung in der Rechtspraxis beide Gesichtspunkte ineinanderfließen. So hat der Gerichtshof etwa im Fall *Levages Prestations Services* (1996) ausgeführt: „In order to satisfy itself that the very essence of the applicant company's ‚right to a tribunal' was not impaired by the declaration that the appeal was inadmissible, the Court will [...] examine whether the procedure to be followed for an appeal on points of law, in particular with respect to the production of documents, could be regarded as foreseeable from the point of view of a litigant and whether, therefore, the penalty for failing to follow that procedure did not infringe the proportionality principle."[52] In den Fällen *Omar* und *Guérin* (1998) ging es um den Verlust des Rechts, ein Rechtsmittel einzulegen, weil die Beschwerdeführer sich nicht rechtzeitig in Strafhaft begeben hatten, obgleich das Urteil noch nicht rechtskräftig geworden war. Der Gerichtshof meinte: „This impairs the very essence of the right of appeal, by imposing a disproportionate burden on the appellant ...".[53] Der Verhältnismäßigkeitsgrundsatz selbst ist daher Teil der Wesensgehaltsprüfung. Wo das Recht mit unverhältnismäßigen Schranken umkleidet wird, handelt es sich jedenfalls auf dieser (ersten) Prüfungsstufe notwendig zugleich um eine Wesensgehaltsverletzung des nur impliziten Schranken unterworfenen Rechts: „The Court therefore considers that the applicant company was disproportionately hindered in its right of access to a court and that, accordingly, there has been an infringement of the very essence of its right to a tribunal."[54]

Die Frage stellt sich, ob es entsprechend der vorgestellten Trennung der Prüfschritte denkbar ist, daß zwar – auf der ersten Stufe – eine Wesensgehaltsverletzung und insoweit eine Unverhältnismäßigkeit nicht gegeben sind, zugleich aber auf der zweiten Stufe dennoch eine Zweck-Mittel-Relationsverfehlung angenommen werden kann. Die Trennung der Prüfschritte legt dies nahe, doch gibt es – soweit ersichtlich – keinen Fall, in dem der Gerichtshof eine Verletzung des Grundsatzes der Verhältnismäßigkeit auf der ersten Stufe verneint, dann aber auf der zweiten Stufe bejaht hat. Immerhin meinte der EGMR im Fall *Waite and Kennedy* (1999), es könne nicht gesagt werden, daß die Beschränkung des Rechts der Beschwerdeführer auf Zugang zu den deutschen Gerichten angesichts der von der involvierten internationalen Organisation zur Verfügung gestellten Beschwer-

---

[52] EGMR, *Levages Prestations Services,* Urteil v. 23.10.1996, Vol. 1996-V Rn. 42; *Osu,* Urteil v. 11.7.2002, Nr. 36534/97, Rn. 35.

[53] EGMR, *Omar,* Urteil v. 29.7.1998, Vol. 1998-V Rn. 40; *Guérin,* Urteil v. 29.7.1998, Vol. 1998-V Rn. 43.

[54] EGMR, *Sotirez and Nikos Koutras Attee,* Urteil v. 16.11.2000, Vol. 2000-XII Rn. 23; ferner etwa *Kreuz,* Urteil v. 19.6.2001, Vol. 2001-VI Rn. 66; *Yagtzilar,* Urteil v. 6.12.2001, Vol. 2001-XII Rn. 28.

demöglichkeit den Wesensgehalt des Rechts auf Gerichtszugang beschränkte *oder* im Hinblick auf Art. 6 Abs. 1 EMRK unverhältnismäßig war.[55]

Eine gedankliche Ordnung läßt sich durch folgende Überlegung herstellen: Sache des ersten Prüfschrittes ist es, die Rechtsgarantie als solche zu bewahren. Es geht um die Konturierung des Rechts, das auch durch seine Schranken mitkonstituiert wird. Die hier zu prüfende Verhältnismäßigkeit bezieht sich auf die abstrakte Rechtsgarantie. Die Verhältnismäßigkeitsprüfung auf der zweiten Stufe bezieht sich auf die aus der generellen Garantie fließende konkrete Rechtsbetätigung (oder im Sinne negativer Freiheit: -unterlassung). Hinter beiden Verhältnismäßigkeitsprüfungen steht der Gedanke der Wesensgehaltsgarantie,[56] nämlich das Verbot, das Recht bezüglich seiner allgemeinen Gewährleistung oder in der konkreten Anwendung zu einer bloß illusorischen oder theoretischen Rechtshülse zu denaturieren – und dieses Postulat ergibt sich wieder aus der Rechtsverbürgung als solcher.

Somit zeigt sich, daß in der Tat die Wesensgehaltsgarantie, wenn auch nur ausgedrückt im durch den Hinweis auf die demokratische Ordnung spezifizierten Grundsatz der Verhältnismäßigkeit, auch in den Fällen der mit expliziten Schranken ausgestatteten Menschenrechte zur Anwendung kommt. Die Wesensgehaltsgarantie generiert den Verhältnismäßigkeitsgrundsatz und zeigt an, daß die Beurteilung der Zweck-Mittel-Relation nicht auf der Grundlage dieses Verhältnisses allein durchgeführt werden darf, sondern berücksichtigen muß, daß die Rechtsgewährleistung für den einzelnen nicht illusorisch wird.

Maßstab hierfür muß das sein, was „in einer demokratischen Gesellschaft erforderlich" ist. Eine demokratische Gesellschaft kann zwar Rechte einschränken. In einzelnen Fällen ist – wie die EMRK selbst belegt (vgl. Art. 2 Abs. 2. 15 Abs. 2 EMRK) – sogar der (vorläufige oder endgültige) Rechtsverlust für den einzelnen zulässig. In jedem Fall aber wäre es mit den Anforderungen einer demokratischen Gesellschaft nicht vereinbar, die in dem rechtsbeschränkenden Eingriff zum Ausdruck kommende Bemühung des Staates, gegenläufige Interessen zum Ausgleich zu bringen, unkontrolliert hinzunehmen. Es gibt aber nicht nur diesen prozeduralen Aspekt. Zu prüfen bleibt darüber hinaus, ob die Beschränkung das Recht, gemessen an den Anforderungen einer demokratischen Gesellschaft, als solches zur wesenlosen Hülse macht, etwa wenn der Staat, obgleich Art. 9 Abs. 2 EMRK gesetzliche Einschränkungen der Freiheit, die Religion zu bekennen, vorsieht, von dieser Möglichkeit dahin Gebrauch macht, Inhalte des Bekenntnisses vorzuschreiben, oder wenn er auf der Grundlage von Art. 10 Abs. 2 EMRK bestimmte Meinungsäußerungen zur Pflicht erhebt.[57] Es

---

[55] EGMR, *Waite and Kennedy,* Urteil v. 18.2.1999, Vol. 1999-I Rn. 73.

[56] Vgl. dazu BVerwGE 30, 313 (316), wonach der Grundsatz der Verhältnismäßigkeit seine Grundlage im Rechtsstaatsprinzip hat, sich aber auch aus der „Wesensgehaltsgarantie der Freiheitssphäre" herleiten läßt.

[57] Vgl. dazu die Überlegungen von *Roellecke* (Fn. 2), Rn. 62 und 67.

könnte sein, daß unter bestimmten Umständen die bloße Zweck-Mittel-Relation sogar akzeptabel wäre; dem in einer demokratischen Gesellschaft bestehenden Sinn der Garantie als solcher, ihrer Substanz oder Essenz, könnte gleichwohl zuwidergehandelt sein.

c) Zusammenfassend kann gesagt werden, daß die Wesensgehaltsgarantie, die aus der Rechtsgarantie als solcher folgt, Grundlage des Grundsatzes der Verhältnismäßigkeit ist, mit dem sie verbunden bleibt, mit dem sie aber nicht identisch ist. Der Grundsatz der Verhältnismäßigkeit ist das wesentliche Element ihrer Realisierung, unabhängig, auf welcher Prüfungsstufe er einsetzt. Unverhältnismäßige Schrankenkreation ist stets Wesensgehaltsgarantieverletzung, unverhältnismäßige Schrankenanwendung kann eine Zweck-Mittel-Relationsverfehlung sein, die – je nach Lage – zugleich eine Verletzung der Wesensgehaltsgarantie ist, sofern sie das Recht, wie es in einer demokratischen Gesellschaft gedacht ist, zu einer bloß theoretischen oder illusorischen Garantie denaturiert, ihm also Praktikabilität und Effektivität nimmt.[58] Obgleich die Wesensgehaltsgarantie den Akzent auf das Recht in der demokratischen Gesellschaft legt, hat sie nicht nur eine institutionelle, objektive Funktion; denn der ihr zugehörige Verhältnismäßigkeitsgrundsatz nimmt gerade auch den konkreten Fall, die konkret geltend gemachte individuelle Rechtsverletzung in den Blick. Wesensgehaltsverletzung ist immer auch Verletzung des subjektiven Rechts.

IV. Folgerungen

1. Gemeinschaftsgrundrechte

Aus der engen Verknüpfung der Rechtsgarantien der EMRK mit den Gemeinschaftsgrundrechten ergibt sich, daß die vom EGMR entwickelten Überlegungen zu Wesensgehalt und Verhältnismäßigkeit der Sache nach auf die Dogmatik und praktische Handhabung der Grundrechte durch die Gemeinschaftsorgane, insbesondere den Luxemburger Gerichtshof (EuGH), einwirken.[59] Tatsächlich greift der EuGH immer wieder auf diese Grundsätze zurück.[60] Eine Divergenz ist insoweit nicht auszumachen.

---

[58] Dabei geht es nicht um eine Differenzierung zwischen „Kern" und „Hof" der Rechtsgarantie; schon *Maunz* (Fn. 39), Rn. 2 hat dies für eine „letztlich seltsame Vorstellung" gehalten; ähnlich *Roellecke* (Fn. 2), Rn. 54.

[59] *Kühling* (Fn. 37), 629.

[60] Etwa EuGH, Rs. C-292/97, *Carlsson*, Slg. 2000-I 2737 Rn. 45, 58 f.

2. Nationale Grundrechte

Die Frage, ob die die Literatur zu Art. 19 Abs. 2 GG kennzeichnende Unsicherheit auf der Grundlage der angestellten Überlegungen abgemildert werden kann, ist nur zögernd zu beantworten. Es hat sich gezeigt, daß auch der EGMR für die EMRK-Garantien keine völlige Klarheit geschaffen hat; möglicherweise ist sie auch nicht zu erreichen. Immerhin könnte für die Diskussion des Art. 19 Abs. 2 GG die Erkenntnis nutzbar gemacht werden, daß der Wesensgehalt eines Grundrechts nicht abstrakt zu gewinnen, sondern aus dem Ambiente der freiheitlichen demokratischen Grundordnung der Bundesrepublik Deutschland zu verstehen ist, die ihrerseits eine „demokratische Gesellschaft" im Sinne der EMRK ist.[61] Die Rechtsgarantien als solche müssen in einer derartigen Gesellschaftsordnung die ihr von dort zugewiesenen Funktionen erfüllen können. Dem Interessenausgleich dienende Einschränkungen (einschließlich Ausgestaltungen und Inhaltsbeschränkungen) dürfen die für eine freie Gesellschaft wesentliche Stützfunktion der Grundrechte nicht beeinträchtigen.[62] Dies ist der Fall, wenn einer Grundrechtsgarantie eine mit ihrem Wesen unvereinbare Bedeutung gegeben wird. Hierbei handelt es sich um eine von der freiheitlichen Ordnung ausgehende Perspektive, die zwar primär institutioneller Art ist, die aber auch dem einzelnen kraft seiner Grundrechtsträgerschaft zugute kommt; d. h. er kann eine solche (behauptete) Verfehlung des Grundrechtssinns als eigene Verletzung geltend machen. Die Beurteilung der Zweck-Mittel-Relation im konkreten Fall darf diese – objektive – Perspektive gleichfalls nicht aus dem Blick verlieren, auch wenn zunächst die individuelle Fallsicht, d. h. die Belastung des einzelnen, im Vordergrund steht. Das Ergebnis der Verhältnismäßigkeitsprüfung ist daher nochmals unter dem Blickwinkel der Funktion des betroffenen Grundrechts in einer freiheitlichen demokratischen Ordnung zu verifizieren.

V. Widmung

Jost Delbrück gehört zu den einflußreichen Völkerrechtlern der „zweiten" Generation nach 1945, die im besten Sinn völkerrechtliche Grundlagenforschung betrieben und die Einsicht in die Voraussetzungen einer friedlichen Weltordnung gemehrt haben. Die von seinem Kieler Institut veranstalteten Symposien, an denen der Verfasser häufig teilnehmen durfte, haben bleibende Erträge erbracht. Sich einreihend in die Reihe der Gratulanten dediziert er dem Jubilar dankbar diesen Beitrag.

---

[61] Was hierunter zu verstehen ist, ist im konkreten Beschwerdefall der Interpretation des EGMR anvertraut.

[62] In diese Richtung weist wohl auch *Lerche,* Grundrechtsschranken, in: Isensee/Kirchhof (Hrsg.), Handbuch des Staatsrechts, Bd. V, 1992, Rn. 32, wonach „auch der Ausgleichsgedanke ... in Schranken gewiesen werden muß."

Die Durchsetzung internationaler Menschenrechte
Neuere Entwicklungen am Beispiel des Übereinkommens der Vereinten Nationen zur Beseitigung jeder Form von Diskriminierung der Frau

Von Doris König

I. Einführung: Die Frauenrechtskonvention – Politisches Programm oder durchsetzbare internationale Menschenrechte?

Jost Delbrück untersuchte in der 1981 erschienenen Festschrift für Hans-Jürgen Schlochauer als einer der ersten deutschen Völkerrechtler Bedeutung und Durchsetzbarkeit des von der Generalversammlung der Vereinten Nationen verabschiedeten Übereinkommens zur Beseitigung jeder Form von Diskriminierung der Frau vom 18.12.1979 (im folgenden: Frauenrechtskonvention)[1]. In seinen Ausführungen machte er deutlich, daß die Frauenrechtskonvention nicht nur eine Konkretisierung des bereits in anderen Menschenrechtsdokumenten enthaltenen Diskriminierungsverbots darstellte, sondern mit ihrem Bekenntnis zur Verwirklichung einer Neuen Internationalen Weltwirtschaftsordnung und zur Stärkung des internationalen Friedens auch allgemeine entwicklungs- und friedenspolitische Zielsetzungen verfolgte. Zu Recht wies er darauf hin, daß diese ambitionierte Konzeption der Konvention zu dem „sehr vage[n] Charakter der einzugehenden Verpflichtungen" beitrug.[2] Die generalklauselartige Formulierung der vertraglichen Pflichten und das relativ schwach ausgebildete Durchsetzungsverfahren erweckten nach seiner Einschätzung den Eindruck „einer eher programmatischen als rechtlich bindenden Regelung".[3] In der Gesamtbewertung kam er zu dem Schluß, daß der umfassende Schutzanspruch der Konvention und ihre Akzeptabilität in einem prekären Spannungsverhältnis stünden. Die Gefahr sei nicht zu übersehen, „daß

---

[1] BGBl. 1985 II, 648.

[2] *Delbrück,* Die Konvention der Vereinten Nationen zur Beseitigung jeder Form von Diskriminierung der Frau von 1979 im Kontext der Bemühungen um einen völkerrechtlichen Schutz der Menschenrechte, in: v. Münch (Hrsg.), Staatsrecht – Völkerrecht – Europarecht, Festschrift für Hans-Jürgen Schlochauer, 1981, 247 (256, 260).

[3] *Delbrück* (Fn. 2), 262. An anderer Stelle (263) formuliert er noch deutlicher: „Die Addierung von eher programmatisch formulierten Verpflichtungen und abgeschwächtem Sanktionsverfahren sowie die Anbindung der Realisierung der Konventionsziele an die allgemeinen Ziele Entwicklungs- und Friedenspolitik lassen den Eindruck einer *Aufweichung der bisher verfolgten Menschenrechtskodifikationspolitik der VN* entstehen" (Hervorhebung durch die Verf.).

Dokumente wie die Konvention durch eine politische Überdimensionierung an menschenrechtlicher Substanz verlieren".[4] Abschließend gab er seiner Hoffnung Ausdruck, daß das Komitee zur Beseitigung der Diskriminierung von Frauen (im folgenden: Frauenrechtsausschuß) den Schwächen der Konvention entgegenwirken und ihr menschenrechtliches Anliegen voll zum Tragen bringen möge.

Rund 25 Jahre nach Verabschiedung der Frauenrechtskonvention bietet es sich an zu überprüfen, ob sich diese Hoffnung erfüllt hat bzw. ob sich die Frauenrechtskonvention trotz ihrer von Jost Delbrück so klar analysierten „Geburtsfehler" zu einem vollwertigen Menschenrechtsinstrument entwickelt hat. Heute hat die Frauenrechtskonvention 179 Vertragsstaaten.[5] Im Jahr 1999 ist ein Fakultativprotokoll verabschiedet worden, mit dem das Überwachungs- und Durchsetzungsverfahren der Konvention um ein Individualbeschwerde- und ein Untersuchungsverfahren erweitert worden ist. Dieses Protokoll ist inzwischen von 67 Staaten ratifiziert worden.[6] Die nachfolgende Untersuchung wird sich zunächst dem Begriff der Diskriminierung zuwenden, anschließend auf die Art der vertraglichen Verpflichtungen und ihre Justiziabilität sowie die Veränderungen bei den Durchsetzungsverfahren eingehen und angesichts der Entwicklungen bei der Durchsetzung internationaler Menschenrechte während des letzten Vierteljahrhunderts zu einer vorsichtig optimistischen Gesamteinschätzung gelangen.

II. Diskriminierungsverbot und Gleichstellungsgebot in der Frauenrechtskonvention

Die Frauenrechtskonvention enthält sowohl ein Diskriminierungsverbot als auch ein Gleichstellungsgebot. Deren Reichweite soll im Folgenden untersucht werden, wobei auch eine Zuordnung sog. zeitweiliger Sondermaßnahmen, d. h.

---

[4] *Delbrück* (Fn. 2), 270.

[5] Stand 6.10.2004. Zahlreiche, vor allem muslimische Staaten haben allerdings weitreichende Vorbehalte gemacht, deren Rechtswirkung umstritten ist. Vgl. zu dieser Problematik, die hier nicht näher behandelt werden soll, *Cook,* Reservations to the Convention on the Elimination of All Forms of Discrimination against Women, Virginia Journal of International Law 30 (1990), 643 ff.; *Clark,* The Vienna Convention Reservations Regime and the Convention on Discrimination against Women, AJIL 85 (1991), 281 ff.; *Giegerich,* Vorbehalte zu Menschenrechtsabkommen: Zulässigkeit, Gültigkeit und Prüfungskompetenzen von Vertragsgremien, ZaöRV 55 (1995), 713 ff.; *Redgwell,* The Law of Reservations in Respect of Multilateral Conventions, in: Gardner (Hrsg.), Human Rights as General Norms and a State's Right to Opt Out, 1997, 3 ff.; *Chinkin,* Reservations and Objections to the Convention on the Elimination of All Forms of Discrimination against Women, in: Gardner (Hrsg.), Human Rights as General Norms and a State's Right to Opt Out, 1997, 64 ff.; *Simma,* Reservations to Human Rights Treaties – Some Recent Developments, in: Hafner u. a. (Hrsg.), Liber amicorum Professor Seidl-Hohenfeldern, 1998, 659 ff.; *Schöpp-Schilling,* Reservations to CEDAW: An Unresolved Issue. Or, (No) New Developments?, in: Ziemele (Hrsg.), Reservations to Human Rights Treaties, 2004, 3 ff.

[6] Stand 5.10.2004.

spezieller Fördermaßnahmen für Frauen, i. S. v. Art. 4 Abs. 1 der Konvention vorgenommen wird.

1. Der Diskriminierungsbegriff

Der Begriff „Diskriminierung der Frau" wird in Art. 1 definiert als „jede mit dem Geschlecht begründete Unterscheidung, Ausschließung oder Beschränkung, die zur Folge oder zum Ziel hat, daß die ... Anerkennung, Inanspruchnahme oder Ausübung der Menschenrechte und Grundfreiheiten durch die Frau ... im politischen, wirtschaftlichen, sozialen, kulturellen, staatsbürgerlichen oder jedem sonstigen Bereich beeinträchtigt oder vereitelt wird". Diese etwas sperrige Definition läßt sich im Lichte der Interpretationen, die inzwischen von internationalen Gerichten wie dem Europäischen Gerichtshof für Menschenrechte und Vertragsausschüssen wie dem Menschenrechtsausschuß für den Diskriminierungsbegriff entwickelt worden sind,[7] wie folgt auslegen: Der Begriff der Diskriminierung setzt drei Grundelemente voraus, nämlich erstens eine Ungleichbehandlung bzw. Differenzierung, die mit einem verpönten Merkmal wie dem Geschlecht begründet wird, zweitens einen Nachteil für die betroffenen Personen und drittens die Feststellung, daß die Ungleichbehandlung keinem legitimen Zweck dient oder daß sie unverhältnismäßig ist.[8] Daraus folgt, daß nicht jede Differenzierung eine verbotene Diskriminierung darstellt. Unter das Diskriminierungsverbot fällt vielmehr nur eine Ungleichbehandlung, die sachlich nicht gerechtfertigt ist, weil sie kein legitimes Ziel verfolgt oder unverhältnismäßig ist.[9] Damit können auch Ungleich-

---

[7] Vgl. insb. die Allgemeine Kommentierung Nr. 18 (1989) des Menschenrechtsausschusses zur Nichtdiskriminierung, §§ 7 und 13, in: Compilation of General Comments and General Recommendations Adopted by Human Rights Treaty Bodies, UN Doc. HRI/GEN/1/Rev. 7 v. 12.5.2004 (im folgenden: Compilation), 146 (147 f.); Allgemeine Empfehlung Nr. XIV (1993) des Rassendiskriminierungsausschusses zu Art. 1 Abs. 1 der Rassendiskriminierungskonvention, § 2, ebd., 206 (207); zur Rspr. des EGMR *König/Peters,* Art. 14 EMRK Rn. 171 ff., in: Marauhn/Grote (Hrsg.), Konkordanzkommentar zum europäischen und deutschen Grundrechtsschutz, 2005.

[8] Dazu detailliert *König/Peters* (Fn 7), Rn. 47 ff. In der Allgemeinen Kommentierung Nr. 18 (1989) des Menschenrechtsausschusses, § 13, heißt es: „..., the Committee observes *that not every differentiation of treatment will constitute discrimination,* if the criteria for such differentiation are reasonable and objective and if the aim is to achieve a purpose which is legitimate under the Covenant." (Hervorhebung durch die Verf.), in: Compilation (Fn. 7), 148.

[9] Vgl. zum Begriff der Diskriminierung im Völkerrecht allgemein *Bayefsky,* The Principle of Equality or Non-Discrimination in International Law, HRLJ 11 (1990), 1 (11 ff.); *Delbrück,* Diskriminierung, in: Wolfrum (Hrsg.), Handbuch Vereinte Nationen, 2. Aufl., 1991, 85 f.; *McColgan,* Principles of Equality and Protection from Discrimination in International Human Rights Law, EHRLJ 8 (2003), 157 ff.; *Helbling,* Das völkerrechtliche Verbot der Geschlechterdiskriminierung in einem plurikulturellen Kontext, 2001, 56 ff., m. w. N. Zum Verhältnis von Gleichheitssatz und Diskriminierungsverbot *Nolte,* Gleichheit und Nichtdiskriminierung, in: Wolfrum (Hrsg.), Gleichheit und Nichtdiskriminierung im nationalen und internationalen Menschenrechtsschutz, 2003, 235 (241 ff.).

behandlungen, die wegen des Geschlechts erfolgen, grundsätzlich gerechtfertigt werden. Allerdings gehört das Merkmal „Geschlecht" neben „Rasse" und „Religion" zu den im internationalen Menschenrechtsschutz besonders verpönter Differenzierungskriterien. Dementsprechend erfolgt in der Regel eine strenge Überprüfung der von dem betreffenden Staat vorgetragenen Rechtfertigungsgründe. Diese müssen von erheblichem Gewicht sein, um dem Verhältnismäßigkeitsprinzip zu genügen.[10] Hervorzuheben ist ferner, daß eine Diskriminierungsabsicht nicht erforderlich ist.[11] Schon nach dem Wortlaut des Art. 1 der Frauenrechtskonvention reicht es aus, auf die negativen Folgen einer Maßnahme für Frauen abzustellen.

Von dem Verbot werden sowohl die unmittelbar an das Geschlecht anknüpfende Diskriminierung als auch die mittelbare Diskriminierung erfaßt. Letztere liegt vor, wenn Regelungen an scheinbar neutrale Differenzierungskriterien wie z. B. Qualifikationserfordernisse oder Vollzeitbeschäftigung anknüpfen, in ihrer Wirkung aber gerade Frauen überproportional benachteiligen. Voraussetzung ist, daß die Ungleichbehandlung nicht durch objektive, von dem Geschlecht losgelöste Gründe gerechtfertigt werden kann.[12] Die Frauenrechtskonvention geht aber über das Verbot der unmittelbaren und mittelbaren Diskriminierung, wie es aus dem Europäischen Gemeinschaftsrecht und aus dem deutschen Verfassungsrecht bekannt ist, hinaus. Sie zielt, wie sich aus Art. 5 lit. a ergibt, darauf ab, jede Verhaltensweise, die zu einer Aufrechterhaltung von Vorurteilen, herkömmlichen Vorstellungen von der Über- bzw. Unterlegenheit eines Geschlechts und von stereotypen Rollenverteilungen beiträgt, zu beseitigen. So fallen z. B. sexuelle Belästigungen oder Gewalt gegen Frauen, deren verschiedene Ausprägungen insbesondere im familiären Bereich sich nicht ohne weiteres mit den Begriffen der unmittelbaren oder mittelbaren Diskriminierung erfassen lassen, unter das weite Diskriminierungsverbot in Art. 1.[13] Damit verfolgt die Konvention das Ziel, den notwendigen Bewußtseinswandel in der Gesellschaft zu bewirken und diskriminierende Strukturen und herkömmliche Praktiken an der Wurzel zu bekämpfen.

Die Diskriminierungsverbote der Frauenrechtskonvention beziehen sich sowohl auf das öffentliche als auch das private Leben und betreffen Bereiche wie Politik und öffentliche Aufgaben (Art. 7), Repräsentation und Arbeit in Internationalen

---

[10] *Bayefsky* (Fn. 9), 18 ff.; *McColgan* (Fn. 9), 170 f. Dies zeichnet sich besonders deutlich in der Rechtsprechung des EGMR zu Art. 14 EMRK ab, der im Falle einer Diskriminierung aufgrund des Geschlechts für die Rechtfertigung „particularly serious reasons" bzw. „very weighty reasons" verlangt. Vgl. dazu *König/Peters* (Fn. 7), Rn. 178 f.

[11] Dies ist allerdings nicht ganz eindeutig, soweit es um Fälle mittelbarer Diskriminierung in der Rechtsprechung des Menschenrechtsausschusses geht. Kritisch dazu *Bayefsky* (Fn. 9), 10.

[12] Zur Rechtsfigur der mittelbaren Diskriminierung *König/Peters* (Fn. 7), Rn. 61 ff., m. w. N.

[13] Vgl. die Allgemeine Empfehlung Nr. 19 (1992) des Frauenrechtsausschusses zu Gewalt gegen Frauen, insb. §§ 17 und 23, in: Compilation (Fn. 7), 246 (249 f.). Dazu auch *Helbling* (Fn. 9), 144 ff.

Organisationen (Art. 8), Erwerb, Wechsel und Beibehaltung der Staatsangehörigkeit (Art. 9), Bildung und Ausbildung (Art. 10), Arbeit und Beruf (Art. 11), Gesundheit und medizinische Versorgung (Art. 12), andere Bereiche des wirtschaftlichen und sozialen Lebens wie die Gewährung von Familienbeihilfen und Bankkrediten (Art. 13), Leben und wirtschaftliche Stellung der Frauen auf dem Lande (Art. 14), Gleichstellung vor dem Gesetz und bei der Wahl des Aufenthaltsorts (Art. 15) sowie schließlich die Stellung in Ehe und Familie (Art. 16). Der Frauenrechtsausschuß hat seit seiner ersten Sitzung im Jahr 1983 den Inhalt mehrerer der genannten Diskriminierungsverbote in seinen Allgemeinen Empfehlungen, die für die Vertragsstaaten eine Interpretationshilfe von erheblichem Gewicht darstellen, ausführlich kommentiert und konkretisiert.[14]

2. Formaler und materialer Gleichheitsbegriff

Dem Diskriminierungsverbot entspricht – sozusagen als Kehrseite der Medaille – ein Gleichstellungsgebot. Wie der Präambel und insbesondere Art. 4 Abs. 1 der Frauenrechtskonvention, der zeitweilige Sondermaßnahmen erlaubt, zu entnehmen ist, verfolgt die Konvention nicht nur das Ziel formaler Gleichberechtigung oder Gleichbehandlung, sondern darüber hinaus das Ziel der *De-facto*-Gleichberechtigung oder, mit anderen Worten, der tatsächlichen Gleichstellung von Mann und Frau.[15] Dem Diskriminierungsverbot und dem ihm korrespondierenden Gleichstellungsgebot wird folglich nicht schon genügt, wenn Frauen und Männern in Erfüllung eines *formalen* Gleichheitsbegriffs von der staatlichen Rechtsordnung

---

[14] Hervorzuheben sind insb. die Allgemeinen Empfehlungen Nr. 16 und 17 zu Art. 11 (unbezahlte Frauenarbeit), Nr. 19 zu mehreren Artikeln (Gewalt gegen Frauen), Nr. 21 zu Art. 9 und 16 (Gleichstellung in Ehe und Familie), Nr. 23 zu Art. 7 und 8 (Teilnahme am öffentlichen und politischen Leben), Nr. 24 zu Art. 12 (Gesundheit), und Nr. 25 zu Art. 4 Abs. 1 (zeitweilige Sondermaßnahmen), in: Compilation (Fn. 7), 244 ff. Eine deutsche Fassung der Allgemeinen Empfehlungen Nr. 19, 21 und 23 findet sich in der Broschüre „20 Jahre Übereinkommen der Vereinten Nationen zur Beseitigung jeder Form von Diskriminierung der Frau" des Bundesministeriums für Familie, Senioren, Frauen und Jugend, 1999, 63 ff.

[15] Art. 4 Abs. 1 lautet: „Zeitweilige Sondermaßnahmen der Vertragsstaaten zur beschleunigten Herbeiführung der De-facto-Gleichberechtigung von Mann und Frau gelten nicht als Diskriminierung im Sinne dieses Übereinkommens, dürfen aber keinesfalls die Beibehaltung ungleicher oder gesonderter Maßstäbe zur Folge haben; diese Maßnahmen sind aufzuheben, sobald die Ziele der Chancengleichheit und Gleichbehandlung erreicht sind."
Während im Englischen mit „equality" und im Französischen mit „égalité" nur jeweils ein Begriff verwendet wird, kommt es im Deutschen schon deshalb zu Unklarheiten, weil die Begriffe „Gleichberechtigung", „Gleichbehandlung" und „Gleichstellung" nebeneinander benutzt werden. Vgl. zur Klarstellung der Begriffe und zu den ihnen zugrunde liegenden Gleichheitskonzepten *König*, Die Diskriminierungsverbote im Übereinkommen der Vereinten Nationen zur Beseitigung jeder Form der Diskriminierung der Frau (CEDAW), in: König/Lange/Rust/Schöpp-Schilling (Hrsg.), Gleiches Recht – gleiche Realität?, Loccumer Protokolle 71/03, 2004, 21 (25 f.); *Fredman*, Discrimination Law, 2002, 4 ff.

die gleichen Rechte eingeräumt und wenn sie von staatlichen Institutionen in gleicher Weise behandelt werden. Vielmehr müssen im Sinne eines *materialen* Gleichheitsbegriffs rechtliche – und außerrechtliche – Bedingungen geschaffen werden, die zu einer faktischen Angleichung der Lebensverhältnisse von Frauen und Männern führen und ihnen in gleicher Weise die Ausübung ihrer Menschenrechte ermöglichen. Dabei ist allerdings kritisch anzumerken, daß das Ziel der tatsächlichen Gleichstellung bzw. der *De-facto*-Gleichberechtigung nicht allein dadurch zu erreichen ist, daß Frauen genauso wie Männer handeln und behandelt werden. Es geht nicht um die Übernahme männlicher Lebensplanung und Verhaltensmuster (sog. „equality as sameness approach"), sondern darum, daß Frauen unter Berücksichtigung ihrer biologischen, sozialen und kulturellen Besonderheiten ein selbstbestimmtes Leben führen können.[16]

3. Zeitweilige Sondermaßnahmen – Diskriminierung oder Differenzierung?

Um das Ziel der tatsächlichen Gleichstellung zu erreichen, ermächtigt Art. 4 Abs. 1 der Frauenrechtskonvention die Vertragsstaaten dazu, zeitweilige Sondermaßnahmen, d. h. spezielle Fördermaßnahmen für Frauen, zu ergreifen, die von Schulungsangeboten über berufliche Wiedereingliederungshilfen bis zu Quotenregelungen bei Einstellung und Beförderung reichen können.[17] Bei einer solchen Sondermaßnahme handelt es sich nicht um eine Ausnahme vom Diskriminierungsverbot,[18] sondern um eine Differenzierung, die schon die oben genannten Voraussetzungen einer Diskriminierung nicht erfüllt und damit nicht unter den Diskriminierungsbegriff fällt.[19] Denn sie verfolgt *ipso iure* ein legitimes Ziel und ist

---

[16] Hierauf haben die Vertreterinnen einer feministischen Analyse des Völkerrechts zu Recht hingewiesen. Vgl. dazu *Charlesworth/Chinkin,* The Boundaries of International Law, A Feminist Analysis, 2000, 229 ff.; *Charlesworth,* What are "Women's International Human Rights"?, in: Cook (Hrsg.), Human Rights of Women, National and International Perspectives, 1994, 58 (68 ff.). Dies klingt auch in der Allgemeinen Empfehlung Nr. 25 (2004) zu den zeitweiligen Sondermaßnahmen, §§ 8–10, an, in: Compilation (Fn. 7), 282 (283).

[17] In der Allgemeinen Empfehlung Nr. 25 (2004), § 22, in: Compilation (Fn. 7), 282 (286), führt der Frauenrechtsausschuß zu Art und Umfang der zeitweiligen Sondermaßnahmen aus: „The term ‚measures' encompasses a wide variety of legislative, executive, administrative and other regulatory instruments, policies and practices, such as outreach or support programmes; allocation and/or reallocation of resources; preferential treatment; targeted recruitment, hiring and promotion; numerical goals connected with time frames; and quota systems. The choice of a particular 'measure' will depend on the context in which article 4, paragraph 1, is applied and on the specific goal it aims to achieve."

[18] So noch *Delbrück* (Fn. 2), 264.

[19] Vgl. die Allgemeine Empfehlung des Frauenrechtsausschusses Nr. 25 (2004) zu zeitweiligen Sondermaßnahmen, §§ 14 und 18, in: Compilation (Fn. 7), 282 (284 f.); ebenso die Allgemeine Kommentierung Nr. 18 (1989) des Menschenrechtsausschusses zur Nichtdiskriminierung, § 10, ebd., 146 (148); Allgemeine Empfehlung Nr. XIV (1993) zu Art. 1 Abs. 1 der Rassendiskriminierungskonvention, § 2, ebd., 206 (207); Allgemeine Kommentierung Nr. 13 (1999) des Ausschusses für wirtschaftliche, soziale und kulturelle Rechte, § 32, ebd., 71 (78).

mithin grundsätzlich sachlich gerechtfertigt. Darüber hinaus muß sie dem Verhältnismäßigkeitsgrundsatz entsprechen, d. h. sie muß zur Erreichung der tatsächlichen Gleichstellung von Frau und Mann in dem zu regelnden Bereich geeignet, erforderlich und angemessen sein. Aus Art. 4 Abs. 1 folgt bereits, daß die Sondermaßnahme nicht mehr erforderlich ist, wenn das Gleichstellungsziel erreicht worden ist. Im Rahmen der Verhältnismäßigkeitsprüfung sind insbesondere bei Maßnahmen, die, wie Quotenregelungen, durch die Bevorzugung einer Frau unmittelbar zur Benachteiligung ihres männlichen Konkurrenten führen („reverse discrimination"), die miteinander im Konflikt stehenden Interessen sorgfältig gegeneinander abzuwägen.[20] Bei dieser Abwägung muß dem legitimen Interesse an einer beschleunigten Herbeiführung der tatsächlichen Gleichstellung von Frau und Mann allerdings ein besonderes Gewicht zukommen. Dementsprechend liegt eine Diskriminierung nur vor, wenn die zeitweilige Sondermaßnahme auch unter Berücksichtigung dieses legitimen öffentlichen Interesses im Einzelfall unverhältnismäßig ist.

Zusammenfassend ist festzuhalten, daß der Begriff der Diskriminierung in der Frauenrechtskonvention umfassend ist und über die Rechtsfiguren der unmittelbaren und mittelbaren Diskriminierung hinausgeht, weil er auf die Beseitigung aller stereotypen Rollenverständnisse und herkömmlichen Vorstellungen über die Unterlegenheit von Frauen abzielt (Art. 1 i. V. m. Art. 5 lit. a). Dieses weite Diskriminierungsverbot umfaßt alle Lebensbereiche und ist deshalb, wie Jost Delbrück es ausgedrückt hat, der „Schlüssel zur Gewährleistung der Menschenrechte für die Frau schlechthin".[21] Seit Verabschiedung der Frauenrechtskonvention im Jahr 1979 ist der Begriff der Diskriminierung im internationalen Menschenrechtsschutz durch wissenschaftliche Abhandlungen und Entscheidungen internationaler Gerichte und Vertragsausschüsse konkretisiert und damit handhabbar gemacht worden. Wenn es auch Meinungsunterschiede im Detail gibt, so setzt eine Diskriminierung – und damit auch die Diskriminierung der Frau – folgendes voraus: Eine Ungleichbehandlung, die an ein personenbezogenes Merkmal, hier das Geschlecht, anknüpft, zu einer Benachteiligung der betroffenen Person führt und entweder keinem legitimen Zweck dient oder, selbst im Hinblick auf ein legitimes Ziel, unverhältnismäßig ist. Zeitweilige Sondermaßnahmen gemäß Art. 4 Abs. 1 fallen nicht unter den Begriff der Diskriminierung, solange ihr legitimes Ziel, die Herbeiführung der tatsächlichen Gleichstellung der Geschlechter, noch nicht erreicht ist und sie verhältnismäßig sind.

---

[20] Vgl. zur Problematik sog. positiver Maßnahmen auch *König/Peters* (Fn. 7), Rn. 75 ff., m. w. N.; *Fredman* (Fn. 15), 125 ff.; *Bayefsky* (Fn. 9), 26 f.; *Peters,* Women, Quotas, and Constitutions, 1999, 21 ff.

[21] *Delbrück* (Fn. 2), 265.

III. Die Verpflichtungen der Vertragsstaaten zur Gewährleistung der Gleichstellung von Frau und Mann

Aus dem weiten Diskriminierungsbegriff, der alle Lebensbereiche erfaßt, folgen umfangreiche Verpflichtungen der Vertragsstaaten zur Durchsetzung des Diskriminierungsverbots und des damit korrespondierenden Gleichstellungsgebots. Es lassen sich unterschiedliche Arten von Verpflichtungen erkennen, deren Einhaltung in unterschiedlichem Maß überprüfbar ist.

1. Unterschiedliche Arten von Verpflichtungen

Gemäß Art. 2 sind die Vertragsstaaten verpflichtet, „mit allen geeigneten Mitteln *unverzüglich* eine Politik zur Beseitigung der Diskriminierung der Frau zu verfolgen"[22]. Diese recht allgemein gehaltene Verpflichtung gliedert sich in folgende konkretere Handlungs- und Unterlassungspflichten auf: Den staatlichen Gesetzgeber trifft die Pflicht, den Grundsatz der Gleichberechtigung von Mann und Frau in die Staatsverfassung oder sonstige Rechtsordnung aufzunehmen. Zudem muß der Vertragsstaat durch gesetzgeberische und sonstige Maßnahmen für die tatsächliche Verwirklichung dieses Grundsatzes, d. h. für seine Durchsetzung in der Lebenswirklichkeit, sorgen (Art. 2 lit. a). Daher müssen umfangreiche Diskriminierungsverbote erlassen und gegebenenfalls mit Sanktionen bewehrt werden (Art. 2 lit. b). Strafrechtliche Bestimmungen, die Frauen diskriminieren, sind aufzuheben (Art. 2 lit. g); bestehende Rechtsvorschriften und traditionelle Praktiken, die Frauen diskriminieren, müssen entweder geändert oder beseitigt werden (Art. 2 lit. f). Schließlich muß der Vertragsstaat einen effektiven Rechtsschutz gegen jede diskriminierende Handlung sicherstellen (Art. 2 lit. c). Neben diese Handlungspflichten tritt die Verpflichtung des Vertragsstaates und seiner Einrichtungen, selbst jegliche diskriminierenden Handlungen oder Praktiken zu unterlassen (Art. 2 lit. d).

Darüber hinaus – und dies ist gerade für die Bekämpfung der Frauendiskriminierung von erheblicher Bedeutung – sind die Vertragsstaaten dazu verpflichtet, alle geeigneten Maßnahmen zu ergreifen, um eine Diskriminierung von Seiten Privater, wie z. B. Familienmitgliedern, Organisationen und Unternehmen, zu beseitigen (Art. 2 lit. e). Dies ist insbesondere für den Bereich des Arbeitsrechts und des Ehe-, Familien- und Erbrechts wichtig. Hinzu kommt die bereits erwähnte, in Art. 5 lit. a verankerte Pflicht, alle geeigneten Maßnahmen zu ergreifen, um einen Verhaltenswandel von Frauen und Männern herbeizuführen und Vorurteile sowie stereotype Rollenverständnisse abzubauen. Insgesamt sind die Vertragsstaaten gehalten, nicht nur für den öffentlichen, sondern auch und gerade für den privaten Bereich gesetzgeberisch tätig zu werden, entsprechende Rechtsvorschriften anzuwenden und ihre Befolgung durch Private durchzusetzen. Dabei ist selbstver-

---

[22] Hervorhebung durch die Verf.

ständlich zu bedenken, daß dort, wo es um einen Bewußtseinswandel und die Veränderung traditioneller Verhaltensmuster geht, das Recht nur einen – wenn auch in seiner Wirkung nicht zu unterschätzenden – Beitrag leisten kann. Hier sind vor allem die gesellschaftlichen Kräfte aufgefordert, auf die notwendigen Veränderungen hinzuwirken.

Die Verpflichtungen der Vertragsstaaten zum Schutz der Menschenrechte lassen sich sowohl im Hinblick auf bürgerliche und politische als auch auf wirtschaftliche, soziale und kulturelle Rechte in *drei Kategorien* einteilen: Achtungs- bzw. Unterlassungspflichten („obligation to respect"), Handlungs- bzw. Schutzpflichten („obligation to protect") und Erfüllungs- bzw. Leistungspflichten („obligation to fulfil").[23] Diese sollen anhand der in der Frauenrechtskonvention enthaltenen Bestimmungen im Folgenden näher analysiert werden.

a) Achtungs- bzw. Unterlassungspflichten

Zuvörderst ist der Vertragsstaat verpflichtet, sich bei allen staatlichen Maßnahmen einer Diskriminierung von Frauen zu enthalten. Sind in der Rechtsordnung Diskriminierungen festgeschrieben, müssen sie beseitigt werden. Im Vordergrund steht die (negative) Verpflichtung der Vertragsstaaten, Diskriminierungen zu unterlassen. Dies betrifft sowohl Diskriminierungen durch Rechtsvorschriften als auch solche in der Verwaltungs- und in der Einstellungs- und Beförderungspraxis im öffentlichen Dienst. Die Unterlassenspflicht des Staates kann mit einer Handlungspflicht, nämlich der Aufhebung bzw. Beseitigung diskriminierender Rechtsvorschriften oder sonstiger Maßnahmen, gekoppelt sein. Hierunter fällt auch die Verpflichtung des Staates, gravierende Verletzungen der Menschenrechte von Frauen von Seiten Privater, wie z. B. häusliche Gewalt oder Morde zur Wiederherstellung der Familienehre (sog. „honour crimes"), wirksam zu verfolgen und zu bestrafen. In diesen Fällen muß der Staat bei der Erfüllung seiner Verpflichtung zum Schutz des Lebens und der körperlichen Unversehrtheit von Frauen Diskriminierungen unterlassen oder, anders gewendet, ohne Diskriminierung seiner aus den Freiheitsrechten abgeleiteten Schutzpflicht nachkommen. Die Tötung von Frauen zur Wiederherstellung der Familienehre darf z. B. von staatlichen Gerichten nicht unverhältnismäßig milde bestraft werden. Der Verpflichtung der Vertragsstaaten korrespondiert ein Abwehranspruch der betroffenen Frauen. Diese Konstellation entspricht dem klassischen Abwehrcharakter der Menschenrechte.

---

[23] *J. Schneider*, Die Justiziabilität wirtschaftlicher, sozialer und kultureller Menschenrechte, 2004, 33 und Fn. 286; ähnlich *Eide*, Economic and Social Rights, in: Symonides (Hrsg.), Human Rights: Concept and Standards, 2000, 109 (127 f.); *Steiner/Alston*, International Human Rights in Context, 2. Aufl., 2000, 180 ff.

b) Handlungs- und Schutzpflichten

Da die Unterlassung von Diskriminierungen seitens des Staates erfahrungsgemäß noch keine tatsächliche Gleichstellung von Frauen und Männern bewirkt, sind die Vertragsstaaten darüber hinaus zum Handeln verpflichtet. Diese (positive) Handlungspflicht trifft insbesondere den Gesetzgeber, bezieht sich aber auch auf die wirksame Durchsetzung der Rechtsvorschriften durch Verwaltung und Gerichte. In diese Kategorie fällt zum einen die Gewährleistung effektiven Rechtsschutzes. Der Staat muß gerichtliche Verfahren zur Verfügung stellen, die es Frauen ermöglichen, Verstöße gegen das Diskriminierungsverbot überprüfen zu lassen. Um einen wirklich effektiven Rechtsschutz zu gewährleisten, muß zudem das Verfahrensrecht so ausgestaltet werden, daß eine Klage nicht von vornherein aussichtslos erscheint. Hierzu gehören z. B. Regelungen zur Beweiserleichterung bzw. zur Beweislastumkehr.[24] Zum anderen läßt sich in diese Kategorie die Verpflichtung einordnen, für die Beseitigung von Diskriminierungen durch Private zu sorgen. Grundrechtsdogmatisch handelt es sich hierbei um eine Schutzpflicht („obligation to protect"), die, in Parallele zu den Schutzpflichten bei den Freiheitsrechten, aus dem Diskriminierungsverbot abgeleitet wird. Auf diese Weise kann man einer strukturellen Schwäche der Konvention, auf die bereits Jost Delbrück hingewiesen hat, nämlich der fehlenden „unmittelbare[n] Pflichtträgerschaft von Individuen",[25] entgegenwirken.

Die Herleitung von Schutzpflichten aus Freiheitsrechten ist inzwischen sowohl im deutschen Verfassungsrecht als auch auf der Ebene des europäischen und des internationalen Menschenrechtsschutzes allgemein anerkannt.[26] Mit Blick auf

---

[24] Vgl. dazu z. B. die entsprechenden Regelungen zur Beweiserleichterung in Art. 4 Abs. 1 der RL 97/80/EG (Beweislastumkehr bei Geschlechtsdiskriminierung), ABl. EG 1998 L 14/6 (8) und, daran orientiert, in den Antidiskriminierungsrichtlinien der EG: Art. 4 Abs. 1 der RL 2000/43/EG (Verbot der Rassendiskriminierung), ABl. EG 2000 L 180/22 (25) und Art. 10 Abs. 1 der RL 2000/78/EG (Rahmenrichtlinie für Beschäftigungsverhältnisse), ABl. EG 2000 L 303/16 (20).

[25] *Delbrück* (Fn. 2), 261.

[26] Vgl. für das deutsche Verfassungsrecht z. B. BVerfGE 92, 26 (46); 39, 1 (41 f.); *Dietlein*, Die Lehre von den grundrechtlichen Schutzpflichten, 1992, 74 ff.; *Sachs*, in: ders. (Hrsg.), Grundgesetz, 3. Aufl., 2003, Vor Art. 1 Rn. 35; *von Münch*, in: ders./Kunig (Hrsg.), Grundgesetz-Kommentar, 5. Aufl., 2000, Vorb. Art. 1–19 Rn. 22; *Isensee*, in: ders./Kirchhof (Hrsg.), Handbuch des Staatsrechts, Bd. V, 2. Aufl., 2000, § 111 Rn. 77 ff. und Rn. 86; *Unruh*, Zur Dogmatik der grundrechtlichen Schutzpflichten, 1996, 26 ff.; *Szczekalla*, Die sogenannten grundrechtlichen Schutzpflichten im deutschen und im europäischen Recht, 2002, 149; zur Rechtsprechung des EGMR z. B. EGMR, EuGRZ 1981, 559 (569) – *Young, Webster und James;* EGMR, EuGRZ 1985, 297 (298) – *X und Y v. Niederlande; Peters*, Einführung in die Europäische Menschenrechtskonvention, 2003, 16 f.; *Grabenwarter*, Europäische Menschenrechtskonvention, 2003, § 19, Rn. 7 ff.; *Wiesbrock*, Internationaler Schutz der Menschenrechte vor Verletzungen durch Private, 1999, 102 ff.; für den internationalen Menschenrechtsschutz *dies.*, ebd., 133 ff., 254; *Künzli*, Zwischen Rigidität und Flexibilität: Der Verpflichtungsgrad internationaler Menschenrechte, 2001, 215 ff.

diese dogmatische Entwicklung ist nicht ersichtlich, warum sich nicht auch aus den Diskriminierungsverboten Schutzpflichten begründen lassen sollten. Im deutschen Verfassungsrecht hat das Bundesverfassungsgericht in einer Entscheidung, die das Diskriminierungsverbot bei Einstellungen gemäß § 611a BGB betraf, aus Art. 3 Abs. 2 GG eine Schutzpflicht des Staates abgeleitet, die die Gerichte dazu verpflichtet, privatrechtliche Normen zum Schutz vor Diskriminierung so auszulegen und anzuwenden, daß sie ihren Schutzzweck wirksam erfüllen können.[27] In seiner Entscheidung zum Mutterschaftsgeld geht das Gericht sogar noch einen Schritt weiter, indem es aus dem Schutzauftrag gemäß Art. 3 Abs. 2 GG die Pflicht des Staates herleitet, Schutzvorschriften für Mutter und Kind so auszugestalten, daß sie nicht zu einer faktischen Diskriminierung von Frauen am Arbeitsmarkt führen. Der Gesetzgeber wird dazu verpflichtet, einen Ausgleich für die Kostenbelastung der privaten Arbeitgeber zu schaffen, der einer Nichteinstellung von Frauen „im gebärfähigen Alter" entgegenwirkt.[28] Ob sich auch aus den speziellen Diskriminierungsverboten des Art. 3 Abs. 3 S. 1 GG Schutzpflichten herleiten lassen, ist dagegen umstritten und wird bisher in der verfassungsrechtlichen Literatur überwiegend abgelehnt.[29] Die Vertragsorgane der Europäischen Konvention zum Schutze der Menschenrechte und Grundfreiheiten vom 4.11.1950 (im Folgenden: EMRK)[30] haben sich bisher nicht ausdrücklich zu dieser Frage geäußert. Aus einer Nichtzulassungsentscheidung der Europäischen Kommission für Menschenrechte läßt sich lediglich implizit entnehmen, daß unter bestimmten Umständen eine Schutzpflicht des Staates vorliegen kann, diskriminierende Praktiken im Rahmen privater Arbeitsverhältnisse zu unterbinden.[31] Weiteren Aufschluß geben die Erläuterungen zu dem bisher nicht in Kraft getretenen 12. Zusatzprotokoll vom 4.11.2000, mit dem ein über das akzessorische Diskriminierungsverbot des Art. 14 EMRK hinausgehendes allgemeines Diskriminierungsverbot eingeführt werden soll. Hier wird zwar gegenüber einer positiven Verpflichtung der Staaten zum Schutz vor Diskriminierungen durch Private große Zurückhaltung gezeigt. Allerdings werden zumindest in Fällen

---

[27] BVerfGE 89, 276 (290 f.); dazu *König/Peters* (Fn. 7), Rn. 64, m. w. N.

[28] BVerfGE 109, 64 (89 ff.).

[29] Ablehnend z. B. *Heun,* in: Dreier (Hrsg.), Grundgesetz, 2. Aufl., 2004, Art. 3 Rn. 116, 138; *Starck,* in: v. Mangoldt/Klein/Starck, Bonner Grundgesetz, 4. Aufl., 1999, Art. 3 Rn. 342 f.; *Isensee* (Fn. 26), § 111, Rn. 96 und 135; *Britz,* Diskriminierungsschutz und Privatautonomie, VVDStRL 64 (2004; i. E.); zustimmend *Frowein,* Die Überwindung von Diskriminierung als Staatsauftrag in Art. 3 Abs. 3 GG, in: Ruland/v. Maydell/Papier (Hrsg.), Verfassung, Theorie und Praxis des Sozialstaats, Festschrift für Hans F. Zacher zum 70. Geburtstag, 1998, 157 (162); *Rüfner,* in: Bonner Kommentar, Stand: September 2004, Art. 3 Rn. 611; *Sachs,* in: Isensee/Kirchhof (Fn. 26), § 126, Rn. 122; Osterloh, in: Sachs (Fn. 26), Art. 3 Rn. 237; wohl auch *Dietlein* (Fn. 26), 84 f.

[30] In der am 1.11.1998 in Kraft getretenen Fassung, BGBl. 2002 II, 1054.

[31] EKMR No. 12597/86, § 1 – *K. W. Haughton v. United Kingdom* (1987); dazu *König/Peters* (Fn. 7), Rn. 87 f.

krasser Diskriminierung durch Private einzelne positive Schutzpflichten nicht ausgeschlossen.[32]

Demgegenüber hat der Menschenrechtsausschuß mehrfach deutlich gemacht, daß aus den Diskriminierungsverboten der Art. 2 Abs. 1, 3 und 26 des Internationalen Paktes über bürgerliche und politische Rechte vom 19.12.1966 (im Folgenden: IPbpR)[33] positive Handlungs- und Schutzpflichten auch gegenüber Diskriminierungen durch Private folgen.[34] Anders als nach dem IPbpR und der EMRK sind die Vertragsstaaten schon nach dem Wortlaut des Art. 2 Abs. 1 lit. d des Internationalen Übereinkommens zur Beseitigung jeder Form von Rassendiskriminierung vom 7.3.1966 (im Folgenden: Rassendiskriminierungskonvention)[35] und des Art. 2 lit. e der Frauenrechtskonvention verpflichtet, Rassen- bzw. Frauendiskriminierung durch „Personen, Organisationen oder Unternehmen" zu beseitigen. Sowohl der Rassendiskriminierungsausschuß als auch der Frauenrechtsausschuß haben in ihren Allgemeinen Empfehlungen die Rechtsauffassung vertreten, daß den Vertragsstaaten aus den jeweiligen Diskriminierungsverboten entsprechende Handlungs- und Schutzpflichten erwachsen.[36] Im Bereich des internationalen Menschenrechtsschutzes verfestigt sich also die Rechtsauffassung, daß sich nicht nur aus Freiheitsrechten, sondern auch aus Diskriminierungsverboten positive Handlungs- und Schutzpflichten ableiten, die die Vertragsstaaten dazu verpflichten, Diskriminierungen durch Private zu beseitigen. Über die dogmatische Konstruktion staatlicher Schutzpflichten läßt sich zumindest eine mittelbare Drittwirkung der Diskriminierungsverbote zwischen Privaten erreichen.[37] Schließlich gehört in diese

---

[32] Protocol No. 12, Explanatory Report, §§ 25 ff. In § 26 heißt es: „[I]t cannot be totally excluded that the duty to ‚secure' under the first paragraph of Article 1 might entail positive obligations. For example, this question could arise if there is a clear lacuna in domestic law protection from discrimination. Regarding more specifically relations between private persons, a failure to provide protection from discrimination in such relations might be so clear-cut and grave that it might engage clearly the responsibility of the State and then Article 1 of the Protocol could come into play ...". Dazu *König/Peters* (Fn. 7), Rn. 88.

[33] BGBl. 1973 II, 1553.

[34] So z. B. Allgemeine Kommentierung Nr. 4 (1981) zu Art. 3 (Gleichstellungsgebot), § 2, in: Compilation (Fn. 7), 127; Allgemeine Kommentierung Nr. 18 (1989) zur Nichtdiskriminierung, §§ 5 und 10, ebd., 146 (147 f.); Allgemeine Kommentierung Nr. 28 (2000) zu Art. 3 (Gleichstellungsgebot), §§ 3, 4, 20 und 31, ebd., 178 ff.; dazu *Wiesbrock* (Fn. 26), 133 ff.

[35] BGBl. 1969 II, 961.

[36] Vgl. z. B. für den Rassendiskriminierungsausschuß die Allgemeine Empfehlung Nr. XXVII (2000) zur Diskriminierung von Roma, §§ 27–35, und Nr. XXIX (2002) zu Art. 1 Abs. 1 (Abstammung), §§ 7 f., in: Compilation (Fn. 7), 219 (221 f.) und 226 (231 f.); für den Frauenrechtsausschuß die Allgemeine Empfehlung Nr. 19 (1992) zu Gewalt gegen Frauen, §§ 9 und 24, ebd., 246 (248 ff.), Nr. 21 (1994) zur Gleichstellung in Ehe und Familie, §§ 11–13, 49 f., ebd. 253 (256 f., 262), Nr. 24 (1999) zu Frauen und Gesundheit, §§ 15 und 31, ebd., 274 (278, 281) und Nr. 25 (2004) zu zeitweiligen Sondermaßnahmen, §§ 7, 29 und 31, ebd., 282 (283, 287).

[37] *König/Peters* (Fn. 7), Rn. 72, 87 f.

zweite Kategorie die Verpflichtung gemäß Art. 5 der Konvention, geeignete Maßnahmen jeglicher Art zu treffen, um einen Bewußtseinswandel voranzutreiben, stereotype Rollenzuschreibungen zu beseitigen und die gemeinsame Verantwortung von Frau und Mann für die Kindererziehung zu fördern.

c) Sonderfall der zeitweiligen Sondermaßnahmen

In engem Zusammenhang mit den positiven Handlungs- und Schutzpflichten stehen die bereits erwähnten zeitweiligen Sondermaßnahmen. Sie dienen dazu, die *De-facto*-Gleichberechtigung, wie es in Art. 4 Abs. 1 heißt, oder, anders ausgedrückt, die Herstellung gleichwertiger Lebensverhältnisse von Frauen und Männern, zu beschleunigen.[38] Damit gehen sie in ihrer Zielsetzung über bloße positive Handlungspflichten hinaus. Um dieses Ziel zu erreichen, können die Vertragsstaaten Maßnahmen ergreifen, die Frauen zeitweise, nämlich bis zur Erreichung der tatsächlichen Gleichstellung in dem zu regelnden Bereich, gegenüber Männern bevorzugen. Augenfälligstes Beispiel hierfür sind die umstrittenen Quotenregelungen bei Einstellung und Beförderung.[39] Artikel 4 Abs. 1 der Frauenrechtskonvention enthält implizit eine Ermächtigung der Vertragsstaaten, solche speziellen Fördermaßnahmen zugunsten von Frauen vorzusehen. Es stellt sich angesichts untätiger Vertragsstaaten jedoch die Frage, ob diese nicht nur berechtigt, sondern auch verpflichtet sind, entsprechende Maßnahmen zu ergreifen. Der Frauenrechtsausschuß nimmt eine solche Verpflichtung der Vertragsstaaten an, wenn sich zeitweilige Sondermaßnahmen als geeignet und notwendig zur beschleunigten Verwirklichung der tatsächlichen Gleichstellung erweisen.[40] Für die Richtigkeit dieser Auffassung sprechen die systematische Einordnung der Vorschrift und ihr Sinn

---

[38] In der Allgemeinen Empfehlung Nr. 25 (2004), § 15, heißt es zum Zweck zeitweiliger Sondermaßnahmen: „The purpose of article 4, paragraph 1, is to accelerate the improvement of the position of women to achieve their *de facto* or substantive equality with men, and to effect the structural, social and cultural changes necessary to correct the past and current forms and effects of discrimination against women, as well as to provide them with compensation.", in: Compilation (Fn. 7), 282 (284 f.).

[39] Vgl. zur deutschen verfassungsrechtlichen Diskussion statt aller *Osterloh* (Fn. 29), Rn. 286 ff., m. w. N.

[40] Dazu heißt es in der Allgemeinen Empfehlung Nr. 25 (2004), § 24: „Article 4, paragraph 1, read in conjunction with articles 1, 2, 3, 5 and 24, needs to be applied in relation to articles 6 to 16 which stipulate that States parties ‚shall take all appropriate measures'. Consequently, the Committee considers that States parties are obliged to adopt and implement temporary special measures in relation to any of these articles if such measures can be shown to be necessary and appropriate in order to accelerate the achievement of the overall, or a specific goal of, women's de facto or substantive equality", in: Compilation (Fn. 7), 282 (286). Vgl. auch *Schöpp-Schilling,* Reflections on a General Recommendation on Article 4.1 of the Convention on the Elimination of All Forms of Discrimination against Women, in: Boerefijn u.a. (Hrsg.), Temporary Special Measures. Accelerating de facto Equality of Women under Article 4 (1) UN Convention on the Elimination of All Forms of Discrimination against Women, 2003, 15 ff.

und Zweck. Artikel 4 Abs. 1 muß im Zusammenhang mit den „operativen" Bestimmungen der Art. 2, 3, 5 und 24 der Konvention gelesen werden, die die Verpflichtungen der Vertragsstaaten normieren. Kern dieser Vorschriften bildet die Verpflichtung, „alle geeigneten Maßnahmen" zu treffen, um die „tatsächliche" bzw. „volle Verwirklichung" des „Grundsatz[es] der Gleichberechtigung von Mann und Frau" zu erreichen.[41] Daraus läßt sich schließen, daß auch Art. 4 Abs. 1 grundsätzlich eine Verpflichtung zum Handeln enthält. Nur eine solche Auslegung wird auch dem Sinn und Zweck der Konvention im Allgemeinen und des Art. 4 Abs. 1 im Besonderen gerecht. Zieht man zur Auslegung die Präambel heran, so wird deutlich, daß Ziel des Übereinkommens die „Verwirklichung der *vollen* Gleichberechtigung von Mann und Frau"[42] ist. Artikel 4 Abs. 1 verstärkt diese Zielsetzung dadurch, daß er eine Beschleunigung des Angleichungsprozesses erreichen will. Um dieser Zielsetzung volle Wirksamkeit zu verleihen, genügt es nicht, es den Vertragsstaaten freizustellen, ob sie zeitweilige Sondermaßnahmen ergreifen wollen. Vielmehr kann nur eine entsprechende rechtliche Verpflichtung sicherstellen, daß das Ziel der „beschleunigten Herbeiführung der De-facto-Gleichberechtigung von Mann und Frau" effektiv verwirklicht werden kann.[43]

d) Erfüllungs- bzw. Leistungspflichten

In die dritte Kategorie fallen Verpflichtungen der Vertragsstaaten, Infrastruktur und Ressourcen bereitzustellen, um Frauen die Ausübung ihrer Rechte zu ermöglichen („obligation to fulfil"). Legt man die deutsche Grundrechtsdogmatik zugrunde, so ist innerhalb dieser Kategorie wiederum zu unterscheiden zwischen derivativen Teilhaberechten und originären Leistungsrechten. Erstere beinhalten einen Anspruch auf gleichberechtigte Teilhabe an Leistungen, die der Staat anderen bereits zur Verfügung stellt. Letztere geben den Einzelnen einen Anspruch gegen den Staat, bestimmte Leistungen oder Einrichtungen bereitzustellen.

Festzuhalten ist zunächst, daß die Frauenrechtskonvention selbst grundsätzlich weder bürgerliche und politische noch wirtschaftliche, soziale und kulturelle Rechte einräumt. Diese Rechte stehen Frauen wie Männern bereits nach den beiden Internationalen Menschenrechtspakten von 1966 zu. Ziel und Aufgabe der Frauenrechtskonvention ist es vielmehr, sicherzustellen, daß Frauen diese Rechte in gleicher Weise wie Männer, d. h. ohne ausgeschlossen oder in anderer Weise benachteiligt zu werden, ausüben und genießen können. Dies kommt in Art. 1 und 3 der Konvention klar zum Ausdruck. Die Vertragsstaaten müssen folglich

---

[41] Art. 2 lit. a spricht von der „tatsächlichen Verwirklichung dieses Grundsatzes", Art. 3 von „Maßnahmen zur Sicherung der vollen Entfaltung und Förderung der Frau" und Art. 24 verpflichtet die Vertragsstaaten, „alle Maßnahmen zu treffen, die auf nationaler Ebene zur vollen Verwirklichung der in diesem Übereinkommen anerkannten Rechte erforderlich sind".

[42] Hervorhebung durch die Verf.

[43] So auch *Bayefsky* (Fn. 9), 27 f.

dafür sorgen, daß Frauen in gleicher Weise wie Männer ihre bürgerlichen und politischen Rechte wahrnehmen und an staatlichen Leistungen teilhaben können sowie gleichen Zugang zu staatlichen Einrichtungen erhalten. Stellt also der Vertragsstaat Leistungen oder eine bestimmte Infrastruktur zur Verfügung, so muß er den Zugang zu ihnen diskriminierungsfrei gewähren (sog. „Wenn-dann-Schema").[44] Damit obliegt den Vertragsstaaten im Rahmen derivativer Teilhaberechte eine klare Verpflichtung, Frauen nicht zu diskriminieren.[45]

Einige Bestimmungen der Konvention wie z. B. Art. 10 (Bildungsbereich), 11 (Berufsleben), 12 (Gesundheitswesen), 13 (andere Bereiche des wirtschaftlichen und sozialen Lebens) und 14 (Frauen auf dem Lande) gehen allerdings über die Verpflichtung zur Gewährung des gleichen Zugangs zu staatlichen Leistungen und Einrichtungen hinaus. So setzen z. B. das Recht auf gleichen Zugang zu Bildungseinrichtungen aller Art oder zu Weiterbildungs- und Alphabetisierungsprogrammen sowie das Recht auf Chancengleichheit bei der Erlangung von Stipendien und Ausbildungsbeihilfen voraus, daß der Vertragsstaat solche Einrichtungen, Leistungen und Programme zur Verfügung stellt bzw. daß er sie – im Falle von Entwicklungsländern – überhaupt finanzieren kann. Zusätzlich sollen die Vertragsstaaten z. B. durch entsprechende Programme die Abbruchquote von Mädchen und Frauen in Schule und Ausbildung verringern und den Zugang zu spezifischen Bildungsinformationen einschließlich Aufklärung und Beratung in Bezug auf die Familienplanung gewähren (Art. 10 lit. f und h). Ähnliche Leistungspflichten obliegen den Vertragsstaaten im Gesundheitswesen. Hier setzt die Verpflichtung, gleichen Zugang zu Gesundheitsdiensten einschließlich denjenigen für die Familienplanung zu gewähren (Art. 12 Abs. 1), voraus, daß der Staat hinreichende Haushaltsmittel zur Verfügung stellt. Gleiches gilt für die Verpflichtung, für eine angemessene und erforderlichenfalls unentgeltliche Betreuung der Frauen während der Schwangerschaft sowie während und nach der Entbindung und eine ausreichende Ernährung während der Schwangerschaft und der Stillzeit zu sorgen (Art. 12 Abs. 2). In bezug auf diese Bestimmungen hat der Frauenrechtsausschuß festgestellt, daß die Vertragsstaaten verpflichtet sind, den größtmöglichen Anteil der ihnen zur Verfügung stehenden Mittel aufzuwenden, um sicherzustellen, daß Frauen ihr Recht auf Gesundheit verwirklichen können.[46]

---

[44] Ein solcher Anspruch auf diskriminierungsfreie Teilhabe läßt sich gut in der Rspr. des EGMR zu Art. 14 EMRK nachweisen. Vgl. *König/Peters* (Fn. 7), Rn. 73 f.

[45] So auch *Schneider* (Fn. 23), 32; *Eide* (Fn. 23), 122.

[46] Dazu heißt es in der Allgemeinen Empfehlung Nr. 24 (1999) zu Frauen und Gesundheit, § 17: „The duty to fulfil rights places an obligation on States parties to take appropriate legislative, judicial, administrative, budgetary, economic and other *measures to the maximum extent of their available resources* to ensure that women realize their rights to health care." (Hervorhebung durch die Verf.), in: Compilation (Fn. 7), 274 (278). In Bezug auf Art. 12 Abs. 2 weist der Frauenrechtsausschuß in § 27 ausdrücklich darauf hin, „that it is the duty of States parties to ensure women's right to safe motherhood and emergency obstetric services and they should allocate to these services the maximum extent of available resources", ebd., 280.

Es ist kein Zufall, daß es sich bei diesen Rechten um Menschenrechte der zweiten Generation, d. h. um wirtschaftliche, soziale und kulturelle Rechte, handelt.[47] Deren Verpflichtungscharakter war – im Gegensatz zu den klassischen bürgerlichen und politischen Rechten – lange Zeit umstritten. Für einen eher programmatischen als einen rechtsverbindlichen Charakter dieser Rechte wurde immer wieder ins Feld geführt, daß deren Erfüllung die Bereitstellung entsprechender staatlicher Finanzmittel erfordere. Bei der Entscheidung über deren Verwendung hätten die Vertragsstaaten einen großen Einschätzungsspielraum. Zur Bekräftigung dieser Auffassung wurde auf Art. 2 Abs. 1 des Internationalen Paktes über wirtschaftliche, soziale und kulturelle Rechte vom 19.12.1966 (im Folgenden: IPwskR)[48] verwiesen, wonach jeder Vertragsstaat lediglich verpflichtet is:, *„unter Ausschöpfung aller seiner Möglichkeiten* Maßnahmen zu treffen, um *nach und nach* mit allen geeigneten Mitteln ... die volle Verwirklichung der in diesem Pakt anerkannten Rechte zu erreichen"[49]. Als Folge ihres sog. progressiven Verpflichtungscharakters wurde den wirtschaftlichen, sozialen und kulturellen Rechten die Justiziabilität abgesprochen.[50] Heute wird der Verpflichtungsgehalt dieser Rechte differenzierter betrachtet. Der Ausschuß für wirtschaftliche, soziale und kulturelle Rechte hat klargestellt, daß das Konzept der progressiven Verwirklichung dieser Rechte zwar der Tatsache Rechnung trägt, daß sie erst nach und nach über einen längeren Zeitraum vollständig realisiert werden können. Dennoch sind die Vertragsstaaten bereits von Beginn an verpflichtet, konkrete zielgerichtete Maßnahmen zur vollständigen Verwirklichung der Rechte zu ergreifen.[51] Zudem enthalten wirtschaftliche, soziale und kulturelle Rechte sog. Kernverpflichtungen („minimum core obligations"), die jeder Vertragsstaat unabhängig von seinem Entwicklungsstand zu erfüllen hat.[52] Hierzu gehören z. B. im Gesundheitsbereich das

---

[47] Vgl. zu den drei Generationen von Menschenrechten *Tomuschat,* Human Rights, 2003, 37 ff., m. w. N.

[48] BGBl. 1973 II, 1569.

[49] Hervorhebung durch die Verf.

[50] Vgl. dazu *Schneider* (Fn. 23), 11 ff.; *Tomuschat* (Fn. 47), 39 ff.; *Eide* (Fn. 23), 111 f.; *van Hoof,* The Legal Nature of Economic, Social and Cultural Rights: A Rebuttal of Some Traditional Views, in: Alston/Tomasevski (Hrsg.), The Right to Food, 1984, 97 ff.

[51] Vgl. die Allgemeine Kommentierung Nr. 3 (1990) zur Rechtsnatur der Verpflichtungen gemäß Art. 2 Abs. 1 des IPwskR, §§ 2–4 und 9, in: Compilation (Fn. 7), 15 ff.; dazu *Eide* (Fn. 23), 125 f.

[52] Dazu heißt es in der Allgemeinen Kommentierung Nr. 3 (1990), § 10: „[T]he Committee is of the view that a minimum core obligation to ensure the satisfaction of, at the very least, minimum essential levels of each of the rights is incumbent upon every State party. ... In order for a State party to be able to attribute its failure to meet at least its minimum core obligations to a lack of available resources it must demonstrate that every effort has been made to use all resources that are at its disposition in an effort to satisfy, as a matter of priority, those minimum obligations", in: Compilation (Fn. 7), 15 (17). Vgl. zu den Kernverpflichtungen *Alston,* Out of the Abyss: The Challenge Confronting the New UN Committee on Economic, Social and Cultural Rights, HRQ 9 (1987), 332 (352 f.), dessen Ausführungen maßgeblich auf den „Limburger Prinzipien" (insb. § 25) basieren, die 1986 von der Internationalen Juristenkommission bei einem Expertentreffen verab-

Recht auf diskriminierungsfreien Zugang zu Gesundheitsdiensten, das Recht auf Zugang zu Grundnahrungsmitteln und gesundem Trinkwasser und das Recht auf eine Unterkunft mit grundlegenden sanitären Einrichtungen.[53] Legt man diesen Maßstab an die in der Frauenrechtskonvention enthaltenen wirtschaftlichen, sozialen und kulturellen Rechte an, so kämen als Kernverpflichtungen etwa die Sicherstellung einer Grundschulerziehung und Alphabetisierungsprogramme für alle Mädchen und Frauen (Art. 10 lit. a und b) oder die Gewährleistung der Betreuung und ausreichenden Ernährung von Frauen während der Schwangerschaft und der Stillzeit (Art. 12 Abs. 2) in Betracht. Zusammenfassend läßt sich feststellen, daß auch die in der Frauenrechtskonvention enthaltenen wirtschaftlichen, sozialen und kulturellen Rechte nicht lediglich programmatischen Charakter haben, sondern den Vertragsstaaten überprüfbare Handlungspflichten auferlegen, die unter Umständen auch einklagbar sind.

2. Justiziabilität der unterschiedlichen Verpflichtungen

Bis zur Verabschiedung des Fakultativprotokolls im Herbst 1999 waren der Verpflichtungscharakter und die Justiziabilität der in der Frauenrechtskonvention enthaltenen Rechte wiederholt in Zweifel gezogen worden. Begründet wurden diese auch bei Jost Delbrück anklingenden Zweifel damit, daß die Vertragsbestimmungen sehr offen und vage formuliert und die Vertragsstaaten überwiegend lediglich zur Ergreifung „geeigneter Maßnahmen" verpflichtet worden seien.[54] Diese Zweifel sind angesichts der soeben nachgezeichneten dogmatischen Entwicklung des internationalen Menschenrechtsschutzes zumindest in dieser Pauschalität nicht mehr gerechtfertigt.

Zunächst ist es wichtig, zwischen der völkerrechtlichen Verbindlichkeit der vertragsstaatlichen Verpflichtungen und der Justiziabilität individueller Rechte zu unterscheiden. Sämtliche in den UN-Menschenrechtsverträgen aufgeführten Handlungspflichten – und damit auch solche, die von der Bereitstellung entsprechender finanzieller und administrativer Mittel abhängig sind – sind völkerrechtlich verbindlich. Die Vertragsstaaten sind verpflichtet, nach dem Grundsatz von Treu und Glauben so bald wie möglich die notwendigen Schritte zu unternehmen, um wirtschaftliche, soziale und kulturelle Rechte langfristig zu realisieren. Damit steht es ihnen nicht frei, selbst darüber zu entscheiden, wann sie welche Maßnahmen

---

schiedet wurden, abgedruckt in: UN Doc. E/C. 12/2000/13 v. 9.10.2000, 3 (6). Die „Limburger Prinzipien" wurden durch die „Maastrichter Richtlinien" von 1997 weiterentwickelt, ebd., 16 ff.

[53] So die Allgemeine Kommentierung Nr. 14 (2000) zum Recht auf Gesundheit gemäß Art. 12 IPwskR, §§ 43 f., in: Compilation (Fn. 7), 86 (97 f.).

[54] *Delbrück* (Fn. 2), 262. Diese Argumente wurden auch von der damaligen Bundesregierung in ihrer Stellungnahme zum Entwurf des Fakultativprotokolls gegen die Schaffung eines Individualbeschwerdeverfahrens herangezogen, in: UN Doc. E/CN.6/1996/10 v. 10.1.1996, 12, § 51.

ergreifen oder ob sie unter Verweis auf fehlende Mittel gar nichts tun wollen. Untätigkeit oder die mangelnde Bereitschaft, angemessene Mittel für entsprechende Maßnahmen zur Verfügung zu stellen, läßt sich im Staatenberichtsverfahren aufdecken und stellt eine Verletzung von Vertragspflichten dar.[55] Allerdings ist nicht jede völkerrechtlich verbindliche Verpflichtung der Vertragsstaaten auch justiziabel, d. h. in einem gerichtlichen bzw. gerichtsähnlichen Verfahren einklagbar. Dies entspricht ungefähr der im deutschen Recht gebräuchlichen Unterscheidung zwischen objektivem Recht und subjektiven öffentlichen Rechten, die grundsätzlich Voraussetzung für ein Klageverfahren sind. Deshalb muß bei der Frage nach der Justiziabilität nach den verschiedenen Arten von Verpflichtungen differenziert werden.

Den Unterlassungs- bzw. Achtungspflichten, wie insbesondere der Verpflichtung für den Staat selbst, Frauen nicht zu diskriminieren und diskriminierende Rechtsvorschriften und Praktiken zu beseitigen, entspricht ein subjektives Recht von Frauen, nicht diskriminiert zu werden. Dieses Recht ist ohne weiteres einklagbar und damit justiziabel. Gleiches gilt für derivative Teilhaberechte, die Frauen einen Anspruch auf diskriminierungsfreien Zugang zu staatlichen Leistungen und Einrichtungen geben. Auch der Anspruch auf Gewährung effektiven Rechtsschutzes ist justiziabel. Ferner kann die Einhaltung von Schutzpflichten gerichtlich überprüft werden. Wird z. B. die Verletzung einer Schutzpflicht wegen Fehlens gesetzlicher Diskriminierungsverbote im Miet- oder Arbeitsrecht geltend gemacht, so kommt es – in Anlehnung an die Rechtsprechung des Bundesverfassungsgerichts und des Europäischen Gerichtshofs[56] – darauf an, ob der Staat gänzlich untätig geblieben ist oder ob die von ihm ergriffenen Maßnahmen ausreichen, um den erforderlichen Schutz zu gewährleisten. Rechtlicher Maßstab ist ein Untermaßverbot. Im Falle völliger Untätigkeit des Vertragsstaates liegt grundsätzlich eine Verletzung der Schutzpflicht vor, wenn der Staat keine überwiegenden Rechtfertigungsgründe anführen kann. Bei der Überprüfung, ob vom Staat bereits ergriffene Maßnahmen hinreichend und angemessen sind, um seinen Handlungs- und Schutzpflichten zu genügen, wird ihm allerdings sowohl vom Bundesverfassungsgericht[57] als auch von internationalen Spruchkörpern ein weiter Einschätzungs-

---

[55] So explizit der Ausschuß für wirtschaftliche, soziale und kulturelle Rechte in der Allgemeinen Kommentierung Nr. 14 (2000) zum Recht auf Gesundheit, §§ 47 und 52, in: Compilation (Fn. 7), 86 (99 f.), und der Allgemeinen Kommentierung Nr. 15 (2002) zum Recht auf Wasser, §§ 40, 41 und 44, ebd., 106 (115 f.); ebenso der Frauenrechtsausschuß in der Allgemeinen Empfehlung Nr. 24 (1999) zu Frauen und Gesundheit, §§ 13 und 17, ebd., 274 (277 f.).

[56] BVerfGE 46, 160 (164 f.); 89, 276 (285 f.); zum Schutzpflichtgehalt des Art. 3 GG *Osterloh* (Fn. 29), Rn. 65 ff., 236 f.; zum Schutzpflichtenkonzept des EGMR *König/Peters* (Fn. 7), Rn. 72, m. w. N.

[57] BVerfGE 46, 160 (164 f.) – *Schleyer;* 1 BvR 2234/97 v. 9.2.1998 – Rauchverbot an öffentlich zugänglichen Plätzen.

spielraum („margin of appreciation/discretion")[58] zugebilligt. Erst wenn die staatliche Maßnahme, z. B. der Abschluß einer nicht rechtsverbindlichen Vereinbarung mit privaten Vermietern oder Arbeitgebern (Selbstverpflichtung), völlig unzureichend ist, um Diskriminierungen zu beseitigen, haben die Betroffenen einen Anspruch auf Vornahme besser geeigneter Handlungen. Diese Überlegungen lassen sich auf den Fall zeitweiliger Sondermaßnahmen übertragen. Deren vollständiges Fehlen oder deren Ineffektivität können ebenfalls am Maßstab des Untermaßverbots überprüft werden. Wird plausibel dargelegt, daß in einem bestimmten Bereich, z. B. bei der Besetzung von Führungspositionen im öffentlichen Dienst, die Anzahl von Frauen über einen längeren Zeitraum trotz entsprechend qualifizierter Bewerberinnen hinter derjenigen der Männer weit zurückbleibt und daß der Vertragsstaat keine oder nur offensichtlich unzureichende Mittel zur Erhöhung des Frauenanteils ergreift, so kann, wie im Falle der Schutzpflichten, ein individueller Anspruch auf ein staatliches Tätigwerden entstehen. Ein solcher Anspruch ist allerdings nur auf das „Ob" staatlichen Handelns gerichtet. Bezüglich des „Wie" der Fördermaßnahmen verbleibt dem Staat demgegenüber ein Gestaltungsspielraum. Das heißt, daß z. B. die gesetzliche Festlegung von Quotenregelungen nicht individuell einklagbar ist, sondern dem politischen Entscheidungsprozeß überlassen bleibt.

In Bezug auf Erfüllungs- bzw. Leistungspflichten, die über die Gewährung einer diskriminierungsfreien Teilhabe von Frauen an bestehenden Leistungen hinausgehen, ist eine Antwort auf die Frage nach der Justiziabilität schwierig. Da die Erfüllung dieser Pflichten maßgeblich von der Bereitstellung staatlicher Ressourcen abhängt, kommt den Vertragsstaaten bei der Wahl der konkreten Maßnahmen ein weiter Gestaltungsspielraum zu. Der vertragsstaatlichen Verpflichtung korrespondiert kein einklagbares subjektives Recht auf Vornahme bestimmter Handlungen. Diese Pflichten sind, was ihren Verpflichtungsgehalt betrifft, mit der Förderklausel in Art. 3 Abs. 2 Satz 2 GG vergleichbar, die dem Staat ebenfalls nicht einklagbare Förder- und Ausgleichspflichten auferlegt.[59] Daher sind progressive Erfüllungs- bzw. Leistungspflichten grundsätzlich nicht justiziabel.[60] Dies gilt allerdings zumindest dann nicht, wenn ein Vertragsstaat seinen Kernverpflichtun-

---

[58] Dazu *Cook*, State Accountability Under the Convention on the Elimination of All Forms of Discrimination Against Women, in: dies. (Fn. 16), 228 (232 f.). Zum Einschätzungsspielraum in der Rspr. des EGMR zum Diskriminierungsverbot in Art. 14 EMRK *König/Peters* (Fn. 7), Rn. 195 ff.

[59] Dazu BT-Drucksache 12/6000, S. 50; *Osterloh* (Fn. 29), Rn. 262; *Scholz,* in: Maunz/Dürig (Hrsg.), Grundgesetz, Stand: Februar 2004, Art. 3 Abs. 2 Rn. 66; *Gubelt,* in: von Münch/Kunig (Fn. 26), Art. 3 Rn. 93 b.

[60] In der Allgemeinen Kommentierung Nr. 9 (1998) zur innerstaatlichen Anwendbarkeit des IPwskR geht der Ausschuß für wirtschaftliche, soziale und kulturelle Rechte, § 10, davon aus, daß die sofort umzusetzenden Vertragspflichten aus Art. 3 (Gleichberechtigung von Mann und Frau), Art. 7 lit. a (i) (Entgeltgleichheit), Art. 8 (Koalitionsfreiheit), Art. 10 Abs. 3 (Schutz von Kindern), Art. 13 Abs. 2 lit. a (unentgeltlicher Grundschulunterricht), Art. 13 Abs. 3 (elterliches Erziehungsrecht), Art. 13 Abs. 4 (Privatschulfreiheit) und Art. 15 Abs. 3 (Forschungsfreiheit) justiziabel sind. In: Compilation (Fn. 7), 55 (57).

gen nicht nachkommt. In diesem Fall ist er verpflichtet, so zu handeln, daß ganz grundlegende Bedürfnisse wie eine ausreichende Ernährung, eine ärztliche Versorgung mit dem Nötigsten und eine elementare Schulbildung befriedigt werden können. Da sich der Vertragsstaat bei der Nichterfüllung von Kernverpflichtungen weder auf seinen Entwicklungsstand und den Mangel an Ressourcen noch auf traditionelle, religiöse oder kulturelle Besonderheiten berufen kann, besteht hier kein Einschätzungsspielraum mehr.[61] Daraus folgt, daß zumindest solche Kernverpflichtungen im Bereich der wirtschaftlichen, sozialen und kulturellen Rechte justiziabel sind.[62]

IV. Fortentwicklung des Durchsetzungsverfahrens

Die Justiziabilität der vertragsstaatlichen Verpflichtungen ist ein wichtiger Teilaspekt der Frage nach der Durchsetzung der Konventionsrechte. In seinen Ausführungen hatte Jost Delbrück auf das im Vergleich zu anderen UN-Menschenrechtskonventionen „relativ schwach ausgebildete Durchsetzungsverfahren" hingewiesen.[63] Trifft diese Bewertung heute noch zu?

Die Arbeit des Frauenrechtsausschusses wird – im Vergleich mit den übrigen Vertragsausschüssen – auch heute noch durch zwei Besonderheiten erschwert: Zum einen wurde und wird der Ausschuß von der Abteilung des UN-Sekretariats für die Förderung der Frau betreut, die zunächst in Wien angesiedelt war und 1994 nach New York umgezogen ist. Deshalb finden seine Arbeitssitzungen in New York statt. Die anderen sechs Vertragsausschüsse sind dagegen dem Hohen Menschenrechtskommissar (UNHCHR) in Genf zugeordnet, wo sie auch tagen. Diese organisatorische Abkoppelung des Frauenrechtsausschusses führte anfangs zu einer gewissen Isolierung und einer seiner Arbeit nicht immer förderlichen Sonderrolle. Inzwischen gibt es allerdings jährliche Treffen der Vorsitzenden aller Vertragsausschüsse und sog. „Inter-Committee Meetings", die zu einer besseren gegenseitigen Information und einer gewissen Harmonisierung der Arbeitsmethoden beitragen. Dadurch hat sich der Austausch mit den anderen Vertragsausschüssen verbessert.[64] Zum anderen ist die Arbeitszeit des Frauenrechtsausschusses in

---

[61] In der Allgemeinen Kommentierung Nr. 15 (2002) zum Recht auf Wasser führt der Ausschuß für wirtschaftliche, soziale und kulturelle Rechte, § 40, dazu aus: „It should be stressed that a State party cannot justify its non-compliance with core obligations ..., which are non-derogable", in: Compilation (Fn. 7), 106 (115). Vgl. auch die „Maastrichter Richtlinien" (Fn. 52), § 8 (margin of discretion), 18.

[62] Ebenso *Schneider* (Fn. 23), 32 f.; wohl auch *Tomuschat* (Fn. 47), 40 f., der ein subjektives Recht auf ein Minimum an Nahrung und auf eine elementare Schulerziehung anerkennt.

[63] *Delbrück* (Fn. 2), 262.

[64] So *Schöpp-Schilling,* Aufgaben und Arbeitsmethoden der UN-Menschenrechtsausschüsse am Beispiel des CEDAW-Ausschusses: Relevanz für CEDAW-Vertragsstaaten und Zivilgesellschaft in Europa, in: König u. a. (Fn. 15), 37 (47 f.); *Bustelo,* The Commit-

Art. 20 Abs. 1 der Konvention auf jährlich zwei Wochen begrenzt. Folglich stand seine Arbeit unter einem noch größeren Zeitdruck als die der übrigen Vertragsausschüsse. Kein anderer Menschenrechtsvertrag enthält eine solche Klausel. Eine 1995 beschlossene Änderung dieser Bestimmung, mit der die zeitliche Beschränkung aufgehoben werden soll, konnte bisher mangels ausreichender Anzahl von Ratifikationen nicht in Kraft treten. In der Praxis ist seine Arbeitszeit allerdings auf zwei dreiwöchige Sitzungsperioden pro Jahr ausgedehnt worden. Hinzu kommen zwei einwöchige Sitzungen der Arbeitsgruppe, die für die Vorbereitung der Fragen zu den Staatenberichten zuständig ist, und der Arbeitsgruppe, die die Eingaben nach dem Fakultativprotokoll bearbeitet. Insgesamt steht dem Frauenrechtsausschuß damit immer noch weniger Arbeitszeit zur Verfügung als den anderen Vertragsausschüssen.[65] Dies hat, angesichts der großen Anzahl von Vertragsstaaten, zu einem beträchtlichen Rückstau von Staatenberichten geführt, die von dem Ausschuß überprüft werden müssen.

1. Das Staatenberichtsverfahren

Die Einhaltung und Umsetzung der Vertragsbestimmungen wird, wie nach den UN-Menschenrechtsübereinkommen üblich, anhand von Berichten überprüft, die die Vertragsstaaten regelmäßig vorzulegen haben. Die Konvention sieht gemäß Art. 18 vor, daß erstmals innerhalb eines Jahres nach Inkrafttreten des Übereinkommens für den betreffenden Staat und danach mindestens alle vier Jahre Bericht zu erstatten ist. In den Berichten müssen die Staaten darlegen, wie sich die Lage der Frauen bei ihnen entwickelt hat, wo besondere Umsetzungsprobleme liegen und welche Maßnahmen sie im Berichtszeitraum ergriffen haben, um ihren Vertragsverpflichtungen nachzukommen. Um eine Konzentration der Berichte auf die wesentlichen Probleme bei der Umsetzung zu fördern, hat der Ausschuß, ähnlich wie die übrigen Vertragsausschüsse, Leitlinien für die Berichterstattung herausgegeben, die immer wieder überarbeitet werden.[66] In jeder Arbeitssitzung des Ausschusses werden acht Staatenberichte mit Vertretern der zuständigen Ministerien mündlich erörtert. Im Rahmen dieses sog. „konstruktiven Dialogs" haben die Mitglieder des Ausschusses Gelegenheit, kritische Fragen zu stellen und nachzuhaken. Eine in die Tiefe gehende Diskussion kann sich allerdings schon aus Zeitgründen nur selten entwickeln.

---

tee on the Elimination of Discrimination against Women at the Crossroads, in: Alston/Crawford (Hrsg.), The Future of UN Human Rights Treaty Monitoring, 2000, 79 (83 f.).

[65] *Schöpp-Schilling* (Fn. 64), 47.

[66] Der Ausschuß hat die Leitlinien zur Erstellung der ersten und der nachfolgenden Staatenberichte zuletzt im Jahr 2002 überarbeitet. Sie sind abgedruckt in UN Doc. A/57/38 (Part II) v. 8.10.2002, 66 ff. Dazu im einzelnen *Schöpp-Schilling* (Fn. 64), 49 f. Einen aktuellen Überblick über die Arbeitsmethoden des Frauenrechtsausschusses gibt UN Doc. CEDAW/C/2004/I/4/add.1/Rev.1 v. 30.1.2004.

Seit der Weltfrauenkonferenz in Peking 1995 werden dem Ausschuß, wie auch den anderen Vertragsausschüssen, immer häufiger sog. Schattenberichte zu den zur Prüfung anstehenden Staatenberichten vorgelegt, die von nationalen und internationalen Frauen- und Menschenrechtsverbänden erstellt werden.[67] Sie verfolgen das Ziel, den Ausschußmitgliedern zusätzliche Informationen aus einer regierungskritischen Perspektive zu geben und ihre Aufmerksamkeit auf spezielle Problemfelder und für Diskriminierungen besonders anfällige Gruppen von Frauen zu lenken. Außerdem werden seit einigen Jahren Vertreterinnen von Nichtregierungsorganisationen zu den Sitzungen der jeweils für die Vorbereitung der Befragung zuständigen Arbeitsgruppe eingeladen, um schriftlich und mündlich weitere länderspezifische Informationen zu den Staaten zu übermitteln, deren Berichte in der kommenden Sitzung verhandelt werden sollen.[68] Bei den Ausschußsitzungen selbst dürfen sie bei der Präsentation des Berichts und der anschließenden Diskussion mit den Ausschußmitgliedern anwesend sein; ein eigenes Fragerecht steht ihnen allerdings nicht zu. Nach der Sitzung erstellt der Ausschuß sog. Abschließende Bemerkungen zu jedem Bericht, in denen er einerseits die Anstrengungen des betreffenden Vertragsstaates würdigt, andererseits aber problematische Punkte hervorhebt und schließlich Empfehlungen ausspricht, wie die Probleme angegangen werden sollten. Er erwartet von den Vertragsstaaten, daß sie sich im Folgebericht auf die in den Abschließenden Bemerkungen angeführten Kritikpunkte und Empfehlungen konzentrieren, um die zur Verfügung stehende Zeit effektiv nutzen zu können. Auch in der sog. „Follow-up"-Phase kommt den Nichtregierungsorganisationen eine wichtige Rolle zu. Sie können nämlich den Abschließenden Bemerkungen des Ausschusses dadurch mehr Wirksamkeit verleihen, daß sie ihre Befolgung durch den Vertragsstaat einfordern und überwachen und den Ausschuß auf Defizite aufmerksam machen. Insgesamt hat die Mitwirkung von Nichtregierungsorganisationen in der Form von Schattenberichten, mündlichen Stellungnahmen und nachfolgender Lobbyarbeit zu einer größeren Effizienz des Staatenberichtsverfahrens geführt.[69]

---

[67] Vgl. allgemein zur Rolle von NGOs im Durchsetzungsverfahren nach den UN-Menschenrechtsverträgen *Clapham*, Defining the Role of Non-Governmental Organizations with Regard to the UN Human Rights Treaty Bodies, in: Bayefsky (Hrsg.), The UN Human Rights Treaty System in the 21st Century, 2000, 183 ff., und speziell zur Rolle von Frauenrechtsverbänden *A. M. Miller*, Women's Human Rights NGOs and the Treaty Bodies: Some Case Studies in Using the Treaty Bodies to Protect the Human Rights of Women, ebd., 195 ff.

[68] Report of the Committee on the Elimination of Discrimination of Women, UN Doc. A/53/38/Rev.1 (1998), 3, Decision 18/I, und UN Doc. A/54/38 (Part I) v. 4.5.1999, 9, Decision 20/1.

[69] So *Schöpp-Schilling* (Fn. 64), 55 f., die seit 1989 deutsches Mitglied im Frauenrechtsausschuß ist; verhaltener *Bustelo* (Fn. 64), 107 f. Kritisch zum „Mehrwert" einer NGO-Beteiligung an den Berichtsverfahren vor den Vertragsausschüssen aus der Sicht einer NGO *Clapham*, UN Human Rights Reporting Procedures: An NGO Perspective, in: Alston/Crawford (Fn. 64), 175 (195 ff.), der als Lösung die Einrichtung eines einzigen permanenten Vertragsausschusses vorschlägt.

Ein Hauptproblem des Verfahrens besteht allerdings darin, daß einerseits ungefähr ein Viertel der Vertragsstaaten bisher noch nicht einmal einen Erstbericht vorgelegt hat und viele Berichte seit Jahren überfällig sind.[70] Allerdings hat sich der Frauenrechtsausschuß – anders als einige andere Vertragsausschüsse – bisher nicht dazu durchringen können, die Einhaltung der Konventionspflichten auch ohne Bericht zu überprüfen, wenn die betreffenden Vertragsstaaten auf mehrfache Mahnungen nicht reagiert haben.[71] Andererseits hat sich trotz des erheblichen Arbeitspensums des Ausschusses und trotz der Tatsache, daß der Ausschuß die Zusammenfassung mehrerer Berichtsperioden in einem Bericht erlaubt hat, ein Rückstau an Berichten gebildet, der dazu führt, daß diese nicht mehr zeitnah geprüft werden können. Um diesem Problem, das einige Vertragsausschüsse haben, abzuhelfen, werden seit 2002 Reformvorschläge diskutiert. So wurde z. B. überlegt, den Frauenrechtsausschuß ebenso wie den Kinderrechtsausschuß wegen seiner Größe – ihm gehören 23 Experten und Expertinnen an – in zwei „Kammern" zu unterteilen, die parallel Befragungen durchführen und somit die doppelte Anzahl an Berichten pro Sitzung überprüfen könnten. Obwohl diese Idee zunächst bei den meisten Ausschußmitgliedern auf Zustimmung stieß, wurde sie inzwischen abgelehnt. Stattdessen will der Frauenrechtsausschuß die Generalversammlung um eine Verlängerung seiner Arbeitszeit auf dreimal 3 Wochen pro Jahr bitten.

Außerdem hatte der Generalsekretär der Vereinten Nationen, um die Belastung der Vertragsstaaten mit den aus jedem UN-Menschenrechtsvertrag resultierenden Berichtspflichten zu verringern, im Zuge umfangreicher Reformüberlegungen im Jahr 2002 vorgeschlagen, von jedem Vertragsstaat nur noch einen einzigen Bericht zu verlangen, in dem er zu allen von ihm ratifizierten Übereinkommen Stellung nehmen sollte.[72] Dieser Vorschlag wurde von den Vertragsausschüssen grundsätzlich abgelehnt, weil man befürchtete, daß die Vertragsstaaten zu den einzelnen Vertragsbestimmungen nicht mehr in der bisherigen Ausführlichkeit berichten würden und der Fokus auf spezielle Arten von Diskriminierungen wie der Frauen- oder der Rassendiskriminierung verloren gehen könnte.[73] Statt dessen sieht der im

---

[70] Eine aktuelle Auflistung der betroffenen Vertragsstaaten enthält UN Doc. CEDAW/C/2004/II/2 v. 27.5.2004.

[71] Nach dieser Methode verfahren inzwischen der Rassendiskriminierungsausschuß, der Ausschuß für wirtschaftliche, soziale und kulturelle Rechte, der Kinderrechtsausschuß und der Anti-Folterausschuß. Vgl. dazu näher UN Doc. HRI/MC/2004/2 v. 4.6.2004, Report on the Implementation of Recommendations of the Fifteenth Meeting of Chairpersons and of the Second Inter-Committee Meeting, 12 f., §§ 36–42.

[72] Strengthening of the United Nations: an Agenda for Further Change, Report of the Secretary-General, §§ 52–54, in: UN Doc. A/57/387 v. 9.9.2002, 12 f. Vgl. für eine Erörterung der Schwächen des Überwachungssystems und einige Reformvorschläge *Alston*, Beyond 'Them' and 'Us': Putting Treaty Body Reform into Perspective, in: Alston/Crawford (Fn. 64), 501 (523 ff.), der die Notwendigkeit positiver Anreize und von „capacity-building" in den Entwicklungsländern betont.

[73] Dazu ausführlich *Schöpp-Schilling*, Reform der Vertragsorgane des Menschenrechtsschutzes – Der CEDAW und seine Arbeitsmethoden: Probleme, Herausforderungen und mögliche Lösungen, Vereinte Nationen 2004, 11 (16).

Juni 2004 vom Büro des UNHCHR vorgelegte Entwurf neuer Richtlinien zur Berichterstattung vor, daß die Vertragsstaaten für alle Vertragsausschüsse einen gemeinsamen Allgemeinen Bericht („common core document") anfertigen sollen, in dem u. a. das Land und seine demographischen, wirtschaftlichen, sozialen und kulturellen Gegebenheiten, sein Rechtssystem und seine für die Verwirklichung der Menschenrechte relevanten Institutionen dargestellt werden. Dem „Kernbericht" sollen nach dem Baukastenprinzip spezielle, auf die wesentlichen Probleme konzentrierte Berichte („targeted reports" bzw. „treaty-specific documents") zu den jeweiligen Übereinkommen beigefügt werden.[74] Dieser Vorschlag ist auf den ersten Blick vernünftig, weil er zu einer effizienten Nutzung der vorhandenen Ressourcen bei den Vertragsstaaten einerseits und den Vertragsausschüssen andererseits beitragen kann. Problematisch erscheint aber, daß in dem „Kernbericht" auch zu den sog. kongruenten Normen, d. h. zu den Rechten, die in allen Verträgen aufgeführt sind, berichtet werden soll. Zu diesen gehören insbesondere das Diskriminierungsverbot und der Gleichheitssatz. Zu den kongruenten Normen in der Frauenrechtskonvention werden der operative Art. 2 (generelle Verpflichtungen der Vertragsstaaten) und die speziellen Diskriminierungsverbote in Art. 9 bis 16 (überwiegend wirtschaftliche, soziale und kulturelle Rechte sowie Stellung der Frau in Ehe und Familie) gezählt.[75] Folglich würden die Vertragsstaaten zu den meisten Vorschriften der Frauenrechtskonvention nur noch im Rahmen des „Kernberichts", also in einer Zusammenfassung mit Ausführungen zu den in anderen Übereinkommen aufgeführten Diskriminierungsverboten berichten. Dies gibt Anlaß zu der Befürchtung, daß der Blick für die speziellen Formen und Strukturen der Diskriminierung der Frau getrübt werden und ihre Besonderheiten in dem Gesamtbericht untergehen könnten.[76] Zurzeit werden die verschiedenen Reformvorschläge im Frauenrechtsausschuß wie in den übrigen Vertragsausschüssen kontrovers diskutiert.

2. Individualbeschwerde- und Untersuchungsverfahren

Seit dem Inkrafttreten des Fakultativprotokolls im Jahr 2000 ist der Frauenrechtsausschuß auch mit der Überprüfung von Individualbeschwerden und der Durchführung von Untersuchungen betraut worden.[77] Die Beschwerde kann von

---

[74] Guidelines on an expanded core document and treaty-specific targeted reports and harmonized guidelines on reporting under the international human rights treaties, Annex, in: UN Doc. HRI/MC/2004/3 v. 9.6.2004, 15 ff.

[75] Ebd., §§ 16–20 einschl. der Übersicht über kongruente Normen, 7 ff., und § 58, 32.

[76] Dazu im einzelnen *Schöpp-Schilling,* Die Reform der Arbeitsmethoden des Vertragsausschusses für CEDAW: neueste Entwicklungen, Vereinte Nationen 2004, 183 ff.

[77] Fakultative Individualbeschwerdeverfahren sind ebenfalls nach dem Ersten Fakultativprotokoll zum IPbpR, nach der Rassendiskriminierungskonvention und der Folterkonvention vorgesehen. Ein fakultatives Untersuchungsverfahren ist lediglich noch in der Folterkonvention normiert.

betroffenen Frauen selbst oder von einer Gruppe von Frauen eingereicht werden, die mutmaßliche Opfer einer Rechtsverletzung sind. Zudem können interessierte Frauen- und Menschenrechtsorganisationen Beschwerde im Namen einer betroffenen Frau einlegen, wenn deren Zustimmung vorliegt oder aufgrund besonderer Umstände nicht eingeholt werden kann (Art. 5 des Fakultativprotokolls). Das Untersuchungsverfahren dient der Aufdeckung schwerwiegender *oder* systematischer Rechtsverletzungen in einem Vertragsstaat. Es kann eingeleitet werden, wenn der Ausschuß „zuverlässige Angaben" zu solchen Vertragsverstößen erhält (Art. 8 Abs. 1). Hier eröffnen sich für die genannten Nichtregierungsorganisationen wiederum Möglichkeiten, ein solches Verfahren in Gang zu setzen. Eine Untersuchung durch Ausschußmitglieder vor Ort ist allerdings wegen des Prinzips der territorialen Souveränität nur mit Zustimmung des betroffenen Vertragsstaates möglich.

Der Frauenrechtsausschuß hat 2001 eine ständige Arbeitsgruppe eingesetzt, die für die Durchführung dieser beiden Verfahren zuständig ist. Diese hat zunächst Verfahrensregeln und -abläufe festgelegt und die Einrichtung einer interaktiven Datenbank zwischen dem UNHCHR in Genf und der für den Ausschuß zuständigen UN-Abteilung zur Förderung der Frau in New York initiiert. So sollen zukünftig eingehende Beschwerden für beide Sekretariate einsehbar sein und dem jeweils zuständigen Vertragsausschuß schneller zugeordnet werden können. Zurzeit sind zwei Individualbeschwerde- und ein Untersuchungsverfahren anhängig, über die allerdings wegen des Grundsatzes der Vertraulichkeit nichts Näheres bekannt ist. Das allererste Individualbeschwerdeverfahren nach dem Fakultativprotokoll, das sich gegen die Bundesrepublik Deutschland richtete und die Auslegung und Anwendung der Unterhaltsvorschriften nach einer Scheidung betraf, ist wegen Nichterschöpfung des innerstaatlichen Rechtswegs (Art. 4 Abs. 1) als unzulässig verworfen worden.[78]

V. Gesamtbewertung und Ausblick

Die dem damaligen Zeitgeist geschuldeten entwicklungs- und friedenspolitischen Ambitionen der Frauenrechtskonvention, die an ihrer Einordnung als „echtes Menschenrechtsinstrument" Zweifel aufkommen ließen, sind in dem Vierteljahrhundert seit ihrem Inkrafttreten in den Hintergrund getreten. Dank der Arbeit des Frauenrechtsausschusses und der rechtlichen Entwicklungen im internationalen Menschenrechtsschutz ist es gelungen, der Konvention einen (nahezu) ebenbürtigen Platz an der Seite der übrigen sechs UN-Menschenrechtsübereinkommen

---

[78] Communication No. 1/2003, *Ms. B.-J. v. Germany,* Entsch. v. 14.7.2004, in: UN Doc. A/59/38, Report of the Committee on the Elimination of Discrimination of Women, Annex VIII, 244 ff.

zu verschaffen.[79] Die auf den ersten Blick vage und allgemein gehaltenen Verpflichtungen der Vertragsstaaten lassen sich mit Hilfe der neueren Dogmatik, die über die traditionellen Unterlassungspflichten hinaus positive Handlungs- und Schutzpflichten sowie derivative Teilhaberechte entwickelt hat, konkretisieren und als juristische Kategorien handhabbar machen. Auf der Grundlage des Schutzpflichtenkonzepts läßt sich zumindest eine mittelbare Bindung Privater an die in der Konvention verankerten Diskriminierungsverbote erreichen. Über eine entsprechende Handlungspflicht der Vertragsstaaten erlangen diese somit auch in den (Rechts-)Beziehungen zwischen Privaten Geltung, was gerade bei der Bekämpfung der Frauendiskriminierung von besonderer Wichtigkeit ist. Denn ein großer Teil diskriminierender Verhaltensweisen und Praktiken findet sich im privaten Bereich, insbesondere in der Familie und am Arbeitsplatz. Im Hinblick auf die im deutschen Recht noch immer sehr umstrittenen zeitweiligen Sondermaßnahmen ist ebenfalls eine positive Entwicklung zu verzeichnen. Die einschlägige Allgemeine Empfehlung Nr. 25 (2004) des Frauenrechtsausschusses sowie entsprechende Äußerungen anderer Vertragsausschüsse haben klargestellt, daß solche Maßnahmen im internationalen Menschenrechtsschutz als legitim und erforderlich angesehen werden und ihrerseits keine Diskriminierung der dominanten Bevölkerungsgruppe darstellen. Unter Umständen können die Vertragsstaaten sogar verpflichtet sein, solche speziellen Fördermaßnahmen zu ergreifen, um historisch gewachsene strukturelle Diskriminierungen beschleunigt zu beenden. Die aufgeführten Verpflichtungen der Vertragsstaaten sind grundsätzlich justiziabel, d. h. ihre Einhaltung kann in einem Individualbeschwerdeverfahren vom Frauenrechtsausschuß überprüft werden. Dies gilt ohne weiteres für Diskriminierungsverbote und Ansprüche auf diskriminierungsfreie Teilhabe an staatlichen Leistungen, ist aber bei Vorliegen bestimmter, oben näher aufgeführter Voraussetzungen auch bei Schutzpflichten und aus wirtschaftlichen, sozialen und kulturellen Rechten abgeleiteten Handlungs- bzw. Leistungspflichten der Fall. In der geplanten Allgemeinen Empfehlung Nr. 26 zu den Verpflichtungen der Vertragsstaaten aus Art. 2 der Konvention wird der Ausschuß sich voraussichtlich mit deren Konkretisierung im Lichte der neueren Entwicklung des internationalen Menschenrechtsschutzes befassen.

Das ursprünglich schwach ausgestaltete Durchsetzungsverfahren ist heute durch die kontinuierliche Fortentwicklung des Staatenberichtsverfahrens und die Ergänzung um das Individualbeschwerde- und das Untersuchungsverfahren nach dem Fakultativprotokoll demjenigen nach dem Internationalen Pakt für bürgerliche und politische Rechte durchaus vergleichbar. Dennoch stößt gerade das Staatenberichtsverfahren angesichts zahlreicher überfälliger Berichte einerseits und eines besorgniserregenden Rückstaus von Berichten andererseits an seine Grenzen. Es bedarf – und dies gilt für alle Vertragsausschüsse gleichermaßen – einer grundlegenden Reform, die zur Zeit auf mehreren Ebenen diskutiert wird. Die vom

---

[79] Es fehlt insbesondere noch die Angleichung der Arbeitszeit des Frauenrechtsausschusses an diejenige vergleichbarer Ausschüsse wie z. B. des Menschenrechtsausschusses.

UNHCHR im Jahr 2003 vorgelegten Reformvorschläge erscheinen insgesamt zwar geeignet, die Effizienz des Berichtsverfahrens künftig zu erhöhen. Allerdings bergen sie in ihrer jetzigen Form die Gefahr in sich, daß der notwendige Blick für die Besonderheiten der Frauendiskriminierung, die sich aus tief verwurzelten religiösen, kulturellen und gesellschaftlichen Vorstellungen von der Rolle der Frau ergeben, verloren geht. Eine solche Entwicklung wäre fatal, weil es nach wie vor darum geht, einen entsprechenden Bewußtseinswandel in der Gesellschaft herbeizuführen und stereotype Rollenverständnisse zu beseitigen. Deshalb schließt auch dieser Beitrag damit, einer Hoffnung für die Zukunft Ausdruck zu verleihen.[80] Es bleibt zu hoffen, daß der Frauenrechtsausschuß einer möglicherweise im Zuge der Reformen eintretenden Marginalisierung der Diskriminierung der Frau entgegentritt und das menschenrechtliche Anliegen der Konvention durch eine weitere Konkretisierung der Vertragspflichten und eine effizientere Überwachung noch besser als bisher zum Tragen bringt.

---

[80] Bei *Delbrück* (Fn. 2), 270, heißt es im letzten Satz: „Es ist nur zu hoffen, daß das Komitee zur Beseitigung der Diskriminierung gegen Frauen durch eine nüchterne, präzise Arbeit – orientiert an den Vorbildern anderer menschenrechtlicher Verträge – diesen Schwächen der Konvention entgegenwirkt und ihr menschenrechtliches Anliegen voll zum Tragen bringen hilft."

Der Rechtsstatus der Unionsbürger

Von Siegfried Magiera

I. Einleitung

Mit der Einführung einer gemeinsamen Unionsbürgerschaft durch den Vertrag von Maastricht zur Gründung einer Europäischen Union erhielten die Staatsangehörigen der Mitgliedstaaten den Rechtsstatus von Unionsbürgern mit den im EG-Vertrag vorgesehenen Rechten und Pflichten zuerkannt. Inhalt und Umfang der unionsbürgerlichen Rechte und Pflichten sind somit den einzelnen Vertragsbestimmungen zu entnehmen, so dass ein qualitativer Mehrwert der Unionsbürgerschaft – über einen deklaratorischen Sammelbegriff hinaus – nicht ohne weiteres erkennbar wird. Ein ausdrückliches, zumindest grundsätzliches, Gleichbehandlungsgebot der Unionsbürger in anderen Mitgliedstaaten als ihrem jeweiligen Heimatstaat, wie es sich in bundesstaatlichen Verfassungen findet, so in Art. 3 der Verfassung des Deutschen Reichs von 1871 („Für ganz Deutschland besteht ein gemeinsames Indigenat mit der Wirkung, daß der Angehörige (Untertan, Staatsbürger) eines jeden Bundesstaats in jedem anderen Bundesstaat als Inländer zu behandeln … ist".[1]) oder in Art. IV sect. 2 der Verfassung der Vereinigten Staaten von Amerika („The citizens of each state shall be entitled to all privileges and immunities of citizens in the several states."), wurde in den Unionsvertrag nicht aufgenommen.

Insoweit könnte dem allgemeinen Diskriminierungsverbot aus Gründen der Staatsangehörigkeit (Art. 12 EGV), das unbeschadet besonderer Bestimmungen im Anwendungsbereich des EG-Vertrags von Anfang an gegolten hat, im Lichte der Unionsbürgerschaft neue Bedeutung zukommen. Eine entsprechende Entwicklung wird dadurch nahegelegt, dass mit dem europäischen Vertragswerk ein immer engerer Zusammenschluss der Völker und damit auch der Bürger Europas geschaffen werden soll.

Eine Begrenzung der Entwicklung könnte sich aus der Zusatzbestimmung des Vertrags von Amsterdam ergeben, wonach die Unionsbürgerschaft die nationale Staatsbürgerschaft ergänzt, nicht jedoch ersetzt (Art. 17 Abs. 1 Satz 3 EGV). Damit wird jedoch lediglich die Bestimmung des Vertrags von Maastricht bestätigt, wonach die Europäische Union die nationale Identität ihrer Mitgliedstaaten

---

[1] Mit der – auch für die Europäische Union bedeutsamen (vgl. unten, Fn. 81) – Einschränkung, dass die Bestimmungen über die Sozialhilfe („Armenversorgung") davon unberührt bleiben.

achtet (Art. 6 Abs. 3 EUV), die auch durch das jeweilige Staatsangehörigkeitsregime geprägt wird.[2]

In der zukünftigen Europäischen Union, die durch den Vertrag über eine Verfassung für Europa (EVV) geschaffen werden soll,[3] bleiben die Bestimmungen über die Unionsbürgerschaft inhaltlich und weitgehend auch sprachlich unverändert erhalten. Unionsbürgerin oder Unionsbürger ist, wer die Staatsangehörigkeit eines Mitgliedstaats besitzt; die Unionsbürgerschaft tritt zur nationalen Staatsbürgerschaft hinzu, ohne sie zu ersetzen; die Unionsbürgerinnen und Unionsbürger haben die in der Verfassung vorgesehenen Rechte und Pflichten (Art. I-10 EVV).

Letztere sind also weiterhin den Einzelbestimmungen des Vertragswerks zu entnehmen. Auch das allgemeine Diskriminierungsverbot aus Gründen der Staatsangehörigkeit wird – nunmehr unbeschadet besonderer Bestimmungen der Verfassung und in deren Anwendungsbereich – übernommen (Art. I-4 Abs. 2 EVV). Weniger deutlich, aber gleichwohl erkennbar, bleibt schließlich die Dynamik des Integrationsprozesses erhalten, wenn der Verfassungsvertrag die Gewissheit zum Ausdruck bringt, dass die Völker Europas entschlossen sind, die alten Gegensätze zu überwinden und immer enger vereint ihr Schicksal gemeinsam zu gestalten (Präambel Abs. 3 EVV). Dementsprechend ist die Devise der zukünftigen Europäischen Union „In Vielfalt geeint" (Art. I-8 EVV) dahin zu verstehen, dass die Balance zwischen Vielfalt und Einheit durch den Verfassungsvertrag nicht endgültig und auf Dauer festgefügt wird, sondern weiterhin in der Schwebe und damit entwicklungsoffen bleibt.

Im vorliegenden Zusammenhang soll der Rechtsstatus der Unionsbürger im gegenwärtigen Vertragsrecht unter Berücksichtigung der durch den Verfassungsvertrag eröffneten Perspektiven ermittelt werden. Dazu ist zunächst auf die Bedeutung der Unionsbürgerschaft als grundlegender Rechtsstatus im Integrationsprozess einzugehen. Danach soll die Vielfalt der unionsbürgerlichen Rechte und Pflichten in den Blick genommen werden. Abschließend soll auf den Kerngehalt der Unionsbürgerschaft eingegangen werden, der sich vor allem durch die zu den wirtschaftlichen Grundfreiheiten hinzugetretene allgemeine Freizügigkeit in der Union auszeichnet.

II. Die Unionsbürgerschaft als grundlegender Rechtsstatus

Die Einführung der Unionsbürgerschaft für die Staatsangehörigen der Mitgliedstaaten im Rahmen des Unionsvertrags von Maastricht ist das Ergebnis intensiver Bemühungen, die bis zu den Anfängen des europäischen Integrationsprozesses zu-

---

[2] Vgl. dazu die dem EU-Vertrag von Maastricht beigefügte Erklärung zur Staatsangehörigkeit eines Mitgliedstaats, ABl.EG 1992 C 191/98; ferner Europäischer Rat von Edinburg, 11./12.12.1992, Schlussfolgerungen des Vorsitzes, Bull.EG 12-1992, Ziff. I.35.

[3] Vgl. Art. I-1 EVV, Abl.EU 2004 C 310.

rückreichen.⁴ Ziel war es, das zunächst auf die Wirtschaftsentwicklung konzentrierte Augenmerk um nicht-wirtschaftliche, insbesondere soziale, kulturelle, politische und allgemein freizügigkeitsbezogene Aspekte zu erweitern.

Allgemein sollen mit der Einführung der Unionsbürgerschaft die Rechte und Interessen der Staatsangehörigen der Mitgliedstaaten stärker geschützt werden (Art. 2 EUV). Im Einzelnen bestätigt die Unionsbürgerschaft die vertraglich schon bestehenden Rechte und Pflichten, sieht jedoch darüber hinaus eine Ergänzung der Rechte und insbesondere einen Abbau der noch vorhandenen Beschränkungen der allgemeinen Freizügigkeit vor (Art. 17 ff. EGV). Die Staatsangehörigen der Mitgliedstaaten werden in ihrer gesamten Persönlichkeit erfasst und nicht mehr nur in ihrer zuvor begrenzten, vorwiegend wirtschaftlichen Funktion.

Damit stellt die Unionsbürgerschaft – wie der Unionsvertrag insgesamt – eine neue Stufe der Integrationsentwicklung dar, die verstärkt auf Bürgernähe ausgerichtet ist (Art. 1 Abs. 2 EUV). Auf dieser Stufe tritt das Europa der Bürger neben das Europa der Wirtschaft und erscheint die Europäische Union als Staaten- und zugleich als Bürgerverbund.⁵ Folgerichtig beginnt der Verfassungsvertrag über die zukünftige Europäische Union mit einer Bezugnahme auf die Bürgerinnen und Bürger sowie auf die Staaten Europas (Art. I-1 Abs. 1 EVV). Diese doppelte Legitimation im Hinblick auf die Gründung der Union wird ergänzt und verstetigt durch die doppelte Legitimation der Hoheitsgewalt der Union, die auf der Vertretung der Bürgerinnen und Bürger im Europäischen Parlament und auf der Vertretung der Mitgliedstaaten im Europäischen Rat und im Rat beruht (Art. I-46 Abs. 2 EVV).

Im Ergebnis eröffnet sich den Staatsangehörigen der Mitgliedstaaten eine europäische Identität neben ihrer nationalen Identität mit der Möglichkeit, eine zusätzliche Loyalität auf europäischer Ebene zu entwickeln, wie sie sich in anderen gestuften Gemeinwesen, etwa im Verbund zwischen lokaler, regionaler und zentraler Staatsebene, herausgebildet und bewährt hat.⁶ Die Dynamik kommt zusätzlich in der Bezeichnung Unions- statt Gemeinschaftsbürgerschaft zum Ausdruck, obwohl die davon erfassten Rechte im EG-Vertrag verankert sind und die gegenwärtige –

---

⁴ Vgl. dazu näher *Magiera,* in: Streinz (Hrsg.), EUV/EGV – Kommentar, 2003, Art. 17 EGV Rn. 1 ff. m. w. N.

⁵ *Everling,* Das Maastricht-Urteil des Bundesverfassungsgerichts und seine Bedeutung für die Entwicklung der Europäischen Union, integration 1994, 165 (169), gegenüber BVerfGE 89, 155 (184 und passim); vgl. auch *Pernice,* Der verfassungsrechtliche Status der Unionsbürger im Vorfeld des Vertrags über eine Verfassung für Europa, in: Colneric u. a. (Hrsg.), Festschrift für Gil Carlos Rodríguez Iglesias, 2003, 177 ff.; *Nettesheim,* Die politische Gemeinschaft der Unionsbürger, in: Blankenagel (Hrsg.), Liber Amicorum für Peter Häberle, 2004, 193 ff.

⁶ *Hilf,* in: Grabitz/Hilf (Hrsg.), Das Recht der Europäischen Union, Stand: 2004, Art. 17 EGV Rn. 1; *Tomuschat,* Staatsbürgerschaft – Unionsbürgerschaft – Weltbürgerschaft, in: Drexl u. a. (Hrsg.), Europäische Demokratie, 1999, 73 (86 f.); *Kostakopoulos,* Nested „old" and „new" citizenship in the European Union: bringing out the complexity, Columbia Journal of European Law 1999, 389 ff.

anders als die zukünftige – Union nach überwiegender Ansicht keine Rechtspersönlichkeit besitzt.

Insgesamt lässt sich die Unionsbürgerschaft als grundlegender Rechtsstatus der Staatsangehörigen der Mitgliedstaaten verstehen,[7] der die gesamte Persönlichkeit und nicht nur spezifische, insbesondere wirtschaftliche Betätigungen ihrer Inhaber erfasst und diesen besondere Rechte vermittelt, die sich aus dem Vertragsrecht ergeben und zugunsten ihrer Inhaber weiter zu entwickeln sind.

III. Vielfalt der unionsbürgerlichen Rechte und Pflichten

1. Bestand der Rechte und Pflichten

Die Unionsbürger haben zunächst die im EG-Vertrag selbst vorgesehenen Rechte und Pflichten (Art. 17 Abs. 2 EGV). Dazu gehören die im zweiten Vertragsteil über die Unionsbürgerschaft gewährleisteten Rechte auf Freizügigkeit im Hoheitsgebiet der Mitgliedstaaten (Art. 18 EGV), auf Teilnahme an den Wahlen zum Europäischen Parlament und auf kommunaler Ebene im Wohnsitzmitgliedstaat (Art. 19 EGV), auf diplomatischen und konsularischen Schutz in Drittstaaten (Art. 20 EGV), auf Anrufung des Europäischen Parlaments und des Europäischen Bürgerbeauftragten durch Petitionen und Beschwerden sowie auf Korrespondenz mit den Organen und Einrichtungen der Gemeinschaft (Art. 21 EGV). Außerhalb des zweiten Vertragsteils finden sich neben Einzelgewährleistungen, wie dem Recht auf Zugang zu Gemeinschaftsdokumenten (Art. 255 EGV) oder auf Datenschutz (Art. 286 EGV), vor allem die Freizügigkeitsrechte im Zusammenhang mit der Errichtung des gemeinsamen Marktes – für Arbeitnehmer (Art. 39 ff. EGV), für selbständig Erwerbstätige (Art. 43 ff. EGV) und im Dienstleistungsverkehr (Art. 49 ff. EGV) – und im Zusammenhang mit dem Aufbau eines Raums der Freiheit, der Sicherheit und des Rechts (Art. 61 ff. EGV) sowie Rechte auf Nichtdiskriminierung und Gleichbehandlung, u. a. aus Gründen der Staatsangehörigkeit (Art. 12 EGV) oder anderer persönlicher Merkmale (Art. 13 EGV) und im sozialen Bereich (Art. 137 Abs. 1 EGV).

Zu den unionsbürgerlichen Rechten und Pflichten gehören darüber hinaus auch solche, die nicht vom EG-Vertrag selbst, sondern auf seiner Grundlage durch das Sekundärrecht gewährleistet sind. Entsprechende Verordnungen und Richtlinien können auf spezifischen Vertragsbestimmungen beruhen, etwa im Bereich der

---

[7] Vgl. auch EuGH, Rs. C-85/96, *Martínez Sala,* Schlussanträge des GA La Pergola, Slg. 1998, I-2691 Nr. 18 („grundlegende Rechtsstellung"); Rs. C-184/99, *Grzelczyk,* Slg. 2001, I-6193 Rn. 31 („grundlegender Status"); ebenso EuGH, Rs. C-224/98, *D'Hoop,* Slg. 2002, I-6191 Rn. 28; Rs. C-413/99, *Baumbast,* Slg. 2002, I-7091 Rn. 82; Rs. C-148/02, *Garcia Avello,* Slg. 2003, I-11613 Rn. 22.

wirtschaftlichen Grundfreiheiten,[8] aber auch auf allgemeineren, so zum Schutz vor Diskriminierungen aus Gründen der Staatsangehörigkeit,[9] oder schließlich auf der umfassenden Ergänzungsnorm des Art. 308 EGV.[10] Hervorzuheben ist die bis Ende April 2006 von den Mitgliedstaaten umzusetzende Richtlinie 2004/38/EG vom 29. April 2004 über das Recht der Unionsbürger und ihrer Familienangehörigen, sich im Hoheitsgebiet der Mitgliedstaaten frei zu bewegen und aufzuhalten, die die bisherigen bereichsspezifischen und fragmentarischen Ansätze überwinden und die Ausübung des Freizügigkeits- und Aufenthaltsrechts in der Union erleichtern soll.[11]

Weitere Rechte der Unionsbürger ergeben sich aus den Grundrechten, wie sie in der Rechtsprechung des Europäischen Gerichtshofs aus den Bestimmungen der Europäischen Konvention zum Schutze der Menschenrechte und Grundfreiheiten sowie den gemeinsamen Verfassungsüberlieferungen der Mitgliedstaaten als allgemeine Grundsätze des Gemeinschaftsrechts entwickelt worden sind.[12] Entspre-

---

[8] RL 64/221/EWG des Rates v. 25.2.1964 zur Koordinierung der Sondervorschriften für die Einreise und den Aufenthalt von Ausländern, soweit sie aus Gründen der öffentlichen Ordnung, Sicherheit oder Gesundheit gerechtfertigt sind, ABl.EG 1964 Nr. 56/850; RL 68/360/EWG des Rates v. 15.10.1968 zur Aufhebung der Reise- und Aufenthaltsbeschränkungen für Arbeitnehmer der Mitgliedstaaten und ihre Familienangehörigen innerhalb der Gemeinschaft, ABl.EG 1968 L 257/13; RL 73/148/EWG des Rates v. 21.5.1973 zur Aufhebung der Reise- und Aufenthaltsbeschränkungen für Staatsangehörige der Mitgliedstaaten innerhalb der Gemeinschaft auf dem Gebiet der Niederlassung und des Dienstleistungsverkehrs, ABl.EG 1973 L 172/14; VO (EWG) Nr. 1612/68 des Rates v. 15.10.1968 über die Freizügigkeit der Arbeitnehmer innerhalb der Gemeinschaft, ABl.EG 1968 L 257/2; VO (EWG) Nr. 1251/70 der Kommission v. 29.6.1970 über das Recht der Arbeitnehmer, nach Beendigung einer Beschäftigung im Hoheitsgebiet eines Mitgliedstaats zu verbleiben, ABl.EG 1970 L 142/24.

[9] RL 93/96/EWG des Rates v. 29.10.1993 über das Aufenthaltsrecht der Studenten, ABl.EG 1993 L 317/59.

[10] (Art. 235 EWGV) RL 75/34/EWG des Rates v. 17.12.1974 über das Recht der Staatsangehörigen eines Mitgliedstaats, nach Beendigung der Ausübung einer selbständigen Tätigkeit im Hoheitsgebiet eines anderen Mitgliedstaats zu verbleiben, ABl.EG 1975 L 14/10; RL 90/364/EWG des Rates v. 28.6.1990 über das Aufenthaltsrecht, ABl.EG 1990 L 180/26; RL 90/365/EWG des Rates v. 28.6.1990 über das Aufenthaltsrecht der aus dem Erwerbsleben ausgeschiedenen Arbeitnehmer und selbständig Erwerbstätigen, ABl.EG 1990 L 180/28.

[11] ABl.EU 2004 L 229/35; vgl. dazu näher *Hailbronner*, Neue Richtlinie zur Freizügigkeit der Unionsbürger, ZAR 2004, 259 ff. Die Richtlinie 2004/38/EG führt zur Änderung der VO (EWG) 1612/68 und zur Aufhebung der Richtlinien 64/221/EWG, 68/360/EWG, 72/194/EWG, 73/148/EWG, 75/34/EWG, 75/35/EWG, 90/364/EWG, 90/365/EWG und 93/96/EWG (vgl. dazu Fn. 8 bis 10); vgl. auch die RL 2004/80/EG (unten, Fn. 55).

[12] Art. 6 Abs. 2 EUV; vgl. dazu näher *Magiera*, Die Grundrechtecharta der Europäischen Union, DÖV 2000, 1017 ff.; *Beutler*, in: von der Groeben/Schwarze (Hrsg.), Kommentar zum EUV und EGV, 6. Auflage, 2003, Art. 6 EUV Rn. 51 ff.; *Pernice/Mayer*, in: Grabitz/Hilf (Fn. 6), nach Art. 6 EUV Rn. 1 ff.; zur Abgrenzung zwischen Grundfreiheiten und Grundrechten vgl. näher *Müller-Graff*, Grundfreiheiten und Gemeinschaftsgrundrechte, in: Cremer u. a. (Hrsg.), Festschrift für Helmut Steinberger, 2002, 1281 ff.; *Gebauer*, Die Grundfreiheiten als Gemeinschaftsgrundrechte, 2004; *Oliver/Roth*, The internal market and the four freedoms, CMLR 2004, 407 ff.

chend dem Auftrag des Europäischen Rates, die auf Unionsebene geltenden Grundrechte zusammenzufassen und sichtbarer zu machen,[13] wurde die Charta der Grundrechte der Europäischen Union von einem Konvent erarbeitet und von den Gemeinschaftsorganen feierlich proklamiert.[14] Als Teil II des Verfassungsvertrags soll sie – substantiell unverändert – primärrechtliche Wirksamkeit erhalten. Im Einzelnen gewährleistet die Charta „Rechte, Freiheiten und Grundsätze" in sechs Bereichen: Würde des Menschen, Freiheiten, Gleichheit, Solidarität, Bürgerrechte, Justizielle Rechte.

Ausdrückliche Pflichten, wie etwa die Wehr- und Ersatzdienstpflicht im deutschen Grundgesetz (Art. 12 a) oder die Wahlpflicht in der belgischen Verfassung (Art. 62), enthalten die Vertragsbestimmungen für Unionsbürger nicht; jedoch sind diese – wie alle Rechtsunterworfenen – zur Beachtung des Gemeinschaftsrechts allgemein verpflichtet.

Mit der Einführung der Unionsbürgerschaft sollen neben den Rechten auch die Interessen der Staatsangehörigen der Mitgliedstaaten stärker geschützt werden (Art. 2 Abs. 1 EUV). Derartige Interessen sind im gesamten Vertragswerk verankert, im EG-Vertrag etwa auf dem Gebiet des Gesundheits-, des Verbraucher- und des Umweltschutzes (Art. 152, 153, 174 ff. EGV), im EU-Vertrag auf den Gebieten der polizeilichen und justiziellen Zusammenarbeit in Strafsachen (Art. 29 ff. EUV) sowie der Gemeinsamen Außen- und Sicherheitspolitik (Art. 11 ff. EUV). Sie haben Eingang auch in die EU-Grundrechtecharta gefunden, die in ihrem Kapitel „Solidarität" gleichfalls Bestimmungen zum Gesundheits-, Verbraucher- und Umweltschutz, ferner zu Leistungen sozialer und gemeinwirtschaftlicher Art enthält (Art. 34 ff. GRCh).

Im Verfassungsvertrag über die zukünftige Europäische Union bleibt die Vielfalt der unionsbürgerlichen Rechte und Interessen nicht nur erhalten, sondern wird durch zusätzliche Gewährleistungen, wie die Grundsätze der demokratischen Gleichheit (Art. I-45 EVV) und der partizipativen Demokratie (Art. I-47 EVV), noch erweitert. Die damit verbundene Unübersichtlichkeit wird dadurch verstärkt, dass verschiedene Rechte, insbesondere zur Unionsbürgerschaft und zur Gleichbehandlung, die bisher lediglich in einer einzigen Vertragsbestimmung verankert sind, zukünftig – sich ergänzend oder wiederholend – auf den ersten und den dritten Teil des Verfassungsvertrags verteilt sind.[15] Hinzu kommen zahlreiche gleich- oder ähnlichlautende Rechte der EU-Grundrechtecharta, die zukünftig nicht mehr nur von politischer Bedeutung sind, sondern primärrechtliche Wirksamkeit im zweiten Teil des Verfassungsvertrags erhalten.

---

[13] Europäischer Rat von Köln, 3./4.6.1999, Schlussfolgerungen des Vorsitzes, Bull.EU 6-1999, Ziff. I.18.44.

[14] ABl.EG 2000 C 364/1; vgl. dazu Bull.EU 12-2000, Ziff. 1.2.2.

[15] Art. I-10, III-125 ff. (Unionsbürgerschaft); Art. I-4 Abs. 2, III-123, III-124, III-210, III-214 (Gleichbehandlung).

2. Berechtigte und Verpflichtete

Nur einige, wenn auch die für die Integrationsentwicklung bedeutsamsten, Rechte sind allein den Unionsbürgern vorbehalten. Dies gilt vor allem für die wirtschaftlichen Freizügigkeitsrechte (Art. 39, 43, 49 EGV) sowie für die Bürgerrechte auf allgemeine Freizügigkeit (Art. 18 EGV), auf Teilnahme an den Wahlen zum Europäischen Parlament und auf kommunaler Ebene (Art. 19 EGV) sowie auf diplomatischen und konsularischen Schutz (Art. 20 EGV). Weitere Bürgerrechte, wie das Petitionsrecht zum Europäischen Parlament (Art. 21 Abs. 1, 194 EGV), das Beschwerderecht zum Europäischen Bürgerbeauftragten (Art. 21 Abs. 2, 195 EGV) oder das Recht auf Zugang zu Gemeinschaftsdokumenten (Art. 255 EGV), stehen demgegenüber auch anderen (natürlichen und juristischen) Personen zu, wenn sie im Hoheitsgebiet eines Mitgliedstaats ansässig sind.[16] Über den Kreis der Unionsbürger hinaus anwendbar ist auch das Diskriminierungsverbot aus Gründen der Staatsangehörigkeit (Art. 12 EGV), das sich auf Drittstaatsangehörige und Staatenlose erstreckt, wenn diese vom Anwendungsbereich des EG-Vertrags erfasst werden.[17] Die im gegenwärtigen Vertragsrecht bestehende Differenzierung zwischen ausschließlich den Unionsbürgern zustehenden und anderen Rechten bleibt im Verfassungsvertrag über die zukünftige Europäische Union unverändert erhalten.[18]

Verpflichtungsadressaten der unionsbürgerlichen Rechte sind regelmäßig die Organe der Gemeinschaft und der Mitgliedstaaten, ausnahmsweise und eng begrenzt auch Privatpersonen. Die Rechte der Einzelnen müssen im Vertragsrecht nicht ausdrücklich vorgesehen sein, sondern können sich auch aufgrund von eindeutigen Verpflichtungen ergeben, die der Vertrag anderen Einzelnen, den Mitgliedstaaten und den Gemeinschaftsorganen auferlegt.[19] Die Freizügigkeitsrechte richten sich in erster Linie an die Mitgliedstaaten, die aufgrund der unterschiedlichen nationalen Rechtsordnungen bestehenden Hemmnisse abzubauen, erfassen aber auch die Gemeinschaft, der die Verwirklichung der entsprechenden Vertragsziele obliegt,[20] während die Grundrechte in erster Linie die Gemeinschaftsorgane verpflichten (Art. 6 Abs. 2 EUV), aber auch die Mitgliedstaaten, soweit sie das

---

[16] Zum über den Unionsbürger hinaus erweiterten Verständnis des Korrespondenzrechts gemäß Art. 21 Abs. 3 EGV vgl. *Magiera,* in: Streinz (Fn. 4), Art. 21 EGV Rn. 6; ferner Art. 41 Abs. 4 EU-Grundrechtecharta (= Art. II-101 Abs. 4 EVV) sowie Art. I-10 Abs. 2 lit. d EVV.

[17] *Streinz,* in: Streinz (Fn. 4), Art. 12 EGV Rn. 36; *Zuleeg,* in: von der Groeben/Schwarze (Fn. 12), Art. 12 EGV Rn. 15; a. A. *Kingreen,* Gleichheitsrechte, in: Ehlers (Hrsg.), Europäische Grundrechte und Grundfreiheiten, 2003, 398 (404 f.).

[18] Vgl. zu Art. 39, 43, 49 EGV: Art. III-133, III-137, III-144 EVV; zu Art. 18, 19, 20, 21 i. V. m. Art. 194, 195 EGV: Art. I-10 Abs. 2 i. V. m. Art. III-334, III-335 EVV.

[19] EuGH, Rs. 26/62, *van Gend & Loos,* Slg. 1963, 1 (25).

[20] EuGH, Rs. 37/83, *Rewe,* Slg. 1984, 1229 Rn. 18; Rs. C-51/93, *Meyhui,* Slg. 1994, I-3879 Rn. 11; std. Rspr.

Gemeinschaftsrecht durchführen[21] oder eine nationale Regelung in dessen Anwendungsbereich fällt.[22] Privatpersonen können jedenfalls dann verpflichtet sein, wenn sie die Freizügigkeit Einzelner durch kollektive Regelungen in einer auch den Mitgliedstaaten untersagten Weise einschränken.[23]

IV. Kerngehalt der Unionsbürgerschaft

1. Recht auf Freizügigkeit

Aus der Vielzahl der unionsbürgerlichen Rechte treten diejenigen hervor, die den Unionsbürgern ausschließlich zustehen und sie damit von anderen Personen grundsätzlich, d. h. vorbehaltlich deren möglicher Einbeziehung,[24] abgrenzen. Es handelt sich um wenige, hinsichtlich ihrer rechtlichen und tatsächlichen Tragweite jedoch bedeutsame Rechte, nämlich auf Freizügigkeit in der Union, auf Teilnahme an den Europa- und den Kommunalwahlen sowie auf diplomatischen und konsularischen Schutz in Drittstaaten (Art. 18 bis 20 EGV). Im Verhältnis dieser Rechte zueinander steht die Freizügigkeit im Vordergrund, weil das Wahlrecht diese voraussetzt und das Recht auf diplomatischen und konsularischen Schutz nur eng begrenzt wahrgenommen werden kann, wenn der eigene Mitgliedstaat in einem Drittstaat nicht vertreten ist und dieser mit dem Schutz durch einen anderen Mitgliedstaat einverstanden ist.[25]

Das Recht auf Freizügigkeit bildet damit den Kerngehalt der Unionsbürgerschaft als grundlegender Rechtsstatus, der die gesamte Persönlichkeit der Staatsangehörigen der Mitgliedstaaten erfasst und diesen besondere Rechte und Pflichten vermittelt. Es steht im Zentrum des Integrationsprozesses, der darauf gerichtet ist, die aufgrund der unterschiedlichen mitgliedstaatlichen Rechtsordnungen bestehenden Hindernisse für den freien Personen-, Waren-, Dienstleistungs- und Kapitalverkehr zwischen den Mitgliedstaaten zu beseitigen. Die Freizügigkeit wurde schrittweise vorangebracht – zunächst auf wirtschaftlichem Gebiet und differen-

---

[21] EuGH, Rs. 5/88, *Wachauf,* Slg. 1989, 2609 Rn. 19; Rs. C-63/93, *Duff,* Slg. 1996, I-569 Rn. 29; Rs. C-292/97, *Karlsson,* Slg. 2000, I-2737 Rn. 37; std. Rspr.

[22] EuGH, Rs. C-260/89, *ERT,* Slg. 1991, I-2925 Rn. 42; Rs. C-299/95, *Kremzow,* Slg. 1997, I-2629 Rn. 15; Rs. C-309/96, *Annibaldi,* Slg. 1997, I-7493 Rn. 13; std. Rspr. Zur – umstrittenen – Regelung des Art. 51 EU-Grundrechtecharta („ausschließlich bei der Durchführung des Rechts der Union") vgl. *Magiera,* Die Bedeutung der Grundrechtecharta für die Europäische Verfassungsordnung, in: Scheuing (Hrsg.), Europäische Verfassungsordnung, 2003, 117 (126 ff.) m. w. N.

[23] EuGH, Rs. 36/74, *Walrave,* Slg. 1974, 1405 Rn. 16/19 ff.; Rs. C-281/98, *Angonese,* Slg. 2000, I-4139 Rn. 30 ff.; std. Rspr.

[24] Vgl. etwa zur Freizügigkeit Art. 61 ff. EGV, Art. 45 Abs. 2 EU-Grundrechtecharta und dazu *Magiera,* in: Meyer (Hrsg.), Kommentar zur Charta der Grundrechte der Europäischen Union, 2003, Art. 45 Rn. 16 ff.

[25] Vgl. dazu näher *Magiera,* in: Streinz (Fn. 4), Art. 20 EGV Rn. 9 und 15.

ziert für Arbeitnehmer, selbständig Erwerbstätige und im Dienstleistungsverkehr (Art. 39 ff. EGV), später auch auf nicht-wirtschaftlichem Gebiet und für alle Staatsangehörigen der Mitgliedstaaten einheitlich als Unionsbürger (Art. 18, 61 ff. EGV). Ihre grundlegende Bedeutung[26] im Rahmen des Vertragrechts wird daran erkennbar, dass die Beseitigung der Hindernisse für den freien Personen- und Dienstleistungsverkehr auf wirtschaftlichem Gebiet einen fundamentalen Grundsatz darstellt, der durch die Gemeinschaftsbestimmungen über die grundlegenden Freiheiten[27] der Arbeitnehmer, der selbständig Erwerbstätigen und im Dienstleistungsverkehr näher ausgeführt wird. In entsprechender Weise ist die allgemeine Freizügigkeit als Grundfreiheit der Unionsbürger zu verstehen.[28] Als „Gipfel der Individualrechte"[29] stellt sie einen wesentlichen Bestandteil der Unionsbürgerschaft dar,[30] der mit dieser untrennbar verbunden ist.[31]

2. Anwendungsbereich der Freizügigkeit

Die herausragende Bedeutung der Freizügigkeit als wesentliche Grundlage der Gemeinschaft hat zur Folge, dass die Bestimmungen über den Anwendungsbereich der Freizügigkeit auf wirtschaftlichem wie auf nicht-wirtschaftlichem Gebiet weit, die Ausnahmen und Abweichungen davon eng auszulegen sind.[32] Dies gilt für die Abgrenzung des Kreises der verschiedenen Begünstigten ebenso wie für den Umfang der ihnen im Einzelnen gewährleisteten Rechte.

a) Wirtschaftliche Freizügigkeit

So erfasst der Begriff des Arbeitnehmers, der mangels ausdrücklicher Definition im Gemeinschaftsrecht aus dessen Zusammenhang einheitlich und selbständig

---

[26] EuGH, Rs. 2/74, *Reyners,* Slg. 1974, 631 Rn. 42/43; Rs. C-344/95, *Kommission/Belgien,* Slg. 1997, I-1035 Rn. 14.

[27] EuGH, Rs. 115/78, *Knoors,* Slg. 1979, 399 Rn. 19 f.; Rs. C-19/92, *Kraus,* Slg. 1993, I-1663 Rn. 16; Rs. C-415/93, *Bosman,* Slg. 1995, I-4921 Rn. 78.

[28] EuGH, Rs. C-274/96, *Bickel,* Slg. 1998, I-7637 Rn. 15 f.; Rs. C-357/98, *Yiadom,* Slg. 2000, I-9265 Rn. 23 ff.; Rs. C-184/99, *Grzelczyk,* Slg. 2001, I-6193 Rn. 33; Rs. C-224/98, *D'Hoop,* Slg. 2002, I-6191 Rn. 29; Rs. C-482/01, *Orfanopoulos,* Urt. v. 29.4.2004 Rn. 64, noch nicht in der amtl. Slg.

[29] EuGH, Rs. C-378/97, *Wijsenbeek,* Schlussanträge des GA Cosmas, Slg. 1999, I-6207 Nr. 89.

[30] EuGH, Rs. C-274/96, *Bickel,* Schlussanträge des GA Jacobs, Slg. 1998, I-7637 Nr. 24.

[31] EuGH, Rs. C-85/96, *Martínez Sala,* Schlussanträge des GA La Pergola, Slg. 1998, I-2691 Nr. 18; Rs. C-413/99, *Baumbast,* Schlussanträge des GA Geelhoed, Slg. 2002, I-7091 Nr. 105.

[32] Vgl. EuGH, Rs. 53/81, *Levin,* Slg. 1982, 1035 Rn. 13; Rs. 197/86, *Brown,* Slg. 1988, 3205 Rn. 22; Rs. C-55/94, *Gebhard,* Slg. 1995, I-4165 Rn. 25; Rs. C-357/98, *Yiadom,* Slg. 2000, I-9265 Rn. 24; Rs. C-138/02, *Collins,* Urt. v. 23.3.2004 Rn. 26, noch nicht in der amtl. Slg.; std. Rspr.

gegenüber dem Recht der Mitgliedstaaten zu bestimmen ist,[33] alle tatsächlichen und echten Tätigkeiten im Lohn- oder Gehaltsverhältnis,[34] dessen wesentliches Merkmal darin besteht, dass jemand während einer bestimmten Zeit für einen anderen nach dessen Weisung Leistungen erbringt, für die er als Gegenleistung eine Vergütung erhält.[35] Einbezogen in den weiten Arbeitnehmerbegriff sind u. a. auch Tätigkeiten auf Teilzeitbasis, zur Berufsausbildung oder von kurzer Dauer und selbst dann, wenn das Entgelt unter dem branchengarantierten Mindesteinkommen oder dem allgemeinen Existenzminimum liegt und der Erwerbstätige für seinen Lebensunterhalt zusätzlich auf – private oder öffentliche – Hilfsquellen angewiesen ist.[36] Die Grenze liegt dort, wo nicht mehr eine tatsächliche und echte, sondern eine Tätigkeit ausgeübt wird, die einen so geringen Umfang hat, dass sie sich als völlig untergeordnet und unwesentlich darstellt,[37] oder eine Tätigkeit, die außerhalb des Wirtschaftslebens im Sinne des Gemeinschaftsrechts liegt.[38]

Zu unterscheiden ist angesichts der unklaren Begrifflichkeit des Gemeinschaftsrechts zwischen Arbeitnehmern in einem engeren Sinn, die sich in einem Arbeitsverhältnis befinden, und Arbeitnehmern in einem weiteren Sinn, die ein Arbeitsverhältnis anstreben oder aus einem Arbeitsverhältnis ausgeschieden sind.[39] Die Differenzierung ist bedeutsam für den Umfang der mit einem Arbeitsverhältnis verbundenen einzelnen Rechte.

Die den Arbeitnehmern im Gemeinschaftsrecht gewährleistete Freizügigkeit zielt auf die Abschaffung jeder auf der Staatsangehörigkeit beruhenden unterschiedlichen Behandlung der Arbeitnehmer der Mitgliedstaaten (Art. 39 EGV). Sie umfasst Rechte im Hinblick auf die Beschäftigungs- und Arbeitsbedingungen, insbesondere auf die Entlohnung, die Kündigung und die berufliche Wiedereingliederung bei Arbeitslosigkeit, sowie u. a. auf Gleichbehandlung bei vorgeschrie-

---

[33] EuGH, Rs. 75/63, *Unger*, Slg. 1964, 379 (396 f.); Rs. 53/81, *Levin*, Slg. 1982, 1035 Rn. 9 ff.; Rs. C-357/98, *Yiadom*, Slg. 2000, I-9265 Rn. 26.

[34] Art. 1 VO (EWG) 1612/68 (Fn. 8).

[35] EuGH, Rs. 66/85, *Lawrie-Blum*, Slg. 1986, 2121 Rn. 17; Rs. C-138/02, *Collins*, Urt. v. 23.3.2004 Rn. 26, noch nicht in der amtl. Slg.; std. Rspr.

[36] EuGH, Rs. 53/81, *Levin*, Slg. 1982, 1035 Rn. 16; Rs. 66/85, *Lawrie-Blum*, Slg. 1986, 2121 Rn. 19; Rs. 139/85, *Kempf*, Slg. 1986, 1741 Rn. 14; Rs. 197/86, *Brown*, Slg. 1988, 3205 Rn. 22; Rs. C-317/93, *Nolte*, Slg. 1995, I-4625 Rn. 16, 19; Rs. C-413/01, *Ninni-Orasche*, Urt. v. 6.11.2003 Rn. 25, noch nicht in der amtl. Slg.

[37] EuGH, Rs. 53/81, *Levin*, Slg. 1982, 1035 Rn. 17; Rs. 197/86, *Brown*, Slg. 1988, 3205 Rn. 21; Rs. C-107/94, *Asscher*, Slg. 1996, I-3089 Rn. 25; Rs. C-337/97, *Meeusen*, Slg. 1999, I-3289 Rn. 13.

[38] EuGH, Rs. 36/74, *Walrave*, Slg. 1974, 1405 Rn. 4/10; Rs. 53/81, *Levin*, Slg. 1982, 1035 Rn. 17; Rs. 196/87, *Steymann*, Slg. 1988, 6159 Rn. 11 f.; Rs. 344/87, *Bettray*, Slg. 1989, 1621 Rn. 13; Rs. C-176/96, *Lehtonen*, Slg. 2000, I-2681 Rn. 43; Rs. C-456/02, *Trojani*, Urt. v. 7.9.2004 Rn. 23 f., noch nicht in der amtl. Slg.

[39] EuGH, Rs. C-138/02, *Collins*, Urt. v. 23.3.2004 Rn. 29 ff., noch nicht in der amtl. Slg.

benen oder freiwilligen Zusatzleistungen, bei Aufstiegsmöglichkeiten oder bei der Befristung von Arbeitsverträgen.[40]

Damit die Freizügigkeit in Freiheit und Menschenwürde wahrgenommen werden kann, erstrecken sich die mit ihr verbundenen Rechte auch auf die Lebensumstände der Arbeitnehmer im Allgemeinen, insbesondere auf die Begleitung durch Familienangehörige, die Möglichkeit der Anmietung oder des Erwerbs von Wohnraum sowie die Inspruchnahme von steuerlichen und sozialen Vergünstigungen.[41] Zu den steuerlichen Vergünstigungen gehören u. a. die Abzugsfähigkeit von Ausgaben, Steuerrückerstattungen und das Ehegattensplitting.[42] Unter sozialen Vergünstigungen sind in einem weiteren Sinn alle Vergünstigungen zu verstehen, die – ob sie an einen Arbeitsvertrag anknüpfen oder nicht – den inländischen Arbeitnehmern hauptsächlich wegen ihrer objektiven Arbeitnehmereigenschaft oder einfach wegen ihres Wohnorts im Inland gewährt werden und deren Ausdehnung auf die Arbeitnehmer, die Staatsangehörige eines anderen Mitgliedstaats sind, deshalb als geeignet erscheint, deren Mobilität innerhalb der Gemeinschaft zu erleichtern.[43] Im Einzelnen fallen darunter u. a. Geld- und Sachleistungen, wie Familien- und Ausbildungsbeihilfen sowie Hilfen zum Lebensunterhalt,[44] aber auch immaterielle Werte, wie der Gebrauch der eigenen Sprache vor Gericht oder die Begleitung durch den nichtehelichen Partner.[45]

Die genannten Rechte gelten allgemein für Arbeitnehmer, die in einem Arbeitsverhältnis stehen, hängen jedoch nicht unbedingt von dessen Fortbestehen ab.[46] Vielmehr können bestimmte Rechte, die mit der Arbeitnehmereigenschaft zusammenhängen, fortwirken und diejenigen, die tatsächlich eine Arbeit suchen, als Arbeitnehmer zu qualifizieren sein.[47] Im Unterschied zu denjenigen, die in ihrem Aufenthaltsstaat bereits Zugang zum Arbeitsmarkt gefunden haben und denen nach Beendigung des Arbeitsverhältnisses differenzierte Verbleiberechte zuste-

---

[40] Art. 39 Abs. 2 EGV i. V. m. Art. 7 Abs. 1 VO (EWG) 1612/68 (Fn. 8); EuGH, Rs. 152/73, *Sotgiu,* Slg. 1974, 153 Rn. 8; Rs. 225/85, *Kommission/Italien,* Slg. 1987, 2625 Rn. 13; Rs. C-259/91, *Allué,* Slg. 1993, I-4309 Rn. 21; Rs. C-187/96, *Kommission/Griechenland,* Slg. 1998, I-1095 Rn. 20 ff.

[41] Präambel Abs. 5, Art. 7 Abs. 2 ff. VO (EWG) 1612/68 (Fn. 8).

[42] EuGH, Rs. C-204/90, *Bachmann,* Slg. 1992, I-249 Rn. 8 ff.; Rs. C-279/93, *Schumacker,* Slg. 1995, I-225 Rn. 59; Rs. C-87/99, *Zurstrassen,* Slg. 2000, I-2337 Rn. 26.

[43] EuGH, Rs. 32/75, *Cristini,* Slg. 1975, 1085 Rn. 7/9 ff.; Rs. C-85/96, *Martínez Sala,* Slg. 1998, I-2691 Rn. 25; std. Rspr.

[44] EuGH, Rs. 32/75, *Cristini,* Slg. 1975, 1085 Rn. 10/13; Rs. C-3/90, *Bernini,* Slg. 1992, I-1071 Rn. 29; Rs. 316/85, *Lebon,* Slg. 1987, 2811 Rn. 12.

[45] EuGH, Rs. 137/84, *Mutsch,* Slg. 1985, 2681 Rn. 16 f.; Rs. 59/85, *Reed,* Slg. 1986, 1283 Rn. 28 f.

[46] EuGH, Rs. 39/86, *Lair,* Slg. 1988, 3161 Rn. 31.

[47] EuGH, Rs. C-85/96, *Martínez Sala,* Slg. 1998, I-2691 Rn. 32; Rs. C-43/99, *Leclere,* Slg. 2001, I-4265 Rn. 55; Rs. C-413/01, *Ninni-Orasche,* Urt. v. 6.11.2003 Rn. 34, noch nicht in der amtl. Slg.; Rs. C-138/02, *Collins,* Urt. v. 23.3.2004 Rn. 27 ff., noch nicht in der amtl. Slg.

hen,[48] haben diejenigen, die zur Arbeitssuche neu zuwandern, nur das Recht auf gleichen Zugang zur Beschäftigung, nicht jedoch auf die gleichen steuerlichen und sozialen Vergünstigungen.[49] Die Zugangsfreiheit umfasst das Recht, sich in einen anderen Mitgliedstaat zu begeben und dort aufzuhalten, um eine Stelle zu suchen.[50] Die damit verbundene Freizügigkeit ist jedoch auf einen angemessenen Zeitraum von grundsätzlich sechs Monaten beschränkt, wenn der Betroffene nicht nachweist, dass er auch danach mit begründeter Erfolgsaussicht Arbeit sucht.[51]

Parallel zur Freizügigkeit der Arbeitnehmer hat auch die Niederlassungsfreiheit der selbständig Erwerbstätigen eine weite Auslegung ihres Anwendungsbereichs erfahren.[52] Gleiches gilt für die Freizügigkeit im Rahmen des Dienstleistungsverkehrs, insbesondere durch Einbeziehung der Empfänger von Dienstleistungen, die im Vertragsrecht nicht eindeutig geregelt ist.[53] Diese sog. passive Dienstleistungsfreiheit ermöglicht es den Empfängern, sich zur Entgegennahme von Dienstleistungen in andere Mitgliedstaaten zu begeben und dort aufzuhalten. Da unter Dienstleistungen alle Leistungen zu verstehen sind, die in der Regel gegen Entgelt erbracht werden und nicht schon von den anderen Marktfreiheiten gewährleistet sind (Art. 50 EGV), eröffnet sich ein weiter Anwendungsbereich für die damit verbundene Freizügigkeit von Personen, u. a. zu Geschäfts- und Studienreisen, medizinischer Behandlung oder allgemein als Tourist.[54] Darüber hinaus können sich aus der Freizügigkeit weitere Rechte ergeben, etwa auf Inländergleichbehandlung bei öffentlichen Entschädigungsleistungen für Opfer von Straftaten im Aufenthaltsstaat[55] oder auf die Benutzung einer bestimmten Sprache vor Gericht.[56]

---

[48] Vgl. VO (EWG) 1251/70 (Fn. 8).

[49] EuGH, Rs. 316/85, *Lebon,* Slg. 1987, 2811 Rn. 26; Rs. C-138/02, *Collins,* Urt. v. 23.3.2004 Rn. 29 ff., 58, noch nicht in der amtl. Slg.; ebenda, Schlussanträge des GA Ruiz-Jarabo Colomer v. 10.7.2003 Nr. 29 ff. m. w. N., noch nicht in der amtl. Slg.

[50] EuGH, Rs. C-292/89, *Antonissen,* Slg. 1991, I-745 Rn. 13; Rs. C-171/91, *Tsiotras,* Slg. 1993, I-2925 Rn. 8; Rs. C-344/95, *Kommission/Belgien,* Slg. 1997, I-1035 Rn. 15; Rs. C-138/02, *Collins,* Urt. v. 23.3.2004 Rn. 36, noch nicht in der amtl. Slg.

[51] EuGH, Rs. C-292/89, *Antonissen,* Slg. 1991, I-745 Rn. 21; Rs. C-171/91, *Tsiotras,* Slg. 1993, I-2925 Rn. 13; Rs. C-344/95, *Kommission/Belgien,* Slg. 1997, I-1035 Rn. 16 f.; Rs. C-138/02, *Collins,* Urt. v. 23.3.2004 Rn. 37, noch nicht in der amtl. Slg.

[52] Vgl. z. B. EuGH, Rs. C-55/94, *Gebhard,* Slg. 1995, I-4165 Rn. 25; Rs. C-3/95, *Broede,* Slg. 1996, I-6511 Rn. 20.

[53] EuGH, Rs. 286/82, *Luisi,* Slg. 1984, 377 Rn. 9 ff.; Rs. C-224/97, *Ciola,* Slg. 1999, I-2517 Rn. 11; std. Rspr.

[54] EuGH, Rs. 286/82, *Luisi,* Slg. 1984, 377 Rn. 16; Rs. C-158/96, *Kohll,* Slg. 1998, I-1931 Rn. 54; Rs. C-385/99, *Müller-Fauré,* Slg. 2003, I-4509 Rn. 38 ff.

[55] EuGH, Rs. 186/87, *Cowan,* Slg. 1989, 195 Rn. 17; vgl. dazu nunmehr die allgemeine – auf die subsidiäre Ermächtigungsnorm des Art. 308 EGV gestützte – Richtlinie 2004/80/EG des Rates v. 29.4.2004 zur Entschädigung der Opfer von Straftaten, ABl EU 2004 L 261/15.

[56] EuGH, Rs. C-274/96, *Bickel,* Slg. 1998, I-7637 Rn. 13 ff.

Insgesamt beruhen die Gemeinschaftsbestimmungen über die wirtschaftliche Freizügigkeit auf denselben Grundsätzen sowohl im Hinblick auf das Recht, in das Gebiet der anderen Mitgliedstaaten einzureisen und sich dort aufzuhalten, als auch im Hinblick auf das Verbot jeder auf der Staatsangehörigkeit beruhenden unterschiedlichen Behandlung.[57] Diese Gemeinsamkeiten sowie die weite Auslegung des Anwendungsbereichs der wirtschaftlichen Freizügigkeitsrechte vermögen jedoch nicht alle Schwierigkeiten bei der Beseitigung der Hindernisse für den freien Personenverkehr in der Union zu überwinden. Dies zeigt sich etwa bei der Einbeziehung der Arbeitsuchenden in die Freizügigkeit der Arbeitnehmer oder bei der Bestimmung der zulässigen Aufenthaltsdauer von Dienstleistungsempfängern, wenn sie sich in einen anderen Mitgliedstaat begeben.[58]

b) Allgemeine Freizügigkeit

Die Verengung der Freizügigkeit auf den wirtschaftlichen Bereich wird überwunden durch die drei Richtlinien für nicht wirtschaftlich tätige Personen[59] und das in Art. 18 EGV verankerte allgemeine Freizügigkeitsrecht, das für alle Unionsbürger ohne weitere Differenzierung gilt. Ebenso wie die wirtschaftlichen Grundfreiheiten ist die nicht wirtschaftsbezogene Grundfreiheit weit und sind die Ausnahmen und Abweichungen von ihr eng auszulegen.[60] Auch die allgemeine Freizügigkeit fällt in den sachlichen Anwendungsbereich des Vertragsrechts und gewährleistet damit den Unionsbürgern, wenn sie sich in der gleichen Situation befinden, gemäß Art. 12 EGV unabhängig von deren Staatsangehörigkeit Anspruch auf gleiche rechtliche Behandlung.[61]

Die allgemeine Freizügigkeit gewährleistet den Unionsbürgern nicht nur das schlichte Recht, sich in einen anderen Mitgliedstaat zu begeben und dort aufzuhalten. Vielmehr gehören dazu auch alle weiteren Rechte, die es – wie etwa im

---

[57] EuGH, Rs. 48/75, *Royer,* Slg. 1976, 497 Rn. 10/11 ff.; Rs. C-24/97, *Kommission/Deutschland,* Slg. 1998, I-2133 Rn. 11.

[58] Vgl. – in Bezug auf den Dienstleistungserbringer – EuGH, Rs. C-215/01, *Schnitzer,* Urt. v. 11.12.2003 Rn. 31 ff., noch nicht in der amtl. Slg.

[59] Vgl. RL 90/364/EWG, RL 90/365/EWG, RL 93/96/EWG Fn. 9 und 10.

[60] EuGH, Rs. C-482/01, *Orfanopoulos,* Urt. v. 29.4.2004 Rn. 65, noch nicht in der amtl. Slg., wonach die Unionsbürgerschaft „eine besonders enge Auslegung der Ausnahmen" erfordert.

[61] EuGH, Rs. C-184/99, *Grzelczyk,* Slg. 2001, I-6193 Rn. 31, 32; Rs. C-224/98, *D'Hoop,* Slg. 2002, I-6191 Rn. 28 f.; Rs. C-148/02, *Garcia Avello,* Slg. 2003, I-11613 Rn. 23 f.; Rs. C-224/02, *Pusa,* Urt. v. 29.4.2004 Rn. 16 f., noch nicht in der amtl. Slg.; Rs. C-456/02, *Trojani,* Urt. v. 7.9.2004 Rn. 39 ff., noch nicht in der amtl. Slg.; vgl. dazu auch *Scheuing,* Freizügigkeit als Unionsbürgerrecht, EuR 2003, 744 (780 f.); *Kanitz/Steinberg,* Grenzenloses Gemeinschaftsrecht? Die Rechtsprechung des EuGH zu Grundfreiheiten, Unionsbürgerschaft und Grundrechten als Kompetenzproblem, EuR 2003, 1013 ff.; *Spaventa,* From Gebhard to Carpenter: towards a (non-)economic European Constitution, CMLR 2004, 743 ff.

Rahmen der Arbeitnehmerfreizügigkeit – ermöglichen, das Recht auf Freizügigkeit „in Freiheit und Menschenwürde" wahrzunehmen. Die Unionsbürgerschaft soll den Schutz der Rechte und Interessen der Staatsangehörigen der Mitgliedstaaten stärken (Art. 2 EUV), d. h. den erreichten Stand des Gemeinschaftsrechts voranbringen, nicht nur erhalten oder gar vermindern. Letzteres wäre jedoch der Fall, wenn der im Rahmen der wirtschaftlichen Freizügigkeit erreichte gemeinschaftsrechtliche Besitzstand, der über die wirtschaftliche Betätigung hinausgeht, nicht auch im Rahmen der allgemeinen Freizügigkeit zur Verfügung stände.

Dementsprechend können den Unionsbürgern auch bei der Ausübung ihres allgemeinen Freizügigkeitsrechts vielfältige Ansprüche auf Gleichbehandlung immaterieller[62] wie materieller[63] Art zustehen. Der erforderliche Bezug zum Gemeinschaftsrecht entfällt nicht dadurch, dass der Regelungsbereich zur Zuständigkeit der Mitgliedstaaten gehört. Die Mitgliedstaaten müssen vielmehr bei der Ausübung ihrer Zuständigkeiten das Gemeinschaftsrecht, insbesondere auch die Freizügigkeitsrechte, beachten.[64]

Damit ist jedoch nur der Grundsatz des Anspruchs auf Gleichbehandlung der Unionsbürger bei der Ausübung ihres Freizügigkeitsrechts festgestellt, nicht hingegen, welchen Grenzen diese Grundfreiheit unterliegt.[65]

3. Grenzen der Freizügigkeit

a) Differenzierung zwischen allgemeiner und wirtschaftlicher Freizügigkeit

Trotz der weiten Auslegung und der zu verzeichnenden Annäherung ist weiterhin eine – interne – Grenzziehung zwischen allgemeiner und – in sich zusätzlich differenzierter – wirtschaftlicher Freizügigkeit erforderlich. Zwar stehen alle Freizügigkeitsrechte allen Unionsbürgern gleichermaßen zu, jedoch in jeweils unterschiedlicher Ausgestaltung für Arbeitnehmer, selbständig Erwerbstätige und im

---

[62] EuGH, Rs. C-378/97, *Wijsenbeek,* Slg. 1999, I-6207 Rn. 42 (Ausweispflicht); Rs. C-274/96, *Bickel,* Slg. 1998, I-7637 Rn. 15 f. (Gebrauch einer bestimmten Sprache); Rs. C-356/98, *Kaba,* Slg. 2000, I-2623 Rn. 30 f. (Aufenthaltsrecht des Ehegatten); Rs. C-148/02, *Garcia Avello,* Slg. 2003, I-11613 Rn. 45 (Bestimmung des Familiennamens).

[63] EuGH, Rs. C-85/96, *Martínez Sala,* Slg. 1998, I-2691 Rn. 57 (Erziehungsgeld); Rs. C-184/99, *Grzelczyk,* Slg. 2001, I-6193 Rn. 46 (Sozialleistungen); Rs. C-224/98, *D'Hoop,* Slg. 2002, I-6191 Rn. 40 (Überbrückungsgeld); Rs. C-224/02, *Pusa,* Urt. v. 29.4.2004 Rn. 21 ff. (Pfändung von Rentenbezügen), noch nicht in der amtl. Slg.; Rs. C-502/01, *Gaumain-Cerri,* Urt. v. 8.7.2004 Rn. 35 (Pflegeversicherungsleistungen), noch nicht in der amtl. Slg.; Rs. C-365/02, *Lindfors,* Urt. v. 15.7.2004 Rn. 34 (Zahlung von Steuern), noch nicht in der amtl. Slg.; vgl. dazu auch *Borchardt,* Der sozialrechtliche Gehalt der Unionsbürgerschaft, NJW 2000, 2057 ff.; *Martínez Soria,* Die Unionsbürgerschaft und der Zugang zu sozialen Vergünstigungen, JZ 2002, 643 ff.; *Jacqueson,* Union citizenship and the Court of Justice: something new under the sun? Towards social citizenship, E.L.Rev. 2002, 260 ff.

[64] EuGH, Rs. C-148/02, *Garcia Avello,* Slg. 2003, I-11613 Rn. 25.

[65] Vgl. auch die Differenzierung in Art. 24 RL 2004/38/EG (Fn. 11).

Dienstleistungsverkehr sowie für alle übrigen Personen.[66] Diese Unterschiede ergeben sich im Einzelnen aus den gemeinschaftsrechtlich zulässigen Ausnahmen und gerechtfertigten Beeinträchtigungen, auf die im Folgenden näher einzugehen ist.

Im Verhältnis der Freizügigkeitsrechte untereinander sind die wirtschaftlichen Freizügigkeitsrechte die spezielleren Ausprägungen, so dass das allgemeine Freizügigkeitsrecht nur, aber auch immer – subsidiär – als Hauptfreizügigkeitsrecht[67] zur Anwendung gelangt, wenn ein wirtschaftliches Freizügigkeitsrecht nicht oder nur begrenzt eingreift.[68] Dies kann etwa bei aus dem Berufsleben ausgeschiedenen Arbeitnehmern der Fall sein.[69] Im Verhältnis der Freizügigkeitsrechte zum allgemeinen Diskriminierungsverbot aus Gründen der Staatsangehörigkeit (Art. 12 EGV) stellen die Freizügigkeitsrechte, da sie in den sachlichen Anwendungsbereich des Vertragsrechts fallen, besondere Vertragsbestimmungen dar, die dem allgemeinen Diskriminierungsverbot in dessen Anwendungsbereich vorgehen.[70] Dieses kommt somit erst dann zum Zuge, wenn eine Ungleichbehandlung aus Gründen der Staatsangehörigkeit nicht in den – weit auszulegenden – Anwendungsbereich der wirtschaftlichen oder – subsidiär – der allgemeinen Freizügigkeit fällt. Soweit der Anwendungsbereich der Freizügigkeit über die wirtschaftliche Betätigung oder den allgemeinen Aufenthalt in einem engeren Sinn hinausgeht, erscheint es jedoch nicht ausgeschlossen, auf das allgemeine Diskriminierungsverbot aus Gründen der Staatsangehörigkeit zurückzugreifen.[71]

b) Ausnahmen von der Freizügigkeit

Eine allgemeine Grenze für die Freizügigkeit in der Union ergibt sich aus dem Ziel der Grundfreiheiten, die Hindernisse für den grenzüberschreitenden Personenverkehr zwischen den Mitgliedstaaten zu beseitigen, nicht jedoch die unterschiedlichen Rechtsordnungen insgesamt zu vereinheitlichen. Daran hält auch der Ver-

---

[66] Vgl. dazu auch *Becker,* Freizügigkeit in der EU – auf dem Weg vom Begleitrecht zur Bürgerfreiheit, EuR 1999, 522 ff.; *Jarass,* Elemente einer Dogmatik der Grundfreiheiten II, EuR 2000, 705 ff.

[67] *Scheuing* (Fn. 61), 766.

[68] EuGH, Rs. C-193/94, *Skanavi,* Slg. 1996, I-929 Rn. 22; Rs. C-348/96, *Calfa,* Slg. 1999, I-11 Rn. 29 f.; Rs. C-92/01, *Stylianakis,* Slg. 2003, I-1291 Rn. 18.

[69] Vgl. EuGH, Rs. C-413/99, *Baumbast,* Slg. 2002, I-7091 Rn. 49 ff., 68 ff., 92; aber auch EuGH, Rs. C-138/02, *Collins,* Urt. v. 23.3.2004 Rn. 51 ff., noch nicht in der amtl. Slg., wo für Arbeitsuchende neben Art. 39 Abs. 2 EGV auf Art. 12 und 17 EGV und nicht auf Art. 18 EGV zurückgegriffen wird.

[70] EuGH, Rs. 8/77, *Sagulo,* Slg. 1977, 1495 Rn. 11; Rs. C-193/94, *Skanavi,* Slg. 1996, I-929 Rn. 20 f.; Rs. C-387/01, *Weigel,* Urt. v. 29.4.2004 Rn. 59, noch nicht in der amtl. Slg.

[71] EuGH, Rs. C-274/96, *Bickel,* Slg. 1998, I-7637 Rn. 15 f.; Rs. C-184/99, *Grzelczyk,* Slg. 2001, I-6193 Rn. 37; Rs. C-148/02, *Garcia Avello,* Slg. 2003, I-11613 Rn. 24, 29; Rs. C-456/02, *Trojani,* Urt. v. 7.9.2004 Rn. 39 ff., noch nicht in der amtl. Slg.; vgl. auch *Rossi,* Das Diskriminierungsverbot nach Art. 12 EGV, EuR 2000, 197 (205 ff.).

trag über eine Verfassung für Europa fest. Dementsprechend erstreckt sich der sachliche Anwendungsbereich der Freizügigkeitsrechte auf zwischenstaatlich grenzüberschreitende, nicht auf rein innerstaatliche Sachverhalte, die keinerlei Bezug zum Gemeinschaftsrecht aufweisen. Dies gilt für die wirtschaftliche Freizügigkeit[72] ebenso wie für die allgemeine Freizügigkeit der Unionsbürger,[73] da der Vertrag über die Europäische Union insoweit keine Änderung vorgenommen hat.[74] Ein grenzüberschreitender Sachverhalt mit Bezug zum Gemeinschaftsrecht ist nicht nur gegeben, wenn ein Unionsbürger sich aus seinem Heimatstaat in einen anderen Mitgliedstaat begibt oder dort von Geburt an lebt,[75] sondern auch, wenn ein Unionsbürger aus einem anderen Mitgliedstaat in seinen Heimatstaat zurückkehrt[76] oder in diesen, weil er dort nicht geboren wurde, erstmals einreist.

Über diese allgemeine strukturelle Grenze hinaus enthalten das gegenwärtige Gemeinschaftsrecht wie der zukünftige Verfassungsvertrag ausdrücklich verschiedene spezifische Grenzen für die einzelnen Freizügigkeitsrechte. Bereichsausnahmen bestehen für die Arbeitnehmerfreizügigkeit, die keine Anwendung auf die Beschäftigung in der öffentlichen Verwaltung findet,[77] sowie für die Freizügigkeit der selbständig Erwerbstätigen und im Dienstleistungsverkehr, die sich nicht auf Tätigkeiten erstreckt, die in einem Mitgliedstaat mit der Ausübung öffentlicher Gewalt verbunden sind oder für die der Rat Ausnahmen beschließt.[78] Vorbehalten bleiben ferner für alle wirtschaftlichen Freizügigkeitsrechte mitgliedstaatliche Regelungen für Ausländer, die aus Gründen der öffentlichen Ordnung, Sicherheit oder Gesundheit gerechtfertigt sind.[79]

Die allgemeine Freizügigkeit gilt nur vorbehaltlich der im EG-Vertrag und in den Durchführungsvorschriften vorgesehenen Beschränkungen und Bedingun-

---

[72] EuGH, Rs. 175/78, *Saunders,* Slg. 1979, 1129 Rn. 11; Rs. C-41/90, *Höfner,* Slg. 1991, I-1979 Rn. 37; Rs. C-332/90, *Steen,* Slg. 1992, I-341 Rn. 9.

[73] EuGH, Rs. C-64/96, *Uecker,* Slg. 1997, I-3171 Rn. 23; Rs. C-148/02, *Garcia Avello,* Slg. 2003, I-11613 Rn. 26.

[74] Ebenso ganz überwiegend das Schrifttum; vgl. dazu *Epiney,* in: Calliess/Ruffert (Hrsg.), Kommentar des EUV/EGV, 2. Auflage, 2002, Art. 12 EGV Rn. 31 ff.; *Holoubek,* in: Schwarze (Hrsg.), EU-Kommentar, 2000, Art. 12 EGV Rn. 33 ff.; aber auch *Shuibhne,* Free movement of persons and the wholly international rule: time to move on?, CMLR 2002, 731 ff.

[75] Vgl. dazu EuGH, Rs. C-148/02, *Garcia Avello,* Slg. 2003, I-11613 Rn. 20 ff., der zwar im Ergebnis allein auf Art. 12 und 17 EGV abstellt (Rn. 45), jedoch das allgemeine Recht auf Freizügigkeit aus Art. 18 EGV voraussetzt (Rn. 24, 27).

[76] EuGH, Rs. 115/78, *Knoors,* Slg. 1979, 399 Rn. 17 ff.; Rs. C-224/98, *D'Hoop,* Slg. 2002, I-6191 Rn. 30; Rs. C-232/01, *van Lent,* Slg. 2003, I-11525 Rn. 13.

[77] Art. 39 Abs. 4 EGV; Art. III-133 Abs. 4 EVV.

[78] Art. 45, 55 EGV; Art. III-139, III-150 EVV.

[79] Art. 39 Abs. 3, 46, 55 EGV; Art. III-133 Abs. 3, III-140, III-150 EVV; vgl. auch RL 64/221/EWG (Fn. 8); Art. 27 ff. RL 2004/38/EG (Fn. 11); vgl. dazu näher *Hailbronner,* Die Unionsbürgerrichtlinie und der ordre public, ZAR 2004, 299 ff.

gen.⁸⁰ Die drei Richtlinien für nicht-erwerbstätige Unionsbürger enthalten neben Einschränkungen zum Schutze der öffentlichen Ordnung, Sicherheit und Gesundheit die weiteren Erfordernisse einer Krankenversicherung, die im Aufenthaltsmitgliedstaat alle Risiken abdeckt, und ausreichender Existenzmittel, die vor der Inanspruchnahme von Sozialhilfe des Aufnahmemitgliedstaats bewahren.⁸¹ Die zusätzlichen Erfordernisse sollen sicherstellen, dass die allgemein Freizügigkeitsberechtigten die öffentlichen Finanzen des Aufenthaltsmitgliedstaats nicht über Gebühr belasten,⁸² was bei den wirtschaftlich Freizügigkeitsberechtigten dadurch gewährleistet erscheint, dass sie die für ihren Lebensunterhalt und ihren Gesundheitsschutz erforderlichen Mittel aus ihrer Berufstätigkeit erzielen oder im Dienstleistungsverkehr zur Verfügung haben.⁸³ Weitere Durchführungsvorschriften können vom Rat erlassen werden, jedoch nur zur Erleichterung der allgemeinen Freizügigkeit.⁸⁴ Dies ist auch für Durchführungsvorschriften betreffend Ausweisdokumente und den Sozialbereich anzunehmen, für die lediglich andere Verfahrensvorschriften gelten.⁸⁵

Weitere Grenzen können sich aus einzelnen Bestimmungen und dem Zusammenhang des Vertragsrechts ergeben. Insoweit erscheint die Gewährleistung der Teilnahme von Unionsbürgern an den Europa- und Kommunalwahlen in ihrem Aufenthaltsstaat, dessen Staatsangehörigkeit sie nicht besitzen, als eine Sonderregelung, die sich nicht auf andere Wahlen übertragen lässt. Auch stellt sich abschließend die Frage, ob und inwieweit der Anwendungsbereich der Freizügigkeitsrechte angesichts seiner weiten Auslegung nicht Grenzen aufgrund beeinträchtigender, aber gerechtfertigter Maßnahmen vor allem der Mitgliedstaaten unterliegt.

c) Beeinträchtigungen der Freizügigkeit

Die wirtschaftlichen Freizügigkeitsrechte sollen den Staatsangehörigen der Mitgliedstaaten die grenzüberschreitende Tätigkeit in der Union erleichtern und stehen deshalb benachteiligenden Maßnahmen bei der Ausübung dieser Grundfrei-

---

⁸⁰ Art. 18 Abs. 1 EGV; Art. I-10 Abs. 2 EVV.
⁸¹ Art. 1 RL 90/364/EWG, 90/365/EWG, 93/96/EWG (Fn. 9 und 10); Art. 6 i. V. m. Art. 14 Abs. 1, Art. 7 Abs.1 lit. b RL 2004/38/EG (Fn. 11), wenn auch zukünftig grundsätzlich begrenzt auf fünf Jahre rechtmäßigen Aufenthalt (Art. 16 f.).
⁸² Erwägungsgründe 4 bzw. 6 RL 90/364/EWG, 90/365/EWG, 93/96/EWG (Fn. 9 und 10); Art. 7 Abs. 1 lit. b RL 2004/38 (Fn. 11); vgl. dazu näher *Scheuing* (Fn. 61), 769 f.
⁸³ EuGH, Rs. C-456/02, *Trojani*, Schlussanträge des GA Geelhoed v. 19.2.2004 Nr. 9 ff., noch nicht in der amtl. Slg.
⁸⁴ Art. 18 Abs. 2 EGV; Art. III-125 Abs. 1 EVV.
⁸⁵ Art. 18 Abs. 3 EGV; klarstellend Art. III-125 Abs. 2 EVV; vgl. dazu *Magiera*, in: Streinz (Fn. 4), Art. 18 EGV Rn. 22 f.

heiten entgegen.[86] Dies gilt nach dem Vertragsrecht insbesondere für diskriminierende Maßnahmen der Mitgliedstaaten, die eine unterschiedliche Behandlung der eigenen und der aus anderen Mitgliedstaaten stammenden Staatsangehörigen vorsehen,[87] aber auch für andere Beschränkungen der einzelnen Freizügigkeitsrechte.[88] Diese Diskriminierungs- und Beschränkungsverbote bleiben im Verfassungsvertrag für die zukünftige Europäische Union erhalten.[89]

Das allgemeine Freizügigkeitsrecht unterscheidet nach dem Wortlaut des EG-Vertrags lediglich zwischen vertraglichen und in den Durchführungsvorschriften vorgesehenen Beschränkungen und Bedingungen.[90] Diese erfassen nach den Richtlinien für die nicht-erwerbstätigen Unionsbürger jedoch auch diskriminierende Maßnahmen zu Lasten der ausländischen Unionsbürger.[91] Der Verfassungsvertrag für die zukünftige Europäische Union spricht dementsprechend von Bedingungen und Grenzen für die Ausübung des allgemeinen Freizügigkeitsrechts.[92]

aa) Diskriminierungen

Eine Diskriminierung liegt allgemein vor, wenn vergleichbare Sachverhalte rechtlich unterschiedlich oder unterschiedliche Sachverhalte rechtlich gleich behandelt werden.[93] Im Bereich der Freizügigkeitsrechte, die auf die Gleichbehandlung von in- und ausländischen Unionsbürgern gerichtet sind und insoweit das allgemeine Diskriminierungsverbot aus Gründen der Staatsangehörigkeit ausgestalten, ist konkretisierend erforderlich, dass die Ungleichbehandlung zwischen in- und ausländischen Unionsbürgern und zum Nachteil der ausländischen Unionsbürger erfolgt.[94] Bei grenzüberschreitenden, d. h. nicht rein innerstaatlichen, Sachverhalten kann das Diskriminierungsverbot auch zugunsten benachteiligter inländischer Unionsbürger wirken.

---

[86] EuGH, Rs. C-415/93, *Bosman,* Slg. 1995, I-4921 Rn. 94; Rs. C-18/95, *Terhoeve,* Slg. 1999, I-345 Rn. 37; Rs. C-387/01, *Weigel,* Urt. v. 29.4.2004 Rn. 52, noch nicht in der amtl. Slg.; std. Rspr.

[87] Art. 39 Abs. 2, 43 Abs. 2, 50 Abs. 3 EGV.

[88] Art. 39 Abs. 3, 43 Abs. 1, 49 Abs. 2 EGV.

[89] Art. III-133 Abs. 2, III-137 Abs. 1 und 2, III-144 Abs. 1 und 2, III-145 Abs. 3 EVV.

[90] Art. 18 Abs. 1 EGV.

[91] RL 90/364/EWG, 90/365/EWG, 93/96/EWG (Fn. 9 und 10); vgl. auch EuGH, Rs. C-148/02, *Garcia Avello,* Schlussanträge des GA Jacobs v. 22.5.2003 Nr. 60 ff., Slg. 2003, I-11613.

[92] Art. I-10 Abs. 2 EVV.

[93] EuGH, Rs. 283/83, *Racke,* Slg. 1984, 3791 Rn. 7; Rs. C-148/02, *Garcia Avello,* Slg. 2003, I-11613 Rn. 31; std. Rspr.

[94] Vgl. die Nachweise in Fn. 86; ferner EuGH, Rs. C-148/02, *Garcia Avello,* Slg. 2003, I-11613 Rn. 36; Rs. C-224/02, *Pusa,* Urt. v. 29.4.2004 Rn. 18, noch nicht in der amtl. Slg.; Rs. C-502/01, *Gaumain-Cerri,* Urt. v. 8.7.2004 Rn. 31 ff., noch nicht in der amtl. Slg.

Dem Diskriminierungsverbot unterfallen danach zunächst alle offenen (unmittelbaren, formalen), d. h. ausdrücklich an die Staatsangehörigkeit anknüpfenden, Differenzierungen, die sich zum Nachteil des ausländischen Unionsbürgers oder – allgemeiner – von grenzüberschreitenden gegenüber rein innerstaatlichen Sachverhalten auswirken. Derart „offensichtliche Diskriminierungen"[95] finden sich, wenn auch abnehmend, bis in die jüngste Zeit in Recht und Praxis der Mitgliedstaaten. So können ausländische Unionsbürger ausgeschlossen sein von bestimmten wirtschaftlichen Tätigkeiten,[96] ebenso wie von bestimmten materiellen[97] oder immateriellen[98] Vergünstigungen.

Darüber hinaus erfasst das Diskriminierungsverbot auch alle versteckten (mittelbaren, materialen) Diskriminierungen, die durch Anwendung anderer Unterscheidungsmerkmale als der Staatsangehörigkeit tatsächlich zu dem gleichen Ergebnis, nämlich einer Benachteiligung von ausländischen gegenüber inländischen Unionsbürgern oder – wiederum allgemeiner – von grenzüberschreitenden gegenüber rein innerstaatlichen Sachverhalten, führen.[99] Andernfalls könnte die vertraglich gewährleistete Freizügigkeit der Unionsbürger weitgehend leerlaufen oder leicht umgangen werden.[100] Da das Verbot versteckter Diskriminierungen tatbestandlich nicht näher umgrenzt ist, kommt es entscheidend darauf an, ob das gegenüber dem Kriterium der Staatsangehörigkeit neutrale oder objektive Unterscheidungsmerkmal trotz formaler Gleichbehandlung im Ergebnis eine materiale Schlechterstellung von ausländischen gegenüber inländischen Unionsbürgern bzw. von grenzüberschreitenden gegenüber rein innerstaatlichen Sachverhalten bewirkt. Dies ist dann der Fall, wenn eine Maßnahme ihrem Wesen nach geeignet ist, sich eher oder besonders zum Nachteil von ausländischen im Vergleich zu inländischen Unionsbürgern auszuwirken, ohne dass es erforderlich wäre, dass sie tatsächlich einen größeren Anteil ausländischer als inländischer Unionsbürger erfasst.[101] Unterscheidungsmerkmale, die danach typischerweise die Gefahr einer versteckten

---

[95] EuGH, Rs. 152/73, *Sotgiu*, Slg. 1974, 153 Rn. 11; Rs. C-212/99, *Kommission/Italien*, Slg. 2001, I-4923 Rn. 24; std. Rspr.

[96] EuGH, Rs. 2/74, *Reyners*, Slg. 1974, 631 Rn. 44/45 ff. (Rechtsanwalt); Rs. 147/86, *Kommission/Griechenland*, Slg. 1988, 1637 Rn. 17 (Hauslehrer); Rs. C-375/92, *Kommission/Spanien*, Slg. 1994, I-923 Rn. 10 (Fremdenführer); Rs. C-47/02, *Anker*, Slg. 2003, I-10447 Rn. 60 ff. (Schiffskapitän).

[97] EuGH, Rs. C-308/89, *di Leo*, Slg. 1990, I-4185 Rn. 12 ff. (Studienbeihilfen); Rs. 63/86, *Kommission/Italien*, Slg. 1988, 29 Rn. 14 ff. (Sozialwohnungen); Rs. 305/87, *Kommission/Griechenland*, Slg. 1989, 1461 Rn. 27 ff. (Immobilienerwerb); Rs. C-184/99, *Grzelczyk*, Slg. 2001, I-6193 Rn. 29 (Mindesteinkommen); Rs. C-386/02, *Baldinger*, Urt. v. 16.9.2004 Rn. 14 ff. (Kriegsgefangenenentschädigung), noch nicht in der amtl. Slg.

[98] EuGH, Rs. C-213/90, *ASTI*, Slg. 1991, I-3507 Rn. 10 ff. (Wahlen zu Berufskammern).

[99] Vgl. die Nachweise in Fn. 93; ferner EuGH, Rs. C-387/01, *Weigel*, Urt. v. 29.4.2004 Rn. 51 f., noch nicht in der amtl. Slg.

[100] EuGH, Rs. 152/73, *Sotgiu*, Slg. 1974, 153 Rn. 11.

[101] EuGH, Rs. C-237/94, *O'Flynn*, Slg. 1996, I-2617 Rn. 20 f.; Rs. C-187/96, *Kommission/Griechenland*, Slg. 1998, I-1095 Rn. 19; Rs. C-195/98, *Österreichischer Gewerkschaftsbund*, Slg. 2000, I-10497 Rn. 40.

Diskriminierung mit sich bringen, sind etwa das Erfordernis eines Inlandswohnsitzes, der Beherrschung der Landessprache oder einer inländischen Berufsausbildung.[102]

bb) Beschränkungen

Beeinträchtigungen der Freizügigkeit können nicht nur durch offene oder versteckte Diskriminierungen erfolgen, sondern auch durch Maßnahmen, die die Ausübung der Freizügigkeitsrechte auf andere Weise behindern.[103] Derartige Beschränkungen unterscheiden sich von Diskriminierungen dadurch, dass sie weder offen an die Staatsangehörigkeit anknüpfen noch versteckt zu einer Benachteiligung von ausländischen gegenüber inländischen Unionsbürgern oder – allgemeiner – von grenzüberschreitenden gegenüber rein innerstaatlichen Sachverhalten führen, sondern – wie bei versteckten Diskriminierungen – insoweit zwar unterschiedslos anwendbar sind, aber dennoch die Freizügigkeit zwischen den Mitgliedstaaten behindern.

Das Verbot gleichheitswidriger Diskriminierungen wird somit durch das Verbot freiheitswidriger Beschränkungen der Unionsbürger ergänzt.[104] Beide Verbote dienen dem Schutz der Freizügigkeit zwischen den Mitgliedstaaten vor Beeinträchtigungen. Sie lassen sich auf den Wortlaut der Freizügigkeitsbestimmungen sowie auf die allgemeinen Vertragsziele zurückführen, die Hindernisse für den freien Personenverkehr im Binnenmarkt zu beseitigen und einen immer engeren Zusammenschluss der europäischen Völker zu schaffen. Auch in der Rechtsprechung des Europäischen Gerichtshofs haben beide Verbote Anerkennung gefunden, wenn auch nicht immer mit der notwendigen, vor allem begrifflichen Klarheit und deshalb mit entsprechend kritischer Resonanz im Schrifttum.[105]

---

[102] EuGH, Rs. C-502/01, *Gaumain-Cerri,* Urt. v. 8.7.2004 Rn. 35, noch nicht in der amtl. Slg.; Rs. 379/87, *Groener,* Slg. 1989, 3967 Rn. 19 ff.; Rs. C-31/00, *Dreessen,* Slg. 2002, I-663 Rn. 24.

[103] EuGH, Rs. 33/74, *van Binsbergen,* Slg. 1974, 1299 Rn. 10/12; Rs. C-275/92, *Schindler,* Slg. 1994, I-1039 Rn. 47 ff.; Rs. C-415/93, *Bosman,* Slg. 1995, I-4921 Rn. 96 ff.; Rs. C-18/95, *Terhoeve,* Slg. 1999, I-345 Rn. 39 ff.; Rs. C-190/98, *Graf,* Slg. 2000, I-493 Rn. 15 ff.; Rs. C-387/01, *Weigel,* Urt. v. 29.4.2004 Rn. 51, noch nicht in der amtl. Slg.; vgl. dazu auch *Streinz,* Konvergenz der Grundfreiheiten – Aufgabe der Differenzierungen des EG-Vertrags und der Unterscheidung zwischen unterschiedlichen und unterschiedslosen Maßnahmen? Zu Tendenzen der Rechtsprechung des EuGH, in: Arndt u. a. (Hrsg.), Festschrift für Walter Rudolf, 2001, 189 ff.; *Scheuing* (Fn. 61), 778 ff.; *Classen,* Die Grundfreiheiten im Spannungsfeld von europäischer Marktfreiheit und mitgliedstaatlichen Gestaltungskompetenzen, EuR 2004, 416 ff.

[104] Im Schrifttum ist strittig, ob die Grundfreiheiten lediglich gleichheits- oder (auch) freiheitsrechtlichen Charakter haben; vgl. dazu *Mühl,* Diskriminierung und Beschränkung – Grundansätze einer einheitlichen Dogmatik der wirtschaftlichen Grundfreiheiten des EG-Vertrages, 2004, 228 ff.; *Kingreen,* Die Struktur der Grundfreiheiten des Europäischen Gemeinschaftsrechts, 1999, 115 ff.

[105] Vgl. dazu *Kingreen* (Fn. 104), 64 ff.; *Mühl* (Fn. 104), 35 ff.; pointiert *Hailbronner,* Die Unionsbürgerschaft und das Ende rationaler Jurisprudenz des EuGH?, NJW 2004, 2185 ff.

Angesichts der weiten Fassung der Diskriminierungsverbote, insbesondere des Begriffs der Beschränkung, der alle Behinderungen der Freizügigkeit der Unionsbürger erfasst, stellt sich die Frage nach einer tatbestandlichen Begrenzung, die über das Erfordernis eines grenzüberschreitenden Sachverhalts hinausgeht. Im Rahmen der wirtschaftlichen Freizügigkeit wird im Anschluss an die sog. Keck-Rechtsprechung[106] zum Warenverkehr darauf abgestellt, ob die Maßnahmen den Zugang zum Markt oder lediglich die Tätigkeit auf dem Markt beeinflussen[107] bzw. ob sie den Wirtschaftsteilnehmer davon abhalten können, von seinem Freizügigkeitsrecht Gebrauch zu machen.[108] Eine Beschränkung soll dann nicht vorliegen, wenn der Zusammenhang zwischen der Ausübung des Freizügigkeitsrechts und der betreffenden Maßnahme zu ungewiss und zu mittelbar ist.[109]

Diese Kriterien mögen die zutreffende Richtung angeben, jedoch kaum sichere Anhaltspunkte für die Anwendung im konkreten Fall. Die damit aufgeworfenen Abgrenzungsprobleme eignen sich besser für eine Lösung auf der Rechtfertigungsebene. Dies gilt noch stärker für die allgemeine Freizügigkeit, die es nicht zulässt, zwischen dem Zugang zum Aufenthalt und der Ausübung des Aufenthaltrechts in einem anderen Mitgliedstaat zu unterscheiden bzw. zwischen Maßnahmen, die den Unionsbürger bewegen könnten, sein Recht auf Freizügigkeit auszuüben oder nicht. Die allgemeine Freizügigkeit unterliegt vielmehr nur solchen Beschränkungen und Bedingungen, die ausdrücklich im EG-Vertrag und in den Durchführungsvorschriften vorgesehen sind.[110]

cc) Rechtfertigung

Abschließend stellt sich die Frage nach einer möglichen Rechtfertigung von mitgliedstaatlichen Maßnahmen, die eine Beeinträchtigung der Freizügigkeitsrechte bewirken. Nicht rechtfertigungsbedürftig sind rein innerstaatlich wirkende Maßnahmen ohne Bezug zum Gemeinschaftsrecht sowie Maßnahmen, die unter die Bereichsausnahmen des Zugangs zu einer Beschäftigung in der öffentlichen Verwaltung oder zu einer Tätigkeit im Zusammenhang mit der Ausübung öffentlicher Gewalt fallen.[111]

---

[106] EuGH, Rs. C-267/91, *Keck,* Slg. 1993, I-6097 Rn. 15 ff.

[107] EuGH, Rs. C-415/93, *Bosman,* Slg. 1995, I-4921 Rn. 103; Rs. C-190/98, *Graf,* Slg. 2000, I-493 Rn. 23.

[108] EuGH, Rs. C-18/95, *Terhoeve,* Slg. 1999, I-345 Rn. 40 f.; Rs. C-387/01, *Weigel,* Urt. v. 29.4.2004 Rn. 54, noch nicht in der amtl. Slg.

[109] EuGH, Rs. C-418/93, *Semeraro,* Slg. 1996, I-2975 Rn. 32; Rs. C-190/98, *Graf,* Slg. 2000, I-493 Rn. 25.

[110] EuGH, Rs. C-184/99, *Grzelczyk,* Slg. 2001, I-6193 Rn. 31; Rs. C-224/98, *D'Hoop,* Slg. 2002, I-6191 Rn. 28.

[111] Vgl. Abschnitt IV. 3. b).

Rechtfertigungsfähig sind zunächst – aufgrund ausdrücklicher Bestimmungen des Vertragsrechts und des dazu erlassenen Durchführungsrechts – Maßnahmen zum Schutz der öffentlichen Ordnung, Sicherheit und Gesundheit im Bereich aller Freizügigkeitsrechte und zusätzlich Anforderungen im Hinblick auf ausreichende Existenzmittel und eine ausreichende Krankenversicherung im Bereich der allgemeinen Freizügigkeit.[112]

Rechtfertigungsgründe ergeben sich ferner aus dem Gesamtzusammenhang des Vertragsrechts. Ursächlich dafür sind die tatsächlich eng umgrenzten und zudem eng auszulegenden ausdrücklichen Rechtfertigungsgründe sowie das weite Verständnis der den Mitgliedstaaten untersagten Beeinträchtigungen der Freizügigkeitsrechte über offene Diskriminierungen hinaus durch Einbeziehung versteckter Diskriminierungen und sonstiger Beschränkungen. Dadurch darf nicht der Gestaltungsspielraum der Mitgliedstaaten über die Erfordernisse der vertraglich gewährleisteten Freizügigkeitsrechte hinaus eingeschränkt werden. Entsprechend ungeschriebene Rechtfertigungsgründe sind schwerpunktmäßig zunächst im Bereich der Warenverkehrsfreiheit durch die sog. Cassis-Rechtsprechung[113] herausgearbeitet worden, finden sich jedoch auch im Bereich der Personenverkehrsfreiheit. Im Einzelnen wird dabei u. a. auf zwingende Erfordernisse oder zwingende Gründe des Allgemeininteresses oder des Gemeinwohls abgestellt,[114] im Bereich der Arbeitnehmerfreizügigkeit und der allgemeinen Freizügigkeit auch auf objektive, von der Staatsangehörigkeit unabhängige Erwägungen[115] unter Hinweis auf die Wahrung der berechtigten Interessen als allgemeine Leitlinie.[116]

Während die ausdrücklichen Rechtfertigungsgründe sämtliche Beeinträchtigungsformen erfassen, ist dies für die ungeschriebenen Rechtfertigungsgründe nur hinsichtlich der sonstigen unterschiedslos anwendbaren Beschränkungen allgemein anerkannt,[117] jedoch auch für die versteckten Diskriminierungen anzunehmen.[118] Beide Beeinträchtigungsformen lassen sich in der Praxis nur schwer

---

[112] Vgl. Abschnitt IV. 3. b).

[113] EuGH, Rs. 120/78, *Rewe,* Slg. 1979, 649.

[114] EuGH, Rs. 33/74, *van Binsbergen,* Slg. 1974, 1299 Rn. 10/12; Rs. 120/78, *Rewe,* Slg. 1979, 649 Rn. 8; Rs. C-255/97, *Pfeiffer,* Slg. 1999, I-2835 Rn. 19.

[115] EuGH, Rs. C-237/94, *O'Flynn,* Slg. 1996, I-2617 Rn. 19; Rs. C-274/96, *Bickel,* Slg. 1998, I-7637 Rn. 26 f.; Rs. C-224/98, *D'Hoop,* Slg. 2002, I-6191 Rn. 36; Rs. C-502/01, *Gaumain-Cerri,* Urt. v. 8.7.2004 Rn. 35, noch nicht in der amtl. Slg.; Rs. C-365/02, *Lindfors,* Urt. v. 15.7.2004 Rn. 35, noch nicht in der amtl. Slg.

[116] EuGH, Rs. C-413/99, *Baumbast,* Slg. 2002, I-7091 Rn. 90; Rs. C-200/02, *Chen,* Urt. v. 19.10.2004 Rn. 32, noch nicht in der amtl. Slg.

[117] EuGH, Rs. C-275/92, *Schindler,* Slg. 1994, I-1039 Rn. 52 ff.; Rs. C-415/93, *Bosman,* Slg. 1995, I-4921 Rn. 106; Rs. C-18/95, *Terhoeve,* Slg. 1999, I-345 Rn. 41 ff.; Rs. C-190/98, *Graf,* Slg. 2000, I-493 Rn. 23 f.; Rs. C-224/98, *D'Hoop,* Slg. 2002, I-6191 Rn. 36.

[118] EuGH, Rs. C-111/91, *Kommission/Luxemburg,* Slg. 1993, I-817 Rn. 9 ff.; Rs. C-107/94, *Asscher,* Slg. 1996, I-3089 Rn. 49 f.; Rs. C-131/01, *Kommission/Italien,* Slg. 2003, I-1659 Rn. 27 ff.; a. A. EuGH, Rs. C-224/97, *Ciola,* Slg. 1999, I-2517 Rn. 14 ff.; vgl. dazu auch *Epiney,* in: Calliess/Ruffert (Fn. 74), Art. 12 EGV Rn. 38 ff.; *Mühl* (Fn. 104), 391 ff.

voneinander abgrenzen und haben zudem gleichartige Wirkungen. Erforderliche Differenzierungen zwischen ihnen können angemessener bei der Verhältnismäßigkeitsprüfung im konkreten Fall berücksichtigt werden. Ausgeschlossen erscheint die Anwendung ungeschriebener Rechtfertigungsgründe hingegen auf offene Diskriminierungen,[119] die zweifellos unzulässig und, wenn sich hinter ihnen eine zulässige Differenzierung verbergen sollte, entsprechend umzuformulieren sind.

Danach grundsätzlich zulässige – ausdrückliche wie ungeschriebene – Rechtfertigungsgründe unterliegen jedoch ihrerseits bestimmten Grenzen (Rechtfertigungs-Schranken), die im konkreten Fall einzuhalten sind. Diese ergeben sich zunächst aus dem übrigen Vertragsrecht einschließlich der Grundrechte, in deren Licht die nationalen Maßnahmen auszulegen sind,[120] sowie aus dem vertragskonformen Sekundärrecht, das den Gestaltungsspielraum der Mitgliedstaaten einschränkt, soweit es abschließende Regelungen der Freizügigkeitsrechte trifft.[121] Sie folgen ferner aus dem allgemeinen Rechtsgrundsatz der Verhältnismäßigkeit, der auch in den Bestimmungen über die Rechtfertigungsgründe zum Ausdruck kommt.[122] Danach müssen nationale Maßnahmen, die eine Beeinträchtigung der Freizügigkeitsrechte bewirken können, zur Erreichung des mit ihnen zulässigerweise angestrebten Zwecks geeignet, erforderlich und angemessen sein. Betroffen sind die wirtschaftlichen Freizügigkeitsrechte[123] ebenso wie das allgemeine Freizügigkeitsrecht der Unionsbürger.[124]

---

[119] Vgl. EuGH, Rs. C-43/95, *Data*, Slg. 1996, I-4661 Rn. 16 ff.; Rs. C-283/99, *Kommission/Italien*, Slg. 2001, I-4363 Rn. 23 ff.; aber auch EuGH, Rs. C-122/96, *Saldanha*, Slg. 1997, I-5325 Rn. 25 ff.; dazu näher *Mühl* (Fn. 104), 407 ff.; *Streinz*, in: Streinz (Fn. 4), Art. 12 EGV Rn. 53 ff.; *Holoubek*, in: Schwarze (Fn. 74), Art. 12 EGV Rn. 52 ff.; jeweils m. w. N. auch zu Gegenstimmen.

[120] EuGH, Rs. C-260/89, *ERT*, Slg. 1991, I-2925 Rn. 43; vgl. auch Abschnitt III.2 und Fn. 21 und 22.

[121] Vgl. dazu die Angaben in Fn. 8 bis 11.

[122] Vgl. dazu die Nachweise in Fn. 79 („gerechtfertigt") und Fn. 82 („nicht über Gebühr").

[123] EuGH, Rs. 265/87, *Schräder*, Slg. 1989, 2237 Rn. 21; ferner EuGH, Rs. C-55/94, *Gebhard*, Slg. 1995, I-4165 Rn. 37; Rs. C-108/96, *Mac Quen*, Slg. 2001, I-837 Rn. 30 f.

[124] EuGH, Rs. C-224/98, *D'Hoop*, Slg. 2002, I-6191 Rn. 36; Rs. C-413/99, *Baumbast*, Slg. 2002, I-7091 Rn. 91; Rs. C-365/02, *Lindfors*, Urt. v. 15.7.2004 Rn. 35, noch nicht in der amtl. Slg.; Rs. C-456/02, *Trojani*, Urt. v. 7.9.2004 Rn. 36, noch nicht in der amtl. Slg.

Über die Grenzen des Rechts –
Bemerkungen zu aktuellen Anlässen[*]

Von Franz Matscher

I. Ereignisse der jüngsten Vergangenheit haben wieder die Frage nach den Grenzen des Rechts – auf verschiedenen Ebenen – aufgeworfen.

Die folgenden Ausführungen stellen weder vertiefte rechtsphilosophische Untersuchung dieser brennenden Frage dar, noch wollen sie eine dogmatische Auseinandersetzung mit deren Auswirkungen auf das Völkerrecht und auf das innerstaatliche Recht sein. Es sind bloß vielleicht nicht ganz ausgereifte Gedanken, oder Gedankensplitter, zu denen sich der Verfasser aber voll bekennt.

Diese von manchen – und möglicherweise vom Jubilar selbst – als „unzeitgemäß" befundenen und auf Widerspruch stoßenden Betrachtungen widme ich meinem Kollegen Prof. Dr. Dr. h. c. Jost Delbrück, dem ich auf seinem wissenschaftlichen Lebensweg, vor allem in der Deutschen Gesellschaft für Völkerrecht, seit Jahrzehnten immer wieder begegnet bin. Da in diesen meinen Betrachtungen Fragen des Völkerrechts, des UN-Rechts und des Menschenrechtsschutzes angesprochen werden, liegen sie auch im Blickwinkel von dessen wissenschaftlichen Arbeiten. Ein gemeinsames Interessengebiet liegt ferner im IPR.

II. Wo liegen, ganz allgemein gesehen, die Grenzen des Rechts, wer hat sie gesetzt, wer wacht auf deren Einhaltung, wie wird auf deren Überschreitung reagiert? Die Frage stellt sich nicht nur im Zusammenhang mit dem jüngsten Irak-Krieg. Sie stellte sich von jeher für die Beziehungen zwischen den Staaten; sie stellte sich und stellt sich desgleichen für das Verhalten des Staats und seiner Organe zu den einzelnen Menschen und für deren Beziehungen zueinander: Sie ist ein allgegenwärtiges Problem, das an den Grundlagen der Rechtsordnung rührt und damit ein eminent rechtstheoretisches und rechtsphilosophisches darstellt.

Das Leben in Gemeinschaft erfordert eine gewisse Ordnung, eben eine Rechtsordnung, durch die das Verhalten der Menschen und der Staaten in geregelte Bahnen gelenkt werden sollte, damit sich dieses möglichst friktionslos abspielen kann.

---

[*] Das Thema wurde vom Verfasser (in abgewandelter Form) bereits in Zeitungsartikeln („Die Presse" – Wien, 5.4.2003; „Salzburger Nachrichten" 20.5.2003) kurz erörtert. Von einer Anführung von Belegstellen und von einem weitergehenden Anmerkungsapparat wurde hier bewusst Abstand genommen.

Das ist die Essenz einer jeden Rechtsordnung; auch die banale Straßenverkehrsordnung ist eine solche.

Wer schafft eine Rechtsordnung? Für den naturrechtlich Denkenden ist das Recht vorgegeben: durch Gott oder durch die Vernunft; für den positivrechtlich Argumentierenden ist es das Werk eines mit entsprechender Macht ausgestatteten „Gesetzgebers". Muss das von ihm geschaffene Recht auch „gerecht" sein oder kann – oder muss man sich gegebenenfalls – darüber hinwegsetzen, wenn das eigene Gewissen ein gesetzeskonformes Verhalten als ungerecht oder sogar als unmoralisch empfindet? Darin liegt ja auch die Legitimierung des von den Moralphilosophen anerkannten Rechts auf Befehlsverweigerung und auf Widerstand, eine Problematik, mit der sich auch der Jubilar wissenschaftlich auseinandergesetzt hat. Für das Naturrecht stellt sich die Frage nicht, weil dieses wesensmäßig nur „gerecht" sein kann.

Wie dem auch sei, jede Rechtsordnung schafft Grenzen; gleichzeitig gewährt sie Freiheit den innerhalb dieser Grenzen Lebenden und Agierenden. Im Idealzustand sollten diese Grenzen klar vorgezeichnet sein, und deren Auslotung ist die vornehmlichste Aufgabe der Jurisprudenz; es müsste aber auch durch eine „Obrigkeit" dafür vorgesorgt sein, dass diese Grenzen eingehalten und für deren Überschreitung Sanktionen gesetzt werden. In entwickelteren Rechtsordnungen müssen, darüber hinaus, objektive Kontrollmechanismen bereitstehen, die im Streitfall entscheiden, was „Recht" ist, wo dessen Grenzen liegen und die deren Einhaltung garantieren. Soweit das nicht der Fall ist, herrscht das Faustrecht, das Recht des Stärkeren, das heißt, ein Zustand der Rechtlosigkeit.

Diesem oben beschriebenen Idealzustand sind wir im Bereich der zwischenmenschlichen Beziehungen seit vielen Jahrhunderten so ziemlich nahe gekommen; im zwischenstaatlichen Bereich sind wir davon noch weit entfernt.

Kann es dem Einzelnen, kann es dem Staat in besonderen Situationen gestattet sein, sich in legitimer Weise über diese Grenzen hinwegzusetzen und eigenmächtig zu handeln, wenn die Rechtsordnung nicht effektiv ist, oder wenn übergeordnete Werte oder Interessen es verlangen? Keine positive Rechtsordnung ist perfekt und solche „unbefriedigende" Situationen können sich in mannigfacher Weise stellen. Deren Existenz wird von den Rechtsordnungen anerkannt und diese sehen teilweise eigene Regelungen für den Fall vor, dass die „staatliche Hilfe zu spät kommen würde", wie sich das österreichische ABGB von 1811 in § 344 und gleichsinnig das BGB in § 229: „wenn obrigkeitliche Hilfe nicht rechtzeitig zu erlangen ist" ausdrücken.

Schon dem alten Recht war der Satz bekannt: *necessitas non habet legem*, das heißt, die Not kennt kein Gesetz. Ausprägungen dieses Satzes im modernen Recht sind verschiedene Formen von ausnahmsweise gestatteter Gewaltanwendung und Selbsthilfe, wie etwa die erlaubte Notwehr im Strafrecht (§ 3 öStGB, § 32 dStGB), und im bürgerlichen Recht (§§ 19, 344 ABGB, § 227 BGB), der entschuldigende Notstand nach § 10 öStGB, § 34 dStGB beziehungsweise nach § 1306a ABGB, § 228 BGB, das Recht auf „Privatpfändung" nach § 1321 ABGB, Art. 89 ECBGB.

III. Nichts anderes gilt für die zwischenstaatlichen Beziehungen; dazu kommt, dass die Völkerrechtsordnung weitgehend auf einer weniger entwickelten Stufe steht, als das viel besser durchgebildete innerstaatliche Recht: Es kennt keine allgemein zuständige Rechtsfeststellungsinstanz, die im Streitfall verbindlich ausspricht, was rechtens ist; es fehlt an einer mit anerkannter Autorität ausgestatteten Ordnungsmacht, welche in der Lage ist, das Recht durchzusetzen. Die Organisation der Vereinten Nationen war als eine solche Friedensinstanz konzipiert; sie kann ihre Aufgaben aber nur ansatzweise erfüllen; mit anderen Worten, sie ist von sehr beschränkter Effektivität. Es verwundert daher nicht, dass im Bereich der zwischenstaatlichen Beziehungen Notstandssituationen und Selbsthilfe eine weitaus größere Rolle spielen, als im innerstaatlichen Recht.

Der Krieg, also die Anwendung von Waffengewalt, war bis weit ins 20. Jahrhundert ein erlaubtes Mittel zur Durchsetzung der eigenen Ansprüche. Um mit dem Militärtheoretiker Clausewitz (1780–1831) zu sprechen, er war „eine Fortsetzung der Politik mit anderen Mitteln". Es hatten zwar bereits die Philosophen und Theologen des Mittelalters und der frühen Neuzeit die Lehre vom *bellum justum* entwickelt. Wann ein solcher Krieg aber gerecht war, blieb letztlich der Beurteilung der einzelnen Akteure überlassen und die Frage unterlag nur, rückblickend, dem Votum der Geschichte.

Es wurde sogar der Satz geprägt: *inter arma silent leges* (wenn die Waffen klirren, schweigen die Gesetze). Dieser Satz bezog sich weniger auf die Auslösung eines Krieges, der ja als Form der Gewaltanwendung grundsätzlich erlaubt war; er sollte vielmehr zum Ausdruck bringen, dass auch in der Art der Kriegsführung die Kriegsparteien bei der Anwendung der Mittel frei seien. Es haben sich aber bald verschiedene Regeln über eine „ritterliche" und humane Form der Kriegsführung im Interesse der Kombattanten, der Kriegsgefangenen und vor allem der Zivilbevölkerung herausgebildet (siehe die verschiedenen Haager und Genfer Konventionen ab dem Beginn des 20. Jahrhunderts). Diese Regeln wurden im Ersten Weltkrieg weitestgehend, im Zweiten allerdings nur an einzelnen Fronten beachtet, während die militärischen Konflikte der Zeit nachher wieder einen Rückfall in die alte Barbarei brachten. Zu einer „Humanisierung" des Kriegs, soweit ein Krieg überhaupt „human" sein kann, haben sie nur bedingt geführt. Eine Umgehung der Genfer Konventionen ist es auch, Gefangenen den Status von „Kriegsgefangenen" einfach abzuerkennen, um sie als Freiwild behandeln zu können, wie die in Guantánamo Bay in Freiluftkäfigen von den Amerikanern festgehaltenen Taliban- und al-Quaida-Kämpfer.

Der Völkerbund von 1919 hat den Krieg als Mittel der staatlichen Politik nicht grundsätzlich untersagt, sondern ihn im Wesentlichen nur „kanalisiert": Bevor zum Krieg geschritten werden durfte, musste ein Verfahren vor den Organen des Völkerbunds (erfolglos) durchlaufen worden sein. Unabhängig davon bliebe die Anwendung von Waffengewalt zur Selbstverteidigung und als Notwehraktion gestattet. Einen Schritt weiter ging der Briand-Kellog-Pakt von 1928: Der Krieg als Mittel der nationalen Politik wurde grundsätzlich geächtet; erlaubt blieb aber weiterhin die bewaffnete Selbstverteidigung als Notwehraktion. An diesem Stand hat auch die Satzung der Vereinten Nationen von 1945 grundsätzlich nichts geändert: Art. 2 Ziff. 4 statuiert zwar ein generelles Gewaltverbot; in Art. 51 lässt sie aber das „naturgegebene" Recht auf individuelle und kollektive Selbstverteidigung unberührt, „bis der Sicherheitsrat die zur Wahrung des Weltfriedens und der internationalen Sicherheit erforderlichen Maßnahmen getroffen hat". Erinnert das nicht an die oben zitierten § 344 ABGB und § 229 BGB? Darüber hinaus kann der Sicherheitsrat, nach Kapitel VII der Satzung, im Falle einer Bedrohung des Friedens, eines Friedensbruchs oder von Aggressionsakten nichtmilitärische und, bei deren Fruchtlosigkeit, auch militärische Maßnahmen ergreifen und sich bei den letzteren auf die Mitwirkung von Mitgliedsstaaten oder Organisationen stützen. Das ist dann aber kein Krieg, sondern eine Polizeiaktion der Vereinten Nationen.

Die Gründungsväter der Vereinten Nationen haben, den Realitäten der machtpolitischen Verhältnisse Rechnung tragend, als Direktorium den Sicherheitsrat eingerichtet, in dem die fünf wichtigsten Großmächte ständig vertreten sind und bei Sachentscheidungen über ein Vetorecht verfügen. Die Konzeption war an sich richtig. Das System der kollektiven Sicherheit ist aber durch die Solidarität der Teilnehmer bedingt und eine solche hat es nur selten gegeben; vor allem durch das Vetorecht eines jeden der fünf ständigen Ratsmitglieder ist es auf weiten Strecken gelähmt geblieben, so dass der Sicherheitsrat seiner satzungsgemäß vorgesehenen Hauptverantwortung für die Wahrung des Weltfriedens und der internationalen Sicherheit nicht nachkommen kann.

Wenn aber die Rechtsordnung der Vereinten Nationen nicht effektiv ist, nehmen die Mitglieder der Staatengemeinschaft diese Verantwortung als eine Art von „Geschäftsführern ohne Auftrag", eine schon Grotius bekannte Rechtsfigur, deren Problematik auch dem Privatrecht geläufig ist, selbst in die Hand und sie agieren nach eigenem Gutdünken. Dabei stützen sie sich auf eine Notstandssituation, die sie zu eigenmächtigem Handeln im Sinne des Art. 51 der Satzung ermächtigt. Das ist aber gefährlich und schließt auch die Führung von Präventivschlägen ein, weil dabei nach subjektiven, vielleicht auch missionarischen Vorstellungen vorgegangen und zwischen den Interessen der Staatengemeinschaft und den eigenen Interessen nicht klar unterschieden wird; heuchlerisch erscheint es vor allem dann, wenn in verschiedenen Situationen mit unterschiedlichem Maß gemessen wird. Die Geschichte ist reich an einschlägigen Beispielen.

Bewegen sich die Staaten damit außerhalb der Grenzen der Legalität? Im formalen Sinne ja, aber nur soweit man sich allein auf den Buchstaben des geltenden Völkerrechts stützt, ohne den Hintergrund der Situation tiefer zu hinterfragen. So wurde die Zulässigkeit des NATO-Einsatzes in Jugoslawien (1999) zugunsten des Kosovo vielfach verurteilt und noch mehr der Angriff der Vereinigten Staaten und ihrer wenigen Verbündeten gegen den Irak (2003). Die Verurteilung wäre völlig gerechtfertigt, wenn das von der Satzung der Vereinten Nationen vorgesehene System der kollektiven Sicherheit funktionieren würde; da das aber nicht der Fall ist, sollte man mit einer Blanko-Verurteilung vorsichtiger sein und einer Berufung auf den Satz, dass Not kein Gesetz kennt, möchte ich die Berechtigung nicht rundweg absprechen.

Von einem Zusammenbruch der internationalen Rechtsordnung sind wir aber noch weit entfernt, solange es sich um Einzelaktionen – hart an der Grenze der Legalität oder jenseits von dieser – handelt.

IV. Noch ein Wort zu den Grundrechten. Diese sollen dem Einzelnen eine Reihe von Grundfreiheiten zusichern, die auch der Gesetzgeber nicht, oder nur in beschränktem Ausmaß, antasten darf; die meisten davon können „im Falle eines Krieges oder einer anderen öffentlichen Notstandssituation, die das Leben der Nation bedroht" (wie sich Art. 15 EMRK ausdrückt), zeitweilig außer Kraft gesetzt werden; einzelne davon sind aber „notstandsfest" und unantastbar, so vor allem das Verbot der Folter und der unmenschlichen Behandlung.

Im Rahmen der Terrorismusbekämpfung, insbesondere seit dem 11.9.2001, wird in mannigfacher Weise in das Recht auf Achtung des Privatlebens (Art. 8 EMRK) eingegriffen (Erfassung persönlicher Daten, verschiedene Überwachungsmaßnahmen). Dabei handelt es sich aber nicht um ein vorübergehendes Aussetzen des Grundrechts, sondern um eine zulässige Einschränkung aus Gründen der öffentlichen Ordnung. Das ist aber keine Abkehr vom liberalen Rechtsstaat und es wird allgemein so akzeptiert, soweit die entsprechenden Maßnahmen verhältnismäßig bleiben.

Das Verbot der Folter und der unmenschlichen Behandlung ist aber absolut und es duldet keine wie auch immer geartete Einschränkung. Kann es auch hier Notstandssituationen geben, die es gestatten, sich ausnahmsweise darüber hinwegzusetzen? Man ist geneigt, die Frage bedingungslos zu verneinen. Bedingungslos? Das Problem stellte sich unlängst im Zusammenhang mit einem Entführungsfall (Jakob von Metzler) in Deutschland, wo die Sicherheitsbehörden versucht haben, dem Festgenommenen und der Entführung dringend Verdächtigen das Versteck des in Lebensgefahr schwebenden Opfers, eines 11-jährigen Knaben, durch Androhung von Folter „herauszuquetschen". Daraufhin hat der Täter ein volles Geständnis abgelegt und das Versteck der Geisel preisgegeben; der Bub war vom Entführer aber bereits getötet worden.

Der Vorfall hat eine lebhafte und kontrovers geführte Diskussion darüber ausgelöst, ob zur Rettung von Menschenleben die Androhung oder auch die Anwendung von Folter in Extremfällen gestattet sei. Die Mehrzahl der veröffentlichten Meinungen hat sich strikt gegen das Vorgehen der Polizei ausgesprochen. Es gab aber auch gegenteilige Meinungen, selbst von besonnenen Persönlichkeiten, wie des angesehenen Heidelberger Staats- und Völkerrechtlers Karl Doehring. Ähnlich war die Diskussion auch bei einer Veranstaltung zu diesem Thema in Wien verlaufen. Wohlmeinende berufen sich auf Art. 3 EMRK, demzufolge die Folter ausnahmslos verboten sei. Das ist im Grunde richtig. Gilt das Verbot aber tatsächlich ausnahmslos? Die Angehörigen des Opfers – und jeder von uns kann in deren Rolle versetzt werden – haben aber bestimmt nicht so empfunden und reagiert wie die Mehrheit der Nicht-Betroffenen: In der Tat fällt es schwer, die Minderheitenmeinungen empört zurückzuweisen.

Meines Erachtens hat die deutsche Polizei im Fall von Metzler im Rahmen eines außer- oder übergesetzlichen Notstands – und daher legitim – auf eigene Faust gehandelt, weil sie in der von ihr gewählten Vorgangsweise die einzige Möglichkeit gesehen hat, ein Menschenleben zu retten. Dabei sind die verantwortlichen Funktionäre ein hohes persönliches Risiko eingegangen, wissend, dass ihnen vielleicht eine disziplinäre oder gar strafgerichtliche Verurteilung droht. Übrigens, im alten Österreich war für ein mutiges, als richtig erkanntes Handeln, entgegen einem Befehl, der Maria-Theresien-Militärorden vorgesehen. Der Gefährlichkeit dieser Aussage bin ich mir, wegen der möglichen Beispielswirkung, bewusst. Daher ist diese im Einzelfall richtige Aussage nicht erweiterungs-, geschweige denn generalisierungsfähig.

Ich stimme aber voll der von Sektionschef Roland Miklau vom BM für Justiz, im Rahmen der oben erwähnten Veranstaltung in Wien, geäußerten Ansicht zu, dass es niemals Vorschriften geben könne, welche die Folter zulassen, und dass das Problem der in Extremsituationen gestatteten Ausnahmen gesetzlich nicht lösbar ist. Übrigens, auf eine Extremsituation bezieht sich auch das oben erwähnte Widerstandsrecht, das zwar (wie etwa in Art. 20 IV GG) als Grundsatz normiert werden kann, dessen konkrete Ausgestaltung, was seine Voraussetzungen und seine Auswirkungen anbelangt, einer gesetzlichen Regelung nicht zugänglich ist, weil man eben, frei nach Wittgenstein („Wovon man nicht sprechen kann, darüber muss man schweigen" [Schlusssatz seines Tractatus logico-philosophicus, 1921]) über gewisse Probleme „nicht sprechen kann". Aber viele Probleme, über die man nicht sinnvoll sprechen kann, sind existent und wir müssen uns mit deren Vorhandensein irgendwie abfinden, wie es auch die Rechtsordnung tut.

Wir bewegen uns hier an den Grenzen des Rechts, das im „Normalfall" gewaltsame Selbsthilfe untersagt und auch strafbar macht. Das Recht regelt aber weitestgehend nur Normalsituationen und die Rechtsordnung ist sich selbst der Grenzen ihrer Möglichkeiten bewusst und sie anerkennt Notsituationen, in denen Gewaltanwendung und Selbsthilfe ausnahmsweise gestattet sind, wie die oben angeführten Beispiele zeigen.

Gewaltanwendung ist auch Staatsorganen, so etwa bei der Gefahrenabwehr, ausnahmsweise gestattet; sie kann in Extremfällen bis zum „gezielten Todesschuss" gehen. Richtigerweise betont das österreichische Sicherheitspolizeigesetz aber auch das Gebot der Verhältnismäßigkeit.

V. Abschließend: Notstand ist eine außer- oder übergesetzliche Situation. Um der Gefahr zu entgehen, die Rechtsordnung auszuhöhlen und Missbräuchen vorzubeugen, sollten auch Notstandssituationen rechtlich erfasst und geregelt werden, wie es punktuell auch geschieht; damit wird der Notstand zu einem „gesetzlichen". Soweit das nicht der Fall ist – das wird bis zur letzten Konsequenz nie möglich sein – wird man ein Handeln im außergesetzlichen Notstand akzeptieren müssen.

Wenn aber neue, bisher nicht bekannte Herausforderungen an die internationale Gemeinschaft oder an die nationalen Gemeinschaften herantreten, wird es erforderlich sein, den neuen Herausforderungen angepasste Instrumente zu schaffen, weil durch das ständige Operieren mit Notstandssituationen die an sich richtigen „allgemeinen" Regelungen Gefahr laufen, aufgeweicht zu werden, wodurch auch Rechtsunsicherheit erzeugt wird. Das gilt gerade auch für das klassische Völkerrecht, das auf den „Normalfall" und auf die Bewältigung konventioneller Konflikte aufbaut, für neue Bedrohungen, etwa nach der Art des internationalen Terrorismus, aber keine geeignete Antwort bietet.

Die Schaffung von funktionstüchtigen Rechtsordnungen im nationalen und im internationalen Bereich, die dem Verhalten von Menschen und von Staaten Grenzen setzen, ist – trotz häufiger Rückschläge – eine nicht hoch genug einzuschätzende kulturelle Errungenschaft der Menschheit; sie ist für deren Bestand auch unverzichtbar. Trotzdem müssen wir uns dessen bewusst bleiben, dass auch durch Rechtsregeln nicht alles erreicht werden kann. Diese Erkenntnis verlangt gerade dem Juristen eine gewisse Bescheidenheit, ja Demut, ab.

No Left Turn:
Two Approaches to International Law

By Fred L. Morrison

The two traffic signs depicted above both tell you where to drive. They mean *almost* the same thing. The first of the signs is a *no left turn* sign. It clearly prohibits the driver from turning left. The second is a *vorgeschriebene Fahrtrichtung* sign. It tells the driver to proceed directly ahead or to the right. Perhaps significantly, there is no common English translation for this term.

The two signs illustrate different ways of thinking about traffic control. They also reflect different ways of thinking about international law. They may provide a shorthand way of describing the apparently growing differences between American and European lawyers about issues of international law.

I. Traffic Control

The first of the two signs is now becoming much more common in the United States. An increasingly multilingual population has led American traffic engineers to replace many verbal signs with pictorial ones. The *no left turn* sign was once common in Europe, but seems to be disappearing. European traffic engineers now prefer the *vorgeschriebene Fahrtrichtung* sign. It is almost never seen in the United States.

The two signs reflect differences in the ways that traffic engineers on the two continents conceive of traffic regulation. The American traffic engineers think of the driver as having almost unlimited free will and impose regulations on that freedom of movement only when necessary. The European traffic engineers think of the driver as needing guidance about proper driving and provide that direction.

There is a fundamental philosophical difference between the two approaches with respect to the autonomy of the driver of the vehicle. The American approach assumes that the driver can do whatever he wants, unless it is expressly prohibited. The sign states a simple prohibition and no more. A left turn is prohibited. No other maneuver is restricted. No additional constraint or direction is assumed. The European sign, on the other hand, foresees a driver who is much more disciplined and is part of a larger community of drivers. He only drives where he is told to go. In this case, the sign authorizes him to go in one of only two directions, ahead or to the right.

At a right angle intersection, the two signs have almost the same practical effect. Of the three possible forward directions of travel, the American sign tells you not to take the left direction, and the European sign tells you to take only the straight ahead or the right direction. The American sign is a little ambiguous about whether one can make a U-turn. Is a U-turn just a sharper left turn (which would be prohibited) or is it something quite different (which would not be prohibited)? In contrast, the European sign is quite clear on this point; a U-turn is not one of the authorized choices.

If there are five streets running from the intersection – one of them at a 45 degree angle to the right, even more complexity arises. By prohibiting the left turn, the American sign implicitly allows you to take any of the other three roads, and possibly to make a U-turn, while the European sign is authorizing you to go only ahead or sharply to the right, but perhaps not on the 45 degree angle road. (This author first encountered this problem in Bad Godesberg. He asked two police officers the meaning of the sign in this context and received two contradictory answers.)

The signs also illustrate fundamental differences about the ways that European and American lawyers approach questions of law in general. These different approaches to law in general drive different analyses of questions of international law, especially among otherwise highly qualified lawyers who do not have experience or education in international law or in European approaches to legal thought and analysis.

II. Prohibitions or Authorizations

For the American, law is frequently thought of as a series of specific limitations on the almost boundless free will of the individual. It is a series of specific, and largely negative, commands. Murder is prohibited, theft is prohibited, etc. These commands tell you what *not* to do. Only rarely does the law command the individual affirmatively to do something, rather than to refrain from doing things. Thus, in many states, the law does not require you to rescue an endangered individual, even if you could do so without risk to yourself!

The prohibitions contained in the laws are often sharply defined. Until recently in most states, the law differentiated sharply between larceny and embezzlement.

The elements of the traditional crime of larceny made it applicable only if the individual took something from the possession of another without authorization at the time of the taking. If, however, he lawfully took possession of the item (e. g., a teller at a bank who had lawful control of a cash drawer) and later converted it for his own use, he had not committed larceny. To respond to this seeming anomaly, the law did not redefine larceny, but rather created a new crime of embezzlement. It did not treat the generic concept of theft or of dishonest transactions, but rather added to a list of specific offenses.

In the field of private law, American statutes do not create a body of contract law, or of tort law, or even of property law; those are simply assumed to exist as natural things. Statutes may modify contract rights, or rights arising from tort claims or property rights, but the basic rules are not the creation of the legislator, but of the common law. The United States Constitution, indeed, does not establish a law of contracts, but it does prohibit their impairment,[1] and it does not create a law of property, but it prohibits its taking or expropriation without just compensation.[2] So constitutional law is not seen as empowering the individual to enter into contracts or to own property, but rather as limiting the ways in which the government can interfere with those preexisting right.

Common law, rooted in the forms of action, also tends to treat issues in "bright line" terms. European law, rooted in the Roman law, tends to use more subjective concepts, such as *bona fides* or *Treu und Glauben*. So the validity of an American contract is judged in terms of offer, acceptance, and consideration, while that of an European contract may be in terms of good faith. Of course, these two approaches are progressively moving closer to one another, but the starting point for legal thought in the two systems is quite disparate.

The method of reasoning in the common law environment runs from the specific to the general. Doctrine is deduced from cases. So the specific instances become the basis of the legal syllogism.

The *no left turn* sign accurately reflects the way that an American thinks about law. Law prohibits some things, but if there is no express prohibition, one is free to proceed at will.

In contrast, the European may think of law as an empowerment to live within a community. The law, through a Civil Code, defines who a "person" is in legal thinking.[3] The law, through that same Civil Code, confers on the individual an ability to enter into contracts, to own and convey property, and to be compensated for injury. Law is an empowerment, not a limitation. It tells you what to do and how to do it. A code of law affirmatively granting ordinary rights to people seems quite natural within a civil law system.

---

[1] U.S. Constitution, Art. I, Sec. 10.
[2] U.S. Constitution, Amendment V.
[3] BGB, §§ 1–89.

The means of interpretation of the civil codes of Europe is far different from that of interpretation of laws in the United States. Civil Code interpretation is driven by the intent of the legislator and by the general object and purpose of the code in question. Legal reasoning in the European tradition moves in the opposite direction from the way it proceeds in the United States. It moves from the general principles established in the law to their application in individual cases. The principles, not the practice, form the foundation of the law.

The *vorgeschriebene Fahrtrichtung* sign accurately reflects how a European thinks about law. In the absence of an express provision, one looks to the overall system of legislation to determine what the legislator probably would have done.

Picture two lawyers, one American and one European, who are seeking to draft the documents for a new kind of transaction. The American would simply write what he wanted to accomplish, checking only to see if he had violated any specific prohibition contained in a statute. The European, in contrast, might seek authority for what he was attempting to draft within some general provision of the Civil Code, permitting what he wanted to achieve.

Fundamental differences in approaches to legal procedure reinforce this dichotomy. Originally founded on a writ system, in which only certain specified wrongs that could be remedied by the courts, the common law gave wide latitude to the individual who could avoid coming within the scope of one of the writs that the courts would issue. Today still based on an adversary system, the system allows the defendant to prevail unless the plaintiff can show a specific rule that the defendant contravened. So the common law tolerates, indeed encourages, those who almost, but not quite, violate its rules. The advocacy of attorneys became a driving force in the law.

The European civil law system, in contrast, depends less on the individual advocate and more on the neutral judge to develop the legal theory governing the case. That theory will be based on the provisions that are included in the law, which may be seen as empowerments, rather than limitations.

American approaches to legal problems tend to be much more specific to the particular issue and less concerned about placing that solution in a broader legal context. Take the problem of defective goods as an example. Specifically consider "lemons", new automobiles that have multiple defects that seemingly cannot be remedied. Purchasers of these cars are unhappy when they are unable to get satisfaction from the manufacturers. When these purchasers complained to legislators, the reaction was to enact "lemon laws", statutes that apply only to automobiles with multiple defects.[4] Consumers are given special rights to rescind their contracts of purchase. These laws do not modify the basic contract law governing the sale. They apply only to sales of automobiles; and they provide a specific remedy for the individual. In Europe, a more common approach would be to change the

---

[4] For example, see Minnesota Statutes, Sec. 325F.655. Many states have similar laws.

basic provisions of the civil code to protect against unreasonable limitations on warranty claims; they apply to all kinds of products; and they provide remedies within the general law of contracts. The Americans have tended to be much more specific and oriented to a specific problem; the Europeans to be much more generic and directed to a systemic solution.

American and European reactions to data practices provide another example. European law provides general protection of personal data. American law, in contrast, has separate provisions regarding educational data,[5] medical data,[6] and data in the hands of the government[7]; there is no general law. So much personal data in the United States is totally unprotected – a significant issue in some kinds of international transactions.

The difference in approach can also be seen in public law and in the approach to government. It is commonplace to observe that Europeans have a more favorable view of government in general than Americans do. Europeans see government as a positive institution that provides many economic, social, and cultural benefits, including a legal system. Some Americans see government as a necessary evil that inhibits their free choices. That attitude can be seen in a growing American sentiment in favor of less government. As the American revolutionary, Thomas Paine, wrote, "Government, even in its best state, is but a necessary evil: [...]".[8] It is constitutionally expressed by limitations on the powers of the federal and state governments. It is also seen in a system of dual federalism system in which state and local governments may (and do) refuse to cooperate in the enforcement of federal law.

American public law generally also looks for specific "bright line" rules, while European public law seeks to promote harmony among the various actors. Take the diverse approaches to the cooperation of federal and state (*Land*) authorities as an example. Public officials in the United States frequently cooperate with one another in many ways, but they do so primarily out of common interest or a sense of collegiality, not out of legal obligation. The Supreme Court has been clear in upholding concepts of "dual federalism." In 1993 Congress attempted to introduce a limited form of handgun control. It required all local sheriffs (who are state or local officials) to review the qualification of permit applicants. Sheriffs in some western states favored unlimited possession of firearms by individuals and objected to being "conscripted" into aiding this scheme. They sued and prevailed.[9] The Supreme Court held that the federal government could not require state officials to cooperate with the federal program. One state and a number of municipalities now prohibit their local police from assisting federal immigration agents in the enforce-

---

[5] Family Education Rights and Privacy Act, 20 U.S.C. Sec. 1221 *et seq.*
[6] Health Insurance Portability and Accountability Act, 42 U.S.C. sec. 201 *et seq.*
[7] Freedom of Information Act, 5 U.S.C. 552a.
[8] *Paine,* Common Sense, 1776, Chapter 1.
[9] Printz v. United States, 521 U.S. 898 (1997).

ment of locally unpopular immigration laws.[10] The Supreme Court has also held that Congress cannot require state legislatures to cooperate in implementation of a federal program by requiring them to adopt implementing legislation.[11] It can induce a state to do so by offering incentives, but it cannot create a legal mandate.

Contrast the approach in Europe. Within Germany, the Constitutional Court has developed the concept of *Bundestreue*,[12] that requires federal and state governments to work cooperatively to achieve the desired goal. Within the European Union, there are also doctrines that require the member states to cooperate in the implementation of directives and other decisions of the Union.

These two views again align with the traffic signs above. American public law treats the local sheriff or the state legislature as nearly sovereign. They can be prohibited from doing specific unlawful things, but they cannot be required to do things for the good of the broader national community. It is a dual system of federalism, in which the state and local governments need not assist one another. The law is a series of prohibitions, not of mandates. European public law, on the other hand, sees the entire governmental structure, federal and *Land* as a converging whole and all parts must work together in moving in a common direction.

III. Classic International Law

The great statesmen of international law recognized that different approaches to legal questions in general could lead to different conclusions. In creating the Permanent Court of International Justice, the authors of its Statute required in Article 9 for the representation of the principal legal systems of the world on the bench. At the time of its creation, there were only two principal systems, the Anglo-American common law and the European civil law systems. They differed not only in the application of the doctrine of precedent, but also in the application of legal reasoning. Those differences also emerge in the interpretation of international rules and norms.

One of the early cases of the Permanent Court provides an illustration of this dichotomy. The *Lotus Case*[13] provides an example in international law of these two ways of thinking. The case involved the question of whether Turkey could exercise jurisdiction over a French merchant mariner whose actions caused a Turkish vessel to sink outside of the territorial waters of Turkey. The judges of the Permanent Court of International Justice were evenly divided, with the casting vote of the President of the Court determining the outcome. At a theoretical level,

---

[10] Oregon Revised Statutes, Sec. 181.850.

[11] New York v. United States, 505 U.S. 144 (1992).

[12] For a discussion in English, see *Currie,* The Constitution of the Federal Republic of Germany, 1994, 77–78.

[13] PCIJ, *The Case of the S.S. "Lotus",* [1927] P.C.I.J., Ser. A, No. 10.

the question was one of burden of proof. Was it incumbent on Turkey to show a basis for its claim of jurisdiction, or upon France (which opposed Turkey's exercise of criminal jurisdiction over its citizen) to show that it did not exist.

Stripped to its basic logic, the two principal opinions in the case reflect exactly the same dichotomy of positions. The prevailing answers the question by saying there was no demonstrated rule of international law prohibiting Turkey from proceeding with the prosecution. It thus looked upon the State, Turkey in this case, as a free actor which could take whatever course it chose as long as there was no specific rule of international law prohibiting that conduct. Law for those judges was a series of rather specific rules that limited the otherwise unfettered discretion of the State. This was the *no left turn* approach to the issue. There was actually a majority for this position. The American judge, John Bassett Moore, who dissented on other grounds, filed a separate opinion asserting his adherence to this point.

The other judges asked a rather different question and reached a rather different conclusion. They asked whether any rule of international law authorized Turkey to proceed against the merchant mariner in this set of circumstances. It thus started from the assumption that there is a comprehensive set of rules that will indicate the proper course of action. It was the *vorgeschriebene Fahrtrichtung* approach to international law.

The American view of international law has generally supported the former of these two approaches. It sees the State, like the individual in the domestic law system, as free from any constraint in the absence of a specific prohibition. The European view has followed the latter. It looks more to the functioning of the international order as a whole.

The American view tends to center on the State as the fundamental unit of the international system. It is the Westphalian system writ large. The focus of the international order is on the State. It is free to act in any way that is not clearly prohibited by international law. That international law achieves its legitimacy only through the consent of the State. That legitimacy can only come from State consent through signature and ratification of an international treaty or from State consent through actual State practice in the creation of a new rule of customary international law. In the American view, that consent must be clear and express; no additional obligation is to be implied. There is no legal obligation to agree. Sovereignty means that the State has broad freedom to act and that limitations on that freedom are not lightly to be presumed. The law only acts as a limit.

The European view, in contrast, tends to begin from the international system and sees the State as an element of it. It is sometimes now referred to as post-Westphalian. It looks more to the role of the State within a functioning international system. So Europeans are much more likely to look to general principles and to derive international obligations from them. Much of the development of modern human rights law and environmental law is based on such principles. Europeans are much more willing to consider "soft law," principles that guide decision-making, and creates an obligation exercise good faith towards reaching an agreement. Good faith becomes a more important concept than the exact performance of a specific obligation. The law acts as a guide.

This approach is reinforced by the growing community of European States. The closer relationships of the European Union and of the broader Council of Europe have led to notions of a "European legal space", within which common approaches to law are the expected norm. Generalizations based on this affinity within European space may lead to misconceptions about the rules of international law on a general scale.

IV. Application to Modern International Law Issues

One of the many issues of contemporary international law that have accentuated the differences between the United States and Europe is the treatment of prisoners at Guantanamo Bay, Cuba. This is one example from among many in which the United States has expressed a different view of international law from that chosen by European nations. It has arisen at a time when there are also political differences between the United States and many nations of Europe. Frequently these decisions and actions are criticized in political terms, but there are underlying issues of fundamental legal theory in them as well.

In 2002 questions arose about the treatment of prisoners at Guantanamo Bay, Cuba. Was their treatment in violation of either the Geneva Conventions or of the Torture Convention or of other international instruments to which the United States is a party? Apparently at the urging of the then Counsel to the President, Alberto Gonzales, the United States Department of Justice prepared a memorandum, later withdrawn, that claimed that the extreme measures being taken at Guantanamo were not prohibited by any international norms.[14] That memorandum was based on an interpretation of the international law focusing on whether the prisoners in question fell into the classes protected by the Geneva Conventions, and on an interpretation of the concept of "torture" under the Torture Convention and in United States statutes. It was based on an extremely narrow and technical reading of the documents, rather than on a broad and comprehensive understanding of the object and purpose of those same instruments. It was thus consistent with approach of much of American law discussed above. Unless an action is clearly and specifically prohibited, it is permitted. The focus was on specific language, not on general principles or the object and purpose of the instruments.

---

[14] The memorandum was first classified, but then became publicly available. On December 31, 2004, it was "withdrawn" by the Department of Justice. It can now be found on the Internet at: <http://jurist.law.pitt.edu/paperchase/2004/12/new-justice-department-memo-expands.php>.

Similarly, the United States' argument about the status of some of these individuals as "illegal combatants" is not an argument that the United States is behaving properly, but rather an argument that it is not behaving improperly. For an American, there is a vast intellectual distance between those two concepts.

The memorandum was clearly an advocacy document, taking the most extreme position and arguing that nothing in that position violated any specific interdiction of the international legal order. To use the metaphor of this article, some may have made U-turns, some may have driven at an excessive speed, and some may have driven bulldozers over other vehicles, but no one turned left. Therefore there was no violation of the specific command.

It is worth noting that the experienced international lawyers at the State Department and at the Joint Chiefs of Staff declined to sign on to the memorandum; They were more accustomed to the manner of interpretation of international instruments that is common in the international community. They apparently looked to the principles of interpretation of international instruments, including the "object and purpose" rule of the Vienna Convention on Treaties,[15] and did not concur in the specific reasoning. (There is no public statement from the departments that did not concur in the memorandum on their reasons for doing so, so this is pure speculation). They, apparently, saw the Geneva Conventions as a comprehensive system for the protection of individuals captured in combat, not as a list of specific requirements and prohibitions which were the only limitations on the treatment of these individuals. Many international lawyers and academics outside of the government were also appalled at these positions.

Europeans, of course, take a completely different approach. They interpret the Geneva Conventions as part of a comprehensive system of humanitarian law. For them there is a way that prisoners *ought* to be treated, rather than specific instances of things that *ought not* to be done. So the expectation is for a humane system of detention that is respectful of the human dignity of the captives.

The treatment of the detainees at Guantanamo was clearly a policy choice of the most senior leaders in the United States. That is not the question here. The point is that senior legal officials of the government (although not those who deal with international law) could find arguments that were consistent with their legal framework that would justify the conduct in question. These are zealous advocates, and they well may be wrong in their conclusions. But the framework in which they drew those conclusions was one which would permit this kind of analysis. It involved identifying all of the specific prohibitions and constructing a defense to each of them. Thus, in their view, the letter of the Geneva Conventions was observed. It was irrelevant to them that the object and purpose, the guiding direction of the conventions, was completely turned on its head. How are competent lawyers able to make such arguments? Precisely because their mind set is of rules as

---

[15] Vienna Convention on the Law of Treaties of 23 May 1969, 1155 UNTS 331 (1969), Art. 26 and 31.

specific and limited prohibitions, not as guidance toward a general direction. It is using the *no left turn* approach to legal questions. This is aided by an approach of advocacy, rather than analysis, in the application of that law.

One can criticize the lawyers who wrote these memoranda for confounding their role as counselor and their role as advocate. As advocates, after a decision had been made, they would have a duty to defend the position of their client in any tribunal before which it came. As counselors, advising on the course to be followed, they should have taken the object and purpose of the instruments into account.

One can also criticize them for focusing solely on an American (or common law) approach to interpretation of what were international obligations. The experienced international lawyers, both within and outside the government, were much more circumspect and global in their approach to the question.

Essentially one can criticize them for being parochial in their approach to questions of international law. At the same time, those on the other side of the issue should be careful not to impose simply European ways of legal thinking on what is a global legal issue.

V. Conclusions

It is too simple to characterize controversies between the United States and Europe as representing only differing political choices or differing levels of military power. Differences in the interpretation of the rules of international law also stem from the differences in legal reasoning. Experienced international lawyers on both sides of the Atlantic know how to unify these divergent approaches into a unified view of international law. Other capable domestic lawyers, not as experienced in comparative and international views, may find it far easier to apply the rules of interpretation from their domestic systems to these same questions and thus reach divergent views.

When rules of interpretation of American law, which emphasize the autonomy of the individual and limit the application of norms to that autonomy, are applied to international legal questions, they will promote views of the law which emphasize the autonomy of the State and the limited scope of international norms. American legal interpretation is particularly supportive of a Westphalian view of international law, emphasizing State sovereignty and requiring State assent to rules that limit that sovereignty. Americans start from a *no left turn* view of international law.

When rules of European civil law, which emphasize the comprehensiveness of the legal system, are applied to the same international legal question, they will promote views of the law which emphasize the duty of the State to cooperate with other states and with international institutions. So European Civil Law views are particularly supportive of a post-Westphalian interpretation of international law, emphasizing the comprehensiveness of the international system. The Europeans have a *vorgeschriebene Fahrtrichtung* view of international law.

As with traffic rules, these two approaches almost always reach the same conclusion. Occasionally they do not. Those cases in which conflicts occur are frequently politically salient and extremely controversial. It is a mistake, however, to treat these controversies entirely as issues of political intransigence on either side. Our differing ways of legal reasoning may also be a contributing factor. Lawyers on both sides of the Atlantic – and elsewhere on the globe – must work to apply truly international standards in the interpretation and development of international norms.

Terminological Ambiguity in the Field of International Security: Legal and Political Aspects

By Hanspeter Neuhold

I. Introduction[1]

The discourse on international security is complicated by the sheer number of terms which are often rather similar and usually remain ill-defined. Terminological confusion in security policy, which has strategic as well as legal implications, is by no means a new phenomenon; however, it has recently been enhanced, above all, by new documents adopted within the EU and NATO. Since Jost Delbrück has made major contributions to the legal debate on central security issues,[2] a few general remarks on and some illustrations of those terminological problems might be an appropriate addition to the *Festschrift* in his honour.

II. Collective Defence, Collective Security, Cooperative Security

Three basic options are available to states that decide not to go it alone but rather to act together in order to enhance and safeguard their security: *collective defence, collective security* and *cooperative security*. These terms seem to have similar meanings and may even appear interchangeable, since they all imply joint security-oriented action.

However, major differences do exist between the three strategies. States may practice collective (self-)defence *ad hoc* or institutionalise this option before an armed attack against one of them occurs by setting up a military alliance.[3] Collective defence entails mutual assistance against attacks from outside the circle of the

---

[1] This essay is written in English, not only because it is the principal language of international relations but also because some of the problems discussed below – for instance, the meaning of the term "peacemaking" – exist only in English. However, most of the ambiguities criticised by the author are also encountered in other languages with which he is familiar. The author wishes to thank Ambassadors Franz Cede and Franz-Josef Kuglitsch and Antonio Missiroli from the EU Institute for Security Studies for valuable insights. He also contacted other experts who could not or did not want to provide him with useful information.

[2] For instance, *Delbrück,* Collective Security, EPIL 1 (1992), 646 ff.; *Delbrück,* Collective Self-Defence, EPIL 1 (1992), 656 ff.

[3] *Delbrück* (note 2).

states that pool their security resources against possible aggressors. Moreover, the probable attacker(s) is (are) usually known, not only when *ad hoc* self-defence is practised against an actual attack, but also by the states which have joined a military alliance in order to ward off future aggression, such as NATO[4] or the WEU.[5] Unless provisions on dispute settlement are added, an alliance remains ill-prepared to deal with serious conflicts between its members, because no major differences of opinion, let alone resort to armed force, are envisaged among the partners.[6]

In contrast, a system of collective security provides for joint sanctions against acts of aggression committed by states belonging to the institution.[7] Furthermore, such a system is not directed *a priori* against any particular member(s), since potential aggressors are not identified in advance. A collective security system, just like a successful alliance, should ideally deter armed attacks, so that no enforcement measures will have to be taken.[8]

The distinctive characteristic of the manifold activities possible to undertake under the heading of cooperative security is the need for consent. All actors involved, including the parties to the conflict to which a peaceful solution is sought,

---

[4] The Atlantic Alliance was founded by the Washington Treaty of 4 April 1949 against the threat posed to the founding members by the Soviet Union and its "satellites". The disappearance of the common enemy as a result of the implosion of the communist regimes in Eastern Europe and the disintegration of the Soviet Union meant that NATO had lost its initial *raison d'être*. The alliance tried to maintain its relevance by engaging in activities beyond collective defence. NATO became involved, *inter alia,* in the areas of collective security, helping the UN Security Council to enforce its decisions concerning the conflicts in the former Yugoslavia, and cooperative security, above all by launching the Partnership for Peace project.

[5] The origin of NATO's "poor European relative", the WEU, dates back to the Brussels Treaty of 17 March 1948. In the preamble to this treaty, the contracting parties (France, the United Kingdom and the three Benelux countries) state their determination "to take such steps as may be held to be necessary in the event of a renewal by Germany of a policy of aggression". However, when the Federal Republic of Germany (together with Italy) became a member in 1954, this reference to Germany as the principal potential enemy was deleted in the Protocol Modifying and Amending the Brussels Treaty signed in Paris on 23 October 1954. By then, the Soviet threat had become the main concern for the members of this Western European alliance as well, although it was not mentioned explicitly in the revised treaty.

[6] However, under Art. X of the WEU Treaty legal disputes between alliance members have to be submitted to the ICJ, non-legal disputes to a conciliation procedure.

[7] *Delbrück* (note 2), 647.

[8] In political reality, collective defence and collective security institutions may serve other than their official purposes in line with the above definitions. Their more powerful members might also use or rather abuse them in order to establish their collective or individual hegemony over their weaker allies and partners. For example, some critics attribute the continued existence of NATO after the disappearance of its Cold-War enemies mainly to the desire of the United States to control unwieldy European members of the alliance and prevent them from doing anything of which the administration in Washington D.C. does not approve. *Waltz,* Structural Realism after the Cold War, International Security 25/1 (Summer 2000), 5 (21).

have to agree to whatever steps are to be taken. This consent is at the same time the principal asset and the main weakness of cooperative security. If agreement can be generated, the litigants with the help of third parties may achieve a genuine solution to the conflict on the basis of free acceptance of the terms of the settlement. If consent cannot be attained at all or breaks down at a later stage, cooperative security efforts are bound to fail.

All three options are in conformity with contemporary international law, above all the UN Charter. The right of individual and collective self-defence is enshrined in Art. 51 of the constituent treaty of the world organisation. Chapter VII of the Charter establishes a system of collective security, with the Security Council as the central enforcement organ.[9] Since cooperative security is based on the consent of all the parties involved, its lawfulness is also evident, above all because the sovereignty of all states concerned is respected. By contrast, the use of armed force beyond self-defence and collective security under Chapter VII must be qualified as illegal, however laudable its political motivations may be. Enforcement action taken under regional arrangements or by regional agencies also requires the authorisation of the Security Council under Art. 53 para. 1 of the Charter.

Even politicians, diplomats, strategists and scholars who should know better have at times confused collective security and collective defence. A good (or rather bad) example of this failure is offered by the Charter of the Commonwealth of Independent States (CIS), adopted at Minsk on 22 January 1993.[10] Chapter III (Arts. 11–15) of this treaty is entitled "Collective Security and Military-Political Cooperation". Yet the central provision of this Chapter, Art. 12, contains the classical collective defence obligations and expressly invokes Art. 51 of the UN Charter. The same confusion characterises the Treaty on Collective Security of the CIS of 15 May 1992.[11]

The EU, which will below be shown as one the principal contributors, if not the main culprit responsible for "terminological inflation" in the field of security policy, included "common defence" as an option for the future of the Common Foreign and Security Policy (CFSP) already in Art. J4 para. 1 of the Maastricht TEU in 1992. The question arises as to whether the Union thereby merely introduced

---

[9] It is worth noting that the term collective security is not mentioned in the UN Charter.

[10] ILM 34 (1995), 1282 ff. Similarly, Robert Kagan, one of the prominent experts on international security, whose "strategic astronomy", according to which Americans hail from Mars, while the planet of origin of Europeans is Venus, has been widely discussed, states: "Collective security was provided from without, meanwhile, by the *deus ex machina* of the United States operating through the military structures of NATO." (NATO is the collective defence organisation *par excellence!*) *Kagan,* Power and Weakness, Policy Review, No. 113 (June/July 2002), 3 ff; *Kagan,* Of Paradise and Power: America and Europe in the New World Order, 2003.

[11] UNTS 1894 (1995), 314 ff. *Nasyrova,* Regionale Friedenssicherung im Rahmen der GUS, ZaöRV/HJIL 64/4 (2004), 1077 ff. Furthermore, some observers regard the CIS primarily as an instrument of Russian ambitions to strengthen its influence over the Russian Federation's "near abroad".

another word for collective defence or rather envisages joint resistance by its member states to armed attacks by means of common European armed forces.[12]

Two important criteria can be deduced from the three orientations of security policy outlined above for the legal and political assessment of the additional terms to be discussed below. Do the states concerned envisage concrete activities to be taken with the agreement of all parties involved or without the consent of the "target" actor? And in the latter case, is the need for the authorisation of non-defensive military action by the UN Security Council acknowledged?

III. Variations on the Theme of Peace

For obvious reasons, the word "peace" is frequently used in the discourse on international security. It is a superior value to be achieved in international politics and can be equated with genuine and lasting security. However, there is no simple and single definition of peace. In addition, a closer look ought to be taken at three terms that are used particularly often but remain ill-defined: peacekeeping, peacemaking and peacebuilding.

"Critical" peace research, which had its heyday in the 1960s and 1970s, emphasised two different dimensions of the notion of peace.[13] According to this distinction, "negative peace" means the absence of personal, direct violence, or to put it more simply, of armed force, of war in its non-legal sense.[14] This type of peace, which corresponds to the common understanding of the word, favours those who benefit from the status quo, no matter how unjust the existing state of affairs may be for the "have-nots". "Positive peace" is characterised by the elimination of

---

[12] For different interpretations of the terms "common defence", see the authors quoted by *Hummer*, Beistandspflicht – Solidarität – Neutralität, in: Hauser/Kernic (eds.), Handbuch zur europäischen Sicherheit (in print).
Moreover, the initial version of the Treaty Establishing a Constitution for Europe provided for "closer cooperation as regards mutual defence" according to its Art. 40 para. 7. However, the following sentences reveal that this form of optional collaboration within the EU boiled down to the creation of a military alliance *inter partes* in accordance with the explicitly mentioned Art. 51 of the UN Charter on collective self-defence.
In contrast, Art. I-41 para. 7 of the final text obligates all Member States to provide aid and assistance by all the means in their power, in accordance with Art. 51 of the UN Charter, to a Member State in the event of armed aggression on its territory. This provision is followed by the "Irish formula", according to which the specific character of the security and defence policy of certain – meaning neutral or non-allied – Member States is not prejudiced by the collective defence obligation. On the problems caused by this formula, see *Hummer* (note 12). See also below, 483.

[13] *Galtung*, Gewalt, Frieden und Friedensforschung, in: Senghaas (ed.), Kritische Friedensforschung, 1971, 55 ff.

[14] According to the definition under "classical" international law, the decisive characteristic of war is not the objective existence of armed hostilities but the subjective element of the *animus belligerendi*, the decision of a state to break off all peaceful ties to another state and to apply in its relations with the latter the law of war instead of the law of peace.

structural, indirect violence, which can be described as a person's inability to fully develop and realise his or her physical and intellectual potential as a result of the unequal distribution of power and resources. This variant of peace is tantamount to social justice and equality within and among states. In legal terms, it can to a large extent be equated with the respect for human rights and is closely related to the concept of "human security" which has become fashionable in recent years.[15]

The meanings of the three terms peacekeeping, peacemaking and peacebuilding are again at first sight or hearing similar, if not identical. They apparently denote action designed to bring about or preserve peace. However, it is suggested that each of them signifies a different type of activity so that they should not be interchanged too casually.

The origins of *peacekeeping* operations as we know them today can be traced back to the era of the East-West conflict, when the collective security system of the United Nations remained deadlocked most of the time. Indeed, the members of the Security Council reached agreement on enforcement measures only in a few exceptional cases.[16] However, military operations were launched which were not provided for in the UN Charter. They fitted neither into its Chapter VI on the pacific settlement of disputes nor Chapter VII on collective security.[17]

At least the "first-generation" of peacekeeping missions falls into the category of cooperative security and may even be characterised as the opposite of collective security sanctions.[18] Peacekeeping is not aimed at protecting a victim against an aggressor but at helping all parties to a conflict to stabilise a usually precarious settlement that they have reached. Typically, peacekeepers, who have to observe strict impartiality, enhance compliance with a cease-fire through monitoring or inter-positioning, i.e. the deployment of military units between the parties. As a cooperative security activity, a UN peacekeeping operation is based on three consensual pillars: a mandate from the Security Council; the consent of all the conflicting parties; and the agreement of the states participating in the mission.[19]

---

[15] *Paris,* Human Security: Paradigm Shift or Hot Air?, International Security 26/2 (Fall 2001), 87 ff.

[16] *Neuhold,* Collective Security After "Operation Allied Force", Max Planck UNYB 4 (2000), 73 (76).

[17] However, the lack of an explicit provision in the Charter on peacekeeping operations does not mean that they are unlawful. Their legal basis may either be sought in the implied powers of the United Nations, by now also in customary law, or in the *argumentum a maiore ad minus:* if the organisation may even impose compulsory military enforcement measures, it must be deemed competent to also launch operations which are based on the consent of all the parties involved and permit the use of force only in self-defence, in other words lesser military action than binding collective security sanctions.

[18] *Sucharipa-Behrmann,* Peace-Keeping Operations of the United Nations, in: Cede/ Sucharipa-Behrmann (eds.), The United Nations: Law and Practice, 2001, 89 ff., and the literature quoted there.

[19] In contrast, sanctions under Chapter VII of the UN Charter only need a decision of the Security Council. The consent of the state against which enforcement measures are to be

Finally, whereas military enforcement action would entail resort to massive offensive armed force, peacekeepers, who are notoriously "under-armed", may only use their weapons in self-defence.

These "classical" peacekeeping missions were further developed after the end of the Cold War. "Second-generation operations" received broader, political, humanitarian and also military mandates that included the use of force beyond self-defence of the peacekeepers themselves. Examples of such tasks were the protection of "safe areas"[20] or the enforcement of no-fly zones in Bosnia-Herzegovina[21] by the United Nations Protection Force (UNPROFOR) in the first half of the 1990s. The peacekeepers were not always regarded as impartial and supported by all the conflicting parties.[22] As a result, the records of these mega-operations in Cambodia, Somalia and the former Yugoslavia were rather mixed.[23]

Later operations in Bosnia-Herzegovina, Kosovo and East Timor[24], which were referred to as "third-generation peacekeeping", have been more successful It is suggested here to refer to them instead as "enforcement by consent"[25] in order to highlight their specific characteristics. They are different from "normal" peacekeeping operations due to the military superiority of the troops deployed, which may also use force for non-defensive purposes, whether to stop cease-fire violations or to assure the withdrawal of forces and certain weapons. At the same time, this type of peacekeeping differs from collective security action under Chapter VII in that enforcement in the event of non-compliance with certain commitments by the conflicting parties takes place with their specific consent.

Both the UN and the CSCE/OSCE, which also envisions peacekeeping among its activities, have formulated the principles to be observed when such operations are undertaken.

Within the framework of the United Nations, the rather detailed report submitted in 2000 by a panel which Secretary-General Kofi Annan appointed after the problems faced, in particular, by "second-generation" peacekeeping operations is

---

taken is of course not required. Moreover, members on whom the Council calls are under an obligation to take part in collective security sanctions.

[20] SC resolution 836 (1993).

[21] SC resolution 781 (1992).

[22] The qualification concerning peacekeeping operations "hitherto with the consent of all the parties concerned" in the Agenda for Peace submitted by Secretary-General Boutros Boutros-Ghali in 1992 (UN document A/47/277-S/2411) was dropped in the 1995 Supplement (A/50/60-S/1995/1).

[23] *Mayall* (ed.), The New Interventionism 1991–1994: United Nations experience in Cambodia, former Yugoslavia and Somalia, 1996.

[24] Para. 10 of SC resolution 1264 (1999) provided that the multinational force in East Timor should be replaced by a ("genuine") UN peacekeeping operation as soon as possible.

[25] The author realises that his proposal adds to the "terminological inflation" which he criticises in this essay.

worth a closer analysis.[26] The group of experts headed by the former Algerian foreign minister Lakhdar Brahimi also stressed some "bedrock principles": in addition to the consent of the local parties, impartiality and the use of force only in self-defence. However, the panel urged that no equal treatment should be meted out if one party clearly violates the terms of a peace agreement.[27] It also called for robust rules of engagement and bigger and better equipped forces.[28]

At the Helsinki follow-up meeting in 1992, the CSCE adopted similar guidelines, in particular the need for the consent of the parties directly concerned and for the impartial conduct of peacekeeping operations. It was also clarified that peacekeeping does not entail enforcement action and that it is no substitute for a negotiated settlement of the conflict at hand.[29]

Only the EU, which has included peacekeeping tasks within the CFSP/ESDP as well, has so far refrained from specifying its understanding of such operations. This is all the more surprising since in many other areas the Union tends to regulate even petty details, a practice which is one of the main causes of its negative image, especially among its own citizens.

However useful peacekeeping may be, it primarily helps to enhance negative peace according to the distinction made above. It does not settle the underlying conflict culminating in armed hostilities which the adversaries agreed to terminate or suspend. To achieve positive peace and achieve a genuine solution, the conflicting parties have to agree on how to deal with the root causes of their dispute. Third parties can make useful contributions to such a settlement. The term *peacemaking* is widely used to denote efforts to this end.

However, peacemaking has different meanings within the UN and the EU. In the UN context, the term, employed in its traditional sense, refers to the pacific settlement of disputes, in particular in accordance with Chapter VI of the Charter.[30] The methods listed in Art. 33, as well as resolutions adopted by the Security Council under this Chapter, fall into the category of cooperative security as defined above, since consent by all the parties involved is the common denominator of the means for the peaceful solution of international conflicts. The successful conclusion of negotiations depends on the agreement of the negotiating parties. It is up to the parties to the conflict to draw their conclusions from the findings of an en-

---

[26] UN-Document A/55/305-S/2000/809.

[27] "No failure did more to damage the standing and credibility of United Nations peacekeeping in the 1990s than its reluctance to distinguish victim from aggressor."

[28] The main recommendations of the panel were subsequently endorsed by the Security Council in the course of the Millenium Summit 2000 in res. 1318 (2000).

[29] ILM 31 (1992), 1385 (1400).

[30] *Neuhold*, The United Nations System for the Peaceful Settlement of International Disputes, in: Cede/Sucharipa-Behrmann (eds.) (note 18), 59 ff.

quiry. They are free to accept or reject good offices[31] offered by third parties and the non-binding proposals submitted by mediators or conciliators. And while the judgments of international courts and the awards of arbitral tribunals are binding on the litigants, the jurisdiction of a court or tribunal has to be recognised by the parties. Similarly, Security Council resolutions under Chapter VI are mere recommendations, so that non-compliance with them does not constitute a breach of international law.

The term peacemaking is also used by the EU in the framework of the so-called Petersberg tasks. These missions were initially "invented" at a meeting of the foreign and defence ministers of the member states of the WEU that took place at the Petersberg, near Bonn, in 1992.[32] Five years later, they were also included in Art. 17 para. 2 of the Amsterdam TEU. They consist of humanitarian and rescue tasks, peacekeeping tasks and tasks of combat forces in crisis management, including peacemaking. The EU has so far not come up with an authoritative definition of "peacemaking *à la* Petersberg". There can be little doubt, however, that the use of combat forces goes beyond the settlement methods covered by Chapter VI of the UN Charter and also exceeds resort to armed force, in particular by peacekeepers, only in self-defence. If crisis management in the context of the third Petersberg task entails the employment of military means in order to enforce a solution on one or the other party to the crisis, inevitably the issue of authorisation by the UN Security Council will arise. Again the EU has avoided a clear answer to this question of considerable significance.

This reticence is not only a matter of the general philosophy guiding states in the field of security policy, but since 1999 ought to be seen against a more concrete backdrop. When NATO member states conducted "Operation Allied Force" against the Federal Republic of Yugoslavia they bypassed the Security Council. The states participating in this military campaign were at the time certain that two permanent Council members, China and the Russian Federation, would not approve of military action even if aimed at stopping atrocities by Serbian forces against the Albanian majority in Kosovo.

The advocates of the lawfulness of "Operation Allied Force" point out that respect for human rights has evolved into one of the cornerstones of modern international law as a rule of *jus cogens* with *erga omnes* effects.[33] One of the conse-

---

[31] This "classical" method, which is limited to a third party offering a venue for negotiations or acting as a go-between without participating in the negotiation process itself, is not mentioned in Art. 33.

[32] Text in: *Bloed/Wessel*, The Changing Functions of the Western European Union (WEU): Introduction and Basic Documents, 1994, 137. "Peacemaking" was chosen by the WEU in 1992 because the Federal Republic of Germany could not accept the more appropriate term "peace enforcement". *Van Eekelen*, Debating European Security 1948–1998, 1998, 127.

[33] *Neuhold*, Die "Operation Allied Force" der NATO: rechtmäßige humanitäre Intervention oder politisch vertretbarer Rechtsbruch?, in: Reiter (ed.), Der Krieg um das Kosovo 1998/99, 2000, 193 ff., and the literature quoted there.

quences of this development is said to be the emergence of "humanitarian intervention" or the exercise of the "responsibility to protect"[34] as an additional exception to the prohibition of the threat or use of force in Art. 2 para. 4 of the UN Charter. According to this view, military action may also be taken in order to prevent the authorities of another state from violating the basic human rights, first and foremost the right to life, of its own nationals.

The critics of this contention argue that a right of "humanitarian intervention" cannot be proved on the basis of a treaty or customary law. In addition, they emphasise that the prohibition of the threat or use of force also belongs to the realm of peremptory international law. Although there is no rule to determine which of the two principles shall be given primacy in case of conflict, the ban on force should not be tampered with in the age of weapons of mass destruction. Furthermore, the risk of states abusing a right of "humanitarian intervention" for power politics ought to be borne in mind.[35]

All EU member states accepted "Operation Allied Force" at the Berlin European Council on 25 March 1999. However, during the debate on the Constitutional Treaty some of them called for Security Council authorisation of future EU non-defensive military operations. Others, while recognising the principle, did not regard a UN mandate indispensable.[36]

The recurrent reference in EU treaties to action in conformity with the principles of the UN Charter is not helpful in this context.[37] The differences of opinion that have just been mentioned revolve precisely around the issue of whether the Security Council must authorise any resort to armed force which is not justified under Art. 51 of the Charter.[38]

---

[34] Term coined by the International Commission on Intervention and State Sovereignty in its report of December 2001: <http//www.dfait-maeci.gc.ca/iciss-ciise/report2-en.asp>.

[35] Admittedly, the conclusion that this type of foreign interference is not in conformity with existing international law does not solve the underlying dilemma. If the Security Council cannot agree on military action, a "rogue regime" may kill, torture or drive from their homes large numbers of its citizens with relative impunity. Even if the Council imposes economic and other non-military sanctions, they usually hurt the people to be protected more than the ruling elites who will therefore continue their inhumane policies.

[36] *Ortega,* Beyond Petersberg: missions for the EU military forces, in: Gnesotto (ed.), EU Security and Defence Policy: The first five years (1999–2004), 2005, 73 (85).

[37] For instance, in Art. 11 para. 1 of the TEU and Art. I-3 para 4 and Art. I-41 para. 1 of the new Constitution in the consolidated version of 6 August 2004 (CIG 87/04).

[38] If "Operation Allied Force" is considered a relevant precedent legalising similar action in the future, one might wonder how it is to be circumscribed. May "humanitarian intervention" only be conducted collectively, only by international organisations like NATO and the EU (and ECOWAS and the CIS?), or also by *ad-hoc* coalitions of the able and willing? Or are individual states entitled to it as well? Which human rights have to be violated to which extent for "humanitarian intervention" to be lawful? How certain must the "veto" of a permanent member be so that authorisation of the use of force by the Security Council need not to be sought first? In the case of the EU, which organ is considered competent to authorise "humanitarian peacemaking"?

In contrast, *peace-building* is not a controversial notion as such. It essentially consists of international humanitarian assistance and of help with a view to restoring or reforming political institutions, with the emphasis on democracy and human rights, as well as to speeding up economic recovery and modernisation. These measures are taken after the end of armed hostilities and the conclusion of some kind of peace agreement by the parties to the conflict and may be complemented by police missions or peacekeeping operations.

Since this aid is provided at the request and with the consent of the authorities of the state concerned, peace-building falls into the category of cooperative security in accordance with the broad definition proposed above. However, the discourse on this type of activity is "enriched" by the choice of the terms "post-conflict rehabilitation" by the OSCE and "post-conflict stabilisation" by the EU,[39] although they essentially entail the same measures.

IV. "Terminological Inflation" in the European Constitution and the European Security Strategy

Two recent developments within the EU have had an impact on the topic of this essay. The Treaty establishing a Constitution for Europe, which had been drafted by the European Convention, was at last adopted by the IGC at the level of the Heads of State or Government of the Union on 17–18 June 2004. In addition, the European Council endorsed a European Security Strategy on 12 December 2003. This document entitled "A secure Europe in a better world" was submitted by the High Representative of the EU for the CFSP, Javier Solana, and provides the conceptual foundations for the Union's security policy.[40]

The constitutional treaty introduces several new options in the area of the Common Security and Defence Policy[41] activities. According to its Art. I-41 para. 1 the Union may use its civil and military operational capacity to be provided by the member states for missions outside the Union for peacekeeping, conflict prevention and strengthening international security in accordance with the principles of the UN Charter. Article III-309 para.1 further specifies that the tasks laid down in Art. I-41 para. 1 shall include, in addition to the three Petersberg mis-

---

[39] Art. III-309 para. 1 of the Constitution.

[40] The EU's pragmatic approach to endowing itself with a military arm of its own was to focus on "capability-building" before tackling doctrinal issues regarding the purposes for which the new rapid reaction force of the Union should be used. *Ortega* (note 36), 73. At the outset, it was therefore agreed at the Cologne European Council in June 1999 and in the Helsinki Headline Goal adopted by the EU heads of state or government half a year later that the force ought to be able to perform the Petersberg tasks which had been included in the Amsterdam TEU in 1997. See above, 480.

[41] For reasons unknown to this author, what initially was called the Common European Security and Defence Policy and later generally referred to as European Security and Defence Policy has again received a new name in the Constitution.

sions, joint disarmament operations, military advice and assistance tasks, conflict prevention tasks[42] and post-conflict stabilisation. Article III-309 para. 2 charges the Council of Ministers with adopting European decisions defining the objectives and scope as well as the general conditions for the implementation of these tasks. It remains to be seen whether the future definition of any of these operations will provide for the use of armed force beyond self-defence and without the consent of all parties concerned, and if so, whether their authorisation by the Security Council will be sought by the EU. A "worst-case" reading of joint disarmament operations may lead to the interpretation that they could also be imposed on a state refusing to be disarmed.[43]

Article I-41 of the Constitution also introduces several variations on the theme of "variable geometry" in the area of the Union's security and defence policy. Flexibility permitting only some member states to take action is to be welcomed in principle, since unanimity and universal participation will be even more difficult in an EU of 25 and more members than it was among 15 member states.

Thus Art. I-41 para. 6 allows for permanent structured cooperation by member states whose military capabilities fulfil higher criteria and which have made more binding commitments to one another in this area with a view to the most demanding missions. According to Art. III-312 para. 1, a Protocol sets out the military capability criteria as well as the more stringent commitments.

Furthermore, Art. 40 para. 7 of the text submitted by the European Convention had provided for "closer cooperation, in the Union framework, as regards mutual defence". This somewhat twisted wording boiled down to the optional creation a military alliance *inter partes* within the Union in accordance with the expressly mentioned Art. 51 of the UN Charter. However, in its Art. I-41 para. 7 the final version of the Constitution imposes, in principle, the obligation of aid and assistance by all the means in their power on all other member states if one of them becomes the victim of armed aggression on its territory. But this compulsory mutual security guarantee is followed by the "Irish formula"[44] to the effect that the specific character of the security and defence policy of certain member states is thereby not prejudiced.[45] In plain English, this provision exempts the neutral and non-allied members from the key alliance obligation, thereby introducing another variant of flexibility.[46]

---

[42] Already mentioned in Art. I-41 para. 1.

[43] The following passage from the Bi-MNC Directive for NATO Peace Support Operations of 16 October 1998 is worth quoting in this context: "Arms Control ... Military involvement ... can range from benign inspections, verification and training activities through to deployment prevention, enforced demobilisation, and the cantonment and destruction of weapon systems."

[44] Already laid down in Art. J4 para. 4 of the Maastricht Treaty in order to safeguard Ireland's neutral status in the context of the CFSP. See above, note 12.

[45] For the political background of this modification, see *Hummer* (note 12).

[46] In addition, by virtue of Art. I-41 para. 5, the Council of Ministers may entrust the execution of a task to a group of member states in order to protect the Union's values and serve

The "Solana doctrine" does not clarify but adds to terminological complexity and complications. Its list of EU missions includes not only joint disarmament operations mentioned above, but also support to third countries in combating terrorism and security sector reform. The notion of support against the scourge of terrorism implies a request from the state to be assisted, as does security sector reform, so that no legal problems ought to arise. More puzzling are two other sentences in the Union's strategic concept: it calls for "a strategic culture that fosters early, rapid, and when necessary, robust intervention". Furthermore, it states that "Preventive engagement can avoid more serious problems in the future".

"Robust" intervention smacks of resort to armed force not merely in self-defence. If the ambiguous word "engagement" includes the use of armed force, the adjective "preventive" is likely to open the legal Pandora's box of anticipatory self-defence. Despite the wording of Art. 51 of the UN Charter,[47] pre-emptive military action against an imminent armed attack ought to be regarded as lawful in an age where suicide terrorists and "rogue states" that cannot be deterred and the proliferation weapons of mass destruction poses an increasingly serious threat. However, preventive self-defence against less certain threats in the more remote future remains a breach of international law.[48] The trouble is that terminological clarity is also lacking in the debate on self-defence against future attacks. Thus the line between the two types of anticipatory military measures is blurred in the National Security Strategy of the United States of America published in September 2002.[49]

---

its interests – a formulation reminiscent of what has come to be known, especially in UN practice, as authorising a coalition of the able and willing. Moreover, Art. I-44 provides for enhanced cooperation within the Union's non-exclusive competences, in other words also in the area of security and defence. Under Art. III-312 para. 2, "variable geometry" also applies to the European Defence Agency to be established according to Art. I-41 para. 3.

[47] "... if an armed attack *occurs* ..." (emphasis added).

[48] In the text submitted in June 2003, the term "pre-emptive" engagement was used. One reason for the switch to "preventive" was the lack of a word for "pre-emptive" in Roman languages, in particular French. I am indebted to Antonio Missiroli for this information.

[49] Even the "International Order Based on Effective Multilateralism", one of the three strategic objectives of the EU according to the "Solana doctrine", is not free from ambiguity. On the one hand, the Union calls for the development of a stronger international society, well functioning international institutions and a rule-based international order. It also declares its commitment to upholding and developing International Law, with the UN Charter as the fundamental framework for international relations. As a result, there seems to be a basic difference between the EU's multilateral approach and the readiness of the US to "go it alone".

On the other hand, the EU wants international organisations, regimes and treaties to be effective in confronting threats to international peace and security, and must therefore be ready to act when their rules are broken. In the words of an expert working at the EU Institute for Strategic Studies in Paris: "The 'effectiveness' element implies that, in emergency situations, immediate actions are not always compatible with a formal application of international public law. The Kosovo precedent and the Iraqi preventive war are the unwritten references of what is allowed and what is not." *Haine*, An historical perspective, in: Gnesotto (note 36), 35 (52).

Incidentally, the EU is not the only contributor to terminological confusion in the field of security policy. Two terms coined by NATO may be mentioned in the present context. The first, "peace support operation" was added to the vocabulary of Partnership for Peace (which was launched as a cooperative peace project in 1994) when Enhanced Partnership for Peace was agreed on in 1997. The second, "crisis response operation", was included in the strategic concept of the Atlantic Alliance adopted at the Washington summit in April 1999 against the backdrop of the then ongoing "Operation Allied Force".[50] Once again, the familiar questions concerning the consent of the parties concerned, resort to non-defensive force and authorisation by the Security Council all arise, with no clear answers available to this author.

V. Conclusions

The lack of clear definitions and coherent use of terms criticised in this essay is not just a semantic problem. At issue are options and activities in an area where the survival of states is at stake. It is therefore desirable that words be sufficiently defined and used consistently with the same meaning. "Terminological inflation" should be avoided. Moreover, the parameters of the legal regime governing the use of force in international relations ought to be taken into account.

What counts is not so much the use of any given word but the distinction at the conceptual level between different strategies and activities and their divergent political, military and legal aspects. Once these distinctions have been generally accepted, a uniform terminology will of course facilitate communication and help avoid misunderstandings.

Strategists, military planners, diplomats and politicians on the one hand, and lawyers on the other, differ in their basic approaches to terms used in the field of security policy. The former tend to consider terminological ambiguity "constructive". They want to keep options open and rely on future operations on the ground for further details and clarification. Moreover, actual or potential adversaries should be kept guessing as to what to expect in response to hostile behaviour, in particular if and when they use armed force. Uncertainty may have a dissuasive or deterrent effect and thereby prevent serious international conflicts.

---

[50] The following official definition is not particularly helpful with regard to the issues raised in this essay: "Crisis response operations: They cover all military operations conducted by NATO in a non-Article 5 situation. They support the peace process in a conflict area and are also called peace support operations (sic!). Peace support operations include peacekeeping and peace enforcement (sic!), as well as conflict prevention, peacemaking, peace building and humanitarian operations. NATO's involvement in the Balkans and Afghanistan and its support for Polish troops participating in the international stabilisation force in Iraq are an illustration of this." <http://www.nato.int/issues/crisis_management/in_practice/htm.>

Lawyers desire precision and clear definitions. They will have difficulties persuading the other side of the validity of their arguments and normally find themselves in a weaker position. However, the practitioners of security policy should be reminded that terminological ambivalence might also prove "destructive", backfiring in crisis situations with highly negative consequences. When the real meaning behind euphemisms is revealed by unexpected casualties on one's own side with the first body bags or coffins shown on television screens, the government risks losing the support of public opinion in a situation where national unity is most badly needed. Decision makers should also bear in mind the specific costs which unlawful acts may entail, from possible reprisals[51] by the victim of the breach to sanctions adopted by Security Council.[52]

---

[51] Increasingly called countermeasures today in accordance with the term used by the International Law Commission in its codification of the law of the responsibility of States for internationally wrongful acts.

[52] *Neuhold,* The Foreign-Policy "Cost-Benefit-Analysis" Revisited, GYIL 42 (1999), 84 ff.

Practice of the UN Security Council with Respect to Humanitarian Law

By Georg Nolte[*]

The Security Council is one of the major themes in Jost Delbrück's work. Since his dissertation on the relationship between the Security Council and the General Assembly[1] Jost Delbrück has from time to time revisited the question of the role of the Security Council,[2] most visibly perhaps in his magisterial treatment of Articles 24 and 25 in Bruno Simma's UN Charter commentary.[3] He therefore hopefully takes an interest in the following sketch of practice of the Council in the area of humanitarian law:

I. Introduction

Since the end of the Cold War, both the UN Security Council and international humanitarian law have moved to the centre of attention of international lawyers. However, little attention has been given to the relationship between the two. In their collection of the "Laws of War" Roberts and Guelff explain why this relationship deserves to be explored:

> "The UN Security Council has ... developed an expanded role relating to the laws of war. In many emergency situations, especially in the 1990's, its binding resolutions have not merely reaffirmed the application of this body of law to particular events and conflicts, including those with an element of civil war, but have also defined the content of the law and stressed the responsibility of individuals and states with regard to its implementation."[4]

---

[*] I wish to thank *Roland Otto,* University of Göttingen, for his diligent and competent assistance during the preparation of this paper.

[1] *Delbrück,* Die Entwicklung des Verhältnisses von Sicherheitsrat und Vollversammlung der Vereinten Nationen, 1964.

[2] See *e.g. Delbrück,* The Role of the United Nations in Dealing with Global Problems, Indiana Journal of Global Legal Studies 4 (1997), 277; id., The Impact of the Allocation of International Law Enforcement Authority on the International Legal Order, in: Delbrück (ed.), Allocation of Law Enforcement Authority in the International System, 1995, 135; id., Structural Changes in the International System and its Legal Order, Schweizerische Zeitschrift für internationales und europäisches Recht 11 (2001), 1.

[3] *Delbrück,* in: Simma (ed.), The Charter of the United Nations: A Commentary, Vol. 1, 2nd ed., 2002, Art. 24 and 25.

[4] *Roberts/Guelff,* Documents on the Laws of War, 3rd ed., 2000, 16 *et seq.*

It would go beyond the limits of this piece to comprehensively assess the influence of the Security Council on humanitarian law. However, it may nevertheless be helpful to review a representative sample of Security Council decisions. This could make it possible to substantiate Roberts' and Guelff's observation.

Fruitful criteria for classifying Security Council practice derive from the domestic analogy. The Security Council can be said to perform legislative, executive and adjudicative functions.[5] The question is the extent to which this has occurred in the area of humanitarian law:

The main function of the Security Council is obviously *executive*. It is a central purpose of the Security Council to secure conditions in which humanitarian law is not violated. This is also the self-understanding of the Council which has stated that it has a "primary responsibility for the maintenance of international peace and security and, in this context, [reiterates] the need to promote and ensure respect for the principles and rules of international humanitarian law, ..."[6]. Here, however, only such decisions of the Security Council are taken into account in which the Council does more than merely reaffirm the existence of humanitarian law or to generally call for its implementation.

Technically, the Security Council performs an *adjudicative* function through the International Criminal Tribunals on the former Yugoslavia and Rwanda.[7] Such adjudication, however, is independent from the Security Council proper and therefore cannot be considered as an adjudicative function of the Council in the full sense of the term.[8] Here, adjudication is understood as being a more or less conclusive determination in a more or less specific case that humanitarian law has or has not been, or is being, violated. Adjudication in this sense borders on a function which can be called clarification of the law. This function is located somewhere between the adjudicative and the executive realm.

The *legislative* function is also difficult to define very precisely.[9] In humanitarian law, as in other areas of international law, "legislation" takes place in the form

---

[5] *Frowein/Krisch*, in: Simma (ed.), The Charter of the United Nations: A Commentary, Vol. 1, 2nd ed., 2002, Introduction, Chapter VII, MN 14 and 17–31; *Fassbender* UN Security Council Reform and the Right to Veto: A Constitutional Perspective, 1998, 98.

[6] S.C. Res. 1502 (26 August 2003), U.N. Doc. S/RES/1502 (2003), on the protection of United Nations personnel, associated personnel and humanitarian personnel in conflict zones.

[7] *Compare* S.C. Res. 808 (22 February 1993), U.N. Doc. S/RES/808 (1993); S.C. Res. 827 (25 May 1993), U.N. Doc. S/RES/827 (1993) and S.C. Res. 955 (8 November 1994), U.N. Doc. S/RES/955 (1994) respectively.

[8] Articles 1 and 9 Statute of the International Criminal Tribunal for the Former Yugoslavia and Articles 1 and 8 Statute of the International Tribunal for Rwanda. In any case, the Tribunals do not exhaust the potential adjudicatory function since they have no monopoly and concern themselves only with grave breaches of humanitarian law.

[9] *Greenwood*, The Impact of Decisions and Resolutions of the Security Council on the International Court of Justice, in: Heere (ed.), International Law and The Hague's 750th Anniversary, 1999, 81 (83).

of a complex mixture of treaty-making, custom, soft law, and the identification and shaping of custom, in particular by military manuals. The question is which role the Security Council plays in this process of rulemaking, setting aside the issue of transformative occupation.[10]

It is suggested that a sufficiently representative sample of Security Council practice consists of all Council Resolutions (not Presidential Statements) since 1993 which either include the terms "Humanitarian", or "Geneva Convention(s)" or "Law(s) of War". A search of those terms in the UN's ODS system leads to more than 350 such resolutions.[11] While this approach is certainly somewhat formalistic, the material it yields is sufficiently representative to draw a first sketch.

II. The Executive Function

The Security Council has developed a rather extensive practice with respect to the execution, or implementation, of humanitarian law. The pertinent resolutions can be divided into three categories. The Security Council puts pressure on parties to an armed conflict to comply with humanitarian law in general (1.), to implement certain more specific rules of humanitarian law (2.), and, finally, it takes institutional measures to implement humanitarian law (3.).

1. General Pressure to Comply

The softest form of executive activity by the Council is the expression of "deep concern" with respect to grave violations of humanitarian law[12] or of being "[m]indful of the need for accountability for violations of international humanitarian law"[13]. Somewhat more directly, the Security Council sometimes demands that the parties to a conflict "fulfil their obligations under ... international humanitarian law"[14]. Such general appeals are expressed in sharper language when the Council:

---

[10] S.C. Res. 1483 (22 May 2003), U.N. Doc. S/RES/1483 (2003), on the situation between Iraq and Kuwait; see *Benvenisti*, Future Implications of the Iraq Conflict: Water Conflicts During the Occupation of Iraq, AJIL 97 (2003), 860; *Scheffer*, Future Implications of the Iraq Conflict: Beyond Occupation Law, AJIL 97 (2003), 842.

[11] "Humanitarian Law" = 122; "Humanitarian" = 338; "Geneva Convention(s)" = 30; "Law(s) of War" = 11 (from 1 January 1993 till 18 October 2004).

[12] *E.g.* S.C. Res. 1493 (28 July 2003), U.N. Doc. S/RES/1493 (2003), on the situation concerning the Democratic Republic of the Congo.

[13] S.C. Res. 1509 (19 September 2003), U.N. Doc. S/RES/1509 (2003), on the situation in Liberia; compare also S.C. Res. 1546 (8 June 2004), U.N. Doc. S/RES/1546 (2004), on the situation between Iraq and Kuwait.

[14] S.C. Res. 1466 (14 March 2003), U.N. Doc. S/RES/1466 (2003); S.C. Res. 1430 (14 August 2002), U.N. Doc. S/RES/1430 (2002); S.C. Res. 1398 (15 March 2002), U.N. Doc. S/RES/1398 (2002); S.C. Res. 1369 (14 September 2001), U.N. Doc. S/RES/1369

"Condemns the massacres and ... demands once again that all the parties to the conflict put an immediate end to violations of human rights and international humanitarian law ... and stresses that all forces present on the territory of the Democratic Republic of the Congo are responsible for preventing violations of international humanitarian law in the territory under their control;"[15]

The pressure to comply is more focussed when the Council names certain parties to the conflict, such as when it is "deeply concerned by the grave humanitarian situation and the continuing serious violations by the Taliban of human rights and international humanitarian law"[16]. The same is true for resolutions which address certain regions, such as when the Council expresses "its deep concern at all violations of human rights and international humanitarian law, including atrocities against civilian populations, especially in the eastern provinces"[17], or "especially the Kivus and Kisangani"[18], and when it addresses "all the parties to the conflict in Ituri and in particular in Bunia"[19].

Sometimes the Council addresses Member States which are only indirectly affected by a particular armed conflict, such as when it is "[u]nderlining the importance of raising awareness of and ensuring respect for international humanitarian law, stressing the fundamental responsibility of Member States to prevent and end impunity for genocide, crimes against humanity and war crimes"[20]. It may even be seen as a form of general pressure to comply when the Council is "recognizing the role of the ad hoc tribunals for the former Yugoslavia and Rwanda in deterring the future occurrence of such crimes thereby helping to prevent armed conflict"[21].

(2001), on the situation between Ethiopia and Eritrea. *Compare* also S.C. Res. 1566 (8 October 2004), U.N. Doc. S/RES/1566 (2004), on threats to international peace and security caused by terrorist acts; S.C. Res. 1545 (21 May 2004), U.N. Doc. S/RES/1545 (2004), on the situation in Burundi; S.C. Res. 1535 (26 March 2004), U.N. Doc. S/RES/1535 (2004), on threats to international peace and security caused by terrorist acts.

[15] S.C. Res. 1355 (15 June 2001), U.N. Doc. S/RES/1355 (2001), on the situation concerning the Democratic Republic of the Congo; see also S.C. Res. 1386 (20 December 2001), U.N. Doc. S/RES/1386 (2001), on the situation in Afghanistan; S.C. Res. 1547 (11 June 2004), U.N. Doc. S/RES/1547 (2004), on the Report of the Secretary-General on the Sudan (S/2004/453).

[16] S.C. Res. 1378 (14 November 2001), U.N. Doc. S/RES/1378 (2001), on the situation in Afghanistan.

[17] S.C. Res. 1355 (15 June 2001), U.N. Doc. S/RES/1355 (2001) and S.C. Res. 1304 (16 June 2000), U.N. Doc. S/RES/1304 (2000), on the situation concerning the Democratic Republic of the Congo.

[18] S.C. Res. 1304 (16 June 2000), U.N. Doc. S/RES/1304 (2000), on the situation concerning the Democratic Republic of the Congo; *cf.* S.C. Res. 1565 (1 October 2004), U.N. Doc. S/RES/1565 (2004), on the situation concerning the Democratic Republic of the Congo.

[19] S.C. Res. 1484 (30 May 2003), U.N. Doc. S/RES/1484 (2003), on the situation concerning the Democratic Republic of the Congo.

[20] S.C. Res. 1366 (30 August 2001), U.N. Doc. S/RES/1366 (2001), on the role of the Security Council in the prevention of armed conflicts.

[21] Id.

2. Focussed Pressure to Comply

The Security Council exercises more focussed pressure to comply when it focuses on violations of certain elements of humanitarian law. This happens, for example, when the Council deplores violations of humanitarian law, "particularly discrimination against women and girls"[22] or when it reaffirms certain rules, such as "the obligation of all parties involved in an armed conflict to comply fully with the rules and principles of international law applicable to them related to the protection of humanitarian personnel and United Nations and its associated personnel, in particular international humanitarian law"[23]. Other examples concern calls by the Council "to allow full unimpeded access by humanitarian personnel to all people in need of assistance"[24], "to refrain from acts of reprisal"[25] or "not to undertake demolitions of homes contrary to the law"[26].

Another way of exercising even more focussed pressure to comply is the invocation of certain international conventions, such as the call "on all parties to the conflict in the Democratic Republic of the Congo to protect human rights and respect international humanitarian law and the Convention on the Prevention and Punishment of the Crime of Genocide of 1948"[27]. It is rare, however, that the Council refers to individual provisions, such as when it:

> "[e]mphasizes the responsibility of States to end impunity and to prosecute those responsible for genocide, crimes against humanity and serious violations of international humanitarian law, affirms the possibility, to this end, of using the International Fact-Finding Commission established by Article 90 of the First Additional Protocol to the Geneva Conventions ..."[28]

---

[22] S.C. Res. 1333 (19 December 2000), U.N. Doc. S/RES/1333 (2000), on the situation in Afghanistan.

[23] S.C. Res. 1502 (26 August 2003), U.N. Doc. S/RES/1502 (2003), on the protection of United Nations personnel, associated personnel and humanitarian personnel in conflict zones; see also S.C. Res. 1545 (21 May 2004), U.N. Doc. S/RES/1545 (2004), on the situation in Burundi.

[24] S.C. Res. 1502 (26 August 2003), U.N. Doc. S/RES/1502 (2003), on the protection of United Nations personnel, associated personnel and humanitarian personnel in conflict zones; S.C. Res. 1545 (21 May 2004), U.N. Doc. S/RES/1545 (2004), on the situation in Burundi.

[25] S.C. Res. 1378 (14 November 2001), U.N. Doc. S/RES/1378 (2001), on the situation in Afghanistan.

[26] S.C. Res. 1544 (19 May 2004), U.N. Doc. S/RES/1544 (2004), on the situation in the Middle East, including the Palestinian question.

[27] S.C. Res. 1291 (24 February 2000), U.N. Doc. S/RES/1291 (2000), on the situation concerning the Democratic Republic of the Congo; *cf.* S.C. Res. 1565 (1 October 2004), U.N. Doc. S/RES/1565 (2004), on the situation concerning the Democratic Republic of the Congo.

[28] S.C. Res. 1265 (17 September 1999), U.N. Doc. S/RES/1265 (1999), on the protection of civilians in armed conflict.

or when it notes that "under the provisions of Article 55 of the Fourth Geneva Convention ..., the Occupying Power has the duty of ensuring the food and medical supplies of the population"[29].

Another form of a more focussed pressure to comply are references to specific acts or persons. Thus, the Council can call "upon the Polisario Front to release without further delay all remaining prisoners of war in compliance with international humanitarian law"[30] or it "[w]elcomes the release of 101 Moroccan prisoners of war"[31]. The Council "[e]mphasizes again the need to bring to justice those responsible for the serious violations of human rights and international humanitarian law that have taken place in Côte d'Ivoire since 19 September 2002"[32] or addresses a certain Government[33]. A very specific resolution concerns the Congo in which the Council:

> "Condemns the massacres and other systematic violations of International Humanitarian Law and human rights perpetrated in the Democratic Republic of the Congo, in particular sexual violence ... as a tool of warfare ... perpetrated in the Ituri area by the Mouvement de Libération du Congo (MLC) and the Rassemblement Congolais pour la Démocracie/National (RCD/N) troops, ...
>
> Stresses that the military officers whose names are mentioned in the report of the United Nations High Commissioner for Human Rights in connection with serious violations of international humanitarian law and human rights should be brought to justice through further investigation, and if warranted by that investigation, held accountable through a credible judicial process;
>
> Calls upon the Congolese parties, when selecting individuals for key posts in the transitional government, to take into account the commitment and record of those individuals with regard to respect for International Humanitarian Law and human rights and the promotion of the well-being of all the Congolese; ...
>
> Reiterates that all parties claiming a role in the future of the Democratic Republic of the Congo must demonstrate their respect for human rights, International Humanitarian Law, ...".[34]

---

[29] S.C. Res. 1472 (28 March 2003), U.N. Doc. S/RES/1472 (2003), on the situation between Iraq and Kuwait.

[30] S.C. Res. 1495 (31 July 2003), U.N. Doc. S/RES/1495 (2003) and S.C. Res. 1429 (30 July 2002), U.N. Doc. S/RES/1429 (2002), on the situation concerning Western Sahara.

[31] S.C. Res. 1429 (30 July 2002), U.N. Doc. S/RES/1429 (2002), on the situation concerning Western Sahara.

[32] S.C. Res. 1479 (13 May 2003), U.N. Doc. S/RES/1479 (2003), on the situation in Côte d'Ivoire; similar already in S.C. Res. 1464 (4 February 2003), U.N. Doc. S/RES/1464 (2003), on the situation in Côte d'Ivoire.

[33] *Compare e.g.* S.C. Res. 1564 (18 September 2004), U.N. Doc. S/RES/1564 (2004) and S.C. Res. 1556 (30 July 2004), U.N. Doc. S/RES/1556 (2004), on the Report of the Secretary-General on the Sudan; S.C. Res. 1528 (27 February 2004), U.N. Doc. S/RES/1528 (2004), on the situation in Côte d'Ivoire.

[34] S.C. Res. 1468 (20 March 2003), U.N. Doc. S/RES/1468 (2003), on the situation concerning the Democratic Republic of the Congo. On the condemnation of sexual violence, see also S.C. Res. 1545 (21 May 2004), U.N. Doc. S/RES/1545 (2004), on the situation in Burundi.

This resolution is rather exceptional in so far as it not only addresses specific violations by referring to the time and place of their committal, but also by referring to individual persons who are allegedly responsible for such violations and should be brought to justice. Somewhat similar cases are those in which the Security Council refers to reports by the Secretary General, and, for example, "[e]xpresses its serious concern at the evidence UNAMSIL has found of human rights abuses and breaches of humanitarian law set out in paragraphs 38 to 40 of the Secretary-General's report ..., [and] encourages ... further assessment ..."[35] or "deplores all violations of human rights and international humanitarian law which have occurred in Sierra Leone during the recent escalation of violence as referred to in paragraphs 21 to 28 of the report of the Secretary-General, including the recruitment of children as soldiers"[36]. It must be emphasised, however, that such referrals to specific situations or even to individual persons in combination with specific norms are the exception. Mostly, the Security Council speaks in broader terms.

3. Institutional Measures

Another important technique of the Council to achieve implementation of humanitarian law is to provide for institutional measures. This is done, in particular, by way of mandating the Secretary-General and peacekeeping missions.

The Secretary-General is naturally the most frequent addressee of Security Council resolutions, such as when the Council

"[r]equests the Secretary-General to increase the number of personnel in MONUC's human rights component to assist and enhance. in accordance with its current mandate, the capacity of the Congolese parties to investigate all the serious violations of international humanitarian law and human rights perpetrated on the territory of the Democratic Republic of the Congo ...".[37]

The Secretary-General is often requested to submit reports or other information, *e. g.* "to submit ... his next report on the protection of civilians in armed conflict" and "to include in this report any additional recommendations on ways the Council and other Organs of the United Nations ... could further improve the protection of civilians in situations of armed conflict"[38] or "to refer to the Council information

---

[35] S.C. Res. 1400 (28 March 2002), U.N. Doc. S/RES/1400 (2002), on the situation in Sierra Leone.

[36] S.C. Res. 1231 (11 March 1999), U.N. Doc. S/RES/1231 (1999), on the situation in Sierra Leone.

[37] S.C. Res. 1468 (20 March 2003), U.N. Doc. S/RES/1468 (2003), on the situation concerning the Democratic Republic of the Congo; *cf.* S.C. Res. 1565 (1 October 2004), U.N. Doc. S/RES/1565 (2004), on the situation concerning the Democratic Republic of the Congo.

[38] S.C. Res. 1296 (19 April 2000), U.N. Doc. S/RES/1296 (2000), on the protection of civilians in armed conflict.

and analyses from within the United Nations system on cases of serious violations of international law, including international humanitarian law and human rights law"[39].

Other resolutions ask the Secretary-General "to respond, as appropriate, to requests from African States ... for advice and technical assistance in the implementation of international refugee, human rights and humanitarian law ... including through appropriate training programmes and seminars"[40] or "to continue to ensure that training gives due emphasis to international refugee, human rights and humanitarian law"[41]. The Security Council further "[e]ncourages the Secretary-General to continue his efforts to despatch a mission to Afghanistan to investigate numerous reports of grave breaches and serious violations of international humanitarian law in that country, in particular mass killings and mass graves of prisoners of war and civilians and the destruction of religious sites"[42] and supports his "proposal ... to establish within UNSMA ... a civil affairs unit with the primary objective of monitoring the situation, promoting respect for minimum humanitarian standards and deterring massive and systematic violations of human rights and humanitarian law in the future"[43].

Some resolutions deal more generally with peacekeeping missions,[44] although they are ultimately also addressed to the Secretary-General. The Council, for example, "indicates its willingness, when authorizing missions, to consider ... steps in response to media broadcasts inciting genocide, crimes against humanity and serious violations of international humanitarian law;"[45] and affirms

> "that, where appropriate, United Nations peacekeeping missions should include a massmedia component that can disseminate information about international humanitarian law and human rights law, including peace education and children's protection, while also giving objective information about the activities of the United Nations, and further affirms that, where appropriate, regional peacekeeping operations should be encouraged to include such mass-media components."[46]

---

[39] S.C. Res. 1366 (30 August 2001), U.N. Doc. S/RES/1366 (2001), on the role of the Security Council in the prevention of armed conflicts.

[40] S.C. Res. 1208 (19 November 1998), U.N. Doc. S/RES/1208 (1998), on the situation in Africa (refugee camps).

[41] Id.

[42] S.C. Res. 1214 (8 December 1998), U.N. Doc. S/RES/1214 (1998), on the situation in Afghanistan.

[43] S.C. Res. 1214 (8 December 1998), U.N. Doc. S/RES/1214 (1998), on the situation in Afghanistan; see also S.C. Res. 1564 (18 September 2004), U.N. Doc. S/RES/1564 (2004), on the Report of the Secretary-General on the Sudan.

[44] On the applicability of International Humanitarian Law to United Nations Forces, compare *Greenwood,* International Humanitarian Law and United Nations Military Operations, Yearbook of International Humanitarian Law 1 (1998), 3 (14 *et seq.*).

[45] S.C. Res. 1296 (19 April 2000), U.N. Doc. S/RES/1296 (2000), on the protection of civilians in armed conflict.

[46] Id.

Such resolutions can include decisions on the establishment of further institutions, *i. e.* the installation of a Sub-Commission for the promotion of Humanitarian Law[47] or of institutions, such as "UNOMSIL ... with the ... mandate: ... (c) To assist in monitoring respect for international humanitarian law"[48], UNOMIL with the mandate to, *inter alia*, "report on any major violations of international humanitarian law to the Secretary-General"[49] or MINUSTAH in order to collaborate with the High Commissioner for Human Rights[50]. Since United Nations forces do not have a general duty to take action against violations of international humanitarian law[51] at least such measures are sometimes included in their mandate.

III. Adjudication or Clarification of the Law

The adjudicatory function of the Council is represented by those resolutions which interpret and/or clarify the law in the light of a particular set of facts. Such resolutions can be divided into three groups: the first group concerns cases in which the Council explicitly applies certain norms to specific facts; the second concerns general determinations of the applicability of humanitarian law with respect to certain conflicts, the third relates to more abstract interpretations of substantive provisions of this law in the light of a particular set of facts.

1. Application of Norms to Facts

So far, the Council has not ventured to make conclusive adjudicatory determinations, except of course by way of creating independent criminal tribunals which then make such determinations. It should be noted, however, that certain forms of focussed pressure to comply, as they have been described above, simultaneously contain adjudicatory determinations, even though they are provisional. This is the case when the Council calls "upon the Polisario Front to release without further delay all remaining prisoners of war"[52] or when it "[e]mphasizes again the need to bring to justice those responsible for the serious violations of human rights and international humanitarian law that have taken place in Côte d'Ivoire since

---

[47] S.C. Res. 1214 (8 December 1998), U.N. Doc. S/RES/1214 (1998), on the situation in Afghanistan.

[48] S.C. Res. 1181 (13 July 1998), U.N. Doc. S/RES/1181 (1998), on the situation in Sierra Leone.

[49] S.C. Res. 866 (22 September 1993), U.N. Doc. S/RES/866 (1993), on Liberia.

[50] S.C. Res. 1542 (30 April 2004), U.N. Doc. S/RES/1542 (2004), on the question concerning Haiti.

[51] *Greenwood* (n. 44), 32 *et seq.*

[52] S.C. Res. 1495 (31 July 2003), U.N. Doc. S/RES/1495 (2003) and S.C. Res. 1429 (30 July 2002), U.N. Doc. S/RES/1429 (2002), on the situation concerning Western Sahara.

19 September 2002"[53]. The same is true, *a fortiori*, for resolutions which not only address specific violations by referring to the time and place of their committal, but also by referring to individual persons who are allegedly responsible for such violations and should be brought to justice.[54] As mentioned before, such resolutions are, however, still the exception.

2. *Applicability of Humanitarian Law*

Resolutions which explicitly or implicitly make determinations with respect to the applicability of humanitarian law make up a rather large group. The most important examples are the occupied Palestinian territories[55], terrorism[56], ethnic cleansing during the Yugoslav conflict[57] and the Western Sahara conflict[58].

The resolutions concerning the occupied Palestinian territories do not merely express general support of the efforts to reach peace[59], but they also more specifically address "the need for all concerned to ensure the safety of civilians, and to respect the universally accepted norms of international humanitarian law" in the Jenin refugee camp[60], and clarify a long-time contentious question of applicability by stressing "the need for respect in all circumstances of ... the Fourth Geneva

---

[53] S.C. Res. 1479 (13 May 2003), U.N. Doc. S/RES/1479 (2003), on the situation in Côte d'Ivoire; similar already in S.C. Res. 1464 (4 February 2003), U.N. Doc. S/RES/1464 (2003), on the situation in Côte d'Ivoire.

[54] S.C. Res. 1468 (20 March 2003), U.N. Doc. S/RES/1468 (2003), on the situation concerning the Democratic Republic of the Congo.

[55] S.C. Res. 1435 (24 September 2002), U.N. Doc. S/RES/1435 (2002); S.C. Res. 1405 (19 April 2002), U.N. Doc. S/RES/1405 (2002) and S.C. Res. 1397 (12 March 2002), U.N. Doc. S/RES/1397 (2002), on the situation in the Middle East, including the Palestinian question. On earlier Resolutions see *Schwebel,* The role of the Security Council and the International Court of Justice in the Application of International Humanitarian Law, Journal of International Law and Politics 27 (1995), 731 (751 *et seq.*).

[56] S.C. Res. 1269 (19 October 1999), U.N. Doc. S/RES/1269 (1999), on the responsibility of the Security Council in the maintenance of international peace and security; S.C. Res. 1456 (20 January 2003), U.N. Doc. S/RES/1456 (2003), High-level meeting of the Security Council: combating terrorism.

[57] S.C. Res. 941 (23 September 1994), U.N. Doc. S/RES/941 (1994), on violations of international humanitarian law in Banja Luka, Bijeljina and other areas of Bosnia and Herzegovina under the control of Bosnian Serb forces; S.C. Res. 824 (6 May 1993), U.N. Doc. S/RES/824 (1993), on Bosnia and Herzegovina.

[58] S.C. Res. 1495 (31 July 2003), U.N. Doc. S/RES/1495 (2003); S.C. Res. 1429 (30 July 2002), U.N. Doc. S/RES/1429 (2002) and S.C. Res. 1359 (29 June 2001), U.N. Doc. S/RES/1359 (2001), on the situation concerning Western Sahara.

[59] S.C. Res. 1397 (12 March 2002), U.N. Doc. S/RES/1397 (2002), on the situation in the Middle East, including the Palestinian question.

[60] S.C. Res. 1405 (19 April 2002), U.N. Doc. S/RES/1405 (2002), on the situation in the Middle East, including the Palestinian question.

Convention relative to the Protection of Civilian Persons in Time of War, of 12 August 1949, ..."[61].

Since 1999, the Security Council has stressed the need for "respect for international humanitarian law and human rights"[62] in the fight against terrorism, a demand that has been expressed more specifically in a Declaration by the Security Council at a meeting on the Minister of Foreign Affairs level: "States must ensure that any measure taken to combat terrorism comply with all their obligations under international law, and should adopt such measures in accordance with international law, in particular international human rights, refugee, and humanitarian law"[63]. However, the Council has, so far, not gone any further and has made no more precise statement as to the scope of application of humanitarian law to the fight against terrorism.[64]

In resolutions concerning Bosnia and Herzegovina and the Western Sahara the Council, by condemning specific violations of humanitarian law, has clarified the applicability of this law to these conflicts. More than once the Council has emphasised that the practice of "ethnic cleansing and all practices conducive thereto"[65] "constitutes a clear violation of international humanitarian law and poses a serious threat to the peace effort"[66]. Similarly, in resolutions concerning Western Sahara, the parties were called "to abide by their obligations under international humanitarian law to release without further delay all those held since the start of the conflict"[67]. Later, the Security Council more specifically called for the "release without further delay [of] all remaining prisoners of war in compliance with international humanitarian law"[68]. By using the term "prisoner of war" the Council made it clear which legal regime it considered to be applicable to the situation.

---

[61] S.C. Res. 1435 (24 September 2002), U.N. Doc. S/RES/1435 (2002), on the situation in the Middle East, including the Palestinian question; *cf.* ICJ, Legal Consequences of the Construction of a Wall in the Occupied Palestinian Territory, Advisory Opinion of 9 July 2004, paras. 89–101.

[62] S.C. Res. 1269 (19 October 1999), U.N. Doc. S/RES/1269 (1999), on the responsibility of the Security Council in the maintenance of international peace and security.

[63] S.C. Res. 1456 (20 January 2003), U.N. Doc. S/RES/1456 (2003), High-level meeting of the Security Council: combating terrorism; see also S.C. Res. 1544 (19 May 2004), U.N. Doc. S/RES/1544 (2004), on the situation in the Middle East, including the Palestinian question.

[64] *Patel King/Swaak-Goldman,* The Applicability of International Humanitarian Law to the "War Against Terrorism", Hague Yearbook of International Law 15 (2003), 39.

[65] S.C. Res. 824 (6 May 1993), U.N. Doc. S/RES/824 (1993), on Bosnia and Herzegovina.

[66] S.C. Res. 941 (23 September 1994), U.N. Doc. S/RES/941 (1994), on violations of international humanitarian law in Banja Luka, Bijeljina and other areas of Bosnia and Herzegovina under the control of Bosnian Serb forces.

[67] S.C. Res. 1359 (29 June 2001), U.N. Doc. S/RES/1359 (2001), on the situation concerning Western Sahara.

[68] S.C. Res. 1495 (31 July 2003), U.N. Doc. S/RES/1495 (2003).; *cf.* S.C. Res. 1429 (30 July 2002), U.N. Doc. S/RES/1429 (2002), on the situation concerning Western Sahara.

3. Substance of Humanitarian Law

Other resolutions do not merely invoke but also clarify the substantive content of humanitarian law by dealing with specific questions such as the right of access for humanitarian organisations[69], the possible extent of amnesties[70], the duty to protect refugees[71] and attacks against civilians and UN personnel[72].

Shortly before the Kosovo intervention by NATO forces, the Security Council by, *inter alia*, relying on humanitarian law, has articulated a legal basis, albeit in careful language, for a right of access of humanitarian organisations to the theatre of conflict:

> "[The Security Council] [b]earing in mind the provisions of the Charter of the United Nations and guided by the Universal Declaration of Human Rights, the international covenants and conventions on human rights, the Conventions and Protocol relating to the Status of Refugees, the Geneva Conventions of 1949 and the Additional Protocols thereto of 1977, as well as other instruments of international humanitarian law, ... [c]alls for access for United Nations and all other humanitarian personnel operating in Kosovo and other parts of the Federal Republic of Yugoslavia;"[73]

Another example concerns the Yugoslav conflict where the Security Council gave interpretative guidelines concerning the requirements for a fair and objective implementation of an amnesty. The Council urged Croatia

> "... to eliminate ambiguities in implementation of the Amnesty Law, and to implement it fairly and objectively ... [and] review ... all charges outstanding against individuals for serious violations of international humanitarian law which are not covered by the amnesty in order to end proceedings against all individuals against whom there is insufficient evidence;"[74]

In addition, the Security Council clarified that the law limits the possibilities for extending amnesties in the case of "international crimes of genocide, crimes against humanity, war crimes and other serious violations of international humanitarian law"[75]. It further affirmed a duty of States to protect refugees as it is "the primary responsibility of States hosting refugees to ensure the security and civilian

---

[69] S.C. Res. 1239 (14 May 1999), U.N. Doc. S/RES/1239 (1999), on Security Council Resolutions 1160 (1998), 1199 (1998) and 1203 (1998).

[70] S.C. Res. 1315 (14 August 2000), U.N. Doc. S/RES/1315 (2000), on the situation in Sierra Leone; S.C. Res. 1120 (14 July 1997), U.N. Doc. S/RES/1120 (1997), on the situation in Croatia.

[71] S.C. Res. 1208 (19 November 1998), U.N. Doc. S/RES/1208 (1998), on the situation in Africa (refugee camps).

[72] S.C. Res. 864 (15 September 1993), U.N. Doc. S/RES/864 (1993) and S.C. Res. 851 (15 July 1993), U.N. Doc. S/RES/851 (1993), on Angola.

[73] S.C. Res. 1239 (14 May 1999), U.N. Doc. S/RES/1239 (1999), on Security Council Resolutions 1160 (1998), 1199 (1998) and 1203 (1998).

[74] S.C. Res. 1120 (14 July 1997), U.N. Doc. S/RES/1120 (1997), on the situation in Croatia.

[75] S.C. Res. 1315 (14 August 2000), U.N. Doc. S/RES/1315 (2000), on the situation in Sierra Leone.

and humanitarian character of refugee camps and settlements in accordance with international refugee, human rights and humanitarian law"[76].

Other resolutions note "that the overwhelming majority of internally displaced persons and other vulnerable groups in situations of armed conflict are civilians and, as such, are entitled to the protection afforded to civilians under existing international humanitarian law"[77] or affirm "the primary responsibility of States hosting refugees to ensure the security and civilian and humanitarian character of refugee camps and settlements in accordance with international refugee, human rights and humanitarian law"[78].

These examples show that the adjudication and/or clarification of specific questions of humanitarian law have become part of Security Council practice. They are, however, still the exception: Assertions or clarifications concerning the general applicability of humanitarian law form the largest group among them. The interpretation of specific substantive norms only takes place occasionally and neither amounts to a pattern, nor concentrates on particular areas of humanitarian law. The same is true for instances in which the Council, explicitly or implicitly, applies norms to a particular set of facts.

IV. Legislation

Since the adoption of Resolution 1373 (2001) one of the most interesting developments in the practice of the Security Council are resolutions which can be described as having a legislative effect.[79] In humanitarian law such resolutions are still practically non-existent. Sometimes, however, the Council involves itself in preparatory legislative activities, in hortatory form, as when it expresses its support of "the work of the open-ended inter-sessional working group of the Commission on Human Rights on a draft optional protocol to the Convention on the Rights of the Child on the involvement of children in armed conflict"[80]. Another example

---

[76] S.C. Res. 1208 (19 November 1998), U.N. Doc. S/RES/1208 (1998), on the situation in Africa (refugee camps).

[77] S.C. Res. 1296 (19 April 2000), U.N. Doc. S/RES/1296 (2000), on the protection of civilians in armed conflict.

[78] S.C. Res. 1208 (19 November 1998), U.N. Doc. S/RES/1208 (1998), on the situation in Africa (refugee camps).

[79] S.C. Res. 1373 (28 September 2001), U.N. Doc. S/RES/1373 (2001), on threats to international peace and security caused by terrorist acts; *cf. Szasz,* The Security Council Starts Legislating, AJIL 96 (2002), 901; *Aston,* Die Bekämpfung abstrakter Gefahren für den Weltfrieden durch legislative Maßnahmen des Sicherheitsrats – Resolution 1373 (2001) im Kontext, ZaöRV 62 (2002), 257; earlier reflections on this eventuality include *Tomuschat,* Obligations Arising for States Without or Against Their Will, RdC 1993-IV, 199 (344 *et seq.*); *Arangio-Ruiz,* On the Security Council's "Law-Making", Rivista di Diritto Internazionale 83 (2000), 609.

[80] S.C. Res. 1261 (30 August 1999), U.N. Doc. S/RES/1261 (1999), on children and armed conflict.

is the recommendation "that the subject matter jurisdiction of the special court should include notably ... other serious violations of international humanitarian law, as well as crimes under relevant Sierra Leonean law"[81]. Whereas a certain movement towards more explicit legislative Security Council resolutions can be observed in other areas,[82] such resolutions do not yet seem to play a role in the context of humanitarian law.

V. Conclusions

While the number of resolutions with reference to humanitarian law is rather large, the results are somewhat less impressive:

The Security Council mostly merely reaffirms the body of humanitarian law in general terms. It is cautious not to appear to legislate or to change existing law. The Council still follows the example it gave while establishing the International Tribunals for the Former Yugoslavia and Rwanda[83] when it was careful not to alter the substantive law the tribunals would have to apply.[84] A certain number of resolutions clarify the law by adjudicative interpretation, but this mostly concerns rather general and uncontroversial questions. The Council does not pretend to act as a judicial organ and rarely addresses specific legal questions.[85] In that respect the Council still follows its practice at the time of the establishment of the ICTY when it left the question open to the judgment of the tribunal itself whether

---

[81] S.C. Res. 1315 (14 August 2000), U.N. Doc. S/RES/1315 (2000), on the situation in Sierra Leone.

[82] S.C. Res. 1373 (28 September 2001), U.N. Doc. S/RES/1373 (2001), on threats to international peace and security caused by terrorist acts; S.C. Res. 1540 (28 April 2004), U.N. Doc. S/RES/1540 (2004), on non-proliferation of weapons of mass destruction; cf. *Szasz* (note 79), 901; *Happold,* Security Council Resolution 1373 and the Constitution of the United Nations, Leiden Journal of International Law 16 (2003), 593; *Zimmermann/ Elberling,* Grenzen der Legislativbefugnisse des Sicherheitsrats: Resolution 1540 und abstrakte Bedrohungen des Weltfriedens, Vereinte Nationen 52 (2004), 71; *de Wet/Wood/ Nolte,* Lawmaking through the UN Security Council, in: Wolfrum (ed.), Alternatives to Treaty-Making, forthcoming.

[83] *Compare* S.C. Res. 808 (22 February 1993), U.N. Doc. S/RES/808 (1993); S.C. Res. 827 (25 May 1993), U.N. Doc. S/RES/827 (1993) and S.C. Res. 955 (8 November 1994), U.N. Doc. S/RES/955 (1994) respectively.

[84] *Compare* the crimes included in the Statute of the ICTY, Report of the Secretary-General of May 3, 1993, U.N. Doc. S/25704 at 36, annex (1993) and S/25704/Add.1 (1993), adopted by the Security Council in S.C. Res. 827 (25 May 1993), U.N. Doc. S/RES/827 (1993) and in the Statute of the ICTR, annexed to S.C. Res. 955 (8 November 1994), U.N. Doc. S/RES/955 (1994).

[85] But *compare* S.C. Res. 1405 (19 April 2002), U.N. Doc. S/RES/1405 (2002) and S.C. Res. 1435 (24 September 2002), U.N. Doc. S/RES/1435 (2002), on the situation in the Middle East, including the Palestinian question.

the conflict in Bosnia-Herzegovina was of an internal or an international character.[86]

Concerning legislation, the policy of the Council seems to be restricted to propelling new factors into the discussion of humanitarian law, such as sexual violence.[87] Theoretically, the Security Council has a large potential to act legislatively: when acting under Chapter VII of the United Nations Charter, it can take decisions that are binding on States. Thus, the Council can suspend the international law which exists below or besides the Charter. Nevertheless, the Security Council is only at the beginning of a practice of overriding international law[88] and it is rather unlikely that such a practice would affect international humanitarian law very much. This is because a significant part of international humanitarian law is not simple treaty law but belongs to customary law and even to *ius cogens*.

Thus, ultimately, the Security Council's focus is still very much on the implementation of humanitarian law: It draws attention to particular events, regions and forms of violations and it pre-determines judicial assessments by denoting manifest violations. Additionally, the Council is engaged in institution-building and is mainstreaming certain issues in a way which cannot be described as being merely hortatory. While the reaffirmation of the law and the denunciation of its violation are important functions of the Council, more emphasis could lie on institutional mechanisms, such as peacekeeping missions, implementation by States and by international agencies. Still, the frequency and occasional specificity with which the Council invokes, applies and interprets international humanitarian law now make it the major intergovernmental institution acting in this field.

---

[86] *Compare* ICTY, *Prosecutor v. Duško Tadić*, Decision on the Defence Motion for Interlocutory Apeal on Jurisdiction, Case No. IT-94-1-AR72, 2 October 1995, 105 ILR, 419 *et seq.*, at 489–95 (paras. 71–78).

[87] *Compare* S.C. Res. 1468 (20 March 2003), U.N. Doc. S/RES/1468 (2003), on the situation concerning the Democratic Republic of the Congo.

[88] This possibility was contemplated in the process of the establishment of the Proliferation and Security Initiative (PSI), URL: <http://www.state.gov/t/np/rls/fs/23764.htm> (last visited 27 October 2004); *Byers,* Policing the High Seas: The Proliferation Security Initiative, AJIL 98 (2004), 526.

The International Court of Justice and Article 51 of the UN Charter

By Karin Oellers-Frahm

I. Introduction

The Charter of the United Nations prohibits not only war, but in a broader sense all use of force. Article 2 (4) of the UN Charter reads:

"All Members shall refrain in their international relations from the threat or use of force against the territorial integrity or political independence of any State, or in any manner inconsistent with the Purposes of the United Nations".

The term "use of force" instead of "war"[1] reflects the intention to prohibit transnational armed conflicts in general, not only those arising from a formal state of war. Thus, Art. 2 (4) was intended to be a comprehensive prohibition on the use of force by one state against the other,[2] what would include the generally recognized forcible self-help, reprisals, protection of nationals and humanitarian intervention.[3]

The only exceptions to the prohibition of use of force are provided for in Chapter VII of the UN Charter; Art. 39 and 42 concerning the use of force by states when so authorized by the Security Council, and Art. 51 concerning the right of individual and collective self-defence without prior authorization by the Security Council. While Art. 2 (4) and Art. 39 correspond to one another in scope in that use of force contrary to Art. 2 (4) may be responded to by the means provided for in Art. 39, not any use of force contrary to Art. 2 (4) allows for self-defence.[4] Self-defence is an exception to the general prohibition of use of force, but may serve in particular situations as counter-balance in case of failure of the collective security system and this aspect has gained importance.

The use of force in self-defence presupposes that an armed attack has taken place against a Member of the United Nations and requires, moreover, that the

---

[1] This term was used in the Kellogg-Briand-Pact of 1928, concluded between the United States and other powers providing for the renunciation of war as an instrument of national policy. For the text see L.N.T.S. 94, 57.

[2] *Randelzhofer,* in: Simma (ed.), The Charter of the United Nations: A Commentary, 2nd ed., 2002, Article 2 (4).

[3] *Brownlie,* International Law and the Use of Force by States, 1963, 361 *et seq.*

[4] *Randelzhofer,* in: Simma (note 2), Article 51; *Bruha,* Terrorismus und Selbstverteidigung, Vereinte Nationen 49 (2001), 161 (162).

Security Council be informed which then may take measures necessary to maintain international peace and security. Thus, the understanding of the term "armed attack" is the key notion of the concept of self-defence because it determines how far unilateral force is admissible.[5] The term "armed attack" was, however, neither defined nor even thoroughly discussed in the San Francisco Conference,[6] and also the attempts of the UN did not come out with a definition.[7] Thus, the qualification of what constitutes an armed attack justifying self-defence was in particular left to the Security Council; however, also the ICJ, the principal judicial organ of the UN, in several proceedings had the occasion to state its view on the term "armed attack". In particular with regard to the new developments in the aftermath of September 11, 2001, the understanding of the Security Council and the ICJ of what acts qualify as armed attack in the sense of Art. 51 UN Charter apparently differ so that a more detailed analysis of these positions and their consequences may be of interest, in particular to *Jost Delbrück*, whom these remarks are dedicated and whose scientific oeuvre comprises numerous innovative reflections on the prohibition of use of force and possible exceptions thereto.

II. The Understanding of the Term Armed Attack

While it is unanimously agreed that not only an armed attack by one state against another justifies self-help, but also such attacks if not directly exercised by a state, but imputable to it, *i. e.* sponsored by it, the terrorist attacks of September 11 raised the question of whether self-defence under Art. 51 UN Charter is admissible also against non-state sponsored terrorist attacks.

1. Self-defence and Terrorist Acts Before September 11

When Art. 51 was drafted at least state-sponsored terrorism was already well known and was prohibited namely in the 1937 Convention for the Prevention and Punishment of Terrorism, which referred to "the principle of international law in virtue of which it is the duty of every state to refrain from any act designed to encourage terrorist activities directed against another state and to prevent the acts in which such activities take shape".[8] At the Dumbarton Oaks Conference a Chinese proposal even included in the definition of aggression the prohibition of support by a state to armed groups which have invaded the territory of another

---

[5] Cf. *Randelzhofer,* in: Simma (note 4), Art. 51, MN 16.

[6] Cf. UN Doc. A/AC.134/SC,113, SC.105, 17; *P. Marek,* Terrorism and the Inherent Right of Self-Defence (A Call to Amend the United Nations Charter), Houston Journal of International Law 10 (1987), 25 (32).

[7] *Bruha,* Die Definition der Aggression, 1980, 51 *et seq.*

[8] *Hudson,* International Legislation VII, A Collection of Texts of Multipartite International Instruments of General Interest: 1935–1937, 1941, 865.

state and to take all measures to deprive such groups of all assistance or protection.[9] Although the relationship between the right of self-defence and terrorism was not at stake at that time, the knowledge of indirect use of force[10] and state-sponsored terrorism may have been the reason for the broad framing of Art. 51. However, the framers of the Charter apparently did not at all consider the possibility of non-state sponsored armed attacks and Art. 51 was generally understood as concerning only armed attacks by or at least sponsored by a state.[11]

2. Self-defence and Terrorist Attacks After September 11

The events of September 11 changed the picture, because here it was not altogether clear whether the attacks had been state-sponsored. In these circumstances it is of utmost interest that the Security Council did not hesitate to refer in its Resolution 1368 reacting directly to the terrorist acts of 11 September 2001[12] to the inherent right of individual or collective self-defence. In Resolution 1373 (2001) of 28 September 2001 which was explicitly based on Chapter VII of the Charter, and which contained detailed requirements for action of all states in order to prevent and suppress terrorist acts, the Security Council reiterated its reference to the right of self-defence. It seems therefore evident that the Security Council was ready to unanimously authorise measures of self-defence by the United States in case that the authors of the terrorist attack acted from the territory of a foreign state even though it was not clear whether these acts were state-sponsored. As the right to self-defence is admissible only in response to an armed attack the understanding of the term armed attack by the Security Council, without being explicitly referred to, seems to imply that an armed attack has not necessarily to be state sponsored.[13] This interpretation of Art. 51 was supported by all the members of the Security Council and has not been opposed by any state. It is in accordance with Art. 51 because nothing in this provision requires that the armed attack be

---

[9] *Stahn*, "Nicaragua is dead, long live Nicaragua" – the Right to Self-defence under Art. 51 UN Charter and International Terrorism, in: Walter/Vöneky/Röben/Schorkopf, Terrorism as a Challenge for National and International Law: Security versus Liberty, 2004, 827 (829–830).

[10] *Kelsen*, Principles of International Law, 2nd ed., 1966, 205.

[11] This understanding is clearly reflected in the Definition of Aggression, adopted by the General Assembly in Res. 3314 (XXIX) on 14 December 1974; see also *Kress*, Gewaltverbot und Selbstverteidigungsrecht nach der Satzung der Vereinten Nationen bei staatlicher Verwicklung in Gewaltakte Privater, 1995, 206 *et seq., Tomuschat*, Der 11. September und seine rechtlichen Konsequenzen, EuGRZ 28 (2001), 535 *et seq.*, and *Delbrück*, The Fight Against Global Terrorism: Self-Defense or Collective Security as International Police Action? Some Comments on the International Legal Implications of the 'War Against Terrorism', GYIL 44 (2001), 9 (15).

[12] SC Res. 1368 (2001) of 12 September 2001.

[13] *Dörr*, Das völkerrechtliche Gewaltverbot am Beginn des 21. Jahrhunderts – Was bleibt von Art. 2 (4) UN-Charta?, in: Dörr (Hrsg.), Ein Rechtslehrer in Berlin, Symposium für Albrecht Randelzhofer, 2004, 34 (40).

imputable to a state.[14] Although not decisive for the understanding of Art. 51, it is at least of interest to note that both NATO and OAS qualified the 11 September attacks as "armed attack" justifying the exercise of self-defence.[15]

III. The Interpretation of the Term "Armed Attack" by the ICJ

As the ICJ is the principal judicial organ of the United Nations it is interesting to see whether or how the Court took position on these new developments by the political organ of the United Nations, the Security Council. Although the Court was seized with several cases concerning the use of force, not only in recent times, but already from its very beginning,[16] the right of self-defence and its prerequisites were essentially at stake only in three decisions, two judgments[17] and one advisory opinion.[18, 19] In the following these decisions will be analysed only with regard to the interpretation of the term "armed attack" by the ICJ before and after September 11.

1. The Nicaragua Case[20]

The first case in which the question of the right of self-defence had to be examined by the Court was the *Nicaragua* case. It has, however, to be stressed that in this case the Court could not apply Art. 51 of the Charter,[21] because the United

---

[14] *Frowein*, Der Terrorismus als Herausforderung für das Völkerrecht, ZaöRV 62 (2002), 879 (886).

[15] *Stahn* (note 9), 834.

[16] Cf. in particular to the *Corfu Channel* case, ICJ Reports 1949, 4 and the *Tehran Hostages* case, ICJ Reports 1980, 3. See in this context *Gray, C.*, The Use and Abuse of the International Court of Justice: Cases concerning the Use of Force after *Nicaragua*, EJIL 14 (2003), 867 *et seq.*

[17] *Military and Paramilitary Activities in and against Nicaragua (Nicaragua v. United States of America)*, ICJ Reports 1986, 14, and *Case Concerning Oil Platforms (Islamic Republic of Iran v. United States of America)*, Judgment of 6 November 2003, at the ICJ homepage: www.icj-cij.org.

[18] *Legal Consequences of the Construction of a Wall in the Occupied Palestinian Territory*, Advisory Opinion of 9 July 2004, text at www.icj-cij.org.

[19] The Advisory Opinion on *Legality of the Threat or Use of Nuclear Weapons*, ICJ Reports 1996, 226 *et seq.*, was also concerned with self-defence, however, under a more particular aspect, namely the use of or threat with nuclear weapons. For the question here considered it does not add to the discussion, because the term armed attack was not at stake, but rather questions of proportionality.

[20] *Military and Paramilitary Activities in and against Nicaragua (Nicaragua v. United States of America)*, ICJ Reports 1986, 14.

[21] ICJ Reports 1984, 421 *et seq.*, and ICJ Reports 1986, 38. This decision was not without criticism. Cf. dissenting opinions of Jennings, *ibid.* 529 *et seq.*; Oda, *ibid.*, 216 *et seq.*, and Schwebel, *ibid.*, 302 *et seq.*; see also *Crawford*, Military Activities Against Nicaragua, in:

States had invoked successfully the Vandenberg-Reservation.[22] Thus, the Court referred only to the right of self-defence under customary international law; there can, however, be no doubt that the majority judgment assumed that the two were identical on this point.

The case was about the involvement of the United States in military and paramilitary activities in and against Nicaragua. The United States argued that they had acted in collective self-defence against an armed attack committed by Nicaragua against Honduras and El Salvador. As in the present case the parties had only relied on the right of self-defence in the case where an armed attack had already occurred, the Court had not to consider the issue of the lawfulness of self-defence against the imminent threat of armed attack,[23] or threats from something other than an armed attack.[24] Consequently, the key issue was what constitutes an armed attack. The Court referred to Article 3 (g) of the Definition of Aggression,[25] according to which an armed attack must be understood as including not merely action by regular armed forces across an international border, but also the "sending by or on behalf of a State of armed bands, groups, irregulars or mercenaries, which carry out acts of armed force against another State of such gravity as to amount to" (*inter alia*) an actual armed attack conducted by regular forces, "or its substantial involvement therein".[26] Although there had been support by Nicaragua for the rebels in El Salvador and Nicaragua was responsible for some transborder incursions into Honduras and Costa Rica, the Court found that this did not amount to an armed attack, because the mere supplying of arms and equipment to a rebel movement in another state fell below the threshold of armed attack. The threshold defined by the ICJ requires that "such an operation, because of its scale and effects, would have been classified as armed attack rather than as a mere frontier incident had it been carried out by regular armed forces".[27] This finding leaves not only entirely open where the borderline lies between a mere frontier incident and an armed attack, but raises also the question why a state which is the victim of a

---

Bernhardt (ed.), EPIL, vol. iii, 1997, 371 *et seq.*, 373, with further bibliographical references.

[22] According to this reservation disputes arising under a multilateral treaty are not within the competence of the Court, unless all parties to the treaty affected by the decision are also parties to the case before the Court or the United States of America specially agrees to the jurisdiction, text in ICJ Yearbook 1956–57, 224/225, and also ICJ Reports 1986, 14 (31).

[23] ICJ Reports 1986, 103.

[24] *Greenwood,* The International Court of Justice and the Use of Force, in: Lowe/Fitzmaurice (eds.), Fifty years of the International Court of Justice, Essays in Honour of Sir Robert Jennings, 1996, 373 (379).

[25] Definition of Aggression Annexed to GA Resolution 3314 (XXIX) of 14 December 1974, text in AJIL 69 (1975), 480.

[26] ICJ Reports 1986, 103.

[27] ICJ Reports 1986, 103.

forcible action not amounting to an armed attack should not resist such force by resorting also to military means.[28]

This question is considered by the Court in a second step in which it admitted that the state which is the victim of use of force has the right to take countermeasures which are something different from self-defence, and which might include the use of force.[29] As counter-measures are submitted to the same preconditions as self-defence, namely necessity and proportionality, the difference made by the Court between armed attacks and use of force not constituting armed attack is significant only in that it consequently restrains the right to *collective* self-defence to acts which constitute an armed attack,[30] and that the obligation to inform the Security Council is lacking.

The Court in this case was very strict as to defining what amounts to an armed attack – and it was largely criticised for this narrow concept,[31] accepting, however, countermeasures, even involving use of force, against the use of force short of armed attack, thus allowing for use of force outside the Charter system. As this case was concerned exclusively with armed attacks by one state against another state, the question of self-defence against non state-sponsored use of force was not addressed.

2. The Oil Platforms Case

The Court took again position on the prerequisites for the exercise of the right of self-defence in the case concerning *Oil Platforms* brought by Iran against the United States.[32] This case was concerned with the destruction of several Iranian oil platforms by the United States in reaction to attacks against vessels flying the US flag by military actions during the Iran-Iraq 'Tanker' war in the 1980ies. As the only instrument on which the jurisdiction of the Court could be based in this case was the Treaty of Amity of 1955 between the United States and Iran, a justification of the US acts had to satisfy Art. XX d) of the Treaty according to which the Treaty did not preclude the application of measures "d) necessary to fulfil the obligations of a High Contracting Party for the maintenance or restoration of international peace and security, or necessary to protect its essential security interests". This Article would, however, only become relevant in case of

---

[28] *Greenwood* (note 24), 381.

[29] ICJ Reports 1986, 110.

[30] *Greenwood* (note 24), 382.

[31] See in this context in particular the dissenting opinions of Judge Jennings and Judge Schwebel; see also *Gray, C.,* International Law and Use of Force, 2nd ed., 2004, 108 *et seq.*

[32] Judgment of 6 November 2003, text on the homepage of the ICJ: www.icj-cij.org; the question of use of force is relevant also in the case concerning *Application of the Convention on the Prevention and Punishment of the Crime of Genocide* which has, however, not yet been decided on the merits.

a finding of a violation of the Treaty, in this case Art. X concerning freedom of commerce and navigation between the territories of the parties. Thus, at a first glance, this was not a case urging the Court to address the question of self-defence.

That the Court, nevertheless, constructed its judgment in a way as to allow it to state its view on questions of use of force and self-defence may, or rather must, be seen in the context of the events beginning with and following the terrorist attacks of 11 September 2001, including the aggression of Iraq by the United States as an act of self-defence against international terrorism originating from that state.[33]

Although in this case again the question was only about armed attacks of one state against another, the considerations of the ICJ are highly interesting for their understanding of the concept of armed attack[34] which may be interpreted as a clear criticism of the legality of the United States attack against Iraq.

In this case, the Court considered itself free on how to construct its decision and found that it was not hindered to begin with the examination of whether the action of the United States was justified by considerations of national security. If this was the case, it would not be necessary to address the question of the violation of the Treaty, here Art. X of the Treaty.[35] Art. XX d) of the Treaty justifies violations of the Treaty *inter alia* necessary for the protection of the national security of a Party to the Treaty, and the question was whether this would also include armed force and if so whether such use of force would have to conform to the conditions laid down by international law. The Court found that the interpretation of this Article "will necessarily entail an assessment of the conditions of legitimate self-defence under international law", because it is invoked to justify actions involving the use of armed force, allegedly in self-defence.[36]

In the present case the Court came to the conclusion that the United States had not acted in self-defence lacking an armed attack. As to the destruction of oil platforms in answer to the damaging of the warship *Samuel B. Roberts* which was hit by a mine in the Persian Gulf the Court found that it was not proven that the mines were laid by Iran and that therefore there was no "armed attack" on the United States by Iran.[37] As to the destruction of the other oil platforms allegedly as a

---

[33] See in this context more in detail *Laursen*, The Judgment by the International Court of Justice in the Oil Platforms Case, Nordic Journal of International Law 73 (2004), 135 (148); see also *Gray* (note 31), 117 *et seq.*

[34] See also *Taft, IV, W. H.*, Self-defense and the *Oil Platforms* Decision, The Yale Journal of International Law, 29 (2004), 295 *et seq.* and *Momtaz*, Did the Court Miss an Opportunity to Denounce the Erosion of the Principle Prohibiting the Use of Force, 307 *et seq.*

[35] It is not here the place to comment on this proceeding of the Court; instead reference is made to the discussion on this topic in particular in the separate votes to the decision, i. e. those of Judges Higgins, Buergenthal and Simma.

[36] § 40 of the Judgment.

[37] § 72 of the Judgment.

response to an attack against the ship *Sea Isle City,* the Court did not finally answer the question whether there had been an armed attack from Iran against the United States for in any event the other preconditions of self-defence, necessity and proportionality of the measures, were not fulfilled.[38]

Interestingly, however, the Court addressed the question whether a series of minor attacks could cumulatively be considered as an armed attack in the sense of Art. 51. In the present case it seemed to the Court that this was not the case,[39] nevertheless this consideration is important, since the Security Council for decades had rejected the "accumulation of events" theory,[40] which may be of particular significance with regard to terrorist acts.[41] These were, however, neither directly nor indirectly at stake in the *Oil Platforms* case, rather was the Court eager to express its opinion, although through a backdoor, on the United States action with regard to the international law on self-defence. Concerning the question as to what constitutes an armed attack in the sense of Art. 51, the ICJ, referring repeatedly to the *Nicaragua* case, reaffirmed its former rather narrow interpretation that the right of self-defence requires the occurrence of an armed attack, if not by a state directly, at least imputable to a state.[42]

3. The Advisory Opinion on the "Legal Consequences of the Construction of a Wall"

The most recent decision of the Court involving questions of use of force is not a binding judgment but a non-binding advisory opinion.[43] Nevertheless, the interpretation that the Court gave to Art. 51 in this opinion is not negligible because it "must be regarded as a statement of the law as it now stands".[44]

The Opinion was about the legality of the construction of a wall by Israel which was designed to prevent terrorist attacks being committed from the Palestinian territory against Israel. The wall was, however, constructed in its major part on the territory of the occupied Palestinian territory and the General Assembly had

---

[38] § 76 and 77 of the Judgment.

[39] § 64 of the Judgment.

[40] *Bowett,* Reprisals Involving Recourse to Armed Force, AJIL 66 (1972), 1 (7); *Alexandrov,* Self-Defence and Use of Force in International Law, 1996, 167.

[41] *Dinstein,* The Right to Self-Defence Against Armed Attacks, in: Sandbu/Nordbeck (eds.), International Terrorism: Report From a Seminar Arranged by the European Law Students' Association in Lund, Sweden, 1–3 October 1987, 1987, 57 (62).

[42] See also *Dörr* (note 13), 41/42.

[43] *Legal Consequences of the Construction of a Wall in the Occupied Palestinian Territory,* Advisory Opinion of 9 July 2004, text on the homepage of the ICJ: www.icj-cij.org.

[44] *Legal Consequences of the Construction of a Wall,* Separate Opinion Judge Higgins, § 33.

requested the opinion with regard to these parts only. Israel had taken the position that "the construction of the Barrier is consistent with Article 51 of the Charter of the United Nations, its inherent right to self-defence and Security Council resolutions 1368 (2001) and 1373 (2001)".[45] Not only refer these terms explicitly to the resolutions adopted by the Security Council in the context of the terrorist attacks of September 11, but the representative of Israel to the United Nations stated explicitly before the General Assembly on 20 October 2003 that "the fence is a measure wholly consistent with the right of States to self-defence enshrined in Article 51 of the Charter" and that the Security Council resolutions referred to, namely 1368 and 1373 of 2001, "have clearly recognised the right for States to use force in self-defence against terrorist attacks".[46]

In its very short and general considerations to this argument the Court did not take position on the new development resulting from the understanding of the term "armed attack" following the Security Council resolutions, but categorically found that "Article 51 of the Charter [thus] recognizes the existence of an inherent right of self-defence in the case of armed attack *by one state against another state* (emphasis added). However, Israel does not claim that the attacks against it are imputable to a foreign state".[47] The Court then continued referring to the above mentioned resolutions by finding that the situation of Israel is different to that underlying resolution 1368 and 1373 of 2001, because "Israel exercises control in the occupied Palestinian Territory and that, as Israel itself states, the threat which it regards as justifying the construction of the wall originates within, and not outside, that territory".[48] While the last consideration may be shared although it would raise the question of "effective" or "overall" control for answering the issue of imputability,[49] the general statement that self-defence is admissible only in case of an armed attack of one state against another state is of particular importance with a view to the position of the Security Council.

Besides the fact that the considerations of the Court on the right to self-defence are inadequately restrained it seems that the majority of the Court wanted to make the point that notwithstanding or perhaps just in answer to the developments after

---

[45] Report of the Secretary General of 24 November 2003 prepared pursuant to GA Resolution ES-10/13 (A/ES-10/248), Annex I; see also Advisory Opinion of the Court, *Legal Consequences of the Construction of a Wall in the Occupied Palestinian Territory*, § 138.

[46] Advisory Opinion of the Court, *Legal Consequences of the Construction of a Wall in the Occupied Palestinian Territory*, § 138.

[47] Advisory Opinion of the Court, *Legal Consequences of the Construction of a Wall in the Occupied Palestinian Territory*, § 139.

[48] Advisory Opinion of the Court, *Legal Consequences of the Construction of a Wall in the Occupied Palestinian Territory*, § 139.

[49] *Nicaragua* case, ICJ Reports 1986, 14 (64) and *Tadic* case, ICTY, Trial Chamber, ILM 36 (1997), 908, (933) as well as Appeals Chamber, ILM 38 (1999), 1518 (1540 *et seq.*); see also *Legal Consequences of the Construction of a Wall,* Separate opinion Judge Higgins (note 43), § 34.

September 11, the term "armed attack" in Art. 51 has to be understood as including merely armed attacks from one state against another state. For answering the question of the General Assembly the second part of the findings in § 139 of the judgment would have been sufficient, where the Court found, although without sufficient reasoning, that the attacks originated from within a territory in which Israel exercises control what made the situation in fact different to that of September 11.

By its narrow understanding of the term armed attack, the Court made it clear that it was also not ready to accept a definition of armed attack relying only on the significant scale requirement,[50] a definition which would be in keeping with the *Nicaragua* case[51] where it stated that in order to be considered as armed attacks the respective operations had to be of such a gravity as to amount to an actual armed attack by regular forces.[52]

By reiterating that the right to self-defence applies only to cases of armed attack by one state against another state the Court raises the impression that it wanted to explicitly reconfirm that only armed attacks by *states* qualify for self-defence and that other interpretations should be barred from the beginning, without, however, giving explicitly any reasons therefore. Reasons may perhaps be deduced from the considerations of the Court following those on self-defence and regarding the state of necessity which are comparable to those in the Nicaragua case on countermeasures. The Court here again seems to plead for a strict concept of self-defence, but to accept even armed reactions against use of force short of armed attack. However, the Court explains its position not more in detail since it came to the conclusion that in any case the prerequisites of the state of necessity were not present, namely, according to the ILC Draft Articles on State Responsibility, that the act challenged was "the only way for the state to safeguard an essential interest against a grave and imminent peril".[53]

The general and unwarranted statement of the ICJ on self-defence thus invites to open the discussion and to examine the reasons for and against a narrow interpretation of Art. 51.

IV. Consequences of a Narrow or a Large Definition of "Armed Attack"

The different interpretation of the term armed attack by the ICJ and the Security Council may be reduced to the old question of whether the use of force should be

---

[50] *Supra* III. 1.; see also *Stahn* (note 9), 860 and *Taft, IV* (note 34), 300 *et seq.*

[51] *Murphy, S. D.,* Terrorism and the Concept of "Armed Attack" in Article 51 of the U.N. Charter, Harvard International Law Journal 43 (2002) 41 (45).

[52] ICJ Reports 1986, 103.

[53] Art. 25 of the International Law Commission's Articles on State Responsibility of States for Internationally Wrongful Acts, UN Doc. A/CN 4/L. 602, Rev.1, 26 July 2001.

restricted to the cases provided for in the UN-Charter or whether there are alternatives of legal use of force outside the Charter system. While there seems to be growing consensus that besides the cases considered by the UN Charter there remain situations in which the use of force is admissible under general international law, *i. e.* humanitarian intervention,[54] it is also generally consented that those cases are exceptional cases, that they be interpreted restrictively and that they should be kept under control in order not to erode the prohibition of use of force, the centre-piece of the United Nations.[55]

1. Keeping Use of Force Within the UN Charter System

Under these premises it would seem consequent to try to keep any use of force within the framework of the UN-Charter, namely to exhaust the margins of interpretation of the Charter provisions as far as the terms allow. This was exactly done by the Security Council resolutions following September 11, which not even had to stretch the terms of Art. 51 UN-Charter, but only to take them literally, although in an unprecedented manner: since Art. 51 only speaks of an armed attack against a Member of the United Nations without qualifying the author of the attack, the applicability of Art. 51 to non state-sponsored attacks is fully covered by the terms of Art. 51.

However, there is one argument against this interpretation based on the systematic of the Charter. Art. 2 (4), which is the key provision concerning use of force, explicitly prohibits use of force by a Member of the United Nations against any state, since the qualification "use of force against the territorial integrity or political independence of any state" are not intended to restrict the scope of the prohibition of use of force.[56] As Members of the United Nations are only states, this provision could be interpreted to comprise only use of force between states. Consequently, it could be argued, that Art. 51 as an exception to Art. 2 (4) can only mean armed attacks by *states*. This interpretation would be in conformity with the state-centred concept of the UN Charter, which has, however, proved to be no longer sufficient to meet the new developments, namely that the actors in international law today are not only states. As any amendment of the UN Charter meets rather insurmountable difficulties the adaptation of the Charter to new challenges by interpretation is an often used means to overcome such difficulties, in particular and so long as it is compatible with the wording of the provision concerned. It has,

---

[54] *Doehring*, Völkerrecht, 2nd ed., 2004, 332 *et seq.*; *Delbrück*, Effektivität des UN-Gewaltverbots – Bedarf es einer Modifikation der Reichweite des Art. 2 (4) UN-Charter?, Friedenswarte 74 (1999), 139 (148 *et seq.*); *Franck*, The Use of Force in International Law, Tulane Journal of International and Comparative Law 11 (2003), 7 (14 *et seq.*); see for the opposite view *Dahm/Delbrück/Wolfrum*, Völkerrecht, vol. I/3, 2nd ed., 2002, 825 *et seq.*

[55] *Delbrück* (note 54), 148 *et seq.*; *Tomuschat*, International Law: Ensuring the Survival of Mankind on the Eve of a New Century, Recueil des Cours 281 (1999), 9 (218 *et seq.*).

[56] *Randelzhofer* (note 2), Article 2 (4), MN 35 with further references.

however, to be stressed that notwithstanding the clear wording of Art. 2 (4) of the Charter also this provision is meanwhile interpreted in a more generous way. There is general consent that Art. 2 (4) covers any use of force exercised on the territory of another state,[57] so that correspondingly also a large interpretation of the term armed attack in Art. 51 would be in conformity with Art. 2 (4).[58] Under these conditions, the general consent to a large understanding of Art. 51 as not requiring that the attack be at least state-sponsored relies on very good reasons[59] what makes it even more surprising that the ICJ "has by-passed this new element, the legal implications of which cannot as yet been assessed but which marks undeniably a new approach to the concept of self-defence".[60]

The advantages of keeping use of force within the Charter system instead of allowing exceptions are evident for the prohibition of use of force was and remains the 'corner stone of peace in the Charter'.[61] Under this aspect it is much easier to accept a large interpretation of the exception, in particular Art. 51, because thereby less room is left for abuse. Furthermore, to subsume new situations under the existing provisions underlines the viability of the Charter rules and avoids the emergence of situations like that of Kosovo raising the question of use of force 'illegal, but justifiable'.[62] As self-defence requires not only a large-scale attack, but is permissible moreover only if the prerequisites of necessity and proportionality are satisfied, the danger of stretching self-defence beyond acceptable limits by not insisting that the attack be made or sponsored by a state is not really imminent. Such a danger is also met by the obligation to immediately report to the Security Council which has the power to take itself adequate action. Keeping use of force in self-defence under the Charter system instead of allowing for use of force outside the Charter system – as the ICJ is suggesting – has thus the undeniable advantage of keeping it under control of the state community. Under this aspect, a broad interpretation of the term armed attack is preferable since Art. 51 contains the obligation of reporting to the Security Council while counter-measures or the state of necessity do not.[63]

---

[57] *Dahm/Delbrück/Wolfrum* (note 54), 824.

[58] It has, however, to be stressed again that collective security and self-defence are not two sides of the same coin because not any use of force contrary to Art. 2 (4) UN Charter qualifies as armed attack in the sense of Art. 51 UN Charter.

[59] See instead of other references the separate opinions in the Advisory Opinion on the *Legal Consequences of the Construction of a Wall,* Judge Higgins, § 33 of her separate opinion, Judge Kooijmans, § 35 of his separate opinion, Judge Buergenthal, § 6 of his declaration.

[60] Advisory Opinion on the *Legal Consequences of the Construction of a Wall,* Separate Opinion Kooijmans, § 35.

[61] *Waldock,* The Regulation of the Use of Force by Individual States in International Law, Recueil des Cours 81 (1952-II), 451 (492).

[62] *Stahn* (note 9), 843.

[63] See also *Stahn* (note 9), 843.

2. Collective Security and Self-Defence

On the other hand the broadening of the concept of self-defence raises concern with regard to the relationship between self-defence and collective security entrusted to the Security Council.[64] A large understanding of the term armed attack allows a state or states to individually take measures including use of force without first involving the Security Council and thereby shifts the responsibility for use of force from the Security Council to individual states.[65]

With regard to *individual* self-defence, no convincing reasons can be found for favouring a too narrow understanding of the term armed attack. Since the ICJ held in the *Nicaragua* case that use of force short of armed attack allows for even forcible counter-measures and since counter-measures underlie the same prerequisites as self-defence under Art. 51, namely necessity and proportionality, the only, however significant, difference between a narrow and a large interpretation concerns the obligation to report to the Security Council. Thus, it would rather be counterproductive to plead for a narrow understanding of the term armed attack, *i. e.* to take terrorist attacks like those of September 11 out of the framework of Art. 51 and thus the reach of the Security Council, if another solution is feasible.

With regard to *collective* self-defence, however, a large or narrow interpretation of Art. 51 makes a significant difference. Although collective self-defence is generally exercised on demand of the injured state, such request is not mandatory so that a large interpretation of the term armed attack could increase cases of collective self-defence "without invitation" in situations which may be ambiguous and therefore would better be handled under the rules of collective security, *i.e.* by the Security Council. Therefore, the real danger concerning a large interpretation of Art. 51 regards the right of collective self-defence which could become "a *carte blanche* for unilateral use of force"[66] which the United Nations Charter was exactly designed to prohibit.

The possibility of opening the door not only to individual, but also to collective self-defence, whether on invitation or without invitation, by a broad understanding of the term armed attack raises, in fact, severe concern. The maintenance of international peace and security was conceived to be effected by the Security Council in order to withdraw it from subjective appreciation; only in the more strictly defined situations of armed attack should it be allowed to use force without being empowered by the Security Council, but also only until the Security Council is in a position to act. If the term armed attack is not clearly distinguished from that of

---

[64] See in this context *Becker, J. D.*, The Continuing Relevance of Article 2 (4): A Consideration of the Status of the U.N. Charter's Limitation on the Use of Force, Denver Journal of International Law and Policy, 32 (2004), 583 *et seq.*

[65] *Delbrück* (note 11), 21; *Stahn* (note 9), 846/47.

[66] *Delbrück* (note 11), 19; *Franck,* Terrorism and the Right to Self-Defense, AJIL 95 (2001), 839 *et seq.*

threat or breach of international peace and security the concentration of the use of force in the hands of the Security Council is affected, if not eroded, and with it the whole Charter system.[67] Therefore, a strict interpretation of the term armed attack as favoured by the ICJ would prevent the increase of possible cases of individual and collective self-defence at the expense of collective security which would be the preferable means for reaction against terrorist attacks – if, and this 'if' is decisive – it functioned in the way it was conceived to function.

On the other side and with regard to the deficiencies in the functioning of the Security Council, self-defence may serve – and widely is regarded to be even so conceived – to remedy such deficiencies,[68] so that a broad interpretation would allow for Charter based reactions to threats or violations of the peace if the Security Council is unable to take action. Although this concept has some practical merit, it must be kept in mind that it constitutes only a compromise and not the solution envisaged by the founders of the Charter.

V. Concluding Remarks

The never-ending story of use of force in international relations has met a new dimension by the terrorist acts of September 11, raising the question of whether self-defence is admissible also against non-state sponsored attacks. As has been shown above the widening of the term armed attack leads to increasing the situations in which it is not the Security Council who decides on whether to use force or not, but the state concerned or the states using force in reliance on collective self-defence. Thus, a broad understanding of the prerequisites for self-defence shifts the responsibility for use of force to individual states at the expense of the Security Council, but leaves it within the framework of the United Nations. If the statement of the ICJ that armed attacks in the sense of Art. 51 are only those made or sponsored by a state was meant to keep the balance between collective security and self-defence there would be good reasons in support. However, from the reasoning of the Court, in particular in the *Nicaragua* case, it rather seems to follow that the Court did not confront self-defence to collective security, but self-defence to counter-measures, including use of force. With regard to the fact that, although the functioning of the Charter system to maintain peace and security is often blamed, nobody really strives to abolish it, use of force should as far as possible be kept in the framework of the Charter so that the solution offered by the Court should be preserved to very particular cases.

---

[67] *Delbrück* (note 11), 19 *et seq.; Stahn* (note 9), 846.

[68] Cf. *Jennings,* dissenting opinion in the *Nicaragua* case, ICJ Reports 1986, 544; *Schachter,* The Legality of Pro-Democratic Invasion, AJIL 78 (1984), 645 (646); *Joyner/ Grimaldi,* The United States and Nicaragua: Reflections on the Lawfulness of Contemporary Intervention, Vanderbilt Journal of International Law 15 (1985), 621; see also differing *Constantinou,* The Right of Self-Defence under Customary International Law and Article 51 of the UN Charter, 2000, 188.

Furthermore, the new understanding of the term armed attack can also be seen as an opportunity to remedy cases in which the Security Council, for whatever reason, is incapable to act, for it allows states to react to grave breaches or threats to the international security. Although this may open the door for abuse, it is preferable to inaction of the Security Council and may exercise positive pressure on the Security Council to take use of force in its hands according to Art. 51.

After all, a *caveat* has to be added: Since the ICJ, in its latest statement on what qualifies as armed attack in its Advisory Opinion, did not elaborate on details, namely whether the issue of imputability to a state will be interpreted generously in order to include also armed attacks originating from a state without being sponsored by it in the narrow sense,[69] the only thing that may be taken for sure is that it wanted to counter a too large understanding given to the Security Council's resolutions. As precision not only with regard to the ICJ statement, but also with regard to that of the Security Council is lacking, which only referred to its determination to combat threats to the international peace and recognized in that context the right of individual and collective self-defence,[70] the discussion is open again. Since the Charter is a living instrument and since amendments to the Charter meet high hurdles, development of international law can best be reflected in interpreting the Charter. In doing so, it is, however, of primary importance to try to keep any use of force in the framework of the Charter. If this aim can be achieved by a large interpretation of the UN Charter, this should be done, in particular if it also serves to remedy imperfections in the functioning of the Security Council. As the text of the Charter is "sometimes wiser than its interpreters thought",[71] use should be made thereof, although in keeping under strict control those cases in which the resort to use force is left to the state or states concerned and not in the first place to the Security Council. In this context the consequences flowing from Resolutions 1368 (2001) and 1373 (2001) concerning self-defence are welcome in that they open the way to adapt the understanding of the Charter to new, although regrettable international developments. They need, of course, further precision, but, in difference to the ICJ's strict position and its tendency to allow for use of force outside the Charter system, they contribute to a more reliable functioning of the Charter system avoiding to increase the situations of use of force outside the UN Charter.

---

[69] The statement of the Court in the second part of § 139 of the Advisory Opinion could perhaps be understood in this sense.

[70] *Tomuschat* (note 11), 543.

[71] *Frowein* (note 14), 887.

Valéry Giscard d'Estaing –
Vater der Europäischen Verfassung

Von Thomas Oppermann[1]

Jost Delbrück fühle ich mich freundschaftlich verbunden, obwohl sich unsere Wege nur gelegentlich kreuzten. Viele seiner Publikationen sind mir ein Begriff, ebenso wie sein Wirken in unserer Scientific Community und darüber hinaus. Die Völkerrechtsordnung, Frieden und Menschenrechte standen stärker im Zentrum seines Schaffens als der europäische Einigungsprozess. Delbrück ist aber auch Verfassungsrechtler als Mitkommentator des Grundgesetzes und der Charta der Vereinten Nationen. Die nachfolgenden Erinnerungen an den Europäischen Verfassungskonvent 2002/2003 und seinen Präsidenten mögen daher den ehemaligen Rektor der Kieler Christian-Albrechts-Universität, Vorsitzenden der Deutschen Gesellschaft für Völkerrecht und Inhaber anderer wichtiger Ämter interessieren.

I. „Verfassungsväter"

„Vater" einer Verfassung ist eine gebräuchliche Wortwahl, öfters auch im Plural („Väter des Grundgesetzes"). Der Sieg hat viele Väter. Ähnlich wie bei „Gottvater" ist die Gleichberechtigung noch nicht weit genug fortgeschritten, um die „Mütter" einzubeziehen. Sie fehlen bisher in den meisten Fällen.

„Vater" oder „Väter" sind Persönlichkeiten, die einer Verfassungsgebung durch Einflussnahme auf wesentliche Entscheidungen so stark ihren Stempel aufgedrückt haben, dass man in diesem Zusammenhang unwillkürlich an sie denkt. John Adams, Benjamin Franklin, Thomas Jefferson, James Madison und George Washington schufen vor zweihundert Jahren die amerikanische Verfassung, die bis heute Bestand hat. Im Parlamentarischen Rat 1948/1949 fällt uns ebenfalls nicht eine einzelne Person als „Vater des Grundgesetzes" ein, sondern mehrere wie Theodor Heuß oder Carlo Schmid. Ähnliches gilt für die Paulskirche 1848. Der Staatsmann und Praktiker Konrad Adenauer hat eher als „Vater der Bundesrepublik" seinen Platz in der Geschichte, denn als Schöpfer seiner Verfassung.

---

[1] Der Beitrag geht auf Eindrücke des Verfassers 2002–2003 im Europäischen Verfassungskonvent in Brüssel zurück, an dem ich als Berater von Ministerpräsident Erwin Teufel, Konventsmitglied für den Bundesrat, teilnahm. Diese Beobachtungen und Schlussfolgerungen sind rein persönlich und mögen hier und da spekulativ sein. Im Wesentlichen fühle ich mich ziemlich sicher, dass sie zutreffen.

In anderen Fällen haben sich einzelne Persönlichkeiten so stark in den Vordergrund geschoben, dass sich ein einzelner Name mit dem Verfassungswerk verbindet. Die „Bismarck-Verfassung" 1871 ist in Deutschland das klassische Beispiel. Die Weimarer Reichsverfassung 1919 hatte im Staatsrechtler Hugo Preuß einen „Hintergrund-Vater". Charles de Gaulle schuf 1958 mit Hilfe des halb vergessenen Michel Debré die Verfassung der V. Französischen Republik und setzte 1962 gegen viele Widerstände die Direktwahl des Präsidenten durch.

Der „Vertrag über eine Verfassung für Europa" ist am 29.10.2004 in Rom unterzeichnet worden.[2] Er beruht zum größten Teil auf dem Entwurf des Brüsseler „Konvents zur Zukunft Europas". Sein Präsident Valéry Giscard d'Estaing hat den Text am 18.07.2003 der italienischen Ratspräsidentschaft zur abschließenden Verhandlung auf der Regierungskonferenz übergeben. Wird man Giscard d'Estaing künftig als „Vater der Europäischen Verfassung" bezeichnen, falls sie in einem beispiellosen Ratifikations- und Referendenprozess in 25 Mitgliedstaaten endgültig das Licht der Welt erblickt? Gute Gründe gäbe es.

II. Ernannter Präsident einer Kreation des Europäischen Rates

Der auf dem Europäischen Rat im belgischen Laeken im Dezember 2001 aus der Taufe gehobene Europäische Verfassungskonvent war kein *Pouvoir Constituant* im Sinne der Allgemeinen Staatslehre. Die Staats- und Regierungschefs der Europäischen Union hatten ihn geschaffen und seine Zusammensetzung aus ungefähr zwei Dritteln Parlamentariern und einem Drittel Regierungsvertreter bestimmt. Der Europäische Rat setzte das dreiköpfige Präsidium mit dem ehemaligen französischen Staatspräsidenten Giscard d'Estaing als Vorsitzendem und den ehemaligen Ministerpräsidenten Giuliano Amato (Italien) und Jean-Luc Dehaene (Belgien) als Vizepräsidenten ein. Die gouvernementale Note war unverkennbar.

Angeblich stand auch der frühere französische Kommissionspräsident Jacques Delors für die Spitze des Konvents im Gespräch. Er soll für die Briten zu sehr „Integrationist" gewesen sein. Der Verfassungskonvent knüpfte mit einem ehemaligen Staatsoberhaupt als Präsidenten an die Tradition des ersten „Grundrechte-Konvents" 1999/2000 an, der vom früheren deutschen Bundespräsidenten Roman Herzog geleitet worden war.

Der Konvent war keine souveräne verfassunggebende Versammlung. Seine Arbeit war durch das „Mandat von Nizza" und die Laeken-Erklärung 2001 auf vier Punkte beschränkt:

– Eine dem Subsidiaritätsprinzip entsprechende EU-Kompetenzordnung,
– Status der EU-Grundrechte-Charta von 2000,
– Rolle der nationalen Parlamente in der Architektur Europas,
– Vereinfachung der Verträge, ohne sie inhaltlich zu ändern.

---

[2] Nachfolgende Artikelnummern gemäß dem endgültigen Verfassungstext vom 29.10.2004.

Der Konvent hatte die Wahl, „verschiedene Optionen" oder ein konsentiertes „Abschlussdokument" zu erstellen. Dahinter verbarg sich verschämt die Möglichkeit, den Entwurf für eine neue Vertragsverfassung der EU zu erstellen. Die Regierungskonferenz sollte anschließend die „endgültigen Beschlüsse" fassen. Der Konvent war auf diese Weise ein Geschöpf der Regierungen und von ihnen abhängig.

III. Ein „Président à la mesure"

Giscard d'Estaing war aus verschiedenen Gründen ein Idealfall für die Spitze des Konvents.

Er brachte die Regierungserfahrung, Autorität und Aura eines ehemaligen Staatspräsidenten der V. französischen Republik mit sich. Dies ermöglichte eine effektive Leitung der Beratungen und einen zügigen Fortgang der Arbeiten, einschließlich gelegentlicher Verfahrentricks. Ebenso wichtig war, dass Giscard bei der regelmäßigen Berichterstattung im Europäischen Rat als Gleicher unter Gleichen gegenüber den Staats- und Regierungschefs auftreten konnte. Seine Vorstellungen hatten Gewicht und sicherten dem Konvent Unabhängigkeit vor Bevormundungen.

Giscard war zugleich „Europäer". Er hatte als französischer Staatspräsident im Tandem mit Helmut Schmidt in den siebziger Jahren wichtige Entwicklungsschritte der EG verantwortet, wie die Einrichtung des Europäischen Rates als neues „Superorgan" 1974, die Direktwahlen zum Europäischen Parlament 1976 und die Schaffung des Europäischen Währungssystems 1978 als Vorläufer der Währungsunion. Giscard war kein „Integrationist" wie Walter Hallstein oder Jacques Delors. Man mag ihn jener Gruppe von „Euro-Realisten" zuordnen, die wie viele andere Regierungsvertreter im Konvent nach der dauerhaften Balance zwischen der Union und ihren Mitgliedstaaten suchten. Der Entwurf des Konvents sollte ein Kompromiss der Euro-Realisten mit der seinerseits starken Fraktion der Integrationisten um die Vertreter aus dem Europäischen Parlament werden. Auf der Regierungskonferenz zeigte sich, dass diese „Mischung" akzeptanzfähig war. Euro-Realisten und Integrationisten grenzten sich von wenigen „euroskeptischen" Einzelgängern aus England und Skandinavien ab.

Letztlich gereichte auch das Alter des Präsidenten dem Konvent zum Nutzen. Giscard war bei der Eröffnung gerade 76 Jahre geworden. An „Fitness" stand er bei den tagelangen Sitzungen keinem Jüngeren nach. Die Zeit im Elysée hatte 1981 ihr Ende gefunden. Nach einer *Traversée du désert* von zwei Jahrzehnten stand Giscard noch einmal vor einer großen politischen Aufgabe. Er wollte den Erfolg des Konvents und setzte ihn durch – mit mancherlei eigenen Vorstellungen, wie die Verfassung der künftigen Union aussehen sollte.

IV. Selbstbewusstsein des Konvents

Der Konvent empfand sich ungeachtet aller Eingrenzungen als eine Art Verfassungsgeber. Schließlich handelte es sich um eine Versammlung selbstbewusster Politiker. Unter der Inspiration von Giscard schöpfte er die ihm vom Europäischen Rat eröffneten Möglichkeiten voll aus und interpretierte sein Mandat ab und zu in großzügiger Weise. Der Blick schweifte gelegentlich zurück zu den Gründern der USA in Philadelphia 1787. Giscard war jedoch erfahren genug, jeden Überschwang zu vermeiden und das Mandat von Nizza und Laeken nicht aus den Augen zu verlieren. Ihm war bewusst, dass die Regierungen das letzte Wort hatten. Allgemeine politische Debatten wie zum Irakkrieg im Frühjahr 2003 wurden sofort abgeblockt.

Der Konvent fasste früh die Vorlage eines vollständigen „Verfassungstextes" an die Regierungskonferenz ins Auge. Die Letztentscheidung der Regierungskonferenz sollte durch die Überzeugungskraft des Entwurfes so weit wie möglich begrenzt werden. Giscard lehnte Vorschläge ab, sich aus Zeitgründen auf die „eigentliche Verfassung" (Unionsorganisation, Grundrechte usf.) zu beschränken und die materiellen Politiken des EG-Vertrages der Regierungskonferenz zu überlassen. Sie wurden mit wenigen inhaltlichen Änderungen (neben einigen zweifelhaften neuen EU-Zuständigkeiten vor allem eine Neufassung der Innen-, Justiz- und Außenpolitik) in einem voluminösen Teil III des Konventsentwurfes untergebracht.

Teil III enthält ungefähr drei Viertel der Artikel des Konventsentwurfs. Dies war unvermeidlich, weil die weiterhin begrenzten Zuständigkeiten der Union genau definiert werden müssen. Die EU ist kein souveräner Staat. Die EU-Verfassung muss mit dem unberechtigten Vorwurf leben, zu lang zu sein. Die „eigentliche Verfassung" der Teile I, II und IV ist kürzer als das deutsche Grundgesetz.

Der Schwung und das Selbstbewusstsein des Konvents ermöglichten am Ende der Beratungen den förmlich festgehaltenen Konsens der übergroßen Zahl seiner Mitglieder über den Verfassungsentwurf in der Schlussberatung am 13.6. und 10.7.2003.

V. Vorsitz, Präsidium und Sekretariat

Das Präsidium des Konvents bestand neben dem Präsidenten und den beiden Vizepräsidenten (Vorsitz) aus neun gewählten Mitgliedern. Der frühere slowenische Ministerpräsident Alojz Peterle wurde als Gast für die Beitrittsstaaten hinzugezogen. Im Präsidium versammelte sich politische Prominenz aus den Mitgliedstaaten und der Gemeinschaft wie die spanische Außenministerin Ana Palacio, der frühere Präsident des Europäischen Parlaments Klaus Hänsch oder die beiden Kommissionsmitglieder im Konvent Michel Barnier und Antonio Vitorino.

Der dreiköpfige Vorsitz übernahm bald eine entschlossene Führungsrolle im Konvent. Die Gestaltung des Ablaufs der Konventsarbeit (Plenardebatten, Einsetzung von Arbeitsgruppen, eine erste „Strukturierung" des Verfassungsinhaltes zur Halbzeit und später die Vorlage und Diskussion von Verfassungstexten unter ziemlicher Zeitnot) ging wesentlich von Giscard, Amato und Dehaene aus. Die drei Persönlichkeiten ergänzten sich hervorragend. Giscard war die „Nr. 1", welche bei wichtigen Entscheidungen die Richtung angab und gelegentlich „einsame Beschlüsse" mit anschließender Kritik nicht scheute. Dem Verfassungsrechtler Amato war die Rolle des „Kronjuristen" des Konvents auf den Leib geschrieben. Der bullige Dehaene focht manche politische Kontroverse durch, vor allem zu den Neuregelungen der Gemeinsamen EU-Außenpolitik. Der Vorsitz ließ sich niemals auseinanderdividieren.

Das Verhältnis zwischen Vorsitz und weiterem Präsidium war nicht spannungsfrei. Die Präsidiumsmitglieder verkörperten wesentliche Meinungsströmungen im Konventsplenum. Sie konnten in zentralen Fragen mit den meist von Giscard inspirierten Überlegungen des Vorsitzes in Konflikt geraten. Es schien nicht einfach zu sein, den Präsidenten von einer einmal gefassten Meinung abzubringen. Eine „Conventionelle" aus Frankreich, die Giscard kannte, bezeichnete ihn als dickköpfig (*tête*). Die Präsidiumsmitglieder leisteten in den ersten Monaten wichtige Arbeit als Vorsitzende der einzelnen Konventsarbeitsgruppen.

Der Vorsitz hielt die Zügel der Beratungen mit Hilfe des Sekretariates fest in der Hand. Der welterfahrene schottische Generalsekretär Sir John Kerr, früherer Ständiger Vertreter Großbritanniens bei der EU, hatte mit seinen 19 Mitarbeitern (meist aus den EG-Institutionen) ein Instrument geschaffen, welches von der Sitzungsbegleitung bis zur Vorlage der offiziellen Textvorschläge in kürzester Frist ausgezeichnete professionelle Arbeit ablieferte. Das Sekretariat sicherte dem Vorsitz die Kontrolle über den Fortgang der Konventsarbeit und vor allem bis zum Schluss die Definitionsmacht über den Verfassungstext.

Kerr schien zugleich Verbindung zu seinen schwierigen britischen Landsleuten im Konvent zu halten. Nikolaus Meyer-Landrut war als Sprecher Giscards gelegentlich „Dolmetscher" deutscher Überlegungen.

VI. Vorsitz, Plenum und Arbeitsgruppen

Die ein- bis zweimal im Monat angesetzten Plenardebatten (meist anderthalb Tage) waren zentraler Bestandteil der Konventsarbeit. Giscard achtete mit einer überlegten Tagesordnung und strengen Sitten darauf, dass das Plenum nicht zur „Schwatzbude" wurde. Bei 105 Mitgliedern (die Stellvertreter hatten nur bei Abwesenheit ihrer Mitglieder Rederecht) bedurfte es strikter Begrenzung der Redezeit. Drei Minuten, gelegentlich nur zwei, waren die Regel. Dazwischen gab es „blaue Karten" für knappe Spontanbeiträge. Die Reihenfolge der Rednerliste spiegelte öfters die Wertschätzung des Präsidiums.

Der Vorsitz war sich mit Blick auf die nachfolgende Regierungskonferenz bewusst, dass den Regierungsmitgliedern im Konvent besonderes Gewicht zukam (Außenminister, aber auch z. B. Ministerpräsident Erwin Teufel als Vertreter des deutschen Bundesrates, der später die Verfassung mitratifizieren sollte). Gleiches galt für die Repräsentanten größerer Konventsgruppen, beispielsweise Elmar Brok für die Vertreter der EVP als größte politische Gruppierung. Brillante Rhetorik wie beim österreichischen „Grünen" Voggenhuber entsprach nicht immer dem tatsächlichen Einfluss. Manche waren kraft ihres Amtes gleicher als die anderen.

Giscard hatte einige „Experten" im Konvent ausgemacht, auf deren Auffassungen er zu bestimmten Fragen besonders hörte. Beispielsweise fand Joschka Fischers Konzept eines künftigen „Außenministers" der Union Eingang in den Konventsentwurf. Michel Barnier war der Partner für die Sicherheits- und Verteidigungspolitik. Bei Erwin Teufel baute Giscard auf seine deutschen föderalen Erfahrungen für die neue EU-Kompetenzordnung. Antonio Vitorino und Jürgen Meyer galten als wichtige Stimmen für die Grundrechte-Charta.

Persönliche Sympathien und das Gegenteil mochten gelegentlich nicht ohne Bedeutung sein. Die Prodi-Kommission begleitete das Konventsgeschehen mit verschiedenen Papieren, ohne sonderliche Wirkung zu erzielen. Das Verhältnis zwischen Giscard und dem italienischen Kommissionspräsidenten wirkte unterkühlt. Mit dem „Integrationisten" Brok bestand manch sachlicher Gegensatz, doch überwog der gegenseitige Respekt. Bei unsachlichen Angriffen aus dem Plenum ließ Giscard schon einmal das Mikrofon abstellen.

Die Ergebnisse des Konvents entstanden aus dem Dialog zwischen Vorsitz und Plenum. Die Schlussberichte der Arbeitsgruppen legten Grundlagen für die Plenardebatten. Manche ihrer Vorschläge fanden Eingang in den Verfassungstext. Der Sinn der Plenardebatten lag für den Vorsitz darin, wichtige Meinungsströmungen und wohl auch produktive Einfälle Einzelner zu identifizieren. Giscard wusste als erfahrener Staatsmann, dass auch Konventspolitik die Kunst des Möglichen war, d. h. abzuschätzen, inwieweit Vorschläge im Plenum konsensfähig sein würden und gleichzeitig in Rechnung zu stellen, ob sie für die spätere Regierungskonferenz akzeptabel sein könnten.

Der Vorsitz zielte jedoch nicht auf einen Entwurf als Kompromiss auf dem gemeinsamen Nenner der verschiedenen Konventsströmungen. Giscard hatte feste eigene Vorstellungen, wie eine Verfassung der Europäischen Union des 21. Jahrhunderts mit 25 und bald mehr Mitgliedstaaten aussehen sollte. Davon suchte er möglichst viel durchzusetzen und hatte Erfolg. Deshalb darf man Giscard d'Estaing als „Vater" des Konventsentwurfes und später des endgültigen Verfassungstextes 2004 bezeichnen.

VII. Verbindung mit der Zivilgesellschaft

Der Konvent und sein Vorsitz waren sich bewusst, dass sie keine gewählte verfassungsgebende Versammlung waren, sondern ein Geschöpf der Regierungen in Gestalt eines halb parlamentarisierten, halb gouvernementalen Gremiums. Eine Hundertschaft ernannter Angehöriger der politischen Klasse aus 25 Staaten sollte für 450 Millionen Unionsbürger eine Verfassung vorbereiten. Ihre Existenz im Brüsseler Glaspalast des Europäischen Parlaments blieb den meisten Bürgern verborgen, wie Erhebungen ergaben. Selbst die Worte „Konvent" und „Europäische Verfassung" waren in der Öffentlichkeit Hekuba.

Giscard und seine Mitstreiter suchten unter diesen Umständen soweit praktisch möglich die Verbindung zur europäischen Zivilgesellschaft. Repräsentative Verbände wurden mehrtägig angehört. Der Konvent berief für zwei Tage einen Jugendkonvent ein, der eine umfassende Stellungnahme übermittelte. Giscard definierte hierbei souverän „Jugend" zwischen 18–25 Jahren, um „echte" junge Menschen anstelle von älteren „Jugendfunktionären" zu gewinnen. Dehaene erwarb sich in diesen Zusammenhängen große Verdienste. Der Konvent schuf Öffentlichkeit, indem er alle Dokumente zeitgleich ins Internet stellte. Auf diese Weise ergab sich ein laufender Kontakt mit den „Denkfabriken" und akademischen Eliten in den Mitgliedstaaten, was zu einer Fülle von Anregungen führte. Manche Intellektuelle hatten *ihre* Verfassung längst vor dem Abschluss des Konvents fertig. Die Medien taten das ihre, den Konvent bekannt zu machen.

Der Entwurf des Konvents teilt trotz dieser Anstrengungen das Schicksal anderer Verfassungen, zunächst das Werk eines engen Zirkels zu sein. Auf EU-Ebene ist der Abstand zum Bürger besonders groß. Größere Bekanntheit und demokratische Akzeptanz kann erst über die späteren parlamentarischen Ratifikationen und Referenden gewonnen werden.

VIII. Die Handschrift des Präsidenten im Entwurf des Konvents

Vorläufig bleibt ziemlich im Dunkeln, an welchen Stellen der Konventsentwurf und der endgültige Verfassungstext von 2004 die Handschrift des Präsidenten trägt. Einige begründete Vermutungen sind dennoch möglich, wenn man den Konvent miterlebt hat. Giscard pflegte zu Beginn der Plenarsitzungen in die jeweilige Thematik einzuführen. Wer genauer zuhörte, vernahm zwischen den Zeilen Einiges von der „Verfassungsphilosphie" des Präsidenten. Danach las man das eine oder andere Papier des Präsidiums mit anderen Augen. Der persönliche Beitrag Giscards zu bestimmten Entwürfen wurde vor allem in den letzten Konventsmonaten an starkem Widerstand innerhalb des Plenums sichtbar. Dazu trug neben Meinungsverschiedenheiten in der Sache die Neigung des Präsidenten zu gelegentlichen „einsamen Entscheidungen" und einer gewissen Distanz gegenüber der weiteren Umgebung bei. Giscard arbeitete gerne im kleineren Kreis. Parlamentarische

Kumpanei war nicht sein Stil. Das galt auch für die eigene „politische Familie" der EVP-Gruppe, welcher er formal zuzurechnen war. Von Zeit zu Zeit zog sich Giscard zur ungestörten Überlegung in die vertraute Auvergne zurück.

Im Verfassungsentwurf des Konvents lassen sich ungeachtet solcher Schwierigkeiten an zentralen Stellen bemerkenswerte Spuren identifizieren, die auf die Überzeugungen des Präsidenten zurückgehen oder wesentlich von ihnen beeinflusst wurden. Giscard sagte anlässlich der ersten Berichterstattung im Europäischen Rat in Sevilla im Juni 2002, Aufgabe des Konvents sei nicht nur die Vereinfachung der Verträge, sondern auch eine Terminologie zu finden, die den Bürgern die Europäische Union besser verständlich mache.

Der Verfassungstext der Regierungskonferenz hat 2004 einige besondere Anliegen Giscards „verwässert". Es bleibt jedoch genügend von seiner Urheberschaft übrig. Das Folgende erscheint hervorhebenswert.

1. „Verfassung"?

Der Juristenstreit, ob sich eine Integrationsgemeinschaft wie die Europäische Union mit einer „Verfassung" schmücken dürfe, flackerte gelegentlich auch im Konvent auf. Giscard sprach anfangs gerne vom *Traité constitutionnel*. Unter dem Eindruck des unbefangenen Gebrauchs des Verfassungsbegriffs durch die meisten Konventsmitglieder fand der Vorsitz zur eleganteren Formulierung eines „Vertrages über eine Verfassung für Europa". Sie hatte in der Regierungskonferenz Bestand und dürfte der Sache angemessen sein.

2. Präambel und Symbole der Union

Der Präsident hatte sich die Formulierung der Präambel selbst vorbehalten. Ein Thukydideszitat zugunsten der Demokratie und einige eindrucksvolle Formulierungen legten Zeugnis ab. Der persönliche Stil bleibt trotz kräftiger Änderungen auf der Regierungskonferenz erkennbar.

Die Präambel wurde vor allem durch den Streit über die Aufnahme eines Gottesbezuges bekannt. Diese Kontroverse fand wie kein anderes Thema des Konvents über die „Eliten" hinaus Widerhall in der europäischen Bevölkerung. Der Katholik Giscard sperrte sich mit Erfolg gegen die verbreiteten Wünsche seiner Gesinnungsfreunde von Italien über Deutschland bis Polen, das religiöse Fundament des Kontinents zu verdeutlichen. War es gallikanische Überzeugung oder Rücksichtnahme auf die große laizistische Gruppe im Konvent? Im Kampfgetümmel ging unter, dass die Präambel immerhin die „religiösen Überlieferungen Europas" benennt und die Verfassung selbst einen regelmäßigen Dialog zwischen der EU und den Kirchen vorsieht (Art. I-52). Kluge Bischöfe äußerten später unter der Hand, dass ihnen dies ebenso wichtig war wie der Gottesbezug.

Die Präambel benennt mit der Devise „In Vielfalt geeint" eines der später in den Verfassungstext aufgenommenen Symbole der Union (Art. I-8). Es ist nicht bekannt, auf wen die Worte zurückgehen. Giscard hatte Sinn für diese Zeichen unmittelbarer Bürgerintegration und setzte sich für sie ein.

3. Wesen und Grenzen der Europäischen Union

Artikel I-1 des Verfassungstextes definiert das Wesen der künftigen einheitlichen Union. Sie wird von den Bürgern und den Staaten getragen und weist einen dualen Charakter auf – teilweise integriert und andererseits intergouvernemental koordiniert. Es ist die euro-realistische Sicht eines intensiven und dauerhaften Staatenverbundes ohne die notwendige Finalität des Europäischen Bundesstaates. Der „immer engere" Zusammenschluss der Union wird lediglich beiläufig in der Präambel erwähnt. Giscard dürfte dieser „Denkschule" zuzurechnen sein, die sich einer Gemeinschaft auf unbegrenzte Zeit verpflichtet weiß (Art. IV-446), ohne sich auf ewige „Vereinigte Staaten von Europa" festlegen zu wollen.

Dieser pragmatischen Geistesrichtung entspricht das ausdrückliche Recht des freiwilligen Austritts aus der Union (Art. I-60), welches der Präsident gegen heftigen Widerstand der „Integrationisten" um Elmar Brok durchsetzte. Es soll zwar den Austritt mit allerlei Formalitäten eher erschweren. Solange der Austrittsartikel gilt, bleibt der Europäische Bundesstaat verfassungsmäßig ausgeschlossen.

Man wird kaum fehlgehen, ein weiteres Stück der „Unionsphilosophie" Giscards im neuen Konzept „besonderer Beziehungen" der Union zu den „Staaten in ihrer Nachbarschaft" (Art. I-57) zu erblicken. Der Beitritt zur EU steht weiterhin allen europäischen Staaten offen, welche die Werte der Union achten (Art. I-1 Abs. 2). Daneben gibt es „Nachbarn" der Union, mit denen enge und friedliche Beziehungen begründet werden sollen. Hier wird ein Weg zur Beantwortung der Frage aufgewiesen, wo letztendlich die Grenzen der EU liegen. Sind die Ukraine und die Türkei, die Kaukasusstaaten, gar Russland potentielle Beitrittskandidaten oder handelt es sich um Nachbarn? Zur Türkei hat sich Giscard während des Konvents zum Missfallen mancher unmissverständlich geäußert: ihr Beitritt wäre das „Ende der Europäischen Union".

4. EU-Kompetenzordnung und Subsidiarität

Zum Nizzaer Mandat des Konvents gehörte, eine „genauere, dem Subsidiaritätsprinzip entsprechende Abgrenzung der Zuständigkeiten zwischen der EU und den Mitgliedstaaten herzustellen". Dieser Auftrag ging insbesondere auf Forderungen der deutschen Bundesländer zurück, die dies in Nizza zur Voraussetzung der Zustimmung des Bundesrates zum Konferenzergebnis gemacht hatten. Eine Kompetenzordnung „von unten nach oben" sollte der immer weiter ausgreifenden „Regulierungswut" Brüssels Grenzen setzen.

Es war konsequent, dass Giscard sich den Vertreter des Bundesrates im Konvent, den Stuttgarter Ministerpräsidenten Erwin Teufel, zum Gesprächspartner für die Fragen der Kompetenzordnung erkor. Giscard hatte als Regionalpräsident der Auvergne selbst besseres Verständnis für einen „präföderal" gestuften Aufbau der künftigen Union als manch anderer zentralistisch gesonnene Franzose. Der Präsident und sein deutscher Bundesgenosse fanden nach einer Rede Giscards in Stuttgart im Mai 2002 ein gutes Arbeitsverhältnis. In der letzten Konventssitzung bezeichnete Giscard Teufel als Schöpfer der Kompetenzordnung.

Der Auftrag von Nizza war schwer zu verwirklichen. Viele EU-Staaten sind zu Hause mehr oder weniger dezentralisierte Einheitsstaaten und verfügen über keine bundesstaatlichen Traditionen. Eine starke Strömung im Konvent wollte die EU durch neue Zuständigkeiten stärken und sah in einer klaren Zuständigkeitsverteilung nur Hindernisse für den Fortschritt der Integration. Misstrauische Spanier witterten sogar einen verkappten Anschlag der Deutschen, weniger Geld in die Brüsseler Fonds überweisen zu wollen. Angesichts ihrer Probleme im Baskenland und Katalonien waren sie jeder Stärkung der regionalen Ebene abgeneigt.

Es gelang Giscard im Verein mit Teufel und einer Gruppe von „Freunden der Subsidiarität", dank der Definitionsmacht des Vorsitzes über die Texte den Einstieg in eine bundesstaatsähnliche Zuständigkeitsverteilung zwischen Union und Mitgliedstaaten in der Verfassung zu verankern (Art. I-11 ff.). Die zentralen Kompetenzabgrenzungs- und -ausübungsprinzipien (begrenzte Einzelermächtigung, Subsidiarität und Verhältnismäßigkeit, Vorrang des Unionsrechts) werden in der „eigentlichen" Verfassung des ersten Teiles und in Protokollen wesentlich präzisiert und mit Kontrollverfahren angereichert. Die EU-Verfassung unterscheidet erstmals ähnlich wie das deutsche Grundgesetz zwischen ausschließlichen und geteilten Unionszuständigkeiten sowie ergänzenden Unionsmaßnahmen.

In wichtigen Punkten, insbesondere bei der näheren Kompetenzaufzählung, blieb man aufgrund des starken Widerstandes auf halbem Wege stecken. Bei der zentralen Subsidiaritätskontrolle im Vorfeld der Unionsgesetzgebung („Frühwarnsystem" des Subsidiaritätsprotokolls) wird die Praxis erweisen müssen, ob die neuen Instrumente greifen.

Der Vorsitz hatte an anderer Stelle für die Kompetenzordnung Preise zu bezahlen. Die künftige Union erhält in großzügiger Auslegung des Nizza-Mandats einige neue Zuständigkeiten (Daseinsvorsorge, Energie, Sport u. a. m). Die Kraft und Zeit fehlte, das Dickicht der Verträge daraufhin durchzusehen, ob nicht überlebte Zuständigkeiten an die Mitgliedstaaten zurückgegeben werden sollten. Amato erleichterte seinen südeuropäischen sozialistischen Freunden die Zustimmung zum Abschlusskonsens, indem die verschwommene „offene Koordinierung" in letzter Sekunde an einigen Stellen als zusätzliche Kategorie Verfassungsrang erhielt.

Auf das Ganze gesehen bleibt dennoch bemerkenswert, in welchem Ausmaß unter der Verantwortung eines ehemaligen Präsidenten der französischen *Répu-*

blique une et indivisible föderales Gedankengut in die europäische Verfassung Eingang gefunden hat.

5. Handlungsfähige Organe der Union

Das Hauptaugenmerk Giscards galt im Konvent den Institutionen der künftigen Union. Er teilte mit vielen anderen offensichtlich die Auffassung, dass die Regierungskonferenzen von Amsterdam 1997 und Nizza 2001 unbefriedigend ausgefallen waren, weil die bisherigen Regeln über die EG-Organe einer effizienten Willensbildung bereits unter 15 Mitgliedstaaten im Wege standen. Wie sollte dann die EU morgen mit 25 und bald noch mehr Mitgliedern funktionieren? Dies schien die Frage zu sein, die den Präsidenten mehr als alles andere umtrieb. Er sah sie ohne viele Umstände im Mandat des Konvents von Nizza und Laeken enthalten. Amato kümmerte sich daneben um die Verbesserung des EU-Gesetzgebungsverfahrens und Dehaene suchte die Gemeinsame Außen- und Sicherheitspolitik soweit möglich in die allgemeinen EU-Strukturen einzugliedern.

Giscard wollte das EG-spezifische institutionelle Gleichgewicht zwischen Rat, Kommission und Parlament nicht grundlegend ändern. Zu keinem Augenblick wurde daran gedacht, die in der Vergangenheit immer wieder erfolgreiche „Gemeinschaftsmethode" mit der Kommission als „Motor des Vertrages" in Frage zu stellen. Die Organe sollten erhalten bleiben, aber wirksamer arbeiten können.

Der Präsident sah die Lösung dieser für die Zukunft der Union zentralen Frage in einer Stärkung präsidialer Elemente und an manchen Stellen in stärkeren Modifikationen des Prinzips der Gleichheit aller Mitgliedstaaten. Der letzte Gesichtspunkt verband sich „demokratisch" mit der Berücksichtigung der unterschiedlichen Bevölkerungsgröße der Mitgliedstaaten. Man wird in der Annahme kaum fehlgehen, dass bei diesen Überlegungen Erfahrungen des ehemaligen französischen Staatspräsidenten aus seiner Heimat eine wichtige Rolle spielten. Der Präsidialismus hatte die V. französische Republik in ähnlicher Weise 1958 aus dem Immobilismus ihrer Vorgängerin befreit.

Giscard legte sich mit seiner Vision einer handlungsfähigen EU mit starken Gegenkräften an. Die Hervorhebung des Europäischen Rates der Staats- und Regierungschefs als eine Art Direktorium der EU lief der „klassischen Philosophie" der Integration im Sinne von Monnet, Hallstein und Spaak zuwider, nach der die EU allmählich im Sinne des parlamentarischen Prinzips von einer zur Regierung gewordenen Kommission in Verantwortung gegenüber der Europäischen Parlament bestimmt werden sollte. Die Gruppe um Elmar Brok aus dem Europäischen Parlament und einer Reihe von Vertretern aus verschiedenen Mitgliedstaaten repräsentierte diese Denkschule im Konvent.

Die maßgeblichen Konventmitglieder aus den 19 kleineren und mittleren Mitgliedstaaten mussten zu natürlichen Verbündeten der Integrationisten werden, nachdem der Vorsitz die Kommission zu ihren Lasten verkleinern wollte.

Mit Blick auf diese Konstellation ist bemerkenswert, wie viel *Giscard* von seinen Vorstellungen im Konventsentwurf unterbringen konnte. Auch wenn die Regierungskonferenz anschließend einiges wieder „verwässerte", hat die institutionelle Struktur der Verfassung die „große EU" von 2004 besser zur Bewältigung ihrer Aufgaben befähigt, als es zuletzt unter dem EG-Vertrag möglich war.

6. Europäischer Rat

Giscard d'Estaing hatte in seiner Zeit als französischer Staatspräsident 1974 den Europäischen Rat der Staats- und Regierungschefs (ER) als „Superorgan" der Gemeinschaft konzipiert und durchgesetzt. Von ihm gehen seither die übergeordneten politischen Zielvorstellungen und die Setzung der Prioritäten für die Politiken der EG/EU aus. Die besondere Aufmerksamkeit des Präsidenten galt im Konvent dem Ziel, den ER als das herausragende Organ in der künftigen Union der 25 und mehr Mitgliedstaaten zu erhalten und zu stärken (Art. I-21 f.).

Erste Konsequenz war die Verkleinerung des Rates, der bei 25 Mitgliedstaaten in bisheriger Zusammensetzung (Regierungschefs und Außenminister) auf über 50 Mitglieder angeschwollen wäre. Der ER umfasst nunmehr im Interesse der Arbeitsfähigkeit grundsätzlich nur noch die Staats- und Regierungschefs sowie den Kommissionspräsidenten und seinen eigenen Präsidenten. Teilnahmeberechtigt ist der Außenminister der Union.

Giscards wichtigster Reformschritt war die Schaffung eines hauptamtlichen Präsidenten des ER für zweieinhalb Jahre mit der Möglichkeit einmaliger Wiederwahl. Die Geister im Konvent schieden sich an diesem Vorschlag. Die „Integrationisten", aber auch manche Regierungsvertreter sahen ein „Direktorium der Großen" heraufziehen. Der Vorsitz setzte sich nach kontroversen Debatten durch. Das Einlenken der Integrationisten wurde durch die Konzession erreicht, dass sich die Inkompatibilität des Ratspräsidenten auf die Innehabung „einzelstaatlicher Ämter" beschränkt. Die Ämterhäufung von Rats- und Kommissionspräsident („großer Doppelhut") wird juristisch möglich. Typischer künftiger Präsident des ER bleibt gleichwohl ein angesehener ehemaliger Staats- und Regierungschef aus einem größeren oder kleineren Mitgliedstaat. Die Vision Giscards ist ein „Präsident für Europa", der für längere Zeit die Kräfte der vereinigten Staats- und Regierungschefs im Interesse der Union zu bündeln versteht. Konflikte mit dem seinerseits gestärkten Kommissionspräsidenten liegen freilich ebenso nahe.

Der hauptamtliche Präsident des ER blieb interessanterweise in der Regierungskonferenz unumstritten. Mit der Wahl von Claude Juncker zum zweieinhalbjährigen Vorsitzenden der „EURO-Gruppe" der Finanzminister wurde 2004 eine vergleichbare Konstruktion der Verfassung bereits vor ihrem In-Kraft-Treten freiwillig eingeführt.

7. Ministerrat

Der Ministerrat (im Verfassungstext 2004 wieder als „Rat" geführt) wurde im Konvent von vielen Seiten als das reformbedürftigste Organ der Union bezeichnet. Vorsitz und Plenum nahmen weitreichende Änderungen zugunsten besserer Arbeitsfähigkeit des Rates vor. Nationaler Egoismus der Regierungskonferenz machte sie mit einer wichtigen Ausnahme wieder rückgängig (Art. I-23 ff.).

Der Konvent hatte sich auf einen öffentlich tagenden „Legislativrat" geeinigt, bei dem entsprechend dem nationalen Kabinettsprinzip die gesetzgeberischen Entscheidungen der Union zur übergeordneten Prüfung zusammenlaufen sollten. Die Regierungskonferenz strich zu Beginn ihrer Arbeiten in wenigen Minuten diese sinnvolle Neuerung. Die Außenminister hatten mit der rühmlichen Ausnahme Joschka Fischers dem Druck ihrer Fachminister nachgegeben, die ihr eigenes Süppchen zu Lasten des Ganzen im guten Dutzend der „Fachministerräte" weiterkochen wollten.

Die „schwarze Serie" der Konferenz setzte sich beim Vorsitz in den einzelnen Ministerräten fort. Der Konvent wollte mit einem einjährigen Vorsitz mehr Kontinuität schaffen. Die Regierungskonferenz fiel auf Verlangen der kleinen Mitgliedstaaten auf den vielkritisierten Halbjahresvorsitz zurück.

Der wichtigste Vorschlag des Vorsitzes, die qualifizierte Mehrheitsentscheidung im Ministerrat (Art. I-25), führte im Dezember 2003 zur großen Krise der Regierungskonferenz. Der Konvent hatte im Einklang mit Giscards Grundkonzept, die Handlungsfähigkeit des Rates und zugleich die demokratische Legitimation seiner Entscheidungen zu stärken („Union der Staaten und der Bürger"), für die qualifizierte Mehrheit im Rat grundsätzlich die „doppelte Mehrheit" der Mitgliedstaaten und von drei Fünfteln der Bevölkerung der Union vorgesehen. Der anfänglich erbitterte Widerstand vor allem Polens und Spaniens konnte im Frühjahr 2004 durch einige glückliche Umstände und eine leichte Anhebung der Quoren auf 55 % und 65 % überwunden werden. Die Regierungskonferenz verwässerte jedoch auch diesen wichtigen Reformschritt, indem sie die Einstimmigkeit an verschiedenen Stellen der Verfassung wieder einführte.

8. Europäische Kommission

Ein weiteres zentrales Anliegen Giscards wurde in der Regierungskonferenz erheblich zusammengestrichen. Der Präsident kämpfte gemeinsam mit Vertretern größerer Mitgliedstaaten für eine Verkleinerung der künftigen Europäischen Kommission, um ihre Schwächung bei einer künftigen Übergröße von 25 und mehr Mitgliedern abzuwenden. Der heftige Widerstand der Konventsvertreter aus den 19 auf das Prinzip der Staatengleichheit eingeschworenen kleineren und mittleren Mitgliedstaaten (mit der rühmenswerten Ausnahme der Benelux-Gründerstaaten) hatte im Konventsentwurf bereits zu einem komplizierten Kompromiss von

18 „echten" und weiteren „Juniorkommissaren" geführt. Die Regierungskonferenz hat die Möglichkeit einer Verkleinerung der Kommission nunmehr auf mindestens das Jahr 2014 vertagt (Art. I-26). Sachgerechte Konzepte, wie ständige Kommissionsmitglieder für die sechs größeren Mitgliedstaaten und eine Rotation der übrigen, waren im Konvent nicht einmal zur Sprache zu bringen.

Die Diskrepanz innerhalb der großen „Einheitskommission" zwischen dem „realen" und dem „integrierten" Europa kann ironischerweise zu einer Schwächung derselben „Gemeinschaftsmethode" führen, die im Interesse der kleineren EU-Staaten liegt. Das Gewicht der größeren Mitgliedstaaten innerhalb der Kommission hat sich mit jedem Beitritt seit 1973 verringert. Es bleibt eine offene Frage, wie die „Großen" künftige Kommissionsvorschläge einschätzen werden.

Hoffnungen richten sich auf die von den Konventsparlamentariern durchgesetzte künftige Wahl des Kommissionspräsidenten durch das Parlament (Art. I-27) und dessen verbesserte Leitlinienkompetenz.

9. Außenminister der Union

Giscard verfolgte mit erkennbarem Wohlwollen das Konzept Joschka Fischers, die nicht voll zu integrierende Gemeinsame Außen- und Sicherheitspolitik wenigstens in der Person eines neuen Außenministers der Union zu stärken. Die Idee entsprach seiner Neigung zur „Präsidialisierung" der Institutionen. Der Europäische Außenminister bleibt freilich ein fragiles Konstrukt (Art. I-28). Er ist in Personalunion („Kleiner Doppelhut" oder „Fusion Patten/Solana") Vizepräsident der Kommission, Außenkommissar und Hoher Außenvertreter der GASP. Die Ernennung erfolgt durch den Europäischen Rat mit Zustimmung des Kommissionspräsidenten und des Parlamentes. Der Außenminister leitet unter der Oberaufsicht des Europäischen Rates gemeinsam mit dem Ministerrat das in der Verfassung wortreich und kompliziert umschriebene „Auswärtige Handeln der Union". Der britische Regierungsvertreter im Konvent Peter Hain sprach gerne vom „so genannten Außenminister". Einen Lichtstrahl könnte die sich abzeichnende Ernennung des erfahrenen Solana zum ersten EU-Außenminister bedeuten.

IX. Eine lesbare Verfassung

Diese Hinweise auf die Handschrift des Präsidenten im Verfassungstext müssen hier genügen.

Reichen sie aus, Giscard als „Vater" der Verfassung zu bezeichnen?

Der Präsident erlitt im Konvent mit manchen Ideen Schiffbruch. Sein Vorschlag eines „Kongresses der Völker Europas", in dem nationale und Europaparlamentarier die Zukunft der Union regelmäßig erörtern sollten, verfiel der Ablehnung. Die

Vertreter des EP im Konvent fürchteten um ihr parlamentarisches Alleinvertretungsrecht in der EU. Mancher „Conventionnel" mochte dem mächtigen Präsidenten an einer unverfänglichen Stelle die Grenzen seines Einflusses aufzeigen.

Die Erfüllung eines wichtigen Wunsches von Giscard d'Estaing wird erst voll sichtbar werden, wenn die EU-Verfassung nach der Unterzeichnung in Rom – hoffentlich! – eines Tages in Kraft tritt und angewendet wird. Der Präsident betonte häufig, wie auf dem Europäischen Rat in Sevilla 2002, die Notwendigkeit einer für den Bürger lesbaren kurzen Verfassung anstelle des „Dschungels" der in fünfzig Jahren immer unübersichtlicher gewordenen Altverträge. Dieses Anliegen ist mit Hilfe des „Kronjuristen" Amato und der vorzüglichen Sekretariatsarbeit in Erfüllung gegangen. Die klare und einfache Sprache der ungefähr 120 Artikel der „eigentlichen Verfassung" (Teile I, II, IV) hebt sich eindrucksvoll von technokratischen Formulierungen vieler Vorgängerregelungen ab.

Die mit ca. 340 Artikeln unvermeidlich voluminöse Übernahme der einzelnen Politiken aus dem EG- und EU-Vertrag in Teil III ist materiell gesehen eine Art „Organgesetz" innerhalb der Verfassung.

Künftige Verfassungsinterpreten werden es dem Konvent danken. Die Wahl Giscards in die Académie Française nach dem Ende des Konvents mag in seiner Obhut über den Verfassungstext ihre schönste Rechtfertigung gefunden haben.

X. Eine „Giscard-Verfassung"?

Es ist unwahrscheinlich sein, dass die künftige EU-Verfassung wie im Falle Bismarcks 1867 und 1871 „Giscard-Verfassung" genannt werden wird. Zu viele Köche haben das Menü zubereitet.

Wer den Konvent miterlebte, ist sich aber alles andere als sicher, ob die Verfassungsversammlung ohne die festen Vorstellungen ihres Präsidenten und ohne seine Umsicht und Hartnäckigkeit den Abschlusskonsens erreicht hätte. Die Regierungskonferenz hat zwar die Balance zwischen der europäischen und der nationalen Ebene ein Stück weit zugunsten der Mitgliedstaaten zurückverschoben. Das Werk des Konvents ist jedoch in den Grundstrukturen erhalten geblieben. Die Suche nach dem „Verfassungsvater" ist im Gegensatz zum Code Civil erlaubt. Die Verleihung des Europäischen Karlspreises 2003 an Valéry Giscard d'Estaing war eine würdige Antwort.

Global Constitutionalism in a Nutshell

By Anne Peters

I. Introduction

In the so far most comprehensive German-language manual of public international law in the UN era, Jost Delbrück asserted – already before the fall of the Berlin wall and the end of the East-West schism of the world: "[T]he developments in the field of the concepts of order indicate that the international system is again evolving in the direction of a legal community, that it is – in other words – a universal legal community in-the-making."[1] Only a little later, Delbrück was among the first to realize the legal impact of the phenomenon of globalization with regard to the concept of the Nation State, the State's role in international relations, and the functions of International Organizations.[2] In numerous works, Delbrück painted in grand sketches the changing structure of the international legal system,[3] the erosion of State sovereignty, the rise of non-state actors,[4] the articulation of a "public interest" of the international community as a whole,[5] the emergence of a

---

[1] "Andererseits weisen die ... Entwicklungen im Bereich der Ordnungsvorstellungen doch darauf hin, daß das internationale System sich wieder auf eine Rechtsgemeinschaft hin entwickelt, daß es – mit anderen Worten – eine universale Rechtsgemeinschaft im Werden darstellt." *Delbrück,* in: Dahm/Delbrück/Wolfrum, Völkerrecht, Vol. I/1, 2nd ed. (1989), 21, transl. by the author.

[2] *Delbrück,* The Role of the United Nations Dealing with Global Problems, Indiana Journal of Global Legal Studies 4 (1997), 277–296; *Delbrück,* "Failed States" – eine neue Aufgabe für den UN-Treuhandrat?, in: Ipsen/Schmidt-Jortzig (eds.), Recht – Staat – Gemeinwohl: Festschrift für Dietrich Rauschning (2001), 427–439.

[3] *Delbrück,* Structural Changes in the International System and its Legal Order: International Law in the Era of Globalization, Swiss Review of International and European Law/ Schweizerische Zeitschrift für internationales und europäisches Recht 11 (2001), 1–36; *Delbrück,* Prospects for a "World (Internal) Law?": Legal developments in a Changing International System, Indiana Journal of Global Legal Studies 9 (2002), 401–431.

[4] *Delbrück,* Transnational Federalism: Problems and Prospects of Allocating Public Authority Beyond the State, Indiana Journal of Global Legal Studies 11 (2004), 31–55.

[5] *Delbrück* (ed.), New Trends in International Lawmaking – International "Legislation" in the Public Interest (1997); *Delbrück,* "Laws in the Public Interest" – Some Observations on the Foundations and Identification of *erga omnes* Norms in International Law, in: Götz/ Selmer/Wolfrum (eds.), Liber amicorum Günther Jaenicke – zum 85. Geburtstag (1999), 17–36 (esp. 35).

"constitution of the international legal community",[6] and finally the rise of "transnational federalism as a constitutional framework".[7]

Building on Delbrück's pioneering work, I will argue that the structure of international law has generally evolved from co-existence via co-operation to constitutionalization.[8] This *constitutionalist reading* of current international law is, on the one hand, an academic artefact.[9] It is however, no mere deduction from wishful thinking, but induced by manifold general developments in international law which will be discussed in part IV.

My basic proposition is that the old idea of an international constitution of the international legal community[10] deserves reconsideration in the light of globalization. In the era of globalization, a constitutionalist reconstruction is a desirable *reaction to the visible de-constitutionalization on the domestic level.*

II. The Impact of Globalization on State Constitutions

The phenomenon of globalization, that is the appearance of global, de-territorialized problems and the emergence of global networks in the fields of economy, science, politics and law, has increased global interdependence. Globalization puts the State and State constitutions under strain: Global problems compel States to co-operate within International Organizations,[11] and through bilateral and multilateral treaties. Previously typically governmental functions, such as guaranteeing human security, freedom and equality, are in part transferred to "higher" levels.[12] Moreover, non-state actors (acting within States or even in a transboundary fashion) are increasingly entrusted with the exercise of traditional State functions, even

---

[6] "Verfassung der Völkerrechtsgemeinschaft" (*Delbrück/Wolfrum*, Völkerrecht, Vol. I/3 (2002), 780).

[7] *Delbrück,* Transnational Federalism (note 4), 54.

[8] *Cf. Friedman,* The Changing Structure of International Law (1964). The three steps mark only a rough tendency. Of course patterns of co-existence and co-operation persist even in a generally more constitutionalized world order.

[9] For sure, the constitutionalist reconstruction has a *creative moment,* simply because it lays emphasis on certain characteristics of international law. But such an intellectual construct is nothing unusual in legal practice. If we accept the hermeneutic premise that a naked meaning of a text, independent of the reader does not exist, then the reconstruction of some portions of international law as international constitutional law is just an ordinary hermeneutic exercise. It is no distortion of norms which are "objectively" something else, but a legitimate form of interpretation.

[10] Seminal *Verdross,* Die Verfassung der Völkerrechtsgemeinschaft (1926), Preface.

[11] *Cf. Delbrück,* "Das Völkerrecht soll auf einen Föderalism freier Staaten gegründet sein" – Kant und die Entwicklung internationaler Organisationen, in: Dicke/Kodalle (eds.), Republik und Weltbürgerrecht (1998), 181–213.

[12] *Delbrück,* Transnational Federalism (note 4).

with core tasks such as military and police activity.¹³ The result of these multiple phenomena is that "governance" (understood as the overall process of regulating and ordering issues of public interest)¹⁴ is exercised beyond the States' constitutional confines. This means that State constitutions can no longer regulate the totality of governance in a comprehensive way. Thereby, the State constitutions' original claim to form a complete basic order is defeated. The hollowing out of national constitutions affects not only the constitutional principle of democracy, but also the rule of law and the principle of social security. Overall, State constitutions are no longer "total constitutions". In consequence, we should ask for *compensatory constitutionalization on the international plane*. Only the various levels of governance, taken together, can provide full constitutional protection.¹⁵

III. Which Notion of "Constitution"?

In order to identify a constitution (or at least elements of constitutional law) *within* international law, we must first clarify the notion "constitution". The meaning of the term varies in different constitutional cultures. Moreover, constitutions have historically been closely linked to States. Some observers even contrasted the constitutional idea to the (ostensibly anti-constitutional) international sphere.¹⁶ However, the term "constitution" was never exclusively reserved for State constitutions. Today, the notional link between constitution and State has further been loosened in everyday language and in the legal discourse (and thereby the meaning of "constitution" may have been broadened). It is therefore not *per definitionem* impossible to conceptualize *constitutional law beyond the nation or the State*.¹⁷

---

[13] In US-occupied Iraq of 2003/04, employees of federal contractors and sub-contractors (Blackwater USA, Kroll Inc., Custer Battles, the Titan corporation and others) worked as mercenaries, police, guards, prison officers and interrogators.

[14] *Rosenau*, Governance, Order, and Change in World politics, in: id./Czempiel (eds.), Governance Without Government (1992), 1 (7): "Governance", as opposed to "government" does not stem from some overarching governmental authority. See also Commission on Global Governance, Our Global Neighbourhood: The Report of the Commission on Global Governance (1995).

[15] This is the central argument of *Cottier/Hertig*, The Prospects of 21st Century Constitutionalism, Max Planck UNYB 7 (2003), 261–328. See also *Jackson*, Changing Fundamentals of International Law and International Economic Law, Part II International Organizations & Institutions: A New "Constitutionalism": "We are going to need a new constitutionalism of institutions", Archiv des Völkerrechts 41 (2003), 435 (447).

[16] "État ou barbarie, telle est l'alternative simple que connaît la société internationale." *Sur*, L'état entre éclatement et mondialisation, Revue belge de Droit International 30 (1997), 5 (11).

[17] But see *Rubenfeld*, The Two World Orders, The Wilson Quarterly 27 (2003), 28 *et seq.*, arguing that "international constitutionalism" is a genuinely European conception. In contrast, the (supposedly) American, or "democratic national constitutionalism", regards constitutional law "as the embodiment of a particular nation's democratically self-given

1. Traditional Formal Properties of Constitutions

Constitutions, in particular State constitutions, are normally said to have typical formal characteristics. One is that they are codified in one document. (The English constitution is the best-known exception). Bardo Fassbender and others have argued that the UN-Charter is *the* constitutional document of international law.[18] This conception has the advantage of being clear. On the other hand, the UN-Charter does not codify enough of what is important and basic in international law. There is probably a lot of constitutional substance outside the UN-Charter. This means that a comprehensive constitutional document for the international community is lacking.

A different, though related, issue is that the foundational treaties of International Organizations may be qualified as the *constitution of that respective organization*.[19] A constitutionalist approach to the law of International Organizations provides the justification for legal constraints on the increasing and hence potentially intrusive or even abusive activities of those organizations. In this context, *constitutionalism opposes functionalism*.[20]

The second traditional formal property of constitutional law is that it supersedes ordinary law. This formal feature of supremacy is present on the international plane: *Ius cogens* is a specific, superior body of norms. It trumps conflicting inter-

---

legal and political commitments". Note that this ostensibly genuinely "American" conception is identical to a traditional German one: See *Grimm*, Braucht Europa eine Verfassung?, Juristen-Zeitung 50 (1995), 581; *cf.* also *Haltern*, Internationales Verfassungsrecht, Archiv des öffentlichen Rechts 128 (2003), 511–556 (with the basic proposition that international law lacks the "symbolic-esthetical dimension" which is inherent to national (constitutional) law, and that therefore the idea of international constitutional law is a sham). So the debate whether non-State constitutional law can exist is *not* a debate between national-constitutional cultures, but a cross-cutting one between diverging, but transnational ideologies.

[18] *Fassbender*, UN Security Council Reform and the Right of Veto: A Constitutional Perspective (1998); *Fassbender*, The United Nations Charter as Constitution of the International Community, Columbia Journal of Transnational Law 36 (1998), 529–619; *Macdonald*, The Charter of the United Nations in Constitutional Perspective, The Australian Yearbook of International Law 20 (1999), 205–231; *Dupuy*, The Constitutional Dimension of the Charter of the United Nations Revisited, Max Planck UNYB 1 (1997), 1–33. Pioneering *Jenks*, Some Constitutional Problems of International organization, BYIL 2 (1945), 11–72; *Ross*, Constitution of the United Nations: Analysis of Structure and Functions (1950).

[19] "From a formal standpoint, the constituent instruments of International Organizations are multilateral treaties. ... Such treaties can raise specific problems of interpretation owing, inter alia, to their character which is conventional and at the same time institutional." ICJ, *Legality of the Use by a State of Nuclear Weapons in Armed Conflict*, Advisory Opinion, ICJ Reports (1996), 66 *et seq.*, para. 19.

[20] See for a critique of the functional necessity theory of rights and obligations of International Organizations *Klabbers*, An Introduction to International Institutional Law (2002), 36–39.

national treaties[21] and customary law.[22] Jost Delbrück has also argued "that *erga omnes* norms could exist alongside *ius cogens* norms ... [and] constitute a category of norms in their own right, they are a new element in the hierarchy of international law and thereby attest to the ongoing process of constitutionalization of international law."[23] The UN-Charter itself constitutes a different, merely treaty-related, type of higher law. According to Art. 103 UN-Charter, its provisions (and arguably secondary acts such as Security Council decisions) prevail in the event of a conflict between the Charter-obligations of Member States and obligations under any other agreement. However, UN-Acts privileged by Art. 103 UN-Charter still rank below *ius cogens* and would have to give way in case of conflict.[24] Consequently, a hierarchy of norms *within* international law exists.[25]

The third formal feature of codified constitutions is that they are made by a *pouvoir constituant* in a revolutionary act, a kind of constitutional big bang. On the international plane, we did have several constitutional moments (such as 1945 or 1989). But on the whole, constitutional development on the international plane appears to be rather evolutionary. Overall, it seems difficult to speak of an international constitution in a formal sense, apart from the embryonic hierarchical elements.[26]

2. Traditional Substantial Properties of Constitutions

The substantial components of a "constitution" (in a normative sense[27]) are even more contested. There are at least three answers to the question: Which functions and contents must be present to call a given body of law a "constitution" (or at least "constitutional law")? The broadest notion of constitution refers to the bulk of laws *organizing and institutionalizing a polity*. International law is currently in a state of some organization and institutionalization. Therefore, we have an international constitution in this broadest sense.

---

[21] Art. 53 Vienna Convention on the Law of Treaties (VCLT).

[22] ICTY, Case IT-95-17/1-T, *Prosecutor v. Furundzija*, ILM 38 (1999), 317, para. 153; ECHR, *Al-Adsani v. Great Britain*, judgment of 21 November 2001, HRLJ 23 (2002), 39, sep. op. Rozakis *et al.*, para. 3.

[23] *Delbrück*, Laws in Public Interest (note 5), 35.

[24] ICJ, *Application of the Convention on the Prevention ad Punishment of the Crime of Genocide*, sep. op. Lauterpacht, ICJ Reports (1993), 4 (440, para. 100).

[25] In a constitutionalist perspective, it is less important that *ius cogens* also bars States from enacting countervailing national law (ICTY, *Furundzija* (note 22), para. 155), because ordinary international law has this effect as well. The supremacy of international law over domestic law is not a constitution-like supremacy, but rather has a federal law-like rationale (preservation of legal unity in matters regulated on the higher level).

[26] *Cf. Uerpmann*, Internationales Verfassungsrecht, Juristen-Zeitung 56 (2001), 565 (571–572).

[27] As opposed to "constitution" as a descriptive term, in the sense of "Amsterdam is constituted by little canals".

The narrower, functional notion of constitution relates to rules and principles *fulfilling typical constitutional functions*. The traditional constitutional functions are to limit political power, to organize a political entity, to offer political and moral guidelines, to justify governance, to constitute a political system as a legal community, and finally, to contribute to integration. It seems fair to say that certain international rules and principles fulfill these functions, at least in part.[28] For example, international human rights law places important restraints on the exercise of governmental power towards the States' own nationals.[29]

The third and narrowest notion, which I would like to call a *legitimist notion* of a constitution, is the one underlying 18/19th century constitutionalism. It has been enunciated most famously in Art. 16 of the French Declaration of the Rights of Man and Citizens of 26 August 1789: "Toute société dans laquelle la garantie des droits n'est pas assurée, ni la séparation des pouvoirs déterminée, n'a point de constitution." Human rights and separation of powers are the necessary contents of a constitution. Nowadays, further material elements have been added, most importantly democracy and a minimum of social security guarantees. In this perspective, constitution is a value-laden concept.

I have some doubts as to whether we can find a constitution in this value-loaded sense on the international plane.[30] For sure, the endorsement of human rights comes closest to universal acceptance. About three quarters of the States (more than 140 respectively, of a total of 191 States) have ratified the two universal Human Rights Covenants, and there is a rising tendency.[31] In contrast, the ideals of liberal democracy/popular sovereignty and separation of powers are not (yet?) universally accepted. On the one hand, these two value-driven organizing principles are only tentatively and selectively applied as international law-prescriptions directed at States. On the other hand, the international institutions themselves hardly satisfy the requirements of democracy, separation of powers, and rule of law (or reasonably modified versions of these basic ideas). This means that the international legal order either does not possess a full constitution in the narrowest, legitimist sense or that its constitution suffers from serious legitimacy deficiencies.

---

[28] See already *Scelle,* Le droit constitutionnel international, in Mélanges Raymond Carré de Malberg (1933), 501 (514).

[29] *Delbrück,* Menschenrechte im Schnittpunkt zwischen universalem Schutzanspruch und staatlicher Souveränität, German Yearbook of International Law 22 (1979), 384–402; *Delbrück,* Menschenrechte und Souveränität, in: *id.,* Die Konstitution des Friedens als Rechtsordnung (1996), 22–31.

[30] But see in this sense *Tomuschat,* Die internationale Gemeinschaft, Archiv des Völkerrechts 33 (1995), 1 (7): There is a constitution of the international community in which certain basics of peace and justice are laid down.

[31] Of course, there are important divergencies in the interpretation of the internationally enshrined human rights, and great deficiencies in implementation, but that is another story.

IV. Various Phenomena of Arguable "Constitutionalization" of International Law

Against the background of what has usually (on the domestic plane) been called "constitution", we will in a second step approach the subject from the opposite side and look at those phenomena discussed under the heading of "constitutionalization of international law". We should then be able to judge to what extent this heading is justified.

The basic premise of the constitutionalist school is that the *international community is a legal community*.[32] A legal community is governed by rules and principles, not (only) by power. The most fundamental norms might represent global constitutional law. Starting from this point, constitutionalists discern and support the emergence of *new bases of legitimacy* for the international legal system: The traditional legitimating factors of international governance are State sovereignty and the effective exercise of power. Therefore, international law used to be blind for constitutional principles within the States. In contrast, the idea of constitutionalism implies that State sovereignty is gradually being complemented, if not substituted, by other guiding principles, notably the "global common interest" and/or "rule of law" and/or "human security". This important modification necessarily implies that international law cares about domestic constitutional standards. Both spheres can no longer be neatly separated, but must – on the contrary – complement each other.

The latter claim is in fact already being satisfied by the increasing *intertwinement of international law and national law*.[33] On the one hand, legal ideals, principles and concrete types of instruments originally conceived on the national level continue to be transferred to the international level. Democracy is a conspicuous example.[34] Inversely, dense international legal obligations require States to enact

---

[32] See for references to the "international community as a whole" ICJ, *Case Concerning the Barcelona Traction, Light and Power Company, Limited (second phase)*, ICJ Reports (1970), 3, para. 33; Preamble of the ICC-Statute of 17 July 1998, para. 4 (UNTS Vol. 2187, No. 38544) and Art. 42 lit. b) of the ILC Articles on State responsibility (2001), Doc. A/CN.4/L.602, Rev. 1. See in scholarship *Paulus,* Die internationale Gemeinschaft im Völkerrecht (2001), Engl. summary at 439 *et seq.*

[33] See on this issue *Delbrück,* Multilaterale Staatsverträge erga omnes und deren Inkorporation in nationale IPR-Kodifkationen – Vor- und Nachteile einer solche Rezeption, Berichte der Deutschen Gesellschaft für Völkerrecht 27 (1986), 147–165; *Delbrück,* Völkerrecht (note 1), § 9 "Grundfrage der innerstaatlichen Geltung des Völkerrechts", 98 *et seq.*

[34] See on democracy as a principle of *international* (soft) law: Implementation of the United Nations Millennium Declaration, UN Doc. A/57/270 of 31 July 2002, Part V.: "Human rights, democracy and good governance", paras. 82 *et seq.;* UN Commission on Human Rights, Res. 1999/57 of 27 April 1999 "Promotion of the right to democracy"; OAS Interamerican Democratic Charter of 11 September 2001 (text in ILM 41 (2001), 1289). In scholarship *Fox/Roth* (eds.), Democratic Governance and International Law (2000); *Wheatley,* Democracy in International Law: A European Perspective, ICLQ 51 (2002), 225–247; *Ali Khan,* A Theory of Universal Democracy: Beyond the End of History (2003); *Ibegbu,* Right to Democracy in International Law (2003).

specific domestic legislation in virtually all areas of law. Moreover, international prescriptions even influence domestic *constitutional* law. For instance, the Swiss constitution (*Bundesverfassung,* BV) of 18 April 1999 incorporates the *non-refoulement* principle in Art. 25 cl. 2 BV and seeks to fulfill the Convention on the Rights of the Child's duty to protect (Art. 2 cl. 3 CRC) by way of introducing a novel constitutional article on the protection of children.[35] However, the thicker the web of international legal obligations becomes, the more resistance meets the classical claim of supremacy of *all* international law over *all* domestic law. States rather insist upon safeguarding at least core constitutional principles against international encroachment. In this situation, the relationship between international and national law cannot plausibly be described as a clear hierarchy. Both bodies of norms rather form a network.[36]

The current shift of the justificatory basis of international law manifests itself in a number of sectorial legal developments on the international plane, which in sum account for an overall change of paradigm. The first cross-cutting phenomenon is the *erosion of the consent requirement*, manifesting itself in the weakening of the persistent-objector rule, third-party-effects of treaties,[37] and finally in majority-voting within treaty bodies and in International Organizations. A most conspicuous event in this context is legislation by the Security Council (binding via Art. 25 UN-Charter and circumventing eventual ratification requirements of parallel treaties).[38] In this perspective, constitutionalism supplants voluntarism.

The second development is the creation of *World Order Treaties*, formerly called *traités-lois*, or "objective" legal orders.[39] Such treaties have been adopted in the subject areas of human rights, law of the sea, environmental law, world trade law and international criminal law. A characteristic feature of these World Order Treaties is their quasi-universal membership. A more contested characteristic is their arguably non-reciprocal structure, which means that they embody collective obligations serving global community interests which transcend the individual interests of the State parties.[40] In these treaties, but also in customary law, one can

---

[35] Art. 11 BV.

[36] A network is a structure situated on the scale between a horizontal/loose/market-like structure and a hierarchical/institutionalized/state-like one. *Atkinson/Coleman,* Policy Networks, Policy Communities and the Problems of Governance, Governance: An International Journal of Policy and Administration 5 (1992), 154–181.

[37] *Fitzmaurice,* Third Parties and the Law of Treaties, Max Planck UNYB 6 (2002), 37–137, concluding that the principle *pacta tertiis nec nocent nec prosunt* remains the general rule and that rights and obligations of third States stemming from treaties to which they are not parties remain exceptional.

[38] UN SC Res. 827 (1993), installing the ICTY, and UN SC Res. 1373 (2001) on the Financing of Terrorism.

[39] See *Simma,* From Bilateralism to Community Interests, RdC 250-VI (1994), 217–384.

[40] See with regard to the human rights instruments Human Rights Committee, General Comment No. 24 (1994), paras. 8 and 17 (CCPR/C/21/Rev. 1/Add.6). Negating of the "collective" character of the WTO-Agreement: *Pauwelyn,* A Typology of Multilateral Treaty

identify "public interest norms"[41] embodying *universal values*. Such widely shared values are the centrality of the human being, the acceptance of a common heritage of mankind, and the ideas of sustainable development or free trade.

Moreover, the new regimes are increasingly enforced by international courts and tribunals, such as the ICC or the ITLOS, or on the regional level the ECHR. Judicial review is one of the core elements of the rule of law.

Third, we witness changes in the *concept of Statehood* and a legal evolution regarding the *recognition of States and Governments*. In this context, the principle of effectiveness is marginalized, and standards of legitimacy (concerning human rights and democracy) are set up.[42] For example, after the Iraq war, a Security Council Resolution formulated, albeit implicitly, conditions for the recognition of a new Iraqi government. The Council here encouraged the people of Iraq to form "a representative government based on the rule of law that affords equal rights and justice to all Iraqi citizens without regard to ethnicity, religion, or gender …".[43]

A final general phenomenon is the growing participation of *non-state actors*, such as NGOS, transnational corporations, and individuals in international *law-making* and *law-enforcement*. In recent years, NGO-lobbying has strongly influenced international standard setting. Notably, the Landmines Convention of 1997[44] and the ICC-Statute of 1998 would have probably not come into being without the intense work of transnational NGO-coalitions. Inversely, NGO-resistance was a crucial contribution to the failure of the projected Multilateral Agreement on Investment (MAI) in 1998. On the implementation level, it is well known that the efficiency of human rights monitoring to a large extent depends on shadow reports of NGOs submitted to the respective treaty bodies.[45] WTO-law as well is increasingly enforced by ad hoc *public-private* trade litigation *partnerships* formed by private firms in collaboration with governments.[46] Moreover, international environmental law is implemented by public-private partnerships for sustainable development,[47] for instance the Prototype Carbon Fund (PCF) within the Clean

---

Obligations: Are WTO Obligations Bilateral or Collective in Nature? EJIL 14 (2003), 907–951.

[41] *Delbrück,* Laws in Public Interest (note 5).

[42] *Rich,* Recognition of States: The Collapse of Yugoslavia and the Soviet Union, EJIL 4 (1993), 36–65; see also *Talmon,* Recognition of Governments in International Law: With Particular Reference to Governments in Exile (1998).

[43] UN SC Res. 1483 (2003).

[44] Convention on the Prohibition of the Use, Stockpiling, Production and Transfer of Anti-Personnel Mines and on their Destruction of 18 September 1997, UNTS Vol. 2056, 211.

[45] See also Art. 15 cl. 2 and Art. 44 cl. 4 ICC-Statute (note 32) on information submitted by NGOs and on "gratis personnel" employed by the ICC.

[46] *Shaffer,* Defending Interests: Public-Private Partnerships in WTO Litigation (2003).

[47] These partnerships were officially recognized as "Type II outcomes" at the 2002 World Summit on Sustainable Development. See Plan of Implementation, revised version of 23 September 2002 (Doc. A/CONF.199/20). In scholarship *Streck,* The World Summit on

Development Mechanism of the Kyoto Protocol.[48] Finally, the compliance mechanism of the Aarhus Convention on Environmental Information[49] can be triggered by private persons.[50] This trend *erodes the public-private-split* on the international plane. It may – on the one hand – contribute to constitutionalization, because it *integrates the transnational civil society* into the fabric of international law and thereby arguably promotes the constitutional principles of broad deliberation, transparency and public accountability. However, opening up the circle of lawmakers and law-enforcers creates new problems of legitimacy of international law.[51] On the one hand, the principle of State sovereignty no longer serves as the exclusive source of legitimacy of international norms (and is, from a normative standpoint, increasingly contested as a legitimizing factor in itself). On the other hand, the multiple actors which contribute to the generation of hard and (more often) soft transnational norms are not *per se* legitimate law-makers and their empowerment may camouflage governments' tendency to avoid commitment to hard and binding law.

Somewhat apart from the general debate on constitutionalism, one distinct subject area has been particularly scrutinized through a constitutionalist prism. It is the *law of the WTO*. Within this special field, various legal aspects are considered to "constitutionalize" the WTO.[52] The first aspect is the *legalization of dispute settlement* that is the creation of a scheme of quasi-arbitration by panels and the Appellate Body, replacing the former diplomatic means of settlement. Second, the traditional trade law principles of most-favored nation and national treatment are

---

Sustainable Development: Partnerships as New Tools in Environmental Governance, Yearbook of Environmental Law 13 (2002), 3–95.

[48] See the World Bank Executive Directors' decision of 20 July 1999 to establish the Prototype Carbon Fund (PCF), http://carbonfinance.org/pcf/router.cfm?Page=About, visited on 30 March 2005. The World Bank's partnership with the public and private sectors is intended to mobilize new resources for its borrowing member countries while addressing global environmental problems through market-based mechanisms. The PCF will invest contributions made by companies and governments in projects designed to produce emission reductions consistent with the Kyoto Protocol. Participants in the PCF will receive a pro rata share of the emission reductions.

[49] Convention on Access to Information, Public Participation in Decision-making and Access to Justice in Environmental Matters of 25 June 1998.

[50] Decision I/7 on review of compliance, part. VI "Communications from the Public", paras. 18–24 (see www.unece.org/env/pp/compliance.htm, visited on 30 March 2005).

[51] See on this question *Delbrück,* Exercising Public Authority Beyond the State: Transnational Democracy and/or Alternative Legitimation Strategies?, Indiana Journal of Global Legal Studies 10 (2003), 29–43.

[52] Seminal *Petersmann,* Constitutional Functions and Constitutional Problems of International Economic Law (1991). See also *McGinnis/Movsesian,* The World Trade Constitution, Harvard Law Review 114 (2000), 511–605; *Krajewski,* Democratic Legitimacy and Constitutional Perspectives of WTO Law, Journal of World Trade Law 35 (2001), 167–186; *Charnovitz,* WTO Cosmopolitics, NYU Journal of International Law and Politics 34 (2002), 299–354; *Gerhart,* The Two Constitutional Visions of the World Trade Organization, University of Pennsylvania Journal of International Economic Law 24 (2003), 1–75.

increasingly viewed as two facets of a *constitutional principle of non-discrimination* ultimately benefiting the ordinary citizens (importers, exporters, producers, consumers, tax-payers). This view gives rise to the quest for a general maxim of interpretation of the GATT-obligations of WTO-Member States (and the relevant exception clauses) in the lights of human rights guarantees. A third ostensible factor of constitutionalization of WTO law is seen in one of its core functions: International trade rules neutralize the domestic power of protectionist interests. Thereby, they *overcome the domestic political process-deficiencies*.[53] This is a typically constitutional function, which is in the domestic realm served by fundamental rights guarantees and by judicial protection by constitutional courts.[54] Finally, the option of directly applying GATT-rules (which is currently still rejected by most courts) can be seen in a constitutional perspective. The capability of self-interested trade-participants to enforce international trade rules before domestic courts would empower the individuals and would enable the judiciary to check the executives which otherwise enjoy unfettered discretion in applying the rules which were actually designed to restrain those very actors.

The overall-tendencies just sketched are sometimes characterized as an evolution from a civil law-like system ("horizontal" relations between juxtaposed, autonomous actors) to a *more public law-like system* (strengthened central authority, hierarchical elements, bindingness without or against the actors' will[55]). This analysis does not altogether differ from the constitutionalist reading, because the move from civil law to public law is mostly associated with the shift from contract to constitution.

V. Antagonist Trends: Fragmentation, Deformalization, and American Hegemony

In opposition to the mentioned, arguably constitutionalist developments, important anti-constitutionalist trends are visible in international law. First of all, many observers perceive the *flourishing of sectorial regimes*, such as international environmental law, international trade law, or international criminal law, which is accompanied by a proliferation of specialized courts, as a threat to the unity of international law. This fragmentation precludes the existence of one single overarching international constitution.[56] If at all, there are sectorial constitutions each

---

[53] *Petersmann* (note 52), Chap. V (96 *et seq.*).

[54] *Ely*, Democracy and Distrust (1980).

[55] *Tomuschat*, Obligations Arising for States Without or Against their Will, RdC 241-IV (1993), 209–240.

[56] *Walter*, Constitutionalizing (inter)national Governance – Possibilities for and Limits to the Development of an International Constitutional Law", GYIL 44 (2001), 170 (191–196).

of which display more or less typically constitutional features.[57] To accept these bodies of law as "partial constitutions" implies giving up the traditional constitutions' feature of totality. However, even State constitutions have, due to globalization, lost their capacity to regulate the totality of political activity (as pointed out in the introduction).

The second anti-constitutionalist trend is the deformalization of international law. Instead of creating formal, compulsory hard law, governments increasingly rely on *soft law*.[58] *Soft law* is not as such legally binding, but a commitment in the grey zone between law and politics.[59] For States, soft rules have the advantage that they are quicker and easier to agree on, precisely because of their reduced bindingness. In a constitutionalist perspective, soft legalization is laudable to the extent that it allows a host of non-state actors to intervene and to act as co-law-makers.[60] Moreover, it may pave the way to hard commitments even on the level of international constitutional law: The Helsinki Final Act of 1975 with its principles on human rights and democracy[61] is the most pertinent example of success in that direction. On the other hand, soft law is anti-constitutional because it may undermine the normative power of law as such.[62] Most importantly, it leaves the States' sovereignty largely intact and thus fails to fulfill the core constitutional function of constraining the most powerful actors. This shortcoming is, however, put into perspective by the parallel domestic trend to overload State constitutions with non-justifiable, aspirational and hortatory articles.

The third anti-constitutionalist trend lies in the current sole super power's activities on the borderline of international legality, notably in the fields of state jurisdiction, international criminal law, human rights protection, treaty application, and the use of force.[63] First, the USA exercises extraterritorial *jurisdiction* both in

---

[57] Arguably, the various regimes function as complementary elements of an embryonic international constitutional order with the UN-Charter as the main connecting factor.

[58] See for a recent example the International Code of Conduct against Ballistic Missile Proliferation (ICOC) of 26 November 2002 with currently 109 subscribing States, http://www. minbuza.nl/default.asp?CMS_ITEM=MBZ460166, visited on 30 March 2005.

[59] But see *Abbott/Snidal,* Hard and Soft Law in International Governance, IO 54 (2000), 421–456 distinguishing "soft" from "hard" law along the parameters of obligation, precision, and delegation, which means that there is a sliding scale between harder and softer norms.

[60] See, *e.g.,* the Wolfsberg Statement on the Suppression of the Financing of Terrorism of January 2002, issued by the so-called Wolfsberg group of leading international banks (http://www.wolfsberg-principles.com/standards.html, visited on 30 March 2005). See also *supra* part IV on non state-actors.

[61] Final Act of 1 August 1975, Basket I, Questions relating to Security in Europe: Declaration of Principles Guiding Relations between participating States, Principle VII on human rights and fundamental freedoms. http://www.osce.org/docs/english/1990-1999/summits/helfa75e.htm, visited on 30 March 2005.

[62] See for a classical critique *Weil,* Towards Relative Normativity in International Law?, AJIL 77 (1983), 413–442 (orig. "Vers une normativité relative?", RGDIP 86 (1983), 5).

[63] See in detail *Peters,* The Growth of International Law between Globalization and the

criminal and civil law matters in an exorbitant fashion.[64] At the same time, the USA prevents the exercise of universal jurisdiction by other States, *e.g.* universal criminal jurisdiction by Belgium.[65] On the other hand, when it comes to restricting (not extending) US activity, American jurisdiction is denied: American constitutional guarantees have long been held inapplicable to Taliban and Al Qaida combatants who are being detained since 2001 in Guantánamo Bay[66] – although this territory is under "complete jurisdiction and control" by virtue of the 1903 Cuban-American Treaty.[67] America *refuses* consistently to *ratify World Order Treaties,* such as the Kyoto Protocol on Climate Change. Moreover, the USA actively *undermines the International Criminal Court (ICC).* The obstruction-policy comprises bilateral immunity agreements,[68] a UN guarantee of immunity to non-member States' soldiers participating in UN peace-keeping activities,[69] and national legislation explicitly prohibiting any cooperation with the ICC.[70] In the field of *human rights policy,* the USA conditions financial and military aid on recipient States' human rights commitments in line with American guidelines, while subjecting itself only to a handful of international human rights instruments.[71] In those few cases, the USA makes ample use of reservations, and declares the international instruments to be non-self-executing before the US-Courts. Finally, the American doctrine of *pre-emptive strikes* does not appear to be covered by Article 51

Great Power, Austrian Review of International and European Law (ARIEL) 8 (2003), 109–140.

[64] For example, jurisdiction is claimed over European firms which seek trade with Cuba. Cuban Liberty and Democratic Solidarity (Libertad) Act of 1996 (Helms Burton Act), P.L. 104–114, http://usinfo.state.gov/regional/ar/us-cuba/libertad.htm, visited on 30 March 2005.

[65] Universal Jurisdiction Rejection Act of 2003 (referred to the House Committee on International Relations on 9 May 2003 (H.R. 2050)), http://thomas.loc.gov/cgi-bin/query/z?c108:H.R.2050.IH:, visited on 30 March 2005.

[66] US Ct. of App. DC Circ., *Al Odah v. US* (consolidated with *Rasul v. Bush*), judgment of 11 March 2003; but see US S.Ct., *Rasul et al. v. Bush,* 124 S.Ct. 2686 (2004).

[67] Agreement between the United States and Cuba for the Lease of Lands for Coaling and Naval Stations of 23 February 1903, http://www.yale.edu/lawweb/avalon/diplomacy/cuba/cuba002.htm, visited on 30 March 2005.

[68] The exact number of BIAs (most of which were concluded under pressure) actually in force is currently not verifiable. The US State Department reports over 90 (signed) agreements. In some States, a BIA is concluded as an executive agreement which does not require ratification. Of the 90 States, 41 are ICC States Parties. See "Status of US Bilateral Immunity Agreements", http://www.iccnow.org/documents/USandICC/BIAs.html, visited on 30 March 2005.

[69] UN SC Res. 1422 (2002), prolonged for one year until 30 June 2004 by UN SC Res. 1487 (2003). These Security Council Resolutions were adopted pursuant to the American threat not to prolong US forces in the peace-keeping mission in Bosnia-Herzegovina.

[70] American Service Members Protection Act of 2002 (ASPA), entry into force 2 August 2002, Sec. 2002 and 2004 (repr. in HRLJ 27 (2002), 275).

[71] ICCPR of 1966 (ratified in 1992, but not the optional protocol on individual communications); CERD of 1966 (ratified by the USA in 1994); CAT of 1984 (ratification in 1994 and acceptance of individual communications to the Committee (under Art. 21 CAT)); Genocide Convention of 1948 (ratified by the USA in 1988).

UN-Charter.[72] The American military attack on Iraq in the spring of 2003 was neither justified by a (revived) Security Council mandate nor by self-defense and was thus illegal.

The American posture of international law exceptionalism threatens international constitutional principles, namely the *prohibition of the use of force* and the principle of *sovereign equality of States*. Overall, the current factual American hegemony does not correspond to the constitutional idea of checks and balances, which is on the international plane called *balance of powers*. This observation does not mean that the East-West-"balance" until 1989 strengthened international law – quite on the contrary. Obviously, global checks and balances must be more subtle and must encompass an institutional equilibrium.[73]

VI. Imagining a Multi-level and Multi-sectorial Constitutional Network

A gaze at international law and related State behavior through constitutionalist spectacles reveals a mixed picture. On the one hand, some formal properties of constitutional law are present on the international plane, some constitutional functions are fulfilled, and some universal values are identifiable. On the other hand, many phenomena which are discussed under the heading of constitutionalization may simply be called *thicker legalization and institutionalization*. Finally, the legal landscape is severely marred by important anti-constitutionalist trends, notably American hegemony. All in all, considering both international and national law together, we can discern fragmentary constitutional law elements on various levels of governance, in part relating only to specific sectors (*e.g.* human rights law or trade law). We might visualize these elements as both "horizontally" (sectorial) and "vertically" situated (encompassing both the international and the national level). The constitutional elements on the various levels and in the various sectors may complement and support each other. I call this crisscross a *constitutional network*.[74]

VII. Conclusion: Towards a Constitutionalist Reconstruction of International Law

The ultimate question is which policy-effects the image of a "constitutional network" might have. One of the paradigm's function is to serve as a guideline for the

---

[72] *Cf.* already *Delbrück,* The Fight Against Global Terrorism: Self-Defence or Collective Security as International Police Action? Some Comments on the International Legal Implications of the "War Against Terrorism", GYIL 44 (2001), 9–24.

[73] "What is needed is good leadership *under* law, not *above* the law". *Delbrück,* Right v. Might – Great Power Leadership in the Organized International Community of States and the Rule of Law, in: Frowein et al. (eds.), Verhandeln für den Frieden/Negotiating for Peace: Liber Amicorum Tono Eitel (2003), 23 (39).

[74] See for the meaning of "network" note 36.

interpretation of textually open international norms. To give but one example, a constitutionalist *Vorverständnis* supports a restrictive attitude towards reservations to human rights covenants, notably if they curtail the respective control mechanisms. In a constitutionalist perspective, such reservations are presumably incompatible with the object and purpose of the treaty in terms of Art. 19 lit. c) VCLT.[75] Second, the constitutionalist paradigm may influence the process of law-making by the relevant political actors: Constitutionalists welcome the proliferation of international courts, tribunals and arbitral bodies as a promising step towards further implementation of an international rule of law. Or, to give another example, constitutionalist arguments can inform critique directed at the lacking representativeness of the Security Council, they can confirm the existence of legal boundaries of that organ's (in)action and they suggest that the ICJ develop its role as an international constitutional court by reviewing the Security Council.[76] Notably the ICTY has, in the *Tadic*-case, analyzed the Security Council's powers in a constitutionalist perspective.[77] Third, a constitutionalist outlook helps to unveil shocking failures of international institutions to implement the ideals of good governance, such as in the UN-directed territorial administration of Bosnia and Herzegovina.[78]

The most important *objection* against the constitutionalist reconstruction is that – given the realities of power – international law must content itself with a more or less *symbolic constitutionalization*. In the eyes of the critics, such a reconstruction fraudulently creates the illusion of legitimacy of global governance. Constitutionalist language abuses the highly value-laden term "constitution" in order to draw profit from its positive connotations and to dignify the international legal order by it. But, turning the critique around, we can argue that the constitutionalist reading of the current international legal process has – on the contrary – a highly beneficial critical potential: Because the idea of a constitution is associated with the quest for

---

[75] See for the full argument *Peters,* International Dispute Settlement: A Network of Co-operational Duties, EJIL 14 (2003), 1 (20–21). Another example of a constitutionalist reading of treaty clauses on judicial control is the Inter-American Court of Human Rights *Case no. 54, Ivcher Bronstein – Competencia*, paras. 32–55; *Case no. 55, Caso del Tribunal Constitutional*, paras. 31–54; both judgments of 24 September 1999 in http://www1.umn.edu/humanrts/iachr/C/54-ing.html and http://www1.umn.edu/humanrts/iachr/C/55-ing. html, visited on 30 March 2005. Here the Court held that withdrawal from submission to jurisdiction is only possible by denouncing the treaty as a whole. The Court thereby transformed the optional jurisdictional clause into a quasi-compulsory one.

[76] See *Fassbender,* UN SC Reform (note 18), 309–315; *de Wet,* The Chapter VII Powers of the United Nations Security Council (2004), esp. 372–375. In this context, the constitutionalist approach to International Organizations meets the more general international constitutionalism.

[77] ICTY, Appeals Chamber, Case No. IT-94-1-AR72, *Prosecutor v. Dusko Tadic,* Decision on the Defence Motion for Interlocutory Appeal on Jurisdiction of 2 October 1995, HRLJ 16 (1995), esp. paras. 26–28.

[78] *Knaus/Martin,* Lessons from Bosnia and Herzegovina: Travails of the European Raj, Journal of Democracy 14 (2003), 60–74.

a legitimate one, the constitutionalist reconstruction *provokes the pressing question of legitimacy of global governance*. In consequence, the constitutionalist reconstruction of international law rather helps than blocks the relevation of existing legitimacy deficiencies in this body of law, which can obviously no longer rely on State sovereignty and consent alone. Ultimately, the constitutionalist reconstruction of international law helps to promote a multilevel, genuinely global constitutionalism, which is apt to compensate for national constitutions' growing deficiencies. Global constitutionalism may contribute to the construction of a universally acceptable transnational network of legal orders. It may, as Jost Delbrück has put it, provide "the framework for the emerging international or global civil society under law".[79]

---

[79] *Delbrück,* World (Internal) Law (note 3), 431.

Umfang und Grenzen des Menschenrechtsschutzes durch die Human Rights Chamber für Bosnien-Herzegowina

Von Dietrich Rauschning

I. Achtung der Menschenrechte als Voraussetzung für das Zusammenleben in einem multi-ethnischen Staat

Die militärischen Kämpfe innerhalb von Bosnien-Herzegowina bei Zerfall des jugoslawischen Staates in den Jahren 1992 bis 1995 haben die Grundlagen für das Zusammenleben von Bosniaken, bosnischen Serben und bosnischen Kroaten schwer erschüttert. Organisierte Massenvertreibungen von Angehörigen der jeweils anderen Ethnie, die ein System von „ethnic cleansing" darstellten, haben dazu geführt, daß über zwei Millionen Menschen oder die Hälfte der Bevölkerung ihren Wohnsitz verließen; gut eine Million suchte im Ausland Schutz, und eine Million flüchtete innerhalb von Bosnien zu Orten, die unter der Herrschaft von Streitkräften der eigenen Ethnie standen. Aber auch eine größere Anzahl von an ihrem Wohnsitz verbliebenen Menschen stand plötzlich in einem Minderheitenstatus unter der Herrschaft von Machthabern, die das Gruppeninteresse einer anderen Ethnie radikal durchsetzten.

Die internationale Gemeinschaft hat nicht hingenommen, daß die nationalem und internationalem Recht widersprechenden Massenvertreibungen bestehen bleiben und ihre Akteure ihre ideologischen Ziele dauerhaft verwirklichen. Die herkömmliche gemischte Siedlungsstruktur, in der (muslimische) Bosniaken, Serben und Kroaten in Bosnien-Herzegowina zusammenlebten, erlaubte nicht, für eine Neuregelung die Volksgruppen räumlich zu trennen; das hätte erneute große „Umsiedlungsaktionen", also Vertreibungen, mit sich gebracht.

Die bewaffneten Auseinandersetzungen wurden durch das Dayton-Abkommen[1] vom 14. Dezember 1995 beendet, das aus einem Rahmenabkommen und elf Annexen besteht. In Annex 7, Art. 1 wird allen Flüchtlingen und Displaced Per-

---

[1] Die verwendeten Dokumente sind im Internet verfügbar, in den Datenbanken der UNO: <www.un.org/documents/>, des High Representative in Bosnia and Herzegovina: <www.ohr.int> – und vor allem für die Rechtsprechung der Human Rights Chamber for Bosnia and Herzegovina: <www.hrc.ba>. Eine Vielzahl von Dokumenten findet sich im Sammelband des *Office of the High Representative* (ed.), Bosnia and Herzegovina, Essential Texts, 3rd ed., 2000. – Das Dayton-Abkommen trägt den vollen Titel General Framework Agreement for Peace in Bosnia and Herzegovina, Essential Texts S. 23 ff.

sons das Recht auf freie Rückkehr zugesichert. „The early return of refugees and displaced persons is an important objective of the settlement of the conflict in Bosnia and Herzegovina." In Art. 2 werden Bosnien und Herzegowina und die beiden Entitäten (Föderation von Bosnien und Herzegowina und Republika Srpska) verpflichtet, „(to) ensure that refugees and displaced persons are permitted to return in safety, without risk of harassment, intimidation, persecution, or discrimination, particularly on account of their ethnic origin, religious belief, or political opinion."

Die vertragliche Ordnung kann den betroffenen Menschen nicht vorschreiben, die Gräuel zu vergessen und mit Zuneigung zusammenzuleben. Mindestvoraussetzung der Flüchtlingsrückkehr und allgemein des friedlichen Zusammenlebens der verschiedenen Ethnien ist aber die Beachtung der Menschenrechte durch alle Träger öffentlicher Gewalt. Das wird in Art. VII des Rahmenabkommens von Dayton nachdrücklich betont:

„Recognizing that the observance of human rights and the protection of refugees and displaced persons are of vital importance in achieving a lasting peace, the Parties agree to and shall comply fully with the provisions concerning human rights set forth in Chapter One of the Agreement at Annex 6, as well as the provisions concerning refugees and displaced persons set forth in Chapter One of the Agreement at Annex 7."

Die Rückkehr der Flüchtlinge und der Neubeginn eines Zusammenlebens in den Städten und Gemeinden setzte nicht nur die Bindung an die Menschenrechte, sondern auch das Vertrauen voraus, daß eine Rückkehr und ein Zusammenleben ohne Verfolgung und Diskriminierung durch die Träger öffentlicher Gewalt erwartet werden kann und daß auch die Minderheit von den Behörden und Gerichten gegen Übergriffe durch fanatische Mitglieder der örtlichen Mehrheit geschützt würde. Was gab den Flüchtlingen Anlaß zu dem Vertrauen, daß die Vertreter der politischen Kräfte, die sie vertrieben hatten, sie nun bei ihrer Rückkehr unterstützen würden?

Das Schutzsystem des Internationalen Paktes über Bürgerliche und Politische Rechte (IpbürgR)[2] der UN vom 9.12.1966 konnte dieses Vertrauen nicht begründen. Der Pakt hatte seit seinem Inkrafttreten 1976 auch für Jugoslawien gegolten; beim Zerfall Jugoslawiens hat sich der selbständig gewordene Gliedstaat Republik Bosnien und Herzegowina am 1.9.1993 als durch den Pakt seit März 1992 für gebunden erklärt.[3] Die rechtliche Bindung durch den Pakt hat aber keinerlei Auswirkungen auf das Handeln der öffentlichen Gewalt während der bewaffneten Auseinandersetzungen gehabt.

Völkerrechtlich bindend beitreten kann der Europäischen Menschenrechtskonvention nur ein Mitglied des Europarats. Bosnien und Herzegowina war Ende 1995 nicht einmal ein handlungsfähiger Staat und zudem für eine Aufnahme in den

---

[2] UNTS vol. 999, 171, <http://untreaty.un.org>.
[3] UNTS vol. 1732, reg. no. 14668, <http://untreaty.un.org>.

Europarat nicht reif. Erst am 24.4.2002 durfte es dem Europarat beitreten, am 12.7.2002 konnte es die Beitrittsurkunde für die Europäische Menschenrechtskonvention hinterlegen.[4] So konnte die Beachtung der Menschenrechte im Dezember 1995 nicht unmittelbar über das europäische Menschenrechtsschutzsystem gesichert werden.

Das Vertragswerk von Dayton begründet selbst die Anwendbarkeit der Europäischen Menschenrechtskonvention in Bosnien und Herzegowina unmittelbar vom Inkrafttreten am 15.12.1995 an. Zum einen geschieht dies über die Verfassung des Staates Bosnien und Herzegowina, die als Annex 4 des Dayton-Abkommens mit ihm in Kraft trat. Deren Art. II, Abs. 1 verpflichtet zur Sicherung des höchsten Standes der international anerkannten Grund- und Menschenrechte und verweist zu diesem Zweck auf die Human Rights Commission laut Annex 6. In Art. II, Abs. 2 ordnet die Verfassung die unmittelbare Geltung der Europäischen Menschenrechtskonvention an. Darüber hinaus wird in Abs. 4 jede Diskriminierung bei der Ausübung eines europäischen Menschenrechts oder eines Rechts nach einer der im Anhang 1 (der Verfassung) aufgeführten 15 Konventionen verboten. Das Verfassungsgericht des Gesamtstaates Bosnien und Herzegowina überprüft Verfassungsfragen, die sich aus einem Urteil eines Gerichts in Bosnien-Herzegowina ergeben; da die Verfassung die internationalen Menschenrechte garantiert, kann es im Rechtsmittelverfahren gegen menschenrechtsverletzende Gerichtsurteile angerufen werden (Art. VI, Abs. 3 b). Auf Vorlage eines Gerichts überprüft das Verfassungsgericht u. a. die Vereinbarkeit eines Gesetzes mit der Europäischen Menschenrechtskonvention (Art. VI, Abs. 3 c).

Der zunächst bedeutsamere Weg zum Schutz der Menschenrechte wurde mit Annex 6 zum Dayton-Abkommen beschritten. Art. I verpflichtet den Staat und die Entitäten erneut zur Sicherung der Grund- und Menschenrechte auf höchster Ebene; die zu schützenden Rechte und Freiheiten schließen diejenigen ein, die in der Europäischen Menschenrechtskonvention mit ihren Protokollen und in den anderen im Anhang (des Annex 6) aufgeführten 16 Konventionen genannt werden. „To assist in honoring their obligations under this Agreement" wurde die Human Rights Commission, bestehend aus dem Ombudsman und der Human Rights Chamber[5] (HRCh), gebildet. Die Chamber bestand aus sechs einheimischen und acht vom Ministerkomitee des Europarats gewählten Richtern. Sie behandelte vor allem behauptete oder geschehene Verletzungen von in der EMRK garantierten Menschenrechten. Darüber hinaus war sie für behauptete oder geschehene Diskriminierungen bei der Ausübung von Rechten und Freiheiten, die in den im An-

---

[4] Abrufbar im Internet unter <http://conventions.coe.int>.

[5] Zu diesem internationalen Menschenrechtsgericht siehe die Leitseite der Chamber unter <www.hrc.ba>. Dort sind Rechtsgrundlagen und Verfahrensordnung, Zusammensetzung und Organisation und ein Nachweis der Entscheidungstexte mit einem Suchsystem verfügbar. Abgerufen werden können dort auch die Annual Reports 1999 bis 2002. Siehe zur Chamber allgemein: *Küttler*, Die Menschenrechtskammer für Bosnien-Herzegowina, 2003.

hang aufgeführten internationalen Abkommen garantiert sind, zuständig. Sie entschied über Beschwerden, die von den Opfern der Menschenrechtsverletzungen erhoben werden konnten.

II. Beschwerden und Entscheidungen in der Nachkriegssituation in Bosnien

Straftaten in den kriegerischen und internen bewaffneten Auseinandersetzungen in Bosnien und Herzegowina sollen durch die Strafgerichte und das Internationale Tribunal für das Frühere Jugoslawien (ICTY) geahndet werden; es erscheint praktisch nicht möglich, die einzelnen Akte in den militärischen Auseinandersetzungen nach menschenrechtlichen Maßstäben gerichtlich zu beurteilen und daran entsprechende Haftungs- und Entschädigungsfolgen zu knüpfen. Die Chamber hat so schon in ihrer ersten Entscheidung festgestellt, daß sie *ratione temporis* nur für Verhalten von einheimischen Hoheitsträgern nach Abschluß des Dayton-Abkommens, also seit dem 15.12.1995 zuständig ist.[6] Dennoch richten sich ganz überwiegend die Beschwerden gegen Akte, die ihre Wurzeln in der gewaltsamen Auseinandersetzung haben. Das läßt sich schon an einer groben Gruppierung nach den Beschwerdegegenständen zeigen.

Bei der Chamber sind von 1996 bis zu ihrer Auflösung Ende Dezember 2003 insgesamt 15.191 Beschwerden eingegangen. Sie hat über 6.242 Beschwerden entschieden und dabei in 239 Entscheidungen in 665 Fällen Sachurteile gefällt. In weiteren 1.237 Entscheidungen wurde die Unzulässigkeit festgestellt, mit 959 Entscheidungen wurden Beschwerden, überwiegend als erledigt, aus dem Register gestrichen.[7] Mit den Verfahren verbunden mußte über 2.341 Anträge auf Einstweilige Anordnungen eilig entschieden werden[8]. Im folgenden sollen nur die Sachentscheidungen näher betrachtet werden.

1. Rückkehr von Vertriebenen in ihre Wohnungen

Ungefähr 100 Urteile – und damit mehr als 40 % der Sachurteile – betreffen die Rückkehr von Flüchtlingen und Vertriebenen in ihre Wohnungen oder Häuser. In beiden Entitäten waren Gesetze über aufgegebenen Wohnraum erlassen worden, die praktisch die Rückkehr verhinderten und die Massenvertreibungen des „ethnic cleansing" verfestigen sollten. An einer „verlassenen" oder „zeitweilig nicht benutzten" Wohnung verlor der Inhaber alle Rechte, wenn er als Binnenflüchtling

---

[6] CH/96/1, E. v. 13.9.1997, *Matanović v. Republika Srpska*.

[7] HRCh, Monthly Statistical Summaries, Dec. 2003.

[8] Die HRCh hat keine Statistik über ihre Einstweiligen Anordnungen veröffentlicht. Die Angaben beruhen auf der Auswertung der Datenbasis der Chamber, die nach Entscheidungen oder nach Aktenstücken des Autors zu berichtigen war.

nicht innerhalb von sieben Tagen oder als Auslandsflüchtling binnen 14 Tagen nach der Bekanntgabe des Endes der Kampfhandlungen in seine Wohnung zurückgekehrt war, was praktisch und – wenn die Wohnung von jemand anderem besetzt war – auch rechtlich nicht möglich war. In dem beispielshalber zu erwähnenden Fall Kevešević[9] war die Familie im November 1993 geflohen und im April 1996 in ihre Wohnung zurückgekehrt. Sie wurde im November 1996 zwangsweise aus der Wohnung gewiesen, weil diese nach Art. 1–3 jener Vorschrift als aufgegeben gelte. Die Chamber hat in der Entscheidung vom 10.9.1998 der Vorschrift die Gesetzesqualität abgesprochen:

> „It is not acceptable that a law should deprive persons permanently of their rights if they do not fulfil a wholly unreasonable condition, such as the time-limit referred to, which could not possibly be fulfilled by the vast majority of those affected. This Law does therefore not meet the requirements of the „rule of law" in a democratic society."

In diesem und in zahlreichen ähnlichen Fällen hat die Chamber eine Verletzung der Eigentumsgarantie (und des Rechts auf Achtung der Familie und Wohnung, Art. 8 EMRK) festgestellt und die Wiedereinweisung der Beschwerdeführer angeordnet.

Eine weitere Gruppe der um ihre Wohnung kämpfenden Beschwerdeführer waren die früheren Angehörigen der Jugoslawischen Nationalen Armee (JNA), die aufgrund eines jugoslawischen Privatisierungsgesetzes für Armeewohnungen von 1990 noch vor April 1992 ihre Wohnungen gekauft und bezahlt hatten, aber nicht mehr ins Grundbuch eingetragen worden waren. Auch noch nach dem Dayton-Abkommen wurden frühere Präsidialdekrete von Bosnien und Herzegowina bestätigt, die die Verträge rückwirkend annullierten. Die Armeebehörden verhinderten die Rückkehr der Bewohner oder exmittierten sie nach den Vorschriften über aufgegebenen Wohnraum. Da die Mehrheit der Armeeangehörigen Serben waren, trafen diese Maßnahmen vor allem Angehörige der serbischen Ethnie. In ihrer Leitentscheidung im Fall Medan et al.[10] hat die Chamber die Rechtspositionen der Käufer als eigentumsrechtlich geschützt (1. Zusatzprotokoll zur EMRK, Art. 1) bezeichnet und den Eingriff in diese Rechte als Menschenrechtsverletzung gekennzeichnet. Sie hat angekündigte Zwangsräumungen verboten, die Rückgabe der vorübergehend verlassenen Wohnungen angeordnet und der belangten Regierung Schritte zur Registrierung im Grundbuch aufgegeben. Die Erwartung der Chamber, daß die belangte Regierung der in den Musterverfahren festgestellten Rechtslage folgen würde, wurde wegen der Haltung der bosnischen Armee nicht erfüllt. Die Chamber hat bis zum November 2003 in über 150 Fällen 36 Sachurteile erlassen müssen. Es sind insgesamt über 1.400 Beschwerden dieses Typs eingegangen. Schließlich konnten doch rund 430 Fälle für erledigt erklärt werden, und es läßt sich schwer abschätzen, ob sich die weiteren über 800 Fälle auch erledigt haben.

---

[9] CH/97/46, E. v. 10.9.1998 und diss. opinions, *Keveševic v. Federation,* §§ 57, 58.
[10] CH/96/3,8 and 9, E. v. 3.11. 1997, *Medan et al. v. Federation.*

Die Gesetze über aufgegebenen Wohnraum oder aufgegebenes Eigentum wurden auf Anordnung des High Representative 1998 jeweils durch ein „Law on Cessation of the Application ..." außer Kraft gesetzt. Diese Gesetze betonen den Rückkehranspruch und verpflichten die zuständigen Wohnungsbehörden, über einen Rückgabeanspruch binnen 30 Tagen zu entscheiden. Der Rückgabebescheid war dann in festen Fristen und durch Zwangsräumungen der Wohnungen gegenüber den vorläufigen aktuellen Besitzern durchzusetzen. Parallel dazu wurde das Recht auf Besitz durch die nach Annex 7, Chapter Two, zum Dayton-Abkommen errichtete Commission for Real Property Claims of Displaced Persons and Refugees (CRPC) festgestellt. Nach dem gleichfalls vom High Representative angeordneten Law on Implementation of the Decisions of CRPC vom Oktober 1999 waren die Feststellungen dieser Kommission verbindlich. Sie waren durch die Wohnungsbehörden nach Art. 7 des Gesetzes binnen 30 Tagen nach dem Antrag auf Ausführung jener Bescheide nötigenfalls zwangsweise durchzusetzen.

Die von den Flüchtlingen und Vertriebenen verlassenen Wohnungen waren (vorübergehend!) von Angehörigen der Ethnie bewohnt, die nun die Mehrheit stellte und in der Verwaltung und Gerichtsbarkeit die Positionen besetzt hatte. In vielen Gemeinden und in Teilen von Kantonen wurden so die die Rückkehr ermöglichenden Gesetze nicht oder nur zögerlich angewandt. Als Konsequenz hat die Chamber in 15 Sachurteilen zu mehr als 30 Fällen das Vorenthalten der Wohnungen trotz der Entscheidung der CRPC als menschenrechtswidrig qualifizieren, die eilige Rückübertragung an die Flüchtlinge anordnen und auch spürbare Entschädigungen festsetzen müssen.[11] In solchen Fällen sind die Entscheidungen der Chamber jedoch jeweils nach dem Verstreichen von mindestens einem Jahr nach dem Antrag des Berechtigten auf Durchsetzung ergangen. Regelmäßig hat sich die Chamber nicht mit Fällen befaßt, in denen die Wohnungen vor der Entscheidung zurückgegeben waren, wenn die Umstände bei der Verzögerung nicht einen besonderen Grad an Rechtswidrigkeit aufwiesen.

2. Vermißte Personen und Informationen über ihr Schicksal

Auch noch ein Jahr nach Ende der Kampfhandlungen wurden in Bosnien und Herzegowina ungefähr 20.000 Personen vermißt.[12] Sie sind in den Geschehnissen vor dem Dayton-Abkommen verschwunden, über die die Chamber keine Gerichtsbarkeit hatte. Nur dann, wenn die vermißten Personen zuletzt in der Gewalt von Institutionen waren, die Bosnien und Herzegowina oder den beiden Entitäten zuzurechnen sind, und außerdem Anhaltspunkte dafür bestanden, daß sie auch nach

---

[11] Z. B. CH/00/6143, E. v. 8.2.2001, *Turundić v. Federation*.

[12] Nachweise bei *Rauschning*, Menschenrecht auf Information über das Schicksal Vermißter, in: Bröhmer/Bieber/Calliess (Hrsg.), Internationale Gemeinschaft und Menschenrechte – Festschrift für Georg Ress, 2005, 1061 ff.

Abschluß des Dayton-Abkommens *incommunicado* gefangen gehalten wurden, konnte die Chamber auf in ihrem Namen erhobene Beschwerden tätig werden. Die erste Entscheidung[13] ist dem Schicksal von Pater Matanović und seiner Eltern gewidmet, die im August 1995 von bosnisch-serbischer Polizei in Prijedor festgenommen wurden und seither verschwunden sind. Drei Tage vorher hatte die serbische Seite in der Kommission über Gefangenenaustausch von seiner Festnahme berichtet und ihn zum Tausch angeboten. Auch im Frühjahr 1996 wurde über seinen Austausch verhandelt, woraus die Chamber geschlossen hat, daß seine Gefangenschaft andauerte. In ihrem Urteil vom 11.7.1997 stellte sie fest, daß die belangte Partei, die Republika Srpska, das Recht auf Freiheit der Beschwerdeführer nach Art. 5 Abs. 1 der EMRK verletzt habe. Die belangte Partei wurde verpflichtet, umgehend den Aufenthaltsort der Opfer festzustellen und sie, wenn sie noch am Leben seien, sofort freizulassen. Die Untersuchungskommissionen der Republika Srpska haben die Tatsachen verschleiert; die Opfer wurden, gefesselt mit Handschellen der Polizei und durch Schüsse aus einer Polizeipistole getötet, im September 2001 in einem Brunnen gefunden. Ermittlungen der IPTF (International Police Task Force) ergaben, daß sie wohl schon im Herbst 1995 ermordet worden sind.

Die Beschwerde über das Verschwinden von Pater Grgić wurde noch als zulässig behandelt; in der Entscheidung zur Sache[14] mußte die Chamber aber feststellen, daß kein Anhaltspunkt dafür vorliege, daß er am 15.12.1995 noch am Leben gewesen sei. Für einen Mord vor dieser Zeit war die Chamber nicht zuständig.

Oberst Avdo Palić war der Kommandeur der Truppen der Republik Bosnien und Herzegowina, die die Enklave Žepa gegen die bosnisch-serbische Armee verteidigte. Er begab sich am 27.7.1995 auf den von einem ukrainischen Bataillon bemannten Posten der UNPROFOR (United Nations Protection Force), um unter Anwesenheit des Kommandeurs der UN-Truppe, General Smith, mit der serbischen Seite zu verhandeln. General Smith war nicht erschienen, Oberst Palić wurde vor den UN-Soldaten vom serbischen Militär gefangen genommen. Auch über seinen Austausch wurde im Frühjahr 1996 verhandelt. Danach gibt es keine Nachrichten über seinen Verbleib. Im Urteil vom 11.1.2001 wird eine Verletzung des Rechts auf Freiheit (Art. 5) und eine das Recht auf Leben (Art. 2 EMRK) verletzende Gefährdung festgestellt.[15] Die Rechte seiner Ehefrau als eigenständiger Beschwerdeführerin aus Art. 3 und 8 EMRK seien durch das Vorenthalten jeglicher Information verletzt. Die Chamber ordnete eine Untersuchung, seine Freilassung oder die Herausgabe seiner sterblichen Überreste und das Offenlegen aller Informationen an. Es ist zu befürchten, daß auch Oberst Palić ermordet worden ist.

Auch die Massenmorde in Srebrenica unterlagen *ratione temporis* nicht der unmittelbaren Gerichtsbarkeit der Chamber. Von November 2001 an haben Wit-

---

[13] CH/96/1, E. v. 11.7.1997, *Matanović v. Republika Srpska*.
[14] CH/95/15, E. v. 8.8.1997, *Grgić v. Republika Srpska*.
[15] CH/99/3196, E. v. 11.1.2001, *Palić v. Republika Srpska*.

wen, Waisen oder Geschwister von Opfern des Massakers im eigenen Namen rund 2.000 Beschwerden zur Chamber wegen Verletzung ihres Menschenrechts auf Information erhoben. Sie hat zunächst in einem Musterverfahren über 49 Beschwerden verhandelt und am 7.3.2003 ein Urteil verkündet.[16] Darin wird festgestellt, daß das Vorenthalten jeglicher Auskünfte über das Schicksal der nahen Angehörigen der Beschwerdeführer deren Menschenrechte auf Achtung der Familie und auf Freisein von unmenschlicher Behandlung (Art. 8 und 3 EMRK) verletze. Die Chamber ordnete als eine Eilmaßnahme an, sofort alle entsprechenden Informationen freizugeben und noch im Gewahrsam gehaltene Personen freizulassen. Weiterhin wurde der belangten Partei aufgegeben,

„to conduct a full, meaningful, thorough, and detailed investigation into the events giving rise to the established human rights violations; the Republika Srpska shall disclose the results of this investigation to the ICRC, the ICMP, the State and Federal Commissions, and the ICTY, as well as to the OHR, the OSCE Mission to Bosnia and Herzegovina, and the Office of the Council of Europe in Bosnia and Herzegovina ..."

Das Urteil mußte mit der Schilderung der schrecklichen Geschehnisse im Sachverhalt im Gesetzblatt veröffentlicht werden. Die belangte Regierung wurde zur Zahlung von 4 Millionen Konvertibler Mark (KM, entspricht DM) für das Mahnmal und die Begräbnisstätte verurteilt.

Entsprechende Entscheidungen sind gegen die Republik Srpska zum Verschwinden von Personen in Foča[17], Rogatica, Višegrad und Vlasenica ergangen, gegen die Föderation zum Verschwinden von 13 Gefangenen aus dem Gewahrsam bosnisch-kroatischer Truppen in Mostar.

3. Willkürliches Gefangenhalten

Untersuchungshaft und deren Länge sowie Haftbedingungen überhaupt sind als Gegenstand von Menschenrechtsbeschwerden weithin bekannt und haben selbstverständlich auch die Chamber beschäftigt. Spezifisch für die Situation in Bosnien-Herzegowina waren allerdings mehrere Typen der Verletzung des Rechts auf Freiheit. Eine Gruppe von Beschwerden betraf Kriegsgefangene. Als Beispiel für eine Reihe ähnlicher Beschwerden sei auf die Fälle DS und NS v. Föderation[18] hingewiesen: Die beiden Offiziere der Armee der Republika Srpska waren im September 1995 gefangen genommen worden. Nach Art. XI von Annex 1A zum Dayton-Abkommen waren alle Kriegsgefangenen spätestens 30 Tage nach dem Übergang der Kompetenzen von der UNPROFOR auf die von der NATO geführte IPTF, was Anfang Februar 1996 geschah, freizulassen. Die beiden Gefangenen wurden jeweils vor den Besuchsmissionen

---

[16] CH/01/8365 et al., *Ferida Selimović et al. v. Republika Srpska*.

[17] CH/01/7604 et al., *E. v. 3.6.2003, Pašović et al. v. RS*, siehe weiter *Rauschning* (Fn. 12).

[18] CH/99/1900.

des Roten Kreuzes und der IPTF versteckt, sie wurden aber am 3.8.1997 von der IPTF gefunden. Am Tag darauf wurden sie freigelassen. Sie gaben an, zum Austausch gegen den Bruder eines bosnischen Generals weiterhin festgehalten worden zu sein. Die Beschwerdeführer wandten sich zunächst an die Ombudsperson für Bosnien und Herzegowina, die nach einer Untersuchung eine friedliche Einigung mit der Föderation – erfolglos – versuchte; sie verwies den Fall dann gemäß Art V Abs. 5 von Annex 6 an die Chamber. Im Urteil vom 12.4.2002 hat die Chamber eine Verletzung des Rechts auf Freiheit nach Art. 5 Abs. 1 der EMRK für die Zeit nach Anfang März 1996 festgestellt und der Föderation auferlegt, jedem Beschwerdeführer eine Entschädigung von 25.000 KM zu zahlen.

Insbesondere im ersten Jahr nach Abschluß des Dayton-Abkommens liefen Flüchtlinge, die ihre Heimatorte besuchten, Gefahr, willkürlich oder unter dem Vorwand von Straftaten verhaftet zu werden. Dieses Risiko verhinderte nicht nur die Flüchtlingsrückkehr, sondern auch die Freizügigkeit im Staat Bosnien und Herzegowina; selbst die Reise in das Herrschaftsgebiet der anderen Ethnie zu Verhandlungen zwischen Amtsträgern unterlag dieser Gefahr. Auf einer Sitzung der „Contact Group" am 18.2.1996 in Rom vereinbarten Präsident Izetbegović, Präsident Tudjman und Präsident Milosević unter anderem die „Rules of the Road", nach denen Behörden in Bosnien und Herzegowina Personen wegen ernster Verletzungen von internationalem humanitären Recht nur aufgrund eines Haftbefehls oder entsprechender Dokumente verhaften dürfen, nachdem das ICTY, dort die Anklagebehörde, bestätigt hat, daß der dokumentierte Haftgrund nach internationalem Standard für eine Verhaftung ausreiche.

Ein typisches Beispiel für eine willkürliche Verhaftung und dann auch für die Anwendung der „Rules of the Road" bildet das Verfahren Marčeta v. Föderation. Der Beschwerdeführer besuchte am 22.10.1996, von der serbischen Seite kommend, das in der Föderation gelegene Sanski Most als den Ort, an dem er bis zu seiner Flucht während der Kampfhandlungen gewohnt hatte. Er wurde als bosnischer Serbe erkannt und verhaftet. Die Polizei stellte ihn öffentlich zur Schau und verhinderte nicht, daß er aus der Bevölkerung beschimpft und geschlagen wurde. Ihm wurde vorgeworfen, Kommandeur einer Einheit der Armee der RS (Republika Srpska) gewesen zu sein, die Kriegsverbrechen begangen habe. Auf Antrag der Verfolgungsbehörde verlängerten die bosnischen Gerichte jeweils die Haftperiode. Am 8.8.1997 teilte der stellvertretende Ankläger am ICTY den bosnischen Behörden mit, daß die vorgelegten Beweismittel nach internationalem Standard nicht die Annahme rechtfertigten, daß der Beschwerdeführer die Straftaten begangen habe. Die bosnische Anklagebehörde zog ihre Anklage zurück, der Beschwerdeführer wurde am 12.8.1997 freigelassen. In der mündlichen Verhandlung vor der Chamber vom 5.11.1997 wurde auch das schwierig erscheinende Rechtsproblem angesprochen, wie denn die Vereinbarung zwischen den Präsidenten von Kroatien, des früheren Jugoslawiens und der Republik Bosnien und Herzegowina, die „Rules of the Road", für die Justiz in der Föderation Rechtswirksamkeit erlangt habe. Der Prozeßvertreter der Föderation erklärte mit Bestimmtheit, daß das Abkommen vom 18.2.1996 in Rom von den Parteien des Dayton-Abkommens geschlossen und daß es für die Föderation verbindlich sei; dem ist die Chamber ohne weitere Erwägungen gefolgt. Im Urteil vom 6.4.1998 wird festgestellt, daß der Beschwerdeführer in seinem Recht nach Art. 5 Abs. 1 EMRK verletzt und daß er diskriminiert sei in Ausübung seines Rechts auf Freiheit, Freizügigkeit und Gleichbehandlung (Art. 5 (1) EMRK und Art. 9 (1), 12 (1), 26 IPbürgR). Die Chamber hat die belangte Partei verurteilt, eine Entschädigung von 30.000 DM an den Beschwerdeführer zu zahlen[19].

4. Weitere Fälle von Menschenrechtsverletzungen in der besonderen Situation von Bosnien und Herzegowina

Mit der Auflösung der Föderalen Sozialistischen Republik Jugoslawien organisierte sich Bosnien-Herzegowina, bis dahin die Sozialistische Republik B-H, als Republik Bosnien und Herzegowina neu. Die Europäische Menschenrechtskonvention setzt Maßstäbe für ein demokratisches, rechtsstaatliches Staatswesen. Der Konflikt mit den Menschenrechten war so nicht nur durch die Auseinandersetzungen der ethnischen Gruppen begründet, sondern auch durch das sozialistische Herkommen und die mangelhafte Organisation der staatlichen Ordnung. Doch auch diese Fälle haben regelmäßig eine ethnische Komponente.

Über 100 der 239 Sachentscheidungen stellen die Verletzung der Rechte aus Art. 6 EMRK fest, vielfach wird aus Gründen der Gerichtsökonomie zudem auf eine solche Feststellung, weil andere Verletzungen festgestellt werden, verzichtet. In weiten Bereichen war die Gerichtsbarkeit zunächst ineffektiv wegen mangelnder juristischer Qualität und unzureichender Organisation der Gerichte und des Verfahrens. Eine Reihe von Entscheidungen der Chamber betreffen Fälle der Parteilichkeit der Justiz aus ethnischen Gründen.[20]

Militärtribunale hatten während des Krieges zweifelhafte Todesstrafen verhängt. Die Chamber hat in mehreren Entscheidungen den Vollzug der Todesstrafe in Bosnien und Herzegowina prinzipiell für menschenrechtswidrig erklärt [21]

Die früher sozialistischen Wirtschaftsbetriebe wurden in der Zeit des staatlichen Umbruchs schon vor dem Krieg und dann zur Umgestaltung der Wirtschaft privatisiert. Die Verfahren gaben vielfach Gelegenheit zum Machtmißbrauch und zu Menschenrechtsverletzungen. Die Chamber hat dazu eine Reihe von Entscheidungen erlassen.

---

[19] CH/97/41, E. v. 6.4.1998, *Marčeta v. Federation*.

[20] Siehe z. B. CH/98/756, E. v. 14.5.1999, *Đ. M. v. Federation*.

[21] Z. B. CH/96/30, E. v. 5.9.1997, *Damjanović v. Federation*. Siehe im Übrigen die Übersichten in den Annual Reports der Chamber.

Es ging auch um die Rückgabe von Geschäftsräumen und Firmen an Rückkehrer, um durch Formalismus über Jahrzehnte hinweg verschleppte Enteignungsentschädigungen, um die Inanspruchnahme von Grundstücken. Eine Reihe von Entscheidungen ist zum Schutz von Moschee-Grundstücken und Friedhöfen gegen Zweckentfremdungen ergangen.[22]

Gegenstand von Beschwerden war auch das Anrechnen von für die andere Ethnie geleistetem Wehrdienst, Probleme bei den politischen Wahlen, die Erteilung von Rundfunklizenzen. Die Breite des Spektrums der Entscheidungen zeigt sich auch an den weiterhin aufgeführten Beispielen, mit denen der Unterschied zur Kompetenz des Europäischen Menschenrechtsgerichtshofs oder die Grenzen der Jurisdiktion erläutert werden.

III. Weitere Kompetenzen der Human Rights Chamber im Vergleich zum Europäischen Menschenrechtsgerichtshof

1. Anordnungen zur Abhilfe

Die Kompetenzen der Chamber waren, im Vergleich zum Europäischen Menschenrechtsgerichthof als ihrem Vorbild, hinsichtlich der Urteilsfolgen umfangreicher. Sie gingen über die Feststellung der Menschenrechtsverletzung und der Anordnung einer Entschädigung damit hinaus, daß die Chamber Schritte zur Abhilfe der Verletzung anordnen konnte. Sie war nach Art. XI Abs. 1 b Annex VI zuständig, anzuordnen

„(b) what steps shall be taken by the Party to remedy such breach, including orders to cease and desist, monetary relief (including pecuniary and non-pecuniary injuries), and provisional measures."

Solche Anordnungen griffen notwendig in das durch Rechtsvorschriften organisierte System der Hoheitsausübung der belangten Partei ein und mußten die Gefahr vermeiden, in diesem System unerwünschte oder sogar rechtswidrige Nebenwirkungen zu verursachen. Spezifische Anweisungen an die Exekutive, Handlungen zu unterlassen oder ein Verwaltungshandeln vorzunehmen, konnten sehr bestimmt und unmittelbar ergehen. So wurde konkret die Vollstreckung der Todesstrafe gegen jeden der Beschwerdeführer verboten. Der belangten Partei wurde in den Fällen der verschwundenen Personen auferlegt, Untersuchungen zu führen, Informationen herauszugeben und zu berichten. Soweit die der belangten Partei zuzurechnenden Institutionen im Besitz der umstrittenen Wohnung waren, konnte die Rückgabe an die Beschwerdeführer angeordnet werden. Die Chamber hat aber niemals Verwaltungsakte oder Gerichtsentscheidungen unmittelbar aufgehoben, sondern entsprechende Pflichten der belangten Partei auferlegt. Bei rechtswidrigen

---

[22] CH/96/26, E. v. 11.6.1999, *Islamic Community (Banja Luka) v. RS*.

Wohnungsräumungen hat sie z. B. angeordnet, die Verfügungen über das Räumen der Wohnung aufzuheben, und die Räumung verboten. Auch das Räumen von unrechtmäßig von Dritten genutzten Wohnungen oblag in Bosnien der Verwaltung, so daß die Rückübertragung von Wohnungen an die Flüchtlinge von der Verwaltung zu vollziehen war. Die Chamber hat das Tätigwerden und das Ziel angeordnet,[23] mit Formulierungen wie „order that the respondent Party through its authorities take immediate steps to reinstate the applicant into her house". Wenn die Chamber feststellte, daß das Nichtwiederbeschäftigen in einem kriegsbedingt unterbrochenen Arbeitsverhältnis Diskriminierung und damit menschenrechtswidrig war, wurde die Wiedereinstellung mit folgenden Worten angeordnet:[24] „to ensure through its authorities that the applicant is immediately offered the possibility of resuming his work".

Wenn durch ein überlanges Gerichtsverfahren Rechte aus Art. 6 EMRK verletzt waren, wurde der beschleunigte Abschluß des Verfahrens angeordnet:[25] „to order that the Federation of Bosnia and Herzegovina, through its authorities, take all necessary steps to ensure that the Municipal Court decides on the applicant's claim in an expeditious manner". Bei menschenrechtsverletzenden Verfahrensfehlern hat die Chamber die belangte Partei verpflichtet, „to take all necessary steps to grant the applicant renewed appellate proceedings".[26] Bestanden die Menschenrechtsverletzungen in der fehlenden Vollziehung einer Entscheidung, dann wurde die Vollstreckung angeordnet („to ensure the full enforcement of the decision of the Court of First Instance in Banja Luka").[27] In den Fällen der JNA-Wohnungen wurde die rückwirkende Aufhebung der Verträge als menschenrechtswidrig bezeichnet; die Föderation wurde verpflichtet,[28] „to take all necessary steps by way of legislative or administrative action to render ineffective the annulment of the applicants' contracts" und „to lift the compulsory adjournment of the court proceedings instituted by the applicants and to take all necessary steps to secure the applicants' right of access to court". Im Einzelfall konnten die Rechte der Beschwerdeführer durch eine faktische und konkrete Rückgabe der Wohnungen und die Zustimmung zur Registrierung wiederhergestellt werden, die Entscheidung der Chamber richtete sich aber auf eine generelle, gesetzliche Regelung. In Zusammenarbeit mit dem High Representative ist eine solche gesetzliche Vorschrift[29] dann erlassen worden.

---

[23] CH/98/756, E. v. 14.5.1999, Đ. M. v. Federation, Conclusion 7.

[24] CH/97/67, E. v. 8.7.1999, Zahirović v. B&H and Federation, Conclusion 7.

[25] CH/99/2239, E. v. 9.6.2000, Cipot-Stojanović v. Federation, Conclusion 4.

[26] CH/98/934, E. v. 6.7.2000, Garaplia v. Federation, Conclusion 5.

[27] CH/99 /1859, E. v. 11.2.2002, Jeličić v. RS, Conclusion 4; CH/96/17, E. v. 7.11.1997, Blentić v. RS, Conclusion 4.

[28] CH/96/3, 8, 9, E. v. 7.11.1997, Medan et al. v. B&H and Federation, Conclusion 5, 6.

[29] Law on Sale of Apartments with Occupancy Right, Fed. B&H Official Gazette 27/99, Art. 39a ff.

Das Problem der so genannten eingefrorenen Sparguthaben konnte nur durch den Gesetzgeber geregelt werden. Die Einwohner der Föderation besaßen aus der Zeit vor dem Zerfall Jugoslawiens auf ausländische Währungen lautende Sparguthaben im Wert von rund 1,6 Milliarden DM. Die Devisen-Beträge waren in Belgrad hinterlegt und sind wohl verschwunden. Die Banken in Bosnien-Herzegowina waren nicht in der Lage, die Einlagen ihrer Sparer auszuzahlen. Die Banken weigerten sich zu zahlen, die Gerichte weigerten sich, die Banken zu verurteilen; eine wirkliche Rechtsgrundlage für das Nicht-Auszahlen der Beträge bestand jedoch nicht. Der Gesetzgeber der Föderation versuchte 1999, die Banken von ihren Verpflichtungen freizustellen, die Forderungen auf eine zentrale Stelle zu überführen und dann im Zuge der Privatisierung von früherem Gemeineigentum die Forderungen zu tilgen. Die Chamber mußte feststellen,[30] „that the Federation of Bosnia and Herzegovina has violated the applicants' right to peaceful enjoyment of their possessions under Article 1 of Protocol No. 1 to the Convention by taking measures in regard to their old foreign currency savings which place an individual and excessive burden on the applicants." Als Abhilfe konnte die Chamber dann die Föderation nur verpflichten, „to amend the privatisation programme so as to achieve a fair balance between the general interest and the protection of the property rights of the applicants as holders of old foreign currency savings accounts." Die Chamber hat von sich aus keine Lösung vorschlagen können und wollen, nach welchem System der Gesetzgeber eine ausgewogene Lösung anstreben sollte. Auch in den Fällen des Gesetzes der Republik Srpska über die Nichtzahlung von Forderungen gegenüber dem Staatshaushalt, selbst wenn die Forderungen durch rechtskräftige Gerichtsurteile bestätigt sind, konnte die Chamber nur die Menschenrechtsverletzungen feststellen – das Gesetz stellte nicht einmal eine Regelung des Problems in angemessener Frist in Aussicht. Es wird den Beschwerdeführern wenig helfen, daß die Chamber die Republika Srpska verpflichtet[31] „to enact, within six months after the present decision becomes final and binding in accordance with Rule 66 of the Chamber's Rules of Procedure, a law which will regulate, in a manner compatible with the Convention, the manner of settling obligations payable from the budget of the Republika Srpska and incurred on the basis of court decisions …".

Entsprechend der Vielfalt der Fälle gab es in den Sachentscheidungen der Chamber eine Vielfalt von Entscheidungsformeln über die Abhilfe bei Menschenrechtsverletzungen; sie können hier nicht alle aufgezählt werden. Die Beispiele zeigen, daß zunehmend von Stufe zu Stufe bei Anordnungen, die von der Exekuti-

---

[30] CH/97/48, E. v. 9.6.2000, *Poropat et al. v. B&H and Federation,* Conclusion 3, 5; siehe noch CH/98/377, E. v. 7.11.2003, *Đurković et al. v. B&H, Federation and RS.* Das von der Chamber kritisierte Law on Determination and Realization of Citizens' Claims in the Privatisation Process vom 28.11.1997 wurde in seinen wesentlichen Bestimmungen durch das Verfassungsgericht der Föderation mit Urteil vom 8.1.2001 für verfassungswidrig erklärt.

[31] CH/01/8112, E. v. 7.11.2003, *N. V. et al. v. RS,* Conclusion 5.

ve, von der Gerichtsbarkeit und von der Gesetzgebung zu erfüllen sind, Probleme zu lösen waren. Die Lösungen mögen nicht immer befriedigen. Dennoch war die Kompetenz der Chamber, sehr konkret Maßnahmen zur Abhilfe bei Menschenrechtsverletzungen anzuordnen, in der Lage von Bosnien und Herzegowina erforderlich. Das läßt sich zum einen mit dem erschütterten und in den verschiedenen Stufen der Hoheitsausübung unterschiedlich entwickelten Rechtsbewußtsein begründen. Außerdem ist, insbesondere in der Föderation, die öffentliche Gewalt über die Ebenen der Kantone und Gemeinden derart dezentralisiert und durch die unterschiedliche Loyalität je nach ethnischer Zugehörigkeit unübersichtlich oder sogar ineffektiv organisiert, daß es nicht ausreicht, den Prozeßvertretern der belangten Parteien eine mißbilligende Entscheidung auszuhändigen. Die Konsequenzen, die aus der Feststellung der Menschenrechtswidrigkeit zu ziehen sind, waren den belangten Parteien zu ihrer Hilfe, wie es in Art. II Annex 6 heißt, verbindlich aufzuzeigen.

2. Anwendung von Menschenrechtskonventionen über die Europäische Menschenrechtskonvention hinaus in Fällen von Diskriminierung

Für Fälle von Diskriminierung war die Gerichtsbarkeit der Chamber über die Sachnormen der Europäischen Menschenrechtskonvention hinaus erweitert. In Art. II Abs. 2 b von Annex 6 heißt es dazu:

„the Human Rights Chamber shall consider, as subsequently described: ...
(b) alleged or apparent discrimination on any ground such as sex, race, color, language, religion, political or other opinion, national or social origin, association with a national minority, property, birth or other status arising in the enjoyment of any of the rights and freedoms provided for in the international agreements listed in the Appendix to this Annex."

Die Menschenrechtsverletzungen mit dem Hintergrund der ethnischen Gegensätze und ihrer gewaltsamen Austragung enthalten fast regelmäßig Elemente der Diskriminierung. Einerseits war das Bekämpfen von Diskriminierung im hoheitlichen Verhalten ein zentrales Ziel aller von der internationalen Gemeinschaft eingesetzten Institutionen in Bosnien und Herzegowina. Andererseits mußte die Chamber über eine Vielzahl von Beschwerden entscheiden und versuchen, möglichst viele Beschwerdeführer in ihren Menschenrechten zu schützen. Bei der Beratung sehr vieler Entscheidungen konnte diskutiert werden, ob Maßstäbe und Grundsätze manifestiert werden sollten oder aber dann, wenn eine den in seinen Menschenrechten verletzten Beschwerdeführer schützende Entscheidung aus einem einfacheren Grund getroffen werden konnte, die Untersuchung abzubrechen war, um eben den nächsten Fall zu entscheiden.[32] Die Chamber hat sich bemüht, Diskriminierungen jeweils konkret nachzuweisen und nicht aus den allgemeinen Umständen her-

---

[32] Siehe CH/97/46, E. v. 10.9.1998 und diss. opinions, *Keveševič v. Federation;* siehe oben bei Fn. 9.

zuleiten. Zum Nachweis einer Ungleichbehandlung sind regelmäßig umfangreiche Untersuchungen über die Behandlung von wesentlich gleichen Fällen zu führen.[33] Daraus erklärt sich, daß in vielen Entscheidungen, in denen es nahelag, daß die Beschwerdeführer diskriminiert worden sind, die Menschenrechtswidrigkeit nur am Maßstab der EMRK festgestellt wurde.

Aus dem Vorrang und der einfacheren Handhabung der Europäischen Menschenrechtskonvention ist somit zu erklären, daß die im Appendix zu Annex 6 aufgeführten 16 Menschenrechtskonventionen verhältnismäßig selten zur Begründung einer Entscheidung herangezogen worden sind. Für zwei Fallgruppen konnte die Zuständigkeit *ratione materiae* aber nur so begründet werden.

Ein wesentliches Hindernis für die Rückkehr der Flüchtlinge war und ist die Diskriminierung bei der Wiedereinstellung am Arbeitsplatz. Die EMRK enthält kein Recht auf Arbeit. Wenn aber wie bei der öffentlichen Transportgesellschaft Livno Bus eine größere Anzahl von Bosniaken entlassen wurde und ihre Arbeitsplätze mit Kroaten besetzt wurden, hat die Chamber eine Diskriminierung des Beschwerdeführers aus Gründen des ethnischen oder nationalen Herkommens bei der Ausübung des in Art. 6 und 7 IpwirtR (Internationaler Pakt über wirtschaftliche, soziale und kulturelle Rechte) genannten Rechts festgestellt. Die Föderation wurde verpflichtet sicherzustellen, daß dem Beschwerdeführer umgehend die Wiederbeschäftigung angeboten werde. Außerdem waren an ihn 24.000 KM, die einen Teil der entgangenen Vergütung darstellten, zu zahlen. Diese Entscheidung hat gerade in Livno und im Kanton 10 allgemein weitreichende Folgen gehabt. In einer Reihe weiterer Einzelfälle hat die Chamber wegweisende Entscheidungen für die Wiedereinstellung der Beschwerdeführer am Arbeitsplatz mit der Diskriminierung in Ausübung des Rechts auf Arbeit nach Art. 6 und 7 IpwirtR begründet, aber auch das Recht auf Arbeit nach Art. 5 (e) des Internationalen Übereinkommens zur Beseitigung jeder Form von Rassendiskriminierung herangezogen.[34]

Die Chamber hatte auch über behauptete Diskriminierungen bei der Gewährung von Sozialrenten zu urteilen. In der Föderation werden höhere Renten gezahlt als in der Republika Srpska. Jeder Bezieher einer Sozialrente erhält Rente von dem Versicherungsträger der Entität, in der er 1996 seinen Wohnsitz hatte. Das führte dazu, daß z. B. ein Rentner, der aus Sarajevo in das Gebiet der Republika Srpska geflüchtet war, auch nach seiner Rückkehr nach Sarajevo nur die niedrigere Sozialrente erhielt. Die Chamber hat in einem Musterverfahren[35] festgestellt, daß die Beschwerdeführer dadurch bei der Ausübung des in Art. 9 IPwirtR erkannten Rechts auf soziale Sicherung einschließlich der Sozialversicherung diskriminiert werden; diese Regelung hinderte praktisch die Rückkehr von Rentnern der serbi-

---

[33] Z. B. CH/97/67, E. v. 8.7.1999, *Zahirović v. B&H and Federation*.
[34] Z. B. CH/98/1018, E. v. 6.4.2001, *Podgacić v. Federation*; CH/99/2696, E. v. 12.10.2001, *Brkić v. Federation*; CH/01/7351, E v. 12.4.2002, *Kraljević v. Federation*.
[35] CH/02/8923, E. v. 10.1.2003, *Klickovic et al. v. B&H, Federation, RS*.

schen Ethnie in den Bereich der Föderation. Der Föderation wurde aufgegeben, die Benachteiligung zu beseitigen. Am selben Maßstab wurden Beschwerden von Pensionären der JNA gemessen, denen die Föderation nicht die gleichen Ruhestandsbezüge wie den Pensionären ihrer Armee gewährte. Hier wurde eine Diskriminierung nicht festgestellt.[36]

Die Praxis zeigt, daß von der besonderen Kompetenz zur Anwendung weiterer Menschenrechtskonventionen nur in diesen beiden Fallgruppen Gebrauch gemacht worden ist. Ohne diese erweiterte Sachzuständigkeit im Bereich der Diskriminierung bei der Wiedereinstellung am Arbeitsplatz und bei der Gewährung von Sozialversicherung hätte aber die Rechtsprechung der Chamber bedeutenden Hindernissen bei der Rückkehr von Flüchtlingen und Vertriebenen nicht entgegentreten können.

3. Kompetenz zum Erlaß Einstweiliger Anordnungen

Die Chamber hatte nach Art. X von Annex 6 die Kompetenz, bindende Einstweilige Anordnungen zu erlassen. Entsprechende Anträge waren gemäß Art. VIII Abs. 2 f mit Vorrang zu prüfen. So hatte die Chamber über 2341 Eilanträge zu entscheiden, in 188 Verfahren hat sie Einstweilige Anordnungen erlassen. Die zwingende Vorschrift, derartige Anträge mit Vorrang zu prüfen, steigerte die Überlastung der Chamber, doch die Befugnis zum Erlaß Einstweiliger Anordnungen war unter den besonderen Bedingungen erforderlich. Die Problematik des vorläufigen Rechtsschutzes ist in einer eigenständigen Abhandlung untersucht worden, auf die hier nur verwiesen werden kann.[37]

IV. Grenzen des Menschenrechtsschutzes durch die Chamber

1. Mangelnde Bewältigung der Arbeitslast

Wie der Europäische Menschenrechtsgerichtshof und das Bundesverfassungsgericht hat auch die Chamber die bei ihr eingehenden Beschwerden nicht in kurzen Fristen bescheiden können. Sie wurde aufgelöst, obwohl noch über mindestens 8.900 anhängige Beschwerden nicht entschieden wurde. Allerdings stammen 4.700 Beschwerden aus den Jahren 2002 und 2003 und konnten zum Teil das Verfahren bis zur Entscheidungsreife nicht durchlaufen haben. Im Vergleich mit dem Euro-

---

[36] CH/98/232, E. v. 6.7.2001, *Banjac et MM v. B&H, Federation;* CH/02/10046, E. v. 4.7.2003, *Bavčić et 285 v. B&H, Federation.*

[37] Siehe *Rauschning,* Einstweilige Anordnungen zum Schutz von Menschenrechten – Praxis der Human Rights Chamber für Bosnien und Herzegowina, in: Ibler/Martinez (Hrsg.), Festschrift für Volkmar Götz, 2005, i. E.

päischen Menschenrechtsgerichtshof war die Chamber nach Annex 6, Art. VIII Abs. 2 f auch damit belastet, mit Vorrang über rund 2.300 Anträge auf Einstweilige Anordnungen zu entscheiden. Das Richterkollegium hatte Englisch und „die Sprache des Landes" parallel als Arbeitssprachen, so daß alle Vorlagen übersetzt und alle Beratungen gedolmetscht werden mußten.

Das europäische System zur Sicherung der Menschenrechte beruht darauf, daß fast alle Fälle vorher den nationalen Gerichtsweg durchlaufen haben. Über 100 der 239 Sachentscheidungen der Chamber stellten eine Verletzung des Rechts auf Zugang zum Gericht oder auf ein faires Gerichtsverfahren fest; in vielen weiteren Entscheidungen wurde auf die Feststellung einer Verletzung von Art. 6 EMRK als nicht mehr notwendig verzichtet. Daran ist abzulesen, daß die vor die Chamber gebrachten Beschwerden in der Überzahl der Fälle juristisch nicht hinreichend aufbereitet waren. Die Vorbereitung der Beschwerden und auch die Antworten der belangten Parteien, besonders in den ersten Jahren, waren oft juristisch wenig hilfreich.

Die Chamber hat durch eine Reihe von Maßnahmen versucht, die Verfahren zu beschleunigen oder Fälle ohne eine Sachentscheidung einer Erledigung zuzuführen.

- Vom zweiten Jahr ihrer Arbeit an hat die Chamber Entscheidungen zur Zulässigkeit und zur Sache, entgegen dem Modell beim Europäischen Menschenrechtsgerichtshof, zusammengefaßt; lediglich 20 Sachentscheidungen folgten einer Entscheidung über die Zulässigkeit.
- Die Chamber war bemüht, in Musterentscheidungen Maßstäbe zu setzen und erwartete von den belangten Parteien, daß sie darin als menschenrechtswidrig gekennzeichnete Praktiken aufgaben und in den nachgeordneten Institutionen unterbanden. In weiten Bereichen ist das auch gelungen; so konnten mit 959 Entscheidungen zahlreiche Fälle, meistens als erledigt, aus dem Register gestrichen werden.
- In den späteren Jahren wurden nach Möglichkeit gleichgelagerte Fälle verbunden und gemeinsam entschieden. Allerdings mußte auch in diesem Rahmen jede einzelne Beschwerde untersucht und beurteilt werden.

Nach der Leitentscheidung zu 49 Beschwerden über die Informationsverweigerung zum Massaker von Srebrenica[38] mußte sich die Chamber der Einsicht beugen, daß ein ordentliches Bescheiden der gleichermaßen begründeten weiteren über 1.800 Beschwerden zu Srebrenica die gesamte Arbeitskraft der Chamber bis zum Ende ihres Bestehens in Anspruch nehmen würde. In der Leitentscheidung waren gegenüber der Republika Srpska die sinnvoll erscheinenden Maßnahmen zur Milderung der Menschenrechtsverletzung angeordnet worden: Informationspflichten, Untersuchungspflichten, Zahlungen für das Mahnmal und die Begräbnisstätte.

---

[38] Siehe oben, Fn. 16.

Unter Hinweis darauf, daß die Verfahren für die anderen Beschwerden gleichfalls zur Feststellung entsprechender Verletzungen von Menschenrechten geführt hätten, daß aber die Chamber keine zusätzlichen Urteilsfolgen anordnen würde, wurden zusammengefaßt 1805 Beschwerden aus dem Register gestrichen.[39] Die Chamber stützte diese Entscheidung auf Art. VIII Abs. 3 von Annex 6, wonach Beschwerden nicht nur bei Erledigung, sondern auch aus anderen Gründen gestrichen werden können, wenn es nicht weiter gerechtfertigt erscheint, das Verfahren fortzusetzen. Die Chamber hat die Entscheidung den Beschwerdeführern einzeln zugestellt, den Grund für das Streichen erläutert, auf die Leitentscheidung hingewiesen und jedem der betroffenen Beschwerdeführer ein Exemplar jener Entscheidung übersandt.

2. Begrenzter Schutz wegen begrenzter Ressourcen der belangten Parteien

Die begrenzten Ressourcen der belangten Parteien begrenzten nicht die Befugnis der Chamber festzustellen, daß angegriffenes hoheitliches Verhalten Menschenrechte der Beschwerdeführer verletzte. Der Schutz der Menschenrechte durch die Chamber sollte aber dadurch effektiv werden, daß die Chamber in den Entscheidungen Maßnahmen zur Abhilfe – zur Beseitigung der Menschenrechtsverletzung, zu deren Milderung oder auch zu einer finanziellen Ausgleichsleistung – gegenüber der belangten Partei anordnete. Dabei ist die Chamber an Grenzen gestoßen. Ein Beispiel ist die Inanspruchnahme eines Geländes von ca. 40 km² in der Gegend von Glamoč für einen Truppenübungsplatz des kroatischen Teils der Armee der Föderation. Das Gelände gehörte bosnisch-serbischen Landwirten, die geflohen oder vertrieben waren. Es wurde zunächst faktisch in Anspruch genommen, erst auf Betreiben von Seiten der internationalen Gemeinschaft und einer Einstweiligen Anordnung der Chamber, mit der eine das Gelände schädigende weitere Benutzung verboten wurde, kam es zur Einleitung eines Enteignungsverfahrens unter vielfältiger Verletzung auch des nationalen Enteignungsrechts. Die Chamber hat die Menschenrechtswidrigkeit[40] festgestellt. Wenn sie aber eine Entschädigung von 1 KM je Quadratmeter angeordnet hätte, hätte die belangte Föderation 40 Millionen KM leisten müssen. Diese Summe überstieg den jährlichen Militärhaushalt. Die Eigentümer wurden bis zur Entscheidung der Chamber im September 2001 schon über fünf Jahre (seit dem Dayton-Abkommen) von der Nutzung ihrer landwirtschaftlichen Flächen ausgeschlossen – eine Entschädigung von nur 0,1 KM je Quadratmeter und Jahr würde auch 20 Millionen erfordern. Die Begründung einer Entschädigungspflicht in diesem Ausmaß wäre unrealistisch gewesen. Die Chamber hat die Menschenrechtsverletzung durch die Inanspruchnahme festgestellt und das Verfahren zunächst ausgesetzt. Sie hat der belangten

---

[39] CH/01/7604, E. v. 3.6.2003, *Ibišević et 1804 v. RS*.
[40] CH/99/2425, E. v. 7.9.2001, *Ubović v. Federation*.

Partei eine Frist von einem halben Jahr eingeräumt zu erklären, daß sie von dem Vorhaben Abstand nehme. Das ist im Verlauf des Jahres 2002 auch geschehen; die Chamber ist aber nicht in der Lage gewesen, auch nur für einen engen Kreis von Beschwerdeführern das Verfahren mit dem Zuerkennen einer Entschädigungspflicht zu beenden.

Auf die Beschwerden über das Vorenthalten von Sparguthaben in Devisen, die vor dem Zerfall Jugoslawiens begründet waren, bei bosnischen Banken ist oben schon eingegangen worden.[41] Wenn die Föderation als belangte Partei die Anordnungen der Entscheidung von 2000, die Gesetze über die Abfindung der Gläubiger im Privatisierungsprogramm zu ändern, nicht ausgeführt hat, konnte dann die Chamber die Auszahlung der Guthaben, deren Summe mehr als 1 Milliarde KM ausmacht, anordnen? Auf die Untätigkeit der Föderation hat die Chamber in der Entscheidung von 2003 damit reagiert, daß sie die Auszahlung von begrenzten Abschlägen angeordnet hat.[42] Die Entscheidungsmacht der Chamber stößt hier an ihre Grenzen.

* * *

Die erläuternden Beispiele der zur Sache entschiedenen Menschenrechtsbeschwerden lassen den weiten Umfang der Jurisprudenz der Chamber erkennen. Schon dieser Querschnitt durch die Sachurteile der Chamber zeigt, daß diese Hilfe einen wichtigen Beitrag für die Entwicklung von Bosnien und Herzegowina zu einem Rechtsstaat darstellt. Die wegweisenden Entscheidungen haben dazu beigetragen, daß Bosniaken, Serben und Kroaten wieder gemeinsam als Bürger von Bosnien und Herzegowina leben. Die umfangreiche Rechtsprechung der Chamber als „internationales Menschenrechtsgericht vor Ort" mit verhältnismäßig zeitnahen durchsetzbaren Entscheidungen und erweiterten Kompetenzen hat trotz der schwierigen Umstände den Bürgern von Bosnien und Herzegowina ein verhältnismäßig hohes Schutzniveau für ihre Menschenrechte geboten. Die Betrachtung zeigt aber gleichfalls, daß das Bemühen, Menschenrechte durch den Einsatz eines internationalen Gerichts zu schützen, auch an Grenzen stößt.

---

[41] Siehe oben Fn. 30.
[42] CH/98/377, E. v. 7.11.2003, Đurković et al. v. Bosnia and Herzegovina, Federation and RS.

Religionsfreiheit als Ursprung der Menschenrechte
Beobachtungen zum „religiösen" Status der Universal Human Rights

Von Trutz Rendtorff

In meinem Beitrag zu Ehren des Völkerrechtlers Jost Delbrück möchte ich einige Beobachtungen aus einer anderen als der völkerrechtlichen Perspektive zusammentragen, die sich auf den Status der Universal Human Rights beziehen. Ausgelöst sind die Beobachtungen durch die irritierende Tatsache, dass in den internationalen Konflikten, vermischt mit machtpolitischen Ansprüchen, religiöse Konflikte in Erscheinung treten. Zumal die Debatte um den Beitritt der Türkei zur Europäischen Union spitzt sich darauf zu, welche Grenzen der Integration offenbar aus Gründen der Religion entgegenstehen, und das nicht extern, sondern bereits intern, in den europäischen Mitgliedsstaaten der EU. Dazu werden, wofür es gute Gründe gibt, Islamkundige unterschiedlichster Provenienz befragt. Aber es könnte auch gute Gründe geben, um die Blickrichtung umzukehren und zu fragen, inwiefern gerade religiös eingekleidete und artikulierte Widerstände von den Ansprüchen bestimmt werden, die beispielhaft oder auch konkret durch den universalen Geltungsanspruch der Human Rights ausgelöst werden. Die folgenden Beobachtungen befassen sich nicht mit aktuellen Konflikten, sondern sollen einige Hintergründe ins Licht rücken, die zum Verständnis dieser Konfliktlage Beachtung verdienen.

1. Im Gepäck deutscher Politiker, die sich auf eine Reise gen Osten begeben, sei es in den Fernen Osten nach China, sei es, mit drängender werden Erwartungen, in den näheren Osten oder Südosten, wie z. B. die Türkei, befinden sich, beladen mit dem Gewicht öffentlicher Aufmerksamkeit, die Menschenrechte. Sie sollen die „Menschenrechtsfrage" zur Sprache bringen. Die Dynamik der Menschenrechte folgt einer geographischen Ausrichtung von West nach Ost. Die politische Geographie ist bestimmt von den Erbschaften einer politischen Kultur, in der das rechtliche, politische, religiöse Postulat der Menschenrechte verankert ist.

In seiner Rede zum 50. Jahrestag der Gründung der Bundesrepublik Deutschland erklärte der damalige Bundespräsident Roman Herzog, die *Verwirklichung* der Menschenrechte sei das Leitmotiv der deutschen Außenpolitik. Deutschland gehört nicht zu den Ursprungsländern der modernen Menschenrechte. Der für die Begründung der Menschenrechte relevante Westen fängt erst bei unseren westlichen Nachbarn, etwa den Niederlanden, an. Deutschland ist als später Nachkömmling, erst nach dem Erleben der nationalsozialistischen Volksgemeinschaft und dem Erschrecken über die Teilhabe an einer destruktiven Vernichtungspolitik, zum Teilhaber der westeuropäisch-nordamerikanischen politischen Kultur geworden. Sie bereitete den Boden, auf dem 1948 mit der „Universal Declaration of Human Rights" die Standards aufgestellt wurden, mit denen heute deutsche Politiker auf Reise gehen, im Bewusstsein ihrer Übereinstimmung mit dem „common sense", auf den sich die UN berufen haben. Worin ist der begründet? Und warum stößt er auf Widerstände?

2. In der politischen Rhetorik nicht nur der Bundesrepublik Deutschland wird jetzt wieder verstärkt auf die Bedeutung der christlichen Tradition für die Begründung der Menschenrechte verwiesen. Im Verständnis der Kirchen, zumal in Deutschland, hat die Aneignung dieses Erbanspruchs inzwischen geradezu kanonischen Rang erhalten. Auch für deutsche Kirche und Theologie ist die verzögerte, keineswegs schon immer selbstverständliche Akzeptanz der Ideen der modernen Menschenrechte erst eine Frucht der gleichen geschichtlichen Erfahrungen im Dritten Reich. Eine theologische Begründung von Menschenrechten musste deshalb die kritische Revision all der Urteile einschließen, die lange Zeit massiv gegen die moderne Konzeption der Menschenrechte ins Feld geführt worden sind. Diese nachgängige Adaption der Universal Human Rights kann so weit gehen, dass sich die Kirchen geradezu als Stimmführer in der Verkündung des Geltungsanspruchs universaler Menschenrechte darstellen. Diese Beobachtung kann als ein erstes Indiz genommen werden welchen Status die Deklaration der Menschenrechte inzwischen erlangt hat.

Die Rezeption der „Universal Declaration of Human Rights" der UN von 1948 hat zu einer extensiven Auslegung der Menschenrechte geführt. In deren Konsequenz wird den Menschenrechten der Status eines Oberbegriffs für nahezu alle Fragen der Sozialethik im weitesten Sinne zugemessen. Programme der sozialen und kulturellen Verwirklichung der Menschenrechte provozieren, so ist zu beobachten, mit Ansprüchen ihrer Verwirklichung internationale und interkulturelle Widerstände. Sie richten sich gegen eine „westliche" Dominanz in der inhaltlichen Bestimmung von Menschenrechten und deren implizite Voraussetzungen. Diese keineswegs originellen Beobachtungen werden hier zum Zwecke der Erläuterung meiner Fragestellung zitiert, diese zugespitzt: Hat die Universal Declaration of Human Rights den Status einer Art säkularen, quasi-religiösen Glaubensbekenntnisses?

Gegenläufig zu dieser Entwicklung mehren sich die Anzeichen dafür, dass „Religion" als ein mitwirkender virulenter Faktor in gewaltträchtigen internationalen Konflikten auftritt. Das steht ganz im Kontrast zu der Grundannahme, dass „Religion", als das dem Menschen nächste persönliche Anliegen, eine für die Integrität des Menschen und für ein friedfertiges Zusammenleben konstitutive Rolle spielen sollte. Repräsentanten der Religionen in aller Welt betonen in Deklarationen und bei der Inszenierung von interreligiösen Dialogen regelmäßig, „Religion" überhaupt und ihre eigene insbesondere müsse definitiv unterschieden werden von

Machtpolitik, und sie selbst distanzierten sich deshalb von der Inanspruchnahme religiöser Motive für die Ausübung von Gewalt.

3. Wer sich auf diese Unterscheidung beruft, bewegt sich damit im Wirkungsfeld der Ideen, aus denen die Allgemeinen Menschenrechte hervorgegangen sind. Die Unterscheidung von, grob gesprochen, Religion und Politik gehört zum Urmaterial der modernen Menschenrechtsidee. Diese Unterscheidung ist der Grundstein der Freiheitsrechte der Person, wie sie als Religionsfreiheit in deren Ausformung verankert ist.

Das Auftreten von „Religion" als politisch wirksamer Konfliktfaktor muss auf ein Problem aufmerksam machen, das damit für das rechtliche und politische Verständnis Beachtung verdient: Zur menschenrechtlichen Konzeption der Religionsfreiheit gehört konstitutiv, dass staatliche Gewalt und die ihr zukommende Gesetzgebungskompetenz keine Definitionsmacht darüber hat, was „Religion" inhaltlich sei und insofern als „Religion" anzuerkennen sei. Für die Gesetzgebung, die gesetzliche, rechtliche, insbesondere völkerrechtliche Ordnung heißt das, die Selbstdefinition von „Religion" zu respektieren. Im Blick auf die wissenschaftliche und rechtspraktische Wahrnehmung folgt daraus, weiter zugespitzt gesagt, „Religion" stellt für das Recht und die Gesetzgebung im engeren wie im weiteren Sinne eine Art „black box" dar, für deren Erhellung dem Staat und entsprechend der Staatengemeinschaft die Kompetenz verwehrt ist. Das ist, zumindest, eine gewichtige Frage, weil ihnen zur inhaltlichen Erleuchtung, Normierung und gegebenenfalls kritischen Prüfung im Grundsatz die Zuständigkeit und das Instrumentarium fehlen und kein Mandat übertragen ist, vielmehr eben ausdrücklich abgesprochen wird. Daraus erklären sich die hermeneutischen, politischen wie rechtlichen Aporien, die immer dann bewusst werden, wenn „Religion" als Störfaktor in der nationalen wie internationalen Politik wahrgenommen oder als handlungsleitender Faktor für die Politik in Anspruch genommen wird.

Wenn aber der Öffentlichkeit in Gestalt von Rechtsprechung und Politik verwehrt sein soll, auf die inhaltliche Bestimmung von Religion wegen der Achtung des elementaren Rechts der Religionsfreiheit Einfluss zu nehmen, dann ist es auch schwierig, ja unmöglich, deren Rolle und Bedeutung im Kontext politischer Praxis und rechtlicher Pragmatik einzuordnen, ja zu verstehen. Der Ausweg, „Religion" als politischen und rechtserheblichen Faktor im Interesse systematischer Klarheit aus dem Bilde wegzudenken, im Sinne einer formalen Trennung auszuklammern, ist durch die Realität einer Welt, in der „Religion" eine höchst wirksame Rolle spielt, verbaut. Die für lange Zeit leitende Annahme der Trennungsphilosophie, „Religion" könne der bloß privaten, intimen Sphäre der individuellen Person zugerechnet werden, konnte nur in einem Europa als einer „Insel der Säkularisation" (Peter L. Berger) in einer im Übrigen von Religionen bestimmten Welt plausibel erscheinen.

4. Ich habe den Begriff „Religion" bisher in Anführungsstriche gesetzt. Damit soll angezeigt werden, Religion ist ein unbestimmter Allgemeinbegriff, der in seiner heutigen allgemeinen Verwendung seine spezifische geschichtliche Konstitu-

tion in der westeuropäischen Neuzeit nicht mehr ohne weiteres zu erkennen gibt. Dazu ein paar kurze Bemerkungen: Der allgemeine Begriff von Religion verdankt seine moderne Karriere der Kirchentrennung in Gefolge der Reformation des 16. Jahrhunderts. Religion übernimmt dabei die Funktion des Konzepts des Corpus Christianum, Religion als der die verfeindeten christlichen Konfessionen übergreifende Begriff, Repräsentant zur Wahrung einer transkonfessionellen Einheit des Christentums in seinen über die kirchlichen Institutionen hinausgehenden politischen, kulturellen, humanen Verfasstheiten. Die Konfessionen fungieren dabei nicht mehr als Garanten der Einheit, sondern als Religions*parteien,* denen die Mittel der Gewalt zum Austrag ihrer Konflikte untereinander entzogen werden. So in Abbreviatur die Erinnerung an die Bedeutung des Westfälischen Friedens für die Vorgeschichte, die als Erbe in der Idee der Menschenrechte tradiert wird.

Als Konsequenz aus der institutionell zerstrittenen Einheit des Christentums wird Religion zum Begriff für die Verankerung des Christentums in der Person der Gläubigen, bis dahin, dass Religion als die allen institutionellen kirchlichen Institutionen und Autoritäten vorausliegende human nature, als „natürliche" Religion konzipiert wird. Diese Autorität ist der staatlichen und kirchlichen Gewalt vorgeordnet, deren Schranke.

Erst im Gefolge dieser Konstellation ist der Begriff Religion auf alle „Religionen" ausgeweitet worden. Das ist deswegen nach wie vor von Belang, weil diese „Religionen" zum größten Teil in ihrem Selbstverständnis den Begriff Religion gar nicht kannten und verwenden.

Diese begriffsgeschichtliche Beobachtung kann hier nicht weiter ausgeführt werden. Sie soll jedoch darauf aufmerksam machen, dass der allgemeine Begriff von Religion ein wenig taugliches Begriffsinstrument ist, um die Konflikte zu begreifen, mit denen wir es heute zu tun haben. Sie sollen ferner daran erinnern, welche geschichtliche Tiefendimension und Wirkfaktoren noch in den heutigen weltweiten Bemühungen am Werke sind, über Religion Verständigung zu erreichen. Die damit verbundenen Probleme treten eklatant hervor, wo sie sich mit dem Vorwurf verbinden, universaler Anspruch, Ausbreitung und Verwirklichung von Menschenrechten sei das Dominantwerden einer europäisch-amerikanischen Kultur mit implizit oder auch explizit christlichen Fundamenten, eine Kritik, die sich gerade auch mit Stimmen der „Religionen" zu Worte meldet. Die Zuspitzung dieser Frage lautet dann, was daraus folgt, wenn aus komplexen historischen, politischen und rechtsgeschichtlichen Gründen die „Human Rights" selbst den Status eine quasi-religiösen Anspruchs innehaben.

5. Ich möchte die Fragestellung zunächst an Beobachtungen zur Präambel der Verfassung der Europäischen Union exponieren.

Im Vorfeld der Beschlussfassung über eine Präambel zu der Verfassung der Europäischen Union gab es eine lebhafte Diskussion über die Forderung, der Text der Präambel solle nach dem Vorbild der Präambel des Grundgesetzes einen expliziten „Gottesbezug" enthalten. Der nunmehr den Mitgliedsstaaten zur Ratifikation vorliegende Text der Präambel enthält jetzt Formulierungen, die dieser Forderung indirekt entsprechen. Es sind Formulierungen, die den mit dem expliziten Gottesbezug intendierten normativen Bezug der Verfassung im Modus einer historisierenden Herleitung zum Ausdruck bringen sollen. Die Stelle des „Gottesbezugs" nehmen in der Präambel die Universal Human Rights ein. In der Formulierung der Präambel sind dies „the universal values of the inviolable and inalienable rights of the human person", gefolgt von „democracy, equality, freedom and the rule of law". Die historische Herleitung der „universal values" hat dabei eine begründende Funktion. Das „cultural, religious and humanist inheritance of Europe" ist, als Erbe Europas, die geschichtliche Herkunft, aus der sich die human rights entwickelt haben. Dieses geschichtliche Erbe ist zugleich die aktuelle Quelle, aus der die Verfassung die Inspiration für das Vereinte Europa empfängt („drawing inspiration from").

Fragt man die Verfechter der Aufnahme eines expliziten „Gottesbezugs" in den Text der Präambel, welche inhaltlichen, verfassungsrechtlichen relevanten Konsequenten sie für die Verfassung einer europäischen Staatengemeinschaft damit verbinden würden, könnte die Antwort im Wesentlichen nicht anders lauten als eben Menschenrechte, Demokratie, Freiheit und Recht, in keinem Falle eine Theokratie. In gewisser Weise kann man also sagen, in der Perspektive des geschichtlichen Erbes Europas wird in der Präambel den Menschenrechten als „rights of the human person" die maßgebliche normative Funktion zugesprochen, analog einem gemeinsamen Bekenntnis.

Die geschichtliche Begründung der Verfassung enthält darüber hinaus weitere Elemente, die dem Konzept der Menschenrechte eine Leitfunktion zuerkennen. Sie wird durch geschichtliche Erfahrungen gestützt, in einem Europa „reunited after bitter experiences", indem die Vereinigung Europas als Wiedervereinigung formuliert wird. Von dieser Wiedervereinigung heißt es, Europa sei „united in its diversity", eine Formulierung, auf die noch zurückzukommen ist. Die „Einheit in Verschiedenheit" bezieht sich ebenfalls auf die spezifisch innereuropäischen, historisch ausgeformten Traditionen, deren Achtung und Regelung, übrigens nicht zuletzt auch in der Religionsgesetzgebung, zur Wahrung europäischer Identität gegenüber Plänen einer Konzeption von „Vereinigten Staaten".

Die Präambel berührt mit der Berufung auf das geschichtliche Erbe Europas die strittige Frage der Erweiterung der EU über die Grenzen des durch gemeinsame Erfahrungen zerrissenen und wieder vereinten geschichtlichen Europas. Denn damit wird ja ein Kriterium benannt, welches sich auf eine Europa gemeinsame Geschichte insbesondere des vergangenen 20. Jahrhunderts bezieht. Deren Erfahrungsraum ist, geographisch wie historisch, ziemlich klar definiert und kann jedenfalls nicht rückwirkend erweitert werden. Wie immer die politischen, operativen Gründe für einen Beitritt der Türkei begründet werden mögen, so können sie sich jedenfalls nicht auf die Gemeinsamkeit des durch diese Erfahrungen bestimmten Erbes beziehen, das zu den Quellen gehört, aus denen die Konzeption der EU in ihren Visionen gespeist wird.

Die Präambel folgt schließlich der Universal Declaration of Human Rights von 1948 im Blick auf die Verwirklichung der Menschenrechte. Die Declaration spricht explizit von „progressive measures, national and international, to secure their universal and effective recognition and observance". Ein wichtiges Feld, auf dem „progressiv measures" zur Sicherung und zur effektiven Verwirklichung der Menschenrechte formuliert werden, ist das Völkerrecht. Wenn die EU ihre politischen Aktivitäten bei größerer und stärkerer Vereinigung international intensiviert, was folgt daraus für die fortschreitenden und effektiven Maßnahmen in der Durchsetzung von Menschenrechten, d. h. für entsprechende Interventionen aus humanitären Gründen? Aber mehr als das: Was alles ist in „fortschreitende Maßnahmen" zur Beachtung und Verwirklichung von Menschenrechten einbezogen?

6. Zur schärferen Konturierung der Frage stelle ich ihr die berühmt gewordene These des Staatsrechtslehrers und Völkerrechtlers Georg Jellinek gegenüber. In seiner Abhandlung „Die Erklärung der Menschen- und Bürgerrechte" von 1895 hat er die These vertreten: „Die Idee, unveräußerliche, angeborene und geheiligte Rechte des Individuums gesetzlich festzustellen, ist nicht politischen, sondern religiösen Ursprungs."[1] Jellinek identifizierte die aus der Präambel der Verfassung der EU bereits zitierten „unalienable rights of the human person" historisch in der Virginia Bill of Rights. Im Katalog der Rechte sei „die Religionsfreiheit als erste formuliert" worden.

Zur rezeptionsgeschichtlichen Bedeutung dieser These muss ich zunächst eine Bemerkung zum Kontext des Diskurses machen, in dem Jellinek seine These historisch begründet und systematisch expliziert hat. Ich gehe dabei nicht auf die weitläufige Debatte ein, in der Jellinek korrigiert, widerlegt oder differenziert worden ist. Jellinek verfasste seine Studie am Ende des 19. Jahrhunderts im Kontext eines kulturwissenschaftlichen Diskurses, in dessen Zentrum es um die Verständigung über die Moderne im Lichte des dominant gewordenen Historismus ging. Man könnte diesen Diskurs mit einem Begriff von Anthony Gibbens als den Versuch einer Selbstverständigung einer „nachdenklichen oder reflexiven Moderne" kennzeichnen.

Jellinek hat mit seiner These von dem religiösen Ursprung der modernen Idee der Menschenrechte im Gelehrtenzirkel des damaligen Heidelberger Umfeldes einen Impuls ausgelöst, der von Max Weber und Ernst Troeltsch aufgenommen und in deren religionssoziologischen Arbeiten produktiv ausgearbeitet wurde. Darin ging es um die Frage, welche historischen Kräfte und Ereignisse es seien, kraft derer die europäische Moderne sich sowohl in praktischer wie in ideeller Hinsicht von ihrer Vorgeschichte wie von der außereuropäischen Kultur so tiefgreifend unterscheidet? Ernst Troeltsch hat diese Frage in seinem Vortrag über „Die Bedeutung des Protestantismus für die Entstehung der modernen Welt" (1906) aufgenommen. Schon zuvor lautete sie bei Max Weber in seiner berühmten

---

[1] *Jellinek* (1895) zit. nach der 4. Aufl. 1927 in: Roman Schnur, Zur Geschichte der Erklärung der Menschenrechte, WdF 11, Darmstadt 1974, 57.

Abhandlung „Die protestantische Ethik und der Geist des Kapitalismus" von 1904 in soziohistorischer Sicht: „Welche Verkettung von Umständen hat dazu geführt, daß gerade auf dem Boden des Okzidents, und nur hier, Kulturerscheinungen auftraten, welche ... in einer Entwicklungsrichtung von universeller Bedeutung und Gültigkeit lagen?"

Auf diese Frage hatte Jellinek exemplarisch mit seiner These vom religiösen Ursprung der Entstehung der Erklärung der Menschenrechte eine neue Antwort gegeben, die von Weber und Troeltsch als Inspiration rezipiert wurde. Bisher wurde die Französische Revolution als Ursprung der Erklärung moderner Menschenrechte im kulturellen Gedächtnis tradiert, ganz in Übereinstimmung mit dem dezidiert religionskritischen Impetus der französischen Aufklärung. Jellinek stellt dagegen, die Virginia Bill of Rights von 1776 sei die erste und ursprüngliche Erklärung fundamentaler Menschenrechte und von der Französischen Revolution nach Form und Inhalt übernommen.

In seiner Antwort auf die Kritik des in seinem Nationalbewusstsein gekränkten französischen Rechtshistorikers Boutmy stellte Jellinek dieser eurozentrischen Perspektive entgegen: Die Erklärung der Bills of Rights sei „durch den Einfluss, den sie auf die europäische Geschichte ausgeübt hat, ein historisches Ereignis von universeller Bedeutung" geworden. Die mit der Doppelrevolution in Amerika und Frankreich gekoppelten Interpretationsprobleme sind ein eigenes Thema. In ihrer Verbindung sind sie ein wesentliches Fundament für die anhaltende Dynamik der Menschenrechtsidee geworden. In der Declaration von 1948 sind die religionskritischen Impulse der Französischen Revolution allerdings nicht mehr präsent.

7. In der von mir verfolgten Fragestellung soll es jetzt um den Status der Human Rights als Rechte des Menschen gehen. Im Anschluss an die Interpretation Jellineks ist deren Pointe, die „absolute Gewissensfreiheit" sei als substantieller Kern der Forderung der Religionsfreiheit im Zuge der Revolution der nordamerikanischen Kolonisten zuerst in die Form einer *verfassungsmäßigen, rechtlichen* Erklärung eingegangen.

In Jellineks These sind zwei Sachverhalte miteinander verbunden, ein historischer und ein rechtssystematischer. Historisch gesehen bezieht sich die These nicht auf einen allgemeinen Begriff von „Religion", sondern auf eine „positive" Religion, das Christentum, in der bestimmten Gestalt der calvinistisch geprägten Independisten, entsprechend der geschichtlichen Konstellation in Amerika. In Bezug auf sie gilt vom Ursprung der Erklärung der Menschenrechte sei im Katalog der Rechte „die Religionsfreiheit als erste formuliert".

Universelle Bedeutung haben ferner diesem Ursprung der Human Rights nicht allgemeine Ideen philosophischer oder sonstiger literarischer Provenienz verliehen. Ironisch bemerkt Jellinek, „dann hätten wir vielleicht eine Philosophie der Freiheit gehabt, aber niemals eine Gesetzgebung, die die Freiheit garantiert".[2] Die

---
[2] *Jellinek* (Fn. 1), 179.

universelle Bedeutung verdanke sich der Tatsache, dass die Religionsfreiheit durch ihre explizite Erklärung eine verfassungsmäßig verbindliche gesetzliche Form erhalten habe. „Mit der ersten Formulierung der Religionsfreiheit schuf man die *Form*, in die in der Folgezeit alle anderen Freiheiten eingehen konnten".[3] Das wird von Jellinek in der schon zitierten Grundthese festgestellt, wenn es heißt, die Idee „gesetzlich festzustellen", sei religiösen Ursprungs.

Für Georg Jellinek galt die Erklärung der Menschenrechte als der „Schlüssel zum Freiheitsbegriff", denn sie mache „den praktischen Wert der Rechte deutlich, die aus ihm (dem Freiheitsbegriff) hervorgehen. Auf dieser Begrenzung staatlicher Willkür beruhen alle Freiheiten und alle Rechte der modernen Völker".

Diese, aus der Wahrnehmung des Rechtshistorikers am Ende des 19. Jahrhunderts bewertete Entdeckung des religiösen Ursprungs der Menschen- und Bürgerrechte, war verbunden mit einer starken Überzeugung. Jellinek brachte sie zum Ausdruck mit den Worten, „die Anerkennung der Rechte des einzelnen Menschen gegenüber den Rechten des Staates"[4] sei der Kern der Menschenrechte. Das historische Ereignis war, „diese Rechte zur unüberschreitbaren Grenze und zum unveräußerlichen Gut des Individuums zu erklären".[5] (Am Ende des 19. Jahrhunderts lag darin der kritische Ton im Blick auf das wilhelminische Deutschland.) Die Erinnerung dieses Ereignisses enthält insofern den Appell, ein klares Bewusstsein davon zu wecken und zu bewahren, von woher der Begrenzung staatlicher Willkür diese Grenze in erster Instanz gezogen wird.

8. Damit ist ein prekärer Punkt erreicht. Nach einer, gerade unter Juristen durchaus verbreiteten Auffassung herrscht die Meinung, Religion sei, weil eine Angelegenheit des Individuums, bloße Privatsache ohne öffentlich-rechtlichen Belang. Das ist zwar zutreffend in dem Sinne, dass der Gesetzgeber auf die persönlichen Überzeugungen keinen rechtlich zwingenden Einfluss nehmen soll. Und dementsprechend kann es auch bei Jellinek heißen, die juristische Bedeutung der Gesetze erschöpfe sich völlig darin, wessen man sich enthalten solle. „Dem Recht als Form sind die Motive gleichgültig, um derentwillen man eine Handlung unterlässt, die es verbietet."[6]

Die Umsetzung der frei praktizierten Religion in die Form des Grundrechts der Religionsfreiheit verleiht der gesetzlichen Form insofern eine eigenständige Geltung, unabhängig von der je individuell betätigten und in Anspruch genommenen Glaubens- oder Gewissensüberzeugung. Insofern fallen für die Bestimmung der Grenze staatlicher Gewalt „Religion" und „Individuum" zusammen. Aber die „Grenze", die mit der rechtlichen Tatsache bestimmt ist, dass sich Staat und Gesetzgebung enthalten sollen, auf Religion Zwang auszuüben, besagt nicht nur den

---

[3] *Jellinek* (Fn. 1), 127.
[4] *Jellinek* (Fn. 1), 114.
[5] *Jellinek* (Fn. 1), 116.
[6] *Jellinek* (Fn. 1), 128.

Schutz einer „Privatsphäre". Sie besagt ebenso nachdrücklich, dass Staat und Gesetzgebung keine Substitute für Religion sind und sein sollen. Diese Selbstbegrenzung des Gesetzgebers und staatlicher Macht gehört zum Selbstverständnis des guten Staates; insofern ist „Religion" nicht nur eine Privatsache.

Die darin angelegte Unterscheidung läuft, so gesehen, nicht auf eine abstrakte Trennung hinaus, sondern auf eine Distinction, deren Glieder erst in einer reflexiven Wahrnehmung ihrer Unterscheidung, die gemacht werden muss, um darin ihren Zusammenhang angemessen verstehen zu können. Sonst wird „Religion", wie gesagt, zu einer unbegriffenen ‚black box".

Aus den eben genannten Gründen ist es nicht nur zulässig, sondern durchaus geboten, danach zu fragen, ob und in welcher Weise „Religion" von sich aus dieser Unterscheidung zwischen staatlicher Gesetzgebung und Religion entgegenkommt und aus eigenen Gründen entspricht. Um es kurz zu sagen: Dies gilt nicht für „Religion" überhaupt, d. h. für alle Religionen gleichermaßen. Es gilt offenkundig nicht für die vorherrschenden Formen des Islam. Diese Unterscheidung ist dagegen ein spezifisches Thema im Christentum, insbesondere im Protestantismus, der mit der Figur der Unterscheidung der Zwei Regierweisen Gottes, dem weltlichen und dem geistlichen Regiment, eine gedankliche wie praktisch begehbare Brücke für den Übergang vom Einheitskonzept des Corpus Christianum zum modernen Rechtsstaat vorbereitet hat.

Jellinek hat diesen Zusammenhang nur nach der einen Seite des Gesetzgebers hin zur Geltung gebracht, wenn er etwas pathetisch sagt: „Die Erklärung der Menschenrechte will die ewige Scheidelinie zwischen Staat und Individuum ziehen, die sich der Gesetzgeber stets vor Augen halten soll, die ihm durch die ‚natürlichen, unveräußerlichen, geheiligten Rechte der Menschen' ein- für allemal gesetzt sind." Die Frage, ob und wie diese „Scheidelinie" auch von Seiten des Individuums im Modus der Religionsfreiheit zu achten ist, stellt sich dem Individuum dort, wo es seine Rechte als Bürger wahrzunehmen hat. Vom Orte des Individuums aus wird ebenso, in Umkehrung der Blickrichtung die Unterscheidung fällig, nämlich wie die Subjekte von Religion und Gewissensüberzeugung ihrerseits ihr Verhältnis zu Gesetz und Recht wahrnehmen. In dieser doppelten Blickrichtung zeigt sich der historisch wie systematisch unlösliche Zusammenhang zwischen Menschenrechten und Demokratie.

9. Ich komme damit zurück auf die Frage nach dem Status der Menschenrechte. In der Präambel des Verfassungsvertrages der EU haben deren Verfasser sich auf eine Formulierung geeinigt, in der an die Stelle von Distinktionen eine *compositio* verwendet wird: Das für die Grundsätze der Verfassung maßgeblich Erbe Europas wird mit den gleichgeordneten Ausdrücken „cultural, religious and humanistic" beschrieben. Es ist mir wohl bewusst, dass Präambelrhetorik hinsichtlich ihrer begrifflichen Schärfen oder Unschärfen nicht überinterpretiert werden darf. Sie ist aber durchaus als Indikator für Probleme zu lesen, die die Auslegung der Verfassung begleiten und nicht als völlig belanglos einzustufen sind. In der Reduktion

auf den Text der Verfassung im Sinne einer immanenten Auslegung können sie als Interpretationsprobleme durchaus wiederkehren.

Die Charta der Vereinten Nationen von 1945 setzt ein mit dem „Glauben an die Grundrechte des Menschen, an Würde und Wert der menschlichen Person". Die „Universal Declaration of Human Rights von 1948 nimmt diese Formulierung in der Präambel auf, wenn es heißt, die Völker der Vereinten Nationen hätten „ihren Glauben an die grundlegenden Menschenrechte, an die Würde und den Wert der menschlichen Person" beschlossen, und verkündet die Erklärung „als das von allen Völkern und Nationen zu erreichende gemeinsame Ideal".

Meine Frage nach dem quasi-religiösen Status der Human Rights stützt sich allerdings nicht auf diese Deklarationsrhetorik. Meine Beobachtung gilt vielmehr der Frage, wie die Vision des Ideals der Menschenrechte sich zu deren Verwirklichung verhält. Man kann und muss die Frage auch anders stellen: Inwieweit wird das Potential der Idee der Menschenrechte von der fundamentalen Bedeutung ihrer gesetzlicher Feststellung, wie Jellinek sie zum Kern seiner Interpretation gemacht hat, erfasst? Dafür spricht die extensive und breit ausgefächerte Entwicklung des Völkerrechts. Die Verwirklichung der Menschenrechte hat in der juristischen, völkerrechtlichen Fassung die Form der rechtmäßigen Beschlussfassung und rechtlich-politischen Durchsetzung von „gesetzmäßig festgestellten" Rechten. Aber ist mit der Forderung universaler Anerkennung und Verwirklichung der Menschenrechte nicht mehr im Spiel? Wie ist die Dynamik in der Expansion und Ausdifferenzierung der inhaltlichen Bestimmungen der Menschenrechte einzuschätzen?

Die Fragen lassen sich an der Universal Declaration von 1948 sehr genau festmachen. Ich beziehe mich dabei auf allseits Bekanntes. Die Erklärung enthält in ihrem ersten Teil (Art. 3–21) Rechte, Verbote und Ansprüche in Bezug auf die Freiheit des Individuums, der Person. Das entspricht der am Individuum festgemachten Idee der Menschenrechte in Konkretion auf all die Fälle, in denen Menschen in Konflikt mit dem Gesetzgeber geraten: Oppositionelle, Dissidenter, politisch Verfolgte, Asylanten, die von staatlicher Gewalt mit Kerker und Folter bedroht werden, die sich auf ihre Selbständigkeit, Freiheit gegenüber den Ordnungsmächten berufen. Wo sie von Staats wegen wie Rechtlose behandelt werden, können sie sich nur auf ihr Recht als Menschen, als Individuen berufen.

Konkrete Menschenrechtsverletzungen sind das Kriterium für das, woran die Idee der Menschenrechte wie auch der Würde des Menschen ihren rechtlichen Anhalt verankert wissen kann. In dieser Hinsicht muss die Idee der Menschenrechte die Begründung für ihre gesetzliche Feststellung deshalb nicht aus Visionen ihrer künftigen universalen Verwirklichung ziehen. Sie wird evident angesichts der Konflikte an der „Scheidelinie" von staatlicher Gewalt und Individuum. Daraus ziehen die Menschenrechte ihre rechtliche und moralische Dynamik.

Genauso aber gilt, dass die gesetzliche Feststellung der Freiheit, des Individuums, der Person diese Freiheit nicht konstituiert, sondern in einem emphatischen

Sinne voraussetzt. Das kann als der Kern der inhaltlichen Bestimmung der „Religionsfreiheit" als „Ursprung" der Idee der Menschenrechte gelten, sofern und in dem Sinne, in dem die Religion von sich aus eben diese Überzeugung von der Freiheit des Individuums vertritt, und zwar als eine vor aller sozialen und politischen, auch kirchlichen Verfasstheit. Das ist aber kein allgemeines Merkmal von „Religion" in der Summe bzw. im Vergleich der historisch-soziologisch vorkommenden Religionen.

10. Im Unterschied zu diesen Grundrechten behandeln die Art. 22–27 Rechte, die sich auf die Lebensführungspraxis beziehen: Unter den Stichworten wie „Soziale Sicherheit", „Erholung und Freizeit", „Soziale und kulturelle Betreuung" sind Grundelemente des gesellschaftlichen Zusammenlebens als Anspruchsrechte an den Sozial- und Wohlfahrtsstaat versammelt. Nun ist es keineswegs so, dass diese Anspruchsrechte mit Religion und Religionsfreiheit nichts zu tun hätten. Eher ist das Gegenteil der Fall. Man muss sich nur den elementaren Sachverhalt vor Augen führen, dass real existierende Religion, die etwas anderes ist als Religionsphilosophie oder Religionstheorie, mit Regeln und Formen der Lebensführungspraxis verbunden ist, die tief in die alltägliche Lebenspraxis verwoben und kulturprägend wirksam präsent sind.

Die in Art. 18 der Erklärung enthaltene Beschreibung der Religion ist in dieser Hinsicht völlig unterbestimmt. Sie reduziert „Religion" auf „Lehre, Ausübung, Gottesdienst und Vollziehung von Riten". Man wird dagegen beispielsweise ohne großen intellektuellen Aufwand so ziemlich alle in den Art. 22 ff. aufgeführten sozialen, kulturellen und individuellen Anspruchsrechte auf die eine oder andere Weise als Elemente der christlichen Sozialethik und Lebensführung nachweisen können, die lange, bevor sie zu sozialstaatlichen Ansprüchen avancierten, unterhalb der Schwelle gesetzlich festgestellter Rechte praktiziert worden sind. Die mehr akademische Frage, ob sie „genuin christlich" sind, ist dabei für ihre historische Geltung unerheblich. Die in Europa gerade unter Intellektuellen und im Selbstverständnis der Wissenschaften zu weithin unbefragter Geltung gekommenen Säkularisierungstheorien haben hier, unterstützt von entsprechenden kirchlich-theologischen Reaktionen eine beachtliche Fehlsteuerung der Wahrnehmung bewirkt.

Je expansiver die Menschenrechte über die elementaren Schutzrechte an der „Scheidelinie" von staatlicher Gewalt und Individuum ausgelegt werden, umso deutlicher tritt ihr kultur- und religionsgeschichtliches Profil zutage. Und das hat natürlich Folgen für das Programm ihrer universalen Verwirklichung.

Von „außen", wenn ich einmal so sagen darf, zeigt das Gesamtbild des von der Menschenrechtsphilosophie nach 1945 entwickelten Idealbildes von Staat und Gesellschaft ziemlich eindeutig die Umrisse einer Welt des Christentums. Je spezifischer gerade die Bestimmungen für die sozial vermittelte Lebensführungspraxis sind, umso stärker werden die Konflikte wahrgenommen, die sich an dem damit einhergehenden Universalitätsanspruch entzünden. Ob beabsichtigt oder nicht, der

Status der Menschenrechte enthält eine quasireligiöse Funktion. Man sollte zumindest die Frage stellen, ob und in welchem Maße die Expansion der Menschenrechte analog der „gesetzlich feststellbaren" Freiheitsrechte des Individuums auf Kataloge von sozialen Anspruchsrechten nicht ein höchst wirksamer Cofaktor im Dominantwerden religiöser Motive in Konfliktdeutungen etwa islamischer Staaten und Gesellschaften ist. Das ist, zugegeben, ein höchst komplexes Problemfeld, deswegen aber keiner geringeren Beachtung würdig, auch wenn es gute Gründe gibt, in diese Beobachtungen die sozioökonomischen und strategischen weltpolitischen Faktoren nachdrücklich einzubeziehen.

Von „innen" her gesehen, erklärt dieser quasi-religiöse Status der Menschenrechte die schon beschriebene nahezu ungeteilte Sympathie, die die Human-Rights-Mission inzwischen in den christlichen Kirchen Europas genießt. Auf diesen kulturspezifischen Erfolg verwies Benjamin Franklin bereits 1777, ein Jahr nach der Virginia Bill of Rights, in einem Brief, den Jellinek zitiert, in dem es heißt: „Ganz Europa ist auf unserer Seite, man zollt uns Beifall und wünscht uns Erfolg". Und er fährt fort, in Europa gehe das Wort um, „unsere (der Amerikaner) Sache ist die Sache der Menschheit, ... indem wir für unsere Freiheit kämpfen, kämpfen (wir) auch für die Freiheit Europas". Von diesem Sendungsbewusstsein ist auch die Universal Declaration of Human Rights von 1948 geprägt, wenn sie in ihrer Verwirklichung auf „all peoples and nations" abzielt.

Auf die Gegenwart angewandt, hat ein Jahrzehnt vor Huntingtons „Clash of civilisations" der amerikanische Theologe und Sozialethiker Max Stackhouse[7] von einem „Kulturkampf" gesprochen. „The world is in the midst of a great Kulturkampf, a great struggle as to what principles and which groups will dominate humanity in the future. The question of human rights is a centerpoint of the controversy."

11. Im Blick auf die Expansion der Menschenrechtskataloge ist es, systematisch wie praktisch, von Bedeutung, als diesen „centerpoint" die elementaren Freiheitsrechte des Individuums festzuhalten, an denen die „Scheidelinie" von Staat und Individuum verläuft und die sich der Gesetzgeber stets vor Augen halten soll. Deren „gesetzliche Feststellung" ist dann noch einmal zu unterscheiden von allen weitergehenden Rechtsansprüchen, die nicht darauf abzielen, wessen sich der Gesetzgeber „enthalten" soll, sondern an seine aktive Mitgestaltung der Lebensführungspraxis appellieren. Diese Unterscheidung ist, darauf soll zum Schluss doch noch hingewiesen werden, mit der Idee der Freiheit, auch und gerade der Religionsfreiheit, keineswegs selbstverständlich gegeben und unstrittig begründet.

Ich möchte das mit einem Exempel aus der Werkstatt der protestantischen Theologie illustrieren. Ich tue das mit einem kleinen Exkurs zu einer innerprotestantischen Debatte aus der frühen Neuzeit, in der sich die historischen Entwick-

---

[7] *Stackhouse,* in einer vergleichenden Studie über „Creeds, Societies, and Human Rights", Grand Rapids, Michigan 1984, 280 f.

lungen abzuzeichnen beginnen, als deren Erbe sich das heutige Europa gemäß der Präambel des Verfassungsvertrages versteht.

Zwischen den calvinistisch-reformierten und den lutherischen Flügeln der Reformation entspann sich im 17. Jahrhundert ein gelehrter Streit darüber, wie es mit der Königsherrschaft Christi, Leitbegriff der *libertas christiana*, in der Zeit zwischen seiner Auferstehung und seiner Wiederkunft in die Welt bestellt sei. Der Streit ging um die Auslegung des Theologumenons „Christus non otiosus est", Christus ist in der Zeit seiner Abwesenheit auf Erden nicht müßig. Aber wie ist er präsent und tätig? Die Calvinisten lehrten, Christus ist tätig *durch* seine Gläubigen und darum ist es der Auftrag der Christen, die Welt gemäß der Königsherrschaft Christi zu gestalten. Die Lutheraner dagegen lehrten, Christus ist tätig *in* seinen Gläubigen, denn er macht die Christen jetzt schon im Glauben frei von den Bedrängnissen, Anfechtungen und Nöten der Welt und darum leben die Christen in dieser Freiheit des Glaubens. Anders war diese Frage in der römisch-katholischen Lehre gelöst; für sie wird die Gegenwart Christi repräsentiert in der Stellvertretung durch die Kirche.

In dieser dogmatischen Debatte lassen sich durchaus unterschiedliche Deutungen und Begründungen von Freiheit vorformuliert finden, die in der gegenwärtigen Kultur in veränderter, weltlicher Fassung präsent und analog untereinander strittig sind. Unter dem Regime der „Scheidelinie" haben die dogmatischen Differenzen ihre religionspolitische Bedeutung abgetreten und sind hinter den Schleier der allgemeinen Religionsfreiheit zurückgetreten. In der protestantischen Ökumene ist dafür seit den achtziger Jahren des vorigen Jahrhunderts die Formel von der „reconciled diversity" gebildet worden. Diese Formel findet sich in etwas anderer Beziehung in der Präambel des Verfassungsvertrags der EU, die sich zur Einheit Europas mit der Formel „reunited in diversity" bekennt. Dieser kleine Exkurs dient hier als Hinweis darauf, wie komplex und differenziert der Begriff der Religionsfreiheit in sich ist, komplexer und inhaltsreicher jedenfalls, als er von einem allgemeinen, abstrakten Begriff von „Religion" erfasst werden kann.

Alles zusammengenommen, können diese Beobachtungen dazu beitragen, die Konzeption der Menschenrechte in ihrer geschichtlichen Konstitution wahrzunehmen und die Programme zu ihrer Verwirklichung an dem elementaren Kern zu messen, indem sie zum Schutz der Freiheit des Individuums vor staatlicher Willkür dem Recht anvertraut werden, mit dem der gute, seiner Grenzen bewusste Gesetzgeber bei seiner Funktion für die Menschen behaftet wird, die in einem emphatischen Sinne die reale Voraussetzung seiner eigenen Existenz und ihrer Institutionen und Organe sind.

The Human Right to Water

By Eibe Riedel

I. The Setting

The range of human rights is very broad, and as Philip Alston cogently remarked some twenty years ago, there is no need to conjure up ever new human rights for all and everything at the international level.[1] What is needed instead is greater quality control, and taking the recognized rights more seriously, by defining more precisely the existing set of rights, by putting more emphasis on the implementation of those rights at the domestic level, and by improving the monitoring mechanisms at the international level. Why then should the United Nations Committee on Economic, Social and Cultural Rights (CESCR) have embarked on the venture to formulate a General Comment on the right to water, when the text of the International Covenant on Economic, Social and Cultural Rights (ICESCR) does not mention water at all?

The following discussion will focus on this question and will present some of the reasons that led the CESCR to adopt a General Comment on the right to water on 26 November 2002.[2]

To begin with, a few quotes about the essential nature of water: An Indian adage has this to say about the topic: "pani ata, pani jata, kidar se ata, kita jata, kisko malum hai?" – "water comes, water goes, whence it comes, where it goes, who can tell?" The Ancient Mariner had this to contribute: "water, water, everywhere, and all the boards did shrink, water, water, everywhere, nor any drop to drink". The Quran tells us "By means of water, we give life to everything",[3] and all other major world religions hold water in equal esteem. In lyrical detail Sir Alan Herbert opts for a more realistic assessment:

> "Water
> The rain is plenteous but, by God's decree, only a third is meant for you and me;
> Two-thirds are taken by the growing things or vanish Heavenward on vapour's wings:
> Nor does it mathematically fall with social equity on one and all.
> The population's habit is to grow in every region where the water's low:

---

[1] *Alston,* Conjuring up New Human Rights: A Proposal for Quality Control, AJIL 78 (1984), 607 *et seq.*

[2] UN Doc. E/C. 12/2002/11.

[3] Sura 21, 30.

Nature is blamed for failings that are Man's, and well-run rivers have to change their plans."

Enough of these quotes. Suffice it to say that all cultures and major world religions place water very high on their list of values. Sir Alan Herbert came close to the truth when he assessed the quantities of water available, but for the purposes of this discussion, some other hard facts are relevant:

97 % of the Earth's water resources is saltwater in oceans and seas. Merely 3 % account for freshwater, and only 1 % of that is available for drinking – the remaining 2 % is frozen in the polar ice caps. 74 % of domestic water usage is in the bathroom, 21 % for laundry and cleaning purposes, and only 5 % is used in the kitchen. It is estimated that, on average, every person needs an absolute minimum of 2–5 litres per day for survival, depending on climatic conditions.[4] Adequate supply is calculated at about 20 litres per day per person.[5] But in order to produce the wheat to make a two-pound loaf of bread, about 1000 gallons of water are needed, and it takes about 120 gallons to produce just one egg. It is estimated that world-wide out of the world's 6 billion people at least 1.1 billion lack access to safe drinking water or suffer from acute water shortage, and over 1 billion cannot meet the water needs for agriculture.[6]

When talking about water in international law, a basic issue should be borne in mind: Does it involve just drinking water, or does it embrace freshwater of varying degrees of purity for agricultural purposes as well? If one looks at the water resources (drinking and freshwater) of the world, one finds that fundamentally, ample quantities of water are available worldwide. But unfortunately, these water resources are not evenly distributed. And so, environmentalists stress that if the utilization of water habits are not changed fundamentally, by the year 2025 two thirds of the rapidly increasing world population will suffer from water scarcity.[7] Measures to increase the supply of water also become more and more difficult and costly. Pessimistic commentators have deduced from this that the twenty-first century may well turn out be a century of increasing water disputes, even water

---

[4] For a detailed analysis, see *Howard/Bartram,* Domestic water quantity, service level and health, World Health Organization, 2003, WHO/SDE/WSH/03.02.

[5] Although the exact figures quoted are not undisputed; see generally the thorough analysis by *Kiefer,* The Human Right to Water: domestic and international implications, LL.M. Scripttie Vrij Doctoraal Internationaal Recht, Universiteit van Amsterdam, 2003, 9 *et seq.*

[6] *Brundtland/Viera de Mello,* foreword, The Right to Water, WHO 2003, 3; see also UNICEF/WHO, Meeting the MDG Dringking Water and Sanitation Target, A Mid-Term Assessment of Progress, 2004, 8 *et seq.;* and see generally *Lohse,* Das Recht auf Wasser, doctoral dissertation, 2005, chapter 1; *Nowrot/Wardin,* Liberalisierung der Wasserversorgung in der WTO-Rechtsordnung – Die Verwirklichung des Menschenrechts auf Wasser als Aufgabe einer transnationalen Verantwortungsgemeinschaft, 2003, 5 *et seq.*

[7] *Lohse* (note 6), 39 *et seq.; Gleick/Singh/Shi,* Threats to the World's Freshwater Resources, 2001, 18; *Bos/Bergkamp,* Water and the Environment, in: Meinzen-Dick/Rosegrant (eds.), Overcoming Water Scarcity and Quality Constraints, 2020 Focus 9, International Food Policy Research Institute, 2001.

wars.[8] The uneven distribution of water affects States of the Middle-East and Northern Africa most,[9] but also vast areas of Asia, certain regions of Latin-America, and increasingly even of the United States of America.[10] Moreover, existing water resources are wasted, or squandered away in many countries, either knowingly or unwittingly. Freshwater is polluted, aquifers are exploited, despite the fact that they may be unrenewable.[11] Excessive extraction of groundwater erodes the earth and diminishes the future formation of groundwater. Developing countries lack the financial and technical resources to catch rainwater effectively. Pipelines and wells are not properly attended, and cause water shortages in ever-increasing conurbations. International environmental law has produced quite a number of recommendations, how to manage water resources more effectively at a national and at decentralized levels. Sustainable water management strategies are developed, but the provision of water to the entire population remains precarious in many countries.

In response to these challenges, many different policies are advocated which cannot be discussed here at length. Suffice it to say that basically three approaches are being utilized:

(1) The State manages water resources itself. Practice in many countries shows that this more often than not results in vast bureaucracies and underfinancing, and saving necessary costs for long-term investments in water installations, for which too little or no money is provided.

(2) The second approach believes in full-scale privatization: This implies the application of the market mechanisms of free enterprise, with the result that investments in long-term projects become possible, such as reconstruction of old and defective water pipelines, building dams and devising river catchment programmes. But this has a price: Water costs have to be translated into water prices, and this may affect the accessibility to water resources by poorer, marginalized or disadvantaged sections of the population.

---

[8] *McCaffrey,* The Coming Fresh Water Crisis: International Legal and Institutional Responses, Vermont Law Review 1997, 803; *Lohse* (note 6), 42 *et seq.*

[9] See Centre for Economic and Social Rights, Thirsting for Justice. Israeli Violations of the Human Right to Water in the Occupied Palestinian Territories, Report to the 30th session of the UNCESCR, May 2003, 10 *et seq.;* see also *Assaf/Attia/Darwish/Wardam/Klawitter,* Water as a human right: The understanding of water in the Arab countries of the Middle-East – A four country analysis, Global Issue Papers, Heinrich Böll Stiftung No. 11, September 2004.

[10] The Ogallala Aquifer is rapidly being depleted, losing 12 billion m³ of water per year: arable land fed from this aquifer is likely to be reduced by half in 20 years; cf. Der Spiegel 35/2002, 146 *et seq.*

[11] See the overview in *Howard/Bartram* (note 4), *passim*; and *Brundtland/Viera de Mello* (note 6), 8 *et seq.;* by diverting the river Amudarja for cotton field irrigation, the Aral lake and 50 other lakes in the respective delta have largely dried up. Libya is rapidly exploiting groundwater from Saharan aquifers, and Lake Tchad, once the sixth largest lake in the world, has been reduced in size to 1/10th. Many other examples throughout the world can be given.

(3) The third approach believes in various forms of public-private partnerships in the management of water resources. The State provides some investment funds, or offers tax and other incentives to enterprises willing to invest in costly technology for water management. Such major transnational corporations are Suez, Vivendi and Thames Water.[12]

(4) A fourth approach that cannot be pursued here, addresses the issue of "virtual water".[13] If water quantities in semi-arid or arid zones of the world are not available, instead of spending a lot of money on the provision of water pipelines, or constructing desalination plants, foodstuffs could be provided that are produced in far away areas rich in water supplies, and transported to these arid areas at much lower costs. Needless to say, the resulting dependency on food imports and on the existence of a balanced trade relationship does not render this a very attractive alternative, particularly for many developing countries.

Subsidizing option (1), the State-controlled model, is not a promising strategy: It may not produce the results expected, the credits provided by development banks and the international financial institutions do not reach the addressees properly, as many failed large-scale development projects in Africa and Asia have shown.

Full-scale privatization, option (2), also did and does not function well in many instances: It generally leads to private enterprises selecting only those projects that promise early returns, and offer the prospect of reasonable profits.[14] Investors in the water sector will generally only consider projects in large cities or conurbations, where the number of potential users of the water installations will guarantee sufficient returns, and where the installations needed do not cover too long distances. Rural and mountainous areas that are not densely populated will not be covered at all, and consequently will be left to their own resources which usually means that little or nothing is provided for these segments of the population.

Option (3), the public-private partnership[15] seems a panacea at first sight, but on closer analysis also reveals shortcomings: put candidly, it often privatizes gains and socializes losses. Ultimately, the State is left with the financing burdens which it cannot adequately meet. Moreover, large segments of the population are not in

---

[12] See *Hall,* Water in Public Hands, Public Services International Research Unit, 2001; for a critical analysis of the private option, see *Kürschner-Pelkmann/Schnabel,* Imagine ... clean drinking water for everyone?, Coordination Southern Africa, 2003.

[13] See *Ziegler,* Report by the Special Rapporteur on the right to food, UN Doc. E/CN. 4/2002/58; see also FAO, Agriculture, Food and Water – A contribution to the World Water Development Report 2003, 2003.

[14] The Cochabamba Concession case in Bolivia is a good case in point, see *Nickson/Vargas,* The Limitations of Water Regulation: The Failure of the Cochabamba Concession in Bolivia, Bulletin of Latin-American Research, Vol. 21, No. 1, 2002, 90 *et seq.*

[15] On this issue see in particular *Lohse* (note 6), chapter 11 Transnational Enterprises; cf. also *Nowrot/Wardin* (note 6), 29 *et seq.; Hüfner,* Private-Public Partnership im System der Vereinten Nationen, in: Hamm (ed.), Public-Private Partnerships und der Global Compact der Vereinten Nationen, INEF Report, Heft 62 (2002), 4 *et seq.*

a position to afford the better services provided by the private enterprise. Again, the State is called upon to provide a social network of price subsidies which it cannot afford. So, a vicious circle is set in motion.

These very broad and incomplete policy considerations illustrate clearly that no easy answer is available, no-one possesses the golden metwand transporting us to a land where milk and honey or abundant water flow.

II. Water Rights in International Law

Against this background a cursory glance at the development of international law rules in this sphere seems called for. The Universal Declaration of Human Rights (UDHR) and the two United Nations Covenants are silent on the issues, maybe because in 1966 when the texts were adopted after 14 years of debate in the Human Rights Commission water was taken for granted, and seemed to be abundant.[16] But as early as 1966, the International Law Association, a non-governmental organization, produced a River Declaration, the Helsinki rules which outlined all the major problem areas later to be taken up in the Stockholm and Rio Summits on environmental law.[17] At the same time, since the 1970-ies, the International Law Commission had extensive discussions on the Non-Navigational Uses of Watercourses, focussing on the newer and holistic drainage basin concept rather than on just looking at surface rivercourses, realizing that an inextricable systemic connection between the rain cycle, groundwater and surface water exists, that require a comprehensive transboundary approach.[18] In the early 1990-ies, attempts were made to have a closer look at the effects of water management on the populations concerned, and some authors suggested that a human rights approach should be taken.[19] When the International Law Commission submitted its draft Convention on Non-Navigational Uses of Watercourses in 1997, reference to the human rights dimension was left out, however, mainly because developed countries feared

---

[16] See *Kiefer* (note 5), 32, with further references; but note that when the ICESCR text was negotiated, a right to water was briefly mentioned alongside a right to transport, but rejected, cf. *Craven,* International Covenant on ESC-Rights, 2002, 25.

[17] See *Riedel,* International Environmental Law – A Law to Serve the Public Interest?, in: Delbrück (ed.), New Trends in International Lawmaking – International "Legislation" in the Public Interest, 1997, 61 *et seq.;* by *the same:* Change of Paradigm in International Environmental Law, Law and State 57 (1998), 22 *et seq.*

[18] See UN Convention on the Law of the Non-Navigational Uses of International Watercourses, 21 May 1997, I.L.M. 36 (1997), 700.

[19] See *McCaffrey,* A Human Right to Water: Domestic and International Implications, Georgetown International Environmental Review 1992, 1 *et seq.; Gleick,* The Human Right to Water, Water Policy 1 (5), 1999, 487 *et seq.; Smets,* Implementing the Right to Drinking Water in OECD Countries, TA 1251: 22/11/99–12/01/00, Working Party on Environmental Performance, OECD-Seminar on the social and Environmental Interface, 22.09.–24.09.1999; by *the same,* La solidarité pour l'eau potable, 2004; by *the same,* Le droit à l'eau, Académie de l'eau, 2002.

being confronted with further development aid claims, fortified by human rights language.

Before answering the question whether there is a human right to water, some further international law sources have to be reviewed in passing: The *Mar del Plata Declaration* (1977) declared that "all peoples, whatever their stage of development and social and economic conditions, have the right of access to drinking water in quantities and of a quality equal to their basic needs."[20] In 1992, an *International Conference on Water and the Environment at Dublin* stated in principle 4: " it is vital to recognize first the basic right of all human beings to have access to clean water and sanitation at an affordable price".[21] The Dublin Conference was preparatory to the UN Conference on Environment and Development, held in Rio de Janeiro in June 1992. Agenda 21 of the Rio Summit "Programme of Action for Sustainable Development" had a special chapter on freshwater resources.[22] In 1979, the Convention on the Elimination of all Forms of Discrimination against Women (CEDAW) stated in article 14 (2): "States parties ... shall take appropriate measures to ... ensure to women the right ... (h) ... to enjoy adequate living conditions, particularly in relation to housing, sanitation, electricity and water supply, transport and communication", and 10 years later, the Convention on the Rights of the Child (CRC) (1989) which was ratified by 190 States, affirmed this principle by saying: "States parties shall take appropriate measures to combat disease and malnutrition ... through, inter alia, the application of readily available technology and through the provision of adequate nutritious foods and clean drinking water, taking into consideration the dangers and risks of environmental pollution."[23]

In 2001, the *Council of Europe Charter on Water Resources,* in paragraph 5 emphasized: "Everyone has the right to a sufficient quantity of water for his or her basic needs."[24] Then follows a reference to freedom from hunger and safeguarding an adequate standard of living. Two further rights references in international treaties deserve mention: Geneva Convention III of 1949 and Additional Protocol I of 1977: Article 26 of GCV III states that: "... sufficient drinking water be supplied to prisoners of war."[25] From this brief survey it becomes evident that

---

[20] Report of the UN Water Conference: Mar del Plata, UN Doc. E/CONF. 70/29.

[21] International Conference on Water and The Environment, Dublin, see Journal of Water SRT, Aqua, Vol. 41, No. 3, 129.

[22] See Earth Summit, Agenda 21, UN Programme of Action from Rio, UN Sales No. E. 93.1.11. (1993), 166 *et seq.*

[23] For references see General Comment No. 15, para. 4.

[24] See Committee of Ministers Recommendation on the Council of Europe Charter on Water Resources, Rec. (2001), 14; see also *Smets,* Les implications juridiques et économiques du droit à l'eau potable, Agence universitaire de la francophonie, Bukarest, 4 November 2004, 4.

[25] Convention (III) relative to the Treatment of Prisoners of War, 12 August 1949, in: Schindler/Toman (eds.), The Laws of Armed Conflicts, 1981, 355 *et seq.;* Protocol Addi-

the international community of States increasingly recognizes a human rights dimension of water availability.

This, in turn, raises the more fundamental and controversial issue whether economic, social and cultural rights to which a right to the supply of adequate quantities of water belongs, are human rights at all, or whether they should be left as policy options for the democratically elected and responsible governments.

When the Universal Bill of Rights was conceived in 1948,[26] the ideals of the French and American revolutions of the eighteenth century served as blueprints for the United Nations. Theodore Roosevelt's famous four freedoms (of speech, religion, from want and fear) clearly embraced both civil and political as well as ESC-rights.

The change of mind took place in the nineteenfifties and sixties, at the height of the Cold War between East and West. While Socialist States favoured ESC-rights, stressing collective rights, and such blessings as the right to work for all – which could easily be provided in a planned- state economy, even if that meant that each workplace would be filled with five or six people doing the work of one – Western States, by contrast, concentrated on the civil and political rights, believing that ESC-rights, if rights at all, could only be guaranteed as indirect rights, as non-self-executing obligations directed at States, not at individuals, while internationally promised civil rights could be relied upon directly by individuals. Moreover, Western States argued that social rights can only be guaranteed as positive rights, costing a lot of money. By promising cost-intensive state blessings, and alleging them to be of the same quality as civil and political rights, all human rights might ultimately be reduced to relative rights, pious hopes, dependent on affordability, so they said. Human rights, in their opinion, should stand the test of crises, and not be dependent on available financial state resources. Therefore ESC-rights, if human rights at all, should be a different category of rights altogether. Furthermore, many obligations formulated very vaguely and quizzically in the Social Covenant did not state clearly what rights positions would ultimately apply in given conflict cases.

The contrary position, which is to be preferred, starts from the indivisibility of all rights, as clearly outlined in the Universal Declaration of Human Rights of 1948. State practice in the nearly 40 years since the adoption of the two Covenants

---

tional to the Geneva Conventions of 12 August 1949, and relating to the Protection of Victims of International Armed Conflicts (Protocol I), in: *ibid.,* 555 *et seq.;* Art. 29 of Geneva Convention III goes on to detail that baths and showers furnished in the camps and sufficient water and soap for personal toilet and for washing their personal laundry be provided. Art. 54 (2) of Additional Protocol I prohibits to "attack, destroy, remove or render useless objects indispensable to the survival of the civilian population, such as foodstuffs, agricultural areas for the production of food, crops, live stock, drinking water installations and supplies, and irrigation works."

[26] See *Riedel,* International Law Shaping Constitutional Law, in: Riedel (ed.), Constitutionalism – Old Concepts, New Worlds. German Contributions to the VIth World Congress of the IACL 2005, 105 (109).

in 1966 has increasingly supported that view. Civil rights can be as costly or even more costly and resource-dependent than social rights. For example, a protest march to Washington with hundreds of thousands of people using their freedom right of assembly may involve mobilization of police forces in great numbers, and contingency reserves, in case riots break out. Nobody would seriously deny the right of assembly because of the large incidental costs involved.[27]

The right to work and other social rights like the rights to health, education, housing, food, social security, do not overtax the economic means of states. The right to work, for example, – on closer analysis – does not mean an absolute right of everyone to a particular guaranteed place of work of his/her choice, but merely means the right of equal access to the *available* work places, i.e. fair and equitable distribution and equal chances *in* work.

No planned economy is required to protect ESC-rights, either. Otherwise 150 States, that have ratified the Social Covenant so far, would be in constant breach of their Covenant obligations. All that the Covenant promises and guarantees is the bare essentials, the subsistence level social network required to prevent people dying from hunger, thirst, lack of housing and health hazards. To merit human rights status, the fundamental dignity of individuals, embracing those elementary subsistence rights, need as much attention as civil and political rights.

III. The Practice of the CESCR

The Committee on ESC-rights (CESCR), consequently, has elaborated a practice of interpretation in a series of so-called General Comments that emphasize the nature of States' parties obligations:[28] These general comments serve to elucidate the meaning of particular Covenant provisions.[29] Strictly speaking they are not legally binding, but serve as persuasive authority for States parties when drawing up their regular reports to the CESCR, and as interpretation aids for domestic courts when faced with Social Covenant issues under domestic law. But they also serve to clarify the content of particular provisions for Committee members, so that they can ask more focussed questions to State party delegations during the oral dialogue, or when drawing up additional questions, the so-called list of issues

---

[27] Cf. *Riedel* (note 26), 112 *et seq.*

[28] See Compilation of General Comments and General Recommendations adopted by Human Rights Treaty Bodies, UN Doc. HRI/GEN/1/Rev. 7, 12 May 2004; on ICESCR General Comments, see *Riedel,* Allgemeine Kommentare zu Bestimmungen des Internationalen Paktes über wirtschaftliche, soziale und kulturelle Rechte der Vereinten Nationen, in: Deutsches Institut für Menschenrechte (eds.), Die "General Comments" der menschenrechtlichen Vertragsausschüsse, 2005, 160 *et seq.*

[29] *Riedel,* New Bearings to the State Reporting Procedure, in: *von Schorlemer* (ed.), Praxishandbuch UNO, 2003, 345 (346); *Alston,* The Historical Origins of the Concept of General Comments in Human Rights Law, in: de Chazournes/Gowlland-Debbas (eds.), Liber Amicorum Georges Abi Saab, 2001, 763 *et seq.*

to be taken up with the States party to the Covenant, prior to the oral dialogue, and ultimately also when drawing up the Committee's concluding observations when assessing the performance of the State party. Needless to say, general comments also influence the work of non-governmental organizations (NGOs) in preparing their submissions to the Committee. In drawing up general comments the CESCR has been greatly assisted by the work of NGOs who have frequently collaborated with individual Committee members responsible for drafting new general comments. One of the key functions of such general comments is to highlight the development of a sort of "committee jurisprudence", summarizing and focussing recurring issues that need close attention in the reporting procedure. Irrespective of the legal nature of such general comments States parties when commenting on them unofficially have generally regarded them as helpful and not as overstepping the reporting procedure laid down in the Covenant and in an ECOSOC resolution setting up the CESCR, and in fact bringing it in line with the other treaty bodies.

The CESCR has emphasized from the beginning of its work in 1985[30] that the Covenant has various layers of obligations encompassing obligations to respect, protect and fulfil, and that in each Covenant right there are to be found elements which lend themselves to direct applicability in domestic court proceedings. Although this remains disputed the practice of the Committee has time and again stressed this reading of the Covenant provisions.[31]

The obligation to *respect* refers to the negative right of individuals or groups of society that the State does not interfere with their basic ESC-rights, for example doers not exclude certain groups of society from the enjoyment of social rights, such as the right to health, by preventing marginalized or disadvantaged groups of society from having access to health services, goods and facilities, as happens in many countries, or excluding some classes of people from educational institutions, as happens in many countries in relation to minority groups.

The obligation to *protect* means that States remain responsible for guaranteeing a social right, even if they privatize a service. If, for example, houses previously rented from the government are privatized, then the State cannot say "we are no longer responsible, because the service now is run by private firms, outside our sphere of influence". Only the nature of the State's obligation changes: from an obligation to respect directly housing rights of citizens to an indirect obligation to protect fundamental interests of citizens, by seeing to it that third parties do not infringe upon fundamental rights guaranteed in the Covenant. For example, when countries in transition from a planed economy to a free market economy like Poland privatized large segments of the housing market in Warsaw, great numbers of forced evictions soon followed, as tenants could no longer afford the competi-

---

[30] ECOSOC Res. 1985/17 set up the CESCR. Prior to that date a Sessional Working Group of Governmental Experts on the Implementation of the ICESCR had evolved, see ECOSOC Decision 1978/9 of 3 May 1978; see also ECOSOC Res. 1981/158 of 8 May 1981.

[31] Cf. General Comment No. 3, para. 9.

tive market prices. The CESCR, in its concluding observations to the State report by Poland, emphasized that the Government remained responsible at all times to enact legislation or other administrative measures preventing people from becoming homeless or destitute. The obligation to protect ranges from obligations to provide anti-trust legislation, to framework legislation, which ensure that private enterprise does not exploit fundamental rights of individuals in a weaker position, unable to fend for themselves. But privatization, as such, remains a perfectly viable social policy option, even though that position is contested by quite a number of NGO activists.

The obligation to *fulfil*, as the third Covenant type of obligation, is the most controversial one: it means that the State is under an obligation to inform, to educate, to provide action plans for policy prioritization, like a national action plan on public health, to promote ESC-aims, such as education campaigns concerning the combat against HIV/AIDS. If a country denies the existence of that disease like South Africa did until 2002, or China until the autumn of 2002, thereby failing to inform its population about the health risks involved, with resulting massive increases in AIDS infection cases owing to lack of knowledge, then it violates the right to health, and the CESCR will say so in no uncertain terms. And no State likes being put in the pillory. The world forum of public opinion is something that every State, does not ignore lightly. It is, in fact, an alternative to non-existing or very weak international sanctions.

It is only when we talk about actual cost-intensive obligations to fulfil, as obligations to actually provide facilities and services, that the real bone of contention between Western and other States comes to light: for example, Article 13 of the Covenant promises the right of primary education, free for all. That is truly costly. And secondary and tertiary education shall be progressively made free for all, at least not retrogressively abolished or diminished.

The Committee and all the States that have ratified the Social Covenant are united in the conviction that this only means that the bare survival requirements, the subsistence level minimum services are protected as human rights postulates, everything else and above is up to policy choices of the democratically elected legislature and to the administration, and thus subject to change. A human right, however, is immutable, unchangeable, not subject to policy choices and the shifting preferences of democratic processes, but serves as a trump vis-à-vis the State, as Ronald Dworkin has put it cogently for civil rights.[32]

The cost argument, coupled with the vagueness argument of those rejecting social rights as human rights have time and again been rebutted in international fora. Art. 2 (1) of the Covenant does speak of States parties obligations "to take steps, utilizing their maximum available resources, to progressively achieve the realization of ESC-rights, adopting appropriate legislative and other measures to-

---

[32] *Dworkin,* Taking Rights Seriously, 1977, xi and 205.

wards this end." To anyone trained in the common law tradition of literal interpretation, this sounds very much as though the State is given a wide margin of discretion to decide for itself how much, at what price, and in what time-frame it wishes to progress in the efforts to realize the rights fully.[33] But that is quite erroneous, it is submitted: we are not dealing with a statute that judges interpret narrowly in order to restrain an overzealous legislator, but with a human rights regime treaty, whereby States start from different degrees of rights realization. All it means, therefore, is that every State has an immediate obligation to fulfil its Covenant obligations, to the best of its abilities. The progressive nature of this obligation addresses the fact that poorer countries start at a much lower level, richer ones at a higher level of rights realization duties. Both countries have to show that they have "progressed" in their efforts, but from comparatively different starting points. Any interpretation regarding the obligations as amounting to mere discretion areas of sovereign power misses the thrust of the Covenant completely. When the United Kingdom and Sweden adopted this restrictive approach in the dialogue with the CESCR, they were much criticized for this by Committee members.

IV. The Right to Water Under the ICESCR

Against this background, the right to water as an economic and social right can now be reviewed. To start with, neither the Civil nor the Social Covenant contain explicit mention of water, nor does the Universal Declaration of 1948 mention water. Some commentators have argued that the rights to life and human dignity under the ICCPR could be interpreted to embrace water as a human right, but this has only received limited support. The other alternative is to look at the Social Covenant, to see whether water as a human right might be read into a specific Covenant right. The reason for a general abstinence in this matter is simple: In 1966 there was much less water degradation, water seemed to be abundant and often free of charge, available like the air we breathe. The *travaux préparatoires* of the Social Covenant form no major obstacle. Water as a commodity needed by everyone was not specifically excluded, if not mentioned as such.[34]

1. Genesis of General Comment No. 15

So the CESCR in April 2002 decided that a Draft General Comment on the Human Right to Water should be elaborated, to be adopted in the November ses-

---

[33] See *Allen,* Law in the Making, 7th ed., 1964, 112 *et seq.; Cross,* Precedent in English Law, 3rd ed., 1977, 4 *et seq.; Zweigert/Kötz,* Einführung in die Rechtsvergleichung, Vol. I: Grundlagen, 1971, 321 *et seq.*

[34] But as *Craven* (note 16), 25, has rightly pointed out, there was some discussion on this issue, but ultimately left out of the final text. This does not mean, however, that water as a human right was ruled out as such, it simply did not muster sufficient support at the time, for reasons given above.

sion of the CESCR. Starting point for such a right to water is article 11 (1), which provides that "States parties to the Covenant recognize the right of everyone to an adequate standard of living for himself and his family, including adequate food, clothing and housing, and to the continuous improvement of living conditions." The expression "including food, clothing, etc", therefore does not limit the meaning of "standard of living" to those specifically mentioned categories, but leaves room for other basic needs that are of similarly vital importance. No-one can deny that water is at least as important as food. In fact, people die much more quickly of thirst than of hunger, and foodstuffs cannot be produced without sufficient quantities of water. For this reason, in the FAO context, water sometimes is referred to as "liquid food." Living conditions must of necessity embrace water, as without water that is clean and drinkable, or potable, numerous health hazards follow. The later human rights treaties like CEDAW and CRC therefore specifically mention water as indispensable for the realization of other specific rights.[35]

The CESCR can point to many concluding observations on State reports where water was made an issue. Thus, until adoption of General Comment No. 15, in 33 out of 114 concluding observations since 1993 water rights have been addressed and discussed with the States parties. So there is extensive Committee practice on this issue.[36]

Why did the CESCR press ahead with such a human right to water campaign at that particular time? 2003 was the world water year, and in March 2003, the World Water Forum took place in Kyoto.[37] It was a unique chance for the Covenant to get world-wide attention and press coverage. And indeed, this is what happened. Even the World Bank that had hitherto taken a rather reticent attitude towards the ICESCR, if it did not ignore the Social Covenant altogether in its lending policies, since the adoption of General Comment No. 15 has given much greater attention to the Social Covenant, and to the work of the Committee, as witnessed in a recent seminal study on the human right to water.[38] By adopting the General Comment as an elaboration of existing treaty obligations, the human rights focus of water problems can no longer be ignored or marginalized, as so often happened in the past. It might even trigger off public debate at the international, regional and national levels that economic, social and cultural rights, to which water belongs,

---

[35] Art. 14 (2) CEDAW (1979): "State parties shall take all appropriate measures to ... ensure to women the right: ... (h) To enjoy adequate living conditions, particularly in relation to housing, sanitation, electricity and water supply ..."; art. 24 (2) CRC (1989): "State parties ... shall take appropriate measures ... (c) ... provision of adequate nutritious foods and clean drinking water, taking into consideration the dangers and risks of environmental pollution."

[36] See *Langford*, Right to drinking water and sanitation and the Committee on ESC-Rights, Centre on Housing Rights and Evictions (COHRE), May 2002, 3 *et seq.*

[37] Third World Water Conference, Kyoto, 16–23 March 2003, available on the Internet: <www.world.water-forum3.com/en/statement/html>.

[38] *Salman/McInerney-Lankford*, The Human Right to Water, Legal and Policy Dimensions, Law Justice, and Development Series, The World Bank, 2004.

are there to be respected, protected and fulfilled, even if many States, for many different reasons, might not like it, or shy away from it, fearing too great an incursion into the exercise of their sovereign discretion.

The strategy of the CESCR was to closely follow the General Comments it has drafted on housing, forced evictions, food, education and health.[39] So, the main focus was on equal access to available resources, such as water. Committee members call this the *"ilities"-approach, meaning availability, accessibility, affordability* and *safety* of water for every human person within the available resources. It does not entitle individuals or groups to as much water as they would like, but merely to the bare necessities of life, the subsistence level, no more. Even critics of the human rights approach to safe drinking water and freshwater supply will concede that such claims are fundamentally justified. They believe, though, that this is not a question of rights, but of allocation of resources, as a matter of policy choices. The reason why this view ought not to be followed, and this goes for all economic, social and cultural rights, is this: The basic needs of every person are part and parcel of human dignity which the State must respect, protect and fulfil unconditionally.[40] The need for human rights protection arises from elementary experiences of injustice, where the existing regulatory schemes in a given society do not provide the necessary minimum coverage. This happened in the French revolution, when the starving Parisians stormed the Bastille while the king feasted in Versailles, and it happened in Boston when oppressive taxes rendered life intolerable for the settlers.

What human rights advocates have propagated and demanded from the beginning, and certainly philosophers expounded in the age of enlightenment, is that a bulwark of basic guarantees surround the human person. Economic, social and cultural rights are only the outer spheres of a person's dignity, and do not ask for much: The guarantee of equal access and elementary provision of basic needs can be afforded by all States, even by the lowest least developed countries (LLDCs), and since only the existence or subsistence requirements are protected as human rights, very much scope for changing policy choices, subject to democratic processes, remain. So there is nothing to be feared from ESC-rights. They are there, they are indispensable for a life in dignity, and this applies to a right to adequate drinking water as part of the existing obligation of States parties to the Social Covenant, to guarantee an adequate standard of living which includes, apart from food, housing, health care and education, certainly also water. As Secretary-General Kofi Annan recently summed up cogently: "Access to safe water is a fundamen-

---

[39] See General Comments Nos. 4 (housing), 7 (forced evictions), 12 (food), 13 (education) and 14 (health).

[40] At the same time, basic needs should not be confused with basic human rights; they are related, but different. Human rights are normative precepts, needs relate to factual situations, see generally *Riedel*, Theorie der Menschenrechtsstandards, 1986, 182 *et seq.*, at 205; the *same*, Die Menschenrechte der Dritten Dimension als Strategie zur Verwicklung der politischen und sozialen Menschenrechte, in: Esquivel (ed.), Das Recht auf Entwicklung als Menschenrecht, 1989, 49 (59).

tal human need and, therefore, a basic human right. Contaminated water jeopardizes both the physical and social health of all people. It is an affront to human dignity."[41]

The Millenium Declaration of December 2001 for this reason calls for a "Blue Revolution" which would increase agricultural productivity per unit of water, while improving management of watersheds and flood plains.[42] The General Comment does not, however, go so far. It does not deal with the highly controverted issue of water for agricultural purposes, although this closely relates with the right to food. This problem awaits legislation or treaty elaboration at the national and international levels.

2. Specific Contents of General Comment 15

The general comment starts by declaring unequivocally that "water is a limited natural resource and a public good fundamental for life and health," and goes on to clarify that "the human right to water is indispensable for leading a life in human dignity".[43]

Perhaps the most important paragraph in the entire general comment follows in paragraph 2 which says in no uncertain terms: "The human right to water entitles everyone to sufficient, safe, acceptable, physically accessible and affordable water for personal and domestic uses. An adequate amount of safe water is necessary to prevent death from dehydration, to reduce the risk of water-related disease and to provide for consumption, cooking, personal and domestic hygienic requirements."

The CESCR had no difficulties in deducing this human right to water from reading articles 11 and 12 conjointly, and emphasizing that the words in article 11 "the right of everyone to an adequate standard of living for himself and his family, *including* (emphasis added) adequate food, clothing and housing, and to the continuous improvement of living conditions" clearly left room for other, equally important basic needs, such as water. After all, as pointed out before, people die of thirst much more quickly than of hunger.

Following from this position which mirrors similar explanations given in previous general comments, the Committee also linked the right to water to article 12 and the right to the highest attainable standard of physical and mental health, and

---

[41] See also *Annan,* statement made on International Water Day (22 March 2001), available on the Internet: <www.uno.de/presse/2001/unic332.htm>; see also *Nowrot/Wardin* (note 6), 6.

[42] See UN Millenium Declaration; UN Doc. A/RES/55/2, 18 September 2000, para. 19: "We resolve further ... by the year 2015, to have the proportion of people who are unable to reach or to afford safe drinking water." See also *Lohse* (note 6), 66 *et seq.; Salman/McInerney-Lankford* (note 38), 14.

[43] General Comment No. 15 (G.C. 15), para. 1.

maintained that the right to water is inextricably related to that right, but also interdependent with the other rights enshrined in the International Bill of Rights[44], foremost amongst them the rights to life and human dignity.[45] The linkage to article 12 ensured that the issue of sanitation is kept in focus, and this is reflected in the general comment.[46]

In the Committee's view then, the right to water is not just an emerging new human right, but can be inferred from the text of the Covenant as such, as a binding legal obligation which member States have to respect, protect and fulfil. In the literature, a few scholars took a similar view, amongst them Stephen McCaffrey, Peter Gleick and Henri Smets.[47] Others have even tried to derive the human right to water from environmental law, as based on principle 1 of the Stockholm Declaration of 1972 which laid down that "man has the fundamental right to freedom, equality, and adequate conditions of life, in an environment of a quality that permits a life of dignity and well-being, and he bears a solemn responsibility to "protect and improve the environment for present and future generations".

The Committee was not that bold, however. It felt that since there was quite some dispute on this issue,[48] it should not be raised in this specific general comment. The World Bank study raises this issue and suggests that the Committee might take it up at a later time.[49] Nor did the Committee delve into the deep waters of the right to development.[50] It would have required a full discussion of third generation rights, a course on which the Committee did not wish to embark without much deeper reflection.

The General Comment then outlines the normative content of the right to water, highlighting different conditions, and raises the following factors that apply in all circumstances: availability, quality and accessibility criteria are carefully differentiated in paragraph 12: Thus water supply for each person must be sufficient and continuous for personal and domestic uses, i. e. for drinking purposes, sanitation, washing of clothes, food preparation, personal and household hygiene. The water quality refers to safe water that is free from micro-organisms, chemical substances

---

[44] Cf. G.C. 13 and 14.

[45] See Universal Declaration of Human Rights, UNGA Res. 217 A (III), 10 December 1948, arts. 1, 3; ICESCR, UN GA Res. 2200 A (XXI), 16 December 1966, preamble; ICCPR, UNGA Res. 2200 A (XXI), 16 December 1966, preamble and 6.

[46] See in particular *Howard/Bartram* (note 4), 9 *et seq.;* Global Water Supply and Sanitation Assessment, WHO Report 2000, 2 *et seq.;* Meeting the MDG Drinking Water and Sanitation Target, World Health Organsisation,/United Nations Children's Fund, 2004, 12 *et seq.*

[47] *McCaffrey* (note 19), 1 *et seq.; Gleick* (note 19), 487 *et seq.; Smets* (note 19), Le droit à l'eau, *passim.*

[48] See *Riedel*, in Preliminary discussion of a draft general comment on the right to water, UN Doc. E/C. 12/2002/SR. 46, 27 November 2002, paras. 2, 50.

[49] *Salman/McInerney-Lankford* (note 38), 78.

[50] *Ibid.*, 15 *et seq.;* see also *Riedel,* Das Recht auf Entwicklung als Menschenrecht (note 40), 49 *et seq.*

and radiological hazards that constitute a threat to a person's health. Accessibility criteria refer to physical, economic, information accessibility and non-discrimination. Thus water must be within safe physical reach. The general comment specifically refers to physical security that should not be threatened during access to water facilities and services. In many regions of the world water is collected almost solely by women from relatively distant places where they frequently are accosted by men.

One of the most intricate issues raised in the general comment referred to economic accessibility. The Committee took the view that the direct and indirect costs and charges associated with securing water must be affordable for all, particularly for vulnerable and marginalized groups of society.[51] One of the reasons why previous attempts to raise the issue of water to the level of human rights protection had failed, was that there is no real consensus on the modalities of water management. Basically, three different models (with variants) have been discussed at the international and domestic levels: Most States have opted for the public management model, others, like France and Britain have privatized water management, while yet another group of States have varying models of public-private-partnerships.[52] While all these models have advantages, they all also have clear disadvantages. And whichever position one adopts will also reflect the kind of obligations that follows from such position.

One committee member, with very good reasons, advocated that the Committee had a duty to affirm very strongly that water was a public commodity and that States consequently had an obligation to guarantee that all people, especially the poor, had access to it. Privatization meant that profit-driven companies were charging an increasingly high price for water, thereby restricting access to it. He could not take a neutral stand on the issue.[53] The Committee ultimately decided to leave that political question open. Its own focus should simply concentrate on the effect that any of the management models chosen might have on the realization of the essential access question for each individual. Rather than looking at the management side, the recipient side should be the starting point. The Committee, therefore, took a neutral stance on whether private sector involvement was ultimately good or bad. As was said in the adoption debate, paragraph 23 of General Comment No. 15 made it clear that States parties had to regulate the private sector to ensure the right to water for the entire population. Only governments could decide whether water services were to be operated by third parties. The sole function of the Committee in this regard was to monitor in the State reporting process how governments' decisions affected the human rights situation.

---

[51] G.C. 15, para. 12 (c) (ii).

[52] See *Lohse* (note 6), chapter 11, Transnational Enterprises, 277 *et seq.*

[53] See *Texier,* in Preliminary discussion (note 48), paras. 39, 40; but see ibid., para. 49 and Adoption of Draft General Comment No. 15 on the right to water (continued), UN Doc. E/C.12/2002/SR.50, 28 November 2002, paras. 2 *et seq.*

The General Comment then goes on to discuss in detail States parties' obligations,[54] and follows the structure adopted at previous general comments, particularly those on the rights to education and health. Under the heading "general legal obligations" States are reminded that they have certain obligations of immediate effect, such as the guarantee that the right to water will be exercised without discrimination of any kind.[55] Following explanations given in General Comment No. 3,[56] there is a strong presumption that retrogressive measures are prohibited under the Social Covenant. If, for plausible reasons any deliberately retrogressive measures are taken, the State party has the burden of proving that they have been introduced after the most careful consideration of all alternatives.[57] This does not mean, therefore, that States parties to the Covenant loose all discretion in relation to the right in question, it simply shifts the burden of proof in relation to measures taken or omitted. All that the CESCR can do is to monitor the States parties' behaviour in relation to the rights realization of individuals concerned. This does not render the Committee's pronouncements as justiciable, in the sense usually referred to in domestic or international court proceedings, but serves as a political mechanism of monitoring which all treaty bodies under the United Nations major human rights treaties have.

The General Comment then goes on to outline in some detail specific obligations to respect, protect and fulfil,[58] which cannot be outlined here. Perhaps it suffices to mention simply the core obligations that the human right to water implies: In paragraph 37 of the General Comment, states must satisfy at the very least

(a) access to the minimum essential amount of water that is sufficient and safe for personal and domestic uses to prevent disease;
(b) access to water must be non-discriminatory, especially for vulnerable or marginalized groups of society;
(c) physical access to existing water facilities and services that provide sufficient, safe and regular water and that have a sufficient number of water outlets to avoid prohibitive waiting times, and that are at a reasonable distance from the household;
(d) personal security in accessing water should be guaranteed at all times, as mentioned earlier;
(e) water services and facilities should be distributed equitably within the limits of availability. In addition, a number of flanking measures, such as the adoption of a national water strategy and plan of action, the provision of monitoring mechanisms, and in particular to adopt relatively low-cost targeted water

---

[54] G.C. 15, paras. 17–38.
[55] G.C. 15, para. 17.
[56] G.C. 3, para. 9.
[57] G.C. 15, para. 19.
[58] G.C. 15, paras. 21–22 (respect); paras. 23–24 (protect); paras. 25–29 (fulfil).

programmes to protect vulnerable and marginalized groups, and also to take measures to prevent, treat and control diseases linked to water.

All these core obligations can be fulfilled without much financial expenditure. It does, however, require equal access to the available resources, giving particular weight to marginalized groups of society, such as older persons, children, or persons with disabilities. The core obligations have been selected by the Committee to emphasize that these obligations can be fulfilled by rich and poor countries alike. If resource constraints make it impossible to fulfil these obligations, States concerned should seek technical cooperation and assistance from other States in a position to do so. This follows from the general obligation laid down in article 2 (1) of the Covenant.

The General Comment then outlines some ways in which the human right to water can be implemented at the national level,[59] and also discusses the possibility of using indicators and benchmarks to realize the right to water.[60] The General Comment picks up that technical debate which the Committee has begun to explore during the last few years, particularly in relation to housing rights, food security issues, and the right to health. States, with few exceptions, have reacted favourably to these indicator and benchmark discussions, particularly because it is the States themselves that set the benchmarks. The Committee, therefore, cannot be accused of arrogating a power belonging to the *domaine réservé* of States.[61] The question of benchmarking has sparked off a lively debate in the literature for many years. One of the difficulties stems from the fact that indicators can be used for very different purposes. Recent attempts by specialized agencies and NGOs to come up with a workable set of indicators and benchmark parameters for each right have not yet culminated in relatively few, precise, short, easy-to-handle indicators of structure, outcome and process,[62] but the Committee has begun to engage States in such a debate during its dialogue with States, on the rights performance as reflected in the States parties reports, so far on a pragmatic or rather haphazard basis, indicating that it would like to receive reports which lend themselves to more focussed discussion on whether human rights targets have actually been met or missed. This applies to all the rights enshrined in the ICESCR, and in particular to the right to water.

The concluding paragraphs of the General Comment are devoted to questions of remedies and to obligations of actors other than States.

---

[59] G.C. 15, paras. 45 *et seq.*
[60] G.C. 15, paras. 53–54; see also *Riedel* (note 29), 345 *et seq.*
[61] A point well taken up by *Salman/Mc Inerney-Lankford* (note 38), 78.
[62] *Riedel* (note 29), 351 *et seq.*, with references.

V. Next Steps

Since the adoption of General Comment No. 15 the debate on the right to water as a human right has continued. From an international relations point of view the water debate has received increased attention from policymakers, academics, non-governmental organizations and national administrators alike. While the ratification process of the Convention on Non-Navigational Uses of Watercourses of 1997 remains very slow, the Kyoto World Water Forum of 2003 cannot be said to have radically changed States' attitudes towards implementation of the right to water. Some NGOs now are advocating the elaboration of a human rights treaty on the right to water, or as a preparatory step, the formulation of voluntary guidelines for States, to help them in fulfilling their reporting obligations under the ICESCR, along similar lines as the Voluntary Guidelines on the Right to Food and Food Security at the Domestic Level, adopted in the Food and Agriculture Organization (FAO) in November 2004.[63] The biggest stumbling blocs for such undertakings are the continued unwillingness of States to submit to new control mechanisms, and the controversial scope of such a right. The CESCR, for that very reason, in General Comment No. 15 refused to pronounce on the issue of water for food production, environmental considerations in general, and on responsibilities of non-state actors in those fields. Instead, the recipients' perspective was chosen throughout, focussing on the human rights dimension for each individual concerned. This almost naturally led to the more restrictive definition of the human right to water, as only covering drinking water for individual and domestic purposes. It seems that the CESCR was prudent in not going beyond that first step. The general comment might spark off a more general debate beyond the narrower confines of survival rights, embracing the discussion of policy choices in the much wider context of right to water issues. Nothing precludes the elaboration of a future water treaty that would be open for States to accept or to reject, and that would be governed by the normal procedures of international treaty law: it would produce a multilateral treaty, subject to changes in changed political circumstances, subject also to the democratic processes of national implementation, and to future amendments. By contrast, as a human rights treaty, this flexibility would have to be given up. 'Once a human right, always a human right' is a maxim that distinguishes human rights treaties from any other treaty.

It is precisely this different approach of the UN human rights regimes, as contrasted with the regular multilateral treaty approach, as predominantly to be found in the UN specialized agencies such as the FAO, WHO, WIPO and WTO, to name but some, that prevents many States from accepting the human rights treaty approach. Those States that have gone along that path have given up some more of

---

[63] Voluntary Guidelines to Support the Progressive Realization of the Right to Adequate Food in the Context of National Food Security; FAO Doc. IGWG RTFG5/ Rep 1, 23 September 2004; see also Final Report of the Chair, FAO Council, 127th Session, 22–27 November 2004,CL 127/10-Sup 1.

their sovereignty, their *domaine réservé*. In the normal multilateral treaty system they retain the last word on questions of policy choices on whether to ratify or not. It is for this reason that States somewhat hesitatingly have compromised on the issue of the right to food, by not elaborating a right to food treaty, but merely voluntary guidelines for the right to food and food security at the domestic level. Those States that would have preferred a stronger mainstreaming of the human right to food could console themselves by regarding the voluntary guidelines merely as an interim measure, paving the way for a future renewed treaty approach, while States that insisted on their sovereign policy choices could nevertheless accept the voluntary guidelines, because they are voluntary, and the degree of implementation as the crucial criterion is left to themselves. If the treaty track was followed, the issue of implementation at the domestic and international levels, and the control mechanisms needed for such an undertaking, and the issue of remedies, would clearly have to be addressed more fully.

Until recently, the framework-protocol approach developed particularly in the Rio de Janeiro treaty-making processes in the international environmental law sphere would have seemed a viable negotiation solution to these problems.[64] The difficulties encountered with the Kyoto Protocol have had a somewhat sobering effect in this regard. Even though it ultimately led to a sufficient number of ratifications, its measurable effects still leave much to be desired. This is not to say, of course, that the framework-protocol approach is not useful any longer, but the optimistic assessments sometimes attached to it have been watered down considerably in State practice.

From the experience gained with the Voluntary Guidelines on the right to food, it seems that this approach is perhaps the most likely next step in relation to the right to water. Many of the individual guidelines formulated there could even be taken over without much alteration, while water-specific guidelines might be added. Water guidelines would attract international attention for all the issues *ratione materiae* (equitable utilization of water, water for food production, sanitation and pollution problems, transborder issues, etc.), *ratione personae* (State actors, private actors, public-private partnerships, mixed management models, etc.), *ratione temporis* (water strategies, plans of action, international cooperation and assistance in times of special need, etc.), and *ratione processualis* (whether judicial, quasi-judicial or administrative procedures are called for, or whether some issues ought to be left to domestic legislative discretion or constitutional law determination).

The advantages of such an approach would lie in keeping international attention to right to water issues alive, and in getting reticent States, jealously guarding their own sovereign policy choices at the international level, to agree to address all these issues. However, many States are not likely to go along this road by their

---

[64] For details see *Hanschel,* Verhandlungslösungen im Umweltvölkerrecht, 2003, 127 *et seq.*

own volition. It will be up to an alliance of States favourable to this approach and other non-state actors, particularly non-governmental organizations, operating nationally and internationally, to keep the water issues alive, and to put pressure on reticent States, as they have done successfully in the human rights sphere.

The treaty avenue, by contrast, would appear to be a much more hazardous route at this point in time. The temptation might be great to pick out one or only a few and relatively uncontroversial – because relatively cost-neutral – issues for treaty formulation. The risk of such an approach seems self-evident, though: it might create the impression that after successful conclusion of such limited treaties, no more needed to be done. Such sectoral issue treaties could have a lulling effect, preventing effective instruments on major issues.

For these reasons, the traditional *cascade model* of norm-creation culminating in treaties, starting from resolutions, via declarations, recommendations, voluntary guidelines or codes of conduct to multilateral treaties as the last step should be followed.[65] The human rights treaty interpretation avenue, practiced by UN human rights treaty bodies, should be regarded as caucus impulses, and as signposts for future developments in the establishment of strategies, policies and laws relating to the right to water. Water policies and strategies and water laws and constitutional law determinations at the domestic level could thus represent collateral or parallel activities, contributing to the gradual concretization of the right to water debate. The UN system is beginning to address the underlying causes and effects of the entire right to water issues, and is beginning to explore further implementation modalities.

VI. Conclusions

From all this can be seen that the human right to water can be deduced as an existing obligation on States parties to the Social Covenant. It is supported by quite a number of other international documents, some of which represent soft law, others are already part of customary international law, like most provisions of the UDHR, that originally only represented a non-legal declaration. Seen in this perspective, the General Comment on the right to water has the function of rendering more effective the State reporting procedure under the ICESCR which, in essence, is a political monitoring mechanism. As such, it can serve as an interpretation aid of specific and binding human rights provisions in the ICESCR for States, for the Committee members, for domestic courts and administrators, and also for NGOs when drafting alternative, parallel or shadow reports to the government's report. The legal debate on the precise legal validity of general comments as such would appear to be a rather stale debate. What matters in the end is that human rights are effectively realized, and that is a political and legal issue at the same time.

---

[65] See *Riedel,* Menschenrechtsstandards (note 40), 164 *et seq.;* by *the same,* Standards and Sources, EJIL 2 (1991), 58 *et seq.*

From what has been said, it emerges that the right to water as a human right only covers a core area of rights' protection, namely that of minimum survival or existence needs, of drinking water for personal and domestic uses. Only by limiting the human rights perspective to these essential human needs was it possible that General Comment No. 15 could be adopted by consensus in the CESCR. There is strong evidence that State practice, and certainly State reporting practice in the human rights monitoring system, will support the interpretations offered by the CESCR under the Social Covenant.

Moreover, the right to water as a fundamental human right, by relating to public goods for which the international community, not just each individual State holds responsibilities, picks up a notion of global interests which transcend individual States' responsibilities, and which Jost Delbrück[66], in many of his profound writings on the topic has frequently analysed and convincingly pleaded for. As one of his grateful followers I fully share that vision.

---

[66] Cf. *Delbrück,* Globalization of Law, Politics, and Markets – Implications for Domestic Law – A European Perspective, Indiana Journal of Global Legal Studies 1 (1993), 9 *et seq.;* by *the same,* "Laws in the Public Interest" – Some Observations on the Foundations and Identification of *erga omnes* Norms in International Law, in: Götz/Selmer/Wolfrum (eds.), Liber amicorum Günther Jaenicke, 1998, 17 *et seq.*

Großer Lauschangriff zur Abwehr drohender Gefahren

Von Walter Rudolf

I. Art. 13 Abs. 1 GG konstatiert lapidar: „Die Wohnung ist unverletzlich". Diese Formulierung weckt Assoziationen zu den anderen Grundrechtsartikeln, die nicht als Verpflichtungen des Staates, sondern als Tatsachenfeststellung formuliert sind wie Art. 5 Abs. 3 Satz 1, Art. 10 Abs. 1 und vor allem Art. 1 Abs. 1 Satz 1 als das oberste Konstitutionsprinzip der Rechtsordnung.[1] Im Unterschied zur Menschenwürde unterliegt das Grundrecht des Art. 5 Abs. 3 Satz 1 trotz des Fehlens eines ausdrücklichen Gesetzesvorbehaltes Schrankenvorbehalten. Bei der Unverletzlichkeit der Wohnung sind Gesetzesvorbehalte normiert, die sich beim ursprünglichen Art. 13 Abs. 2 auf Durchsuchungen bezogen. Der Eingriffe und Beschränkungen regelnde Abs. 3 betraf nur die Gefahrenabwehr, also nicht strafprozessuale Maßnahmen. Er lautete: „Eingriffe und Beschränkungen dürfen im Übrigen nur zur Abwehr einer gemeinen Gefahr oder einer Lebensgefahr für einzelne Personen, aufgrund eines Gesetzes auch zur Verhütung dringender Gefahren für die öffentliche Sicherheit und Ordnung, insbesondere zur Behebung der Raumnot, zur Bekämpfung von Seuchengefahr oder zum Schutze gefährdeter Jugendlicher vorgenommen werden." Aufgrund dieser Bestimmung wurde die akustische Überwachung von Wohnungen im präventiven Bereich unter den genannten engen Voraussetzungen für zulässig gehalten.[2]

Bei der Unverletzlichkeit der Wohnung tauchte in der Praxis das Problem auf, dass präventive Maßnahmen zugleich auch strafprozessualen Charakter bekommen konnten, insbesondere nachdem sich das Polizeirecht nicht nur auf die klassische Aufgabe der Abwehr von Gefahren, sondern auch auf die vorbeugende Bekämpfung von Straftaten erstreckt.[3] Durften in Übereinstimmung mit Art. 13 Abs. 3 GG erlangte Erkenntnisse der Polizei in einem Strafverfahren gegen den

---

[1] *Wintrich,* Recht-Staat-Wirtschaft, Bd. 4, 1953, 137 (148); BVerfGE 109, 279 (311).

[2] Zur Rechtslage 1949–1998 vgl. die Kommentarliteratur zu Art. 13, z. B. *Papier,* in: Maunz/Dürig (Hrsg.), Kommentar zum Grundgesetz, Stand 2/2004, Art. 13 Rn. 45, 89; *Schmitt Glaeser,* Schutz der Privatsphäre, in: Isensee/Kirchhof (Hrsg.), Handbuch des Staatsrechts der Bundesrepublik Deutschland, Bd. VI, 1989, § 129 Rn. 47–60; *Glauben,* Kann der „Große Lauschangriff" zulässig sein?, DRiZ 1993, 42; *Guttenberg,* Die heimliche Überwachung von Wohnungen, NJW 1993, 567 (572 ff.); *Ruthig,* Die Unverletzlichkeit der Wohnung (Art. 13 GG n. F.), JuS 1998, 506 (512 f.).

[3] Vgl. etwa § 1 Abs. 1 Satz 3 POG.RhPf., BS 2012-1, 203, 781 ff. Auch der polizeirechtliche Gefahrenbegriff hat an Konturen verloren, vgl. *Kugelmann,* Der polizeiliche Gefahrenbegriff in Gefahr?, DÖV 2003, 781 ff.

zum Beschuldigten mutierten Störer verwertet werden? Obwohl der BGH dies für zulässig erachtete,[4] ergab sich dies aus dem Wortlaut des Art. 13 GG jedenfalls nicht; Art. 13 Abs. 3 sprach vielmehr ausdrücklich dagegen.

Obwohl sich gegen die Regelung des Großen Lauschangriffs im repressiven Bereich heftiger Widerstand formierte – das letzte Refugium zum Schutz des Menschenrechts auf Privatheit werde verlorengehen –, hat der Verfassungsgesetzgeber durch das Gesetz zur Änderung des Grundgesetzes vom 26.3.1998 Art. 13 GG geändert, so dass nunmehr Abs. 3 die akustische Überwachung von Wohnungen zur Strafverfolgung ermöglicht:[5] „Begründen bestimmte Tatsachen den Verdacht, dass jemand eine durch Gesetz einzeln bestimmte besonders schwere Straftat begangen hat, so dürfen zur Verfolgung der Tat aufgrund richterlicher Anordnung technische Mittel zur akustischen Überwachung von Wohnungen, in denen der Beschuldigte sich vermutlich aufhält, eingesetzt werden, wenn die Erforschung des Sachverhalts auf andere Weise unverhältnismäßig erschwert oder aussichtslos wäre. Die Maßnahme ist zu befristen. Die Anordnung erfolgt durch einen mit drei Richtern besetzten Spruchkörper. Bei Gefahr im Verzuge kann sie auch durch einen einzelnen Richter getroffen werden." Der bisherige Abs. 3 ist als Abs. 7 bestehen geblieben, ermächtigt jedoch nicht mehr zur akustischen Wohnraumüberwachung im präventiven Bereich, da dieser nunmehr in Abs. 4 geregelt wurde: „Zur Abwehr dringender Gefahren für die öffentliche Sicherheit, insbesondere einer gemeinen Gefahr oder einer Lebensgefahr, dürfen technische Mittel zur Überwachung von Wohnungen nur aufgrund richterlicher Anordnung eingesetzt werden. Bei Gefahr im Verzuge kann die Maßnahme auch durch eine andere gesetzlich bestimmte Stelle angeordnet werden; eine richterliche Entscheidung ist unverzüglich nachzuholen." Danach ist der Lauschangriff – ebenso wie die optische Wohnraumüberwachung – nur noch zur Abwehr dringender Gefahren für die öffentliche Sicherheit, nicht mehr für die öffentliche Ordnung und auch nicht mehr zur Gefahrenverhütung zulässig. Der eingefügte Abs. 5 betrifft den Einsatz technischer Mittel zum Schutze der bei einem Einsatz in Wohnungen tätigen Personen und Abs. 6 enthält Unterrichtungsverpflichtungen der Regierungen des Bundes und der Länder zur parlamentarischen Kontrolle. Abs. 7 ist nur noch auf die klassischen Eingriffs- und Beschränkungsfälle anwendbar, wie z. B. Durchsuchungen, Festnahmen oder Beschlagnahmen in Wohnungen.[6] Der für eine Verfassung

---

[4] BGH Beschl. v. 7.6.1995, NStZ 1995, 601; NJW 1996, 405, vgl. dazu *Welp* Anmerkung zu BGH Beschl. v. 7.6. 1995 – Erkenntnisse aus präventiv-polizeilichem Lausch-Eingriff, NStZ 1995, 602 f.; *Bockemühl,* Zur Verwertbarkeit von präventiv-polizeilichen Erkenntnissen aus „Lauschangriffen" im Strafverfahren, JA 1996, 695 ff.; *Staechelin,* Der „Große Lauschangriff" der dritten Gewalt, ZRP 1996, 430 ff.; *Roggan,* Über das Verschwimmen von Grenzen im Polizei- und Strafprozessrecht: ein Beitrag zur rechtspolitischen Diskussion, KritV 1998, 336 ff.

[5] BGBl. 1998 I, S. 610, kritisch dazu *Kühne,* in: Sachs (Hrsg.), Grundgesetz, 3. Aufl., 2003, Art. 13 Rn. 38 mit Fn. 77.

[6] Dazu gehören auch Maßnahmen zum Schutze gefährdeter Personen bei Staatsbesuchen (z. B. Durchsetzung des Verbots des Betretens von Balkonen oder des Öffnens von Fenstern). Das gewaltsame Eindringen in die Wohnung, um ein kleines Band mit der Aufschrift „Not

ungewöhnliche Umfang des neuen Art. 13 GG ist als Beispiel verfehlter Verfassungsgesetzgebung kritisiert worden.

Gegen die Verfassungsänderung wurden auf Art. 79 Abs. 3 GG gestützte verfassungsrechtliche Bedenken geäußert, da die in Art. 1 und 20 GG niedergelegten Grundsätze berührt seien. Der Menschenwürdegehalt des Art. 13 Abs. 1 GG verbiete eine den Großen Lauschangriff zulassende Verfassungsänderung. Demgemäß wurden gegen die neugefassten Absätze 3 bis 6 des Art. 13 Verfassungsbeschwerden erhoben. Sie richteten sich auch gegen das Gesetz zur Verbesserung der Bekämpfung der organisierten Kriminalität vom 4.5.1998,[7] das auf der Grundlage des neuen Art. 13 Abs. 3 die Wohnraumüberwachung zum Zwecke der Strafverfolgung durch Änderungen der StPO (§§ 100c–100f, 101 Abs. 3 und 4) regelte. Durch Urteil vom 3.3.2004 stellte das Bundesverfassungsgericht fest, dass Art. 13 Abs. 3 in der Fassung von 1998 mit Art. 79 Abs. 3 GG vereinbar ist.[8] Unvereinbar mit dem GG sind Bestimmungen der Strafprozessordnung in der Fassung von 1998, die gegen Art. 13 Abs. 1 und 2 Abs. 1 und Art. 1 Abs. 1 oder gegen Art. 19 Abs. 4 und 103 Abs. 1 Satz 2 GG verstoßen. Ergebnis des Urteils ist, dass die akustische Wohnraumüberwachung durch Art. 13 GG ermöglicht wird, wobei dessen verfassungsrechtliche Grenzen gemäß Art. 13 Abs. 1, Art. 2 Abs. 1 und Art. 1 Abs. 1 GG in den Gründen detailliert aufgezeigt werden. Die Entscheidung wurde, was die Verfassungsmäßigkeit von Art. 13 Abs. 3 bis 6 betrifft, von sechs Mitgliedern des Senats getragen. Zwei Richterinnen waren der Auffassung, dass schon Art. 13 Abs. 3 GG nicht mit Art. 79 Abs. 3 GG vereinbar und damit verfassungswidrig sei.[9]

II. Das Urteil des Bundesverfassungsgerichts vom 3.3.2004 bezieht sich auf Art. 13 Abs. 3 GG, betrifft also unmittelbar nur die akustische Überwachung von Wohnungen im Strafprozess.[10] Die Überwachung von Wohnungen zur Abwehr von Gefahren war nicht Gegenstand des Urteils. Daraus folgt, dass eine rechtliche Bindungswirkung für das Polizeirecht nicht besteht. Da in den Urteilsgründen der Menschenwürdegehalt des Art. 13 Abs. 1 GG deutlich bereichsspezifisch konkretisiert und dessen Schutzbereich und Schutzwirkung fortentwickelt wird, könnte die Entscheidung des Bundesverfassungsgerichts, was den Kernbereich des geschützten Rechtsguts betrifft, mittelbar Auswirkungen im präventiven Bereich haben, den nunmehr Art. 13 Abs. 4 GG regelt.

---

welcome Mr. Bush" vom Fenster zu entfernen, ist unter dem Gesichtspunkt der Verhältnismäßigkeit nicht mit Art. 13 GG vereinbar. Zu Art. 13 Abs. 7 GG vgl. *Papier* (Fn. 2), Rn. 121.

[7] BGBl. 1998 I, S. 845.
[8] BVerfGE 109, 279 (309 ff.).
[9] *Ibid.*, 382 ff.
[10] Gutachten des Wissenschaftlichen Dienstes des Landtags Rheinland-Pfalz vom 28.6.2004; *Gusy*, Lauschangriff und Grundgesetz, JuS 2004, 457 ff.; *Ruthig*, Verfassungsrechtliche Grenzen der heimlichen Datenerhebung aus Wohnungen: zugleich Besprechung von BVerfG Urteil vom 3.3.2004, GA 151 (2004), 587 ff.; *Wefelmeier*, Neue Grenzen für das präventive Lauschen, NdsVBl. 2004, 289 ff.

1. Was gehört zum absolut geschützten Kernbereich des Grundrechts aus Art. 13? Das Bundesverfassungsgericht stellt in Fortführung seiner Rechtsprechung[11] fest, dass der Schutz der Menschenwürde auch in dem Grundrecht aus Art. 13 Abs. 1 konkretisiert wird:[12] Die Unverletzlichkeit der Wohnung hat einen engen Bezug zur Menschenwürde und steht zugleich im nahen Zusammenhang mit dem verfassungsrechtlichen Gebot unbedingter Achtung einer höchst persönlichen Sphäre des Bürgers für eine ausschließlich private Entfaltung. Dem Einzelnen soll das Recht, in Ruhe gelassen zu werden, gerade in seinen Wohnräumen gesichert sein. Nachdem das Gericht ausführt, was zur Entfaltung der Persönlichkeit im Kernbereich privater Lebensgestaltung gehört, stellt es fest, dass die Möglichkeit entsprechender Entfaltung voraussetzt, dass der Einzelne über einen dafür geeigneten Freiraum verfügt. Auch die vertrauliche Kommunikation benötige ein räumliches Substrat jedenfalls dort, „wo die Rechtsordnung um der höchstpersönlichen Lebensgestaltung willen einen besonderen Schutz einräumt und die Bürger auf diesen Schutz vertrauen". Die Privatwohnung sei als „letztes Refugium" ein Mittel zur Wahrung der Menschenwürde. Dies verlange „zwar nicht einen absoluten Schutz der Räume der Privatwohnung, wohl aber absoluten Schutz des Verhaltens in diesen Räumen, soweit es sich als individuelle Entfaltung im Kernbereich privater Lebensgestaltung darstellt".[13] Wie das Gericht schon in früheren Entscheidungen erkannt hatte,[14] dürfe insoweit der Schutz durch eine Abwägung mit Strafverfolgungsinteressen nach Maßgabe des Verhältnismäßigkeitsgrundsatzes nicht relativiert werden.

An der Entscheidung fällt auf, dass das Bundesverfassungsgericht den geschützten Kernbereich nicht räumlich exakt fixiert, sondern im Interesse der Effektivität des Menschenwürdeschutzes nur eine Vermutung dafür annimmt, dass Räume, „denen typischerweise oder im Einzelfall die Funktion als Rückzugsbereich der privaten Lebensgestaltung zukommt", und Gespräche mit engsten Vertrauten in der Wohnung zum Kernbereich privater Lebensgestaltung gehören.[15] Nach dem Urteil vom 3.3.2004 gibt es demnach keine schlechthin absolut geschützten Räume in der Privatwohnung, sondern nur absolut geschützte Räume, in denen sich ein den Kernbereich privater Lebensgestaltung betreffender Sachverhalt vollzieht, wozu eben Gespräche gehören, deren Inhalt in den unantastbaren Kernbereich fällt.[16] Gespräche, die einen Bezug zum Sozialbereich haben, der unter bestimmten Voraussetzungen dem staatlichen Zugriff offen steht, fallen nicht in den Kernbereich der Persönlichkeit,[17] wohl aber Gespräche mit engsten Familienangehörigen, sonstigen engsten Vertrauten und Personen, zu denen ein beson-

---

[11] BVerfGE 51, 97 (110) und 75, 318 (328).
[12] BVerfGE 109, 279 (313).
[13] Ibid., 314.
[14] BVerfGE 34, 238 (245); 75, 369 (380); 93, 266 (293).
[15] BVerfGE 109, 279 (320 f.).
[16] Ibid., 314 f.
[17] Ibid., 319.

deres Vertrauensverhältnis besteht – das Gericht nennt Geistliche, Ärzte, Anwälte. Gespräche mit diesen Personen dürfen grundsätzlich nicht überwacht werden. Nicht zu den betroffenen Personen rechnet das Gericht Presseangehörige und Parlamentsabgeordnete.[18] Deren Zeugnisverweigerungsrechte würden um der Funktionsfähigkeit der Institution willen und nicht wegen des Persönlichkeitsschutzes des Beschuldigten gewährt. Gespräche, die Angaben über begangene Straftaten enthielten, unterliegen ihren Inhalten nach nicht dem unantastbaren Kernbereich privater Lebensgestaltung.[19]

Nach dem Urteil des Bundesverfassungsgerichts vom 3.3.2004 wird eine zeitliche und räumliche „Rundumüberwachung regelmäßig schon deshalb unzulässig sein, weil die Wahrscheinlichkeit groß ist, dass dabei höchstpersönliche Gespräche abgehört werden. Die Menschenwürde wird auch verletzt, wenn eine Überwachung sich über einen längeren Zeitraum erstreckt und derart umfassend ist, dass nahezu lückenlos alle Bewegungen und Lebensäußerungen des Betroffenen registriert werden und zur Grundlage für ein Persönlichkeitsprofil werden können".[20]

2. Ist der Kernbereich individueller Lebensgestaltung in der Wohnung absolut geschützt, dann kann dieser Schutz nicht nur im Strafverfahren wirken, sondern muss sich auch auf präventive Maßnahmen erstrecken. Obwohl Art. 13 Abs. 4 GG den Rahmen staatlicher Eingriffe in die Unverletzlichkeit der Wohnung weniger eng zieht als Abs. 3, kann es beim absolut geschützten Kernbereich grundsätzlich keine Unterschiede zwischen strafprozessualen und polizeilichen akustischen Abhörmaßnahmen geben. Das folgt aus dem unantastbaren Menschenwürdegehalt, soweit dieser Art. 13 insgesamt erfasst. Dass die Zulässigkeit von polizeilichen Maßnahmen zur Verhinderung von Straftaten und zur Abwehr dringender Gefahren keine Einschränkung durch das Urteil des Bundesverfassungsgerichts erfährt,[21] lässt sich nach der auf Art. 1 Abs. 1 GG gestützten Konkretisierung des absolut geschützten Kernbereichs des Art. 13 Abs. 1 GG nicht begründen. Auch im Polizeirecht sind akustische Abhörmaßnahmen im Kernbereich privater Lebensführung in der Wohnung verfassungsrechtlich untersagt.[22]

Art. 13 Abs. 4 GG bedarf demnach der einschränkenden Auslegung, dass technische Mittel zur Überwachung von Wohnungen zur Abwehr dringender Gefahren

---

[18] BVerfGE 109, 279 (323).

[19] *Ibid.*, 312.

[20] *Ibid.*, 323.

[21] So *Haas,* Der „Große Lauschangriff" – klein geschrieben, NJW 2004, 3082 (3084).

[22] So auch das Gutachten (Fn. 10), S. 18 ff.; *Denninger,* Verfassungsrechtliche Grenzen des Lauschens: der „große Lauschangriff" auf dem Prüfstand der Verfassung, ZRP 2004, 101 (101); *Gusy* (Fn. 10), 461, *Ruthig* (Fn. 10), 606; *Wefelmeier* (Fn. 10), 290; *Perne,* „Großer Lauschangriff": Auswirkungen des Urteils des Bundesverfassungsgerichts vom 3.3.2004 für Gesetzgebung und Praxis, DRiZ 2004, 286 (287); *Kötter,* Novellierung der präventiven Wohnraumüberwachung?, DÖV 2005, 225 (228 ff.).

dann nicht eingesetzt werden dürfen, wenn durch diese Maßnahmen der Kernbereich privater Lebensführung betroffen ist. Da das Bundesverfassungsgericht den Kernbereich nicht statisch, sondern den Umständen des Einzelfalls angepasst flexibel definiert, gilt auch für Art. 13 Abs. 4 GG, dass es auf das Verhalten in den absolut geschützten Räumen der Wohnung ankommt. Wie Gespräche über Straftaten nicht vom Kernbereich erfasst werden, fallen auch Gespräche über die konkrete Verursachung dringender Gefahren oder – bei der visuellen Überwachung – vorbereitende Handlungen für dringende Gefahren nicht in den absolut geschützten Kernbereich. Die verfassungsrechtlichen Grenzen dieses absolut geschützten privaten Lebensbereichs in der Wohnung sind entsprechend der Konkretisierung für Art. 13 Abs. 3 auch bei Abs. 4 der Grundrechtsbestimmung nicht starr fixiert.

Dass nach dem Urteil des Bundesverfassungsgerichts vom 3.3.2004 die Festlegung des absolut geschützten Kernbereichs privater Lebensführung in der Wohnung im Einzelfall Schwierigkeiten bereiten kann, ist nicht zu verkennen, doch ist dies nicht ungewöhnlich, denn der sich aus Art. 1 Abs. 1 GG abgeleitete Menschenwürdegehalt von Grundrechten ist häufig nicht ohne Schwierigkeiten im konkreten Fall zu ermitteln. Immerhin gibt das Bundesverfassungsgericht Hinweise für die Praxis, in dem es – allerdings im konkreten Falle widerlegbare – Rechtsvermutungen vorgibt und den Kreis geschützter Personen umreißt.

Dass der Umfang des Kernbereichs vom Zweck des Eingriffs und dem Gewicht des verfolgten Allgemeininteresses abhängt, wird man aber generell nicht annehmen können. Doch lässt die nicht starre Festlegung des Kernbereichs durch das Abstellen auf das Verhalten der Betroffenen eine Berücksichtigung der unterschiedlichen Zielrichtung von Strafverfolgung und Gefahrenabwehr durchaus zu.

3. Das Bundesverfassungsgericht hat sich mit der Konkretisierung des Kernbereichs privater Lebensführung in der Wohnung nicht begnügt, sondern daraus weitergehende Schranken für Gesetzgeber und -anwender abgeleitet. Wenn die Datenerhebung bei der Überwachung im unantastbaren Kernbereich zu unterbleiben hat, „kann es der Schutz des Art. 1 Abs. 1 GG erforderlich machen, bei dem Abhören einer Privatwohnung auf eine nur automatische Aufzeichnung der abgehörten Gespräche zu verzichten, um jederzeit die Ermittlungsmaßnahmen unterbrechen zu können".[23] Die automatische Abhörung wird aber nicht grundsätzlich ausgeschlossen. Ist bei vollautomatischem Abhören der Kernbereich betroffen, ohne dass der Abhörvorgang unterbrochen wurde, ist dies als (z. B. unvermeidliche) Rechtsverletzung zu protokollieren und die dem Kernbereich zuzuordnenden Passagen der Aufzeichnung sind zu löschen.[24] Die Speicherung und jede Verwendung entgegen dem Erhebungsverbot aufgezeichneter Daten aus dem unantastbaren Kernbereich ist schlechthin unzulässig mit der Folge, dass in dem

---

[23] BVerfGE 109, 279 (324).
[24] BVerfGE 109, 279 (332 f.).

Zeitraum des Bestehens des Erhebungsverbots gewonnene Informationen „insgesamt und ungeachtet ihres Inhalts im Strafverfahren nicht verwertet werden" dürfen.[25] Ein Verwertungsverbot besteht auch dann, wenn nach den Umständen nicht von einem Erhebungsverbot ausgegangen werden kann, sich aber „gleichwohl eine Situation ergibt, die zum Abhören von höchstpersönlichen Gesprächen führt".[26]

Bei der Präventivüberwachung wird man auf automatisches Abhören nicht verzichten können, wenn es sich um Gespräche handelt, die wegen undeutlicher Sprechweise überhaupt erst durch technische Mittel verständlich gemacht werden können oder die in einer – womöglich noch stark dialektgefärbten – Fremdsprache geführt werden. Auch kann praktisch nur bei automatischem Aufzeichnen genau festgestellt werden, wann der Kernbereich verlassen wird, die Überwachung also wieder beginnen kann. Bei präsenter Überwachung lässt sich nur feststellen, wann die Überwachung wegen Eintritts in den Kernbereich abzubrechen ist, nicht aber wann sie wieder fortgesetzt werden darf. Die Auswirkungen unterlassenen Abhörens sind im präventiven Bereich ungleich größer als im Strafprozess, denn es ist durchaus vermittelbar, dass eine Straftat wegen eines Beweisverbots nicht geahndet wird, es kann aber katastrophale Folgen haben, wenn eine dringende Gefahr nicht erkannt oder ein geplantes schweres Verbrechen nicht verhindert wird. Die Zielrichtung von Strafverfolgung und Gefahrenabwehr unterscheidet sich.

Stellt sich aber nach der „Entzifferung" der Aufzeichnung heraus, dass der unantastbare Kernbereich betroffen ist, müssen die betreffenden aufgezeichneten Texte unverzüglich gelöscht werden. Bestehen Zweifel, ob es sich um Informationen aus dem Kernbereich handelt, sind die Daten bis zur Entscheidung darüber zu sperren. Der Vorgang der rechtswidrigen Erfassung der Daten und ihrer Löschung ist zu dokumentieren.[27] Die Gefahrenabwehr wird durch die Vernichtung der unbefugt erlangten Daten nicht behindert, denn in den Teilen der Wohnung, für die eine Vermutung besteht, es handele sich um den unantastbaren Kernbereich höchstpersönlicher Lebensführung, unterfallen Verhaltensweisen, die sich auf eine dringende Gefahr beziehen – ebenso wie Gespräche über die Straftat – diesem Kernbereich nicht. Aus der Überwachung gewonnene Informationen, die für die Abwehr dringender Gefahren unmittelbar bedeutsam sind, werden nicht vom Kernbereich erfasst. Es können auch Vertrauenspersonen als Störer und Mitplaner von dringenden Gefahren oder schweren Straftaten im Sinne des Art. 13 Abs. 4 GG erkannt und dadurch die dringende Gefahr oder das schwere Delikt abgewehrt werden. Dass dem absoluten Schutzbereich privater Lebensführung in der Wohnung freilich noch besser gedient wäre, wenn die Datenerhebung bei Vorliegen eines durch ein Amts- oder Berufsgeheimnis geschützten Vertrauensverhältnisses im Sinne der

---

[25] *Ibid.*, 331.
[26] *Ibid.*, 332.
[27] So § 29 Abs. 5 Satz 2 des Gesetzentwurfs der Fraktion der SPD und FDP zum POG.RhPf., Landtag Rheinland-Pfalz, Drs. 14/3936 vom 10.3.2005.

§§ 53 und 53a StPO schlechthin für unzulässig erklärt wird,[28] ist nicht zu bestreiten. Da der Schutz der Bürger vor drohenden Gefahren durch den Staat zu dessen ursprünglichster Pflicht gehört, der Bürger also ein Schutzrecht besitzt, zumal dann, wenn die polizeirechtlichen Handlungsgrundsätze ein Einschreiten gebieten oder nach der herrschenden Lehre das Ermessen der Polizei zum Einschreiten „auf Null reduziert" ist,[29] wäre es insbesondere den Opfern einer schweren Straftat kaum zu vermitteln, wenn die Polizei nicht präventiv eingeschritten ist, obwohl sie die notwendigen Informationen über das geplante Verbrechen aufgrund einer akustischen Wohnraumüberwachung besaß.

III. Das Bundesverfassungsgericht hat in dem o. g. Urteil weitere materielle und verfahrensrechtliche Voraussetzungen für repressive akustische Abhörmaßnahmen nach Art. 13 Abs. 3 GG aufgestellt, die auch auf die präventive Überwachung nach § 13 Abs. 4 GG Auswirkungen haben.

1. Art. 13 Abs. 3 GG beschränkt die akustische Raumüberwachung auf besonders schwere Straftaten. Nach dem Urteil des Bundesverfassungsgerichts vom 3.3.2004 verfügt der Gesetzgeber zwar über einen Beurteilungsspielraum, welche Straftaten Anlass für die akustische Wohnraumüberwachung sein sollen, doch sei von der besonderen Schwere einer Straftat im Sinne des § 13 Abs. 3 GG nur dann auszugehen, „wenn sie der Gesetzgeber jedenfalls mit einer höheren Höchststrafe als fünf Jahre Freiheitsstrafe bewehrt hat".[30] Es muss sich um Taten der Schwerkriminalität handeln; Taten, die ausweislich ihrer Strafandrohung allenfalls der mittleren Kriminalität zugeordnet werden können, sind keine besonders schweren Straftaten im Sinne von Art. 13 Abs. 3 GG.

Art. 13 Abs. 4 GG lässt eine akustische Wohnraumüberwachung nur zu Abwehr dringender Gefahren für die öffentliche Sicherheit zu, äußert sich aber nicht zur Verhütung solcher Gefahren und von Straftaten, was auch zur Aufgabe der Polizei gehört. Aus dem Text der Vorschrift folgt, dass sie nur für die Wohnraumüberwachung zur Abwehr von Gefahren für besonders hochrangige Rechtsgüter geschaffen wurde. Da im Gegensatz zu Abs. 7 der Begriff der Verhütung in Abs. 4 nicht genannt wird, hat das Verfassungsgericht Mecklenburg-Vorpommern entschieden, dass die Vorsorge für eine mögliche Verfolgung von Straftaten von der Abwehr im Sinne des Art. 13 Abs. 4 zu unterscheiden sei.[31] Auch das Verfassungsgericht Brandenburg hat die Auffassung vertreten, dass Eingriffe zur vorbeugenden Straftatenbekämpfung nicht schon im Vorfeld einer Gefahr erlaubt seien. Soweit aber Tatsachen die Annahme rechtfertigen, dass eine Straftat begangen werden soll,

---

[28] Ibid., § 29 Abs. 6.

[29] Gusy, Polizeirecht, 3. Aufl., 2001, Rn. 309; Knemeyer, Polizei- und Ordnungsrecht, 10. Aufl., 2004, Rn. 92.

[30] BVerfGE 109, 279 (347 f.).

[31] MVVerfG, LKV 2000, 345 (351 f.).

liege auch schon eine konkrete Gefahr für die öffentliche Sicherheit vor.[32] Tätigwerden zur Gefahrenabwehr verlange keine Gewissheit, sondern die hinreichende Wahrscheinlichkeit eines Schadenseintritts. Folgt man dem Verfassungsgericht Mecklenburg-Vorpommern, hätte die Entscheidung des Bundesverfassungsgerichts unmittelbar Auswirkungen auf die präventive Wohnraumüberwachung, da die Verhütung von Straftaten nicht als Gefahrenabwehr den Regeln über die präventive Wohnraumüberwachung des Art. 13 Abs. 4 unterliegen würde, sondern letztlich die Bestimmungen des Abs. 3 anzuwenden wären. Es kommt also mithin auf die Bedeutung „Abwehr dringender Gefahren" an.

Das überkommene Polizeirecht kennt den Begriff der dringenden Gefahr nicht, sondern nur die Begriffe der abstrakten und der konkreten Gefahr. Im Schrifttum herrscht aber Einigkeit, dass mit dringender Gefahr – im Gegensatz zur früheren Fassung des Art. 13 Abs. 3 – eine konkrete Gefahr zu verstehen ist, also eine im einzelnen Falle bestehende hinreichende Wahrscheinlichkeit eines Schadenseintritts.[33] Der Begriff der konkreten Gefahr wird freilich im Zusammenhang mit der Bekämpfung des Terrorismus seit dem 11. September 2001 weniger eng ausgelegt, wie etwa Entscheidungen zur Rasterfahndung gezeigt haben.[34] Nach wie vor muss aber eine konkrete Gefahr vorliegen, wenn es um die bloße Vermeidung von Gefahren geht.

Im Vorfeld von Gefahren oder bei bloß abstrakten Gefahren greift Art. 13 Abs. 4 GG nicht. Es muss eine Konkretisierung der Gefahr gegeben sein; es müssen Tatsachen vorliegen, die eine akute Gefahr für die öffentliche Sicherheit wahrscheinlich erscheinen lassen. Daraus folgt, dass die vom Bundesverfassungsgericht für Art. 13 Abs. 3 genannten Eingriffsvoraussetzungen bei einer schweren Straftat nicht unmittelbar auf Abs. 4 anwendbar sind.

Mit dem Hinweis, dass eine konkrete Gefahr vorliegen muss, kann es nicht sein Bewenden haben. Die Wortwahl „dringende Gefahr" deutet darauf hin, dass es sich um Gefahren für besonders geschützte Rechtsgüter handeln muss. Darauf weist auch die Formulierung „insbesondere einer gemeinen Gefahr oder einer Lebensgefahr" hin. Dringende Gefahr bedeutet Gefahr für hochrangige Rechtsgüter.

Der Polizeigesetzgeber kann diese geschützten Rechtsgüter mit Hinweis auf einen Straftatenkatalog benennen. Dieser muss nicht mit dem vom Bundesverfassungsgericht für Art. 13 Abs. 3 GG festgelegten übereinstimmen. Auf jeden Fall sind die für Art. 13 Abs. 3 GG genannten besonders schweren Straftaten auch Fälle dringender Gefahr im Sinne des Abs. 4. Es muss sich aber nicht nur um diese Fälle besonders schwerer Straftaten handeln, auch die Fünf-Jahres-Mindestgrenze

---

[32] BbgVerfG, LKV 1999, 450 (462 ff.).
[33] *Papier* (Fn 2), Rn. 93.
[34] *Rudolf*, Der ewige Friede und der Sicherheitsrat, in: Frowein/Scharioth/Winkelmann/Wolfrum (Hrsg.), Verhandeln für den Frieden/Negotiating for Peace. Liber Amicorum Tono Eitel, 2003, 219 (228, Fn. 41).

des Strafrahmens kann unterschritten werden.[35] Deshalb können auch andere Straftatbestände, die einen der gemeinen Gefahr oder Lebensgefahr vergleichbaren Rechtsschutz bezwecken, in den Katalog aufgenommen werden. Es muss sich aber um einen begrenzten Kreis von Straftatbeständen von besonders zu schützenden hochrangigen Rechtsgütern handeln. Maßstab ist das verfassungsrechtliche Verhältnismäßigkeitsgebot.

2. Das Bundesverfassungsgericht hat sich auch zur Zweckbindung der durch akustische Wohnraumüberwachung erhobenen Daten geäußert, obwohl die Vorschriften über die Weitergabe personenbezogener Informationen zu Strafverfolgungszwecken für andere Verfahren von den Beschwerdeführern nicht gerügt wurden.[36] Die Speicherung und Verwendung der mit der repressiven Wohnraumüberwachung gewonnenen personenbezogenen Daten sind grundsätzlich an den Zweck und auch an das Ermittlungsverfahren gebunden, für die sie erhoben worden sind.[37] Wie schon im Volkszählungsurteil festgestellt,[38] bedürfen Zweckänderungen der Rechtfertigung. Die Übermittlung von strafprozessual gewonnenen Informationen an Polizeibehörden zur Gefahrenabwehr hat die verfassungsrechtlichen Wertungen zu berücksichtigen, die in Art. 13 Abs. 4 GG für den Primäreingriff getroffen worden sind.[39] Die Daten müssen im Übrigen zur Sicherung der Zweckbindung bei der datenerhebenden und der datenempfangenden Behörde gekennzeichnet werden, so dass ihre Herkunft erkennbar ist. Diese Grundsätze gelten auch für den umgekehrten Weg der Datenübermittlung von Polizei- zu Strafverfolgungsbehörden.[40]

Sowohl für den repressiven wie für den präventiven Bereich können gem. Art. 13 Abs. 5 GG technische Mittel ausschließlich zum Schutz der bei einem Einsatz in einer Wohnung tätigen Personen vorgesehen werden. Die Verwertung der hierbei erlangten Erkenntnisse ist nur zum Zwecke der Strafverfolgung oder der Gefahrenabwehr zulässig, wenn zuvor die Rechtmäßigkeit der Maßnahme richterlich festgestellt ist. Bei Gefahr in Verzuge ist die richterliche Entscheidung unverzüglich nachzuholen. Die Anordnung der Überwachung selbst unterliegt demnach in diesem Falle nicht dem Richtervorbehalt. Soweit für den präventiven Bereich die Länder zuständig sind, können sie eine Abs. 5 entsprechende gesetzliche Regelung zusätzlich treffen.[41]

---

[35] Gutachten (Fn. 10), 43; a. M. *Wefelmeier* (Fn. 10), 293, der wegen der kaum zu trennenden repressiven und präventiven Ziele auf Verfolgung und Verhütung auch aus praktischen Gründen die Maßstäbe des Art. 13 Abs. 3 GG auf Abs. 4 erstrecken will.

[36] BVerfGE 109, 279 (374 ff.).

[37] So schon BVerfGE 100, 313 (360) zu Art. 10 GG.

[38] BVerfGE 65, 1 (51 u. 62).

[39] BVerfGE 109, 279 (378).

[40] Vgl. auch *Wefelmeier* (Fn. 10), 297.

[41] Vgl. Gesetzentwurf (Fn. 27), § 29 Abs. 11.

3. Unterschiede zwischen repressiver und präventiver Wohnraumüberwachung bestehen hinsichtlich des Richtervorbehalts. Art. 13 Abs. 3 Satz 3 GG sieht einen qualifizierten Richtervorbehalt – Spruchkörper mit drei Richtern – vor, der auf eine vorbeugende Kontrolle durch eine unabhängige und neutrale Instanz zielt.[42] Nur bei Gefahr in Verzuge genügt die Anordnung eines einzelnen Richters. Das Bundesverfassungsgericht stellt strenge Anforderungen an den Inhalt und die Begründung der richterlichen Anordnung.[43] Wohl aber vor dem Hintergrund empirischer Untersuchungen zu richterlichen Anordnungen der Telefonüberwachung[44] verlangt das Bundesverfassungsgericht, dass sich das anordnende Gericht eigenverantwortlich ein Urteil darüber zu bilden hat, ob die beantragte Wohnraumüberwachung zulässig und geboten ist, was sorgfältige Prüfung der Eingriffsvoraussetzungen und umfassende Abwägung der zur Feststellung der Angemessenheit des Eingriffs im konkreten Fall führenden Gesichtspunkte bedeutet. Der äußere Rahmen der heimlichen Maßnahme ist abzustecken.[45]

Gemäß Art. 13 Abs. 4 GG genügt bei der präventiven Wohnraumüberwachung die Anordnung eines Einzelrichters, die bei Gefahr in Verzuge durch eine andere gesetzlich bestimmte Stelle ersetzt werden kann, doch ist die richterliche Entscheidung nachzuholen. Über die Anforderungen an die richterliche Anordnung schweigt sich das Grundgesetz aus. Die für die repressive Überwachung vom Bundesverfassungsgericht formulierten Anforderungen sind jedoch auch auf die Anordnung nach Art. 13 Abs. 4 GG zu übertragen. Sowohl der richterliche Beschluss als auch die Anordnung des vom Gesetzgeber zu bestimmenden Verwaltungsorgans müssen den vom Bundesverfassungsgericht genannten Anforderungen genügen.[46] Demgemäß sieht der von der Fraktion der SPD und FDP vorgelegte Gesetzentwurf zur Änderung des rheinland-pfälzischen POG vor, dass in der schriftlichen richterlichen Anordnung insbesondere die Voraussetzungen und wesentlichen Abwägungsgesichtspunkte, soweit bekannt Name und Anschrift des Betroffenen, gegen den sich die Maßnahme richtet, Art, Umfang und Dauer der Maßnahme, die Wohnung oder Räume, in denen oder aus denen die Daten erhoben werden sollen, und die Art der durch die Maßnahme zu erhebenden Daten zu bestimmen sind. Die Maßnahme ist auf höchstens zwei Monate zu befristen. Eine Verlängerung um jeweils nicht mehr als einen Monat ist zulässig, wenn die gesetzlichen Voraussetzungen vorliegen.[47]

---

[42] BVerfGE 109, 279 (357 f.).

[43] *Ibid.*, 358 f.

[44] *Backes/Gusy,* Wer kontrolliert die Telefonüberwachung, 2003; *Albrecht/Dorsch/Krüpe,* Rechtswirklichkeit und Effizienz der Überwachung der Telekommunikation nach den §§ 100a, 100b StPO und anderer verdeckter Ermittlungsmaßnahmen, Abschlussbericht, 2003; vgl. neuerdings *Meyer-Wieck,* Rechtswirklichkeit und Effizienz der akustischen Wohnraumüberwachung („großer Lauschangriff") und § 100c Abs. 1 Nr. 3 StPO, Vorausversion Oktober 2004.

[45] BVerfGE 109, 279 (359).

[46] So auch *Wefelmeier* (Fn. 10), 294.

[47] Gesetzentwurf (Fn. 27), § 29 Abs. 7.

Darüber hinaus sieht dieser Gesetzentwurf vor, das anordnende Gericht fortlaufend über den Verlauf, die Ergebnisse und die darauf beruhenden Maßnahmen zu unterrichten.[48] Liegen die Voraussetzungen der Anordnung nicht mehr vor, ordnet das Gericht die Aufhebung der Datenerhebung an. Der Richter begleitet mithin die präventive Wohnraumüberwachung während ihrer gesamten Dauer. Insoweit folgt der Entwurf der Entscheidung des Bundesverfassungsgerichts zur repressiven Wohnraumüberwachung, wonach die umfassende richterliche Anordnungskompetenz das Gericht berechtigt, sich von der durchführenden Stelle über den Verlauf der Maßnahmen unterrichten zu lassen, um ggf. korrigierend eingreifen zu können.[49] Das Gericht hat den Abbruch der Maßnahmen anzuordnen, wenn die gesetzlichen oder die in der Anordnung festgelegten Voraussetzungen nicht mehr vorliegen.

4. Für die repressive Wohnraumüberwachung bedarf es grundsätzlich der Benachrichtigung des Betroffenen aufgrund von Art. 13 Abs. 1 i. V. m. Art. 19 Abs. 4 GG.[50] Die Beteiligten sind aber erst zu benachrichtigen, wenn dies ohne Gefährdung des Untersuchungszwecks und von Leib und Leben von Personen geschehen kann. Dies gilt aber nicht, wenn durch die Benachrichtigung die öffentliche Sicherheit oder der weitere Einsatz eines V-Mannes gefährdet würde. Erst wenn die Betroffenen benachrichtigt sind und sich selbst gegen die Maßnahme wehren können, endet auch die richterliche Kontrollmöglichkeit. Die Sicherung der Benachrichtigungspflicht muss verfahrensrechtlich garantiert werden. Keine Bedenken bestehen gegen die Vorenthaltung von Unterlagen bei Gefährdung des Ermittlungszwecks und von Leib und Leben einer Person.[51]

Die vom Bundesverfassungsgericht für die repressive Wohnraumüberwachung entwickelten Grundsätze zur Benachrichtigungspflicht sind auch auf die präventive Wohnraumüberwachung anzuwenden. Das verfassungsrechtlich bestehende Auskunftsrecht über Daten zur eigenen Person und das Einsichtsrecht in amtliche Unterlagen, soweit diese solche Daten enthalten, macht die Benachrichtigung notwendig. Einschränkungen sind nur bei der Gefährdung von Leib und Leben zulässig. Solange solche Gefährdungen bestehen, kann die Benachrichtigung zurückgestellt werden.[52]

5. Gemäß Art. 13 Abs. 6 GG hat die Bundesregierung den Bundestag jährlich über die nach Abs. 3 sowie über den im Zuständigkeitsbereich des Bundes nach Abs. 4 erfolgten Einsatz technischer Mittel zu unterrichten. Nach dem Urteil des Bundesverfassungsgerichts vom 3.3.2004 müssen die Berichte insgesamt so substantiiert sein, dass die vorgeschriebene parlamentarische Kontrolle gewährleistet

---

[48] Gesetzentwurf (Fn. 27), § 29 Abs. 8.
[49] BVerfGE 109, 279 (360).
[50] *Ibid.*, 363 ff.; 100, 318 (361 ff.).
[51] *Ibid.*, 369.
[52] Vgl. den Gesetzentwurf (Fn. 27), § 40 Abs. 5.

ist. Daraus folgt, dass die Landesjustizverwaltungen die notwendigen Informationen der Bundesregierung zur Verfügung stellen müssen.[53] Da an der präventiven Wohnraumüberwachung in den Ländern immer ein Richter beteiligt sein muss, setzt diese Information der Bundesregierung voraus, dass eine Berichtspflicht der anordnenden Richter an die Landesjustizverwaltungen besteht.[54] Soweit die Länder für Wohnraumüberwachungen nach Abs. 4 zuständig sind, empfiehlt sich eine Berichtspflicht an die Landtage, die landesgesetzlich zu regeln ist.[55]

---

[53] BVerfGE 109, 279 (373 f.).

[54] Eine solche Berichtspflicht bestand bei präventiven akustischen Wohnraumüberwachungen unter Art. 13 Abs. 3 alter Fassung nicht. Der anordnende Richter musste kein Strafrichter, sondern konnte z. B. für Unterbringungssachen zuständig sein. Die Staatsanwaltschaften waren an der präventiven Überwachung nicht beteiligt.

[55] Vgl. Gesetzentwurf (Fn. 27), § 29 Abs. 11.

Zur Europatauglichkeit des Grundgesetzes zwölf Jahre nach Maastricht
Bewährung oder Reformbedürftigkeit der Europavorschriften in der deutschen Verfassung

Von Edzard Schmidt-Jortzig

Man mochte es als geschichtliche Fügung ansehen, daß in Deutschland die nach der Wiedervereinigung anstehende Verfassungsreform in einem wesentlichen Teil mit dem Ratifikationsverfahren zum Maastrichter Unionsvertrag[1] zusammenfiel. Politisch allerdings entsprangen beide Entwicklungen von vornherein dem gleichen Humus. Die Auflösung des „Ostblocks" forcierte ebenso die europäische Integration, wie sie in concreto das Erlöschen der Deutschen Demokratischen Republik und den Beitritt der neu entstehenden Länder zum Grundgesetz herbeiführte. Es „wuchs halt zusammen, was zusammen gehörte", auf nationaler wie auf transnationaler, kontinentaler Ebene.

Für die deutsche Staatsrechtslehre waren jene Jahre naturgemäß höchst animierend. Und dies bezog sich wegen der mannigfachen völker- und europarechtlichen Einbindungen des staatsrechtlichen Geschehens in besonderer Weise auf diejenigen Vertreter, die fachlich ins internationale Recht ausgriffen. An vielen deutschen Rechtsfakultäten und -fachbereichen erlebte die Lehre des Öffentlichen Rechts eine Blütezeit. In Kiel beispielsweise boomte am Walther-Schücking-Institut die traditionelle Diskussionsreihe „Völkerrechtliche Tagesfragen". Hinzu kamen vom Institut organisierte Vorträge auswärtiger Wissenschaftler und Praktiker, wurden einschlägige Kolloquien veranstaltet und richteten sich die allgemeinen Veranstaltungen auf die neuen Fragen aus. Da Jost Delbrück die Bezüge der deutschen Verfassung zum Völkerrecht immer bewußt gepflegt hatte und kontinuierlich ja auch die Vorlesungen „Verfassungsgeschichte der Neuzeit" sowie „Allgemeine Staatslehre" hielt, war er in jene Tendenzen besonders eingebunden. Zu seinem 70. Geburtstag nun eine gewisse Reflexion der damals einsetzenden Rechtsentwicklung zu versuchen, stellt deshalb auch eine Hommage an den akademischen Lehrer dar, den vom Nachbarlehrstuhl aus kollegial zu begleiten, stets Anregung und Freude war. Ohnehin ist an dieser Festschrift ja eine beeindruckende Reihe

---

[1] Vertrag über die Europäische Union (Vertrag von Maastricht) v. 7.2.1992, BGBl. 1992 II, 1253, in Kraft seit 1.11.1993, BGBl. 1993 II, 1947. Zu den rechtlichen Dimensionen der gegenseitigen Bedingtheit von deutscher Wiedervereinigung und europäischem Integrationsschub statt anderer *Pernice*, Deutschland in der Europäischen Union, in: Isensee/Kirchhof (Hrsg.), Handbuch des Staatsrechts, Bd. VIII, 1995, § 191 Rn. 1, 6 f., 12 ff.

ehemaliger Schüler beteiligt, die für das mitreißende und Vorbild gebende Wirken des Jubilars beredtes Zeugnis ablegt.

Die Zuspitzung der Ereignisse brachte es seinerzeit mit sich, daß in der Verfassungspolitik eine ungewöhnliche Interessenverknüpfung entstand. Um den Vereinigungsprozeß zum Ende zu bringen – und dies war im deutschen Interesse zweifellos vorrangig –, brauchte der Bund die verfassungsändernde Mitwirkung des Bundesrates ebenso wie für die Ratifizierung des Maastrichter Unionsvertrages, die gleichfalls das Grundgesetz veränderte. Die Länder im Bundesrat ließen sich diese Gelegenheit zur Durchsetzung eigener Verfassungsforderungen nicht entgehen. Sie beeinflußten deshalb die Formulierung des neuen Europaartikels, Art. 23 GG,[2] stark. Nur dessen Abs. 1 war nahezu unbestritten. Die Absätze 2 und 3 engagierten wenigstens noch den anderen Akteur der Verfassungsänderung, den Bundestag, und gaben inhaltlich auch den Stand der Verfassungsinterpretation wieder.[3] Bei den Absätzen 4 bis 7 des Art. 23 aber sprachen manche geradezu von „Erpressung", was sicherlich übertrieben ist.[4]

Ob sich jene bundesstaatlichen Konditionierungen der europapolitischen Aktivitäten Deutschlands nun bewährt haben oder reformiert werden müßten, ist nach zwölf Jahren an der Zeit erwogen zu werden. Die im Herbst 2003 eingesetzte „Kommission von Bundestag und Bundesrat zur Modernisierung der bundesstaatlichen Ordnung" – KomBO – hat deshalb zu Recht auch diese Überprüfung zur Aufgabe gemacht bekommen.[5] Auch an diesem Punkt aber ist die Kommission gescheitert.

---

[2] 38. Gesetz zur Änderung des Grundgesetzes v. 21.12.1992, BGBl. I, 2086. Daß die aus der Taufe gehobene Regelung betreffend Europa an die Stelle der alten, nun erfüllten Wiedervereinigungsoption trat, hatte also durchaus symbolische Bedeutung; vgl. dazu die Darlegungen von *Randelzhofer* und *Stern* in der Gems.VerfKom, 1. Öff. Anhörung „Grundgesetz und Europa" am 22.5.1992, StenBer. 53.

[3] Zum Stand der Dogmatik bis dahin: *Bundesrat* (Hrsg.), Bundesrat und Europäische Gemeinschaften, 1988, 212 ff.; oder *Hauck,* Mitwirkungsrechte des Bundestages in Angelegenheiten der Europäischen Union, 1998, 21 ff.

[4] Zur Entstehungsgeschichte im einzelnen *Schmalenbach,* Der neue Europaartikel 23 des Grundgesetzes im Lichte der Arbeit der Gemeinsamen Verfassungskommission, 1996, 22 ff. Siehe auch die Bemerkungen auf der 6. Stzg. der Kommission von Bundestag und Bundesrat zur Modernisierung der bundesstaatlichen Ordnung – KomBO (s. nachf. Fn.) – am 14.5.2004 von BM *Zypries,* StenBer. 131 B: „Es war damals das Ergebnis der Verhandlungen über die Bereitschaft der Länder, den Maastricht-Vertrag zu ratifizieren, deshalb sind seinerzeit relativ viele Forderungen der Länder aufgenommen worden"; Sachverst. *Scholz,* StenBer. 140 D: „Der Art. 23 des Grundgesetzes, wie er seinerzeit beschlossen worden ist, war bekanntlich Ergebnis eines Kompromisses, ... der Bundesrat ist besser weggekommen"; oder StS *Geiger,* StenBer. 150 A: „Art. 23 ... gibt den Ländern viele Rechte, sie haben diese Vorschrift nach Maastricht bekommen; es war eine Gegenleistung". Siehe auch *König,* Die Übertragung von Hoheitsrechten im Rahmen des europäischen Integrationsprozesses. Anwendungsbereich und Schranken des Art. 23 des Grundgesetzes, 2000, 138: „... Entschlossenheit der Länder, ihre Zustimmung zum Maastrichter Vertrag von einer Erweiterung und grundgesetzlichen Verankerung ihrer Mitwirkungsrechte in Angelegenheiten der Europäischen Union abhängig zu machen".

[5] Gleichlautende Einsetzungsbeschlüsse von Bundestag und Bundesrat am 16. bzw. 17.10.2003. Darin heißt es u. a.: Die Kommission „soll zu Fragen der Modernisierung der

I. Grundsatzvorgaben für die europäische Integration

In Abs. 1 von Art. 23 GG wird das Fundament für die Beziehung der Bundesrepublik Deutschland zur Europäischen Union gelegt. Satz 1 enthält den bindenden Verfassungsauftrag für alle zuständigen Organe des Bundes und der Länder, „zur Verwirklichung eines vereinten Europas" bei der Entwicklung der Europäischen Union mitzuwirken und dabei bestimmte Strukturvorgaben zu erfüllen. Die Norm ist eine förmliche Staatszielbestimmung,[6] dogmatisch geradezu beispielhaft. Satz 2 ermächtigt als lex specialis gegenüber Art. 24 Abs. 1 GG zur zustimmungsgesetzlichen Übertragung von Hoheitsrechten auf die Union. Und Satz 3 sichert bei allen die EU betreffenden Regelungen die Beachtung des Grundgesetzes. An diesen Kardinalfestlegungen ist nach wie vor nichts auszusetzen. Sie haben sich als gediegen und stimmig erwiesen, und hieran läßt sich auch zwölf Jahre nach Maastricht keinerlei Aktualitätsverlust erkennen.

Gleiches gilt für Art. 23 Abs. 2 GG. Vor allem ist die Mitwirkungsgarantie zugunsten der Gesetzgebungsorgane (Satz 1) ebenso unverzichtbar wie betonungsbedürftig, weil sonst Europa im Aktivitätenfokus und Legitimationsstrang allein der Bundesregierung und also einer intergouvernementalen Zusammenarbeit verharren würde. Eine Verbreiterung der europäischen Belange in die staatlich-demokratischen Binnenverhältnisse hinein bliebe ausgeschlossen. Als problematisierungsbedürftig mag nur schon die Fixierung der Ländermitwirkung auf den Bundesrat und damit die Landesregierungen erscheinen,[7] denn es sind doch die Landesparlamente, die im Grunde viel mehr gefordert bzw. betroffen werden – darauf ist noch zurückzukommen.

Auch die umfassende Unterrichtungspflicht der Bundesregierung gemäß Art. 23 Abs. 2 Satz 2 GG bleibt unverändert wichtig. Sie unterfängt, ja, ermöglicht erst die effektive Mitwirkung von Bundestag und Bundesrat. Die Zuspitzung der Unterrichtungspflicht auf den „frühestmöglichen Zeitpunkt" mag in der Praxis zwar vielfach ins Leere gehen. Denn die bürokratischen Abläufe zwischen Brüssel und Berlin sowie im Berliner Föderalismusgeflecht brauchen einfach ihre Zeit und

---

bundesstaatlichen Ordnung auch vor dem Hintergrund der Weiterentwicklung der Europäischen Union" Stellung nehmen (BT-Drucks. 15/1685). – Die Materialien der Kommission werden nachfolgend als KomBO-Drucks., KomBO-ArbUnterlagen und KomBO-StenBer. zitiert. Die nachfolgend angestellten Überlegungen des Verfassers folgen der Argumentation, die er der Kommission am 28.4.2004 vorgelegt hat, KomBO-Drucks. 0037.

[6] Das ist unstreitig; vgl. statt anderer *Badura*, Das Staatsziel „Europäische Integration" im Grundgesetz, in: Hengstschläger (Hrsg.), Für Staat und Recht, Festschrift für H. Schambeck, 1994, 887 ff.; *Sommermann*, Staatsziel „Europäische Union". Zur normativen Reichweite des Art. 23 Abs. 1 S. 1 GG n. F., DÖV 1994, 596 ff.; *Scholz,* in: Maunz/Dürig/Herzog (Hrsg.), GG Kommentar, Stand 1996, Art. 23 Rn. 4, 36 ff.; *Hobe,* in: Friauf/Höfling (Hrsg.), Berliner Kommentar zum GG, Stand 2001, Bd. 2, Art. 23 Rn. 4; *Huber,* Recht der Europäischen Integration, 2. Aufl., 2002, § 4 Rn. 8.

[7] Hier vorerst nur der Hinweis auf *Lang*, Die Mitwirkungsrechte des Bundesrates und des Bundestages in Angelegenheiten der Europäischen Union gemäß Art. 23 Abs. 2 bis 7 GG, 1997, 222 ff., 256, 270; oder *König* (Fn. 4), 415.

lassen für die konkrete Beratung der Verhandlungsgegenstände in Bundestag und Bundesrat immer zu wenig Raum. Die normative Festlegung der Unterrichtung auf den „frühestmöglichen Zeitpunkt" behält aber als ständige Mahnung allemal ihren Wert und ist insoweit unentbehrlich.

II. Staatsrechtliche Gestaltung der Mitarbeit Deutschlands in der Union

Für die mitgliedstaatliche Beteiligung Deutschland an Willensbildung, Entscheidung und Hoheitsentfaltung der Europäischen Union sind Form und Effektivität der Einbindung aller verfassungsrechtlichen Akteure von maßgeblicher Bedeutung. Natürlich stellt die föderative Binnenstruktur der Koordinations- und Rückbindungsverfahren eine wirksame Interessenvertretung Deutschlands in Brüssel vor besondere Herausforderungen. Ob sich hier die Vorgaben aus Art. 23 Abs. 3 bis 6 GG (und der beiden ausgestaltenden Zusammenarbeitsgesetze)[3] bewährt haben, bedarf jedenfalls eines genaueren Hinsehens. Das Grundgesetz unterteilt seine dafür geltenden Vorschriften in die Mitwirkung des Bundestages (Art. 23 Abs. 3 GG) und die des Bundesrates (Art. 23 Abs. 4 bis 6 GG) und staffelt letztere nach der Intensität der Einbindung.

Für eine nähere Überprüfung der bestehenden Regelungen müssen jedoch die einzelnen funktionellen Phasen unterschieden werden, in denen sich die mitgliedstaatliche Beteiligung Deutschlands in der Europäischen Union abspielt. Sie werden in den Vorgaben des Art. 23 GG nur z. T. wirksam erfaßt. Am Anfang aller mitgliedstaatlichen Partizipation steht jedenfalls die Planung der europapolitischen Absichten Deutschlands und ihres taktischen Zurgeltungbringens (1). Es ist dies der Abschnitt, den Art. 23 Abs. 4 GG als die „Willensbildung des Bundes" bezeichnet. Daran an schließt sich (2) die Phase der konkreten europabezogenen Verhandlungen und ihre Rückbindung. Diese Verfahrensschritte finden ihren Endpunkt (3) in der Entscheidung des jeweiligen europäischen Organs, also der abschließenden Stimmabgabe des deutschen Vertreters ebendort. Und vollendet wird der europäische Willensakt dann (4) durch die innerstaatliche Umsetzung der rechtlichen Vorgaben aus Brüssel. Schließlich ist (5) noch die Sekundärebene zu beachten, d. h. die Verantwortung für die normgemäße Zielerreichung der getroffenen staatsrechtlichen Maßnahmen.

Die Beteiligungs- und Einbindungsvorgaben des Grundgesetzes müssen all diese Phasen nicht nur verläßlich, sondern auch realitätsgerecht und wirkungsvoll erfassen. Richtschnur ist dabei ebenso die optimale Handlungsfähigkeit Deutsch-

---

[8] Gesetz über die Zusammenarbeit von Bundesregierung und Deutschem Bundestag in Angelegenheiten der Europäischen Union, EUZBBG v. 12.3.1993, BGBl. I, 311, sowie Gesetz über die Zusammenarbeit von Bund und Ländern in Angelegenheiten der Europäischen Union, EUZBLG v. 12.3.1993, BGBl. I, 313. Hinzu kommt eine Bund-Länder-Vereinbarung v. 29.10.1993, BAnz. 1993, 10425.

lands im europäischen Konzert (staatliches Außenverhältnis)[9] wie die möglichst effektive und umfassende Partizipation der verfassungsgemäßen Mitakteure daran (staatliches Innenverhältnis).

1. Europapolitische Planung von Zielen und Zielerreichung

Das voroperative Stadium taucht in Art. 23 GG nur indirekt auf. Freilich erstreckt sich die Mitwirkungsgarantie nach Art. 23 Abs. 2 Satz 1 GG auch bereits auf diese Phase. Für den Bundestag wird sie immerhin – verklausuliert – noch in Bezug genommen, wenn von einer „Stellungnahme v o r (einer) Mitwirkung an Rechtssetzungsakten" die Rede ist (Art. 23 Abs. 3 Satz 1 GG). Aber unmittelbar angesprochen und geregelt ist der Part nicht. Nur die generelle Länderbeteiligung via Bundesrat wird in Art. 23 Abs. 4 GG noch einmal extra darauf ausgerichtet.

a) Was die Beteiligung des Bundestages an dieser Phase anbetrifft, so scheint dafür die Verankerung in der Verfassung hinreichend, wenn man davon absieht, daß der Bundestag sogar bei einer anstehenden Beschneidung ausschließlicher Bundesgesetzgebungsmaterien nur ein Recht auf schlichte „Berücksichtigung" seiner Vorstellungen hat, während der Bundesrat immer „maßgebliche Berücksichtigung" verlangen kann, obwohl seine demokratische Legitimation sicherlich weniger dicht ist als die des Bundestages.[10]

Die Ausführungen im EUZBBG (Fn. 8) behandeln den Abschnitt dann aber eindeutig unzulänglich. Nach erneuter Herausstellung der Unterrichtungspflicht wird nämlich nur die anschließende Verhandlungsphase aufgegriffen (§ 4: Inkenntnissetzen über Entwürfe und Entscheidungen der europäischen Organe). Das Gesetz verlangt – § 5 – eine Gelegenheit zur Stellungnahme vor der beabsichtigten Zustimmung zu den einzelnen, rechtserheblichen Verhandlungsergebnissen. Immerhin ist noch eine Unterrichtung „über (die) Willensbildung" der Bundesregierung sowie über „den Verlauf der Beratungen" vorgesehen (§ 4.2 EUZBBG).

Defizitär zeigt sich zudem die Praxis der parlamentarischen Mitwirkung. Um sie effektiver zu gestalten, hatte dieselbe Grundgesetzänderung, welche den neuen

---

[9] Diesen Maßstab stellt insb. *Pernice,* Föderalismus im Umbruch. Zur Frage der Europafähigkeit des föderalen Deutschland, Neue Gesellschaft/Frankfurter Hefte, April 2004, sub I. dritter Absatz, heraus.

[10] Dazu *Huber,* Klarere Verantwortungsteilung von Bund, Ländern und Kommunen? (Gutachten D für den 65. DJT), Vhgn. d. 65. DJT, Bd. I, 2004, D 107 m. Fn. 463. Freilich ist die tatbestandliche Prägekraft dieser Berücksichtigungsabstufung nicht sonderlich groß. Die sprachliche Fassung stellt vielmehr – auch angesichts des in § 53 EUZBBG verwendeten Begriffs „zugrundelegen" – eine recht „kryptische Formulierung" dar, so *Randelzhofer,* in: Maunz/Dürig/Herzog (Hrsg.) (Fn. 6), Stand 1992, Art. 24 Rn. 208; sie ist ein „Formelkompromiß, der nichts klärt und alles dem Interpreten überläßt", *Isensee* in der 1. Öff. Anhörung der GemsVerfKom v. 22.5.1992, StenBer. 10. Zum Auslegungsstreit um dieses Merkmal s. im übrigen: *Hobe,* in: Friauf/Höfling (Hrsg.) (Fn. 6), Art. 23 Rn. 76 ff.

Art. 23 in die Verfassung einfügte, mit Art. 45 GG beim Bundestag einen „Ausschuß für die Angelegenheiten der Europäischen Union" zur Pflicht gemacht und vor allem den Weg eröffnet, diesem alle Befugnisse einzuräumen, um eigenständig „die Rechte des Bundestages gemäß Art. 23 gegenüber der Bundesregierung wahrzunehmen". Hiervon ist bis heute jedoch – mit einer unerheblichen Ausnahme – noch kein Gebrauch gemacht worden.[11] Dabei wäre für den Bundestag gerade dieser Schritt unerläßlich, um tatsächlich schon im Vorfeld der Brüsseler Abläufe beteiligt werden zu können. Nur in einem derart verkleinerten Gremium nämlich kann die notwendige Vertraulichkeit gewahrt und rasche Agibilität gesichert werden. Die Kompetenzeneifersucht der Fachausschüsse hat solche Vorkehrung bisher aber unterbunden.

b) Bezüglich der Bundesratsbeteiligung ist für die Planungsphase augenscheinlich besser vorgesorgt. Das Grundgesetz benennt in Art. 23 Abs. 5 zwar nur – und etwas statisch – das zu erreichende Ergebnis am Ende der Auffassungsabklärung, nämlich „Berücksichtigung" bzw. „maßgebliche Berücksichtigung" der Position des Bundesrates. Aber die Regelung im ausformenden EUZBLG (Fn. 8) wird eben eingehender. Bereits „vor einer Festlegung der Verhandlungspositionen zu einem Vorhaben" muß nämlich eine Mitwirkungsmöglichkeit gewährt werden (§§ 3, 5 Abs. 1 und Abs. 2 Satz 1), und bei den „Beratungen" sind spezielle Bundesratsvertreter hinzuzuziehen (§ 4 Abs. 1 EUZBLG).

Unter dem Aspekt wirksamer Interessenvertretung Deutschlands in Brüssel sind diese Regeln insgesamt akzeptabel. Daß bei Vorhaben, die „im Schwerpunkt Gesetzgebungsbefugnisse der Länder" betreffen und bei denen „der Bund kein Recht zur Gesetzgebung hat oder im Schwerpunkt die Einrichtung der Behörden der Länder oder ihre Verwaltungsverfahren" betroffen sind, im Streitfall auf Einvernehmen zwischen Bundesregierung und Länderposition bestanden wird (§ 5 Abs. 2 EUZBLG), ist jedenfalls konsequent. Und daß dann u. U. die Länderposition sich gegen die Auffassung der Bundesregierung durchsetzen kann, erscheint gleichfalls richtig. Die Handlungsfähigkeit Deutschlands nach außen wird dadurch nicht in Frage gestellt, und nach innen ist eben die Bundesstaatsvorgabe entscheidend. Allerdings bleibt auch hier die praktische Ausschöpfung hinter den normativen Möglichkeiten zurück. Die nach Art. 52 Abs. 3a GG dem Bundesrat eingeräumte Befugnis, einen auch für das Gesamtgremium außenwirksam handelnden Ausschuß, eine „Europakammer", zu bilden, wird kaum wahrgenommen. Zwischen 1993 und 2000 hat dieses Gremium nur ganze dreimal getagt.[12] Von einer laufenden Beteiligung an Planungen bereits „vor einer Festlegung der Verhandlungspositionen zu einem Vorhaben" kann also keineswegs die Rede sein. Peter M. Huber vermutet, daß dafür einfach der durchgehend „geringe Stellenwert einer

---

[11] Nach § 93a GeschO BT muß dazu im Einzelfall ein Antrag einer Fraktion bzw. von 5 v. H. der Mitglieder des Bundestags gestellt werden.

[12] *Fischer/Koggel,* Die Europakammer des Bundesrates, DVBl. 2000, 1742 (1743 m. N. 7).

kontinuierlichen und konsistenten Europapolitik für die Landesregierungen" maßgeblich sei.[13]

Grundsätzlich mißfallen muß freilich (was schon angedeutet wurde), daß die Länderposition allenthalben – via Bundesrat – von den Landesregierungen und nicht von den Landesparlamenten artikuliert und vertreten wird, obwohl, wenn „im Schwerpunkt Gesetzgebungsbefugnisse der Länder betroffen sind", gerade sie doch die maßgeblichen Organe sind. Und das gilt erst recht, wenn gar ausschließliche Landesgesetzgebungsbereiche in Rede stehen. Die Landtage indessen haben kein gemeinsames Gremium, und vor allem wäre ein solcher Zusammenschluß – wie beispielsweise die „Konferenz der Präsidentinnen und Präsidenten der deutschen Landesparlamente" – nicht wie der Bundesrat (für die Landesregierungen) ein Bundesorgan. Auch legt nun einmal Art. 50 GG fest, daß die Länder bei der Gesetzgebung und Verwaltung des Bundes sowie in Angelegenheiten der Europäischen Union „durch den Bundesrat" mitwirken (ebenso Art. 23 Abs. 2 Satz 1 GG), und der besteht eben „aus Mitgliedern der Regierungen der Länder" (Art. 51 Abs. 1 Satz 1 GG). Zwar ist diese Vorgabe nicht durch die Ewigkeitsgarantie des Art. 79 Abs. 3 GG unabänderlich gestellt. Aber hieran etwas umformen zu wollen, wird nach den Jahrzehnten solider Eingespieltheit und augenscheinlicher Bewährung jener Grundentscheidung wenig Erfolg haben.[14] Deshalb empfiehlt es sich wohl, pragmatisch auch weiterhin von dieser Plattform auszugehen. Funktional sind Planungen ja ohnehin eher eine Aufgabe der Exekutive bzw. Gubernative als eine solche der Legislative. Man wird deshalb an dieser Stelle mit der Konstellation leben müssen und können, an anderer ist darauf indessen noch einmal zurückzukommen.

2. Verhandlungen im Rahmen der Europaorgane

Die Aktions- und Bewegungsfähigkeit der Bundesrepublik Deutschland hat indessen erst beim konkreten Ringen um die Gemeinschaftsakte, in der reinen Verhandlungsphase also, ihre wirkliche Bewährungsprobe. Hier kommt es nicht nur darauf an, die Partner durch gekonnte Gesprächsführung und möglichst gute Argumentation vom eigenen Standpunkt zu überzeugen, sondern auch darauf, eine Annäherung vielleicht durch Nachgeben zu erreichen, neue Sachvarianten einzuführen oder Kompromisse zu finden. Dabei scheint es um die Handlungsfähigkeit Deutschlands bzw. des deutschen Vertreters – jedenfalls, wenn man nach der normativen Lage geht – nicht zum Besten zu stehen. Und daß solche Defizite nach der Erweiterung der EU nun noch stärker zutage treten werden, liegt auf der Hand.

---

[13] *Huber,* Die Rolle der nationalen Parlamente bei der Rechtsetzung der Europäischen Union, Hanns-Seidel-Stiftung, aktuelle analysen 24, 2001, 36 m. N. 116; *ders.* (Fn. 10), D 105.

[14] Eine neuerliche Initiative, jedenfalls Art. 51 I Abs. 1 GG zu ändern und künftig die Mitglieder des Bundesrats von den Landtagen wählen zu lassen (Senatsmodell), unternimmt in der Föderalismusreformdiskussion indessen die FDP; vgl. KomBO-Drucks. 0058, 10 ff.

Unter den Fünfundzwanzig wird weniger Rücksicht auf nationale Probleme genommen werden können als unter den Fünfzehn, von denen die meisten zudem mit den Imponderabilien der Partner in Europa quasi „groß geworden" sind. Schwächen in der Handlungsfähigkeit dürften auch mehr auffallen und von anderen ungerührter ausgenutzt werden, weil der Konkurrenzdruck unter den Mitgliedern größer wird. Schließlich müssen sich die neuen Mitgliedstaaten ihre Positionen erst erkämpfen, und das wird härter zugehen.

Was die Einbeziehung des Bundestages in diese Phase europäischer Willenskonkretion anbetrifft, scheint die Generalfestlegung zur parlamentarischen Stellungnahmegelegenheit und der entsprechenden materiellen Positionsberücksichtigung jedenfalls bei weiter, kooperationsfreundlicher Auslegung hinreichend zu sein.[15] Es wirkt ja die allgemeine Verpflichtung aus Art. 23 Abs. 2 GG hier noch hinein. Immerhin wird in Art. 23 Abs. 3 Satz 2 GG – wenn auch eher zufällig – die Phase der Verhandlungen ausdrücklich erwähnt. Das ausgestaltende EUZBBG zeigt sich indessen wenig einfallsreich und weiterführend, weil im wesentlichen nur die Verfassungsvorschriften wiederholt werden und Einzelheiten für spätere Phasen des europäischen Konkretionsprozesses eine Detaillierung finden.

Bezüglich der notwendigen Abstimmung zwischen Bund und Ländern fällt die Bewertung der normativen Vorgaben indessen uneinheitlicher aus. Auftretende praktische Schwierigkeiten sind immerhin noch vorschriftsgemäß zu bewältigen, wenn sich die Verhandlungen erst im Stadium des anfänglichen, überwiegend schriftlichen Diskurses zwischen den Fachreferenten befinden. Die ausdrücklich eingebundene Ständige Vertretung Deutschlands bei den Europäischen Gemeinschaften (§ 8 Satz 3 EUZBLG) kann ja die Erörterung zwischen den nationalen Stellen auch gut organisieren und fördern. Freilich braucht sie dazu seitens des Auswärtigen Amtes eine ständige Pflege ihrer Leistungsfähigkeit. Nur die fähigsten Diplomaten sollten nach Brüssel entsandt werden, ihre Fachkompetenz muß optimal sein, und die ständige, reibungslose Kommunikation mit den heimischen Stationen ist sicherzustellen. Das scheint in letzter Zeit nicht unbedingt immer gewährleistet gewesen zu sein.[16]

Spätestens aber, wenn die Verhandlungen in die entscheidende Phase treten – und das geschieht etwa bei den Sitzungen des Ministerrats oder noch subtiler bei den flankierenden „Kamingesprächen" o. ä. –, wird die ständige föderale Rückkoppelung durch den deutschen Verhandlungsführer schwierig. In festgefahrenen Situationen bieten oft nämlich nur noch sog. „Paketlösungen" einen Ausweg, bei denen unvereinbar erscheinende Wünsche der Partner zu verschiedenen Sach-

---

[15] Künftig wird diese Beteiligung des Bundestages allerdings noch an Bedeutung gewinnen. Das „politische Frühwarnsystem", das der Entwurf eines Europäischen Verfassungsvertrages für die Einhaltung des Subsidiaritätsprinzips vorsieht (Art. I-9 Abs. 3 S. 3 E-EuVerfV), setzt gezielt auf eine eigenständige kritische Begleitung durch die nationalen Parlamente.

[16] Vgl. nur etwa den Bericht von *Friedrich,* Viele Ziele und wenig Taten auf dem Weg zum wettbewerbsfähigsten Standort, FAZ v. 24.2.2004, 19.

problemen zusammen verhandelt und in ein kunstvoll ausbalanciertes Gesamtverhältnis von Geben und Nehmen, von Nachgeben und Durchsetzen gebracht werden. Hier muß ein Mitakteur von vornherein passen, der gar nicht über alle Sachpositionen selber verhandeln kann oder immer erst mit dem eigentlich Dispositionsbefugten Konsens herzustellen hat (welcher ohnehin – da nur an seinen Punkten interessiert – für das ausgewogene Gesamtergebnis wenig Interesse hat). Solche Konstellationen werden im Europa der 25 eher noch zunehmen, und Deutschland droht, ins Hintertreffen zu geraten. Auch für „normale" Verhandlungssituationen ist aber die außenwirkende „föderale Knebelung" des deutschen Unterhändlers mißlich. Ein Reagieren auf neue Gesprächslagen, Sachvarianten oder Kompensationsmöglichkeiten ist dann nämlich nur noch ad hoc möglich. Wenn die neue Verhandlungsposition getreu den rechtlichen Vorgaben erst wieder abgeklärt werden müßte, ist die konkrete Lage, in der man gewinnbringend replizieren oder darauf eingehen konnte, längst vorbei. Man wird sich rasch einmal entschuldigen können, um per Handy Rücksprache zu halten oder Rat einzuholen. Aber ein aufwendiges „Einvernehmen-Anstreben" (§§ 4 Abs. 2 Satz 2, 5 Abs. 2 und 3 EUZBLG) ist ohne Schädigung der taktischen Möglichkeiten nicht zu bewerkstelligen, selbst wenn das Gesetz apokryph meint, es folge die Konsensfindung ja „den für die interne Willensbildung geltenden Regeln und Kriterien" (§ 6 Abs. 2 Satz 4 EUZBLG). – Dieser Befund gilt im übrigen unabhängig davon, ob der deutsche Verhandlungsführer nun das zuständige Mitglied der Bundesregierung ist oder ein speziell benannter Ländervertreter.

Daß es hier in der Vergangenheit noch nicht zu größeren Verschlechterungen der Verhandlungslage für Deutschland gekommen ist,[17] liegt nach aller Erfahrung wohl nur daran, daß die in Art. 23 Abs. 5 und 6 GG angelegten und in §§ 4 ff. EUZBLG näher ausgestalteten Verfahrenskautelen tatsächlich so genau nicht befolgt werden. Beide föderalen Seiten verhalten sich nämlich in stillschweigendem Konsens sehr pragmatisch. Durchgehend steht und fällt das anzustrebende Einvernehmen ja auch mit der Güte bzw. Atmosphäre des laufenden Umganges miteinander, und der gestaltet sich in der Regel vor Ort in Brüssel tragfähig und harmonisch. Man könnte deshalb mit der geltenden (Verfassungs)Rechtslage weiterhin gut leben, wenn alle Beteiligten sich nur immer darüber einig sind, die geschriebenen Regeln nicht so genau zu beachten. Darauf ist aber kein Verlaß. Und unter dem Diktum strenger Rechtsgebundenheit aller staatlichen Gewalt (Art. 20 Abs. 3 GG) sollte man das auch nicht unbedingt anstreben oder beibehalten wollen. Normativ ist deshalb nur zu empfehlen, hier wirklich Änderungen vorzunehmen, die der tatsächlichen Europatauglichkeit der deutschen Verhandlungsbefugnis Rechnung tragen.

---

[17] Insb. die Länderseite wird hier nicht müde, darauf hinzuweisen, daß sich die grundgesetzlichen Regelungen bewährt hätten; s. nur Beschlüsse der Ministerpräsidentenkonferenz v. 27.3. sowie 12./14.11.2003, KomBO-Drucks. 0045, und Schreiben des MP RhPf v. 19.1.2004, KomBO-Drucks. 0034.

a) So ist sicherlich eine Überantwortung der Verhandlungsführung an „einen vom Bundesrat benannten Vertreter der Länder", wenn von dem Beratungsgegenstand im Schwerpunkt ausschließliche Gesetzgebungsbefugnisse der Länder betroffen sind, innerstaatlich zwar gut begründbar, ja, konsequent. Aber das gleiche Standing wie ein permanent mit seinen europäischen Kollegen im Gespräch befindlicher Bundesminister wird ein solcher Ländervertreter nie erreichen können. „Auf internationaler Ebene ist Kontinuität wichtig, da Erfahrung, Vertrautheit mit der Materie und den Entscheidungsprozessen bei den Verhandlungspartnern Vertrauen erzeugt", aber daran wird es einem nur fakultativen Ländervertreter in Brüssel immer fehlen.[18] Und im Ernstfall dann auch noch die förmliche „Zustimmung der Bundesregierung" (Art. 23 Abs. 5 Satz 3 GG, § 5 Abs. 2 Satz 6 EUZBLG) herbeiführen zu müssen, bevor man definitiv „Ja" oder „Nein" sagen kann, ist für ihn weder sachlich hilfreich noch persönlich zumutbar.

Im übrigen wird verschiedentlich darauf hingewiesen, daß künftig der EU-Verfassungsvertrag auch eine wechselnde Verhandlungsführung im Ministerrat nicht mehr ohne weiteres zulassse. Art. I-22 Abs. 2 des Entwurfs eines Europäischen Verfassungsvertrages besagt nämlich, daß es nur noch „je einen Vertreter auf Ministerebene je Mitgliedstaat (geben darf), der befugt ist, für die Regierung des Mitgliedstaates, den er vertritt, verbindlich zu handeln und das Stimmrecht auszuüben".[19] Innerstaatlich kommt noch hinzu, daß ein vom Bundesrat berufener „Vertreter der Länder" als Organwalter Deutschlands kaum über die dafür notwendige demokratische Legitimation verfügt.[20] Selbst der Bundesrat als solcher ist ja verfassungsrechtlich weder nach außen handlungsbefugt noch intern – trotz Art. 52 Abs. 3a GG – als eine stete Rückbindungseinheit funktional handlungsfähig. Daß dies erst recht für einen von ihm – nach völlig unkonturiertem Verfahren und ohne irgendwelche Sachvoraussetzungen übrigens – benannten einzelnen Ländervertreter gelten muß, wurde schon herausgestellt. Tatsächlich hat der Bundesrat im Auswertungszeitraum auch nur dreimal eine solch eigene Verhandlungsführung im Ministerrat beansprucht, u. zw. für die Themen Jugend, Bildung und Medien; zweimal widersetzte sich die Bundesregierung erfolgreich.[21]

---

[18] Stiftung Marktwirtschaft/Frankfurter Institut (Hrsg.), Bundesstaatsreform I: Für eine bürgernahe, effiziente und transparente Politik, 2004, 13. Ähnlich *Huber* (Fn. 10), D 27, 111; oder *Benz,* KomBO-Drucks. 0043, 9. Zur Kritik am grundgesetzlichen Einbruch der Länder in die europäische Vertretungskompetenz der Bundesregierung im Übrigen: *König* (Fn. 4), 370 ff.

[19] Dafür, daß diese Regelung künftig den Ländervertreter (jedenfalls in seiner jetzigen Form) unmöglich mache, *Scholz,* KomBO-Drucks. 0040, 9; *Pernice* (Fn. 9), sub III. erster Absatz; oder *Huber* (Fn. 10), D 112; anderer Meinung etwa MP RhPf, Schreiben v. 19.1.2004, KomBO-ArbUnterlage 0022, 3; und für den bisherigen Art. 203 EGV (146 a. F.) etwa *Lang* (Fn. 7), 202; *Hobe,* in: Friauf/Höfling (Hrsg.) (Fn. 6), Art. 23 Rn. 84. Inzwischen ist der Text des E-EuVerfV wieder der bisher geltenden Regelung angeglichen worden.

[20] *Huber* (Fn. 6), § 11 Rn. 46 f.; *ders.* (Fn. 10), D 111; *Pernice,* in: Dreier (Hrsg.), GG Kommentar, Bd. II, 2. Aufl., 2003, Art. 23 Rn. 117; *Benz,* KomBO-Drucks. 0043, 9 f.

[21] *Maurer/Becker,* Die Europafähigkeit der nationalen Parlamente, Stiftung Wissenschaft und Politik, Studie 23, 2004, 27.

An erster Stelle müßte mithin – so schwer das der Länderseite auch fallen mag – die durchgehende Verhandlungsbefugnis des Bundes wiederhergestellt und Abs. 6 des Art. 23 GG also aufgehoben werden.[22] Niemand will damit die direkte Präsenz der Länder in Brüssel antasten (§ 8 Satz 1 EUBLZG). Sie haben ein legitimes Interesse daran, erfolgversprechend im Standortwettbewerb der europäischen Regionen mitzuhalten und entwickeln dazu eine beachtliche und hilfreiche Lobbyistentätigkeit. Solche Aktivitätenvielfalt kann deutsche Interessen durchaus bündeln und verstärken. Sie trägt freilich auch den Keim zur Verzettelung in sich, wenn man sich auseinanderdividieren und gegeneinander ausspielen läßt.[23] Bei den Verhandlungen in den europäischen Organen jedenfalls muß Deutschland geschlossen auftreten und jederzeit entscheidungsfähig sein. Daß es dafür im übrigen auch notwendig ist, die immer wieder auftretenden Koordinationsmängel zwischen den Bundesministerien zu beseitigen und möglichst verzögerungslos eine einheitliche Position der Bundesregierung herzustellen, sei nur der Vollständigkeit halber angefügt.[24]

Schon hier ist außerdem darauf hinzuweisen, daß es im deutschen Außenverhältnis gegenüber der EU ja immer auch der Bund ist, der die Verantwortung für die „Erfüllung der Verpflichtungen (trägt), die sich aus dem Vertrag oder aus den Handlungen der Organe der Gemeinschaft ergeben" (Art. 10 Abs. 1 EGV). Die Supranationalität, welche das Verhältnis der Mitgliedsstaaten zur EU längst prägt, ändert nichts daran, daß realistischerweise nur die alleinige Außenzuständigkeit des Bundes (Art. 32 Abs. 1 GG) die Konstellation sein kann, welche der Bundesrepublik Deutschland eine über den eigenen Staat hinausreichende Handlungsmöglichkeit verschafft. Eine Loslösung von dieser Gesetzmäßigkeit ist erst dann gerechtfertigt, wenn die Europäische Union sich nicht mehr als verbandliches Produkt souveräner Mitgliedsstaaten, sondern als eigenständig legitimiertes Gemeinwesen definiert.

---

[22] Anderer Meinung: Stiftung Marktwirtschaft (Hrsg.), (Fn. 18), 14: kombinierte Bund-Länder-Vertretung. Wie hier aber: *Pernice* (Fn. 9), sub II. 1. b; *Scholz,* KomBO-Drucks. 0040, 9; *H. Meyer* in der 6. Stzg. der KomBO am 14.5.2004, StenBer. 155 D; *Huber* (Fn. 10), D 110 ff. Statt der Bundesregierung den Bundestag ins Spiel bringend: *Huber* (Fn. 13), 49 f. – jedenfalls, soweit für die Bundesrepublik Deutschland „wesentliche" Fragen zur Verhandlung anstehen.

[23] In Brüssel gibt es bei Rat und Kommission über dreihundert Arbeitsgruppen, Umsetzungsausschüsse, Komitees, Gremien o. ä., die nicht selten (genauso wie man direkten Kontakt zu nationalen Beamten aufnimmt) auch unmittelbar die Länder ansprechen, selbst wenn der Bund seine Position bereits mitgeteilt hat.

[24] Zu den Ressortstreitigkeiten etwa *Friedrich* (Fn. 16), 19; oder Bertelsmann-Stiftung (Hrsg.), Diskussionspapier zum Föderalismus-Reformdialog, Berlin 17. März 2004, 18 sub 3.2. Deshalb schlägt *H. P. Schneider* die Einrichtung eines die Stimmführung übernehmenden Europaministeriums vor, KomBO-Drucks. 0042, 6, sowie 6. Stzg. der KomBO am 14.5.2004, StenBer. 142 D; hiergegen aus praktischen Gründen – Dauerstreit mit den Fachministerien, der nur durch verbindliche Koordination seitens des BKAmtes verhindert werden kann – *Schmidt-Jortzig,* KomBO-StenBer. 146 D.

b) Nur wenn die Rekonstruktion einer alleinigen Außenkompetenz des Bundes in der EU (und also eine Abschaffung des „Vertreters der Länder" nach Art. 23 Abs. 6 GG) nicht zu bewerkstelligen sein sollte, mag man sich reformerisch anders orientieren. Dann nämlich müßte man – als zweitbeste Version – die Einrichtung des Ländervertreters jedenfalls grundlegend zu optimieren versuchen.

Hierbei schlägt dann sogleich durch, daß die spezifische Länder-Verhandlungsführung ja nur ins Spiel kommt, „wenn im Schwerpunkt ausschließliche Gesetzgebungsbefugnisse der Länder betroffen sind".[25] In ihrer Regelungskompetenz tangiert und deshalb in die europäische Politikgestaltung hineingezogen sind also die Landesgesetzgeber und nicht die Landesregierungen. Sie müßten mithin auch den einschlägigen „Vertreter der Länder" bestimmen. Deshalb ist für eine konsequente Reform gewiß zu fordern, daß künftig der betreffende „Vertreter der Länder" von den Landtagen berufen wird. Und er sollte auch, um die demokratische Legitimation zu verstärken, nicht nur irgendwie „benannt", sondern förmlich gewählt werden. Selbst wenn eine solche Organkreation für den deutschen Föderalismus ein Novum bedeutete, machbar ist ein entsprechender Wahlakt durchaus. Man denke nur an die Möglichkeit, daß die Konferenz der Präsidentinnen und Präsidenten der deutschen Landesparlamente einen einheitlichen, identischen Sitzungstermin für ihre Häuser vereinbare und an diesem Tag dann in jedem Konklave unter den gemeinsamen Kandidaten die – im Ergebnis zu addierende – Auswahl getroffen würde. An einfallsreichen Wahlverfahren hat es wenigstens der deutschen Parlamentslandschaft noch nie gemangelt.

Zweifellos sollte ein solchermaßen neu legitimierter Ländervertreter auch über eine eigene Amtszeit verfügen, und die müßte mindestens einer Landeslegislaturperiode entsprechen, also vier bis fünf Jahre betragen. Nur so kann die Kontinuität der Arbeit entstehen, die notwendig ist, um sich in Brüssel auch politisch verfahrensmäßig zu behaupten.[26] Eine Ad-hoc-Benennung jeweils unterschiedlicher Personen für die gerade anstehenden Fälle wird künftig zudem – s. o. – wenn schon durch Art. I-22 Abs. 2 des Europäischen Verfassungsvertrages nicht definitiv untersagt, so doch politisch mißbilligt. Wie man dann freilich eine dauerhafte sachbezogene Teilung der deutschen Vertretungsmacht zwischen Ländern und Bundesregierung vornehmen will, wird ein schwieriges Problem, weil die Ressortaufteilung im Brüsseler Ministerrat durchaus „quer" zur deutschen Abschichtung der Gesetzgebungszuständigkeiten zwischen Bund und Ländern verläuft.

---

[25] „Ausschließliche" Gesetzgebungsbefugnis der Länder meint dabei bekanntlich eine solche Legislativzuständigkeit, auf die der Bund weder nach Art. 72, 74 GG (konkurrierende Gesetzgebungskompetenzen) noch gemäß Art. 75, 91a oder 109 Abs. 3 GG (Rahmen-, Konkretisierungs- oder Grundsätzegesetzgebung) zugreifen kann, weil hier die Grundzuständigkeit der Länder nach Art. 30, 70 Abs. 1 GG unangetastet geblieben ist; vgl. *Scholz,* in: Maunz/Dürig/Herzog (Hrsg.), (Fn. 6), Art. 23 Rn. 135.

[26] Für eine längerfristige Verständigung der Länder auf einen gemeinsamen Vertreter auch Stiftung Marktwirtschaft (Fn. 18), 14.

c) Was aber auf jeden Fall erforderlich ist – gleichgültig, wie man sich bezüglich des problematischen „Vertreters der Länder" entscheidet –, ist eine Reform des europabezogenen föderalen Unterrichtungs- und Verständigungsverfahrens. Die Konsultationsmechanismen müssen viel enger, effektiver und normativ klarer gestaltet werden. Auch funktional sind die personell wechselnden Hinzuziehungen ja alles andere als optimal.

Hier spräche zunächst m. E. – parallel eventuell zu einem parlamentsgewählten Ländervertreter – alles für die Schaffung einer festen und ständigen Ansprechstelle auf Bundesratsebene. Ob sie monokratisch oder kollegial geformt wird, ist dabei zunächst noch unerheblich. Bedeutung hat nur, daß sie auch personelle Kontinuität erlangt, um Sachkunde und politische Kompetenz in dem schwierigen Terrain zu entwickeln, und daß sie für den Bundesrat entscheidungsbefugt ist, also echte Organstellung hat. Dies ließe sich durch eine Fortentwicklung der Europakammer nach Art. 52 Abs. 3a GG erreichen.[27]

Die Schaffung einer weiteren, neuen Einrichtung stellt aber in dem ohnehin komplizierten bundesstaatlichen Koordinations- und Rückbindungsgefüge nur eine suboptimale Lösung dar. Deshalb sollte vor allem und zuvörderst der Vorschlage eines „gemeinsamen europäischen Ausschusses" (Gemeinsamer Ausschuß für die Angelegenheiten der Europäischen Gemeinschaft) aufgegriffen werden,[28] der bestehende Stellen zusammenfaßt. Denn bisher sind Vielfalt und Redundanz der Akteure sowie ihre Unkoordiniertheit und Zeitversetztheit das Hauptmanko der föderalen Abklärungsnotwendigkeiten in Deutschland. Der Gemeinsame Ausschuß nach Art. 53a GG könnte für solch ein Sammelgremium Vorbild sein, nur müßte er straffer sowie differenzierter besetzt sein und wirklich praktisch sowie operativ arbeiten. Zugleich ließe sich bei dieser Gelegenheit der Beteiligungsbedarf des Bundestages gemäß Art. 23 Abs. 3 GG stärker berücksichtigen. Noch besser erschiene es allerdings, ein solches Gebilde gleich zu einem übergreifenden Organpartner auszubauen, der sämtliche bundesstaatlichen Mitakteure in sich vereinigt. An ihm wären also neben den Vertretern von Bundestag und Bundesrat auch der möglicherweise parlamentsgewählte Ländervertreter, zwei, drei weitere Vertreter der Landtage sowie der Leiter der Ständigen Vertretung bei den Europäischen Gemeinschaften zu beteiligen: ein Föderaler Europabeirat gewissermaßen. Mit einer solchen Einrichtung hätte die Bundesregierung ein permanentes, stabiles und ebenbürtiges Widerlager, mit dem die innerstaatlich notwendige Beratung und

---

[27] Vgl. *Schneider*, KomBO-Drucks. 0042, 6: Die Europakammer des Bundesrats „sollte zugleich die Funktion eines ‚Bevollmächtigten' der Länder wahrnehmen"; ebenso *ders.* in der 6. Stzg. der KomBO am 14.5.2004, StenBer. 142 C.

[28] Für ein „Gemeinsames Gremium von Bundestag und Bundesrat" auch: *Scholz*, KomBO-Drucks. 0040, 7; *ders.* in der 6. Stzg. der KomBO am 14.5.2004, StenBer. 141 D; *Benz*, KomBO-Drucks. 0043, 11 f.; *Schneider*, KomBO-Drucks. 0042, 5; *Burgbacher*, 6. Stzg. der KomBO am 14.5.2004, StenBer. 137 D; *Schmidt-Jortzig*, ebd. StenBer. 146 B/C. Einen interessanten Vorschlag unterbreitet zudem *Schneider* (KomBO-Drucks. 0042, 7, sowie 6. Stzg. der KomBO am 14.5.2004, StenBer. 142 C) für die exekutive Seite: Einrichtung eines Länderbeirats beim Ständigen Vertreter der Bundesrepublik bei der EU.

der föderative Abstimmungsbedarf gepflogen werden könnten, ohne daß Zeitverluste aufträten und Kompetenzunterschiede behinderten.[29]

3. Verfahrensbedingungen für die Entscheidung

Für die rechtlich wichtigste Phase, die europäische Beschlußfassung, gelten zunächst wieder die allgemeinen Mitwirkungsregelungen von Art. 23 Abs. 3 bis 6 GG und den beiden Ausführungsgesetzen. Grundsätzlich ist auch die Kritik hierher zu übertragen, die daran bezüglich der Verhandlungsphase vorgebracht wurde: Der deutsche Verhandlungs- bzw. Stimmführer wird in seiner Aktionsfähigkeit durch das ebenso umständliche wie wiederholte Abklärungserfordernis spürbar beeinträchtigt.

Die verbindliche Entscheidung, welche den Verhandlungspart abschließt und den europäischen Willensakt hervorbringt (oder ablehnt), läßt das Abstimmungserfordernis zwischen Bund und Ländern jedoch in der Regel weniger ins Gewicht fallen. Denn zumeist kann sich der deutsche Vertreter – mit oder ohne Hinweis auf die innerstaatlich-föderativen Verhältnisse – ja einen Bestätigungs- oder Widerrufsvorbehalt ausbedingen. Freilich wird dies bei permanenter Nutzung die Toleranz der anderen Mitgliedstaaten strapazieren und wohl auch manch atmosphärische Rückwirkung auf seine künftige Verhandlungslage haben.

Von neuem aber erweist sich, wenn „im Schwerpunkt Gesetzgebungsbefugnisse der Länder betroffen sind", das zwingende Anstreben von Einvernehmen nach § 5 Abs. 2 Satz 3 EUZBLG als hinderlich. Dies gilt insbesondere deshalb, weil bei Nichtzustandekommen des Einvernehmens, d. h. bei Zerstrittenheit von Bundesrat und Bundesregierung, nach mühsamem Verfahren (u. a. Zwei-Drittel-Mehrheit im Bundesrat) „die Auffassung des Bundesrates maßgebend" sein soll, gleichwohl aber in den meisten Fällen „die Zustimmung der Bundesregierung erforderlich" ist (§ 5 Abs. 2 Satz 5 und 6 EUZBLG). Die mögliche Blockadesituation ist geradezu mit Händen zu greifen. Die betreffenden Vorschriften sollten also von Grund auf revidiert werden. Dies um so mehr, als sich tatsächlich die Regelungen auch als unrealistisch bzw. inpraktikabel herausgestellt haben. Nur in einem einzigen Fall, nämlich der II. UVP-Richtlinie, ist bisher das vorgesehene Streitbereinigungsverfahren überhaupt in Anspruch genommen worden. Der ‚Beharrungsbeschluß' nach

---

[29] Für eine verstärkte Einbeziehung der Landesparlamente hatte 2001 eine Referenteninitiative zur Bayerischen Enquête-Kommission „Reform des Föderalismus – Stärkung der Landesparlamente" auch schon den interessanten Gedanken folgender Erweiterung des Art. 23 Abs. 2 GG vorgebracht: „Die Bundesregierung hat den Bundestag, den Bundesrat *sowie die Länderparlamente* umfassend und zum frühestmöglichen Zeitpunkt zu unterrichten". Die Initiative wurde von der Kommission jedoch nicht übernommen. Diese machte statt dessen den Vorschlag eines neuen Art. 79 Abs. 2a GG, wonach bei Übertragung von Landesgesetzgebungszuständigkeiten auf die EU nicht nur die verfassungsändernden Mehrheiten für das Zustimmungsgesetz erbracht werden müssen, sondern auch die „Zustimmung der Volksvertretungen der Mehrheit der Länder", BayLT-Drucks. 14/8660, 4 f. und 9.

Art. 23 Abs. 5 Satz 2 GG in Verbindung mit § 5 Abs. 2 Satz 5 EUZBLG kam in der Europakammer jedoch nicht zustande, weil die erforderliche Zwei-Drittel-Mehrheit nicht erreicht wurde.[30]

Und erst recht wird die bisherige Lage für die Handlungsfähigkeit Deutschlands unerträglich, wenn ein Vertreter der Länder die „Rechte der Bundesrepublik Deutschland als Mitgliedstaat der Europäischen Union" wahrzunehmen hat, diese Befugnisausübung aber „unter Beteiligung und in Abstimmung mit der Bundesregierung" erfolgen muß und unter Wahrung der „gesamtstaatlichen Verantwortung des Bundes" (Art. 23 Abs. 6 Satz 2 GG). Hier wird ein europataugliches Prozedere wieder nur zustande zu bringen sein, wenn die Beteiligten nicht auf voller Einhaltung der Vorschriften bestehen oder es eben durch intensive Konsultationen und Zusammenarbeit gar nicht erst zum Dissens kommen lassen. Selbst mit Hilfe der deutschen Ständigen Vertretung bei den Europäischen Gemeinschaften wird der wahrnehmungsberechtigte Ländervertreter alleine und gegen den Willen der Bundesregierung ein verbindliches Votum Deutschlands nur schwerlich zustandebringen können. Erneut zeigt sich also, daß an dieser Einrichtung des Art. 23 GG nicht festgehalten werden sollte.

4. Umsetzung der europäischen Rechtsakte

Soweit Rechtsakte der europäischen Gemeinschaftsorgane nicht ohnehin unmittelbar in jedem Mitgliedstaat gelten (Verordnungen: Art. 249 Abs. 2 EGV) oder umgekehrt von vornherein nur zur allgemeinen Orientierung ohne rechtliche Verbindlichkeit dienen sollen (Empfehlungen und Stellungnahmen: Art. 249 Abs. 5 EGV), sind die Mitgliedstaaten zur innerstaatlichen Umsetzung des fertig beschlossenen Sekundärrechts verpflichtet: Art. 10 EGV. Die Erfüllung dieser Pflicht obliegt für Deutschland innerstaatlich derjenigen Ebene, welche nach der verfassungsrechtlichen Kompetenzverteilung für die Gesetzgebung zuständig ist. Das richtet sich mithin nach Art. 70 ff. GG.

Umsetzungsaufgaben ausschließlicher Bundes-Regelungszuständigkeit sind dabei meistens unproblematisch, u. zw. ebenso wie legislatorische Länderreservate. Im ersteren Fall können, wenn auf Organisationsvorgaben verzichtet wird,[31] Zustimmungsnotwendigkeiten des Bundesrates weitgehend vermieden werden. Und wenn der Bundesrat einen Einspruch einlegt, kann der Bundestag ihn zügig überstimmen, auch das insoweit vorgeschaltete Vermittlungsverfahren[32] muß keine europäisch unvertretbare Verzögerung bringen. Landeseigene Gesetzgebung andererseits dürfte bei umsetzungsbedürftigen Europarechtsakten ohnehin nur selten vorkommen oder jedenfalls die Länder nicht so grundsätzlich spalten, daß nicht

---

[30] Position der Bundesregierung zu Art. 23 GG, KomBO-Drucks. 0041, 3 sub C. 2.
[31] Möglichkeiten nach Art. 84 Abs. 1 und Abs. 2 GG.
[32] Art. 77 Abs. 3 S. 1 GG.

von einer wenigstens lückenhaften Umsetzung gesprochen werden könnte. Europarechtliche und europapolitische Probleme scheinen demgegenüber aber jene Umsetzungsmaterien hervorzurufen, bei denen der Bund nur eine konkurrierende oder Rahmen-Zuständigkeit inne hat, die Länder also verstärkt eigene Interessen berührt sehen und das Konfliktpotential daher augenscheinlich größer ist. Hier können sich dann die Verzögerungstendenzen des deutschen Gesetzgebungssystems breiter auswirken.

Tatsache ist jedenfalls, daß bei der Umsetzung europäischer Richtlinien – Entscheidungen nach Art. 249 Abs. 4 EGV spielen eine nur nachgeordnete Rolle – die Bundesrepublik Deutschland (zusammen mit Belgien und Frankreich) an der Spitze der säumigen Staaten liegt.[33] Dies ist ein gänzlich unbefriedigender Zustand. Erwogen werden sollte deshalb eine quasi „vorsorgliche", primäre Umsetzungs-Gesetzgebungsmöglichkeit des Bundes, mit der der rein technische Transformationsakt kraft der „gesamtstaatlichen (europäischen) Verantwortung des Bundes" (Art. 23 Abs. 5 Satz 2 und Abs. 6 Satz 2 GG) zügig vorgenommen werden könnte,[34] Deutschland ist ja ohnehin unentrinnbar zur Umsetzung verpflichtet. Die Ausfüllung der normativen Gestaltungsspielräume, die bei Richtlinien immer gegeben sind,[35] bliebe dann – jedenfalls da, wo (ausschließliche) Gesetzgebungskompetenzen der Länder in Rede stehen – a priori ihnen vorbehalten. Wie man dies im einzelnen strukturieren wollte, kann hier dahinstehen: Es ließe sich ebenso eine originäre Ausfüllungskompetenz der Länder vorstellen wie die Möglichkeit einer bundesgesetzlichen Vollregelung bei gleichzeitiger Zugriffs- oder Rückholbefugnis der Länder.[36] Eine solche „Richtliniengesetzgebung" des Bundes[37] könnte jedenfalls manchen Streit mit der europäischen Kommission vermeiden oder Konflikte im Innenverhältnis zwischen Bund und Ländern auf die Zeit nach der Umsetzungsfrist verschieben.

---

[33] Vgl. *Maurer/Becker* (Fn. 21), 27 f.; oder *Friedrich* (Fn. 16), 19. In einer neueren Statistik (Stand 1.5.2004) ist lediglich Griechenland an die Stelle Belgiens getreten; vgl. FAZ v. 27.7.2004, 17.

[34] Als „Fast-Track-Verfahren" (bei föderativ nicht klar zuzuordnenden Gesetzgebungsmaterien) befürwortet dies auch die *Bertelsmann-Stiftung* (Fn. 24), 18 sub IV.3.1. Durchaus vergleichbar erscheint die Konstellation in Italien: dort erhält die Staatsregierung durch ein jährliches EG-Rahmengesetz die Ermächtigung zur vorgängigen, einheitlichen Umsetzung von europäischen Richtlinien; vgl. *Winkler,* Italien, das EG-Recht und die Direktwirkung der Richtlinien, EuZW 1992, 443 (445).

[35] Siehe nur *Herdegen,* Europarecht, 5. Aufl., 2003, Rn. 178; *Streinz,* Europarecht, 6. Aufl., 2003, Rn. 384; *Arndt,* Europarecht, 6. Aufl., 2003, 66 f.; *Hobe,* Europarecht, 1. Aufl., 2002, Rn. 140.

[36] Zu letzterem zunächst nur der Bezug auf die Parallele in Art. 125a Abs. 1 S. 2 GG und sodann der Verweis auf die ausführliche Diskussion der KomBO unter dem gleichen Stichwort.

[37] So auch schon *Scholz,* KomBO-Drucks. 005, 6; und *Schmidt-Jortzig,* in der 3. Stzg. der KomBO am 12.12.2003, StenBer. 67 B, 75 C/D, 76 B.

5. Einstehen für Umsetzungsdefizite

Die mitgliedstaatliche, europäische Verantwortung für Umsetzung und Einhaltung des europäischen Rechts trifft im Falle Deutschlands immer den Bund. Dies gilt sowohl für die allgemeine Gefolgschaftspflicht nach Art. 10 EGV wie für die besonderen Verantwortlichkeiten beispielsweise nach Art. 104 Abs. 9 ff. oder 228 EGV. Das ist auch konsequent, weil eben der Bund die deutsche Mitgliedschaft in der Union ausübt, ihm dort grundsätzlich die Interessenvertretung Deutschlands aufgegeben ist und er insoweit auch die „gesamtstaatliche Verantwortung" trägt. Deutschland liegt zwar nicht an der Spitze der in Vertragsverletzungsverfahren verwickelten Mitgliedstaaten (das sind mit Abstand Italien und Frankreich). Die beispielsweise mit Stand vom 31. Oktober 2003 gegen die Bundesrepublik anhängigen neunzig Verfahren sind aber gegenüber den nur jeweils gut zwanzig von Dänemark, Finnland oder Schweden doch beachtlich (der Durchschnitt liegt bei 67).[38]

Bei Fällen nun, in denen einzelne Bundesländer als eindeutige Verursacher des Rechtsverstoßes auszumachen sind, sei es bei Umsetzungsmängeln, sei es bei Normübertretungen, sollte deshalb über ein Instrument nachgedacht werden, durch das jene Akteure auch mit der (hauptsächlichen) Lastentragung für die europäischen Sanktionen belegt werden könnten. Und das würde dann ebenso für die maßgebliche Verursachung einer Stabilitätskriterienverfehlung Deutschlands gelten. Die für innerstaatliches Fehlverhalten bestehende Haftungsvorschrift des Art. 104a Abs. 5 GG ist zwar nicht analogiefähig,[39] sie kann aber als Anhaltspunkt oder Vorbild dienen. Eine entsprechende Norm[40] müßte tatbestandlich gewiß stark konditioniert sein, und das zugehörige „Regreßverfahren" wäre dem Bundesverfassungsgericht vorzuhalten. Aber auch wenn der betreffende Mechanismus danach nur ausnahmsweise zur Anwendung käme, ist schon der „Fleet-in-beeing"-Effekt ein wichtiger Zusatzfaktor, um die Beteiligten an ihre Umsetzungspflicht und die „gesamtstaatliche Verantwortung" in Bezug auf Europa zu erinnern. Die einzig bisherige Möglichkeit, nämlich auf den Grundsatz der Bundestreue oder das Prinzip der Verfassungsorgantreue zu verweisen,[41] erscheint eben für den Ernstfall – weil ohne fühlbare Konsequenz – zu platonisch und also (wenn das Wortspiel erlaubt ist) zu „treuherzig".

---

[38] Wie oben Fn. 33. Am 1.5.2004 waren gegen Deutschland sogar 94 Verfahren anhängig, die anderen Angaben blieben gleich (vgl. FAZ v. 27.7.2004, 17).

[39] BVerwGE 116, 234 (241 f.); a. A. *Hellermann*, in: v. Mangoldt/Klein/Starck (Hrsg.), Das Bonner Grundgesetz. Kommentar, 4. Aufl., 2001, Bd. III, Art. 104a Rn. 204; *Huber* (Fn. 6), § 22 Rn. 7.

[40] Formulierungsvorschläge für eine Art. 104a Abs. 5 GG entsprechende Verfassungsnorm bei *Kirchhof*, KomBO-Drucks. 0052, und *Kröning*, KomBO-Drucks. 0054.

[41] Vgl. *Heyde*, in: Umbach/Clemens (Hrsg.), GG, Mitarbeiterkommentar, Bd. I, Stand 2002, Art. 23 Rn. 106 ff.; Bericht d. Bundesregierung über die Kostentragungspflicht der Bundesländer bei Zwangsgeldforderungen der EU, BT-Drucks. 15/2805, 2; oder *Scholz*, in: Maunz/Dürig/Herzog (Hrsg.), (Fn. 6), Art. 23 Rn. 107 ff.

III. Bilanz

Die Fassung des Europaartikels im Grundgesetz ist sicherlich nicht der Hauptgegenstand der Reformbedürftigkeit des deutschen bundesstaatlichen Systems.[42] Wenn die Kraft zur „Ruck" gebenden Änderung der Verfassung nicht ausreicht, mag Art. 23 GG also unverändert bleiben. Schon bisher scheint die Praxis bei aller normativen Kritik ja mit der geltenden Rechtslage einigermaßen hinzukommen, weil einerseits die Formulierungen in Art. 23 Abs. 4 bis 6 GG relativ unscharf sind und andererseits die Beteiligten sich in der Regel eher pragmatisch als gesetzesfürchtig verhalten. Das ausführende Gesetz gibt zudem hinreichend Signale, daß man sich u. U. auch jenseits der rechtlichen Vorgaben miteinander absprechen kann.[43]

Sollte man indessen an eine Reform des Art. 23 GG herangehen – und das wäre schon sehr zu empfehlen –, sind auf jeden Fall die Absätze 5 und 6 zu überprüfen. Dabei sollte vorrangig die Möglichkeit eines „Vertreters der Länder", der die Mitgliedschaftsrechte Deutschlands in Brüssel ausübt, abgeschafft werden; mindestens müßte er völlig umstrukturiert werden. Zu erwägen wäre im übrigen die Installierung eines ständigen föderalen Rückbindungsgremiums (anstelle des personell und fachlich permanent wechselnden, verfahrensmäßig viel zu komplizierten und zeitlich immer unsicheren heutigen Beratungsmechanismus). Auch die Konstruktion einer „Richtliniengesetzgebung" für die notwendige Umsetzung föderal bedeutsamer Rechtsakte der EU sowie die Einrückung einer Grundsatznorm über die Verantwortlichkeit für europäische Sanktionslasten wären sinnvoll.

---

[42] Hierzu insgesamt die eindrucksvolle Bestandsaufnahme von *Huber* (Fn. 10), D 15 ff.
[43] Siehe §§ 4 II, 9 und 13 EUZBLG.

Das Verhältnis von Generalversammlung und Sicherheitsrat in Friedenssicherungsangelegenheiten

Von Christoph Schreuer und Christina Binder

I. Einleitung

Die politische Wende um das Jahr 1990 hat nicht nur ein völlig neues weltpolitisches Klima geschaffen, sondern auch im Sicherheitsrat (SR) zu einer neuen Ära der Kooperation und des Aktivismus geführt.[1] Dies könnte zur Annahme verleiten, der SR komme nunmehr nach dem Ende des kalten Krieges seiner Aufgabe gemäß Art. 24 der Charta der Vereinten Nationen (UN-Charta), der Wahrung des Weltfriedens und der internationalen Sicherheit, in effektiver Weise nach und für die Generalversammlung (GV) bleibe also kaum ein Handlungsbedarf, etwa im Rahmen der Uniting for Peace Resolution[2] oder auch sonst. Wie erinnerlich, war die Uniting for Peace Resolution ja wegen des durch das Veto der Sowjetunion blockierten SR in der Korea-Krise notwendig geworden. Bedingt durch diese Handlungsunfähigkeit des SR hatte die GV am 3.11.1950 das Recht in Anspruch genommen, den Mitgliedstaaten Kollektivmaßnahmen zu empfehlen „if the Security Council, because of lack of unanimity of the permanent members, fails to exercise its primary responsibility for the maintenance of international peace and security in any case where there appears to be a threat to the peace, breach of the peace, or act of aggression".[3] Auf den ersten Blick erschiene dementsprechend ein Tätigwerden der GV als Organ der kollektiven Sicherheit bei einem wieder akti-

---

[1] Vgl. diesbezüglich *Wallensteen/Johansson,* Security Council Decisions in Perspective, in: Malone (Hrsg.), The UN Security Council: From the Cold War to the 21st Century, 2004, 17 ff.; *Malone,* The Security Council in the Post-Cold War Era: a Study in the Creative Interpretation of the U.N. Charter, Journal of International Law and Politics 35 (2003), 487 ff.

[2] GV Res. 377 (V). Die Resolution besteht aus drei Einzelentschließungen A, B und C. Für eine detaillierte Diskussion der Uniting for Peace Resolution siehe grundlegend bereits *Delbrück,* Die Entwicklung des Verhältnisses von Sicherheitsrat und Vollversammlung der Vereinten Nationen, 1964, 87 ff.; vgl. überdies auch *Stein/Morrissey,* Uniting for Peace Resolution, in: Bernhardt (Hrsg.), EPIL, Bd. IV, 2000, 1232 ff.; *Nolte,* Uniting for Peace, in: Wolfrum (Hrsg.), United Nations: Law, Policies and Practice, Bd. 2, 2. Aufl., 1995, 1341 ff.; *Schattenmann,* Uniting-for-Peace-Resolution, in: Volger (Hrsg.), Lexikon der Vereinten Nationen, 2000, 571 f.; *Franck,* Recourse to Force: State Action against Threats and Armed Attacks, 2002, 33 ff.; *Tomuschat,* „Uniting for Peace" – Ein Rückblick nach 50 Jahren, Die Friedens-Warte, Bd. 76 (2001), 289 ff.

[3] GV Res. 377 A (V) A, para. 1.

vierten SR nach Ende des Kalten Krieges nicht mehr notwendig. Die Realität ist aber anders.

Der SR ist zwar wesentlich effektiver geworden als zur Zeit des kalten Krieges, seine Effektivität ist aber noch immer durchaus begrenzt. Dies hat mehrere Gründe, auf die hier nicht im Einzelnen eingegangen werden kann.[4] Selbst die Vorstellung, das Veto eines der ständigen Mitglieder werde kaum mehr gebraucht und spiele daher keine praktische Rolle, ist irreführend. Vielmehr gelangt ein Resolutionsentwurf, welcher auf den entschlossenen Widerstand eines ständigen Mitglieds stößt, gar nicht erst zur Abstimmung.[5] Anders gesagt, zunächst wird das grundsätzliche Einvernehmen oder zumindest die Duldung aller ständigen Mitglieder hergestellt. Dann versucht man, nichtständige Mitglieder zur Zustimmung zu bewegen bis zumindest neun positive Stimmen erreicht sind. Erst dann kommt es überhaupt zu einer formellen Abstimmung. Das Veto ist also in einem frühen Stadium der Willensbildung durchaus noch immer wichtig.

Die Uniting for Peace Resolution hat seit 1990 nur eine untergeordnete Rolle gespielt. In jüngerer Zeit kam es lediglich zu einer Emergency Special Session im April 1997 zur Palästinafrage, die immer wieder vertagt wurde und im Rahmen derselben, im Dezember 2003, die GV den Internationalen Gerichtshof (IGH) aufforderte,[6] das Gutachten zum Mauerbau[7] zu verfassen, auf das noch einzugehen sein wird. Die insgesamt zehnte Emergency Special Session übrigens, wobei sechs dieser Sessionen dem Nahen Osten gewidmet waren.

Ein Blick auf das Verhältnis von GV und SR in der neueren Praxis ergibt ein einigermaßen komplexes Bild. Ein Tätigwerden der GV in Fragen von Frieden und Sicherheit lässt sich keineswegs bloß dort beobachten, wo der SR untätig geblieben ist. Vielmehr ergeben sich vielfältige Berührungspunkte zwischen den beiden Organen. Diese lassen sich unter den Schlagworten

– Kompetenzabgrenzung,
– Kooperation,
– Ersatzvornahmen,
– Aufforderungen sowie
– Parallelaktionen

zusammenfassen.

---

[4] Für weitere Gründe siehe etwa *Koskenniemi,* The Place of Law in Collective Security, Michigan Journal of International Law 17 (1996), 455 ff.; *Wallensteen/Johansson* (Fn. 1), 23 ff.

[5] So verzichteten beispielsweise die USA, das Vereinigte Königreich und Spanien unmittelbar vor dem US-geführten Angriff auf den Irak darauf, dem SR einen Resolutionsentwurf zur Abstimmung vorzulegen, der dem Irak ein letztes Ultimatum bis 17.3.2003 gelassen hätte. Dies geschah aufgrund des zu erwartenden Vetos des ständigen Mitglieds Frankreichs. (Vgl. Press Release SC/7696, Meeting Record S/PV.4721.)

[6] GV Res. ES-10/14, angenommen am 8.12.2003.

[7] IGH, *Legal Consequences of the Construction of a Wall in the Occupied Palestinian Territory* vom 9.7.2004, erhältlich im Internet: < http://www.icj-cij.org/icjwww/idocket/imwp/imwpframe.htm >.

Die besondere Aktualität der Fragestellung des Verhältnisses von GV und SR in Friedenssicherungsangelegenheiten lässt sich im Übrigen an den Ausführungen des IGH im schon erwähnten Gutachten zum Mauerbau erkennen. Eines der Vorbringen Israels war gewesen, dass die GV mit dem Ersuchen um ein Gutachten *ultra vires* gehandelt hätte, da der SR aktiv mit der Situation im Nahen Osten einschließlich der palästinensischen Frage befasst war.[8] Genau diese Problemstellung steht im Zentrum der Diskussion um die Zulässigkeit der unter Berufung auf die Uniting for Peace Resolution getroffenen Arrangements: nämlich ab wann die GV befugt ist, tätig zu werden, da der SR seine Aufgaben nicht wahrnimmt.

II. Kompetenzabgrenzung

Die grundsätzliche Kompetenzabgrenzung zwischen den beiden Organen ergibt sich zunächst aus den konkreten/praktischen Umständen ihrer Zusammensetzung und Beschlussfassung. So wäre die GV, die alle Mitglieder der Vereinten Nationen (VN) umfasst und einen entsprechend hohen Legitimationsgrad genießt, das primär adäquate Forum, politische Zielsetzungen und programmatische Leitlinien zu diskutieren und zu beschließen.[9] Für konkrete Maßnahmen, die rasch und effizient zu beschließen sind, ist aber der SR geeigneter.[10] Dies nicht nur wegen seiner Kompetenz, bindende Beschlüsse gemäß Art. 25 UN-Charta[11] zu fassen, sondern auch aus realpolitischer Perspektive: so stehen durch das Abstimmungsverfahren im SR (die Vetomöglichkeit der ständigen Mitglieder), im Fall positiver Beschlussfassung, Staaten hinter den Resolutionen des SR, die über genügend finan-

---

[8] IGH, *Construction of a Wall* (Fn. 7), Rn. 24.

[9] Vgl. etwa Krasno: „The General Assembly, comprising all the Member States (51 in 1945, 191 in 2003), fulfils the function of a central forum for global dialogue wherein pressing issues of concern ... can be discussed." (*Krasno*, The UN Landscape: An Overview, in: ders. (Hrsg.), The United Nations: Confronting the Challenges of a Global Society, 2004, 3 (5)).

[10] Vgl. diesbezüglich das von Koskenniemi aufgeworfene Spannungsverhältnis zwischen einem als „Polizei" fungierenden SR, der dazu geschaffen ist, die Ordnung mittels Machtausübung aufrechtzuerhalten und der GV als „Tempel der Gerechtigkeit", die sich Autorität und Legitimität dank ihrer Zusammensetzung und der Verfahren ihrer Entscheidungsfindung verschafft. „The competence, composition and procedures of each organ is justifiable only as a separation of powers arrangement which seeks to provide optimal efficiency in policing the world as well as a forum for seeking agreement on various economic, social and humanitarian policies, while trying to keep both in check so as to avoid the dangers inherent in establishing a full precedence of one over the other." (*Koskenniemi*, The Police in the Temple: Order, Justice and the UN: A Dialectical View, European Journal of International Law 6 (1995), 325 (337 f.)).

[11] Art. 25 UN-Charta: „The Members of the United Nations agree to accept and carry out the decisions of the Security Council in accordance with the present Charter." Eingehend hierzu insbesondere *Delbrück*, in: Simma (Hrsg.), The Charter of the United Nations, Vol. I, 2. Aufl., 2002, Art. 25, Rn. 1 ff.

zielle, politische und militärische Kapazitäten verfügen,[12] um diese auch durchzusetzen.

Diese Kompetenzabgrenzung zwischen den beiden Organen ist auch in der UN-Charta, insbesondere den Artikeln 10–12 und 14 sowie 24, niedergelegt. Art. 10[13] sieht hierbei – vorbehaltlich Art. 12 - eine generell formulierte „Allzuständigkeit"[14] der GV vor, Art. 14 normiert die Kompetenz der GV, Empfehlungen zur friedlichen Regelung von Streitigkeiten abzugeben. Beschränkt wird die Rolle der GV in Friedenssicherungsangelegenheiten allerdings durch die dem SR eingeräumten Kompetenzen. Art. 24 normiert die Hauptverantwortung des SR „für die Wahrung des Weltfriedens und der internationalen Sicherheit". Diese vorrangige Verantwortung ist aber nicht ausschließlich.[15] Die Hauptbeschränkung der GV, in Friedenssicherungsangelegenheiten aktiv zu werden, ergibt sich aus Art. 12 UN-Charta, der einen Vorrang für das Tätigwerden des SR vorsieht.[16]

Den Generalsekretär der VN trifft in diesem Zusammenhang eine Informationspflicht gegenüber der GV bezüglich aller Angelegenheiten, die der SR behandelt.[17]

---

[12] In letzter Zeit häufen sich allerdings die Diskussionen, ob die Zusammensetzung des SR noch den realen weltpolitischen Machtverhältnissen entspreche. Die im September 2004 vorgebrachte Bewerbung Deutschlands, Japans, Brasiliens und Indiens um einen ständigen Sitz im SR gibt davon beredetes Zeugnis. (Zur SR Reform, siehe beispielsweise *Fassbender,* Pressure for Security Council Reform, in: Malone (Hrsg.), The UN Security Council: From the Cold War to the 21st Century, 2004, 341 ff.; *Proidl,* The Reform of the Security Council, in: Cede/Sucharipa-Behrmann (Hrsg.), The United Nations: Law and Practice, 2001, 303 ff.).

[13] Art. 10 UN-Charta: „The General Assembly may discuss any questions or any matters within the scope of the present Charter ... and, except as provided in Article 12, may make recommendations to the Members of the United Nations or to the Security Council or to both on any such questions or matters."

[14] *Epping,* Internationale Organisationen, in: Ipsen (Hrsg.), Völkerrecht, 5. Aufl. 2004, 444 (480).

[15] Vgl. das Gutachten zum Mauerbau, in dem der IGH unter Bezugnahme auf sein *Certain-Expenses*-Gutachten, feststellt: „[T]he Court would emphasize that Article 24 refers to a primary, but not necessarily exclusive, competence." (IGH, *Construction of a Wall* (Fn. 7), Rn. 26); eingehender zur Interpretation dieser Formulierung *Delbrück,* in: Simma (Fn. 11), Art. 24, Rn. 3 ff.

[16] Art. 12 Abs. 1 UN-Charta: „While the Security Council is exercising in respect of any dispute or situation the functions assigned to it in the present Charter, the General Assembly shall not make any recommendation with regard to that dispute or situation unless the Security Council so requests." Vgl. in diesem Zusammenhang das *Certain-Expenses*-Gutachten: „[T]he only limitation which Article 14 imposes on the General Assembly is the restriction found in Article 12, namely, that the Assembly should not recommend measures while the Security Council is dealing with the same matter unless the Council requests it to do so." (IGH, *Certain Expenses of the United Nations,* ICJ Reports 1962, 163).

[17] Art. 12 Abs. 2 UN-Charta: „The Secretary-General, with the consent of the Security Council, shall notify the General Assembly at each session of any matters relative to the maintenance of international peace and security which are being dealt with by the Security Council and shall similarly notify the General Assembly, or the Members of the United Nations if the General Assembly is not in session, immediately the Security Council ceases to deal with such matters."

Dieser Pflicht kommt er alljährlich in Form einer formellen Notifikation an die GV nach.[18] Diese Notifikation ist ein detailliertes Dokument (in der 58. Session waren es elf Seiten)[19], in welchem angeführt wird, welche Angelegenheiten der SR seit der letzten derartigen Notifikation diskutiert hat, welche noch formell auf der Tagesordnung des SR stehen und welche dieser Angelegenheiten der SR während des letzten Jahres sowie der letzten fünf Jahre nicht diskutiert hat.

Eine praktische Auswirkung scheint diese Notifikation aber kaum zu haben. Ein Blick auf die Resolutionen der GV zeigt immer wieder auch eine detaillierte Befassung mit Krisenherden, in denen der SR tätig ist. Beispiele sind etwa Resolutionen der GV zum Nahen Osten, zum Irak/Kuwait-Konflikt, zu Haiti und zu Somalia, um nur einige Beispiele zu nennen. Festzuhalten bleibt dementsprechend die sukzessive Beschränkung der Reichweite des Art. 12 Abs. 1 UN-Charta in der Praxis der Organe: nunmehr scheint Art. 12 der GV lediglich zu verbieten, Resolutionen anzunehmen, die jenen des SR formell und direkt widersprechen.[20]

Der Art. 11 Abs. 2 UN-Charta[21] legt die Annahme nahe, dass es die Aufgabe der GV ist, Fragen des Weltfriedens und der Sicherheit programmatisch zu diskutieren, während der SR konkrete Maßnahmen in bestimmten Situationen zu ergreifen hat. Grundsätzlich entspricht die Praxis auch dieser Vorstellung. So hat die GV etwa 1970 eine Deklaration über die Stärkung der Internationalen Sicherheit verabschiedet,[22] zu welcher sie alljährliche Bekräftigungen und Ergänzungen erläßt.[23] Hierher gehören auch die zahlreichen Resolutionen der GV zu den Themen Abrüstung[24] oder Konfliktverhütung[25], aber auch Teil II „Peace, Security and Disarmament" der Milleniums-Deklaration[26]. Zudem werden einzelne Aspekte von

---

[18] GV Beschlüsse 31/401, 32/401, 33/404, 34/406, 35/414, 36/436, 37/410, 38/404, 39/405, 40/416, 41/409, 42/411, 43/415, 44/409, 45/411, 46/408, 47/404, 48/409, 49/443, 50/458, 51/416, 52/404, 53/407, 54/410, 55/405, 56/405, 57/505.

[19] A/54/398, A/55/366, A/56/366, A/57/392, A/58/354.

[20] Vgl. diesbezüglich Hailbronner/Klein: „[T]he narrow construction of the elements and the legal consequence of Art. 12 (1) as used in practice have given the GA more freedom of action and have confined the scope of the provision to avoiding recommendations that directly and formally conflict with each other. Even though Art. 12 has not become a complete dead letter, its scope has been considerably reduced." (*Hailbronner/Klein*, in: Simma (Fn. 11), Art. 12, Rn. 31); siehe weiters die Ausführungen des IGH im Gutachten zum Mauerbau: IGH, *Construction of a Wall* (Fn. 7), Rn. 27).

[21] Vgl. Art. 11 Abs. 2 UN-Charta: „The General Assembly may discuss any questions relating to the maintenance of international peace and security brought before it ... and, except as provided in Article 12, may make recommendations with regard to any such questions ... Any such question on which action is necessary shall be referred to the Security Council by the General Assembly either before or after discussion."

[22] GV Res. 2734 (XXV).

[23] Z. B. GV Res. 45/80, 46/414, 47/60, 48/83.

[24] Z. B. GV Res. 46/36, 47/52, 48/61, 48/75, 49/75, 50/70, 51/45, 52/38, 54/54, 56/24, 57/79, 58/38.

[25] Z. B. GV Res. 55/281, 56/512, 57/337.

[26] GV Res. 55/2.

Konflikten von der GV diskutiert: z. B. die Rolle von Diamanten[27] in ihnen. Dazu kommen Themen wie der Schutz und die Sicherheit kleiner Staaten[28] oder Resolutionen der GV, welche sich auf Friede und Sicherheit in bestimmten Regionen beziehen. So gibt es etwa eine Serie von Resolutionen über Friede und Sicherheit in Zentralamerika,[29] über Sicherheit und Zusammenarbeit im Mittelmeerraum[30] oder im Südatlantik[31] oder über die Konflikte und die Förderung eines dauerhaften Friedens und anhaltende Entwicklung in Afrika[32]; ebenso wie eine Resolution über Sicherheit, Frieden und Wiedervereinigung auf der koreanischen Halbinsel[33]. Andererseits scheut sich die GV aber auch nicht, Resolutionen über Friede und Sicherheit in einzelnen Staaten anzunehmen.[34]

Das Gegenstück dazu ist die Praxis des SR. Er beschäftigt sich ganz überwiegend mit konkreten Situationen und den allenfalls zu setzenden Maßnahmen. Es gibt aber auch durchaus Beispiele dafür, dass sich der SR mit allgemeinen programmatischen Fragen befasst. So gibt es eine Res. 984 aus 1995, in welcher der SR den nichtnuklearen Staaten im Hinblick auf den Nichtweiterverbreitungsvertrag Zusicherungen macht. Diese Resolution entbehrt übrigens nicht einer gewissen makaberen Komik: So wird festgestellt, dass eine Aggression mit dem Einsatz von Atomwaffen eine Gefährdung des internationalen Friedens und der Sicherheit darstellen würde, und dass eine derartige Aggression vor den SR gebracht werden könne. Im Übrigen gibt es Resolutionen der GV zu demselben Thema.[35] Andere SR-Resolutionen generellen Charakters betreffen die Rolle von Kindern[36] und den Schutz von Zivilpersonen in bewaffneten Konflikten[37], Frauen im Hinblick auf Frieden und Sicherheit[38] ebenso wie die Rolle des Sicherheitsrates bei der Kon-

---

[27] Vgl. GV Res. 55/56, 56/263, 57/302, 58/290. Der genaue Titel der Resolutionen lautet: „The role of diamonds in fuelling conflict: breaking the link between the illicit transaction of rough diamonds and armed conflict as a contribution to prevention and settlement of conflicts". Die GV bezieht sich in diesen Resolutionen unter anderem auf länderbezogene Maßnahmen des SR (etwa SR Res. 1173 (1998), 1304, 1306 (2000) zu Angola, Demokratische Republik Kongo und Sierra Leone) und schlägt beispielsweise ein Herkunftszertifikatssystem für Rohdiamanten vor, mit dem Ziel, dem unerlaubten Handel mit diesen Einhalt zu gebieten.

[28] GV Res. 44/51, 46/43, 49/31.

[29] GV Res. 45/15, 46/109, 47/118, 48/161, 50/132, 54/118, 55/178, 56/224, 57/160, 58/239.

[30] GV Res. 46/42, 52/43, 53/82, 56/29, 57/99, 58/70.

[31] GV Res. 41/11, 45/36, 48/23, 53/34, 55/49, 58/10.

[32] GV Res. 53/92, 54/234, 55/217, 56/37, 57/296.

[33] GV Res. 55/11.

[34] Z. B. Afghanistan: GV Res. 46/23.

[35] Z. B. GV Res. 46/32, 47/50, 48/73, 49/73, 50/68, 51/43, 52/36, 53/75, 54/52. 55/31, 56/22, 57/56, 58/35.

[36] SR Res. 1261 (1999), 1314 (2000), 1379 (2001), 1460 (2003), 1539 (2004).

[37] Z. B. SR Res. 1265 (1999), 1296 (2000).

[38] SR Res. 1325 (2000).

fliktverhütung³⁹. Weiters finden sich einige SR-Resolutionen genereller Art zum internationalen Terrorismus.⁴⁰ Das extremste Beispiel für eine programmatische Resolution des SR ist die im September 2000 angenommene Deklaration über eine effektive Rolle für den SR bei der Bewahrung von Friede und Sicherheit, besonders in Afrika.⁴¹ In ihr tätigt der SR eine breit angelegte Analyse des internationalen Friedens und der Sicherheit und behandelt etwa auch die Wurzeln von Konflikten einschließlich ihrer wirtschaftlichen und sozialen Dimensionen.⁴² Nicht nur bezeichnet sich diese SR Resolution als Deklaration. Sie unterscheidet sich in Stil und Aufmachung in nichts von Erklärungen der GV.

Dieses Bild von der Arbeitsteilung zwischen GV und SR wiederholt sich, wenn man die verschiedenen Resolutionen zu friedenserhaltenden Operationen betrachtet. Die konkreten Operationen werden in aller Regel vom SR beschlossen. Die GV dagegen beschließt alljährlich eine programmatische Resolution über eine umfassende Überprüfung der gesamten Frage friedenserhaltender Operationen in allen ihren Aspekten.⁴³ Auch hier gibt es aber Beispiele für SR Resolutionen allgemeinerer Art, etwa über die Sicherheit und den Schutz von UN Einheiten⁴⁴, über die Stärkung der Zusammenarbeit mit Ländern, die Truppen zur Verfügung stellen⁴⁵ oder über die Auswirkungen von AIDS auf das Personal von UN Einsätzen⁴⁶. Die umfassendste diesbezügliche Resolution ist wohl SR Res. 1327 (2000) über die Umsetzung des Berichts des Ausschusses zu UN-friedenserhaltenden Operatio-

---

³⁹ SR Res. 1366 (2001).

⁴⁰ Z. B. SR Res. 1269 (1999), in der internationaler Terrorismus als Friedensbedrohung qualifiziert wird, oder SR Res. 1456 (2003), in der eine Erklärung zum Thema des Kampfes gegen Terrorismus angenommen wird. Die meisten Resolutionen des SR zum Terrorismus sind allerdings Antworten auf terroristische Anschläge und/ oder initiieren konkrete Maßnahmen gegen den Terrorismus: so erfolgte SR Res. 1189 (1998) nach den Anschlägen auf die US-Botschaften in Ostafrika; SR Res. 1368, 1373 (2001) nach dem Angriff auf das World Trade Center; SR Res. 1438 (2002) nach den Bombenanschlägen in Bali; SR Res. 1440 (2002) nach der Geiselnahme in Moskau; SR Res. 1465, 1516 (2003) und 1530 (2004) verurteilten die Bombenanschläge in Bogota, Istanbul und Madrid; SR Res. 1535 (2004) stärkte das Antiterrorismus-Komitee.

⁴¹ SR Res. 1318 (2000).

⁴² Für Wallensteen und Johansson ist diese Ausweitung der Agenda des SR das Resultat einer veränderten Sicht des Begriffs „Sicherheit" nach dem Kalten Krieg: „The security agenda after the Cold War clearly has enlarged. That can be seen in the proliferation of new concepts of security: environmental security, human security and democratic security. ... At the same time there has been a move to see security in a broader perspective, prompting the Council to adopt resolutions on thematic issues rather than specific conflicts." (*Wallensteen/Johansson* (Fn. 1), 28 f.).

⁴³ GV Res. 45/75, 46/48, 47/71, 48/42, 50/30, 51/136, 52/69, 53/58, 54/81, 55/135, 56/225, 57/336, 58/315.

⁴⁴ SR Res. 868 (1993).

⁴⁵ SR Res. 1353 (2001): in ihr nimmt der SR detaillierte Beschlüsse und Empfehlungen, die eine bessere Zusammenarbeit mit den Truppen zur Verfügung stellenden Ländern gewährleisten sollen und in einem Annex zur eigentlichen Resolution festgehalten sind, an.

⁴⁶ SR Res. 1308 (2000).

nen, die bestrebt ist, einen generellen Referenzrahmen für erfolgreiche friedenserhaltende Operationen zu etablieren.

Ein besonders interessantes Kapitel bei der Kompetenzabgrenzung zwischen SR und GV ist die Schaffung internationaler Strafgerichtshöfe. Bekanntlich wurden die beiden Strafgerichtshöfe für das ehemalige Jugoslawien sowie für Ruanda mittels Resolutionen des SR geschaffen.[47] Die GV hat diese Maßnahme durchaus begrüßt,[48] gleichzeitig aber sehr nachdrücklich darauf bestanden, dass die Budgethoheit auch für dieses Organ ausschließlich bei ihr liegt.[49] In diesem Zusammenhang rügt die GV sogar Vorschläge des Sekretariats, welche nach ihrer Meinung in ihre Budgethoheit nach Art. 17 UN-Charta eingegriffen hätten.[50] Möglicherweise als Reaktion auf diese Situation war die anfängliche Finanzierung durch die GV auch etwas zögerlich. Überdies behielt die GV sich ausdrücklich vor, über administrative Angelegenheiten des Jugoslawien-Tribunals, einschließlich detaillierter Personalfragen, zu entscheiden.[51] Wir finden hier also fast eine Umkehrung der normalen Kompetenzverteilung: Der grundsätzliche Beschluss über die Errichtung dieser Strafgerichtshöfe wurde vom SR gefasst, der dementsprechend auch Novellierungen der Statute beschließt[52] und den Zeitrahmen für ihre Tätigkeit bestimmt.[53] Die GV kümmert sich – mit Ausnahmen –[54] um die administrativen Details.

Demgegenüber waren die Vorbereitungsarbeiten für den schließlich 1998 geschaffenen Internationalen Strafgerichtshof (ICC) stets in der Hand der GV und nicht des SR. Ab dem Jahre 1992 wurde dieses Projekt von der GV in jährlichen Resolutionen vorangetrieben.[55] Seit der Annahme des Statuts von Rom am

---

[47] Das Jugoslawien-Tribunal (ICTY) wurde mit SR Res. 827 (1993), das Ruanda-Tribunal (ICTR) mit SR Res. 955 (1994) etabliert.

[48] Vgl. z. B. GV Res. 48/88, para. 24; GV Res. 49/196, para. 8.

[49] Vgl. z. B. GV Res. 48/251: in ihr fordert die GV etwa einen detaillierten Budgetplan für das Jugoslawien-Tribunal vom Generalsekretär, samt Begründung für notwendige Personalkosten.

[50] Insbes. GV Res. 47/235, paras. 2 und 3; GV Res. 49/242 B paras. 17 und 18.

[51] Z. B. GV Res. 48/461, 49/242, 51/214, 53/212, 55/249, 56/247, 57/288, 58/255.

[52] SR Res. 1165 und 1166 (1998) schaffen zusätzliche Verfahrenskammern. Weiters befasst sich der SR mit der Zusammensetzung der Kammern, mit der Zahl und dem Status der Richter der Tribunale ebenso wie mit der Position des Anklägers: z. B. in SR Res. 1329 (2000), 1411, 1431 (2002), 1481, 1503, 1512 (2003).

[53] SR Res. 1503 (2003), 1534 (2004).

[54] So nimmt etwa der SR in Res. 1482 (2003) die Fallzuteilung für einige Richter des ICTR vor.

[55] GV Res. 47/33, 48/31, 49/53, 50/46, 51/207, 52/160. Die GV begleitet in diesen Resolutionen die verschiedenen Stadien der Erarbeitung des ICC-Statuts. Z. B. wurde die ILC aufgefordert, den Entwurf des Statuts voranzutreiben, Staaten angehalten, schriftliche Stellungnahmen abzugeben, verschiedene Ausschüsse eingesetzt, um die wichtigsten Fragen das Statut betreffend zu bearbeiten, und schließlich 1998 eine diplomatische Konferenz anberaumt, um das ICC-Statut zu finalisieren und anzunehmen.

17.7.1998 urgiert die GV periodisch seine Unterzeichnung und Ratifikation.[56] Der SR scheint dagegen – unter dem Druck der USA – eher in die gegenteilige Richtung zu gehen und zu versuchen, in die ungestörte Arbeit des ICC einzugreifen.[57]

Die Schaffung des Sondergerichtshofes für Sierra Leone wurde wiederum vom SR betrieben. Zwar wurde der Sondergerichtshof nicht wie die beiden Strafgerichtshöfe für das ehemalige Jugoslawien und Ruanda direkt durch Resolution des SR geschaffen, sondern kam durch einen Vertrag zwischen den VN und der Regierung von Sierra Leone zustande. Der SR machte allerdings in der Res. 1315 (2000), in der er den Generalsekretär aufforderte, mit der Regierung von Sierra Leone eine Vereinbarung über die Schaffung des Sondergerichtshofes auszuhandeln, einigermaßen präzise Vorgaben über die sachliche und personelle Reichweite der Rechtsprechung desselben. In weiteren Resolutionen betrieb der SR die Schaffung des Sondergerichtshofes,[58] begrüßte dessen Etablierung[59] und drückte seine Unterstützung für ihn aus.[60] Die GV übernahm als außergewöhnliche Maßnahme einen Teil der Finanzierung des Sondergerichtshofes für das Jahr 2004,[61] nachdem der SR seine Besorgnis über die prekäre finanzielle Situation desselben geäußert hatte;[62] nicht ohne darauf hinzuweisen, dass der Sondergerichtshof seine Arbeit bis Ende 2005 erledigt haben sollte.[63]

---

[56] GV Res. 53/105, 54/105, 55/155, 56/85, 57/23, 58/79.

[57] Vgl. z. B. SR Res. 1422 (2002) und 1487 (2003), in denen der SR UN Personal, welches an friedenserhaltenden Operationen teilnimmt, eine 12-monatige Verfolgungsfreiheit vor dem ICC gewährt. Im Jahr 2004 wurde allerdings keine solche SR Resolution mehr verabschiedet. Zur Kritik an den Resolutionen vgl. u. a. Schabas: „Resolution 1422 was an abuse of the powers of the Security Council" und „Resolution 1422 is an ugly example of bullying by the United States, and a considerable stain on the credibility of the Security Council." (*Schabas*, An Introduction to the International Criminal Court, 2. Aufl., 2004, 84 und 85.). Vgl. weiters Kirsch/Holmes/Johnson, die bezüglich Res. 1422 feststellen: „[T]he resolution ... represents one of the most chilling decisions by a UN organ with respect to international justice. The adoption of the resolution ... was clearly a case of realpolitik trumping the principles of justice and the fight against impunity." (*Kirsch/Holmes/Johnson*, International Tribunals and Courts, in: Malone (Hrsg.), The UN Security Council: From the Cold War to the 21st Century, 2004, 281 (282)); oder Rawski/Miller: „The Security Council's continued acquiescence to U.S. preferences for regional, ad hoc criminal justice risks setting up an opposition between an ad hoc, Council-controlled model [ICTY, ICTR] and a permanent model [ICC] ...". (*Rawski/Miller*, The United States in the Security Council: A Faustian Bargain?, in: Malone (Hrsg.), The UN Security Council: From the Cold War to the 21st Century, 2004, 357 (363 f.)).

[58] SR Res. 1370 (2001), para. 17.

[59] SR Res. 1400 (2002), para. 9.

[60] SR Res. 1436 (2002), para. 10; SR Res. 1470 (2003), para. 11.

[61] GV Res. 58/284. Im Fall genügend freiwilliger Beiträge ist – so die GV – der entsprechende Betrag den VN zurückzuerstatten.

[62] SR Res. 1508 (2003), para. 6.

[63] GV Res. 58/284, para. 5.

III. Kooperation

Die wohl wichtigste Rolle der GV bei der Kooperation mit dem SR besteht in der schon angesprochenen Beschlussfassung über die Finanzierung der vom SR beschlossenen Maßnahmen. Dies bedeutet, dass alle Maßnahmen des SR, welche finanzielle Mittel erfordern, insbesondere friedenserhaltende Operationen, auch der Billigung der GV bedürfen. Die GV verabschiedet diese Beschlüsse meist für jeweils sechs Monate, manchmal aber auch für einen kürzeren Zeitraum. Der SR kann in diesem Bereich also keineswegs völlig selbständig agieren, sondern ist von der Zustimmung der GV abhängig. Eine Verweigerung der Finanzierung durch die GV würde die entsprechenden Maßnahmen unmöglich machen. Es ist eine interessante theoretische Frage, ob der SR, im Falle einer Verweigerung der Finanzierung durch die GV, kraft seiner Befugnisse unter Kapitel VII UN-Charta, alle oder einige Mitglieder zur Erbringung auch finanzieller Leistungen verbindlich auffordern könnte.[64] Die Reaktion der GV im Zusammenhang mit der Finanzierung des Jugoslawien-Tribunals deutet darauf hin, dass sie eine ausschließliche Budgetkompetenz auch für Aktionen des SR nach Kapitel VII beansprucht.

Eine besondere Form der Zusammenarbeit zwischen GV und SR zeigt sich im Zusammenhang mit dem Problem des Terrorismus und der vermehrten Aktivität des SR in diesem Bereich. Der SR verhilft hier einigen von der GV verabschiedeten Abkommen zur innerstaatlichen Implementierung.[65] So verpflichtete der SR nach den Angriffen vom 11.9.2001 die Staaten, eine Reihe von Maßnahmen und Strategien zur Bekämpfung des Terrorismus zu ergreifen.[66] Viele dieser Maßnahmen, die zumeist auch eine entsprechende Anpassung der nationalen Gesetzgebung erforderten, waren schon in früheren von der GV angenommenen Abkommen enthalten (vor allem in der 1999 Internationalen Konvention zur Bekämpfung der Finanzierung des Terrorismus[67] und der 1997 Internationalen Konvention zur Bekämpfung terroristischer Bombenanschläge[68]), die allerdings nur unzureichend ratifiziert bzw. noch gar nicht in Kraft getreten waren (wie die 1999 Konvention zur Bekämpfung der Finanzierung des Terrorismus). Der SR machte insofern von seinen besonderen Kompetenzen im Rahmen des Kapitels VII Gebrauch und er-

---

[64] Vgl diesbezüglich *Szasz,* Centralized and Decentralized Law Enforcement: The Security Council and the General Assembly Acting under Chapters VII and VIII, in: Delbrück (Hrsg.), Allocation of Law Enforcement Authority in the International System, 1995, 19 (35 ff.).

[65] Vgl. *De Jonge Oudraat,* The Role of the Security Council, in: Boulden/Weiss (Hrsg.), Terrorism and the UN: Before and after September 11, 2003, 151 (161).

[66] Vgl. insbes. SR Res. 1373 (2001). Für eine detaillierte Liste der vom SR initiierten Maßnahmen siehe *Wüstenhagen,* Die Vereinten Nationen und der internationale Terrorismus – Versuch einer Chronologie, in: von Schorlemer (Hrsg.), Praxishandbuch UNO: Die Vereinten Nationen im Lichte globaler Herausforderungen, 2003, 101 (135 f.).

[67] Angenommen durch GV Res. 54/109. Die Konvention trat am 10.4.2002 in Kraft.

[68] Angenommen durch GV Res. 52/164. Die Konvention trat am 23.5.2001 in Kraft.

griff Maßnahmen, zu denen die GV institutionell nicht in der Lage wäre.[69] Das schon zuvor bei der Kompetenzabgrenzung gezeichnete Bild der Aufgabenverteilung wiederholt sich dementsprechend im gezielten Zusammenwirken der beiden Organe: der SR ergreift die konkrete Aktion; die GV wirkt legitimierend als kollektives Forum[70] und bereitet – durch die legislative Arbeit ihrer Ausschüsse, aber auch indem sie etwa Institutionen fördert, die Staaten bei der Umsetzung der Antiterrorkonventionen technisch unterstützen –[71] gleichsam den Boden für die Maßnahmen des SR.[72]

IV. Ersatzvornahmen

Die vor dem Hintergrund der Uniting for Peace Resolution wohl interessanteste Frage besteht darin, ob die GV allfällige Lücken, die sich in der Tätigkeit des SR auftun, schließen kann. Dabei muss man selbstverständlich davon ausgehen, dass die GV nicht dieselben juristischen Möglichkeiten hat und, anders als der SR, keine verbindlichen Beschlüsse nach Art. 25 UN-Charta fassen kann.

Eine derartige Situation wäre vor allem dort zu erwarten, wo unmittelbare Interessen von ständigen Mitgliedern des SR betroffen sind, ein wirksames Einschreiten des SR also unmöglich ist. Ein Beispiel für eine derartige Konstellation ist eine Serie von GV Beschlüssen über militärische Aktivitäten von Kolonialmächten in Territorien unter ihrer Verwaltung. Diese Beschlüsse missbilligen derartige Aktivitäten. Sie wurden gegen die Stimmen von vier ständigen Mitgliedern des SR (Frankreich, Russland, UK, USA) von der GV angenommen.[73] Möglicherweise gehören auch zwei Resolutionen der GV aus den Jahren 1992 und 1993 über den vollständigen Abzug ausländischer militärischer Einheiten aus den Baltischen Staaten in diese Kategorie.[74]

In anderen Fällen hat sich die GV als weniger mutig erwiesen. Sie vertagt alljährlich einen Tagesordnungspunkt betreffend den Luft- und Seeangriff der USA

---

[69] Vgl. *Peterson*, Using the General Assembly, in: Boulden/Weiss (Hrsg.), Terrorism and the UN. Before and after September 11, 2003, 173 (173 f.).

[70] Vgl. etwa GV Res. 54/110, 55/158, 56/88, 57/27, 58/81 mit dem Titel „Measures to eliminate international terrorism", die dieselbe Stoßrichtung wie die Resolutionen des SR nehmen.

[71] Z. B. GV Res. 58/136 „Strengthening international cooperation and technical assistance in promoting the implementation of the universal conventions and protocols related to terrorism within the framework of the activities of the Centre for International Crime Prevention".

[72] Vgl. in diesem Zusammenhang Peterson, der die begrenzten Aktionsmöglichkeiten der GV als rein zwischenstaatliches Forum beschreibt, in dem jedoch alle Staaten der Welt vertreten seien, was ihr beträchtliche Legitimität verleihe, und zu dem Schluss kommt: „It [the General Assembly] is able to serve as a developer of normative discourse and an encourager of cooperative action." (*Peterson* (Fn. 69), 173).

[73] GV Beschlüsse 48/421, 49/417, 51/427.

[74] GV Res. 47/21, 48/18.

gegen Libyen aus dem Jahre 1986 ohne meritorische Beschlussfassung.[75] Ähnlich ergeht es einem Tagesordnungspunkt über die Zerstörung des irakischen Kernreaktors durch Israel im Jahre 1981. Er wird ebenfalls alljährlich vertagt.[76]

In bestimmten Bereichen lässt sich aber durchaus ein konkretes Vorgehen der GV beobachten, wo der SR nicht die gewünschten Aktivitäten gesetzt hat. Bekanntlich hat sich der SR im Falle Südafrikas seinerzeit lediglich zu einem Waffenembargo durchringen können.[77] Die GV hat den Umstand, dass gewisse westliche ständige Mitglieder des SR umfassendere Sanktionen verhindert haben, ausdrücklich kritisiert. Darüber hinaus hat sie alle Mitglieder aufgefordert, die erforderlichen Maßnahmen zur völligen Isolierung Südafrikas, einschließlich eines Erdölembargos, zu treffen. Diese Aufforderung galt bis zur Ergreifung entsprechender Maßnahmen durch den SR.[78] Anlässlich des Übergangs zu demokratischen Machtverhältnissen in Südafrika im Jahre 1993 wurden diese Sanktionen von der GV ausdrücklich zu einem bestimmten Stichtag aufgehoben.[79] Das Beispiel zeigt, dass die GV manchmal die Befugnis beansprucht, Zwangsmaßnahmen in Analogie zum Art. 41 UN-Charta zu verhängen.

Gelegentlich geht die GV sogar so weit festzustellen, dass eine bestimmte Situation eine Friedensbedrohung oder eine Angriffshandlung darstelle. Derartige Feststellungen wurden etwa in Zusammenhang mit Südafrikas Apartheidpolitik und seiner Besetzung Namibias[80], bezüglich Israels Besetzung der Golan Höhen[81] und der israelischen Aktivitäten auf besetztem palästinensischem Gebiet[82], aber auch bezüglich der Situation in Bosnien und Herzegowina[83] getroffen. Hier geht die GV also ganz offenbar in Analogie zum Art. 39 der Satzung vor. Der Art. 39 UN-Charta gilt aber natürlich nur für den SR. Die juristische Bedeutung einer derartigen Feststellung durch die GV bleibt also unklar. Es gibt keinen Hinweis dafür, dass die GV meint, sie könne Zwangsmassnahmen erst nach einer derartigen Feststellung empfehlen.

Ersatzvornahmen der GV bei Untätigkeit des SR sind natürlich nur möglich, wenn sich dafür die nach Art. 18 Abs. 2 UN-Charta erforderliche Zweidrittelmehrheit findet. Die Vorgänge um den Kosovo im Jahre 1999 veranschaulichen

---

[75] GV Beschlüsse 42/457, 43/417, 44/417, 45/429, 46/436, 47/463, 48/435, 49/444, 50/422, 51/432, 52/430, 53/425, 54/424, 55/430, 56/449.

[76] GV Beschlüsse 45/430, 46/442, 47/464, 48/436, 49/474, 50/444, 51/433, 52/431, 53/426, 54/425, 55/431, 56/450, 57/519.

[77] SR Res. 418 (1977).

[78] GV Res. ES-8/2, 36/121 B, 36/172, 37/69, 37/233, 38/39, 39/72, 40/64, 41/35, 41/39, 42/23, 43/50, 44/27, 45/176, 46/79, 47/116.

[79] GV Res. 48/1.

[80] GV Res. 41/39 A, paras. 7 und 17.

[81] GV Res. 47/63 A, para. 7.

[82] GV Res. ES-10/2, Präambel.

[83] GV Res. 49/10, Präambel.

dieses Problem. Die GV hatte sich schon seit dem Jahre 1994 regelmäßig mit der Kosovofrage befasst.[84] In diesen Resolutionen hatte sie sich stets sehr besorgt über die Menschenrechtslage in dieser Provinz gezeigt. Alle diese Resolutionen wurden mit großer Mehrheit aber gegen die Stimme Russlands angenommen. 1998 wurde der SR tätig. Angesichts massiver Menschenrechtsverletzungen stellte er gemäß Art. 39 UN-Charta fest, dass die Situation eine Friedensbedrohung darstelle.[85] Er berief sich auf Kapitel VII der Satzung und verhängte ein Waffenembargo gegen Jugoslawien.[86] Überdies drohte der SR weitere Maßnahmen an, falls seine Forderungen nicht erfüllt werden sollten.[87] Gleichzeitig pochte er auf seine primäre Verantwortung für die Aufrechterhaltung von Friede und Sicherheit.[88] Eine Ermächtigung zum militärischen Einschreiten, wie er dies 1990 gegen den Irak und später auch in Somalia, Ruanda, Bosnien und Herzegowina, Haiti und Osttimor getan hatte, gab der SR aber nicht. Eine derartige Ermächtigungsresolution des SR war im Falle Kosovo wegen der Haltung Russlands nicht möglich. Angesichts des dringenden Handlungsbedarfs wäre ein Tätigwerden der GV in dieser Situation nahe liegend gewesen und hätte wohl dem Geiste der Uniting for Peace Resolution entsprochen. Allerdings war klar, dass sich in der GV keine Mehrheit für eine Ermächtigung der NATO zu Angriffen auf Jugoslawien finden würde. Die Entwicklungsländer betrachten Aktionen des westlichen Militärbündnisses eher mit Skepsis und Besorgnis. Weniger als einen Monat vor dem Beginn der NATO Angriffe verabschiedete die GV noch eine detaillierte Resolution zum Thema Kosovo.[89] Diese Resolution enthält hoffnungsvolle Aufforderungen an die Jugoslawische Regierung[90] aber keinerlei Hinweise auf die Billigung eines militärischen Einschreitens. Die NATO Luftangriffe erfolgten dann ohne Ermächtigung durch den SR oder Billigung durch die GV. Diese Luftangriffe wurden in nachfolgenden Resolutionen des SR und der GV weder begrüßt noch verurteilt. Allerdings bejahten beide Organe die daraus resultierenden politischen Arrangements.[91]

Mit dem von der GV beim IGH angeforderten Gutachten zum Mauerbau scheint sich die GV nunmehr einen neuen Bereich in der Kategorie der Ersatzvornahmen zu erschließen. Vor dem Hintergrund der von Israel teilweise auf palästinensischem Gebiet errichteten Trennmauer ersuchte am 8.12.2003, im Rahmen der

---

[84] GV Res. 47/147, 49/196, 49/204, 50/190, 50/193, 51/111, 52/139.
[85] SR Res. 1199 (1998), Präambel; SR Res. 1203 (1998), Präambel.
[86] SR Res. 1160 (1998), para. 8.
[87] SR Res. 1199 (1998), para. 16.
[88] SR Res. 1203 (1998), Präambel.
[89] GV Res. 53/164.
[90] Vgl. etwa GV Res. 53/164 paras. 5, 6 und 7, in denen die GV die jugoslawische Regierung auffordert, die Menschenrechte zu achten, terroristische Akte zu verurteilen und sofort in sinnvolle Gespräche einzutreten.
[91] SR Res. 1239, 1244 (1999); GV Res. 54/183.

zehnten Emergency Special Session,[92] eine sehr geteilte GV[93] den IGH, die Rechtmäßigkeit des israelischen Mauerbaus auf besetztem palästinensischen Gebiet zu beurteilen.[94] Der SR hatte am 14.10.2003 einen entsprechenden Resolutionsentwurf,[95] der den Mauerbau verurteilt hätte, nicht angenommen, da die USA ihr Veto eingelegt hatten.[96] Die Kernaussagen[97] des Rechtsgutachtens vom 9.7.2004, in dem der IGH unter anderem feststellt, dass der Mauerbau Völkerrecht verletze, wurden dann von der GV in der Präambel der Res. ES-10/15 zitiert. Weiters fordert die GV Israel, ebenso wie alle Mitgliedstaaten der VN auf, ihre Verpflichtungen, wie sie im Gutachten festgehalten werden, zu erfüllen und beschließt, die Umsetzung der Resolution weiter zu verfolgen.[98] Durch diese Vorgangsweise verleiht die GV ihrer Stellungnahme zum Mauerbau (den die GV schon in einer im Oktober 2003 angenommenen Resolution verurteilt hatte)[99] mehr Gewicht. Stützt sie sich doch nunmehr, in Res. ES-10/15, auf das Gutachten des IGH. Die GV stärkt so – unter Berufung auf die Autorität des IGH – ihre Stellung gegenüber SR und Staatengemeinschaft.[100] Festzuhalten bleibt in diesem Zusammenhang allerdings, dass diese Art der Ersatzvornahme durch Zuziehung des IGH nur bei

---

[92] Die zehnte Emergency Special Session zur Palästinafrage war, wie ebenfalls einleitend ausgeführt, erstmals im April 1997 zusammengerufen worden, nachdem zwei Resolutionsentwürfe bezüglich israelischer Siedlungen im besetzten palästinensischen Gebiet (S/1997/199) und (S/1997/241) durch das Veto der USA abgeschmettert worden waren.

[93] GV Res. ES-10/14. Bei einem Abstimmungsverhalten von 90 : 8 : 74 lehnten etwa die USA und Israel, aber auch Australien und Äthiopien ab, den IGH um ein Rechtsgutachten zu ersuchen.

[94] Vgl. GV Res. ES-10/14, in der die GV dem IGH folgende Frage vorlegte: „What are the legal consequences arising from the construction of the wall being built by Israel, the occupying Power, in the Occupied Palestinian territory, including in and around East Jerusalem, as described in the report of the Secretary-General, considering the rules and principles of international law, including the Fourth Geneva Convention of 1949, and relevant Security Council and General Assembly Resolutions?"

[95] Res. Entwurf S/2003/980.

[96] Meeting Record, S/PV. 4842. Auf Basis dieser Befassung des SR mit dem Mauerbau bejahte der IGH ausdrücklich die Kompetenz der GV, das Ansuchen um ein Rechtsgutachten zu stellen. (IGH, *Construction of a Wall* (Fn. 7), Rn. 28). Dem israelischen Vorbringen, dass die GV *ultra vires* gehandelt habe, folgte der IGH nicht.

[97] Im Gutachten zum Mauerbau stellte der IGH beispielsweise fest, dass der Mauerbau eine Völkerrechtsverletzung darstelle; dass Israel verpflichtet sei, den Mauerbau einzustellen; dass alle Staaten verpflichtet wären, die rechtswidrige Situation, die durch den Mauerbau geschaffen werde, nicht anzuerkennen; und dass es Aufgabe der VN (insbes. der GV und des SR) wäre, weitere Maßnahmen zu überlegen. (Vgl. IGH, *Construction of a Wall* (Fn. 7), Rn. 163 A, B, D, E).

[98] Res. ES-10/15, paras. 2, 3 und 5.

[99] Die GV hatte Israel am 21.10.2003 aufgefordert, den Mauerbau einzustellen, der eine Völkerrechtsverletzung darstelle. (Vgl. GV Res. ES-10/13, para. 1).

[100] Für eine Stärkung der Rolle der GV in Friedenssicherungsangelegenheiten allgemein argumentiert beispielsweise *Österdahl,* The Continued Relevance of Collective Security under the UN: The Security Council, Regional Organizations and the General Assembly, Finnish Yearbook of International Law 10 (1999), 103 (132 ff.).

rechtlich einigermaßen eindeutigen Fragestellungen, bei denen die Auffassungen der GV genügend Grundlage im Völkerrecht haben, möglich ist.

V. Aufforderungen

Eine etwas schwächere Form des Eingreifens der GV besteht darin, den SR aufzufordern, seine Aufgaben zu erfüllen. Dies hat die GV auch wiederholt getan. Beispiele dafür finden sich in Resolutionen zu Südafrika, zu Bosnien und Herzegowina und zu Palästina. Im Falle Südafrika etwa hat die GV den SR wiederholt dringend aufgefordert, umfassende Maßnahmen nach Kapitel VII der Satzung zu ergreifen, insbesondere das Waffenembargo zu verstärken und effektiver zu gestalten und ein Erdölembargo zu verhängen.[101] Die Staaten, welche im SR gegen derartige Maßnahmen gestimmt hatten, wurden beim Namen genannt und nachdrücklich aufgefordert, ihre Haltung zu ändern.[102] Die Nichterfüllung der Aufgaben des SR zur Erhaltung von Friede und Sicherheit in diesem Zusammenhang wurde von der GV mit Bestürzung quittiert („Expresses its dismay at the failure ... of the Security Council to discharge effectively its responsibilities")[103].

Ein ähnliches Bild bietet sich in mehreren Resolutionen der GV zu Bosnien und Herzegowina. Der SR wurde dringend aufgefordert, angemessene Maßnahmen nach Kapitel VII der Satzung zu ergreifen.[104] Insbesondere wurde der SR aufgefordert, die Mitgliedstaaten zu ermächtigen, alle erforderlichen Mittel zu ergreifen, um die Souveränität, politische Unabhängigkeit und territoriale Integrität von Bosnien und Herzegowina zu bewahren.[105] Der SR wurde also von der GV gedrängt, eine Ermächtigung zum militärischen Einschreiten durch die Mitglieder auszusprechen. Überdies wurde der SR von der GV in diesen Resolutionen aufgefordert, Bosnien und Herzegowina vom Waffenembargo gegen das gesamte Ex-Jugoslawien auszunehmen.[106] Auch die Errichtung des Strafgerichtshofs für das ehemalige Jugoslawien durch den SR wurde zunächst von der GV urgiert.[107] Wie erinnerlich hat der SR einem Teil dieser Aufforderungen entsprochen, einem anderen Teil aber nicht.

Im Falle Palästinas hat die GV den SR mehrfach aufgefordert, sich mit der Situation in den von Israel besetzten Gebieten zu beschäftigen.[108]

---

[101] GV Res. 41/35, 41/39, 45/176, 46/79.

[102] GV Res. 41/35 B, para. 5.

[103] GV Res. 41/39 A, para.15

[104] Z. B. GV Res. 46/242, para. 5; GV Res. 48/88, paras. 5, 15 und 17; GV Res. 49/10, paras. 21, 22 und 24.

[105] Z. B. GV Res. 47/121, para. 7 lit. a.

[106] GV Res. 47/121, para. 7 lit. b; GV Res. 48/88, para. 17; GV Res. 49/10, para. 22.

[107] GV Res. 47/121, para. 10.

[108] GV Res. 45/69, para. 6; GV Res. 46/76, para. 7; 47/64 E, para. 6.

Eine andere Art der – wenn auch sehr mittelbaren Aufforderung – war im Zusammenhang mit den vom SR verhängten Sanktionen gegen den Irak[109] zu beobachten. Hier verwies die GV den SR mehrmals auf die nachteiligen Folgen der Sanktionen für die Zivilbevölkerung, indem sie die abschließenden Bemerkungen der in der Frage kompetenten Menschenrechtsschutzorgane (Menschenrechtsausschuss, Ausschuss für wirtschaftliche, soziale und kulturelle Rechte, Kinderrechtsausschuss u. a.) zitierte, die auf die nachteiligen Auswirkungen der Sanktionen auf die irakische Bevölkerung hingewiesen hatten.[110] Die GV „erinnert" den SR gleichsam an Menschenrechtsaspekte, die bei Sanktionen im Rahmen der Friedenssicherung zu beachten sind. Sie fungiert quasi als moralische Instanz in Sachen Menschenrechte[111] und fordert den SR implizit auf, diese in seine Sanktionspolitik miteinzubeziehen. Die weitgehende Lockerung der Sanktionen durch SR Res. 1409 (2002) wurde dann von der GV auch ausdrücklich begrüßt.[112]

VI. Parallelaktionen

Bei einem Teil der Tätigkeit der GV zu Fragen von Frieden und Sicherheit handelt es sich eher um eine Verdoppelung der Bemühungen des SR. Dieses parallele Tätigwerden kann natürlich auch als eine Unterstützung oder Verstärkung der Beschlüsse des SR nach der Devise „doppelt hält besser" gesehen werden.[113] So gibt es unzählige Resolutionen, in welchen sich die GV auf Resolutionen des SR beruft oder diese unterstützt. Gelegentlich setzt die GV, auch wenn sie dem SR nicht widerspricht, gewisse andere Akzente. Dies lässt sich etwa bei der Lektüre der zahlreichen Resolutionen zum Nahen Osten beobachten. Die Resolutionen beschäftigen sich oft mit denselben Themen. Die Resolutionen des SR sind aber meist viel kürzer und in ihrer Kritik an Israel weniger prononciert.[114] Man spürt die schützende Hand des ständigen Mitglieds Vereinigte Staaten. Die Resolutionen der

---

[109] Relevant sind hier insbes.: SR Res. 661, 665 (1990), 678, 687 (1991).

[110] Vgl. GV Res. 54/178, 55/115, 56/174 zur Menschenrechtslage im Irak, Präambel.

[111] Dies erscheint insbes. im Fall des Irak wichtig, wo das vom SR eingesetzte Sanktionskomitee aufgrund seines Mangels an Transparenz und seiner Weigerung, das *Oil-for-food*-Programm auszudehnen, scharf kritisiert wurde. Vgl. in diesem Sinn De Wet: „In the light of the severe consequences that this has had for the right to life and the right to health within Iraq, the lack of transparency has ultimately contributed to a monitoring mechanism which could not protect core human rights and was therefore in bad faith." (*De Wet*, The Chapter VII Powers of the United Nations Security Council, 2004, 235). Zur Kritik an den vom SR eingesetzten Sanktionskomitees vgl. auch *Koskenniemi* (Fn. 4), 462.

[112] GV Res. 57/232.

[113] Vgl. den IGH: „[T]here has been an increasing tendency over time for the General Assembly and the Security Council to deal in parallel with the same matter concerning the maintenance of international peace and security ..." (IGH, *Construction of a Wall* (Fn. 7), Rn. 27).

[114] Z. B. SR Res. 672, 681 (1990), 694 (1991), 726, 799 (1992), 904 (1994), 1073 (1996), 1322 (2000), 1397 1402, 1403, 1405 (2002), 1515 (2003), 1544 (2004).

GV zum Nahen Osten sind häufiger, länger und viel schärfer in ihrem Ton.[115] Sie sind offenbar auch ein Ventil für die Frustration der Mehrheit über die Unerreichbarkeit gewisser Ziele im SR. Auch konzentriert sich die GV auf eine Verurteilung der israelischen Handlungen,[116] während der SR seine Kritik an israelischen Aktivitäten zumeist mit einer Verurteilung terroristischer Akte und entsprechenden Forderungen an die palästinensischen Autoritäten verbindet.[117] Die Vereinigten Staaten stimmen in der GV meist gegen diese Resolutionen, gelegentlich enthalten sie sich auch der Stimme. Derartige Stimmenthaltungen in der GV sind aber natürlich noch kein Hinweis darauf, dass die USA kein Veto gegen eine Resolution von ähnlicher Schärfe im SR einlegen würde.

Auch der israelische Angriff auf den UNIFIL-Stützpunkt im Libanon im Jahr 1996 wurde von der GV weitaus schärfer verurteilt als vom SR.[118] So entsprach die von der GV verabschiedete Resolution einem Entwurf, der zuvor im SR abgelehnt worden war.[119] Der SR hatte sich in der Folge für eine abgeschwächte Resolution entschieden, in der Israel nicht direkt verurteilt wurde.[120]

Ein weiteres Spezifikum vieler GV Resolutionen, in Fällen, in denen die GV neben dem SR in Friedenssicherungsangelegenheiten tätig wird, ist eine gewisse Schwerpunktsetzung auf dem Gebiet der Menschenrechte, der humanitären Hilfe und dem Recht auf Selbstbestimmung.[121] Dementsprechend behandelt die GV in wiederholten Resolutionen die Menschenrechtssituation in Palästina ausführlicher und detaillierter als der SR; sie verabschiedete z. B. eine eigene Resolution über die Situation und Unterstützung von palästinensischen Kindern[122] und alljährliche Resolutionen zur Anwendbarkeit des Genfer Abkommens zum Schutz von Zivilpersonen in Kriegszeiten im besetzten palästinensischen Gebiet einschließlich

---

[115] Z. B. GV Res. 45/69, 46/76, 47/63 A, 48/59 B, 50/22 C, 52/67, 53/53, 54/79, 55/133, 56/63, 57/127, 58/98.

[116] Vgl. z. B. GV Res. 55/132, 56/61, 57/126, 58/98: „Israeli settlements in the Occupied Palestinian Territory ..."; GV Res. 55/133, 56/62, 58/99: „Israeli practices affecting the human rights of the Palestinian people ..."; GV Res. 55/130, 56/59, 57/124: „Work of the Special Committee to Investigate Israeli Practices Affecting the Human Rights of the Palestinian People and Other Arabs of the Occupied Territories".

[117] Vgl. z. B. SR Res. 1397, 1435 (2002).

[118] Vgl. GV Res. 50/22 C. Die GV Resolution wurde allerdings mit nur 64 Pro-Stimmen (bei 2 Gegenstimmen und 65 Enthaltungen) angenommen.

[119] Der erste Resolutionsentwurf (S/1996/292), der von 19 arabischen Staaten eingebracht worden war, wurde mit nur 4 Pro-Stimmen bei 11 Enthaltungen abgelehnt. (Press Release SC/6208 vom 18.4.1996).

[120] SR Res. 1052 (1996).

[121] In diesem Sinn *White*, Keeping the peace: The United Nations and the maintenance of international peace and security, 2. Aufl., 1997, 169. Vgl. weiters den IGH im Gutachten zum Mauerbau: „It is often the case that, while the Security Council has tended to focus on the aspects of such matters related to international peace and security, the General Assembly has taken a broader view, considering also their humanitarian, social and economic aspects." (IGH, *Construction of a Wall* (Fn. 7), Rn. 27).

[122] GV Res. 57/188, 58/155.

Jerusalems und der anderen besetzten arabischen Gebiete[123]; andere Resolutionen behandeln die Beeinträchtigung der Menschenrechte des palästinensischen Volkes durch israelische Maßnahmen[124]. Auch die Frage humanitärer Hilfe wird von der GV ausführlich thematisiert.[125] Zu guter Letzt bekräftigt die GV das Recht auf Selbstbestimmung des palästinensischen Volkes[126] ebenso wie seine permanente Souveränität über natürliche Ressourcen[127]. Diese Aspekte fehlen in den SR Resolutionen zur Palästina-Frage.

Die Situation in Afghanistan führte ab Mitte der 90er Jahre ebenfalls zu einem gewissermaßen parallelen Tätigwerden von GV und SR, wobei sich die Resolutionen der GV insbesondere zwischen Ende 1998 und 2001 von jenen des SR unterschieden.

Schon seit Beginn der 90er Jahre – also vor jedem diesbezüglichen Tätigwerden des SR – hatte die GV kontinuierlich ein Schwergewicht auf die nationale politische Versöhnung, Stabilität und den Wiederaufbau Afghanistans gelegt und Staaten zur Unterstützung derselben aufgefordert; ein Engagement, das sie bis dato beibehalten hat.[128] Gleichzeitig betonte die GV konstant die problematische Sicherheitslage bzw. die fragile Situation in Afghanistan, die als Risiko für den regionalen Frieden und die Stabilität der Region betrachtet wurden.[129]

Die Resolutionen des SR zu Afghanistan[130] hatten zunächst eine ähnliche Stoßrichtung wie jene der GV. Gegen Ende der 90er Jahre trat jedoch das Phänomen des internationalen Terrorismus, der als Bedrohung des internationalen Friedens und der Sicherheit wahrgenommen wurde, in den Vordergrund.[131] Nach der

---

[123] Z. B. GV Res. 55/131, 56/60, 58/97.

[124] Z. B. GV Res. 55/133, 56/62, 58/99.

[125] Z. B. GV Res. 55/173, 56/111, 58/113: „Assistance to the Palestinian People"

[126] Vgl. GV Res. 58/163

[127] GV Res. 56/204, 58/229.

[128] Vgl. GV Res. 47/119, 48/208, 49/140, 50/88, 51/195, 52/211, 53/203, 54/189, 55/174, 56/220, 57/113, 58/27. Die Resolutionen der GV unterteilen sich seit GV Res. 50/88 vom 19.12.1995 in zwei Teile A und B: in „Emergency international assistance for peace, normalcy and reconstruction of war-stricken Afghanistan" und in „The situation in Afghanistan and its implications for international peace and security".

[129] Vgl. z. B. GV Res 50/88 B, Präambel; GV Res. 52/211 B, Präambel; GV Res. 55/220 A, para. 2; GV Res. 57/113 A, para. 2; GV Res 58/27 A, para. 3.

[130] Z. B. SR Res. 1076 (1996), 1193 (1998).

[131] In Res. 1214 (1998) sah der SR die Unterdrückung des Terrorismus als essentiell für die Aufrechterhaltung des internationalen Friedens und der Sicherheit. In Res. 1267 (1999) erließ der SR Sanktionen (Landeverbot für talibanische Maschinen, Sperrung talibanischer Gelder) im Rahmen des Kapitels VII, um die Taliban zur Auslieferung Osama Bin Ladens zu veranlassen. In SR Res. 1333 (2000) wurde ein Waffenembargo verhängt und den Taliban Beschränkungen des diplomatischen Verkehrs auferlegt; die Taliban wurden weiters (zum wiederholten Mal) aufgefordert, gegen Terroristen auf ihrem Gebiet vorzugehen und Trainingslager für Terroristen zu schließen. SR Res. 1363 (2001) war bestrebt, durch Initiierung eines *Monitoring Mechanism* die effektive Implementierung der Sanktionen sicherzustellen.

Vertreibung der Taliban, im November 2001, änderte sich der Tenor der SR-Resolutionen abermals. Nunmehr traf der SR umfassende Regelungen für den Wiederaufbau Afghanistans: er warb um internationale Hilfe und Unterstützung;[132] installierte die International Security Assistance Force (ISAF)[133] und die United Nations Assistance Mission (UNAMA)[134] und unterstützte schließlich die Abhaltung der 2004 geplanten Wahlen.[135]

Setzt man die Resolutionen des SR in globaleren Zusammenhang, fällt die US-Einflussnahme auf die SR Agenda auf.[136] So entspricht das verstärkte Vorgehen des SR gegen Terrorismus der harten Linie der Vereinigten Staaten, die nach der Bombardierung ihrer Botschaften in Kenia und Tansania im August 1998 propagiert wurde.[137] Die umfassenden Wiederaufbauarrangements des SR erfolgen nach der Beendigung der von den USA geführten Militärintervention und ergänzen diese.[138] Die SR Resolutionen reflektieren gewissermaßen die Interessen der Vereinigten Staaten, während die GV durchgehend die anstehenden Probleme Afghanistans ins Zentrum ihrer Resolutionen stellt.

Parallel bis komplementär agierten GV und SR in Somalia in den frühen neunziger Jahren (1992–95). Sowohl der SR[139] als auch die GV[140] befassten sich mit der dramatischen humanitären Situation dieses Landes. Allerdings setzte der SR einen eher sicherheitspolitisch ausgerichteten Schwerpunkt: er klassifizierte die Situation in Somalia als Bedrohung des internationalen Friedens und der Sicherheit[141] und verhängte ein Waffenembargo.[142] Die vom SR autorisierten Operationen bzw. friedenserhaltenden Truppen (UNOSOM[143], UNITAF[144], seit

---

[132] Vgl. SR Res. 1378, 1383, 1386 (2001).

[133] SR Res. 1386 (2001), 1413, 1444 (2002).

[134] SR Res. 1401 (2002); vgl. auch den Bericht (S/2002/278) des Generalsekretärs an den SR und SR Res. 1419 (2002). Das primäre Mandat der UNAMA ist, Menschenrechte, Geschlechterausgleich, Rechtsstaatlichkeit, nationale Versöhnung, Wiederaufbau und humanitäre Unterstützung voranzutreiben und zu fördern.

[135] SR Res. 1536 (2004).

[136] Vgl. *Luck*, Tackling Terrorism, in: Malone (Hrsg.), The UN Security Council: From the Cold War to the 21st Century, 2004, 85 (94).

[137] Vgl. *De Jonge Oudraat* (Fn. 65), 151.

[138] Vgl. in diesem Sinn Luck: „[T]he Council's silence on the U.S. military intervention in Afghanistan, while elaborating the humanitarian, administrative, political, human rights and security arrangements that should complement it, echoed the tacit division of labour developed ..." (*Luck* (Fn. 136), 95 f.).

[139] Z. B. SR Res. 733 (1992), para. 2; SR Res. 746, 751, 767, 775, 794 (1992), 814 (1993), 897 (1994).

[140] Vgl. GV Res. 47/160, 48/201, 49/21 L, 50/58 G.

[141] Z. B. SR Res. 733, 751, 767, 775, 794 (1992).

[142] SR Res. 733 (1992), para. 5. Vgl. weiters SR Res. 751 (1992), para. 11; SR Res. 794 (1992), para.16; SR Res. 954 (1994), 1407 (2002).

[143] SR Res. 751 (1992).

[144] SR Res. 794 (1992).

1993 UNOSOM II[145]) sollten insbesondere auch ein sicheres Umfeld für die Auslieferung humanitärer Hilfsgüter schaffen. Unter dem Eindruck von Angriffen auf UN Personal[146] zog der SR allerdings mit Ende März 1995 das gesamte UNOSOM II Kontingent aus Somalia ab.[147] (Das Waffenembargo blieb aufrecht.) Erst 2001 befasste sich der SR wieder mit Somalia, konzentrierte sich nunmehr jedoch ganz auf die (Nicht-)Einhaltung des in SR Res. 733 (1992) verhängten Waffenembargos.[148]

Die GV dagegen legte ein besonderes Augenmerk auf die problematische humanitäre Lage und rief zu entsprechenden Hilfsleistungen und Unterstützung auf.[149] Gleichzeitig setzte sie eigene Initiativen, thematisierte etwa die Auswirkungen des Konflikts auf das Bildungssystem und rief ein Stipendiensystem für Universitätsstudenten ins Leben.[150] Die GV forderte auch, nach Maßgabe der Sicherheitslage, die Entsendung von Menschenrechtsbeobachtern.[151]

In Somalia beobachten wir somit insbesondere zwischen 1992 und 1995 ein sich ergänzendes Vorgehen von einem auch um humanitäre Anliegen bemühten SR und der GV. Insgesamt befasst sich allerdings die GV weitaus kontinuierlicher – seit 1988 in alljährlichen Resolutionen – mit der dramatischen humanitären Lage in Somalia, während sich der SR erst seit 2001 wieder Somalia widmet und dies *de facto*[152] auf Sicherheitsagenden beschränkt.

Zwei weitere Beispiele sollen Parallelaktionen von SR und GV belegen. Das erste betrifft die Staaten, welche als Folge von Zwangsmaßnahmen des SR vor besondere wirtschaftliche Probleme gestellt sind. Bekanntlich können diese Staaten gemäß Art. 50 der Satzung den SR zwecks Lösung dieser Probleme konsultieren. Dies ist auch wiederholt geschehen. Die Reaktion des SR war nicht besonders wirksam. Sie bestand im Wesentlichen darin, diese Staaten an die entsprechenden Sanktionskomitees zu verweisen und Empfehlungen an andere Staaten und Internationale Organisationen auszusprechen,[153] die wirtschaftliche Situation

---

[145] SR Res. 814 (1993); SR Res. 897 (1994), para. 2 lit. b und c.

[146] Insbes. die im Oktober 1993 in Mogadischu getöteten US-Soldaten gaben hier den Ausschlag, da Präsident Clinton im Folgenden den kompletten Rückzug der US-Truppen beorderte. Vgl. diesbezüglich *Rawski/Miller* (Fn. 57), 362.

[147] SR Res. 954 (1994).

[148] Vgl. SR Res. 1356 (2001), 1407, 1425 (2002), 1474, 1519 (2003), 1558 (2004).

[149] Vgl. GV Res. 47/160, 48/201, 49/21 L, 50/58 G, 51/30 G, 52/169 L, 53/1 M, 54/96 D, 55/168, 56/106, 57/154, 58/115.

[150] GV Res. 47/160.

[151] GV Res. 48/146.

[152] Einige Erklärungen des Präsidenten des SR geben der Situation in Somalia allerdings einen weiteren – nicht nur sicherheitsbezogenen – Kontext. (Siehe z. B. S/PRST/2002/8; S/PRST/2002/35; S/PRST/ 2003/2; S/PRST/2003/19; S/PRST/2004/3; S/PRST/2004/24). Auch in SR Res. 1425 (2002), para. 14 werden friedensbildende Maßnahmen thematisiert.

[153] SR Res. 329 (1973), paras. 3 und 4.

der betroffenen Staaten zu berücksichtigen.[154] Dies hat die GV bewogen, die Initiative zu ergreifen. In einer Serie von Resolutionen beschäftigt sich die GV mit dem Problem und fordert die Staaten sowie die entsprechenden Internationalen Organisationen ihrerseits auf, die Lage der betroffenen Staaten zu berücksichtigen. Überdies wird der SR aufgefordert, weitere Mechanismen zur Lösung dieses Problems zu schaffen. Diese Resolutionen beziehen sich sowohl auf das allgemeine Problem des Art. 50 der Satzung *in abstracto*,[155] als auch auf besondere Probleme wie sie etwa für die Donaustaaten und sonstigen Nachbarstaaten aus den Sanktionen gegen Jugoslawien entstanden.[156]

Solche Resolutionen der GV verfolgen zwar einen lobenswerten Zweck, es ist aber nicht erkennbar, inwieweit sie den unzureichenden Bemühungen des SR etwas Nützliches hinzufügen. Überdies sieht die Satzung eine eindeutige Zuständigkeit des SR in dieser Frage vor, welche dieser, wenn auch nicht ganz zufriedenstellend, ausübt.

Das zweite Beispiel für Parallelaktionen betrifft die Aktionen der beiden Organe in Sachen Haiti. Sowohl der SR als auch die GV haben sich in den 90er Jahren in zahlreichen Resolutionen mit Haiti befasst. Schon vor dem Militärputsch hatte die GV Hilfsprogramme, einschließlich einer Gruppe von Militärbeobachtern, beschlossen.[157] Der Militärputsch vom September 1991 wurde von der GV prompt verurteilt.[158] Die GV übernahm außerdem ein von der OAS ausgesprochenes Waffen- und allgemeines Handelsembargo und forderte die Mitgliedstaaten der Vereinten Nationen nachdrücklich auf, dieses Embargo zu befolgen.[159] Überdies schuf die GV gemeinsam mit der Organization of American States (OAS) eine „International Civilian Mission to Haiti" mit dem primären Mandat der Überwachung der Einhaltung der menschenrechtlichen Verpflichtungen durch die haitianische Regierung.[160]

Erst über ein halbes Jahr später griff der SR ein, erklärte die Situation in Haiti in Hinblick auf die „einzigartigen und außergewöhnlichen Umstände" zu einer Friedensbedrohung und verhängte seinerseits ein Waffen- und Handelsembargo.[161] Das Embargo des SR wurde nach einer Einigung mit den Militärmachthabern in

---

[154] SR Res. 253 (1968), 277 (1970), 327, 329 (1973) behandeln die wirtschaftlich schwierige Situation Sambias aufgrund der Sanktionen gegen das Apartheidregime in Südrhodesien; SR Res. 669 (1990) befasst sich mit den diesbezüglichen Anfragen (vor allem Jordaniens) im Zug der Sanktionen gegen den Irak; SR Res. 843 (1993) fordert das Sanktionskomitee für Jugoslawien auf, Anfragen gem. Art. 50 UN-Charta zu untersuchen.

[155] GV Res. 50/51, 51/208, 52/162, 53/107, 54/107.

[156] GV Res. 48/210, 50/58 E, 52/169.

[157] GV Res. 45/2, 45/257.

[158] GV Res. 46/7, paras. 1 und 2.

[159] GV Res. 46/7, para. 4; 47/20 A, paras. 6 und 8.

[160] GV Res. 47/20 B, 48/27 B.

[161] SR Res. 841 (1993).

Haiti zunächst ausgesetzt,[162] aber, nachdem sich diese nicht an die Einigung gehalten hatten, neu verhängt.[163] Überdies sprach der SR eine Ermächtigung an die Mitglieder aus, das Embargo, falls nötig, mit Waffengewalt durchzusetzen.[164] Der SR richtete auch eine United Nations Mission in Haiti (UNMIH) ein, diese allerdings mit einem eher auf Stärkung der allgemeinen Sicherheit und Stabilität abzielenden Mandat.[165] Die GV beklagte die Zustände in Haiti insbesondere im Bereich der Menschenrechte in mehreren Resolutionen.[166] Schließlich sprach der SR im Juli 1994 eine Ermächtigung zum Gebrauch von Waffengewalt zur Vertreibung der Militärmachthaber und zur Wiedereinsetzung des demokratisch gewählten Präsidenten aus.[167] Im September 1994 landete eine multinationale Einheit erfolgreich in Haiti, die Militärmachthaber zogen sich zurück und Präsident Aristide konnte wieder sein Amt ausüben. Daraufhin hob der SR seine Sanktionen auf.[168] Eine gesonderte förmliche Beendigung der seinerzeit von der GV urgierten Sanktionen ist nicht ersichtlich. Allerdings begrüßte die GV die Rückkehr des Präsidenten und forderte die Staaten auf, mit Haiti zusammenzuarbeiten.[169] Die vom SR geschaffene United Nations Mission in Haiti konnte ihre Arbeit wieder aufnehmen.[170] Gleichzeitig übte aber auch die von der GV gemeinsam mit der OAS geschaffene International Civilian Mission to Haiti ihre Funktion weiter aus; wiederum mit dem Fokus auf Menschenrechten.[171] Nach Auslaufen des Mandats der United Nations Mission in Haiti ersetzte der SR diese durch die United Nations Support Mission in Haiti (UNSMIH). Ihre Aufgabe war die Ausbildung einer professionellen nationalen Polizei.[172] Die GV verlängerte ihrerseits die von ihr gemeinsam mit der OAS eingesetzte International Civilian Mission to Haiti.[173] Nach Auslaufen der UNSMIH ersetzte der SR diese wiederum durch die United Nations Transition Mission in Haiti (UNTMIH).[174] Nachdem deren Mandat abgelaufen war, wurde sie vom SR durch die United Nations Civilian Police Mission in Haiti (MIPONUH) ersetzt.[175] Auch ihre Aufgabe war die Ausbildung der örtlichen Polizei.[176] Erstaun-

---

[162] SR Res. 861 (1993), para. 1.
[163] SR Res. 873 (1993), para. 1.
[164] SR Res. 875 (1993); SR Res. 917 (1994).
[165] SR Res. 867 (1993), 905, 933 (1994).
[166] GV Res. 48/27 A, insbes. Präambel und para. 1. Eine sehr detaillierte Beschreibung der Menschenrechtsverletzungen findet sich in GV Res. 48/151, paras. 2, 4 und 5.
[167] SR Res. 940 (1994), para. 4.
[168] SR Res. 944 (1994), para. 4; SR Res. 948 (1994), para. 10.
[169] GV Res. 49/27, para. 2.
[170] SR Res. 964 (1994), 975, 1007 (1995).
[171] GV Res. 50/86, 50/196.
[172] SR Res. 1063, 1085, 1086 (1996).
[173] GV Res. 51/196, 51/196 B.
[174] SR Res. 1123 (1997).
[175] SR Res. 1141 (1997).
[176] SR Res. 1141 (1997), para. 2.

licherweise wurde aber auch die Aufgabe der von der GV gemeinsam mit der OAS betriebenen International Civilian Mission to Haiti – neben der Beobachtung der Menschenrechtssituation – als die Ausbildung der Polizei von Haiti umschrieben.[177] Die GV trägt diesem Umstand dadurch Rechnung, dass sie die Zusammenarbeit der beiden Missionen anregt.[178] Überdies waren noch das UNDP, eine United Nations Civilian Police, sowie diverse bilaterale Programme an der Polizeiausbildung beteiligt.[179] Erst nach dem endgültigen Auslaufen der Mission des SR konnte sich die GV schließlich im Dezember 1999 dazu entschließen, ihre gemeinsam mit der OAS betriebene International Civilian Mission sowie die UN Civilian Police Mission des SR zur International Civilian Support Mission in Haiti zusammenzulegen.[180] Das Personal und die Ausrüstung beider Missionen wurden auf die neue Einrichtung übertragen.[181] Das Mandat der International Civilian Support Mission in Haiti endigte schließlich Ende März 2001.[182]

Im Zuge der jüngsten Entwicklungen, im Jahr 2004, scheinen SR und GV wieder zur Arbeitsteilung zurückzukehren. So setzte (einzig) der SR nach der Vertreibung Aristides und der Installierung von Präsident Boniface Alexandre die Multinational Interim Force (MIF) ein, um Sicherheit und Frieden in Haiti wiederherzustellen[183] Die MIF wurde dann in weiterer Folge von der United Nations Stabilization Mission in Haiti (MINUSTAH) abgelöst.[184] Die GV befasst sich mit der Finanzierung der Operationen.[185]

VII. Schlussbemerkung

Das Verhältnis von GV und SR in Friedenssicherungsangelegenheiten ist keineswegs einheitlich. Es lässt sich nicht in einer simplen Formel ausdrücken. Immerhin lassen sich aus dem vorliegenden Material einige Beobachtungen zusammenfassen.

1. Die Arbeitsteilung zwischen den beiden Organen ist nicht immer klar und hat sich durch die Praxis weiter verwischt. Zwar beschäftigt sich die GV eher mit allgemeinen Fragen und der SR mehr mit konkreten Situationen. Dies scheint auch

---

[177] Vgl. etwa GV Res. 52/174, para. 1 lit. a.
[178] GV Res. 52/138, 52/174, 53/159, 53/95.
[179] SR Res. 1212 (1998).
[180] GV Res. 54/193, para. 2.
[181] GV Res. 54/193, insbes. paras. 2–4.
[182] Vgl. GV Res. 57/157, Präambel.
[183] SR Res. 1529 (2004).
[184] SR Res. 1542 (2004). Die MINUSTAH hat ein sehr umfassendes Mandat, das auch zivile Komponenten wie die Förderung des politischen Prozesses in Haiti und die Verbesserung der menschenrechtlichen Situation beinhaltet.
[185] GV Res. 58/311.

durch ihre Organstruktur vorgegeben: so ist die GV das breite Forum, in dem die Gesamtheit der Mitgliedstaaten der VN vertreten ist; der SR hingegen das kleinere und aufgrund seiner Entscheidungsstruktur schnellere und durchsetzungsfähigere Exekutivorgan. Es gibt aber durchaus auch Tendenzen, die diesem Prinzip zuwiderlaufen.

2. Maßnahmen des SR, welche budgetäre Auswirkungen haben, bedürfen der Zustimmung der GV. Dies verdeutlicht beispielsweise die Reaktion der GV im Zusammenhang mit der Finanzierung des Jugoslawien-Tribunals. Der SR ist also insofern in seiner Handlungsfähigkeit nach Kapitel VII der UN-Charta eingeschränkt.

3. Gelegentlich empfiehlt die GV den Mitgliedstaaten konkrete Maßnahmen, wenn der SR es unterlässt, derartige Maßnahmen zu ergreifen. Man erinnere sich hier etwa an die von der GV empfohlene völlige Isolierung des Apartheidregimes in Südafrika, die auch ein Erdölembargo umfasste, als der SR sich lediglich zu einem Waffenembargo entschließen konnte. Das Erreichen der erforderlichen Mehrheit in der GV ist aber keineswegs immer gewährleistet, was z. B. im Falle Kosovos deutlich wurde.

4. Die GV hat den SR wiederholt nachdrücklich aufgefordert, seine Aufgaben in effektiver Weise zu erfüllen. Dies geschah im Falle Südafrikas, Bosnien und Herzegowinas oder Palästinas.

5. Wiederholt wurde die GV in Situationen tätig, mit denen auch der SR befasst war, wobei sie dabei oft andere Akzente setzte: so in Resolutionen zum Nahen Osten, zu Afghanistan oder zu Somalia.

7. Die GV legt in vielen Fällen besonderes Augenmerk auf die Achtung der Menschenrechte: dies äußert sich in detaillierten diesbezüglichen Resolutionen (etwa zur Situation in Palästina) ebenso wie in der Entsendung eigener Menschenrechtsmissionen (Haiti).

8. In manchen Situationen arbeiten die beiden Organe nicht miteinander sondern eher nebeneinander. Ineffizienz ist die notwendige Folge mangelnder Koordination, wie dies vor allem im Fall der Entsendung der Parallelmissionen in Haiti offensichtlich wird.

9. Die GV scheint insbesondere in jüngster Zeit neue Wege zu suchen, ihre Stellung gegenüber dem SR in Friedenssicherungsangelegenheiten zu behaupten. Vor allem das von der GV gestellte Ansuchen an den IGH, ein Gutachten zum Mauerbau zu erstellen, deutet in diese Richtung. Dies könnte als Versuch der GV gelesen werden, sich dem gewachsenen Einfluss der USA auf den SR, der etwa in der schonenden Behandlung Israels, im Misstrauen gegenüber dem Internationalen Strafgerichtshof oder im Umgang des SR mit der Situation in Afghanistan spürbar wird, zu widersetzen.

Diese Beobachtungen sind aber letztlich kaum erstaunlich. Im innerstaatlichen Bereich wird die Gewaltenteilung seit Jahrhunderten diskutiert, ohne dass eine abschließende allseits befriedigende Lösung gefunden worden ist. Deswegen darf es einen auch nicht wundern, wenn die Organbeziehung zwischen GV und SR nicht voll ausgereift ist.[186]

---

[186] Zur Gewaltenteilung in den VN siehe z. B. *De Wet* (Fn. 111), 109 ff.; siehe weiters *Koskenniemi* (Fn. 10), 325 ff.

Über die Kultur des Friedens

Von Dieter Senghaas

I. Einleitung

Gedanklich wird mit dem Begriff des Friedens vielerlei in Verbindung gebracht, und allermeist handelt es sich hierbei nur um „Schönes" und „Gutes": die „gute Ordnung" oder sogar das „gute Leben". Jedoch schon das mittelalterliche Verständnis differenzierte den Friedensbegriff in wenigstens vier Dimensionen aus: *iustitia – securitas – tranquillitas – caritas*. Das sollte heißen: Friede hat etwas zu tun mit einer Rechtsordnung, die, wenn gebrochen, wieder herzustellen ist; Friede ist zudem Ausdruck von Sicherheit, also schützender und abwehrender Kraft; weiterhin: ohne Waffenruhe, Gewaltlosigkeit oder gar Ausgeglichenheit ist Friede nicht zu denken; und schließlich sollte Friede auch als ein Zeichen der Zuneigung, des Wohlwollens, der Wohltätigkeit und der Liebe begriffen werden. So wenigstens die seinerzeitigen Vorstellungen.[1]

Wenn man bei diesen Differenzierungen für einen Augenblick die für das mittelalterliche Denken typischen ordnungsphilosophischen Annahmen wegdenkt, so lassen sich diese Begriffe – sicherlich im Einzelfall nur unter inhaltlicher Dehnung oder Verengung – auch auf das vormittelalterliche und das nachmittelalterliche europäische Friedensverständnis projizieren, wenigstens insofern es um die mit dem Friedensbegriff gebräuchlicherweise einhergehenden pauschalen inhaltlichen Orientierungen geht. Auch heute, am Beginn des 21. Jahrhunderts und mit Blick auf die kommenden Jahrzehnte, ist ohne *iustitia, securitas, tranquillitas* und *caritas* Friede nicht zu denken, nur daß mit den Begriffen zum Teil anderes assoziiert wird, insbesondere mit dem Begriff der *iustitia*, der aus guten Gründen in einer modernen Gesellschaft auch einen Bedeutungsgehalt hinsichtlich sozialer Gerechtigkeit impliziert.

Zu den genannten überkommenen Bestimmungen ist sicher auch die „Kultur des Friedens" hinzuzufügen, gedacht als Bündel von Werteorientierungen, Einstellungen und Mentalitäten, die dem Frieden vom Verstand und von den Gefühlen her Rückhalt geben, also in einer Friedensordnung wie geistiger bzw. emotionaler Kitt wirken und Frieden auf diese Weise absichern.

---

[1] s. hierzu den umfassenden und erhellenden Beitrag von *Janssen,* Friede – Zur Geschichte einer Idee in Europa, in: Senghaas (Hrsg.), Den Frieden denken – Si vis pacem, para pacem, 1995, 227 ff.

Derlei gängige Vorstellungen über Frieden und die Kultur des Friedens sind in der Regel nicht falsch, aber sie führen allermeist nicht weiter, weil sie zu etikettenhaft sind. In analytischer und in praktischer Hinsicht müssen sie, wie viele vergleichbare Assoziationen, häufig als grobe Vereinfachungen hochkomplexer Zusammenhänge gelten. Erforderlich sind heute konzeptuelle Differenzierungen, die die Anforderungen komplexer Wirklichkeit an ein tragfähiges Friedenskonzept leidlich widerspiegeln. In einem solchermaßen wirklichkeitsnahen, d. h. weltkundigen komplexen Konzept ist dann auch die „Kultur des Friedens" zu verorten.

II. „Kultur des Friedens" im Lichte des zivilisatorischen Hexagon

An anderer Stelle wurde ein solches zeitgemäßes, differenziertes Friedenskonzept zu entfalten versucht. Es thematisiert Frieden in sechsfacher Hinsicht, wobei die sechs Dimensionen je nach konkreter Ausgangslage verstärkend, hemmend oder gefährdend aufeinander zurückwirken. Dieses konfigurativ zu denkende Gebilde wurde als „zivilisatorisches Hexagon" in die friedenstheoretische Debatte eingeführt. Es soll auch den nachfolgenden Überlegungen über die „Kultur des Friedens" zugrunde gelegt werden.[2]

Im Lichte des zivilisatorischen Hexagon wird in sozial mobilen, politisierbaren und politisierten modernen Gesellschaften Frieden als eine breitenwirksame Problematik durch das Zusammenwirken folgender Faktoren bewirkt: durch das *Gewaltmonopol* (1) und die Kontrolle des Gewaltmonopols vermittels *Rechtsstaatlichkeit* (2); durch *Affektkontrolle*, die aus Interdependenzen resultiert (3); durch *demokratische Partizipation* (4) und Bemühungen um *soziale Gerechtigkeit* und *Fairneß* (5), sowie durch eine aus diesen Bausteinen resultierende *Kultur konstruktiver Konfliktbearbeitung* (6). Die konzeptuelle Nähe bzw. Überlappung dieser letztgenannten Dimension mit der „Kultur des Friedens" ist offenkundig, weshalb die Frage naheliegend ist, ob die fünf zuvor genannten Dimensionen nicht nur konstitutiv für konstruktive Konfliktbearbeitung, sondern auch eine Voraussetzung für die „Kultur des Friedens" sind.

---

[2] *Senghaas,* Zum irdischen Frieden, 2004.

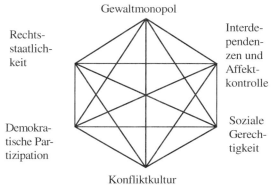

Abbildung: Das zivilisatorische Hexagon

Betrachten wir diese Punkte, auch gleichzeitig das Schaubild erläuternd, der Reihe nach:

1. *Gewaltmonopol*: Das legitime Monopol staatlicher Gewalt ist für jede Friedensordnung von grundlegender Bedeutung, weil nur eine Entwaffnung der Bürger diese dazu nötigt, ihre Identitäts- und Interessenkonflikte mit Argumenten, also diskursiv, und nicht mit Gewalt auszutragen. Wenn Gewalt nicht mehr zum Handlungsrepertoire des Menschen gehört und der versuchte bzw. der tatsächliche Griff zur Gewalt negativ sanktioniert ist, wird nicht nur Frieden im Sinne der Abwesenheit von Gewalt begründet, vielmehr werden dann potentielle Konfliktparteien zur *argumentativen* Auseinandersetzung im öffentlichen Raum gezwungen. Die Bedeutung des Sachverhaltes wird dort dramatisch erkennbar, wo das Gewaltmonopol zusammenbricht und es zu einer Wiederbewaffnung der Bürger kommt: Elementare Sicherheiten gehen darüber verloren; das Leben wird erneut voll des Schreckens: grausam und kurz, wie viele Bürgerkriege und bürgerkriegsähnliche militante Konflikte in der heutigen Welt dokumentieren.[3] Diskursive Konfliktbearbeitung im öffentlichen Raum hat also ein intaktes Gewaltmonopol zum Hintergrund.

2. *Rechtsstaatlichkeit*: Das Gewaltmonopol bedarf, soll es nicht zu einer Willkürinstanz werden, der nachhaltigen rechtsstaatlichen Kontrolle. Diese wird durch eine Vielzahl von institutionellen Vorkehrungen abgesichert, beispielsweise durch Gewaltenteilung, das Prinzip der Öffentlichkeit usf.. Im Hinblick auf konstruktive Konfliktbearbeitung ist Rechtsstaatlichkeit auch deshalb von großer Bedeutung, weil sie eine positive Ausrichtung auf vereinbarte Prozeduren, also Spielregeln, begründet. Gerade weil in modernen Gesellschaften die substantiellen Differenzen hinsichtlich von Identitäten und Interessen die Regel

---

[3] s. hierzu Arbeitsgemeinschaft Kriegsursachenforschung (AKUF) (Hrsg.): Das Kriegsgeschehen (jährlich).

und nicht die Ausnahme sind, haben vereinbarte und verinnerlichte *prozedurale* Modalitäten der Konfliktregelung eine so hohe Bedeutung. Denn werden die in der Verfassung niedergelegten Spielregeln mißachtet, droht nicht nur der Zusammenbruch rechtsstaatlicher Prinzipien, sondern auch eine Wiederbewaffnung der Bürger. Sachdifferenzen als den Kern und Spielregeln als etwas Oberflächliches zu betrachten, wäre eine Einschätzung, die die wirkliche Bedeutung von meist verfassungsmäßig festgelegten Übereinkommen über Prozeduren verkennt, vermittels derer unausweichliche sachliche Konflikte sich institutionell einhegen und abfedern lassen.

Die Mißachtung von Spielregeln ist deshalb nicht bloß ein politisches Kavaliersdelikt. Andererseits müssen Spielregeln im Lichte neuer Problemlagen fortgeschrieben werden, weshalb Verfassungsstaaten, die um ihre Stabilität bemüht sind, selbstkritisch die Verfassungsdebatte zur ständigen Aufgabe machen sollten.

3. *Interdependenzen und Affektkontrolle:* Moderne, ausdifferenzierte Gesellschaften haben den Vorzug, daß Menschen in ihnen nicht lebenslang auf bestimmte Rollen festgelegt sind. In aller Regel haben die meisten Menschen keinerlei Alternative dazu, sich als vielfältige Rollenspieler zu betätigen. Die Anforderung einzelner Rollen in der Familie, im Arbeitsleben, in Verbänden, bei der Gestaltung von Freizeit und des politischen Gemeinwesens sind höchst unterschiedlicher Natur und führen dazu, daß sich Konfliktfronten in aller Regel nicht kumulieren; vielmehr kommt es zu einer Rollen- und damit auch zu einer Konfliktaufgliederung.

Vielfältige Rollenanforderungen implizieren jedoch Affektkontrolle; Konfliktfraktionierung führt in aller Regel zu einer Dämpfung des Konfliktverhaltens. Beides hegt Konflikte ein: Mäßigung wird dabei zu einer wesentlichen Hintergrundbedingung für konstruktive Konfliktbearbeitung.

Konfliktverschärfung ist für eine konstruktive Konfliktbearbeitung nur dann wahrscheinlich und im konkreten Fall ggf. unausweichlich, wenn unter anderen Bedingungen eine Konfliktartikulation nicht möglich wird. Dann haben der Ausbruch aus den Rollenzwängen und die Akzentuierung von Konfliktverhalten zeitweise einen funktionalen Stellenwert bei der Konfliktbewältigung. Eine solche Konstellation spiegelt meist einen machtlagenbedingten, objektiv vermeidbaren, aber in konkreter Lage nicht erfolgreich bearbeiteten Konfliktstau wider.

4. *Demokratische Teilhabe:* Da sich moderne und sich modernisierende Gesellschaften in einem ständigen Wandlungsprozeß befinden, sind einmal gefundene sachhaltige, ggf. auch prozedurale Kompromisse immer nur Übereinkommen auf Zeit. Um den Aufbau eines potentiellen, politisch virulent werdenden Konfliktstaus zu vermeiden, sind deshalb nicht nur die Chance anhaltender demokratischer Teilhabe von schon organisierten Interessen wichtig, sondern

auch die Organisationsfähigkeit noch nicht repräsentierter, bis dato nur latenter Interessen. Wo latente Interessen nicht manifest werden können, besteht – zugespitzt formuliert – die Gefahr einer politischen Explosion. Man erinnere sich an das Wendejahr 1989/90 im östlichen Teil Europas und viele historische Beispiele davor und danach.[4]

Deshalb ist, sachlogisch gedacht, die Chance zu demokratischer Partizipation eine wesentliche Voraussetzung für anhaltende konstruktive Konfliktbearbeitung: Sozialer Wandel muß über demokratische Partizipation politisch aufgefangen werden. Wer sie einschränkt oder untergräbt, vermindert die Aussicht auf friedlichen Umgang mit unausweichlichen, aus sozialem Wandel erwachsenden Konflikten. Demokratische Teilhabe hingegen erlaubt es, eigene Belange und öffentlich relevante Notstände zur Sprache zu bringen. Exklusion fördert Konfliktstau; Inklusion hilft, ihn abzufedern. Solche Teilhabe erfordert aber auch, will sie positiv und also funktional sein, eine Bereitschaft zu politischem Kompromiß, insbesondere dazu, in modernen Gesellschaften Mehrheitspositionen nicht exzessiv und willkürlich auszuspielen und Minderheitenpositionen zu achten; sie verlangt ebenso einen Sinn dafür, daß aus Minderheitenpositionen Mehrheiten werden können und daß Minderheiten, die aus spezifischen Gründen niemals zu Mehrheiten werden können, des besonderen Schutzes bedürfen.[5]

5. *Soziale Gerechtigkeit:* Moderne Gesellschaften sind, nicht anders als vormodern-traditionale, durch vielfältige Ungleichheiten gekennzeichnet. Aber im Unterschied zu den vormodernen Gesellschaften ermöglichen die modernen sowohl vertikale als auch horizontale Mobilität. Sicherlich sind die Menschen in ihnen nicht grenzenlos mobil geworden; aber sie haben doch eine meist durch Bildung erworbene Chance, ihre angestammten sozialen und geographischen Verortungen hinter sich zu lassen. Solche Mobilität ist eher die Regel als die Ausnahme, wenngleich eine in Krisenzeiten und in Krisenregionen drohende Abwärtsmobilität bzw. die Fixierung auf überkommene Positionen sowie die daraus resultierenden Abwehrhaltungen im Interesse der Besitzstandswahrung unübersehbar sind und zu einer Quelle sozialen Konflikts werden.

Unter den Vorzeichen von Ungleichheit, der Chance zur Mobilität und der Gefahr von Abwärtsmobilität wird die aktive Orientierung an sozialer Gerechtigkeit und Fairneß zu einer Art von Bestandsgarantie für konstruktive Konfliktbearbeitung. Denn nichts ist für letztere gefährdender als der Eindruck und das individuelle bzw. kollektive Empfinden, die Gesellschaft würde systematisch die einen privilegieren und andere diskriminieren und deshalb seien Vertrauen und Hoffnung auf Fairneß illusionär. In solcher Erfahrung bzw. Erwartung liegt

---

[4] Ein weithin verkannter *locus classicus* der Analyse einer solchen Konstellation ist immer noch (obgleich 1856 zuerst erschienen) *de Tocqueville,* L'ancien régime et la révolution, 1856.

[5] s. hierzu *Schneckener,* Auswege aus dem Bürgerkrieg, 2002.

eine enorme Sprengkraft, die sich gegen konstruktive Konfliktbearbeitung auswirkt: Aus ihr resultieren Mißtrauen und Hoffnungslosigkeit, die sich leicht in eine Mißachtung von Spielregeln übersetzen können; dann baut sich Gewaltbereitschaft auf. Demgegenüber führen ernsthafte Bemühungen um soziale Gerechtigkeit und Fairneß einer konstruktiven Konfliktbearbeitung materielle Substanz zu.

6. *Konstruktive Konfliktbearbeitung* speist sich aus den vorgenannten Vorgaben und Impulsen. Der Zwang zur argumentativen Auseinandersetzung über Identitäts- und Interessenkonflikte, die unerläßliche Orientierung an Spielregeln während der Bearbeitung von solchen Konflikten, Mäßigung in der Folge von Affektkontrolle und Konfliktfraktionierung, die Chance zur Artikulation von eigenen Belangen und Beschwerden und schließlich die erfahrbaren Bemühungen um soziale Gerechtigkeit und Fairneß: sie alle haben zwar nicht zwangsläufig konstruktive Konfliktbearbeitung zum Ergebnis, aber vor allem als Ergebnis eines aus ihrem Zusammenwirken entstehenden Gesamteffektes (Synergie) erhöhen sie doch deren Wahrscheinlichkeit. Gewissermaßen verdichten sich die genannten fünffachen Erfahrungen in einer politischen Erkenntnis und Verhaltensweise, denen zufolge die Pluralität von politisierten Identitäten und Interessen nicht nur als selbstverständlich und unentrinnbar unterstellt wird, sondern der konstruktive Umgang mit Konflikten als Ausdruck zivilisierten Verhaltens, ja als eine friedliche Koexistenz ermöglichende zivilisatorische Errungenschaft begriffen wird.

III. Konstruktive Konfliktbearbeitung und die Kultur des Friedens

Konstruktive Konfliktbearbeitung, so wurde festgestellt, ist das Ergebnis von Vorgaben und Impulsen der aufgezeigten Art. Daneben vermag sie auch ein eigenes Gewicht zu gewinnen und vermittels von Rückkoppelungen stabilisierend und verstärkend auf die sie verursachenden Instanzen zurückzuwirken. Mit anderen Worten: Konstruktive Konfliktbearbeitung kann als Orientierung zu einem Eigenwert werden und damit auch eine Eigendynamik entwickeln. Sie hat dann Folgewirkungen weit über den öffentlich-politischen Raum hinaus und gewinnt damit eine allgemeine Ausstrahlungskraft. Konstruktive Konfliktbearbeitung und politische Kultur wären, so betrachtet, gewissermaßen ein und dasselbe, einsozialisiert und internalisiert als allgemeine Tugenden: als Toleranz und Kompromißbereitschaft, als Mäßigung und Konfliktfähigkeit, als Sensibilität für Spielregeln, als Vertrauensbereitschaft bei gebotenem nüchternen Mißtrauen, als Engagement bei kühlem Sinn für erforderliche Distanz, als Selbstbewußtsein bei gleichzeitiger Anerkennung des anderen, als Sinn für das wohlverstandene Interesse, in dem das eigene Interesse, aber auch dasjenige von anderen reflektiert wird.[6]

---

[6] s. hierzu ausführlich *von Krockow,* Die Tugenden der Friedensfähigkeit, in: Senghaas (Fn. 1), 419 ff..

Begreift man Kultur als die Gesamtheit der typischen Lebensformen einer Bevölkerung, einschließlich der sie tragenden Geistesverfassungen und Werteinstellungen, dann ließe sich ohne weiteres als Kultur des Friedens die Bündelung jener Orientierungen bezeichnen, die hier unter dem Stichwort der konstruktiven Konfliktbearbeitung und entsprechender kongenialer allgemeiner Verhaltenstugenden erörtert wurden.

„Kultur des Friedens" ist damit als Konzept inhaltlich klar umrissen. Gemeint ist mit ihr die Gesamtheit der Werteorientierungen, Einstellungen und Mentalitäten, die im öffentlich-politischen Raum und über diesen hinaus dazu beitragen, daß Konflikte im erörterten Sinne *verläßlich konstruktiv* und also gewaltfrei bearbeitet werden. Das Konzept sollte also nicht auf einzelne Werteorientierungen, Einstellungen und Mentalitäten reduziert werden, wie es geschieht, wenn beispielsweise achtenswerte Verhaltensorientierungen wie Friedfertigkeit oder Versöhnung per se als Inbegriff einer Kultur des Friedens bezeichnet werden. Vielmehr gewinnt das Konzept seine für die öffentliche Ordnung konstitutiven Konturen erst durch seine Verortung in jener übergeordneten Problemstellung moderner Gemeinwesen, die als zentrale Friedensaufgabe zu begreifen ist: Ermöglichung und Sicherung friedlicher Koexistenz in potentiell und tatsächlich identitäts- und interessenmäßig zerklüfteten, durchweg politisierten Gesellschaften. Das ist aber eine komplexe Aufgabe. Das heißt, das Konzept der „Kultur des Friedens" bedarf einer analytischen Rückbindung an praxisrelevante friedenstheoretische Überlegungen, die angesichts der genannten Problemlage die Konstitutionsbedingungen von Frieden zeitgemäß und differenziert zu bezeichnen vermögen.

Das *zivilisatorische Hexagon* ist ein solches analytisches Angebot – mit konstruktiver Konfliktbearbeitung trotz Fundamentalpolitisierung als operativem Ziel. Das Konzept einer Kultur des Friedens – zumindest sein nicht hintergehbarer Kern – läßt sich nur auf solchem (oder ähnlich differenziertem) Wege begründen.[7]

IV. Immanente Gefährdungen und allgemeine Problemlagen

Wie in früheren Darlegungen zum zivilisatorischen Hexagon explizit ausgeführt, so muß auch an dieser Stelle betont werden, daß es sich dabei nicht um ein ultrastabiles, d. h. um ein gegen beliebige Einwirkungen erschütterungsfestes Gebilde handelt, sondern um eine brüchige Architektur, die von jedem der sechs Punkte her potentiell einbruchsgefährdet ist. Ist ihr Aufbau eine, rückblickend betrachtet, realhistorische Kompositionsleistung, so ist ihr Zerfall als Ergebnis anhaltender immanenter Gefährdungen unschwer vorstellbar. Denn wird sozialer Wandel, der in modernen Gesellschaften unausweichlich ist, nicht frühzeitig und angemessen aufgefangen und verhält sich das Gebilde folglich im Hinblick auf

---

[7] Andere Versuche, u. a. von Ernst-Otto Czempiel, Georg Picht und Johan Galtung finden sich in dem in Fn. 1 zitierten Band. Siehe weiterhin *R. Meyers,* Begriff und Probleme des Friedens, 1994.

sozialen Wandel nicht anpassungsfähig und offen für Innovation, dann drohen angesichts solcher Defizite konstruktive Konfliktbearbeitung und die Kultur des Friedens in die Unkultur von Gewalt umzuschlagen.

Das Zerfalls- oder Zusammenbruchsszenario sieht dann in etwa wie folgt aus: Die Chancen- und Verteilungsungerechtigkeit nehmen objektiv zu, und sie werden in wachsendem Maße von relevanten Segmenten der Gesellschaft als skandalös wahrgenommen und damit zum Politikum. Die verfassungsmäßig festgelegten Formen und Formeln der Koexistenz – die Spielregeln – verlieren darüber an Legitimität. Die Kultur konstruktiver Konfliktbearbeitung beginnt brüchig zu werden; sie verliert ihre affektive Tiefenwirkung und damit ihre Bindekraft. Punktuell, später auf breiterer Basis, kommt es zur Reprivatisierung von Gewalt, also zur Wiederbewaffnung der Bürger, folglich zu einer sich verallgemeinernden Mißachtung und zum Zusammenbruch der Rechtsstaatlichkeit. Die Konfliktparteien beginnen damit, sich nicht nur insgeheim, sondern offen zu munitionieren. Überkommene interdependente Handlungsgeflechte zerfallen, einschließlich diejenigen der Ökonomie. Affekte werden freigesetzt. Der Bürgerkrieg bricht auf breiter Front aus; es kommt zu einer in ihrem Ausmaß nicht erwarteten Enthemmung der Affekte und zur Brutalisierung des Lebens: zu einer schließlich breitgefächerten zivilisatorischen Regression, bis letztendlich Sieg und Niederlage bzw. die Erschöpfung der Beteiligten dem Geschehen, einem meist lang andauernden endemischen Konflikt, ein Ende bereiten.

Es gibt aber nicht nur immanente Gefährdungen, sondern auch allgemeine Problemlagen, die nicht ohne weiteres, nicht einmal bei größter Anstrengung, aus der Welt zu schaffen wären:

Eine erste Problemlage wird durch den elementaren Sachverhalt beschrieben, daß auch geglückte zivilisatorische Hexagone immer auf Ein- und Ausgrenzungsprozessen aufbauen müssen: Sie kennzeichnen einen räumlich umgrenzten Innenraum, in dem es Verdichtungen in institutioneller, materieller und kommunikativer Hinsicht gibt, während die Beziehungen zu angrenzenden Räumen und zur weiteren Welt in der Regel noch nicht einer vergleichbaren Logik zivilisierter Konfliktbearbeitung unterliegen, sondern nichts weiter als Machtlagen widerspiegeln, die, wie die Erfahrung zeigt, zur Gewaltanwendung tendieren.

Angesichts der unentrinnbaren *Ingroup/outgroup*-Beziehungen sind deshalb – in Ergänzung zur geglückten Zivilisierung der Binnenräume von Gesellschaften – entsprechende kongeniale Vorkehrungen hinsichtlich ihrer wechselseitigen Beziehungen im Außenraum dringend erforderlich. Die dabei wesentlichen Dimensionen für die Zivilisierung von Konfliktverhalten sind keine anderen als in den Innenräumen: Die aufgezeigten Dimensionen des zivilisatorischen Hexagon sind prinzipiell übertragbar auf zwischenstaatliche und zwischengesellschaftliche Beziehungen.[8] Doch sind in diesen Beziehungsgefügen die Voraussetzungen für

---

[8] s. hierzu *Senghaas* (Fn. 2), 52.

eine Architektur in Analogie zum zivilisatorischen Hexagon nur in Ausnahmefällen schon umfassend gegeben.

Zu diesen seltenen Ausnahmefällen gehört insbesondere der zwischenstaatliche und zwischengesellschaftliche Integrationsprozeß in der westlichen Hälfte Europas, der sich nunmehr anschickt, sich auf Gesamteuropa zu erweitern. Aber selbst wenn man diesen durchaus außergewöhnlichen Bereich mit den Kriterien des zivilisatorischen Hexagon durchleuchten wollte, so würde man selbst hier auf erhebliche Problemlagen stoßen: Konstruktive Konfliktbearbeitung erweist sich auf dieser höheren Ebene weit weniger institutionell, materiell, partizipatorisch und auch emotional abgesichert und absicherbar und damit weit rückfallgefährdeter als innerhalb jener Gesellschaften, auf die ein solches übergeordnetes Gebilde aufbaut. Zwar ist auf dieser höheren Ebene verläßliche konstruktive Konfliktbearbeitung nicht ohne Chancen,[9] und eine Kultur des Friedens ist auch jenseits einzelner Staaten und Gesellschaften nicht ohne Aussicht auf Verwirklichung. Aber beide bedürfen ganz außerordentlicher Anstrengungen, um jene übergeordneten, enge Räume übergreifenden dauerhaften Werteorientierungen, Einstellungen und Mentalitäten zu schaffen, die auch in Großräumen konstruktive Konfliktbearbeitung und damit friedliche Koexistenz im Sinne stabilen Friedens kognitiv und emotional absichern könnten.[10] Es geht dabei darum, *Ingroup/outgroup*-Beziehungsmuster durchlässig zu machen und sie zu überwölben. Aber auch dann wären sie zunächst nur hinsichtlich ihrer potentiellen politischen Brisanz abgemildert, also noch nicht aus der Welt entfernt.[11]

Überdies wird das letztgenannte Problem dadurch akzentuiert, daß in aller Regel die auf internationaler Ebene zu beobachtenden Beziehungen nicht von symmetrischen Ausgangslagen ausgehen, sondern von Zentrum-Peripherie-Gefällen geprägt werden. Diese Ausgangslage hat für konstruktive Konfliktbearbeitung und eine Kultur des Friedens erhebliche Folgen: Das Zentrum ist in aller Regel beherrschend und die Peripherie abhängig; oft konzentriert das Zentrum alle wesentlichen Ressourcen bei sich, während die Peripherie relativ marginalisiert ist.

---

[9] Systematisch hierzu *Czempiel,* Friedensstrategien. Systemwandel durch Internationale Organisationen, Demokratisierung und Wirtschaft, 1986; *Karl W. Deutsch,* Frieden und die Problematik politischer Gemeinschaftsbildung auf internationaler Ebene, in: Senghaas (Fn. 1), 363 ff. S. auch *Zielinski,* Der Idealtypus einer Friedensgemeinschaft, Jahrbuch der Politik 4 (1994), 313 ff. (Teil I); 5 (1995), 117 ff. (Teil II) sowie die Problematik umfassend thematisierend Senghaas (Hrsg.), Frieden machen, 1997.
Im Hinblick auf Gesamteuropa finden sich differenzierte friedenspolitische Vorschläge, ausgerichtet an den Dimensionen des zivilisatorischen Hexagon, in *Senghaas,* Friedensprojekt Europa, 1992 sowie *ders.* (Fn. 2), Kap. 6.

[10] Innovativ in dieser Hinsicht argumentiert *Boulding,* Building a Global Civic Culture, 1988.

[11] Otfried Höffe spricht deshalb in diesem Zusammenhang seit langem von der einzig realistischen Chance, nur einen „extrem minimalen Weltstaat" anzupeilen. S. u. a. seinen Beitrag: Die Vereinten Nationen im Lichte Kants, in: Höffe (Hrsg.), Immanuel Kant. Zum ewigen Frieden, 1995, 245 ff. und umfassend argumentierend vom selben Autor: Demokratie im Zeitalter der Globalisierung, 2. erweiterte Auflage, 2002.

Wenn überdies die Peripherie durch eine Kombination von chronischen Benachteiligungen gekennzeichnet wird, baut sich ein erhebliches Konfliktpotential auf. Seine politische Virulenz übersetzt sich oft in Chaotisierung, aber auch in Gewaltbereitschaft und während sich zuspitzender Krisenlagen unversehens in tatsächliche Gewaltanwendung.

Konstruktive Konfliktbearbeitung bedarf in solchem Zusammenhang besonderer Fördermaßnahmen, die das Zentrum-Peripherie-Gefälle mildern können und gegebenenfalls abbauen helfen; sie erfordert auch besondere Vorkehrungen für Autonomie- und Minderheitenrechte. Nur dann werden die Kernelemente des zivilisatorischen Hexagon, insbesondere die Spielregeln des demokratischen Verfassungsstaates, als nicht diskriminierend empfunden, und nur dann gilt faire Teilhabe nicht von vornherein als illusionär. Tatkräftige Konfliktprophylaxe ist also angesagt.

Die genannten Gefälle und Asymmetrien sind heute in vielen Zusammenhängen beobachtbare politische, gesellschaftliche, ökonomische und kulturelle Tatbestände – und dies oft in krasser Ausprägung innerhalb und zwischen Gesellschaften; vor allem sind sie die Produktionsstätte vieler Gewalteskalationen. Im Blick auf konstruktive Konfliktbearbeitung und eine Kultur des Friedens bedarf deshalb diese Problematik, insbesondere die Eskalation vielfältiger ethnopolitischer Konflikte, die allermeist eine solche Ausgangslage zum Hintergrund haben und leicht in eine Unkultur der Gewalt überschwappen, einer ganz besonderen Aufmerksamkeit.[12]

V. Schlußbemerkung

Das zivilisatorische Hexagon wurde hier als eine zivilisatorische Errungenschaft vorgestellt und konstruktive Konfliktbearbeitung darin als ein spätes Produkt kollektiven Lernens, als die Resultante der dargelegten Vorgaben und vorgängigen Impulse. Die Kultur des Friedens baut im Kern darauf auf und setzt auf kongeniale Verhaltensdispositionen mit entsprechender Ausstrahlungskraft. Die erwähnten Errungenschaften – insbesondere der Sinn für Toleranz im öffentlichen Raum, Inbegriff von friedlicher Koexistenz – ergaben sich nicht von selbst; sie sind nicht die Ausprägung von „Kulturgenen". Vielmehr sind sie, weltgeschichtlich betrachtet, das zufällige, konstellationsbedingte Resultat politischer Konfliktlagen.[13] Was aus spezifischen Konflikten machtlagenbedingt geboren wurde – eben zum Beispiel Toleranz angesichts der kräftemäßig nicht realisierbaren hegemonialen Durchsetzung einseitiger Positionen – kann auch über neue politische Konfliktlagen wieder zugrunde gehen. In diesem Sachverhalt liegt die Brüchigkeit zivilisatorischer Errungenschaften begründet, so auch die der institutionellen,

---

[12] s. hierzu das in Fn. 5 zitierte wegweisende Buch von Schneckener.

[13] s. hierzu *Senghaas,* Zivilisierung wider Willen, 1998; *ders.*: The Clash within Civilizations, 2002.

materiellen und mentalitätsmäßigen Orientierung an konstruktiver Konfliktbearbeitung – und damit auch die Brüchigkeit einer Kultur des Friedens. Wenngleich die Unkultur von Gewalt anhaltend enorme Aufmerksamkeit bindet,[14] gibt es in politisierten Gesellschaften keine Alternative zu friedlicher Koexistenz: Sie ist, bleibt und wird wahrscheinlich immer mehr *die* zentrale zivilisatorische Herausforderung, da der in der frühen Neuzeit im nordwestlichen Europa begonnene Prozeß der sozialen Mobilisierung heute in Abschichtungen weltweit wirksam und überdies – prognostizierbar – unumkehrbar ist.

---

[14] Man bedenke in dieser Hinsicht die regelrechte Lust der Medien, ganz nach dem Motto „if it bleeds, it leads" über Mord, Totschlag, Kriege und Katastrophen zu berichten, nicht aber über Fälle gelungener Koexistenz!

Weltweit menschenwürdige Arbeit als Voraussetzung für dauerhaften Weltfrieden

Der weltpolitische Auftrag der Internationalen Arbeitsorganisation (IAO) unter Bedingungen der Globalisierung

Von Eva Senghaas-Knobloch

I. Einleitung

Die aktuelle Globalisierungsdebatte verdeckt, dass die Bedeutung international gültiger Normen im Arbeits- und Sozialbereich für den internationalen Wirtschaftsaustausch zwischen Industrieländern schon seit Mitte des 19. Jahrhunderts thematisiert wurde. Dabei handelte es sich zunächst um *private* Bemühungen. Anlässlich der Weltausstellung von 1900 in Brüssel gründete sich die private Internationale Vereinigung für gesetzlichen Arbeiterschutz, deren ausführendes Organ, das Internationale Arbeitsamt, in Basel angesiedelt wurde. Auf Einladung der Schweizer Regierung kam es durch Vermittlung dieses Amtes im Jahre 1906 in Bern zur Unterzeichnung von *zwischenstaatlichen* Abkommen über Produktionsbedingungen, die sich zuerst auf das Verbot von weißem Phosphor bei der Fertigung von Streichhölzern und auf das allgemeine Verbot der Nachtarbeit von Frauen bezogen. Bis in die Mitte des Ersten Weltkriegs hinein folgte darauf mehr als ein Dutzend sogenannter Gleichbehandlungsverträge auf dem Gebiet der Sozialversicherung, an denen sich das Deutsche Reich, Österreich, Großbritannien, Schweden und Ungarn beteiligten. In etwa die gleichen Länder ratifizierten auch die erwähnten Übereinkommen über das Verbot des weißen Phosphors und das Gebot der Nachtruhe für Frauen.[1] Jeder dieser Fälle hatte zur Voraussetzung, dass sich Arbeitervereine, Kirchen, Hygieniker, einzelne Fabrikanten, Demografen, Angehörige der staatlichen Administration und sozialdemokratische Parteien auf Basis durchaus verschiedener Beweggründen für internationale Regelungen einsetzten. Auf diese Weise konnten Allianzen gebildet werden, in denen ökonomische Interessen an geregelten Rahmenbedingungen hinsichtlich internationaler Konkurrenz mit politischen Ansprüchen auf soziale Gerechtigkeit eine Verbindung eingingen. Angesichts der sich entwickelnden kapitalistischen Großindustrie und ihrer grenzüberschreitenden Handelsaktivitäten schien es folgerichtig, dass dem qualitativ neuen Grad an Weltmarktdichte mit internationalen Sozialregulierungen entsprochen wurde.

---

[1] Siehe hierzu *Manes,* Sozialpolitik in den Friedensverträgen und im Völkerbund, 1918, 23 ff.

Vor diesem Erfahrungshintergrund wurde nach dem Ersten Weltkrieg die Internationale Arbeitsorganisation (IAO, bekannter unter den englischen Initialen ILO) als Teil des Friedensvertrags von Versailles mit dem Auftrag gegründet, weltweit Arbeits- und Lebensbedingungen zu verbessern und, wie in der Präambel zu ihrer Verfassung niedergelegt, durch soziale Gerechtigkeit den Weltfrieden zu fördern. Drei Motive wurden bei dieser Gründung, die durch eine Koalition sozialdemokratisch orientierter Gewerkschaften und der britischen Regierung gefördert wurde, deutlich: Streben nach Gerechtigkeit und Menschlichkeit, das politische Ziel, Welteintracht und Weltfrieden durch soziale Gerechtigkeit aufzubauen und ökonomische Interessen an fairen internationalen Rahmenbedingungen, da – wie es in der Präambel heißt – die „Nichteinführung wirklich menschenwürdiger Arbeitsbedingungen durch eine Nation die Bemühungen anderer Nationen ... hemmen würde."[2] Diese Verbindung politischer Ziele und sozialer Werte mit der Idee internationale Regulierung angesichts einer interdependenten Welt ist bis heute für die Internationale Arbeitsorganisation politikleitend. Die Erfüllung ihres Mandats verfolgt die Organisation seit ihrem Bestehen in Gestalt von drei Haupttätigkeiten: Errichtung internationaler Arbeits- und Sozialnormen sowie Überwachung ihrer Umsetzung, technische Zusammenarbeit sowie Forschung und Aufklärung.

Die IAO war seit ihrer Gründung mit weltökonomischen und weltpolitischen Herausforderungen konfrontiert. Allerdings haben sich die Weltverhältnisse zwischen Beginn und Ende des 20. Jahrhunderts verändert. Noch während des Zweiten Weltkrieges kam es bei der 26. Tagung der Allgemeinen Versammlung der IAO (Internationale Arbeitskonferenz) am 10. Mai 1944 in Philadelphia zu einer feierlichen Bestätigung ihres Mandats und ihrer Grundsätze, die als besondere Erklärung in eine Anlage zu ihrer Verfassung aufgenommen wurden. So heißt es im zweiten Abschnitt:

> „Die Konferenz ist davon überzeugt, daß die Erfahrung die Richtigkeit der in der Verfassung der Internationalen Arbeitsorganisation enthaltenen Erklärung voll erwiesen hat, wonach der Friede auf die Dauer nur auf sozialer Gerechtigkeit aufgebaut werden kann, und bestätigt folgendes:
> a) alle Menschen, ungeachtet ihrer Rasse, ihres Glaubens und ihres Geschlechts, haben das Recht, materiellen Wohlstand und geistige Entwicklung in Freiheit und Würde, in wirtschaftlicher Sicherheit und unter gleich günstigen Bedingungen zu erstreben."[3]

Die Welt, auf die sich das Mandat der IAO heute bezieht, ist inklusiver, heterogener und zugleich auch interdependenter geworden. Mit der Dekolonisierung und der Einbeziehung nichtmetropolitaner Länder als selbständige Teilhaber am Weltmarkt kam es seit den 1960er Jahren zu einer Erweiterung der Mitgliedsstaaten der IAO und damit zu einer Ausweitung der als universell angestrebten Geltungsreichweite der Normen. Von 1919 bis 2004 hat sich die Zahl der Mitglieder von 45 auf 177 Staaten erhöht, die allerdings mit Blick auf Wirtschaftsmacht, Gesell-

---

[2] Internationales Arbeitsamt, Verfassung der Internationalen Arbeitsorganisation, 1997, 7.
[3] Internationales Arbeitsamt (Fn. 2), 25.

schaftsstrukturen, Produktionsweisen und Staatsformen viel größere Unterschiede aufweisen als die Gründungsmitglieder. Die wechselseitigen Abhängigkeiten sind stark gewachsen, sehr viel dichter, aber zugleich viel asymmetrischer geworden. Generell zeigt sich eine Vertiefung der weltweiten Ungleichheit sozialer Lagen. Während einige asiatische Länder, darunter China und Indien von den Strukturen ökonomischer Globalisierung im Durchschnitt profitieren, zeigt sich bei einer statistischen Grundgesamtheit von 94 Ländern, dass das durchschnittliche Pro-Kopf-Einkommen der 20 ärmsten Länder in den letzten 40 Jahren von US$ 12 auf 11.417 gestiegen ist, aber das durchschnittliche Pro-Kopf-Einkommen in den 20 reichsten Ländern von US$ 267 auf 32.339, der Unterschied ist also von 1 : 54 auf 1 : 121 angewachsen.[4]

Ich möchte im Folgenden die damit entstandenen Herausforderungen für die IAO und ihre strategischen Antworten skizzieren und mich dabei auf zwei Punkte konzentrieren:
– das Problem universeller Geltungskraft der Normen und
– das Problem der effektiven Normanwendung.

II. Das Problem universeller Geltungskraft internationaler Arbeits- und Sozialnormen

Seit ihrer Gründung müssen in der IAO – einzigartig in der Welt internationaler zwischenstaatlicher Organisationen – verfassungsgemäß alle Mitgliedsstaaten dreigliedrig repräsentiert sein: durch Regierungsvertreter, Gewerkschaftsvertreter und Arbeitgebervertreter. Alle drei Mitgliedsgruppen wirken direkt an der Errichtung von internationalen Arbeitsnormen in Gestalt von zwei Rechtsinstrumenten mit: Empfehlungen und ratifizierungsbedürftigen Übereinkommen. Im vorbereitenden Ausschuss sind die Mitgliedsgruppen auf Basis von Drittelparität vertreten. Empfehlungen und Übereinkommen bedürfen (nach einer langjährigen, stark durchstrukturierten Vorbereitung) einer Zustimmung in der jährlichen zusammenkommenden Allgemeinen Versammlung der IAO (Internationale Arbeitskonferenz, IAK) durch mindestens zwei Drittel der Delegiertenstimmen. Eine Mehrheit der Regierungsvertreter ist nicht notwendig, die Regierungsvertreter haben aber in diesem Gremium ein doppeltes Stimmengewicht. Alle Regierungsmitglieder sind verpflichtet, den Text der angenommenen Übereinkommen und Empfehlungen ihren zuständigen nationalen Gesetzgebungsgremien vorzulegen. Ratifizierungen sind nur ohne Vorbehalte möglich; die Normen/Übereinkommen enthalten jedoch gemäß Artikel 19 der Verfassung eng umschriebene Möglichkeiten flexibler Anpassung an nationale Gegebenheiten.

---

[4] Siehe hierzu World Commission on the Social Dimension of Globalization, A fair globalization. Creating opportunities for all, 2004, 37.

Auf diese Weise entstanden in nunmehr achteinhalb Jahrzehnten internationale Übereinkommen zu Arbeits- und Sozialnormen in einer Vielfalt von Sachgebieten: Sie betreffen grundlegende Menschenrechte, Beschäftigung, Arbeitsverwaltung, Arbeitsbeziehungen, Arbeitsbedingungen, soziale Sicherheit, Normen, die sich speziell mit der Beschäftigung von Frauen, von Kindern und Jugendlichen, älteren Arbeitnehmern, Wanderarbeitnehmern und in Stämmen lebenden „Völkern" befassen, Normen für Arbeitnehmer in außerhalb des Mutterlandes gelegenen Gebieten und schließlich Normen, die sich auf besondere Beschäftigungsbereiche wie vor allem internationale Seeschifffahrt, aber auch Plantagenarbeit, Krankenpflege, Personal und Gaststätten beziehen. Die Aufzählung dieser Sachgebiete zeigt, dass die internationale Standardisierung von Arbeits- und Sozialgesetzen vor allem auf Basis der gesellschaftlichen Entwicklung in den europäischen und einigen weiteren Industrieländern aufgebaut wurde.[5] In diesen Ländern waren meistens Sozial- und Arbeitsgesetze und das Koalitionsrecht, ebenso wie der kollektive Arbeitsvertrag, schon früher erstritten worden.

Spätestens in den 1980er Jahren, vor allem nach dem Ende des epochalen Ost-West-Konflikts und einem zunehmenden Interesse an Deregulierung, zeigte sich, dass offenbar die Vielfalt und Dichte internationaler Normen im Politikbereich Arbeit in Spannung zu ihrem Anspruch auf universelle Geltungskraft geraten waren. Die meisten neueren Übereinkommen, die in den zwei letzten Jahrzehnten angenommen wurden, wurden nur noch von einer kleinen Mitgliederzahl ratifiziert.[6] So stand im Jahre 1994, dem Jahr des 75-jährigen Bestehens der IAO, die Internationale Arbeitskonferenz im Zeichen eines wachsenden Krisenbewusstseins. Die Rolle aller drei Mitgliedsgruppen für die Aufgaben der Organisation schien gefährdet: Gewerkschaften und Arbeitgeberverbände verloren innerhalb vieler altindustrieller Länder an Mitgliedern und Einfluss; in Entwicklungsländern hatten sie nie richtig Fuß fassen können; neoliberale Politikstrategien hatten mit Deregulierungskonzepten besonders in angelsächsischen Ländern bis dahin geltende Auffassungen von politischen Steuerungsaufgaben des Staates abgelöst. Die verstärkten Unterschiede der Situationsanalysen und Bewertungen zwischen und innerhalb der drei Mitgliedsgruppen der IAO, Regierungen, Arbeitgebervertretungen und Arbeitnehmervertretungen waren unübersehbar. Die Konferenzdebatte war von Kontroversen geprägt, in denen die Befürworter von „Sozialklauseln", also einem sozial konditionierten Welthandel, insbesondere von den Regierungen

---

[5] Zwar wurde gemäß Artikel 35 der Verfassung der IAO von allen Kolonialmächten verlangt, Übereinkommen und Empfehlungen auch auf ihre Anwendbarkeit in den zu ihrem Herrschaftsbereich gehörenden Territorien zu prüfen, doch kamen die entsprechenden innerorganisatorischen Beratungen über die konkrete Behandlung der Arbeitskräfte in den nichtmetropolitanen Gebieten nur schwerfällig voran. Die beschlossenen Normen der IAO zielten darauf ab, die Arbeitsbedingungen in den abhängigen Gebieten so zu verändern, dass die Arbeitenden schrittweise von außerökonomischen Zwangsverhältnissen befreit wurden.

[6] *Potter,* Renewing international labor standards for the 21st century, ZfA 2001, 210, zeigt, dass die in den 1980er und 1990er Jahren beschlossenen Übereinkommen nur von 10 % oder weniger der Mitgliedsländer ratifiziert wurden.

einiger asiatischer Länder und Arbeitgebervereinigungen als verkappte Protektionisten kritisiert wurden; umgekehrt wurden diese Kritiker zumeist von westlichen Gewerkschaftsvertretern mit dem Vorwurf des Sozialdumping bedacht. Der damalige amerikanische Arbeitsminister Robert Reich argumentierte, dass einige Arbeitspraktiken die entsprechenden Länder einfach außerhalb der Gemeinschaft zivilisierter Nationen stellen würden.

In dieser Situation festgefahrener wechselseitiger Beschuldigungen vor allem zwischen Industrie- und Entwicklungsländern traf der Verwaltungsrat der IAO als Exekutivorgan zwei strategische Entscheidungen: Zum einen richtete er eine dreigliedrige Arbeitsgruppe ein, die in der langen Geschichte der IAO zum wiederholten Male eine Revision des bestehenden Normenkanons vornehmen sollte. Als Resultat dieses Prozesses beschloss der Verwaltungsrat auf seiner Novembersitzung im Jahre 2002, dass nicht mehr von 184 Übereinkommen und etwa gleich vielen Empfehlungen auszugehen sei, sondern dass nunmehr 71 Übereinkommen und 73 Empfehlungen als aktuell anzusehen seien, deren Umsetzung von der IAO vorrangig zu betreiben sei.[7] Des weiteren richtete der Verwaltungsrat eine dreigliedrig zusammengestellte Arbeitsgruppe über die sozialen Dimensionen der Liberalisierung des internationalen Handels ein, um die zur Diskussion stehenden Probleme genauer zu untersuchen, und ließ einen Fragebogen an die Mitglieder der IAO verschicken, in dem diese sich zum Einfluss von Globalisierung und Handelsliberalisierung auf die IAO-Zielsetzungen äußern sollten. Aus den Antworten auf diese Befragung leitete der Generaldirektor in seinem Bericht an die IAK 1997 die Aufgabe ab, dass sich die IAO um einen internationalen Konsens über grundlegende Arbeitsstandards oder Kernarbeitsnormen bemühen sollte. Damit machte sich die IAO die Vorgaben von zwei Weltkonferenzen, die Mitte der 1990er Jahre stattgefunden hatten, zu eigen: Denn sowohl der Weltsozialgipfel in Kopenhagen im Jahre 1995 als auch die Gründungsversammlung der Welthandelsorganisation (WTO) 1996 in Singapur hatten sich für die Beachtung sogenannter grundlegender internationaler Arbeitsnormen eingesetzt und die Kompetenz der IAO für diesen Politikbereich anerkannt. Vor diesem Hintergrund nahm die Internationale Arbeitskonferenz 1998 die Erklärung über Prinzipien und grundlegende Rechte bei der Arbeit (im Folgenden: ERKLÄRUNG) ohne Gegenstimmen, aber mit einigen Enthaltungen, an. Die IAO leitete damit einen Politikwechsel ein: Anstatt weiterhin die Gleichrangigkeit aller angenommenen Normen der IAO zu deklarieren, wird seitdem für einen hervorgehobenen kleinen Teil von Übereinkommen mit Menschenrechtscharakter *unabhängig von ihrer Ratifizierung* ein gewisses Maß an unmittelbarer universeller Geltungskraft eingefordert.

Inhaltlich geht es bei diesen hervorgehobenen internationalen Arbeitsnormen um Normen, die gemäß dem Sprachgebrauch des damaligen Generaldirektors

---

[7] *Wisskirchen*, Die normensetzende und normenüberwachende Tätigkeit der IAO, ZfA 2003, 702, weist darauf hin, dass die Prüfung allerdings nur die Übereinkommen und Empfehlungen bis zum Jahre 1985 betraf.

Michel Hansenne als „Spielregeln"[8] für die Weltwirtschaft gekennzeichnet werden können. Zu ihrem Verpflichtungscharakter heißt es in Punkt 2 der ERKLÄRUNG,

"dass alle Mitglieder, auch wenn sie die betreffenden Übereinkommen nicht ratifiziert haben, allein aufgrund ihrer Mitgliedschaft in der Organisation verpflichtet sind, die Grundsätze betreffend die grundlegenden Rechte, die Gegenstand dieser Übereinkommen sind, in gutem Glauben und gemäß der Verfassung einzuhalten, zu fördern und zu verwirklichen, nämlich:
a) die Vereinigungsfreiheit und die effektive Anerkennung des Rechts zu Kollektivverhandlungen;
b) die Beseitigung aller Formen von Zwangs- oder Pflichtarbeit;
c) die effektive Abschaffung der Kinderarbeit;
d) die Beseitigung der Diskriminierung in Beschäftigung und Beruf."[9]

Bei den „betreffenden" Übereinkommen, die in der ERKLÄRUNG selbst nicht benannt werden, handelt es sich um insgesamt acht internationale Arbeitsnormen: die Übereinkommen 29 und 105 im Politikfeld Abschaffung der Zwangsarbeit; um die Übereinkommen 87 und 98 zu Vereinigungsfreiheit und Kollektivverhandlungen; um die Übereinkommen 100 und 111 zu Gleichbehandlung und Nichtdiskriminierung sowie um die Übereinkommen 138 und 182 zur effektiven Abschaffung von Kinderarbeit. Die so hervorgehobenen Rechte bei der Arbeit haben enge Bezüge zur Allgemeinen Menschenrechtserklärung und zu beiden Menschenrechtspakten, deren inhaltliche Regelungen sich teilweise bis in die Formulierungen hinein an die zuvor aufgestellten IAO-Übereinkommen anlehnen.[10] Neu ist das Übereinkommen 182 über die schlimmsten Formen der Kinderarbeit, das im Jahre 1999 einstimmig angenommen wurde und sofort dem damals nur sieben Übereinkommen umfassenden Katalog der Grundrechte hinzugefügt wurde. Das Übereinkommen richtet sich gegen alle Formen von Kindersklaverei und Zwangsarbeit (nur in diesem Zusammenhang werden auch Kindersoldaten genannt), gegen Kinderprostitution, sowie gegen unerlaubte Tätigkeiten (wie Drogenhandel) und gefährliche Arbeit (z. B. im Bergbau); es liegt zwar damit in seinem Schutzniveau unter dem des Übereinkommens 138, dessen Regelungen sich an Altersgruppen orientiert. Das Übereinkommen 182 war aber – beispiellos in der Geschichte der IAO – im Jahre 2004 schon von 150 der 177 IAO-Mitglieder ratifiziert worden.

Gemäß der ERKLÄRUNG sind unter Verweis auf Artikel 19 der IAO-Verfassung alle Mitglieder, die ein oder mehrere Kernarbeitsnormen nicht ratifiziert haben, verpflichtet, nach einem festgelegten und immer weiter verbesserten Verfahren jährlich darüber Auskunft zu geben, wie die rechtliche und faktische Lage mit Blick auf die grundlegenden Prinzipien und Rechte bei der Arbeit beschaffen ist und was gegebenenfalls die Ratifikation jener Übereinkommen verhindert. Die

---

[8] Internationales Arbeitsamt, Die normensetzende Tätigkeit der IAO im Zeichen der Globalisierung, Bericht des Generaldirektors, Internationale Arbeitskonferenz, 85. Tagung, 1997, 15.

[9] Internationales Arbeitsamt, Erklärung der IAO über grundlegende Prinzipien und Rechte bei der Arbeit und ihre Folgemaßnahmen, 1998, 7.

[10] *Swepston,* Human rights law and freedom of association, International Labour Review 1998, 171 ff.

Berichte der Regierungen müssen wie auch bei der sonstigen Berichtspflicht ratifizierter Übereinkommen den Arbeitgeberverbänden und Gewerkschaften zur Kenntnis gebracht werden, so dass diese sich dazu äußern können. Die IAO verpflichtet sich ihrerseits gegenüber den Mitgliedern zu technischer Hilfe und anderen Formen der Unterstützung.[11] In den Jahren 2000 bis 2003 wurden im Rahmen einer ersten Berichtsrunde der Internationalen Arbeitskonferenz je abwechselnd Jahresberichte zu einem der vier grundlegenden Rechte vorgelegt. Mit der ERKLÄRUNG hat die IAO einen Mechanismus geschaffen, der es erlaubt, auch Länder mit sehr geringer Ratifikationsquote und damit sehr geringen Berichtspflichten zu periodischen Berichten zu verpflichten. So wurden beispielsweise auch aus den USA, die insgesamt nur 14 Übereinkommen ratifiziert hat (davon drei grundlegende) Fälle von gewerkschaftlicher Seite vorgebracht, die ansonsten nicht vor das internationale Gremium gebracht worden wären.

Die allgemeine Anerkennung der universellen Geltung bestimmter grundlegender Rechte bei der Arbeit in Gestalt von acht IAO-Übereinkommen gewinnt seit 1998 an Boden. In einer OECD-Studie aus dem Jahre 2000 wurde die Beziehung zwischen dem ökonomischen Entwicklungsstand der Staaten und ihrem Ratifikationsverhalten untersucht. Es zeigte sich, dass einige OECD-Staaten (wie z. B. Polen und Türkei) ein geringeres Pro-Kopf-Einkommen aufweisen als Nicht-OECD-Staaten, aber alle Kernarbeitsnormen ratifiziert haben, während Nicht-OECD-Länder mit einem höheren Pro-Kopf-Einkommen als der OECD-Durchschnitt weniger Ratifikationen aufweisen, so z. B. Singapur, das nur zwei Kernarbeitsnormen ratifiziert hat.[12] Viel spricht dafür, dass weniger der ökonomische Entwicklungsstand als vielmehr politische Strukturen maßgeblich das Ratifikationsverhalten von Staaten beeinflussen.

Die Hervorhebung von acht Übereinkommen als sogenannte internationale Kernarbeitsnormen hat mit der Tradition der Gleichrangigkeit aller IAO-Übereinkommen gebrochen. Dieser Traditionsbruch (der keineswegs unumstritten ist) war die Antwort auf eine politische Situation, in der in Zeiten der Globalisierung ein Mangel an Ratifikationen und ein zunehmender Unwille der Staaten, neue Verpflichtungen einzugehen, der IAO ihre Gestaltungskraft – wenn nicht gar ihre Existenzberechtigung – zu nehmen schienen.

III. Das Problem der Normanwendung

Der neue Ansatz, zumindest einer kleinen Anzahl von grundlegenden Spielregeln oder internationalen Arbeitsnormen mit Menschenrechtscharakter zu univer-

---

[11] In diesem Zusammenhang ist innerhalb der IAO eine besondere Abteilung DECLARATION zur Umsetzung der Erklärung der IAO über grundlegende Prinzipien und Rechte bei der Arbeit und ihre Folgemaßnahmen gebildet worden, die dem Verwaltungsrat regelmäßig berichtet.

[12] Siehe OECD, International trade and core labour standards, 2000, 23 ff.

saler Anerkennung zu verhelfen, ist nicht ohne die Initiativen westlicher Gewerkschaften zu denken, die seit den 1980er Jahren in ihren eigenen Ländern durch Importe aus den neuen Industrieländern (NICS) den Druck der neuen globalen Wirtschaftstrends erfahren. Sie hatten insbesondere auch die Macht der global agierenden Konzerne vor Augen. Gleichzeitig stellt sich aber die Frage, wie der an Normen orientierte Ansatz der IAO die weltweite Mehrheit der arbeitenden Menschen erreichen kann, denn diese befindet sich in einer immer noch wachsenden *informellen* Ökonomie. Schon vor der Finanzkrise in Asien im Jahre 2001 wurde die informelle Ökonomie (gemessen allein am Anteil nicht-landwirtschaftlicher Beschäftigung) nach offiziellen Statistiken in Lateinamerika und der Karibik auf 57 %, in Afrika auf 78 % und in Asien auf 45–85 % geschätzt. Wird die Landwirtschaft einbezogen, so kommt man im Fall Indiens sogar auf einen Anteil von etwa 90 % der gesamten Beschäftigung.[13] Diese Situation stellt die IAO mit ihrem Mandat, weltweit Frieden durch verbesserte Arbeits- und Lebensbedingungen zu befördern, vor große Herausforderungen.

Der erste IAO-Generaldirektor aus der Dritten Welt, Juan Somavia, formulierte in seinem Bericht an die 87. Tagung der Internationalen Arbeitskonferenz bei seinem Amtsantritt im Jahre 1999 mit Blick auf diese Herausforderungen zwei Antworten: das Leitbild einer *menschenwürdigen Arbeit weltweit* sowie die Strategie des *integrierten Ansatzes* und äußerte sich dazu folgendermaßen: „Das vorrangige Ziel der IAO besteht heute darin, Möglichkeiten zu fördern, die Frauen und Männern eine menschenwürdige und produktive Arbeit in Freiheit, Sicherheit und Würde und unter gleichen Bedingungen bieten. Dies ist heute der Hauptzweck der Organisation. Menschenwürdige Arbeit steht im Brennpunkt ihrer vier strategischen Ziele: Förderung der Rechte bei der Arbeit, Beschäftigung, Sozialschutz und Sozialdialog."[14] Der IAO soll es nicht mehr nur um Arbeitnehmer, sondern um *alle* erwerbstätigen Menschen gehen, einschließlich der „Arbeitnehmer in ungeregelten Verhältnissen, der Selbständigen und der Heimarbeiter."[15] Und ein integrierter Politikansatz der IAO soll gewährleisten, dass technische Kooperation und Beförderung grundlegender Rechte bei der Arbeit konsistent aufeinander bezogen sind.

Eine der besonderen Herausforderungen für die IAO aufgrund der Zerklüftung der fehlentwickelten Gesellschaftsstrukturen in vielen Ländern Lateinamerikas, Asiens und vor allem Afrikas besteht im Mangel der Repräsentation gesellschaftlicher Interessen, wie sie in der IAO seit ihrer Gründung weitsichtig vorgesehen ist. Vorhandene Arbeitgebervertretungen und Gewerkschaften sind meist nur auf die formale Ökonomie bezogen sind. Der „Biss" des elaborierten Überwachungssystems der IAO besteht aber gerade darin, dass die Regierungen verpflichtet sind,

---

[13] *Alter Chen/Jhabvalla/Lund,* Supporting workers in the informal economy. A policy framework. ILO employment sector working paper, 2002, 4, mit Verweis auf Zahlen aus der Weltbank.

[14] Internationales Arbeitsamt, Menschenwürdige Arbeit. Bericht des Generaldirektors, Internationale Arbeitskonferenz, 87. Tagung, 1999, 4.

[15] *Ibid.*

ihre Berichte an das Internationale Arbeitsamt auch jeweils den repräsentativsten Arbeitnehmer- und Arbeitgeberverbänden in ihrem Land zuzusenden, damit diese ihre eigenen Kommentare dazu an das Internationale Arbeitsamt schicken können. Auch die Wirksamkeit von Verwaltungsdialogen, flankiert mit technischer Hilfeleistung, setzt voraus, dass es in den Staaten tatsächlich eine funktionierende innergesellschaftliche Interessenbildung und Interessenartikulation gibt, die sich kritisch auf die Regierungsposition beziehen kann. Die IAO hat sich angesichts dieser Problematik – besonders in ihren Feldaktivitäten vor Ort – der Anwaltschaft durch zivilgesellschaftliche Nichtregierungsorganisationen geöffnet, welche nicht wie die Arbeitnehmer- und Arbeitgebervertretungen eigene kollektive Interessen vertreten, sondern für das Gemeinwohl engagiert sind. Solche Öffnung ist offenbar in Wirtschaftsbereichen, die nicht zur formellen Ökonomie gehören, unverzichtbar. Sie wirft allerdings eigene Probleme der Legitimität, Rechenschaftspflichtigkeit und Zuverlässigkeit dieser anwaltlich tätigen Organisationen auf,[16] die insbesondere von internationaler Gewerkschaftsseite nicht ohne Erfolg immer wieder thematisiert werden.

Seit Ende des letzten Jahrhunderts befasst sich die IAO, die schon in den 1970er Jahren den kritisch verstandenen Begriff des *informellen* Sektors gegenüber dem damals vorherrschenden Begriff einer *dual* strukturierten Ökonomie in den Entwicklungsländern geprägt hatte, wieder verstärkt mit den Arbeits- und Lebensbedingungen in der informellen Ökonomie. So bildete 2002 die informelle Ökonomie ein Thema auf der Agenda der Internationalen Arbeitskonferenz.[17] Es ging um die Auseinandersetzung mit der Schwierigkeit, einerseits die informelle Ökonomie als Beschaffer von Beschäftigung und Einkommen anzuerkennen – und nicht einfach zu ignorieren – und andererseits eine Politik zu fördern, die auch hier soziale Grundrechte und Schutz zu gewährleisten verspricht. Generaldirektor und Stab der IAO plädierten dafür, die Prinzipien und Grundrechte der Arbeit auch in der informellen Ökonomie zur Anwendung zu bringen und die Überwachungsorgane der IAO damit zu befassen.[18] Das kann nicht anderes bedeuten als die Informalität oder die Nichtexistenz der Formalität zumindest teilweise zu überwinden. Dazu bedarf es allerdings einer besonderen Befähigungspolitik, eines gesellschaftlichen „capacity building". Von ganz besonderem Gewicht ist in diesem Zusammenhang die Bildung und Unterstützung von Vereinigungen, Gewerkschaften und Genossenschaften in der informellen Ökonomie, wie beispielsweise die schon

---

[16] s. zu diesem Problemkreis Atack, Four criteria of development of NGO legitimacy, World Development, 1999, 855–864.

[17] s. auch die Materialien von *Alter Chen/Jhabvalla/Lund* (Fn.12); und *Schlyter*, International labour standards and the informal sector. Developments and dilemmas, ILO employment sector working paper, 2002.

[18] Der Sachverständigenausschuss für die Durchführung der Übereinkommen und Empfehlungen hat beispielsweise in einer Beobachtung zum Übereinkommen 87 gegenüber der Regierung von Venezuela hervorgehoben, dass es für self-employed worker unangemessen ist, als Voraussetzung dafür, eine Gewerkschaft zu bilden, auf einer Zahl von 100 Arbeitenden zu bestehen (s. dazu *Schlyter* (Fn. 15), 8).

1972 gegründete Self-employed Women's Association (SEWA) Indiens. Die IAO fördert Zusammenschlüsse von Selbständigen ohne Angestellte und auch die Vereinigung von kleinen Unternehmen in Arbeitgeberverbänden, damit es zu gemeinsamer Interessendefinition und -artikulation, zu Transparenz über soziale Praktiken im Arbeitsbereich sowie zu gesellschaftlichen Aushandlungsprozessen kommen kann.

Insbesondere die Aufgaben im Rahmen des globalen Programms zur Abschaffung von Kinderarbeit (IPEC)[19] hat in der IAO einen allgemeinen organisatorisch-politischen Lernprozess darüber vorangebracht, auf welche Weise die IAO in Zeiten der Globalisierung auch in der informellen Ökonomie die Verbesserung der Arbeits- und Lebensbedingungen aller Menschen wirksam erfüllen kann. Diese Erkenntnisse sind in die beschlossenen Folgemaßnahmen im Zusammenhang mit der Erklärung über die grundlegenden Prinzipien und Rechte bei der Arbeit eingeflossen. Das hier vorgesehene Berichtssystem wird nicht dem regulären Berichts- und Überwachungssystem gleichgesetzt, sondern hat einen strikt fördernden Charakter.[20] Der damit verbundene Verwaltungsdialog[21] ist als „capacity-building" zu verstehen. Von besonderer Bedeutung sind die Bemühungen des Stabs, eine Wissensbasis aufzubauen, die geeignet ist, eine konsensfähige Grundlage zur Anerkennung und damit zur Thematisierung und Bearbeitung von Problemen zu schaffen. IPEC, dessen Grundstamm Anfang der 1990er Jahre mit Hilfe deutscher Mittel gelegt worden ist, zeigt, auf welche Weise die Leugnung oder kulturrelativistische Verharmlosung von Problemen überwunden werden kann. Es bedurfte der Möglichkeit, vor Ort Recherchen anzustellen, um eine unanfechtbare Wissensbasis zu schaffen und technische Hilfe in integrierte nationale Programme zu übersetzen, in denen sich Ziele nationaler Entwicklung, Armutsbekämpfung und Arbeitspolitik mit der Förderung grundlegender Prinzipien und Rechte bei der Arbeit verschränken.

Unabhängig von der IAO haben sich vielfältige private Initiativen aus der Zivilgesellschaft herausgebildet, die sich in je spezifischer Weise um den Respekt für Arbeiterrechte weltweit bemühen. Solche Initiativen von Nichtregierungsorganisationen sind insbesondere hinsichtlich der Kinderarbeit in der Teppichherstellung bekannt geworden. Dazu gehören Gütesiegelinitiativen zur Unterstützung ausgewählter Arbeits- und Sozialstandards, die nach vier verschiedenen Ausprägungen unterschieden werden können: Es kann sich um die Benutzung von tatsächlichen Siegeln auf einem Produkt oder eine Handelseinrichtung handeln, um Aufklärungsarbeit bei den Konsumenten, um Aufsichtstätigkeit oder um die

---

[19] Siehe dazu *Senghaas-Knobloch/Dirks/Liese,* Internationale Arbeitsregulierung in Zeiten der Globalisierung. Politisch-organisatorisches Lernen in der Internationalen Arbeitsorganisation, 2003, 39 ff.

[20] *Potter* (Fn. 6), 217, spricht von „political track".

[21] Zur rechtspolitischen Einordnung von Verwaltungsdialogen siehe Zangl, Bringing courts back in. Normdurchsetzung im GATT, in der WTO und der EG, Schweizerische Zeitschrift für Politikwissenschaft 2001, 49–80.

Erhebung einer Gebühr auf ein Produkt, das von Händlern und/oder Importeuren bezahlt wird. Gütesiegelinitiativen stützen sich zur Durchsetzung der von ihnen avisierten Normen nicht auf staatliche hierarchische Macht, sondern auf Reputationsinteressen der Wirtschaftsakteure und Marktmacht der Kunden. Zu weiteren Privatinitiativen, die sich auf solche Marktmechanismen mit eigenen Mitteln stützen, gehört die Bewegung für sogenanntes ethisches Investieren.[22]

Das starke Anwachsen multinational und transnational operierender Unternehmen stellt für die Anwendung von IAO-Übereinkommen eine besondere Herausforderung dar. Das reguläre Überwachungssystem ist darauf angewiesen, dass die Übereinkommen von den Mitgliedsstaaten der IAO ratifiziert werden, worüber diese rechenschaftspflichtig werden.[23] Im Rahmen von Strategien des „Global Sourcing" und von Unternehmensnetzwerken[24] kann jedoch durch weltweit operierende Unternehmen die Zuständigkeit für die Einhaltung arbeitsbezogener Übereinkommen von einem Staat mit hohen Standards und hoher Ratifikationsquote auf einen anderen Staat mit niedrigen Standards und geringer Ratifikationsquote verschoben werden. Das ist in verschiedensten Branchen – von der IT-Branche über die Textil- und Bekleidungsbranche bis zur internationalen Handelsschifffahrt – an der Tagesordnung. Im Falle der internationalen Handelsschifffahrt ist beispielsweise zu beobachten, dass in den letzten 30 Jahren die Zuständigkeit europäischer Regierungen durch das sogenannte Ausflaggen von Schiffen unterlaufen wird.[25] Die klassische Problematik internationaler Warenkonkurrenz übersetzt sich hier in eine Konkurrenz angebotener Arbeitskraft auf globalen Teilarbeitsmärkten.

Angesichts dieser Problematik hatte der Verwaltungsrat der IAO schon auf seiner 204. Sitzung im November 1977 eine dreigliedrige Grundsatzerklärung über multinationale Unternehmen und Sozialpolitik verabschiedet, die in der 279. Sitzung im November 2000 abgeändert wurde. Die Abänderung aus dem Jahre 2000 bezieht sich auch auf die ausdrückliche Benennung der Kernarbeitsnormen. In

---

[22] Siehe dazu *Diller,* A social conscience in the marketplace? Labour dimensions of codes of conduct, social labelling and investor initiatives, International Labour Review 1999, 99–129.

[23] Von dieser Regel der Rechenschaftspflichtigkeit auf Grund von Ratifikation gibt es zum einen die Ausnahme im Bereich der Vereinigungsfreiheit. In einem Abkommen mit dem Wirtschafts- und Sozialrat der Vereinten Nationen ist der IAO die Aufgabe übertragen worden, Rechte auf Vereinigungsfreiheit und kollektive Verhandlungen zu überwachen. In diesem Zusammenhang wurde ein besonderer Ausschuss zur Überprüfung von Beschwerden gegen Normverstöße in diesem Bereich gebildet. Die zweite Ausnahme von der Regel besteht in der in Artikel 19 der IAO-Verfassung vorgesehenen Möglichkeit, Regierungen um Auskunft zu bitten, welche Hindernisse sie gegen die Ratifikation von Übereinkommen vorbringen. Dieser Verfassungsartikel der IAO ist im Rahmen der 1998 angenommenen Erklärung über die grundlegenden Prinzipien und Rechte bei der Arbeit für den zugleich damit verabschiedeten Folgemechanismus genutzt worden.

[24] Siehe *Fichter/Sydow,* Using networks towards global labor standards?, Industrielle Beziehungen 2002, 357–380.

[25] Siehe dazu *Senghaas-Knobloch/Dirks/Liese* (Fn. 18), 131 ff.; sowie *Gerstenberger/ Welke* (Hrsg.), Seefahrt im Zeichen der Globalisierung, 2002.

dieser Erklärung werden Grundsätze auf den Gebieten Beschäftigung, Ausbildung, Arbeits- und Lebensbedingungen und Arbeitsbeziehungen formuliert, die von Regierungen, Arbeitgeber- und Arbeitnehmerverbänden und multinationalen Unternehmen freiwillig beachtet werden sollen.[26] In der OECD wurden schon 1976 Leitsätze über Arbeitsstandards als Teil der OECD-Erklärung über internationale Investitionen und multinationale Unternehmen angenommen. Auch diese Leitsätze wurden im Juni 2000 überprüft und revidiert, insbesondere mit Empfehlungen ergänzt, die sich auf diejenigen Kernarbeitsnormen der IAO beziehen die in dem früheren Text gefehlt haben, nämlich zur Abschaffung von Kinderarbeit und von Zwangsarbeit.[27]

Die OECD-Leitsätze für multinationale Unternehmen und die Dreigliedrige Erklärung der IAO über Grundsätze multinationaler Unternehmen und Sozialpolitik bilden zwar Orientierungen für die Inhalte der Verhaltenskodices von multinationalen Konzernen, jedoch keine rechtlichen Verpflichtungen. Große politische Kampagnen von Nichtregierungsorganisationen gegen Konzerne haben dazu beigetragen, dass sich viele multinational und transnational operierende Konzerne genötigt sehen, die Folgen ihres Handelns für die Lebensbedingungen betroffener Menschen mit ins Kalkül zu ziehen, zumindest um rufschädigenden Kampagnen zu entgehen. In den Vereinigten Staaten haben in der Tat die meisten der von der Zeitschrift Fortune hervorgehobenen 500 wichtigsten Unternehmen eigene Verhaltenskodizes, in England mehr als 60 % der 500 wichtigsten Unternehmen, so nach der Schätzung des Institute of Business Ethics.[28] Der Bezug dieser Selbstverpflichtungen der Unternehmen auf die Kernarbeitsnormen der IAO ist allerdings unterausgeprägt. Nach Untersuchungen des amerikanischen Rechtswissenschaftlers Gould IV nimmt nur eine sehr kleine Minderheit von 18 % der vorfindlichen Verhaltenskodices explizit auf IAO-Übereinkommen oder UNO-Erklärungen bzw. Konventionen Bezug.[29] Dieser Sachverhalt ist gerade auch mit Blick auf den von UNO-Generalsekretär Kofi Annan in Gang gesetzten und von der IAO geförderten Global Compact, als neue Kooperationsform zwischen Vereinten Nationen, Nichtregierungsorganisationen und transnationalen Wirtschaftsunternehmen, problematisch.

Inwieweit die von multinationalen Unternehmen selbst aufgestellten Verhaltenskodizes faktisch umgesetzt werden, wurde zunächst wiederum von außen vor allem von Nichtregierungsorganisationen, Bürgerinitiativen und Graswurzel-

---

[26] Dabei werden in Fußnoten und Anhängen die Übereinkommen und Empfehlungen benannt, auf die sich die im Text der Erklärung niedergelegten Grundsätze beziehen. Im November 2001 legte das Internationale Arbeitsamt die Zusammenfassung der Antworten der 7. Umfrage unter den Mitgliedern über die Anwendung der Grundsatzerklärung vor.

[27] Siehe OECD, Die OECD-Leitsätze für multinationale Unternehmen, Neufassung 2000.

[28] Siehe OECD, International Trade and core labour standards, 2000, 73.

[29] *Gould IV,* Labour law for a global economy. The uneasy case for international labor standards, 2002, 44.

bewegungen überprüft. Aufgrund der Kampagnentätigkeit dieser Initiativen entwickelten multinationale Unternehmen ihrerseits ausgefeiltere Methoden der Selbstbeobachtung ähnlich denen in der internationalen Seeschifffahrt, wo die rechtlich vorgeschriebenen Sicherheitsmanagementsysteme durch Akkreditierungsgesellschaften, also *nichtstaatliche Akteure,* zertifiziert werden. Es werden beispielsweise Auditoren eingesetzt, organisatorische Instanzen mit der Kompetenz ausgestattet, die Einhaltung der Selbstverpflichtung zu überprüfen oder Gesellschaften beauftragt, die Einhaltung bestimmter Standards zu zertifizieren. Es findet sich also eine Gemengelage aus Selbstbeobachtung und Fremdbeobachtung, in deren Zusammenhang sich neuerdings Partnerschaften bzw. Netzwerke zwischen Wirtschaftsakteuren, professionellen Zertifizierungseinrichtungen und NGOs ergeben.[30]

In der letzten Generation solcher Entwicklungen, die beispielsweise durch Akteure wie Social Accountability International (früher Council on Economic Priorities Accreditation Agency) oder Fair Labour Association (beide in USA entstanden) charakterisiert ist, sind – zumindest in den Aufsichtsgremien dieser nicht-staatlichen Organisationen – auch wieder Gewerkschaften beteiligt, nachdem eine gewerkschaftsferne Überwachungstätigkeit scharf kritisiert worden war. In der Europäischen Union schließen die Sozialpartner sogar *Rahmenvereinbarungen über Verhaltenskodices* in bestimmten Branchen ab. Ein Beispiel ist der Verhaltenskodex, der im September 1997 von den Sozialpartnern der europäischen Textil- und Bekleidungsindustrie angenommen worden ist.[31] Der Verhaltenskodex schließt IAO Kernnormen – Abschaffung von Zwangsarbeit, Gewährleistung der Koalitionsfreiheit und der kollektiven Verhandlungen, Abschaffung von Kinderarbeit und die Verpflichtung zur Gleichbehandlung in der Beschäftigung – ein. Durch die Aufnahme dieser Vorgaben in nationale kollektive Vereinbarungen, also Tarifrecht, gewinnt der Inhalt des Kodex einen rechtlichen Status und bindende Kraft. Hier gibt es so wie bei den weltweit geltenden Abschlüssen von Rahmenübereinkommen zwischen Betriebsräten und dem Management von Weltkonzernen einen Mechanismus zur Verstärkung von IAO-Normen.

In jüngster Zeit hat sich eine Reihe von Netzwerkinitiativen gebildet, in denen verschiedene Anspruchsgruppen (multistakeholder initiatives) zusammenarbeiten. Diese neuen Netzwerkinitiativen oder „runden Tische"[32] versuchen eine Antwort auf die wichtigsten Kritikpunkte zu finden, die von Wissenschaft und Betroffenen vor Ort aufgestellt worden sind: wilde Ausbreitung von Kodizes, schlechte Qualität von Arbeitsplatzaudits, begrenzte Kapazitäten von Nichtregierungsorganisatio-

---

[30] Siehe dazu *Nadvi/Wältring,* Making sense of global standards, INEF-Report 58, 2002; sowie *O'Rourke,* Outsourcing regulation. Analyzing nongovernmental systems of labour standards and monitoring, The Policy Studies Journal 2003, 1–29.

[31] Beteiligt waren Euratex auf der Seite der Arbeitgeber und ETUF/TCL auf der Seite der Gewerkschaften.

[32] Siehe dazu beispielsweise den Runden Tisch Verhaltenskodizes des BMZ und den Arbeitskreis Menschenrechte und Wirtschaft im Auswärtigen Amt.

nen in den südlichen Ländern, Mangel an Berichtstransparenz und unzureichende Beschwerdemechanismen.[33]

Zusammengenommen macht das Bild der Akteure und Initiativen im Bereich von internationalen Standards in der Arbeitswelt deutlich, dass sich in den letzten 20 bis 30 Jahren eine neue Landschaft ausgebildet hat. Sie wird dadurch charakterisiert, dass sich im Regelungsbereich des klassischen Völkerrechts eine eigentümliche Grauzone von mehr oder minder freiwilligen Verpflichtungen herausgebildet hat, Verpflichtungen, die von Akteuren eingegangen werden, die nach herkömmlichem Verständnis nicht Völkerrechtssubjekte sind; diese Verpflichtungen lehnen sich mehr oder minder an Normen des klassischen Völkerrechts (z. B. IAO-Normen) an, gehen aber mit neuen Aufsichtsformen einher. Die Frage, ob es gelingt, in dieser neuen Mischung die völkerrechtlichen Normen im Arbeits- und Sozialbereich zu stärken, ist offen. Es wird vermutlich umso weniger gelingen, je stärker nicht nur professionelle, sondern auch kommerzielle Formen und Akteure der Normaufsicht obsiegen.

IV. Fazit

Die Gründung der UNO und ihrer Sonderorganisationen war noch von dem Gedanken getragen, dass dem internationalen und transnationalen Wirtschaftsaustausch Institutionen an die Seite zu stellen seien, vermittels derer die Solidarität mit den vom Austausch Benachteiligten gefördert werden sollte. Dies war auch die Geschäftsgrundlage für die IAO sowohl bei ihrer Gründung nach dem Ersten Weltkrieg als auch in der Zeit ihrer Neukonstitution am Ende des Zweiten Weltkriegs, als sie in der Erklärung von Philadelphia Grundprinzipien ihrer Gründungsverfassung bestätigte. Inmitten des seit den 1980er Jahren entfalteten ideologischen Streits über das richtige Verhältnis von Wirtschaftsentfaltung und Regeln für Wirtschaft und Arbeitsleben sah sich die IAO vor die Frage gestellt, wie sie gleichwohl die angestrebte *universelle* Geltungskraft ihrer internationalen Arbeitsnormen in einer Situation wachsender wirtschaftlicher Ungleichheit und *heterogener* Gesellschaftsstrukturen befördern könnte. Darüber ist ein komplexer Prozess politisch-organisatorischen Lernens[34] angestoßen worden, der sich bisher in drei Strategieveränderungen manifestiert.

Die IAO hat *erstens* in ihrem Aktivitätsbereich „Normen" eine neue *Strategie der Vorrangigkeit und Dringlichkeit* gewählt. Sie hat dafür diejenigen grundlegenden Prinzipien und Rechte innerhalb des Kanons aller Übereinkommen identifiziert, gegen die kein Staat verstoßen darf, die also ein hohes Maß an Legitimität im Sinne von Anerkennung auf sich vereinen. Die Identifizierung dieser grundlegenden Prinzipien und Rechte bei der Arbeit wurde dadurch gestützt, dass es in

---

[33] Siehe dazu vor allem Maquila Solidarity Network (MSN) Nr. 16, 2004, erhältlich im Internet: <www.cleanclothes.org/ftp/codesmemo16pdt>.

[34] Siehe dazu *Senghaas-Knobloch/Dirks/Liese* (Fn. 18).

vier Bereichen (Vereinigungsrecht, Abschaffung von Zwangsarbeit, Recht auf Gleichbehandlung, Abschaffung von Kinderarbeit) nicht nur IAO-Normen, sondern auch UN-Pakte und UN-Konventionen gibt (so den Internationalen Pakt über bürgerliche und politische Rechte, den Internationalen Pakt über wirtschaftliche, soziale und kulturelle Rechte und die UN-Konvention über die Rechte des Kindes). Und sie hat im Jahr 1999 mit dem Übereinkommen 182 über die Abschaffung der schlimmsten Form der Kinderarbeit erstmals ein neues Übereinkommen (einstimmig) beschlossen, dessen gesamtes Schutzniveau unter dem schon vorhandener Instrumente lag.[35] Die IAO hat diesen Weg beschritten, weil sie – wie im Fall der Erklärung über Prinzipien und Grundrechte bei der Arbeit – hier darauf bauen konnte, dass die in dem Übereinkommen 182 angegebenen sogenannten schlimmsten Formen der Kinderarbeit, Sklaverei, Zwangsrekrutierung, Prostitution usw. von keinem Mitgliedstaat offen befürwortet würde, jedenfalls nicht unter dem Gesichtspunkt der nachholenden Entwicklung oder gar natürlicher komparativer Kostenvorteile, die in der Handelsdebatte eine so prominente Rolle spielen. Übereinkommen 182 gehört so wie das 1973 beschlossene Übereinkommen 138 (Mindestalter für die Zulassung zur Beschäftigung) zu den Kernarbeitsnormen. Der jetzt eingeschlagene Weg, internationalen Normen im Arbeitsleben universelle Geltungskraft zu verschaffen, zielt darauf ab, ein Fundament von unter allen Umständen und absolut geltenden Mindeststandards, die auf der Stigmatisierung des weltweit Nichttolerierbaren beruhen, zu errichten und zu festigen.

Die *zweite* Strategieveränderung richtet sich auf neue Wege der Normdurchsetzung durch Befähigung (capacity-building), wobei Aktivitäten der IAO in den Bereichen Normen, Technische Hilfe und Forschung zusammengeführt werden. Die IAO lernte, dass beispielsweise internationaler Druck zur staatlichen oder marktgetriebenen Durchsetzung des Verbots von Kinderarbeit keineswegs immer dem Schutz der betroffenen Kinder dient. Dies ist nur in einer lokalen Umgebung der Fall, in der Eltern oder Gemeinschaften Wissen und Ressourcen zur Verfügung haben, um sie in die Bildung und den Unterhalt ihrer Kinder investieren zu können. Andernfalls müssen Kinder womöglich in noch schlimmeren Verhältnissen als den aufgedeckten ihren Unterhalt suchen.

Die IAO erprobt zur Durchsetzung universaler Geltung von Normen im Arbeitsleben vielfältige Partnerschaften im Sinne des „capacity-building" neuen Typs. Sie versucht, die Verantwortlichkeit und Rechenschaftspflichtigkeit von Regierungen dadurch zu stärken, dass vor Ort politische Bildungsprozesse („consciousness raising") zustande kommen, in deren Gefolge sich lokale Anspruchsgruppen („stakeholder") bilden können, die ihre eigene Besorgnis in Gemeinwohl bezogenes Handeln übersetzen. Die Zukunft der Kinder wird mit der Zukunft des Landes verbunden. Im Zusammenhang mit Kinderarbeit hat es die IAO beispielhaft verstanden, nationale und politisch lokale Willensbildungsprozesse durch das

---

[35] Die IAO hebt hervor, dass Übereinkommen 182 nicht im Widerspruch zu Übereinkommen 138 steht, sondern Prioritäten setzt.

Beschaffen von Informationen, Statistiken, grundlegendem Wissen sowie von materiellen Projektmitteln zu unterstützen.[36] Statt auf Sanktionen wird hier also erfolgreich auf Anreize gesetzt.

Die angestoßenen Politikveränderungen der IAO bestärken die These, dass ein konditionierter Welthandel durch Sozialklauseln, wie von Gewerkschaften und manchen westlichen Regierungen gefordert und bilateral von den USA und der EU schon praktiziert, nur höchst begrenzt zu einer Verbesserung der Arbeits- und Lebensbedingungen in Entwicklungsländern beitragen kann. Denn von zentraler Bedeutung erweisen sich Spezifika beruflicher Aktivitäten, von Geschäftsfeldern und von Wirtschaftszweigen. Je stärker Funktionalitäts- und Reziprozitätsanforderungen im Rahmen globaler Geschäftstätigkeiten ausgeprägt sind, desto wahrscheinlicher können bestimmte Interessenüberlappungen der Sozialpartner für *internationale Standards* zum Tragen kommen, beispielsweise für Mindestqualifikationen und maximal erlaubte Belastungen der Beschäftigen. Die Seeschifffahrt ist hierfür ein Beispiel; in dieser Branche findet sich auch – für die IAO einzigartig – ein Erzwingungsmechanismus, indem neben der Kontrolle der Flaggenstaaten auch eine Hafenstaatskontrolle vorgesehen ist. Wie allerdings eine effektive Hafenstaatskontrolle im Bereich der Arbeitsstandards praktisch aussehen könnte, ist trotz jahrzehntelanger Rechtsgrundlage im maritimen Bereich noch keineswegs ausreichend geklärt. Wo sich die universale Geltung bestimmter Mindeststandards nicht auf branchentypische, technisch-funktionale Erfordernisse stützen kann, kommt es demgegenüber entscheidend auf eine zu bildende Öffentlichkeit über Rechte und soziale Werte an, sei sie Welt- oder lokale Öffentlichkeit. Sie muss zu einer *Redefinition* von ökonomischen Interessenlagen und von staatlicher Politik *vor Ort* beitragen.

Die Regulierung von Arbeits- und Lebensbedingungen hat immer mit sozialen Praktiken zu tun, die ihrerseits in politische, ökonomische und kulturelle Zusammenhänge vor Ort eingebettet sind. Die weltweite Heterogenität in dieser Hinsicht ist heute offenkundiger als zur Zeit der Gründung der IAO. Wenn gleichwohl unter der Vision von menschenwürdiger Arbeit bestimmten Standards in der Wirtschaft und im Arbeitsleben weltweit Geltung verschafft werden soll, kommt es zum einen darauf an, eine gemeinsame Sicht für die dringlichsten Probleme und absolut gültigen Arbeitsnormen zu festigen; zum anderen ist es wichtig, Fähigkeiten und Akteure in den Ländern vor Ort zu stärken, vermittels derer die anerkannt dringlichsten Normen im Rahmen neuer Partnerschaften oder Netzwerke praktisch umgesetzt werden können. Dazu muss sich die IAO Partner suchen – national und international, lokal und regional, unter sich neu bildenden Akteurs-

---

[36] Der Erfolg des Programms zur Abschaffung von Kinderarbeit hat der IAO zugleich auch ihre eigenen Kapazitätsgrenzen vor Augen geführt und neue strategische Überlegungen zu der Frage in Gang gesetzt, welche Aufgaben von Seiten der IAO direkt übernommen und begleitet werden können und welche Aufgaben durch neue Partnerschaften in den Ländern und mit anderen internationalen Organisationen bearbeitet werden sollten.

gruppen in der Geschäftswelt und der Zivilgesellschaft, aber auch bei den Regierungen, die allein den politischen Rahmen für eine „faire Globalisierung" schaffen können, und bei anderen mächtigen internationalen Organisationen.[37]

---

[37] Zum Thema Kohärenz der Signale von internationalen Organisationen für die entwicklungspolitischen Ausrichtungen der Regierungen siehe *Hagen,* Policy Dialogue between the International Labour Organization and the International Financial Institutions. The Search for Convergence, Occasional Papers of the Friedrich-Ebert-Stiftung No. 9, 2003.

Kulturgüter in Friedens- und Freundschaftsverträgen

Von Kurt Siehr

I. Problem

Immer wieder stößt man auf Behauptungen, die Rückgabe der von Napoleon „geraubten" Kulturgüter sei in der Wiener Schlussakte vom 9.6.1815[1] oder im Zweiten Pariser Friedensvertrag vom 20.11.1815[2] angeordnet worden.[3] Das ist ein Irrtum. Wohl absichtlich ist die Rückgabe deshalb nicht staatsvertraglich festgelegt worden, um die restaurierte französische Monarchie nicht von Beginn an zu belasten. Auch eine Rolle gespielt haben dürfte die Tatsache, dass viele Kulturgüter als vertraglich vereinbarte Kontributionen an Frankreich geleistet wurden und sich deshalb scheinbar legal im Musée Napoléon befanden. Stendhal, ein glühender Verehrer Napoleons, schrieb noch 1831 über Raphaels „Krönung Mariae" aus dem Kloster Monte Luce in Perugia: „En 1797, le traité de Tolentino nous donna ce tableau, qui, en 1815, fut volé à Paris par les alliés et rapporté au Vatican, où les Français pourront le reprendre avec toute justice, dès qu' ils se trouveront les plus forts à Rome".[4] Dieser „Raub" durch die Verbündeten wurde in den Jahren 1814/15 vielmehr auf Drängen der Alliierten, vor allem des Duke of Wellington[5] und von Lord Castlereagh[6], unter Einsatz solcher Männer wie Antonio Canova[7]

---

[1] Abgedruckt auch in: *Israel* (Hrsg.), Major Peace Treaties of Modern History 1648–1997, Bd. I, 1967, 519; 64 C.T.S. 443.

[2] 65 C.T.S. 251 und 301. In Art. XXXI des Ersten Pariser Friedensvertrags vom 30.5.1814 (63 C.T.S. 171) ist nur von der Rückgabe der Archive und Dokumente die Rede, die sich auf abgetretene Gebiete beziehen und während deren Besetzung fortgeschafft wurden.

[3] Vgl. z. B. *Hollander,* The International Law of Art, 1959, 24, unter Berufung auf *Nicolson,* The Congress of Vienna. A Study in Allied Unity: 1812–1822, 1946, 240, wo allerdings nur generell über die Rückführung geraubter Kunstwerke berichtet wird.

[4] *Beyle-de Stendhal,* Mélanges III: Peinture, nouvelle éd. 1972, 360; ebenfalls in: *ders.,* Geschichte der Malerei in Italien, ca. 1924, 425.

[5] Vgl. die Pariser Depesche des Duke of Wellington an Viscount Castlereagh vom 23.9.1815 in: *De Martens* (Hrsg.), Nouveau Recueil de Traités, Bd. II, 1818, 642 ff.; ebenfalls in: *Gurwood* (Hrsg.) The Dispatches of the Field Marshal The Duke of Wellington, Bd. 12, 1838, 641 ff. und in: *Gould,* Trophy of Conquest, 1965, 131 ff.

[6] Vgl. die Pariser Note von Viscount Castlereagh an die Minister der Alliierten vom 11.9.1815 in: *De Martens* (Fn. 5), 632 ff.

[7] Vgl. *Contarini,* Canova a Parigi nel 1815, 1891, 11 ff., und *Jayme,* Antonio Canova und das nationale Kunstwerk, in: ders., Nationales Kunstwerk und Internationales Privatrecht, 1999, 1 (10 ff.).

ziemlich ungeordnet begangen.[8] All diese Begebenheiten sind aber insofern für die hier angesprochene Problematik interessant, als der Friedensvertrag von Tolentino einer der ersten Friedensverträge ist, in dem sich Abmachungen über Kulturgüter befinden. Es ist also gerade erst 200 Jahre her, dass sich Friedensverträge mit Kulturgütern befassen. Diesen Friedensverträgen, nicht jedoch den Spezialverträgen zum Schutz von Kulturgütern, ist hier näher nachzugehen. Denn es dürfte meinen Freund und Kollegen Jost Delbrück ebenfalls interessieren, wann und weshalb Kulturgüter in Friedens- und Freundschaftsverträge der neueren Völkerrechtsgeschichte Eingang gefunden haben.

II. Verträge mit Abmachungen über Kulturgüter

1. Kulturgüter, Archive und sonstiges Vermögen

Wenn im Folgenden von Kulturgütern die Rede ist, sind damit bewegliche Objekte der bildenden Kunst gemeint.

a) Archive

Auf Archive will ich nur insofern eingehen, als gezeigt werden soll, dass diese Objekte schon viel früher deshalb Gegenstand völkerrechtlicher Abmachungen waren, weil sie Rechte der Vertragspartner dokumentierten und für den Nachweis dieser Rechte große Bedeutung hatten. Die Archive wurden deshalb nicht als Kulturgut geschützt und in Friedensverträge aufgenommen, sondern als Unterlagen von staatsrechtlicher und privatrechtlicher Relevanz. So ist es zu erklären, dass es bei den Vereinbarungen über solche Unterlagen nicht nur um die Rückgabe weggenommener Urkunden geht, sondern vor allem auch um die Herausgabe von Dokumenten über Gebiete und Besitzungen, die im Anschluss an Friedensverträge ihre Herrschaft wechselten.[9]

Als Beispiel für diese Sonderstellung von Archiven ist auf den Westfälischen Frieden hinzuweisen. Im Friedensvertrag von Münster zwischen Frankreich und dem Reich vom 24.10.1648 musste die französische Krone gewisse oberrheinische Ortschaften (z. B. Rheinfelden und Säckingen) dem Haus Österreich, insbesondere dem Erzherzog Ferdinand Karl, überlassen.[10] Deshalb wurde Frankreich auch verpflichtet, „omnia & singula Literaria Documenta, cujuscunque illa generis sint"

---

[8] Vgl. *Wescher,* Kunstraub unter Napoleon. 1976, 131 ff.

[9] *Fitschen,* Das rechtliche Schicksal von staatlichen Akten und Archiven bei einem Wechsel der Herrschaft über Staatsgebiet, 2004.

[10] Art. LXXXVII des Vertrages, 1 C.T.S. 271, 298 (lateinischer Text im letzten Abs.), 344 (englische Übersetzung mit Artikelzählung).

dem Erzherzog zu übergeben.[11] Das war nicht anders zweihundert Jahre später und im deutschen Norden, als im Wiener Friedens-Tractat zwischen Österreich, Preußen und Dänemark vom 30.10.1864 Dänemark verpflichtet wurde, alle Urkunden und Archive, welche sich auf die abgetretenen Herzogtümer Schleswig, Holstein und Lauenburg beziehen und sich in Dänemark befanden, den zuständigen Stellen der neuen Regierung der Herzogtümer zu übergeben.[12] Auch hier ging es – wie auch zwei Jahre später im Wiener Friedensvertrag vom 3.10.1866 zwischen Österreich-Ungarn und Italien[13] – wieder primär um Unterlagen für eine ordentliche Staatsverwaltung und nicht um Kulturgüter, selbst wenn sich bei den Unterlagen wertvolle und museumsreife Dokumente befunden haben sollten.

Ebenfalls nach Ende des Zweiten Weltkriegs enthielten solche Friedensverträge, die unter anderem auch Gebietsabtretungen vorsahen, spezielle Regelungen für die Archive und Dokumente, welche die jeweiligen Gebiete betrafen. So wurde z. B. im Pariser Friedensvertrag mit Italien vom 10.2.1947 auch die Herrschaft in der zwischen Italien und Jugoslawien umstrittenen Stadt Triest geregelt und angeordnet, dass Italien, Jugoslawien und der Freistaat Triest alle in ihrem Besitz befindlichen Archive und Dokumente mit gegenwärtiger oder historischer Bedeutung demjenigen Gebiet herauszugeben haben, auf das sich diese Unterlagen beziehen.[14]

Zusammenfassend lässt sich feststellen, dass Friedensverträge den Verbleib von Archiven und Dokumenten primär nicht in den Abschnitten über Reparationen und Restitutionen regeln, sondern in Vorschriften über Herrschaftsgebiete und deren Verbriefung und Dokumentation in Archiven und Unterlagen, die sich aber im Besitz einer früheren Herrschaft befinden. In diesem Zusammenhang werden also Archive und Dokumente nur als Zubehör eines Herrschaftsgebiets behandelt. Das schließt nicht aus, dass Archive und Dokumente, die keinen solchen Charakter als Zubehör aufweisen, als Kulturgut geschützt werden und, falls vor oder während eines Krieges rechtswidrig verlagert, dem beraubten Staat zurückzugeben sind.[15] Wichtig ist mir lediglich folgende Feststellung: Aus der Tatsache, dass der Besitz und der Wechsel von Besitz an Archiven und Dokumenten in Friedensverträgen schon früh geregelt wurde, darf nicht geschlossen werden, dass bereits zu dieser Zeit Kulturgüter völkerrechtliche Bedeutung als *patrimonium publicum* erlangt hätten. Archive waren lange Zeit nur Beweisstücke und wurden erst in neuerer

---

[11] Art. XCV des Vertrages, 1 C.T.S. 301 (lateinischer Text in Abs. 2), 346 (englische Übersetzung mit Artikelzählung).

[12] Art. XX des Friedens-Tractates: Reichs-Gesetz-Blatt für das Kaiserthum Oesterreich 1864, 278, 293.

[13] Art. XVIII des Vertrages, 133 C.T.S. 209, 215.

[14] Annex X Abs. 4 zum Pariser Friedensvertrag vom 10.2.1947, 49 U.N.T.S. 126, 226.

[15] Art. 12 Abs. 1 des Pariser Friedensvertrags vom 10.2.1947 (Fn. 14) 134, bezüglich der Kulturgüter (einschließlich aller Urkunden, Manuskripte, Dokumente und bibliographischer Unterlagen), die Italien während der Besetzung jugoslawischer Territorien in den Jahren 1918–1924 verlagert hatte.

Zeit, als ganz generell viele Kulturgüter völkerrechtlichen Schutz erhielten, auch als Teil dieser Kulturgüter geschützt.

b) Sonstiges Vermögen

Friedensverträge enthalten in ihren Vorschriften über die wirtschaftlichen Folgen kriegerischer Auseinandersetzungen auch Regelungen darüber, wie ganz allgemein Vermögensverlagerungen und Vermögensverschiebungen während des Krieges zu behandeln sind. Sind solche Transaktionen rückgängig zu machen und die betreffenden Objekte zurückzugeben, bezieht sich das auf alle Sachen, also ebenfalls auf Kulturgüter.[16] Trotzdem geht es hier nicht um Kulturgüterschutz, sondern nur um vermögensrechtliche Interessen und die Wiederherstellung ehemaliger Besitzstände.

c) Kulturgüter

Speziell um Kulturgüter geht es in Friedensverträgen dann, wenn sie in Vorschriften über Reparationen, Restitutionen und Sezessionen besonders genannt werden.

2. *Kulturgüter als Kriegsentschädigung*

a) Tribut in Form von Kulturgütern

Eingangs wurde bereits erwähnt, dass Napoleon sich nicht mit seinen Requisitionen in Form von Kunstraub begnügte, sondern sich die requirierten Kunstwerke in denFriedensverträgen mit den italienischen Kriegsopfern als Tribut ausbedingen ließ. So verlangte er von Parma zwanzig Gemälde (darunter Werke von Cima da Conegliano),[17] ebensoviel von Modena (darunter Werke von Tizian und Reni)[18] und Venedig (darunter Veroneses „Hochzeit von Kana", die sich heute noch im Louvre befindet).[19] Am schwersten traf es jedoch das Patrimonium Petri. Der Waffenstillstandsvertrag von Bologna vom 23.6.1796 verpflichtete den Papst, einhundert Gemälde (darunter das eingangs erwähnte Gemälde „Krönung Mariae" von Raphael), Büsten (darunter ausdrücklich die beiden Bronze- und Marmor-

---

[16] Vgl. z. B. die fünf Pariser Friedensverträge vom 10.2.1947 mit Bulgarien (Art. 23: 41 U.N.T.S. 50, 67 ff.); Finnland (Art. 25: 48 U.N.T.S. 228, 242 ff.), Italien (Art. 78: 49 U.N.T.S. 126, 160 ff.), Rumänien (Art. 24: 42 U.N.T.S. 34, 52 ff.) und Ungarn (Art. 26: 41 U.N.T.S. 168, 190 ff.). Allgemein hierzu *Martin,* Private Property, Rights, and Interests in the Paris Peace Treaties, British Yearbook of International Law 24 (1947), 273 (282 ff.).

[17] Art. IV desWaffenstillstandsvertrags von Piacenza vom 8.5.1796, 53 C.T.S. 91, offenbar rückgängig gemacht durch Art. V des Pariser Friedensvertrags vom 5.11.1796, 53 C.T.S. 331.

[18] Art. III (1) des Waffenstillstandsvertrags vom 12.5.1796, 53 C.T.S. 95.

[19] Art. 5 des Mailänder Friedens- und Freundschaftsvertrages vom 16.5.1797, 54 C.T.S. 77.

büsten von Junius und Marcus Brutus), Vasen und Statuen (darunter der Apollo von Belvedere) sowie 500 Manuskripte der Republik Frankreich zu übergeben.[20] Dies wurde im Friedensvertrag von Tolentino am 19.2.1797 bestätigt.[21] Welche Kulturgüter nach Paris abtransportiert wurden, oblag gewissen französischen „Kunstrauboffizieren" (darunter auch Dominique-Vivant Denon, der spätere Direktor des Musée Napoléon[22]), die es mit der stipulierten Anzahl der zu liefernden Kulturgüter allerdings nicht sehr genau nahmen.[23] So war es für sie sehr misslich, dass neapolitanische Truppen in Rom Kunstschätze geplündert hatten, die sich die französischen „Kunstrauboffiziere" zum Transport nach Frankreich vorbehalten hatten.[24] Deshalb verlangte Frankreich im Friedensvertrag mit dem Königreich Beider Sizilien vom 28.3.1801, dass die nach Neapel verbrachten Kunstwerke Roms den Franzosen „zurückerstattet" werden.[25]

An diesen Ereignissen der napoleonischen Zeit ist viererlei interessant und wichtig:

Offenbar glaubten Napoleon und Frankreich nicht mehr an ein ungeschriebenes Beuterecht des Siegers, obgleich damalige Gesetzbücher – anders als der Code civil von 1804 – es noch als geltendes Recht voraussetzten.[26] Wohl auch deshalb vereinbarte man vertraglich Tributleistungen der Besiegten in Form von Kunstwerken.

Um 1800 wurde Kunst zu einem Gegenstand staatlicher Politik. Das ist an und für sich kein schlechtes Zeichen für einen Staat. Dies wurde 150 Jahre später von einem Postkartenmaler und Massenmörder imitiert, was jedoch mit dem Kunstraub Napoleons nicht zu vergleichen ist; denn Hitler hatte nicht hehre Ideale wie zur Zeit der französischen Revolution,[27] sondern dumpfe Vorstellungen von einer überlegenen Menschenklasse, deren Leistungen er im geplanten Führer-Museum

---

[20] 53 C.T.S. 125. *Steinmann,* Raffael im Musée Napoléon, Monatshefte für Kunstwissenschaft 10 (1917), 8–25.

[21] Art. XIII des Friedensvertrags. 53 C.T.S. 485.

[22] *Boutry,* Denon, Rome et la papauté, in: Les vies de Dominique-Vivant Denon. Bd. 1, 2001, 125–150.

[23] Z. B. wurden auch die Pferde von San Marco in Venedig nach Paris transportiert. Vgl. hierzu *Gould* (Fn. 5), 47 und 90.

[24] Vgl. hierzu *Béguin,* Tableaux provenant de Naples et de Rome en 1802 restés en France, Bulletin de la Société de l'histoire de l'art français 1959, 177 f.

[25] Art. 8 des Friedensvertrags von Florenz, 56 C.T.S. 51.

[26] Vgl. §§ 193–204 preußisches ALR I 5 von 1794; § 402 österr. ABGB von 1811.

[27] Die Instruktion des Directoire vom 7.5.1796 (18 floréal an IV) an Napoleon lautete: „Le Directoire exécutif est persuadé, citoyen général, que vous regarderez la gloire des beaux-arts comme attachée à celle de l'armée que vous commandez. L'Italie leur doit en grande partie ses richesses et son illustration; mais le temps est arrivé où leur règne doit passer en France pour affermir et embellir celui de la liberté. Le Musée national doit renfermer les monuments les plus célèbres de tous les arts, et vous ne négligerez pas de l'enrichir de ceux qu'il attend des conquêtes actuelles de l'armée d'Italie et de celles qui lui sont encore réservées." Vgl. *de Fournoux,* Napoléon et Venise 1796–1814, 2002, 210.

in Linz dokumentieren wollte. Außerdem verlangte er nicht Tribut von seinen militärischen Gegnern, sondern enteignete und erniedrigte die Angehörigen einer verachteten und verfolgten jüdischen Minderheit sowie der als minderwertig eingestuften osteuropäischen Kulturen.

Die Reaktion auf Napoleons „Kunstraub" bewirkte, dass auch den Gegnern der französischen Revolution die nationale Bedeutung der bildenden Kunst bewusst wurde. Dieser Bedeutung hat Antoine C. Quatremère de Quincy am überzeugendsten Ausdruck verliehen.[28] So war es kein Wunder, dass bereits im Jahr 1814 die Alliierten in Paris begannen, ihre von Napoleon geraubten Kunstwerke abzutransportieren,[29] um sie zu Hause als nationale Kulturgüter der Öffentlichkeit zugänglich zu machen.

Kunsthistorisch interessant ist, dass – von Ausnahmen abgesehen[30] – offenbar nur in den Verträgen mit italienischen Gegnern Tribut in Form von Kunstwerken verlangt wurde. Um 1800 wurde mittelalterliche kirchliche Kunst verachtet und aus Kirchen und Klöstern entfernt,[31] Rembrandt wurde erst im 19. Jahrhundert wiederentdeckt,[32] und Vermeers „Mädchen mit dem Perlenohring" wurde noch 1881 für 2,30 Gulden erworben.[33] Vielmehr war speziell die italienische Kunst als Inbegriff höchster Leistung anerkannt.

b) Tribut zur Wiederherstellung zerlegter Kunstwerke

Die Kunstmuseen sind reich an Teilen ehemals mehrteiliger Gesamtkunstwerke, insbesondere mehrteiliger Altäre.[34] Vor allem diese Kunstwerke waren bei Neuausstattungen von Kirchen und Klöstern ausgesondert, zerlegt und in Teilen verkauft worden. Dieses Schicksal ereilte auch van Eycks Polyptychon „Anbetung

---

[28] *Quatremère de Quincy,* Lettres à Miranda sur le Déplacement des Monuments de l'Art de l'Italie, 1796; neue Ausgabe hrsg. 1989 von Pommier, 87 ff. Diesem Appell gegen eine Fortschaffung hatte sich 1796 Vivant Denon angeschlossen. Hierzu vgl. Musée du Louvre (Hrsg.), Dominique-Vivant Denon. L'œil de Napoléon, 1999, 501.

[29] Vgl. *Engstler,* Die territoriale Bindung von Kulturgütern im Rahmen des Völkerrechts, 1964, 91 ff.; *Henry,* Journal d'un voyage à Paris en 1814, 2001, 86 ff.; *Wescher* (Fn. 8), 131; *Savoy,* Patrimoine annexé. Les biens culturels saisis par la France en Allemagne autour 1800, Bd. I, 2003, 241 ff.; *Turner,* Die Zuordnung beweglicher Kulturgüter im Völkerrecht, in: Fiedler (Hrsg.), Internationaler Kulturgüterschutz und deutsche Frage. Völkerrechtliche Probleme der Auslagerung, Zerstreuung und Rückführung deutscher Kulturgüter nach dem Zweiten Weltkrieg, 1991, 48 ff.

[30] In Art. XV des Waffenstillstandsvertrages von Pfaffenhofen vom 7.9.1796 mit Bayern wurden Frankreich zwanzig Gemälde aus den Galerien in München und Düsseldorf zugesichert: 53 C.T.S. 279.

[31] Zum Vandalismus der Revolutions- und Säkularisationszeit vgl. *Réau,* Histoire du Vandalisme, 1994, 233 ff.; *Gamboni,* The Destruction of Art, 1997, 31 ff.

[32] Vgl. u. a. *Bruin,* De echte Rembrandt, 1995, 48 ff.

[33] National Gallery of Art u. a. (Hrsg.), Johannes Vermeer, 1995, 166 ff.

[34] Vgl. *Bodkin,* Dismembered Masterpieces, 1945, 9 ff.

des Lamms" aus St.Bavo in Gent und Dirk Bouts' Triptychon „Das Abendmahl" aus St. Peter in Löwen. Teile dieser Altäre waren im 19. Jahrhundert von belgischen Stellen in den internationalen Kunsthandel gegeben worden. Das Kaiser Friedrich Museum in Berlin erwarb für 400.000 französische Franken 12 Tafeln des Genter Altars[35] und für eine unbekannte Summe die Innenseiten der Flügel des Altars von Dirk Bouts,[36] und die Alte Pinakothek in München kaufte die Außenseiten dieser Flügel.[37] In Art. 247 Abs. 2 des Versailler Friedensvertrags vom 28.6.1919 wurde Deutschland verpflichtet, dem Königreich Belgien die genannten Teile der Genter und Löwener Altäre abzuliefern, um – wie es wörtlich im Vertragstext lautet – „die Wiederherstellung zweier großer Kunstwerke zu ermöglichen".[38] Heute kann man den Genter Altar, vollständig bis auf die im Jahr 1935 gestohlene Tafel „Die gerechten Richer", in St. Bavo bewundern und in Löwen das Meisterwerk von Dirk Bouts.

Doch nicht nur die Wiederherstellung mehrteiliger Gesamtkunstwerke ist Gegenstand staatsvertraglicher Vereinbarungen in Friedensverträgen. Auch zusammengehörende Gegenstände einer Sammlung oder eines Ensemble (z. B. alle Teile eines Krönungsornates) sollten nicht auseinander gerissen und, falls geschehen, wieder zusammengeführt werden. Dieses Anliegen wurde zuerst im Wiener Friedenvertrag vom 3.10.1866 zwischen Österreich-Ungarn und Italien[39] verwirklicht. Nach Art. 7 der Konvention vom 14.7.1868 zur Ausführung von Art. 18 des Friedensvertrages sollte der Becher von Königin Theodolinde († 627/28) nach Monza zurückkehren, damit er im dortigen Dom wieder zusammen mit der Eisernen Krone, mit der die Könige von Italien gekrönt wurden, aufbewahrt werden kann.[40]

Diese staatsvertraglich vereinbarte Wiederherstellung zerlegter Kunstwerke und zerstreuter Sammlungen ist einmalig geblieben. Das besagt nicht etwa, dass man sich heute nicht mehr um die Zusammenführung auseinander gerissener Kunstwerke bemüht. Das geht nämlich auch ohne Staatsverträge, z. B. durch Zurückhaltung bei Versteigerungen, wenn ein Bieter einen fehlenden Teil seines Werkes ersteigern und damit wiederherstellen möchte, oder durch Tausch zwischen Museen.

---

[35] *Bodkin* (Fn. 34), 13 sowie Plate 1 und 2.
[36] *Bodkin* (Fn. 34), 15 und Plate 5; *Smeyers,* Dirk Bouts. Peintre du silence, 1998, 17.
[37] *Bodkin* (Fn. 34), 15 und Plate 6.
[38] RGBl. 1919, 700, 1051; 225 C.T.S. 188, 304. Vgl. hierzu *Engstler* (Fn. 29), 123 ff.
[39] s. oben Fn. 13.
[40] Convention du 14 juillet 1868 entre l'Autriche et l'Italie, pour la restitution de certains documents et objets d'art, abgedruckt in: Fiedler (Fn. 29), 254 f. Hierzu vgl. *Turner* (Fn. 29), 88 f. Zu einem ähnlichen Fall hinsichtlich der Wiener Schatzkammer vgl. unten bei Fn. 61.

3. Kulturgüter als Wiedergutmachung

a) Wiedergutmachung durch Rückgabe

Kunstwerke sind als Einzelarbeiten unersetzlich, genießen als Sammlungsstücke allgemeine Anerkennung, häufig sogar Verehrung und haben wegen dieser Eigenschaften einen hohen Wert. Deshalb werden sie im Krieg geschützt, aber auch von den Feinden begehrt und an sich genommen, obwohl die Erbeutung von Kulturgütern und das Plündern jeglicher Gegenstände seit den Haager Konventionen von 1899 und 1907 ausdrücklich verboten sind.[41] Es ist deshalb selbstverständlich, dass in Friedensverträgen die Parteien verpflichtet werden, trotzdem begangenes Unrecht durch Rückgabe wiedergutzumachen. Doch bleibt es nicht nur bei der Restitution von Gegenständen, die *während* der kriegerischen Auseinandersetzung verbracht worden sind, sondern manchmal werden auch solche Unregelmäßigkeiten beseitigt, die sich *vorher* ereignet haben.

aa) Rückgabe kriegsbedingt verbrachter Gegenstände

Spätestens seit dem Ersten Weltkrieg finden sich in Friedensverträgen Vorschriften, dass die besiegte Partei diejenigen Trophäen, Archive, geschichtlichen Erinnerungen und Kunstwerke zurückzugeben hat, die sie während des gerade beendeten Krieges aus besetzten Territorien weggeführt hat.[42] Ebenfalls die Pariser Friedensverträge von 1947 mit Bulgarien, Finnland, Italien, Rumänien und Ungarn verpflichten die genannten Staaten (mit Ausnahme Finnlands), die Prinzipien der Londoner UN-Erklärung vom 5.1.1943[43] anzuerkennen und alle vom Territorium

---

[41] Art. 56 und 46 der Haager Konvention vom 29.7.1899 über die Gesetze und Gebräuche des Landkriegs (187 C.T.S. 429) und der Haager Konvention vom 18.10.1907 über Gesetze und Gebräuche des Landkriegs (205 C.T.S. 277) über den Schutz von Kulturgütern nach den Regeln für Privateigentum, das zu achten ist und nicht konfisziert werden darf, und Art. 47 beider Konventionen, der uneingeschränkt feststellt: „Le pillage est formellement interdit." – Bereits in Art. IX des Friedensvertrags von Oliva vom 23.4./3.5.1660 verpflichtete sich Schweden, die königlich-polnische Bibliothek, die im Ersten Nordischen Krieg außer Landes gebracht worden war, an Polen zurückzugeben: 6 C.T.S. 9, 22 f.

[42] Vgl. Art. 245 Versailler Friedensvertrag (Fn. 38); Art, 191, 184 des Friedensvertrags, geschlossen am 10.9.1919 in Saint-Germain-en-Laye mit Österreich, österr. StaatsGBl. 1920, 995, und 226 C.T.S. 8 sowie in: *Israel* (Fn. 1), III 1535. Eine ähnliche Vorschrift findet sich in Art. 422 des nie in Kraft getretenen Friedensvertrags mit der Türkei, abgeschlossen am 10.8.1920 in Sèvres, in: *Israel* (Fn.1), III 2055.

[43] Inter-Allied Declaration of January 5, 1943 Against Acts of Dispossession Committed in Territories Under Enemy Occupation or Control, mit amtl. Übersetzung in: *v. Schmoller/Maier/Tobler,* Handbuch des Besatzungsrechts, 1957, § 52, S. 5 f.; auch in: *Fiedler,* Die Alliierte (Londoner) Erklärung vom 5.1.1943: Inhalt, Auslegung und Rechtsnatur in der Diskussion der Nachkriegsjahre, in: Basedow/Meier/Schnyder u. a. (Hrsg.), Private Law in the International Arena, Liber Amicorum Kurt Siehr, 2000, 197 f.; und in: *Fiedler* (Fn. 29), 282 (Anhang 14).

eines UN-Mitgliedstaates (bei Finnland: vom Territorium der Sowjetunion) entfernten Gegenstände (also nicht nur Kunstwerke) zurückzugeben.[44]

In den deutschsprachigen Ländern wurden ähnliche Ergebnisse erzielt, und zwar in Deutschland durch Besatzungsrecht[45] und Bundesgesetze[46], in Österreich auf Grund des Staatsvertrags von 1955[47] sowie nationaler Gesetze[48], und in der Schweiz wurde die Raubgutkammer des Bundesgerichts gemäß spezieller Bundesratsbeschlüsse tätig, um die Ziele der Londoner Erklärung hinsichtlich des in die Schweiz gebrachten Raubguts befristet zu verwirklichen.[49]

Inwieweit alle Vertragsparteien ihre nicht durch Verzicht der Gläubiger getilgten Restitutionspflichten erfüllt haben, weiß ich nicht und soll hier auch nicht erforscht werden. Man weiß jedoch, dass die Erfüllung von Rückgabepflichten gewisser osteuropäischer Staaten gegenüber der Bundesrepublik Deutschland auf sich warten lässt. Im Nachbarschaftsvertrag von 1990 hatte die Sowjetunion der Bundesrepublik zugesagt, „daß verschollene oder unrechtmäßig verbrachte Kunstschätze, die sich auf ihrem Territorium befinden, an den Eigentümer oder seinen Rechtsnachfolger zurückgegeben werden."[50] Nach Auflösung der Sowjetunion haben die meisten Nachfolgestaaten dieselbe Verpflichtung in ihren Kulturabkommen mit der Bundesrepublik übernommen.[51] Trotzdem weigert sich die Russi-

---

[44] Vgl. die Verträge mit Bulgarien (Art. 22 I), Finnland (Art. 24), Italien (Art. 75 I), Rumänien (Art. 23 I) und Ungarn (Art. 24 I). Fundstellen s. oben Fn. 16.

[45] Vor allem durch das Kontrollratgesetz Nr. 52 und zonale Rückerstattungsgesetze Vgl. hierzu *Dölle/Zweigert,* Gesetz Nr. 52, 1947, 185 ff. (über die Vermögenssperre hinsichtlich von Kulturgütern); *Kubuschok/Weißstein,* Rückerstattungsrecht der britischen und amerikanischen Zone, 1950; und *Turner,* Das internationale Kulturgüterrecht und die Zerstreuung des deutschen Kulturbesitzes nach dem Zweiten Weltkrieg, in: Fiedler (Fn. 29), 109 ff.

[46] Vgl. das Bundesrückerstattungsgesetz vom 19.7.1957, BGBl. 1957 I, 734, und hierzu vgl. *Biella/Buschbom u. a.,* Das Bundesrückerstattungsgesetz, 1981.

[47] Art. 25 des Staatsvertrags vom 15.5.1955 betreffend die Wiederherstellung eines unabhängigen und demokratischen Österreich, BGBl. 1955,725, in: ZaöRV 16 (1955/56), 594 mit Vorbemerkung Seidl-Hohenveldern auf S. 590–594.

[48] Vgl. zahlreiche Rückstellungsgesetze, beginnend mit dem Bundesgesetz vom 26.7.1946 über die Rückstellung entzogener Vermögen, die sich in Verwaltung des Bundes oder der Bundesländer befinden (Erstes Rückstellungsgesetz), österr. BGBl. 1946 Nr. 156, S, 311. Vgl. *Brückler* (Hrsg.), Kunstraub, Kunstbergung und Restitution in Österreich 1938 bis heute, 1999; *Oberhammer/Reinisch,* Restitution of Jewish Property in Austria, ZaöRV 60 (2000), 737–761.

[49] Vgl. hierzu *Siehr,* Rechtsfragen zum Handel mit geraubten Kulturgütern in den Jahren 1933–1950, in: Unabhängige Expertenkommission Schweiz – Zweiter Weltkrieg (Hrsg.), Die Schweiz, der Nationalsozialismus und das Recht, Bd. II: Privatrecht, 2001, 125–203.

[50] Art. 16 Abs. 2 des Vertrages vom 9.9.1990 über gute Nachbarschaft, Partnerschaft und Zusammenarbeit zwischen der Bundesrepublik Deutschland und der Union der Sozialistischen Sowjetrepubliken, BGBl. 1991 II, 703, 708.

[51] Kulturabkommen mit Armenien von 1995 (Art. 15: BGBl. 2000 II, 182), Aserbaidschan von 1995 (Art.15: BGBl. 2000 II, 187), Belarus von 1994 (Art. 16 S.1: BGBl. 2000 II, 195), Estland von 1993 (Art. 16: BGBl. 2000 II, 446), Georgien von 1993 (Art. 16: BGBl. 2000 II, 203), Kasachstan von 1994 (Art. 17: BGBl. 2000 II, 462), Kirgistan von

sche Föderation, die in Russland befindlichen deutschen Kulturgüter herauszugeben. Sie beklagt die deutsche Untaten während des Zweiten Weltkriegs, erhebt Ansprüche auf „kompensatorische Restitution" und realisiert dieses Recht dadurch, dass sie die aus Deutschland verbrachten Kulturgüter gesetzlich zum „Gemeingut der Russischen Föderation" und zu „föderalem Eigentum" erklärt hat.[52] Zwar haben die Bremer Kunsthalle und einige wenige andere deutsche Institutionen gewisse Kunstwerke von Russland zurückerhalten,[53] die großen Schätze privater und öffentlicher deutscher Sammlungen zieren jedoch noch immer russische Museen. Selbst die Rückgabe geplünderter oder privat gesicherter Kunstwerke wird verweigert,[54] so dass sie erst dann den rechtmäßigen Eigentümern übergeben werden können, wenn diese Kunstwerke aus Russland geschmuggelt und anschließend im Westen in langen und teuren Gerichtsverfahren herausgeklagt worden sind.[55] So bleibt auch hier manche vertragliche Verpflichtung vorerst toter Buchstabe.

Interessant an der bisherigen Entwicklung ist zweierlei:

Erst nach dem Zweiten Weltkrieg scheint es – wie die Abkommen mit der Sowjetunion und deren Nachfolgestaaten zeigen – möglich geworden zu sein, *beide* Seiten gleichermaßen zur Rückgabe zu verpflichten und nicht nur den Besiegten.

Irritierend ist allerdings der Ausdruck „*unrechtmäßig* verbrachte Kunstschätze"; denn er setzt voraus, dass Kunstschätze auch *rechtmäßig* und *endgültig* ins Ausland verbracht werden dürfen.

bb) Rückgabe von Kulturgütern aus Vorkriegszeiten

Die Bewältigung der Vergangenheit scheint ein neues Problem zu sein. Übeltäter gehen in sich, und Opfer verlangen Wiedergutmachung, und zwar nicht etwa

---

1993 (Art. 16: BGBl. 2000 II, 1139), Lettland von 1993 (Art. 16: BGBl. 2000 II, 454), Moldau von 1995 (Art. 16: BGBl. 2000 II, 209), Russland von 1992 (Art. 15: BGBl. 1993 II, 1256), Tadschikistan von 1999 (Art. 15: BGBl. 2000 II, 225), Turkmenistan von 1997 (Art. 15 : BGBl. 2000 II, 471), Ukraine von 1993 (Art. 16 S. 1: BGBl. 1993 II, 1736) und Usbekistan von 1993 (Art. 16: BGBl. 2000 II, 233).

[52] § 6 Abs. 1 des Föderalen Gesetzes vom 15.4.1998 über die infolge des Zweiten Weltkriegs in die UdSSR verbrachten und sich auf dem Gebiet der Russischen Föderation befindenden Kulturgüter i. d. F. des Gesetzes vom 25.5.2000, dt. Übersetzung in: *Genieva/ Michaletz/Werner* (Hrsg.), Gesten des guten Willens und Gesetzgebung, 2001, 393 (397).

[53] Vgl. den Katalog „Bremen-Moskau-Bremen. 1943 ausgelagert – zurückgekehrt 2000", 2000, 1 ff.

[54] Zur „Baldin-Sammlung" vgl. The Art Newspaper, Mai 2003, 9, und Frankfurter Allgemeine Zeitung vom 26.3.2003, 41. Vgl. auch *Flescher,* Missing Rubens „Lucrezia" turns up in Russia, IFAR Journal 6 (Nr. 3, 2003), 4 ff.

[55] Vgl. den englischen Fall *City of Gotha v. Sotheby's and Cobert Finance S.A.,* in: *Carl/ Güttler/Siehr,* Kunstdiebstahl vor Gericht, 2001, 78 ff., und in: *Palmer,* Museums and the Holocaust, 2000, 222 ff.

nur für selbst erlittenes Unrecht, sondern für Untaten gegenüber ihrer Gruppe, ihrer Rasse und ihrem Volk. Unrecht der Nazi-Zeit ruft nach Bewältigung, aber auch Vergehen der Kolonialzeit gegenüber Inuit, Indianern, Maori oder Hereros sowie Plünderungen von Altertümern durch leidenschaftliche Kunstsammler (Elgin-Marbles, Benin-Bronzen oder ägyptische Grabfunde). Doch schon vor unserer Zeit wurde früheres Unrecht nicht vergessen und ließ die Opfer auf Wiedergutmachung sinnen. Friedensverträge mit dem besiegten Übeltäter boten sich deshalb geradezu an, vergangenes Unrecht zu sühnen und Kunstschätze zurückzufordern, die in früheren Jahren unter zweifelhaften Umständen außer Landes verbracht worden waren. Drei Beispiele aus dem vorigen Jahrhundert mögen dies illustrieren.

(1) Friedensvertrag von St. Germain

Am eindrücklichsten sind die Artikel 194 und 195 des Friedensvertrags von Saint Germain.[56] Nach Art. 194 bleiben die österreichischen Verpflichtungen gegenüber Italien zur Rückgabe von Urkunden und Gegenständen aus den Verträgen von Zürich (1859)[57] und Wien (1866)[58] bestehen, soweit sie noch nicht erfüllt worden sind und sich diese Objekte noch auf österreichischem Gebiet befinden. Man mahnte also noch nach 50 Jahren den säumigen Schuldner. Neue Rückgabeverpflichtungen ergeben sich aus Art. 195 des Vertrags von Saint-Germain. Nach Abs. 1 sollte ein Komitee von drei Juristen prüfen, unter welchen Umständen die im Anhang I aufgezählten Gegenstände oder Handschriften (Kronjuwelen aus der Toskana, Werke von Andrea del Sarto, Correggio, Salvatore Rosa und Dosso Dossi aus Modena, Gegenstände des Krönungsornats aus Palermo, Handschriften aus Neapel und Urkunden aus verschiedenen italienischen Städten) vom Haus Habsburg und von anderen Häusern, die in Italien geherrscht haben, weggebracht worden sind. Bereits ein halbes Jahr später schlossen Österreich und Italien das Sonderabkommen vom 4.5.1920 zur Bereinigung der Kontroversen hinsichtlich des historischen und künstlerischen Erbes der ehemaligen österreichisch-ungarischen Monarchie.[59] In diesem Abkommen wird Art. 194 Abs. 1 Vertrag von Saint-Germain erfüllt und vor allem zweierlei für Österreich ausgehandelt. Die Büste Kaiser Franz II von Österreich von Antonio Canova, die im Jahr 1805 aus der Markus-Bibliothek in Venedig nach Wien gebracht worden ist und heute im Kunsthistorischen Museum zu sehen ist, durfte ebenso in Wien bleiben[60] wie die

---

[56] Vgl. Fn. 42.

[57] Art. XV des Friedensvertrags zwischen Österreich und Frankreich, geschlossen am 10.11.1859 in Zürich (betreffend lombardische Archive), 121 C.T.S. 145.

[58] Art. XVIII des Friedensvertrags zwischen Österreich-Ungarn und Italien, geschlossen am 3.10.1866 in Wien, betreffend vor allem venezianische Archive (Fn. 13).

[59] Abgedruckt in: Fiedler (Fn. 29), 259.

[60] Art. 3 Abs. 2 des Abkommens (Fn. 58), 261 f. (mit falscher Angabe „Franz I"); richtig in: *Haupt*, Das Kunsthistorische Museum. Die Geschichte des Hauses am Ring, 1991, 66,

Gegenstände des Krönungsornates (Krönungsmantel, Alba, Schuhe, Strümpfe und Handschuhe aus dem 12./13. Jahrhundert) aus Palermo, die heute in der Weltlichen Schatzkammer zu Wien bewundert werden können.[61] Verhindert wurde damit also ein Auseinanderreißen zusammen gehörender Gegenstände von künstlerischem und historischem Interesse.

Doch nicht nur solche Sachprobleme wurden mit dem Abkommen vom 4.5.1920 gelöst. Bereinigt wurde auch ein Ereignis von Februar 1919, das in Wien für große Aufregung gesorgt hatte. Eine italienische Militärdelegation erschien im Kunsthistorischen Museum in Wien und entführte 66 Gemälde (darunter Werke von Tintoretto, Veronese, Giovanni Bellini und Bartolomeo Vivarini) sowie einige Skulpturen (darunter die oben genannte Büste Kaiser Franz II von Canova) nach Italien.[62] Der Wiener Kunsthistoriker Max Dvořák beklagte sich darauf bitter bei seinen italienischen Kollegen über deren Mitwirken bei der Entführungsaktion.[63] Artikel 3 Abs. 1 Satz 1 des Abkommens vom 4.5.1920 bereinigte schließlich diesen Vorfall mit den Worten: „Österreich ... erhebt mithin keinerlei weiteren Protest gegen die Enttragungen („enlèvements"), die seitens der italienischen Waffenstillstandskommission auf Grund der alten Friedensverträge bereits vollzogen worden sind," und rettete gerade noch die Kaiserbüste von Canova für Wien.[64]

In Art. 195 Abs. 3 des Friedensvertrags von St. Germain meldeten Belgien, Polen und die Tschechoslowakei ebenfalls Rückstellungsansprüche an und unterwarfen sich der Entscheidung, die das Juristenkomitee des Wiedergutmachungsausschusses treffen würde.[65] Auf Grund einer solchen Entscheidung blieb der herausverlangte Ildefonso-Altar von Rubens im Kunsthistorischen Museum, weil Belgien nicht nachweisen konnte, dass der Altar unrechtmäßig die Abtei St. Jacques sur Coudenberg in Brüssel verlassen hatte.[66]

(2) Friedensvertrag von Versailles

Ebenfalls im Versailler Friedensvertrag vom 28.6.1919 meldeten das Königreich Hedschas (Vorgängerstaat von Saudi Arabien), Großbritannien und Frankreich Rückgabeansprüche an. Nach Medina ging ein Originalkoran aus dem frühe-

---

und in: *Johns,* Antonio Canova and the Politics of Patronage in Revolutionary and Napoleonic Europe, 1998, 136 ff.

[61] Art. 4 des Abkommens (Fn. 59), 262 f.

[62] Vgl. die Verlustliste in: *Tietze,* Die Entführung von Wiener Kunstwerken nach Italien, 1919, 45–47; vgl. auch *Haupt* (Fn. 60), 66.

[63] *Max Dvořák,* Ein offener Brief an die italienischen Fachgenossen, in: Tietze (Fn. 62), 3–9; und in: *Haupt* (Fn. 60), 232 ff.

[64] Fn.59, S. 261 f.

[65] Art. 195 Abs. 3 mit Anhängen II–IV Vertrag von St. Germain (Fn. 42).

[66] Nachweis in: United States Government (Hrsg.), The Treaty of Versailles and After. Annotations of the Text of the Treaty, 1947, 526 Abs. 2.

ren Besitz des Kalifen Osman,[67] und die Herausgabe des Schädels von Sultan Makaua aus Deutsch-Ostafrika an Großbritannien scheiterte daran, dass der Schädel gestohlen und wahrscheinlich von Angehörigen der Wahibis bestattet worden war.[68] Frankreich entsann sich der Niederlage im deutsch-französischen Krieg 1870/71 und verlangte Rückgabe der Trophäen, Archive [einschließlich der Korrespondenz von „Vizekaiser" Eugène Rouher (1814–84)], geschichtlichen Erinnerungen und Kunstwerke, die damals aus Frankreich weggeführt worden sind.[69]

(3) Pariser Friedensvertrag mit Italien von 1947

Der Pariser Friedensvertrag mit Italien vom 10.2.1947 zog auch einen Schlussstrich unter die Vorkriegsbeziehungen zwischen Italien und Jugoslawien. Danach waren alle Gegenstände künstlerischen, historischen, wissenschaftlichen, erzieherischen oder religiösen Charakters sowie Archive, die während der italienischen Besetzung jugoslawischer Gebiete in den Jahren 1918–1924 nach Italien gebracht worden waren, an Jugoslawien herauszugeben.[70]

Zusammenfassend lässt sich dreierlei festhalten:

Friedensverträge boten sich an, auch für die Vorkriegs-Vergangenheit der Vertragspartner reinen Tisch zu machen und alte Verluste zurückzufordern.

Ob diese Haltung dem Frieden zuträglich war, ist zweifelhaft. Immerhin versuchte man bereits nach dem Ersten Weltkrieg erfolgreich, Zweifelsfragen der Rückführung durch Sachverständige entscheiden zu lassen.

Die Anmahnung in Friedensverträgen, alte Schulden zu erfüllen, zeigt, dass man bereits in der Vergangenheit nicht ungeduldig wurde, einen langen Atem hatte und sich hütete, rechtliche Ansprüche aufzugeben und zu vergessen.

b) Wiedergutmachung durch Ersatzlieferungen

Wenn das Verbringen bestimmter Objekte nicht mehr durch Rückgabe wiedergutgemacht werden kann, weil die Objekte nicht mehr existieren oder nicht mehr in Staatsbesitz sind, ist der Gläubiger unter Umständen durch Geld zu entschädigen. Nach Beendigung eines Krieges kann dieser Entschädigungsbetrag Teil der Reparationszahlungen sein. Die Frage bleibt, ob es auch eine völkerrechtliche

---

[67] Art. 246 Abs. 1 Versailler Vertrag (Fn. 38) und United States Government (Fn. 66), 523 f.

[68] Art. 246 Abs. 2 Versailler Vertrag (Fn. 38) und die makabre Geschichte vom nicht mehr aufgefundenen Schädel des Sultans Makaua in: United States Government (Fn. 66), 524.

[69] Art. 245 Versailler Vertrag (Fn. 38).

[70] Art. 12 Abs. 1 des Vertrages (Fn. 16).

Pflicht gibt, durch Ersatzlieferungen, durch eine „restitution in kind" Unrecht zu tilgen. Wohl einen der ersten Fälle einer solchen Kompensation durch Ersatzlieferungen normiert Art. 247 des Versailler Friedensvertrags mit der Verpflichtung Deutschlands, „an die Hochschule in Löwen ... Handschriften, Wiegendrucke, gedruckte Bücher, Karten und Sammlungsgegenstände zu liefern, die der Zahl und dem Wert nach den Gegenständen entsprechen, die bei dem von Deutschland verursachten Brande der Bücherei von Löwen vernichtet worden sind."[71] Ebenfalls in den Pariser Verträgen von 1947 wurden Bulgarien, Italien und Ungarn verpflichtet, verbrachte, aber nicht mehr restituierbare Kulturgüter durch „objects of the same kind" zu ersetzen und solche zu liefern.[72] Inwieweit das überhaupt möglich war und ob Ersatzlieferungen tatsächlich erfolgten, kann hier nicht erörtert werden. Wichtig ist lediglich die Feststellung, dass eine Ersatzlieferung *vertraglich* vereinbart wurde, weil ohne eine solche Abmachung kein durchsetzbarer Anspruch aus Völkergewohnheitsrecht besteht, „restitution in kind" zu verlangen.

4. Kulturgüter als Sezessionsgut

Ein besonderes Problem stellt sich bei einer Staatensezession. Wie haben Friedensverträge den definitiven Verbleib von Kulturgütern geregelt, die aus den verschiedenen Gebieten des Vorgängerstaates stammen und nun von den unabhängigen neuen Nachfolgestaaten in Anspruch genommen werden? Wie wird dabei vor allem die Zugehörigkeit von Kulturgütern zu den Nachfolgestaaten bestimmt?

Im Friedensvertrag von St. Germain wurde Österreich verpflichtet, sich mit den Nachfolgestaaten Polen, Rumänien, Tschechoslowakei und Ungarn über die Kulturgüter dieser Staaten im Wiedergutmachungsausschuss zu einigen.[73] Mit Polen und der Tschechoslowakei war man schnell einig.[74] Mit Ungarn kam erst 1932 eine Einigung zustande. Insgesamt 147 Musealgegenstände aus Wiener

---

[71] Vgl. Fn. 38. Zu dem Brand am 26.8.1914 und zur Reparation vgl. *Schivelbusch,* Eine Ruine im Krieg der Geister. Die Bibliothek von Löwen August 1914 bis Mai 1940, 1993, 25 ff. und 53 ff.

[72] Die bis auf den Adressaten übereinstimmenden Artikel der Verträge (Fn. 16) mit Bulgarien (Art. 22 Abs. 3), Italien (Art. 75 Abs. 9) und Ungarn (Art. 24 Abs. 3) lauter: „If, in particular cases, it is impossible for [Bugaria, Italy, Hungary] to make restitution of objects of artistic, historic[al] or archaeological value, belonging to the cultural heritage of the United Nation from whose territory such objects were removed by force or duress by [Bulgarian, Italian, Hungarian] forces, authorities or nationals, [Bulgaria, Italy, Hungary] shall transfer to the United nation concerned objects of the same kind as, and of approximately equivalent value to, the objects removed, in so far as such objects are obtainable in [Bulgaria, Italy, Hungary]."

[73] Art, 195 Abs. 2, 196 Vertrag von St. Germain (Fn. 42).

[74] Vgl. das österreichisch-tschechoslowakische Übereinkommen vom 18.5.1920 in: Fiedler (Fn. 29), 266 ff.

Museen gingen nach Budapest, vor allem Gemälde ungarischer Künstler (z. B. Mihály Munkácsy) und Waffen aus der Wiener Waffensammlung.[75]

Ein anderes Beispiel für die Aufteilung von Kulturgütern nach einem Gebietswechsel ist der Pariser Friedensvertrag mit Ungarn. Nach Art. 11 Abs. 1 dieses Vertrags von 1947 hatte Ungarn den Staaten Jugoslawien und Tschechoslowakei folgende Objekte herauszugeben, die darstellen „the cultural heritage of Yugoslavia and Czechoslovakia which originated in those territories and which, after 1848, came into the possession of the Hungarian State or of Hungarian public institutions as a consequence of Hungarian domination over those territories prior to 1919": Historische Archive jugoslawischer oder tschechoslowakischer Herkunft; Bibliotheken, historische Dokumente, Antiquitäten und andere Kulturgüter, die jugoslawischen oder tschechoslowakischen Institutionen in diesen Ländern oder historischen Persönlichkeiten dieser Völker gehörten; und schließlich „original artistic, literary and scientific objects which are the work of Yugoslav or Czechoslovak artists, writers and scientists."[76] Nicht herausgegeben zu werden brauchten Objekte, die durch Kauf, Schenkung oder Vermächtnis erworben worden waren, und Originalwerke von ungarischen Personen (Art. 11 Abs. 2).

Interessant an dieser Regelung ist, dass sie anders als sonst und auch anders als bei Art. 14 Abs. 2 lit. b des Wiener Übereinkommens vom 8.4.1983 über Staatensukzession in Hinblick auf Staatsvermögen, Archive und Schulden[77] keine territoriale Beziehung zwischen dem Kulturgut und einem Staatsgebiet verlangt sondern ein personelles, durch Staatsangehörigkeit vermitteltes Band zwischen Künstlern sowie Wissenschaftlern und einem Staatsgebiet.

III. Zusammenfassung

1. Aus der Tatsache, dass schon sehr früh Archive in Friedensverträgen erwähnt wurden, darf nicht geschlossen werden, dass seit diesen Zeiten auch bereits Kulturgüter Gegenstand von Friedensverträgen waren. Denn die Archive wurden nicht als Kulturgüter geschützt, sondern waren als Unterlagen für staatliche und rechtliche Beziehungen von Bedeutung.
2. Wohl erst im 18. Jahrhundert wurden Kulturgüter in Friedensverträgen erwähnt.
3. Interessant ist, dass bei diesen frühen Friedensverträgen nicht die Rückgabe von Kulturgütern geregelt wird, sondern die Hingabe von Kulturgütern als Entschädigung und Tribut an den Sieger.

---

[75] Zu dem österreichisch-ungarischen Übereinkommen vom 27.11.1932, abgeschlossen in Venedig, vgl. *Treue,* Kunstraub. Über das Schicksal von Kunstwerken in Krieg, Revolution und Frieden, 1957, 310 ff.; *Haupt* (Fn. 60), 70.

[76] Art. 11 Abs. 1 des Friedensvertrags mit Ungarn (Fn. 16), 178.

[77] ILM 22 (1983), 298 (306 ff.).

4. Im Laufe des 19. Jahrhunderts verstärkte sich die Auffassung vom Staat als Hüter des nationalen Kulturerbes. Auch die Behandlung von Kulturgütern im Krieg wurde in Haager Konventionen geregelt. Dies führte dazu, dass seitdem wohl in kaum einem Friedensvertrag Bestimmungen über Kulturgüter fehlen.

5. Kulturgüter werden in Friedensverträgen vor allem in dreierlei Hinsicht erwähnt, nämlich als Entschädigung (Reparation), Wiedergutmachung (Restitution) und als Sezessionsgut.

6. In neuerer Zeit finden sich kaum mehr Vorschriften über Reparation in Form von Lieferung bestimmter Kulturgüter.

7. Wo Kulturgüter als Wiedergutmachung zurückzugeben sind, aber nicht mehr zurückgegeben werden können, ist Wiedergutmachung in Geld zu leisten. Eine „restitution in kind" müssen die Parteien vereinbaren; denn ein Völkergewohnheitsrecht zur Wiedergutmachung durch Lieferung gleichwertiger Kunstwerke lässt sich nicht nachweisen.

8. Beim Wechsel einer Gebietsherrschaft sind Kulturgüter, die mit dem Gebiet eng verbunden sind, der neuen Herrschaft herauszugeben.

Allgemeine Staatslehre in Zeiten der Europäischen Union

Von Christian Starck

I. Einleitung[*]

Die Allgemeine Staatslehre wird heute als wissenschaftliche Disziplin für tot erklärt, denn es gäbe keinen Staat mehr im Sinne des letzten Drittels des 19. Jahrhunderts, als die Allgemeine Staatslehre in Deutschland etabliert worden sei.[1] Daß die Epoche der Staatlichkeit zu Ende gehe, hat *Carl Schmitt* schon 1963 in der ihm eigenen Entschiedenheit prognostiziert.[2] Es lohne nicht, sich mit einem Auslaufmodell wissenschaftlich zu beschäftigen. Gegen die Allgemeine Staatslehre spreche ferner, daß sie keine einheitliche Methode habe. Juristische Staatslehre sei deshalb ein fragwürdiges Unternehmen. Denn es sei nicht klar, was Juristen zu einer nichtjuristischen Annäherung an den Staat beitragen sollten.[3] Schließlich wird die Existenz der Europäischen Union geradezu als Beleg dafür herangezogen, daß es keine Allgemeine Staatslehre mehr geben könne. Und über die Europäische Integration hinaus nehme die Globalisierung der Wirtschaft und vieler Lebensverhältnisse sowie die den Privaten offenstehenden Exit-Optionen den Staaten immer mehr an Bedeutung. Es sei bereits ein Wettbewerb der Rechtsordnungen entstanden.

Mein Thema „Allgemeine Staatslehre in Zeiten der Europäischen Union" steht quer zu diesen Beobachtungen. Ich werde so vorgehen, daß ich in einem I. Teil erkläre, was der Gegenstand der Allgemeinen Staatslehre ist (1), welche Methoden angewandt werden (2) und welchen Nutzen die Allgemeine Staatslehre heute noch bringt (3). In einem II. Teil meiner Überlegungen wende ich mich dann der Frage zu, welche Bedeutung die Allgemeine Staatslehre für das Verständnis der Europäischen Union hat, und zwar für deren Entstehung, Vertiefung und Erweiterung (1),

---

[*] Meine Göttinger Abschiedsvorlesung, gehalten am 3. Februar 2005, widme ich *Jost Delbrück* zum 70. Geburtstag. Er hatte von 1972–1976 den Lehrstuhl für Allgemeine Staatslehre und Politische Wissenschaft in Göttingen inne.

[1] *Schönberger,* Der „Staat" der Allgemeinen Staatslehre: Anmerkungen zu einer eigenwilligen deutschen Disziplin im Vergleich zu Frankreich, in: Beaud/Heyen (Hrsg.), Eine deutsch-französische Rechtswissenschaft?, 1999, 111 ff.; weitere Angaben bei *Voßkuhle,* Die Renaissance der Allgemeinen Staatslehre im Zeitalter der Europäisierung und Internationalisierung, JuS 2004, 2.

[2] *Schmitt,* Der Begriff des Politischen, Vorwort in der Ausgabe 1963, 10. Weitere Stimmen mit derselben Tendenz zitiert bei *Schuppert,* Staatswissenschaft, 2003, 170 ff.

[3] *Möllers,* Staat als Argument, 2000, 419 f.; dagegen zu Recht *Schuppert* (Fn. 2), 24 ff.

schließlich der Frage, ob und wie die Europäische Union mit den Begriffen der Allgemeinen Staatslehre erfaßt werden kann (2).

II. Allgemeine Staatslehre

1. Gegenstand

Lehre vom Staat ist nicht nur Staats*rechts*lehre, sondern untersucht und betrachtet den Staat auch als empirisches Phänomen, wozu selbstverständlich die Rechtsordnung gehört, die aber von außen betrachtet wird.

Staatslehre ist nicht nur räumlich allgemein, also auf die gegenwärtigen Staaten bezogen, die vergleichend betrachtet und nach Typen geordnet werden. Staatslehre ist auch zeitlich allgemein und schließt damit die Geschichte ein, zumindest seit der frühen Neuzeit. Damit wird freilich nicht ausgeschlossen, weiter in die Geschichte zurückzugehen und Epochen einzubeziehen, in denen Staat und Staatlichkeit im modernen Sinne noch nicht zu beobachten sind. Denn andere Formen politischer Herrschaft können Merkmale hervorgebracht haben, die auch dem Staat zugrunde liegen.[4] Dies gilt vor allem für die vorneuzeitliche politische Philosophie, soweit sie sich mit Zweck und Grenzen der politischen Herrschaft beschäftigt hat.

Dieser den Gegenstand Staat aus verschiedenen Blickwinkeln erfassenden Allgemeinen Staatslehre liegt ein Staatsbegriff zugrunde, der einerseits allgemein genug, andererseits substantiell genug sein muß, um die wesentlichen Strukturen dessen zu erfassen, was als Staat bezeichnet werden kann. Außerdem muß die Allgemeine Staatslehre Kategorien bereithalten, z. T. noch entwickeln, um „den Wandel von Staatlichkeit zu analysieren und zu erklären", was *Gunnar Folke Schuppert* als Aufgabe der „Neuen Staatswissenschaft" bezeichnet.[5]

Eine frühe, den Kern erfassende Definition verdanken wir *Jean Bodin,* der seine sechs Bücher über den Staat – erstmals 1583 in französischer Sprache erschienen – mit folgender Definition beginnt:[6] „République est un droit gouvernement de plusieurs mesnages et de ce qui leur est commun avec puissance souveraine." Also: Republik oder Staat ist eine am Recht orientierte, souveräne Regierungsgewalt über eine Vielzahl von Haushaltungen und das, was diesen gemeinsam ist. Die lateinische Fassung der Definition (1586) lautet: „res publica est legitima plurium familiarum et rerum inter se communium cum summa potestate gubernatio".

---

[4] Vgl. dazu neuerdings mit reichen Nachweisungen *Reinhard*, Geschichte der Staatsgewalt, 2. Aufl., 2000, 31–124.

[5] *Schuppert* (Fn. 2), 920; *Voßkuhle,* Der „Dienstleistungsstaat", Der Staat 40 (2001), 495 (502 ff.) m. w. N.

[6] Die französische Ausgabe „Six livres de la république" stammt von 1583, die lateinische Ausgabe von 1586.

Der Begriff *res publica* hat eine dynamische Komponente in *gubernatio* im Sinne von Steuerung, der das Bild vom Staatsschiff zugrunde liegt oder zugrunde gelegt werden kann. *Potestas* als Herrschaftsmacht wird über mehrere Haushaltungen ausgeübt und zwar über das, was ihnen gemeinsam ist. Hierin liegt eine klare Beschränkung der Herrschaftsgewalt.[7] Deshalb bedeutet diese frühe Definition der Souveränität nicht Allmacht, sondern nur höchste Macht in den Dingen, die zum Aufgabenbereich der Republik gehören.[8] Was die Steuerungsgewalt der Republik anbelangt, heißt es *legitima,* d. h. am Recht orientiert. Das hat später *Christian Wolff* 1766 dahin zum Ausdruck gebracht, daß er die Staatsgewalt als *imperium limitatum* bezeichnete.[9]

Auf der Grundlage dieser *Bodin*schen Definition möchte ich für den Begriff des Staates zunächst folgenden Vorschlag machen: Auf der Basis eines abgegrenzten Territoriums (1) wird über die Bewohner desselben (2) – gesteigert über die Staatsangehörigen – Staatsgewalt ausgeübt (3), zu deren Eigenschaft Souveränität (4) gehört. Die Staatsgewalt nimmt Gemeinschaftsaufgaben wahr (5) aufgrund einer Rechtsordnung (6), die prinzipiell akzeptierte Normen für das Verhalten der Bewohner (einschließlich Amtsträger) gibt (7).

Auf der Basis dieses Staatsbegriffs beschäftigt sich die Allgemeine Staatslehre mit den Zwecken des Staates, welche sind:[10] Sicherung des Friedens durch staatliches Gewaltmonopol und Landesverteidigung. Dem Frieden als Staatszweck verdankt der Staat als Begriff und als tatsächliche Erscheinung gewissermaßen seine Entstehung am Ende der Religionskriege in der frühen Neuzeit. Der den Frieden effektiv sichernde Staat gebärdet sich als starker Staat, dem die Gewährleistung der Freiheit der Bürger abgerungen worden ist. Freiheit, wozu auch wirtschaftliche Freiheit gehört, erzeugt soziale Verwerfungen, die der Staat durch sozialen Ausgleich mildern muß. Diese drei wichtigsten Staatszwecke – Friede, Freiheit und sozialer Ausgleich – stehen in einem Dreiecksverhältnis, das die Relation jedes einzelnen Staatszweckes zu den beiden anderen Staatszwecken im Sinne eines jeweils als angemessen empfundenen Ausgleichs verlangt. Andeutungsweise in Stichworten bedeutet das:

- Freiheitsschranken um des Friedens willen,
- aber auch Freiheit als Voraussetzung des Friedens;
- sozialer Ausgleich zur Sicherung des Friedens,
- aber Versuche, utopische Gerechtigkeitskonzepte zu verwirklichen, stören den Frieden;

---

[7] Hinzu kommen weitere Schranken: Das Recht Gottes und der Natur sowie die leges fundamentales (z. B. Thronfolgerecht), dazu *Reinhard* (Fn. 4), 113.

[8] So in Zusammenfassung der Entwicklung der Souveränitätslehre *Hennis,* Das Problem der Souveränität (1951), erschienen 2003, 72.

[9] *Wolff,* Jus Naturae methodo scientifica pertractatum, 1766, pars VIII cap. 1 § 73.

[10] Dazu und zum folgenden *Starck,* Frieden als Staatsziel, in: FS für Carstens, 1984, 867 ff. = *ders.,* Der demokratische Verfassungsstaat, 1995, 231 ff.

– sozialer Ausgleich beschneidet Freiheit und Eigentum,
– aber Freiheit begrenzt auch sozialen Ausgleich.

Mit den Staatszwecken innig verwoben ist der Menschenrechtsschutz durch staatlich verbürgte Grundrechte, die Freiheit gewährleisten; diese muß um des Gemeinwohls und der Rechte anderer willen beschränkt werden. Folge der Grundrechtsgewährleistungen ist es, daß der Staat nicht alle Lebensbereiche gestaltend beherrscht, sondern allenfalls Schranken setzen darf oder, wenn er sie ausgestaltet, Autonomieräume lassen muß. Es geht dabei vor allem um die folgenden Lebensbereiche und die jeweils dazu gehörenden Institutionen:

– Religion und Kirchen,
– Wirtschaft und Verbände,
– Information und Massenmedien,
– Wissenschaft und Hochschulen,
– Politik und Parteien.

Ein weiteres großes Kapitel der Allgemeinen Staatslehre sind Form, organisatorischer Aufbau und Mittel des Staates. In der Staatsform kommt die Legitimation der Herrschaft zum Ausdruck. Aus der Geschichte kennen wir vor allem die Monarchie und die Aristokratie in verschiedenen Ausprägungen. In der Gegenwart legitimieren sich die Staaten zumeist demokratisch, entweder real durch freie Wahlen oder nur behauptet. Solche Unterscheidungen lenken zum Thema „Staatsform und wirkliche Herrschaft". Diese Thematik läßt sich weiter aus der Organisation der Staatsgewalt, also den Formen der Gewaltenteilung und der Garantie der Menschenrechte erschließen. Bezieht man die vertikale Gewaltenteilung mit ein, läßt sich auch das Ausmaß der Dezentralisation bis hin zur Bundesstaatlichkeit erkennen.

Organisation der Staatsgewalt und die Garantie der Menschenrechte sind der wesentliche Inhalt der Staatsverfassung, wie es so trefflich in Artikel 16 der französischen Erklärung der Menschen- und Bürgerrechte von 1789 heißt: „Toute société, dans laquelle la garantie des droits n'est pas assurée, ni la séparation des pouvoirs déterminée, n'a point de constitution." Die Verfassung ist zumeist eine geschriebene, die ihre Leit- und Rahmenfunktion nur erfüllen kann, wenn ihr Vorrang zukommt, der effektiv auch dem normalen Parlamentsgesetz gegenüber gesichert werden muß. Was uns die Allgemeine Staatslehre schließlich noch zeigt, sind die Mittel der staatlichen Herrschaft: Personal einschließlich Bürgerpflichten, Sachen (Gebäude, Straßen, Brücken, Fahrzeuge), ferner Kommunikationsmittel zur Erlangung von Informationen und schließlich – besonders wichtig – Finanzen.

2. Methoden

Diese knappe Skizze des Gegenstandes, die übersichtsartig den Inhalt meiner häufig gehaltenen Vorlesung „Allgemeine Staatslehre" wiedergibt – erstmalig im Sommersemester 1971, als ich in Göttingen anfing, also vor 34 Jahren, und letztmalig im jetzt auslaufenden Wintersemester –, wirft die Frage nach den wissenschaftlichen Methoden auf, mittels derer man Aussagen zur Allgemeinen Staatslehre gewinnen kann.

Da der Staat rechtlich geordnet ist, gehört die Beschäftigung mit dem Staat und seiner Verfassung auch in Gestalt der Allgemeinen Staatslehre auf jeden Fall zur Rechtswissenschaft, wenn auch nicht ausschließlich. Die Rechtswissenschaft ist entgegen *Kelsen* nicht bloße Normwissenschaft, was sich schon in dem wirklich klassischen Gebiet der Rechtswissenschaft, der Rechtsdogmatik, zeigt, die für Gesetzesauslegung und Rechtsfortbildung ohne Empirie nicht auskommt.[11] Das gilt in noch stärkerem Maße für die Gesetzgebungslehre, die gegebene Gesetze würdigt und Vorschläge für gute Gesetzgebung macht, was die Kenntnis der gesellschaftlichen Wirklichkeit voraussetzt.[12] Dabei geht es nicht um eine voraussetzungslose Tatsachenforschung. Schon die empirische Sozialforschung braucht soziologische Kategorien und Fragestellungen,[13] mit deren Hilfe Daten und Erfahrungen gesammelt und geordnet werden können. Darüber hinausgehend bestehen in der Allgemeinen Staatslehre weitere, mit dem Staatsbegriff zusammenhängende leitende Gesichtspunkte, die die Erfassung der Wirklichkeit leiten. Dieses Vorgehen gilt auch, um zu erkennen, ob sich die Wirklichkeit nach den staatlich gesetzten Normen richtet oder nicht.

Soweit es um die räumliche Allgemeinheit der Staatslehre geht, werden zusätzlich die Mittel der Rechtsvergleichung angewandt.[14] Die konkrete Rechtsordnung ist immer sprachlich gefaßt, gleiche Ausdrücke in verschiedenen Rechtsordnungen bedeuten oft begrifflich nicht dasselbe. Deshalb muß das vergleichend untersuchte Problem von den Systembegriffen der eigenen Rechtsordnung gereinigt und in einer Sprache beschrieben werden, die in gemeinverständlichen Ausdrücken den als problematisch empfundenen Sachverhalt so kennzeichnet, daß die Interessenkollisionen, die Organisations- und Verfahrensprobleme einsichtig werden. Über solche für die Rechtsvergleichung notwendigen Metabegriffe verfügt die Allgemeine Staatslehre bereits – Gewaltenteilung, Rechtssetzung, Rechtsquellen, Menschenrechte, parlamentarisches Regierungssystem, Normenkontrolle usw. – und verständigt sich damit nicht nur europaweit, sondern auch weltweit.

Die zeitliche Allgemeinheit der Staatslehre verlangt Verständnis für die Methoden der Geschichtsforschung. Auch insoweit kommt es auf Fragestellungen und

---

[11] Dazu meine Göttinger Antrittsvorlesung *Starck,* Empirie in der Rechtsdogmatik, JZ 1972, 609 ff. = *ders.* (Fn. 10), 97 ff.

[12] *Starck,* Überlegungen zur Gesetzgebungslehre, ZG 1988, 1 (14 ff.); zu den Realien der Gesetzgebung *Schneider,* Gesetzgebung, 3. Aufl., 2002, Rn. 56; *Müller,* Elemente einer Rechtssetzungslehre, 1999, 34 f. m. w. N.; Diederichsen/Dreier (Hrsg.), Das mißglückte Gesetz, 1997, mit Beiträgen von *Arzt, Franzki, Knütel, Klein, Kirchhof.*

[13] *König,* Einleitung, in: ders. (Hrsg.), Handbuch der empirischen Sozialforschung, Bd. 1, 3. Aufl., 1973, 1 ff.; über Wert und Fruchtbarkeit von Fragestellungen *Heller,* Staatslehre, 1934, zitiert nach 6. Aufl., 1983, 37 f.

[14] *Starck,* Rechtsvergleichung im öffentlichen Recht, JZ 1997, 1021 (1026 ff.).

auf Metabegriffe an, die unter Beachtung der jeweiligen historischen Besonderheiten und Entwicklungslinien gebildet werden müssen.[15]

Mit dem Methodenpluralismus wird kein unkritischer Methodensynkretismus beschrieben, vielmehr ist es der Gegenstand, der die Methode bestimmt. Der Staat als allgemeines Phänomen kann nicht mit einer einzigen Methode, insbesondere nicht allein mit der juristisch-dogmatischen Methode erfaßt werden.[16] Das kommt schon sehr deutlich zum Ausdruck in der Allgemeinen Staatslehre von *Georg Jellinek,* die im Jahre 1900 zum ersten Male und 1913 in der dritten Auflage erschienen ist.[17]

Die Jahrhundertwende um 1900 war die große Zeit der Allgemeinen Staatslehre in Deutschland – sie gab gewissermaßen eine Antwort auf die rein juristische Betrachtung des Staatsrechts im Zeitalter des Positivismus.[18] War in der ersten Hälfte des 19. Jahrhunderts noch eine vernunftrechtliche Betrachtung des Staatsrechts herrschend,[19] so wurde in den 60er Jahren ein Methodenwechsel eingeleitet, vor allem von *Carl Friedrich von Gerber,*[20] der sich mit 21 Jahren im Zivilrecht habilitiert hatte und schon mit 23 Jahren Inhaber einer Professur war. Der Methodenwechsel ist besonders deutlich von *Paul Laband* – ebenfalls vom Zivilrecht her kommend – zum Ausdruck gebracht worden:[21] Die wissenschaftliche Aufgabe der Dogmatik liege in der Konstruktion der Rechtsinstitute, in der Zurückführung der einzelnen Rechtssätze auf allgemeine Begriffe und andererseits in der Herleitung der aus diesen Begriffen sich ergebenden Folgerungen. *Laband* meinte: „Ich kann es nicht als richtig anerkennen, wenn jemand der Dogmatik andere Aufgaben stellt als die gewissenhafte und vollständige Feststellung des positiven Rechtsstoffes und die logische Beherrschung desselben durch Begriffe."

Diese Konzentration der Staatsrechtswissenschaft auf das positive Recht verlangte geradezu nach der Disziplin der Allgemeinen Staatslehre. Und ebenso wie Ende des 19. Jahrhunderts der ins Staatsrecht eindringende Positivismus eine Allgemeine Staatslehre erforderlich gemacht hat, so ist sie heute unverzichtbar angesichts des vom Bundesverfassungsgericht und der Staatsrechtslehre geschaffenen detaillierten dogmatischen Gebäudes des deutschen Verfassungsrechts und angesichts der Notwendigkeit, die Prinzipien der Konstruktion der mit uns eng verbundenen europäischen Staaten wahrnehmen zu können. Damit sind wir beim dritten Punkt, nämlich dem *heutigen* Nutzen der Allgemeinen Staatslehre, angelangt.

---

[15] Dazu nochmals *Reinhard* (Fn. 7), 15 ff.

[16] *Badura,* Die Methoden der neueren allgemeinen Staatslehre, 2. Aufl., 1998, X f., XIV f., 98 ff., 114 ff.; *Voßkuhle* (Fn. 1), 4.

[17] *Jellinek,* Allgemeine Staatslehre, 3. Aufl., Nachdruck 1960, 10 ff., 25 ff.

[18] *Friedrich,* Geschichte der deutschen Staatsrechtswissenschaft, 1997, 282.

[19] *Stolleis,* Geschichte des öffentlichen Rechts in Deutschland, Bd. II, 1992, 159 ff.; *Friedrich* (Fn. 18), 166 ff.

[20] *Gerber,* Grundzüge des Deutschen Staatsrechts, 1865; zu Gerber siehe *Stolleis* (Fn. 19), 332 ff.

[21] *Laband,* Das Staatsrecht des Deutschen Reiches, 5. Aufl., 1911, Bd. I, IX, 178.

3. Heutiger Nutzen

Allgemeine Staatslehre ist zunächst Propädeutik für das öffentliche Recht. Insoweit ist sie im Studienplan etabliert als Grundlagenfach, in dem man alternativ zur Rechtsgeschichte einen sogenannten Grundlagenschein erwerben kann. Die Allgemeine Staatslehre ist aber auch – verbunden mit der Rechtstheorie – Wahlfach, sie geht insoweit über Propädeutik hinaus und wird auch in höheren Semestern, vor allem in Seminaren, gepflegt. In den Empfehlungen für Prüfungsinhalte bei der Ersten Juristischen Staatsprüfung in Niedersachsen (Oktober 2002) ist das Fach folgendermaßen beschrieben: Allgemeine Probleme des Staates, Grundelemente demokratischer Regierungssysteme und ihre ideengeschichtlichen Bezüge, staatliche Herrschaftsträger und gesellschaftliche Machtträger im politischen Prozeß, internationale Beziehungen und Staatenverbindungen. Die Allgemeine Staatslehre ist also Institutionenlehre, die das geltende öffentliche Recht übergreift.

Nun wird immer wieder geltend gemacht, die Allgemeine Staatslehre sei eine deutsche Erfindung; auf sie könne schon deshalb verzichtet werden, weil es sie im Ausland nicht gäbe. Richtig ist wohl, daß es nur ausnahmsweise besondere Lehrbücher zur Allgemeinen Staatslehre gibt, z. B. in Italien und Spanien[22]. In beiden Ländern sind zudem deutsche Werke zur Allgemeinen Staatslehre übersetzt worden. Betrachtet man jedoch die ausländische Literatur nicht nach den Buchtiteln, sondern nach dem Inhalt der Bücher, so kann man z. B. für Frankreich feststellen, daß die klassischen Lehrbücher zum Verfassungsrecht den Titel tragen: „Institutions politiques et droit constitutionnel".[23] Ich greife das berühmte Werk von *Georges Burdeau* heraus, das 2003 in 28. Auflage, bearbeitet von *Francis Hamon* und *Michel Troper,* erschienen ist. Das Buch umfaßt 760 Seiten, wovon die ersten 400 Seiten eine veritable Allgemeine Staatslehre darstellen: „Théorie générale de l'Etat" (180 S.), „les régimes politiques contemporains" (100 S.), „histoire constitutionnelle de la France (depuis la Révolution)" (120 S.). In Frankreich ist freilich neuerdings auch eine Entwicklung zu beobachten, die Lehrbücher des Verfassungsrechts gänzlich auf das geltende französische Verfassungsrecht zu konzentrieren.[24] Insoweit folgt man der deutschen Linie. Der britischen Tradition ent-

---

[22] *González Casanova,* Teoria del estado y derecho constitucional, 3. Aufl., 1987, 564; *Verdu,* Manual de derecho politico, 1987; *Sanchez,* Teoria del estado y fuentes de la constitución: Introducción a la teoría de la constitución, 1989. Die meisten Lehrbücher des Verfassungsrechts enthalten einen allgemeinen Teil, der Grundfragen der Allgemeinen Staatslehre behandelt. Alle deutschen Standardwerke der Allgemeinen Staatslehre sind ins Spanische übersetzt worden.

[23] Vgl. dazu die ausführliche Darstellung bei *Beaud,* La théorie générale de l'Etat (Allgemeine Staatslehre) en France, in: Beaud/Heyen (Fn. 1), 83 (94): L'oubli progressif de la théorie générale de l'Etat par la doctrine française, 107 f.: Einfügung der Allgemeinen Staatslehre in die Werke über Verfassungsrecht. Siehe den französischen Klassiker *Carré de Malberg,* Contribution à la théorie générale de l'Etat, 1922.

[24] Führend *Favoreu* (coordonnateur), Droit constitutionnel, 1. Aufl., 1998, 7. Aufl. 2004, 21: „Le droit constitutionnel contemporain: une profonde et irréversible mutation."

spricht es, das britische Verfassungsrecht und seine geschichtliche Entwicklung exklusiv zu betrachten.[25]

In der Allgemeinen Staatslehre lernen wir, den eigenen Staat im Konzert der anderen gegenwärtigen Staaten zu betrachten, wir sehen das Allgemeine und die Eigenarten. Sowohl die allgemeinen Strukturen als auch die Eigenarten erhellen weiter aus der Rechtsgeschichte, die uns zeigt, daß die gegenwärtigen Strukturen nicht von uns und unseren unmittelbaren Vorgängern erfunden worden oder wie Manna vom Himmel gefallen sind, sondern daß es dazu der Anstrengung von Generationen bedurfte, die Überwindung von Abirrungen und Perversionen eingeschlossen, vor denen wir im übrigen auch in Zukunft nicht sicher sind.

Zwischen dem Allgemeinen und den Eigenarten entdecken wir in der Allgemeinen Staatslehre einzelne Staatstypen, die jeweils gemeinsame Strukturen aufweisen, so wie wir in der Rechtsvergleichung von Rechtsfamilien sprechen, deren „verwandtschaftliche" Beziehungen darin bestehen, daß sie gemeinsame Gene, d. h. gemeinsame Wurzeln haben.[26]

Bei den Staatstypen geht es hier nicht um konstruierte Idealtypen, denen der eine oder andere Staat mehr oder weniger angenähert ist, sondern um empirische Typen,[27] gebildet aus Merkmalen tatsächlicher Erscheinungsformen, die bestimmte Staaten gemeinsam haben, z. B. totalitäre Staaten, autoritäre Staaten oder liberale Staaten. Der Typus des liberalen Staates tritt heute in Erscheinung als demokratischer Verfassungsstaat,[28] der für unsere weiteren Überlegungen zur Europäischen Union von Bedeutung ist. Die gemeinsamen Merkmale des Staatstypus *demokratischer Verfassungsstaat* sind:

– eine Verfassung beruhend auf der verfassunggebenden Gewalt des Volkes,
– Vorrang dieser Verfassung, auch vor den vom Parlament beschlossenen Gesetzen, zunehmend durch gerichtliche Kontrolle gesichert,
– periodisch abgehaltene allgemeine, gleiche, geheime und freie Wahlen mindestens des Parlaments,
– Gewaltenteilung durch verfassungsrechtliche Normierung der Kreation, der Aufgaben, Zuständigkeiten und Verfahren der obersten Staatsorgane,
– Garantie der Grundrechte und gerichtlicher Schutz derselben.

---

[25] *Yardley,* Introduction to British Constitutional Law, 6. Aufl., 1984; *Marshall,* Constitutional Theory, 1980.

[26] Siehe dazu *Starck,* Das Christentum und die Kirchen in ihrer Bedeutung für die Identität der Europäischen Union und ihrer Mitgliedstaaten, in: Essener Gespräche zum Thema Staat und Kirche 31 (1997), 5 ff. = *ders.,* Freiheit und Institutionen, 2002, 29 ff.

[27] *Jellinek* (Fn. 17), 36 ff.

[28] Zur geschichtlichen Entwicklung und zur Struktur siehe *Fenske,* Der moderne Verfassungsstaat, 2001, passim.

III. Bedeutung der Allgemeinen Staatslehre für die Europäische Union

1. Entstehung, Verdichtung und Erweiterung der Europäischen Gemeinschaft

Die Europäische Gemeinschaft ist 1957 als Wirtschaftsgemeinschaft gegründet worden, war aber von Anfang an auch Rechtsgemeinschaft. Sie konnte nur gegründet und ins Werk gesetzt werden, weil den Mitgliedstaaten Rechtsgrundsätze gemeinsam sind, auf deren Grundlage Gemeinschaftsrecht geschaffen wurde. Diese Rechtsgrundsätze beruhen vor allem auf dem römischen Recht,[29] dem Christentum[30] und der Aufklärung. Die sechs Gründerstaaten – Deutschland, Frankreich, Italien und die drei Beneluxstaaten – gehören dieser Tradition an. Sie sind demokratische Verfassungsstaaten, die sich freilich in ihrer konkreten verfassungsrechtlichen und tatsächlichen Erscheinungsform voneinander unterscheiden. So sind die drei großen Gründerstaaten Republiken mit parlamentarischen Regierungen. In Frankreich wurde kurz nach der Gründung der Europäischen Wirtschaftsgemeinschaft ein Semiparlamentarismus analog der Weimarer Verfassung eingeführt mit beherrschender Stellung des Präsidenten der Republik. Die kleinen Beneluxstaaten sind Monarchien, allerdings auch mit parlamentarischen Regierungen. Allgemein gilt, daß die Staatsorgane dieser Länder in verfassungsrechtlich geordneten Formen und Verfahren und gebunden an bestimmte inhaltliche Normen ihre Entscheidungen treffen. Die im Verfassungsrecht dieser Länder zum Ausdruck kommenden Grundsätze sind in den Mentalitäten der Bevölkerung dieser Länder verankert.

Die Allgemeine Staatslehre ermöglicht es, hinter den verschiedenen Erscheinungsformen die gemeinsamen Grundsätze, also das Allgemeine, zu sehen und Auskunft darüber zu geben, welche Staaten einem Staatstypus angehören und sich unter den Gesichtspunkten ihres Verfassungsrechts, ihrer ökonomischen Verhältnisse und der Mentalitätsstrukturen ihrer Bevölkerung dazu eignen, einen engeren Bund miteinander zu schließen, dem von den Mitgliedstaaten Hoheitsrechte zur gemeinsamen Ausübung übertragen werden können.

Von der Gründung der Europäischen Wirtschaftsgemeinschaft im Jahre 1957 bis zum heutigen Zustand der Integration hat eine bemerkenswerte Verdichtung des Gemeinschaftsrechts stattgefunden, das eine starke Vereinheitlichung des Rechts in den Mitgliedstaaten bewirkt hat. Es sind die unmittelbar wirkenden Verordnungen der Europäischen Gemeinschaft und die Richtlinien, die die Mitgliedstaaten verpflichten, ihr Recht den Richtlinien anzupassen. Das Recht, das die Europäische Gemeinschaft im Rahmen der ihr übertragenen Hoheitsbefugnisse mit unmittelbarer oder mittelbarer Wirkung setzt, darf nicht im Widerspruch zu den

---

[29] *Koschaker*, Europa und das römische Recht, 3. Aufl., 1958, passim; *Wieacker*, Privatrechtsgeschichte der Neuzeit, 2. Aufl., 1967, 26 f.
[30] *Berman*, Recht und Revolution, 1991, 272 ff.; *Starck* (Fn. 26), 8–21 = 32–46; *Guyon*, Le legs du christianisme dans l'histoire du droit européen, in: d'Onorio (dir.), L'Héritage religieux du droit en Europe, 2004, 53 ff.

Rechtsgrundsätzen stehen, die in den Mitgliedstaaten gelten. Das Gemeinschaftsrecht muß auf fruchtbaren Boden fallen, es muß von der großen Mehrheit der Bevölkerung angenommen werden.

Der Prozeß einer starken Verdichtung des Gemeinschaftsrechts war begleitet durch ein Anwachsen der Zahl der Mitgliedstaaten. Jahrzehnt für Jahrzehnt wuchs die Europäische Gemeinschaft. 1973 traten Großbritannien, Irland und Dänemark bei, zwei Monarchien, eine Republik, die alle – ungeachtet britischer Besonderheiten – unter den Begriff des demokratischen Verfassungsstaates fallen. In den 80er Jahren wurden in zwei Etappen zunächst Griechenland (1981), sodann Portugal und Spanien (1986) Mitgliedstaaten. Die Länder dieser Südkette zeichneten sich dadurch aus, daß sie autoritäre Regime abschütteln konnten und sich in die Tradition der demokratischen Verfassungsstaaten eingliederten. Vorangegangen waren entsprechende Verfassungsgebungsprozesse, die stark am deutschen und italienischen Modell ausgerichtete Verfassungen hervorbrachten. Für Portugal und Spanien gilt insbesondere, daß in beiden Ländern Gelehrte im 16. Jahrhundert große aufklärerische Leistungen der Staatsphilosophie erbracht haben.[31] Dieses „goldene Zeitalter der Rechts- und Staatsphilosophie"[32] war im spanischen Schul- und Universitätsunterricht ständig wirksam, so daß in der Bevölkerung eine Mentalität fortwirken konnte, die den neuen Verfassungen innere Kraft und Festigkeit verleiht.

1995 sind nach dem Ende der Ost-West-Spaltung die früher neutralen Staaten Österreich, Finnland und Schweden der Europäischen Gemeinschaft beigetreten, die trotz Unterschieden im einzelnen sämtlich die Merkmale des demokratischen Verfassungsstaates erfüllen. Ein weiteres Jahrzehnt später sind 2004 die ehemals gezwungenermaßen dem kommunistischen Block angehörenden Staaten Polen, Ungarn, Tschechien, Slowakei, Slowenien und die drei baltischen Staaten Litauen, Lettland und Estland beigetreten. Nach der Herauslösung aus dem Block der kommunistischen Staaten fanden dort eifrige Verfassungsgebungsprozesse statt, in denen die Prinzipien des demokratischen Verfassungsstaates verwirklicht werden sind, die in der Mentalität der Bevölkerung relativ leicht wieder verankert werden können, da es sich bei den Staaten ausschließlich um Staaten handelt, die historisch ebenso wie die westeuropäischen Staaten durch das römische Recht, das lateinische Christentum und die Aufklärung geprägt worden sind.

Das erste Ergebnis zur Frage der Bedeutung der Allgemeinen Staatslehre für die Europäische Union besteht darin, daß die Allgemeine Staatslehre Kriterien für die mögliche Mitgliedschaft in supranationalen Gemeinschaften zur Verfügung stellt.[33]

---

[31] *Truyol y Serra,* Historia de la Filosofía del Derecho y del Estado, Bd. 2, 4. Aufl., 1995, 78 ff.; *Starck,* Die philosophischen Grundlagen der Menschenrechte, in: FS für Peter Badura, 2004, 553 (560 ff.) m. w. N.

[32] *Galván,* El tacitismo en las doctrinas políticas del Siglo de Oro Español, in: Anales de la Universidad de Murcia, vol. IV (1947–48), 895 ff.

[33] Vgl. Art. 6 Abs. 1 EUV: „Die Union beruht auf den Grundsätzen der Freiheit, der Demokratie, der Achtung der Menschenrechte und Grundfreiheiten sowie der Rechtsstaatlichkeit; diese Grundsätze sind allen Mitgliedstaaten gemeinsam"; ähnlich Art. 9 Vertrag einer Verfassung für Europa.

Außer der geographischen Zusammengehörigkeit muß es sich um institutionell und mentalitätsmäßig gefestigte demokratische Verfassungsstaaten handeln, die freiwillig und demokratisch legitimiert die supranationale Union gründen oder ihr beitreten und ihr Hoheitsrechte übertragen. Die supranationale Union ihrerseits muß ihre Aufgaben gemäß den Prinzipien des Verfassungsstaates erfüllen, d. h. gewaltenteilig arbeiten und die Rechte der Bürger der Mitgliedstaaten achten.

2. Die Europäische Union in den Kategorien der Allgemeinen Staatslehre

Aus der Zahl der möglichen und historisch vorkommenden Staatenverbindungen[34] interessieren uns hier hauptsächlich der Bundesstaat und der Staatenbund. Beide Staatenverbindungen sind stark völkerrechtlich geprägt, weil die Unterscheidung am Kriterium der Souveränität getroffen wird. Ein Staatenbund läßt die Souveränität seiner Mitglieder unangetastet. Schließen sich mehrere Staaten zu einem Bundesstaat zusammen – Beispiel Deutsches Reich 1871 und sein Vorgänger, der Norddeutsche Bund 1867 –, so geht ihre völkerrechtliche Souveränität zu Ende und insgesamt auf den Zentralstaat über; innerstaatlich werden die Hoheitsrechte, die nicht identisch mit der Souveränität sind, durch die Verfassung zwischen Bund und Ländern verteilt.

Die Frage ist nun, wie die supranationale Union einzuordnen ist. Auf jeden Fall ist sie kein Bundesstaat und soll wenigstens nach dem Willen der meisten Mitgliedstaaten[35] sowie der tonangebenden Parteien in Deutschland kein Bundesstaat werden. So heißt es in den zentralen Forderungen zum geplanten EU-Verfassungsvertrag in einem gemeinsamen Beschluß der Präsidien von CDU und CSU vom 4. Mai 2003:

„Die Europäische Union ist kein eigenständiger Staat mit dem Recht autonomer Kompetenzbegründung. Ein Abweichen von diesem Grundsatz wäre der entscheidende Schritt in den Bundesstaat, den die Menschen nicht wollen."

Im Grundsatzprogramm von Bündnis 90/Die Grünen heißt es:

„Wir setzen uns ... mit Nachdruck für den europäischen Verfassungsprozeß ein. Nicht die Verfassung eines europäischen Superstaates wollen wir voranbringen, sondern eine Verfassung, in der sich die Bürgerinnen und Bürger auf gemeinsame Institutionen, Verfahren und Rechte einigen und sich über das gemeinsame Band ihres Gemeinwesens verständigen."

Im Grundsatzprogramm der Sozialdemokratischen Partei Deutschlands in der Fassung vom 17. 4. 1998 heißt es:

„Wir wollen die Europäische Gemeinschaft zu den Vereinigten Staaten von Europa weiterentwickeln."

---

[34] Siehe die drei Aufzählungen bei *Doehring,* Allgemeine Staatslehre, 3. Aufl., 2004, Rn. 146.

[35] Z. B. *Lepoivre,* Staatlichkeit und Souveränität in der Europäischen Union am Beispiel Frankreichs, 2003, 209 ff.

Der Ausdruck „Vereinigte Staaten von Europa" stammt aus dem Heidelberger Programm der Sozialdemokraten von 1925 und wird deshalb hochgehalten, wobei nicht klar ist, ob es sich um einen Bundesstaat handeln soll. Einige Passagen im Grundsatzprogramm sprechen eher dagegen, insbesondere, wenn es heißt, daß die Souveränität aller Staaten in Europa unverletzlich sei.

Es wird freilich auch gefordert, die Europäische Union in einen europäischen Bundesstaat umzugestalten. Solches hört man aus der Wirtschafts- und Finanzwelt. Außenpolitisch soll Europa als Staat eine Weltmacht werden wie die USA. Wer den Nationalstaat, allen voran den deutschen, für überholt hält, ist schnell dabei, einen Eurostaat zu fordern oder ihn mit der Europäischen Verfassung schon heraufziehen zu sehen, obgleich es sich bei der Verfassung um einen völkerrechtlichen Vertrag handelt, den die Mitgliedstaaten abschließen. – Verfolgen wir die Linie des europäischen Bundesstaates nicht weiter, zumal sie die Allgemeine Staatslehre nicht herausfordert, die die Bundesstaatlichkeit traditionell behandelt. Wenn die Europäische Union kein Bundesstaat ist oder werden soll, ist sie dann ein Staatenbund? Es kommt schon sprachlich zum Ausdruck, daß sie mehr ist. Das in dem Begriff „Supranationalität" steckende Wort „Nation" bezeichnet im Englischen auch Staat. In richtiger deutscher Übersetzung müßte man von „Suprastaatlichkeit" sprechen. So ist auch das Völkerrecht, d. h. das internationale öffentliche Recht, in genauer deutscher Übersetzung „Zwischenstaatenrecht". „Supra" bedeutet oben darauf oder oberhalb. Daraus wird deutlich, daß sich Supranationalität von Internationalität unterscheidet. Der Begriff faßt die Sache, um die es geht, deutlich. Über dem einzelnen Mitgliedstaat besteht eine Hoheitsgewalt, die die Mitgliedstaaten durch die Übertragung von Hoheitsrechten selbst eingerichtet haben. Soweit Hoheitsrechte übertragen worden sind, geht das supranationale Recht allem nationalen Recht vor. Insoweit hat der einzelne Mitgliedstaat – aus eigenem Willen – eine Staatenunion über sich, deren Rechtsakte nicht nur politische Signale sind, die er umsetzen muß, sondern die selbst unmittelbar verbindliches Recht für die Bürger in den Mitgliedstaaten setzen.

Einige sehen in diesen Vorgängen eine Bestätigung dafür, daß der Begriff der nationalen Souveränität obsolet geworden ist.[36] Andere sprechen von föderativer Gemeinschaftssouveränität.[37] Nach diesen Vorstellungen hat die Souveränität, ver-

---

[36] *Ipsen*, Europäisches Gemeinschaftsrecht, 1972, 101; *ders.*, Die Bundesrepublik Deutschland in den Europäischen Gemeinschaften, in: Isensee/Kirchhof (Hrsg.), HStR, Bd. VII, 1992, § 181 Rn. 19; *Denninger*, Vom Ende nationalstaatlicher Souveränität in Europa, JZ 2000, 1121 (1125 f.); *Kokott*, Die Staatsrechtslehre und die Veränderung ihres Gegenstandes, in: VVDStRL 63 (2004), 7 (21 ff.).

[37] Z. B. *Dreier*, Art. Souveränität, in: Staatslexikon der Görresgesellschaft, Bd. IV, 1988, Sp. 1208; *Everling*, Überlegungen zur Struktur der Europäischen Union und zum neuen Europa-Artikel des Grundgesetzes, DVBl. 1993, 936 (942 f.); *Doehring*, Staat und Verfassung in einem zusammenwachsenden Europa, ZRP 1993, 98 ff.; als gefährlich gekennzeichnet, *ders.* (Fn. 34), Rn. 274; wenn der EuGH von einer Einschränkung der Souveränitätsrechte spricht (Gutachten 1/91 v. 14.12.1991, Slg. 1991, I-6079 Rn. 21), so bedeutet das nicht Souveränitätsteilung, sondern ist ein anderer Ausdruck für Übertragung von Hoheitsrechten als Akt der Souveränität.

standen als höchste Mächtigkeit, den Nationalstaat verlassen[38] und damit zugleich das Ende der Staaten im Sinne der Definition *Bodins* bewirkt. Es sieht eher so aus, daß in diesen Äußerungen der Begriff der Souveränität mit der Summe der Hoheitsrechte verwechselt wird.

Man muß sich von der Vorstellung freimachen, daß die Übertragung von Hoheitsrechten auf eine supranationale Union dem Staat, der die Übertragung durch völkerrechtlichen Vertrag selber vornimmt, die Souveränität entzieht, also der Staat, der Akteur ist, auf die Souveränität verzichtet. Der Abschluß eines völkerrechtlichen Vertrages, der den Staat rechtlich bindet, ist ein Akt der Souveränität. Dies ist vergleichbar mit einem privatrechtlichen Vertrag, den ich als Akt meiner Freiheit schließe. Ebensowenig wie ich auf meine Freiheit verzichte, wenn ich einem Verein beitrete oder in eine Handelsgesellschaft eintrete, verzichtet der Staat auf seine Souveränität, wenn er Hoheitsrechte, besser: Kompetenzen[39] oder Befugnisse[40], an eine supranationale Union abtritt. Die Europäische Gemeinschaft beruht immer noch auf dem demokratisch legitimierten Willen der Mitgliedstaaten. Deren fortbestehende Souveränität[41] erweist sich auch in dem Recht, aus der Europäischen Gemeinschaft auszutreten, an das das Bundesverfassungsgericht im Maastricht-Urteil erinnert hat[42] und das der Vertrag über eine Verfassung für Europa in Art. 60 ausdrücklich erwähnt.

Udo Di Fabio hat das Verhältnis zwischen Mitgliedstaaten und Union bildhaft so geschildert:[43] „Baumeister der neuen Architektur öffentlicher Gewalt bleiben die Mitgliedstaaten, sie tragen die *Kompetenzverantwortung* aus ihren bewährten gemeinsamen Verfassungstraditionen, ... Im Alltag dieses Hauses waltet der gemeinsame Interessenausgleich, das Ringen um eine wirtschaftliche und politi-

---

[38] *Delbrück*, dem dieser Artikel gewidmet ist, hat sich in den 1970er Jahren mit dem Problem der Souveränität der Mitgliedstaaten der europäischen Gemeinschaft beschäftigt und von einem Verlust an Souveränität als Folge einer effektiven, die Grenzen nationalstaatlichen Handelns überschreitender Bewältigung der großen wirtschaftlichen, sozialen und technologischen Probleme unserer Zeit gesprochen. Vgl. *ders.*, Souveränität und Nationalstaat im Wandel, in: Schwarz (Hrsg.), Hdb. der deutschen Außenpolitik, 1975, 669 (673); zurückhaltender noch *ders.*, Regionale Zusammenschlüsse und ihre Auswirkungen auf die Souveränität der Staaten, in: Picht/Eisenbart (Hrsg.), Frieden und Völkerrecht, 1973, 457 (480-484).

[39] So Art. 88 – 1 französ. Verfassung.

[40] Beschlußrechte, so Kap. X § 5 Schwed. Verfassung.

[41] So die h. L. im Völkerrecht, siehe z. B. *Steinberger*, Der Verfassungsstaat als Glied einer europäischen Gemeinschaft, VVDStRL 50 (1991), 9 (17); *Hillgruber*, Souveränität – Verteidigung eines Rechtsbegriffs, JZ 2002, 1072 (1077 ff.); *ders.*, in: Der Nationalstaat in übernationaler Verflechtung, in: Isensee/Kirchhof (Hrsg.), HStR, Bd. II, 3. Aufl., 2004, § 32 Rn. 61–74; *Randelzhofer*, Staatsgewalt und Souveränität, in: Isensee/Kirchhof (Hrsg.), HStR, Bd. II, 3. Aufl., 2004, § 17 Rn. 33 f.; deutlich auch *Schmitz*, Integration in der Supranationalen Union, 2001, 237 ff.

[42] BVerfGE 89, 155 (190); vgl. *Oppermann*, Europarecht, 2. Aufl. 1999, Rn. 221.

[43] *Di Fabio*, Der Verfassungsstaat in der Weltgesellschaft, 2001, 95 (die Hervorhebungen im Original).

sche Gemeinschaft. Die Union trägt die *Kooperationsverantwortung* für den Kontinent. Der alte Ehrgeiz der Völker Europas wird zivilisiert und in einen Wettbewerb der Staaten umgelenkt, wobei die Einhaltung der Wettbewerbsregeln das Alltagsgeschäft der Gemeinschaft ist, ...". Die Baumeistereigenschaft der Mitgliedstaaten verlangt allerdings, daß definierte Kompetenzen an die supranationale Union übertragen werden.[44] Die Kompetenz-Kompetenz, d. h., die Zuständigkeit über die Verteilung von Zuständigkeiten zu entscheiden, liegt bei den Mitgliedstaaten, worin ihre fortbestehende Souveränität zu sehen ist.

Mit der Übertragung von Hoheitsrechten auf die supranationale Union müssen die Merkmale des Konstitutionalismus auf Unionsebene gesichert werden.[45] Das geschieht durch die inzwischen mehrfach geänderten Gründungsverträge, die die Organisation, die Kompetenzen, die Verfahren und die Handlungsformen der Europäischen Gemeinschaft in rechtsstaatlicher Weise regeln, die Grundrechte sichern und eine zusätzliche demokratische Legitimation über die Direktwahl des Europäischen Parlaments etablieren. Die Verträge, die die Hoheitsrechte übertragen, stellen die Europäische Verfassung dar, die jetzt durch den inzwischen unterzeichneten Vertrag über eine Verfassung für Europa ausdrücklich so bezeichnet werden soll.[46] Ihre Ratifizierung in den Mitgliedstaaten bleibt allerdings noch abzuwarten.

Damit haben wir es mit einem neuen Typus von Staatenverbindungen zu tun, der von der Allgemeinen Staatslehre aufgenommen und bearbeitet werden muß, was insbesondere in den großen Monographien von *Stephan Hobe* (1998) und von *Thomas Schmitz* (2001) schon in Angriff genommen worden ist.[47] Wir sehen also: Die Allgemeine Staatslehre liefert nicht nur die Kriterien für die Möglichkeit des Zusammenschlusses von Staaten zu einer supranationalen Union. Mit deren Gründung ist die Allgemeine Staatslehre herausgefordert, die supranationale Union als neue Form der Staatenverbindung wissenschaftlich zu bearbeiten, insbesondere die neue Erscheinungsform des Mehrebenenverfassungsrechts dogmatisch zu konstruieren[48] und die Anforderungen an die demokratische Legitimation von Gemeinschaftsrecht zu klären[49].

Aber damit ist es nicht genug. Die Übertragung von Hoheitsrechten der Mitgliedstaaten auf die Europäische Union vermindert nicht nur die Aufgaben der Staaten, sondern stellt auch einen Einbruch in ihre verfassungsrechtliche Kompe-

---

[44] *Leonardy,* in: ders. (Hrsg.), Europäische Kompetenzabgrenzung als deutsches Verfassungspostulat, 2002, 23 ff.

[45] Dazu *Di Fabio* (Fn. 43), 49.

[46] Zum Verfassungsbegriff *Starck,* Der Vertrag über eine Verfassung für Europa, in: FS Götz, 2005.

[47] *Hobe,* Der offene Verfassungsstaat zwischen Souveränität und Interdependenz, 1998; *Schmitz* (Fn. 41).

[48] *Starck* (Fn. 46), unter I.

[49] *Kaufmann,* Europäische Integration und Demokratieprinzip, 1997.

tenzordnung und Verfahrensordnung dar. Dazu zwei Beispiele: Was früher der Bundestag im Verfahren der Gesetzgebung zumeist auf Vorschlag der Regierung ohne weitere politische Vorgaben im Rahmen der Verfassung entscheiden konnte, wird jetzt, soweit die entsprechen Kompetenzen auf die Europäische Union übertragen worden sind, von der Europäischen Union entschieden unter Mitwirkung der deutschen Regierung. Soweit es sich um Richtlinien (in Zukunft Rahmengesetze) handelt, sind diese dann vom Bundestag nur noch umzusetzen. Soweit Gesetzgebungsmaterien, die den Ländern zustehen, auf die Europäische Union übertragen worden sind, ist es ebenfalls nur die deutsche Exekutive, die an der Entscheidung auf europäischer Ebene teilhat. Diese innerstaatliche Entparlamentarisierung und Entföderalisierung ist ebenfalls ein Thema für die Allgemeine Staatslehre, und zwar nicht nur als Bestandsaufnahme, sondern auch zum Nachdenken über Alternativen oder Kompensationen.

Zum Schluß die Frage: Wird sich die Europäische Union als supranationale Union auf Dauer stabilisieren und als Beispiel für eine neuartige Staatenverbindung dann auch in die Lehrbücher der Allgemeinen Staatslehre dauerhaft eingehen?[50] Die Dynamik der Europäischen Union liegt einmal in der Verdichtung des europäisch gesetzten Rechts und zum anderen in der Erweiterung der Zahl der Mitgliedstaaten, die sich im Jahr 2004 von 15 auf 25 Mitgliedstaaten rasant gesteigert hat; und diese Dynamik ist weiter ungebrochen. Bulgarien und Rumänien, sogar die Türkei sind als neue Mitgliedstaaten ins Auge gefaßt. Zwischen beiden Dynamiken liegt eine enorme Spannung. Je dichter die Supranationalität werden soll, um so weniger verträgt sie geographische Erweiterungen. Nachdem die geographische Erweiterung weitgehend stattgefunden hat und nicht mehr rückgängig gemacht werden kann, sehe ich darin ein deutliches Zeichen dafür, daß sich die Europäische Union nicht zu einem Bundesstaat entwickeln, sondern eine supranationale Union bleiben und sich wohl auch in verschiedene Verdichtungskreise gliedern wird. Das ist heute beispielsweise schon währungsrechtlich deutlich in der Unterscheidung zwischen Euro-Staaten und Nicht-Euro-Staaten. Um die Erfassung solcher Vorgänge wird sich die Allgemeine Staatslehre bemühen müssen. Eine Lehre von der supranationalen Union muß nicht auf Europa beschränkt bleiben, es gibt auch andere Regionen in der Welt – südliches Afrika, Südamerika –, in denen Voraussetzungen für supranationale Unionen entstehen können.[51] Denn die Verhältnisse in der Welt sind so, daß die einzelnen Staaten bei der Erledigung der ihnen zukommenden Aufgaben mehr und mehr überfordert sind und sich zur eigenen Stärkung in Staatenverbindungen zusammenschließen.

---

[50] Immer noch ist die Europäische Gemeinschaft/Union in den neueren Auflagen der Lehrbücher zur Allgemeinen Staatslehre nur knapp behandelt, siehe *Zippelius,* Allgemeine Staatslehre, 14. Aufl., 2003, 77 f., 421, 424–428; *Doehring* (Fn. 34), 116 f., 188–190; *Pernthaler,* Allgemeine Staatslehre und Verfassungslehre, 2. Aufl., 1996, 16, 38, 220, 312–316.

[51] Ansätze gibt es im südlichen Afrika und neuerdings in Südamerika (Communidad Sudamericana de Naciones).

IV. Zusammenfassung

Die Begriffe der Allgemeinen Staatslehre sind geeignet, die Voraussetzungen von supranationalen Unionen zu erkennen, indem Typen von Staaten unter Einschluß ihrer ideellen und institutionellen Geschichte unterschieden werden. Anhand des Souveränitätsbegriffs können supranationale Unionen von Bundesstaaten unterschieden und ein eventueller Übergang von der supranationalen Union zum Bundesstaat genau festgestellt werden. Die Lehre von den Staatenverbindungen ist im Hinblick auf supranationale Unionen zu erweitern und zu vertiefen.

Proportionality Revisited
Überlegungen zum Grundsatz der Verhältnismäßigkeit im internationalen Recht

Von Torsten Stein

I. Einleitung

Obwohl mittlerweile gut 20 Jahre zurückliegend, stammt eine der auch heute noch maßgeblichen Darstellungen der Bedeutung des Grundsatzes der Verhältnismäßigkeit im Völkerrecht aus der Feder von Jost Delbrück.[1] Sie schließt mit der Feststellung, bei diesem Grundsatz handele es sich nicht mehr (nur) um einen allgemeinen Rechtsgrundsatz („general principle of law" im Sinne von Art. 38 (c) des IGH-Statuts), sondern um eine allgemeine Regel des Völkerrechts („general principle of international law"). Noch zehn Jahre später hat Rosalyn Higgins bezweifelt, ob das Prinzip überhaupt auch nur in die erstgenannte Kategorie falle,[2] und seinen (unbestrittenen) Platz nicht lediglich im kontinentaleuropäischen Verwaltungsrecht (und daraus abgeleitet in gewissem Umfang auch im Europäischen Gemeinschaftsrecht) habe.

Man wird Delbrücks damaliger Feststellung, die in der Formulierung auch als *de lege ferenda* Argument verstanden werden konnte, heute – im Einklang zumindest mit dem deutschen völkerrechtlichen Schrifttum[3] – uneingeschränkt zustimmen können; zu oft haben „proportionality" oder verwandte Begriffe wie „reasonableness", „adequacy" oder „necessity" Eingang in völkerrechtliche Normen, Entwürfe und Gerichtsentscheidungen gefunden, um den völkerrechtlichen Charakter des damit umschriebenen Rechtsprinzips weiterhin zu bestreiten. Aber es bleibt die Frage, ob es eine wirklich „allgemeine" Regel der Verhältnismäßigkeit im Völkerrecht gibt, oder nicht vielmehr ganz unterschiedliche „Verhältnismäßigkeiten" je nach Anwendungsbereich. Fraglos ist die Feststellung der Verhältnismäßigkeit oder auch Unverhältnismäßigkeit einer Maßnahme oder Handlung immer eine auf

---

[1] *Delbrück,* Proportionality, in: Bernhardt (Hrsg.), Encyclopedia of Public International Law, Bd. III, 1997, 1140 ff.

[2] *Higgins,* Problems and Process, International Law and How We Use It, 1994, 218 ff. (236).

[3] Bemerkenswert ist allerdings, daß kein Lehrbuch dem Verhältnismäßigkeitsprinzip einen eigenen Abschnitt widmet, es taucht immer nur im Zusammenhang mit dem jeweiligen Sachbereich auf (vgl. nur *Doehring,* Völkerrecht, 2. Aufl., 2004, Rn. 763, 772, 1033).

den konkreten Einzelfall bezogene; das ist hier nicht gemeint. Gemeint ist vielmehr, ob es einheitliche und objektive Standards dafür gibt, wann etwas nach Völkerrecht verhältnismäßig ist oder nicht; in der Formulierung von Higgins „proportionate in respect of *what*"?[4] Oder ist Verhältnismäßigkeit ein eher subjektiv auszulegender und angewendeter Begriff, der es dem zur Entscheidung berufenen Gericht ermöglicht, eine in seinen Augen „gerechte" Entscheidung zu treffen? Delbrück sagt hier, „proportionality emanate[s] from the overriding principle of justice".[5] Ist Verhältnismäßigkeit („proportionality") damit nur ein enger Verwandter von „equity", wenn auch *equity infra legem*?[6]

Entstanden ist der Grundsatz der Verhältnismäßigkeit (oder auch des „Übermaßverbotes") aus der Notwendigkeit, nach der Emanzipation des Einzelnen von der staatlichen oder auch kirchlichen Autorität individuelle Grund- und Menschenrechte abzuwägen gegen Allgemeininteressen, und um administrative Eingriffe in individuelle Rechte zu begrenzen.[7] Im nationalen Recht – und insbesondere im deutschen, wie anschließend kurz in Erinnerung zu rufen ist – haben sich für die Prüfung der Verhältnismäßigkeit detaillierte Regeln entwickelt. Gelten sie gleichermaßen auf der zwischenstaatlichen Ebene und gelten sie vor allem auch dann, wenn es nicht im Über- und Unterordnungsverhältnis um die Abwägung zwischen individuellen und Staatsinteressen, sondern um die Abwägung von Rechten und Interessen Gleicher, d. h. Staaten, geht? Können oder müssen die selben Prüfungsmaßstäbe Anwendung finden, wenn es einmal um den Schutz von Menschenrechten geht und ein anderes Mal um den Schutz staatlicher Souveränität und Territorialhoheit? Oder wenn beides involviert ist, wie beispielsweise im Kriegsrecht?

II. Verhältnismäßigkeit im deutschen Recht

Nachdem Hartley in seinem Werk „The Foundations of European Community Law"[8] schreibt, „proportionality is a familiar provision of German constitutional law", mag es erlaubt sein, darin einen gewissen Vorbildcharakter nicht nur für das Europäische Gemeinschaftsrecht, sondern auch für das Völkerrecht zu sehen. Ausgehend von der polizeirechtlichen Vorschrift in § 10 II, 17 des Preußischen Allgemeinen Landrechts[9] erstreckte sich die Geltung des Grundsatzes der Verhältnismäßigkeit auf das gesamte Recht der Eingriffsverwaltung und ist, obwohl in keiner deutschen Verfassung jemals ausdrücklich normiert, seit langem als ungeschriebe-

---

[4] *Higgins* (Fn. 2), 231.

[5] *Delbrück* (Fn. 1), 1141.

[6] *Higgins* (Fn. 2), 219 f., die unterscheidet zwischen „equity infra legem", „equity praeter legem" und „equity contra legem".

[7] *Delbrück* (Fn. 1), 1140.

[8] *Hartley*, The Foundations of European Community Law, 4. Aufl., 1998, 148.

[9] Vgl. dazu und zum Folgenden *Sachs* in: Sachs (Hrsg.), Grundgesetz, 3. Aufl., 2003, Art. 20 Rn. 145 ff.

ner Verfassungsgrundsatz im Rahmen des Rechtsstaatsprinzips („rule of law") anerkannt[10] und gilt für alle drei Staatsgewalten. Elemente der Verhältnismäßigkeit und damit zugleich Maßstab für die Prüfung ihrer Einhaltung sind Eignung, Erforderlichkeit und Proportionalität (Verhältnismäßigkeit im engeren Sinne). Eignung liegt vor, wenn aufgrund einer *ex ante* Beurteilung (Prognose) die Wahrscheinlichkeit oder auch nur realistische Möglichkeit gegeben ist, daß die Maßnahme den mit ihr verfolgten Zweck erreichen wird, zumindest teilweise. Eignung fehlt nur dann, wenn das Mittel evident ungeeignet bzw. die Prognose nicht ernsthaft vertretbar ist oder sich als fehlerhaft erweist und nicht korrigiert wird. Erforderlichkeit verlangt, zum Erreichen des (erlaubten) Zweckes das mildeste Mittel gleicher Wirksamkeit einzusetzen, sofern es nicht einen aus der Sicht des Handelnden objektiv unvertretbaren Aufwand erfordert. Proportionalität (Verhältnismäßigkeit im engeren Sinne) verlangt, daß die durch das eingesetzte Mittel verursachte (grundsätzlich erlaubte) Rechtsbeeinträchtigung nicht außer Verhältnis zu den angestrebten (ebenfalls erlaubten) Zwecken stehen darf. Salopp gesagt: Man darf nicht mit Kanonen auf Spatzen schießen, selbst wenn man grundsätzlich auf Spatzen schießen darf, nur über Kanonen verfügt und die Eignung dieser Waffe außer Zweifel steht.

Wenn man sich die in reichem Maße vorhandene Literatur und Rechtsprechung zum Verhältnismäßigkeitsprinzip im deutschen (Verfassungs-)Recht ansieht,[11] wird deutlich, daß es für die Prüfung und Abwägung der dieses Prinzip ausmachenden Elemente kaum feste – und noch viel weniger normative – Maßstäbe gibt. Insofern erstaunt auch nicht, daß mangelnde Verhältnismäßigkeit nicht sehr oft – zumindest nicht auf der Ebene des Verfassungsrechts – Grund für die Aufhebung einer Maßnahme war. Damit vermindert sich aber auch die Auslegungshilfe, die man aus dem nationalen (deutschen) Recht für die Bestimmung des Inhalts des Verhältnismäßigkeitsgrundsatzes auf der internationalen Ebene gewinnen könnte, abgesehen vielleicht von der dreistufigen Prüfung nach Geeignetheit, Erforderlichkeit und Verhältnismäßigkeit im engeren Sinne, jedenfalls soweit es um den Schutz von Individualrechten geht. Aber auch diese Dreistufigkeit der Prüfung wird auf der internationalen Ebene nicht immer durchgehalten, wie die nachfolgende kurze Übersicht zeigt.

III. Der Grundsatz der Verhältnismäßigkeit in der Rechtsprechung des EGMR

Die dreistufige Prüfung der Verhältnismäßigkeit in der Rechtsprechung des Europäischen Gerichtshofes für Menschenrechte folgt – bedingt durch die Formu-

---

[10] Ständige Rechtsprechung des Bundesverfassungsgerichts seit BverfGE 7, 377; vgl. im einzelnen *H. Schneider,* Die Verhältnismäßigkeitskontrolle insbesondere bei Gesetzen, in: Starck (Hrsg.), Bundesverfassungsgericht und Grundgesetz, Bd. II, 1976, 390 ff.

[11] Vgl. die eingehenden Nachweise bei *Sachs* (Fn. 9), Art. 20 Rn. 145 ff.

lierung der Einschränkungsmöglichkeiten für die Konventionsgarantien – etwas abweichenden Regeln: Notwendig ist zunächst, daß die Einschränkung eine (nicht notwendig geschriebene) gesetzliche Grundlage hat:

> „The Court observes that the word 'law' in the expression ‚prescribed by law' covers not only statute but also unwritten law. Accordingly, the Court does not attach importance here to the fact that contempt of court is a creature of the common law and not of legislation. It would clearly be contrary to the intention of the drafters of the Convention to hold that a restriction imposed by virtue of the common law is not ‚prescribed by law' on the sole ground that it is not enunciated in legislation: this would deprive a common-law State which is Party to the Convention of the protection of Article 10 (2) and strike at the very roots of that State's legal system."[12]
>
> „The Court refers to its established case-law to the effect that the terms ‚prescribed by law' and ‚in accordance with the law' in Articles 8 to 11 of the Convention not only require that the impugned measures have some basis in domestic law, but also refer to the quality of the law in question, which must be sufficiently accessible and foreseeable as to its effects, that is formulated with sufficient precision to enable the individual – if need be with appropriate advice – to regulate his conduct".[13]

Weiterhin können Eingriffe in die Individualfreiheitsrechte aus der Konvention nur dann zulässig sein, wenn sie ein legitimes Ziel verfolgen. Die aus der Sicht der Konvention legitimen Ziele sind in den jeweiligen Absätzen 2 der Art. 8 bis 11 enumerativ aufgezählt, die eigentlich notwendige abstrakte Definition des „legitimen Ziels" hat die Rechtsprechung des EGMR bisher aber nicht geleistet. So verwundert nicht, daß das Fehlen eines legitimen Zieles bislang nur sehr selten die Konventionswidrigkeit eines Eingriffs begründet hat.[14]

Beruht der Eingriff auf einer ausreichenden gesetzlichen Grundlage und verfolgt er ein legitimes Ziel, so muß er darüber hinaus dem Grundsatz der Verhältnismäßigkeit genügen, den die Absätze 2 der Art. 8 bis 11 der Konvention in den Begriff der „Notwendigkeit des Eingriffs in einer demokratischen Gesellschaft" fassen. Zum Teil umschreibt der EGMR diese Voraussetzung als „pressing social need":

> „It is, in any event, for the European Court to give a final ruling on the restriction's compatibility with the Convention and it will do so by assessing in the circumstances of a particular case, *inter alia*, whether the interference corresponded to a ‚pressing social need' and whether it was ‚proportionate to the legitimate aim pursued'".[15]

Zum Teil wird auch von einer „fair balance" gesprochen:

> „The Court's task accordingly consists in ascertaining whether the measure in issue struck a fair balance between the relevant interests, namely the applicant's right to respect for his private and family life, on the one hand, and the prevention of disorder or crime, on the other".[16]

---

[12] EGMR, *Sunday Times*, Urteil vom 26.4.1979, Series A 30 (1979) Rn. 47.

[13] EGMR, *Eglise Métropolitaine de Bessarabie*, Urteil vom 13.12.2001, Vol. 2001-XII Rn. 109.

[14] Vgl. EGMR, *Dudgeon*, Urteil vom 22.11.1981, Series A 45 (1982) Rn. 44.

[15] EGMR, *Wingrove*, Urteil vom 25.11.1996, Vol. 1996-IV Rn. 53.

[16] EGMR, *Boujlifa*, Urteil vom 21.10.1997, Vol. 1997-VI Rn. 43

Und immer räumt der EGMR dem betroffenen Staat einen (allerdings überprüfbaren) Beurteilungsspielraum („margin of appreciation") ein, bei dem umstritten ist, ob es sich dabei um eine Modifikation des Verhältnismäßigkeitsgrundsatzes handelt oder um ein Instrument des Gerichtshofes zur Variation der Kontrolldichte, abhängig von der jeweiligen Situation oder Konstellation.[17] Jedenfalls läßt sich festhalten, daß der EGMR den Verhältnismäßigkeitsgrundsatz sehr flexibel handhabt.

IV. Der Grundsatz der Verhältnismäßigkeit in der Rechtsprechung des EuGH

Eine ganz besondere Flexibilität in der Anwendung des Verhältnismäßigkeitsprinzips kennzeichnet auch die Rechtsprechung des Gerichtshofes der Europäischen Gemeinschaften. Die Geltung des Verhältnismäßigkeitsgrundsatzes im Europäischen Gemeinschaftsrecht war bereits unstreitig schon bevor er (mit dem Vertrag von Maastricht) in den heutigen Art. 5 Abs. 3 EGV ausdrücklich aufgenommen wurde („Die Maßnahmen der Gemeinschaft gehen nicht über das für die Erreichung der Ziele dieses Vertrages erforderliche Maß hinaus"). Fraglich ist aber, ob das neben dem Erforderlichkeitsgebot auch zur Beachtung des Abwägungsgebotes („Verhältnismäßigkeit im engeren Sinne") verpflichtet. Auch die erkennbar an dem „Necessary-in-a-democratic-society"-Standard der EMRK orientierte Einschränkungsvoraussetzung in Art. II-112 Abs. 1 der Charta der Grundrechte der Europäischen Union („Unter der Wahrung des Grundsatzes der Verhältnismäßigkeit dürfen Einschränkungen nur vorgenommen werden, wenn sie notwendig sind und den von der Union anerkannten dem Gemeinwohl dienenden Zielsetzungen oder den Erfordernissen des Schutzes der Rechte und Freiheiten anderer tatsächlich entsprechen") bringt hier keine Klarheit. Im Schrifttum ist wiederholt versucht worden zu belegen, daß der EuGH alle drei Stufen der Verhältnismäßigkeitsprüfung absolviert,[18] aber die Entscheidungspraxis ist hier keineswegs eindeutig.

Deutlicher ist schon, daß der EuGH die Verhältnismäßigkeit eingehender (und dann auch in allen drei Stufen) prüft, wenn es im Vorlageverfahren darum geht, die mitgliedstaatliche Beschränkung von Freiheiten des Gemeinschaftsrechts zu kontrollieren, aber einen durchaus laxeren Maßstab anlegt, wenn es um die Prüfung eines Rechtsaktes der Gemeinschaft geht, der in Individualrechte eines Unionsbürgers eingreift.[19]

---

[17] *Grabenwarter,* Europäische Menschenrechtskonvention, 2003, § 18 Rn. 21.

[18] So insbesondere *Kischel,* Die Kontrolle der Verhältnismäßigkeit durch den Europäischen Gerichtshof, EuR 2000, 380 ff.; *Calliess,* in: Calliess/Ruffert (Hrsg.), Kommentar zu EU-Vertrag und EG-Vertrag, 2. Aufl., 2002, Art. 5 EGV Rn. 46; differenzierter *Pache,* Der Grundsatz der Verhältnismäßigkeit in der Rechtsprechung der Gerichte der Europäischen Gemeinschaften, NVwZ 1999, 1033 f.

[19] Vgl. dazu *de Búrca,* The Principle of Proportionality and its Application in EC Law, Yearbook of European Law 13 (1993), 105 ff. (114 ff.).

Die Rechtsprechung des EuGH bestätigt diesen Befund: So hieß es noch in früheren Urteilen

> „Dabei ist, wenn mehrere geeignete Maßnahmen zur Auswahl stehen, die am wenigsten belastende zu wählen; ferner müssen die verursachten Nachteile im angemessenen Verhältnis zu den angestrebten Zielen stehen".[20]

Spätestens im Verlaufe des berühmt-berüchtigten „Bananenstreites" zwischen der Bundesrepublik Deutschland und der Europäischen Gemeinschaft las man das aber in zahlreichen Entscheidungen anders. Seit der ersten Entscheidung[21] und ab dann unverändert hat der EuGH dem Vorwurf der Verletzung der Grundrechte auf Eigentum und Berufsfreiheit durch die Bananenmarkt-Verordnung entgegengehalten, die Verordnung entspreche dem Gemeinwohl dienenden Zielen der Gemeinschaft und taste die genannten Grundrechte nicht in ihrem Wesensgehalt an. Das ist eine sehr verkürzte Wiedergabe der Formel, die das Bundesverfassungsgericht im „Solange-II-Beschluß"[22] und in seinem Urteil zum Maastrichter Vertrag[23] verwendet hatte und zunächst vom „wirksamen Schutz der Grundrechte gegenüber der Hoheitsgewalt der Gemeinschaften" sprach und daraus die Forderung ableitete nach einem Schutz, der dem vom Grundgesetz gebotenen „im wesentlichen gleich zu achten ist, zumal den Wesensgehalt der Grundrechte generell verbürgt". Ob der Begriff „zumal" in Luxemburg richtig verstanden wurde, mag man bezweifeln. Unter den Wesensgehalt gehen darf man nicht. „Jedenfalls" den Wesensgehalt zu wahren, mag im Einzelfall angehen. Aber immer nur den Wesensgehalt, d. h. (nur verbal) das abstrakte Recht, aber nicht auch den dahinter stehenden Rechtsanspruch zu wahren, war sicherlich nicht das, was das Bundesverfassungsgericht gemeint hat[24] und was „Europa als Rechtsgemeinschaft", von dem auch der EuGH spricht,[25] verlangt.

Darüber hinaus verkürzt der EuGH die Prüfung der Verhältnismäßigkeit der angegriffenen Verordnung, wenn er ausschließlich darauf abstellt, ob sie zur Erreichung des Zieles „offensichtlich ungeeignet sei" oder eben nicht, und dabei auch die Erforderlichkeitsprüfung im Grunde verweigert:

> „Zwar ist nicht auszuschließen, daß andere Mittel in Betracht kommen konnten, um das angestrebte Ergebnis zu erreichen; der Gerichtshof kann jedoch nicht die Beurteilung des Rates in der Frage, ob die vom Gemeinschaftsgesetzgeber gewählten Maßnahmen mehr oder weniger angemessen sind, durch seine eigene Burteilung ersetzen, wenn der Beweis nicht erbracht ist, daß diese Maßnahmen zur Verwirklichung des Zieles offensichtlich ungeeignet waren".[26]

---

[20] EuGH, Rs. 265/87, *Schröder*, Slg. 1989, 2263 (2269); Rs. C-331/88, *FEDESA*, Slg. 1990, I-4057 (4063).

[21] EuGH, Rs. C-280/93, *Deutschland/Rat*, Slg. 1994, I-4973.

[22] BVerfGE 73, 339.

[23] BVerfGE 89, 115.

[24] Vgl. dazu *Stein*, „Bananen-Split"?, EuZW 1998, 261 ff.

[25] EuGH, Rs. 294/83, *Les Verts*, Slg. 1986, 1339 Rn. 23.

[26] EuGH, *Deutschland/Rat* (Fn. 21), 5069 Rn. 94.

Daß das Prinzip der Verhältnismäßigkeit für diesen Bereich des internationalen Rechts gilt, bei dem es allein um den Schutz von Individualrechten geht, wird man jedenfalls auf der Basis dieses Urteils schwerlich behaupten können.

V. Verhältnismäßigkeit außerhalb des Menschenrechtsschutzes

Die bisherigen Betrachtungen haben die Geltung des Verhältnismäßigkeitsprinzips im Hinblick auf den menschen- bzw. grundrechtlichen Schutz des Individuums zum Gegenstand gehabt. Der Grundsatz soll aber im Völkerrecht auch gelten in Bezug auf Maßnahmen, die ein Staat gegenüber einem anderen ergreift, auch dort, wo Individualrechte jedenfalls nicht unmittelbar betroffen sind. In der Rechtsprechung des Internationalen Gerichtshofes (IGH) hat „proportionality" darüber hinaus auch eine nicht unerhebliche Rolle gespielt in der Abgrenzung von (in erster Linie) maritimen Grenzen; das soll hier außer Betracht bleiben, denn in der Sache handelte es sich dabei dann doch wohl eher um „equity" denn um „proportionality".[27]

Ein immer genannter Anwendungsbereich für das Verhältnismäßigkeitsprinzip im Völkerrecht ist die Repressalie. Generell, als Vertragsrepressalie oder auch Kriegsrepressalie. Die International Law Commission formuliert in ihren „Draft Articles on Responsibility of States for Internationally Wrongful Acts"[28] in Artikel 51 (Proportionality): „Counter measures must be commensurate with the injury suffered, taking into account the gravity of the internationally wrongful act and the rights in question". Zumeist wird dazu gesagt, das Ausmaß der Schäden, die als Reaktion dem anderen Staat zugefügt werden, solle das Ausmaß der Schäden, die der zur Repressalie berechtigte Staat erlitten hat, nicht (wesentlich) übersteigen. Aber gibt es für all diese eher unbestimmten Rechtsbegriffe objektive Kriterien? Ein Staat kann durch eine Verletzung seiner völkerrechtlichen Rechte an einer für ihn besonders empfindlichen Stelle getroffen werden, die für andere (die dann gegebenenfalls die Richter des IGH stellen) eher belanglos erscheint. Gibt es akzeptierte Kriterien für die „Schwere" der Verletzung und das Gewicht der davon betroffenen Rechte, oder kann das aus der Sicht des Täters wie des Opfers nicht völlig unterschiedlich aussehen? Doehring macht zu recht darauf aufmerksam, daß der verletzte Staat mit der Repressalie nicht nur auf das Beenden der Verletzung, sondern auch darauf hinwirken darf, daß der Verletzer den Schaden wieder gut macht, so daß der Erzwingungsschaden den selbst erlittenen erheblich übersteigen kann.[29] Aus den eher seltenen Fällen, in denen der IGH sich mit „proportionality" im eigentlichen Sinne auseinandergesetzt hat, wird jedenfalls nicht deutlich, auf

---

[27] Vgl. dazu schon *Delbrück* (Fn. 1), 1143 f., insbesondere aber *Higgins* (Fn. 2), 228 ff. („The concept of proportionality in maritime deliminations remains, for me, full of uncertainties and problems").

[28] Official Records of the General Assembly, 56th Session, Supplement No. 10 (A/56/10).

[29] *Doehring* (Fn. 3), Rn. 1033.

welcher Stufe der Prüfung (Geeignetheit, Erforderlichkeit, Angemessenheit) das Ergebnis anzusiedeln ist.[30]

Dem Wortlaut nach ermächtigt Art. 60 der Wiener Vertragsrechtskonvention die Vertragsparteien bilateraler oder multilateraler Verträge, auf eine erhebliche Verletzung mit der Suspendierung oder Beendigung des Vertrages zu reagieren. Mittlerweile ist unstreitig, daß die Reaktion auch einen ganz anderen oder überhaupt keinen Vertrag betreffen darf, denn es wäre meistens sinnlos, den Vertrag, an dem einem etwas liegt und den der andere verletzt, seinerseits aufzugeben.[31] Auch da soll der Grundsatz der Verhältnismäßigkeit eingreifen.[32] Ist damit ausgeschlossen, daß ein Staat den einzigen anderen Vertrag suspendieren kann, den er mit dem anderen geschlossen hat, auch wenn der ein viel größeres ökonomisches Volumen hat?

VI. Verhältnismäßigkeit im Kriegsrecht

Die Anwendung militärischer Gewalt soll unter beiden Aspekten, dem *ius ad bellum* und dem *ius in bello*, in besonderer Weise dem Verhältnismäßigkeitsgrundsatz unterworfen sein.[33] Dabei spielen sowohl der Schutz staatlicher Rechtspositionen wie auch (und insbesondere beim *ius in bello*) der Schutz von Individualrechten eine Rolle. Schon im Nicaragua-Urteil hat der IGH festgehalten: „there is a specific rule whereby self-defense would warrant only measures which are proportional to the armed attack and necessary to respond to it, a rule well established in customary international law."[34] Er hat das im Nuklearwaffen-Gutachten wiederholt, die Staaten ermahnt, an die Verhältnismäßigkeit zu denken, wenn sie glaubten, in Selbstverteidigung Nuklearwaffen einsetzen zu müssen,[35] sich am Ende und mit Stimmengleichheit aber nur verstanden zu der Aussage: „In view of the current state of international law, and of the elements of fact at its disposal, the Court cannot conclude definitively whether the threat or use of nuclear weapons would be lawful or unlawful in an extreme circumstance of self-defense, in which the very survival of a State would be at stake". Wäre es aus Gründen der Verhältnismäßigkeit einem Staat untersagt, die Welt wissen zu lassen, er würde und könnte sich im Falle eines Angriffs nur nuklear verteidigen, weil er seine übrigen Streit-

---

[30] So heißt es in IGH, *Gabcikovo-Nagymaros,* ICJ Reports 1997, Rn. 85 nur: „The Court considers that Czechoslovakia, by unilaterally assuming control of a shared resource and thereby depriving Hungary of its right to an equitable and reasonable share of the natural resources of the Danube ... failed to respect the proportionality which is required by international law".

[31] So auch *Doehring* (Fn. 3), Rn. 374.

[32] *Delbrück* (Fn. 1), 1143.

[33] So schon *Delbrück* (Fn. 1), 1141 f.; *Higgins* (Fn. 2), 230 ff.; *Bothe/Partsch/Solf,* New Rules for Victims of Armed Conflict, 1982, 192 ff.

[34] IGH, *Nicaragua,* ICJ Reports 1986, 9 ff. Rn. 176.

[35] IGH, *Nuclear Weapons,* ICJ Reports 1996, 226 ff. Rn. 41 und 43.

kräfte abgeschafft bzw. auf die nuklearen Komponente reduziert habe? Gibt es umgekehrt eine völkerrechtliche Pflicht, konventionelle Streitkräfte zu unterhalten, um nicht allein auf die Nuklearwaffen angewiesen zu sein im Falle der Notwendigkeit, sich zu verteidigen?

Das *ius in bello* basiert fraglos weitestgehend auf dem Gedanken der Verhältnismäßigkeit, insbesondere das II. Kapitel des 1. Zusatzprotokolles zu den Genfer Konventionen.[36] Aber gibt es Einigkeit über das, was als (noch) verhältnismäßig gelten kann? Eine ganze Reihe von Staaten hat beispielsweise zu Art. 51 Abs. 5 b) („Kollateralschäden") eine Erklärung abgegeben, derzufolge „the military advantage anticipated from an attack is intended to the advantage anticipated from the attack as a whole and not only from isolated or particular parts of the attack".[37] Da kann der den Angriff führende Staat die Verhältnismäßigkeit weitgehend selbst bestimmen.

Zur Kriegsrepressalie schreibt Hobe: „Wenn der Gegner verbotene Kampfmittel im bewaffneten Konflikt anwendet, ist die andere Partei in den engen Grenzen der Repressalie unter Beachtung des *Grundsatzes der Verhältnismäßigkeit* zum Einsatz desselben Kampfmittels berechtigt".[38] Das würde bedeuten: eine Gasgranate als Antwort auf eine Gasgranate oder 100 Dumdum-Geschosse als Antwort auf 100 Dumdum-Geschosse. Aber wenn die Partei, die Opfer eines verbotenen Kampfmitteleinsatzes wurde, über dieses Mittel gar nicht verfügt, um damit antworten zu können? Darf dann ein anderes, ebenso verbotenes gewählt werden, oder wäre es von vornherein unverhältnismäßig, mit Laserwaffen auf Napalm zu reagieren, oder umgekehrt, wenn beide für die Kriegsparteien als verboten gelten?[39] Daß die Verhältnismäßigkeit gewahrt werden müsse, läßt sich offenbar leichter sagen als sie im konkreten Fall auch zu bestimmen.

VII. Ein aktuelles Beispiel: Der israelische Sperrzaun

Selten wird die Beliebigkeit in der Anwendung bzw. Intensität der Prüfung des Verhältnismäßigkeitsprinzips im Völkerrecht so deutlich wie dann, wenn zwei Gerichte über denselben Sachverhalt zu urteilen haben. Dies war der Fall bezüglich des Urteils des israelischen High Court of Justice im Falle Beit Sourik Village,[40] das die Legalität des Sperrzaunes zur Abgrenzung der palästinensischen Gebiete jedenfalls für ein bestimmtes Segment nach israelischem wie nach Völker-

---

[36] BGBl. 1990 II, 1550.

[37] *Roberts/Guelff* (Hrsg.), Documents on the Laws of War, 3. Aufl., 2000, 500 ff.

[38] *Hobe/Kimminich,* Einführung in das Völkerrecht, 8. Aufl., 2004, 542.

[39] Vgl. nur das VN-Waffenübereinkommen vom 10.10.1980 mit seinen Protokollen, die allerdings in sehr unterschiedlichem Umfang angenommen wurden (BGBl. 1992 II, 958; 1993 II, 935; 1997 II, 806).

[40] H.C.J. 2056/04, *Beit Sourik Village v. Government of Israel,* Urteil vom 20.6.2004, http://www.court.gov.il/eng.

recht zu beurteilen hatte, und des Gutachtens des IGH, das er kurz danach auf Antrag der Generalversammlung der Vereinten Nationen erstattete.[41] Die Entscheidungsgrundlage war insofern unterschiedlich, als die israelische Regierung vor dem High Court of Justice ausführlich Fakten zur Bedrohungslage und zur Begründung der gewählten Route des Sperrzaunes präsentiert hatte, während sie sich vor dem IGH nur dazu eingelassen hatte (wie im übrigen die Mehrzahl der westlichen Staaten auch), warum der IGH dieses Gutachten nicht erstatten sollte. Immerhin hat der IGH zur Kenntnis genommen, daß sich Israel bei der Konstruktion des Sperrzaunes auf sein Recht zur Selbstverteidigung gegen terroristische Angriffe berufen hat. Selbstverteidigung unterliegt dem Gebot der Verhältnismäßigkeit, aber deren Vorliegen (oder auch nicht, oder nicht überall entlang der Route des Sperrzaunes) hat der IGH gar nicht geprüft. Er beschränkte sich auf die nicht näher begründete Feststellung: „the Court, from the material available to it, is not convinced that the specific course Israel has chosen for the wall was necessary to attain its security objectives".[42] Ob da in wenigen Worten das Verhältnismäßigkeitsprinzip auf der zweiten Stufe („Erforderlichkeit") oder der dritten („Angemessenheit") angeprüft wurde, bleibt offen. Zudem verwarf der IGH Israels Berufung auf das Selbstverteidigungsrecht und die Resolutionen 1368 (2001) und 1373 (2001) des Sicherheitsrates der Vereinten Nationen mit der schlicht falschen Begründung, Selbstverteidigung setze einen bewaffneten Angriff eines Staates gegen einen anderen voraus und Israel kontrolliere die palästinensischen Gebiete, wobei die Bedrohung, die den Sperrzaun rechtfertigen solle, von dort ausgehe und nicht von außerhalb; die Situation sei damit eine ganz andere als die vom Sicherheitsrat in den genannten Resolutionen zugrunde gelegte.[43] Zum einen sagen diese Resolutionen eben gerade nichts über einen bestimmten anderen Staat, und vielleicht hatte es sich auch nicht bis zum IGH herumgesprochen, daß die Flugzeuge, mit denen die Anschläge des 11. September verübt wurden, nicht in einem anderen Staat, sondern in den USA selbst gestartet waren.[44]

Sehr viel intensiver und geradezu schulmäßig ist demgegenüber die Prüfung der Verhältnismäßigkeit im Urteil des israelischen High Court of Justice, auch wenn das Ergebnis nicht auf allen Stufen der Prüfung völlig überzeugt.

Im Urteil des israelischen High Court verweist Chief Justice Barak für die Geltung des Verhältnismäßigkeitsprinzips sowohl auf nationale Rechtsordnungen wie auf das Völkerrecht („Proportionality ... Its solution is universal")[45] und prüft dann zunächst eingehend die Geeignetheit des Sperrzaunes zur Erhöhung der Sicherheit (bejaht) und anschließend die Erforderlichkeit insbesondere der gewählten Route;

---

[41] IGH, *Legal Consequences of the Construction of a Wall in the Occupied Palestinian Teritory,* Gutachten vom 9.7.2004, http://www.icj-cij.org.

[42] *Id.,* Rn. 137.

[43] *Id.,* Rn. 139.

[44] Vgl. dazu die deutliche Kritik in den Sondervoten von Buergenthal und Higgins.

[45] Fn. 40, Rn. 36 ff.

sie wird im Ergebnis auch bejaht mit der nicht ganz unproblematischen Begründung, angesichts der unterschiedlichen Expertenaussagen (des verantwortlichen militärischen Befehlshabers und unabhängiger militärischer Experten) müsse das Gericht der Auffassung desjenigen den Vorzug geben, der auch tatsächlich die Verantwortung für die Sicherheit Israels trage.[46] Damit entzieht sich das Gericht der Verantwortung, die Erforderlichkeit selbst zu prüfen, im Ergebnis wird das aber auf der dritten Stufe („Angemessenheit") korrigiert. Hier entscheidet das Gericht, die Verhältnismäßigkeit (im engeren Sinne) zwischen Sicherheitsgewinn und der Verletzung der Rechte der Anwohner sei nicht „proportionate",[47] es gäbe eine alternative Route, die etwas weniger Sicherheit schaffe, die Rechte der Betroffenen aber deutlich weniger einschränke. Dieser kleine Verlust an Sicherheit sei hinzunehmen.

VIII. Schlußfolgerung

Aus der vorstehenden, sicherlich nicht lückenlosen, Untersuchung der Rechtsprechung internationaler Gerichte ergibt sich, daß der Grundsatz der Verhältnismäßigkeit im Völkerrecht jedenfalls noch keine dogmatische Grundlegung erfahren hat, wie sie sich in der deutschen, aber auch in anderen nationalen Rechtsordnungen im Laufe der Jahre entwickelt hat. Seine Geltung als objektiver Prüfungsmaßstab bleibt daher fraglich. Die Rechtswidrigkeit völkerrechtlich relevanter Maßnahmen folgt eher aus dem vertraglichen oder gewohnheitsrechtlichen Verbot bestimmten Verhaltens *per se*, oder aus dem Verbot bestimmter Mittel (z. B. Waffenverbote), denn aus mangelnder Erforderlichkeit oder Angemessenheit, zumal sich für das Völkerrecht jedenfalls nicht einheitlich sagen läßt, ob der Verhältnismäßigkeitsgrundsatz als Erforderlichkeits- und/oder als Angemessenheitsgebot gilt.[48] Erforderlichkeit steht sicherlich im Vordergrund beim (auch) völkerrechtlichen Individualrechtsschutz („necessary in a democratic society"), Angemessenheit dagegen eher beim *ius in bello* (militärischer Vorteil v. Kollateralschäden). Gerade „Angemessenheit" ist aber zumeist ein sehr subjektiv gefärbtes Kriterium, eingesetzt zur Stützung des erwünschten oder schon aus anderen Rechtsgründen gefundenen Ergebnisses.[49] So waren die Richter des IGH ersichtlich in ihrem Gutachten zum israelischen Sperrwall überzeugt von der Rechtswidrigkeit der israelischen Siedlungen in den besetzten palästinensischen Gebieten („the route chosen for the Wall gives expression *in loco* to the illegal measures taken by Isreal with regard to Jerusalem an the settlements"[50]), also war der gesamte Sperrzaun illegal

---

[46] Fn. 40, Rn. 58.

[47] Fn. 40, Rn. 60.

[48] Vgl. *Krugmann,* Der Grundsatz der Verhältnismäßigkeit im Völkerrecht, 2004, 67 ff.

[49] So auch *Krugmann,* ibid., 125.

[50] Fn. 41, Rn. 122. Hier stimmt auch der dissentierende Richter Buergenthal zu („Segments of the Wall being built by Israel to protect the settlements are *ipso facto* in violation of humanitarian law"), Rn. 9 des Sondervotums.

und seine Verhältnismäßigkeit an manchen Stellen seines Verlaufes gar nicht mehr zu prüfen.

Man wird auch in Zukunft lesen: „proportionality is a general principle of international law", aber vielleicht sollte man hinzufügen „and proportionality is what the judges say it is".

Der Zugang zu Medizin –
soziale Menschenrechte und Welthandelsordnung

Von Peter-Tobias Stoll

In der Diskussion um die Globalisierung geht es neben dem Unbehagen an den wirtschaftlichen und sozialen Folgen um die grundsätzliche Frage nach dem Verlust an Gestaltungs- und Steuerungsfähigkeit.[1] Das System des Welthandels mit seiner Freihandelsrationalität und Liberalisierungsdynamik engt – so der gängige Befund – nationale Gestaltungsspielräume ein, ohne dass die damit bisher verfolgten Belange und Bedürfnisse nun auf internationaler Ebene wahrgenommen und in dem weltwirtschaftlichen System Berücksichtigung finden. Dem internationalen System fehlt die Einbettung in einen sozialen Rahmen nach Art nationaler Staats- und Rechtsordnungen, der die Berücksichtigung sozialer Belange und die Produktion öffentlicher Güter sicherstellt und mit dem System der Marktordnung normativ verschränkt ist. Sie weicht insoweit vom Entwicklungsmuster der europäischen Integration ab, in der schritthaltend mit der Marktintegration diese soziale Rahmenordnung und die entsprechenden Willensbildungsmechanismen auf europäischer Ebene in dem Maße ausgebildet wurden, in dem die Mitgliedstaaten Befugnisse und die reale Handlungsmöglichkeiten aufgegeben haben.

Es verwundert unter diesen Umständen nicht, dass auf internationaler Ebene soziale Fragen zunehmend deutlicher formuliert und diskutiert werden und die Verkoppelung solcher sozialen Belange mit dem System des Welthandels zu einem überragend wichtigen Thema der internationalen Beziehungen avanciert ist.

Die wohl größte soziale Herausforderung dieser Tage stellt die Bekämpfung von AIDS dar; einer Seuche, die besonders den Süden Afrikas trifft und ganze Gesellschaften zu destabilisieren droht.[2] Der Ernst der Lage wird daran deutlich, dass sich eine Sondergeneralversammlung der Vereinten Nationen und der Sicherheitsrat mit diesem Thema befasst haben[3] und der Bericht des High Level Panels on Threats, Challenges and Change des Generalsekretärs der Vereinten Nationen neben der Armut und der Umweltdegradierung auch die Infektionskrankheiten zu

---

[1] Siehe dazu besonders: *Delbrück*, Transnational Federalism: Problems and Prospects of Allocating Public Authority Beyond the State, Indiana Journal of Global Legal Studies 11 (2004), 31 (32 ff.).

[2] Nähere Angaben dazu finden sich bei UNAIDS, siehe http://www.unaids.org.

[3] Siehe z. B. S-Res. 1308/2000 v. 17. Juli 2000.

den Herausforderungen zählt, vor die sich das System der kollektiven Sicherheit gestellt sieht.[4] Ein wichtiger Teilaspekt der internationalen Bemühungen um die Bekämpfung von AIDS betrifft den sogenannten Zugang zu Medizin. Damit verbindet sich das am Ende erfolgreiche Unternehmen, unter einem menschenrechtlich geprägten Begriff durch eine Beschlussfassung in der WTO die kostengünstige Produktion und Verteilung von lebenswichtigen Medikamenten durch eine Einschränkungen des Patentschutzes zu ermöglichen.[5] Bemerkenswert daran ist, *erstens*, dass hier eine Art Renaissance sozialer Rechte deutlich wird, die sich als durchaus wirksam erweisen, auch wenn sie nach dem deutschen Verfassungsverständnis zunächst recht befremdlich wirken müssen. *Zweitens* lässt sich hier verfolgen, wie solchermaßen formulierte soziale Belange Eingang in die WTO finden und damit die systemische Kluft zwischen den unterschiedlichen Teilordnungen des internationalen Systems überbrückt werden kann.

I. Der Kampf gegen AIDS und das geistige Eigentum

Für die Bekämpfung von AIDS und anderen Epidemien ist die Versorgung mit wirksamen Medikamenten essentiell. Sie muss gerade auch in Gesellschaften sichergestellt werden, die dafür keine hohen Kosten tragen können. Ein wichtiges Instrument stellt insoweit die Gründung eines von Regierungen, Nichtregierungsorganisationen und Unternehmen getragenen „Global Fund to Fight AIDS, Tuberculosis and Malaria" auf Initiative der Sondergeneralversammlung dar, der wesentlich zu einer internationalen öffentlichen Finanzierung der Versorgung beiträgt.[6]

---

[4] Report of the Secretary General's High Level Panels on Threats, Challenges and Change, New York 2004, siehe den mit „Collective security and the challenge of prevention" überschriebenen 2. Teil des Berichts, der „Poverty, infectious disease and environmental degradation" als „Threats" nennt (21) und diese Bedrohungen auf gleicher Ebene wie „Inter-State conflict", „Internal conflict, including civil war, genocide and other large-scale atrocities", „Nuclear, radiological, chemical and biological weapons", „Terrorism" und „Transnational organized crime" ansiedelt.

[5] *Matthews*, WTO Decision on Implementation of Paragraph 6 of the Doha Declaration on the TRIPS Agreement and Public Health: A Solution to the Access to Essential Medicines Problem?, JIEL 2004, 73; *Hestermeyer*, Flexible Entscheidungsfindung in der WTO, GRUR Int. 2004, 194; *ders.*, Access to Medication as a Human Right, Max-Planck-Yearbook of United Nations Law 8 (2004), 101; *Abbott*, The Doha Declaration on the TRIPS Agreement and Public Health: Lighting a Dark Corner at the WTO, JIEL 2002, 469; *Bartelt*, Compulsory Licensing Pursuant to TRIPS Article 31 in the Light of the Doha Declaration on the TRIPS Agreement and Public Health, Journal of World Intellectual Property 2003, 283 (296); *Scherer/Watal*, Post-TRIPS Options for Access to Patented Medicines in Developing Nations, JIEL 2002, 913; *Sun*, Reshaping the TRIPS Agreement Concerning Public Health: Two Critical Issues, JWT 2003, 163; *Herrmann*, TRIPS, Patentschutz für Medikamente und staatliche Gesundheitspolitik, EuZW 2002, 37.

[6] *Matthews* (Fn. 5), 76 ff.

1. Zwangslizenzen

Allerdings ist eine solche öffentliche Förderung für sich genommen nicht ausreichend. In Anbetracht der Notlage sind die Kosten für die überwiegend unter Patentschutz stehenden wirksamen Arzneimittel der neueren Generation kaum aufzubringen. Die nationalen ebenso wie die internationalen Regeln des Patentschutzes sehen deswegen die Möglichkeit vor, dass der Staat gegen Entrichtung einer festzulegenden Gebühr Dritten die Benutzung der geschützten Erfindung erlaubt, um eine ausreichende Versorgung sicherzustellen, wo der Patentinhaber allein dazu nicht willens oder in der Lage ist.[7] Der darin liegende Ausgleich zwischen verschiedenen öffentlichen und privaten Interessen[8] kommt in Art. 7 des Übereinkommens der Welthandelsorganisation über handelsbezogene Aspekte der Rechte des geistigen Eigentums[9] grundlegend zum Ausdruck.[10] Es heißt dort, dass „[d]er Schutz und die Durchsetzung von Rechten des geistigen Eigentums ... zur Förderung der technischen Innovation sowie zur Weitergabe und Verbreitung von Technologie beitragen, dem beiderseitigen Vorteil der Erzeuger und Nutzer technischen Wissens dienen, in einer dem gesellschaftlichen und wirtschaftlichen Wohl zuträglichen Weise erfolgen und einen Ausgleich zwischen Rechten und Pflichten herstellen [sollen]." In Art. 8 Abs. 1 heißt es weiter, dass „[d]ie Mitglieder ... bei der Abfassung oder Änderung ihrer Gesetze und sonstigen Vorschriften die Maßnahmen ergreifen [dürfen], die zum Schutz der öffentlichen Gesundheit und Ernährung sowie zur Förderung des öffentlichen Interesses in den für ihre sozio-ökonomische und technische Entwicklung lebenswichtigen Sektoren notwendig sind", soweit die „mit diesem Übereinkommen vereinbar" sind.

Die praktische Bedeutung der Regeln über die Zwangslizenz mag exemplarisch damit verdeutlicht werden, dass die Regierung der Vereinigten Staaten von Amerika die Anwendung dieses Instruments androhte, um in Anbetracht der Anschläge mit Milzbranderregern im Jahre 2001 die Versorgung mit einem Antibiotikum sicherzustellen, an dem ein deutsches Unternehmen die Schutzrechte hält.[11]

Als kurz zuvor Südafrika mit Blick auf die AIDS-Epidemie ähnliche Schritte erwog, wurde allerdings ein Rechts- und Strukturproblem deutlich, das durchaus

---

[7] Zur Ausgestaltung und Praxis nationaler Vorschriften über die Zwangslizenz siehe *Scherer/Watal*, Post-TRIPS Options for Access to Patented Medicines in Developing Nations, JIEL 2002, 913 (915 ff.).

[8] Siehe *Shaffer*, Recognizing Public Goods in WTO Dispute Settlement: Who Participates? Who Decides? The Case of TRIPS and Pharmaceutical Patent Protection, JIEL 2004, 459, und *Schorkopf/Walter*, Elements of Constitutionalization: Multilevel Structures of Human Rights Protection in General International and WTO-Law, German Law Journal 2003, 1359 (1367 ff.).

[9] Vom 15.4.1994, BGBl. 1994 II, 1730.

[10] Siehe *Matthews* (Fn. 5), 76 ff.; *Stoll/Schorkopf*, WTO – Welthandelsordnung und Welthandelsrecht, 2002, Rn. 595 f., 624 f.; *Stoll/Raible*, Schutz geistigen Eigentums und das TRIPS-Abkommen, in: Prieß/Berrisch (Hrsg.), WTO-Handbuch, 2003, 565 (Rn. 92 ff.).

[11] *Matthews* (Fn. 5), 81.

paradox erscheinen mag.[12] Trotz der gerade mit dem WTO-Übereinkommen über die handelsbezogenen Aspekte der Rechte des geistigen Eigentums bewirkten weltweiten Geltung und Vereinheitlichung des Patentschutzes auf hohem Niveau orientieren sich die materiellen Regeln über Erteilung und Grenzen des Patentschutzes ebenso wie die Wirtschaftspraxis an dem Territorialitätsprinzip und damit an den Grenzen der einzelnen, territorial definierten staatlichen Rechtsordnungen.

Diese an der einzelstaatlichen Rechtsordnung orientierte Perspektive ist etwa für die Frage maßgeblich, inwiefern sich das Patentrecht als Recht der ausschließlich gewerblichen Nutzung durch das Inverkehrbringen verbraucht. Nach der heftig umstrittenen, aber weiterhin geltenden und von dem TRIPS-Übereinkommen nicht angetasteten Rechtslage[13] gilt die Erschöpfung nur für die jeweilige nationale Rechtsordnung. Während aufgrund dieser Erschöpfung der Patentinhaber in dem entsprechenden Land keine Rechte mehr im Hinblick auf den weiteren Handel mit dem einmal auf den Markt gebrachten Produkt geltend machen kann, bleiben seine in anderen Staaten bestehenden Patentrechte davon unberührt. Den Import in ein anderes Land, in dem er gleichfalls ein Patent hält, kann deswegen der Patentinhaber untersagen und deswegen die einzelnen nationalen Märkte aufteilen.

An der nationalen Perspektive sind nach Voraussetzungen und Rechtsfolgen auch die Regelungen über die Zwangslizenz ausgerichtet. Die nationalen Gesetze und die einschlägigen internationalen Regelungen gehen als Voraussetzung der Erteilung einer Zwangslizenz von einer nationalen Notlage aus. So heißt es in Art. 8[14] des TRIPS-Übereinkommens, dass „Die Mitglieder ... die Maßnahmen ergreifen [dürfen], die zum Schutz der öffentlichen Gesundheit und Ernährung sowie zur Förderung des öffentlichen Interesses in den für ihre sozio-ökonomische und technische Entwicklung lebenswichtigen Sektoren notwendig sind." Was die Ausgestaltung von Zwangslizenzen anlangt, ist Art. 31 einschlägig. Große Bedeutung kommt dabei einer Einschränkung in Art. 31 TRIPS Buchst. f zu, nach der Zwangslizenzen „vorwiegend für die Versorgung des Binnenmarkts des Mitglieds" dienen sollen. Damit soll verhindert werden, dass Zwangslizenzen dazu führen, dass die entsprechenden Güter in nennenswertem Umfang exportiert werden.[15]

---

[12] Die darum in internationalen Organisationen und der interessierten Öffentlichkeit geführte Debatte hat mit einer Sammelklage begonnen, die pharmazeutische Unternehmen gegen eine Änderung des südafrikanischen Arzneimittelgesetzes angestrengt hatten. Dabei ging es unter anderem um eine Ermächtigung der Regierung, Zwangslizenzen zu erteilen, siehe *Matthews* (Fn. 5), 78 f.

[13] Art. 6 des TRIPS-Übereinkommens enthält lediglich eine Art Streitschlichtungsmoratorium in dieser Hinsicht.

[14] Art. 8 Abs. 1 des TRIPS-Übereinkommens lautet: „Die Mitglieder dürfen bei der Abfassung oder Änderung ihrer Gesetze und sonstigen Vorschriften die Maßnahmen ergreifen, die zum Schutz der öffentlichen Gesundheit und Ernährung sowie zur Förderung des öffentlichen Interesses in den für ihre sozio ökonomische und technische Entwicklung lebenswichtigen Sektoren notwendig sind; jedoch müssen diese Maßnahmen mit diesem Übereinkommen vereinbar sein."

[15] *Abbott* (Fn. 5), 499 f.

Der Zugang zu Medizin – soziale Menschenrechte und Welthandelsordnung   743

2. Defizite der Regelung von Zwangslizenzen

Aufgrund dieser Rechtslage konnte Südafrika kaum wirksam von dem in der WTO und im nationalen Recht vorgesehenen Zwangslizenzen Gebrauch machen. Die Produktion vor Ort unter einer solchen Lizenz schied aus, weil es vor Ort keine Unternehmen gab, die solche Präparate herstellen konnten.[16] Die sich eigentlich anbietende Möglichkeit, die Medikamente in anderen Staaten – im konkreten Fall: in Indien – herstellen zu lassen und zu importieren, erwies sich gleichfalls als rechtlich ausgeschlossen. Zwar hätte eine in Südafrika erteilte Zwangslizenz auch den eigentlich dem Pateninhaber ausschließlich zustehenden Import ermöglichen können. Allerdings war aufgrund des typischerweise weltweit geltenden Patentschutzes eine Produktion wegen des entgegenstehenden Schutzrechts in Indien ausgeschlossen. Eine Zwangslizenz im möglichen Exportland begegnet dem Hindernis, dass sie nach Art. 31 Buchst. f des TRIPS-Übereinkommens auf die Versorgung des Inlandsmarktes beschränkt sein soll.[17] Kaum geklärt ist darüber hinaus, ob sie sich auch mit einer im Ausland bestehenden Notlage rechtfertigen lässt.

Insgesamt werden hier deutliche Defizite der Regelung über die Zwangslizenzen im TRIPs-Übereinkommen deutlich. Mit ihnen wird zwar anerkannt, dass in Fällen eines dringenden öffentlichen Bedürfnisses das Interesse an der Versorgung der Gesellschaft Vorrang vor dem Patentrecht haben soll. Allerdings greift die Regelung zu kurz, wo in einem Staat die entsprechenden Produktionskapazitäten fehlen. Sie vermag es auch nicht, solche essentiellen Notlagen in ihrer internationalen Dimension zu sehen und die Produktion und Versorgung in diesem Fällen grenzüberschreitend zu organisieren.

In dieser Regelung und ihren Defiziten spiegeln sich durchaus wichtige wirtschaftliche Interessen. Gerade im Bereich der Pharmazeutika ist nämlich eine differenzierte Preispolitik üblich, die sich auf die patentrechtliche Abgrenzung der Märkte stützt.[18] Wie in der weiteren Diskussion deutlich wurde, stand von Seiten der Industrie mangels entsprechender Zahlungsfähigkeit weniger das Interesse an der Erzielung hoher Preise in Südafrika, sondern vielmehr die Befürchtung im

---

[16] Dies hat die WTO Ministerkonferenz in ihrer Deklaration über das TRIPS-Übereinkommen und die öffentliche Gesundheit (siehe III. A. und Fn. 43) dazu veranlaßt, in Ziff. 6 festzustellen, „We recognize that WTO Members with insufficient or no manufacturing capacities in the pharmaceutical sector could face difficulties in making effective use of compulsory licensing under the TRIPS Agreement." Nach *Matthews* (Fn. 5), 78 verfügen unter den Entwicklungsländern lediglich China, Indien, Brasilien, Argentinien und z. T. – aber nicht mit Blick auf AIDS-Medikamente – auch Südafrika über ausreichend entwickelte Kapazitäten zur Produktion von Generika.

[17] *Bartelt* (Fn. 5), 296.

[18] *Matthews* (Fn. 5), 996 ff. und *Scherer/Watal* (Fn. 7), 928 ff. Zur ökonomischen Bedeutung dieser Preisdifferenzierung gerade im Hinblick auf die Entwicklung und Verfügbarkeit von Medikamenten gegen AIDS siehe *Hammer*, Differential Pricing of Essential AIDS Drugs: Markets, Politics and Public Health, JIEL 2002, 883.

Vordergrund, dass die Preisdifferenzierung zwischen den einzelnen nationalen Märkten durch eine weite Ausgestaltung der Zwangslizenz rechtlich eingeebnet oder durch graue Exporte faktisch unterlaufen werden könnte.[19]

II. Zugang zu Medizin: die Bedeutung sozialer Rechte

An dieser Stelle kommt die Frage der sozialen Rechte ins Spiel, die am Ende wesentlich zu einer Lösung des soeben beschriebenen Problems beigetragen hat. Soziale Rechte finden sich in verschiedenen Bereichen des Völkerrechts. Zu nennen sind hier die zahlreichen Konventionen und Entschließungen, die die Internationale Arbeitsorganisation in ihrer langen Geschichte hervorgebracht hat,[20] und Art. 25 der Menschenrechtserklärung. In dem Internationalen Pakt über wirtschaftliche, soziale und kulturelle Rechte vom 19.12.1966[21] und einer Reihe weiterer regionaler Menschenrechtsgewährleistungen sind solche sozialen Rechte weiter konkretisiert und vor allem verbindlich ausgestaltet worden. Letztere werden oft auch als Menschenrechte der zweiten Generation bezeichnet.[22] Eine Reihe wichtiger Entscheidungen, unter ihnen besonders die Deklaration der Generalversammlung zu einem Recht auf Entwicklung aus dem Jahre 1986,[23] ergänzen das Bild.

Neuerdings ist von solchen Rechten vermehrt die Rede. So in der so genannten Millenniums-Erklärung der Generalversammlung und in den Dokumenten des Johannesburger Gipfels für nachhaltige Entwicklung beispielsweise von dem Recht auf Entwicklung, auf Wasser[24] und auf Nahrung[25] die Rede. Oft können sich diese Aussagen auf die Arbeit des Ausschusses für wirtschaftliche, soziale und kulturelle Rechte stützen, der seit seiner Einsetzung im Jahre 1989 den Aussagegehalt des Sozialpakts in vierzehn „General Comments" entfaltet hat.

Dabei wird eine Tendenz deutlich, diese Rechte auch in einen Bezug zum Weltwirtschaftssystem zu setzen. Beispielhaft sei hier die lange Diskussion über die Bedeutung sozialer Rechte in der WTO erwähnt. In ihr ging es wesentlich um die Frage, inwieweit die Einhaltung fundamentaler sozialer Rechte wie die Koalitionsfreiheit und das Recht auf kollektive Lohnverhandlungen Bestandteil des Welthan-

---

[19] Zu den Maßnahmen, die dagegen vorgesehen sind, siehe unten, bei Fn. 57.

[20] Siehe z. B. *Brupbacher,* Fundamentale Arbeitsnormen der internationalen Arbeitsorganisation: eine Grundlage der sozialen Dimension der Globalisierung, 2002.

[21] BGBl. 1973 II, 1569.

[22] Siehe zur Verwendung der Begriffe *Riedel,* Menschenrechte der dritten Dimension, EuGRZ 1989, 9.

[23] G.A. Res. 41/128.

[24] Siehe dazu: World Health Organization (WHO), The Right to Water, Genf, 2003.

[25] *Hilf,* Das Recht auf Nahrung: Staats- und völkerrechtliche Ansätze, in: Schäfer (Hrsg.), Bevölkerungsdynamik und Grundbedürfnisse in Entwicklungsländern, 1995, 275.

delssystems werden und mit seinen besonderen Mechanismen durchgesetzt werden könnte.[26]

1. Das Recht auf Medizin

Diese neuerliche Bedeutung der sozialen Rechte wird in dem Fall des Zugangs zu Medizin besonders deutlich.[27]

a) Art. 12 des Sozialpakts als Ausgangspunkt

Ausgangspunkt war insoweit Art. 12 des schon erwähnten Internationaler Paktes über wirtschaftliche, soziale und kulturelle Rechte von 1966. Er enthält eine Gewährleistung im Hinblick auf die Gesundheit.[28] Danach hat ein jeder „das Recht ... auf das für ihn erreichbare Höchstmaß an körperlicher und geistiger Gesundheit".[29] Daran schließt sich in Abs. 2 eine Staatspflicht an, die eine Leistungsdimension enthält. Insoweit heißt es, dass „[d]ie von den Vertragsstaaten zu unternehmenden Schritte zur vollen Verwirklichung dieses Rechts ..." eine Reihe von konkret benannten Maßnahmen erforderten, zu denen unter anderem die „Vorbeugung, Behandlung und Bekämpfung epidemischer, endemischer, Berufs- und sonstiger Krankheiten" (Buchst. b) und die „Schaffung der Voraussetzungen, die für jedermann im Krankheitsfall den Genuss medizinischer Einrichtungen und ärztlicher Betreuung sicherstellen" sollen (Buchst. d), gehören.

Diese Leistungsdimension wird in Art. 2 des Sozialpaktes konkretisiert. Die Vorschrift ergänzt die Staatspflicht um eine Dimension internationaler Zusammenarbeit einschließlich der Entwicklungshilfe. Sie beschränkt außerdem die

---

[26] Siehe dazu: *Charnovitz,* Fair Labour Standards and International Trade, JWT 1986, 61; *Langille,* General Reflections on the Relationship of Trade and Labor, or: Fair Trade is Free Trade's Destiny, in: Bhagwati/Hudec (Eds.), Fair Trade and Harmonization: Vol. 2, Legal Analysis, 1996, 231.

[27] Siehe *Hestermeyer,* Access to Medication (Fn. 5).

[28] Ihr sind weitere Garantien, z. B. in der europäischen Sozialcharta (Art. 11), in dem internationalen Übereinkommen zur Beseitigung jeder Form von Rassendiskriminierung, Art. 5 e) (iv), in Art. 11.1. (f) und 12 des Übereinkommens von 1979 zur Beseitigung jeder Form von Diskriminierung der Frau, in Art. 24 der UN-Kinderrechtskonvention, in der afrikanischen Charta über Menschen- und Gruppenrechte (Art. 16) und im Zusatzprotokoll zur amerikanischen Menschenrechtskonvention von 1988 (Art. 10) gefolgt. Ihrerseits geht die Gewährleistung des Art. 12 des Sozialpakts auf Art. 25 Abs. 1 der UN-Menschenrechtserklärung zurück. Besonders hervorzuheben ist, dass Art. 35 der Charta der Grundrechte der Europäischen Union inzwischen eine ähnliche Gewährleistung enthält, die mit der Integration der ursprünglich rechtlich nicht verbindlichen Charta in den Verfassungsvertrag mit dessen Inkrafttreten auch rechtliche Verbindlichkeit wird beanspruchen können.

[29] Art. 12 Abs. 1 des Sozialpakts.

staatliche Pflicht auf das Mögliche und legt die rechtlichen Modi der Erfüllung – gesetzgeberische Maßnahmen – fest.[30]

b) Der General Comment des Ausschusses für wirtschaftliche, soziale und kulturelle Rechte: Versorgung mit wesentlichen Arzneimitteln

In den Menschenrechtsorganen der UNO ist dieses Recht auf Gesundheit gerade auch im Hinblick auf die AIDS-Epidemie weiter entwickelt und schließlich auch wirtschaftsrechtlich ausgerichtet worden. In einem so genannten „General Comment" hat der oben erwähnte Ausschuss des Sozialpaktes im Jahre 2000 die Vorschrift weiter konkretisiert.[31] Als übergreifende Bestimmungsgrößen des Rechts und seiner Verwirklichung werden dabei die Verfügbarkeit,[32] Zugänglichkeit und Bezahlbarkeit[33] und die Qualität sowie die Nichtdiskriminierung genannt.[34] Außerdem wird betont, dass zu den Gesundheitsleistungen auch die Versorgung mit wesentlichen Arzneimitteln gehört.[35]

c) „Zugang zu Medizin" als Begriffsschöpfung der Menschenrechtskommission

Darauf baut die direkt problembezogene Resolution der dem Ausschuss übergeordneten Menschenrechtskommission über den „Zugang zu Medizin im Zusammenhang mit Pandemien wie HIV/AIDS" aus dem Jahre 2001 auf.[36]

---

[30] Art. 2 Abs. 1 lautet: „Jeder Vertragsstaat verpflichtet sich, einzeln und durch internationale Hilfe und Zusammenarbeit, insbesondere wirtschaftlicher und technischer Art, unter Ausschöpfung aller seiner Möglichkeiten Maßnahmen zu treffen, um nach und nach mit allen geeigneten Mitteln, vor allem durch gesetzgeberische Maßnahmen, die volle Verwirklichung der in diesem Pakt anerkannten Rechte zu erreichen."

[31] Committee on Economic, Social and Cultural Rights (CESCR), General Comment No. 14 (2000), The right to the highest attainable standard of health, E/C.12/2000/4, 11 August 2000.

[32] Unter Ziff. 12 a heißt es: „(a) *Availability*. Functioning public health and health-care facilities, goods and services, as well as programmes, have to be available in sufficient quantity within the State party. The precise nature of the facilities, goods and services will vary .... They will include, however, ... essential drugs, as defined by the WHO Action Programme on Essential Drugs." (Hervorhebung im Original)

[33] Unter Ziff. 12 b heißt es: „(b) *Accessibility*. Health facilities, goods and services have to be accessible to everyone without discrimination, within the jurisdiction of the State party. Accessibility has four overlapping dimensions: *Non-discrimination* ... *Economic accessibility (affordability)*: health facilities, goods and services must be affordable for all. ..." (Hervorhebung im Original)

[34] Siehe *Chapman*, The Human Rights Implications of Intellectual Property Protection, JIEL 2002, 861 (875).

[35] In Ziff. 17 wird unter dem Titel „The right to health facilities, goods and services" auch die „provision of essential drugs" angesprochen.

[36] „Access to medication in the context of pandemics such as HIV/Aids, Rs. 2001/33 v. 23. April 2001.

Ganz auf der Linie des „General Comment" wird darin gefordert, dass Arzneimittel und Medizintechnologien zur Behandlung solcher Pandemien in ausreichender Menge zur Verfügung stehen und ohne Diskriminierung zugänglich und – auch für sozial benachteiligte Gruppen – bezahlbar sein sollen.[37]

Außerdem stellt die Resolution Forderungen auf, die das Wirtschaftsrecht und die Weltwirtschaftsordnung betreffen.

So heißt es unter Ziffer 3 (b), dass die Staaten gesetzgeberische oder andere Maßnahmen ergreifen sollen, um den Zugang unter anderem zu den einschlägigen Arzneimitteln gegenüber jeder Beschränkung von dritter Seite zu sichern.[38] Diese Aufforderung ist mit einem Hinweis auf die erforderliche Vereinbarkeit mit anwendbarem internationalen Recht begrenzt. Sie kann aber angesichts der oben aufgeführten Spielräume, die gerade das TRIPS-Übereinkommen lässt, wesentliche nationale Gesetzgebungsvorhaben legitimieren, die diese Spielräume ausnutzen.

Weiterhin wendet sich die Resolution unter Ziffer 4 (b) an die Staaten in ihrer Eigenschaft als Mitglieder anderer internationaler Organisationen und ruft sie dazu auf, sicherzustellen, dass ihr Verhalten in solchen anderen internationalen Organisationen dem Recht auf Gesundheit Rechnung trägt und dass die Anwendung internationaler Übereinkommen eine öffentliche Gesundheitspolitik ermöglicht, die einen breiten Zugang zu den entsprechenden Arzneimitteln sichert.[39] Damit wird an die Doppelmitgliedschaft der meisten Staaten in den Menschenrechtsorganen und der WTO appelliert und ihnen aufgetragen, die Belange des Rechtes

---

[37] Unter Ziff. 2 heißt es insoweit: „*... Calls upon* States to pursue policies, in accordance with applicable international law, including international agreements acceded to, which would promote: (*a*) The availability in sufficient quantities of pharmaceuticals and medical technologies used to treat pandemics such as HIV/AIDS or the most common opportunistic infections that accompany them; (*b*) The accessibility to all without discrimination, including the most vulnerable sectors of the population, of such pharmaceuticals or medical technologies and their affordability for all, including socially disadvantaged groups; …". (Hervorhebung im Original)

[38] In Ziff. 3 heißt es: „*Also calls upon* States, at the national level, on a non-discriminatory basis: (*a*) To refrain from taking measures which would deny or limit equal access for all persons to preventive, curative or palliative pharmaceuticals or medical technologies used to treat pandemics such as HIV/AIDS or the most common opportunistic infections that accompany them; (*b*) To adopt legislation or other measures, in accordance with applicable international law, including international agreements acceded to, to safeguard access to such preventive, curative or palliative pharmaceuticals or medical technologies from any limitations" (Hervorhebung im Original)

[39] „4. *Further calls upon* States, at the international level, to take steps, individually and/or through international cooperation, in accordance with applicable international law, including international agreements acceded to, such as: … (*b*) To ensure that their actions as members of international organizations take due account of the right of everyone to the enjoyment of the highest attainable standard of physical and mental health and that the application of international agreements is supportive of public health policies which promote broad access to safe, effective and affordable preventive, curative or palliative pharmaceuticals and medical technologies; …" (Hervorhebung im Original)

auf Medizin in der WTO zu beachten. Es fällt dabei auf, dass die Resolution diesen indirekten Weg über die Verpflichtung der Mitgliedstaaten geht und nicht etwa eine direkte Koordinierung der unterschiedlichen Systeme anregt.

2. Die Sondergeneralversammlung der Vereinten Nationen

Wenig später wurde zu der AIDS-Problematik eine Sondergeneralversammlung der Vereinten Nationen einberufen.[40] In der Abschlusserklärung der Sondergeneralversammlung wird der Zugang zu Medizin als grundlegendes Element zur Erreichung und Verwirklichung des Rechtes eines jeden auf Genuss des höchstmöglichen Standards körperlicher und geistiger Gesundheit bezeichnet.[41] Daneben wird ausgesprochen, dass die Auswirkungen internationaler Handelsübereinkommen auf den Zugang zu oder der lokalen Herstellung von wesentlichen Arzneimitteln einer weiteren Prüfung bedürfe.[42]

III. Die Reaktion der WTO

1. Die so genannte Doha-Erklärung

Vier Monate später tagte das höchste Beschlussfassungsorgan der WTO – die Ministerkonferenz in Doha, Quatar. Sie hat der Problemlage mit einer besonderen Abschlusserklärung über das TRIPS-Übereinkommen und die öffentliche Gesundheit Rechnung getragen.[43]

a) Anerkennung der Problemlage und Kooperation

Eingangs wird die Notwendigkeit hervorgehoben, dass das TRIPS-Übereinkommen Teil der nationalen und internationalen Bemühungen zur Eindämmungen von Epidemien wie AIDS, Tuberkulose und Malaria ist.[44] Inhaltlich wird damit einerseits auf die Rolle des Schutzes geistigen Eigentum als Anreiz für Innovationen[45] und andererseits auf die Problematik des Zugangs hingewiesen. Aus

---

[40] S-26, 27. Juni 2001, A/RES/S-26/2.

[41] Ziffer 15.

[42] Ziffer 26.

[43] Declaration on the TRIPS Agreement and Public Health, WT/MIN(01)/DEC/W/2 vom 14. November 2001. Zur Frage der Rechtsnatur siehe *Hestermeyer,* Flexible Entscheidungsfindung (Fn. 5), 196.

[44] Ziff. 2 der Erklärung lautet: „We stress the need for the WTO Agreement on Trade-Related Aspects of Intellectual Property Rights (TRIPS Agreement) to be part of the wider national and international action to address these problems."

[45] Siehe dazu allgemein: *Grabowski,* Patents, Innovation and Access to New Pharmaceuticals, JIEL 2002, 849.

Der Zugang zu Medizin – soziale Menschenrechte und Welthandelsordnung 749

struktureller Perspektive betrachtet, liegt darin die Anerkennung der nicht im Zuständigkeitsbereich der WTO liegenden Problemlage, des Problemzusammenhanges und der Notwendigkeit der Kooperation.

b) Rezeption des Begriffs „Zugang zu Medizin" als Interpretationsmaßstab

Weiterhin heißt es in der Erklärung, dass das TRIPS-Übereinkommen in einer Weise ausgelegt und umgesetzt werden kann und sollte, die das Recht der Mitgliedstaaten unterstützt, die öffentliche Gesundheit zu schützen und insbesondere den Zugang zu Medizin für alle zu fördern.[46] Dazu werden ausführliche, erläuternde Aussagen getroffen. Sie heben unter anderem hervor, dass den Staaten ein weiter Spielraum zur Verfügung steht, um Zwangslizenzen zu erteilen. Diese Passage ist deswegen interessant, weil sie mit der Formel „we agree" eingeleitet wird und inhaltlich Maßgaben für die Auslegung des TRIPS-Übereinkommens enthält. Wenngleich die formellen Vorschriften über die authentische Interpretation[47] nach Art. XI:2 des Gründungsübereinkommens der WTO[48] nicht allesamt eingehalten sind, wird doch zu Recht angenommen, dass es sich um eine verbindliche Interpretationserklärung handelt.[49] Damit wird das aus dem Recht auf Gesundheit abgeleitete Prinzip des Zugangs zu Medizin als Auslegungsmaßstab für das WTO-Recht anerkannt.

c) Arbeitsauftrag

Schließlich weist die Ministerkonferenz dem für das TRIPS-Übereinkommen zuständigen Gremium, dem TRIPS-Rat die Aufgabe zu, Lösungen für das Problem der mangelnden Wirksamkeit von Zwangslizenzen zu suchen.

2. Der Beschluss des allgemeinen Rates

Am 30.8.2003 hat daraufhin der Allgemeine Rat der WTO eine umfangreiche Regelung verabschiedet.[50] Sie sieht ein kompliziertes System vor, nach dem es

---

[46] Ziff. 4 der Erklärung lautet: „We agree that the TRIPS Agreement does not and should not prevent Members from taking measures to protect public health. Accordingly, while reiterating our commitment to the TRIPS Agreement, we affirm that the Agreement can and *should be interpreted and implemented in a manner supportive* of WTO Members' right to protect public health and, in particular, *to promote access to medicines for all.*" (Hervorhebung hinzugefügt)

[47] *Stoll/Schorkopf* (Fn. 10), Rn. 55.

[48] Übereinkommen zur Errichtung einer Welthandelsorganisation (WTOÜ) v. 15. März 1994, Abl.EG 1994, L 336; BGBl. 1994 II, 1625.

[49] *Abbott* (Fn. 5), 491 f.; *Hestermeyer,* Flexible Entscheidungsfindung (Fn. 5), 196 ff.

[50] Implementation of paragraph 6 of the Doha Declaration on the TRIPS Agreement and public health, Decision of the General Council of 30 August 2003, WT/L/540. Siehe dazu

insgesamt ermöglicht wird, dass ein Exportstaat[51] die Produktion von Generika zur Versorgung eines bedürftigen Staates, der seinen Bedarf dem für das TRIPS-Übereinkommen zuständigen Rat der WTO gemeldet hat,[52] erlauben und letzterer die Medikamente importieren kann.[53] Auf beiden Seiten ist eine Zwangslizenz notwendig, deren genaue Ausgestaltung ausführlich geregelt wird.[54] Für die auf Seiten des Exportstaates bestehende Beschränkung aus Art. 31 Buchst. f des TRIPs-Übereinkommens ist ein „waiver", also eine Ausnahmengenehmigung vorgesehen.[55] Die Lizenzgebühr für die im Wege der Zwangslizenz erlaubte Nutzung durch Dritte ist im Exportstaat zu entrichten, wobei der wirtschaftliche Wert für den Importstaat heranzuziehen ist. Die eigentlich bestehende Pflicht zur Entrichtung von Lizenzgebühren auch im Importstaat wird aufgehoben.[56] Umfangreiche Maßnahmen sieht die Entscheidung zur Vermeidung eines Re-Exportes der unter dem System produzierten und gelieferten Produkte vor. Insofern werden der Importstaat und unterstützend auch die übrigen WTO-Staaten verpflichtet.[57] Ein Appell zur Förderung des Technologietransfers und der technischen Hilfe mit Blick auf den Aufbau von Produktionskapazitäten in den bedürftigen Staaten und eine Bestimmung über die jährliche Überprüfung des Systems sowie eine Einschränkung der Anrufung der Streitbeilegung runden die Regelungen ab.

Insgesamt ist damit eine allen Belangen gerecht werdende Lösung gefunden, an deren Praktikabilität allerdings mit Blick auf die zahlreichen Verfahrenserfordernisse und Nachweispflichten Zweifel erlaubt sind.[58]

IV. Wege der Koordination zwischen der Welthandelsordnung und dem System der Menschen- und Sozialrechte

Das hier zu betrachtende Zusammenspiel zwischen dem System der Menschenrechte und der Welthandelsordnung hat eine materielle und eine prozedurale Dimension.

---

auch die Erklärung des Vorsitzes, WTO NEWS vom 30. August 2003. Zum Verhandlungsgang und den unterschiedlichen Lösungsvorschlägen siehe *Matthews* (Fn. 5), 83 ff.

[51] „Exporting member"; Ziff. 1 Buchst. c der Entscheidung.

[52] „Eligible importing Member", Ziff. 1 Buchst. b der Entscheidung.

[53] Siehe *Hestermeyer,* Flexible Entscheidungsfindung (Fn. 5), 198 f.

[54] Ziff. 2 a bzw. b der Entscheidung.

[55] Art. IX:3 des WTOÜ; *Stoll/Schorkopf* (Fn. 10), Rn. 25; siehe *Matthews* (Fn. 5), 95 f.

[56] In Ziff. 3 der Entscheidung heißt es: „adequate remuneration pursuant to Article 31(h) of the TRIPS Agreement shall be paid in [the exporting] ... Member taking into account the economic value to the importing Member of the use that has been authorized in the exporting Member. Where a compulsory licence is granted for the same products in the eligible importing Member, the obligation of that Member under Article 31(h) shall be waived in respect of those products for which remuneration in accordance with the first sentence of this paragraph is paid in the exporting Member."

[57] Ziff. 4 bzw. 5 der Entscheidung.

[58] *Matthews* (Fn. 5), 96 ff.

Aus materieller Sicht fällt die Begriffsschöpfung des „Zugangs zu Medizin" ins Auge, den die Menschenrechtskommission auf der Grundlage des General Comment geprägt hat und den die Ministererklärung von Doha als Interpretationsmaßstab aufnimmt. Darin liegt eine erstaunliche Vermittlungsleistung zwischen den beiden Regelungssystemen. Man wird bezweifeln können, ob ein Verweis auf Art. 12 des Sozialpakts in der WTO Gehör gefunden und in den Text der Doha aufgenommen worden wäre. In Anbetracht der bis heute heftig diskutierten und noch keinesfalls gelösten Problematik der Verschränkung der Menschen- und Sozialrechte mit der Rechtsordnung der WTO[59] darf das als unwahrscheinlich gelten. Die durch die Menschenrechtskommission auf der Grundlage von Art. 12 des Sozialpakts problembezogen geprägte und gleichsam autorisierte Formel des Zugangs zu Medizin erweist sich aus der Perspektive der WTO hingegen als anschlussfähig und erlaubt es, die Gehalte des sozialen Rechts auf Gesundheit in den anderen rechtlichen Zusammenhang des TRIPS-Übereinkommens zu vermitteln. Es ginge sicherlich zu weit, diesen Vermittlungsvorgang im Ganzen normativ zu deuten. Man wird dem „Zugang zu Medizin" kaum ohne weiteres normative Geltung als soziales Menschenrecht beimessen und der Doha-Erklärung auch nicht entnehmen können, dass sich die WTO-Ministerkonferenz an den Begriff und die ihm zugrunde liegenden Entschließungen rechtlich gebunden fühlte. Andererseits wird aber auch deutlich, dass der Begriff mit der mit ihm geleisteten problembezogenen Konkretisierung und mit dem Gewicht der in ihm zum Ausdruck kommenden Haltung der Menschenrechtsorgane für die WTO eine wesentliche Orientierung bewirkt haben. Man kann den Begriff als Richtungsweisung für die Verwirklichung der Gebote unterschiedlicher Teilsysteme des Völkerrechts in Anbetracht einer übergreifenden Problemlage verstehen. So besehen, besteht hier eine deutliche Parallele zu anderen konzeptionellen Begriffen, wie etwa dem der nachhaltigen Entwicklung, der ebenfalls einer Koordination unterschiedlicher Vertragssysteme dient.[60]

In prozeduraler Hinsicht fällt auf, dass eine Koordinierung der unterschiedlichen beteiligten internationalen Systeme auf formeller Ebene kaum stattgefunden hat. Eine Anordnung der formellen Kontaktaufnahme – etwa zwischen den Menschenrechtsinstitutionen und der WTO enthalten die zitierten Beschlüsse allesamt nicht. Es ist auch kaum ersichtlich, dass eine solche Verbindung sonst auf formeller Ebene bestand. Demgegenüber fällt die in der Entscheidung der Menschenrechtskommission enthaltene Aufforderung[61] auf, dass die Mitgliedstaaten sich in anderen Organisationen in einer Weise verhalten sollen, die den gemeinsam beschlossenen Grundlagen eines Zugangs zu Medizin entsprechen.

Es ist offensichtlich, dass diese Formulierung auch dem besonderen Status der WTO geschuldet ist, die keine Institution der Vereinten Nationen und auch keine

---

[59] *Petersmann,* Human Rights and the Law of the World Trade Organization, JWT 2003, 241; *Chapman* (Fn. 34); *Stoll/Schorkopf* (Fn. 10), Rn. 183 f., 754 f.
[60] Siehe *Matz,* Wege zur Koordinierung völkerrechtlicher Verträge, 2003.
[61] Siehe oben bei Fn. 39.

Sonderorganisation darstellt, sondern lediglich *de facto* einen solchen Status innehaben soll und deswegen weder direkt noch vermöge eines Beziehungsabkommens in das VN-System und seine Hierarchiestränge eingebettet ist.[62]

In Anbetracht der Tatsache, dass viele drängende internationale Problemlagen und Herausforderungen die Zusammenarbeit unterschiedlicher Bereiche und Teilsysteme des internationalen Systems erfordern, erscheint der hier zutage tretende Mangel an einer direkten institutionellen Koordination bemerkenswert. Soweit nämlich die beteiligten Organisationen nicht selbst ihre Anliegen koordinieren können oder wollen, fällt diese Aufgabe auf die Staaten zurück, die es vermöge ihrer Mitgliedschaftsrechte in beiden Organisationen in der Hand haben, auf eine koordinierte and interessengerechte Lösung des Sachproblems hinzuwirken. In Anbetracht der notorischen Problemlagen mit wirtschaftlichem Bezug, die sich im gesamten Bereich der Lösung internationaler sozialer Probleme und in der internationalen Umweltpolitik stellen, wird hier ein Defizit deutlich. Wenn nämlich das internationale System mit seinen verschiedenen Institutionen und Kompetenzbereichen solche typischen Problemlagen mangels einer eigenen internen Koordinierung nur mithilfe der Initiative der Staaten bewältigen kann, so liegt darin eine erhebliche Schwäche des internationalen Systems.

V. Abschließende Bewertung und Ausblick

Insgesamt erweist sich die Kontroverse um ein Recht auf Medizin als Beispiel für die Dynamik, die soziale Rechte entfalten können. Die konkretisierende Ableitung eines Rechts auf Zugang zu Medizin aus dem Recht auf Gesundheit nach Art. 12 des Sozialpakts durch die Menschenrechtskommission auf der Grundlage des General Comment stellt eine durchaus beeindruckende Leistung der Konzipierung und Orientierung dar. Es zeigt sich hier, dass soziale Rechte sinnvoll und wirksam entwickelt und für wirtschaftliche Zusammenhänge fruchtbar gemacht werden können. Die Formel vom Zugang zu Medizin hat auch einen Brückenschlag zum System der WTO ermöglicht, weil mit ihr die menschenrechtlichen Gehalte im normativen Kontext der WTO vermittelbar wurden. Auf einer prozeduralen Ebene fällt allerdings auf, dass dieser Brückenschlag kaum durch eine direkte Koordination der beteiligten Organisationen, sondern wohl mittelbar durch ein entsprechend koordiniertes Vorgehen der Mitgliedstaaten erreicht worden ist. Damit ist die Frage aufgeworfen, ob das internationale System mit seinen unterschiedlichen Organisationen und Institutionen für Problemlagen im Schnittpunkt zwischen sozialen Belangen und der Welthandelsordnung gerüstet ist, die im Sinne einer Bewältigung der Globalisierung zu den drängendsten Gegenwartsaufgaben des internationalen Systems gehören.

---

[62] *Stoll/Schorkopf* (Fn. 10), Rn. 15, 40.

"Ius Post Bellum" in Iraq:
A Challenge to the Applicability and Relevance of International Humanitarian Law?

By Daniel Thürer and Malcolm MacLaren[*]

I. Introduction

"[A]s international lawyers update the law of war to the latest conflicts, can the meaning of its rules be sufficiently fixed in time and space to play the role in world affairs that has come to be expected of it?"[1]

The war in Iraq has challenged the *ius ad bellum* and the *ius in bello* in several respects. The abiding applicability and relevance of international legal rules regarding the use of force and the conduct of hostilities have been the subject of thorough public debate and will not be rehashed here. What has not been discussed to anywhere near the same extent is the role of international humanitarian law (IHL) in Iraq following the overthrow of Saddam Hussein's regime. This matter is arguably even more important[2], or at least more pressing, given the current uncertain state of affairs in that country. If the US government signally failed to think systematically through the occupation of Iraq in advance of its intervention[3], so

---

[*] The views expressed here are personal and not those of the ICRC unless so cited. Information herein was continuously updated in keeping with events, up to and including the release of the International Court of Justice's advisory opinion in *Legal Consequences of the construction of a wall in the Occupied Palestinian Territory* on 9 July 2004. References to internet websites are accurate as of this date as well.

[1] *Morgan,* Slaughterhouse Six: Updating the Law of War, GLJ 5 (2004), 525 (529), available on the Internet: <www.germanlawjournal.com/article.php?id=430>.

[2] See, for example, Wolfrum, who reviews the *ius ad bellum* and the *ius in bello* in light of events of the past few years and concludes that "[t]he rules on occupation may be the ones which, in particular, require reconsideration." (*Wolfrum,* The Attack of September 11, 2001, the Wars Against the Taliban and Iraq: Is There a Need to Reconsider International Law on the Recourse to Force and the Rules in Armed Conflict?, MPYUNL 7 (2003), 1 (78)).

[3] One commentator who was in Washington DC in April 2003 testifies personally to the "lack of agreed and clear policies on such basic matters as how the US presence was to be characterized, how order was to be maintained, and what types of troops would be needed for the work." (*Roberts,* The End of Occupation in Iraq (2004), Harvard Program on Humanitarian Policy and Conflict Research, 28 June 2004, 1, available on the Internet: <www.ihlresearch.org/iraq/feature.php?a=51>).

have *mutatis mutandis* commentators of IHL.[4] Limitations in the traditional approach to the matter of military occupation have become all too apparent, especially in connection with United Nations Security Council Resolution 1483 of 22 May 2003 and Resolution 1546 of 8 June 2004 on the rebuilding of Iraq.[5] The result seems to be an apparent dilemma in the international rules and procedures regarding the occupation of foreign territory after the close of military operations. An internal critique of the existing provisions' applicability (i. e. that they lack determinate content) and an external critique of their relevance (i. e. that they are outdated and/or biased) might suggest that occupation law is powerless and superfluous in the contemporary context.[6]

In the following contribution, we will examine several leading concerns relating to the law of occupation, in the Iraqi test-case and more generally. These concerns include: what exactly amounts to occupation (Section II. 1.); who are the Occupying Powers in Iraq (Section II. 2.); how far do the rights of the civilian population and the obligations of the Occupying Powers extend (Section II. 3.); when does occupation end (Section II. 4.); and potentially most challenging, does IHL in any form apply in such situations (Section II. 5.)?[7]

We do not hope to settle each of these definitively nor to resolve contemporary uncertainty surrounding occupation law fully. These concerns raise many questions, some going to the core of international law, including the changing meaning of the international legal *Grundnorm* of sovereignty. There is, moreover, limited state practice and judicial precedent to draw on in answering them. In short, these concerns relate – in the fine tradition of the symposia of the Kiel Walther-Schücking Institute – to 'international law at the frontiers'.

---

[4] What attention, moreover, that the matter of occupation has received in past decade or so has tended to relate to the atypically long Israeli possession of the West Bank and the Gaza Strip. This is not to impugn the quality of what was published in this period, just its suitability to the present situation. As Lijnzaad suggests, "the law of occupation may have become somewhat old-fashioned and ill-adapted to contemporary occupations". (*Lijnzaad*, How Not to Be an Occupying Power: Some Reflections on UN Security Council Resolution 1483 and the Contemporary Law of Occupation, in: Lijnzaad/Van Sambeek/Tahzib-Lie (eds.), Making the Voice of Humanity Heard, 2004, 291 (291)).

[5] UN Doc. S/RES/1483 (2003), 22 May 2003; UN Doc. S/RES/1546 (2004), 8 June 2004.

[6] In the context of a conflict that in its leadup witnessed its own moments of severe ambiguity, the character of what followed should perhaps not surprise. A distinct lack of objectivity afflicted the application of the *ius ad bellum* as well, from the uncertain language of "material breaches", "final opportunity" and "serious consequences" in UN SC Resolution 1441 to a group of Member States engaging in a particular interpretation of a UN mandate and unilaterally enforcing a multilateral approach to disclosure and non-proliferation. (*Morgan* (note 1), 528 and 536).

[7] It should not be forgotten – but cannot be discussed here further – that IHL is not the only body of law that applies in situations of occupation. As a *lex specialis* for armed conflicts it is presumed to take precedence over any otherwise applicable national laws and international human rights norms. The latter can fill gaps, however, especially as regards monitoring and implementation. (See *Frowein*, The Relationship between Human Rights Regimes and Regimes of Belligerent Occupation, IYHR 28 (1998), 1 *et seq.*).

Given this area of international law's relative complexity and newness, argumentation here tends to be open-textured and to rely on a political/ethical approach rather than on empirical/doctrinal analysis. We will propose a way of approaching these concerns that furthers the protection of the civilian population in Iraq and IHL's fundamental aim, namely 'humanity for all'. Such a scientific approach might serve as the basis for resolving the tension between the general terms and the specific developments of late. We like to think of this approach as foundational, even "constitutional".[8] Whatever its name, it argues against claims of the inapplicability and irrelevance of IHL in postwar Iraq. It argues instead in favour of upholding the substantial restrictions placed on the conflict parties and in favour of the rule of law for the sake of the individual that IHL, and occupation law in particular, prescribe. Outsiders' dealings with the lives and possessions of the Iraqi people must be guided by the rules and procedures' manifest spirit, when not by their occasionally ambiguous terms. The principle of humanity for all sets a "standard of civilisation" in this area of international law, giving effect to which is an essential – if not the essential – function of occupation law.[9] In order to ensure respect for this standard, the situation on the ground should be viewed pragmatically and, where necessary, the related provisions should be understood progressively.

We hope that by designating the law regarding the occupation of foreign territory as a distinct matter for concern in a greater humanitarian scheme – namely as the *'ius post bellum'* – to draw the political and scholarly attention to this area of international law that it urgently merits. This designation is not obvious and its choice should itself prompt discussion.[10] Any discussion should not, however, dwell on the semantic issue of the preferable legal designation; the focus should be the substantive issue of the content of the law and its observance, especially as the law concerns the relationship between the invading force and the local inhabitants.[11] Recent experience in Iraq has plainly demonstrated why it is so important that the legal consequences of an invasion be carefully considered before the invasion. Any deficiencies in implementing the law of occupation (e.g. in the form of

---

[8] For more detail, see *Thürer/MacLaren,* Might the Future of the ABC Weapons Control Regime lie in a Return to Humanitarianism?, SZIER 4 (2003), 339 (363 *et seq.*).

[9] *Schwarzenberger,* International Law as applied by International Courts and Tribunals: The Law of Armed Conflict, Vol. 2, 1968, 163.

[10] In the context of Iraq, it could be argued, for example, that the armed conflict is not over ('post') but is ongoing. This argument, however, fails to differentiate between war and (internationalized?) internal armed conflict, the latter of which is a possible classification of the current hostilities (see Section II. 4. below). The law of military occupation as here defined is applicable only in international armed conflict, and this type of conflict has definitively ended with the overthrow of Saddam Hussein's regime.

[11] We adopt in this regard Roberts' comprehensive definition of occupation and anti-formalistic approach: "One might hazard as a fair rule of thumb that every time the armed forces of a country are in control of foreign territory, and find themselves face to face with the inhabitants, some or all of the provisions of the law on occupations are applicable." (*Roberts,* What is a Military Occupation?, BYIL 65 (1984), 249 (250)).

doctrinal confusion, lapses in enforcement, failure of the international community to ensure respect for its provisions) come ultimately at the expense of the local inhabitants' well-being.

II. Issues

1. What Exactly Amounts to an Occupation?

"[H]aving fought the war, we are now responsible for the well-being of the Iraqi people; we have to provide the resources – soldiers and dollars – necessary to guarantee their security and begin the political and economic reconstruction of their country."[12]

The first challenge relates to the application of the *ius post bellum* as a matter of fact. It raises an interpretive question in contrast to the politically motivated challenge to its application (see Section II. 5. below). IHL has traditionally been understood to begin to apply with the onset of active hostilities and to stop applying with the general close of military operations or in the case of military occupation with its end, so that the armed conflict and the occupying regime may be regulated for as long as possible.[13] This understanding recognises that the interests of civilians need protection following as well as during hostilities. For its part, the determination of particular rules' applicability in different phases of armed conflict has necessarily been a factual one, taken on a case-by-case analysis of various criteria. This analysis has long raised difficult questions; the situation in Iraq proves no exception.

Article 42 of the 1907 Hague Convention IV Respecting the Laws and Customs of War on Land ('Hague Regulations')[14] defines occupation as follows: "[t]erritory is considered occupied when it is actually placed under the authority of the hostile army. The occupation extends only to the territory where such authority has been established and can be exercised." Article 43 adds that the authority of the legitimate power is to have "in fact" passed. The existence of this situation triggers the application of occupation law, which continues to apply after the military operations. The Fourth Geneva Convention ('IV GC'), Article 154 of which makes clear

---

[12] *Walzer,* Just and Unjust Occupations, Dissent Magazine, Winter 2004, available on the Internet: <www.dissentmagazine.org/menutest/articles/wi04/walzer.htm>. See more generally, the argument for a "responsibility to rebuild" following a military intervention put forward by the International Commission on Intervention and State Sovereignty (available on the Internet: <www.dfait-maeci.gc.ca/iciss-ciise/pdf/commission-Report.pdf>).

[13] "The formerly disputed issue whether the rules of military occupation only apply during the course of actual warfare has been overcome by Art. 6 (1) Fourth Geneva Convention according to which the Convention continues to apply to the occupied territory despite the general close of military operation in a conflict." (*Wolfrum* (note 2), 63 *et seq.* (sic)).

[14] For the texts of multilateral undertakings mentioned in the article, see the ICRC internet databases on international humanitarian law, available at: <www.icrc.org/ihl>.

that the Convention supplements the Hague Regulations, adds that its terms are to apply from the outset of occupation, "even if the said occupation meets with no armed resistance."[15]

The question becomes what constitutes an establishment and exercise of authority, in particular where occupation meets with armed resistance? At one extreme, it is clear that invaded territories must be considered as militarily occupied since at least the close of large-scale military operations. Ongoing violent opposition (be it sabotage, terrorist attacks, rebellion, guerrilla fighting etc.) that does not challenge the authority of the invader over an area and thereby demand further such operations does not challenge the status of occupation. At the other, mere declarations of occupation, temporary occupations by a raiding party or air supremacy alone cannot amount to occupation. They do not constitute situations in which the invading force can be said to be exercising control and the defending force can be said to be no longer effective, as the former does not have a sustained, physical presence.[16] Within these extremes, two interpretations – an expansive and a restrictive – have been put forward as to the control amounting to occupation: namely either when a party to a conflict is exercising *some* level of authority over enemy territory or when a party is exercising a level of authority sufficient to enable it to discharge *all* the responsibilities of occupation law.

The matter of the correct definition of occupation is now moot in the context of Iraq.[17] The close of military operations – "Mission Accomplished" – was officially announced by President George W. Bush on 1 May 2003, shortly after US troops reached Baghdad. (SC Resolution 1483 three weeks later recognized simply the occupation's existence.) Nonetheless, it is useful to consider proactively the level of authority over enemy territory that would be appropriate and desirable.[18] We prefer the former expansive interpretation. It is functional, designed to maximize the protection afforded by IHL to all persons during hostilities, even in the invasion phase of the conflict. Indeed, the restrictive interpretation raises the disturbing possibility of a gap in legal coverage. In situations where the invading troops were not deemed as a matter of law to exercise complete authority and the defending

---

[15] Art. 2, Para. 2 together with Art. 6 same. The US and UK are Parties to Hague Convention IV of 1907, whereas Iraq is not. The relevant Regulations are, however, considered customary law and thus apply in Iraq. Iraq, the US and UK are Parties to the four Geneva Conventions.

[16] Other rules may then be applicable for the protection of civilians affected by the military operation. According to the basic rule of Art. 4 IV GC, protected persons are persons who "at a given moment and in any manner whatsoever, find themselves, in case of a conflict or occupation, in the hands of a Party to the conflict or Occupying Power of which they are not nationals."

[17] The matter of the requisite level of authority is not entirely moot in a different context, namely as regards the characterization of the ongoing hostilities after 28 June 2004 as an (internationalized?) internal armed conflict (see Section II. 4. below).

[18] Not surprisingly, a restrictive interpretation is adopted by several military manuals, whereas an expansive interpretation is preferred by the ICRC Commentary to the IV GC.

troops were unable as a matter of fact to exercise the ongoing functions of government and thus to implement the relevant rules and procedures, no power would be responsible for ensuring respect for IHL. Such a gap in coverage cannot be compatible with the humanitarian purpose and object of this body of international law. Civilian populations are most in need of legal protection when their armed forces and governing structures have collapsed and can no longer offer them protection. The administration and the life of the local society must continue on according to some set of laws. The deeming of responsibility on the invading force has, in other words, its basis in the invading force's manifest military supremacy and in its underlying moral obligation to provide for the victims of its campaign.

Two objections may be raised against such an expansive interpretation. First, it may be objected that where competing bases of authority remain in the area in question, the invading force cannot fairly (because it would be unable to fulfil the concomitant responsibilities) or logically (because such a designation would risk clashing jurisdictions) be said to be occupying the area. These alleged difficulties in drawing lines of responsibility may be respectively averted by imposing proportionally lower standards on an invading force exercising some – but not complete – authority and by recognizing that the possible overenforcement of the law – the result of a conflict of jurisdictions otherwise seen – is to be desired rather than averted. Responsibility on the part of the invading force may be assumed and in event of a lapse of protection, good faith efforts to fulfil Occupying Power obligations in the particular circumstances proved and accountability for any breaches disproved. Second, it may be objected that invading forces are not civil administrators – i. e. that the troops cannot be reasonably expected to maintain law and order and provide essential services etc., only to wage war. This objection, however, begs the question: why are the foreign troops only prepared for combat duties or alternatively, why is no trained personnel available to assist or immediately replace the troops upon occupation? The experience of the Iraq war is in this regard instructive: the egregious inability of the US troops to bring the chaos that prevailed after their defeat of the government forces under immediate control demonstrates all too clearly that modern armies must be prepared for their task of running an occupied territory. They must be "trained to do more than just fight and defend themselves. They have to know how to look after the civilian population they control."[19]

Whenever occupation may be considered to have begun, the invading force must make its control known and indicate the penalties for disobeying any laws and regulations that they promulgate. Moreover, whatever the targets and forms of any ongoing violent opposition – in Iraq, attacks not only on States with troops in the country but also on UN and ICRC workers as well as on Iraqi civilians and

---

[19] *Gasser*, From Military Intervention to Occupation of Territory: New Relevance of International Law of Occupation, in: Fischer *et al.* (eds.), Krisensicherung und Humanitärer Schutz – Crisis Management and Humanitarian Protection, Festschrift für Dieter Fleck, 2004, 139 (154 *et seq.*).

civilian objects –, IHL cannot be ignored by international or Iraqi personnel; they remain bound by it. The occupation continues until the armed resistance results in the overthrow of the occupier's military supremacy and the (re-)establishment of effective authority in opposition to it in a given area. The rule of law may thereby begin to be restored in the war-stricken territory.

2. Who are the Occupying Powers in Iraq?

"The Security Council [...] calls upon all concerned to comply fully with their obligations under international law including in particular the Geneva Conventions of 1949 and the Hague Regulations of 1907".[20]

A question with considerable doctrinal and precedential consequence follows, namely who are the Occupying Powers in Iraq? The answer seems self-evident considering the current situation on the ground and the framework for the actions of the Coalition Provisional Authority (CPA) and the UN set out in Resolution 1483. The applicable law could in fact be clearer, even as regards the particular status of the US and UK. On a strict reading of the Resolution, the argument could be made that the US and UK do not constitute Occupying Powers. The questionable quality of the Resolution's drafting (or rather the awkward diplomatic compromises behind it) takes on greater significance as regards the other States with armed forces in Iraq (e.g. Poland, Spain and Japan). Should they also be considered Occupying Powers, with full responsibilities under the Hague and Geneva articles?[21]

The Resolution's preamble and operative paragraphs require close scrutiny. The operative paragraphs, which are to be consulted first according to interpretive practice, are silent as to the particular status of the US and UK as Occupying Powers. Operative paragraph 4 does call upon "the Authority consistent with the Charter of the United Nations and other relevant international law, to promote the welfare of the Iraqi people". However, operative paragraph 5, which expressly recalls the Hague and Geneva articles as among the international law obligations that are to be fully complied with, addresses these obligations generally to "all concerned". For its part, the preamble, which constitutes a secondary source of meaning for resolutions, does describe the US and UK as Occupying Powers in paragraph 13, "recognizing the specific authorities, responsibilities, and obligations under applicable international law of these States as occupying powers under unified command (the 'Authority')." This preambular paragraph, however, does so with reference to a prior letter to the SC President from the British and American Permanent Representatives. In that letter's opening paragraph, the US and UK did

---

[20] Oper. para. 5, UNSC Resolution 1483.

[21] If the armed forces of any State were to become engaged in hostilites, they would, of course, have to respect IHL. The question relates to States with troops on the ground in Iraq that have not (yet) engaged in hostilities.

pledge to "strictly abide by their obligations under international law, including those relating to the essential humanitarian needs of the people of Iraq."[22] However, the US and UK neither explicitly acknowledged that their presence in Iraq was an occupation nor that the Hague or Geneva articles were applicable to their actions. In short, though the situation on the ground may have been incontestable, use of the term 'Occupying Power' in the substantive paragraphs of Res. 1483 would have formally clarified the particular status of the US and UK.[23]

The legal position of the other States present in Iraq is more ambiguous than that of the US and UK. Who exactly are the "all concerned" in operative paragraph 5, who are called upon to comply fully with IHL responsibilities? Should the imposition of responsibilities on "all concerned", a term wider than the otherwise exclusively used form of address "Authority", be taken to indicate that in the Council's view, it is not just the US and UK that are Occupying Powers? The substantive section of the Resolution offers no additional clues. As mentioned, preambular paragraph 13 describes the US and UK as Occupying Powers. It is unclear, however, whether the US and UK are to be understood as the only States that are Occupying Powers or whether other States might also qualify as such. Preambular paragraph 14 acknowledges that "other States that are not occupying powers are working now or in the future may work under the Authority", but in doing so, the provision adds to the semantic confusion. This last paragraph raises the possibility that a *third* category of States exists, namely States not mentioned in preambular paragraph 13 and yet present in Iraq as Occupying Powers per IHL.

Once more, expansive and restrictive understandings of the status of other States present in Iraq are conceivable according to the relative emphasis placed on the object and purpose of occupation law or on the Resolution's language, respectively. On a restrictive understanding, the preamble speaks only of "occupying powers under the Authority" and of States "that are not occupying powers" that provide support to the Authority. According to the terms of the Resolution, *tertium non datur*. On an expansive understanding, all States whose engagement amounts to exercising authority and that have been assigned responsibility for, and are exercising effective control over, portions of Iraqi territory should be considered Occupying Powers. The overall command structure and the nature of these States' activities would, in other words, be essential to the determination of their status (States, for example, that participated in the war that preceded the occupation and whose troops remain in the territory would be presumed to be Occupying Powers, whereas those that merely provide experts (such as engineers or medical staff) in the war's aftermath would not).

In the Iraqi test-case, this issue of which States are to be considered Occupying Powers is arguably of little practical consequence, especially as regards other

---

[22] UN Doc. S/2003/538.

[23] *Grant,* Iraq: How to Reconcile Conflicting Obligations of Occupation and Reform, ASIL Insight, June 2003, available on the Internet: <www.asil.org/insights/insights.htm>.

States present in Iraq.[24] The issue may, however, be of significant, longer-term doctrinal (resulting in attenuation or confusion and thereby evasion of responsibility) and precedential consequence (in other cases of occupation where States have not been expressly urged by the UN to comply with IHL). It is partly due to these broader consequences that an expansive approach is to be preferred here as well. Moreover, an expansive approach would be consistent with the preceding functional definition of occupation. Lastly, and most importantly, it would ensure the protected persons concerned the maximum benefit of IHL.[25]

To confirm the sense behind an expansive approach to the conferral of Occupying Power status on the US and UK, the question posed at the outset of this section might usefully be turned on its head: who would be the governing authority in Iraq if not the US and UK?[26] Where no viable alternative locus of authority exists, semantic debate about this designation seems at best moot, at worst potentially harmful to the cause of humanitarian law. No other official entity could prior to 28 June 2004 exercise the responsibilities of local administration in Iraq apart from the CPA itself and as such, the States comprising it should be considered Occupying Powers with all the responsibilities inherent in that status. As regards other States providing troops and exercising assigned authority, would it not be too attenuated a line of responsibility to trace the duty to ensure the fulfilment of IHL obligations *indirectly* back to the CPA rather than assigning this duty *directly* upon these States? Doing so raises a (greater) risk of obligations going unfulfilled. It is true that the label 'Occupying Power' can bring with it significant risks (including legal liability)[27] as well as political baggage (domestically and/or abroad, as in the case of Japan). In any society that aspires to the rule of law, however, certain maxims must be publicly acknowledged and consistently observed: these include the maxims that with power comes responsibility and that with responsibility comes accountability. The ICRC has on the basis of a similar approach recalled occupation law not only to the US and UK but also to several other (unnamed) States. Significantly for the further development of the customary law, none of these States objected.[28]

---

[24] "Since any such contributors and their armed forces are still clearly urged to comply with the relevant Hague and Geneva rules, it is hard to see what practical problems might arise from the curious status of participating in an occupation but not being an occupying power." (*Roberts* (note 3), 6).

[25] The argument that all States other than the US and UK are not Occupying Powers may also be doubted within the Resolution's terms themselves: "One could interpret preambular paragraph 14 as achieving this result, but this would be [a] far-reaching interpretation based on a mere preambular paragraph." (*Lijnzaad* (note 4), 297).

[26] This chain of thought builds on *Grant* (note 23).

[27] "Occupation law imposes high performance standards on an occupying military power and liability can quickly arise." (*Scheffer*, A Legal Minefield for Iraq's Occupiers, Financial Times, 23 July 2003).

[28] *Lavoyer, Ius in Bello:* Occupation Law and the War in Iraq, Comments delivered to the Lieber Society Interest Group Panel, 98th Annual Meeting of the American Society of Inter-

3. How far do the Civilian Population's Rights and the Occupying Powers' Obligations Extend?

"The occupation authorities cannot abrogate or suspend the penal laws for any other reason – and not, in particular, merely to make it accord with their own legal conceptions."[29]

Recent developments in the form of novel fact patterns and shifts in international opinion have brought the civilian population's rights and the Occupying Powers' obligations[30] into sharp relief. The uncontested bases for these relations are the Hague Regulations (Art. 43–56), the Fourth Geneva Convention of 1949 (in particular Art. 5, 27–34, 47–78), Additional Protocol I of 1977 ('AP I', including Art. 14, 63, 68–79) as well as customary IHL.[31] Rule of law in the occupied territory is to be secured through these provisions' enforcement.

The law of occupation regulating the relationship between the invading force and the local inhabitants has been aptly compared to "a bill of rights". The rules and procedures prescribe a series of fundamental rights and obligations that, "immediately upon occupation and without any further actions on the part of those affected, becomes applicable to the occupied territories and limits the authority of the occupying power."[32]

Foremost[33] among their positive obligations Occupying Powers are to:

– protect and meet the needs of the local inhabitants by taking measures to restore and ensure public order, safety, health, provision of food and medical supplies as far as possible;

---

national Law, 1 April 2004, 4. See also *Lijnzaad* (note 4), 302 *et seq.*, for an analysis of the position of Poland in postwar Iraq.

[29] *Pictet,* Article 64, Commentary, Geneva Convention (IV) relative to the Protection of Civilian Persons in Time of War, 1958.

[30] All States present in the occupied territory, whether or not they qualify as Occupying Powers, are bound by common Art. 1 GC and Art. 29 IV GC as well as by those principles of occupation law that have *ius cogens* or *erga omnes* character. Regarding the position under international law of "other states" during Occupation, see also *Lijnzaad* (note 4), 300 *et seq.*

[31] Insofar as the provisions of AP I cannot be considered customary international law, they do not apply to the Occupying Powers that are not parties to AP I (in Iraq, the non-parties include the US). Art. 3 (b) AP I is one such provision. (See below).

[32] *Gasser,* Protection of the Civilian Population, in: Fleck (ed.), The Handbook of Humanitarian Law in Armed Conflicts, 1995, 209 (242).

[33] For a more extensive review of these obligations (especially provisions regarding transfer of persons from occupied territory; collective penalties; cruel, inhumane treatment, injury and suffering; care for the wounded and sick and provision of food and medicine; prosecution of war crimes and other international crimes) in the context of Iraq, see *Paust,* The U.S. as Occupying Power over Portions of Iraq and Relevant Responsibilities under the Laws of War, ASIL Insight, April 2003, available on the Internet: <www.asil.org/insights. htm>.

– respect public and private property – in particular, the Occupying Power may not confiscate private property or use the assets of the occupied territory for its own benefit;

– treat all person persons deprived of their liberty properly, with judicial guarantees and minimum conditions of detention (regardless of whether they are POWs, persons accused of crimes against Iraqis, persons accused of hostile acts against the international forces or persons detained for "imperative reasons of security"[34]).

In turn, the universal, absolute character of the rights provided the civilian population should be appreciated. Article 27 IV GC guarantees respect and humane treatment of protected persons "in all circumstances" and "all at times", and Art. 75 AP I obligates the Occupying Power to maintain a certain minimum standard of human rights "at any time" "in any place" "without any adverse distinction". Article 47 IV GC provides that the relevant rights are inviolable: "Protected persons who are in occupied territory shall not be deprived, in any case or in any manner whatsoever, of the benefits of the present Convention by any change introduced, as the result of the occupation". For their part, protected persons are in no circumstances entitled to renounce their rights (Art. 8 IV GC). Lastly, certain of these responsibilities, a 'hard core', remain incumbent upon the Occupying Power as long as it continues to exercise governmental authority.[35] The preceding is not meant to imply that occupation law in its totality constitutes *ius cogens* or has *erga omnes* effect, just that certain provisions do display a foundational character in limiting the discretion of any State.[36]

The existing rules and procedures also provide for exceptions and negative obligations. The ground rule of Occupying Power responsibility is established by Art. 43 of the Hague Regulations. According to Art. 43, the Occupying Power

---

[34] Per Art. 78 IV GC. For one assessment of whether the Occupying Powers have been meeting their obligations under IHL in Iraq, see *Scheffer,* Beyond Occupation Law, AJIL 97 (2003), 842 (853 *et seq.*).

[35] These responsibilities are set out foremost in Art. 1 to 12, 27, 29 to 34, 47, 49, 51, 52, 53, 61 to 77 and 143 of IV GC. The 1907 Hague Convention and other customary international law also apply in full to all parties during continued occupation. For those parties subject to it, Art. 3 (b) AP I provides that the application of the Conventions and AP I shall in the case of occupation cease on the end of occupation (except as regards persons whose final release, repatriation or re-establishment takes place thereafter, who continue to benefit from the relevant provisions of the Conventions and AP I). Accordingly, the provisions of IV GC (per Art. 6 (3)) were only applicable in their entirety to all Occupying Powers until 1 May 2004, assuming the close of military operations is dated to 1 May 2003. Thereafter, the applicable rules varied. (Art. 78 IV GC, for example, applies to Occupying Powers that are parties to AP I during the entirety of the occupation but not to parties that are not, in which case the general international human rights regime applies.) (*Wolfrum* (note 2), 64).

[36] "Such principles […] pertaining to occupation law have never been conclusively established, but one would expect them to include the overarching principles of humane treatment and judicial due process that appear in various codified provisions of occupation law." (*Scheffer* (note 34), 843).

must respect the laws in the occupied territory "unless absolutely prevented". This positive obligation with its qualifier clause embodies a fundamental tension in the Occupying Power's freedom of action.

If, as the head of the ICRC legal department put it, "[t]he civilian population should be able to live a life as normal as possible"[37], how far is the Occupying Power permitted to avail itself of *exceptions*? The Occupying Power's duty to fulfil its responsibilities under IHL presupposes that the administrative apparatus of the occupied territory continues to function and that the local inhabitants respect its authority. (In occupied Iraq, this latter presupposition seems especially wishful thinking. Iraqis, like the civilian population of any occupied territory, do not owe any loyalty to the Occupying Power, and in the event, many of the 'defeated' have made clear that they are unwilling to submit to the CPA's will by perpetrating violence against it.) As noted, the Occupying Power is allowed to take the pre-existing laws temporarily or permanently out of force when they constitute a threat to its security. Article 27 IV GC adds as regards protected persons that the Occupying Power may take such measures of control and security "as may be necessary as a result of war". Further, the Occupying Power is entitled to repeal or suspend local criminal laws where they constitute a threat to its security or an obstacle to the application of IV GC (Art. 64 IV GC). Lastly, in recognition of its security imperative, the Occupying Power is not barred from factually enforcing obedience, having for the duration of the occupation an authority to resort to force similar to that of the territorial sovereign. That having been said, the Occupying Power, even in taking measures to ensure the occupation's security and to maintain local public order and safety, is obligated to respect the restrictions found in Art. 27 itself (which implement the general obligation of humane treatment) as well as in Art. 41 to 43 (concerning internment and assigned residence) and Art. 78 to 135 IV GC (regulations for treatment of detainees). The provisions prescribe, in short, a fine balance between the power's and population's legitimate demands, a balance that must be observed at all times.[38]

A more fundamental question relating to *negative obligations* of the Occupying Power arises out of the temporary nature and transitory effects of occupation foreseen by IHL. It is clear under IHL that the Occupying Power cannot in principle exercise the authority housed in the occupied State, since a return to the original territorial sovereign is expected. This constraint may be said to be based on the idea of a trustee administration. This idea, however, is difficult to implement when the pre-existing laws of the occupied territory are in turn based on an ideology that

---

[37] *Lavoyer* (note 28), 4.

[38] The President of the Israeli High Court recently described this balance so: "the law of belligerent occupation recognizes the authority of the military commander to maintain security in the area and to protect the security of his country and her citizens. However, it imposes conditions on the use of this authority. This authority must be properly balanced against the rights, needs, and interests of the local population." (*Beit Sourik Village Council v. The Government of Israel,* HCJ 2056/04 (30 June 2004): opinion of President Barak, para. 34, available on the Internet: <http://62.90.71.124/eng/verdict/framesetSrch.html>).

the foreign power seeks by force to eliminate, i. e. when an occupier seeks to overhaul the society as well as to overthrow the regime.

Has the CPA lawfully or unlawfully exceeded the powers typically accorded trustee administrations? The Coalition States did acknowledge the temporary nature of the occupation from the outset, through the suggestive name of the authority itself ("provisional") and through professions of the "urgent need" to create the conditions for Iraqis to exercise their right to internal self-determination.[39] As regards the transitory effects of occupation, however, can the CPA reconcile its own intentions and its apparent UN mandate with its restrictive powers under the law of occupation? Resolutions 1483 and 1546 (and for that matter 1511 as regards the authority of the Multinational Force (MNF) and 1500 as regards the UN Assistance Mission for Iraq (UNAMI)) refer severally to the legal, political and social reform of Iraq. (Operative paragraph 4 of Resolution 1483, for example, calls upon the CPA to create "conditions in which the Iraqi people can freely determine their own political future". Likewise, operative paragraph 8 describes the mandate of the UN Special Representative for Iraq as including working towards establishing "institutions for representative governance", "promoting the protection of human rights" and "encouraging international efforts to promote legal and judicial reform".) Should the apparent inconsistency between the fundamental duty in occupation law to maintain the *status quo ante* and the recognized desirability of changes to laws and government structures in Iraq (as expressed by long-standing international human rights agreements as well as by the newest resolutions) be taken to signify that IHL is no longer relevant in this context?

One means to reconcile the apparent inconsistency between the IHL constraint and the Resolutions' intentions would be through an expansive interpretation of Hague Art. 43 and a dilution of the obligations imposed. This reading of the obligation to respect the laws in force holds that when military intervention is premised on reform of the existing laws and government structures – or more, when such change is the only effective means to secure the peace –, the victor and military occupant cannot be obligated to uphold the defeated enemy regime.[40] The case of post-WWII Germany is cited in support of this expansive interpretation.

Another means proposed is to view the Resolutions as "carve outs": provisions of occupation law that would prevent the CPA from changing the laws, institutions and personnel of the Iraqi State have been suspended by the UN, while the other Hague and Geneva articles remain in force.[41] As noted, the SC texts refer in several paragraphs to reforming Iraqi society, including introducing representative governance. In support of an *intention* to carve out is the fact that on several recent occasions, the UN has participated in organizing and/or supervising free elections following decolonialization or the demise of a dictatorship. (Resolutions 1483 and

---

[39] See, for example, oper. para. 1 of SC Resolution 1511.
[40] This reading is favoured *inter alia* by Morris Greenspan. (*Wolfrum* (note 2), 65).
[41] *Grant* (note 23).

1546 provisions regarding the future political structures of Iraq confirm from this perspective the emergence under international law of a right to democratic governance.[42]) In support of an *authority* to carve out is the fact that the SC adopted the Resolutions under Chapter VII of the UN Charter. The Charter provides that its obligations preempt pre-existing conventional international law in case of conflicting obligations (Art. 103) and enables the Council to take decisions for the restoration of international peace and security that are binding on all UN Member States (Art. 25). (This "sweeping dispositive authority" has formerly served as a legal basis for "such ambitious programs as independence of East Timor [and] the administration of Kosovo".[43])

Before taking such a drastic step as an expansive interpretation or a carve out, however, we should examine the two sets of instructions in detail. Seeking to override or ignore the law of occupation, like IHL more generally, risks greater harm than any benefits, as it may upset the delicate equilibrium between different interests on which the system of protection is based. Occupation law should be viewed as a coherent whole, "from which a derogation should not be accepted easily."[44] In response to a new development that appears to pose a challenge to the law's applicability or relevance, the development must first be looked at more closely and the ongoing adequacy of the existing provisions to it considered carefully. The possibilities of interpreting and adapting the existing provisions should then, if necessary, be studied. Once these possibilities have been exhausted, the advantages and disadvantages of a step such as an expansive interpretation or a carve out may be weighed. In the Iraqi test-case, this proposed approach confirms that the inconsistency alleged between two sets of instructions is more apparent than real. When Resolutions 1483 and 1546 are looked at more closely and the existing provisions are read with a progressive understanding, the powers thereby granted the CPA are revealed to be reconcilable with those provided by the Hague and Geneva articles.

The degree to which the successive Resolutions prescribe the reform of Iraqi society may be questioned. First, the Resolutions refrain from explicitly referring to democracy as the governing principle of the country's future constitution and to the protection of human rights according to international standards.[45] Second, Occupying Powers do not under IHL enjoy a *carte blanche* to rebuild a country in their own (preferred) mode. Nor do they under UN law. Resolution 1483 expressly invokes the Geneva Conventions and the Hague Regulations. (Operative paragraph 4 *inter alia* calls upon the Authority "*consistent with* the Charter of the United Nations and *other relevant international law*, to promote the welfare of the

---

[42] See generally *Franck*, The Emerging Right to Democratic Governance, AJIL 86 (1992), 46 *et seq.* International law has traditionally held that internal self-determination may be exercised according to the given people's wishes as long as their choice of form of government does not infringe *ius cogens*.

[43] As favoured, for example, by *Grant* (note 23).

[44] *Lavoyer* (note 28), 5.

[45] As noted by *Wolfrum* (note 2), 72.

Iraqi people". (emphasis own)) Moreover, the UN mandate prescribes a facilitative role for the Occupying Powers – i. e. to effect change for purposes of ensuring an expression of the right to self-determination – not a prescriptive role – i. e. to rewrite Iraq's legislation and remake its institutions in its own legal, social and economic image. (The same paragraph speaks of the Authority creating "conditions in which the Iraqi people can freely determine their own political future".) Third, the CPA does not exercise exclusive and total administrative power according to the Resolutions. (Paragraph 8 of Resolution 1483 vests authority in the UN Special Representative; Paragraph 4 of Resolution 1511 states that "the Governing Council and its ministers are the principal bodies of Iraqi administration".) Fourth, an interpretation of Resolution 1483 and successive Resolutions as a mandate for 'nation-building' in Iraq would run squarely up against the UN's Charter and post-WWII history, which prohibit occupation and colonization as bases for transformational efforts.[46] It might also exceed the SC's authority, according to which Chapter VII-resolutions are to relate to the restoration of international peace.[47] This limit on the Council's decision-making authority suggests that in designing a framework for reconstructing Iraq, the Council must choose measures that enhance security in the area. Measures, i. e. legal/economic/social reforms, that do not contribute to a stable and viable Iraq – and hence to security – appear *ultra vires*. Finally, the political context in which the UN mandate was agreed advises caution in its interpretation. UN involvement was partly intended to defuse accusations of US self-interest in the reconstruction of Iraq and to accord the process legitimacy inside and outside the country. A UN that was no longer seen to be neutral but to be abetting 'neo-imperialism' in its resolutions would hardly further these objectives.[48]

Having looked closely – and critically – at the scope of the powers granted by the successive Resolutions, let us consider the ongoing adequacy of the existing provisions to accommodate them. Occupation law proves itself in this respect more flexible than might be expected. In general, the existing provisions prohibit the Occupying Power from effecting changes to the laws in force or government

---

[46] *Chesterman,* Bush, the United Nations and Nation-building, Survival 46 (Spring 2004), 101 (104).

[47] For an analysis of the functions and powers of the Security Council in general, see *Delbrück,* Article 24, in: Simma *et al.* (eds.), The Charter of the United Nations: A Commentary, Vol. 1, 2nd ed., 2002, 442 *et seq.*. For an interpretation of the same in the Iraqi test-case, see *Kirgis,* Security Council Resolution 1483 on the Rebuilding of Iraq, ASIL Insight, May 2003, available on the Internet: <www.asil.org/insights.htm>.

[48] The Star and Stripes has already been long viewed by many in the Middle East as "the symbol not of liberation, but of alien oppression". (*Howard,* The Invention of Peace and The Reinvention of War, 2001, 95). More than that, many Arabs view the SC with suspicion (esp. its Resolutions regarding Israel) – as a creature of Anglo-American interests. The Coalition occupation of Iraq has given concrete form to these views, adding accusations of military imperialism to those of cultural imperialism, and has fuelled regional mobilization against an 'American-led secular world order'.

structures in the occupied territory.[49] Exceptions are, as explained, permitted for the sake of military security and public order. These must arguably be interpreted narrowly and contrary enactments directly justifiable.[50] However, occupiers do have a certain latitude – some would say duty – to implement fundamental human rights according to standards of the rule of law set out or alluded to in IV GC. As mentioned, Art. 64 IV GC entitles the Occupying Power to repeal or suspend local criminal laws that hinder the application of the Convention. The Occupying Power may accordingly introduce amendments necessary, for example, to ensure the right to self-determination, to end discrimination of certain minorities or to secure basic judicial standards.[51] This latitude reflects basic common-sense as well as positive law: the Occupying Power would otherwise be required to turn a blind eye to – or worse, to perpetuate – injustices in the pre-existing laws, a notion that runs up against the very spirit of humanitarianism and international rule of law that is being promoted. Article 43 is intended to curb abuse of the Occupying Power's discretionary and legislative powers, not to prevent compliance with its international commitments, especially if of *ius cogens* character.

For the sake of argument, the wisdom of adopting an expansive interpretation to the existing provisions may lastly be weighed. Such a step shows itself to be undesirable, just as it is unnecessary. The exemption that an expansive interpretation provides for in the case of wars waged to overhaul a particular society would make the obligations in question largely contingent upon the occupier's war aims (see also Section II. 5. below). It would effectively allow the occupier to pick and choose the provisions that apply to him. "As much it was legitimate to overthrow e.g. the totalitarian government of Germany and to reintroduce the rule of law and democracy in Germany there are definite limits of international humanitarian law"[52] that must be observed. Removing these constraints would throw the door wide open to occupiers, well-meaning or otherwise, to abuse their dominant position. In sum, we do not support tyrannical regimes but a decent political order: democratic political theory should guide postwar planning, and 'debaathification'

---

[49] Two further situations relating to the issue of strict compliance with IHL in this regard should be distinguished here. First, where a legal vacuum exists, the Occupying Power will out of necessity impose a (N. B. not necessarily its own) legal system. Second, when occupation is long-lasting, administrative necessity often requires adaption of the system to new circumstances. Both situations presume, in other words, a more flexible application of the rules. Neither is relevant in Iraq, Iraq being neither a failed State nor subject to prolonged occupation.

[50] *Gasser* (note 32), 255 *et seq.*

[51] *Green*, The Contemporary Law of Armed Conflict, 2nd ed., 2000, 259.

[52] *Wolfrum* (note 2), 65 *et seq.* (sic). A doctrinal objection to the comparison with postwar Germany might also be raised. A military occupation as in Iraq is to be distinguished from *debellatio* or consent. When a state of war is terminated by unconditional surrender, as was the situation in Germany in 1945, the invading force may establish his own system of law, regardless of the law of armed conflict, which automatically ceases to apply. (Further, see *Schwarzenberger* (note 9), 317, 730 *et seq.*). In Iraq, an instrument of surrender was not possible to arrange.

remains a political/military prerequisite to establishing an open society in Iraq. However, the scope of discretion that an expansive interpretation would accord the Occupying Power is not appropriate all things considered.

4. When Does Occupation End?

"[R]esolution 1546 contains eight references to the words 'sovereign' and 'sovereignty' – probably a record for a UN Security Council resolution, and a reflection of the general truth that the more sovereignty is in question, the more it needs to be asserted."[53]

The above question about the application of occupation law begets further questions and some uncertain answers. The conventional sources of the law of occupation include no precise definition as to its end. Article 6 para. 3, 1st sentence IV GC provides that "the application of the present Convention shall cease one year after the close of military operations".[54] The article goes on to provide, as noted, that the Occupying Power shall remain bound by certain responsibilities protecting the vital rights of the inhabitants as long as it continues to exercise governmental authority. For its part, Art. 3(b) AP I provides that the Conventions and Protocol shall in the case of occupation cease to apply on the end of occupation, but it does not specify when the latter might take place. The Conventions and AP I do not, in other words, prescribe the permitted length of the occupation. As with so many issues in IHL, the end of occupation is ultimately a factual determination, to be made according to the situation on the ground. Various indicia of ongoing foreign involvement may in turn be proposed, but none alone is decisive in the analysis. (For example, occupation has traditionally come to an end when the Occupying Power withdraws from the territory in question or is driven from it. Even if this step is sufficient, however, it is not necessary: the continued presence of foreign troops does not automatically mean a continued state of occupation.[55]) In the case at hand, moreover, the facts have been in constant flux and with them assessments of the legal situation; it has been difficult to determine whether and if so, exactly when Iraq has regained its 'full sovereignty'.[56]

---

[53] *Roberts* (note 3), 11.

[54] The drafters of the Geneva Conventions apparently believed that twelve months' time was sufficient to reestablish stability and to wind up an occuption.

[55] See generally *Roberts* (note 3), 2 *et seq.* or specifically 4: "[i]n Japan and West Germany the continued presence of external forces does not appear to have undermined or threatened the resumption of sovereignty by these states or their independent decision-making capacity."

[56] We use quotation marks around the term 'fully sovereign' because it is questionable whether any State, especially in today's formally (and informally) interdependent world, can be said to act totally independently, completely free from other authorities. The term 'genuine' sovereignty, which does not imply absolutes, might be preferable.

In assessing the legal situation, the matter where sovereignty vests in an occupation must first be clarified. Different aspects of the notoriously elusive[57] and highly charged concept of sovereignty are to be distinguished. The ongoing *international* legal sovereignty of Iraq, namely its capacity to have the rights and obligations of a State on the international level, has never been in doubt. (The juxtaposition here is to subjugation or conquest, which imply a transfer of sovereignty.) Occupation law presupposes the eventual withdrawal of the foreign power and a continuation of the native government. As one commentator wrote shortly after the Hussein regime's overthrow at the height of the CPA's control, "[t]he Security Council has imposed restrictions on some of those rights and obligations [on the international level], and for the time being the occupying powers will act on behalf of Iraq in carrying them out, but Iraq's sovereignty under international law remains intact."[58] In contrast to its international sovereignty, the *domestic* sovereignty of Iraq was *qua definitione* reduced with the onset of occupation. Iraqis were subject to the control of the Occupying Powers and did not enjoy the same capacity to govern themselves as prior to the military intervention.[59]

UN involvement and international recognition in various forms might have been expected to play a pivotal role in determining when there has "truly been a change from international oversight to independence" in Iraq.[60] For its part, SC Resolution 1546 has only clarified the factual and legal ambiguity of the issue to some degree. Like many decisions made on the international level, its provisions were subject to various compromises and expediencies, which by modifying preexisting understandings, raise new questions.

At the outset of Resolution 1546, the SC "welcom[es] the beginning of a new phase in Iraq's transition to a democratically elected government" and states that it "look[s] forward to the end of the occupation and the assumption of full responsibility and authority by a fully sovereign and independent Interim Government of Iraq by 30 June 2004." This opening paragraph of the preamble and the similarly-worded first two paragraphs of the operative part decree that the Occupation is officially over and that the new authority has been formally endorsed as the sovereign government of Iraq by the SC (and by extension by all Member States per Art. 24(1) UN Charter).

---

[57] Attempts to explain sovereignty often confuse more than they clarify. For example, the former British Special Representative for Iraq described in early May 2004 the post-occupation arrangement thus: "[t]he interim government will be fully sovereign, in the sense that every arrangement made by America and the international community will need to be agreed with the Iraqis as equal partners." (*Greenstock,* What must be done now, Economist, 8 May 2004, 24 (25)).

[58] *Kirgis* (note 47). See in this sense SC Resolution 1483 and 1546, both of which expressly reaffirm the sovereignty and territorial integrity of Iraq, as well as Resolution 1511, which "underscor[es] that the sovereignty of Iraq resides in the State of Iraq".

[59] Roberts accordingly prefers describing the June handover as a "transfer of administrative authority." (*Roberts,* The day of reckoning, Guardian, 25 May 2004).

[60] *Greenstock* (note 57), 25.

This so far unambiguous legal qualification of the situation in Iraq after 28 June 2004 is, however, complicated, if not contradicted, by the SC's subsequent authorization of the maintenance of a multinational force to counter ongoing security threats. The occupation in Iraq is officially over, but the current Occupying Powers are permitted to hold onto important (the most important?) state prerogatives.[61] Is it possible to speak credibly of 'full sovereignty' as long as an army of occupation remains in Iraq, protecting its inner and outer security?

Other parts of the Resolution attempt to resolve the tension inherent in this alleged change in the normative characterization of the situation and the effective stasis on the ground. Paragraphs 9 and 12 stress that the MNF is present at the invitation of the interim government, which invitation may be rescinded by it at any time. Further, while the SC authorizes the MNF to take "all necessary measures to contribute to the maintenance of security and stability in Iraq" (Paragraph 10), it is to do so in accordance with the letters from the Iraqi Prime Minister and the US Secretary of State annexed to the Resolution. Lastly, the letters provide that the MNF accepts the Iraqi invitation and is (per Colin Powell) "ready to continue to undertake a broad range of tasks to contribute to the maintenance of security and to ensure force protection", including combat operations against and internment of insurgents, but that the forces making up the MNF will "at all times [...] act consistently with their obligations under the law of armed conflict, including the Geneva Conventions."[62]

Nonetheless, the ongoing presence of foreign troops on Iraqi territory cannot but for the time being call into question the UN's assertion of full sovereignty, even leaving aside other, political and economic indicia of foreign support.[63] The

---

[61] The tension in the concept of sovereignty related to this issue took on concrete form in the discussion over which power(s) would exercise ultimate command and control over the MNF. The governments of the respective powers in Iraq sought to clarify whether the interim government after 30 June will be able to exercise a veto over politically sensitive operations of the MNF troops (as recently in Fallujah). (Neue Zürcher Zeitung, 27 May 2004). The provisional compromise reached between the US/UK and the Iraqis was characterized in the annexed letters as a strategic partnership, in which close coordination and co-operation would be the guiding principles in the development and implementation of security policy. Unity of command of military operations in which Iraqi and multinational troops are engaged is to be the objective, but the existing framework governing the status of and jurisdiction over the armed forces as well as the arrangements for and the use of assets are to remain in place.

[62] This recognition of the continuing applicability of the Geneva conventions is all the more pressing given that even after July 2004, foreign troops are to continue to enjoy immunity from prosecution under Iraqi law. (See *Patel,* The Legal Status of Coalition Forces in Iraq after the June 30 Handover, ASIL Insight, March 2004, available on the Internet: <www.asil.org/insights.htm>; *Schaller,* Die Multinationale Truppe im Irak: Völkerrechtlicher Status nach der Machtübergabe, SWP-Aktuell 2004/30 (July 2004), available on the Internet: <www.swp-berlin.org/common/get_document.php?id=944>).

[63] Massive official US and other foreign aid will remain crucial to the Iraqi economy after any alleged transfer of sovereignty. (Congress has, for example, allocated $ 18.4 billion in aid to Iraq for the current year. (Economist, 22 May 2004, 43)). How far can Washington,

Resolution's recognition of Iraqi sovereignty takes on a constitutive rather than declarative character in light of the fact that the situation on the ground remains effectively unchanged.[64] Ultimately, it remains to be seen whether the interim government actually exercises all the attributes of what is traditionally understood to comprise sovereignty. Perhaps the clearest indication that Iraqis do not possess 'full' or genuine sovereignty would come if a subsequent request by the interim government for the withdrawal of foreign troops were not complied with. The foreign troops could then be characterized a "hostile army" per Hague Art. 42, controlling territory without the consent of local authorities. The chances, however, of the interim government making such a request and Iraqi sovereignty being put to the test in this way seem slim, given Iraqis' inability to ensure their inner and outer security by themselves now and for the foreseeable future.

It is tempting to dismiss the issue of when occupation ends as a mere academic concern given the ambiguity of the factual and legal situation in Iraq (and other occupied territories). This would be a mistake: the determination of the locus of authority in post-conflict situations is "a way to identify power and point a finger at it when needed."[65] This determination is the basis of the various legal responsibilities assigned to occupying/foreign powers and the basis of any international accountability for events in the territory in question. It decides whether their activities will still be subject to the laws of war. In the Iraqi test-case, as in other occupations, the determination must be made and a clear line of responsibility of

---

its distributor, then be said to possess a 'power of the purse'? In addition, the interim government is largely staffed from the former Governing Council. The fact that the Council had been picked by the CPA, that many members are returned exiles and that few have a popular mandate fuelled widespread accusations in Iraq and abroad that the 'representatives' are effectively creatures of the Americans. Together with the military presence, the ongoing involvement of and dependence on outsiders have led to harsh comparisons of the administration of Iraq to a puppet government.

[64] Rather than maintaining the increasingly strained traditional understanding, it might be analytically preferable and truer to contemporary international relations to reconsider the concept of sovereignty in light of the situation in present-day Iraq. The diversified global governance activities in Iraq (i. e. the demand that the government established by the Iraqi people to assume the Authority's responsibilities be "internationally recognized" (see e.g. Res. 1483); the UN Resolutions' prescriptions of its political, economic, social structures; the authorization of the MNF; the operations of UNAMI; as well as the global communication about human rights in the country generally) have seriously affected its sovereignty, belying traditional claims of 'independence' and 'territorial integrity'. Iraq, like present-day Afghanistan, is manifestly not an entity outside the global legal system: its sovereignty is subject to definition and constraints from the international community. The present-day situation in Iraq provides further support for a new understanding of sovereignty, according to which "sovereignty is a construction of the political system itself which can be reformulated in juridical rationalities". (*Bothe/Fischer-Lescano, Protego et obligo*. Afghanistan and the paradox of sovereignty, GLJ 3 (September 2002), paras. 10 *et seq.*, available on the Internet: <www.germanlawjournal.com/article. php?id=187>).

[65] *Korhonen,* "Post" As Justification: International Law and Democracy-Building after Iraq, GLJ 4 (2003), 709 (722), available on the Internet: <www. germanlawjournal.com/article.php?id=292>.

the various powers drawn: "[t]he transfer of authority must not become an excuse for an abandonment of responsibility. Indeed, the transfer of authority provides an opportunity [...] to take a clearer, more principled and more determined stand on the application of the rules of international humanitarian law".[66]

We believe that the end of an occupation should essentially be determined by the same two conditions that trigger occupation law's application in the first place, namely the control of territory by hostile foreign armed forces and the possibility of these forces exercising authority over the local inhabitants (see Section II. 1. above). In terms of the Iraqi test-case, this approach means that where prerogatives concerning the security of the country have been transferred to the interim government, the concomitant obligations under IHL should be considered transferred as well. Where these prerogatives remain with the foreign powers,[67] however, so should the obligations: foreign powers should then be bound to respect and protect the rights of persons under their effective control.

Considered more broadly, determinations of the end of an occupation should be governed by reality as well as by particular proclamations. A SC resolution on the subject, while naturally having considerable political importance, need not be accorded decisive legal importance. This approach to determining the end of occupation and the applicability of IHL does not seek to contradict express provisions of a SC resolution under Chapter VII and to claim that an occupation (in Iraq or elsewhere) continues nonetheless: "it is not credible that there will not be a significant change of some kind" in such circumstances.[68] Instead, this approach tries to reconcile the facts on the ground with the formal terms for the sake of the optimal enforcement of IHL and the effective protection of the occupied people. The SC itself was evidently conscious of IHL's continued application and relevance: the preamble of Resolution 1546 "not[es] the commitment of all forces promoting the maintenance of security and stability in Iraq to act in accordance with international law, including obligations under international humanitarian law". It sought thereby to combine the determination of the legal situation suggested by IHL with its own statement on the political transition in Iraq, to resolve the tension between the long-standing general terms of IHL and the specific contemporary developments.

Although the decision as to when exactly the time is right for transferring power remains ultimately a matter for their political judgment (see Section II. 4. above), the Occupying Powers do have certain obligations under IHL and the successive SC Resolutions on reconstructing Iraq to observe regarding the withdrawal of their

---

[66] *Roberts* (note 3), 19.

[67] See *Roberts* (note 59): "There could be numerous circumstances are July 1 that constitute a general exercise of authority similar to that of an occupier, or else an occupation of at least part of Iraqi territory."

[68] *Roberts* (note 3), 11.

troops.[69] As noted, occupation is viewed in humanitarian law and the Resolutions as a temporary period during which the occupied territory is prepared for a return to genuine sovereignty. The Occupying Powers are accordingly entitled to transfer responsibility for the maintenance of peace and human rights only to an entity that is capable of acting.[70] Occupying Powers cannot simply 'cut and run', leaving behind a politically/socially unstable situation or worse, a power vacuum and inevitable descent into chaos, regardless of what their domestic political interests might otherwise urge. At the other extreme, the preparation of a people for a return to genuine sovereignty cannot be used as a pretext to perpetually postpone a transfer of power; prolonging the occupation indefinitely for the sake of ensuring stability and the inhabitants' effective exercise of their right to choose their own government would belie the temporary nature of occupation foreseen by humanitarian law and the Resolutions. In short, the Occupying Power should be required to continually justify on the basis of proportionality the necessity (as well as propriety) of its ongoing military presence in the foreign territory against the further denial of the occupied people's right of internal self-determination.[71]

Lastly, it should not be overlooked that the declared end of occupation in Iraq might not mean the end of the applicability of other IHL provisions in that country. The ongoing hostilities between security forces (Iraqi and outside armed forces) and insurgents (including former regime elements, foreign fighters and illegal militias) as well as the serious threats to order might be re-qualified as an internationalized internal armed conflict subject to the *ius in bello*. If the hostilities reach a sufficient intensity and sophistication (e.g. in the hot spots of Fallujah and Najaf),[72] the conventional (esp. common Art. 3 GC, see below) and customary

---

[69] See generally *Sutter,* Völkerrecht und Truppenabzug aus dem Irak: Die Rechte und Pflichten einer Besetzungsmacht, Neue Zürcher Zeitung, 31 March 2004.

[70] From the perspective of democratic political theory, Walzer adds that transferring power to a puppet government is also offensive to the sense of postwar justice. By denying the population their right to internal self-determination, a satellite regime makes a "moral mess of the aftermath" and its deprivation of sovereignty is an "act of theft". (*Walzer* (note 12)).

[71] Following *Sutter* (note 69). (See also SC Resolution 1511 of 16 October 2003, which calls upon the CPA "to return governing authorities and responsibilities to the people of Iraq as soon as practicable" and to report to the SC on progress being made.) In cases where the foreign power seeks to overhaul the society as well as to overthrow the regime, Walzer argues that the timetable for self-determination "depends heavily on the character of the previous regime and the extent of its defeat." If the goal is to ensure that in the resultant society the local population can form civil associations, join parties, make choices etc. without fearing a restoration of the former authoritarian regime, then a quicker transfer of power may be effected where the large majority of the population was not complicit in the regime (as in Iraq rather than postwar Germany). (*Walzer* (note 12)).

[72] The month of April 2004, for example, saw more casualties among US forces than during the entire invasion phase. (Around this time, a rumour even circulated among US forces that President Bush was going to redeclare war as a prelude to stepping up military operations against the armed resistance (Time Magazine (Europe), 3 May 2004, 20). A redeclaration of war would have signified the end of the occupation, and the relations

rules applicable in non-international armed conflicts would apply to the conflict parties in Iraq.[73]

In short, the situation in Iraq at the time of writing "does not conform exactly to recognized definitions of either international or civil war or of military occupation."[74] It is devoutly to be hoped that the determination of the applicability of the *ius post bellum* (re the end of occupation) and the *ius in bello* (re the state of war) to this situation will be informed by humanitarian interests in order to maximize the international legal protection afforded the local inhabitants. On such an understanding, if the MNF exercises authority in an operational area, if the multinational or Iraqi forces are used in combat against insurgents, or if either take prisoners, they should be held to the terms of IHL.[75]

5. Does IHL in Any Form Apply in Such Contexts?

"Those who qualify the situation as 'liberation' expect gratitude and not obligations under international law."[76]

One final challenge to the *ius post bellum*, namely that inherent in the idea of 'democracy building' as justification for military intervention and occupation, must be examined. Among others, General Tommy Franks has claimed that the US is not an Occupying Power in Iraq, as "[t]his has been about liberation not about occupation."[77] A war can, in other words, have such positive societal consequences – here the downfall of a despicable regime and the establishment of a decent political order – that the traditional laws regarding just cause and postwar

---

between the CPA forces and the Iraqi population would have once more been governed by the normal rules of armed conflict concerning relations between a belligerent and enemy civilians).

[73] Roberts convincingly argues against the claim that the ongoing hostilities in Iraq are purely internal in character given the involvement of non-Iraqi groups in terrorist activities and the non-Iraqi character of the *Multi*national Force. He concludes, however, that Resolution 1546 renders the distinction between internal and internationalized internal armed conflicts moot: its wording "indicates that, regardless of how the situation is characterized, international humanitarian law will apply to it." (*Roberts* (note 3), 18).

[74] *Roberts* (note 3), 17.

[75] The ICRC's entitlement to undertake protection activities also varies according to the legal qualification of the state of affairs in Iraq: namely occupation, internal armed conflict or neither. If the occupation is deemed continuing, the protection afforded persons deprived of liberty is unchanged, and the ICRC can still base its activities in detention centres on its explicit, conventional right of visit. If the occupation is deemed at an end, detainees of the sovereign authorities will not be protected by IHL at all and be subject to visits by the ICRC. In the latter case, if these persons are arrested in relation to an internal armed conflict, however, ICRC can act on the basis of its general right of initiative in humanitarian matters per common Art. 3 GC.

[76] *Gasser* (note 19), 154.

[77] Cited in *Paust* (note 33).

conduct do not apply. The challenge raised by this argument is, as the moral philosopher Michael Walzer put it squarely, "[h]ow is postwar justice related to the justice of the war itself and the conduct of its battles? Iraq poses this question in an especially urgent way, but the question would be compelling even without Iraq."[78]

It would be easy to dismiss the alleged justification by alone referring to the UN mandate or to the facts on the ground in Iraq. In terms of the former, Resolution 1483 – whatever its drafting shortcomings otherwise – provides unambiguously that the Hague and Geneva articles apply to the occupation of Iraq (q. v. operative paragraph 4, preambular paragraph 14). In terms of the latter, it is no coincidence that this argument was heard especially often at the outset of the military intervention but infrequently since. (During the occupation, it has become all too clear that large parts of the Iraqi population do not consider the US and UK as liberators; rather than throwing the proverbial roses at the foreign forces, many have been throwing bombs. Moreover, the CPA has itself undermined a claim that it is bringing freedom, human rights and democracy to the Arab world by certain actions during the occupation.[79]) Given that occupiers typically seek to characterize their exercise of authority in another State as something other than occupation[80], this justification should be addressed in a more deliberate fashion, lest it be put forward in future as mitigating against the full *de jure* application of occupation law.

The first objection that may be raised relates to the resultant doctrinal confusion. The argument of 'post as justification' elides the *ius* ad *bellum*, the *ius* in *bello* and the *ius* post *bellum*, three legal categories that should remain distinct for the sake of their integrity and effectiveness. Understandings of the ends (goals), means (facilitation) and consequences (outcome) of armed conflict, respectively get completely muddled in the argument: political opportunism, teleological morality and *post facto* justifications are dangerously collapsed into an inquiry into the 'sincere beliefs' of the superior power involved.[81] The traditional, tried and tested paradigm should continue to regulate relations between occupiers and local inhabitants.

---

[78] *Walzer* (note 12).

[79] The maltreatment of Iraqi prisoners at Abu Ghraib has undoubtedly tarnished the moral legitimacy of the US and UK claim of postwar justice. The manner in which aid for Iraq and the benefits of the occupation generally have been distributed have also tarnished their claim. "If power is tightly held and the procedures and motives of decision-making are concealed, if resources accumulated for the occupation end up in the hands of foreign companies and local favorites, then the occupation is unjust." (*Walzer* (note 12)).

[80] "Using sophisticated claims, all occupants in the past three decades avoided acknowledging that their presence on foreign soil was in fact an occupation to the Hague Regulations or Fourth Geneva Convention (except for Israel, on a de facto basis, in parts of the areas occupied in June 1967)." (*Benvenisti,* Water Conflicts During the Occupation of Iraq, AJIL 97 (2003), 860 (860)).

[81] *Korhonen* (note 65), 710.

Ignoring 'democracy building' as a possible *casus belli*,[82] however, represents an even greater challenge to IHL than that of doctrinal confusion alone, as it risks the exclusion of IHL's application *ab initio*. A similar argument has been heard during other armed conflicts as regards the relevance of the (un-)lawfulness of the resort to force to the applicability of IHL. The reasoning is as wrong-headed here as it was there. IHL applies to all parties to an armed conflict regardless of the lawfulness of the resort to force; occupation law applies once a situation *factually* amounts to an occupation.[83] That the obligations of an Occupying Power exist whether or not it was lawful to use the armed force that resulted in the occupation is indicated by the wording of the relevant provisions. (Common Art. 2 of the Geneva Conventions refers to "all cases of partial or total occupation", while the preamble of AP I reaffirms "that the provisions of the Geneva Conventions of 12 August 1949 and of this Protocol must be fully applied in all circumstances to all persons who are protected by those instruments, without any adverse distinction based on the nature or origin of the armed conflict or on the causes espoused or attributed to the Parties to the conflict".) Moreover, it is not, as mentioned, for the Occupying Power under occupation law to decide its own status, e.g. through formal proclamation (q. v. *Operation Iraqi Freedom*); the fundamental protections afforded to the local inhabitants are not dependent on the motive or characterization of the occupation. "It makes no difference whether an occupation has received Security Council approval, its aim, or whether it is labelled an 'invasion', 'liberation', 'administration' or 'occupation'."[84] These protections are absolute, subject to no restrictions and non-derogable. The humanitarian purpose of the IHL-regime abides amid the vicissitudes of politics in the wake of armed conflict, just as it does vis-à-vis military necessities amid the hostilities themselves.[85]

Lastly, this argument of 'post as justification' is to be resisted from a broader, more functional perspective, that of 'transitional justice'.[86] Societies like present-day Iraq undergoing political upheaval, moving from a dictatorship to democracy, are faced with a rule-of-law dilemma in which the positive prescriptions of the

---

[82] It should be noted that the humanitarian motive, namely the desire to liberate Iraq, in the Anglo-American decision to invade Iraq became prominent later than the justification that the US and UK were enforcing multilateral law and engaging in anticipatory self-defence. Seen from this perspective, the argument that the Hussein regime was brutalizing the Iraqi people appears insincere and self-serving, an opportunistic excuse for accomplishing an ulterior end.

[83] For this reason alone, it cannot be claimed on the basis of Resolution 1483's effective recognition of the US and UK as Occupying Powers that their invasion of Iraq was implicitly approved by the SC as lawful. (*Kirgis* (note 47)).

[84] *Lavoyer* (note 28), 2.

[85] This reasoning holds for assessments of the applicability of the law of occupation to the West Bank and Gaza Strip. The humanitarian purpose of IHL must be kept distinct from the matter of the international status of the territories: the legal protection afforded persons and objects under Israeli authority is not contingent upon which State could legitimately claim sovereignty over the territories.

[86] *Teitel*, Transitional Justice, 2000, 20 *et seq*.

previous regime have lost legitimacy, and natural law understandings cannot (yet) claim legitimacy. Where the upheaval has been prompted by military intervention, occupation law can serve as a useful bridge between systems: IV GC, for example, comprises a set of legal norms that are grounded in positive law (see Section II. 4. above), but that incorporate values of justice associated with natural law. International law as an alternative construction will only be able to facilitate political transformation, however, if it is considered to offer universalized, continuous and enduring justice. To find acceptance and be effective in a postwar society, the law of occupation must be kept independent of transitory politics. The politicization of IHL is accordingly to be resisted for the sake of the local rule of law in an occupied territory.[87]

III. Outlook

"The High Contracting Parties undertake to respect and to ensure respect for the present Convention in all circumstances."[88]

Recent political events – above all the terrorist attacks of September 11 as well as the wars in Afghanistan and Iraq – pose challenges to the doctrine and practice of IHL.[89] More specifically, several concerns about the law of military occupation have arisen following the invasion of Iraq. The combination of a body of law that has been relatively neglected of late on one hand with novel fact patterns and a shift in thinking since agreement on many of the existing rules and procedures on the other has led to calls for provisions to be revised or even circumvented.[90]

It is important to discuss these concerns, be they related to the law of occupation or to IHL more generally. New threats and needs do require a sensible legal response; the law must take note of changing circumstances in the society it seeks to regulate. Indeed, it is to stimulate just such a discussion that we have argued for occupation law to be henceforth considered a distinct concern of IHL and that we

---

[87] For a more detailed discussion of the role of IHL and other critical elements in rebuilding States following armed conflict, see *Froissart,* Legal and Other Factors in Nation-Building in Post War Situations: Example Iraq, in: Fischer *et al.* (note 19), 99.

[88] Common Art. 1 GC.

[89] See, for example, Morgan's concerns for the law of war deriving from the leadup to and following the Iraq war. He argues that "international law's tendency to mix and match its governing norms to its desired results, produc[es] an ahistorical sense of 'doctrinal confusion'" and concludes that "[t]he law of war has therefore become entangled in a temporal and interpretive battle of its own. Each pronouncement fights against either a relic from the past or its opposite contemporary number, and often can be seen fighting the war within itself." (*Morgan* (note 1), 527 and 544, respectively.)

[90] Scheffer, for example, argues that "the occupation of Iraq, which is intended to be a transformational process […] requires strained interpretations of occupation law to suit modern requirements. Such unique circumstances are far better addressed by a tailored nation-building mandate of the Security Council." (*Scheffer* (note 34), 843).

have designated it the *ius post bellum*. The virtues of this scientific approach and designation may be contested; the crucial issue going forward, however, is what exactly constitutes a 'sensible' response. Some commentators argue that IHL must undergo wholesale reform. They assert that IHL is not adequate in the ongoing effort to combat international terrorism *inter alia* and even that it is an obstacle to 'justice'. Whether wholesale reform is the appropriate response to changing threats and needs is, with respect, highly questionable. Critics should be required to demonstrate in which ways the existing provisions are inadequate to present circumstances.[91] Where exactly in this highly-developed legal framework is the alleged gap in coverage leading to legal ambiguity? How precisely do these recent developments evade the constraints of IHL? In which regard is IHL as currently conceived inflexible and incapable of meeting change?

If critics are put to the task, we are very skeptical of their ability to justify wholesale legal reform. IHL, while not perfect, is sufficient to deal with today's armed conflicts in all their phases. It is not clear to us, for example, why the Hague or Geneva articles relating to the conduct of a military occupant towards the inhabitants of occupied territory are no longer valid and effective in contemporary armed conflict. On their own terms, the related articles are fully applicable to the situations that cause concern among observers; on their principles, they remain as relevant today as in 1907 or 1949.[92] The *ius post bellum* should be seen as an element of a greater international legal ordering that in seeking to control and limit state power, gives precedence to the principle of humanity for all. Independent of politics and other external influences, all human beings are to enjoy an inviolable 'humanitarian space'[93] during and following armed conflict. Further, it must be understood that attempting to reform IHL substantially in response to the perceived novelties of contemporary armed conflict risks upsetting the fine balance that humanitarian law strikes among the often competing interests of personal security, state security and individual rights and liberties that are at play. Specifically, such attempts threaten to diminish either the quality or quantity of the protection afforded civilians in occupied territories.

In short, it is not necessary and would not be prudent to attempt a wholesale reform of the existing provisions of IHL. The appropriate response to recent devel-

---

[91] See similarly, *Wolfrum,* 3: "where the development of new rules would result in the derogation of established ones the onus is on those advocating the development of new rules, to prove that the old rules have fallen into *desuetudo* or have been replaced by new ones."

[92] As a last resort, the Martens Clause may be referred to: in cases where the law of occupation is silent, the inhabitants must be considered as remaining (in the words of the preamble to Hague Convention IV of 1907) under "the protection and rule of the principles of the law of nations, as they result from [...] the laws of humanity, and the dictates of the public conscience."

[93] *Thürer,* Das Internationale Komitee vom Roten Kreuz in der Bewährungsprobe: Das humanitäre Völkerrecht vor den Herausforderungen der Gegenwart, Speech, delivered 2 February 2004, Humboldt University, Berlin (unpublished).

opments from concerned observers is renewed effort at the rules and procedures' effective implementation. As a long-time commentator noted, occupation law constitutes a particularly underimplemented area of IHL, "honored more often in the breach than not"[94]. Effort at implementation should in turn focus on realizing shared principles more completely. Specifically, priority should be given to individual rights, accountability of leaders[95] and the rule of law before traditional doctrines of state sovereignty and non-interference in domestic affairs.

We set out above some of the specific steps that Occupying Powers are obligated to take to give effect to the law of occupation. In addition, the Occupying Powers must generally ensure that the rights of protected persons and their property are fully respected, with breaches prevented or punished (Art. 146 IV GC).[96] These obligations placed on the Occupying Powers do not absolve the international community of its own, related responsibility. Common Art. 1 of the Conventions and AP I not only mandates respect but also constitutes a solemn undertaking of *all* State parties to "*ensure* respect" for their provisions (own emphasis). The character of many humanitarian obligations as *erga omnes* confirms States' putative legal interest in the obligations' protection and States' responsibility to take appropriate steps to ensure respect, even if they are not parties to an armed conflict.[97] In light of the well-known paucity of effective avenues for legal appeal and review in IHL,[98] accountability for state and individual conduct must be enforced through diplomatic channels or if that fails, through exposure and public censure. What positive action States should take to ensure respect for the Convention is a matter for their discretion, as long as the action

---

[94] *Benvenisti* (note 80), 860.

[95] Scheffer notes an anomaly in the enforcement of IHL, namely that while in other areas individuals have increasingly been held accountable, penalties for violations of occupation law have consisted mainly of actions against States not official personnel. (*Scheffer* (note 34), 856).

[96] It should not be forgotten that it is in the Occupying Power's own self-interest as well as an end in itself to fulfill their responsibilities. Observing the law of occupation reduces the possibility that the occupied people will resist the occupier's authority. Moreover, showing respect for the other people's rights and dignity in the context of armed conflict increases the likelihood of achieving a shared, lasting peace – and not perpetual war – between the former enemies.

[97] For an example of judicial reference to this article, see also *dispositif* D of the advisory opinion of the International Court of Justice in *Legal Consequences of the construction of a wall in the Occupied Palestinian Territory* of 9 July 2004, available on the Internet: <www.icj-cij.org>: "all States parties [...] also have an obligation, while respecting the United Nations Charter and international law, to ensure compliance by Israel with international humanitarian law as embodied in Geneva Convention IV." No discursive justification was, however, given for this finding.

[98] For a discussion of remedies to ensure compliance with IHL, see *Fleck,* Humanitarian Protection Against Non-State Actors, in: Frowein *et al.* (eds.), Verhandeln für den Frieden (Negotiating for Peace), Liber Amicorum Tono Eitel, 2003, 69 (82 *et seq.*).

chosen is lawful.⁹⁹ The best official response – legally and politically speaking – may be a collective one in the form of recourse to the UN to enlist the support of the state community and to put pressure on the relevant actors.

Where for their part novelties or ambiguities regarding IHL (be it in the treaties, customs or resolutions) arise, the onus is on the international community as a whole to make clear their own view of the contents of the applicable law and the limits placed on its addressees. (Indeed, no international body exists to determine whether a situation must be legally qualified as occupation.) Understandings as regards armed conflict are constantly evolving, and States have the power to decide whether or not to collectively adopt a particular proposed understanding. In the "world of word politics", the community of interpretation can prevent "interpretive unilateralism"¹⁰⁰ by any one State. Specifically as regards occupation law, opinions or actions of Occupying Powers that breach the spirit, if not necessarily the letter, of its terms should not simply be accepted and thereby achieve validation; they should be unequivocally condemned by the international community. Such condemnation is not only for the sake of affording protection to the civilian population and property in a particular occupied territory but also for the sake of avoiding the possible precedential effect of the breaches elsewhere.

In the Iraqi test-case, international oversight can and must serve as a check on the use of power by foreign States. Official acquiescence, for example, to the argument that 'post' justifies inaction – i. e. that the invasion of Iraq, though possibly illegal, was 'legitimate' and that the occupation should not be subject to the usual, established rules and procedures – would severely undermine the cause of IHL in this context. This justification would effectively strip its would-be beneficiaries of the protection promised them by international law in recognition of their dire straits in war's wake. Official aacquiescence for cynical reasons – e.g. national self-interest in securing lucrative reconstruction contracts – would be morally unconscionable: global humanitarian and not narrow political or commercial advantage must be put first in the aftermath of armed conflict. The Iraqi people have experienced several decades of repression, war and deprivation, from the regime of Saddam Hussein, through the war with Iran, the first Gulf war, the international economic sanctions, the second Gulf war to the present occupation. They surely now deserve an unambiguous, principled and determined stand from the international community on the enforcement of IHL.

We believe, in short, that existing occupation law remains both applicable and relevant, even in postwar Iraq. Its force could benefit from an approach that amidst

---

⁹⁹ For a discussion of the positive action resulting from this obligation that may be expected of States, see *Scobbie,* Smoke, Mirrors and Killer Whales: the International Court's Opinion on the Israeli Barrier Wall, GLJ 5 (2004), 1107 (1118 *et seq.*), available on the Internet: <www.germanlawjournal.com/article.php?id=496>.

¹⁰⁰ *Scott,* Iraq and the Serious Consequences of Word Games: Language, Violence and Responsibility in the Security Council, GLJ 3 (November 2002), paras. 3 and 5, available on the Internet: <www.germanlawjournal.com/article.php?id=209>.

changing circumstances, emphasizes the facts on the ground, a progressive understanding of the provisions and shared humanitarian principles. Regardless, the *ius post bellum* is in its basic, original conception more than adequate to meet the challenges of military occupation today. As events following the Iraqi war sadly demonstrated, what really demands concerned observers' attention is not effort at wholesale reform but at effective implementation of occupation law, as of the existing provisions of IHL more generally.

Internationales Wirtschaftsrecht und Recht auf Entwicklung als Elemente einer konstitutionalisierten globalen Friedensordnung

Von Christian Tietje

I. Einleitung

Anlässlich seines 60. Geburtstages wurden zentrale Aufsätze von Jost Delbrück unter dem Titel „Die Konstitution des Friedens als Rechtsordnung" herausgegeben.[1] Mit diesem Titel, der auf einen gemeinsam mit Klaus Dicke verfassten Aufsatz zurückgeht,[2] wird das bisherige wissenschaftliche Lebenswerk von Jost Delbrück überaus prägnant zusammengefasst. Inhaltlich geht es dabei im Kern um das stetige Bemühen Delbrücks in Wissenschaft und Praxis, den zum Teil auch heute noch vorherrschenden Rechtspositivismus in der Völkerrechtswissenschaft zugunsten einer zukunftsweisenden und menschenrechtlich fundierten Verbindung von Recht und Ethik zu überwinden. Die Friedenssicherung und der Menschenrechtsschutz waren und sind daher für Jost Delbrück von zentralem Interesse. Das hier interessierende Internationale Wirtschaftsrecht scheint hingegen für den Jubilar nur am Rande oder gar kaum wissenschaftliche Bedeutung erlangt zu haben. Dieser Eindruck könnte jedenfalls entstehen, wenn man sich ausschließlich die Titel des umfangreichen Schriftenverzeichnisses von Delbrück anschaut. Ein näherer Blick in die von ihm verfassten Publikationen zeigt indes, dass die rechtliche Ausgestaltung der internationalen Wirtschaftsbeziehungen sehr wohl ein wichtiger Bestandteil des übergreifenden Konzeptes der Konstitution des Friedens als Rechtsordnung ist.[3] Insofern bietet es sich an, einige Aspekte der Bedeutung des Interna-

---

[1] *Delbrück,* Die Konstitution des Friedens als Rechtsordnung, herausgegeben von Klaus Dicke, Stephan Hobe, Karl-Ulrich Meyn, Eibe Riedel und Hans-Joachim Schütz, 1996.

[2] *Delbrück/Dicke,* Zur Konstitution des Friedens als Rechtsordnung, in: Nerlich/Rendtorff (Hrsg.), Nukleare Abschreckung – Politische und ethische Interpretation einer neuen Realität, 1989, 797 ff.

[3] Siehe u. a. *Delbrück,* Zum Funktionswandel des Völkerrechts der Gegenwart im Rahmen einer universellen Friedensstrategie – Menschenrechtsschutz und Internationales Wirtschafts- und Sozialrecht, Die Friedens-Warte 58 (1975), 240 ff.; *ders.,* Eine internationale Friedensordnung als rechtliche und politische Gestaltungsaufgabe – Zum Verständnis rechtlicher und politischer Bedingungen der Friedenssicherung im internationalen System der Gegenwart (1985), in: ders. (Fn. 1), 254 (266); sowie *Delbrück/Dicke* (Fn. 2), 817 f.

tionalen Wirtschaftsrechts für die konstitutionalisierte internationale Friedensordnung näher zu untersuchen.

Das Internationale Wirtschaftsrecht hat seit dem Inkrafttreten des Übereinkommens zur Errichtung der Welthandelsorganisation (WTO-Übereinkommen) nebst der inkorporierten Übereinkommen zum Warenhandel, zum Dienstleistungshandel, zu den handelsbezogenen Aspekten der Rechte des geistigen Eigentums, zur Streitbeilegung und zum Mechanismus zur Überprüfung der Handelspolitik[4] zum 1. Januar 1995 auch im deutschsprachigen Schrifttum sowie in der akademischen Lehre vermehrt Aufmerksamkeit erfahren. Allerdings wird bei der in weiten Bereichen festzustellenden nahezu ausschließlichen Fokussierung auf das WTO-Recht oftmals übersehen, dass das Internationale Wirtschaftsrecht in seiner Komplexität weit hierüber hinausgeht. Das führt nicht nur dazu, dass außerhalb des WTO-Rechts stehende Regelungsbereiche des Internationalen Wirtschaftsrechts in Lehre und Forschung kaum Beachtung finden, sondern bedingt auch ein deutliches Defizit im Bereich der Grundlagenforschung zum Internationalen Wirtschaftsrecht. Über das WTO-Recht hinausgehende Fragen zur prinzipiellen Struktur der Rechtsordnung der internationalen Wirtschaft werden kaum erörtert. Eine wissenschaftliche Fundierung des Internationalen Wirtschaftsrechts als Rechtsgebiet kann so nicht gelingen. Hierzu bedarf es konzeptioneller Überlegungen, die über Einzelfragen hinausgehend Begriff und Inhalt des Internationalen Wirtschaftsrechts in den Blick nehmen. Wie bereits angedeutet, soll dies nachfolgend ausgehend von der These erfolgen, dass das Internationale Wirtschaftsrecht ein zentraler Bestandteil einer ethisch und rechtlich fundierten Konstitution des Friedens als Rechtsordnung ist. Dazu soll im Folgenden zunächst auf die Struktur des internationalen Wirtschaftssystems sowie auf den Begriff des Wirtschaftsrechts selbst eingegangen werden. Hierauf aufbauend erfolgt anschließend eine Fundierung der wesentlichen prinzipiellen Merkmale des Internationalen Wirtschaftsrechts als Rechtsordnung. Abschließend sollen die gewonnen Ergebnisse zur aktuellen und für die hier interessierende Fragestellung besonders wichtigen Debatte um ein Recht auf Entwicklung in Beziehung gesetzt werden.

II. Das internationale Wirtschaftssystem

Der wissenschaftliche Zugang zum Internationalen Wirtschaftsrecht setzt zunächst Klarheit über den sozialen Sachverhalt voraus, um den es geht. Denn der Versuch der begrifflichen und inhaltlichen Konkretisierung des Internationalen Wirtschaftsrechts sowie seiner ethischen und rechtlichen Fundierung kann nur gelingen, wenn sich dieses Recht auf einen bestimmbaren Bereich des internationalen Lebens bezieht, auf ein existierendes internationales System. In Anleh-

---

[4] Die wesentlichen Texte sind abgedruckt in: *Tietje* (Hrsg.), WTO – Welthandelsorganisation, 3. Aufl., 2005.

nung an u. a. von Jost Delbrück formulierte Überlegungen zum Völkerrecht insgesamt ist als internationales Wirtschaftssystem hierbei das Beziehungsgefüge der unterschiedlichen Akteure des internationalen wirtschaftlichen Lebens, wie es durch die ihnen obliegenden Aufgaben, die von ihnen jeweils verfolgten Ziele und Interessen sowie die so entstehenden Konflikte und Konfliktlösungsmechanismen bestimmt wird, zu verstehen.[5] Inhaltlich bezieht sich dieses Beziehungsgefüge dabei auf die grenzüberschreitende Bezüge aufweisende Wirtschaft, wobei „Wirtschaft" als Inbegriff all der Tätigkeiten bzw. Lebenssachverhalte, die der Versorgung der Menschen mit knappen Gütern und Dienstleistungen dienen, zu verstehen ist.[6] Gegenständlich geht es also um alle grenzüberschreitenden Transaktionen, die sich auf Wirtschaftsgüter (Waren und Dienstleistungen) beziehen.

In soziologischer Perspektive war das internationale Wirtschaftssystem schon immer von verschiedenen Akteuren bestimmt. Grenzüberschreitende Wirtschaftstransaktionen wurden und werden zunächst von natürlichen oder juristischen Personen des Privatrechts vollzogen. Sie sind als Produzenten, Händler, Käufer, Verkäufer, Konsumenten etc. die maßgeblichen Akteure, die Tätigkeiten vollziehen, die der Versorgung mit knappen Gütern und Dienstleistungen dienen. Zugleich haben spätestens seit der Konstituierung des klassischen Territorialstaates mit dem Westfälischen Frieden von 1648 auch die Staaten eine mehr oder weniger intensive Rolle als Akteur in den internationalen Wirtschaftsbeziehungen eingenommen. Im Gegensatz zur völkerrechtlichen Entwicklung waren sie allerdings nie die einzigen bzw. dominierenden Akteure.[7] Die historische Entwicklung der internationalen Wirtschaftsbeziehungen[8] zeigt vielmehr, dass es zwar zeitliche Perioden gab, in denen die Staaten intensiv regulierend im Hinblick auf die Möglichkeit und Ausgestaltung grenzüberschreitender Wirtschaftstransaktionen tätig waren, sie sich in anderen Zeiten aber diesbezüglich sehr zurückhielten.[9]

Als weitere Akteure der internationalen Wirtschaftsbeziehungen sind in jüngerer Zeit regionale Zusammenschlüsse von Staaten zunehmend wichtiger gewor-

---

[5] In diese Richtung mit Blick auf das internationale System insgesamt *Dahm/Delbrück/ Wolfrum*, Völkerrecht, Bd. I/1, 2. Aufl., 1989, 3 m. w. N.

[6] Siehe z. B. *Müller/Dietrich,* Wirtschaft, in: Görres-Gesellschaft (Hrsg.), Staatslexikon, Bd. 8, 6. Aufl., 1963, Sp. 718; *Bender* (Hrsg.), Vahlens Kompendium der Wirtschaftstheorie und Wirtschaftspolitik, Bd. 1, 8. Aufl., 2003, 3; *Behrens,* Elemente eines Begriffs des Internationalen Wirtschaftsrechts, RabelsZ 50 (1986), 483 (487); *Stober,* Allgemeines Wirtschaftsverwaltungsrecht, 14. Aufl., 2004, 5 und 12.

[7] Zur völkerrechtlichen Entwicklung siehe statt vieler *Dahm/Delbrück/Wolfrum* (Fn. 5), 4 ff.

[8] Ausführlich hierzu siehe insbesondere *Fikentscher,* Wirtschaftsrecht, Bd. I, 1983, 88 ff.; *Scheuner,* Die völkerrechtlichen Grundlagen der Weltwirtschaft in der Gegenwart, in: Ständige Deputation des Deutschen Juristentages (Hrsg.), Verhandlungen des Deutschen Juristentages, Bd. 2, 1954, A 19 (A 27 ff.).

[9] Ausführlich hierzu auch *Tietje*, in: ders. (Hrsg.), Internationales Wirtschaftsrecht, 2006, § 1 Rn. 36 ff.

den.[10] Das wird allein schon dadurch belegt, dass es nach realistischen Schätzungen Ende 2005 über 300 regionale Integrationszonen als Freihandelsabkommen oder Zollunionen geben wird, die Einfluss auf das internationale Wirtschaftssystem nehmen.[11] Schließlich sind als Akteure des internationalen Wirtschaftssystems verschiedene gouvernementale (staatliche), intermediäre und nicht-gouvernementale (private) Organisationen zu nennen.[12] Ihre Anzahl ist kaum mehr zu überschauen, insbesondere wenn ein Blick über die klassischen gouvernementalen Organisationen wie IWF, Weltbank und WTO hinausgehend auf die unzähligen institutionalisierten Zusammenschlüsse privater Wirtschaftsakteure geworfen wird. Ihre Rolle im internationalen Wirtschaftssystem besteht zwar nicht in erster Linie darin, konkrete Wirtschaftstransaktionen zu vollziehen. Durch zahlreiche Koordinations-, Informations- und Standardisierungsaktivitäten nehmen sie aber unmittelbaren oder mittelbaren Einfluss auf Transaktionen sowie auf politische Prozesse im internationalen Wirtschaftssystem.

III. Begriff und Gegenstand des Wirtschaftsrechts

Um über die soziologische Betrachtung des internationalen Wirtschaftssystems hinausgehend dessen rechtliche Struktur ergründen zu können, ist in einem weiteren Schritt zunächst näher auf Begriff und Gegenstand des Wirtschaftsrechts allgemein einzugehen. Im Schrifttum werden hierzu unterschiedliche Ansätze vertreten, wobei diese im Wesentlichen durchgehend vom sozioökonomischen Vorverständnis der jeweiligen Autoren geprägt sind. Dabei stehen sich rein dogmatische und eher sozialwissenschaftlich orientierte Betrachtungen ebenso gegenüber, wie solche, die die Marktfreiheit der Wirtschaftssubjekte oder aber die Wirtschaftsintervention des Staates in den Vordergrund der Überlegungen stellen.[13] In historischer Perspektive sind in dieser Diskussion zwei rechts- und wirtschaftswissenschaftliche Strömungen von großer Bedeutung gewesen: die Diskussionen über die staatliche Daseinsvorsorge[14] und damit im Zusammenhang den (interventionistisch orientierten) Wohlfahrtsstaat[15] sowie in einem darüber hinausgehenden Sinne die Debat-

---

[10] Zu Regionen als Akteuren im internationalen Wirtschaftssystem siehe z. B. *Rode*, Internationale Wirtschaftsbeziehungen, 2002, 149 ff.

[11] Weitere Einzelheiten sind auf der Homepage der WTO verfügbar unter: <www.wto.org/english/tratop_e/region_e/region_e.htm>.

[12] Umfassend hierzu *Rode*, Weltregieren durch internationale Wirtschaftsorganisationen, 2002.

[13] Einen ausführlichen Überblick bietet *Fikentscher* (Fn. 8), 16 ff.

[14] Grundlegend *Forsthoff*, Die Verwaltung als Leistungsträger, 1938; *ders.*, Lehrbuch des Verwaltungsrechts, Bd. I, 10. Aufl., 1973, 368 ff.

[15] Zur Debatte im Überblick unter dem Stichwort „Wohlfahrtsstaat" in: *Nohlen/Schultze/Schüttemeyer* (Hrsg.), Lexikon der Politik, Bd. 7, 1998, 730 ff.

te über das Modell der so genannten „mixed economy".[16] Über diese vorverständnisprägenden Grundsatzfragen hinausgehend wurde die Frage nach der Existenz und dem Gegenstand des Wirtschaftsrechts schließlich immer wieder von dem Problem geprägt, ob die sachgegenständliche Weite des gesamten auf die Wirtschaft bezogenen Rechts überhaupt eine eigenständige Erfassung der insofern maßgeblichen Rechtsnormen als Rechtssystem zulasse.

Heute bestehen zunächst kaum noch Zweifel, dass die Komplexität des Gegenstandes des Wirtschaftsrechts nicht daran hindert, es als eigenständiges Rechtsgebiet systematisch zu erfassen.[17] Ebenso wie in anderen Rechtsbereichen, deren Komplexität und zum Teil Querschnittscharakter es zunächst erschwert haben, sie als rechtssystematisch eigenständige Rechtsbereiche anzuerkennen – beispielhaft sei auf das Umweltrecht verwiesen[18] –, weist das Wirtschaftsrecht übergeordnete Systemzusammenhänge auf, die seine eigenständige Erfassung als zusammenhängendes Rechtsgebiet rechtfertigen. Allerdings bedarf es dazu noch einer näheren Bestimmung des spezifischen Gegenstandes des Wirtschaftsrechts sowie seiner über die Gegenständlichkeit hinausgehenden theoretischen Fundierung.

Die Diskussion zum eigentlichen Gegenstand „Wirtschaft"[19] ist im Wesentlichen durch die Fragen bestimmt, ob auf die „Wirtschaft" im umfassenden ökonomischen Sinne insgesamt abzustellen ist sowie ob es überdies einer normativen Konkretisierung des zunächst nur ökonomisch-tatsächlichen Begriffes bedarf. Was zunächst die Frage nach der Reichweite des maßgeblichen Begriffes „Wirtschaft" angeht, so erweisen sich Versuche einer inhaltlichen Reduzierung auf Einzelaspekte wie den Unternehmens-, Produktions-, Konfliktlösungs- oder konkreten Transaktionsbereich als untauglich,[20] da es bei Anwendung eines solchen Ansatzes nie gelingen kann, den ökonomisch vorgegebenen und damit von der Rechtswissenschaft hinzunehmenden Lebenssachverhalt zu erfassen. Insofern hat die Rechtswissenschaft – wie auch in anderen Regelungsbereichen – die soziale Tatsächlichkeit zu akzeptieren. Diese geht über Einzelbereiche hinaus und determiniert den Begriff der Wirtschaft, wie bereits hervorgehoben, in einem umfassenden Sinne als all die Tätigkeiten, die der Versorgung mit knappen Gütern und Dienstleistungen dienen.[21]

---

[16] Zur Problematik dieser wirtschaftspolitischen Vorstellung aus jüngerer Zeit z. B. *Williams/Reuten,* The contradictory imperatives of welfare and economic policy in the mixed economy, Review of Political Economy 9 (1997), 411 ff.

[17] *Fikentscher* (Fn. 8), 31; *Schmidt,* Öffentliches Wirtschaftsrecht AT, 1990, 37.

[18] Siehe z. B. *Kimminich,* Das Recht des Umweltschutzes, 2. Aufl., 1973, 11 ff.; *Kloepfer,* Umweltrecht, 3. Aufl., 2004, § 1 Rn. 60, Fn. 171 m. w. N.

[19] Zusammenfassend hierzu *Schmidt* (Fn. 17), 38 ff.

[20] Zu den diesbezüglich vertretenen Ansätzen siehe *Fikentscher* (Fn. 8), 21 ff.; *Schmidt* (Fn.17), 38, jeweils m. w. N.

[21] Siehe bereits oben Fn. 6.

Die gegenständliche Weite des anzuwendenden Wirtschaftsbegriffes ist allerdings in einem zentralen Punkt zu konkretisieren. Um den Wirtschaftsbegriff dem Wirtschaftsrecht als eigenständigem Rechtsgebiet zugrunde legen zu können, bedarf es einer normativen Zweckbestimmung. Andernfalls wäre eine systematische rechtswissenschaftliche Erfassung des Wirtschaftsrechts kaum möglich. Die Verwendung des Begriffes „Wirtschaftsrecht" und seine abstrakte wie auch konkrete Anwendung würden beliebig werden.[22] Daraus würde zwangsläufig folgen, dass eine eigenständige Erfassung des Wirtschaftsrechts scheitern müsste. Insofern ist es auch nicht verwunderlich, dass gerade eine behauptete fehlende normative Absicherung und daraus folgende Beliebigkeit als zentraler Einwand gegen die Eigenständigkeit des Internationalen Wirtschaftsrechts vorgebracht wurde.[23]

Der normative Gehalt des Wirtschaftsrechts erschließt sich bei einem Blick auf die zwei Dimensionen, die mit dem Sachgegenstand „Wirtschaft" immer verbunden sind: Jede wirtschaftliche Tätigkeit stellt sich ganz oder zumindest zum Teil als freie Betätigung einer natürlichen oder juristischen Person auf der einen Seite oder als hoheitliche Intervention in Wirtschaftsprozesse auf der anderen Seite dar.[24] Diese grundlegende Erkenntnis ist in den Blick zu nehmen, um die normative Zielrichtung des Wirtschaftsrechts zu bestimmen, wobei hiermit keine Festlegung auf eine ausschließliche Perspektive impliziert ist. Vielmehr geht es nur darum, das Regel-/Ausnahmeverhältnis zwischen individueller wirtschaftlicher Betätigung und hoheitlicher Intervention zu bestimmen. Auf das Wirtschaftsrecht bezogen bedeutet dies, dass man, wenn man mit dem Recht eine prinzipielle Steuerungsfunktion verbindet, eine Entscheidung zwischen Selbststeuerung und Außensteuerung zu treffen hat.[25]

Wirtschaft ist untrennbar mit Selbststeuerung der individuellen Wirtschaftssubjekte verbunden. Im Lichte der hier nicht im Einzelnen nachzuzeichnenden philosophischen Fundierung der Wirtschaft[26] kann diese nur gedacht und gelebt werden, wenn die sie bestimmenden Vorgänge als individuelle Freiheitsverwirklichung verstanden werden. Damit ist nicht gesagt, dass es ausschließlich hierum geht; es besteht heute kein prinzipieller Streit mehr darüber, dass die individuelle wirtschaftliche Freiheitsverwirklichung nur dann zu optimalen Ergebnissen führen kann, wenn sie durch eine hoheitlich gesetzte Rechtsordnung gesichert wird.[27] Allerdings ist der so zum Ausdruck kommende Gedanke einer gesetzten Ordnung

---

[22] Grundlegend *Fikentscher* (Fn. 8), 37; hiergegen aber z. B. *Schmidt* (Fn. 17), 39

[23] Ausführlich begründet von *Joerges,* Vorüberlegungen zu einer Theorie des internationalen Wirtschaftsrechts, RabelsZ 43 (1979), 6 (17).

[24] Fikentscher (Fn. 8), 4; *Stober* (Fn. 6), 9 („Eigenverantwortung, Mitverantwortung und Staatsverantwortung").

[25] *Fikentscher* (Fn. 8), 38 f.

[26] Einen guten Überblick bietet *Priddat,* Theoriegeschichte der Wirtschaft, 2002.

[27] Grundlegend *Mestmäcker,* Die sichtbare Hand des Rechts, 1978, 59 ff. und *passim*.

der oder für die Wirtschaft nicht der Ausgangspunkt von Wirtschaft. Vielmehr geht es zunächst um die spontane Ordnung der Wirtschaft, die einer „Ordnung aufgrund Gesetzgebung" immer überlegen ist, da letztere nie die Komplexität menschlichen Verhaltens für alle Beteiligten befriedigend regeln kann.[28] Wenn es aber bei der Wirtschaft gerade um eine befriedigende Regelung der Versorgung mit knappen Gütern geht, kann kein Ansatz verfolgt werden, der diese Aufgabe nie erfüllen kann.

Gegen die normative Vorrangstellung individueller Freiheitsverwirklichung im Wirtschaftsbereich wurde immer wieder vorgebracht, dass damit die Möglichkeit und Notwendigkeit der rechtlichen Gestaltung der Gesellschaft als Aufgabe des Staates aus der Hand gegeben werde und die so wirkenden außerrechtlichen Kräfte einen Selbstzerstörungsprozess der Gesellschaft zur Folge haben müssten.[29] Diese, insbesondere in der Staatsrechtslehre vertretene Auffassung verkennt die rechtsphilosophische Fundierung der Wirtschaft[30] und ist überdies schon mit positivrechtlichen Verfassungsvorgaben nicht zu vereinbaren. Das folgt namentlich aus der fundamentalen Grundentscheidung der Verfassungsordnung für die Freiheit des Individuums als Basis des Staates, die in Art. 1 Abs. 1 Satz 1 GG ihren Ausdruck findet,[31] sowie aus der verfassungsrechtlichen Verbürgung der speziellen Freiheitsrechte.[32] Die bis heute insbesondere in der Staatsrechtslehre vorzufindende Skepsis gegenüber der Vorrangigkeit der Selbststeuerung der Wirtschaft durch individuelle Freiheitsverwirklichung ist letztlich in der Tradition aristotelischen Gedankengutes begründet. Nach Aristoteles ist die wirtschaftliche Betätigung, die über den eigentlichen Gebrauch von Gütern hinausgeht, keinen Maßen und Gewohnheiten unterworfen und daher grenzen-, d. h. maßlos. In diesem Sinne erachtete er insbesondere den Handel als „unnatürlich" und als Störung der Ordnung der Polis.[33] Die bereits genannte Auffassung der zeitgenössischen Staatsrechtslehre entspricht weitgehend dieser aristotelischen Theorie der Ökonomie: Die Selbststeuerung der Wirtschaft, die im Sinne ökonomischer Rationalität zwangsläufig mit Gewinnstre-

---

[28] *v. Hayek,* Gesetzgebung und Freiheit, Bd. I, 1980, 33 ff.; *ders.,* Die Verfassung der Freiheit, 1971, 194; zu den philosophischen Grundlagen siehe auch *ders.,* Individualism and Economic Order, 1948 (Nachdruck 1980), 16 und *passim.*

[29] Besonders deutlich so formuliert von *Krüger,* Allgemeine Staatslehre, 2. Aufl., 1966, 591; hierzu ausführlich *Mestmäcker* (Fn. 27), 38 ff.

[30] Umfassend *Mestmäcker* (Fn. 27), *passim.*

[31] Siehe insb. BVerfGE 45, 187 (227); sowie aus dem Schrifttum statt vieler *Dreier,* in: ders. (Hrsg.), Grundgesetz-Kommentar, Bd. I, 2. Aufl., 2004, Art. 1 I, Rn. 40 m. w. N.

[32] *Rupp,* Die Soziale Marktwirtschaft in ihrer Verfassungsbedeutung, in: Isensee/Kirchhof (Hrsg.), HdbStR, Bd. IX, 1997, § 203 Rn 21: „Allgemeine Entfaltungsfreiheit, Meinungs- und Pressefreiheit, Versammlungs- und Koalitionsfreiheit, Freizügigkeit, Berufsfreiheit und Schutz des Privateigentums in seinen verschiedenen Ausprägungen sprechen in der Tat nicht nur für eine *liberale* ‚Wirtschaftsverfassung', sondern für eine solche, die – um mit von Hayek zu sprechen – eine Verfassung ‚spontaner Ordnung' ist". (Hervorhebung im Original).

[33] Zusammenfassend hierzu *Priddat* (Fn. 26), 16 f.

ben verbunden ist, wird als Gefährdung des Staates bzw. der rechtlichen Ordnung des Gemeinwesens angesehen. Der Begriff des Wirtschaftsrechts wird daher in nahezu unwissenschaftlicher Unterkomplexität nur als „ein Instrument der Steuerung und Marktordnung verstanden".[34] Das kann in einer freiheitlich fundierten Rechtsordnung nicht überzeugen.

Im Ergebnis weisen Begriff und Gegenstand des Wirtschaftsrechts damit bereits auf den zentralen Aspekt hin, der die Konstitution des Friedens als Rechtsordnung insgesamt bedingt. Dem Recht kommt kein Selbstzweck zu. Ausgangspunkt des Rechts ist vielmehr immer die Würde und Freiheit des Individuums.[35] In diesem Sinne verbürgt die konstitutionelle Anerkenntnis individueller Freiheitsverwirklichung als Grundbedingung einer ethisch fundierten Rechtsordnung „jene ‚spontane Ordnung' im Sinne von Hayeks, die als komplexes Entdeckungs-, Informations- und Lernverfahren den offenen Austauschprozess in Gang hält, dynamisch steuert und Anbieter und Nachfrager beteiligt".[36] In dieser normativen Dimension ist Wirtschaft daher grundsätzlich immer Selbststeuerung und nur im Ausnahmefall Außensteuerung, wobei der Hoheitsträger sich für die Ausübung von Außensteuerung stets rechtfertigen muss. Damit ist Wirtschaftsrecht mehr als das Recht des Wirtschaftens in einem wertneutralen Sinne. Es handelt sich vielmehr um das gesamte Recht,[37] das sich auf die Selbststeuerung der Wirtschaft als Grundsatz und die Außensteuerung der Wirtschaft als Ausnahme bezieht. Wirtschaftsrecht kann es daher nur in einer Rechtsordnung geben, die die Selbst- und die Außensteuerung der Wirtschaft im dargelegten Regel-/Ausnahmeverhältnis verbürgt.[38]

IV. Internationales Wirtschaftsrecht als Rechtsordnung

1. Begriffliche Grundstrukturen

Wirtschaftsrecht im dargelegten Sinne ist inhärent international.[39] Das bedingt schon der das Wirtschaftsrecht prägende tatsächliche Begriff der Wirtschaft, der heute im Schwerpunkt als internationale Wirtschaft zu verstehen ist.[40] Ruft man in-

---

[34] So z. B. *Rengeling,* Gesetzgebungszuständigkeit, in: Isensee/Kirchhof (Hrsg.), HdbStR, Bd. IV, 2. Aufl., 1999, § 100 Rn. 167 m. w. N.

[35] Eindringlich mit Blick auf die Friedensfunktion des Rechts *Delbrück/Dicke* (Fn. 2), 799.

[36] *Rupp* (Fn. 32), § 203 Rn 23.

[37] Zur Ausgrenzung einzelner Bereiche des Zivilrechts und ökonomisch orientierter rechtswissenschaftlicher Methoden siehe *Fikentscher* (Fn. 8), 15 f.

[38] Zu entsprechenden Ansätzen siehe insbesondere *Mestmäcker* (Fn. 27), passim; *Fikentscher* (Fn. 8), 1 ff.; siehe auch *Stober* (Fn. 6), 10: „... ist der Mensch das alleinige, letzte Ziel allen Wirtschaftens".

[39] Siehe auch *Drucker,* Trade Lessons from the World Economy, Foreign Affairs 73 (Nr. 1, 1994), 99.

[40] Zur tatsächlichen Dimension siehe z. B. *Tietje* (Rn. 9), § 1 Rn. 4 ff.

sofern nur in Erinnerung, dass in Deutschland allein im ersten Halbjahr 2003 die Summe der Exporte und Importe von Waren in Relation zum Bruttoinlandsprodukt etwa 56 % betrug,[41] zeigt sich, dass eine Reduzierung des Wirtschaftsrechts auf innerstaatliches Recht vollständig an der Realität vorbeigehen würde. Diese Erkenntnis hat allerdings dogmatisch noch nicht dazu geführt, dass es Einigkeit über den Begriff des Internationalen Wirtschaftsrechts selbst gibt – im Gegenteil: bis heute wird immer wieder versucht, eine begriffliche Konkretisierung herbeizuführen bzw. bestritten, dass diese möglich ist.[42] Hierbei bestehen im Wesentlichen folgende Probleme: Zunächst ist unklar, ob nur einzelne Sachbereiche oder das gesamte Recht der internationalen Wirtschaft dem Begriff zuzuordnen sind. Im wissenschaftlichen Schrifttum wurde der Begriff „Internationales Wirtschaftsrecht" lange Zeit nur selten gebraucht.[43] Wie bereits angedeutet, war und ist der Fokus einzelner Abhandlungen zu Sachbereichen, die dem Internationalen Wirtschaftsrecht zugeordnet werden können, weitgehend beschränkt. Auf der Grundlage einzelner Regelungsbereiche wird daher auch heute noch versucht, das Internationale Wirtschaftsrecht anhand einer systematischen Zusammenstellung zahlreicher einzelner Normenkomplexe zu erfassen.[44] Dieser Ansatz ist allerdings zwangsläufig deskriptiv geprägt und konzentriert sich auf diejenigen Rechtsregime, die primär der marktinterventionistischen Dimension des Wirtschaftsrechts zuzuordnen sind, was nicht überzeugt.[45] Aber auch unabhängig hiervon kann es einer rein deskriptiven Systematik des Internationalen Wirtschaftsrechts kaum gelingen, die prägenden Grundstrukturen dieses Rechtsgebietes aufzuzeigen.

Eine zweite Problematik im Hinblick auf die Konkretisierung von Begriff und Gegenstand des Internationalen Wirtschaftsrechts besteht in der Frage danach, ob ein an Rechtsquellen oder am Sachgegenstand orientiertes Vorgehen angezeigt ist. Bei einer rechtsquellenorientierten Betrachtungsweise ist Ausgangspunkt der Analyse, dass es um „internationales" Wirtschaftsrecht geht. Dementsprechend werden nur die „internationalen" Rechtsbereiche dem internationalen Wirtschaftsrecht zugeordnet. Das sind namentlich das Völkerrecht (als internationales öffentli-

---

[41] Deutsche Bundesbank, Monatsbericht Oktober, 2003, 18.

[42] Im Überblick zu den verschiedenen Ansätzen insbesondere *Schanze,* Investitionsverträge im internationalen Wirtschaftsrecht, 1986, 21 ff.; *Weiler,* NAFTA Article 1105 and the Principles of International Economic Law, Columbia Journal of Transnational Law 42 (2003), 35 ff., jeweils m. w. N.

[43] *Jackson,* Economic Law, International, in: Bernhardt (Hrsg.), EPIL, Vol. II, 1995, 20 (21); siehe jetzt aber u. a. *Herdegen,* Internationales Wirtschaftsrecht, 4. Aufl., 2003; *Lowenfeld,* International Economic Law, 2002; sowie das Journal of International Economic Law.

[44] Siehe insbesondere *Fischer,* Das Internationale Wirtschaftsrecht – Versuch einer Systematisierung, GYIL 19 (1976), 143 ff.; *ders.,* Gestaltwandel im Internationalen Wirtschaftsrecht, in: Hummer (Hrsg.), Paradigmenwechsel im Völkerrecht, 2002, 209 ff.

[45] Siehe insbesondere die Systematik von *Fischer* (Fn. 44), 160 ff.; kritisch hierzu *Fikentscher* (Fn. 8), 51 f;

ches Recht) und das Kollisions- bzw. Rechtsanwendungsrecht (als internationales Privatrecht). Bei diesem Ansatz kann man sogar noch einen Schritt weiter gehen, und nur das internationale Recht der Wirtschaft im engeren Sinne als Internationales Wirtschaftsrecht ansehen. Da das Kollisions- und Rechtsanwendungsrecht in erster Linie innerstaatliches Recht ist, führt dies zu einer Begrenzung des Internationalen Wirtschaftsrechts auf das Wirtschaftsvölkerrecht. Dieser Ansatz wurde insbesondere von Georg Schwarzenberger prominent vertreten.[46] Dabei steht die Reduktion des Internationalen Wirtschaftsrechts auf das Wirtschaftsvölkerrecht in der Tradition des im Sinne eines Formalismus zu verstehenden strengen Rechtspositivismus der so genannten juristischen Methode, die in der zweiten Hälfte des 19. Jahrhunderts maßgeblich entwickelt wurde.[47] Bevor diese methodische Strömung ihre volle Wirkungskraft entfalten konnte, wurden durchaus über eine formalistische Rechtsquellenbetrachtung hinausgehende Konzepte zu einem umfassenden Recht der internationalen Wirtschaft entwickelt. So finden sich zum Beispiel bei Savigny Gedanken zu einem privatrechtlich strukturierten Recht des „Verkehr[s] der Völker" als neben dem klassischen staatsorientierten Völkerrecht stehendem internationalem Recht der Wirtschaft.[48] Die strikte Trennung von innerstaatlichem Recht und Völkerrecht, die vom Rechtspositivismus gefordert wurde, führte dann allerdings schnell dazu, das es ein Internationales Wirtschaftsrecht das sachgegenständlich begründet und nicht ausschließlich rechtsquellenorientiert dem Völkerrecht zugeordnet wird, nicht mehr geben konnte.[49]

Das dualistische Verständnis des Verhältnisses von internationalem und innerstaatlichem Recht herrscht bis heute vereinzelt vor. Sofern man diesem positivistischen Rechtsverständnis folgt, ist es konsequent, als internationales Wirtschaftsrecht nur das „internationale Recht der Wirtschaft" anzusehen, was wiederum eine Konzentration auf das Wirtschaftsvölkerrecht bedingt.[50] Überzeugen kann dies

---

[46] *Schwarzenberger,* The Principles and Standards of International Economic Law, RdC 117 (1966), 1 (7) definiert wie folgt: „[T]he branch of Public International Law which is concerned with (1) the ownership and exploitation of natural resources; (2) the production and distribution of goods; (3) invisible international transactions of an economic or financial character; (4) currency and finance; (5) related services and (6) the status and organisation for those engaged in such activities"; ebenso auch heute noch z. B. *Fink,* Grundzüge des Internationalen Wirtschaftsrechts, in: Fink/Schwartmann/Schollendorf (Hrsg.), Steuerberater Rechtshandbuch, Stand November 2002, 1 (6).

[47] Umfassend hierzu *Pauly,* Der Methodenwandel im deutschen Spätkonstitutionalismus, 1993; im Hinblick auf die hier interessierenden Auswirkungen der juristischen Methode im Sinne einer strikten Trennung von innerstaatlichem Recht und Völkerrecht *Tietje,* Internationalisiertes Verwaltungshandeln, 2001, 86 ff. m. w. N.

[48] *von Savigny,* System des heutigen Römischen Rechts, Bd. 8, 1849, 29 ff.; hierzu *Joerges* (Fn. 23), 10 f.

[49] Siehe auch *Joerges* (Fn. 23), 13 ff.

[50] So heute noch *Fink* (Fn. 46), 1 (2 f.); ebenso früher *VerLoren van Themaat,* The Changing Structure of International Economic Law, 1981, 9 f.; *Schwarzenberger*, A Manual of International Law, 5. Aufl., 1967, 109 ff.

allerdings nicht. Der Dualismus begründet sich insbesondere auf der Vorstellung, dass internationales und innerstaatliches Recht grundlegend unterschiedliche Strukturmerkmale in dem Sinne aufweisen, dass „[w]enn es ein Völkerrecht gibt, … es nur für die Verkehrsbeziehungen koordinierter Staaten unter einander gelten [kann]."[51] Das innerstaatliche Recht demgegenüber zeichne sich durch das Verhältnis Bürger-Hoheitsträger aus, eine Rechtsdimension, die das Völkerrecht gerade nicht kenne.[52] Diese Aussagen mögen Ende des 19. Jahrhunderts noch richtig gewesen sein, heute hingegen sind sie kaum noch zu vertreten. Das internationale Recht hat sich in weiten Bereichen über die reine Koordination partikularer staatlicher Interessen hinausgehend fortentwickelt. Das zeigt sich zum Beispiel deutlich im Bereich des Menschenrechtsschutzes und des Schutzes globaler öffentlicher Güter.[53] Gerade die Regelung grenzüberschreitender wirtschaftlicher Sachverhalte war überdies schon immer von einer Vielzahl von Rechtsnormen geprägt, deren Entstehung und Anwendung von einem Wechselverhältnis von innerstaatlichem und internationalem Recht geprägt ist. Georg Erler hat hierauf frühzeitig hingewiesen.[54]

Insgesamt führen damit die gerade von Jost Delbrück wiederholt beschriebene Relativierung der Rolle des Staates im internationalen System sowie die zunehmende Herausbildung einer Gemeinwohlverantwortung, die unabhängig von territorialen Grenzen zu betrachten ist,[55] zu einem System von innerstaatlichem und internationalem Recht als funktional verbundene Einheit.[56] Diese funktionale Einheit von innerstaatlichem und internationalem Recht zeigt sich heute insbesondere im Wirtschaftsbereich. Beispielhaft hierfür kann heute zunächst auf das Außenwirtschaftsrecht verwiesen werden, das sich namentlich für die EG-Mitgliedstaaten als komplexe Regelungsstruktur im Mehrebenensystem von völkerrechtlichen, gemeinschaftsrechtlichen und innerstaatlichen Rechtsnormen darstellt.[57] Eine ausschließliche Verortung des Außenwirtschaftsrechts im innerstaatlichen Recht oder im Gemeinschaftsrecht ist daher nicht mehr möglich. Eine vergleichbare Situation lässt sich im Internationalen Privatrecht nachweisen. Die strikte Trennung zwischen dem (innerstaatlichen) Internationalen Privatrecht und dem (internationalen) Völkerrecht ist kaum noch aufrechtzuerhalten. Mit Blick auf

---

[51] *Triepel,* Völkerrecht und Landesrecht, 1899, 20.

[52] Näher zu dieser von Triepel begründeten Ansicht *Tietje* (Fn. 47), 90 ff.; *Gassner,* Heinrich Triepel – Leben und Werk, 2000, 446 ff.

[53] Im Überblick hierzu *Tietje,* Die Staatsrechtslehre und die Veränderung ihres Gegenstandes: Konsequenzen von Europäisierung und Internationalisierung, DVBl. 2003, 1081 ff. m. w. N.

[54] *Erler,* Grundprobleme des Internationalen Wirtschaftsrechts, 1956, 9 ff.

[55] Siehe nur *Delbrück,* Das Staatsbild im Zeitalter wirtschaftsrechtlicher Globalisierung, 2002.

[56] Ausführlich *Tietje* (Fn. 47), 640 ff.; *Thürer,* Völkerrecht und Landesrecht – Thesen zu einer theoretischen Problembeschreibung, SZIER 1999, 217 ff.

[57] Ausführlich hierzu *Tietje* (Fn. 9), § 1 Rn. 22.

die das Internationale Privatrecht und das Völkerrecht einheitlich verbindenden Menschenrechte,[58] die maßgeblich anzuwendenden Rechtsnormen bei komplexen internationalen Vertragsprojekten, das Binnenrecht internationaler Organisationen, das internationale Einheitsrecht, die Überwindung des Dogma der Nichtanwendung ausländischen öffentlichen Rechts, die von der Rechtsprechung praktizierte Konkretisierung unbestimmter Rechtsbegriffe durch universelle Wertevorstellungen, den zunehmenden Einsatz des innerstaatlichen Zivilprozessrechts zur Verfolgung individueller Ansprüche aufgrund von Völkerrechtsverletzungen sowie die Proliferation internationaler Streitbeilegungsinstanzen mit unmittelbaren Klagemöglichkeiten für Individuen ist heute eine Einheit von Internationalem Privatrecht und Völkerrecht zu konstatieren.[59]

Im Ergebnis erweist sich damit eine inhaltliche Begrenzung des Internationalen Wirtschaftsrechts auf das internationale Recht der Wirtschaft und dabei insbesondere auf das Wirtschaftsvölkerrecht als wenig überzeugend. Vielmehr ist der Begriff „Internationales Wirtschaftsrecht" in Übereinstimmung mit der heute wohl h. M. sachgegenständlich als Recht der internationalen Wirtschaft zu bestimmen, ohne dass hiermit eine prinzipielle Differenzierung zwischen öffentlichem oder privatem Recht verbunden wäre.[60] Allerdings bedarf es zu einer theoretischen Fundierung des so verstandenen Internationalen Wirtschaftsrechts auch einer Erfassung der wesentlichen materiellen Grundstrukturen, die diesem Rechtsgebiet zugrunde liegen.[61]

2. Die materielle Grundausrichtung des Internationalen Wirtschaftsrechts

Ebenso wenig wie mit Blick auf den isolierten Begriff des Wirtschaftsrechts ist es für das Internationale Wirtschaftsrecht möglich, eine werteneutrale theoretische Fundierung dieses Rechtsgebietes zu begründen. Vielmehr verlangt der unmittelbare Wirtschaftsbezug des Internationalen Wirtschaftsrechts eine Aussage dazu, wie, erstens, allgemein das Verhältnis von Recht und Wirtschaft und, zweitens, konkret das Verhältnis von Selbststeuerung und Außensteuerung der Wirtschaft aus der Sicht des Internationalen Wirtschaftsrechts zu beurteilen ist.

Das Verhältnis von Recht und Wirtschaft und damit die sachgegenständliche Bezogenheit des Internationalen Wirtschaftsrechts insgesamt sind aus ökonomischer Perspektive zu beurteilen. Ohne dies hier im Einzelnen begründen zu müssen, zeigen dabei die maßgeblichen und heute dem Grunde nach unstrittigen wirt-

---

[58] *Jayme,* Internationales Privatrecht und Völkerrecht, 2003, 4.

[59] Ausführlich *Jayme* (Fn. 58).

[60] Ebenso *Fikentscher* (Fn. 8), 50 (allerdings mit der Bezeichnung „Weltwirtschaftsrecht"); *Schanze* (Fn. 42), 21 ff.; *Fischer* (Fn. 44), 150; *ders.* (Fn. 44), 212 f.; *Herdegen* (Fn. 43), § 1 Rn. 10; *Behrens* (Fn. 6), 483 ff.; *Jackson* (Fn. 43), 20 ff.; *Lowenfeld* (Fn. 43), 3.

[61] *Joerges* (Fn. 23), 7; *Behrens* (Fn. 6), 485.

schaftswissenschaftlichen Theorien zu den internationalen Wirtschaftsbeziehungen, dass von einer „Einheit der Weltwirtschaft"[62] gesprochen werden kann. Namentlich die Erkenntnis weltweiter Wohlfahrtsmehrung aufgrund internationaler Arbeitsteilung[63] bildet hierbei die Grundlage für eine wechselseitige Verbundenheit der einzelnen nationalen Wirtschaftssysteme, die sich als zunehmend intensivierende weltweite Interdependenz darstellt.[64] Damit tritt eine Internationalisierung des bereits für den isolierten Begriff des Wirtschaftsrechts festgestellten konstitutiven Prozesses marktwirtschaftlicher Entscheidungen ein, und zwar umfassend und ungeachtet des tatsächlichen wirtschaftlichen Entwicklungsstandes der Staaten.[65]

In einer zweiten Dimension kennzeichnet das internationale Wirtschaftssystem die vorgegebene Existenz einzelner Jurisdiktionsräume. Trotz der sich intensivierenden weltweiten Interdependenz sind wirtschaftliche Transaktionen auch von ordnungspolitischen Rahmenbedingungen mitbestimmt. Diese werden von den Staaten oder regionalen Integrationszonen, soweit sie – wie die EG – über entsprechende Kompetenzen verfügen, politisch und/oder rechtlich gesetzt. Das internationale Wirtschaftssystem akzeptiert insofern eine „wirtschaftspolitische Reaktionsverbundenheit"[66] der zuständigen Hoheitsträger. Allerdings bedeutet das nicht, dass ihnen umfassend die Freiheit zukommt, wirtschaftliche Prozesse zu steuern.[67] Die Verfolgung ordnungspolitischer Ziele ist zunächst nur im Rahmen der u. a. durch die WTO-Rechtsordnung ausdrücklich belassenen Handlungsfreiräume möglich. Als Grundsatz gilt dabei, dass ordnungspolitische Maßnahmen der zuständigen Hoheitsträger diskriminierungsfrei, ohne Beeinträchtigung der Marktoffenheit und unter Beachtung des Verhältnismäßigkeitsprinzips angewandt werden müssen. Dieser Grundsatz ist durch die WTO-Rechtsordnung differenziert und weit reichend ausgestaltet.[68] Aber auch andere internationale Rechtsregime, wie das internationale Einheitsrecht im Transaktionsbereich, das internationale Finanz- und Währungsrecht, das internationale Transportrecht und das internationale Kommunikationsrecht,[69] enthalten zum Teil weit reichende Vorgaben, an denen sich ordnungspolitische Entscheidungen in den zuständigen Jurisdiktionsräumen ausrichten müssen. Eine rechtlich oder tatsächlich bestehende ordnungs-

---

[62] *Behrens* (Fn. 6), 487.

[63] Statt vieler *Siebert,* Weltwirtschaft, 1997.

[64] *Behrens* (Fn. 6), 487 f.; *Dieckheuer,* Internationale Wirtschaftsbeziehungen, 5. Aufl., 2001, 25 ff.; *Siebert* (Fn. 63), 11 ff.

[65] *Behrens* (Fn. 6), 488.

[66] *Behrens* (Fn. 6), 488.

[67] So aber wohl *Behrens* (Fn. 6), 488.

[68] Ausführlich hierzu *Tietje,* Normative Grundstrukturen der Behandlung nichttarifärer Handelshemmnisse in der WTO/GATT-Rechtsordnung, 1998; *ders.,* in: Prieß/Berrisch (Hrsg.), WTO-Handbuch, 2003, B.I.5 Rn. 47 ff.

[69] Insgesamt hierzu die einzelnen Beiträge in: *Tietje* (Hrsg.) (Fn. 9).

politische Autonomie der Staaten oder der EG ist damit heute kaum mehr gegeben. Vielmehr zeigt sich ein System einer fortschreitenden globalen Vereinheitlichung ordnungspolitischer Rahmenbedingungen auf der einen Seite und verbleibender Handlungsspielräume auf der anderen Seite. Das entspricht dem ökonomischen Modell einer sinnvollen Balance zwischen Harmonisierung und Systemwettbewerb.[70] Zugleich folgt aus dieser Entwicklung, dass sich aus dem Internationalen Wirtschaftsrecht zunehmend Vorgaben für die einzelstaatlichen Verfassungsordnungen im Hinblick auf demokratische und rechtsstaatliche Strukturen ergeben.[71] Dem liegt die Erkenntnis zugrunde, dass demokratische und rechtsstaatliche Strukturen eine wesentliche Voraussetzung für optimale Wohlfahrtsgewinne sind. Die damit auch und gerade im Internationalen Wirtschaftsrecht zu beobachtende „Harmonisierung der Zielstrukturen der Staaten"[72] steht im Übrigen im Einklang mit einem nachweisbaren völkerrechtlichen Konstitutionalisierungsprozess insgesamt.[73]

Schließlich wirken über die Vornahme und ordnungspolitische Ausgestaltung wirtschaftlicher Transaktionen im engeren Sinne hinausgehend auch globale Gemeinwohlverpflichtungen einheitsstiftend im internationalen Wirtschaftssystem. Hierbei geht es in erster Linie um die Bedeutung, die globalen öffentlichen Gütern im internationalen System allgemein[74] und damit auch im internationalen Wirtschaftssystem zukommt.[75] Insbesondere mit Blick auf den Umweltschutz zeigt sich durch das Prinzip der nachhaltigen Entwicklung[76] eine enge Verbindung zwischen ökonomischen Gesichtspunkten einer optimalen Ressourcenallokation und Mechanismen zum Schutz und zur Verteilung globaler öffentlicher Güter.[77]

Die genannten Grundstrukturen des internationalen Wirtschaftssystems sind nicht nur sozialer oder ethischer Natur, sondern rechtlich verfestigt. Sie lassen sich

---

[70] Näher hierzu z. B. *Tietje,* in: Grabitz/Hilf (Hrsg.), EGV/EUV, Bd. 2, Stand: April 2003, vor Art 94–97 Rn. 25 ff.

[71] *Herdegen* (Fn. 43), § 3 Rn. 51 f. m. w. N.

[72] So für das internationale System insgesamt *Sommermann,* Staatsziele und Staatszielbestimmungen, 1997, 253.

[73] Umfassend hierzu insbesondere *Frowein,* Konstitutionalisierung des Völkerrechts, BDGVR 39 (2000), 427 ff.

[74] Ausführlich hierzu *Kaul/Grunberg/Stern,* Defining Global Public Goods, in: dies. (Hrsg.), Global Public Goods – International Cooperation in the 21st Century, 1999. 2 ff.

[75] *Behrens* (Fn. 6), 489.

[76] Allgemein zu diesem Prinzip und seinem Bedeutungsgehalt statt vieler *Tietje* (Fn. 47), 363 ff.; *Beyerlin,* The Concept of Sustainable Development, in: Wolfrum (Hrsg.), Enforcing Environmental Standards: Economic Mechanisms as Viable Means?, 1996, 95 ff. jeweils m. w. N.

[77] Siehe hierzu z. B. *Kluttig,* Welthandelsrecht und Umweltschutz – Kohärenz statt Konkurrenz, 2003; *Tietje,* Process Related Measures and Global Environmental Governance, in: Winter (Hrsg.), Multilateral Governance of Global Environmental Change, 2005 (im Erscheinen).

im Kern auf Rechtsvorgaben der UN-Charta als Verfassungsurkunde der internationalen Gemeinschaft[78] zurückführen. Die UN-Charta statuiert in Art. 55 lit. a) und lit. b) i. V. m. Art. 56 eine für die UN und ihre Mitgliedstaaten bindende Verpflichtung zur Förderung der „Verbesserung des Lebensstandards, [der] Vollbeschäftigung und [der] Voraussetzungen für wirtschaftlichen und sozialen Forschritt und Aufstieg" sowie zur „Lösung internationaler Probleme wirtschaftlicher, sozialer, gesundheitlicher und verwandter Art sowie [der] internationale[n] Zusammenarbeit auf den Gebieten der Kultur und der Erziehung". In diesen Bestimmungen, die unmittelbar auf entsprechende Festlegungen zur internationalen wirtschaftlichen Zusammenarbeit in der Atlantik-Charta von 1941 zurückgehen[79] und auf deren Grundlage sich weit reichende Aktivitäten im Rahmen des UN-Systems gerade auf den Wirtschaftsbereich und speziell das Internationale Wirtschaftsrecht bezogen vollziehen,[80] kommt das internationale Verfassungsprinzip des positiven Friedens im Sinne der Konstitution des Friedens als Rechtsordnung, orientiert an internationaler Wohlfahrt, sozialer Sicherheit i. w. S. und den Menschenrechten insgesamt,[81] bereits zum Ausdruck.

Der materielle Ausgangspunkt des Internationalen Wirtschaftsrechts ist hingegen nicht in den genannten objektiv-rechtlichen Vorgaben zu sehen, sondern findet sich in subjektiven Rechtsgarantien der individuellen Wirtschaftssubjekte. Ebenso wie im innerstaatlichen Bereich ist es dabei in erster Linie der Grundkanon der Menschenrechte, der systemprägend wirkt.[82] Die auf dem Bekenntnis zur Menschenwürde[83] aufbauenden Gewährleistungen klassischer Freiheits- und Gleichheitsrechte sowie zum Teil auch darüber hinausgehender Leistungs- und Teil-

---

[78] Hierzu u. a. *Dupuy*, The Constitutional Dimension of the Charter of the United Nations Revisited, Max Planck Yearbook of United Nations Law 1 (1997), 1 ff.; *Franck,* Is the U.N. Charter a Constitution?, in: Frowein/Scharioth/Winkelmann/Wolfrum (Hrsg.), Verhandeln für den Frieden – Liber Amicorum Tono Eitel, 2003, 95 ff.; *Fassbender,* The United Nations Charter as Constitution of the International Community, Columbia Journal of Transnational Law 36 (1998), 529 ff.

[79] Siehe *Wolfrum,* in: Simma (Hrsg.), The Charter of the United Nations, Vol. II, 2. Aufl., 2002, Art. 55 (a) and (b) Rn. 3.

[80] Ausführlich *Wolfrum* (Fn. 79), Art. 55 (a) and (b) Rn. 23 ff.; *Weiß,* Shift in Paradigm: From the New International Economic Order to the World Trade Organization – Germany's Contribution to the Development of International Economic Law, GYIL 46 (2003), 171 ff.

[81] Zur Konstitution des Friedens als Rechtsordnung siehe die Abhandlungen in: *Delbrück* (Fn. 1); sowie *ders./Dicke* (Fn. 2), 797 ff.

[82] Ausführlich hierzu *Fikentscher* (Fn. 8), 100 ff; *Petersmann,* Prevention and Settlement of Transatlantic Economic Disputes: Legal Strategies for EU/US Leadership, in: ders./Pollack (Hrsg.), Transatlantic Economic Disputes – The EU, the US and the WTO, 2003, 3 (18 ff.); kurz auch *Herdegen* (Fn. 43), § 1 Rn. 14 ff.

[83] Zur Menschenwürde als Basis des internationalen Menschenrechtsschutzes siehe *Dicke,* Die der Person innewohnende Würde und die Frage der Universalität der Menschenrechte, in: Bielefeldt/Brugger/Dicke (Hrsg.), Festschrift für Johannes Schwartländer zum 70. Geburtstag, 1992, 163 ff.

haberechte[84] konstituieren zumindest in den wesentlichen Grundstrukturen eine globale freiheitliche Ordnung, die bereits für den isolierten Begriff des Wirtschaftsrechts als Grundlage marktwirtschaftlicher Strukturen herausgestellt wurde.[85] Zugleich wurde hierdurch die Vorstellung einer vollständigen Mediatisierung des Individuums durch den Staat aufgegeben und das Individuum selbst zum partiellen Völkerrechtssubjekt, was einen vermeintlichen Ausschließlichkeitsanspruch des Staates deutlich relativierte.[86] Die Zuerkennung eigener, völkerrechtsunmittelbarer Rechte ist dabei nicht zwingend an die Möglichkeit der individuellen Rechtsverfolgung auf internationaler Ebene geknüpft, wie der Internationale Gerichtshof jüngst ausdrücklich anerkannt hat.[87] Dessen ungeachtet stehen natürlichen und juristischen Personen zahlreiche Möglichkeiten der unmittelbaren und mittelbaren Rechtsverfolgung im Wirtschaftsbereich offen. Das betrifft u. a. die Investitionsschiedsgerichtsbarkeit[88] und die internationale Schiedsgerichtsbarkeit allgemein,[89] aber auch die spezifischen Mechanismen im Rahmen der Weltbank[90] sowie mit Blick auf das Welthandelsrecht.[91] Damit findet die Gewährleistung individueller Rechtsgarantien im Wirtschaftsbereich heute auch eine weitgehende prozedurale Absicherung.

Zusammenfassend zeigt sich damit, dass auch für das Internationale Wirtschaftsrecht von einem Regel-/Ausnahmeverhältnis zwischen Selbst- und Außensteuerung in dem Sinne gesprochen werden kann, dass es zunächst immer die spontane Ordnung des Marktes ist, die strukturprägend wirkt. Mit dieser Aussage

---

[84] Zu Differenzierung der unterschiedlichen Dimensionen der Menschenrechte siehe *Riedel*, Die Universalität der Menschenrechte, 2003, 28; *Hobe/Kimminich*, Einführung in das Völkerrecht, 8. Aufl., 2004, 392 ff.

[85] Vgl. die Ausführungen oben unter III.

[86] Statt vieler *Delbrück*, Menschenrechte und Souveränität, in: ders. (Fn. 1), 22 (26 f.); *Hobe/Kimminich* (Fn. 84), 222; *Dahm/Delbrück/Wolfrum*, Völkerrecht, Bd. I/2, 2. Aufl., 2002, 259 ff.; frühzeitig und grundlegend zum gesamten Themenkomplex *Menzel*, Die Einwirkung der Europäischen Menschenrechtskonvention auf das deutsche Recht, DÖV 1970, 509 ff.

[87] IGH, *LaGrand Case*, ICJ Reports 2001, Rn. 77; in deutscher Übersetzung abgedruckt in: EuGRZ 2001, 287 ff.

[88] Hierzu z. B. *Tietje*, Grundstrukturen und aktuelle Entwicklungen des Rechts der Beilegung internationaler Investitionsstreitigkeiten, 2003; sowie *Reinisch*, in: Tietje (Fn. 9), § 5 Rn. 1 ff.

[89] Hierzu z. B. *Gottwald*, Internationale Schiedsgerichtsbarkeit, in: ders. (Hrsg.), Internationale Schiedsgerichtsbarkeit: Generalbericht und Nationalberichte, 1997, 1–160; *Girsberger*, Entstaatlichung der friedlichen Konfliktregelung zwischen nichtstaatlichen Wirkungseinheiten: Umfang und Grenzen, BDGVR 39 (2000), 231 ff.

[90] *Mosler*, Finanzierung durch die Weltbank, 1987, 176; *Lucke*, Internationaler Währungsfonds, 1997, 281; *Schlemmer-Schulte*, The World Bank, its Operations and its Inspection Panel, Recht der Internationalen Wirtschaft 45 (1999), 175 ff.

[91] Hierzu ausführlich *Tietje/Nowrot*, Forming the Centre of a Transnational Economic Legal Order? Thoughts on the Current and Future Position of Non-State Actors in WTO Law, European Business Organization Law Review 5 (2004), 321 ff.

muss nicht zwingend eine vollumfängliche menschenrechtliche Ausrichtung des Internationalen Wirtschaftsrechts verbunden sein.[92] Entscheidend ist nur, dass durch die wirtschaftsbezogenen Aussagen in Art. 55, 56 UN-Charta und die hiermit in unmittelbarem Zusammenhang stehenden menschenrechtlichen Garantien für die Annahme einer rein politisch-machtorientierten Ausrichtung des internationalen Wirtschaftssystems kein Raum mehr ist.[93] Damit entfällt ein wesentliches Argument gegen die Begründbarkeit eines einheitlichen Internationalen Wirtschaftsrechts.[94] Zugleich wird deutlich, dass sich das Internationale Wirtschaftsrecht längst nicht mehr in einem „Rohzustand eines ungeordneten Laisser-faire" befindet.[95] Über die „Integration der nationalen Wirtschaftsordnungen in den globalen Wirtschaftsverkehr"[96] hinausgehend ist das Internationale Wirtschaftsrecht Ausdruck des Regel-/Ausnahmeverhältnisses von Selbst- und Außensteuerung in der internationalen Wirtschaft. Es ist damit mehr als eine wertneutrale „Ordnung der Wirtschaftsbeziehungen von Staaten und internationalen Organisationen sowie des von Privaten getragenen Verkehrs von Gütern, Dienstleistungen und Produktionsfaktoren (unter Einschluss des gesellschaftsrechtlichen Rahmens)".[97] Aufgrund seiner materiellen Ausrichtung an subjektiven Rechtsgarantien der Freiheitsentfaltung und an objektiv-rechtlichen Vorgaben im Hinblick auf globale Gemeinwohlbelange ist das Internationale Wirtschaftsrecht vielmehr in Übereinstimmung mit *Fikentscher* als dasjenige Recht zu definieren, „dessen Aufgabe es ist, die Freiheit des Zuordnungswechsels und die Zuordnung der für die Weltwirtschaft erheblichen Güter in allgemeinen Grundsätzen sowie durch globale und spezielle Eingriffe mit dem Ziel gerecht ausgewogener Entfaltung und Versorgung zu regeln".[98]

---

[92] Siehe hierzu die Kontroverse zwischen *Petersmann*, Time for a United Nations 'Global Compact' for Integrating Human Rights into the Law of Worldwide Organizations: Lessons from European Integration, European Journal of International Law 13 (2002), 621 ff; *ders.*, Taking Human Rights, Poverty and Empowerment of Individuals More Seriously: Rejoinder to Alston, European Journal of International Law 13 (2002), 845 ff.; und *Howse*, Human Rights in the WTO: Whose Rights, What Humanity? Comment on Petersmann, European Journal of International Law 13 (2002), 651 ff.; *Alston*, Resisting the Merger and Acquisition of Human Rights by Trade Law: A Reply to Petersmann, European Journal of International Law 13 (2002), 815 ff.

[93] Ein etatistisch orientiertes Verständnis des Weltwirtschaftsrechts wird hingegen auch heute noch vertreten von *Langer*, Grundlagen einer internationalen Wirtschaftsverfassung, 1995, *passim*; hierzu *Tietje*, Buchbesprechung zu Stefan Langer, Grundlagen einer internationalen Wirtschaftsverfassung, 1995, GYIL 38 (1995), 456 ff.

[94] Anders allerdings noch *Joerges* (Fn. 23), 49.

[95] So noch *Raiser*, Der Ordnungsrahmen des internationalen Wirtschaftsrechts, in: Sauermann/Mestmäcker (Hrsg.), Wirtschaftsordnung und Staatsverfassung – Festschrift für Franz Böhm zum 80. Geburtstag, 1975, 485 (491); dem in der Tendenz folgend auch *Schmidt* (Fn. 17), 204.

[96] *Herdegen* (Fn. 43), § 1 Rn 11.

[97] So die Definition von *Herdegen* (Fn. 43), § 1 Rn 11.

[98] *Fikentscher* (Fn. 8), 49, der insofern allerdings von Weltwirtschaftsrecht spricht.

V. Internationales Wirtschaftsrecht und Recht auf Entwicklung

Bei der hier vorgelegten Begründung von Begriff und Gegenstand des Internationalen Wirtschaftsrechts wurde die Entwicklungsperspektive bislang nicht weiter diskutiert. Diese spielt indes seit vielen Jahren eine wichtige Rolle bei der Frage nach der ethisch und rechtlich angemessenen Ausgestaltung der internationalen Systeme und damit auch des internationalen Wirtschaftssystems. Allerdings ist die Debatte zum Recht auf Entwicklung[99] zum Teil auch heute noch von den problematischen Regelungsanstrengungen zur Schaffung einer Neuen Weltwirtschaftsordnung gekennzeichnet. Das führt auf den ersten Blick zu dem Eindruck, dass die dargelegte materielle Bestimmung von Begriff und Gegenstand des Internationalen Wirtschaftsrechts in prinzipiellem Widerspruch zum Recht auf Entwicklung steht. Ob das jedoch tatsächlich der Fall ist, soll nachfolgend näher untersucht werden. Angesichts der zumindest politischen Bedeutung, die dem Recht auf Entwicklung in der internationalen Diskussion beigemessen wird, erscheint eine entsprechende Analyse auch notwendig, zumal erst in jüngerer Zeit näher auf Einzelaspekte des Internationalen Wirtschaftsrechts im Verhältnis zum Recht auf Entwicklung eingegangen wird.[100]

1. Geschichte und Stand der Diskussion zum Recht auf Entwicklung

Als Urheber des Begriffes von einem „right to development" gilt bekanntlich der Senegalese Keba M'Baye, der im Jahre 1972 im Rahmen einer Vorlesung am International Institute of Human Rights in Straßburg davon sprach, dass das Recht auf Entwicklung jedem Menschen zustehe, da „every man has a right to live and a right to live better".[101] Seit der so erfolgten begrifflichen Begründung des Rechts auf Entwicklung bestimmt es weite Bereiche der internationalen Diskussion, das allerdings in wechselnder Intensität. Dabei waren die 1970er und auch noch die erste Hälfte der 1980er Jahre zunächst von einer heftigen Kontroverse zwischen

---

[99] Zusammenfassend hierzu aus jüngerer Zeit *Nuscheler,* „Recht auf Entwicklung": Ein „universelles Menschenrecht" ohne universelle Geltung, in: von Schorlemer (Hrsg.), Praxishandbuch UNO, 2003, 305 ff.

[100] Sub-Commission on the Promotion and Protection of Human Rights, Mainstreaming the right to development into international trade law and policy at the World Trade Organization (paper by Robert Howse), UN-Dok. E/CN.4/Sub.2/2004/17 v. 9.6.2004.

[101] *M'Baye,* Le droit au developpement comme un droit de l'homme, Revue des droits de l'homme 5 (1972), 505 ff.; hierzu und zur Geschichte insgesamt u. a. *Bunn,* The Right to Development: Implications for International Economic Law, American University International Law Review 15 (2000), 1425 (1433); *Gros Espiell,* The Right of Development as a Human Right, Texas International Law Journal 16 (1981), 189 ff.; *Rich,* The Right to Development as an Emerging Human Right, Virginia Journal of International Law 23 (1983), 292 ff.; *Kiwanuka,* Developing Rights: The UN Declaration on the Right to Development, Netherlands International Law Rev. 35 (1988), 257 ff.; *Auprich,* Das Recht auf Entwicklung als kollektives Menschenrecht, 2000, 75 ff.

den industrialisierten Ländern und den Entwicklungsländern geprägt, die im Wesentlichen im Zusammenhang mit der Debatte über eine so genannte Neue Weltwirtschaftsordnung stand.[102] 1986 kam es zur Verabschiedung der „Declaration on the Right to Development" als Resolution der UN-Generalversammlung.[103] Da die Resolution mit 146 Ja-Stimmen bei nur acht Enthaltungen und einer Nein-Stimme der USA angenommen wurde, schien sich spätestens zu diesem Zeitpunkt die schon früher geäußerte Prognose, dass ein Widerstand gegen die Anerkennung des Rechts auf Entwicklung keinen Erfolg haben werde,[104] zu bewahrheiten. Zumindest politisch wurde ein universeller Konsens über das Recht auf Entwicklung dann endgültig auf der Wiener UN-Menschenrechtskonferenz 1993 erzielt. In der Wiener Erklärung wird „the right to development, as established in the Declaration, as a universal und inalienable right and an integral part of fundamental human rights" ausdrücklich anerkannt.[105] Im Anschluss hieran befasste sich die Menschenrechtskommission der Vereinten Nationen seit 1997 durchgehend bis heute mit dem Recht auf Entwicklung.[106] 1998 beschloss der ECOSOC einen Follow-up-Mechanismus, bestehend aus einer Open-ended Working Group und der Ernennung eines unabhängigen Experten, zum Recht auf Entwicklung.[107] Seither hat der Unabhängige Experte Arjun Sengupta verschiedene Berichte zur Konkretisierung des Rechts auf Entwicklung vorgelegt.[108] Überdies haben die Menschenrechtskommission und die Sub-Commission on the Promotion and Protection of Human Rights immer wieder Entscheidungen getroffen bzw. Resolutionen zur weiteren Arbeit zu dem Thema verabschiedet.[109] Begleitend hierzu stand das Thema kontinuierlich auf der Tagesordnung der UN-Generalversammlung[110] und wurde verschiedentlich in Berichten des UN-Generalsekretärs aufgegriffen, wobei u. a. sein ausschließlich dem Recht auf Entwicklung gewidmeter Bericht für die 58. Generalversammlung zu erwähnen ist.[111]

---

[102] Im Überblick zu dieser Debatte aus jüngerer Zeit z. B. *Weiß* (Fn. 80), 171 ff.

[103] UN Doc. A/RES/41/128 v. 4.12.1986.

[104] So frühzeitig *Tomuschat,* Das Recht auf Entwicklung, GYIL 25 (1982), 85; siehe auch *Nuscheler* (Fn. 99), 310.

[105] Vienna Declaration and Programme of Action, UN-Dok. A/CONF.157/23 v. 12.7.1993, para. 10.

[106] Ausführlich *Auprich* (Fn. 101), 128 ff.

[107] ECOSOC Decision 1998/269 v. 30.7.1998.

[108] Zusammenfassend wiedergegeben von *Sengupta,* On the Theory and Practice of the Right to Development, Human Rights Quarterly 24 (2002), 837 ff.

[109] Zuletzt Resolution 2004/7, The right to development, Commission on Human Rights, UN-Dok. E/CN.4/2004/L.11/Add. 1 v. 13.4.2004; Decision 2003/116 v. 14.8.2003, The right to development, Sub-Commission on the Promotion and Protection of Human Rights, UN-Dok. E/CN.4/Sub.2/2003/L.7 v. 6.8.2003.

[110] Siehe insbesondere die United Nations Millennium Declaration, A/RES/55/2 v. 18.8.2000, para. 11 ff.; sowie aus jüngerer Zeit Res. 57/223, The right to development, A/RES/57/223 v. 27.2.2003.

[111] The right to development, Report by the Secretary-General, UN-Dok. A/58/276 v. 12.8.2003.

Ob und inwieweit ein Konsens der Staatengemeinschaft zu einzelnen Aspekten des Rechts auf Entwicklung besteht, ist schwer festzustellen und muss jedenfalls auf Details bezogen bezweifelt werden. Gerade in jüngerer Zeit hat sich insoweit verschiedentlich eine ablehnende Haltung industrialisierter Staaten gegenüber ihrer Ansicht nach zu weitgehenden Interpretationen des Rechts auf Entwicklung durch die Entwicklungsländer gezeigt.[112] Die Grundidee des Rechts auf Entwicklung, die in der Zusammenführung entwicklungspolitischer und menschenrechtlicher Konzepte besteht, wird aber weiterhin von einem internationalen Konsens getragen. Darauf lassen zumindest die im Frühjahr 2002 im Konsensus von der Working Group on the Right to Development angenommenen Conclusions ihrer bisherigen Arbeit schließen.[113]

Damit ist allerdings noch keine Aussage zu einem internationalen Konsens über die drei zentralen Diskussionspunkte getroffen, die politisch immer wieder zu Kontroversen führen. Namentlich ist bis heute über rechtsdogmatische Fragen hinausgehend politisch problematisch, ob 1) mit dem Recht auf Entwicklung Ansprüche der Entwicklungsländer auf positive Transferleistungen verbunden sind, 2) ob sich hieraus konkrete makroökonomische Forderungen im Hinblick auf Ausgestaltung einzelner weltwirtschaftlicher Rechtsregime ableiten lassen, sowie 3) ob möglicherweise unter Berufung auf Entwicklungsnotwendigkeiten eine Einschränkung individueller Freiheitsrechte zu rechtfertigen ist (wie insbesondere von einigen asiatischen Staaten vertreten).[114] Überdies ist bis heute unklar und strittig, ob und ggf. inwieweit dem Recht auf Entwicklung überhaupt völkerrechtliche Bedeutung zukommt bzw. jemals zukommen kann.

Eine detaillierte Diskussion aller Einzelfragen, die mit dem Recht auf Entwicklung verbunden sind, kann und soll hier nicht geleistet werden. Vielmehr erscheint es im Lichte der Überlegungen zum Begriff und Gegenstand des Internationalen Wirtschaftsrecht angezeigt, einige konzeptionelle Gedanken zum Recht auf Entwicklung vorzustellen. Das betrifft die inhaltliche Ausgestaltung des Rechts auf Entwicklung sowie darauf aufbauend dessen völkerrechtsdogmatische Einordnung.

---

[112] Detailliert hierzu *Marks,* The Human Right to Development: Between Rhetoric and Reality, Harvard Human Rights Journal 17 (2004), 137 (141 f.) m. w. N.

[113] Right to Development, Report of the open-ended Working Group on the Right to Development on its third session, UN-Dok. E/CN.4/2002/28/Rev. 1 v. 11.4.2002; die hierauf bezogene Resolution 2002/69 der Menschenrechtskommission wurde ohne Gegenstimme, allerdings bei 15 Enthaltungen, angenommen; zu den spezifischen Gründen einer eher zurückhaltenden Einstellung verschiedener industrialisierter Staaten siehe *Marks* (Fn. 112), 141 f.

[114] Zu diesen Problembereichen u. a. *Nuscheler* (Fn. 99), 310 f.; *Marks* (Fn. 112), 141 ff.

2. Inhalte des Rechts auf Entwicklung

Mit dem Recht auf Entwicklung werden in der gegenwärtigen Diskussion zwei Dimensionen verbunden, eine internationale und eine innerstaatliche. Dabei werden in beiden Bereichen objektivrechtliche und subjektivrechtliche Rechtsnormen ausgemacht, die das Recht auf Entwicklung kennzeichnen.

In der internationalen Dimension wird zunächst regelmäßig auf die universell anerkannten und in zahlreichen Rechtsinstrumenten niedergelegten fundamentalen Freiheits- und Gleichheitsrechte Bezug genommen. Dabei wird allerdings darauf verwiesen, dass die Verwirklichung der Menschenrechte in erster Linie eine innerstaatliche Aufgabe ist, auch wenn es insoweit Wechselbeziehungen zum internationalen System gibt.[115] Neben diesen subjektivrechtlichen Normen wird das Recht auf Entwicklung in objektivrechtlicher Hinsicht mit Blick auf hier interessierende weltwirtschaftliche Aspekte an so genannten „core principles" festgemacht. Zu diesen soll u. a. „equality, equity, non-discrimination, transparency, accountability, participation and international cooperation, including partnership and commitments" gehören.[116]

Die so genannte nationale Dimension des Rechts auf Entwicklung wird von zwei zentralen Prämissen geprägt. Zunächst betonen u. a. die „conclusions" der Arbeitsgruppe zum Recht auf Entwicklung, dass „the basic responsibility for the realization of all human rights lies with the State".[117] Weiterhin wird betont, dass „States have the primary responsibility for their own economic and social development, and the role of national policies and development strategies cannot be overemphasized." In Ergänzung hierzu wird „the necessity of establishing, at the national level, an enabling legal, political, economic and social environment for the realization of the right to development" hervorgehoben.[118] Damit im Zusammenhang stehen die Verweise auf Armutsbekämpfung, Stärkung der Rolle der Frau in der Gesellschaft, Beachtung der Rechte der Kinder, Bekämpfung von HIV/AIDS, Förderung der Good Governance, Intensivierung der Partnerschaft zur Zivilgesellschaft und Bekämpfung der Korruption sowie, systematisch nicht ganz passend, die New Partnership for Africa's Development (NEPAD).[119] Auch die nationale Dimension des Rechts auf Entwicklung ist damit von subjektivrechtlichen und objektivrechtlichen Rechtsnormen gekennzeichnet. Das entspricht dem Wesen der

---

[115] Siehe hierzu und zu den nachfolgenden Punkten die conclusions der open-ended Working Group on the Right to Development, UN-Dok. E/CN.4/2002/28/Rev. 1 v. 11.4.2002, para. 95 ff.

[116] UN-Dok. E/CN.4/2002/28/Rev. 1 v. 11.4.2002, para. 100.

[117] UN-Dok. E/CN.4/2002/28/Rev. 1 v. 11.4.2002, para. 103.

[118] UN-Dok. E/CN.4/2002/28/Rev. 1 v. 11.4.2002, para. 104.

[119] UN-Dok. E/CN.4/2002/28/Rev. 1 v. 11.4.2002, para. 105; zur hier nicht weiter behandelten NEPAD siehe *Röhmer*, New Partnership for Africa's Development – Nepad, MRM-MenschenRechtsMagazin Heft 3/2002, 168 ff.

so genannten Rechte der dritten Generation, zu denen das Recht auf Entwicklung an prominenter Stelle gehört.[120] Im Übrigen wird die so deutlich werdende Parallelität der Regelungsanstrengungen auch in der konkreten Umsetzung des Rechts auf Entwicklung deutlich. Dazu kann beispielhaft aus jüngerer Zeit auf den entwicklungspolitischen Aktionsplan für Menschenrechte 2004–2007 des Bundesministeriums für wirtschaftliche Zusammenarbeit und Entwicklung vom Juli 2004 verwiesen werden.[121]

Die Mehrdimensionalität und auch die inhaltliche Reichweite des Rechts auf Entwicklung waren natürlich schon immer der wesentliche Grund für intensive politische und wissenschaftliche Auseinandersetzungen über seine tatsächliche und wünschenswerte Relevanz in der internationalen Rechtsordnung. Auf die damit u. a. angedeutete Frage nach der völkerrechtsdogmatischen Einordnung des Rechts auf Entwicklung ist noch einzugehen. Zuvor soll allerdings aufgezeigt werden, ob und ggf. in welcher Form sich die oben genannten Inhalte des Rechts auf Entwicklung in die normative und rechtspositive Struktur des Internationalen Wirtschaftsrechts einfügen.

Wie bereits angedeutet, ist Ausgangspunkt der rechtlichen Gestaltung des internationalen Wirtschaftssystems die Garantie individueller Freiheit und Gleichheit. Dem liegt die fundamental und zunächst keinen weltwirtschaftlichen Bezug aufweisende Fundierung der Menschenwürde als Grundnorm der Menschenrechte insgesamt zugrunde.[122] Überdies kommt damit zum Ausdruck, dass an der Basis des Internationalen Wirtschaftsrechts ebenso wie des Völkerrechts allgemein „nicht der Staat, sondern der Mensch steht".[123] Spezifisch wirtschaftsrechtlich betrachtet kann schließlich nur unter den Bedingungen individueller Freiheit und Gleichheit, ausgedrückt u. a. in der Privatautonomie, der Gewerbefreiheit und dem Eigentumsschutz, erreicht werden, dass Transaktionskosten minimiert und damit optimale Wohlfahrtsgewinne generiert werden. Insgesamt kann damit die durch individuelle Rechtsgarantien konstituierte Ausrichtung der Wirtschaftsordnung heute als Leitvorstellung des Internationalen Wirtschaftsrechts bezeichnet werden.[124] Dem entsprechen die Verweise auf die Menschenrechte in der Diskussion über das Recht auf Entwicklung.

---

[120] Statt vieler hierzu insbesondere mit Blick auf das Recht auf Entwicklung *Riedel* Die Menschenrechte der dritten Generation als Strategie zur Verwirklichung der politischen und sozialen Menschenrechte, in: Perez Esquivel (Hrsg.), Das Recht auf Entwicklung als Menschenrecht – Von der Nord-Süd-Konfrontation zur Weltsozialpolitik, 1989, 49 (56 ff.).

[121] Verfügbar unter: <http://www.bmz.de/presse/gemeinsame_pressemitteilungen/MAP_final.pdf>.

[122] Zur Bedeutung der Menschenwürde *Dicke* (Fn. 83).

[123] Für das allgemeine Völkerrecht hierzu *Riedel* (Fn. 84), 49 und 56 m. w. N.; *Tomuschat* (Fn. 104), 99 f.

[124] *Herdegen* (Fn. 43), § 3 Rn. 8.

In objektivrechtlicher Hinsicht haben die im Recht auf Entwicklung ebenfalls zum Ausdruck kommende Beachtung der „rule of law" in den internationalen Wirtschaftsbeziehungen und das Prinzip der „good governance" heute große Bedeutung im Internationalen Wirtschaftsrecht. Nachdem lange Zeit im internationalen Finanz-, Währungs- und Handelsrecht ein machtpolitisch-diplomatischer Ansatz vorherrschte, hat sich im Bretton-Woods-System insgesamt spätestens seit Mitte der 1990er Jahre eine Orientierung an der rule of law durchgesetzt.[125] Zum Ausdruck kommt dies auch in der Seoul-Erklärung der International Law Association über die fortschreitende Entwicklung von Völkerrechtsprinzipien einer Weltwirtschaftsordnung vom August 1986[126] sowie in ihrer „Declaration on the Rule of Law in International Trade" aus dem Jahre 2000.[127] Überdies sind verschiedene einzelne Rechtsprinzipien, die aus der rule of law abzuleiten sind, heute in der Streitbeilegungspraxis der WTO und der internationalen Schiedsgerichtsbarkeit anerkannt; hierzu gehören die Gebote der Rechtssicherheit und des Vertrauensschutzes und damit im Zusammenhang stehend die zumindest mittelbare Rechtsrelevanz von Präjudizien, das Transparenzprinzip, das Prinzip von Treu und Glauben, das Rechtsmissbrauchsverbot, der Verhältnismäßigkeitsgrundsatz sowie das Prinzip des fairen Verfahrens („due process").[128] In einzelstaatlicher Perspektive wird die rule of law schließlich durch das übergreifende Prinzip der good governance ergänzt. Dieses zielt im Sinne von Gedanken, die Max Weber frühzeitig formuliert hat, u. a. darauf ab, durch die Schaffung von rechtsstaatlichen Rahmenbedingungen eine optimale Ressourcenallokation zu ermöglichen. „Good governance" ist heute zentraler rechtlicher und gesellschaftspolitischer Ansatzpunkt für die Tätigkeit der maßgeblichen internationalen Finanz-, Währungs- und Entwicklungsorganisationen.[129]

---

[125] Für das Welthandelsrecht z. B. *Jackson,* The World Trading System, 2. Aufl., 1997, 109 ff. und *passim*; WTO, *India-Quantitative Restrictions*, Report of the Panel v. 6.4.1999, WT/DS90/R, para. 5.101; für das internationale Finanz- und Währungsrecht z. B. *Bayne/Woolcock*, Economic Diplomacy in the 2000s, in: dies. (Hrsg.), The New Economic Diplomacy – Decision-Making and Negotiation in International Economic Relations, 2003, 287 (291 f.).

[126] ILA, Report of the Sixty-Second Conference, Seoul 1986, 2 ff.; hierzu auch *Oppermann,* Die Seoul-Erklärung der International Law Association vom 29.–30. August 1986 über die fortschreitende Entwicklung von Völkerrechtsprinzipien einer neuen Weltwirtschaftsordnung, in: Böckstiegel/Folz/Mössner/Zemanek (Hrsg.), Völkerrecht – Recht der Internationalen Organisationen – Weltwirtschaftsrecht, Festschrift für Ignaz Seidl-Hohenveldern, 1988, 449 ff.

[127] ILA, Report of the Sixty-Ninth Conference, London 2000, 193 ff.

[128] Ausführlich hierzu z. B. *Weiler* (Fn. 42), 45 ff.; *Hilf,* Power, Rules and Principles – Which Orientation for WTO/GATT Law?, Journal of International Economic Law 4 (2001), 111 ff.

[129] Ausführlich *Botchway,* Good Governance: The Old, the New, the Principle, and the Elements, Florida Journal of International Law 13 (2001), 159 ff.

Das Internationale Wirtschaftsrecht wird weiterhin von den in erster Linie auf die WTO-Rechtsordnung bezogenen Prinzipien der Offenheit der Märkte und der Nichtdiskriminierung bestimmt.[130] Systemprägend wirkt weiterhin das Prinzip relativer staatlicher Regelungsfreiheit, zu dem auch das völkerrechtliche Prinzip der Jurisdiktionshoheit einschließlich der zunehmend wichtiger werdenden Vorgaben für die extraterritoriale Rechtsanwendung gehört.[131]

Hinzuweisen ist auch noch auf das Kooperations- und Solidaritätsprinzip im Internationalen Wirtschaftsrecht.[132] Dieses findet seine rechtsnormative Grundlage in erster Linie in Art. 55 lit. a), 56 UN-Charta.[133] Es statuiert als Optimierungsgebot eine Verpflichtung der Staaten, der wirtschaftlichen Situation der schwächer entwickelten Mitglieder der internationalen Staatengemeinschaft durch entsprechende Maßnahmen angemessen Rechnung zu tragen. Damit ist allerdings nicht eine umfassende Verpflichtung zu Transferleistungen verbunden. Vielmehr richtet sich das Kooperations- und Solidaritätsprinzip zumindest im Internationalen Wirtschaftsrecht daran aus, ob bestehende Ungleichverteilungen zu rechtfertigen sind; nur wenn dies nicht der Fall ist, greifen positive Umverteilungsverpflichtungen.[134] In diese Richtung hat auch der Appellate Body der WTO den Verweis in der Präambel des WTO-Übereinkommens auf das Kooperations- und Solidaritätsprinzip interpretiert.[135] Auch im sonstigen Internationalen Wirtschaftsrecht lässt sich eine entsprechende Verankerung des Kooperations- und Solidaritätsprinzips nachweisen.[136]

Schließlich hat gerade in jüngerer Zeit das Prinzip der Bewahrung und gerechten Verteilung von globalen öffentlichen Gütern zunehmende Bedeutung auch im Internationalen Wirtschaftsrecht erlangt. Die rechtliche Relevanz von Normen, die sich auf globale öffentliche Güter beziehen, ergibt sich dabei bereits vor einem wirtschaftswissenschaftlichen Hintergrund, da öffentliche Güter keine Güter sind, auf die der normale (spontane) Marktmechanismus Anwendung findet. Daher ist aufgrund des so vorliegen-

---

[130] Ausführlich *Tietje* (Fn. 68), 189 ff.; *Berrisch,* in: Prieß/Berrisch (Fn. 68), B.I.1. Rn. 13 ff.

[131] Zum Prinzip relativer staatlicher Regelungsfreiheit siehe *Tietje* (Fn. 68), 291 ff.; *ders.* (Fn. 9), § 1 Rn. 97 ff.; zur Jurisdiktionshoheit und zur extraterritorialen Rechtsanwendung statt vieler *Meng,* Extraterritoriale Jurisdiktion im öffentlichen Wirtschaftsrecht, 1994, *passim.*

[132] Ausführlich hierzu für das allgemeine Völkerrecht *Dahm/Delbrück/Wolfrum,* Völkerrecht, Bd. I/3, 2. Aufl., 2002, 851 ff.; siehe auch z. B. *Tomuschat* (Fn. 104), 98 f.; *Riedel,* Theorie der Menschenrechtsstandards, 1986, 233 ff.

[133] Allgemein hierzu *Wolfrum* (Fn. 79), Art. 55 (a) and (b) Rn. 5 ff.

[134] Detailliert hierzu, auch unter Verweis auf das entsprechende Differenzprinzip von John Rawls, *Tietje* (Fn. 68), 326 ff.

[135] WTO, *EC-Tariff Preferences*, Report of the Appellate Body v. 7.4.2004, WT/DS246/AB/R, para. 92 ff.; hierzu auch *Jessen,* Zollpräferenzen für Entwicklungsländer: WTO-rechtliche Anforderungen an Selektivität und Konditionalität – Die GSP-Entscheidung des WTO Panel und Appellate Body, 2004, *passim.*

[136] Umfassend *Schütz,* Solidarität im Wirtschaftsvölkerrecht, 1994, *passim.*

den Marktversagens eine hoheitliche Intervention in das Marktgeschehen notwendig und gerechtfertigt.[137] Auf das internationale System übertragen führen diese Überlegungen zu der Erkenntnis, dass einzelne Rechtsgüter einem universellen Schutz unterstellt werden müssen, der gerade nicht mehr eine konditionale Verknüpfung mit einzelstaatlichen Interessen aufweist.[138] Für das allgemeine Völkerrecht wurde dies im wissenschaftlichen Schrifttum mit Blick auf *Erga-omnes*-Verpflichtungen und Staatengemeinschaftsinteressen bereits umfangreich nachgewiesen.[139] Im Internationalen Wirtschaftsrecht steht die Frage im Vordergrund des Interesses, wie und durch welche internationalen Regelungsmechanismen die Bewahrung und gerechte Verteilung globaler öffentlicher Güter in Abwägung zur grundsätzlich anerkannten Notwendigkeit einer spontanen Ordnung der Märkte realisiert werden kann. Das betrifft den Weltwarenhandel[140] ebenso wie zum Beispiel zahlreiche Bereiche des geistigen Eigentumsschutzes,[141] wobei jeweils der Umwelt- und der Gesundheitsschutz sowie die Menschenrechte insgesamt als globale öffentliche Güter zur Debatte stehen. Im Einklang mit Art. 55 UN-Charta lässt sich darüber hinaus heute konstatieren, dass das internationale Wirtschaftsrecht als Rechtsordnung seine Legitimation zu einem beachtlichen Teil daraus erfährt, dass es auch dem Schutz von Gemeinschaftsgütern – globalen öffentlichen Gütern – dient.[142] Dem entspricht es im Übrigen, die rechtliche Ausgestaltung des internationalen Wirtschaftssystems insgesamt als globales öffentliches Gut einzuordnen.[143]

---

[137] Statt vieler *Gruber/Kleber,* Grundlagen der Volkswirtschaftslehre, 4. Aufl., 2000, 130 ff.

[138] Hierzu u. a. *Tomuschat,* Obligations Arising for States Without or Against their Will, RdC 241 (1993), 195 ff.; *Simma,* From Bilateralism to Community Interest in International Law, RdC 250 (1994), 217 ff.; *Tietje* (Fn. 53), 1093.

[139] Vgl. *Delbrück,* "Laws in the Public Interest" – Some Observations on the Foundations and Identification of *erga omnes* Norms in International Law, in: Götz/Selmer/Wolfrum (Hrsg.), Liber amicorum Günther Jaenicke – Zum 85. Geburtstag, 1998, 17 ff.; *Frowein,* Die Verpflichtungen erga omnes im Völkerrecht und ihre Durchsetzung, in: Bernhardt/Geck/Jaenicke/Steinberger (Hrsg.), Völkerrecht als Rechtsordnung, Internationale Gerichtsbarkeit, Menschenrechte – Festschrift für Hermann Mosler, 1983, 241 ff.; *ders.,* Das Staatengemeinschaftsinteresse – Probleme bei Formulierung und Durchsetzung, in: Hailbronner/Ress/Stein (Hrsg.), Staat und Völkerrechtsordnung – Festschrift für Karl Doehring, 1989, 219 ff.; *Ragazzi,* The Concept of International Obligations *Erga Omnes,* 1997, *passim.*

[140] Besonders deutlich werden die entsprechenden Schwierigkeiten mit Blick auf die welthandelsrechtliche Bewertung von so genannten processes and production measures (PPMs), hierzu *Puth,* WTO und Umwelt: Die Produkt-Prozess-Doktrin, 2003; *Tietje* (Fn. 77).

[141] Hierzu z. B. *Drahos,* The Regulation of Public Goods, Journal of International Economic Law 7 (2004), 321 ff.

[142] Ausführlich hierzu *Nowrot/Wardin,* Liberalisierung der Wasserversorgung in der WTO-Rechtsordnung – Die Verwirklichung des Menschenrechts auf Wasser als Aufgabe einer transnationalen Verantwortungsgemeinschaft, 2003, 45 ff. m. w. N.

[143] *Siebert,* What Does Globalization Mean for the World Trading System?, in: WTO Secretariat (Hrsg.), From GATT to the WTO: The Multilateral Trading System in the New Millennium (2000), 137 f.

Im Ergebnis zeigt sich damit, dass die wesentlichen materiellen Regelungsinhalte, die mit dem Recht auf Entwicklung verbunden werden, im Internationalen Wirtschaftsrecht ihre Anerkennung erfahren haben und dementsprechend ihre systemprägende Wirkung entfalten. Damit kann eine nicht unwesentliche Konvergenz der materiellen Ausrichtung des Internationalen Wirtschaftsrechts und des Rechts auf Entwicklung konstatiert werden; hierauf ist noch zurückzukommen.[144]

3. Der rechtsnormative Status des Rechts auf Entwicklung

Die Erkenntnis, dass die wesentlichen Inhalte des Rechts auf Entwicklung schon heute strukturprägende Wirkung auch im Internationalen Wirtschaftsrecht entfalten, lässt die Frage nach dem rechtsnormativen Status des Rechts auf Entwicklung in einem übergreifenden Sinne, also als selbständiges Recht bzw. Konzept, aufkommen. Weder politisch noch wissenschaftlich konnte hierzu bislang eine Mehrheitsmeinung gebildet, geschweige denn ein Konsens hergestellt werden. Auch heute noch stehen sich im Wesentlichen die von Eibe Riedel bereits 1986 ausgemachten acht verschiedenen juristischen Begründungsansätze gegenüber.[145]

Im Einzelnen sind im Anschluss an Riedel die nachfolgenden Theorien zur Rechtsqualität des Rechts auf Entwicklung zu unterscheiden: Zunächst wird es zum Teil als ethisches Postulat mit legitimatorischer Wirkung angesehen. Andere erachten das Recht auf Entwicklung als soft law. In der Nähe zu diesen Theorien steht die weiterhin vertretene Auffassung, nach der das Recht auf Entwicklung ein „Konglomerat positivierter Menschenrechte" sei und sich insofern insbesondere durch seinen höheren Abstraktionsgrad auszeichne. Zum Teil wird dieser Erklärungsansatz auch noch mit konkreten Forderungen nach einer Verpflichtung zur Befriedigung von Grundbedürfnissen verbunden. Noch einen Schritt weiter gehen Auffassungen, nach denen es sich bei dem Recht auf Entwicklung um eine Bestätigung der „universal bill of rights" sowie um deren Ergänzung um ein umfassendes internationales Sozialstaatspostulat handele. Als weitgehend die herkömmliche Menschenrechtsdogmatik verlassend stellt sich dann die Auffassung dar, nach der es sich beim Recht auf Entwicklung um ein Syntheserecht handele, das sich insbesondere durch Staaten als neue Träger von Menschenrechten auszeichne. Demgegenüber bewegt sich der Verweis auf Art. 38 Abs. 1 lit. c) IGH-Statut als Rechtsquelle des Rechts auf Entwicklung wieder in herkömmlichen völkerrechtsdogmatischen Bahnen, hat aber freilich mit dem Problem zu kämpfen, ob es empirisch nachweisbar wirklich einen entsprechenden Rechtssatz in den innerstaatlichen Rechtsordnungen weltweit gibt. Vor dem Hintergrund der dogmatischen Probleme und Schwierigkeiten der empirischen Beweisführung wurde schließlich von

---

[144] Vgl. unten VI.

[145] *Riedel* (Fn. 132), 227 ff.; siehe auch zusammenfassend *ders.* (Fn. 120), 63 ff.

Riedel[146] im Anschluss an Delbrück[147] ausführlich begründet, dass das Recht auf Entwicklung als Menschenrechtsstandard einzustufen sei. Damit wird ein Ansatz verfolgt, der die klassische und rechtspositivistisch geprägte Lehre der Völkerrechtsquellen jedenfalls zum Teil verlässt und in erster Linie auf die materielle Ordnungsfunktion des Rechts auf Entwicklung abstellt. Dabei wird durch den Verweis auf Standards versucht, „[a]nstelle einer partikularistischen, nur Teilaspekte … einfangenden Sicht … eine hollistische, ganzheitliche Betrachtungsweise" zu ermöglichen.[148] Dem entspricht im Wesentlichen die Einordnung des Rechts auf Entwicklung als völkerrechtliches Strukturprinzip oder auch Leitgedanke, wie es schon frühzeitig im Schrifttum formuliert wurde.[149]

Im Ergebnis scheint es damit überzeugend, die völkerrechtsdogmatische Einordnung des Rechts auf Entwicklung nicht primär an den Völkerrechtsquellen mit dem Ziel der Begründung eines subsumtionsfähigen Rechtssatzes festzumachen. Eine an den Rechtsquellen des Art. 38 Abs. 1 IGH-Statut verhaftete Betrachtungsweise wird mit Blick auf das Recht auf Entwicklung kaum jemals Erfolg haben, wenn man nicht den Boden der diesbezüglichen Dogmatik vollständig verlässt und Resolutionen der Generalversammlung *per se* Rechtsquellenqualität zuspricht.[150] Es ist auch fraglich, ob das Recht auf Entwicklung überhaupt strukturell dazu dienen kann, subsumtionsfähige Rechtsvorgaben zu machen. Wie bereits angedeutet, dient es in erster Linie dazu, Zielvorgaben für die erst in einem zweiten Schritt erfolgende konkrete rechtliche Ausgestaltung des internationalen Systems zu postulieren. Dass dem Recht der internationalen Gemeinschaft solche Zielvorgaben nicht fremd sind, hat die auch von Delbrück mitbestimmte Diskussion zu internationalen Standards gezeigt.[151] Noch größere Akzeptanz würde die diesbezügliche Betrachtung erfahren, wenn nicht nur wieder verstärkt auf von Art. 38 Abs. 1 IGH-Statut strukturell nicht erfassbare völkerrechtliche Strukturprinzipien in der wissenschaftlichen Diskussion abgestellt werden würde,[152] sondern in einem weitergehenden Sinne anerkannt wird, dass die Rechtsordnung der internationalen Gemeinschaft von Gemeinschaftszielen und Gemeinschaftszielbestimmungen ebenso

---

[146] *Riedel* (Fn. 132), 258 ff.

[147] Frühzeitig in seiner Habilitationsschrift *Delbrück,* Die Rassenfrage als Problem des Völkerrechts und nationaler Rechtsordnungen, 1971, 38, 92 f., 96, 108 ff.

[148] *Riedel* (Fn. 132), 259; ausführlich auch *ders.,* Standards and Sources – Farewell to the Exlusivity of the Sources Triad in International Law?, European Journal of International Law 2 (1991), 58 ff.

[149] Ausführlich *Tomuschat* (Fn. 104), 85 ff.

[150] So der jüngst für die Sub-Commission on the Promotion and Protection of Human Rights erstellte Bericht von *Shadrack Gutto,* The legal nature of the right to development and enhancement of its binding nature, UN-Dok. E/CN.4/Sub.2/2004/16 v. 1.6.2004.

[151] Ausführlich *Riedel* (Fn. 148), 58 ff.

[152] Grundlegend hierzu *Verdross,* Die Quellen des universellen Völkerrechts, 1973, 20 ff. und 31 ff.; speziell mit Blick auf das Recht auf Entwicklung hierzu *Tomuschat* (Fn. 104), 94 f.

determiniert wird wie die innerstaatliche Rechtsordnung durch Staatsziele und Staatszielbestimmungen.[153] Das verlangt in methodischer Hinsicht freilich zunächst einen intensiveren interdisziplinären Ansatz auch der Völkerrechtswissenschaft;[154] die wissenschaftliche Diskussion der letzten Jahre über das Verhältnis von Internationalem Recht und Internationalen Beziehungen (als politikwissenschaftlicher Teildisziplin) hat hierzu erste wichtige Erkenntnisse erbracht.[155] Weiterhin kann eine Lehre von den hier primär interessierenden internationalen Gemeinschaftszielen nur gelingen, wenn über Art. 38 Abs. 1 IGH-Statut hinausgehend insbesondere die Diskurstheorie fruchtbar gemacht wird, um die materiellen Determinanten des Rechts der internationalen Gemeinschaft zu bestimmen.[156]

VI. Die im Internationalen Wirtschaftsrecht und im Recht auf Entwicklung zum Ausdruck kommenden globalen Gemeinschaftsziele und ihre Bedeutung für eine konstitutionalisierte globale Friedensordnung

Die bisherigen Überlegungen zum Internationalen Wirtschaftsrecht und zum Recht auf Entwicklung haben verschiedene globale Gemeinschaftsziele deutlich werden lassen. In einer systematischen Gesamtschau handelt es sich hierbei um Zielvorgaben für das internationale Wirtschaftssystem und seine Akteure auf internationaler und innerstaatlicher Ebene, die einen Individual- und einen Gemeinschaftsbezug aufweisen. Ausgangspunkt der Ausgestaltung des internationalen Wirtschaftssystems ist dabei immer der Mensch und damit die individuelle Freiheit. Sie ist Grundbedingung für jedes Wirtschaftssystem. Zugleich ist jedes Wirtschaftssystem auf die Effektuierung von Freiheit ausgerichtet. Individuelle Freiheit und Wirtschaft stehen insoweit in konditionaler Wechselbezüglichkeit. Das zeigt zugleich, dass Wirtschaft und damit auch Wirtschaftsrecht nicht monokausal und eindimensional auf das Ziel einer optimalen ökonomischen Ressourcenallokation gedacht werden kann. Natürlich muss Wirtschaft, um ihrer Idee gerecht zu werden, dieses Ziel verfolgen und erreichen. Entscheidend ist indes, dass die ökonomischen Ziele der Wirtschaft materiell Ziele individueller Freiheitsverwirklichung sind.

Durch die zentrale Fixierung auf die menschliche Freiheit als Individualwert wird auch deutlich, dass das Internationale Wirtschaftsrecht nicht primär ein Ord-

---

[153] Grundlegend hierzu *Sommermann* (Fn. 72), *passim*.

[154] Zur entsprechenden Bedeutung historischer, ökonomischer, politikwissenschaftlicher, sozialwissenschaftlicher, rechtstheoretischer und rechtsdogmatischer Ansätze für eine Staatszieltheorie siehe *Sommermann* (Fn. 72), 297; zur Bedeutung der Einbeziehung sozialwissenschaftlicher Ansätze in den völkerrechtswissenschaftlichen Diskurs siehe auch *Delbrück* (Fn. 3), 240 ff.

[155] Umfassend hierzu *Slaughter,* International Law and International Relations, RdC 285 (2000), 9 ff.

[156] Zur entsprechenden Bedeutung der Diskurstheorie für die Lehre von den Staatszielen siehe *Sommermann* (Fn. 72), 301 ff. m. w. N.

nungsprogramm zum social engineering der weltweiten Wirtschaftsbeziehungen ist. Aufgabe des Rechts in der internationalen Wirtschaft ist es vielmehr zunächst, die aus und für individuelle Freiheit entstehende spontane Ordnung des Marktes zu ermöglichen. Es ist dann auch dieser zentrale Individualbezug, der die Bedeutung des Internationalen Wirtschaftsrechts in einer konstitutionalisierten globalen Friedensordnung belegt. Rechtlich determinierte grenzüberschreitende Wirtschaftsbeziehungen haben die wichtige Aufgabe, in funktionalistischer Perspektive wesentlich zur Friedenssicherung beizutragen; Immanuel Kant hat das bekanntlich eindringlich formuliert.[157] Darüber hinaus wird durch das Internationale Wirtschaftsrecht im hier herausgearbeiteten Sinne aber auch umfassend ein an Gerechtigkeit orientierter Teil einer Weltordnung konstituiert. Das zeigt die menschenrechtliche Dimension des Internationalen Wirtschaftsrechts ebenso wie die genannten objektivrechtlichen Rechtsvorgaben zum Schutz, zur Bewahrung und zur Verteilung globaler öffentlicher Güter.[158]

Auch das Recht auf Entwicklung konstituiert Vorgaben für die Ausgestaltung der internationalen Beziehungen, insbesondere im Wirtschaftsbereich, die als Gemeinschaftsziele einen wesentlichen Beitrag zu einer gerechten Weltordnung leisten. Hierin liegt zunächst sein wesentlicher Wert, und zwar auch dann, wenn die Zuordnung des Gesamtkonzeptes zu den Völkerrechtsquellen i. S. v. Art. 38 Abs. 1 IGH-Statut schwer fällt. Zumindest in diskurstheoretischer Perspektive hat die bisherige Diskussion zum Recht auf Entwicklung eine Übereinstimmung über einen Grundkanon an globalen Gemeinschaftszielen hervorgebracht. Allerdings haben die Debatten zum Recht auf Entwicklung auch deutlich gemacht, an welcher Stelle noch kein Konsens gegeben ist: Bis heute ist problematisch, ob das Recht auf Entwicklung tatsächlich von der internationalen Gemeinschaft konzeptionell in dem Sinne gesehen wird, dass Ausgangspunkt aller Entwicklungsbemühungen die individuelle Freiheit des Menschen ist. Die in erster Linie gemeinschaftsbezogene Interpretation des Rechts auf Entwicklung durch verschiedene Staaten, die in der Konsequenz sogar zur Rechfertigung intensiver freiheitsbeschränkender Maßnahmen bemüht wird, hat insofern selbst frühere Anhänger zu heutigen Gegnern des Rechts auf Entwicklung werden lassen.[159]

Die Kritik an der Interpretation des Rechts auf Entwicklung als den Freiheitsrechten des Individuums übergeordnetes Recht ist berechtigt. Sie steht zunächst im Widerspruch zur positivrechtlich fundierten Bedeutung der Menschenrechte. Weiterhin ist sie nicht mit der an Gemeinschaftswerten orientierten Ausrichtung des Internationalen Wirtschaftsrechts zu vereinbaren. Bei dieser Kritik ist auch zu be-

---

[157] *Kant,* Zum ewigen Frieden, Definitivartikel, Erster Zusatz Nr. 3 („… Es ist der Handelsgeist, der mit dem Kriege nicht zusammen bestehen kann, und der früher oder später sich jedes Volkes bemächtigt. …").

[158] Zur völkerrechtlichen Bedeutung einer an Gerechtigkeit orientierten Weltordnung siehe *Delbrück/Dicke* (Fn. 2), 817 f.

[159] Besonders prägnant *Nuscheler* (Fn. 99), 311.

rücksichtigen, dass die hier entwickelten Grundlagen des Internationalen Wirtschaftsrechts insgesamt die maßgebliche und eigentliche Voraussetzung für Entwicklung, also die Ratio des Rechts auf Entwicklung, sind. Entwicklung und damit Entwicklungspolitik und Entwicklungsrecht müssen sich ebenso wie die globale Gemeinschaftsrechtsordnung insgesamt an der Achtung und Förderung individueller Freiheit ausrichten:

> „[D]as freiheitszentrierte Verständnis von Ökonomie und Entwicklungsprozessen [orientiert sich] zuerst und vor allem am tätigen Subjekt. Räumt man ihnen angemessene soziale Chancen ein, sind Individuen in der Lage, ihr eigenes Schicksal erfolgreich zu gestalten und einander zu helfen. Nichts zwingt uns dazu, sie in erster Linie als passive Empfänger der Wohltaten ausgeklügelter Entwicklungsprogramme zu sehen. Nein, es ist wirklich ein Gebot der Vernunft, die segensreiche Rolle freien und selbständigen Handelns – ja sogar schöpferischer Ungeduld – anzuerkennen."[160]

Diese für sein Buch „Development as Freedom" zentralen Worte des Nobelpreisträgers Amartya Sen fassen letztlich die hier gewonnen Ergebnisse prägnant zusammen. Wie Amartya Sen überzeugend nachgewiesen hat, ist die individuelle Freiheit „(1) oberstes Ziel und ... (2) wichtigstes Mittel der Entwicklung", hat also eine konstitutive und eine instrumentelle Funktion.[161] Nur wenn Entwicklungspolitik und Entwicklungsrecht diese beiden Funktionen individueller Freiheit in den Blick nehmen, können die zahlreichen Ziele, die mit dem Begriff „Entwicklung" verbunden sind, erreicht werden. Das zeigen die von Sen vorgelegten wirtschaftswissenschaftlichen Überlegungen ebenso wie die hier herausgearbeiteten normativen und rechtspositiven Grundstrukturen des Internationalen Wirtschaftsrechts.

Zugleich schließt sich damit der Kreis der Konstitution des Friedens als Rechtsordnung durch und mit Blick auf das Internationale Wirtschaftsrecht sowie das Recht auf Entwicklung. Die mit dem Internationalen Wirtschaftsrecht und dem Recht auf Entwicklung zu verbindenden Gemeinschaftsziele sind unmittelbarer Ausdruck einer gerechten Weltordnung orientiert an den Menschenrechten und globalen Gemeinschaftsgütern. Die Erkenntnis, dass dabei die individuelle Freiheit zwingend oberstes Ziel und wichtigstes Mittel der internationalen Wirtschaft und der Entwicklung ist, muss sich im internationalen Diskurs insbesondere mit Blick auf das Recht auf Entwicklung noch abschließend durchsetzen. Die wiederholten Verweise in jüngeren Berichten an die Sub-Commission der Commission on Human Rights auf die Arbeiten von Amartya Sen als Grundlage der Regelungsanstrengungen zu einem Recht auf Entwicklung[162]

---

[160] *Sen,* Ökonomie für den Menschen – Wege zu Gerechtigkeit und Solidarität in der Marktwirtschaft, 2000, 23.

[161] *Sen* (Fn. 160), 50.

[162] Sub-Commission on the Promotion and Protection of Human Rights, Mainstreaming the right to development into international trade law and policy at the World Trade Organization (paper by Robert Howse), UN-Dok. E/CN.4/Sub.2/2004/17 v. 9.6.2004, para. 4; The legal nature of the right do development and enhancement of its binding nature (paper

lassen insofern jedoch optimistisch stimmen. Wenn es dementsprechend in Zukunft gelingt, die individualrechtliche Fundierung des Rechts auf Entwicklung deutlicher herauszustellen, wird es ebenso wie das Internationale Wirtschaftsrecht vollumfänglich ein wichtiges Element im Konzept der Konstitution des Friedens als Rechtsordnung sein.

---

prepared Shadrack Gutto), UN-Dok. E/CN.4/Sub.2/2004/16 v. 1.6.2004, para 4; siehe in diesem Zusammenhang auch *Howse/Mutua,* Protecting Human Rights in a Global Economy – Challenges for the World Trade Organization, verfügbar unter: <http://www.ichrdd.ca/english/commdoc/publications/globalization/wtoRightsGlob.html>.

An Optional Protocol for the International Covenant on Economic, Social and Cultural Rights?

By Christian Tomuschat

I. Introduction: The Efforts Undertaken to Draft an Optional Protocol

The International Covenant on Economic, Social and Cultural Rights (CESCR) lacks an effective enforcement mechanism. Like the other human rights treaties adopted by the UN General Assembly (UNGA) it provides for monitoring of compliance by States parties with their obligations through a reporting procedure, but individuals who feel aggrieved by non-respect of these obligations have no remedy at their disposal. When the International Bill of Rights was transformed from a purely hortatory and promotional scheme as embodied in the Universal Declaration of Human Rights to a truly binding regime under international law, it was precisely the realization that economic and social rights could not be implemented in the same way as the traditional rights which prompted the drafters to take a drastic decision, which still today is denounced by some as a grave mistake: they chose to split the body of law which had been prepared by the Commission on Human Rights, into two parts.[1] This decision shaped the further work on the drafts until the very end. Whereas the International Covenant on Civil and Political Rights (CCPR) was complemented by a general provision which obligates States to grant individuals effective remedies (Article 2 (3)) for the defence of the rights enunciated in the ensuing provisions, and whereas an Optional Protocol (now: [First] Optional Protocol) was framed to permit individual communications to be brought, at the international level, to the attention of the Human Rights Committee (HRCee) as the competent monitoring body, the CECSR remains silent in this regard. The drafters felt that economic, social and cultural rights were not susceptible of being enforced according to the same methods as civil and political rights.

The Committee on Economic, Social and Cultural Rights (ESCRCee), which by virtue of a bold decision of the Economic and Social Council (ECOSOC)[2] replaced ECOSOC itself as the monitoring body for the CESCR, felt understandably dissatisfied with this state of affairs. Being convinced that such "discrimination" of economic, social and cultural rights was unacceptable, given the equal rank of

---
[1] UNGA resolution 543 (VI), 4 February 1952.
[2] Resolution 1985/17, 28 May 1985.

the two sets of rights which has been asserted and confirmed time and again by the political bodies of the United Nations, it began ventilating the idea that a procedure of individual communications was necessary in order to redeem economic, social and cultural rights from their second-class status. In fact, the Vienna World Conference on Human Rights (June 1993) gave its support to this idea.[3] Responding to the encouragement received by the World Conference and thereafter also by the Commission on Human Rights,[4] the ESCRCee started drafting an optional protocol to the CESCR. This draft optional protocol (henceforth: protocol) was finalized in 1996[5] and transmitted to the Commission on Human Rights, where it is still pending. It resembles largely the [First] Optional Protocol to the CCPR. Essentially, it provides for individual communications through which individuals may seize the ECSRCee, claiming that their rights under the CESCR have been infringed. Article 2 states that such a complaint can be based on "any" of these rights. The members of the ESCRCee were apparently of the view that the CESCR constituted an indivisible whole the unity of which could not be broken up by distinctions of any kind on account of criteria of justiciability. One may legitimately ask whether this was a sound decision.

The draft proposed by the ESCRCee has not made any great strides forward. In its decision 1997/104 of 3 April 1997 the Commission on Human Rights requested the Secretary-General to transmit the text of the protocol to governments and intergovernmental and non-governmental organizations for their comments. However, States were rather reluctant to face up to this task. Therefore, that request was renewed several times. Notwithstanding these calls, few answers were received.[6] A workshop organized by the Office of the UN High Commissioner for Human Rights and the International Commission of Jurists on 5 and 6 February 2001 yielded few constructive results, notwithstanding an impressive attendance by not less than 74 governments.[7] Thereafter, the Commission on Human Rights decided[8] to appoint an independent expert (Hatem Kotrane of the University of Tunis), who was mandated in particular to examine the justiciability of economic, social and cultural rights. The independent expert produced two reports.[9] Upon a

---

[3] Vienna Declaration and Programme of Action, ILM 32 (1993), 1663, Part II para. 75.

[4] Resolution 1996/16, 11 April 1996, para. 10.

[5] UN doc. E/CN.4/1997/105, 18 December 1996, annex.

[6] See the following reports by the Secretary-General: E/CN.4/1998/84, 16 January 1998, with answers by Cyprus, Ecuador, Finland, Germany and Syria; E/CN.4/1998/84/Add.1, 16 March 1998, with answer by Canada; E/CN.4/1999/112, 7 January 1999, with answers by Croatia and Finland; E/CN.4/112/Add.1, 4 March 1999, with answers by Cyprus, Mexico and Sweden; E/CN.4/2000/49,14 January 2000, with answers by Czech Republic, Georgia, Germany, Lebanon and Lithuania; E/CN.4/2001/62, 21 December 2000, with answers by Mauritius, Norway and Portugal; E/CN.4/2001/62/Add.1, 20 March 2001, with answers by Chile and Sweden.

[7] Report on the workshop: UN doc. E/CN.4/2001/62/Add. 2, 22 March 2001.

[8] Resolution 2001/30, 20 April 2001.

[9] UN docs. E/CN.4/2002/57, 12 February 2002; E/CN.4/2003/53, 13 January 2003.

request formulated thereafter by the Commission on Human Rights in paragraph 12 of its resolution 2003/18, before the 2004 session of the Commission, an open-ended working group of State representatives convened with a view to considering options regarding the elaboration of the planned protocol. The report about that meeting,[10] which enjoyed massive attendance by 85 States, shows how far the views on the usefulness of such an optional protocol diverge. Consequently, the meeting ended without any substantive result.[11] It fell to the Chairperson-Rapporteur to formulate a couple of recommendations which are purely procedural in character. Essentially, by resolution 2004/29 of 19 April 2004, the Commission on Human Rights endorsed these recommendations. Thus, the working group will continue its endeavours of research and reflection for another two years before the 61st and 62nd sessions of the Commission on Human Rights in 2005 and 2006.[12] Currently, a negative forecast is almost inevitable, given the wide gap which separates the views which were articulated at the first meeting of the working group. This article is designed to shed some more light on the intricacies of the reform project than it has hitherto received.

II. The Challenge: Effectuating Human Rights

Everywhere in the field of human rights, the issues that have to be resolved today differ from those that had to be addressed 40 or 50 years ago. In the early years of the United Nations, human rights did not yet have a natural place within the edifice of international law. First, they had to be acknowledged as truly binding legal standards,[13] thereafter, adequate implementation procedures had to be established. All this was accomplished in a few years time. In particular, the demise of the socialist regimes in central and eastern Europe gave human rights an enormous boost. At the current time in 2004, the observer finds himself confronted with a plethora of human rights activities. There is an ever-growing tendency to enlarge, multiply and refine the existing framework. Most of these efforts remain confined to the classical dimension of diplomatic activity: new texts are drawn up almost every year and thus the tree of human rights procedures and mechanisms does not cease growing.

---

[10] UN doc. E/CN.4/2004, 15 March 2004.

[11] According to *Dennis/Stewart,* "Justiciability of Economic, Social, and Cultural Rights: Should There Be an International Complaints Mechanism to Adjudicate the Rights to Food, Water, Housing, and Health?", AJIL 98 (2004), 462, "the session ended in disarray".

[12] For a more detailed account of the legislative process see *Dennis/Stewart, ibid.,* 467–476.

[13] A quantum leap was made forward when the International Court of Justice acknowledged the binding nature of the hunman rights clauses of the UN Charter, see *Legal Consequences for States of the Continued Presence of South Africa in Namibia (South West Africa) notwithstanding Security Council Resolution 276 (270), Advisory Opinion,* ICJ Reports 1971, 16, at 57.

The true challenge, however, is a different one. In devising new mechanisms, one should primarily ask, on the basis of a realistic assessment, whether such mechanisms are indeed suitable to effectuate enjoyment of human rights by individuals. It is not enough to show that here and there the available procedural framework has a fragmentary character and could be improved. Such gaps may well have their causes in structural difficulties which are inherent in the complexity of the subject-matter concerned. It makes no sense to elevate the institutional framework to idealistic heights where its failure may be almost guaranteed beforehand. Concerning the planned protocol, a careful assessment would seem to be necessary which weighs, to the extent possible *ex ante,* the pros and cons of a procedure allowing for individual communications related to economic, social and cultural rights to be submitted to an international body. For most lawyers, it may seem self-evident that the ultimate perfection of effectuating a legal position branded as a right will best be achieved by a complaints procedure, for which there are so many positive examples with respect to civil and political rights at universal and regional levels. But it may well be that this is simply not the case. In any event, it would be wrong to follow simply the Olympic motto: faster, higher, stronger.

III. The Intrinsic Nature of the Two Sets of Rights

Although it has become a standard formula to speak of the universality, indivisibility, interdependence and interrelatedness of all human rights and fundamental freedoms,[14] this assertion should not be a bar to recognizing that, in principle, there may exist structural differences between the two principal sets of rights. The traditional rights, which are generally labelled civil and political rights, are "negative" rights, "negative" in the sense that they enjoin governmental authorities to refrain from interfering with the rights and freedoms which every person enjoys by virtue of his/her quality as a human being. According to a classical conception, every State is supposed to be able to live up to the commitments entailed for it by these rights. It just should remain passive, respecting the "natural" rights of everyone under its jurisdiction. Economic, social and cultural rights make up a different factual configuration. They are "positive" rights, requiring specific action on the part of governmental authorities. Nobody can ensure for him/herself a right to the enjoyment of just and favourable conditions of work, a right to social security or a right to education. Systems of social security or education are collective goods which must be generated and managed by the community concerned, and their level and quality depend largely on external economic factors. Thus, it appears at first glance that it is a much more demanding task to secure rights of the "second" generation than to comply with rights of the "first" generation.[15] Whether such

---

[14] See, for instance, Commission on Human Rights resolution 2004/29, 19 April 2004, para. 8 d).

[15] Regarding the "generational" terminology see *Tomuschat,* Human Rights. Between Idealism and Realism, Oxford 2003, 24.

context-dependent pledges by States can be classified as genuine individual rights on their reverse side is a question which cannot be circumvented, and posing it should not be regarded as a heresy notwithstanding the broad international consensus which supports economic, social and cultural rights.

In swiftly going through the provision of the CESCR which is the most relevant one for the present purposes, Article 2 (1), one might be tempted to lay the controversy to rest from the very outset. Indeed, Article 2 (1) was drafted in an extremely cautious way.[16] The text contains several elements that accord the States Parties a large measure of flexibility. Clearly, States are not required to achieve specific results. Rather, it is incumbent upon them to "take steps" which should be conducive to "achieving progressively the full realization of the rights recognized in the present Covenant". According to certain phraseology, this is an obligation of "means" or of "conduct".[17] States shall mobilize all their capabilities to bring about a state of affairs which permits the rights proclaimed in the CESCR to be fully enjoyed by everyone under their jurisdiction. This wording faithfully reflects the skepticism of the drafters as to the actual power of States to honour the far-reaching promises embodied in the CESCR. Consequently, on the basis of a perusal of Article 2 (1) the reader is led to assuming that the CESCR cannot be the source of individual rights, given that the denomination "rights" used in the following articles seems to be a misnomer which covers no more than State obligations of a highly flexible character.

Even a short glance at the way in which the specific rights under the CESCR are framed would appear to corroborate this first conclusion. The CCPR generally employs concise and straightforward language in setting forth the rights which it guarantees: according to Article 6 (1) "[e]very human being has the inherent right to life", Article 7 states that "[n]o one shall be subjected to torture", and on the basis of Article 19 "[e]veryone shall have the right to hold opinions without interference". By contrast, the language of the CESCR is much more guarded, lacking the direct approach which characterizes its twin brother. Under Article 6 (1), the States parties "recognize the right to work", and this formula has also been used in most of the other provisions. It does make a difference whether a person *shall* have a right to social security or whether, as said in Article 9, the States parties "recognize the right of everyone to social security". By relying on this terminology, the States parties wished to make clear that any rights accruing to individuals would need an additional basis in implementing domestic legislation.

---

[16] The differences between the key provisions of the two Covenants have not escaped the attention of any commentator; see, for instance, *Dennis/Stewart* (note 11), 476–477; *Nowak,* Einführung in das internationale Menschenrechtssystem, Wien and Graz 2002, 95; *Steiner/Alston,* International Human Rights in Context, 2nd ed., Oxford 2000, 246.

[17] See Article 20 of Part I of the draft articles on State responsibility adopted by the ILC on first reading, Yearbook of the ILC 1980, Vol. II, Part Two, 30, at 32. The articles as adopted by the ILC on second reading in 2001 and taken note of by the GA in resolution 56/83, 12 December 2001, have refrained from maintaing the distinction between obligations of "result" and obligations of "conduct".

This concept has found a particularly tangible expression in those provisions which specify the measures which States are supposed to take with a view to complying with their commitments under the CESCR. Article 6 (2), which deals with the right to work, is quite telling in this respect. States are required to take steps which "shall include technical and vocational guidance and training programmes, policies and techniques to achieve steady economic, social and cultural development and full and productive employment". There is not the slightest hint in Article 6 that States might be obligated, vis-à-vis an individual, to provide him/her with a job in a situation of unemployment. Clearly, the commitment is confined to general strategies which States must pursue in order to reach the objective of work for everyone. A similar structure can be found in the body of Article 11 (1) on adequate standard of living. In the first sentence of this paragraph, the "right of everyone to an adequate standard of living" is recognized, and the second sentence continues by stating that the States parties "will take appropriate steps to ensure the realization of this right, recognizing to this effect the essential importance of international cooperation based on free consent". It is particularly the last phrase of this clause which makes clear, once again, that in many of its provisions the CESCR does not purport to enunciate truly individual rights, but prescribes general strategies to be pursued by governments. Indeed, in an individual case international cooperation could not have any relevance.

IV. Overlaps Between the Two Sets of Rights

The result of textual and systematic interpretation is not absolutely conclusive, however. The texts themselves imply that it would be wrong to conclude that all of the rights assembled under the roof of the CCPR require nothing else than conduct of abstention, whereas the rights enunciated in the CESCR consist of obligations "to do something", to provide goods and services to their beneficiaries. In that regard, a closer look reveals a colourful variety which defies any strict categorization.[18] Categorically to oppose civil and political rights to economic, social and cultural rights without any differentiation overlooks essential features of that variety.

1. Traditional Rights Implying Positive Obligations

It is not a novelty to state that even some of the traditional civil rights presuppose positive State action. This is true, in particular, of all the judicial guarantees which belong to the core heritage of human rights. Today like several hundred years ago, these rights aim to protect the individual against arbitrary interference

---

[18] However, it amounts to denying the obvious to state that economic, social and cultural rights are not essentially different from civil and political rights, as done by Eibe Riedel, member of the ESCRCee, see UN doc. E/CN.4/2004/44, 15 March 2004, para. 41.

of governmental power with his/her freedom. Habeas corpus is the archetype of a human right. According to the Western tradition, no one else can discharge the requisite protective function than a judge. Obviously, however, judges do not grow like flowers in the midst of society, but have to be appointed by duly authorized public institutions or by the people itself. In all modern States, the judicial apparatus established to administer justice, not only in the field of criminal prosecution, but also for the purpose of settling disputes between private citizens – and additionally between the State and its citizens -, has grown to considerable proportions. Although everywhere less important in size than the executive branch, the judiciary generally absorbs a part of the national budget which is by no means negligible. Justice is not cost-free. It must be financed by the taxpayers. Moreover, judges as the active element of the system are just one side of the medal. They must be organized in courts, and every court needs an office building together with supportive staff. Thus, the existence of a financial burden can hardly be denied.

And yet, the example of the judiciary does not lead to dismantling the traditional distinction between the two sets of rights. The existence of a judiciary belongs to the core pillars of a State. An entity pretending to be a State, but lacking any mechanism for the settlement of disputes could hardly sustain that pretense. Still today, the main *raison d'être* of the State, its primary objective, is to enforce peace and security among its citizens. For that purpose, a minimum of organizational structures is necessary. There is no denying the fact that in our time States are burdened with many more tasks. But the task to ensure peace and public order is so fundamental that it dwarfs any other additional functions. Indeed, according to the 1997 World Development Report of the World Bank, State functions may be divided into three categories that range from "minimal" over "intermediate" to "activist", the responsibility for maintaining law and order belonging, together with its attendant institutional consequences, to the first group.[19] Consequently, the right to judicial protection, which is a pure individual right, cannot be invoked to demonstrate that it would be easy likewise to introduce other entitlements enabling individuals to claim goods and services.

The duty of protection deserves close attention as well. Pursuant to a doctrine and practice which has become the common denominator of all the different bodies entrusted with promoting and protecting human rights, States parties are not only obligated not to interfere with the rights of persons under their jurisdiction, but must additionally see to it that such rights are not encroached upon by third private parties. What was said by the European Court of Human rights in *Airey*,[20]

---

[19] See *Fukuyama,* State-Building. Governance and World Order in the 21st Century, Ithaka (New York) 2004, 8.

[20] Judgment of 9 October 1979, Publications of the European Court of Human Rights, Series A, Vol. 32 (in the following: A 32), 12–13, para. 24; see also judgment of 13 August 1981 in *Young/James/Webster,* A 44, 21–24. For a comprehensive assessment see now *Dröge,* Positive Verpflichtungen der Staaten in der Europäischen Menschenrechtskonvention, Berlin *et al.* 2003.

was soon thereafter also affirmed by the Human Rights Committee under the CCPR[21] and crept then into the jurisprudence of the Inter-American Court of Human Rights.[22] In principle, this case law is in full consonance with the general philosophy defining the legitimate tasks of a State. As already pointed out, to ensure public order constitutes the central *raison d'être* of the State. Humankind has assembled in governmental organizations in order to escape from *bellum omnium contra omnes*. Primarily, public authorities are mandated with protecting the life, freedom and physical integrity of everyone under their command. Concerning the right to life, this fundamental approach is clearly reflected in the relevant texts. The CCPR (Article 6 (1)) as well as the European Convention on Human Rights (Article 2 (1)) set forth that everyone's right to life "shall be protected by law". How far the duty to protect may extend its scope is certainly open to doubt. After all, in a free society every member of that society should be free to shape his/her life as he/she chooses. Excessive regulation and care may become enemies of the status of freedom. The fight against tobacco products is today one of the battlefields where two contrasting concepts of human freedom are at loggerheads with one another.

The recent case law of the ECHR has provided illustrative examples of the wide scope of the duty of protection according to the opinion of the Strasbourg judges. Thus, in *A. B. v. Slovakia*,[23] the ECHR confirmed its general stance to the effect that fairness in judicial proceedings is a key concept which requires that each party should be afforded a reasonable opportunity to present his/her case under conditions that do not place him/her at a substantial disadvantage vis-à-vis his/her opponent, which can mean that under certain circumstances a lawyer must be appointed to represent a party who otherwise would not be in a position effectively to assert his/her rights. This duty exists in civil cases notwithstanding the fact that the ECHR provides for the appointment of a defence lawyer only in criminal cases (Article 6 (3) (c)). In *McGlinchey v. UK*,[24] the ECHR went so far as to conclude that the United Kingdom had violated Article 3 of the ECHR by not providing adequate medical assistance to a prison inmate who was a heroin addict. In fact, when public authorities assume full control over the existence of a person, as in the case of prisoners of war or of prison inmates, strict standards should be applied. Under such circumstances, even if the authorities themselves have abstained from inflicting any actual harm on the victim by positive action, responsi-

---

[21] General Comment No. 3, 28 July 1981, Yearbook of the Human Rights Committee 1981–1982, Vol. II, 299: "The Committee considers it necessary to draw the attention of States parties to the fact that the obligation under the Covenant is not confined to the respect of human rights, but that States parties have also undertaken to ensure the enjoyment of these rights to all individuals under their jurisdiction."

[22] Case of *Velásquez Rodríguez*, judgment of 29 July 1988, ILM 28 (1989), 294, at 324 para. 166.

[23] Judgment of 4 March 2003.

[24] Judgment of 29 April 2003.

bility falls to them if they have not done everything in their power to secure the physical integrity of the person concerned.[25]

It is not necessary to continue this enumeration of examples. The inference is clear: civil and political rights are not separated by a watertight wall of separation from economic, social and cultural rights. There exists some degree of overlapping. Therefore, it may be not only legitimate, but also legally correct to depart from the formal categorizations of the two Covenants if an examination shows that with regard to specific issues the legal position cannot be different for the two sets of rights.

2. Economic, Social and Cultural Rights Implying "Negative" Obligations

Analyzing the essential features of substance by now taking economic, social and cultural rights as the point of departure, one reaches the same conclusions. The caution which has continually marked the attitude of States with regard to these rights is based on the assumption that an obligation to provide specific goods and services cannot be complied with under all circumstances and that, consequently, States should, as a maximum, be burdened with an obligation to take appropriate steps for the full realization of the "rights" concerned. However, this general distancing from assuming full responsibility does not seem to be warranted in a number of situations which will be described in the following.

First of all, some rights have been wrongly codified in the CESCR instead of in the CCPR. They encapsulate classical liberal freedoms. Any denial of these rights can be counted as interference which permits the precise identification of the victim(s). The liberty of parents to choose for their children the schools which they feel best suited for the development of their progeny (Article 13 (3)) is the classical example of such a right. One cannot perceive any valid reason which could make it imperative to commit this right to a process of progressive realization. Freedom of choice regarding schools may be characterized as an elaboration of freedom of thought, conscience and religion under Article 18 CCPR. Given that Article 18 CCPR must be strictly safeguarded by States, with very little room for limitations pursuant to pressing domestic needs (Article 18 (3) CCPR), the same should apply to Article 13 (3). No justification can be found for a split approach which takes away large parts of a freedom which is a constitutive element of a free society. The same considerations apply to Article 13 (4). The right to establish educational institutions complements the freedom guaranteed in Article 13 (3).

Article 15 (3) likewise constitutes a freedom which has its place outside the logic of scarcity of public resources. Freedom of scientific research and creative

---

[25] Generally on the duty to protect see *Klein* (ed.), The Duty to Protect and to Ensure Human Rights, Berlin 2000; International Commission on Intervention and State Sovereignty, The Responsibility to Protect, December 2001, http://www.dfait-maeci.gc.ca/iciss-ciise/report2-en.asp.

activity protects human conduct which belongs to the natural capabilities of everyone. In connection with the exercise of this right, no claims are raised by necessity against the State. On the other hand, prohibitions to carry out research amount to clearly identifiable interference in the classical sense. Apparently, the drafters of the CESCR felt that education should be regulated as a complex whole in one provision and not be split up in different elements, dispersed over two different instruments. *Ratione materiae,* however, their choice has no substantive justification.

The somewhat arbitrary distribution of certain rights between the two Covenants is also shown by the fact that freedom to form trade unions appears both in the CCPR (Article 22) and in the CESCR (Article 8). The latter provision is more detailed, but some elements of the two provisions are identical (in particular para. 3). Thus, one cannot err in stating that the substance of the right is meant to be the same under both instruments. Apparently, the drafters thought that freedom to form trade unions should not be missing in connection with rules on the right to work (Article 6) and on conditions of work (Article 8). Such duplication of the legal foundations does not cause any harm. Its main consequence is that each one of the monitoring bodies may concern itself with trade union freedom, albeit under different conditions and pursuant to different procedures.

Since a couple of years, the ESCRCee employs regularly a formula according to which States are obligated to "respect, protect and fulfil" the rights under the CESCR.[26] As far as can be seen, this formula was coined by an expert meeting convened under the auspices of the International Commission of Jurists in January 1997. The "Maastricht Guidelines on Violations of Economic, Social and Cultural Rights",[27] adopted by that meeting, have become an important tool of the ESCRCee, and they have helped to shape the Committee's General Comments in many respects. If the analysis of the structure of economic, social and cultural rights embodied in the trinity of "respect, protect and fulfil"[28] is correct, each of these rights contains an element which has the nature of a classical freedom in that it provides a defence against governmental interference. It stands to reason that the

---

[26] General Comment 12, UN doc. E/C.12/1995/5, 12 May 1999, is the first one of the General Comments where the formula is used as a defining parameter (para. 15).

[27] Reproduced in UN doc. E/C.12/2000/13, 2 October 2000.

[28] "Like civil and political rights, economic, social and cultural rights impose three different types of obligations on States: the obligations to respect, protect and fulfil. Failure to perform any one of these three obligations constitutes a violation of such rights. The obligation to *respect* requires States to refrain from interfering with the enjoyment of economic, social and cultural rights. Thus, the right to housing is violated if the State engages in arbitrary forced evictions. The obligation to *protect* requires States to prevent violations of such rights by third parties. Thus, the failure to ensure that private employers comply with basic labour standards may amount to a violation of the right to work or the right to just and favourable conditions of work. The obligation to *fulfil* requires States to take appropriate legislative, administrative, budgetary, judicial and other measures towards the full realization of such rights. Thus, the failure of States to provide essential primary health care to those in need may amount to a violation", *ibid.,* para. 6.

general *ratio* behind Article 2 (1) CESCR – the scarcity of public resources that does not permit any formal legal guarantee of the provision of material goods and services – does not affect this classical dimension of economic and social rights. Thus, a weighty argument would have been found that would support the suggestion by the ESCRCee that the protocol should not be confined to specific rights only, but should have a comprehensive character *ratione materiae*.

In respect of the right to work, this innovative interpretation would yield many interesting results. The right to work would include the freedom to seek employment and also to engage in self-employed activities. Inevitably, this would encompass freedom of transaction in the economic field. It can hardly be denied that this is a desirable result. However, one has to ask whether States parties are indeed ready to accept such inferences. According to a general practice to be found almost anywhere in the world, the right of foreigners to engage in gainful activities is strictly controlled. Although the two Covenants generally require equality of treatment of nationals and aliens, most States do not automatically admit foreigners present in their territories to their labour markets. As a rule, persons of foreign nationality need a specific authorization if they either wish to offer their services to an employer or to establish themselves in a self-employed capacity. Not without reason, governments take the view that free access to labour markets should be agreed upon terms of reciprocity, which is also the basis of free movement of persons within the European Union. The ESCRCee has not yet touched upon this most delicate issue. The General Comments it has issued are confined to specifying the duties of the welfare State.[29] The liberal dimension of the right to work has not yet been discovered by it. If the right to work is understood as a complex right which includes both elements of caretaking and of dismantling of bureaucratic obstacles, the controversy which was fought out between Ernst-Ulrich Petersmann[30] and Philip Alston[31] would lose much of its bitterness. Whereas Alston views exclusively the role of the State as the great provider, Petersmann focuses somewhat too narrowly on market freedoms as the ideal recipe to solve the problems raised by the fight against poverty and unequal distribution of wealth. In any event, general recognition of an entitlement to opportunities of transaction would bring about a state of harmony between political freedom, which is guaranteed under the CCPR, and economic freedom, the source of which would then be constituted by Article 6 CESCR. To posit that

---

[29] For an overview see http://www.ohchr.org/english/bodies/cescr/comments.htm: General comment 4, 1991: The right to adequate housing; 5, 1994: Persons with disabilities; 6, 1995: The economic, social and cultural rights of older persons; 7, 1997: The right to adequate housing: forced evictions; 11, 1999: Plans of action for primary education; 12, 1999: The right to adequate food; 13, 1999: The right to education; 14, 2000: The right to the highest attainable standard of health; 15, 2002: The right to water.

[30] "Time for a United Nations 'Global Compact' for Integrating Human Rights into the Law of Worldwide Organizations: Lessons from European Integration", EJIL 13 (2002), 621–650; *id.*, "Taking Human Dignity, Poverty and Empowerment of Individuals More Seriously: Rejoinder to Alston", EJIL 13 (2002), 845–851.

[31] "Resisting the Merger and Acquisition of Human Rights by Trade Law: A Reply to Petersmann", EJIL 13 (2002), 815–844.

political and economic freedom must go hand in hand is hardly a revolutionary notion. In German literature, Franz Böhm may be referred to as one of the proponents of this doctrine;[32] at world level, Amartya Sen has written extensively about market freedom as a constitutive element of general development of a nation and as a form of personal emancipation from lack of freedom.[33]

Close attention is also deserved by the principle of equality and non-discrimination, a principle which is enshrined both in the CCPR (Article 2 (1) and 26) and the CESCR (Article 2 (2)). Here again, the logic of scarcity of public resources does not come into play. If and when a State makes certain goods and services available to its citizens, it must be debarred from applying arbitrary criteria of selectivity. In such instances, the question is not whether States have the necessary resources, but whether all the groups of the population should have access to these resources on equal terms of fairness and reasonableness. The difficult problem of who may be recognized as a victim also finds an easy solution. Whoever is excluded from the benefits granted to the vast majority of the inhabitants of the country concerned may legitimately claim to be aggrieved, demanding specific redress in his/her individual case. The Optional Protocol to the Convention on the Elimination of All Forms of Discrimination against Women[34] has already demonstrated that it is feasible to establish a remedial mechanism designed to outlaw any form of discrimination with regard to the most diverse form of State activity, including the provision of economic and social benefits.[35]

It was already underlined that this configuration may need some more reflection with regard to foreigners. Equality and non-discrimination is a principle well suited to complement and round off civil and political rights since it applies across the board. The rights to life and physical integrity are evenly placed under the protection of governmental authorities. No one may be tortured, irrespective of his/her nationality. It is by no means certain, however, that foreigners should enjoy the same social benefits as the nationals of the country concerned. Any person who has been integrated in the social welfare system of his/her State of sojourn, having paid contributions for the financing of the relevant programs, must of course be entitled to receive payments if he/she finds him/herself in a condition of need. But someone who just happens to be by accident in a foreign country, on a business journey or as a tourist, cannot be deemed to deserve the full panoply of welfare

---

[32] See, in particular, Wirtschaftsordnung und Staatsverfassung, Tübingen 1950.

[33] *Sen*, Development as Freedom, New York 2000, 25 *et seq*.

[34] Adopted by UNGA resolution 54/4, 6 October 1999, in force since 22 December 2000. For a comment see *Tomuschat*, "Learning from the Human Rights Committee's Experience: The Optional Protocol to the Convention Banning Discrimination Against Women", in: Ipsen/Schmidt-Jortzig (eds.), Recht – Staat – Gemeinwohl. Festschrift für Dietrich Rauschning, Köln *et al.* 2001, 313–334.

[35] Notwithstanding their opposition to most of the ESCRCee's proposals, *Dennis/Stewart* (note 11), 498, accept that an adjudicatory mechanism could be suitable for allegations of discrimination.

advantages which the legislation of that country provides for. Although Article 2 (3) CESCR would seem to suggest that with the sole exceptions set forth in this provision all other rights under the CESCR must be granted to nationals and foreigners alike, practice does not confirm the conclusions to be drawn from a purely literal interpretation of Article 2 (3). Contrary to this assessment, the European Court of Human Rights recently rendered a bold decision in *Koua Poirrez v. France*,[36] where it held that an allowance for disabled adults, a non-contributory social benefit, had to be classified as property ("possession") in the sense of Article 1 of Protocol No. 1 to the ECHR and was therefore placed under the protection of the non-discrimination clause of Article 14 ECHR. This is a case which serves as an illustrative example for the possible extension of traditional rights into the realm of social rights.

The doctrine of minimum core rights has its roots in General Comment No. 3 of the ESCRCee.[37] The Committee is of the view that

> "a minimum core obligation to ensure the satisfaction of, at the very least, minimum essential levels of each of the rights is incumbent upon every State party. Thus, for example, a State party in which any significant number of individuals is deprived of essential foodstuffs, of essential primary health care, of basic shelter and housing, or of the most basic forms of education is, *prima facie*, failing to discharge its obligations under the Covenant. If the Covenant were to be read in such a way as not to establish such a minimum core obligation, it would be largely deprived of its *raison d'être*."

This commentary denotes an understanding of the CESCR for which many valid grounds may be adduced. As the text shows, however, the ESCRCee is fully aware of the pitfalls inherent in its approach. The word *prima facie* introduces an important proviso. In any State, situations of emergency may arise where public authorities are as powerless as the citizens themselves and where self-help will be the only remedy. Moreover, nobody can close his/her eyes to the phenomenon of the failing State. Many of the young democracies in Africa and Asia are hardly able to assert their authority in remote areas of the national territory. In such instances, to provide assistance to a needy population is outright illusory. Nonetheless, the concept of minimum core obligations is a laudable one. In no State should a person under normal circumstances die from hunger and exposure. Moreover: Is not elementary education such a vital need that any government should provide it to young children under any circumstances?[38] A person who has not learned to read and to write at young age will never be able to fully deploy its intellectual capacities, being relegated from the very outset to the lowest class of the societal hierarchy. If a government does not take care of such basic needs of its people, it loses its legitimacy as the representative entitled to act on behalf of that people.

---

[36] Judgment of 30 September 2003.

[37] Of 14 December 1990, UN doc. HRI/GEN/1/Rev.7, 12 May 2004, para. 10.

[38] See Eide, "Economic and Social Rights", in: Symonides (ed.), Human Rights: Concept and Standards, Aldershot and Paris 2000, 109, at 122.

V. Back to Standard Situations

In the preceding sections, an attempt has been made to show that civil and political rights, on the one hand, and economic, social and cultural rights, on the other, are not separated from one another by a deep and unbridgeable gap and that there are indeed configurations where an optional protocol providing for individual complaints could make a useful contribution to strengthening the rights under the CESCR. The few examples which were given confirm that a large strip of overlapping exists. These overlaps, however, do not call into question the dualistic classification scheme as such. In the following sections, the focus will be on situations of normalcy which would rather give food to the existing doubts as to the suitability of a complaints procedure for the enforcement of economic, social and cultural rights.

The first example to be assessed should once again be the right to work. Let us assume that in a given country the rate of unemployment stands at 20%. Can any individual person then claim that he/she is the victim of a violation of Article 6? The Independent Expert who produced two reports on the subject-matter dealt with the problematique under the heading of justiciability. Justiciability is certainly a concept worthy of intensive study. Logically, however, it must first be determined what rights are conceivable which the State concerned may have violated. As already pointed out, the obligations which States undertake by ratifying the CESCR are mostly of a general nature. Regarding Article 6, it is incumbent upon them to take steps which activate the economy so that job opportunities may arise for everyone desirous of finding employment. This general obligation is certainly owed to the other States parties. It is also true that every State party is accountable to the ESCRCee, where it must show that it has deployed serious efforts with a view to securing employment for everyone under its jurisdiction.[39] But the general obligation is not owed specifically to every individual. Whoever would assert such proposition would contend at the same time that just anyone from the public at large has a claim which could be brought to the attention of the body which would have the competence to receive and consider individual communications. Necessarily, apart from instances of discrimination, such communications would have the nature of *actiones populares*. Unemployment in a given State is the result of many factors. Every member of a given community provides his/her contribution to the actual state of the economy of that community. State authorities may not have taken the right measures, they may even have committed grave and unforgivable mistakes. Although such a balance sheet of mishandling of the economy hovers like a dark cloud over the entire nation, it does not target anyone specifically. Rightly, judicial protection against State action is generally confined to measures which adversely affect a person individually. General political measures, which have repercussions on all citizens alike, are not subject to judicial review.

---

[39] See again ESCRCee, General Comment No. 3: The nature of States parties' obligations, *loc. cit.* (note 37), passim.

If really a new protocol opened the gates to communications complaining of failure to manage the economy appropriately, thousands and even tens of thousands of communications could be filed. Obviously, this would dramatically contrast with the [First] Optional Protocol to the CCPR where each case is considered on its own merits. If, however, in instances where a violation of Article 6 is alleged, the author of the communication is not able to point to any measure which has affected him/her specifically, the body concerned would be called upon to gauge the policies conducted by the State concerned over their whole breadth, from labour market policies to fiscal policies and even to foreign policy. This can hardly be the legitimate task of an expert body in dealing with individual communications. The oral stage of the reporting procedure is a much better place for the discussion of such general issues inasmuch as it encompasses a dialogue with competent interlocutors. It would be ludicrous for an international body to discuss the policies of a given country in the absence of any representatives of that country, basing itself just on the written submissions it has received.[40]

Similar thoughts are prompted by an examination of the legal position in a State which, contrary to Article 9, has hitherto failed to establish a system of social security. Undeniably, this is a very serious failure. Social security is an essential instrument for the preservation of the dignity of human beings at old age. Life without any secure source of income may mean extreme misery and premature death if a person is unable any longer to gain his/her living by work. But again: the lack of a system of social security affects every inhabitant of the country concerned in a like fashion. Nobody can claim to be more exposed to suffering than his/her fellow citizens. Communications filed with the competent body would again have the nature of *actiones populares,* and it is hard to see why the ESCRCee hopes to deal with such structural deficiencies in implementing economic, social and cultural rights more efficiently within the framework of a complaints procedure than when examining a State report. On the contrary, thousands of individual communications might inundate the competent body, making it unable to properly discharge its tasks. In any event, it is clear that a specific assessment of the communications received would be neither possible nor necessary inasmuch as the relevant facts and arguments would not relate to the individual case, but would invariably be exactly the same for all the cases to be adjudicated.[41]

To sum up, it makes little sense to follow the lines of the [First] Optional Protocol to the CCPR by granting a right of complaint to "any individual or group

---

[40] This, however, is the solution suggested in the protocol (Article 7 (4)): "The Committee shall hold closed meetings when examining communications under this Protocol".

[41] Consequently, the procedure would assume features of the 1503 procedure where the individual communication constitutes no more than a tiny element of a mosaic which requires to be assessed in its entirety. Following the proposals of the Independent Expert to restrict complaints to allegations of "situations revealing a species of gross, unmistakable violations of or failures to uphold any of the rights set forth in the Covenant", UN doc. E/CN.4/2002/57, para. 34, would thus bring about a total change in the procedural configuration. Skeptical assessment also by *Dennis/Stewart* (note 11), 513.

claiming to be a victim of a violation by the State concerned of any of the economic, social or cultural rights recognized in the Covenant". A great deal more of constructive thinking is necessary in order to identify the situations where indeed a complaints procedure could make an effective contribution to the enhancement of the rights in issue.

VI. Parallel Mechanisms at Regional Level

Our negative conclusion is buttressed by a look at the mechanisms which have been established for the enforcement through complaints procedures of economic and social rights under other treaty mechanisms at the regional level.

The implementation of the rights set forth in the European Social Charter was for many years secured solely through a reporting procedure which had no resonance in the public at large. Proceedings were conducted in private meetings. Therefore, the Charter could not win over the hearts and minds of those who were supposed to be its beneficiaries. Eventually, in the last decade of the last century, the decision was taken by the governments of the member States of the Council of Europe to give some more boost to the Charter. They adopted, on 9 November 1995, the Additional Protocol to the European Social Charter Providing for a System of Collective Complaints.[42] According to Article 1 of this Protocol, organizations of employers and trade unions as well as other international non-governmental organizations that have consultative status with the Council of Europe may submit complaints alleging unsatisfactory application of the Charter. The response by the European nations to this Protocol can be said to be fairly disappointing. From the 46 member States of the Council of Europe, only eleven have ratified the Protocol. Given the fact that the Protocol exists now for almost a decade, it can hardly be expected that the circle of parties will still grow significantly larger at any time in the future.

As far as the Inter-American system for the protection of human rights is concerned, the 1988 Protocol of San Salvador[43] provides for individual petitions, but only to a very limited extent, regarding trade union rights and the right to education. Deliberately, the members of the Organization of American States refrained from granting the same kind of remedy also for the enforcement of the other rights enunciated in the Protocol. Thus, the Protocol of San Salvador cannot be relied upon to prove that indeed a complaints procedure is perfectly conceivable with regard to all economic, social and cultural rights. Trade union rights, as pointed out above, are truly classical freedoms and have been listed in the CESCR only for the sake of completeness of the enumeration of labour rights. On the other hand,

---

[42] ETS No. 158, in force since 1 July 1998.

[43] Additional Protocol to the American Convention on Human Rights in the Area of Economic, Social and Cultural Rights of 17 November 1988, OAS Treaty Series No. 69, ILM 28 (1989), 161.

the right to education may be counted as the reverse side of one of the "minimum functions" which any entity aspiring to be State must discharge in order to earn that qualification.[44]

The legal position might be different in Africa as soon as the Protocol to the African Charter of Human and Peoples' Rights on the Establishment of an African Court on Human and Peoples' Rights[45] will be implemented. According to this Protocol, the African Court may receive individual cases, provided that the State against which the application is directed has accepted this procedure. Since the African Charter comprises both traditional freedoms as well as economic, social and cultural rights, individuals will thus have the opportunity to complain about alleged violations of any of the rights guaranteed by the Charter without any distinction as to their substance. However, the evidentiary value of this regional experiment is subject to some doubt. To date, although the Protocol came into force in January 2004, any practical experiences are lacking because in July 2004 the Assembly of the African Union decided at its 3rd Ordinary Session in Addis Ababa to integrate the African Court and the Court of Justice of the African Union into one Court.[46] This new Court has not yet been established, and the merger of totally different functions does not augur well for its future. It may well be that the inclusion of economic, social and cultural rights in the petition scheme was motivated by a general intention to "do something for human rights", without reflecting too much about the consequences that might be entailed by such a courageous decision.

VII. Failure of the ESCRCee to Make Appropriate Use of its Powers under the Reporting Procedure

The Independent Expert who studied primarily the justiciability of human rights devoted also a high degree of attention to the issue of which body should be bestowed with jurisdiction to receive and consider communications in the field of economic, social and cultural rights. This is in fact an important issue. Although currently a complaints procedure is not yet in place, some lessons can be derived from the practice of the ESCRCee in examining State reports. The level of intensity it has reached in this area would hardly be surpassed once it would have received competence to consider individual complaints. Stock-taking amounts to outright disillusionment, however. Any observer can only be dismayed by the way in which the ESCRCee operates when trying to assess, on the occasion of its study

---

[44] The 1997 World Bank *World Development Report*, on the other hand, classifies "education" as belonging to the intermediate State functions, see *Fukuyama, op. cit.* (note 19), 8.

[45] Reprinted in: *Brownlie/Goodwin-Gill* (eds.), Basic Documents on Human Rights, 4th ed., Oxford 2002, 741.

[46] See information provided by Amnesty International, http://news.amnesty.org/index/ENGAFR010142004.

of State reports, whether governments have lived up to their commitments under the CESCR. It may suffice to give one example from the recent practice.[47]

The ESCRCee studied the report of Ecuador in May 2004. Its Concluding Observations on the report date from 14 May 2004. According to the scheme it has developed for this exercise, it first sets out the "positive aspects" before proceeding to "factors and difficulties impeding the implementation of the Covenant". Then comes a long section on "principal subjects of concern" which comprises 23 paragraphs which are all extremely short and concise. Thus, the first paragraph states:

> "The Committee is concerned about the lack of independence of the judiciary and the alleged human rights abuses committed by the judiciary".

This style of pretorian brevity is maintained throughout the section. Two more, particularly striking examples should be given from the same document:

> "The Committee is concerned about the high percentage of unemployment in the State party and the size of its informal economy",

and

> "The Committee is deeply concerned about the persistent and growing level of poverty in the State party, affecting primarily women, children, indigenous and Afro-Ecuadorian communities".

For the purposes of identifying shortcomings, this is an adequate method. The relevant problems were extensively discussed during the meetings between the members of the ESCRCee and the delegation appearing before it so that the Ecuadorian Government was fully informed about the preoccupations of the Committee. The Concluding Observations are meant to constitute a summary of the proceedings.

However, when it comes to indicating strategies for tackling the social illnesses denounced by the ESCRCee, the same method is not adequate. If the examination of State reports is to be of any assistance to the States appearing before the Committee, substantive advice would have to be given to the government concerned. However, the section on "Suggestions and recommendations" provides only general admonitions which are trivial truths which any reasonable person in the country concerned knows fairly well without any lesson from an international body. On judicial independence, the ESCRCee had this to say:

> "The Committee urges the State party to take immediate and appropriate measures to ensure the independence and integrity of the judiciary ...".

One might defend this statement by arguing that indeed to ensure the independence and integrity of the judicary is largely dependent on the will and dedication of governmental authorities. With regard to unemployment, however, one would expect more substantiated language, given the fact that in any event no govern-

---

[47] This example is absolutely representative of the current practice of the ESCRCee.

ment has a taste for large masses of unemployed people. But the ESCRCee, from Olympic heights, just confines itself to stating:

> "The Committee urges the State party to take effective steps to reduce the unemployment rate as well as the percentage of employment in its informal economy".

The same helplessness is reflected in the call on the Ecuadorian Government to combat poverty:

> "The Committee encourages the State party to intensify its efforts and activities to combat poverty, including the setting up of an antipoverty strategy to improve the living conditions of the disadvantaged and marginalized groups …".

What is the added value of such an exercise in the exchange of hollow messages? The Ecuadorian Government will not be any wiser as to the means it should employ in order to improve the deplorable situation in its country, and the members of the ESCRCee may be satisfied because they have accomplished their work, but they would have to recognize that their suggestions and recommendations are hardly worth reading.

If the examination of State reports, where the ESCRCee is in the presence of representatives from the country concerned and has access to first hand expert knowledge, yields such poor results, one cannot expect that the examination of individual communications behind close doors in private session might be any more productive. The ESCRCee has excelled in drafting General Comments which, with a maximum effort in juridical imagination, describe the scope of application of the individual rights under the CESCR. The actual application of these benchmarks, however, must be called a blatant failure. In sum, the ESCRCee has missed a golden opportunity to show that third-party control over the implementation of economic, social and cultural rights can be carried out in a rational fashion by a body of legal experts. Its practice rather tends to prove the contrary, namely that such a body is totally lost when confronted with the task of gauging an ensemble of complex economic and social policies as to their compatibility with the relevant legal parameters.[48]

VIII. Conclusion

Broadening the competence of the ESCRCee by conferring upon it jurisdiction to hear individual communications (complaints) on the basis of the protocol elaborated by the ESCRCee would be a serious mistake. The proposal does not take into account the specific nature of economic, social and cultural rights which the ESCRCee has acknowledged on the one hand, but wishes to belittle to the greatest

---

[48] For a discussion on whether the ESCRCee would be the right body for the examination of individual complaints see the two reports of the Independent Expert, E/CN.4/2002/57, paras. 38–42, and E/CN.4/2003/53, paras. 52–53, as well as *Dennis/Stewart* (note 11), 466.

extent possible on the other hand.[49] Judicial methods are not the best suited methods for the strengthening of second generation rights. Unfortunately, the ESCRCee has not exploited the opportunities provided by the reporting procedure. Here, great improvements are possible. Individual communications could be used as supporting material for encounters with delegations from States parties where the crucial issues could be studied in depth. The current structure and composition of the ESCRCee does not seem to favour conducting such a truly constructive dialogue.[50]

---

[49] Thus, judicial enforcement at domestic level is strongly advocated in General Comment No. 9, 1999, UN doc. HRI/GEN/1/Rev.7, 12 May 2004.

[50] Our conclusions largely coincide with those reached by *Dennis/Stewart* (note 11).

American International Law: A Sonderweg?

By Detlev F. Vagts

I. Introduction

Although international law is supposed to be universal, as Verdross' treatise title would have it,[1] it has been shown that there are striking differences among national approaches to the subject. Each has followed its special path or Sonderweg. The work of Martti Koskenniemi demonstrates that the international law propounded in France and in Germany before 1914 were quite different.[2] After 1914 German international law teaching went its own way, though quite differently during the Weimar and the Nazi periods.[3] Has the same been true of international law in the United States? That is the subject of this contribution and the conclusion to which it comes is that, to a large extent, United States law of nations is sharply different in its approaches, its topics and its conclusions from other national branches of the discipline. This has to do with the situation of the United States in world affairs, with the relative geographical and linguistic isolation of the American branch of the profession and with the special approaches taken by American scholars in analyzing domestic law. Professor Delbrück himself is quite familiar with the peculiarities of the American learning but it seemed useful to provide this summary for the guidance of those who have not had as many contacts on the other side of the Atlantic.

II. The History of US International Law

American international law started out as a branch of the European discipline. The texts used were the same as on the other shore of the Atlantic – Vattel, Pufendorf and Bynkershoek. Combing electronically through the reports of the Supreme Court one finds dozens of citations to each, particularly to Vattel. There were passages about international law in Chancellor Kent's commentaries on American law of 1826 but the first American treatise, that by Henry Wheaton did not appear until

---

[1] *Verdross,* Universelles Völkerrecht: Theorie und Praxis, 1984.

[2] *Koskenniemi,* The Gentle Civilizer of Nations: The Rise and Fall of International Law 1870–1960, 2001, 179–352.

[3] *Stolleis,* Geschichte des öffentlichen Rechts in Deutschland. Staats- und Verwaltungsrechtswissenschaft in Republik und Diktatur, 1914–1945 , Vol. 3, 1999, 380–400; *Vagts,* International Law in the Third Reich, AJIL 84 (1990), 661.

1836. A European historian says it "could in many ways be a European textbook on international law of that period".[4] The focus of the American courts was on the maritime side of international law and the naval clashes between the new republic and the British and French furnished much material for analysis. As these matters quieted down so did the significance of international law in the American literature and schools. It was only in 1898 that the Harvard Law School established a chair in international law; it was funded by a lawyer who had noticed the lack of preparation on the part of counsel that represented the United States in the Alabama arbitration with Great Britain in the 1870s. The chair remained vacant for substantial periods thereafter. A chair at Columbia (the Hamilton Fish chair) followed. International law concerns never disappeared completely in the late nineteenth century; the law of nations proved to be relevant to questions arising from our Civil War and later the Spanish American war and its colonial aftermath.

In a sense the emergence of a mature American international law presence dates to 1906 when the American Society of International Law was founded and the American Journal of International Law began publication.[5] It was also the date of the publication by James Bassett Moore of the first digest of U.S. practice in international law. These developments were interconnected with the meeting at The Hague, the first international conference with an attendance representing each of the continents and arousing widespread public interest in its agenda. Figures such as Elihu Root and Charles Evans Hughes became involved in the project of creating world peace through law with a focus on the peaceful resolution of conflicts through arbitration.[6] That interest was transferred to a degree to the project of the League of Nations, an endeavor which was in a sense ruined by the United States and its failure to ratify the Covenant but which also had a substantial appeal in the country. The 1930s largely represented a relapse by the United States into an isolationist frame of mind. Still a devoted band of internationalists kept the colors flying. The work of the Harvard Research program on treaties and extraterritorial jurisdiction represented a major collective scholarly effort that foreshadowed the restatements produced after World War II, American business became more entangled than ever with foreign aspects. American openness to international law was enhanced by the coming of such *émigré* scholars as Leo Gross, Hans Kelsen and Steven Riesenfeld, even though their impact on American law was not as pronounced as that of their colleagues in comparative law. To that number one would add Hans Morgenthau even though he wrote as an international relations scholar rather than as a lawyer.

---

[4] *Scupin,* History of the Law of Nations: 1815 to World War I, EPIL, Vol. 2, 1995, 767 (784).

[5] *Kirgis,* The Formative Years of the American Society of International Law, AJIL 90 (1996), 559.

[6] *Raymond/Frischholz,* Lawyers who Established International Law in the United States, 1776–1914, AJIL 76 (1982), 802 (823–826).

World War II saw an unprecedented number of Americans involved in international activities and witnessing the necessary involvement of the United States in the winning of the war and the construction of the peace. At varying levels of seniority such scholars as Louis Henkin, Philip Jessup, Myles McDougal, Oscar Schachter and Seymour Rubin found their interests refocused through the experience. The creation of the new international economic institutions such as the International Monetary Fund, the World Bank and the General Agreement on Tariffs and Trade involved numbers of Americans not only in their creation but in their administration thereafter. The erection and maintenance of the cold war alliance had a similar effect in drawing the interest of talented Americans to the outside world. Another noteworthy body of recruits to the international law world was represented by the talented young graduates brought by Professor Abram Chayes to the office of the Legal Adviser to the State Department during the presidency of John F. Kennedy.

Yet the overall impact of international law on the world of American law practitioners and teachers remained modest. Nearly every law school in the country now had a professor of international law but their audiences tended to be relatively small. There were fewer impressive figures among those now entering the field and one observed that the brightest talents, those who could teach wherever they wanted and whatever subject they wanted, seldom opted for international law. As the decade of peace after the fall of the Berlin wall turned into the age of the war on terrorism it was apparent that America's talent in the field ran rather thin and that those who did teach the subject were overwhelmingly at odds with the administration's policies. Thus international law in the United States does not have the momentum that it has in countries that are involved in pervasive, even intrusive, international organizations such as the European Union, the European Convention for the Protection of Human Rights and Fundamental Freedoms, the Organization of American States and the like.

III. Institutions

To understand the character of American international law today one has to understand the institutions within which it develops, arrangements that are very different from those prevalent elsewhere. Aside from the academic world these institutions are the American Society of International Law, the Section on International Law of the American Bar Association and the American Branch of the International Law Association. Each of them has a substantial number of members.

There are in all about 170 law schools in the United States. They are much less homogenous than German law faculties; some are state institutions, some are private, some are national in appeal and others are local. Some are regarded as prestigious and enjoy a dozen or more of applications for each position in the entering class. A few of the more prestigious schools make a strong point of advertising that they are "global", a term of uncertain significance. Public International law is taught at more or less every law school. So far as I am aware, it is required at only one, the University of Michigan. More specialized courses are offered at many schools; these include international litigation and arbitration, international economic law, international environmental law, transnational business law and so forth. The fraction of American law students who take any of these courses is limited, perhaps amounting to 37 %.[7] Many see no real likelihood that their practice will involve trans-border factors, they know that the bar examination will not contain any questions on international law. The directory of law teachers indicates that there are over 800 who teach international law; most of them also teach some other subject since the deans want everybody to carry a fair share of the burden of teaching large numbers of students. The number of professors who are really comfortable with a language other than English is not large, a fact reflected in their footnotes.[8] This limits what they can read in languages other than English; others, particularly Germans, have made life easier for monolinguists by publishing much of their output in English.[9] In comparison with the number of foreigners who have studied at American law schools the number of Americans who have studied outside their country is small indeed.

The volume of scholarly production on international law is amazing. There are two journals published by professional groupings and refereed by mature experts – the *American Journal of International Law* and *The International Lawyer*. In addition there are a multitude of international (and comparative) law journals published by students at various law schools. These journals are almost all subsidized by their schools which value them as a process through which their students acquire skills in legal writing. They vary widely in quality and the sheer volume of materials that they require means that almost any author can get printed somewhere.[10] The regular unspecialized law reviews published by every law school also publish international articles from time to time. A full survey of the field would also require the reader to look at international relations journals such as *Foreign Affairs*, *Foreign Policy*, *International Organization* and the like. Keeping track of all of this outpouring is a taxing assignment for American scholars, far harder than in those countries where there are only one or two specialized publications such as the *German Yearbook of International Law* and the *Zeitschrift für ausländisches*

---

[7] *Barrett,* International Legal Education in U.S. Law Schools. Plenty of Offerings, But too Few Students, International Lawyer 31 (1997), 845.

[8] A careful study, *Pellet,* Correspondence, AJIL 82 (1988), 331, showed that only 1.4 % of American footnotes cited French sources (compared to 7.3 % English citations in the Annuaire de droit international).

[9] Up to 2001 the Encyclopedia of Public International Law had been cited 205 times in the American literature but Juris-Classeur, in French only, but once. *Vagts,* Book Review, AJIL 95 (2001), 726.

[10] For an attempt to evaluate these journals see *Crespi,* Ranking International and Comparative Law Journals: A Survey of Expert Opinion, International Lawyer 31 (1997), 869.

öffentliches Recht und Völkerrecht. Getting a sense of American views on a particular topic is all the more difficult because there are no major authoritative treatises to look to; there are several one volume works for student readers but there as been no comprehensive text since 1947 when the second edition of Charles Cheney Hyde's major work entitled "International Law Chiefly as Applied and Interpreted by the United States" appeared.

IV. Foreign Relations Law

One feature that distinguishes American scholarship and teaching on international law is the degree of the emphasis on foreign relations law, that is, the part of United States constitutional and public law which has to do with the way in which international law comes to be a part of American law and is enforced within the country by American political and judicial institutions. This topic is not left uncovered in other bodies of international law teaching. It was indeed in Germany that Heinrich Triepel developed the distinction between "monism" and "dualism"[11] as ways of describing the incorporation of international law into the domestic level. The German constitution and others have provisions about the status of treaties and customary law within the system of norms. Still a survey of major texts on international law stemming from Europe and the United States shows that there is a clear difference in emphasis. American texts tend to devote 20 % of their space to foreign relations law and even more when one includes their treatment of foreign sovereign immunity and the act of state doctrine which are more outgrowths of American public law than of the law of nations and which can be studied or commented upon without much reference to non-American sources. To push the matter to an extreme there are two American casebooks devoted entirely to foreign relations law.[12] The Restatement of Foreign Relations Law of the United States manages to include international law in its coverage in a way that suggests that the law of nations is only meaningful when it is incorporated into U.S. law.[13]

The place of treaties in American law derives from Article VI of the constitution which proclaims that they are the supreme law of the land, alongside federal statutes. The first question this raises is quite clearly answered by the text, that is, what is the relation between a treaty and a statute of one of the fifty states? Both the language and the history have led to the conclusion by the courts and commentators that treaties entered into by the federal government prevail over state law. But there remains a question: what limitations are there on the subjects as to which the federal government can make treaties without infringing on the rights of the

---

[11] *Triepel*, Völkerrecht und Landesrecht, 1899.

[12] *Franck/Glennon*, Foreign Relations and National Security Law, 2nd ed., 1993; *Bradley/Goldsmith*, Foreign Relations Law, 2003.

[13] Restatement of the Foreign Relations Law of the United States (Third), 1987, § 1. Be it noted that I was an Associate Reporter of the project.

states? For many years it was assumed that the only restraints on the federal treaty power were political. In recent years the Supreme Court has several times struck down federal statutes on the ground that they infringed on state prerogatives.[14] While it has not yet invalidated a treaty on that basis commentators have written at length on the question.[15] It is in a sense the counterpart of European concepts of "subsidiarity" and represents a judgment that the intrusion of the outside world on American life should be held back. That sense accounts, among other things, for the reservations which the United States added to its ratification of the International Covenant on Civil and Political Rights. They protect the right of the states to continue with such practices as executing persons below the age of eighteen at the time they committed the crime.

The relationship between treaties and federal law presents more difficult issues. The question arises whether a later statute can cancel out an older treaty. A consistent series of Supreme Court decisions has answered in the affirmative.[16] This is based in part on the text of Article VI which puts treaties and statutes on a parity with each other as sovereign acts. It is also supported by a judgment that the political branches of the government should be free to renegotiate agreements with foreign countries without judicial interference. In the older cases the Court almost always observed that on the international plane the United States remained bound by its agreements and that its honor and good faith should be protected. That concept has received short shrift in recent opinions and scholarly writings. Indeed the concept of international commitment receives very short shrift indeed in the literature on the foreign relations law literature – so short that the student who reads too rapidly might miss it altogether.[17]

A related question is whether a particular treaty is "self-executing", that is, whether it can be enforced by the courts in litigation between private parties without there being a statute to bring it into effect. It is a distinction rather parallel to that in the European Union between those of its pronouncements which have direct effect and those which leave to the members the appropriate way of making the rule operational. Although the Supremacy Clause seems to say that a treaty is the supreme law of the land and all judges shall be bound by it there is a long history of case law determining which treaties are or are not self-executing, a matter thought to depend on the intent of the Senate in giving its consent. The

---

[14] In one of those cases, Printz v. United States, 521 U.S. 898 (1997), the dissent by Justice Breyer draws attention to potentially useful European comparisons. Id. At 976–977.

[15] For a brief treatment of the question with references to the authorities see *Bradley/Goldsmith* (note 12), 373–385.

[16] This history is explored in *Vagts*, The United States and its Treaties: Observance and Breach, AJIL 95 (2001), 313.

[17] For example *Bradley/Goldsmith* (note 12), 354 had a one sentence reference: "keep in mind that even when Congress does override a treaty as a matter of U.S. domestic law, the treaty still binds the United States under international law until validly terminated."

extensive recent commentary[18] on this question tends to keep the focus away from the fact that as a matter of international law a state's problems in making a commitment effective as internal law in no way excuse it from fulfilling its international obligation.

Finally foreign relations scholars come to the question whether the treaty power is exclusive. Can both houses of Congress acting by a mere 50% majority authorize the President to make international agreements and thus bypass the requirement that two thirds of the Senate approve a treaty. The matter has been hotly debated by eminent constitutional law scholars.[19]

The Supreme Court a century ago held that customary international law is part of the law of the United States.[20] However it specified that customary international law was only controlling in the absence of legislative or executive action to the contrary. In recent years the focus has shifted to the question whether the international consensus on capital punishment had developed to the point where it constitutes a custom and, if so, whether it supersedes state law. The negative voices put some emphasis on the fact that the federal government has carefully avoided committing us to treaty obligations which would contravene state law and reject the idea that judges, by finding that a customary rule exists, could do the same thing. They criticize the line of cases under the Alien Tort Claims Act which claim the right to determine whether a rule of customary law exists[21] (although those cases do not address the question of the impact of such rules on state law). All of this is accompanied by very demanding standards as to when a customary rule in fact emerges from practice, so demanding that very few rules meet the criteria set by these scholars. Once more, the concept of the United States as a sovereign entity in the old sense and of the states as largely autonomous permeates U.S. foreign relations law. The foreign relations law output of American scholars is by and large of no interest to foreign scholars and has produced no country to country dialogue. But it is harder to ignore these writers since they have played significant roles in the formulation of positions on international law and relations by the Bush administration.

---

[18] For a brief treatment of the self-executing question with authorities see *Bradley/ Goldsmith*, (note 12), 339–348.

[19] *Tribe,* Taking Text and Structure Seriously: Reflections on the Free-Form Method in Constitutional Interpretation, Harv. L. Rev. 108 (1995), 1221; *Ackerman/Golove,* Is NAFTA Constitutional?, Harv. L. Rev. 108 (1995), 799. For an international lawyer's perspective see *Vagts,* International Agreements, the Senate, and the Constitution, Columbia J. Transat'l L. 36 (1997), 143. The only case to consider the matter rejected the challenge to legislative agreements. Made in the USA Foundation v. United States, 242 F.3d 1300 (11th Cir. 2001).

[20] The Paquete Habana, 175 U.S. 677 (1900).

[21] *Bradley/Goldsmith*, The Current Illegitimacy of International Human Rights Litigation, Fordham L. Rev. 66 (1997), 319.

V. American Hegemony

The United States has been said to be a hegemonic, indeed imperial, power.[22] International law thinking reflects this concept though in a muted sense. In fact the only extended study of the impact of U.S. hegemony on international law was mounted in Europe with only secondary participation by Americans.[23] That volume examined treaty law, customary law and international organizations and concluded that the influence of American hegemony was fairly modest. American scholars tend rather to assume that the United States is unique. They accept the fact that the United States can maintain a certain level of sovereign independence that other nations cannot match. Those with a penchant for international relations theory tend to downplay the vulnerability of the United States to retaliation by other states if America defects from an agreement and thus put a low value on cooperation.

Rethinking of the concept of hegemony is under way. The problems that surround the incursion into Iraq have led the President to appeal to other countries and to the United Nations to share the military and financial burdens of reconstructing Iraq as a democratic and peaceful state. Other countries – those placed by President Bush in the "axis of evil" category – send out disturbing messages about their potential nuclear weaponry that call for cooperative responses by the peace-loving states. The promulgation by the U.S. government of a doctrine of preemptive force in advance of real threat by one of these rogue states has yet to be thoroughly examined in the legal literature.[24] Certainly such a right, if recognized, would have to be the exclusive possession of the hegemon; states such as India and Pakistan, Iran and North Korea have grounds for regarding their neighbors as threatening them with destruction more valid than those of the United States but cannot be allowed to preempt such violence. International lawyers will have to review their thinking about the structure of the United Nations and other international organizations such as the International Atomic Energy Agency in the search for a solution which will allow the United States to exercise enough power to satisfy its ambitions but still be capable of drawing upon the cooperation of other states to carry a portion of the load.

Although there is some talk of American hegemony when dealing with international economic matters it is muted. While the American economy is still the single biggest producer the gap between it and its nearest competitors is narrow,

---

[22] For references to the "imperial" and "hegemonic" literature see *Vagts*, Hegemonic International Law, AJIL 95 (2001), 843.

[23] *Byers/Nolte* (eds.), United States Hegemony and the Foundations of International Law, 2003.

[24] For a description of the Bush policy see *Daalder/Lindsay*, America Unbound: The Bush Revolution in Foreign Policy, 2003. For early analysis of preemption by an American and a German scholar see *Sofaer*, On the Necessity of Preemption, EJIL 14 (2003), 209; *Bothe*, Terrorism and the Legality of Pre-emptive Force, EJIL 14 (2003), 227.

much narrower than that between the United States and others with respect to expenditures on arms and defense. It is also substantially narrower than it was in the years immediately after World War II when the United States was able to lay down the rules for the organization of global trade and finance. American politicians and commentators show a high awareness of the possibility that foreign states will react effectively if the United States breaches the rules of the game set by the GATT/WTO.

One of the areas in which the American sense of hegemony is displayed is the questions of extraterritoriality.[25] At least since World War II American internationalists have claimed the right to project American rules into foreign realms. This began with a series of antitrust cases that aggressively utilized the "effects doctrine" to regulate activities outside the United States. American rules on exporting goods, particularly materials with potential military applications, caused some difficulties with other countries even though alliances during the cold war tended to minimize these difficulties. Confrontation across the Atlantic blazed up again as a result of the Helms Burton statute designed to penalize those who "trafficked" in the products of expropriated property in Cuba. Only a presidential agreement to suspend the contested provisions brought peace to this front.

VI. Liberal Idealism

From the beginning American political thought has included a belief that the American political system would serve as an example for reform in other countries – that it would be a "city on the hill." To varying degrees over time it has also included an element of missionary zeal, the idea that American values should be projected into foreign societies. Sometimes this involved the use of force, sometimes it called only for assistance guidance and "public diplomacy." This element of U.S. thought has been reflected in various ways in international law. In recent years the most salient reflection has been the human rights movement. It has been shown that the creation of the basic modern human rights corpus directly after World War II was the result of collaboration between American, French and other figures.[26] But American lawyers, institutions and journals have provided special momentum for the human rights movement. In so doing they have forged closer links with foreign internationalists than have most Americans; in particular they have brought to America numbers of important human rights activists from developing countries.

The human rights group in American academia has been at odds with conservatives in various respects. Some conservatives have expressed concern at the un-

---

[25] For an American perspective on extraterritoriality see *Steiner/Vagts/Koh,* Transnational Legal Problems, 4th ed., 1994, 885–994.

[26] *Glendon,* A World Made New: Eleanor Roosevelt and the Universal Declaration of Human Rights, 2001.

democratic character of Non Governmental Organizations and the influence that they exert at the United Nations. For one thing, the American political system has resisted the incursion of human rights norms into the American legal system. It took years to obtain Senate consent to the Genocide Convention, the International Covenant on Civil and Political Rights and other major universal agreements. When they were adopted they were accompanied by reservations and understandings designed to prevent them from having any domestic effect. There has been scholarly dispute between Americans and others about the compatibility of these reservations with the law of treaties as expressed in the Vienna Convention. For the establishment American constitutional rights are enough and no foreign reformers need apply. Another point of controversy centers around the Alien Tort Claims Act.[27] This statute, dating back to 1789, has been interpreted by U.S. courts as authorizing them to entertain suits against foreigners who tortured, killed or disappeared non-Americans. After a considerable time lag it began to appear to conservatives that there was inconsistency and perhaps hypocrisy in a situation wherein we rejected restraints from the law of nations as limiting our activities while at the same time imposing them on other countries. And very recently the federal government has started to try to persuade the courts not to pursue this route, particularly where American corporations constitute the defendants. Finally, one notes that conservatives within the government have tended to frustrate statutory provisions designed to put pressure on countries with outstanding records of violating human rights, sacrificing those interest where local tyrants cooperate in the war on terrorism.[28]

One product of American democratic idealism is that it causes U.S. internationalists to categorize other states as more or less liberal. They calculate, for example, that wars are less likely to take place between liberal states. Indeed, they have argued for a different species of international law to govern the relations between liberal states than that system which includes all countries. [29]

VII. Domestic Intellectual Approaches

The way in which scholars approach international law is inevitably influenced by the styles developed in connection with thinking about domestic law. The United States has seen three such styles – legal realism, critical legal studies and law and economics. The impact of each of these on international law scholarship has to be considered.

---

[27] 28 U.S. Code § 1350. The Supreme Court recently decided that the statute did authorize courts – cautiously – to apply a modernized law of nations. Sosa v. Alvarez-Machain, 124 S.Ct. 2739 (2004).

[28] *Carothers,* Promoting Democracy and Fighting Terror, Foreign Affairs 82/1 (2003), 84.

[29] *Burley,* Law among Liberal States: Liberal Internationalism and the Act of State Doctrine, Columbia L. Rev. 92 (1992), 1907.

1. Legal Realism

Legal realism developed in the 1920s, primarily at the elite American law schools, especially Yale. It sought to undermine the concept of law as a closed logical deductive scheme. It attacked ways of thinking that were associated with the name of Christopher Columbus Langdell, dean of he Harvard Law School. Scholars looked for the motivations behind statutes and judicial decisions. One of them sought to analyze judges' minds to see what their real reasons for decision were. In the forefront of the movement to establish legal realism on the international stage was the Yale Professor Myres McDougal.[30] Enormously productive and highly original, he succeeded in doing what few American law professors have done, that is, establish a school with numerous disciples who picked up his ideas and developed them further. A few of his students returned to other countries and cautiously incorporated his ideas into their work.[31] For one thing the schema he developed was based on a set of values that seemed very American in quality. For example, his argumentation in favor of the legitimacy of U.S. testing of the hydrogen bomb in the Southwest Pacific saw matters from a very American perspective.

2. Critical Legal Studies

Critical Legal Studies (CLS) was for a period an influential movement in American domestic law though its influence has declined in the last few years. To some extent it carried on the work of realism in demonstrating that rules were not apolitically derived from universally agreed upon general principles. It emphasized the political quality of decisions. It also focused on the semantics and structure of international law argumentation or discourse, demonstrating the incoherence and circularity of its concepts and the contradictions among them.[32] "Indeterminacy" was a battle cry for CLS; there were of course observers who judged that it needed no "ghost come from the grave to tell us" that international law was indeterminate. Although CLS was largely American in its origins it cited various European scholars in support of its ideas and some European internationalists, most notably Martti Koskenniemi,[33] followed CLS methodology in their writing.

---

[30] The convenient source for his thinking is *McDougal/Reisman*, International law in Contemporary Perspective: The Public Order of the World Community, 1981.

[31] *Reisman,* Judge Shigeru Oda: A Tribute to an International Treasure, Leiden Journal of Int. L. 16 (2003), 57, 62. Most European reactions are probably like that in *Koskenniemi* (note 2), 475: "McDougal's and Harold Lasswell's Yale School was only the most visible but perhaps among the least influential of the new approaches ...".

[32] *Bederman,* The 1871 London Declaration. Rebus sic Stantibus and a Primitivist View of the Law of Nations, AJIL 82 (1988), 1 (30 f.).

[33] See especially *Koskenniemi,* From Apology to Utopia: The Structure of International Legal Argument, 1989.

3. Law and Economics

But by far the single biggest source of new ideas about international law in recent years has been law and economics. Economic thinking began by penetrating areas of law with a natural affinity for economics such as antitrust law, corporations and securities regulation. The presence of professors, administrators and lawyers with training in both disciplines has furthered the advance. Junior law professors often found legal argument to be soft and indefinite and welcomed the hard-edged quality of economic analysis, including its ability to find relevant numbers and manipulate them in ways that supported argumentation. It was noted by critics that law and economics scholars tended to come out with conservative answers. Their respect for the market and its efficiency – as contrasted with their disdain for regulators and legislators – tended to cause them to conclude that business should be left alone. Of late law and economics analysis has been broadened and qualified by a recognition that people do not always behave as wholly rational maximizers of their own satisfaction. Economic analysis, while focused on the market, also offers some tools applicable outside of markets, such as game theory (including the frequently featured prisoners' dilemma). The sub-science of behavioral economics is winning attention. Again we have a movement that is very American in its origin and driving force, although there are devotees to be found in other countries. Predictably economic analysis first entered international law in areas that are basically economic in character, in particular the areas governed by the General Agreement on Tariffs and Trade and the World Trade Organization.[34] Others have extended this approach to the field of international antitrust law.[35] Moving into other areas, scholars applied economic-statistical techniques to questions not economic in their subject matter. For example they attempted to predict the degree to which states would ratify and comply with human rights treaties by gathering data as to various characteristics of their governments and then applying regression analysis to determine their correlation with compliance.[36] The same approach was used to seek an answer to the question why some states and not others entered into bilateral investment agreements with capital-exporting states.[37] The skeptic wonders whether there are not too many variables and too few members of the population to make regression techniques really reliable.

---

[34] E.g. *Sykes,* Countervailing Duty Law: An Economic Perspective, Columbia L. Rev. 89 (1989), 199; *Hufbauer,* Economic Sanctions Reconsidered, 2nd ed., 1990.

[35] *Dodge,* An Economic Defense of Concurrent Antitrust Jurisdiction, Texas J. Int. L. 38 (2003), 27; *Guzman,* Antitrust and International Regulatory Federalism, NYUL Rev. 76 (2001), 1142.

[36] *Hathaway,* Do Human Rights Treaties Make A Difference? Yale L. J. 111 (2002), 1935.

[37] *Guzman,* Why LDCs Sign Treaties that Hurt Them: Explaining the Popularity of Bilateral Investment Treaties, Virginia J. Int'l L. 38 (1998), 639.

VIII. Conclusion

It follows from what precedes this conclusion that America's activity in the law of nations has followed a course of development significantly divergent from that in Europe and elsewhere. It is influenced by the special status of the United States in the world of power, by the oddity of American educational institutions and by the influence of special approaches to law in general that give a special bent to studies of international law. The focus of so many American scholars on foreign relations law disables them from participating in an international dialogue. There is reason to be concerned about this divergence. It keeps American scholars and government officials from reaching agreement with colleagues in other countries. The inability of American internationalists to attract large numbers of students to their classes means that many American lawyers graduate without the equipment to conduct dialogues with their foreign confreres. One hopes that in the day of globalization more institutions will develop to pull the intellectual communities of different countries closer together.

Die herausgeforderte Einheit der Völkerrechtsordnung

Von Wolfgang Graf Vitzthum

> Et haec quidem quae iam diximus, locum [aliquem] haberent etiamsi *daremus,* quod sine summo scelere dari nequit, *non esse Deum* aut non curari ab eo negotia humana.
>
> Diese hier dargelegten Ausführungen würden auch Platz greifen, selbst *wenn man annähme,* was freilich ohne die größte Sünde nicht geschehen könnte, *dass es keinen Gott gebe,* oder dass er sich um die menschlichen Angelegenheiten nicht bekümmere.

Mit diesen berühmten Worten in den „Prolegomena" von „De jure belli ac pacis libri tres" legte der entschiedene Aristoteliker Hugo Grotius im Jahr 1625 eine Grundlage für das moderne Naturrecht. Er versuchte, das Kriegs- wie das Friedensvölkerrecht frei von einer unablösbaren religiösen Grundlage zu konstruieren. Ein Recht, das Staaten ganz unterschiedlicher Religionen bindet, kann in der Tat nur Wirkung entfalten, wenn es sich nicht mit einer bestimmten Religion identifiziert: Nichtidentifikation, wenn auch nicht Werteindifferenz, als Bedingung der Möglichkeit einer allgemein zugänglichen Völkerrechtsordnung. Die Gefährdung ihres Zusammenhalts und die den einschlägigen Spaltungstendenzen begegnende Arbeit an einer völkerrechtlichen Integrationslehre bilden das Thema meiner Skizze. Sie ist einem der großen Völkerrechtsgelehrten der Gegenwart gewidmet.[1] Angesichts der noch ganz fließenden Situation unserer Zeit trägt Nachfolgendes ganz den Charakter der Vorläufigkeit. Als der normative Maßstab der internationalen Politik hat die Einheit der Völkerrechtsordnung in unserer globalisierten Welt der Raumkonflikte, Handelskämpfe und Religionskriege einen eigenständigen, unentbehrlichen Wert. Die souveräne Gleichheit der Staaten, das Gewaltverbot und die Menschenrechte, der Kern also der Art. 1 und 2 der UN-Charta, bilden die Systemgrundlage dieser Ordnung.[2] Diese Trias dient als Maßstab unserer

---

[1] Vgl. etwa *Delbrück* (Hrsg.), Völkerrecht und Kriegsverhütung, 1979 – ein früher Kieler Tagungsband, zu dem ich auf Einladung des stets dialogbereiten, den Problemen der Gegenwart leidenschaftlich verbundenen Jubilars, der das moderne Völkerrecht pointiert als Werteordnung versteht, als Referent beitragen durfte.

[2] Vgl. *Graf Vitzthum* (Hrsg.), Völkerrecht, 3. Aufl. 2004, 1. Abschnitt. – Auf einem anderen Blatt, nämlich dem des Zusammenhangs von Völkerrecht und staatlichem Recht, steht *Verdross'* Suche nach der „Einheit des rechtlichen Weltbildes auf Grundlage der Völkerrechtsverfassung", 1923. Wiederum ein anderes Thema ist die Frage nach der Einheit

Bestimmung der jeweiligen völkerrechtspolitischen Herausforderung und der korrespondierenden, am Gemeininteresse der Staatengemeinschaft zu orientierenden Integrationsaufgabe.

Die Einheit der Völkerrechtsordnung, die schon Grotius vor vier Jahrhunderten zu wahren suchte,[3] ist in unserer Epoche gefährdeter denn je. Jede der modernen Desintegrationsgefahren setzte oder setzt an einem speziellen Konflikt an: am Kalten Krieg, am Nord-Süd-Konflikt, am *clash of civilizations* sowie, im Schatten des 11. September 2001, am *war on terror*. Den potentiellen völkerrechtspolitischen Spaltern erschien es jeweils nicht möglich, die Konflikte *de lege lata* in ihrem eigenen nationalen oder sonstwie ideologischen Interesse zu lösen. Deshalb schlugen sie, von Lenin bis Präsident George W. Bush, neue Pfade ein, ohne Rücksicht auf den Zusammenhalt der Gesamtordnung. Derartige Versuche eines *divide et impera* ignorieren unsere Maßstabstrias – Staatengleichheit, Gewaltverbot, Menschenrechte – und potenzieren die Desintegrationsgefahr der Völkerrechtsordnung. Risse in dieser Ordnung entstanden im 20. Jahrhundert – und auf diese Epoche beschränkt sich mein Überblick – frühzeitig durch das Propagieren eines sozialistischen Völkerrechts. Bald nach den fünfziger Jahren forderten dann die unterindustrialisierten Staaten ein sie gegenleistungsfrei begünstigendes Entwicklungsvölkerrecht. Normative Spaltungsgefahren gehen heute vor allem vom islamischen Rechts- und Gemeinschaftsdenken aus. Aktuell gefährden zudem Unilateralisierungstendenzen den Zusammenhalt, mit dem „Präemptivkrieg" der US-geführten *coalition of the willing* gegen den Irak im Jahr 2003 als Schlüsselbeispiel.

Wie kann den im Zuge der Re-Ideologisierung („Einheit von Moschee und Staat") und der Re-Militarisierung der internationalen Beziehungen („Wir Amerikaner lieben den Mars, ihr Europäer die Venus") verstärkt auftretenden völkerrechtspolitischen (nicht: realpolitischen) Spaltungsgefahren begegnet werden? Nachfolgende Antwortsuche geht historisch vor. Von der überwundenen sozialistischen Herausforderung (unten I) führt die Skizze über das verblassende Entwicklungsvölkerrecht (unten II) zu der aktuellen islamischen (unten III) und der nicht weniger brennenden hegemonialen Herausforderung (unten IV), bevor abschließend auf jenen grotianischen Nichtidentifikationsansatz und die forschungspoliti-

---

oder Fragmentierung des Völkerrechts. Sie stand im Mittelpunkt der Kieler Tagung 2004. Hier geht es um die Vielzahl von problembezogenen Spezialregimen, die an einem einzelnen Vertrag oder einer bestimmten Internationalen Organisation anknüpfen (Menschenrechtsschutz, Umweltschutz, Seerecht, ILO-Konventionen etc.) und das Völkerrecht in den sich überschneidenden Problembereichen mit ganz unterschiedlicher Geschwindigkeit und Richtung fortentwickeln. Beispiele sind das Spannungsverhältnis zwischen Umweltvölkerrecht und WTO-Recht, zwischen dem Recht der Friedenssicherung und dem Schutz der Menschenrechte, zwischen dem Regime der Geburtenkontrolle und dem des Zugangs zu Medikamenten.

[3] Danach würde das (Natur-)Recht auch gelten, wenn es keinen Gott gäbe. Der eingangs zitierte Satz ist scholastischen Ursprungs, wahrscheinlich von einem spanischen Moraltheologen des 16. Jahrhunderts. *Wieackter,* Privatrechtsgeschichte der Neuzeit, 2. Aufl. 1967, S. 290 Fn. 34 führt den Stammbaum des Gedankens bis zu *Gregor von Rimini* († 1358) zurück.

sche Integrationsagenda, die gerade auch den Jubilar herausfordern sollte, zurückzukommen ist (unten V).

I. Sozialistischer Spaltungsversuch im Ost-West-Konflikt: Delegitimierung von Souveränität, Staatengleichheit und Gewaltverbot?

Die Frage nach der Existenz eines „sozialistischen Völkerrechts" zielte auf den jahrzehntelangen Versuch Moskau-treuer Internationalrechtler, ein Aufspalten des allgemein geltenden Völkerrechts zu betreiben und zu rechtfertigen. Die weltpolitische Wende von 1989/90 und die damit einhergehende rechtsdogmatische und -politische Flurbereinigung beantwortete die Frage schließlich im negativen Sinne, definitiv. Das behauptete „System" sozialistischer Staaten gibt es nicht mehr; im rechtlichen Sinne hat es ein solches auch nie gegeben. Verschwunden ist damit auch der prätendierte Typus besonderer „intersozialistischer Beziehungen". Er diente Moskau als ideologischer Hebel, um Gewaltanwendung gegenüber abweichenden sozialistischen Staaten zu legitimieren, insofern also die Prinzipien der Souveränität, der Staatengleichheit und des Gewaltverbots zu delegitimieren. Die Kreml-These, wonach im „sozialistischen Weltsystem" die Bruderstaaten untereinander nur über eine beschränkte Souveränität verfügten, implementierten die Truppen des Warschauer Paktes blutig, von Budapest 1956 bis hin zu Prag 1968. Worum ging es völkerrechtsdogmatisch?

Während fast des gesamten 20. Jahrhunderts waren gemäß sozialistischer staatstotalitärer Theorie die Staaten die (nahezu) exklusiven Völkerrechtssubjekte.[4] Gemäß dem Basis-Überbau-Theorem, das auch für das Recht allgemein galt, waren sie Herrschaftsorganisationen der sie tragenden Klassen. Insofern war vom Klassencharakter des (Völker-)Rechts die Rede, von einer Welt unauflösbarer Gegensätze. Wie in den innerstaatlichen Gesellschaften die Beziehungen zwischen der herrschenden und der unterdrückten Klasse galten auch die zwischen den bürgerlichen und den sozialistischen Staaten als unversöhnlich antagonistisch. Aus dieser Perspektive – aus der des behaupteten Wegfalls einer globalen (Staaten-)*Gemeinschaft* auf dem Boden der „Ideensolidarität", der intellektuellen Einheit – war die Ordnung des Völkerrechts dreigeteilt. Erstens gab es weiterhin das zwischen den „kapitalistischen" Staaten, den „Kräften der Reaktion", geltende bürgerliche Völkerrecht, das Recht der „Bourgeoisie". Zweitens herrschte, zwi-

---

[4] Vgl. *Schweisfurth,* Socialist Conceptions of International Law, EPIL IV (2000), S. 434 ff.; *Uibopuu,* Socialist Internationalism, ebd., 443 ff.; Völkerrechtslehrbuch der Sowjetischen Akademie der Wissenschaften (1957), 1960 (dt. Übersetzung). – Gegenüber der Erstreckung einer (auch nur partiellen) Völkerrechtssubjektivität auf die Internationalen Organisationen, einschließlich der E(W)G, oder gar auf das Individuum wurde deshalb jahrzehntelang eine äußerst restriktive Haltung eingenommen. Anders stand es mit Völkern und Befreiungsbewegungen. – Das Kieler Institut des Jubilars hat sich schon unter *Menzel* u. a. für die internationalen Beziehungen bei *Marx* und in der parteikommunistischen Theorie interessiert bis hin zum transnationalen historischen Materialismus. Zu Letzterem etwa *Krell,* Weltbilder und Weltordnung, 2. Aufl. 2003, 251 ff.

schen den „fortschrittlichen" Staaten, das neuartige sozialistische Völkerrecht. Drittens galt zwischen Staaten, die unterschiedlichen Systemen angehörten ein Völkerrecht, das begrifflich hilflos als „allgemeindemokratisch" bezeichnet wurde. Im sozialistischen Lager gehe sein Völkerrecht dem allgemeindemokratischen vor; ein gemeinsames Recht mit dem „Rest der Welt" könne es nur vorübergehend geben.[5]

Galt aber jener Grundsatz des proletarischen Internationalismus, der als prätendierter Völkerrechtssatz sowjet-marxistischer Prägung letztlich für die Subordination der einzelnen sozialistischen Staaten unter die UdSSR stand?[6] Die Antwort etwa Theodor Schweisfurths war schon in den siebziger Jahren eindeutig: Ein sozialistisches Völkerrecht in diesem Sinne hat es nie gegeben.[7] Wegen seiner völkerrechtspolitischen Aussichtslosigkeit hatte und hat es auch keine Zukunft. Die souveräne Gleichheit der Staaten und das Verbot zwischenstaatlicher Gewaltanwendung hatten zwischen den sozialistischen Staaten weiterhin Geltung behalten: keine Spaltung der Völkerrechtsordnung, kein Recht jenseits der Grenzen des universellen Völkerrechts. Die Erfolglosigkeit sozialistisch geführter Aufstandsbewegungen in der Dritten Welt, dann das Neue Denken in der Sowjetunion ab Mitte der achtziger Jahre, schließlich der Sturz der kommunistischen Regime in Europa seit 1989 und die Aufnahme der meisten mittel- und osteuropäischen Staaten in den Europarat, in die NATO, in die Europäische Union – all dies hat letztlich bewirkt, dass vom verklungenen Postulat eines „sozialistischen Völkerrechts" keine dogmatische Gefährdung mehr ausgeht.[8]

---

[5] Vgl. *Korowin,* Das Völkerrecht der Übergangszeit. Grundlagen der völkerrechtlichen Beziehungen der Union der Sowjetrepubliken, 1929. *Korowins* Zentralfrage lautete: Wie ist Völkerrecht zwischen einem auf marxistischer Grundlage aufgebautem Klassenstaat und einem bürgerlichen Gemeinwesen möglich; welche Grenzen, welche Besonderheiten ergeben sich für dieses ggf. lagerübergreifende Völkerrecht? – Bzgl. der Rechtsquellen lag der Schwerpunkt der sozialistischen Theorie auf Verträgen. Gewohnheitsrecht wurde als *pactum tacitum* konstruiert, die internationale Gerichtsbarkeit im Prinzip abgelehnt, ebenso die Rechtsquelle der allgemeinen Rechtsgrundsätze.

[6] Erlaubte das postulierte „Prinzip des sozialistischen Internationalismus" unter seinem Subprinzip der „brüderlichen Hilfe" Gewaltanwendung in den intersozialistischen Beziehungen? Waren diese Staaten untereinander hinsichtlich ihrer Souveränität also in dem Sinne beschränkt, dass sie ihr politisches System nicht ohne Zustimmung der KPdSU ändern durften? Das „sozialistische Völkerrecht", so Moskaus zentrale These, erlaubte Hilfeleistung zugunsten eines Bruderstaates, wenn in diesem die Errungenschaften des Sozialismus gefährdet waren. „Alle sozialistischen Staaten sind gleich, die UdSSR als Hort der reinen Lehre ist gleicher", lässt sich diese „Breschnew-Doktrin" in Anlehnung an *George Orwells* „The Animal Farm" karikieren.

[7] Sozialistisches Völkerrecht?, 1979, 109, 539, 560 ff. Vgl. demgegenüber etwa *Turkin,* Völkerrechtstheorie, 1972, 487 f.

[8] Kubanische, nordkoreanische oder chinesische Völkerrechtsansichten werfen mangels eines eigenständigen sozialistischen Staatensystems und mangels einer korrespondierenden Völkerrechtstheorie keine fundamentalen rechts*systematischen* Probleme auf. Gerade die Volksrepublik China hatte die sowjetische Theorie und Praxis von den besonderen innersystemaren Beziehungen politisch und dogmatisch durchgehend bekämpft.

Spaltungsgefahren drohen aus anderen Richtungen. Sie sind rechtspolitisch freilich nicht weniger dramatisch, als es jene sozialistischen sieben Jahrzehnte lang gewesen sind.

II. Entwicklungsvölkerrechtliche Desintegrationstendenzen im Nord-Süd-Konflikt: positive Diskriminierung der Entwicklungsländer statt souveräner Gleichheit der Staaten?

Die Spaltungsgefahren, die seit den sechziger Jahren vom Propagieren eines *droit international du développement*[9] ausgingen, setzten sektoraler an als jene sozialistischen. Auch sollten die rechtspolitischen Änderungen nun im Konsens erfolgen, nicht mehr im Konflikt. Es ging der Dritten Welt um einzelne Inhalte des Völkerrechts, etwa um die Lockerung der Bindung der ehemaligen Kolonien, der „*proletarian nations" of the international community*[10], an das überkommene Gewohnheitsrecht.[11] Nicht handelte es sich, mochten die Befreiungsbewegungen auch das Prinzip des Gewaltverbots herausfordern (Kolonialismus als *permanent aggression*, mit einem „korrespondierenden" – gelegentlich augenzwinkernd reklamierten – „Recht auf Selbstverteidigung"), um „alle" Fundamente der Völkerrechtsordnung als solcher, gar um ein Infragestellen der realpolitischen Kernelemente der Rechtsquellen- oder der Souveränitätslehre.

---

[9] Der Terminus geht zurück auf *Philip,* La Conférence de Genève. Amorce d'un mouvement mondial irréversible, in Développement et Civilisation, 1964, 52 ff. 1965 folgte *Philips* Appell in Association Française pour le Développement du Droit Mondial (Hrsg.), L'adaption de l'ONU au monde d'aujourd'hui, 1965, 129 ff. Hierzu auch *Kaltenborn,* Entwicklungsvölkerrecht und Neugestaltung der internationalen Ordnung, 1998, 19 ff. In der Folge erlangte der Ansatz in der französischen Völkerrechtswissenschaft (im Unterschied zur Realpolitik) einen starken Widerhall.

[10] Vgl. *Bedjaoui,* in: Snyder/Slinn (Hrsg.), International Law of Development: Comparative Perspectives. Some Unorthodox Reflections on the „Right to Development", 1987, 87 (92) („The problems of the ‚proletariat within nations' in their individual dimension must not make us forget the problems of the ‚proletarian nations' of the international community. What we need is an international social law [...]. International cooperation should be the expression of a new international law which, for the wealthiest States, imposes a duty to contribute to the development of the least advantaged States, in a spirit of human solidarity which must henceforward outlaw any idea of exploitation."). Vgl. auch *ders.,* Pour un nouveau droit social international, Yearbook of the A.A.A. 39 (1969), 17 ff.

[11] Wie *Dolzer,* in: Graf Vitzthum (Fn. 2), 6. Abschnitt, Rn. 107 ausführt, suchten die Staaten der Dritten Welt nach Wegen, um ihre wirtschaftliche Entwicklung zu sichern, ohne ihre soeben erst errungene politische Selbstbestimmung aufgeben zu müssen. Sie fürchteten, in die Rolle preisgünstiger Rohstofflieferanten abgedrängt zu werden. So bestanden sie auf „permanenter Souveränität" bzgl. ihrer Naturvorkommen. Vgl. etwa GA Res. 1803 [XVII], Declaration on the Permanent Sovereignty over Natural Ressources, vom 14.12.1962; *Chimni,* The Principle of Permanent Sovereignty over Natural Resources, IJIL 38 (1998), 208 ff.; *Schrijver,* Sovereignty over Natural Resources, 1997.

Völkerrechtspolitische Desintegrationstendenzen folgten aus der mit einer gewissen Sympathie etwa von Maurice und Thibaut Flory[12] systematisierten Forderung nach einer „neuen internationalen Wirtschaftsordnung"[13]. Im Kern ging es dem *tiers-mondisme* um *reverse discrimination* bzw. *affirmative action*. Auf zwei UN-Sondergeneralversammlungen (1974 und 1975) und einer Kaskade ebenso brisanter UNCTAD-Tagungen[14] seinerzeit mit verhandlungsstrategischem Geschick vorgetragen, steht diese rechtspolitische Forderung weiterhin alljährlich auf der Tagesordnung der UN-Generalversammlung[15]. In den Augen der *pays défavorisés* ist dies mehr als ein bloßer Merkposten für vergangene Dritte-Welt-Aufbrüche. Es geht um eine künftige internationale Solidar- und Kooperationsordnung[16], um ein *un droit social international*[17].

---

[12] Unter den französischen Kollegen nahmen neben den Brüdern *Flory* in erster Linie *Colliard, R. J. Dupuy, Feuer, Pellet* und *Virally* diese Gedanken auf. Das Recht der Nord-Süd-Beziehungen wurde Gegenstand diverser Lehrbücher und Monographien. Es bildete den Schwerpunkt größerer Tagungen, vgl. Société Française pour le Droit International (Hrsg.), Pays en voie de développement et transformation du droit international, 1973; Flory/Mahiou/Henry (Hrsg.), La formation des normes en droit international du développement, 1984. Souverän bilanzierend *M. Flory,* Mondialisation et droit international du développement, RGDIP 1997, III, 609 ff.

[13] Vgl. in diesem Kontext vor allem die Resolutionen der UN-Generalversammlung: 3201 (S-VI), Declaration on the Establishment of a New International Economic Order, vom 1.5.1974; 3202 (S-VI), Programme of Action on the Establishment of a New International Economic Order, vom 1.5.1974; 3281 (XXIX), Charter of the Economic Rights and Duties of States, vom 12.12.1974. Einschlägig auch *Bettati,* Le Nouvel Ordre Economique International, 1985; *Feuer,* Les Nations Unies et le NOEI, J.D.I 1977, 606 ff.

[14] Die UNCTAD entwickelte sich nach ihrer Gründung im Jahre 1964 rasch zum Sprachrohr der Entwicklungsländer, zu einer Art „Anti-GATT" (*Carreau,* Le nouvel ordre économique international, J.D.I. 1977, 595 ff.). Erst in den 80er Jahren sank ihr Stern; das WTO-Projekt nahm konkrete Form an.

[15] Zu erwähnen ist auch das „Recht auf Entwicklung", vgl. *Dolzer* (Fn. 11), Rn. 32. Im Jahr 1981 wurde es durch die UN-Generalversammlung gar als „unveräußerliches Menschenrecht" proklamiert, was 1986 in der „Declaration on the Right to Development" (Res. 41/128 vom 4.12.1986) konkretisiert und 1993 in der Wiener Menschenrechtserklärung vom 25.6.1993, ILM 32 (1993), 1663 repetiert wurde. Zu Letzterer *Kunig/Uerpmann,* VRÜ 27 (1994), 32 ff.

[16] Wie anhand der zitierten Konsensbeschlüsse deutlich wird, war das Besondere an dieser Herausforderung die Methode: weniger eine solche der Konfrontation, als vielmehr eine solche der Kooperation, primär bei der Normgebung, also der Versuch, insbesondere durch Generalversammlungsresolutionen (s. o. Fn. 13) fundamental neues („soziales") Völkerrecht zu schaffen. Letztlich scheiterte dieser Ansatz. Es kam zu keiner Erweiterung des Kanons der Rechtsquellen (Art. 38 IGH-Statut), obwohl es etwa *M. Flory* „déraisonnable" erschien, „de considérer une résolution votée à l'unanimité comme dénuée de toute signification. C'était la seule façon pour les pays défavorisés d'attirer l'attention sur leur problème. L'idée que la paix passait par le développement n'avait rien de contraire au droit international même si elle ne s'exprimait qu'à travers des recommandations."

[17] Vgl. *M. Flory,* Droit International du Développement, 1977, 14, 16, 23. In aktueller Terminologie ging es darum, „dem Prozess der Globalisierung eine stärkere soziale Dimension zu verleihen" (Erwägungsgrund 3 der Präambel des Cotonou-Abkommens zwischen AKP- Staaten und der EG, vom 23.6.2000 (Amtsblatt L 317 vom 15.12.2000)).

Kann man heute noch von „Entwicklungsvölkerrecht" bzw. von einer entsprechenden rechtspolitischen Herausforderung sprechen? Im Umweltvölkerrecht hat sich das Konzept „Sonderkriterien für Dritte-Welt-Länder" partiell durchgesetzt. *Common but differentiated responsibilities* lautet die entsprechende Rechtsfigur. Sie zielt auf eine pflichtenbezogene Minderbelastung der erst am Beginn der Industrialisierung stehenden Länder im Vergleich zu einer Mehrbelastung der Industriestaaten.[18] Im internationalen Seerecht, etwa im Fischerei- und im Festlandsockelrecht, finden sich seit den späten siebziger Jahren ebenfalls Privilegierungen der Entwicklungsländer als solcher. Weitere derartige Ansätze, die das umfassende Ziel der positiven Diskriminierung sektoral zu verwirklichen suchen, gibt es im Welthandels- und im internationalen Finanzrecht (etwa Schuldenerlass und *soft loans* für die ärmsten Länder).[19] Der ideologische, potentiell systemdestabilisierende, damit letztlich kontraproduktive Lärm der Forderung nach globaler *reverse discrimination,* niedergelegt etwa in der Charter of the Economic Rights and Duties of States[20], freilich ist verhallt. An seine Stelle[21] trat das murmelnde *tête-à-tête* der Experten. Sie bearbeiten Sektor für Sektor – Medien, Gesundheit, Wasser, Weltraum, geistiges Eigentum, Ernährung usw. –, auch in der Absicht, den besonderen Bedürfnissen und Interessen der Entwicklungsländer (partiell) entgegen zu kommen. Am Stützpfeiler des gemeinsamen Rechtsgefüges – der souveränen Gleichheit der Staaten – sägen sie nicht.

Völkerrechtspolitisch war jener Vorstoß, denkt man an das Engagement zumal der *auteurs tiers-mondistes* Bedjaoui, Bennouna und Benchikh, womöglich Europas und des Maghrebs „letztes Hurra". Die aktuellen Gefahren für die Einheit der Völkerrechtsordnung sind außereuropäischen Ursprungs. Es sind islamische bzw. US-amerikanische Herausforderungen.

---

[18] Vgl. *Graf Vitzthum,* in: Graf Vitzthum (Fn. 2), 5. Abschnitt, Rn. 107; Centre for International Sustainable Development Law (Hrsg.), Sustainable Development Law: Principles, Practices and Prospects, 2004.

[19] Vgl. *Dolzer* (Fn. 11), Rn. 107 ff.

[20] GA Res. 3281 (XXIX) vom 12.12.1974 (Fn. 13). Diese rechtlich nicht verbindliche Charta wurde ohne Zustimmung der Industrieländer verabschiedet. Bereits in den Jahren 1961 und 1971 hatte die Generalversammlung jeweils Entwicklungsdekaden ausgerufen, ohne durchschlagenden Erfolg. Desintegrationsgefahren für die Völkerrechtsordnung hingen mit einigen („tyrannischen") Mehrheitsentscheidungen zusammen, nicht mit den einstimmig bzw. im Konsens verabschiedeten Texten. Letztere denunzierten die *auteurs tiers-mondistes*, soweit sie auf ein revolutionär neues Völkerrecht abzielten, dann als neokolonial.

[21] Die Herausforderung verlor spätestens in dem Moment an Gewicht, in dem die Zweite Welt und damit eine Gegenposition entfiel, *Daillier/La Pradelle/Ghérari*, Droit de l'économie internationale, 2004, 16, Rn. 29. Das Ende des Ost-West-Konflikts und die sich damit eröffnenden Chancen für eine Neubelebung des Nord-Süd-Dialogs inspirierten andererseits die völkerrechtspolitische Debatte zwischen Industrie- und Entwicklungsländern, *Kaltenborn* (Fn. 9), 21. Dies zeigt etwa die Suche von Vertretern beider Staatengruppen nach konsensfähigen Resultaten auf diversen, von der UNO seit 1990 veranstalteten „Weltkonferenzen".

III. Islamische Desintegrationsgefahr im „Zusammenprall der Kulturen": Religions- und „umma"-Orientierung statt Säkularrechts- und Staatsfundierung der Völkerrechtsordnung?

Die Frage nach der Einheit der Völkerrechtsordnung wird heute nicht in einem realpolitischen, wohl aber in einem rechtssystematischen Sinn vom islamischen Rechts- und Gemeinschaftsverständnis aufgeworfen.[22] Die Einheitsfrage besitzt insofern auch eine religiös-politische Dimension. Herausgefordert sieht sich die überkommene Staatsorientierung des Völkerrechts und seine, wie erwähnt, bereits von Grotius ins Auge gefasste Nichtidentifikation mit religiösen Autoritäten. Bedroht also der Islam, genauer: bedrohen Elemente der islamischen Rechts- und Gemeinschaftsvorstellung die Einheit des Völkerrechts als einer säkularen, primär staatsorientierten Rechtsordnung? Stehen wir seit den ab Mitte der sechziger Jahre einsetzenden Reislamisierungstendenzen an der Schwelle eines neuen, eines postsäkularen, gar postnationalen Zeitalters?

Das islamische Recht[23] beruht im Kern auf der Maxime: Gottes Wille, ausgedrückt im Koran und in der authentischen Überlieferung und normativen Praxis des Propheten, der *sunna*, ist die höchste Regel. Den Satz „Mein Reich ist nicht von dieser Welt" hat Mohammed nie geäußert. Grotius' vorsichtige Überlegung, dass man vielleicht auch ein Recht ohne Gott denken könne, muss strenggläubigen Muslimen als Gotteslästerung erscheinen.[24] In ihrer Theorie unterliegt das Recht den Prinzipien der *scharia*, der Hauptquelle der Gesetzgebung. Mit ihr sollen, theoretisch, die staatlichen Gesetze vereinbar sein. Wer alles Recht auf den geoffenbarten Willen Gottes als dem Inhaber der Souveränität zurückführt,[25] dem

---

[22] Vgl. *Salem,* Islam und Völkerrecht, 1984; *Pohl,* Islam und Friedensvölkerrechtsordnung, 1988; *Mikunda Franco,* Das Menschenrechtsverständnis in den islamischen Staaten, JöR 44 (1996), 205 ff. Zur Natur der *scharia Wichard,* Zwischen Markt und Moschee, 1995. Zur historischen Entwicklung und Systematik bahnbrechend *Schacht,* An Introduction to Islamic Law, 1964; *Coulson,* Conflicts and Tensions in Islamic Jurisprudence, 1969. Zur islamischen Offenbarung, dem Interpretationsprivileg der Religionsgelehrten und der einschlägigen Gesetzgebung und Rechtsprechung Tellenbach/Haustein (Hrsg.), Beiträge zum Islamischen Recht IV, 2004.

[23] „Den Islam" gibt es nicht. Es existieren nur islamische Staaten oder Gemeinschaften sowie muslimische Individuen (Schiiten, Sunniten etc.). Nichtmuslime müssen aufpassen, nicht ihre eigenen Begriffe den Muslimen überzustülpen. Zugleich müssen sie sich ihrerseits gegen Pauschalurteile verwahren.

[24] Als die theoretische Verkörperung der Gemeinschaft der Muslime besitzt das islamische Gemeinwesen mit dem Islam als religiös-politischer Ordnung eine besondere Qualität – ein Problem auch für die völkerrechtliche Grundregel der souveränen Gleichheit der Staaten. Das gilt jedenfalls für die Staaten, die nicht nur eine muslimische Bevölkerung, aber kein flächendeckendes islamisches Recht aufweisen, wie etwa Ägypten, sondern in denen auch, wie etwa Iran, das islamische Recht gilt.

[25] Den Gläubigen ist die Souveränität nach dieser Sicht nur treuhänderisch überlassen. Koran und *sunna* bilden die normativen Texte der Offenbarung. In der Sekundärliteratur wird das „klassische" islamische Recht z. T. „essentialisiert", nur um es hinterher um so leichter als Bedrohung westlichen Rechtsdenkens kritisieren zu können. Daß sich das

müssen Menschenrechte, die religiös motiviertem Zugriff entzogen sind, problematisch erscheinen, zumindest soweit sie in Differenz zu den Lehren des Islam stehen. Jedenfalls das *klassische* islamische Recht trennt die geistlichen Angelegenheiten nicht deutlich von den weltlichen. Originäre Regelungsgegenstände sind der Glaube, das religiös-soziale Zusammenleben der Muslime sowie die (untergeordnete) Stellung der Angehörigen der anderen (älteren) Buchreligionen, also der Juden und der Christen. Grundprinzipien einer demokratischen Ordnung werden bejaht, nicht nur in dem im Prinzip säkularen türkischen Staat. Eine liberale Grundhaltung freilich, die auch religiöse Indifferenz, gar eine Abkehr von den axiomatischen Glaubensvorstellungen oder den Anschluss an eine andere Religionsgemeinschaft zulässt, wird prinzipiell abgelehnt: Pluralismus nur in den Grenzen des Islam.[26] Religionsfreiheit etwa für Christen im modernen verfassungsstaatlichen Sinne gibt es selbst in der Türkei nicht (wohl aber z. B. in Aserbaidschan)[27]. Was im Koran steht – an seinem wörtlichen Verständnis wird vor allem von den Sunniten strikt festgehalten –, ist diskussionsverbietende Wahrheit.

Diese Zusammenhänge führen, wenn die Transpositionen der hermetischen Rechtssprache des Islam nicht täuschen (dieser Irrtumsgefahr kann eigentlich nur derjenige begegnen, der, im Unterschied zu mir, zumindest arabisch kann), zu Umsetzungsschwierigkeiten, erstens, bei den UN-Menschenrechtspakten von 1966, an die sich praktisch alle muslimischen Staaten gebunden haben, seit 2003 auch die Türkei, die freilich dem Rom-Statut noch nicht beigetreten ist. Probleme mit dem Konzept vom Individuum – es gibt über eine Milliarde Muslime in der Welt – als des Trägers der Menschenrechte und als eines partiellen Völkerrechtssubjektes liegen in jedem System göttlichen Rechts auf der Hand, erst recht in einem *scharia*-Staat. Gleiches gilt beim Islam bezüglich der Herausbildung offener, liberaler Gesellschaften, jedenfalls gegenüber dem Absolutheitsanspruch von religiösen Fanatikern. Auch die Kooperation mit internationalen Gremien (Menschenrechtsausschuss, UN-Menschenrechtskommission etc.) bleibt insofern defizitär. Ein Beispiel ist die Todesstrafe. Die seinerzeit u. a. von der Bundesrepublik Deutschland in der UNO lancierte Initiative für ein weltweites Verbot der Todesstrafe hat mit der Annahme des Zweiten Fakultativprotokolls zum Internationalen Pakt über bürgerliche und politische Rechte im Jahr 1989[28] zwar ihren formell

---

islamische Recht in einem höchst komplexen Proceß historisch entwickelt hat, wird so ungenügend berücksichtigt.

[26] Vgl. *Krämer,* Gottes Staat als Republik, 1999, 49 ff.; *Peters,* Jihad in Medieval and Modern Islam, 1977; *ders./de Vries,* Apostasy in Islam, in: Die Welt des Islam, XVII, 1–4 (1977), 2 ff.

[27] Ein Verständnis der staatlichen Obrigkeit als (auch strafrechtliche) Garantin der Religion setzt eine Staat-Religion-Einheit voraus, die mit der menschenrechtlichen wie verfassungsstaatlichen Religions-, Meinungs- und Wissenschaftsfreiheit prinzipiell nicht kompatibel ist. Zudem ist in islamischen Ländern auch die Zivilgesellschaft religiös geprägt, also keineswegs das, was man sich im „Abendland" darunter vorstellt. Fehlt in islamischen Gesellschaften damit auf Dauer der Freiraum für die laizistische Vernunft, den die Aufklärung in Europa schuf?

[28] BGBl 1992 II, 391.

erfolgreichen Abschluss gefunden. Vom Koran für einige Delikte als absolute Sanktion vorgesehen, ist die Todesstrafe in vielen islamischen Ländern aber einfach nicht zum Thema zu machen (mag der Vollzug der Strafe dann auch ausgesetzt werden). In einer Offenbarungsreligion, so eine unter Muslimen verbreitete Überzeugung, können gottgegebene Institute und Regeln, etwa bezüglich der Konsequenzen eines Abfalls vom Glauben, durch keine menschliche Instanz abgeschafft werden, schon gar nicht durch einen zeitlich begrenzten Herrscher. Insofern gibt es auch verbreitete Zweifel an der Säkularisierungs- und Reformfähigkeit islamischer Gemeinwesen. Die Teilnahme des Iran am internationalen Menschenrechtsdiskurs, etwa über die Rechte der Frau oder das Verbot der Folter („Demokratie ist, wo nicht gefoltert wird" [Willy Brandt]), gerät seit der islamischen Revolution von 1979 jedenfalls immer wieder ins Stocken.

Schwierigkeiten der Vereinbarkeit mit dem Gewaltverbot des Völkerrechts folgen, zweitens, aus dem *djihad,* dem Glaubensgrundsatz vom Kampf. Er besitzt auch eine militärische Dimension. Für Muslime mag der Kampf gegen Ungläubige, was nicht seine Schrankenlosigkeit bedeutet, *de facto* eine Art *bellum iustum* sein. Dieses Thema ist freilich zu bekannt (und angesichts des *djihad*-Terrorismus auch zu komplex), als dass es in unserer knappen, vorläufigen Skizze vertieft werden könnte.[29]

Eine vielleicht weniger bekannte, jedenfalls spezifische Herausforderung des Islam für eine allen zugängliche Völkerrechtsordnung liegt, drittens, in seiner *umma*-Zentrierung. Das klassische, nach wie vor prägende islamische Recht ist, eine konzeptionelle Besonderheit, auf ein Universalgemeinwesen hin orientiert. Ihm sind im Laufe der Zeit durch Mission und *djihad* möglichst alle Mitglieder der Menschheitsfamilie einzugliedern. Als Ideal anerkannt wird die januskörfige *umma,* die politisch-religiöse Einheit aller Muslime. Sie ist die Trägerin der abgeleiteten Souveränität. Nicht der Staat als politische Entscheidungseinheit, als weltliche juristische Person und als Träger der Souveränität im zwischenstaatlichen Verkehr steht im Vordergrund, sondern die transnationale Religionsgruppe, die Gesinnungsgemeinschaft, die Gesamtheit der Gläubigen, der überethnische Personenverband. Die ideale *umma* sorgt egalitär und solidarisch für alle ihre Mitglieder wie eine Mutter für alle ihre Kinder: die Familie als Mikrokosmos auch der „Weltumma". Die islamischen Völker insgesamt bilden, dieser Theorie nach, eine politische Gemeinschaft, nicht nur eine spirituelle Einheit, mit dem Koran als „islamischer Verfassung"[30]. Dieses *umma*-Konzept im Allgemeinen sowie das Fernziel einer „globalen *umma*" im Besonderen führen zu Gegensätzen zwischen dem

---

[29] Gemäß *mittelalterlicher* islamischer Lehre ist die Welt zweigeteilt: in das Territorium des Islam, in dem Frieden herrscht, und in das von den Ungläubigen bewohnte „Gebiet des Krieges". Mit dem (Selbstbegrenzungs-)Schema von rechtlich anerkannten Beziehungen zwischen Staaten auf der Basis souveräner Gleichheit gerät dieses Schema in Konflikt. Insofern ist teilweise, trotz Abschwächungsversuchen moderner islamischer Juristen, von einem gleichheitswidrigen Anspruch der formal unaufgebbaren Lehre zu sprechen.

[30] Er enthält freilich keine einzige Verfassungsnorm im modernen Sinne.

Völkerrecht als Zwischen-Staaten-Recht, das auf der souveränen Gleichheit seiner staatlichen Subjekte – eben der Staaten als Organisationen – aufbaut, einerseits und, andererseits, dem Konzept eines Rechts, bei dem der Akzent auf den Beziehungen zwischen staatenübergreifenden, religiös homogenen Personalkörperschaften liegt. Spannungen werden damit auch in die zwischenstaatliche Weltorganisation einschließlich Weltbankgruppe und WTO hineingetragen, teilweise auch in die regionalen Internationalen Organisationen. Die gemeinsame völkerrechtliche Grundlage der Beziehungen zwischen den muslimisch geprägten Gemeinwesen einerseits und dem „Rest der (Staaten-)Welt" andererseits ist insoweit wenig belastbar.[31]

Der real existierende Islam ist freilich, jedenfalls *in politicis, pragmatisch*. Die wenigen Verfassungen islamischer Staaten, die sich überhaupt zur globalen und regionalen Einbindung äußern, gehen der Realität entsprechend vom Nebeneinander mehrerer Staaten aus. Mit der Existenz nichtislamischer Staaten haben sich selbst die Islamisten abgefunden, sogar mit der Vielzahl muslimischer *Einzel*staaten. Die *Staaten*gemeinschaft wird als Ausgangspunkt anerkannt, mag auch das Endziel die Auflösung alles organisiert Staatlichen in einer Weltgemeinschaft sein. Die islamischen Staaten beteiligen sich zudem – freilich begrenzt, zurückhaltend und unstetig – an der fortschreitenden Entwicklung des Völkerrechts und seiner Kodifizierung. Auch haben sie bislang nicht versucht, ihre Glaubensgrundsätze in das universelle Völkerrecht einzubringen oder ein islamisches Staaten*system* (mit, wie seinerzeit im sozialistischen Lager, prätendierten rechtlichen Sonderbeziehungen im innersystemaren Bereich) zu konstruieren. Die Aufnahme der „allgemein anerkannten Menschenrechte" in die Präambel der 1992 geänderten Verfassung von Marokko etwa, eines, wie es dort heißt, „souveränen muslimischen Staates mit arabischer Staatssprache", der „einen Teil des Großen Arabischen Maghreb bildet", ist ein weiteres positives Zeichen.

Was kann der Westen, was kann das Konzept der rechtsstaatlichen Demokratie im islamischen Teil der Welt bewirken?[32] An der Aufgabe einer dauerhaften

---

[31] An der Herausbildung des modernen Staatsbegriffs in den konfessionellen Bürgerkriegen des 16. und 17. Jahrhunderts in Europa war der Islam nicht beteiligt. An der am Ende dieser Entwicklung stehenden grundsätzlichen Trennung von Religion und Staat sowie an der prinzipiellen Differenz von Staat und Gesellschaft fehlte es im traditionellen islamischen Denken, ja noch bis hinein ins 19. Jahrhundert. Damit wurde die strukturelle Vereinbarkeit des islamischen Rechts – Modellfall eines religiösen Rechtssystems, mit der Religion als wichtigster Legitimierung der politischen Ordnung – mit dem modernen Völkerrecht und somit die Einheit dieser Rechtsordnung zum Problem.

[32] Optimistisch *Feldman*, After Jihad, 2003, 6 f.: „Islam is not inherently committed to the overthrow of Western ideals. To the contrary, many [...] Muslims find the combination of Islamic ideals and democratic values appealing [...] Muslims are also embracing the ideals of self-government and freedom associated with democracy [...] Wherever advocates have been free to speak [...] in the name of Islamic democracy, they have found an eager democracy." Ebd., 11 ff.: „Islamic democracy is not a contradiction, because secularism of the Western variety is not a necessary condition of democracy." – Insofern gibt es keineswegs nur die Alternative: entweder Muslimsein aufgeben (und säkular wer-

„Einhausung" der *umma*-zentrierten islamischen Gemeinwesen[33] in die staatenorientierte internationale Gemeinschaft haben alle – auch selbstkritisch – zu arbeiten, um der Einheit der Ordnung des Völkerrechts willen.

IV. Unilateralisierungsgefahren in der Ära US-amerikanischer Hegemonie: Relativierung des Gewaltverbots durch den „war on terror"?

Eine realpolitisch größere Gefahr für die Einheit der Völkerrechtsordnung bilden Konzepte, die die USA im Kontext ihres *war against terrorism* entwickelt haben. Hier geht es primär um *preventive* und *preemptive self-defense* (eine Art „früher" Präventivschlag), also um eine nach geltendem Völkerrecht höchst bedenkliche Überdehnung des Selbstverteidigungs-, Gegenschlags- und Nothilferechts.[34] Russland hat nach dem Massaker von Beslan diese „Bush-Doktrin" aufgegriffen und Präventivschläge gegen Terroristen angekündigt, wo immer in der Welt (etwa in Georgien) sich diese befinden.

Preemptive strikes mögen in einer unverschuldeten Notlage unter besonderen Umständen noch vom Selbstverteidigungsrecht gedeckt sein. Dies gilt aber, lässt man sich auf diese semantischen Feinheiten überhaupt ein, nicht generell von *preemptive self-defense*, kann also militärische Aktionen jedenfalls gegenüber nicht unmittelbar bevorstehenden oder nicht beweisbaren Bedrohungen nicht recht-

---

den) oder als Muslim modernes Rechts- und Staatsdenken bekämpfen. Dies ist eine Irrsinnsalternative (entweder Säkularismus oder Islamismus), die viele Muslime ebenso ablehnen wie viele Christen.

[33] *Feldman* (Fn. 32), 20 f.: „The word *Islam* [implies] a recognition of God's ultimate sovereignty – a sovereignty that places all people on equal footing before the divine Majesty. To mistreat one's fellows not only violates their rights but offends God. Muslims serve God alongside other Muslims who are their equals and partners in the creation of the Muslim society."

[34] *Delbrück,* The Fight against Global Terrorism: Self-Defense or Collective Security as International Police Action? Some Comments on the International Legal Implications of the „War Against Terrorism", GYIL 44 (2001), 9 ff.; *Bothe,* Terrorism and the Legality of Pre-emptive Force, EJIL 14 (2003), 227 ff.; *ders.,* in Graf Vitzthum (Fn. 2), 8. Abschnitt. Auch die humanitäre Intervention verstößt, trotz fortschreitender Internationalisierung des Menschenrechtsschutzes, prinzipiell nach wie vor gegen das Gewaltverbot, *Liebach,* Die unilaterale humanitäre Intervention im „zerfallenen Staat" („failed State"), 2004, 257 f. – Zum Kontext *Münkler,* Die Neuen Kriege, 6. Aufl. 2003; *Müller,* Amerika schlägt zurück. Die Weltordnung nach dem 11. September, 2003; *Clarke,* Against All Enemies. Der Insiderbericht über Amerikas Krieg gegen den Terror, 2004. Aus völkerrechtlicher Sicht: *Charney,* Terrorism and the Right of Self-Defense, AJIL 95 (2001), 835 ff.; *Franck,* ebd., 839 ff.; *Greenwood,* International Law and the „War Against Terrorism", International Affairs 78 (2002), 301 ff.; *ders.,* International Law and the Pre-Emptive Use of Force, San Diego Int. L.J. 4 (2003), 7 ff.; *Streinz,* Wo steht das Gewaltverbot heute? Das Völkerrecht nach dem Irakkrieg, JöR 52 (2004), 219 ff.; *Benvenisti,* The US and the Use of Force: Double-edged Hegemony and the Management of Global Emergencies, EJIL 15 (2004), 677 ff.; Byers/Nolte (Hrsg.), United States Hegemony and the Foundations of International Law, 2003.

fertigen. *Anticipatory defense* mag ausnahmsweise unter das naturgegebene Selbstverteidigungsrecht (Art. 51 UN-Charta) fallen – alles Übrige ist, liegen die Ausnahmeelemente nicht vor, Aggression, ist hegemonialer Unilateralismus, mag dieser auch auf ein geändertes Verständnis der Weltpolitik bzw. der perzipierten Bedrohungslage (Massenvernichtungswaffen in der Hand von Diktatoren oder Terroristen etc.) seit dem 11. September zurückgehen. Hier, beim unilateralen Postulieren und Anwenden neuer Institute zur militärischen Terrorismusbekämpfung (oder beim „Wiederentdecken" alter Institute aus dem 18./19. Jahrhundert wie *guerre de précaution* und *guerre préventive*), liegt die aktuellste völkerrechtspolitische Herausforderung. Natürlich verfolgt die *Bush*-Administration auch imperiale Interessen im Namen einer Mission des viel zitierten „Fortschritts im Bewußtsein der Freiheit". Der Unilateralismus jedoch entspricht kaum dem von *Hegel ex post* entschlüsselten, objektiven Geschehen der Weltgeschichte als Weltgericht.

Gefahren der Desintegration der internationalen Rechtsordnung können eben auch von den „Leuten des Evangeliums und der Thora" ausgehen. Die rechtspolitischen Zentrifugalkräfte werden vor allem in dem Moment wirksam, in dem diese Staaten mit christlich-jüdischem Hintergrund das Recht „kulturkämpferisch" mit ideologischen, quasi-religiösen oder gar konfessionellen Gehalten aufladen, etwa einem messianischen Sendungsbewusstsein oder christlichen Autoritarismus huldigen. Spaltungsgefahren drohen ebenso, wenn das Völkerrecht, etwa um künftigen Terroranschlägen zuvorzukommen, kurzfristig und womöglich kurzsichtig, nämlich die Systemfolgen für die Rechtsordnung als solche ignorierend, fallbezogen uminterpretiert wird. Das kann z. B. beim Einsatz militärischer Gewalt ohne UN-Mandatierung der Fall sein.[35]

Grotius, der Vater des klassischen Völkerrechts, hatte im eingangs zitierten Werk „De iure belli ac pacis", das er als (religions-)politischer Flüchtling in Paris erscheinen ließ, eine überzeugende Antwort auf unsere Unilateralisierungs- und Präventionskriegs-Fragen[36] gegeben:

---

[35] Auch der Erhalt des politischen Gleichgewichts rechtfertigt demnach keinen Präventionskrieg. Noch 1870 hatte etwa *Adolphe Thiers*, erster Präsident der Dritten Republik, versucht, unter Rückgriff auf den Präventionsgedanken die staatliche Einheit Deutschlands durch Intervention der Großmächte zu verhindern. Eine Einigung Deutschlands brächte „pour l'Europe le chaos, pour la France le troisième rang!" Mit ähnlicher Argumentation wehrt sich heute etwa Italien gegen eine Reform des UN-Sicherheitsrates, die Berlin vorübergehend ggf. eine stärkere Stellung als Rom gäbe – so uneinig ist Europa auch in einer Ära, die sich insgesamt von einem effektiven Multilateralismus abzuwenden scheint. Die bloße Rückwendung zu älteren Schemata (vgl. *Weil*, Vers une normativité relative en droit international, RGDIP 1982, I, 5 ff.) wird die bedrohte Einheit der Völkerrechtsordnung freilich nicht stabilisieren können. Darin gehe ich mit dem Jubilar einig, vgl. *Delbrück*, Die Konstitution des Friedens als Rechtsordnung, 1996, 318 ff. Letztlich zuversichtlich auch *Franck*, The Power of Legitimacy among Nations, 1990.

[36] Das vertrauensvolle Abstellen u. a. auf die „göttliche Vorsehung" war ein Grund für *Grotius'* Zurückhaltung gegenüber einem Widerstandsrecht des Volkes. – Zu aktuellen „kulturkämpferischen" Herausforderungen *Kepel*, The War for Muslim Minds: Islam and

llud vero minime ferendum est quod quidam tradiderunt, jure gentium arma recte fumi ad imminuendam potentiam crescentem, quae nimium aucta nocere posset [...] Ita vita humana est, ut plena securitas nunquam nobis constet. Adversus incertos metus à divina providentia, & ab innoxia cautione, non à vi praesidium pretendum est.

In keinem Falle aber ist es zulässig, wie einige behaupten [etwa Alberico Gentili], dass nach dem Völkerrecht ein Krieg begonnen werden dürfe, um das Anwachsen einer Macht, welche später schädlich werden könnte, zu verhindern [...]. Das menschliche Leben ist so, dass eine vollkommene Sicherheit niemals vorhanden ist. Gegen ungewisse Übel muss der Schutz bei der göttlichen Vorsehung oder durch unschädliche Bürgschaften gesucht werden, aber nicht durch Gewalt.

V. Aufgabe der Wissenschaft: Arbeit an einer Integrationslehre des Völkerrechts

Integrationspolitisch mag sich auf den zweiten Blick gerade der Schutz der Menschenrechte als Element einer Zukunftsagenda erweisen. Zu erinnern ist an die bekannte islamische These, wonach die Idee der Menschenrechte als Teil des Menschheitserbes, auf das der Westen kein Monopol besitze, zu verstehen sei. Diese These ist geeignet, den immer wieder neu zu begründenden und zu sichernden Anspruch auf Universalität der Menschenrechte zu untermauern – ohne den jüdisch-christlichen Glauben ins Abseits zu drängen. Eine alleinige Ableitung der Menschenrechte aus der abendländischen Tradition, letztlich aus dem *Ius Publicum Europaeum* und dem klassischen Gedankengut der Aufklärung, könnte ihre Universalität gefährden. Jene islamische These, verständig formuliert (was nicht der Fall ist bei der gelegentlichen Einlassung, dass der Westen die Menschenrechte erst nach der Aufklärung „entdeckt" habe, der Islam schon vor 1.400 Jahren), kann damit das Einpassen des Menschenrechtskonzepts in die spezifischen islamischen Gemeinschafts- und Rechtsvorstellungen erleichtern. Einer Integrationslehre des Völkerrechts hilft das auf.[37]

---

the West, 2004, einerseits und *Rose,* Guantamano Bay. Amerikas Krieg gegen die Menschenrechte, 2004, andererseits. Zum Kontext *Ross,* The Missing Peace. The Inside Story of the Fight for the Middle East Peace, 2004; *Kepel,* Jihad, Expansion et decline de l'islamisme, 2000.

[37] Die universelle Ordnung wird nach wie vor herausgefordert, gewiss, zumal durch den Terrorismus. Dieses Feld ist mit jenem der islamischen Herausforderung aber keineswegs deckungsgleich. Hier zeigen sich Risse in den Fundamenten der Rechtsordnung: Relativierung des Gewaltverbots (seitens des prätendierten Hegemons), Ignorierung der souveränen Gleichheit der Staaten, Abschwächung des Menschenrechtsschutzes. Das Recht der Staaten auf das Ergreifen von Gegenmaßnahmen, einschließlich der schon von *Emer de Vattel* Mitte des 18. Jahrhunderts geforderten *légitimité des moyens,* ist offensichtlich in rascher, unkoordinierter Bewegung. Es knistert im rechtssystematischen Gebälk. Hier hat die Integrationsarbeit anzusetzen. Hoffnungen lassen sich an dem Umstand festmachen, dass nicht nur die Strömungen im Islam, sondern auch die Charaktere der muslimischen Staaten, von Algerien bis Indonesien, von Usbekistan bis Albanien, politisch wie rechtlich keineswegs einheitlich sind. Von den Resten der sozialistischen Staatenwelt gilt nichts anderes. Heterogenität aber kann rechtspolitisches Spaltungspotential entschärfen: *safety in numbers.* Die rechtsdogmatischen Probleme des „Fundamentalismus" waren im sozialistischen Lager

Um ihre relative Einheit zu wahren, ist die Völkerrechtsordnung – davon hängt der Erfolg aller Integrationsarbeit ab – zur *Zurückhaltung* aufgerufen, zur Konzentration auf ihren einleitend erwähnten systembildenden universellen Kern: auf Staatengleichheit, Gewaltverbot, Menschenrechte. Die Vorbehalte muslimischer Staaten zu Menschenrechtsverträgen sprechen insofern beredt. Gefährlich ist es auch, wenn immer mehr Menschenrechte argumentativ in den Rang von *ius cogens* gehoben werden. Es dürfen auch nicht immer opulentere Menschenrechte einer „dritten Generation" und immer ausgreifendere Verpflichtungen als solche *erga omnes* postuliert werden. Nur die *grundlegenden* Menschenrechte (und das Gewaltverbot) sind einschlägig geschützt, die Freiheit von Sklaverei und von Folter etwa. Ihre weltweite Durchsetzung bleibt ohnehin ein Desideratum. Von einem „Menschenrecht" auf Ernährung oder Entwicklung[38], auf sozialpolitische Solidarität oder auf klares Wasser lässt sich schlechterdings nicht sprechen. Auf der Einhaltung auch der scheinbar technischen Justizgrundrechte dagegen (Recht auf Verteidiger, Pflicht zur Information von Angehörigen nach Festnahme etc.)[39] ist strikt zu beharren, in Syrien ebenso wie in Guantánamo.

In seinen unentbehrlichen *Fundamenten*, nicht in seinen einzelnen Ausprägungen oder gar in seinen rechtspolitischen Projektionen muss das Völkerrecht als die universale und säkulare normative Weltordnung seine Einheit wahren.[40] Die Aufgabe, eine detaillierte Ordnung im Sinne materieller Gerechtigkeit herzustellen, würde die internationale Rechtsordnung überfordern. Das Völkerrecht bleibt eine im Schwerpunkt nach wie vor zwischenstaatliche Koexistenz-, Kooperations- und (ansatzweise) Legitimationsordnung. Der Weg bis zum Entstehen einer weltstaatlichen Solidarordnung ist noch unübersehbar weit. Jedes Überziehen des Koopera-

---

freilich geringer als sie es heute im islamischen „Haus" sind. Der Sozialismus war keine Offenbarungsreligion. Korrekturhoffnungen gibt es gleichwohl, auch bezüglich des hegemonialen Unilateralismus (dazu bereits aus historischer Sicht *Dehio*, Gleichgewicht oder Hegemonie, 1948 [seine Hoffnung auf Europa setzend, 235: „ein freies System artverwandter und konkurrierender Staaten, das sich keiner Vormacht eines seiner Glieder beugen will"]): Washington hat nach einer Phase realitätsvergessener Selbstüberschätzung die Unentbehrlichkeit einer UN-Legitimation und Nato-Kooperation erkannt, jedenfalls für die Re-Etablierung der staatlichen Ordnung im Irak.

[38] Vgl. *Worku,* Entwicklungstendenzen des regionalen Menschenrechtsschutzes. Die Afrikanische Charta der Rechte des Menschen und der Völker, 2000, 89 ff.

[39] Vgl. *Grabenwarter,* Right to fair trial and terrorism, in Société Française pour le Droit International, 2004, 211 ff.; *Stahn,* International Law at a Crossroads?, ZaöRV 62 (2002), 184 ff.; *von Schorlemer,* Human Rights: Substantive and Institutional Implications of the War Against Terrorism, EJIL 14 (2003), 265 ff.

[40] Hinter dem speziellen Problem eines etwaigen Zerfallens seiner Ordnung in unkoordinierte, widersprüchliche, die Gesamtordnung letztlich auflösende Teilordnungen stehen generelle Zweifel an der fortbestehenden Universalisierbarkeit von Werten, Normen, Institutionen. Beim Spaltungsproblem geht es insofern letztlich um die Zukunft des Völkerrechts: um religionsübergreifende Einheit oder Aufspaltung entlang den Bruchlinien der Großmächte, Großideologien, Weltreligionen.

tionsansatzes[41], jeder verbale Idealismus ohne substantiierten Realismus schürt falsche Erwartungen und wirkt letztlich desintegrierend. Eine Übereinstimmung in allen Schlüsselfragen – Voraussetzung einer materiell angereicherten Rechtsordnung – wäre nur in der irrealen *civitas maxima* eines Christian Wolff gegeben.[42] *Aequalitas* der Glieder setzte bereits Grotius dort voraus, wo er den Gedanken der „Menschheit" verwendete. Eine substantielle Gleichgestimmtheit der Staaten fehlt aber heute so wie früher, von einer solchen der Weltreligionen oder der Weltgesellschaft ganz zu schweigen.

In der pluralistischen Staatengemeinschaft der Gegenwart hat das Völkerrecht im Wesentlichen die Aufgabe, im Interesse eines geordneten Zusammenlebens der Menschen dieser Erde für den Verkehr zwischen den Völkerrechtssubjekten geeignete Institutionen und Verfahren zur Verfügung zu stellen und für die Einhaltung und Verbesserung der entsprechenden Regeln zu sorgen. Für die Wissenschaft bedeutet dies den Abschied von hegemonial- oder integrationspolitischen Weltstaatsträumen[43]. Auch nach dem Zerfall der sozialistischen Staatengruppe etwa ließen sich wider mancher mondialistischer Erwartung die entscheidenden Bereiche der Außen- und Sicherheitspolitik nicht zu einer Weltinnenpolitik unter UN-Kontrolle transformieren. Stattdessen gilt es, die Arbeit[44] an der skizzierten Integrationslehre des Völkerrechts fortzuführen. In der real- wie rechtspolitisch verwickelten Situation unserer Zeit, die weder bereits eine „postnationale Konstellation" aufweist, noch durch das prä- und transnationale *umma*-Konzept einer „Völker- und Menschheitsfamilie" bestimmt ist, bleibt dies Aufgabe genug.

---

[41] Zurückhaltend-optimistisch *Friedmann,* The Changing Structure of International Law, 1964; fortschreibend *Bleckmann,* Allgemeine Staats- und Völkerrechtslehre, 1995.

[42] Ius gentium, 1749 (eine der staatlichen Ordnung entsprechende und damit die zwischenstaatliche Realität letztlich verfehlende Konstruktion der Völkerrechtsordnung).

[43] Kritisch auch *Bayart,* Le Gouvernement du monde. Une critique politique de la globalisation, 2004, in Abgrenzung zu den provozierenden Thesen von *Hardt/Negri*, Empire, 2000.

[44] Wenn Aristoteles tagsüber ruhte, nahm er eine Steinkugel in die Hand und stellte eine Schüssel darunter. Sobald er einschlief, lockerte sich sein Griff, die Kugel fiel herunter, er schreckte auf und konnte sich wieder seiner Arbeit widmen, ohne viel Zeit verloren zu haben. Zugegeben – vielleicht ein wenig übertrieben. Aber auch wir haben viel und lange zu arbeiten: an der Einheit der Völkerrechtsordnung im Horizont der vorstehend skizzierten Herausforderungen, im Vertrauen, wie der Jubilar, auf die humanistische Idee einer langsam voranschreitenden Vernunft.

Der Kampf gegen eine Verbreitung von Massenvernichtungswaffen: Eine neue Rolle für den Sicherheitsrat

Von Rüdiger Wolfrum

I. Einführung

Die Anstrengungen der internationalen Staatengemeinschaft, eine weitere Verbreitung von Massenvernichtungswaffen einzudämmen, geht – stark vereinfacht formuliert – von zwei unterschiedlichen Ansätzen aus.

Der Einsatz von Massenvernichtungswaffen wird unter humanitären Gesichtspunkten abgelehnt. Es wird zu Recht eingewandt, ein derartiger Einsatz könne nicht zwischen zivilen und militärischen Objekten, insbesondere nicht zwischen Kombattanten und Zivilpersonen unterscheiden; ein derartiger Einsatz verletze zwangsläufig das Prinzip der Proportionalität und erzeuge überflüssige Leiden bei den Opfern. Damit verstieße der Einsatz von Massenvernichtungswaffen gegen grundlegende Prinzipien des internationalen humanitären Völkerrechts.[1]

Diese Meinung ist allerdings nicht unumstritten, es wird durchaus argumentiert, ein Einsatz von modernen Massenvernichtungswaffen könne mit dem internationalen humanitären Völkerrecht vereinbart werden. Darüber hinaus wird geltend gemacht, dass der Einsatz bestimmter Massenvernichtungswaffen zwangsläufig zu nachhaltigen Schäden an der natürlichen Umwelt führen müsse. Auch dies würde einen Verstoß gegen grundlegende Prinzipien des humanitären Völkerrechts bedeuten.[2]

---

[1] Der gemeinsame Art. 3 der Genfer Konventionen verpflichtet zur Unterscheidung von Kombattanten und Nichtkombattanten. Der Grundsatz der Proportionalität ist in Art. 22 der Haager Landkriegsordnung verankert. Danach ist das Recht der Kriegführenden, den Gegner zu schädigen, nicht unbegrenzt. Art. 23 der Haager Landkriegsordnung verbietet den Einsatz von Waffen, die unnötige Leiden verursachen.

[2] Art. 35 Abs. 3 und Art. 55 des I. Zusatzprotokolls zu den Genfer Konventionen machen es den Kriegführenden zur Pflicht, die natürliche Umwelt gegen weitreichende und lang anhaltende Schäden zu schützen. Das Rechtsgutachten des Internationalen Gerichtshof zur Frage der völkerrechtlichen Legalität eines Einsatzes von Massenvernichtungswaffen, das von der Generalversammlung der Vereinten Nationen eingeholt worden war, stellt zwar fest, dass das geltende humanitäre Völkerrecht auf Massenvernichtungswaffen anwendbar ist, nimmt aber zur Frage der Legalität bzw. Illegalität letztlich keine Stellung: „... in view of the present state of international law viewed as a whole ... and of the elements of fact at its disposal, the Court is led to observe that it cannot reach a definitive conclusion on the

Massenvernichtungswaffen, insbesondere Nuklear-Waffen, sind zwar teilweise erst nach der Entwicklung des humanitären Völkervertragsrechts in das Arsenal der Staaten aufgenommen worden. Dessen bestimmende Grundprinzipien erfassen aber alle neuen Waffenentwicklungen und erhalten durch die fortschreitende Waffentechnologie einen neuen Aussagegehalt.

Massenvernichtungswaffen sind darüber hinaus teilweise geeignet, die menschliche Existenz grundsätzlich zu gefährden. Insbesondere ein Einsatz von Nuklear-Waffen würde – je nach Ausmaß des Einsatzes – nicht nur die Bevölkerung des Zielstaates vernichten, sondern könnte schwerwiegende negative Folgen für weitere Räume einschließlich des Weltklimas haben.

Die bisherigen Versuche, Massenvernichtungswaffen und damit die Gefahr deren Einsatzes einzuschränken, beruhen auf folgenden Ansätzen: völliges oder weitestgehendes Verbot der Lagerung und Herstellung derartiger Waffen; Einschränkungen hinsichtlich der Entwicklung, Lagerung und Erprobung derartiger Waffen für die Staaten, die über diese Waffen verfügen und schließlich eine Einschränkung des Einsatzes. Die entsprechenden völkerrechtlichen Instrumente richten sich ausschließlich an Staaten, denn sie beruhen auf der stillschweigenden Annahme, dass theoretisch nur Staaten über die technischen Fähigkeiten zur Herstellung und zum Einsatz verfügen. Dies korrespondiert mit der Prämisse des humanitären Völkerrechts, dass lediglich Staaten oder – und dies ist eine moderne Entwicklung – nationale Befreiungsbewegungen in der Lage sind, militärische Konflikte auszutragen. Spätestens seit den Terroranschlägen vom 11.9.2001 kann von dieser Prämisse nicht mehr ausgegangen werden. Es besteht vielmehr seitdem die reale Gefahr, dass Terroristen in den Besitz von Massenvernichtungswaffen gelangen. Derartige Befürchtungen wurden letztens im Irak laut, nachdem dort größere Mengen Urans verschwunden waren. Die Hemmschwelle, Massenvernichtungswaffen auch einzusetzen, ist bei terroristischen Vereinigungen zumindest im Vergleich zu im Regelfall verantwortlich handelnden Staaten möglicherweise deutlich reduziert.

Ein Einsatz von Massenvernichtungswaffen setzt Terroristen nicht im gleichen Umfang der Gefahr aus, in vergleichbarer Weise Opfer eines entsprechenden Gegenangriffs zu werden. Das viel kritisierte – aber dennoch friedenserhaltende – „Gleichgewicht des Schreckens" kann gegenüber derartigen Vereinigungen nicht hergestellt werden. Deswegen ist es in Bezug auf terroristische Gruppierungen zutreffend, von einer Lücke in dem Instrumentarium gegen Verbreitung und Anwendung von Massenvernichtungswaffen zu sprechen.[3]

---

legality or illegality of the use of nuclear weapons by a State in an extreme circumstance of self-defence in which it`s survival would be at stake." Vgl. IGH, *Legality of the Threat or Use of Nuclear Weapons,* ICJ Reports 1996, 266 (para. 95).

[3] So ausdrücklich bei der Verabschiedung von S/RES/1540 (2004) vom 28.4.2004 die Vertreter Frankreichs, vgl. UN Dok. S/PV./4956.

Eine vergleichbare Lücke besteht aber auch im Hinblick auf Staaten, die versuchen, ein Arsenal von Massenvernichtungswaffen aufzubauen, und zwar ohne Rücksicht auf die negativen Folgen, die deren Einsatz haben könnte und unter völliger Mißachtung der Interessen ihrer Bevölkerung, die unter entsprechenden Gegenmaßnahmen zu leiden hätte. Diese Lücke in den existierenden Rechtsregimen gegen die Verbreitung von Massenvernichtungswaffen versucht die Resolution des Sicherheitsrats S/RES/1540 (2004)[4] vom 28.4.2004 zu schließen, wobei diese auf Kapitel VII der UN Charta beruhende Resolution auf früheren Resolutionen gegen den internationalen Terrorismus aufbaut.[5] Sie ist aber nicht isoliert zu sehen. Es gibt derzeit unterschiedliche Ansätze, eine weitere Verbreitung von Massenvernichtungswaffen zu unterbinden. Eine von ihnen ist die Proliferation Security Initiative (PSI). Deren Ziel ist es, den Transport von Massenvernichtungswaffen und von entsprechenden Trägersystemen über See zu verhindern, um so zu erreichen, dass weder terroristische Organisationen noch bestimmte Staaten Zugriff auf diese Waffen oder Trägertechnologie erhalten. Die Initiative ging von U.S. Präsident Bush aus, ihr haben sich inzwischen eine Reihe von Staaten angeschlossen. Im Einzelnen soll im Rahmen dieser Initiative ein besserer Informationsaustausch erfolgen und die nationalen Regelungen gegen eine Weitergabe von Massenvernichtungswaffen, Komponenten für diese und Trägersysteme sollen verschärft werden. Der entscheidende Punkt aber ist eine Verschärfung der Kontrolle des Seeverkehrs. Die vorgesehenen Maßnahmen sind allerdings weder mit Art. 110 des Seerechtsübereinkommens über das Aufbringen von Schiffen auf hoher See noch mit den Rechten der Küstenstaaten hinsichtlich der Schifffahrt in ihren ausschließlichen Wirtschaftszonen oder Küstengewässern ohne weiteres zu vereinbaren. Die schwierigen Verhandlungen über die Verwirklichung der PSI belegen erneut die Probleme hinsichtlich einer schnellen Fortentwicklung des Völkervertragsrechts, auch wenn die Notwendigkeit für eine derartige Fortentwicklung weitestgehend anerkannt ist. Der ganze Komplex ist außerdem vor dem Hintergrund der für 2005 vorgesehenen Revisionskonferenz für den Nichtverbreitungsvertrag zu würdigen. Im Vorfeld dieser Konferenz haben einzelne Staaten sich gegen die Beschränkungen in Bezug auf die Anreicherung von Uran gewandt mit dem Hinweis darauf, dass die Atommächte ihren Abrüstungsverpflichtungen nicht nachgekommen seien.[6] Es kann nicht ausgeschlossen werden, dass es auf der Revisionskonferenz zu einer Aufweichung des Nichtverbreitungsvertrags kommt, die es letztlich bestimmten Staaten eher ermöglicht, sich Zugang zur Nuklear-Waffentechnologie zu verschaffen. Dies würde das Risiko einer weiteren Verbreitung von Nuklear-Waffen erhöhen.

---

[4] Vgl. dazu *Zimmermann/Elberling*, Grenzen der Legislativbefugnisse des Sicherheitsrats, Vereinte Nationen 2004, 71 ff.

[5] S/RES/1267 vom 15.10.1999 und S/RES/1373 (2001) vom 28.9.2001.

[6] Zu der Kontroverse um das Nuklear-Waffenprogramm von Nordkorea vgl. *Kile*, Nuclear arms control, non-proliferation and ballistic missile defence, SIPRI Yearbook 2003, 577 ff.

Es ist die Frage, ob die Anerkennung von Legislativbefugnissen des Sicherheitsrats, die er mit der Resolution 1540 *de facto* in Anspruch nimmt, eine adäquate Lösung zur Schließung des skizzierten Sicherheitsdefizits darstellen kann.

Der folgende Beitrag will kurz auf die Ansätze eingehen, die den Vertragsregimen zum Verbot oder zur Einschränkung von Massenvernichtungswaffen zu Grunde liegen, um diesen die Resolution des Sicherheitsrats gegenüber zu stellen.

II. Bisherige Ansätze zur Einschränkung von Massenvernichtungswaffen

1. Völliges Verbot von Einsatz, Herstellung und Erwerb auf regionaler Basis

In Bezug auf Nuklear-Waffen gibt es bislang kein völliges Verbot auf universeller Ebene. Einzelne Staaten aber auch einzelne geo-politische Regionen haben aber den Versuch unternommen, Nuklear-Waffen zu verbieten, indem sie entsprechende Nuklear-Waffen freie Zonen erklärt haben.

Rein nationale Nuklear-Waffen freie Zonen haben die Mongolei und Österreich erklärt.[7] In beiden Staaten sind die Herstellung, Lagerung, der Transport sowie der Test von Nuklear-Waffen gesetzlich verboten. Das Verbot der Mongolei erfasst darüber hinaus auch die Lagerung von nuklearem Abfall. Die Staaten, die über Nuklear-Waffen verfügen, haben gegenüber den Staaten, die einseitig auf die Verfügung über Nuklear-Waffen verzichtet haben, keine Sicherheitsgarantien abgegeben. Der Beitrag dieser Staaten zur Einschränkung von Nuklear-Waffen ist dementsprechend gering. Gemäß Art. 5 Abs. 3 des Vertrages über die abschließende Regelung in Bezug auf Deutschland, 1990[8] (sog. Zwei-plus-Vier-Vertrag) dürfen auf dem Gebiet der ehemaligen DDR keine Nuklear-Waffen stationiert werden.

Zurzeit existieren folgende Nuklear-Waffen freie Zonen, die auf der Basis entsprechender völkerrechtlicher Verträge eingerichtet worden sind. Die erste Zone dieser Art wurde 1967 durch den Vertrag von Tlatelolco[9] für Lateinamerika und die Karibik geschaffen. Als weitere Nuklear-Waffen freie Zonen ist die durch den Vertrag von Rarotonga von 1985[10] für den südpazifischen Raum geschaffene Zone, die Südost-Asiatische Nuklear-Waffen freie Zone[11] (Vertrag von Bangkok, 1995), sowie die Afrikanische Nuklear-Waffen freie Zone (Vertrag von Pelindaba,

---

[7] Die Bundesrepublik Deutschland hat in dem WEU-Protokoll von 1954 auf die Herstellung von A, B und C Waffen verzichtet; Österreich hat einen gleichen Verzicht im Friedensvertrag von 1955 ausgesprochen.

[8] BGBl. 1990 II, 1318–1329, UNTS Vol. 1696, 115–151.

[9] Treaty for the Prohibition of Nuclear Weapons in Latin America, 1967 (Treaty of Tlatelolco), UNTS Vol. 634, 326 (in Kraft seit 22.4.1968).

[10] South Pacific Nuclear Free Zone Treaty (Treaty of Rarotonga), 1985, in Kraft seit 11.12.1986), ILM 24 (1985), 1442.

[11] Treaty of the South-East Asia Nuclear-Weapon Free Zone, 1985 (Treaty of Bangkok) (in Kraft seit 27.3.1997), UNTS Vol. 1981, 129–165.

1996)[12] zu nennen. In den genannten Verträgen verzichten die betreffenden Staaten auf Besitz, Entwicklung, Herstellung, Lagerung und Verfügung von Nuklear-Waffen.

Das bislang nicht vollständig in Kraft getretene Vertragssystem von Pelindaba[13] verbietet in den beiden Zusatzprotokollen darüber hinaus die Unterstützung gegenüber Staaten, die über Nuklear-Waffen verfügen, diese zu testen oder die Unterstützung von Staaten, die drohen diese Waffen gegen Staaten der Region einzusetzen. Die Nuklear-Waffen freien Zonen unterscheiden sich durchaus in ihrer Ausgestaltung. Sie verbieten alle die Stationierung, das Testen, die Lagerung, die Herstellung, den Erwerb, die Erforschung und vor allem den Einsatz von Nuklear-Waffen. Der Vertrag von Bangkok verbietet darüber hinaus die Ablagerung von atomarem Abfall und der Vertrag von Pelindaba schließt auch eine Förderung anderer Staaten in Bezug auf Nuklear-Waffen aus. Gewährleistet wird bei allen genannten Verträgen die friedliche Nutzung der Kernenergie. Alle Verträge sind als Rüstungsbeschränkungsverträge zu verstehen, die zudem zum Ziel haben, die betreffenden Staaten von einem Einsatz von Nuklear-Waffen zu schützen. Der Beitrag, den derartige Zonen für eine Sicherung des Weltfriedens zu leisten vermögen, wird vor allem in der Deklaration von Kairo vom 11.4.1996 anlässlich der Zeichnung des Vertrages von Pelindaba unterstrichen.

Das Problem der Nuklear-Waffen freien Zonen ist deren fehlende oder zumindest unvollständige Anerkennung durch Staaten, die über Nuklear-Waffen verfügen und die Unklarheit, inwieweit ein Transit von Nuklear-Waffen durch eine Nuklear-Waffen freie Zone verboten werden kann. Protokoll I des Vertrages von Pelindaba verpflichtet allerdings die Nuklearwaffenstaaten, diese Waffen in der Zone nicht einzusetzen und hiermit auch nicht zu drohen. Außerdem verpflichten sie sich, keinen Beitrag zu einer Verletzung des Vertrages zu leisten.

Eine Beispielsfunktion unter den Nuklear-Waffen freien Zonen nehmen vor allem die Antarktis, der Weltraum und der Meeresboden ein. Der Antarktisvertrag[14] reserviert die Antarktis ausschließlich für friedliche Zwecke; sie ist völlig demilitarisiert. Der Vertrag verbietet spezifisch Atomwaffenexplosionen und die Lagerung von radioaktivem Material. Nach dem Weltraumvertrag[15] ist der Weltraum, einschließlich der Himmelskörper, ausschließlich für friedliche Zwecke reserviert. Der Vertrag verbietet u. a. die Errichtung militärischer Basen, Installationen und Befestigungen. Ausdrücklich verboten ist die Stationierung von Atom-

---

[12] African Nuclear-Weapon Free Zone Treaty, 1996 (Treaty of Pelindaba) (in Kraft seit 11.4.1996), ILM 35 (1996), 705–722.

[13] Vgl. dazu im Detail *Reddy,* The African Nuclear-Weapon Free Zone Treaty (Pelindaba Treaty) and the non-proliferation of weapons, Tydskrif vir die Suid-Afrikaanse Reg 1997, 273 ff.

[14] Antarctic Treaty, 1959 (in Kraft seit 23.6.1961), UNTS Vol. 402, 71.

[15] Treaty on Principles Governing the Activities of States in The Exploration and Use of Outer Space, including the Moon and Other Celestial Bodies, 1967 (in Kraft seit 10.10.1967), UNTS Vol. 610, 205.

waffen oder anderer Massenvernichtungswaffen auf Himmelskörpern, in dem Orbit um die Erde oder im All.

Auf dem Meeresboden und in seinem Untergrund dürfen nach dem Meeresbodenvertrag[16] von 1971 keine Massenvernichtungswaffen stationiert werden; ebenso verboten sind Installationen für das Abfeuern, die Lagerung oder das Testen derartiger Waffen.

2. Waffenorientierte Beschränkungen von Herstellung, Erwerb und Einsatz von Massenvernichtungswaffen

Im Gegensatz zu den gebietsbezogenen Beschränkungen bestimmter Waffenarten sind im Völkervertragsrecht auch universell geltende Einschränkungen für Waffensysteme entwickelt worden und zwar für bakteriologische Waffen und chemische Waffen, wobei sich diese beiden Abkommen gleichen, sowie für Nuklear-Waffen. Insgesamt kommt diesen Beschränkungen der Waffensysteme ein höheres Gewicht zu als den angesprochenen Nuklear-Waffen freien Zonen.

Das Abkommen zum Verbot von bakteriologischen Waffen von 1972[17] enthält ein umfassendes Verbot der Entwicklung, Herstellung und Lagerung bakteriologischer Waffen. Die Staaten verpflichten sich, entsprechende Trägersysteme, Gifte, Waffen- und Ausrüstungsbestände oder Mittel zu dem Einsatz derartiger Waffen unter ihrer Jurisdiktion oder Kontrolle entweder zu zerstören oder einer friedlichen Nutzung zuzuführen. Darüber hinaus verpflichten sich die Vertragsstaaten, die Herstellung derartiger Waffensysteme weder direkt noch indirekt in anderen Staaten zu unterstützen. Entscheidend ist die Verpflichtung unter Art. IV des Abkommens. Danach verpflichten sich die Vertragsstaaten alle notwendigen innerstaatlichen Maßnahmen zu ergreifen, um die Entwicklung, Herstellung, Lagerung oder den Erwerb bakteriologischer Waffensysteme zu verhindern.[18] Diese Vorschrift legt den Staaten innerstaatliche Umsetzungspflichten von Gewicht auf; mit den entsprechenden innerstaatlichen Normen wird in die industrielle aber auch die wissenschaftliche Forschung eingegriffen und dieser im Interesse der Friedenssicherung bzw. zum Schutz von Zivilbevölkerung und Kombattanten Beschränkungen auferlegt.

---

[16] Treaty on the Prohibition of the Emplacement of Nuclear Weapons and Other Weapons of Mass Destruction on the Seabed and the Ocean Floor and the Subsoil Thereof, 1971 (in Kraft seit 18.5.1972), UNTS Vol. 955, 115.

[17] Convention on the Prohibition of the Development, Production and Stockpiling of Bacteriological (Biological) and Toxin Weapons and on their Destruction, vom 10.4.1972 (in Kraft seit 26.3.1975), BGBl. 1983 II, 133–138, UNTS Vol. 1015, 163–241.

[18] Die entsprechende Vorschrift lautet: „Each State Party to this Convention shall, in accordance with its constitutional processes, take any necessary measures to prohibit and prevent the development, production, stockpiling, acquisition, or retention of the agents, toxins, weapons, equipment and means of delivery specified in article I of the Convention, within the territory of such State, under its jurisdiction or under its control anywhere."

Das Abkommen zum Verbot von chemischen Waffen[19] folgt im Wesentlichen dem gleichen Ansatz wie das Abkommen zum Verbot biologischer Waffen. Es geht auf frühere Ansätze – das Genfer Giftgas Protokoll – zurück.[20] Verboten sind die Entwicklung, Herstellung, der Erwerb, die Lagerung und die Zurückbehaltung von chemischen Waffen sowie deren direkter oder indirekter Transfer. Verboten ist ebenfalls der Einsatz chemischen Waffen, die Vorbereitung eines Einsatzes sowie die technische oder andere Hilfe oder Förderung anderer hinsichtlich von Aktivitäten, die unter der Konvention verboten sind. Schließlich verpflichten sich die Vertragsstaaten, alle in anderen Staaten zurückgelassenen chemischen Waffen zu zerstören sowie die Produktionsstätten für chemische Waffen unter der eigenen Jurisdiktion oder Kontrolle zu vernichten. Zu der letztgenannten Verpflichtung gibt es weitreichende Ausführungsbestimmungen. Auch dieses Abkommen erlegt den Vertragsstaaten weitgehende Implementierungsmaßnahmen auf, die auch die Einführung von Strafnormen verlangen.[21]

Einem anderen Ansatz folgt der Nichtverbreitungsvertrag von 1968;[22] er strebt nicht ein völliges Verbot von Nuklear-Waffen an, sondern versucht lediglich deren Verbreitung einzuschränken. Unterschieden wird zwischen Kernwaffenstaaten und Vertragsstaaten, die nicht über Nuklear-Waffen verfügen. Die Vertragsstaaten, die über Nuklear-Waffen verfügen, verpflichten sich, diese nicht an Nicht-Kernwaffenstaaten weiterzugeben und Nicht-Kernwaffenstaaten auch keine Kontrolle über Kernwaffen einzuräumen.[23] Zudem verpflichten sich die Kernwaffenstaaten, Nicht-Kernwaffenstaaten nicht bei der Herstellung oder dem Erwerb von Kernwaffen in irgendeiner Form zu unterstützen. Damit korrespondiert eine entspre-

---

[19] Convention on the Prohibition of the Development, Production, Stockpiling and Use of Chemical Weapons and their Destruction, 1993 (in Kraft seit 29.4.1997), BGBl. 1994 II, 807–969, UNTS Vol. 1974, 45–466 (arab., chin., engl.), UNTS Vol. 1975, 3–469 frz., russ., span.).

[20] Protocol for the Prohibition of the Use of Asphyxiating, Poisonous or other Gases, and of Bacteriological Methods in Warfare, 1925, RGBl. 1929 II, 174–177, LNTS Vol. 94, 65–74.

[21] Art. VII lautet: „Each State Party shall, in accordance with its constitutional process, adopt the necessary measures to implement its obligations under this Convention. In particular, it shall:
(a) Prohibit natural and legal persons anywhere on its territory or in any other place under its jurisdiction as recognized by international law from undertaking any activity prohibited to a State Party under this Convention, including enacting penal legislation with respect to such activity;
(b) Not permit in any place under its control any activity prohibited to a State Party under this Convention; and
(c) Extend its penal legislation enacted under subparagraph (a) to any activity prohibited to a State Party under this Convention undertaken anywhere by natural persons, possessing its nationality, in conformity with international law."

[22] Treaty on the Non-Proliferation of Nuclear Weapons, July 1, 1968 (in Kraft seit 5.3.1970), BGBl. 1974 II, 786–793, UNTS Vol. 729, 161–299.

[23] Nicht verboten ist allerdings, Nuklear-Waffen auf dem Gebiet eines Nicht-Kernwaffenstaates zu stationieren, solange dieser darüber keine Verfügungsmacht erhält.

chende Verpflichtung der Nicht-Kernwaffenstaaten, keine Kernwaffen zu erwerben und derartige Waffen auch nicht herzustellen.

Weitere Abkommen schränken die Entwicklung des A-Waffenpotentials bzw. von Trägersystemen bis zu einem gewissen Grad auch die Entwicklung dieser Waffen oder die Vorbereitung ihres Einsatzes ein; dies gilt insbesondere für das Teststoppabkommen zwischen den USA, der damaligen UdSSR und Großbritannien von 1963,[24] den Vertrag zwischen den USA und der UdSSR über die Beschränkung unterirdischer Tests von A-Waffen, 1974,[25] den Comprehensive Test Ban Treaty von 1995,[26] den International Code of Conduct against Ballistic Missile Proliferation, 2002,[27] sowie die bilateralen Verträge zwischen den USA und der UdSSR bzw. Russland über Verringerung des Nuklear-Waffenpotentials bzw. die Verringerung der Trägersysteme. Das letzte dieser Abkommen ist das SORT-Abkommen, 2002 (Strategic Offensive Reductions Treaty),[28] wonach sich die beiden Staaten zu einer maßgeblichen Reduktion von nuklearen Gefechtsköpfen bis Ende 2012 verpflichten.

Es fehlt in dem Nichtverbreitungsvertrag eine Implementierungsvorschrift, wie sie die Abkommen zum Verbot von chemischen bzw. biologischen Waffen aufweisen. Der Grund hierfür liegt in den unterschiedlichen Entstehungszeiten der Abkommen. Zur Zeit des Abschlusses des Nichtverbreitungsvertrages bestand noch nicht im gleichen Maße das Bewusstsein, dass es konkreter Regelungen für eine innerstaatliche Implementierung völkerrechtlicher Verpflichtungen bedarf. Moderne völkervertragliche Verpflichtungen enthalten in zunehmendem Umfang derartige Regelungen für eine innerstaatliche Implementierung, wobei allerdings die Vorgabe, dass für die Implementierung auf das Strafrecht zurückgegriffen werden muss, eher die Ausnahme darstellt.

III. Die Sicherheitsratsresolution 1540 (2004) vom 28. April 2004 – ein neuer und tragfähiger Ansatz?

1. Vorbemerkung

Der Sicherheitsrat hat in seiner Resolution 1540 einstimmig die Weiterverbreitung von Massenvernichtungswaffen als eine Bedrohung des Weltfriedens bezeichnet. Damit verweist er auf Art. 39 VN Charta und eröffnet sich die Möglichkeit, nach Kapitel VII der VN Charta tätig zu werden. Gestützt hierauf hat der

---

[24] Treaty Banning Nuclear Weapon Tests in the Atmosphere, in Outer Space and under Water, BGBl. 1964 II, 907–910, UNTS Vol. 480, 43–99.

[25] UNTS Vol. 1714, 123–127 (russ.), 217–220 (engl.), 302–303 (frz.).

[26] BGBl. 1998 II, 1211–1313, ILM 35 (1996), 1443–1478.

[27] Abgedruckt in: SIPRI Yearbook 2003, 761.

[28] ILM 41 (2002), 799–800.

Sicherheitsrat den Staaten eine Reihe von Verpflichtungen auferlegt, auf die im Folgenden näher einzugehen sein wird. Das entscheidend Neue an dieser Resolution ist, dass eine abstrakte Gefahr – nämlich die Gefahr, dass Terroristen in den Besitz von Massenvernichtungswaffen gelangen könnten – als Gefahr im Sinne von Art. 39 VN Charta qualifiziert und als Grundlage für ein Tätigwerden des Sicherheitsrates nach Kapitel VII der Charta instrumentalisiert wird. Wichtig ist aber ebenso, dass mit den vorgeschriebenen Maßnahmen der Sicherheitsrat *de facto* normierende Funktionen übernimmt. Die Resolution 1540 tritt als solche neben die existierenden Vertragssysteme, insbesondere den Nichtverbreitungsvertrag, mit dem ausdrücklich erklärten Ziel, diese Vertragssysteme zu ergänzen. Dieses ist der zweite Fall, in dem der Sicherheitsrat quasi gesetzgeberische Kompetenzen für sich in Anspruch nimmt.[29]

Die Resolution 1540 baut auf Überlegungen auf, die seit längerer Zeit in den Vereinten Nationen diskutiert werden[30].

Bereits im ersten Präambel-Absatz der Resolution 1540 stellt der Sicherheitsrat fest, dass die Weiterverbreitung der Massenvernichtungswaffen und ihrer Trägersysteme eine Bedrohung des Weltfriedens und der internationalen Sicherheit darstelle.[31] Des weiteren stellt der Sicherheitsrat fest, dass diese Resolution von der Besorgnis diktiert wird, dass nichtstaatliche Akteure (darunter werden Personen oder Organisationen verstanden, die bei der Durchführung von Aktivitäten, die unter den Anwendungsbereich dieser Resolution fallen, nicht unter der rechtmäßigen Autorität eines Staates handeln), nukleare, chemische und biologische Waffen und ihre Trägersysteme erwerben, entwickeln und mit ihnen handeln oder sie einsetzen könnten. Die folgenden Maßnahmen ergehen dann auf der Basis von Kapitel VII der Charta der Vereinten Nationen. Diese verpflichten alle Staaten, den genannten nichtstaatlichen Akteuren keine Unterstützung in Bezug auf den Erwerb, die Entwicklung, die Herstellung, den Besitz oder den Transport von Massenvernichtungswaffen zu gewähren. Die Staaten werden weiterhin verpflichtet, innerstaatlich wirksame Rechtsvorschriften zu erlassen und anzuwenden, die es jedem nichtstaatlichen Akteur untersagen, nukleare, chemische oder bakteriologische Waffen und ihre Trägersysteme herzustellen, erwerben, zu besitzen, zu entwickeln, zu transportieren, weiterzugeben oder einzusetzen. Auch der Versuch hierzu und die Finanzierung derartigen Aktivitäten muss unterbunden werden. Die Staaten sind verpflichtet, innerstaatliche Kontrollen zur Verhütung der Verbreitung von nuklearen, chemischen und biologischen Waffen einzurichten. Diese Maß-

---

[29] S/RES/1373 (2001) vom 28.9.2001; vgl. dazu u. a. *Dicke*, Standpunkt: Weltgesetzgeber Sicherheitsrat, Vereinte Nationen 2001, 163.

[30] Für diesen Teil insoweit auch die Resolution A/RES/57/81 vom 22.11.2002 der Generalversammlung der Vereinten Nationen sowie die Resolution A/RES/58/48 der Generalversammlung. Sie sind allerdings in ihren Appellen an die Mitgliedstaaten der Vereinten Nationen allgemein gehalten.

[31] Als Trägersysteme werden in der Resolution benannt Flugkörper, Raketen und andere unbemannte Systeme, die als Einsatzteile für nukleare, chemische oder biologische Waffen dienen können und die speziell für diesen Verwendungszweck entwickelt wurden.

nahmen werden im Folgenden weiter spezifiziert. Genannt werden Grenzkontrollen, Strafverfolgungsmaßnahmen, Export- und Umschlagkontrollen, Vorschriften zur Kontrolle der Ausfuhr, Durchfuhr, des Umschlags, der Wiederausfuhr; Kontrollen der Bereitstellung von Geldern und Dienstleistungen, wie Finanzierung und Transportleistung. Die Umsetzung dieser Verpflichtung soll dabei durch ein für die Dauer von zwei Jahren eingesetzten Ausschuss des Rates überwacht werden. Rechte und Pflichten der Staaten aus den Abrüstungsverträgen bezüglich von ABC-Waffen, insbesondere erwähnt werden der Vertrag über die Nichtverbreitung von Kernwaffen und das Chemiewaffenübereinkommen, sowie das Übereinkommen über biologische Waffen und Toxinwaffen, bleiben ausdrücklich unberührt.

2. Würdigung der Sicherheitsratsresolution 1540

Die Sicherheitsratsresolution wirft im Wesentlichen zwei Fragen auf, nämlich ob die abstrakte Gefahr, dass Massenvernichtungswaffen unter die Kontrolle von terroristischen Vereinigungen gelangen können, ausreicht, um gemäß Art. 39 VN Charta von einer Bedrohung des Friedens („threat to the peace") sprechen zu können. Davon ist die Frage zu unterscheiden, ob in Reaktion auf eine Bedrohung des Friedens abstrakt generelle Maßnahmen ergriffen werden können. Der Wortlaut von Art. 39 VN Charta spricht eher dafür, dass auch abstrakte Gefahren ausreichen können. Jede Bedrohung ist schon aus der Logik dieses Begriffes heraus nur abstrakt zu begreifen. Sie enthält zwei Elemente, einen Zustand bzw. die Handlung eines Staates oder eines anderen Akteurs in internationalen Beziehungen, die potentiell zu einer Störung des Friedens führen kann. Verlangt wird also eine prognostische Entscheidung anknüpfend an eine bestimmte Situation. Nur diese Situation muss konkret sein, die sich hieraus ergebende Friedensbedrohung kann notwendigerweise nur abstrakt bestimmt werden.[32] Die Gefahr, dass Massenvernichtungswaffen unter die Kontrolle terroristischer Vereinigungen gelangen, ist aber durchaus real. Entsprechende Bestrebungen sind offenbar gegeben, vor allem liegen Drohungen dieser Art vor. Nur diese Interpretation von Art 39 VN Charta wird dem doppelten Ansatz dieser Norm gerecht. Denn neben einer Bedrohung des Friedens rechtfertigt eine Angriffshandlung ein Tätigwerden des Sicherheitsrates. Die Forderung, es müsse ein Einzelfall vorliegen, aus dem sich eine Bedrohung des Friedens ergibt, rückt die Bedrohung des Friedens zu dicht an die Angriffshandlung und nimmt damit erst dem einen Teil seine eigenständige Bedeutung. Das von M. Koskenniemi gebrauchte Bild, der Sicherheitsrat sei die Polizei. die um Ordnung bemüht sei und die Generalversammlung bilde den Tempel und beschäftige sich mit Fragen der Gerechtigkeit[33], hilft hier nicht weiter. Weder spie-

---

[32] *Zimmermann/Eberling* (Fn. 4), 72, wo von ‚im Einzelfall friedensbedrohenden Situationen' gesprochen wird; *Happold,* Security Council Resolution 1373 and the Constitution of the United Nations, Leiden Journal of International Law 16 (2003), 593 (599–601).

[33] *Politi,* The Police in the Temple. Order Justice and the UN: A Dialectical View, European Journal of International Law 6 (1995), 325.

gelt es die Realität der VN Charta wider noch entspricht es dem Bild einer modernen Polizei, die gerade präventiv zur Abwehr abstrakter Gefahren tätig werden kann. Schließlich ist noch ein weiteres Argument gegen eine Engführung der Kompetenzen des Sicherheitsrates anzubringen. Der Sicherheitsrat ist kein Gericht oder eine gerichtsähnliche Institution, die internationale Normen auslegt und anwendet. Bei Art. 39 VN Charta handelt es sich vielmehr um eine Kompetenzvorschrift für ein politisch handelndes internationales Organ. Hieraus ergibt sich, dass den dieser Vorschrift inhärenten Entscheidungsspielräumen und Einschätzungsprärogativen ein besonderes Gewicht beizumessen ist.

Schließlich können die Maßnahmen gemäß Art. 41 VN Charta durchaus normativen Charakter haben. Dies gilt insbesondere für Embargomaßnahmen, auch die Formulierung des Oil for Food Programms, die Errichtung von zwei Strafgerichtshöfen[34] und die Regelung des Friedensschlusses zwischen Irak und Kuwait hatten einen legislativen Charakter. Sie waren abstrakt und generell und dienten als Grundlage für weitere exekutive Maßnahmen der adressierten Staaten. Ihrem legislativen Charakter steht nicht entgegen, dass sie in Bezug auf einen konkreten Fall erlassen wurden. Entscheidend ist der universelle Adressatenkreis und die diesem verbleibenden Möglichkeiten hinsichtlich der Umsetzung.[35] Damit soll nicht gesagt werden, der Sicherheitsrat unterliege in der Ausübung seiner Funktionen keinerlei rechtlichen Schranken,[36] auch wenn sich derartige Schranken weder aus Art. 25 noch Art. 39 VN Charta entnehmen lassen. Diese Schranken ergeben sich daraus, dass der Sicherheitsrat allein zum Schutze der Friedenssicherung tätig werden kann[37] und dabei im Interesse der Staatengemeinschaft und nicht für partikuläre Interessen tätig werden darf.[38]

Bedenken gegen die Übernahme von Legislativkompetenzen des Sicherheitsrates ergeben sich auch nicht daraus, dass diesem nach seiner Zusammensetzung und dem Verfahren für seine Entscheidungsfindung die demokratische Legitimation fehlt.[39]

---

[34] Vgl. dazu das Urteil der Berufungskammer des Internationalen Strafgerichtshofs für das ehemalige Jugoslawien im Falle Dusko Tadic, Case No. IT-p4-1-AR72 (Appeals Chamber, Decision on the Defence Motion for Interlocutory Appeal on Jurisdiction), ILM 35 (1996), 32 (§ 39).

[35] A. A. *Zimmermann/Elberling* (Fn. 4), 74; zur rechtlichen Bindung des Sicherheitsrats allgemein *Aston*, Die Bekämpfung abstrakter Gefahren für den Weltfrieden durch legislative Maßnahmen des Sicherheitsrats, Resolution 1373 (2001) im Kontext, ZaöRV 62 (2002), 257 ff. und zu der Möglichkeit von Legislativbefugnissen, die letztlich als nicht unvereinbar mit der Charta angesehen werden, *ibid.*, 280 ff.; *Stein*, Der Sicherheitsrat der Vereinten Nationen und die Rule of Law, 1998, 62.

[36] Vgl. dazu statt vieler *Simma*, From Bilateralism to Community Interest in International Law, RdC 250 (1994), 217 (269 ff.).

[37] Dies ergibt sich letztlich aus Art. 24 Abs. 2 Satz 2 VN Charta.

[38] Vgl. Zu diesem Komplex vor allem *Delbrück,* in: Simma (Hrsg.), The Charter of the United Nations, Vol. I, 2. Aufl., 2002, Art. 24 Rn. 21: „The SC ... does not act as the agent of the individual member States".

[39] A. A. *Zimmermann/Eberling* (Fn. 4), 75.

Der Sicherheitsrat reflektiert das politische Kräfteverhältnis zum Ende des zweiten Weltkrieges. Seine Einsetzung und die Kompetenzzuweisung an ihn sind als pragmatische Resultate der damaligen Machtstrukturen zu verstehen. Aber auch unter den derzeitigen politischen Verhältnissen erscheint eine Friedenssicherung zumindest ohne oder sogar gegen die USA, Rußland und China politisch illusorisch. Auf diesen Überlegungen beruhen die Kompetenzen des Sicherheitsrates, nicht auf einer irgendwie gearteten demokratischen Legitimation, die letztlich nur über die Schaffung eines Weltparlaments zu erreichen wäre. Schließlich ist zu berücksichtigen, dass die Kritik fehlender demokratischer Legitimation sich nicht nur gegen etwaige legislatorische Maßnahmen des Sicherheitsrates, sondern in gleichem Umfang auch gegen Einzelaktionen richten müßte.

IV. Zusammenfassung

Die Anerkennung von Legislativkompetenzen des Sicherheitsrats zum Schutze des Weltfriedens gegenüber neuen Gefahren, die aus der Proliferation von Massenvernichtungswaffen erwachsen, ist die einzig sachgerechte Reaktion auf diese Gefahr. Die Alternative hierzu wären unilaterale Maßnahmen einzelner Staaten, nach dem Vorbild des Angriffs der USA auf den Irak, wo der angebliche Besitz von Massenvernichtungswaffen zunächst als Kriegsgrund benannt wurde. Eine andere Alternative wären vertragliche Vereinbarungen, deren Abschluss und deren Effektivität letztlich fraglich wären. Maßnahmen des Sicherheitsrats haben demgegenüber den Vorteil der unmittelbaren Verbindlichkeit, wenn auch deren Effektivität nicht außer Frage steht, wie die Sicherheitsratsresolution 1540 belegt. Denn sie richtet sich gegen nichtstaatliche Akteure und nicht, worauf Pakistan nicht müde wurde hinzuweisen, gegen staatliche Programme zum Aufbau eines Arsenals von Nuklearwaffen. Die Legitimation zu derartigen Maßnahmen ergibt sich aus der Notwendigkeit zur Friedenssicherung. J. Delbrück hat dies in folgende Worte gefasst, die diesen Beitrag zu seinen Ehren auch adäquat abschließen: „... there are international legal norms which are designed to protect the public interest of the international community and which, therefore, are binding upon all states because these norms are ‚necessary' – not in an empirical, but in a normative sense as they are based on a universally shared value judgement, e. g. that the survival of humankind is desirable."[40]

---

[40] *Delbrück,* Opening Address, in: ders. (Hrsg.), New Trends in International Law Making – International Legislation in the Public Interest, 1997, 17 (18 f.).

Zivile Konfliktbearbeitung –
ein Novum deutscher Außen- und Sicherheitspolitik

Von Gerda Zellentin

I. Grundlagen im internationalen und deutschen Recht

Der Primat gewaltloser Streitschlichtung in internationalen Konflikten wurde erstmals 1928 im Briand-Kellogg-Pakt[1] begründet und 1945 in die Charta der Vereinten Nationen (Art. 2, IV und 33[2]) aufgenommen. Die Erfahrungen beider Weltkriege hatten gezeigt, daß gewalteskalierende militärische Auseinandersetzungen weder ihre Ziele erreichen noch wegen der menschlichen und sachlichen Schäden und Folgekosten politisch und moralisch zu rechtfertigen sind.

Im Grundgesetz der Bundesrepublik Deutschland ist das völkerrechtliche Friedensgebot inkorporiert (Art. 25 und 26) und zum Bestandteil des Bundesrechts gemacht worden. Nach der Präambel dient das „deutsche Volk" ausdrücklich dem „Frieden der Welt", d. h. es verteidigt die Sicherheit der Bundesrepublik nicht nur. Frieden als Verfassungsgrundsatz fordert als ständige Aufgabe die aktive Überwindung von Gewalt durch gleichberechtigte internationale Kooperation zum Aufbau gewaltfreier Strukturen.[3] Diesen Leitlinien folgend trug die Bundesrepublik nach dem 2. Weltkrieg dazu bei, daß sich die Europäischen Gemeinschaften durch funktionale Integration zu Friedenszonen entwickelten. In den 90er Jahren begann sie, vor allem in den Krisengebieten der Welt die Entwicklungszusammenarbeit (EZ) mit den Methoden der Zivilen Konfliktbearbeitung (ZKB) zu vertiefen.

Im Koalitionsvertrag von 1998 (P. 11, 3 und 5) kündigte die rot-grüne Bundesregierung an, von der Gewaltreaktion zur „Kultur der Prävention" fortschreiten zu wollen.[4] In Übereinstimmung mit der UN-Charta sowie der Europäischen Sicherheitscharta der OSZE vom 19.11.1999[5] legte sie der Öffentlichkeit im Jahr 2000

---

[1] LNTS 94, 57.

[2] Art. 33 UNCh sieht zur friedlichen Streitschlichtung vor: „Beilegung durch Verhandlung, Untersuchung, Vermittlung, Vergleich, Schiedsspruch, gerichtliche Entscheidung, Inanspruchnahme regionaler Einrichtungen oder Abmachungen oder durch andere friedliche Mittel eigener Wahl."

[3] Vgl. *Lutz,* Dem Frieden dienen! Zur deutschen Sicherheitspolitik nach dem Kriege, in: Schoch/Ratsch/Mutz, Friedensgutachten 1999, 1999, 49.

[4] Vgl. auch die Rede des deutschen Außenministers vor der UN-Vollversammlung, Herbst 1999.

[5] IP 2000, 75 ff.

entsprechende Konzepte vor, die in einen Bundestag-Beschluß[6] über die Förderung der Handlungsfähigkeit zur Krisenprävention, Konfliktregelung und Friedenskonsolidierung eingingen.[7]

In der zweiten Regierung Schröder/Fischer entwickelte das Auswärtige Amt (Federführung) gemeinsam mit dem BMZ sowie anderen mit Krisenprävention befaßten Ministerien, Wissenschaftlern und zivilgesellschaftlichen Gruppen ein ressortübergreifendes *Gesamtkonzept* „Zivile Krisenprävention, Konfliktlösung und Friedenskonsolidierung" (Dezember 2002), dem in 2003 ein gleich betitelter *Aktionsplan*[8] folgte. ZKB wird in diesen Dokumenten verstanden als das frühzeitige, zwischen Ressorts, Nichtregierungsorganisationen (NRO) und Internationalen Organisationen (IO) koordinierte Handeln, das Intentionen und Potentiale gewaltsamer Konfliktlösung eindämmt und durch den Aufbau gewalttransformierender Strukturen eine friedliche Streitschlichtung möglich macht.

Das Gesamtkonzept setzt auf die „Entwicklung und Anwendung wirksamer Strategien und Instrumente" insbesondere der ZKB in den drei Phasen eines Konflikts, um, erstens, zu Beginn des Streits Gewalt vorzubeugen, zweitens, ausgebrochene Gewalt einzudämmen und um drittens, nach Beendigung der Gewalthandlungen zur Friedenskonsolidierung beizutragen. Das Völkerrecht soll dementsprechend fortentwickelt, die Konfliktaustragung verrechtlicht und der Menschenrechtsschutz als vorbeugende Friedenspolitik ausgeübt werden.

Eine entsprechende Strategie verzahnt „die Instrumente insbesondere der Außen-, Sicherheits-, Entwicklungs-, Finanz-, Wirtschafts-, Umwelt-, Kultur- und Rechtspolitik, ... [und sorgt für] eine sorgfältige Koordination, auch zwischen militärischen und zivilen Mitteln. Nichtstaatliche Akteure ... sollten soweit wie möglich einbezogen werden."

Die friedenssichernde Entwicklungspolitik erleichtert die „Entfeindung" durch die „Verbesserung der wirtschaftlichen, sozialen, ökologischen und politischen Verhältnisse."[9] „Sie trägt bei zur Verhinderung und zum Abbau struktureller Ursachen von Konflikten sowie zur Förderung von Mechanismen gewaltfreier Konfliktbearbeitung" und unterstützt die Selbstorganisation insbesondere von Flüchtlings-, Jugend- und Frauengruppen sowie Versöhnungs- und Traumaarbeit, durch die die psychosozialen Voraussetzungen gesellschaftlicher Friedensfähigkeit geschaffen werden sollen.[10]

---

[6] Vom 15.03.2001.

[7] „Förderung der Handlungsfähigkeit, zur zivilen Krisenprävention, zivilen Konfliktregelung und Friedenskonsolidierung", Bundestags-Drucksache 14/5283.

[8] Berlin, 12.05.2004.

[9] Mit Bezug auf die UN setzen die Staaten der EU Handel und Entwicklungspolitik als „mächtige Instrumente der Reform" zur zivilen Streitschlichtung und als Wegbereiter zum besseren Regieren ein. Ein sicheres Europa in einer besseren Welt, ESS Dezember 2003, 10.

[10] *Böge/Spelten,* Zivile Konfliktbearbeitung – Konzepte, Maßnahmen, Perspektiven, in: Schoch u. a. (Hrsg.), Friedensgutachten 2002, 2002, 198.

Für die Aufgaben der ZKB schafft die Bundesregierung Ausbildungsangebote und „die Voraussetzungen für den Einsatz von zivilem Personal in den Bereichen Krisenprävention, Konfliktbeilegung und Friedenskonsolidierung ... Ziel ist es, ressortübergreifend und durch Nutzung gesamtgesellschaftlicher Ressourcen qualifiziertes Personal in allen Bereichen bereitzustellen."[11]

Die Zusammenarbeit zwischen Bundesregierung und NRO findet über eine „Gruppe Friedensentwicklung" (FriEnt) statt, die vertraglich zwischen BMZ, GTZ, den Entwicklungsdiensten der evangelischen und katholischen Kirchen, parteinahen Stiftungen sowie Zivilem Friedensdienst (ZFD) und der Plattform ZKB vereinbart wurde (Folgevereinbarung 06.04.2004 für drei Jahre).

Die in dem genannten *Aktionsplan* aufgeführten 161 Tätigkeitsfelder werden, den Beschlüssen des Europäischen Rats vom Dezember 2003 entsprechend, der Europäischen Sicherheitsstrategie (ESS)[12] zur Planung und Führung von Auslandseinsätzen zugeordnet; sie sollen „der Verbesserung der Operationalität der EU im zivilen Krisenmanagement und der Erschließung neuer Schwerpunktbereiche, z. B. Überwachungsmissionen (*monitoring missions*) dienen."[13]

Interventionen zum Schutz der Menschenrechte in *failing states*, die die Bundesregierung gemeinsam mit ihren Partnern organisiert, finden im Rahmen der ESS statt. Bereits 2001 hatte sich die EU gem. *deutscher Initiative* in Göteborg verpflichtet, eine klare politische Priorität für präventive Aktionen zu setzen, Frühwarnung und rasche Aktion sowie politische Kohärenz zu verbessern, Instrumente für lang- und kurzfristige Prävention zu schaffen und effektive Partnerschaften zur Prävention zu bilden.[14]

Grundsätzlich sollen die „weichen", zivilen und die „harten", militärischen Fähigkeiten nebeneinander entwickelt werden. Die Modalitäten der Zuordnung sind nicht geregelt, Normen, Interessen und Kapazitäten beider Bereiche werden *ad hoc* aufeinander bezogen, wobei der Verbesserung der militärischen Handlungsfähigkeit eindeutig Priorität vor Krisenprävention und Ziviler Konfliktbearbeitung zukommt. Mit dieser reaktiven (statt der deklarierten proaktiven) Grundeinstellung dürften weder EU noch Bundesregierung den selbst genannten neuartigen Bedrohungen frühzeitig und effektiv begegnen können.

---

[11] Wörtliche Zitate aus dem Gesamtkonzept der Bundesregierung, Berlin, Dezember 2002.

[12] Die Europäische Sicherheitsstrategie vom Dezember 2003 nennt als Hauptbedrohungen des Weltfriedens:
– den Nexus zwischen Gewalt, Unsicherheit und Armut,
– die regionale Dimension der neuartigen Konflikte,
– Gewaltökonomien und organisiertes Verbrechen sowie
– unkontrollierten Waffenbesitz.

[13] Aktionsplan (Fn. 8), 26.

[14] *Saferworld/International Alert,* The EU Security Strategy: Implications for EU Conflict Prevention, 2004, 4 ff.

Die Bundesregierung sieht den Erfolg ihrer Friedenseinsätze abhängig von Ausbildung und Koordination der vier Hauptbeteiligten – Bundeswehr und Polizei, zivile Friedensfachkräfte in der Entwicklungszusammenarbeit (EZ) sowie Helfer aus humanitären Organisationen. Seit den 90er Jahren kann sie auf zwei in Deutschland ausgebildete Personalkontingente für Friedensarbeit zurückgreifen, die in Krisen- und Konfliktgebieten eingesetzt werden, um der Ausweitung und Eskalation von Gewalt frühzeitig vorzubeugen, bereits ausgebrochene Kämpfe einzudämmen und um nach Ende bewaffneter Auseinandersetzungen zur Friedenssicherung beizutragen.[15] Die Bundesregierung fördert *erstens* einen Zivilen Friedensdienst (ZFD) im Rahmen der EZ. Die vom nichtstaatlichen „Forum ZFD" ausgebildeten Friedensfachkräfte werden zum Abbau der strukturellen Ursachen von Gewalt und der Verbesserung der wirtschaftlichen, sozialen, ökologischen und politischen Verhältnisse sowie zur gewaltfreien Konfliktbearbeitung weltweit eingesetzt. *Zweitens* unterhält das Auswärtige Amt eine vom Berliner Zentrum für internationale Friedenseinsätze (ZIF[16]) instruierte Personalreserve, die für zivile, von UNO, OSZE oder EU mandatierte Friedensmissionen bestimmt ist. Die im Aktionsplan der Bundesregierung enthaltene „OSZE-first-Option", d. h. die vorrangige Nutzung der Organisation „als Instrument der Krisenprävention, ... das die Entwicklung von Demokratie und Rechtsstaatlichkeit begleitet"[17], wird bei internationalen Beobachtungen von Wahlen, Truppenrückzügen, Waffenstillständen, Entwaffnungen etc. wahrgenommen. Für solche Zwecke stellt das ZIF „ressortübergreifend und durch Nutzung gesamtgesellschaftlicher Ressourcen qualifiziertes Personal in allen relevanten Bereichen

---

[15] Gesamtkonzept (Fn. 11), 1.

[16] Das am 24.06.2002 gegründete ZIF ist eine eigenständige Einrichtung in der juristischen Form einer gGmbH. Gesellschafter ist die BRD, vertreten durch das Auswärtige Amt; finanziert wird sie aus AA-Mitteln zur Krisenprävention. Ihre Organe sind ein Aufsichtsrat, der sich aus einem Staatsminister, Staatssekretären der verschiedenen Ministerien und Abgeordneten von SPD, FDP und Grünen zusammensetzt. Der Beirat umfaßt einen Unterabteilungsleiter aus dem BMI, wissenschaftliche Experten zur Friedensforschung, zwei Experten des *UN peace keeping* aus GTZ, OSZE und SEF. Ferner sind vertreten die Bundeswehrakademie für Zivilschutz, der DED, Justicia et Pax, der DIHK, DRK, die Bundeswehr und der ZFD. Die gemeinsame Versammlung besteht aus Vertretern der für die Arbeit des ZIF relevanten Abteilungen und Referaten des Auswärtigen Amtes. Von diesen Organen abhängig ist die Verwaltung, die in drei Bereichen tätig wird: 1. Training und Vorbereitung der Friedensarbeiter, 2. Rekrutierung, Schaffung einer Personalreserve und Betreuung und 3. Analyse, Konzeption und Netzwerkpflege.
Die vom Auswärtigen Amt mit Hilfe des ZIF ausgebildeten Friedensfachkräfte, die aufgrund völkerrechtlicher Mandate internationaler Organisationen tätig sind, werden auf die folgenden Tätigkeitsfelder vorbereitet: Demokratisierung, Wahlen, Menschenrechte, Rechtsstaatlichkeit, Verwaltungs- und Regierungsaufbau, Aufbau unabhängiger Medien, Presse und Öffentlichkeitsarbeit, rechtliche Beratung, Infrastruktur und Wirtschaft, Beobachtung und Verifikation, Entwaffnung, Demobilisierung, Reintegration der Kombattanten, humanitäre Angelegenheiten wie Flüchtlingsarbeit und Versöhnung.
An dieser Aufstellung wird deutlich, daß das vorrangige Ziel der Friedensaktivitäten die Errichtung von demokratischen Rechtsstaaten ist.

[17] Aktionsplan (Fn. 8), 28.

bereit."[18] Während das Training in Friedensarbeit und Wahlbeobachtung auch ausländischen Teilnehmern offensteht, ist die Personalreserve ausschließlich aus deutschen Staatsangehörigen zusammengesetzt.[19]

Zwischen Regierung und Opposition scheint Einigkeit darüber zu bestehen, daß, wie die Fraktionen der CDU/CSU im Bundestag formulieren, „deutsche Politik gerade im Bereich der zivilen Konfliktbewältigung beispielgebend gestaltet werden sollte."[20] Angesichts der Kompetenzquerelen zwischen den Ressorts der Bundesregierung, den spannungsreichen Beziehungen zwischen NRO und Militär, den z. T. gegensätzlichen Werthaltungen von humanitären Organisationen, Menschenrechts- und Entwicklungshilfegruppen sowie den ungelösten Problemen der konstitutionellen Modellierung von Nachkriegsgesellschaften erweist sich die ZKB allerdings als ein komplexes und kontroverses Projekt, an dem Bedeutungswandel und -verluste der militärischen und diplomatischen Funktionen der Außen- und Sicherheitspolitik deutlich werden.

II. Zivile Konflikttransformation als strategische Option

Die in Gesamtkonzept und Aktionsplan aufgezählten Teilziele der Gewaltprävention, Konfliktlösung und Friedenskonsolidierung bestimmen die Ausbildungs- und Tätigkeitsfelder von ZIF und ZFD. In folgender Reihenfolge werden genannt: Demokratisierung, Wahlen, Menschenrechte, Rechtsstaatlichkeit, Verwaltungs- und Regierungsaufbau, Schaffung unabhängiger Medien, Presse und Öffentlichkeitsarbeit, rechtliche Beratung, Infrastruktur und Wirtschaft, Beobachtung und Verifikation, Entwaffnung, Demobilisierung, Reintegration von Kombattanten, humanitäre Angelegenheiten, insbesondere Flüchtlingsarbeit und Versöhnung. Während die vom ZIF instruierte Personalreserve des Auswärtigen Amtes zur Überwachung, Begleitung und Überprüfung von Aktionen eingesetzt wird, die z. B. gemäß Waffenstillstandsvereinbarungen vom politischen und militärischen „First-level"-Personal der Konfliktparteien einzuhalten sind, steht das Konzept der friedenssichernden EZ für eine zivilgesellschaftlich motivierte wirtschaftliche und politische Modernisierung von Krisengebieten sowie für die Hilfe zur friedlichen Bewußtseinsveränderung und Kooperationsbereitschaft verfeindeter Bevölkerungsgruppen.

---

[18] Gesamtkonzept (Fn. 11), 2.

[19] Ihre Friedens- und Wahlbeobachtungseinsätze werden im Rahmen der EU, der OSZE, der UNO und anderer internationaler Organisationen durchgeführt. Ihnen und anderen Staaten werden die Erfahrungen des ZIF zur Verbesserung ihrer Operationalität in zivilem Krisenmanagement angeboten. Aktionsplan (Fn. 8), 26. Für die deutsche Vorreiterrolle bei der ZKB spricht, daß der Koordinator für ziviles Krisenmanagement im US-State Department sich im Zuge des Aufbaus eines Koordinierungsbüros am 07.10.2004 über das Vorbereitungstraining und das Management des Personalpools im Berliner ZIF informierte, <http://www.zif-berlin.de>.

[20] Antrag der CDU/CSU, Humanitäre Soforthilfe zielgerecht gestalten, Bundestags-Drucksache 15/4130 vom 09.11.2004, 1.

Im Katalog der Aktionen überwiegen die konstitutionalistischen Ziele, die auch die Tätigkeit der Friedensfachkräfte anleiten.

Der demokratische Verfassungsstaat und insbesondere sein Gewaltmonopol gelten als zivilisatorische Errungenschaften schlechthin; die mit legitimer staatlicher Gewalt stabilisierte Ordnung sichert das friedliche Verhalten der Bürger. Eine ähnliche Pazifizierungsfunktion – so die Annahme – ist z. B. zum Schutz der Menschenrechte in Krisenregionen auch von der Gemeinschaft demokratischer Staaten[21] auszuüben, vorausgesetzt, es gelingt ihr eine frühzeitige, präventiv-proaktive und friedliche Intervention, die Gewalt verhindert.

In der Realität reagieren allerdings auch Demokratien, die sich zur friedlichen Konfliktlösung anbieten, selten früh und präventiv mit zivilen Mitteln, sondern eher spät und mit Gegengewalt. Sogenannte humanitäre Einsätze mit bellizistischer Gewaltausübung tragen indessen erfahrungsgemäß zur Eskalation bei, womit auch die Demokratie als Ziel der Intervention in Mißkredit gerät.

Für die Machbarkeit einer exogenen Förderung rechtsstaatlich demokratischer Verfassungen sowie Straf- und Sanktionsrechtsregime, die zivilisiertes Verhalten erzwingen sollen[22], wird stets die gelungene Transformation der diktatorischen Achsenmächte (Deutschland-Italien-Japan) nach dem 2. Weltkrieg zitiert. Die Generalisierung dieser Erfahrung fußt auf der Überzeugung, daß eine „Konstitution des Friedens als Rechtsordnung" möglich sei.[23] Eine umfassende empirische Studie hat indessen ergeben, daß die Transformation im Nachkrieg nur dort Erfolg hat, wo vor den Kämpfen bereits Erfahrungen mit rechtsstaatlichen, pluralistischen, demokratischen Systemen gemacht wurden.[24] Sind vor dem Krieg industrielle Entwicklung und Mittelschichten nicht vorhanden gewesen, werden die oktroyierten demokratischen Formen von ethnischen oder religiösen Bürgerkriegsgruppen benutzt, um sich als Parteien gegeneinander zu profilieren. „The enlargement of democracy around the world [Clinton] ... can rarely be accomplished and tends to be very costly, not merely in economic resources and those of political capital, but also in human lives."[25]

Die exogenen Versuche zur konstitutionellen Konflikttransformation können im Nachkrieg traditionaler Gesellschaften auch deshalb kontraproduktiv wirken, weil der institutionelle Kernbereich der Friedenswahrung, nämlich das Monopol innerer und äußerer Gewalt in failed states nicht selten „korrupt, legitimierter ziviler Kontrolle entzogen, parteiisch und mit privaten Gewaltakteuren verwoben sowie

---

[21] Vgl. zur Theorie des demokratischen Friedens AFB-Info 2004,

[22] Vgl. hierzu den Zielkatalog in Gesamtkonzept (Fn. 11) und Aktionsplan (Fn. 8).

[23] *Schneider,* Frieden durch Recht, in: Hauswedell u.a., Friedensgutachten 2003, 2003, 267.

[24] *Etzioni,* a.a.O., 6, zit. aus einer Studie des Carnegie Endowment for International Peace von 2003.

[25] *Etzioni,* A Self-Restrained Approach to Nation Building by Foreign Powers, in: International Affairs 2004, 7 mit neuerer Literatur zum Thema.

in Menschenrechtsverletzungen verwickelt", also selber ein großer „Unsicherheitssektor" ist.[26] Außerdem werden die legitimatorischen Defizite der besetzten Länder nicht selten ausgenutzt, um geopolitische Macht- und Wirtschaftsinteressen der Entsenderstaaten (vor allem der Bau-, Energie- und Rüstungsindustrien) wahrzunehmen.

State-building und Demokratisierung zur nachhaltigen Befriedung von Krisengebieten ähneln nicht zufällig der „mission civilisatrice", die im 19. Jahrhundert der Rechtfertigung imperialer Kolonialpolitik diente.[27] Heute begünstigen westliche Staaten weltweit rechtsstaatliche, demokratische und marktwirtschaftliche Strukturen und Akteure, die sich mit ähnlichen Verhaltensweisen künftig als zuverlässige wirtschaftliche, politische und militärische Partner erweisen sollen. Der angestrebte Systemwandel dient auch den Interessen der Interventionsmächte: Die politische und ökonomische Liberalisierung im Nachkrieg, insbesondere die Aufhebung von Lohn- und Preiskontrollen, Subventionen, Zöllen etc. zielt auf eine für die *global players* offene Marktwirtschaft, die rechtsstaatlich-demokratisch geregelt wird.[28] In den Krisengebieten wird dazu konditionierter Beistand u. a. bei der Etablierung eines pluralistischen Verbändesystems und seiner Vernetzung mit den entwickelten Industriestaaten geleistet.

Anders als frühere imperiale Zivilisierungsmissionen gehen die derzeitigen insofern subtiler vor, als sie sich internationaler Organisationen (UN, WTO, EU) bedienen, um Regeln zu schaffen, nach denen der Wiederaufbau von Krisengebieten nicht zuletzt zum Vorteil der Industriestaaten gestaltet wird.[29] Die Beihilfe zur Professionalisierung von Streitkräften und Polizei samt ihrer Ausbildung und der profitablen Lieferung ihrer Ausrüstung sowie der Güter für den Aufbau von Infrastruktur und Wirtschaft dient der strukturellen Anpassung an die Standards des industriegesellschaftlichen Zivilisationsmodells.

Die Globalisierung westlicher Steuerungsmechanismen prägt auch die Zivile Konfliktbearbeitung als Komponente der von der Bundesregierung vertretenen „Kultur der Prävention". Es entspricht zwar der Erfahrung, daß die Eskalation von Gewalt durch eine Verregelung gesellschaftlicher und politischer Konflikte verhindert werden kann. Ob allerdings westlich-bürgerliche Verfassungswerte, -normen und -institutionen, die auf die Konfliktgebiete nicht zugeschnitten sind, dort überhaupt zur zivilen Konfliktschlichtung beitragen können und von der Bevölkerung anderer Kulturen *à la longue* angenommen werden, wird in der Interventionsstrategie kaum reflektiert. Da die Akzeptanz aber von großer Bedeutung ist, wäre jeweils zu klären, welche autochthonen Formen geregelter Konfliktaustragung in den traditionalen Herrschaftsformen oder „non-state political structures" mit

---

[26] *Böge/Spelten* (Fn. 10), 201 f.

[27] *Paris,* International Peace Building and the „mission civilisatrice", in: Review of International Studies 28 (2002), 637.

[28] *Paris* (Fn. 27), 644.

[29] Vgl. die laufenden Verhandlungen zur Doha-Runde, in: <http://www.weed.org>.

Zustimmung der Bevölkerung aktiviert und zusammen mit den modernen Praktiken genutzt werden könnten.[30] Zu den „lessons learned" der ZKB gehört daher die Einsicht, daß vorhandene Regeln ziviler Streitschlichtung auf allen gesellschaftlichen Ebenen an erster Stelle zu berücksichtigen sind.[31] Nicht der Oktroy demokratisch-rechtsstaatlicher „Standards" ist geeignet, eine Krisenregion zu befrieden, sondern allein die Bereitschaft der lokalen und zentralen Akteure, aus eigenem Interesse einem graduellen Wandel in Richtung auf mehr Gerechtigkeit und Freiheit zuzustimmen.[32] Darauf haben sich u. a. die Friedensfachkräfte aus ZFD und Auswärtigem Amt einzustellen, die dazu tendieren, über die Interpretation der ihnen im Gesamtkonzept vorgegebenen konstitutionellen Maximen zu streiten. Besonders Mitglieder von NRO, die sich der Verbreitung demokratischer Grundwerte und Menschenrechte verschrieben haben, neigen dazu, mit normativer Unnachgiebigkeit auf ambivalentes Handeln zu reagieren.

Die strategischen Widersprüche der drei Friedensaktivitäten – Entwicklungszusammenarbeit, Menschenrechtsgleichheit und Gewaltfreiheit – belasten nicht selten das praktische Handeln vor Ort. Die Menschenrechtsgruppen bezeichnen die von ihnen verfochtenen Rechte, die gleichermaßen jüdisch-christlichem und islamischem Denken sowie Aspekten afrikanischer Überlieferung zugrunde lägen, als universell, unteilbar und nicht verhandelbar, da sie, nach ihrer Auffassung, unmittelbar dem Schutz der den Menschen innewohnenden Würde dienten. Aus dieser Annahme schließen die Menschenrechtsverfechter aus globalisierungsorientierten Staaten, wirtschaftlichen und zivilgesellschaftlichen NRO, daß das Verbot der Diskriminierung von Rassen, Frauen, Kindern, Berufen sowie des ungleichen Zugangs zu Bildung und Erziehung kultur- und grenzüberschreitend geltend zu machen sei.[33] Würden Verletzungen von Menschenrechten irgendwo als friedensbedrohlich eingestuft, wären völkerrechtliche, politische, wirtschaftliche und nicht zuletzt militärische Sanktionen (Kap. VII, UNCh) und Interventionen legitim. Das weltweite Einklagen von Menschenrechten zum Zweck der Krisenprävention ließe sich so „auf das wundervollste verzahnen ... mit den altmodischen Zielen imperialistischer Weltpolitik."[34]

---

[30] *Paris* (Fn. 27), 654.

[31] Zu traditionalen zivilen Konfliktlösungsstrukturen und -methoden vgl. *Nolz,* Frieden mit friedlichen Mitteln, Wissenschaft und Frieden 2004, 26 f. sowie ZIF-Workshop: ZIF, 7th International Berlin Workshop, „Organized Crime as an Obstacle to Successful Peacebuilding – Lessons Learned from the Balkans, Afghanistan and West Africa, 11.–13.12.2003.

[32] Vgl. *Etzioni* (Fn. 25), 5; sowie die Kontroverse über die deutsche Strategie „Standards [= westlicher Konstitutionalismus] vor [völkerrechtlichem] Status" in Bezug auf die Befriedung des Kosovo im Verteidigungsausschuß des Deutschen Bundestages am 14.09.2004, zit. in: Der Spiegel 38/04, 38.

[33] In den Menschenrechtskonventionen der UN und des Europarats sind diese Tatbestände rechtsverbindlich fixiert; das Individuum kann sie vor den internationalen Gerichtshöfen einklagen.

[34] *Beck,* Macht und Gegenmacht im globalen Zeitalter, 2002, 120.

Gegenüber dem rigiden Menschenrechtsdogmatismus ist die Entwicklungszusammenarbeit, die dem Leitbild der Nachhaltigkeit (einschließlich der Intergenerationengerechtigkeit) folgt, auf die Förderung der materiellen Voraussetzungen für die Anerkennung von Menschenrechten gerichtet. Die dazu eingeleitete Armutsbekämpfung durch Befriedigung der Grundbedürfnisse ist weniger auf hoheitliche Verfügungs- und militärische Sanktionsgewalt als vielmehr auf wirtschaftliche Hilfe, auf Zusammenarbeit und Wettbewerb angewiesen. Die Friedensfachkräfte orientieren sich am Modernisierungskonzept der EZ, wonach die „Entfeindung" in erster Linie durch die Initiierung einer wirtschaftlichen und gesellschaftlichen Kooperation zwischen den Widersachern zustande kommt, die bei allseitigem Vorteil zur Befriedung und Stabilisierung beiträgt.[35]

Die Menschenrechtsgruppen, die zweifellos große Verdienste bei der Aufdeckung von Rechtsverletzungen haben und über Frühwarnung zur Gewaltprävention beitragen können, werden dort friedenspolitisch dysfunktional, wo sie Kooperation als Belohnung von Rechtsbrechern ablehnen und statt dessen Vergeltung für erlittenes Unrecht und die Verfolgung von Menschenrechtsbrechern als Vorbedingung des Friedensprozesses einfordern. Gerechtigkeit rangiert in ihren Augen vor Frieden.

Ähnliche Reibereien treten zwischen Menschenrechts- und humanitären Organisationen auf, die – politisch neutral – das Leiden von Kriegsopfern lindern und von ersteren bezichtigt werden, nicht zwischen Freund und Feind zu unterscheiden und den Tätern Vorteile zu verschaffen.[36]

Die rot-grünen Koalitionsfraktionen im Bundestag weisen in diesem Zusammenhang auf ein Dilemma hin, vor dem humanitäre NRO stehen: „Es ist ihr Ziel, dort präsent zu sein und Hilfe zu leisten, wo die Not am größten ist. Dies kann sie dazu zwingen, mit Konfliktparteien zu kooperieren und Kompromisse einzugehen, die ihrem Grundverständnis von Unabhängigkeit und Unparteilichkeit widersprechen. Im schlimmsten Fall helfen sie ungewollt verbrecherischen Warlords. Auch wenn zivile Hilfe in eine Interventionsstrategie eingebunden und zur Durchsetzung

---

[35] Die in Deutschland ausgebildeten Fachkräfte für zivile Konfliktbearbeitung verbinden wirtschaftliche und technische Hilfe mit Versöhnungsarbeit, Wiedereingliederung von Flüchtlingen und Kombattanten sowie mit demokratischer und zivilgesellschaftlicher Emanzipation.

[36] Vgl. den Bericht der Tagung der Plattform ZKB vom 10.–12.10.2003, in: AFB-Info 2004, 9 ff. sowie die Kontroverse um die Möglichkeit einer „neutralen" Position von Fremden zwischen den Fronten innerstaatlicher Konflikte bei *Fast*, Frayed Edges: Exploring the Boundaries of Conflict Resolution, in: Peace & Change 2002, 532 ff. Die Arbeitsgemeinschaft FriEnt bemüht sich seit 2002, die skizzierten Spannungen mit der Bildung „strategischer Partnerschaften für den Frieden" auszuschalten. Bisher sind allerdings weder Kriterien noch nachvollziehbare Handlungskonzepte zur zivilen Streitschlichtung zu erkennen, die eine funktionale Zuordnung und Arbeitsteilung zwischen einzelnen NRO sowie diesen und den staatlichen Akteuren möglich machen. Die Organisationsegoismen und -rivalitäten der spendenabhängigen, auf Öffentlichkeit angewiesenen Gruppen dürften daher weiterhin zu Lasten der Krisenprävention und -bearbeitung zunehmen. Vgl. *FriEnt*, Strategic Partnership for Peace, Workshop Dokumentation, 23.10.2003.

militärischer Ziele vereinnahmt wird, verliert sie ihre Neutralität, ... [werden] humanitäre Helfer ... selbst zu Zielscheiben der Konfliktparteien."[37]

Für den Erfolg ziviler Konfliktbearbeitung sind die Beziehungen zwischen NRO und den staatlichen Akteuren, die zur Gewaltprävention und -beilegung militärische und polizeiliche Mittel einsetzen, von entscheidender Bedeutung. Daß dieser, dem durch Gesamtkonzept und Aktionsplan vermittelten Eindruck gemäß, der Vorrang gegenüber militärischer Konfliktaustragung gebühre, hält der Realität freilich nicht stand. Zivile Prävention gelingt selten, wenn sie überhaupt versucht wird.

Die Situation nach humanitären Interventionen ist geprägt von militärgestützten internationalen Treuhand- und Protektoratssystemen, die staatliche Funktionen übernehmen, und durch die Transformation gewaltsamer in zivile Konflikte versuchen, das eigene Fremdregime zugunsten eines gewählten einheimischen Rechtsstaats zu ersetzen. Bis das zustande kommt, dominiert das Militär nicht nur die Innen- und Sicherheitspolitik des besetzten Landes, sondern auch die Tätigkeitsfelder der zivilen Friedensfachkräfte, also EZ, ZKB und humanitäre Hilfe. Die Wiederaufbauarbeit wird daher begleitet von Interessenkonflikten über Ressourceneinsatz, Präsenzbereiche und Kompetenzen, die die ungleich reicher ausgestatteten Kräfte des staatlichen Gewaltmonopols gegenüber den NRO für sich entscheiden.

Obwohl die Krisen der Welt immer weniger mit militärischen Mitteln zu beheben sind und dementsprechend immer mehr Vertreter zivilgesellschaftlicher Gruppen und staatlicher Institutionen Friedensarbeit leisten, ist eine geregelte Umstellung der militärischen auf zivile Konfliktbearbeitung nicht in Sicht. Bundesregierung und NRO versuchen aber, zivile und militärische Aufgaben aufeinander abzustimmen.

Beim Ausbau ihres internationalen Militärengagements will die Bundesregierung verhindern, daß zivile Konfliktbearbeitung „in Opposition zum Einsatz militärischer Mittel gedacht wird."[38] Die grundsätzlich widersprüchliche Ratio ziviler und militärischer Konfliktbeilegung sowie die Kommunikationsbarrieren zwischen beiden Bereichen, die sich aus unterschiedlichen Werten, Interessen und Sprechweisen ergeben, sollen zwar durch „sorgfältige Koordination" (Gesamtkonzept) ausgeräumt werden; der Primat des Militärischen steht dabei allerdings nicht in Frage.

---

[37] Einen Ausweg aus der zuletzt genannten Falle sehen sie in der Festlegung „klarer Kriterien für die Abgrenzung zu den CiMiC-Aktivitäten der Bundeswehr und eines gemeinsamen „code of conduct", s. den Antrag der Fraktion der SPD und des Bündnis 90/Die Grünen, „Humanitäre Verantwortung für Menschen in Not", Bundestags-Drucksache 15/4149 vom 10.11.2004.

[38] *Fincke/Hatakoy*, Krisenprävention als neues Leitbild der deutschen Außenpolitik, in: Harnisch/Katsioulis/Overhaus (Hg.), Deutsche Sicherheitspolitik, 2004, 60.

Bereits in den 90er Jahren hatte die NATO, um einer Delegitimierung des Militärs vorzubeugen, die Zivil-militärische Kooperation (CiMiC) initiiert, die im Oktober 2001 als „Teilkonzeption" der Bundeswehr eingeführt wurde. Sie gilt als Auftrag für bestimmte militärische Einheiten, die sich am Wiederaufbau kriegszerstörter öffentlicher Infrastruktur, an der Unterstützung und Koordination von Maßnahmen zur strukturellen Entwicklung sowie an der Zusammenarbeit mit karitativen und humanitären Organisationen beteiligen.[39] Ob damit allerdings eine „zivilgesellschaftliche Reformation des Militärwesens"[40] eingeleitet wird, ist fraglich. Die Menschenrechtslegitimation der Interventionen und die Kooperation mit zivilgesellschaftlichen NRO haben das Militär bislang, wie die typischen Gewaltübergriffe von Soldaten auf die Bevölkerung in Krisenregionen zeigen[41], weder zivilisieren noch in „Deeskalationsstreitkräfte"[42] verwandeln können.

Mit seinem in den „humanitären Kriegen" (Beck) zu beobachtenden Vordringen in Nothilfeleistungen begründet das Militär seine Überlegenheit als „Generalunternehmer" beim Wiederaufbau.[43] Eine „neuartige transnationale Verschmelzung von Zivilgesellschaft und Militärwesen"[44] ist daraus ebenso wenig abzuleiten wie eine neue Militärmoral.[45] Im „Krieg gegen den Terror" führt der Kampf zwischen Gut und Böse in den Interventionsgebieten zu ungeheuerlichen Menschenrechtsverletzungen der angeblich „neuen gesinnungsethischen" Streitkräfte.[46]

Im Unterschied zum NATO-CiMiC-Auftrag betont das deutsche Konzept zur Zivil-militärischen Zusammenarbeit (ZMZ) den Gedanken der Subsidiarität: Die Bundeswehr ist demnach gehalten, die Befähigung der lokalen Bevölkerung durch Hilfe zur Selbsthilfe zu stärken und bei den militärischen und zivilen Aktivitäten den Grundsatz des geringsten Eingriffs strikt zu beachten.[47] Ungeachtet dessen sieht die fachliche Weisung zur Planung und Durchführung der ZMZ vom Februar 2003 auch die befristete Durchführung humanitärer Hilfsprojekte ausschließlich

---

[39] Vgl. *Lambach,* Zivile und militärische Komponenten im Nachkriegs-Wiederaufbau. Dokumentation des Fachgesprächs am 04.12.2003 in Berlin, 7.

[40] *von Bredow,* zit. in: *Beck* (Fn. 34), 122.

[41] s. die Gewalt an Zivilisten und Gefangenen in Jugoslawien, Somalia und im Irak.

[42] *von Bredow,* zit. in: *Beck* (Fn. 34), 122.

[43] s. die dazu geäußerten Meinungen bei *Lambach* (Fn. 39), 9. „... eine Besatzungsmacht [hat] die völkerrechtliche Verpflichtung nach dem 1. Zusatzprotokoll zu den Genfer Abkommen, die Grundversorgung der Bevölkerung zu übernehmen und ihren Schutz zu gewährleisten. Hilfsorganisationen können darüber hinaus tätig werden, brauchen dazu aber die Genehmigung der Besatzungsmacht." Antrag von SPD und Bündnis 90/Die Grünen, Bundestags-Drucksache 15/4149, 3.

[44] *Beck* (Fn. 34), 123.

[45] Kritisch auch H. Simon (ehemaliger Bundesverfassungsrichter), *Simon,* Zivile Konfliktbearbeitung kommt zu kurz, in: FR vom 06.01.2004.

[46] *von Bredow* behauptet das Gegenteil, zustimmend zit. in: *Beck* (Fn. 34), 123.

[47] So auch der Antrag von SPD und Bündnis 90/Die Grünen, Bundestags-Drucksache 15/4149, 5.

durch die Bundeswehr vor, und zwar auch dann, wenn zivile Institutionen vorhanden und in der Lage sind, diese Aufgaben zu erfüllen.

Eine in Afghanistan erprobte neue Form der ZMZ soll die militärische Dominanz verhindern: Zivile und militärische Akteure agieren hier in einem gemeinsamen Organisationsrahmen, der von einer Dreier-Spitze aus BMV, AA und BMZ gestellt wird.[48] Trotz des vor allem im BMZ vertretenen Anspruchs auf Gleichberechtigung der zivilen Friedensfachkräfte bleibt die Vorrangstellung des Militärs indessen de jure und de facto unangefochten. „Ziel der [CiMiC- und ZMZ-]Konzepte ist es, die Akzeptanz der Truppen in der Bevölkerung zu erhöhen und das Truppenfeld zu sichern. Es ist insbesondere dieser militärische Zweck der Hilfe, den viele Organisationen kritisieren."[49] Wie die rot-grüne Koalition sieht auch die Bundeswehr den Nutzen der ZMZ, so ein deutscher Oberst, in der „force protection" in Krisengebieten. Indem die NRO den Streitkräften Akzeptanz auf lokaler Ebene verschüfen, trügen sie zu ihrer Sicherheit bei und erleichterten die Durchführung militärischer Maßnahmen.[50]

Diese Militärlogik behält solange Oberhand, wie eine ausgereifte interministerielle Präventionspolitik fehlt. Bislang erschöpfen sich ressortübergreifende Konzepte in Absichtserklärungen. Werden Gewaltkonflikte erst nach ihrem Ausbruch registriert, wird den Streitkräften letztlich als einzigen die Fähigkeit zugesprochen, unter Berufung auf verletzte Menschenrechte den Konflikt militärisch zu lösen, um weitere Gewaltopfer zu verhindern. Damit wird die Einsicht verstellt, daß die Streitkräfte zwar einen Krieg, nicht aber den Frieden gewinnen können.

Die Präferenz militärischer Kampfeinsätze wird auch von den durch Legislaturperioden geprägten Politikern gestärkt. Militär verspricht immer wieder mediengerechte, rasche Aktionen zur Konfliktlösung in komplexen Krisenlagen, die, trotz ungewissen Ausgangs, in Wahlkämpfen Engagement für die eigene Sicherheit signalisieren. Gebotene Instrumente und Handlungsweisen wie EZ und zivile Konfliktbearbeitung, die auf eine nachhaltige Entwicklung setzen und erst längerfristige Erfolge zeigen, sind zur Stimmenmaximierung weniger geeignet.

Die Bundeswehr selber sieht sich, ungeachtet ihrer fragwürdigen Eignung zur Krisenprävention, Konfliktlösung und Friedenskonsolidierung, aufgrund der legiti-

---

[48] Vgl. hierzu *Heinemann-Grüder/Pietz,* Zivil-militärische Intervention – Militärs als Entwicklungshelfer?, in: Weller u. a. (Hrsg.), Friedensgutachten 2004, 2004, 202.

[49] Bundestags-Drucksache 15/4149, 3.

[50] s. Fachgespräch zwischen NGO und Bundeswehr über „Zivile und militärische Komponenten im Nachkriegswiederaufbau – Chancen und Risiken einer ungewohnten Nachbarschaft", Erfahrungsdokumentation vom 04.12.2003, Mai 2004, Plattform ZKB, 9.
Diese Einschätzung ist auch bei den Alliierten (insbesondere den USA) anzutreffen. „Just as surely as our diplomats and military, American NGOs are out there serving and sacrificing on the front lines of freedom. NGOs are such a force multiplier for us such an important part of our combat team …", so US-Außenminister Colin Powell, zit. in: *Burnett,* Relief Workers in the Line of Fire, in: IHT vom 05.08.2004,

men politischen Weisungen als Herrin der ZMZ, der sich Polizei und NRO unterzuordnen haben.

Sie läßt sich von den zivilen Helfern über die Situation am Einsatzort ebenso informieren wie über die Tätigkeiten der NRO. Humanitäre Helfer und Fachkräfte für Entwicklungszusammenarbeit und Zivile Konfliktbearbeitung werden so für politische Zwecke instrumentalisiert. Besonders die auch in Kriegsgebieten tätigen humanitären Organisationen kritisieren, daß humanitäre Hilfeleistungen (wie in Afghanistan) als Lock- und Druckmittel eingesetzt werden, um an Informationen über die Taliban und Al Qaida zu kommen, wodurch ihre völkerrechtlich gesicherte politische Neutralität unglaubwürdig wird. Es wächst das Risiko, daß die Helfer als Angehörige des militärischen Interventionskomplexes und unerwünschte Zeugen und Verräter von Kombattanten liquidiert werden.[51] Ob derartige Gefahren durch eine klare Abgrenzung der Verantwortlichkeiten zwischen Militär und Hilfsorganisationen, für die die rot-grünen Fraktionen und die CDU/CSU im Bundestag plädieren, abgewendet und größere Unabhängigkeit der zivilen Akteure erwirkt werden könnten, ist zweifelhaft.

Die relative Schwäche der NRO in der ZMZ liegt nicht zuletzt in ihrer Abhängigkeit von Geldern aus der Staatskasse, die sie zum Arm der Regierung machen. Lassen sie sich darauf nicht ein, werden ihre Verträge in den USA einfach kassiert und neue Partner gesucht.[52] Da sich alle intervenierenden Staaten ähnlich verhalten, wächst das Sicherheitsrisiko der NRO, nehmen die privaten Spenden ab. Die Folge ist, daß das Militär seine Hauptrolle bei der Krisenprävention und Friedenskonsolidierung sichern kann. Auch die den NRO gewährte Nutzung militärischer Infrastrukturen und Ressourcen (Feldpostsystem, Telekommunikation, Krankenversorgung und Transporte) macht den Vorrang des Militärs deutlich. Nach dem 11. September wurde die zivil-militärische Kommunikation aus Sicherheitsgründen eingeschränkt und die Bedeutung der Friedensarbeit herabgesetzt.[53]

Im Irak führte die Unterordnung humanitärer und anderer NRO unter die Koalitionsstreitkräfte 2004 dazu, daß letztere solche UN-Projekte, denen ein Einfluß auf Transformation und Demokratisierung des Irak zugeschrieben wurde, nicht genehmigten. Indem die Truppen über die Hilfsorganisationen verfügten, vergrößerten sie deren Sicherheitsrisiko. Die Weltbehörde untersagte daraufhin eine gemein-

---

[51] Der Mord an 22 Mitgliedern von „Ärzte ohne Grenzen" (ÄoG) in Afghanistan (Juni 2004) führte dazu, daß diese Organisation nach 24 Jahren lebensschützender Arbeit (zur Zeit der sowjetischen Unterdrückung und unter der Taliban-Herrschaft) das Land verließ. ÄoG machte die USA dafür verantwortlich, da diese die humanitäre Hilfe „aus politischen und militärischen Motiven" mißbrauchten. S. *Lambach* (Fn. 39), 10 f.

[52] USAID, zit. in: *Burnett* (Fn. 50).

[53] So wurden die Leistungen des von der Bundeswehr in Afghanistan abgesicherten „Kundus Provincial Reconstruction Teams", die auf einer eindrucksvollen Liste ziviler Aufbauprojekte der friedenssichernden Entwicklungszusammenarbeit ausgewiesen sind, der deutschen Öffentlichkeit insofern vorenthalten, als die Medien anläßlich von Besuchen der deutschen Außen- und Verteidigungsminister als Hauptakteure stets die Streitkräfte und nicht die zivilen Friedensfachkräfte und ihre Projekte vorstellten.

same Projektarbeit mit dem Besatzungsregime sowie Auftritte mit ihren Vertretern.[54] Bleibt abzuwarten, ob der Entzug der „force protection" das Militär zu kooperativem Verhalten veranlaßt.

Ein Gutteil der Unstimmigkeiten zwischen Militär und zivilem Friedensdienst geht aus den rivalisierenden Bestandsinteressen der Organisationen hervor. Wirbt die Bundeswehr im Rahmen der ZMZ private Drittmittel ein, umgeht sie die Kooperation mit den zivilen Kräften und unterstreicht ihre Generalkompetenz und Alleinverantwortlichkeit bei der Friedenskonsolidierung. Die Geltendmachung derartiger Bestandsinteressen ist – wie Bundeswehr-Angehörige hervorheben – auch bei den NRO üblich, die „bisweilen ... mittels absichtlich übertriebener Bedarfsanalysen" dazu beitragen, daß z. B. die humanitäre Hilfe vor allem dem Fortbestand und der Ausweitung ihrer Mission dienen.[55]

Je mehr sich die ZKB professionalisiert, desto größer wird außerdem das Risiko, daß wesentliche Aufgaben der Prävention aus Eigeninteresse nicht wahrgenommen werden. Da „Warnungen und Kritik [von Friedensfachkräften] einerseits wenig verändern, andererseits aber die eigenen Karrierechancen vermindern", verlegen sie sich auf „Schönreden" der Situation im Einsatzgebiet. Auf einem Rückkehrertreffen des zivilen Personals im ZIF wurde kritisiert, daß „sich viele Mitarbeiter vor Ort [gemeint waren die im Kosovo vor den Unruhen im März 2004] durchaus bewußt waren, auf einem Pulverfaß zu sitzen", und trotzdem dazu beitrugen, daß „sich die internationale Gemeinschaft kollektiv in einem trügerischen Gefühl von Fortschritt und Sicherheit" wiegte.[56]

III. Voraussetzungen effektiver ziviler Konfliktbearbeitung

Die institutionelle Verankerung der zivilen Konfliktbearbeitung im europäischen und deutschen Recht ist auf den ersten Blick ein ermutigendes Zeichen für das „Mainstreaming" dieser Form von Krisenprävention.[57] Das Know-How der von ZIF und ZFD ausgebildeten Friedensfachkräfte hat die zivile Konfliktbearbeitung im Rahmen der deutschen Entwicklungszusammenarbeit eindeutig bereichert.[58] Dennoch zeigen vor allem die problematischen Berührungspunkte zwischen ziviler und militärischer Konfliktbearbeitung, daß eine gleichberechtigte Kooperation von militärischen, polizeilichen und zivilen Kräften zur Herstellung von Sicherheit und Frieden schwierig ist. Zu unausgeglichen ist die Mittelvertei-

---

[54] *Heinemann-Grüder/Pietz* (Fn. 48), 204.

[55] *Heinemann-Grüder/Pietz* (Fn. 48), 206.

[56] *von Gienath/Hett,* Kosovo nach den März-Unruhen. Wie geht es weiter?, ZIF-Report 9 (2004), 3.

[57] *Fincke/Hatakoy* (Fn. 38), 64.

[58] s. die Evaluation für das BMZ von *Kievelitz u. a.,* Joint Utstein Study of Peacebuilding. National Report on Germany, 2003.

lung zwischen den Akteuren auf dem neuen sicherheitspolitischen Feld[59], zu beschwerlich die Koordinierung zwischen staatlichen und privaten Strategien in unterschiedlichen Aufgabenbereichen (wie Jugend-, Flüchtlings-, Frauengruppen, Betreuung, Rückkehrprogramme, Kleinwaffenkontrolle, Wahlbeobachtung) sowohl auf ministerieller Ebene (Auswärtiges Amt, BMV und BMZ) als auch im Interventionsgebiet.[60]

Angesichts der Unfähigkeit, derartige Defizite zu beheben, erscheinen die konstitutionellen Pläne zum *nation-building* bzw. zur Herstellung effektiver Staatlichkeit als überambitioniert; ohnehin sind bisher nur wenige der nach westlichem Muster exogen geschaffenen politischen Systeme von Dauer gewesen. Erfahrungsgemäß gilt, daß der neue konstitutionelle Zusammenhalt eines Gemeinwesens unter der Bedingung stabil bleibt, daß die Gesellschaft durch Allokation von Ressourcen und Distribution von Werten allmählich befriedet werden kann.[61] Die umgekehrte Reihenfolge – Konstitution *vor* Allokation und Distribution – kann die Stabilität wegen fehlendem normativem Konsens verwirken. Ein friedlicher Ausgleich verfeindeter Gruppen setzt dann ein, wenn mit konditionierter Hilfe von außen (nach dem Prinzip des Marshallplans) Not gelindert und wirtschaftliche Erholung und Leistungsfähigkeit, Unternehmergeist und persönliche Emanzipation angereizt werden. An der Verteilung der Mittel sowie vor allem der Zugänge zu materiellen Ressourcen, Stellen, Bildung, Information etc. sind die gegnerischen Gruppen so zu beteiligen, daß in den zwischen ihnen entstehenden Kooperationsbereichen der Einsatz von Brachialgewalt keiner Seite Gewinne bringen würde.

Nur mit stringentem Zeitmanagement ist zu verhindern, daß Warlords und kriminelle Gruppen auch den Nachkrieg beherrschen. Der von ihnen geführten „Gewaltökonomie" ist rasch eine wirtschaftliche Not-Hilfe für die Bevölkerung entgegenzusetzen, die in eine langfristig geförderte ökonomische Entwicklung überleitet.

In den Plänen der Intervenierenden zur raschen „Ermächtigung" („empowerment") der lokalen *stakeholders* und ihrer „local ownership of peace building processes" werden meistens reichliche finanzielle Mittel in Aussicht gestellt, die durchaus geeignet wären, eine arbeitsintensive Wiederaufbauarbeit in allen lebenswichtigen Bereichen möglich zu machen und Energien zu binden, die sich sonst in ungeregelter Weise verausgaben könnten. Eine solche Pazifizierungsfunktion der Wirtschaft verlangt allerdings sowohl nach rascher Verfügbarkeit versprochener Gelder als auch nach dem unverzüglichen Aufbau von Gerichten

---

[59] Vgl. *Weller*, Zivile Konfliktbearbeitung im Aufwind?, in: *Weller u. a.* (Fn. 48), 286.

[60] Zu den Streitereien um Kompetenzen, unterschiedliche Entlohnung der Mitarbeiter etc. in den je eigenen Ausbildungs- und NRO-Förderungsprogrammen der Ministerien s. *Böge/Spelten* (Fn. 10), 199 sowie *Fincke/Hatakoy* (Fn. 38), 66.

[61] s. *Chevallier*, Berater der UNMiK, ZIF-Workshop (Fn. 31), 149; vgl. zu den Vorkriegsbedingungen *Etzioni* (Fn. 25),

und Polizei, um die einheimische lokale Rechtskultur nach Kriegsende zu stärken.[62]

Zu oft werden solche Hilfen indessen (wenn überhaupt) so spät angewiesen, daß die Glaubwürdigkeit aller Interventionskräfte leidet. Kommt eine entwicklungspolitisch definierte Sicherheitspolitik aber nicht rechtzeitig zustande und gelingt auch die rasche Errichtung öffentlicher Strukturen und Grunddienstleistungen nicht, wird der Wiederaufbau zu einer „top-down affair", die vornehmlich vom regierenden Militär geprägt ist.

Um eine gleichberechtigte Kooperation mit dem Militär möglich zu machen, müßte die friedenssichernde Entwicklungspolitik in den sich überschneidenden Tätigkeitsfeldern sowohl auf eine Abgrenzung der Kompetenzen als auch auf die notwendige Integration der entwicklungs-, sicherheits- und friedenspolitischen Maßnahmen dringen.[63] Die Kosten-Nutzen-Ratio militärischer und ziviler Hilfeleistungen ließe sich am Kriterium der Stärkung lokaler Eigenverantwortung der Menschen in den Krisengebieten beurteilen.[64]

Vor dem Hintergrund der EU-Debatten über die zunehmende Bedeutung des militärischen Faktors in der ESVP stellt sich die Frage, ob und wie der Primat der Krisenprävention und ZKB künftig geltend gemacht werden kann. Der Europäische Verfassungsvertrag (Dezember 2003) kündigt mit der Pflicht zur „Verbesserung der militärischen Fähigkeiten" sowie der Einrichtung der „Europäischen Agentur für Rüstung, Forschung und militärische Fähigkeiten" die Stärkung der militärischen Statur der EU an; der Präventionsgedanke (Art. 1–40, 1 und 3, S. 1), nämlich die Streitschlichtung mit zivilen Mitteln vor dem Militäreinsatz sowie die Förderung ziviler Präventionskräfte, scheinen diesem Ziel untergeordnet zu sein. Weder Personalstärke noch Materialausstattung, weder Kohärenz noch Kompatibilität sind zwischen zivilen und militärischen Kräften der Krisenprävention und Konfliktbeilegung auch nur annähernd gleich entwickelt.

Die Interventionseinsätze von Polizei und europäischer Gendarmerie[65] als Komponenten der Streitkräfte[66] ebnen zudem den funktionalen Unterschied zwischen Polizei und Militär ein. Der polizeiliche Schutz der Allgemeinheit vor Gewalt mit den schonendsten, lebenserhaltenden Mitteln weicht dem Einsatz tödlicher Militärgewalt zur Erreichung sozialer Ziele.

---

[62] ZIF (Fn. 31), 142.

[63] s. dazu *Klingebiel/Roehder,* Eine neue Allianz? Das Verhältnis der Entwicklungspolitik zum Militär wird enger, in: IP 2004, 57.

[64] *Heinemann-Grüder/Pietz* (Fn. 48), 208.

[65] s. Alliot-Marie (französische Verteidigungsministerin), *Alliot-Marie,* Seite an Seite, in: Financial Times Deutschland vom 17.09.2004 sowie *Groß,* Die Reform der Bundeswehr und Krisenprävention als sicherheitspolitische Gesamtaufgabe, in: Mutz (Hrsg.), Krisenprävention als politische Querschnittsaufgabe, 2002, 95 f.

[66] Statewatch Bulletin 3–4/00, 23, zit. in: *Bunyan/Busch,* Europäisches Krisenmanagement, in: Cilip 2003, 25.

Die Klärung der Frage, wie die militärischen und zivilen Elemente der Präventionspolitik, die nach Berliner Auffassung „das gesamte Spektrum sicherheitspolitisch relevanter Instrumente und Handlungsoptionen"[67] abdecken, aufeinander zu beziehen und abzustimmen sind, steht noch aus. Sie ist indessen die entscheidende Voraussetzung für ein sicherheitspolitisches Alternativkonzept, das deutschen und europäischen Sicherheitskräften vor allem im Verhältnis zum US-Hegemon eine andere Rolle sichern könnte als die des „zivilen Arms", der nach weltweiten amerikanischen Militärschlägen Aufräum- und Wiederaufbauarbeiten leistet.

---

[67] Bundesministerium der Verteidigung, Verteidigungspolitische Richtlinien (VPR), Mai 2003, <http://www.bmvg.de/sicherheit/vpr.php>.

Für mehr Offenheit und Realismus in der Völkerrechtslehre

Von Karl Zemanek

Mit Bedauern muß man zur Kenntnis nehmen, daß das Völkerrecht in der breiten Öffentlichkeit keinen guten Ruf hat. Die meisten Menschen interessieren sich nämlich nicht für den weiten Bereich des Völkerrechts, der die Verkehrs-, Handels- und Kommunikationsinfrastruktur der Welt sicherstellt. Sie sind sich seiner meist gar nicht bewußt, obwohl gerade seine Auswirkungen ihr Leben am stärksten unmittelbar beeinflussen. Hingegen wird ihre Aufmerksamkeit durch medial vermittelte internationale Krisen erregt, deren Verlauf oft den Eindruck erwecken muß, daß das Völkerrecht, so wie es ihnen dargestellt wird, jedesmal, wenn es etwas bewirken sollte, versage. Selbst Vertreter anderer Rechtsfächer gestehen dem Völkerrecht oft nur mit leisem Lächeln – und vermutlich auch aus kollegialer Höflichkeit – die Bezeichnung Recht zu. Die daraus resultierende defensive Position drängt in einem *circulus vitiosus* viele Völkerrechtler dazu, das Völkerrecht als ein der innerstaatlichen Rechtsordnung vergleichbares Recht zu vermitteln, anstatt die Andersartigkeit einer dezentral organisierten Rechtsordnung hervorzuheben und auf die einer solchen immanenten Schwächen in Erzeugung, Befolgung und Durchsetzung – und damit auf die wesensmäßigen Unterschiede[1] zu staatlichen Rechtsordnungen – zu verweisen.

Diese Art der Darstellung findet sich in vielen Lehr- und Handbüchern des Völkerrechts, nicht selten auch in monographischen Arbeiten, und zwar – wenn auch in unterschiedlichen Ausprägungen – weltweit, nicht auf den deutschen Sprachraum beschränkt. Damit trägt die Völkerrechtswissenschaft zur unvermeidlichen Erwartungsenttäuschung bei, denn das Dargestellte wird *so* in weiten Bereichen der Realität nicht standhalten und nur der schon gegenüber Grotius geäußerten Kritik neue Nahrung liefern, das Völkerrecht sei ein bloßes Gelehrtenrecht, eine Kopfgeburt der Völkerrechtslehre. Wohl ist verständlich, daß die Völkerrechtslehrer in ihren Arbeiten das Augenmerk vordringlich auf die Verständlichkeit der Darstellung für Studierende oder auf die Überzeugungskraft der Argumente für Fachkollegen richten. Dabei wird aber vergessen, daß gerade verständlich geschriebene Kurzlehrbücher, aber selbst Handbücher und Fachartikel, auch

---

[1] Zu diesen eingehend *Watts,* The International Rule of Law, GYIL 36 (1993), 15. *Weil,* Towards Relative Normativity in International Law?, AJIL 77 (1982), 413, schreibt: „... the international normative system, given the specific structure of the society it is called on to govern, is less elaborate and more rudimentary than domestic legal orders – which, of course does not mean that it is inferior or less ‚legal' than they; it is just different."

von interessierten Nichtjuristen, etwa Journalisten, benützt und vermutlich unkritisch rezipiert werden.

Das Ergebnis läßt sich dann in den Medien ablesen. Wo Völkerrecht einen Maßstab zur Beurteilung internationaler Krisen abgibt, wird es zum Gegenstand der Berichterstattung. Deren plakative Sprache und simplifizierende Darstellungsweise verzerren den Inhalt des aus anonym bleibenden Sekundarquellen entnommenen Völkerrechts noch weiter und entstellen damit seinen Wert für die Beurteilung des in Frage stehenden Sachverhalts; einmal ganz abgesehen von Sprachschlampereien verursachenden Wissensmängeln der Berichterstatter. So wurde das Gutachten des Internationalen Gerichtshofes zur israelischen Mauer auf palästinensischem Gebiet in einer österreichischen Qualitätszeitung[2] zum „Urteil". Der uninformierte Leser mußte daher annehmen, Israel verweigere die Durchführung eines Urteilsspruchs ohne von Folgen getroffen zu werden, was den Leser in seinem Vorurteil gegen das Völkerrecht bestärken mußte. Aber auch Schnellschüsse von Völkerrechtlern, unmittelbar nach Beginn krisenhafter weltpolitischer Ereignisse mit noch unzureichender Sachinformation in den Medien abgegeben, verbessern die Urteilsfähigkeit der breiten Öffentlichkeit nicht wirklich.

Um nur ein Beispiel einer Medienblase zu nennen: In den vergangenen Monaten konnte man immer wieder von der „internationalen Gemeinschaft" lesen oder hören, die dieses oder jenes in Bosnien, im Kosovo, in Afghanistan, im Irak, im Sudan, im Kongo, oder sonst irgendwo, entweder nicht zulassen, oder umgekehrt, tun werde. Wer ist diese „internationale Gemeinschaft"? Die Vereinten Nationen, die NATO, die EU, die mit den Vereinigten Staaten im Irakkrieg Verbündeten? Oder handelt es sich bloß um ein praktisches Kürzel, das eingehende Recherchen erspart? Jedenfalls wurde auf diese Art, scheinbar aus Gründen der Simplifizierung, eine „Gemeinschaft" erfunden, die keinen nachvollziehbaren willensbildenden Prozeß hat und in deren Namen daher auch niemand zu sprechen oder zu handeln vermag. Wohl aber war damit ein unspezifischer Sündenbock geschaffen, den die öffentliche Meinung mit jeder beliebigen Organisation oder Gruppierung, mit der sie gerade unzufrieden war, gleichsetzen konnte.

Es sei noch einmal wiederholt: Es sind die überzogenen Erwartungen, die ganz wesentlich zum schlechten Ruf des Völkerrechts beitragen. Ich möchte das im folgenden an einigen Beispielen zeigen, wobei ich einschlägige Textverweise bewußt unterlasse, weil Beckmesserei nicht meine Absicht ist. Es geht mir vielmehr darum, die Aufmerksamkeit auf Umstände zu lenken, die zwar durchaus bekannt sind, dennoch aber in der Darstellung des Völkerrechts kaum jemals berücksichtigt werden. Jeder, der völkerrechtliche Texte veröffentlicht hat – und ich schließe mich dabei nicht aus – wird beim Wiederlesen seiner Texte erkennen können, daß er hie und da – hoffentlich nur hie und da – eine der im folgenden behandelten Sünden begangen hat. Daß es sich nur um eine exemplarische Auswahl handeln kann, versteht sich im Rahmen eines Essays von selbst.

---

[2] „Die Presse" vom 22. Juli 2004, 4.

Ein wesentlicher Unterschied zwischen Völkerrecht und innerstaatlichem Recht ist der persönliche Geltungsbereich der Rechtsordnung. Während innerstaatliches Recht, abgesehen von Spezialgesetzen, regelmäßig für *alle* der Rechtsordnung unterliegende Personen gilt, haben Völkerrechtsnormen, mit wenigen Ausnahmen, unterschiedliche persönliche Geltungsbereiche.

Das trifft insbesondere auf multilaterale Verträge zu, die Völkerrechtsnormen erzeugen, wird aber von der Lehre nur selten reflektiert. Häufig wird ein rechtserzeugender Vertrag als das einschlägige Völkerrecht schlechthin dargestellt. So hat es sich beispielsweise eingebürgert, das völkerrechtliche Vertragsrecht mit der „Wiener Konvention über das Recht der Verträge" von 1969 gleichzusetzen. Bei einem Stand von 98 Vertragsparteien[3] ist das nicht unproblematisch, worauf später noch einzugehen sein wird. Plausibler ist die Gleichsetzung etwa bei der „Wiener Konvention über diplomatische Beziehungen" von 1961 mit 181 Vertragsparteien, oder der „Wiener Konvention über konsularische Beziehungen" von 1963 mit 166 Vertragsparteien. Allerdings ist damit, nennt man noch das „Seerechtsübereinkommen der Vereinten Nationen" von 1982, das 145 Vertragsparteien hat, die Liste der völkerrechtlichen Kodifikationskonventionen, hinsichtlich derer ein Anspruch auf universelle Geltung wenigstens diskutiert werden kann, auch schon erschöpft.

Die globalen Übereinkommen des Menschenrechtssektors überraschen durch die große Zahl ihrer Vertragsparteien. Der „Internationale Pakt über bürgerliche und politische Rechte" hat 152, jener über wirtschaftliche, soziale und kulturelle Rechte immerhin 149 Vertragsparteien. Bedenkt man die reale Lage in vielen Staaten der Welt, so verwundert noch mehr die große Zahl der Vertragsparteien der „Konvention zur Beseitigung jeder Form der Diskriminierung der Frau" von 1979 (177) und der „Konvention über die Rechte des Kindes" von 1989 (192).

Was aber meist, wenn überhaupt, nur nebensächlich behandelt wird, ist die Tatsache, daß gerade die Verpflichtungserklärungen zu Menschenrechtskonventionen oft mit weitreichenden Vorbehalten versehen werden, die die aus dem Vertrag erwachsenden Verpflichtungen relativieren. Manche dieser Vorbehalte, insbesondere jene, die das innerstaatliche Recht oder die Scharia zum Erfüllungsmaßstab der Vertragspflichten machen, stellen letztere zur alleinigen Disposition der betreffenden Vertragspartei und heben die rechtliche Verpflichtung ihres Inhalts damit praktisch auf.[4] Dagegen haben andere Vertragsparteien wegen Unvereinbarkeit des Vorbehalts mit Ziel und Zweck („object and purpose") des Vertrages Widerspruch erhoben. Da die Wirkung eines solchen Einspruchs aber umstritten ist,[5] entsteht eine unsichere Situation, in der nur mühsam festgestellt werden kann, wer, in welchem Ausmaß, und gegenüber wem (es handelt sich schließlich meist um *Erga-*

---

[3] Die Zahl der Vertragsparteien aller angeführten Konventionen stammt vom Mai 2004.

[4] Siehe *Lijnzaad,* Reservations to UN Human Rights Treaties. Ratify and Ruin?, 1995.

[5] Siehe *Zemanek,* Re-examining the Genocide Opinion: Are the Object and Purpose of a Convention Suitable Criteria for Determining the Admissibility of Reservations?, in: Ando u. a. (Hrsg.), Liber Amicorum Judge Shigeru Oda, 2002, vol. I, 335 (343 ff.).

omnes-partes-Pflichten) gebunden ist. Doch allein ein Einbeziehen dieser Vorbehalte und ihrer Folgen in die Darstellung würde ein realistisches Bild vom Zustand des internationalen Menschenrechtsschutzes geben – eine Aufgabe, die zugegebenermaßen in einem Lehrbuch schwer zu bewältigen ist. Die Schwierigkeit sollte aber kein Freibrief dafür sein, die Unsicherheit des Rechtsbestandes einfach zu ignorieren.

Die Gleichsetzung einer multilateralen Konvention mit dem im gleichen Gegenstand geltenden völkerrechtlichen Gewohnheitsrecht wirft eine Reihe von Fragen auf, die nur selten – wohl auch wegen der Knappheit und Geschlossenheit der Darstellung in Lehrbüchern – gestellt, noch seltener aber beantwortet werden.

Die Wiener Vertragsrechtskonvention (künftig: WVK) mag wieder als Beispiel dienen. Wohl ist die Anzahl der Vertragsparteien beachtlich, aber dennoch: Welche Normen gelten für die Vertragsbeziehungen unter den Staaten, die ihr ferngeblieben sind, und für solche zwischen ihnen und Vertragsparteien der WVK? Es liegt auf der Hand, darauf zu antworten: das einschlägige völkerrechtliche Gewohnheitsrecht. Doch wo ist dieses dargestellt? Die Versuchung ist groß, es eben inhaltlich mit der WVK gleichzusetzen. Nun hat diese zwar größtenteils Völkergewohnheitsrecht kodifiziert, aber nicht alle ihre Vorschriften galten vorher als Gewohnheitsrecht, wie sich beispielsweise an der Vorbehaltsregelung leicht nachweisen läßt.[6] Nun ließe sich dagegen natürlich einwenden, daß auch jene Normen der WVK, die ursprünglich Ergebnis „fortschrittlicher Entwicklung" waren, zwischenzeitlich durch allgemeine Anwendung Gewohnheitsrecht geworden sein können,[7] womit die Aussage, die WVK sei mit dem einschlägigen Gewohnheitsrecht inhaltsgleich, zuträfe. Hinsichtlich der Vorbehaltsregelung, um bei diesem Beispiel zu bleiben, wäre die Aussage aber nur dann gesichert, wenn sie sich auf eine eingehende Untersuchung der Vorbehalts*praxis* von Staaten stützen könnte, die nicht Vertragsparteien der WVK sind. Mir ist nur eine einzige Untersuchung bekannt, die dafür überhaupt in Frage käme, und das ist die noch nicht abgeschlossene Arbeit von Alain Pellet in der International Law Commission. Bevor deren endgültige Ergebnisse vorliegen beruhen alle Aussagen zum Gegenstand letztendlich auf Vermutungen. Doch nur internationale Gerichte – insbesondere der Internationale Gerichtshof – können sich mit apodiktischen Behauptungen des Bestandes von Gewohnheitsrecht begnügen,[8] weil ihre Aussagen zwar kritisiert

---

[6] Siehe *Zemanek,* Some Unresolved Questions Concerning Reservations in the Vienna Convention on the Law of Treaties, in: Makarczyk (Hrsg.), Essays in International Law in Honour of Judge Manfred Lachs, 1984, 323 (328 ff.).

[7] Zu diesem Vorgang kritisch *Weil* (Fn. 1), 435 ff.

[8] Klassisch das *Nicaragua*-Urteil, IGH, *Nicaragua,* ICJ Reports 1986, 9 (para. 188). Jüngst auch wieder im Rechtsgutachten über *Legal Consequences of the Construction of a Wall in the Occupied Palestine Territory,* vom 9. Juli 2004, para. 157, hinsichtlich einiger „intransgressible principles" des völkerrechtlichen Humanitätsrechts. Auch der österreichische Oberste Gerichtshof ist darin nicht besser. Siehe die Kritik von *Bühler,* Casenote: Two Recent Austrian Supreme Court Decisions on State Succession from an International Law Perspective, Austrian Review of International and European Law 2 (1997),

werden können, aber keiner weiteren Kontrolle unterliegen.⁹ Doch selbst sie würden an Überzeugungskraft gewinnen, wären die Rechtsfeststellungen auch nachvollziehbar. Eigenzitate ebenfalls unbegründeter Rechtsfeststellungen aus früheren Urteilen oder Rechtsgutachten erfüllen diese Bedingung nicht.

Der Schluß auf die universelle Geltung der in einem Vertrag festgesetzten Normen ist besonders dann fragwürdig, wenn besonders betroffene Staaten die Beteiligung an dem Vertrag ausdrücklich, unter Hinweis auf die Ablehnung einer oder mehrerer Vertragsbestimmungen, verweigern. In bezug auf eine mögliche gewohnheitsrechtliche Geltung der Vertragsnormen wird man diese Staaten wohl als „persistent objector" betrachten müssen. Doch welche praktische Bedeutung soll man diesem vom „universellen" zum „allgemeinen" mutierten Völkergewohnheitsrecht zuschreiben, wenn ausgerechnet die zur normierten Tätigkeit fähigen Staaten es ablehnen, und wie ist das in der Völkerrechtslehre zu reflektieren? Ein Beispiel dafür ist Artikel 11 des „Agreement Governing the Activities of States on the Moon and Other Celestial Bodies",[10] der das Prinzip des Gemeinsamen Erbes der Menschheit festschreibt. Diese Bestimmung ist die Ursache für die Weigerung der am meisten betroffenen Staaten, also jener, die tatsächlich Aktivitäten auf dem Mond oder auf anderen Himmelskörpern zu unternehmen imstande sind, den Vertrag anzunehmen.[11] Ist es dann aber sinnvoll, wie das in einer kürzlich erschienen Monographie geschehen ist,[12] das Gemeinsame Erbe der Menschheit zum „allgemeinen Strukturprinzip des Weltraumrechts" zu erklären?

Ein weiterer Einwand gegen die Gleichsetzung des gewohnheitsrechtlichen völkerrechtlichen Vertragsrechts mit der WVK gründet darauf, daß nicht das gesamte, vor dem Inkrafttreten der WVK Bestand habende Völkergewohnheitsrecht in letzterer kodifiziert worden ist. Eine vollständige Darstellung des Völkervertragsrechts – ich denke dabei beispielsweise an den Einschluß einer Reihe von Interpretationsmaximen, die von internationalen Gerichten und Schiedsgerichten laufend angewendet werden, in der WVK aber nicht behandelt sind – muß auf das nicht kodifizierte Gewohnheitsrecht zurückgreifen.

213, an einem Urteil, das Artikel 18 der Vienna Convention on Succession of States in Respect of Property, Archives and Debts, der die proportionale Verteilung von beweglichem Staatsvermögen auf alle Nachfolgestaaten vorsieht, zu geltendem Völkergewohnheitsrecht erhob (231 f.).

⁹ Probleme können allerdings entstehen, wenn verschiedene internationale Gerichte zu unterschiedlichen Ergebnissen gelangen, wie etwa der Europäische Gerichtshof für Menschenrechte, der im *Loizidou*-Fall von der Auffassung des IGH bezüglich der Wirkung von Vorbehalten abwich. Dazu *Higgins,* The ICJ, the ECJ, and the Integrity of International Law, ICLQ 52 (2003), 1 (18).

[10] ILM 18 (1979), 1434.

[11] *Macdonald,* The Common Heritage of Mankind, in: Beyerlin u. a. (Hrsg.), Recht zwischen Umbruch und Bewahrung, FS f. R. Bernhardt, 1995, 153 (162).

[12] *Woller,* Grundlagen ‚Gemeinsamer Sicherheit' im Weltraum nach Universellem Völkerrecht, 2003, 215 ff.

Und bei dessen Erfassung stößt man auf einen weiteren Problembereich der Völkerrechtswissenschaft. Im Grunde genommen wird der Inhalt des völkerrechtlichen Gewohnheitsrechts von Lehrbuch zu Lehrbuch mehr oder weniger fortgeschrieben und bestenfalls die ihn bestätigende „Staatenpraxis" durch neu hinzugekommenes Material beispielhaft ergänzt. Nicht selten wird dabei die Bedingung, daß die Staatenpraxis die Rechtsüberzeugung bestätigen soll, recht weitherzig ausgelegt, indem die *opinio juris* oft nur aus der Meinung des Autors besteht,[13] der sie durch einige Beispiele, meist aus der relativ leichter zugänglichen Rechtsprechung nationaler oder internationaler Gerichte oder Schiedsgerichte, bestätigt sieht. Aber einige wenige Beispiele sagen weder aus, daß die Rechtsüberzeugung allgemein ist, noch bestätigt diese selektive „Staatenpraxis" notwendigerweise die tatsächlich bestehende *opinio,* denn jene der jeweiligen Richter ist eine Sache, die der Allgemeinheit der Staaten eine andere. Zur gesicherten Feststellung müßten die Lücken gefüllt und außerdem untersucht werden, wie viele und welche Staaten überhaupt in die Lage gekommen waren, zur relevanten Staatenpraxis beizutragen. Erst daraus ließe sich ein einigermaßen sicherer Schluß auf die Allgemeinheit einer Gewohnheit ziehen. Der Einwand, die nicht in Erscheinung Getretenen hätten durch Verschweigen zugestimmt, greift hier nicht, denn wer nicht in die Lage gekommen ist, ein einschlägiges Verhalten zu setzen, der konnte sich auch nicht verschweigen. Eine gründliche Untersuchung der Staatenpraxis wird aber selbst in monographischen Arbeiten nur selten unternommen und auch der Internationale Gerichtshof stellt, wie schon erwähnt, völkerrechtliches Gewohnheitsrecht gelegentlich mit leichter Hand fest. Mir ist aus der jüngeren Vergangenheit nur ein einziges Beispiel bekannt, in dem ein internationales Gericht sich eingehend mit der Staatenpraxis auseinandergesetzt hat um seine Aussage über den Rechtsbestand zu begründen: Das Internationale Tribunal für das frühere Jugoslawien im ersten Berufungsurteil im Tadic-Fall.[14] Allerdings war es ein glücklicher Zufall, daß ein hervorragender Völkerrechtler (Antonio Cassese) den Vorsitz führte und außerdem bereit war, sich der umfangreichen Arbeit zu unterziehen. Denn trotz des Fortschritts der Informationstechnologie bleibt die Analyse der Staatenpraxis in ihren vielfältigen Ausprägungen und durch ihre verstreute Publikation in vielen Sekundarquellen[15] sehr personal- und zeitaufwendig und wird meist nur für eine konkrete Situation aus Anlaß eines anhängigen Gerichtsfalls von den Parteienvertretern unternommen.[16] Eine gemeinsame Anstrengung zur Errichtung einer Datenbank für Staatenpraxis würde die Situation wesentlich verbessern.

---

[13] So schon *Kunz,* The Changing Science of International Law, AJIL 56 (1962), 488.

[14] Case No. IT-94-1-AR 72 (2 October 1995), The Prosecutor v. Dusko Tadic a/k/a „Dule"; Decision on the Defence Motion for Interlocutory Appeal on Jurisdiction, ILM 35 (1996), 32.

[15] *Zemanek,* What is State Practice and Who Makes It?, in: Beyerlin u. a. (Fn. 11), 289.

[16] Siehe *Watts* (Fn. 1), 28.

Noch häufiger als beim Gewohnheitsrecht spielen die subjektiven Wertvorstellungen von Autoren bei der Behandlung von sog. „soft law"[17] eine Rolle, besonders im Bereich des Wirtschafts- und Umweltrechts. Eine in den internationalen Rechtsentstehungsprozeß eingebrachte Idee, von der gehofft wird, sie werde sich im Laufe der Zeit zur Rechtsnorm verfestigen, die aber vorderhand noch nicht allgemeine *opinio iuris* ist, sondern für manche möglicherweise *opinio necessitatis*, für andere aber nur unverbindliches Programm, sollte so ausgewiesen werden und nicht, dem Wunsch des Autors entsprechend, als *geltendes* Völkerrecht.[18] Wohin ist nur der gute alte Ausdruck *de lege ferenda* verschwunden? Hier besteht ein deutlicher Unterschied zu innerstaatlichem Recht, dessen Erzeugungsprozeß in einer Weise formalisiert ist, die eine präzise Unterscheidung zwischen gelehrten Vorschlägen, Gesetzesvorhaben, parlamentarischen Gesetzesvorlagen und den schließlich verabschiedeten Gesetzen ermöglicht. Die dazu notwendigen formalen Kriterien fehlen in der Erzeugung von völkerrechtlichem Gewohnheitsrecht, weshalb diesbezügliche Rechtsbehauptungen besonders sorgfältig überlegt werden sollten.

Das eben Gesagte gilt auch für eine Deklaration von Rechtsgrundsätzen, die zwar angibt, einer allgemeinen Rechtsüberzeugung Ausdruck zu verleihen, den Test der sie bestätigenden Staatenpraxis aber noch zu bestehen hat. „Instant customary law" ist eine Chimäre und weckt nur unbegründete Erwartungen. Die „Declaration on the Legal Principles Governing the Activities of States in the Exploration and Use of Outer Space" aus 1963[19] ist hinsichtlich ihrer Verpflichtungswirkung etwas anderes als der Weltraumvertrag von 1967. Diese Feststellung vermindert nicht im Geringsten die Bedeutung der Deklaration als Leitlinie für die Verhandlungen des späteren Vertrages, wozu sie auch bestimmt war.[20]

Bei der Behandlung von *ius cogens* schließlich ist das Einbringen der eigenen Wertvorstellungen quasi Bestandteil des Systems. Das Völkerrecht verfügt über kein spezielles Verfahren, um diese besondere Normqualität auszudrücken.[21] Die im einschlägigen Artikel 53 der WVK geforderte Annahme und Anerkennung durch die internationale Staatengemeinschaft in ihrer Gesamtheit als Norm, von der nicht abgewichen werden kann, ist im Grunde ein Verweis auf die Übereinstimmung von Wertvorstellungen, also auf einen meta-juristischen Bereich. Man muß nicht Anhänger der Theorie vom „clash of civilizations" sein, um zu vermuten, daß eine solche Übereinstimmung nur hinsichtlich einiger Werte bestehen wird und durch eine vergleichende Untersuchung nachzuweisen wäre. Das

---

[17] *Zemanek,* Is the Term ‚Soft Law' Convenient?, in: Hafner u. a. (Hrsg.), Liber Amicorum Professor Seidl-Hohenveldern – in Honour of His 80th Birthday, 1998, 843.

[18] Siehe die harsche Kritik von *Jennings,* International Law Reform and Progressiver Development, *ibid.,* 325, an dieser Praxis (333).

[19] UN GV Resolution 1962 (XVIII).

[20] Siehe *Zemanek,* The UN and the Law of Outer Space, Yearbook of World Affairs 19 (1965), 199 (207 ff.).

[21] Dazu *Weil* (Fn. 1), 423 ff.

geschieht aber üblicherweise nicht, vielmehr werden die eigenen Wertvorstellungen als universell geltend postuliert. Im Ergebnis gehen daher die Vorstellungen, welchen Normen der Charakter als *ius cogens* zukomme, durchaus auseinander. Lange Zeit wurde die von den Vereinigten Staaten seit 1945 vertretene Auffassung vom Umfang des Rechts auf Selbstverteidigung, die auch von einem Teil der amerikanischen Völkerrechtslehre gestützt wird,[22] in Europa entweder ignoriert oder als Verirrung abgetan. Bis die USA im September 2002 eine neue „National Security Strategy" verkündeten, in der das Recht auf „pre-emptive self-defense" beansprucht wird.[23] Geht man von der Definition von *ius cogens* in der WVK aus, so muß man fragen, ob das Gewaltverbot die dort gestellte Bedingung noch erfüllt, wenn ein so bedeutender Akteur wie die USA es offenbar nicht (mehr?) als eine Norm betrachten „von der nicht abgewichen werden kann". Das Konzept von *ius cogens* läßt schließlich keine Abweichler, keinen „persistent objector" zu. Anstelle bloß den eigenen Wertvorstellungen Raum zu geben, sollte eine realistische Völkerrechtslehre solche Zweifel reflektieren.

Ein anderer Aspekt der Völkerrechtsordnung, der sie von innerstaatlichen Rechtsordnungen wesentlich unterscheidet, ist die Art ihrer Vollziehung. Begreiflicherweise leitet die Öffentlichkeit den Inhalt des Begriffes „Recht" aus den Erfahrungen ab, die sie in ihrer jeweiligen staatlichen Rechtsordnung macht. Grundsätzlich erwartet sie daher, daß die Einhaltung des Rechts gesichert und seine Verletzung gegebenenfalls geahndet wird. Wenn der Öffentlichkeit nicht bewußt gemacht wird, daß diese beinahe Automatik im Falle des Völkerrechts, infolge seiner andersgearteten Organisation nicht besteht und schwerlich hergestellt werden kann, so müssen die durch den unzutreffenden gedanklichen Vergleich entstehenden Erwartungen notwendigerweise enttäuscht werden.

Es ist der Völkerrechtslehre aber offenbar nicht gelungen, ein öffentliches Bewußtsein dafür zu schaffen, daß in einer dezentral organisierten Rechtsgemeinschaft, die noch dazu auf dem Prinzip souveräner Gleichheit ihrer Mitglieder beruht und daraus ein Interventionsverbot ableitet, die Entscheidung darüber, wie eine übernommene völkerrechtliche Verpflichtung zu erfüllen ist, primär bei dem verpflichteten Staat selbst liegt, der sie zu diesem Zweck auch interpretiert und dabei zu einem durchaus eigenartigen Verständnis gelangen kann, wie etwa die Vereinigten Staaten bezüglich des Rechtsstatus der Gefangenen auf Guantánamo. Besser gesagt: für den eigenen Staat nehmen seine Bürger solches selbstverständlich in Anspruch und reagieren dementsprechend erbost auf allfällige „Einmischungen";[24] aber gegenüber anderen Staaten wünschen die Medien, und möglicherweise wirklich auch die Öffentlichkeit, ein aktives Auftreten ihrer Regierungen gegen jede behauptete Völkerrechtsverletzung, die ihr Bewußtsein erreicht.

---

[22] Ein Überblick bei *Alexandrov,* Self-Defense Against the Use of Force in International Law, 1996; und bei *Constantinou,* The Right of Self-Defence under Customary International Law and Article 51 of the UN Charter, 2000.

[23] The National Security Strategy of the United States of America, section V, 15.

[24] Z. B. die Österreicher auf die sog. Sanktionen der EU Staaten im Jahre 2000.

Fast jeder westliche Staatsbesuch in einer für ihre Geringschätzung der Menschenrechte bekannten Diktatur läßt diesen Wunsch laut werden. Die reisenden Politiker sehen sich dann, obwohl sie sich der Begrenztheit ihrer Möglichkeiten natürlich bewußt sind, meist veranlaßt, diesem Wunsch zu entsprechen. Allerdings kann man sich des Eindrucks nicht erwehren, daß sie das als innenpolitische Pflichtübung betrachten; als Palliativ sozusagen.

Das Völkerrecht als Ordnung zwischen Gleichen tut sich schwer, eine faire Balance in der Ausübung einzelstaatlicher Macht herzustellen. Einerseits ist diese als Rechtssanktion („counter-measure", Repressalie) unverzichtbar; andererseits soll die Ausübung staatlicher Souveränität des Zielstaates nicht beeinträchtigt werden. Dementsprechend sind die völkerrechtlich erlaubten Mittel, die einem Staat zur Verfügung stehen, um einen anderen Staat zu beeinflussen oder zur Beendigung einer Völkerrechtsverletzung zu veranlassen, eher gering.

Darüber hinaus beruht die Vorstellung, daß Staaten, weil sie in dem dezentralen System auch Organe der Völkerrechtsordnung sind, gleich den Organen der innerstaatlichen Rechtsordnungen nach rechtsstaatlichen Prinzipien handeln müßten, auf einem Mißverständnis. Das völkerrechtliche Handeln von Staaten ist Teil ihrer Außen- oder Innenpolitik und erstere wird vorwiegend von politischen und wirtschaftlichen Überlegungen bestimmt, und erst danach auch durch Vorstellungen von Recht und Gerechtigkeit. Überdies ist zu bedenken, daß ein Staat, wenn er schon einmal missionarischen Eifer mit genügend Macht verbindet und meint, die Welt verbessern zu müssen, wie etwa jetzt die Vereinigten Staaten, dafür meist massive Kritik erntet.

Es müsste daher Aufgabe der Völkerrechtslehre sein, der Öffentlichkeit ins Bewußtsein zu rufen, daß die Effektivität des Völkerrechts unter den gegenwärtigen Umständen nur so weit reichen kann, als die Staaten ein gemeinsam geteiltes Interesse an der Aufrechterhaltung vorhersehbarer Verhaltensweisen haben,[25] was vor allem dann gegeben sein wird, wenn die einschlägigen Beziehungen auf reziproken Interessen beruhen, wie etwa im Recht der diplomatischen Beziehungen. Die Schwierigkeiten in der Entwicklung eines modernen Völkerrechts entstehen häufig dadurch, daß „die Lösung einiger der heute drängendsten Fragen, insbesondere im Nord-Süd Verhältnis, ... einen Verzicht auf Reziprozität der Vorteile oder doch zumindest eine sehr aufgeklärte und geduldige Auffassung von Gegenseitigkeit voraus[setzt]",[26] für die ein öffentliches Bewußtsein – und damit die politische Voraussetzung einer Realisierung – sich nur zögerlich entwickelt. Auch die Rolle eines Weltpolizisten ist dem System fremd; wo sie arrogiert wird, entspricht das einem hegemonialen oder sogar imperialen Konzept, also einer anderen Ordnung der Staatengesellschaft.

---

[25] *Watts* (Fn. 1), 41.
[26] *Simma*, Völkerrecht in der Krise?, Österreichische Zeitschrift für Außenpolitik 20 (1980), 273 (278).

Aus der Medienberichterstattung ist abzulesen, daß sich das Mißverstehen der Öffentlichkeit auch auf das Wesen der internationalen Gerichtsbarkeit erstreckt. Ob nun Schuld der Lehre oder der sie vulgarisierend transportierenden Medien, es ist jedenfalls kein öffentliches Bewußtsein vorhanden, daß (schieds)richterliche Streiterledigung in einer dezentral organisierten Gesellschaft auf Selbstbindung, also auf freiwilliger Unterwerfung beruht. So haben Medienkommentare zur Zuständigkeit des Internationalen Strafgerichtshofs nur vereinzelt den Unterschied zu den vom Sicherheitsrat eingesetzten Sondertribunalen für das ehemalige Jugoslawien und für Ruanda hervorgehoben, die infolge des Einsetzungsaktes eine zwingende Zuständigkeit haben, selbst wenn sie sie nicht immer durchsetzen können. Wie beim Internationalen Gerichtshof – der unselige, von den Medien gerne verwendete Ausdruck „Weltgerichtshof" lädt dazu geradezu ein – wird die Öffentlichkeit vermutlich bald, wenn sie das nicht schon jetzt tut, fragen, warum denn etwa schwere Menschenrechtsverletzungen oder Aggressionen nicht Gegenstand eines Verfahrens vor einem dieser Gerichtshöfe seien. Das Herunterspielen der Freiwilligkeit in völkerrechtlichen Darstellungen, nur um darauf hinweisen zu können, daß auch diese Rechtsordnung über Gerichte verfüge, leistet einer Entwicklung zum Besseren keinen guten Dienst.

Abschließend noch einige Bemerkungen zur Behandlung der Vereinten Nationen in der Völkerrechtslehre. Begreiflicherweise setzten 1945 europäische Völkerrechtler, nach den Erfahrungen mit zwei verheerenden, in Europa ausgelösten Weltkriegen, große Hoffnungen in die neugegründete Organisation. Zum Teil verstellen diese unerfüllten Hoffnungen noch heute den Blick für die Realität. Die Organisation wird ideal begriffen, nicht als das, was sie in Wahrheit ist: Eine Staatenversammlung, der die Proklamation hochherziger Ziele leicht von den Lippen geht, die sich mit deren Umsetzung aber schwer tut. Der von Generalsekretär Kofi Annan veranlaßte sog. Brahimi-Bericht vom März 2000 merkte daher zu Recht an: „It is therefore incumbent that the Council members and the membership at large breath life into the words that they pronounce ... res not verba."[27] In die Organisation wurden und werden Erwartungen gesetzt, die sie nicht erfüllen kann, weil entweder die Mehrheit der Mitgliedstaaten, oder ein anderes Mal ein ständiges Mitglied des Sicherheitsrates dies nicht wünscht.

Im Kontext der internationalen Sicherheit wird das besonders deutlich. Obwohl hier nicht der Ort ist, um sich mit diesem Komplex umfassend auseinander zu setzen, sollen einige Aspekte dennoch als Beispiel dienen.

Eines dieser Beispiele ist das Beschlußverfahren im Sicherheitsrat. Während des Kalten Krieges wurde es üblich, die Zustimmungsverweigerung eines ständigen Mitglieds zu einem Beschluß, und damit seine Verhinderung, als „Mißbrauch des Vetorechts" zu bezeichnen. Diese Bezeichnung taucht gelegentlich auch noch heute auf. Man muß sich aber fragen, zu welchem Zweck die Satzung ständige Mitglieder des Sicherheitsrates benannt und ihnen ein Sonderstimmrecht einge-

---

[27] UN Dokument S/2000/809 und A/55/305, vom 21. August 2000, para. 276.

räumt hat. Offenbar ist dies deshalb geschehen, weil ohne Mitwirkung der Großmächte (in der Sicht von 1945) die internationale Sicherheit nicht hätte gewährleistet werden können und man ihnen realistischerweise die Wahrung ihrer Interessen ermöglichen mußte, da sie sich sonst an dem System nicht beteiligt hätten. Schon weitblickende Architekten des Völkerbundpaktes hatten die zugrundeliegende Problematik erkannt, bei der es zwar nicht um ein Sonderstimmrecht ging, weil der Völkerbundrat einstimmig beschloß, wohl aber um ständige Sitze für die damaligen Großmächte. Gestehe man ihnen solche zu, so meinten sie damals, dann werde der Rat schlecht funktionieren, verweigere man sie ihnen aber, dann würden die Großmächte dem Völkerbund fernbleiben.

Wenn also ständige Mitglieder des Sicherheitsrats zur Wahrung dessen, was sie in einem konkreten Fall für ihre Interessen halten, von ihrem Sonderstimmrecht Gebrauch machen und einen Beschluß verhindern, so kann man nicht von Mißbrauch sprechen, denn es mag zwar bedauerlich sein, ist aber durchaus systemkonform. Der Sicherheitsrat ist weder ein richterliches noch ein auf andere Weise rechtsstaatlich gebundenes Organ; er ist ein politisches Organ, zusammengesetzt aus Staaten, die nur gegenüber den Interessen der in ihnen herrschenden politischen Eliten (und manchmal gegenüber ihrem Staatesvolk) Verantwortung fühlen. Die Völkerrechtslehre fördert somit das Mißverstehen der Öffentlichkeit, wenn sie die Bestimmungen über die Aufrechterhaltung des Weltfriedens in der Satzung der Vereinten Nationen und die Zuständigkeiten des Sicherheitsrates zu deren Anwendung so darstellt, als handle es sich um ein rechtsstaatliches Verfahren. Eine derartige Darstellung muß bei westlichen Durchschnittsmenschen, die ihre Vorstellungen an der innerstaatlichen Realität bilden, notwendigerweise die Erwartung wecken, der Sicherheitsrat sei zum Tätigwerden verpflichtet und verletze eine Rechtspflicht, für die er einzustehen habe, wenn er etwa bei Vorkommen massiver Menschenrechtsverletzungen nicht handelnd eingreife. Satzungsgemäß *muß* er das aber nicht, welche moralischen Ansprüche seine Kritiker auch immer an ihn stellen mögen, wohl aber *kann* er. Diesen Unterschied zur staatlichen Organisation klarzumachen, wäre eine dringend gebotene Aufgabe.

Wie es auch Aufgabe der Völkerrechtslehre wäre, mit der falschen Vorstellung der Öffentlichkeit über die „humanitäre Intervention" aufzuräumen. Die Vorgeschichte der Resolution des Sicherheitsrates gegen den Sudan[28] wegen der Menschenrechtsverletzungen in Dafur hat neuerlich erwiesen, daß viele Staaten der sog. „Dritten Welt", aber auch China und Russland, das Interventionsverbot höher bewerten als die Beendigung massiver Menschenrechtsverletzungen und die Gebote der Humanität, vermutlich weil sie den Motiven der Befürworter mißtrauen. Die Vereinten Nationen sind daher nur gelegentlich und unter besonderen Umständen zu einer „humanitären Intervention" imstande. Das in westlichen Augen daraus entstehende Dilemma hat bewirkt, daß die Vereinigten Staaten unverblümt, die Mitgliedstaaten der EU, mangels entsprechender militärischer

---

[28] Resolution 1556 (2004), vom 30. Juli 2004.

Mittel vorderhand bloß verbal, das Recht einzelner Staaten oder einer Gruppe von ihnen zur „humanitären Intervention" in anderen Staaten zur Verhinderung oder Beendigung schwerer, systematischer Menschenrechtsverletzungen beanspruchen, wobei sie sich, allerdings recht fragwürdig, auf subsidiäres völkerrechtliches Gewohnheitsrecht berufen. Unter dem Titel „Must Intervention be Legal?" konnte daher eine so angesehene Zeitschrift wie der „Economist" kommentieren: „It would of course be possible to intervene in Dafur without going through the UN. This need not be as drastic an assault on international law as some legal sticklers fear ... That might even set a useful precedent for dealing with future catastrophes."[29]

Schon allein um dem „Economist" zu beweisen, daß nicht alle ihre Protagonisten „legal sticklers" seien, sollte die Völkerrechtslehre dieses Dilemma ansprechen und nicht stereotyp auf die Bestimmungen der Satzung der Vereinten Nationen rekurrieren. Sie könnte beispielsweise aufzeigen, daß die Vereinten Nationen tatsächlich gar nicht in der Lage wären, militärisch zu intervenieren, selbst wenn sie es wollten. Die Satzung hat kein Gewaltmonopol für den Sicherheitsrat geschaffen, sondern bloß die Legitimierung der Gewaltanwendung monopolisiert (wenn man von der Selbstverteidigung absieht); die tatsächliche Verfügungsgewalt über Machtmittel ist bei den Staaten verblieben. Das Programm der Satzung, das dem Sicherheitsrat die Verfügungsgewalt über militärische Kräfte verschaffen sollte, wurde nie ausgeführt. Selbst für die weniger invasiven und daher risikoärmeren „friedenserhaltenden Operationen" ist bisher nur mit wenigen Staaten eine „Stand-by"-Vereinbarung zustande gekommen. Trotz ihrer Bezeichnung – „Multinational High Readiness Brigade for UN Operations" – benötigt diese Truppe aber eine lange Vorbereitungszeit, weil ihr Einsatz vom wechselnden Vorsitz der sich verpflichtet habenden Staatengruppe koordiniert werden muß. Die Vereinten Nationen sind bei allen Aufgaben, die einen militärischen Einsatz verlangen, grundsätzlich darauf angewiesen, daß Staaten die Truppen, deren (heute sehr teure) Ausrüstung und die zu ihrer Dislozierung erforderliche Logistik *ad hoc* und freiwillig zur Verfügung stellen, was sie nur tun, wenn es auch in ihrem Interesse liegt, ob es sich dabei um die Abwehr der Aggression gegen Kuwait oder um eine friedenserhaltende Operation im Kongo handelt.[30] Es sind die Mitgliedstaaten, die sich – meist aus innenpolitischen Gründen, vor allem aber weil die Bevölkerung eigene Gefallene schwer erträgt – verweigern und nicht die Organisation, die versagt. Es entsteht ein falsches Bild, wenn Satzungsbestimmungen gelehrt werden, von denen jeder wissen sollte, daß sie so, wie sie verfaßt sind, nicht angewendet werden können, ohne gleichzeitig die reale Lage und ihre Gründe darzustellen. Das kann nur zur Enttäuschung, wenn nicht zum Zynismus führen.

Eine Luftblase ist auch die neue Mode, von einer „Konstitutionalisierung" des Völkerrechts zu sprechen. Wird darunter die Anerkennung von Interessen der

---

[29] Economist, July 31–August 6, 2004, 33.

[30] Dazu *Suy*, Is the United Nations Security Council Still Relevant? And Was it Ever?, Tulane Journal of International and Comparative Law 12 (2004), 7 (25).

Staatengemeinschaft und die Einführung von Mechanismen zu ihrer Durchsetzung verstanden, so ist ein langsamer Prozeß dazu gewiß im Gange, doch führt die durch die Bezeichnung ausgelöste Assoziation mit „Verfassung" zu einem Mißverständnis. Nichts, was der Durchschnittsbürger mit dem Begriff „Verfassung" verbindet, weder die rechtlich geordnete Verwirklichung von Grundsätzen in an sie anknüpfenden Rechtsvorschriften, noch die effektive Kontrolle der Staaten in der Erfüllung rechtlicher Gemeinschaftspflichten und schon gar nicht deren gegebenenfalls zwangsweise Durchsetzung, können die Organisation der Vereinten Nationen oder die Völkerrechtsordnung in ihrem gegenwärtigen Zustand überhaupt leisten.

Versteht man darunter aber, daß die in der Satzung der Vereinten Nationen niedergelegten Grundsätze die Rolle von Verfassungsprinzipien übernehmen, also das materielle Völkerrecht determinieren sollen, so unterliegt man einem anderen Mißverständnis. Denn es ist nicht einmal klar, in welchem Verhältnis die in der Satzung angeführten Grundsätze zueinander stehen. Ist „Gerechtigkeit" der „Friedenssicherung" vorgeordnet, oder umgekehrt? Folgt man dem Internationalen Gerichtshof, so trifft das letztere zu,[31] aber überzeugen kann die Begründung nicht, denn wenn, wie der Gerichtshof meinte, ohne Friedenssicherung die anderen Ziele und Grundsätze der Vereinten Nationen nicht verwirklicht werden könnten, dann müßten die Vereinten Nationen ihre Tätigkeit schon lange eingestellt haben, da ihnen die Friedenssicherung seit ihrem Bestehen nicht gelungen ist. Soll der Menschenrechtsschutz dem Interventionsverbot vorgehen, oder umgekehrt? Die Satzung bietet zur Lösung dieser Fragen kein Verfahren an; sie ist den Wertvorstellungen der Mitgliedstaaten in ihrer jeweiligen Mehrheit überlassen. Denn die in der Satzung der Vereinten Nationen eingesetzten Organe unterliegen in ihrer Tätigkeit keiner Kontrolle; sie sind alle Grenzorgane. Wenn dem aber so ist, wie soll dann „konstitutionalisiert" werden? Es kann sich dabei bestenfalls um ein akademisches Konstrukt handeln.

Mancher wird jetzt vielleicht fragen, worauf denn das alles hinaus soll. Die Antwort ist einfach: Zu mehr Realismus und Wahrheit. Die Völkerrechtswissenschaft sollte ruhig einbekennen, daß ihr Gegenstand eine dezentrale Rechtsordnung mit allen einer solchen innewohnenden Schwächen ist. Ein Vergleich mit den heutigen, hochentwickelten und zentralisierten nationalen Rechtsordnungen ist daher unangebracht und irreführend. Richtiger wäre es, auf frühere Zustände dieser nationalen Rechtsordnungen in Europa hinzuweisen, die erst im Zeitalter des Absolutismus, nach heutigen Vorstellungen also während einer undemokratischen, totalitären Herrschaft, sich organisatorisch zu entwickeln begannen und lange Zeit und Revolutionen brauchten, um in dieser Entwicklung zu ihrer heutigen Gestalt als demokratische Rechtsstaaten zu finden. Die Tatsache, daß diese Entwicklung möglich war und auch stattgefunden hat, sollte auch für das Völkerrecht optimistisch stimmen, wenngleich der Gedanke, auch das Völkerrecht könnte

---

[31] IGH, *Certain Expenses of the United Nations,* ICJ Reports 1962, 151 (168).

zu seiner Entwicklung eines „Absolutismus" (Imperialismus? Hegemonie?) bedürfen, unbehaglich ist. Auf jeden Fall aber erfordert eine Entwicklungsstrategie in erster Linie eine realistische Bestandaufnahme des Ist-Standes und danach Überzeugungsarbeit in der Öffentlichkeit, die mit ihrem latenten Mißtrauen gegenüber allem Fremden und Beharren auf nationaler Eigenständigkeit (ins Völkerrecht zu übersetzen mit Souveränität) dieser Entwicklung im Wege steht.[32] Als Realität ausgegebene Utopien werden diesen Zweck nicht erfüllen.

---

[32] Die Aussage von *G. Fitzmaurice,* The Future of Public International Law and the International Legal System in the Circumstances of Today, in: Institut de droit international (Hrsg.), Livre du Centenaire 1873–1973, 1973, 196: „This is the supreme paradox, – that a world of separate nation-States cannot do without international law, and yet that the nationalism they engender is the worst enemy of progress in the international law field..." (318, para. 107), ist nach wie vor gültig.

Uniting-for-Peace und Gutachtenanfragen der Generalversammlung

Anmerkungen aus Anlaß des Gutachtens des Internationalen Gerichtshofes zur Zulässigkeit des Sicherheitszaunes zwischen Israel und den palästinensischen Gebieten

Von Andreas Zimmermann

I. Einleitung und Problemstellung

Bereits in seiner Dissertation hat sich *Jost Delbrück* mit Umfang und Grenzen der Kompetenzen der Generalversammlung im Rahmen der Satzung der Vereinten Nationen beschäftigt[1] und hat sich auch später wiederholt zu den damit zusammenhängenden völkerrechtlichen Fragen wissenschaftlich geäußert.[2] Bildete das Thema dementsprechend denn auch bereits den Gegenstand wissenschaftlicher Erörterungen anläßlich seines 65. Geburtstages,[3] so scheint es gleichwohl angezeigt, sich im Lichte des Gutachtenverfahrens betreffend den Bau der israelischen Sicherheitsanlagen[4] erneut mit dem Verhältnis zwischen Generalversammlung und Sicherheitsrat und dabei namentlich mit Fragen des Verhältnisses zwischen Uniting-for-Peace und Ersuchen an den Internationalen Gerichtshof zur Erstattung von Rechtsgutachten auseinanderzusetzen.[5]

Nach Art. 96 Abs. 1 der Satzung der Vereinten Nationen besitzt die Generalversammlung bekanntermaßen die Kompetenz, den Internationalen Gerichtshof um

---

[1] *Delbrück,* Die Entwicklung des Verhältnisses von Sicherheitsrat und Vollversammlung der Vereinten Nationen, 1964, *passim.*

[2] Vgl. nur etwa *ders.,* Rechtsprobleme der Friedenssicherung durch Sicherheitsrat und Generalversammlung der Vereinten Nationen, in: Kewenig (Hrsg.), Die Vereinten Nationen im Wandel, 1975, 132 ff.

[3] Vgl. dazu nur etwa *Tomuschat,* „Uniting for Peace" – ein Rückblick nach 50 Jahren, Die Friedens-Warte 76 (2001), 289 ff.

[4] IGH, *Legal Consequences of the Construction of a Wall in the Occupied Palestinian Territory,* Gutachten vom 9. Juli 2004, verfügbar im Internet: <www.icj-cij.org/icjwww/idocket/imwp/imwpframe.htm>.

[5] Vorliegende Ausführungen nehmen nicht zu den in dem Gutachten aufgeworfenen vielfältigen materiellen Fragen Stellung, vgl. dazu nunmehr etwa nur *Bianchi,* The ICJ Advisory Opinion on the Separation Wall, GYIL 47 (2004), 343 ff.

Rechtsgutachten zu jeder Rechtsfrage zu bitten.[6] Von dieser Kompetenz hat die Generalversammlung[7] in der Vergangenheit wiederholt Gebrauch gemacht.[8] Die Besonderheit des Gutachtenersuchens der Generalversammlung vom 27.10.2003 in dem Verfahren betreffend *Legal Consequences of the Construction of a Wall in the Occupied Palestinian Territory*'[9] bestand nun aber darin, dass dieser Antrag im Kontext einer Notstandssondertagung (*Special Emergency Session*) der Generalversammlung verabschiedet worden ist. Vor diesem Hintergrund stellte sich die Frage, ob – und wenn ja unter welchen Voraussetzungen – die Generalversammlung der Vereinten Nationen im Rahmen einer solchen Notstandssondertagung überhaupt einen Gutachtenantrag an den Internationalen Gerichtshof nach Art 96 Abs. 1 der Charta in Verbindung mit Art. 65 des Statuts des Gerichtshofes stellen darf.

Hintergrund war dabei der Umstand, dass der Sicherheitsrat nur wenige Zeit vor Beantragung des Gutachtens durch die Generalversammlung, nämlich am 14.10.2003, seinerseits über einen Resolutionsentwurf[10] abgestimmt hatte, demzufolge der Sicherheitsrat entschieden hätte, dass die israelischen Sicherheitsanlagen völkerrechtlich unzulässig seien. Dieser Versuch war jedoch am Veto der USA gescheitert mit der Folge, dass – als Reaktion hierauf – Syrien namens der Gruppe der arabischen Staaten am 15.10.2003 eine Wiedereinberufung der 10. Sondernotstandstagung der Generalversammlung der Vereinten Nationen, die seit dem Jahre 1997 insgesamt bereits zwölfmal einberufen beziehungsweise unterbrochen worden war, beantragte. Dies geschah ungeachtet des Umstandes, dass zeitgleich bereits die reguläre 58. Generalversammlung tagte. Im Rahmen der 10. Sondernotstandsgeneralversammlung wurde am 27.10.2003 durch Resolution ES-10/13 festgestellt, dass die israelische Sicherheitsanlage gegen einschlägige Bestimmungen

---

[6] Vgl. allgemein zum Gutachtenverfahren vor dem Internationalen Gerichtshof statt aller nur *Mosler/Oellers-Frahm,* in: Simma (Hrsg.), The Charter of the United Nations: a commentary (2. Aufl.), 2002, Art. 96 Rn. 1 ff.

[7] Der Sicherheitsrat hat seinerseits bislang nur einmal den IGH um ein Rechtsgutachten ersucht: IGH, *Legal Consequences for States of the Continued Presence of South Africa in Namibia (South West Africa) notwithstanding Security Council Resolution 276 (1970),* Gutachten vom 21. Juni 1971, ICJ Reports 1971, 16 ff.

[8] Vgl. z. B.: IGH, *Legality of the Threat or Use of Nuclear Weapons,* Gutachten vom 8. Juli 1996, ICJ Reports 1996, 226 ff.; *Western Sahara,* Gutachten vom 16. Oktober 1975, ICJ Reports 1975, 12 ff.; *Certain Expenses of the United Nations,* Gutachten vom 20. Juli 1962, ICJ Reports 1962, 151 ff.; *Reservations to the Convention on the Prevention and Punishment of the Crime of Genocide,* Gutachten vom 28. Mai 1951, ICJ Reports 1951, 15 ff.; *International Status of South West Africa,* Gutachten vom 11. Juli 1950, ICJ Reports 1950, 128 ff.; *Reparation for Injuries Suffered in the Service of the United Nations,* Gutachten vom 11. April 1949, ICJ Reports 1949, 12 ff.

[9] Zu den Fragen, die sich aus dem gewählten Fallnamen ergeben, näher die Stellungnahme der israelischen Regierung, erhältlich im Internet: <www.icj-cij.org/icjwww/idocket/imwp/imwpframe.htm>, sowie allgemein *Rosenne,* The Law and Practice of the International Court, 1920–1996, Vol. III – Procedure, 1997, 1230–1233.

[10] S/2003/973 vom 9. Oktober 2003.

des Völkerrechts verstoße.¹¹ Am 19.11.2003 verabschiedete der Sicherheitsrat sodann Resolution 1515 (2003), in welcher er die Parteien dazu aufrief, den Vorgaben der sogenannten *Roadmap* zu folgen, und ferner beschloß, weiterhin mit der Frage befaßt zu bleiben.

Am 8.12.2003 verabschiedete die Generalversammlung im Rahmen der wiederaufgenommenen 10. Notstandssondersitzung dann ihrerseits Resolution A/ES-10/14, mit welcher der Internationale Gerichtshof ersucht wurde, ein Rechtsgutachten zu der Frage zu erstatten, welches die rechtlichen Konsequenzen der Errichtung der streitigen Sicherheitsanlagen in dem fraglichen Bereich seien.¹²

Vor diesem Hintergrund¹³ stellten beziehungsweise stellen sich mehrere Fragen: Zum einen ist fraglich, ob es überhaupt zulässig ist, Sondernotstandssitzungen der Generalversammlung mit Unterbrechungen über fast ein Jahrzehnt tagen zu lassen;¹⁴ ferner, ob sich die Generalversammlung neben dem Sicherheitsrat und zeitgleich mit diesem mit der Problematik der Lage im Nahen Osten und insbesondere dem Bau des Sicherheitszaunes befassen durfte.¹⁵ Weiterhin war auch klärungsbedürftig, ob im Rahmen einer Sondernotstandssitzung auch ein Gutachten des Internationalen Gerichtshofs beantragt werden kann,¹⁶ und schließlich stellte sich das Problem, ob dies ungeachtet des Umstandes geschehen durfte, dass zeitgleich auch die reguläre Generalversammlung tagte.¹⁷

---

¹¹ Die relevante Passage der fraglichen Resolution lautete: „[…] 1. *Demands* that Israel stop and reverse the construction of the wall in the Occupied Palestinian Territory, including in and around East Jerusalem, which is in departure of the Armistice Line of 1949 and is in contradiction to relevant provisions of international law."

Zur Problematik einer etwaigen Vorwegnahme des Ergebnisses des Gutachtens bereits IGH, *Western Sahara* (Fn. 8): „[…] The object of the General Assembly has not been to bring before the Court, by way of a request for advisory opinion, a dispute or legal controversy, in order that it may later, on the basis of the Court's opinion, exercise its powers and functions for the peaceful settlement of a dispute or controversy. The object of the request is an entirely different one: to obtain from the Court an opinion which the General Assembly deems of assistance to it for the proper exercise of its functions concerning the decolonization of the territory."

Im vorliegenden Verfahren ging der Gerichtshof davon aus, dass der Umstand, dass die Gutachtenanfrage von rechtlichen Konsequenzen des Baues spricht zwingend zugleich den Auftrag beinhaltet zu prüfen, ob der Bau der Anlage selbst mit Völkerrecht in Übereinstimmung steht, para. 39 des Gutachtens.

¹² Die genaue Gutachtenfrage lautete:
„What are the legal consequences arising from the construction of the wall being built by Israel, the occupying Power, in the Occupied Palestinian Territory, including in and around East Jerusalem, as described in the report of the Secretary-General, considering the rules and principles of international law, including the Fourth Geneva Convention of 1949, and relevant Security Council and General Assembly resolutions?"

¹³ Vgl. zum Hergang auch die Darstellung im Gutachten des IGH, paras. 18 ff.

¹⁴ Dazu näher unten Abschnitt II.

¹⁵ Dazu näher unten Abschnitt III.

¹⁶ Dazu näher unten Abschnitt IV.

¹⁷ Dazu näher unten Abschnitt IV.

Zuletzt stellt sich noch die Frage, ob der Gerichtshof im Rahmen seiner Zuständigkeit zur Erstattung von Gutachten überhaupt die Rechtmäßigkeit des Zustandekommens des Antrags der Generalversammlung überprüfen darf.[18]

II. Praxis wiederholter Unterbrechungen und nachfolgender Wiederaufnahme von Sondernotstandsgeneralversammlungen[19]

In der Vergangenheit war es bereits in zwei Fällen zur Unterbrechung von Sondernotstandsgeneralversammlungen gekommen, nämlich im Falle der siebten Emergency Special Session zum Nahen Osten/Palästina, die mit vier Unterbrechungen insgesamt vom Juni 1980 bis zum September 1982 tagte,[20] sowie im hier vorliegenden Fall der zehnten Sondernotstandsgeneralsersammlung, die sich mit Unterbrechungen seit April 1997 mit der Frage Ost-Jerusalems und den anderen von Israel besetzten Gebieten beschäftigt.[21]

Die Frage möglicher Unterbrechungen der Generalversammlung wird von der Geschäftsordnung der Generalversammlung in Rule 6 geregelt. Dort heißt es, dass die Generalversammlung die Kompetenz besitze „to decide at *any* session to adjourn temporarily and resume its meetings at a later date".[22] Dabei könnte zunächst bereits fraglich sein, ob sich diese Möglichkeit überhaupt (auch) auf Sondernotstandsgeneralversammlungen erstreckt. Dagegen dürfte zunächst sprechen, dass sich Rule 6 im Teil I der Geschäftsordnung betreffend ‚Regular Sessions' findet, so dass eine systematische Auslegung dafür spricht, die Möglichkeit der zeitweisen Unterbrechung in der Tat auf reguläre Sitzungen zu beschränken. Andererseits fällt auf, dass Rule 6 von der Unterbrechung jedweder (‚any') Art von Sitzungen spricht, also – anders als etwa Rules 1, 4 und 5 – gerade nicht zwischen regulären und außerordentlichen Sitzungen differenziert.

Selbst wenn man danach davon ausgeht, dass in Übereinstimmung mit der Verfahrensordnung der Generalversammlung auch Notstandssitzungen unterbrochen werden dürfen[23] darf es sich aber nach Rule 6 in jedem Fall stets immer nur um eine vorübergehende (‚*temporary*') Unterbrechung einer entsprechenden Sitzung handeln. Dabei fällt auf, dass die siebte Sondernotstandsgeneralversammlung zwischen dem 29.7.1980 und dem 20.4.1982 für insgesamt fast 21 Monate unterbrochen worden war; im Fall der zehnten Sondernotstandsgeneralversammlung waren in zwei Fällen jeweils mehr als ein Jahr und darüber hinaus in einem weiteren Fall

---

[18] Dazu näher unten Abschnitt V.

[19] Vgl. dazu vor allem *Blum,* The 7th Emergency Special Session of the UN General Assembly: An Exercise in Procedural Abuse, AJIL 80 (1986), 587 ff.

[20] Nähere Übersicht bei *Eick,* in: Simma (Fn. 6), Art. 20 Annex 3.

[21] *Id.,* Überblick über die einzelnen Sitzungen.

[22] Hervorhebung durch den Verfasser.

[23] So wohl auch *Eick* (Fn. 20), Art. 20 Rn. 54.

mehr als 18 Monate vergangen. Dementsprechend scheinen solche länger andauernden Unterbrechungen jedenfalls im Licht des Wortlauts der Geschäftsordnung der Generalversammlung problematisch.

Eine solche Praxis erscheint – neben der Frage ihrer Vereinbarkeit mit dem Wortlaut der Verfahrensordnung[24] – aber vor allem auch deshalb nicht unproblematisch, weil sie Gefahr läuft, die Sicherungen der Uniting-for-Peace-Resolution zu unterlaufen.[25] Bekanntermaßen sieht ja Resolution 377 A (V) vor, dass eine Notstandssitzung einberufen wird, wenn sie entweder von einer Mehrheit im Sicherheitsrat[26] oder von der Mehrheit der Mitglieder der Generalversammlung verlangt wird. In jedem Fall muß aber als Tatbestandsmerkmal – so wie dies in Teil A der Uniting-for-Peace-Resolution unter 1. ausgeführt wird – aufgrund der Uneinigkeit der ständigen Sicherheitsratsmitglieder eine Unfähigkeit des Sicherheitsrates vorliegen, seine Primärverantwortlichkeit für die Wahrung des Weltfriedens und der internationalen Sicherheit wahrzunehmen. Letztlich muß daher jeder Mitgliedsstaat, welcher der Einberufung einer Notstandssitzung der Generalversammlung zustimmt, das Vorliegen eben dieser Voraussetzung, welches ein Tätigwerden der Generalversammlung im Rahmen von Uniting-for-Peace überhaupt erst chartarechtlich legitimiert, prüfen. Genau dieses Erfordernis wird aber umgangen, wenn eine unter der Geltung der Uniting-for-Peace-Resolution einmal einberufene Sitzung tatsächlich mehr als nur ‚vorübergehend' – nämlich in der Realität für mehrere Monate oder gar Jahre – unterbrochen wird, da bei der anschließenden Wiederaufnahme der Sitzung nicht mehr sichergestellt ist, dass der Sicherheitsrat weiterhin untätig geblieben ist. Darüber hinaus sieht die Uniting-for-Peace-Resolution auch keinen Mechanismus vor, mit dem das weiter andauernde Vorliegen dieser Zulässigkeitsvoraussetzung festgestellt beziehungsweise überprüft werden könnte.

Zwar wird man nicht *generell-abstrakt* festlegen können, wann eine mehr als nur vorübergehende Unterbrechung einer Sitzung der Generalversammlung vorliegt, die eine formelle Neueinberufung der Generalversammlung unter erneuter Anwendung der Uniting-for-Peace-Resolution chartarechtlich erforderlich machen würde. Je weiter sich aber zugleich der konkrete Befassungsgegenstand der Generalversammlung im Rahmen einer solchermaßen wiederaufgenommenen Sitzung auch inhaltlich von der Frage entfernt, im Hinblick auf die der Sicherheitsrat ursprünglich wegen des drohenden oder erfolgten Vetos eines ständigen Sicherheitsratsmitglieds handlungsunfähig war, umso mehr liegt es dann nahe, davon auszugehen, dass die bloße Unterbrechung und Wiederaufnahme der Sitzung einer

---

[24] Vergleiche dazu etwa die Stellungnahme der USA, A/ES-7/16 vom 19. April 1982: „In the opinion of the United States, it is not possible some 21 months after adjournments to ‚resume' the old session. We cannot understand how the word ‚temporary' can be stretched to cover a gap of this duration."

[25] Zu der allgemeinen Problematik der Uniting-for-Peace-Resolution siehe bereits umfassend *Delbrück* (Fn. 1), 87 ff.

[26] Zum Begriff der Mehrheit (7/9), *Eick* (Fn. 20), Art. 20 Rn. 26.

Emergency Special Session eine Umgehung der tatbestandlichen Voraussetzungen der Uniting-for-Peace-Resolution darstellt. Dies gilt umso mehr, als deren Voraussetzungen – als gewohnheitsrechtliche Ausnahme von der in den Art. 10 bis 13 der Charta angelegten generellen Sperrwirkung zugunsten des Sicherheitsrates – grundsätzlich eng auszulegen ist.

Der Gerichtshof geht in seinem Gutachten demgegenüber davon aus, dass sich bereits allein aufgrund der – behauptermaßen unwidersprochen gebliebenen[27] – Praxis der Generalversammlung im Kontext der siebten sowie der zehnten Sondernotstandsgeneralversammlung ergebe, dass die entsprechenden Resolutionen wirksam zustande gekommen seien.[28] Insoweit ist aber fraglich, ob sich aus der Praxis der Generalversammlung allein wirklich eine (stillschweigende) Änderung von deren Geschäftsordnung ergeben kann, sieht diese doch ausdrücklich in ihrer Rule 163 ein besonderes Änderungsverfahren unter vorheriger Einschaltung eines Ausschusses der Generalversammlung vor. Auch wird man nicht davon ausgehen können, dass die Generalversammlung in der Lage ist, ohne weiteres die eigene Geschäftsordnung zu derogieren.[29] Dies gilt um so mehr in den Fällen in denen die fragliche Regelung in der Geschäftsordnung sich ihrerseits aus dem System der Charta ableitet, also mit anderen Worten konkretisiertes Chartarecht darstellt.

Dementsprechend überrascht es denn vielleicht auch nicht, dass sich der Gerichtshof seinerseits nicht zur Rechtmäßigkeit der wiederholten Unterbrechung selbst äußert, sondern lediglich betont, dass jedenfalls die Wirksamkeit der im Kontext einer wiederaufgenommenen Sondernotstandsgeneralversammlung angenommenen Resolutionen außer Frage stehe[30] – er also die vorliegend untersuchte Frage, da *aus seiner Sicht* nicht entscheidungserheblich, letztlich wohl nicht beantwortet hat.

Eine weitere Frage stellt sich im Hinblick auf die Frage, ob es überhaupt zulässig ist, dass solche *Emergency Special Sessions* der Generalversammlung zeitgleich mit regulären Sitzungen der Generalversammlung stattfinden.

III. Parallele Tagungen von regulärer und Sondernotstandsgeneralversammlung

In der Uniting-for-Peace-Resolution heißt es unter Punkt A., Abs. 1, S. 2, dass „[f]alls die Generalversammlung zu dieser Zeit nicht tagt" sie gegebenenfalls binnen 24 Stunden zu einer Notstandssondersitzung zusammentreten kann. So hatte auch bereits der Präsident der ersten Sondernotstandsgeneralversammlung ausge-

---

[27] Vgl. dazu etwa die Auffassung der USA (Fn. 24).

[28] Para. 32 des Gutachtens.

[29] Zum Ganzen näher *Conforti,* The Legal Effect of Non-Compliance with Rules of Procedure in the U.N. General Assembly and Security Council, AJIL 63 (1969), 479 (484).

[30] Gutachten, para. 33 a. E.

führt, die zeitgleiche Abhaltung einer *Special Emergency Session* mit einer regulären Generalversammlung sei unzulässig, weil sich die reguläre Generalversammlung – gegebenenfalls auch unter Ergänzung ihrer eigenen Tagesordnung nach Rule 15 auch ohne Einhaltung einer Frist und ohne vorherige Befassung eines Ausschusses – mit der Frage befassen könne.[31]

Dementsprechend hatte auch die erste Sondernotstandsgeneralversammlung die auf ihrer Tagesordnung stehenden Fragen an die elfte (reguläre) Generalversammlung überwiesen,[32] nachdem der damalige Präsident der Sondernotstandsgeneralversammlung die Auffassung vertreten hatte, die Abhaltung paralleler Tagungen laufe dem Zweck solcher Sondernotstandsgeneralversammlungen zuwider, die ja gerade dazu dienten die Generalversammlung in einem beschleunigten Verfahren einberufen zu können, wenn diese nicht bereits ihrerseits tagt. Ein ähnliches Vorgehen wurde auch im Rahmen der zweiten Sondernotstandsgeneralversammlung gewählt.[33]

Vor diesem Hintergrund war der Rechtsberater der Vereinten Nationen ebenfalls zu der Auffassung gelangt, dass

„(…) there would be considerable merit in the argument advanced (…) that holding simultaneous sessions would be contrary to the basic purpose of emergency specials sessions (…)".[34]

Auch hatte der Sicherheitsrat seinerseits unter ausdrücklicher Berufung auf die Uniting-for-Peace-Resolution im Jahr 1971 nach einem Veto der UdSSR im Kontext der Krise betreffend Bangladesh die Frage an die bereits tagende *reguläre* 26. Generalversammlung verwiesen und gerade nicht die Einberufung einer Sondernotstandsgeneralversammlung beantragt, da diese dann parallel zu der bereits laufenden Generalversammlung hätte tagen müssen.[35] Allerdings ist andererseits auch darauf hinzuweisen, dass sich sowohl die siebte als auch die zehnte Sondernotstandsgeneralversammlung wiederholt über diese Rechtsauffassung hinweggesetzt hat und in mehreren Fällen – ungeachtet der Kritik einzelner Mitgliedsstaaten[36] – zeitgleich mit der regulären Generalversammlung tagte.

Erneut würdigt der Gerichtshof die Praxis der Generalversammlung nicht näher und setzt sich insbesondere nicht mit dem Argument auseinander, die gleichzeitige Abhaltung einer Sondernotstandsgeneralversammlung und einer regulären Sitzung stehe im Widerspruch sowohl zum Wortlaut der Uniting-for-Peace-Resolution, als

---

[31] Vgl. Stellungnahme des damaligen Präsidenten *Ortega,* UN GAOR, 1st Emergency Special Session, 572nd Plenary Meeting, para. 28.

[32] GA Res. 1003 (ES-I).

[33] Vgl. GA Res. 1008 (ES-II).

[34] United Nations Juridical Yearbook 1967, 321 (324); vgl. auch *Eick* (Fn. 20), Art. 20 Rn. 58.

[35] Dazu näher *Blum* (Fn. 19), 590.

[36] *Schaefer,* Notstandssondertagung der Generalversammlung – Kritische Würdigung einer rezenten Entwicklung, Vereinte Nationen 1983, 78 (81).

auch zu ihrer gesamten Teleologie. Stattdessen beschränkt er sich darauf festzustellen, es lasse sich keine Norm feststellen, *deren Verletzung die angenommene Resolution ungültig machen würde*.[37]

Immerhin beschränkte er sich damit also wiederum auf die vorsichtige Feststellung, dass sich keine auf die Wirksamkeit angenommener Resolutionen durchschlagende Verfahrensfehler feststellen lassen, ohne damit zwingend zugleich auch die vorgelagerte Frage zu beantworten, ob denn nicht gleichwohl ‚einfache' Verfahrensfehler vorliegen könnten, selbst wenn diese nicht zugleich eine solche Fehlerfolge mit sich bringen.

Neben diesen eher allgemeinen Fragen des für Sondernotstandsgeneralversammlungen geltenden Prozedere stellten sich daneben aber speziell im Hinblick auf die Einholung von IGH-Gutachten weitere Rechtsfragen. So war fraglich, ob die Generalversammlung auch im Hinblick auf solche Gutachtenersuchen überhaupt durch ein gleichzeitiges Tätigwerden des Sicherheitsrates gesperrt ist.[38] Daneben und vorgelagert ergibt sich das Problem, ob eine Gutachtenanfrage *per se* überhaupt tauglicher Gegenstand einer solchen Sondernotstandssitzung der Generalversammlung ist.[39]

IV. Sondernotstandssitzungen und Gutachtenanfragen

1. Gutachtenantrag als tauglicher Gegenstand einer Sondernotstandssitzung der Generalversammlung?

Das auf der Uniting-for-Peace-Resolution beruhende Konzept von Sondernotstandssitzungen der Generalversammlung setzt voraus, dass – wie es in Abschnitt A der Resolution heißt – eine Bedrohung des Weltfriedens vorliegt, die vom Sicherheitsrat wegen der Uneinigkeit der fünf ständigen Sicherheitsratsmitglieder nicht mit adäquaten Mitteln bekämpft werden kann und die daher eine sofortige Reaktion der Generalversammlung angezeigt erscheinen lässt. Ziel ist dabei grundsätzlich die Empfehlung geeigneter Maßnahmen an die Mitgliedsstaaten bis hin zum Einsatz militärischer Gewalt.

Vor diesem Hintergrund mag es *prima facie* zweifelhaft erscheinen, ob im Rahmen solcher Sondernotstandssitzungen überhaupt gerade auch Gutachtenanträge gestellt werden können, zielen diese doch nicht auf ein konkretes Tätigwerden der

---

[37] Wörtlich heißt es in para. 34 des Gutachtens:
„The Court considers that, while it may not have been originally contemplated that it would be appropriate for the General Assembly to hold simultaneous emergency and regular sessions, no rule of the Organization has been identified which would be thereby violated, *so as to render invalid the* resolution adopting the present request for an advisory opinion." (Hervorhebung durch den Verfasser).

[38] Dazu unten Abschnitt IV. 2.

[39] Dazu unten Abschnitt IV. 1.

Mitglieder der Organisation, sondern vielmehr auf die Beantwortung einer abstrakten Rechtsfrage. Gleichwohl erscheint es aber geboten, auch im Rahmen einer solchen Sondersitzung Gutachtenanträge zuzulassen. So mag es bereits für die Generalversammlung zweifelhaft sein, ob sie im Kontext der Uniting-for-Peace-Resolution überhaupt über bestimmte Kompetenzen verfügt. Gerade für eine Effektuierung ihrer eigenen Rechte im Rahmen der Uniting-for-Peace-Konstruktion kann es daher bereits, wenn nicht notwendig, so doch zumindest wünschenswert sein, vom Hauptrechtsprechungsorgan der Organisation ein entsprechendes Gutachten einzuholen.

Auch die notwendige Eilbedürftigkeit der Entscheidung etwaiger Fragen – als implizite Zulässigkeitsvoraussetzung einer Gutachtenanfrage im Zusammenhang mit einer Notstandssondersitzung – dürfte dem nicht entgegenstehen. Zum einen bemüht sich der Internationale Gerichtshof einer von der Generalversammlung vorgetragenen Eilbedürftigkeit Rechnung zu tragen. So lag bekanntlich im Verfahren betreffend die Zulässigkeit der israelischen Sicherheitsanlagen zwischen dem Eingang der Gutachtenanfrage beim Gerichtshof und der Erstattung des Gutachtens ungeachtet der Komplexität der aufgeworfenen Rechtsfragen lediglich ein Zeitraum von sieben Monaten. Zum anderen zeigt sich in der Realität, dass die zugrunde liegenden Streitigkeiten oder Situationen in aller Regel über einen sehr langen Zeitraum andauern mit der Folge, dass die Zulässigkeit eines entsprechenden Gutachtenantrags im Zusammenhang mit einer Sondernotstandsgeneralversammlung kaum je an der notwendigen Eilbedürftigkeit scheitern dürfte.

Selbst wenn demnach also grundsätzlich Gutachtenanträge auch im Kontext einer Sondernotstandsgeneralversammlung gestellt werden können – so wie dies der Gerichtshof denn auch in seinem Gutachten – wenn auch nur implizit – selbst bestätigt hat, stellt sich gleichwohl die Frage, ob dies nur dann möglich ist, wenn sich nicht gleichzeitig der Sicherheitsrat mit der Frage befaßt.

2. Zulässigkeit eines Gutachtenantrags der Generalversammlung trotz gleichzeitigen Tätigwerdens des Sicherheitsrates?

Vereinzelt war in der Literatur in der Vergangenheit die These vertreten worden, auch im Hinblick auf die Stellung eines Gutachtensantrags sei die Generalversammlung gehindert tätig zu werden, wenn sich der Sicherheitsrat bereits mit der Frage beschäftigt. So hatte bereits *Hans Kelsen* im Jahr 1950 ausgeführt, dass die Generalversammlung nur im Rahmen der ihr anderweitig zugewiesenen Kompetenzen und in deren Grenzen überhaupt Gutachten beantragen dürfe. Er hatte namentlich die Auffassung vertreten, Abs. 2 von Art. 96 der Charta sei redundant und bloß deklaratorischer Natur.[40] Hierfür spricht immerhin, dass der IGH im

---

[40] *Kelsen*, The Law of the United Nations, 1950, 546; es heißt dort auszugsweise:
„No such restriction [*gemeint ist Art. 96 (a) der Charta, d. Verf.*] is imposed upon the analogous competence of the General Assembly (…) in paragraph 1 of Article 96. Never-

Rahmen des Gutachtenverfahrens betreffend die Auslegung der Friedensverträge den Einwand, die Gutachtenanfrage der Generalversammlung sei *ultra vires* erfolgt, nicht *a limine* zurückgewiesen hatte, sondern ihn vielmehr in der Sache entkräftete.[41] Andererseits hatte der Gerichtshof aber in seinem Gutachten betreffend die Rechtmäßigkeit des Einsatzes oder der Drohung mit dem Einsatz von Nuklearwaffen diese Frage ausdrücklich offengelassen.[42]

Allerdings ist zu berücksichtigen, dass Art. 96 Abs. 1 der Charta – anders als dessen Abs. 2 – gerade keine solche Beschränkung nahe legt. Insbesondere dürfte nicht davon auszugehen sein, dass ein Normgeber – vorliegend die Staatenvertreter, welche die Charta verhandelt haben – etwas Unnötiges in den Normtext aufgenommen hat.[43]

Zudem spricht ja Art. 96 Abs. 1 der Charta ausdrücklich von jeder (*any*) Rechtsfrage, welche sowohl von Generalversammlung als auch vom Sicherheitsrat vorgelegt werden könne. Auch findet sich in Art. 96 der Charta – anders als in deren Art. 14 – gerade kein Vorbehalt zugunsten von Art. 12. Ferner werden Generalversammlung und Sicherheitsrat in Art. 96 völlig gleichberechtigt nebeneinander gestellt.

Gegen die Annahme einer etwaigen Sperrwirkung sprechen ferner auch Wortlaut und Systematik der Art. 10 ff. der Charta selbst. So ist das Erörterungsrecht der Generalversammlung allgemeiner Natur und wird nur durch die Verbandszuständigkeit der Organisation – insbesondere also durch Art. 2 Abs. 7 der Charta begrenzt. Lediglich im Hinblick auf zu beschließende *Empfehlungen* (,*recommandations*') wird dieses Recht durch Art. 10, 2. Halbs. der Charta eingeschränkt. Dies wird auch durch Art. 11 Abs. 2 S. 2 der Charta bestätigt, wonach lediglich das Ergreifen von *Maßnahmen* (,*action*') eine Überweisung an den Sicherheitsrat notwendig macht. Ferner belegt auch Art. 12 Abs. 1 der Charta, dass die Generalversammlung lediglich gehindert ist, bei einem gleichzeitigen Tätigwerden des Sicherheitsrates *Empfehlungen* abzugeben.

Demgegenüber wird aber die Problematik eines Gutachtenantrags in den Art. 10–12 der Charta nicht geregelt. Insbesondere lässt sich ein solcher Antrag, der unmittelbare Rechtswirkungen zeitigt – nämlich den Gerichtshof ungeachtet

---

theless, these organs, too, are competent to request advisory opinions on legal questions only if such questions arise within the scope of their activities, that is to say, within their jurisdiction. (...) It is not very likely that it was so intended to enlarge, by Article 96, paragraph 1, the scope of the activity of the General Assembly and the Security Council determined by other Articles of the Charter."
Ihm folgend etwa *Vallat,* The Competence of the United Nations General Assembly, RdC 97 (1959 II), 203 (223).

[41] IGH, *Conditions of Admission of a State to Membership in the United Nations (Article 4 of the Charter),* ICJ Reports 1948, 55 (60 f.).

[42] IGH, *Legality of the Threat or Use of Nuclear Weapons* (Fn. 8), 232 f., para. 11–12.

[43] Hierzu allgemein *Larenz/Canaris,* Methodenlehre der Rechtswissenschaft, 4. Aufl., 2003; *McNair,* Law of Treaties, 1961, 345 ff.

des Wortlauts von Art. 65 IGH-Statut grundsätzlich verpflichtet, das gewünschte Gutachten zu erstatten und ihn nur in engen Ausnahmefällen berechtigt, das Ersuchen zurückzuweisen[44] – nicht als Empfehlung im Sinne von Art. 12 Abs. 1 UN-Charta charakterisieren.[45] Es handelt sich ferner auch nicht um ‚*action*' im Sinne von Art. 11 Abs. 2 S. 2 der Charta, fallen hierunter nach zutreffender Auffassung des Internationalen Gerichtshofes jedenfalls primär Zwangsmaßnahmen im Sinne von Kap. VII der Charta.[46]

Auch nach Sinn und Zweck der Art. 10–12 der Charta läßt sich bei gleichzeitiger Befassung des Sicherheitsrates keine Sperrwirkung zu Lasten der Generalversammlung im Hinblick auf die Beantragung eines Rechtsgutachtens des Internationalen Gerichtshofes begründen, dienen doch die in den Art. 10–12 enthaltenen Beschränkungen lediglich dazu sicherzustellen, dass der Sicherheitsrat in einer konkreten Situation seine ihm durch die Charta zugewiesenen Aufgaben wahrnehmen kann. Diese muß jener dann aber seinerseits unter Beachtung völkerrechtlicher Bindungen und Vorgaben ausüben,[47] die – da bereits *ex ante* objektiv bestehend – durch ein entsprechendes Gutachten des Internationalen Gerichtshofes allenfalls deklaratorisch offen gelegt werden, entfaltet ein solches Rechts*gutachten* doch keine *Res-judicata*-Wirkung, ist also anders als ein Urteil des Gerichtshofes nicht *als solches* völkerrechtlich verbindlich.[48] Schließlich geht der Gerichtshof selbst davon aus, dass er noch nicht einmal gehindert ist, in einem streitigen Verfahren zu entscheiden, wenn zeitgleich der Sicherheitsrat mit der Frage befaßt ist.[49] Dies legt es dann aber nahe davon auszugehen, dass der Gerichtshof erst recht berechtigt sein muss trotz gleichzeitiger Befassung des Sicherheitsrates auf Anforderung der Generalversammlung hin ein bloßes Rechtsgutachten zu erstatten.[50]

Dagegen können auch nicht die Bestimmungen des Kapitels VI der Charta angeführt werden, insbesondere aber nicht dessen Art. 36 Abs. 3.[51] Zwar überträgt das Kap. VI dem Sicherheitsrat *im Verhältnis zu den Parteien einer völkerrecht-*

---

[44] IGH, *Legality of the Threat or Use of Nuclear Weapons* (Fn. 8), 234 f., para. 14.

[45] So nunmehr auch ausdrücklich der IGH, para. 25.

[46] IGH, *Certain Expenses* (Fn. 8), 164 f.; wörtlich heißt es dort:
„The Court considers that the kind of action referred to in Article 11, paragraph 2, is coercive or enforcement action (…) The word ‚action' must mean such action as is solely within the province of the Security Council."
Vgl. ferner auch *Hailbronner/Klein,* in: Simma (Fn. 6), Art. 11 Rn. 30. Vgl. ferner zur Bindungswirkung von Sicherheitsratsresolutionen außerhalb von Kap. VII näher *Delbrück,* in: Simma (Fn. 6), Art. 25 Rn. 5.

[47] *de Wet,* The Chapter VII Powers of the United Nations Security Council, 2004, *passim*.

[48] *Mosler/Oellers-Frahm* (Fn. 6), Art. 96 Rn. 35.

[49] IGH, *United States Diplomatic and Consular Staff in Tehran (USA vs. Iran),* Urteil vom 24. Mai 1980, ICJ Reports 1980, 3 ff.; IGH, *Military and Paramilitary Activities in and against Nicaragua (Nicaragua vs. USA),* Urteil vom 27. Juni 1986, ICJ Reports 1986, 14 ff.

[50] So auch die Auffassung Jordaniens, Written Statement vom 30. Januar 2004, para. 5.18.

[51] So aber die Stellungnahme Israels, para. 4.52. ff.

lichen Streitigkeit eine besondere Rolle im Hinblick auf die Frage der friedlichen Streitbeilegung. Dabei ist jedoch zu berücksichtigen, dass es dabei entweder um das Verhältnis der Parteien untereinander, um ihr Verhältnis zum Sicherheitsrat oder aber – wie im Falle des Art. 36 Abs. 3 der Charta – um das Verhältnis zwischen den Parteien und dem Internationalen Gerichtshof geht. Demgegenüber richtet sich – wie der Internationale Gerichtshof immer wieder betont hat – ein Gutachten nicht an Staaten, sondern vielmehr an die betroffenen UN-Organe.[52] Damit dient ein solches Gutachten jedenfalls im wesentlichen dazu, die weitere Praxis der befaßten UN-Organe auf ein sicheres völkerrechtliches Fundament zu stellen, damit diese dann – etwa auch bei der ihnen obliegenden Wahrnehmung von Aufgaben nach Kap. VI – hieraus die notwendigen Schlüsse ziehen können.[53]

Nach alledem ist davon auszugehen, dass die Generalversammlung ungeachtet einer gleichzeitigen Befassung des Sicherheitsrates berechtigt ist, Gutachtenanfragen an den Internationalen Gerichtshof zu richten – eine Auffassung, die auch der Gerichtshof in seinem Gutachten zu teilen scheint, spricht er doch ausdrücklich davon, dass ein solcher Gutachtenantrag keine ‚*recommandation*' im Sinne von Art. 12 Abs. 1 der Charta sei.[54]

Dessen ungeachtet hielt der Gerichtshof es aber gleichwohl für angezeigt, auf die Frage einzugehen, ob überhaupt ein gleichzeitiges Tätigwerden von Generalversammlung und Sicherheitsrat vorlag.

3. Exkurs:
Gleichzeitige Befassung von Sicherheitsrat und Generalversammlung am Beispiel der israelischen Sperranlage

Die in Art. 12 Abs. 1 der Charta angelegte Sperrwirkung zu Lasten der Generalversammlung tritt überhaupt erst dann ein, wenn der Sicherheitsrat „die ihm durch die Charta übertragenen Aufgaben wahrnimmt". Damit einhergehend ergibt sich die Notwendigkeit der Rechtfertigung eines Handelns der Generalversammlung auf der besonderen Grundlage der Uniting-for-Peace-Resolution überhaupt erst dann, wenn man zuvor ein entsprechendes gleichzeitiges Tätigwerden festgestellt hat.

---

[52] IGH, *Legality of the Threat or Use of Nuclear Weapons* (Fn. 8), 235, para. 14 m. w. N. aus der früheren Rechtsprechung des Gerichtshofes.

[53] Dies wird etwa durch die Praxis im Kontext des Namibia-Gutachtens des Internationalen Gerichtshofes belegt, wo sich der United Nations Council for Namibia in seiner Praxis immer wieder auf eben dieses Rechtsgutachten gestützt hat, vgl. dazu etwa *Junius,* Der United Nations Council for Namibia, 1989, 143 sowie *Zacklin,* The problem of Namibia in international law, RdC 171 (1981 II), 225 (308 ff.) sowie das vom United Nations Council for Namibia erlassene Decree No. 1 for the Protection of the Natural Resources of Namibia vom 27.09.1974, u. a. abgedruckt in: *Junius,* 206 ff.

[54] IGH, Legal Consequences of the Construction of a Wall in the Occupied Palestinian Territory (Fn. 4), para. 25.

Der Gerichtshof nimmt vorliegend – ohne dass dies nach dem oben Gesagten überhaupt notwendig gewesen wäre[55] – zu der Frage Stellung, wann der Sicherheitsrat sich im Sinne von Art. 12 und 14 der Charta mit einer Frage befasst. Dabei nimmt er zunächst auf das bekannte Textargument aus Art. 24 der Charta Bezug, wonach es sich bei der Hauptverantwortung (,primary responsibility') des Sicherheitsrates nicht um eine ausschließliche Verantwortung handele.[56] Im Lichte der Praxis der Generalversammlung seit Anfang der sechziger Jahre geht er dann weiter davon aus, dass der bloße Umstand, dass eine Frage (nach wie vor) auf der Tagesordnung des Sicherheitsrates steht nicht bereits eine entsprechende Sperrwirkung zu Lasten der Generalversammlung auslöse.[57] Allerdings bleibt unklar, wie lange dann genau die Sperrwirkung nach einem Tätigwerden anhält.

Zunächst spricht der Gerichtshof nämlich davon, dass die Generalversammlung jedenfalls dann nicht gehindert sei tätig zu werden, wenn der Sicherheitsrat nicht kürzlich in Form einer Resolution gehandelt habe.[58]

Unmittelbar danach wird eine Stellungnahme des *Legal Counsel* der Vereinten Nationen positiv gewürdigt,[59] welcher die Sperre des Art. 12 dahingehend eng ausgelegt hatte, dass nur eine echte gleichzeitige Befassung unzulässig sei,[60] wobei im Gutachten jedoch (bewusst?) offen bleibt, was insoweit unter Funktionsausübung (,*exercising its functions*') zu verstehen ist. Insbesondere ist fraglich, ob etwa andauernde Debatten im Sicherheitsrat oder etwa auch die Abgabe so genannter *Presidential Statements* namens des Sicherheitsrates[61] als Funktionsausübung im Sinne von Art. 12 der Charta verstanden werden kann beziehungsweise muß.

Schließlich wird dann noch davon ausgegangen, dass die in Art. 12 vorgesehene Sperrwirkung nicht zeitlich, sondern inhaltlich zu verstehen sei. Selbst ein zeitlich

---

[55] Dazu soeben oben Abschnitt IV. 2.

[56] Para. 26 des Gutachtens; allerdings ist der Gerichtshof vorsichtig indem er davon spricht diese Verantwortung des Sicherheitsrates sei „not *necessarily* exclusive" (Hervorhebung durch den Verf.). Dies scheint den Schluss nahezulegen, dass sie unter bestimmten Umständen möglicherweise doch ausschließlich sein könne.

[57] Para. 27.

[58] Das Gutachten spricht von „without the Council having adopted any *recent* resolution", ebd. (Hervorhebung durch den Verf.).

[59] Ebd.

[60] 23rd GA, 3rd Comm., 1637th Meetg., A/C.3/SR.1637, para. 9; dort spricht der Legal Counsel von einer Sperrwirkung, sofern der Sicherheitsrat seine Aufgaben „*at this moment*" ausübt.

Auffällig ist, dass der Gerichtshof an dieser Stelle die Auffassung des Rechtsberaters würdigt, während er die von seinem eigenen Gutachten abweichende Position des Legal Counsel an anderer Stelle bei der Frage der gleichzeitigen Tagung von regulärer und Sondernotstandsgeneralversammlung (dazu bereits oben Abschnitt III.) – obwohl von Staaten in ihren schriftlichen Äußerungen angeführt – noch nicht einmal erwähnt.

[61] Näher zu den rechtlichen Wirkungen solcher Stellungnahmen *Talmon*, The Legal Character of Statements by the President of the Security Council, Chinese Journal of International Law 2003, 419 ff., *passim*.

paralleles Tätigwerden von Generalversammlung und Sicherheitsrat sei nämlich selbst im Hinblick auf Fragen möglich, welche die Wahrung des internationalen Friedens und der internationalen Sicherheit betreffen. Dabei sei allein Voraussetzung, dass sich die Generalversammlung neben Sicherheitsaspekten *auch* mit humanitären, sozialen oder wirtschaftlichen Aspekten eines bestimmten Konflikts beschäftige,[62] um die ansonsten eintretende, auf Art. 12 der Charta beruhende Sperrwirkung auszuschließen. Diese, nach ausdrücklicher Auffassung des Gerichtshofes mit Art. 12 in Übereinstimmung stehende, Auslegung der Norm[63] führt dazu, dass sich die Generalversammlung *jederzeit* und auch im Kontext eines konkreten Streitfalles mit Fragen der internationalen Sicherheit befassen darf, sofern zugleich auch den anderen erwähnten Aspekten Rechnung getragen wird. Hält man sich vor Augen, dass der Sicherheitsrat seinerseits häufig solche Aspekte in seine Entscheidungen einbezieht,[64] ergibt sich ein weitgehendes paralleles Tätigwerden der beiden Hauptorgane beziehungsweise umgekehrt ein nunmehr vom Gerichtshof sanktioniertes weitgehendes Leerlaufen der Art. 12 und 14 der Charta. Dies hat zugleich zur Folge, dass es im gleichen Umfang an sich dann auch nicht mehr der Berufung auf die Uniting-for-Peace-Resolution und die Praxis der Einberufung von Sondernotstandsgeneralversammlungen bedürfte. Zugleich gewinnt diese Rechtsfigur damit aber an politischer Bedeutung, wird doch mit der Einberufung einer solchen Sondernotstandsgeneralversammlung besonders augenfällig deutlich gemacht, dass die Mehrheit der Mitglieder der Vereinten Nationen nicht mit der Politik des Sicherheitsrates (und sei es nur wegen des Vetos eines ständigen Mitgliedes) in einem bestimmten Konfliktfeld einverstanden ist.

V. Etwaige Rechtsfolgen eines Verstoßes gegen die Geschäftsordnung der Generalversammlung

Abschließend gilt es noch auf die Frage einzugehen, welche Rechtsfolgen sich gegebenenfalls aus einem Verstoß gegen die Geschäftsordnung der Generalversammlung ergeben. Zuvor gilt es jedoch festzuhalten, dass es eine grundsätzliche Vermutung für die Geschäftsordnungskonformität eines ordnungsgemäß zusammengesetzten Organs einer internationalen Organisation jedenfalls solange gibt, solange dies unwidersprochen von dem jeweiligen Präsidenten festgestellt worden ist,[65] so dass sich die Frage der Rechtswidrigkeit nur vereinzelt überhaupt stellen

---

[62] Es heißt in para. 27 a. E. ausdrücklich, dass es ausreiche, wenn die Generalversammlung „has taken a broader view, considering *also* their humanitarian, social and economic aspects" (Hervorhebung durch den Verf.).

[63] Vgl. insoweit para. 28 des Gutachtens.

[64] Dies gilt etwa für Flüchtlingsfragen oder für Auswirkungen von wirtschaftlichen Zwangsmaßnahmen auf betroffene Drittstaaten.

[65] Wörtlich heißt es dazu bereits in dem Namibia-Gutachten des Internationalen Gerichtshofes:
„A resolution of a properly constituted organ of the United Nations which is passed in

wird. Immerhin wird man aber davon auszugehen haben, dass es sich um eine gleichwohl widerlegliche Vermutung handelt.[66] Mit dieser Vermutung einhergehend ist dann aber zugleich auch die Überprüfungskompetenz durch richterliche Organe nur eingeschränkt gegeben.

Gleichwohl stellt sich jedoch die Frage, welche Folgen sich ergeben, wenn – entgegen der soeben erwähnten Vermutung – die fragliche Resolution geschäftsordnungswidrig angenommen worden ist.

Der Internationale Gerichtshof selbst hat sich zu dieser Frage noch nicht abschließend geäußert. In seinem Gutachten zur Anfrage der WHO betreffend die mögliche Unzulässigkeit des Einsatzes von Nuklearwaffen[67] hat er nur die *umgekehrte* Feststellung getroffen, dass sich aus der Einhaltung aller relevanten Formalien nicht zwingend der Schluß ergebe, dass die fragliche Entscheidung damit zugleich auch insgesamt rechtmäßig ergangen sei.[68] Immerhin war aber Richter *Morelli* in seiner *Separate Opinion* im *Certain-Expenses*-Gutachten richtigerweise davon ausgegangen, dass Entscheidungen von Organen internationaler Organisationen entweder nichtig oder aber rechtmäßig sein könnten, es also – anders als im innerstaatlichen Recht – keine Zwischenkategorie bloß rechtswidriger Entscheidungen gäbe, die bis zu ihrer Aufhebung gleichwohl sozusagen Bestandskraft genießen würden.[69] Diese Auffassung wird auch durch die Überlegung bestätigt, dass es regelmäßig an der Möglichkeit einer richterlichen oder quasi-richterlichen Überprüfbarkeit der fraglichen Entscheidung fehlen wird.

Dies legt es aber nahe, die bloße Nichtbeachtung von Geschäftsordnungsbestimmungen von Organen internationaler Organisationen – vorliegend also die Nichtbeachtung der Geschäftsordnung der Generalversammlung der Vereinten

---

accordance with that organ's rules of procedure, and is declared by its President to have been so passed, must be presumed to have been validly adopted.", IGH (Fn. 7), 22, para. 20; zustimmend zitiert in dem vorliegenden Gutachten, para. 35; auf die Frage der fehlenden Rüge einer etwaigen Rechtswidrigkeit nimmt der Gerichtshof ebd., para. 33, Bezug.

[66] Ebd., para. 35, a. E., wo der Gerichtshof die generelle Möglichkeit einer Widerlegung offenbar als selbstverständlich unterstellt.

[67] IGH, *Legality Of The Use By A State Of Nuclear Weapons In Armed Conflict,* ICJ Reports 1996, 65 ff.

[68] Wörtlich heißt es dort:
„The Court would observe in this respect that the question whether a resolution has been duly adopted from a procedural point of view and the question whether that resolution has been adopted *intra vires* are two separate issues. The mere fact that a majority of States, in voting on a resolution, have complied with all the relevant rules of form cannot in itself suffice to remedy any fundamental defects, such as acting *ultra vires,* with which the resolution might be afflicted.", IGH (Fn. 67), 82, para. 29.
Die Vertreter von Palästina hatten versucht dieses Argument auch für den umgekehrten Fall zu instrumentalisieren (vgl. CR 2004/1, para. 7, mündliche Verhandlung vom 23. Februar 2004 (J. Crawford).

[69] IGH, *Certain Expenses of the United Nations,* Adv. Op., Sep. Op. Morelli, ICJ Reports 1962, 151 (222).

Nationen – *als solches* für unbeachtlich zu erklären,[70] zumal wenn man nach dem oben Gesagten davon ausgeht, dass eine Vermutung für die Rechtmäßigkeit einer solchen Entscheidung besteht.

Etwas anderes dürfte demgegenüber aber in den Fällen gelten, in denen es sich bei den jeweiligen Geschäftsordnungsbestimmungen zugleich um konkretisiertes Primärrecht der Organisation – vorliegend also um konkretisierte Chartabestimmungen – handelt,[71] wird damit doch zugleich auch das materielle Gewicht des fraglichen Verstoßes deutlich.

Angewandt auf die hier zu untersuchenden Frage bedeutet dies, dass es zu differenzieren gilt. Zwar ist es nach vorliegend vertretener Auffassung nicht ersichtlich, wie sich die Einberufung einer Sondernotstandsgeneralversammlung rechtfertigen läßt, wenn zeitgleich bereits die reguläre Generalversammlung tagt.[72] Andererseits ist aber auch nicht ersichtlich, worin die Verletzung von durch die Charta den einzelnen Mitgliedern garantierten Rechten[73] zu sehen sein könnte.

Zwar tagt die Generalversammlung im Rahmen einer Sondernotstandsgeneralversammlung – anders als im Normalverfahren – generell nur als Plenum. Aus der Charta läßt sich aber gerade kein Anspruch auf vorherige Beratung durch einen Ausschuß der Generalversammlung ableiten; daneben steht es jedem Mitgliedsstaat frei, auch im Rahmen einer Sondernotstandsgeneralversammlung nach Rule 63 der Geschäftsordnung die vorherige Überweisung an einen Ausschuss zu beantragen.

Auch eine Verletzung des Systems der ‚Gewaltenteilung' zwischen Sicherheitsrat einerseits und Generalversammlung andererseits dürfte im Fall eines gleichzeitigen Tagens einer regulären und einer Sondernotstandsgeneralversammlung nicht vorliegen, da die Kompetenzen des Sicherheitsrates – wenn sie denn überhaupt tangiert werden[74] – durch den Umstand allein, dass sich eine Sondernotstandsgeneralversammlung und nicht die regulär tagende Generalversammlung mit dem betreffenden Gutachtenantrag befaßt, in keinster Weise berührt werden. Dementsprechend führen in der Tat gleichzeitige Sitzungen von regulärer und Sondernotstandsgeneralversammlung – deren Unzulässigkeit unterstellt – in keinem Falle zu einer Nichtigkeit etwaiger Gutachtenanträge.

---

[70] So wohl auch *Klabbers,* An Introduction to International Institutional Law, 2002, 242, wenn er einerseits von ‚blatant cases' and andererseits von bloßen ‚procedural irregularities' spricht; vgl. auch *Akande,* International Organizations, in: Evans (Hrsg.), International Law, 269 (285): „*ultra vires* decisions – but not those merely suffering some minor procedural defect – are a nullity".

[71] Ähnlich wie hier auch bereits *Conforti* (Fn. 29), 489: „principle, which can be derived from the Charter, makes it possible (...) to identify those cases in which a violation of the rules of procedure must be regarded as inadmissible."

[72] Dazu bereits näher oben Abschnitt III.

[73] Zu denken ist dabei namentlich an das in Art. 2 Abs. 1 der Charta garantierte Recht auf souveräne Gleichheit, dazu auch bereits *Conforti* (Fn. 29), 484.

[74] Dazu bereits oben Abschnitt IV. 2.

Etwas anderes gilt demgegenüber möglicherweise für lang andauernde Unterbrechungen von Sitzungen einer Sondernotstandsgeneralversammlung, geht man – wie vorliegend vertreten – davon aus, dass jedenfalls in Ausnahmefällen insoweit die Rechte des Sicherheitsrates zur Wahrnehmung seiner Primärverantwortung im Bereich der Friedenssicherung berührt sein können, wenn die Generalversammlung nicht erneut das Vorliegen der tatbestandlichen Voraussetzungen der Uniting-for-Peace-Resolution prüft, sondern statt dessen eine ein- oder bereits mehrmals unterbrochene Sondernotstandsgeneralversammlung wieder aufnimmt. Insoweit sind dann aber nicht nur die Rechte des Sicherheitsrates als Organ oder die Rechte der aktuellen Mitglieder des Sicherheitsrates betroffen, sondern wohl auch die Rechte aller Mitgliedsstaaten, heißt es in Art. 24 Abs. 1 der Charta doch, dass der Sicherheitsrat insoweit namens aller Mitglieder handelt. In einer solchen Konstellation wäre dann davon auszugehen, dass die im Kontext einer solchen ohne zeitlichen und inhaltlichen Bezug wiederaufgenommenen Sondernotstandsgeneralversammlung verabschiedeten Resolutionen als rechtlich unwirksam angesehen werden müßten.[75]

VI. Schlussbemerkungen

Das kürzliche Gutachten des Internationalen Gerichtshofes belegt, dass die von *Jost Delbrück* in seiner Dissertation untersuchte Frage des Verhältnisses zwischen Generalversammlung und Sicherheitsrat und damit einhergehend die Bedeutung der Uniting-for-Peace-Problematik nach wie vor sowohl rechtlich als auch politisch – zuletzt etwa belegt durch die Reaktion der Generalversammlung auf das Rechtsgutachten des Gerichtshofes zu den israelischen Sperranlagen[76] – nicht zu unterschätzen ist. Zugleich belegt das Gutachten – wie vielleicht selten eine Entscheidung des Gerichtshofes zuvor – aber auch ein dynamisches Verständnis der Charta, die gerade unter Würdigung der Praxis seiner Organe als ‚living instrument' verstanden wird.[77]

---

[75] Insoweit kann man wohl auch nicht – wie jedoch von Jordanien behauptet (vgl. CR 2004/3, 24 February 2004, at 10 a. m., Sir Arthur Watts, para. 16) – zwischen der etwaigen Rechtswidrigkeit der Einberufung einer Sitzung der Generalversammlung und den im Kontext einer solchen Sitzung angenommenen Resolutionen unterscheiden, da es sich im angenommenen Fall nach dem oben Gesagten gerade um Verstöße gegen die Charta selbst handelt.

[76] Vgl. dazu GA Resolution vom 20. Juli 2004, A/Res/ES-10/15.

[77] Vgl. allgemein zu Fragen der Auslegung der Charta *Ress,* in: Simma (Fn. 6), Interpretation Rn. 3 ff.; vgl. aus der früheren Rechtsprechung des Gerichtshofes zur funktionalen Auslegung des Charta ebd., Anm. 7. Vgl. ferner zu den Grenzen der Fortbildung des Charta-Systems im Hinblick auf die Befugnisse des Sicherheitsrates nach Kap. VII der Charta, *Zimmermann/Elberling,* Grenzen der Legislativbefugnisse des Sicherheitsrates – Resolution 1540 und abstrakte Bedrohungen des Weltfriedens, Vereinte Nationen 2004, 71 ff.

Verzeichnis der Veröffentlichungen von Jost Delbrück

Bearbeitet von Karsten Nowrot, LL.M. (Indiana)

I. Selbstständige Schriften

1. The Development of the Security Council's Powers and Voting Procedure Prior to San Francisco, LL.M. Thesis, Bloomington/Indiana 1960, 98 S.
2. Die Entwicklung des Verhältnisses von Sicherheitsrat und Vollversammlung der Vereinten Nationen, Diss., Kiel 1964, 128 S.
3. Deutsche Ostpolitik und Europäisches Sicherheitssystem, Sankelmark 1968, 55 S.
4. Die Rassenfrage als Problem des Völkerrechts und nationaler Rechtsordnungen, Habil., Frankfurt am Main 1971, 324 S.
5. Menschenrechte und Grundfreiheiten im Völkerrecht anhand ausgewählter Texte, internationaler Verträge und Konventionen, Stuttgart/München/Hannover 1972, 72 S.
6. Direkter Satellitenrundfunk und nationaler Regelungsvorbehalt, Frankfurt am Main 1982, 89 S.
7. Die Rundfunkhoheit der deutschen Bundesländer im Spannungsfeld zwischen Regelungsanspruch der Europäischen Gemeinschaft und nationalem Verfassungsrecht, Berlin/Frankfurt am Main 1987, 72 S.
8. Die UNESCO im Dienste des Menschenrechtsschutzes: Die speziellen Gewährleistungen auf den Gebieten Erziehung, Wissenschaft, Kultur und ihre Durchsetzung (Antrittsrede als Rektor am 30.5.1985), Neumünster 1988, 17 S. (auch abgedruckt in: J. Delbrück, Die Konstitution des Friedens als Rechtsordnung, herausgegeben von K. Dicke, S. Hobe, K.-U. Meyn, E. Riedel und H.-J. Schütz, Berlin 1996, S. 32–43).
9. Von der Schwierigkeit, Deutscher zu sein: Gedanken aus Anlaß der 50. Wiederkehr der Reichskristallnacht, Neumünster 1988, 20 S.
10. Verantwortung für den Staat des Grundgesetzes: Staatsmacht – Parteienmacht – Bürgerohnmacht?, Kiel 1988, 32 S.
11. Im Spannungsfeld von Wissenschaft und Politik – Rückblick auf die Amtszeit 1985–1989, Neumünster 1989, 14 S.
12. Völkerrecht, Band I/1, 2. Auflage des von Georg Dahm begründeten Werkes, Berlin/New York 1989, 571 S. (zusammen mit R. Wolfrum).
13. Gutachten zu den Prüfungsrechten des Landesrechnungshofes Schleswig-Holstein gegenüber den Freien Wohlfahrtsverbänden, Kiel 1993, 43 S.
14. Die Konstitution des Friedens als Rechtsordnung, herausgegeben von K. Dicke, S. Hobe, K.-U. Meyn, E. Riedel und H.-J. Schütz, Berlin 1996, 348 S.
15. Das Staatsbild im Zeitalter wirtschaftsrechtlicher Globalisierung, Halle/Saale 2002, 23 S.

16. Völkerrecht, Band I/2, 2. Auflage des von Georg Dahm begründeten Werkes, Berlin 2002, 509 S. (zusammen mit R. Wolfrum).
17. Völkerrecht, Band I/3, 2. Auflage des von Georg Dahm begründeten Werkes, Berlin 2002, 662 S. (zusammen mit R. Wolfrum).
18. Nichtregierungsorganisationen: Geschichte – Bedeutung – Rechtsstatus, Trier 2003, 19 S.

II. Herausgeberschaften

1. Das deutsch-polnische Verhältnis in Gegenwart und Zukunft, Sankelmark 1971, 51 S. (zusammen mit G. W. Strobel).
2. Eberhard Menzel – Ausgewählte Schriften 1955–1970, Kiel 1971, 480 S. (herausgegeben und zusammengestellt gemeinsam mit O. L. Brintzinger, J. R. Gascard, K. Ipsen, D. G. Rauschning, P. Soyke).
3. Die Friedens-Warte, Band 57 (1974) bis Band 59 (1976).
4. Recht im Dienst des Friedens – Festschrift für Eberhard Menzel zum 65. Geburtstag am 21. Januar 1976, Berlin 1975, 660 S. (zusammen mit K. Ipsen und D. Rauschning).
5. Jahrbuch für Internationales Recht/German Yearbook of International Law, ab Band 19 (1976) (Herausgeber bzw. Mitherausgeber).
6. Grünbuch zu den Folgewirkungen der KSZE, Köln 1977, 544 S. (zusammen mit N. Ropers und G. Zellentin).
7. Völkerrecht und Kriegsverhütung – Zur Entwicklung des Völkerrechts als Recht friedenssichernden Wandels, Berlin 1979, 350 S.
8. Fünftes deutsch-polnisches Juristen-Kolloquium, Band 1, Baden-Baden 1981, 188 S. (zusammen mit R. Bernhardt und I. von Münch).
9. Fünftes deutsch-polnisches Juristen-Kolloquium, Band 2, Baden-Baden 1981, 145 S. (zusammen mit R. Bernhardt und I. von Münch).
10. Reden in memoriam Eberhard Menzel, Kiel 1981, 35 S.
11. Veröffentlichungen des Instituts für Internationales Recht an der Universität Kiel/ Veröffentlichungen des Walther-Schücking-Instituts für Internationales Recht an der Universität Kiel, ab Band 87 (1984) (Herausgeber bzw. Mitherausgeber).
12. Friedensdokumente aus fünf Jahrhunderten: Abrüstung – Rüstungskontrolle – Kriegsverhütung, 2 Teilbände, Kehl am Rhein/Straßburg 1984, 1625 S.
13. Das neue Seerecht: Internationale und nationale Perspektiven, Berlin 1984, 258 S.
14. Neuntes deutsch-polnisches Juristen-Kolloquium, Baden-Baden 1992, 186 S. (zusammen mit D. Rauschning, W. Rudolf und T. Schweisfurth).
15. The Future of International Law Enforcement: New Scenarios – New Law?, Berlin 1993, 188 S.
16. Indiana Journal of Global Legal Studies, ab Volume 3 (1995) (Mitherausgeber).
17. Allocation of Law Enforcement Authority in the International System, Berlin 1995, 196 S.
18. New Trends in International Lawmaking – International 'Legislation' in the Public Interest, Berlin 1997, 230 S.
19. International Law of Cooperation and State Sovereignty, Berlin 2002, 139 S.
20. Reform des deutschen Schuldrechts, Baden-Baden 2003, 113 S. (zusammen mit J. Eckert).

III. Aufsätze, Beiträge in Sammelwerken und Berichte

1. 50 Jahre Völkerrecht – Kolloquium anläßlich des 50jährigen Bestehens des Instituts für Internationales Recht an der Universität Kiel, Deutsches Verwaltungsblatt 1965, S. 319–321.
2. Inhalt und Geltung der Menschenrechte nach heutigem Völkerrecht, Politik 1966, Heft 1, S. 13–39.
3. Selbstbestimmung und Völkerrecht, Jahrbuch für Internationales Recht 13 (1967), S. 180–209.
4. Anti-Missili e Paesi terzi, Lo Spettatore Internazionale 1968, S. 27–38 (zusammen mit H. Afheldt, C. F. Barnaby und F. Calogero) (deutsch in: Atomzeitalter 1968, S. 208–215).
5. Europäische Sicherheit, Die neue Gesellschaft 1968 (Sonderheft), S. 25–29.
6. Zur Frage der Anwendung deutschen und dänischen Handelsvertretungsrechts auf einen Handelsvertretervertrag mit Auslandsberührung, in: M. Ferid/G. Kegel/K. Zweigert (Hrsg.), Gutachten zum Internationalen und Ausländischen Privatrecht 1965 und 1966, Berlin/Tübingen 1968, S. 79–89.
7. Zur Frage der Anordnung einer Ergänzungspflegschaft über irakische Kinder durch deutsche Gerichte, in: M. Ferid/G. Kegel/K. Zweigert (Hrsg.), Gutachten zum Internationalen und Ausländischen Privatrecht 1965 und 1966, Berlin/Tübingen 1968, S. 454–462.
8. Zur Kodifizierung des Widerstandsrechts im Grundgesetz, in: J. Delbrück/K. Ipsen/D. Rauschning, Zur Notstandsverfassung: Alliierte Vorbehalte, Widerstandsrecht, Bündnisklausel, Eingabe an die Abgeordneten des Deutschen Bundestages und die Mitglieder des Bundesrates vom 22. Mai 1968, Rotaprintdruck.
9. Art. 53a GG („Gemeinsamer Ausschuß"), in: Bonner Kommentar zum Grundgesetz, 21. Lieferung 1968.
10. Art. 115e GG („Wahrnehmung der Rechte von Bundestag und Bundesrat durch den Gemeinsamen Ausschuß"), in: Bonner Kommentar zum Grundgesetz, 23. Lieferung 1968.
11. Zum Verhältnis von § 45 II 2 AVG (= § 1268 II 2 RVO) und Art. 25 und 26 des Deutsch-Dänischen Sozialversicherungsabkommens vom 14. August 1953, zugleich eine Stellungnahme zu den Urteilen des Bundessozialgerichts vom 14.2.1968 – 1 Ra 75/67 – und 24.7.1968 – 1 Ra 97/67 –, Die Sozialgerichtsbarkeit 1968, S. 526–533.
12. Das Institut für Internationales Recht an der Universität Kiel, Christiana Albertina: Forschungen und Berichte aus der Christian-Albrechts-Universität Kiel, Neumünster 1968, S. 19–24.
13. Methods of Furthering the Word-Wide Acceptance of a Non-Proliferation Treaty, in: F. Barnaby (Hrsg.), Preventing the Spread of Nuclear Weapons, London 1969, S. 180–191.
14. Implications of Superpower Deployment of Anti-Ballistic Missile Systems for Third Countries, particularly for those in Europe, in: C. F. Barnaby/A. Boserup (Hrsg.), Implications of Anti-Ballistic Missile Systems, London 1969, S. 93–102 (zusammen mit H. Afheld, C. F. Barnaby, F. Calogero, J. Prawitz).
15. Die Tätigkeit der Vereinten Nationen in der Zeit vom 1.7.1961 bis zum 30.6.1966, Jahrbuch für Internationales Recht 14 (1969), S. 345–374.
16. Zur Gültigkeit einer in Ägypten im Jahre 1945 nur kirchlich vollzogenen Eheschließung eines deutschen Staatsangehörigen mit einer Italienerin, in: M. Ferid/G. Kegel/K. Zweigert (Hrsg.), Gutachten zum Internationalen und Ausländischen Privatrecht 1967 und 1968, Berlin/Tübingen 1970, S. 183–194.

17. Kritische Bemerkungen zur Geschäftsordnung des Gemeinsamen Ausschusses, Die Öffentliche Verwaltung 1970, S. 229–234.
18. Eine kritische Würdigung des Warschauer Vertrages vom 7. Dezember 1970 als Element einer europäischen Friedensordnung, in: G. W. Strobel/J. Delbrück (Hrsg.), Das deutsch-polnische Verhältnis in Gegenwart und Zukunft, Sankelmark 1971, S. 33–45.
19. Die staatsrechtliche Stellung Berlins in der Rechtsprechung des Bundesverfassungsgerichts und der Bundesgerichte, in: Ostverträge, Berlin-Status, Münchner Abkommen, Beziehungen zwischen der BRD und der DDR, Hamburg 1971, S. 214–220.
20. Die Tätigkeit der Vereinten Nationen in der Zeit vom 1.7.1966 bis zum 30.6.1969, Jahrbuch für Internationales Recht 15 (1971), S. 531–560.
21. Modelle eines gesamteuropäischen Sicherheitssystems, Jahrbuch für Friedens- und Konfliktforschung 2 (1972), S. 87–101 (auch abgedruckt in: J. Delbrück, Die Konstitution des Friedens als Rechtsordnung, herausgegeben von K. Dicke, S. Hobe, K.-U. Meyn, E. Riedel und H.-J. Schütz, Berlin 1996, S. 136–152).
22. In Search of a Lasting System of European Security – Changes and Hazards of some Models of European Security System, European Yearbook 20 (1972), S. 77–98 (auch abgedruckt in: J. Delbrück, Die Konstitution des Friedens als Rechtsordnung, herausgegeben von K. Dicke, S. Hobe, K.-U. Meyn, E. Riedel und H.-J. Schütz, Berlin 1996, S. 153–176).
23. Staats- und völkerrechtliche Probleme der Friedensforschung, in: H. Streiter-Buscher (Hrsg.), Der geplante Frieden, Bergisch-Gladbach 1972, S. 149–165.
24. Deutschland in den Vereinten Nationen, Europa-Archiv 1973, S. 564–572.
25. Kriegsursachen in Vergangenheit und Gegenwart, in: W. Weyer (Hrsg.), Konflikte – Friedensforschung – Friedenspädagogik, Essen 1973, S. 65–82.
26. Selbstbestimmung und Dekolonisation, in: U. Scheuner/B. Lindemann (Hrsg.) Die Vereinten Nationen und die Mitarbeit der Bundesrepublik Deutschland, München/ Wien 1973, S. 69–108.
27. Regionale Zusammenschlüsse und ihre Auswirkung auf die Souveränität der Staaten – Zugleich ein Beitrag zur Frage der Funktionsfähigkeit des Nationalstaates unter den Bedingungen der modernen Welt, in: G. Picht/C. Eisenbart (Hrsg.), Frieden und Völkerrecht, Stuttgart 1973, S. 457–484 (auch abgedruckt in: J. Delbrück, Die Konstitution des Friedens als Rechtsordnung, herausgegeben von K. Dicke, S. Hobe, K.-U. Meyn, E. Riedel und H.-J. Schütz, Berlin 1996, S. 99–121).
28. Sicherheits- und rüstungspolitische Maßnahmen zur Kriegsverhütung, in: G. Picht/ C. Eisenbart (Hrsg.), Frieden und Völkerrecht, Stuttgart 1973, S. 566–622.
29. Drittwirkung der Grundrechte durch völkerrechtliche Verpflichtung?, in: H. Schneider/V. Götz (Hrsg.), Im Dienst an Recht und Staat – Festschrift für Werner Weber zum 70. Geburtstag, Berlin 1974, S. 223–238 (auch abgedruckt in: J. Delbrück, Die Konstitution des Friedens als Rechtsordnung, herausgegeben von K. Dicke, S. Hobe, K.-U. Meyn, E. Riedel und H.-J. Schütz, Berlin 1996, S. 44–58) (englisch in: Law and State 12 (1975), S. 61–76) (koreanisch in: The (Korean) Law and Public Administration Review 19 (1975), S. 87 ff.).
30. Die Konferenz für Sicherheit und Zusammenarbeit in Europa – Von Deklamation über Deklaration zu einer neuen Sicherheitsordnung in Europa?, Die Friedens-Warte 57 (1974), S. 43–54 (auch abgedruckt in: J. Delbrück, Die Konstitution des Friedens als Rechtsordnung, herausgegeben von K. Dicke, S. Hobe, K.-U. Meyn, E. Riedel und H.-J. Schütz, Berlin 1996, S. 122–135).
31. Die Wirkung des völkerrechtlichen Diskriminierungsverbotes, in: Evangelische Akademie Hofgeismar (Hrsg.), Der Ausländer im internationalen Recht, Protokoll Nr. 88/1974.

32. Die Adäquanz der völkerrechtlichen Kriegsverhütungs- und Friedenssicherungsinstrumente im Lichte der Kriegsursachenforschung, Jahrbuch für Internationales Recht 17 (1975), S. 87–124 (auch abgedruckt in: J. Delbrück, Die Konstitution des Friedens als Rechtsordnung, herausgegeben von K. Dicke, S. Hobe, K.-U. Meyn, E. Riedel und H.-J. Schütz, Berlin 1996, S. 201–237).
33. Zum Funktionswandel des Völkerrechts der Gegenwart im Rahmen einer universalen Friedensstrategie – Menschenrechtsschutz und internationales Wirtschafts- und Sozialrecht, Die Friedens-Warte 58 (1975), S. 240–251.
34. Rechtsprobleme der Friedenssicherung durch Sicherheitsrat und Generalversammlung der Vereinten Nationen, in: W. A. Kewenig (Hrsg.), Die Vereinten Nationen im Wandel, Berlin 1975, S. 131–155.
35. Souveränität und Nationalstaat im Wandel, in: H.-P. Schwarz (Hrsg.), Handbuch der deutschen Außenpolitik, München/Zürich 1975, S. 669–675 (auch abgedruckt in: J. Delbrück, Die Konstitution des Friedens als Rechtsordnung, herausgegeben von K. Dicke, S. Hobe, K.-U. Meyn, E. Riedel und H.-J. Schütz, Berlin 1996, S. 192–200).
36. Quo vadis Bundesverfassungsgericht? Zur verfassungsrechtlichen und verfassungsfunktionalen Stellung des Bundesverfassungsgerichts, in: J. Delbrück/K. Ipsen/D. Rauschning (Hrsg.), Recht im Dienst des Friedens – Festschrift für Eberhard Menzel zum 65. Geburtstag am 21. Januar 1976, Berlin 1975, S. 83–105.
37. Zur Einleitung, in: Vorstand der Deutschen Gesellschaft für Friedens- und Konfliktforschung (Hrsg.), Forschung für den Frieden: 5 Jahre Deutsche Gesellschaft für Friedens- und Konfliktforschung – Eine Zwischenbilanz, Boppard am Rhein 1975, S. 11–16.
38. Völkerrecht und Weltfriedenssicherung, in: D. Grimm (Hrsg.), Rechtswissenschaft und Nachbarwissenschaften, Band 2, München 1976, S. 179–191.
39. Vorschläge zur Reform des Ausländerrechts, in: Konrad-Adenauer-Stiftung (Hrsg.), Integration ausländischer Arbeitnehmer, Bonn 1976, S. 200–300 (zusammen mit G. Bartels und K. Wiegel).
40. Die Auseinandersetzungen über das ethische Problem der atomaren Kriegführung in den Vereinigten Staaten und der Bundesrepublik Deutschland, in: Abschreckung und Entspannung – 20 Jahre Sicherheitspolitik zwischen bipolarer Konfrontation und begrenzter Kooperation, Berlin 1977, S. 95–147.
41. Die Abrüstungsbemühungen 1945–1960, in: Abschreckung und Entspannung – 20 Jahre Sicherheitspolitik zwischen bipolarer Konfrontation und begrenzter Kooperation, Berlin 1977, S. 460–477.
42. Der Vertrag über die Nichtverbreitung von Kernwaffen, in: Abschreckung und Entspannung – 20 Jahre Sicherheitspolitik zwischen bipolarer Konfrontation und begrenzter Kooperation, Berlin 1977, S. 623–682.
43. Die Errichtung kernwaffenfreier Zonen außerhalb Mitteleuropas, in: Abschreckung und Entspannung – 20 Jahre Sicherheitspolitik zwischen bipolarer Konfrontation und begrenzter Kooperation, Berlin 1977, S. 683–704.
44. Antirakten-Raketensysteme und Rüstungskontrolle (Arms Control), in: Abschreckung und Entspannung – 20 Jahre Sicherheitspolitik zwischen bipolarer Konfrontation und begrenzter Kooperation, Berlin 1977, S. 770–799.
45. Der Übergang: Die Bemühungen um eine politische Entspannung in Europa, in: Abschreckung und Entspannung – 20 Jahre Sicherheitspolitik zwischen bipolarer Konfrontation und begrenzter Kooperation, Berlin 1977, S. 800–836.
46. Informationsfreiheit und Meinungsfreiheit nach dem Grundgesetz – Von der Rechtswissenschaft gesehen, Universitas 1977, S. 81–85.

47. Peacekeeping by the United Nations and the Rule of Law, in: R. J. Akkerman (Hrsg.), Declarations on Principles: A Quest for Universal Peace – Liber Amicorum Discipulorumque Bert V. A. Röling, Leiden 1977, S. 73–99 (auch abgedruckt in: J. Delbrück, Die Konstitution des Friedens als Rechtsordnung, herausgegeben von K. Dicke, S. Hobe, K.-U. Meyn, E. Riedel und H.-J. Schütz, Berlin 1996, S. 293–317).

48. Apartheid, in: R. Wolfrum/N. J. Prill/J. A. Brückner (Hrsg.), Handbuch Vereinte Nationen, München 1977, S. 16–22.

49. Diskriminierung, in: R. Wolfrum/N. J. Prill/J. A. Brückner (Hrsg.), Handbuch Vereinte Nationen, München 1977, S. 76–79.

50. Die Schlußakte der Konferenz über Sicherheit und Zusammenarbeit in Europa in völkerrechtlicher Sicht, in: R. Bernhardt/I. von Münch/W. Rudolf (Hrsg.), Drittes deutsch-polnisches Juristen-Kolloquium, Band 1, Baden-Baden 1977, S. 31–50.

51. Das Selbstbestimmungsrecht der Völker im Völkerrecht der Gegenwart, Vereinte Nationen 1977, S. 6–10 (englisch in: Universitas 1977, S. 199–205) (spanisch in: Universitas 1978, S. 119–126).

52. Usurpieren die Richter politische Entscheidungen, in: Schriftenreihe der Akademie Sankelmark, Neue Folge, Heft 40/41 (o. J.), S. 30–45.

53. From the centralized German 'Reich' to the autonomous Bundesländer – success and shortcomings from the first 28 years of the Federal Republic of Germany, in: Det Danske Selskap, Europe of Regions – A conference on regional autonomy – Third Convention on decentralization and regionalism, 17–22 September 1978, Copenhagen (o. J.), S. 63–83.

54. Neue Konfliktpotentiale – Probleme des neuen Meeresregimes, in: E. Forndran/ P. Friedrich (Hrsg.), Rüstungskontrolle und Sicherheit in Europa, Bonn 1979, S. 125–135.

55. Menschenrechte im Schnittpunkt zwischen universalem Schutzanspruch und staatlicher Souveränität, German Yearbook of International Law 22 (1979), S. 384–402 (auch abgedruckt in: J. Schwartländer (Hrsg.), Menschenrechte und Demokratie, Kehl/Straßburg 1981, S. 11–26).

56. Die rechtliche Regelung des Verkehrs zwischen der Volksrepublik Polen und der Bundesrepublik Deutschland – Zur rechtlichen Regelung des Landverkehrs als Element zwischenstaatlicher Kommunikation, in: Institut für Staat und Recht der Polnischen Akademie der Wissenschaften (Hrsg.), Viertes deutsch-polnisches Juristen-Kolloquium, Posen 1980, S. 179–196.

57. Menschenrechte und Entspannung in den Ost-West-Beziehungen, DGFK-Jahrbuch 1970/1980, S. 129–145.

58. Menschenrechte und Souveränität, Christina Albertina: Forschungen und Berichte aus der Christian-Albrechts-Universität Kiel, Heft 13, Neumünster 1980, S. 5–15 (auch abgedruckt in: J. Delbrück, Die Konstitution des Friedens als Rechtsordnung, herausgegeben von K. Dicke, S. Hobe, K.-U. Meyn, E. Riedel und H.-J. Schütz, Berlin 1996, S. 22–31).

59. Deutschlandpolitik in den 80er Jahren – Chancen zur Gemeinsamkeit oder weiter Polarisierung?, in: Geschichte in Wissenschaft und Unterricht, Heft 10/1981, S. 618–627.

60. International Traffic in Arms – Legal and Political Aspects of a Long Neglected Problem of Arms Control and Disarmament, German Yearbook of International Law 24 (1981), S. 114–143.

61. Direkter Satellitenrundfunk und nationaler Regelungsvorbehalt, Media Perspektiven 1981, S. 668–673.

62. Die Konvention der Vereinten Nationen zur Beseitigung jeder Form der Diskriminierung der Frau von 1979 im Kontext der Bemühungen um einen völkerrechtlichen Schutz der Menschenrechte, in: I. von Münch (Hrsg.), Staatsrecht – Völkerrecht – Europarecht – Festschrift für Hans-Jürgen Schlochauer zum 75. Geburtstag, Berlin/New York 1981, S. 247–270.

63. Menschenrechte – Grundlage des Friedens?, in: H. Thimme/W. Wöste (Hrsg.), Im Dienste für Entwicklung und Frieden – In memoriam Heinrich Tenhumberg, München/Mainz 1982, S. 89–102 (auch abgedruckt in: J. Delbrück, Die Konstitution des Friedens als Rechtsordnung, herausgegeben von K. Dicke, S. Hobe, K.-U. Meyn, E. Riedel und H.-J. Schütz, Berlin 1996, S. 9–21).

64. Arms, Traffic in, in: R. Bernhardt (Hrsg.), Encyclopedia of Public International Law, Instalment 3, Amsterdam/New York/Oxford 1982, S. 38–40.

65. Collective Measures, in: R. Bernhardt (Hrsg.), Encyclopedia of Public International Law, Instalment 3, Amsterdam/New York/Oxford 1982, S. 101–103.

66. Collective Security, in: R. Bernhardt (Hrsg.), Encyclopedia of Public International Law, Instalment 3, Amsterdam/New York/Oxford 1982, S. 104–114.

67. Collective Self-Defence, in: R. Bernhardt (Hrsg.), Encyclopedia of Public International Law, Instalment 3, Amsterdam/New York/Oxford 1982, S. 114–117.

68. Demilitarization, in: R. Bernhardt (Hrsg.), Encyclopedia of Public International Law, Instalment 3, Amsterdam/New York/Oxford 1982, S. 150–152.

69. War, Effect on Treaties, in: R. Bernhardt (Hrsg.), Encyclopedia of Public International Law, Instalment 4, Amsterdam/New York/Oxford 1982, S. 310–315.

70. International Protection of Human Rights and State Sovereignty, Indiana Law Journal 57 (1982), S. 567–578 (in gekürzter Fassung auch abgedruckt in: F. E. Snyder/S. Sathirathai (Hrsg.), Third World Attitudes Toward International Law, Dordrecht/Boston/Lancaster 1987, S. 263–274).

71. Die Auflösung des 9. Bundestages vor dem BVerfG – BVerfGE 62, 1, Juristische Schulung 1983, S. 758–764 (zusammen mit R. Wolfrum).

72. Von der Friedenshoffnung zur Friedensordnung. Das Völkerrecht und die Friedensdiskussion der Gegenwart, in: Bericht über die Verhandlungen der 10. ordentlichen Synode der 2. Legislaturperiode der Nordelbischen Ev.-Luth. Kirche in Rendsburg vom 15.–17. September 1983, S. 99–119.

73. Die Rolle der Vereinten Nationen in den Ost-West-Beziehungen, Moderne Welt – Jahrbuch für Ost-West-Fragen 1983, S. 375–387.

74. Christliche Friedensethik und die Lehre vom gerechten Krieg in völkerrechtlicher Sicht, in: E. Lohse/U. Wilckens (Hrsg.), Gottes Friede den Völkern. Dokumentation des wissenschaftlichen Kongresses der Evangelischen Kirche in Deutschland und der Nordelbischen Evangelisch-Lutherischen Kirche vom 17. bis 19. Juni 1984 in Kiel, Hannover 1984, S. 49–62.

75. The Contribution of International Law to Conflict Resolution, in: W. Kaltefleiter/U. Schumacher (Hrsg.), Conflicts, Options, Strategies in a Threatened World, Kiel 1984, S. 33–57.

76. Europäische Sicherheit – Hoffnung für die Deutschlandpolitik?, Politik und Kultur, Heft 4, 11. Jahrgang, Berlin 1984, S. 69–72.

77. Abrüstung – Rüstungsbeschränkung – Rüstungssteuerung: Kriegsverhütung, in: J. Delbrück (Hrsg.), Friedensdokumente aus fünf Jahrhunderten: Abrüstung – Rüstungskontrolle – Kriegsverhütung, Teilband 1, Kehl am Rhein/Straßburg 1984, S. 1–33.

78. Die Überwachung von Abrüstungs- und Rüstungsbeschränkungsmaßnahmen (Verifikation), in: J. Delbrück (Hrsg.), Friedensdokumente aus fünf Jahrhunderten: Abrüstung – Rüstungskontrolle – Kriegsverhütung, Teilband 2, Kehl am Rhein/Straßburg 1984, S. 1327–1544.

79. Proportionality, in: R. Bernhardt (Hrsg.), Encyclopedia of Public International Law, Instalment 7, Amsterdam/New York/Oxford 1984, S. 396–400.

80. Menschenrechtspolitik, in: D. Nohlen (Hrsg.), Pipers Wörterbuch zur Politik, Band 5, Internationale Beziehungen, München/Zürich 1984, S. 313–315.

81. Abrüstung, in: D. Nohlen (Hrsg.), Pipers Wörterbuch zur Politik, Band 1, Politikwissenschaft, München/Zürich 1985, S. 2–4.

82. Abschreckung, in: D. Nohlen (Hrsg.), Pipers Wörterbuch zur Politik, Band 1, Politikwissenschaft, München/Zürich 1985, S. 4–5.

83. Aggression, in: D. Nohlen (Hrsg.), Pipers Wörterbuch zur Politik, Band 1, Politikwissenschaft, München/Zürich 1985, S. 7–11.

84. The Christian Peace Ethic and the Doctrine of Just War from the Point of View of International Law, German Yearbook of International Law 28 (1985), S. 194–208 (zusammen mit K. Dicke).

85. Deutschland und die Vereinten Nationen – Vom Feindstaat Deutsches Reich zur gleichberechtigten Mitwirkung beider deutscher Staaten, Vereinte Nationen 1985, S. 185–190.

86. Eine internationale Friedensordnung als rechtliche und politische Gestaltungsaufgabe – Zum Verständnis rechtlicher und politischer Bedingungen der Friedenssicherung im internationalen System der Gegenwart, in: Kirchenamt im Auftrage des Rates der EKD (Hrsg.), Frieden politisch fördern: Richtungsimpulse. Sechs Expertenbeiträge für die Evangelische Kirche in Deutschland, Gütersloh 1985, S. 145–172 (auch abgedruckt in: J. Delbrück, Die Konstitution des Friedens als Rechtsordnung, herausgegeben von K. Dicke, S. Hobe, K.-U. Meyn, E. Riedel und H.-J. Schütz, Berlin 1996, S. 254–274).

87. Apartheid, in: R. Bernhardt (Hrsg.), Encyclopedia of Public International Law, Instalment 8, Amsterdam/New York/Oxford 1985, S. 37–40.

88. Military Aid, in: R. Bernhardt (Hrsg.), Encyclopedia of Public International Law, Instalment 8, Amsterdam/New York/Oxford 1985, S. 379–382.

89. Reichspräsident und Reichskanzler, in: K. G. A. Jeserich/H. Pohl/G.-C. von Unruh (Hrsg.), Deutsche Verwaltungsgeschichte, Band IV, Stuttgart 1985, S. 138–147.

90. Auswärtige Angelegenheiten, in: K. G. A. Jeserich/H. Pohl/G.-C. von Unruh (Hrsg.), Deutsche Verwaltungsgeschichte, Band IV, Stuttgart 1985, S. 147–156.

91. Auswärtiges Amt, in: K. G. A. Jeserich/H. Pohl/G.-C. von Unruh (Hrsg.), Deutsche Verwaltungsgeschichte, Band IV, Stuttgart 1985, S. 725–731.

92. Schücking, Walther M. A., in: Biographisches Lexikon für Schleswig-Holstein und Lübeck, Band 7, Neumünster 1985, S. 283–287.

93. Die kulturelle und individuelle Identität als Grenzen des Informationspluralismus?, in: R. Wolfrum (Hrsg.), Recht auf Information – Schutz vor Information. Menschen- und staatsrechtliche Aspekte, Berlin 1986, S. 181–200 (auch abgedruckt in: J. Delbrück, Die Konstitution des Friedens als Rechtsordnung, herausgegeben von K. Dicke, S. Hobe, K.-U. Meyn, E. Riedel und H.-J. Schütz, Berlin 1996, S. 79–98).

94. Multilaterale Staatsverträge erga omnes und deren Inkorporation in nationale IPR-Kodifikationen – Vor- und Nachteile einer solchen Rezeption, in: Berichte der Deutschen Gesellschaft für Völkerrecht 27 (1986), S. 147–165.

95. Die Rolle der Verfassungsgerichtsbarkeit in der innerpolitischen Kontroverse um die Außenpolitik, in: A. Randelzhofer/W. Süß (Hrsg.), Konsens und Konflikt – 35 Jahre Grundgesetz. Vorträge einer Veranstaltung der Freien Universität Berlin vom 6.–8. Dezember 1984, Berlin/New York 1986, S. 54–67.

96. Sport und Recht – Soziologische Rahmenbedingungen und verfassungsrechtliche Grundlagen, in: Justizministerium des Landes Schleswig-Holstein (Hrsg.), Sport und Recht, 23. Helgoländer Richtertage, Kiel 1986, S. 5–15.

97. International Communications and National Sovereignty, Thesaurus Acroasium 15 (1987), S. 77–118.

98. Peace Through Emerging International Law, in: R. Väyrynen (Hrsg.), The Quest for Peace. Transcending Collective Violence and War among Societies, Cultures and States, London 1987, S. 127–143 (auch abgedruckt in: J. Delbrück, Die Konstitution des Friedens als Rechtsordnung, herausgegeben von K. Dicke, S. Hobe, K.-U. Meyn, E. Riedel und H.-J. Schütz, Berlin 1996, S. 275–292).

99. Judenfeindschaft, in: R. Herzog/H. Kunst/K. Schlaich/W. Schneemelcher (Hrsg.), Evangelisches Staatslexikon, Band 1, 3. Auflage, Stuttgart 1987, Sp. 1424–1431.

100. Rasse – Begriffliches sowie Politisch-soziale und rechtliche Aspekte, in: R. Herzog/ H. Kunst/K. Schlaich/W. Schneemelcher (Hrsg.), Evangelisches Staatslexikon, Band 2, 3. Auflage, Stuttgart 1987, Sp. 2684–2690.

101. Internationale und nationale Verwaltung – Inhaltliche und institutionelle Aspekte, in: K. G. A. Jeserich/H. Pohl/G.-C. von Unruh (Hrsg.), Deutsche Verwaltungsgeschichte, Band V, Stuttgart 1987, S. 386–403.

102. Abrüstung, in: D. Nohlen (Hrsg.), Pipers Wörterbuch zur Politik, Band 1, Politikwissenschaft, 2. Auflage, München/Zürich 1987, S. 2–4.

103. Abschreckung, in: D. Nohlen (Hrsg.), Pipers Wörterbuch zur Politik, Band 1, Politikwissenschaft, 2. Auflage, München/Zürich 1987, S. 4–5.

104. Aggression, in: D. Nohlen (Hrsg.), Pipers Wörterbuch zur Politik, Band 1, Politikwissenschaft, 2. Auflage, München/Zürich 1987, S. 7–11.

105. Die rechtliche Grundlegung der schleswig-holsteinischen Eigenstaatlichkeit, in: R. Titzck (Hrsg.), Landtage in Schleswig-Holstein gestern – heute – morgen, Kiel 1987, S. 47–58.

106. Die Rundfunkhoheit der deutschen Bundesländer im Spannungsfeld zwischen Regelungsanspruch der Europäischen Gemeinschaft und nationalem Verfassungsrecht, Media Perspektiven 1987, S. 55–58.

107. Rundfunkrecht und Wettbewerbsrecht vor dem Forum des europäischen Gemeinschaftsrechts, in: W. Hoffmann-Riem (Hrsg.), Rundfunk im Wettbewerbsrecht, Baden-Baden 1988, S. 244–251.

108. Die Entwicklung außerrechtlicher internationaler Verhaltensnormen unter den Bedingungen nuklearer Abschreckung, in: U. Nerlich/T. Rendtorff (Hrsg.), Nukleare Abschreckung – Politische und ethische Interpretationen einer neuen Realität, Baden-Baden 1989, S. 353–377.

109. Zur Konstitution des Friedens als Rechtsordnung, in: U. Nerlich/T. Rendtorff (Hrsg.), Nukleare Abschreckung – Politische und ethische Interpretationen einer neuen Realität, Baden-Baden 1989, S. 797–818 (zusammen mit K. Dicke).

110. The Exhaustion of Local Remedies Rule and the International Protection of Human Rights – A Plea for a Contextual Approach, in: J. Jekewitz/K. H. Klein/J.-D. Kühne/ H. Petersmann/R. Wolfrum (Hrsg.), Des Menschen Recht zwischen Freiheit und Verantwortung – Festschrift für Karl Josef Partsch zum 75. Geburtstag, Berlin 1989, S. 213–231.

111. Die europäische Regelung des grenzüberschreitenden Rundfunks – Das Verhältnis von EG-Richtlinie und Europaratskonvention, Zeitschrift für Urheber- und Medienrecht 1989, S. 373–381.
112. Abrüstung, in: D. Nohlen (Hrsg.), Pipers Wörterbuch zur Politik, Band 1, Politikwissenschaft, 3. Auflage, München/Zürich 1989, S. 2–4.
113. Abschreckung, in: D. Nohlen (Hrsg.), Pipers Wörterbuch zur Politik, Band 1, Politikwissenschaft, 3. Auflage, München/Zürich 1989, S. 4–5.
114. Aggression, in: D. Nohlen (Hrsg.), Pipers Wörterbuch zur Politik, Band 1, Politikwissenschaft, 3. Auflage, München/Zürich 1989, S. 7–11.
115. Politische Instrumente zur Beeinflussung von Regierungen: Diplomatie, Völkerrecht und Internationale Organisationen, in: G. Fels/R. K. Huber/W. Kaltefleiter/R. F. Pauls/F.-J. Schulz (Hrsg.), Strategie-Handbuch, Band 1, Herford/Bonn 1990, S. 113–159 (auch abgedruckt in: J. Delbrück, Die Konstitution des Friedens als Rechtsordnung, herausgegeben von K. Dicke, S. Hobe, K.-U. Meyn, E. Riedel und H.-J. Schütz, Berlin 1996, S. 238–253).
116. A European Peace Order and the German Question – Legal and Political Aspects, Michigan Journal of International Law 11 (1990), S. 897–911 (auch abgedruckt in: J. Delbrück, Die Konstitution des Friedens als Rechtsordnung, herausgegeben von K. Dicke, S. Hobe, K.-U. Meyn, E. Riedel und H.-J. Schütz, Berlin 1996, S. 177–191).
117. Deutschland und die Vereinten Nationen. Vom Feindstaat Deutsches Reich zur Mitgliedschaft des Vereinten Deutschland: Rückschau und Perspektiven, in: E. Koch (Hrsg.), Die Blauhelme. Im Einsatz für den Frieden, Frankfurt am Main/Bonn 1991, S. 211–219.
118. Europäische Rahmenbedingungen des Rundfunks – EG-Richtlinie und Europaratskonvention, in: K. Korinek/M. Holoubek (Hrsg.), Österreich auf dem Weg zum dualen Rundfunksystem, Wien 1991, S. 1–20.
119. Apartheid, in: R. Wolfrum (Hrsg.), Handbuch Vereinte Nationen, 2. Auflage, München 1991, S. 17–25.
120. Diskriminierung, in: R. Wolfrum (Hrsg.), Handbuch Vereinte Nationen, 2. Auflage, München 1991, S. 85–89.
121. Friedlicher Wandel, in: R. Wolfrum (Hrsg.), Handbuch Vereinte Nationen, 2. Auflage, München 1991, S. 191–201.
122. Rüstungskontrolle, in: R. Wolfrum (Hrsg.), Handbuch Vereinte Nationen, 2. Auflage, München 1991, S. 714–721.
123. Weltinformations- und Kommunikationsordnung, in: R. Wolfrum (Hrsg.), Handbuch Vereinte Nationen, 2. Auflage, München 1991, S. 1057–1072.
124. Human Rights and International Constitutional Cooperation, in: C. Starck (Hrsg.), New Challenges to the German Basic Law, Baden-Baden 1991, S. 191–214 (auch abgedruckt in: J. Delbrück, Die Konstitution des Friedens als Rechtsordnung, herausgegeben von K. Dicke, S. Hobe, K.-U. Meyn, E. Riedel und H.-J. Schütz, Berlin 1996, S. 59–78).
125. Artikel 24 UN-Charta, in: B. Simma (Hrsg.), Charta der Vereinten Nationen, Kommentar, München 1991, S. 364–374.
126. Artikel 25 UN-Charta, in: B. Simma (Hrsg.), Charta der Vereinten Nationen, Kommentar, München 1991, S. 374–383.
127. A Fresh Look at Humanitarian Intervention under the Authority of the United Nations, Indiana Law Journal 67 (1992), S. 887–901.

128. Die internationale Gemeinschaft vor neuen Herausforderungen – Zur Neubestimmung der Reichweite des Interventionsverbotes der Charta der VN, in: W. Heydrich/J. Krause/U. Nerlich/J. Nötzold/R. Rummel (Hrsg.), Sicherheitspolitik Deutschlands: Neue Konstellationen, Risiken, Instrumente, Baden-Baden 1992, S. 547–588.

129. Abrüstung, in: D. Nohlen (Hrsg.), Pipers Wörterbuch zur Politik, Band 1, Politikwissenschaft, 4. Auflage, München/Zürich 1992, S. 2–4.

130. Abschreckung, in: D. Nohlen (Hrsg.), Pipers Wörterbuch zur Politik, Band 1, Politikwissenschaft, 4. Auflage, München/Zürich 1992, S. 4–5.

131. Aggression, in: D. Nohlen (Hrsg.), Pipers Wörterbuch zur Politik, Band 1, Politikwissenschaft, 4. Auflage, München/Zürich 1992, S. 7–11.

132. International Economic Sanctions and Third States, Archiv des Völkerrechts 30 (1992), S. 86–100.

133. Apartheid, in: R. Bernhardt (Hrsg.), Encyclopedia of Public International Law, Band I, Amsterdam/London/New York u. a. 1992, S. 192–196.

134. Arms, Traffic in, in: R. Bernhardt (Hrsg.), Encyclopedia of Public International Law, Band I, Amsterdam/London/New York u. a. 1992, S. 267–268.

135. Collective Measures, in: R. Bernhardt (Hrsg.), Encyclopedia of Public International Law, Band I, Amsterdam/London/New York u. a. 1992, S. 643–644.

136. Collective Security, in: R. Bernhardt (Hrsg.), Encyclopedia of Public International Law, Band I, Amsterdam/London/New York u. a. 1992, S. 646–656.

137. Collective Self-Defence, in: R. Bernhardt (Hrsg.), Encyclopedia of Public International Law, Band I, Amsterdam/London/New York u. a. 1992, S. 656–658.

138. Demilitarization, in: R. Bernhardt (Hrsg.), Encyclopedia of Public International Law, Band I, Amsterdam/London/New York u. a. 1992, S. 999–1001.

139. 30 Jahre Staatskirchenvertrag – Zur Entwicklung des Verhältnisses von Staat und Kirche, in: K. Blaschke (Hrsg.), 30 Jahre Staatskirchenvertrag – 10 Jahre Ev.-luth. Nordelbische Kirche, Neumünster 1992, S. 122–128.

140. Non-judicial Procedures of Enforcement of Internationally Protected Human Rights with Special Emphasis on the Human Rights Practice of UNESCO, in: J. Delbrück/D. Rauschning/W. Rudolf/T. Schweisfurth (Hrsg.), Neuntes deutsch-polnisches Juristen-Kolloquium, Baden-Baden 1992, S. 31–45.

141. The Right to Education as an International Human Right, German Yearbook of International Law 35 (1992), S. 92–104.

142. Völkermord und das völkerrechtliche Verbot der Einmischung in die inneren Angelegenheiten der Staaten – Wie handlungsfähig sind die Vereinten Nationen und die Staatengemeinschaft als solche gegenüber schwerwiegenden Menschenrechtsverletzungen?, Evangelische Kommentare – Monatsschrift zum Zeitgeschehen in Kirche und Gesellschaft 1992, Heft 1, S. 22–25.

143. Globalization of Law, Politics, and Markets – Implications for Domestic Law – A European Perspective, Indiana Journal of Global Legal Studies 1 (1993), S. 9–36.

144. International Law and Military Forces Abroad: U.S. Military Presence in Europe, 1945–1965, in: S. Duke/W. Krieger (Hrsg.), U.S. Military Forces in Europe – The Early Years, 1945–1970, Boulder/Oxford 1993, S. 83–115.

145. A More Effective International Law or a New "World Law"? – Some Aspects of the Development of International Law in a Changing International System, Indiana Law Journal 68 (1993), S. 705–725.

146. Staatliche Souveränität und die neue Rolle des Sicherheitsrates der Vereinten Nationen, Verfassung und Recht in Übersee 26 (1993), S. 6–21.

147. Die Universalisierung des Menschenrechtsschutzes: Aspekte der Begründung und Durchsetzbarkeit, in: A. Zunker (Hrsg.), Weltordnung oder Chaos? Beiträge zur internationalen Politik – Festschrift zum 75. Geburtstag von Professor Dr. Klaus Ritter, Baden-Baden 1993, S. 551–576.

148. In memoriam Professor Dr. Wilhelm A. Kewenig, German Yearbook of International Law 36 (1993), S. 9–11.

149. Wirksameres Völkerrecht oder neues „Weltinnenrecht"? Perspektiven der Völkerrechtsentwicklung in einem sich wandelnden internationalen System, in: W. Kühne (Hrsg.), Blauhelme in einer turbulenten Welt – Beiträge internationaler Experten zur Fortentwicklung des Völkerrechts und der Vereinten Nationen, Baden-Baden 1993, S. 101–131 (ebenfalls abgedruckt in: D. Senghaas (Hrsg.), Frieden machen, Frankfurt am Main 1997, S. 482–524; sowie in: J. Delbrück, Die Konstitution des Friedens als Rechtsordnung, herausgegeben von K. Dicke, S. Hobe, K.-U. Meyn, E. Riedel und H.-J. Schütz, Berlin 1996, S. 318–348).

150. Menschenrechte/Menschenrechtspolitik, in: D. Nohlen (Hrsg.), Lexikon der Politik, Band 6, Internationale Beziehungen (hrsg. von A. Boeckh), München 1994, S. 288–292.

151. Article 24 UN Charter, in: B. Simma (Hrsg.), The United Nations Charter, A Commentary, London/New York/Toronto 1994, S. 397–407.

152. Article 25 UN Charter, in: B. Simma (Hrsg.), The United Nations Charter, A Commentary, London/New York/Toronto 1994, S. 407–418.

153. Global Migration – Immigration – Multiethnicity: Challenges to the Concept of the Nation-State, Indiana Journal of Global Legal Studies 2 (1994), S. 45–64.

154. Mißverständnisse auf dem Weg zum Frieden: Eine Replik auf Traugott Koch, Zeitschrift für Evangelische Ethik 1994, S. 223–227.

155. Regionale Abmachungen: Friedenswahrung und Rechtsdurchsetzung – Zum Problem der Allokation internationaler Rechtsdurchsetzungsmacht, in: K. Gintner/ G. Hafner/W. Lang/H. Neuhold/L. Sucharipa-Behrmann (Hrsg.), Völkerrecht zwischen normativem Anspruch und politischer Realität – Festschrift für Karl Zemanek zum 65. Geburtstag, Berlin 1994, S. 163–178.

156. Apartheid, in: R. Wolfrum (Hrsg.), United Nations: Law, Policies and Practice, Band 1, Dordrecht/London/Boston 1995, S. 27–38.

157. Arms Control, in: R. Wolfrum (Hrsg.), United Nations: Law, Policies and Practice, Band 1, Dordrecht/London/Boston 1995, S. 39–47.

158. Discrimination, in: R. Wolfrum (Hrsg.), United Nations: Law, Policies and Practice, Band 1, Dordrecht/London/Boston 1995, S. 418–423.

159. Peaceful Change, in: R. Wolfrum (Hrsg.), United Nations: Law, Policies and Practice, Band 2, Dordrecht/London/Boston 1995, S. 970–981.

160. World Information and Communication Order, in: R. Wolfrum (Hrsg.), United Nations: Law, Policies and Practice, Band 2, Dordrecht/London/Boston 1995, S. 1466–1484.

161. Die Frage der unmittelbaren Anwendbarkeit des Assoziationsbeschlusses Nr. 3/80 – Gleichbehandlungsgebot im Sozialrecht zugunsten türkischer Staatsangehöriger?, Zeitschrift für Ausländerrecht und Ausländerpolitik 1995, S. 29–32 (zusammen mit C. Tietje).

162. Leistungsprinzip und Leistungsgesellschaft im demokratischen und sozialen Verfassungsstaat, in: Wirtschaftsrat der CDU e. V. Landesverband Schleswig-Holstein (Hrsg.), Leistung – Freiheit – Mitverantwortung. Das Leistungsprinzip in unserer Gesellschafts-, Wirtschafts- und Werteordnung, Kiel 1995, S. 59–75.
163. Menschenrechtspolitik, in: D. Nohlen (Hrsg.), Wörterbuch Staat und Politik, Bonn 1995, S. 426–428.
164. The Impact of the Allocation of International Law Enforcement Authority on the International Legal Order, in: J. Delbrück (Hrsg.), Allocation of Law Enforcement Authority in the International System, Berlin 1995, S. 135–158.
165. Das Staatsvolk und die „Offene Republik" – Staatstheoretische, völker- und staatsrechtliche Aspekte, in: U. Beyerlin/M. Bothe/R. Hofmann/E.-U. Petersmann (Hrsg.), Recht zwischen Umbruch und Bewahrung – Festschrift für Rudolf Bernhardt, Berlin/Heidelberg/New York u. a. 1995, S. 777–796.
166. Staatliche Finanzkontrolle und Freie Wohlfahrtsverbände – Bemerkungen zu den Grenzen der Prüfungsrechte insbesondere gegenüber Wohlfahrtsverbänden in kirchlicher Trägerschaft, Zeitschrift für Evangelisches Kirchenrecht 1995, S. 21–48.
167. Apartheid, in: Brockhaus-Enzyklopädie in 24 Bänden, Band 1, Leipzig 1996, S. 696.
168. Rechtliche Probleme einer internationalen Medienordnung, in: Hans-Bredow-Institut für Medienforschung an der Universität Hamburg (Hrsg.), Internationales Handbuch für Hörfunk und Fernsehen 1996/97, Baden-Baden 1996, S. 1–10.
169. Art. 53a GG („Gemeinsamer Ausschuß"), in: Bonner Kommentar zum Grundgesetz, 82. Lieferung 1997 (zusammen mit S. Hobe).
170. The Role of the United Nations in Dealing With Global Problems, Indiana Journal of Global Legal Studies 4 (1997), S. 277–296.
171. Military Aid, in: R. Bernhardt (Hrsg.), Encyclopedia of Public International Law, Band III, Amsterdam/Lausanne/New York u. a. 1997, S. 378–381.
172. Proportionality, in: R. Bernhardt (Hrsg.), Encyclopedia of Public International Law, Band III, Amsterdam/Lausanne/New York u. a. 1997, S. 1140–1144.
173. Zur Entwicklung der internationalen Rechtsordnung, Sicherheit und Frieden 1998, Heft 2, S. 66–68.
174. Grundzüge und rechtliche Probleme einer internationalen Medienordnung, in: Hans-Bredow-Institut für Medienforschung an der Universität Hamburg (Hrsg.), Internationales Handbuch für Hörfunk und Fernsehen 1998/99, Baden-Baden 1998, S. 15–27.
175. "Laws in the Public Interest" – Some Observations on the Foundations and Identification of *erga omnes* Norms in International Law, in: V. Götz/P. Selmer/R. Wolfrum (Hrsg.), Liber amicorum Günther Jaenicke – Zum 85. Geburtstag, Berlin/Heidelberg/New York 1998, S. 17–36.
176. Die Idee des gerechten Krieges aus völkerrechtlicher Sicht, in: Der Präsident des Schleswig-Holsteinischen Landtages (Hrsg.), Der gerechte Krieg – Der Krieg als Unrecht, 14. Forum des Schleswig-Holsteinischen Landtages, Kiel 1998, S. 13–30.
177. Von der Staatenordnung über die internationale institutionelle Kooperation zur ‚supraterritorial or global governance': Wandel des zwischenstaatlichen Völkerrechts zur Rechtsordnung des Menschen und der Völker?, in: U. Bartosch/J. Wagner (Hrsg.), Weltinnenpolitik – Internationale Tagung anläßlich des 85. Geburtstags von Carl-Friedrich von Weizsäcker, Münster 1998, S. 55–65 (auch abgedruckt in: Christina Albertina, Forschungsbericht und Halbjahresschrift der Christian-Albrechts-Universität zu Kiel, Heft 47 (neue Folge), Oktober 1998, S. 5–17).

178. „Das Völkerrecht soll auf einen Föderalism freier Staaten gegründet sein" – Kant und die Entwicklung internationaler Organisation, in: K. Dicke/K.-M. Kodalle (Hrsg.), Republik und Weltbürgerrecht – Kantische Anregungen zur Theorie politischer Ordnung nach dem Ende des Ost-West-Konflikts, Weimar/Köln/Wien 1998, S. 181–213.
179. Effektivität des UN-Gewaltverbots – Bedarf es einer Modifikation der Reichweite des Art. 2 (4) UN-Charta?, Die Friedens-Warte 74 (1999), S. 139–158 (auch abgedruckt in: D. S. Lutz (Hrsg.), Der Kosovo-Krieg – Rechtliche und rechtsethische Aspekte, Baden-Baden 2000, S. 11–29).
180. In memoriam Abram Chayes (1922–2000), German Yearbook of International Law 42 (1999), S. 9–10.
181. Grundzüge und rechtliche Probleme einer internationalen Informationsordnung, in: Hans-Bredow-Institut für Medienforschung an der Universität Hamburg (Hrsg.), Internationales Handbuch für Hörfunk und Fernsehen 2000/01, Baden-Baden 2000, S. 15–20 (zusammen mit C. Tietje).
182. 50 Jahre Grundgesetz – 50 Jahre internationale Offenheit der Staatlichkeit, in: R. Alexy/J. Laux (Hrsg.), 50 Jahre Grundgesetz, Baden-Baden 2000, S. 65–86.
183. War, Effect on Treaties, in: R. Bernhardt (Hrsg.), Encyclopedia of Public International Law, Band IV, Amsterdam/London/New York u. a. 2000, S. 1367–1373.
184. An Opportunity Lost or an Opportunity Seized? Some Observations on the Case concerning Kasikili/Sedudu Island (Botswana/Namibia), in: H.-W. Arndt/F.-L. Knemeyer/D. Kugelmann/W. Meng/M. Schweitzer (Hrsg.), Völkerrecht und deutsches Recht – Festschrift für Walter Rudolf zum 70. Geburtstag, München 2001, S. 23–34.
185. Structural Changes in the International System and its Legal Order: International Law in the Era of Globalization, Schweizerische Zeitschrift für Internationales und Europäisches Recht 11 (2001), S. 1–36.
186. "Failed States" – Eine neue Aufgabe für den UN Treuhandrat?, in: J. Ipsen/ E. Schmidt-Jortzig (Hrsg.), Recht – Staat – Gemeinwohl – Festschrift für Dietrich Rauschning, Köln/Berlin/München 2001, S. 427–439.
187. The Fight Against Global Terrorism: Self-Defense or Collective Security as International Police Action? Some Comments on the International Legal Implications of the "War Against Terrorism", German Yearbook of International Law 44 (2001), S. 9–24.
188. Prospects for a „World (Internal) Law?": Legal Developments in a Changing International System, Indiana Journal of Global Legal Studies 9 (2002), S. 401–431
189. Article 24 UN Charter, in: B. Simma (Hrsg.), The Charter of the United Nations, A Commentary, Band 1, 2. Auflage, Oxford/New York 2002, S. 442–452.
190. Article 25 UN Charter, in: B. Simma (Hrsg.), The Charter of the United Nations, A Commentary, Band 1, 2. Auflage, Oxford/New York 2002, S. 452–464.
191. Schritte auf dem Weg zum Frieden: Anmerkungen aus völkerrechtlicher Sicht zu den jüngsten Verlautbarungen der EKD, Zeitschrift für Evangelische Ethik 2003, S. 167–180.
192. Perspektiven für ein „Weltinnenrecht"? Rechtsentwicklungen in einem sich wandelnden Internationalen System, in: J. Jickeli/P. Kreutz/D. Reuter (Hrsg.), Gedächtnisschrift für Jürgen Sonnenschein, Berlin 2003, S. 793–809.
193. Right v. Might – Great Power Leadership in the Organized International Community of States and the Rule of Law, in: J. A. Frowein/K. Scharioth/I. Winkelmann/ R. Wolfrum (Hrsg.), Verhandeln für den Frieden/Negotiating for Peace – Liber Amicorum Tono Eitel, Berlin/Heidelberg/New York u. a. 2003, S. 23–39.

194. Verfassungsrechtliche Grenzen der Forschungsfreiheit und medizinischer Behandlungsmethoden, in: M. Oehmichen/H.-J Kaatsch/H. Rosenau (Hrsg.), Praktische Ethik in der Medizin, Lübeck 2003, S. 53–63.
195. Exercising Public Authority Beyond the State: Transnational Democracy and/or Alternative Legitimation Strategies?, Indiana Journal of Global Legal Studies 10 (2003), S. 29–43.
196. Comments on chapters 13 and 14, in: M. Byers/G. Nolte (Hrsg.), United States Hegemony and the Foundations of International Law, Cambridge 2003, S. 416–417.
197. Transnational Federalism: Problems and Prospects of Allocating Public Authority Beyond the State, Indiana Journal of Global Legal Studies 11 (2004), S. 31–55.
198. Internationale Gerichtsbarkeit – Zur Geschichte ihrer Entstehung und der Haltung Deutschlands, in: A. Zimmermann (Hrsg.), Deutschland und die Internationale Gerichtsbarkeit, Berlin 2004, S. 13–28.
199. Safeguarding Internationally Protected Human Rights in National Emergencies: New Challenges in View of Global Terrorism, in: J. Bröhmer/R. Bieber/C. Calliess/ C. Langenfeld/S. Weber/J. Wolf (Hrsg.), Internationale Gemeinschaft und Menschenrechte – Festschrift für Georg Ress zum 70. Geburtstag am 21. Januar 2005, Köln/Berlin/München 2005, S. 35–46.

Autorenverzeichnis

Aman, Alfred C., Jr.; Roscoe C. O'Byrne Professor of Law, Indiana University, Bloomington; former Dean of the Indiana University School of Law, Bloomington

Benedek, Wolfgang; Prof. Mag. Dr., Leiter des Instituts für Völkerrecht und Internationale Beziehungen an der Juristischen Fakultät der Karl-Franzens-Universität Graz, Direktor des Europäischen Trainings- und Forschungszentrums für Menschenrechte und Demokratie in Graz

Bernhardt, Rudolf; Prof. Dr., Emeritus der Universität Heidelberg, ehemaliger Direktor des Max-Planck-Instituts für ausländisches öffentliches Recht und Völkerrecht, Heidelberg, ehemaliger Richter und Präsident des Europäischen Gerichtshofs für Menschenrechte in Straßburg

Beyerlin, Ulrich; Prof. Dr., Professor am Max-Planck-Institut für ausländisches öffentliches Recht und Völkerrecht, Heidelberg, und an der Juristischen Fakultät der Ruprecht-Karls-Universität Heidelberg

Binder, Christina; Dr., Assistentin am Institut für Europarecht, Internationales Recht und Rechtsvergleichung, Abteilung für Völkerrecht und Internationale Beziehungen, Universität Wien

Bothe, Michael; Prof. Dr., em. Professor für Öffentliches Recht, insbesondere Völker- und Europarecht an der Johann Wolfgang Goethe-Universität Frankfurt a. M.; Leiter der Forschungsgruppe „Internationale Organisation, demokratischer Friede und die Herrschaft des Rechts" an der Hessischen Stiftung Friedens- und Konfliktforschung

Bruha, Thomas; Prof. Dr. jur., Universität Hamburg, Direktor am Institut für Internationale Angelegenheiten und am Institut für Integrationsforschung des Europa-Kolleg Hamburg

Brun, Carmen L.; Editor-in-Chief, Indiana Journal of Global Legal Studies, Indiana University, Bloomington; Research Assistant; J.D. 2005, Indiana University School of Law, Bloomington

Caflisch, Lucius; Richter am Europäischen Gerichtshof für Menschenrechte, Straßburg; Professor am Genfer Hochschulinstitut; Mitglied des Institut de droit international

Campenhausen, Axel Frhr. von; Prof. Dr. iur. Dr. theol. h. c., Leiter des Kirchenrechtlichen Instituts der EKD in Göttingen, Honorarprofessor der Universität Göttingen

Dau-Schmidt, Kenneth G.; Willard and Margaret Carr Professor of Labor and Employment Law, Indiana University, Bloomington

Dicke, Klaus; Prof. Dr., Rektor der Friedrich-Schiller-Universität Jena, Professor für Politische Theorie und Ideengeschichte, Institut für Politikwissenschaft, Fakultät für Sozial- und Verhaltenswissenschaften der FSU

Doehring, Karl; Prof. Dr. iur. Dr. h. c. Dr. h. c., em. Ordinarius für Öffentliches Recht und Völkerrecht der Universität Heidelberg, em. Direktor am Max-Planck-Institut für ausländisches öffentliches Recht und Völkerrecht, Membre de l'Institut de droit international

Dworkin, Roger B.; Robert A. Lucas Professor of Law, Indiana University School of Law – Bloomington

Eitel, Tono; Dr., Honorarprofessor der Ruhr-Universität, Bochum, Botschafter a. D.; Auswärtiges Wissenschaftliches Mitglied des Max-Planck-Instituts für ausländisches öffentliches Recht und Völkerrecht, Heidelberg

Fiedler, Wilfried; Prof. Dr., Forschungsstelle Internationaler Kulturgüterschutz, Universität des Saarlandes, Rechts- und wirtschaftswissenschaftliche Fakultät, Saarbrücken

Forndran, Erhard; Prof. Dr., Geschäftsführender Direktor des Instituts für Politikwissenschaft und Ehrensenator der Otto-von-Guericke-Universität Magdeburg, Lehrstuhl für Internationale Beziehungen und Theorie der Politik, Fakultät für Geistes-, Sozial- und Erziehungswissenschaften der Otto-von-Guericke-Universität Magdeburg

Franck, Thomas M., Murry and Ida Becker Professor of Law Emeritus, New York University School of Law

Frowein, Jochen Abr.; Prof. Dr. Dres. h. c., em. Direktor des Max-Planck-Instituts für ausländisches öffentliches Recht und Völkerrecht, em. Professor für Staats- und Völkerrecht an der Universität Heidelberg

Götz, Volkmar; Prof. em., Dr., Institut für Völkerrecht, Abteilung Europarecht, Juristische Fakultät der Georg-August-Universität Göttingen

Graue, Eugen Dietrich; Prof. (em.) Dr. Dr. LL.M., ehemals Lehrstuhl für Bürgerliches Recht, IPR, Rechtsvergleichung, Rechtsphilosophie, Rechtswissenschaftliche Fakultät der Christian-Albrechts-Universität Kiel

Hafner, Gerhard; Univ. Prof. Dr., Vorstand des Instituts für Europarecht, Internationales Recht und Rechtsvergleichung, Universität Wien, Membre associé de l'Institut de Droit International

Hailbronner, Kay; Prof. Dr., Direktor des Forschungszentrums für internationales und europäisches Ausländer- und Asylrecht, Lehrstuhl für Öffentliches Recht, Völker- und Europarecht, Fachbereich Rechtswissenschaft der Universität Konstanz

Hobe, Stephan; Prof. Dr., Lehrstuhl für Völkerrecht, Europarecht, europäisches und internationales Wirtschaftsrecht; Direktor des Instituts für Luft- und Weltraumrecht; Direktor am Rechtszentrum für europäische und internationale Zusammenarbeit, Rechtswissenschaftliche Fakultät der Universität zu Köln

Hofmann, Rainer; Prof. Dr. Dr., Co-Direktor des Wilhelm-Merton-Zentrums, Institut für Europäische Integration und Internationale Wirtschaftsordnung, Lehrstuhl für Öffentliches Recht mit einem Schwerpunkt im Völkerrecht, Institut für Öffentliches Recht, Fachbereich Rechtswissenschaft der Johann-Wolfgang-Goethe-Universität Frankfurt am Main

Ipsen, Knut; Prof. (em.) Dr. Dr. h. c. mult. LLD h. c., Juristische Fakultät der Ruhr-Universität Bochum

Klein, Eckart; Prof. Dr., Lehrstuhl für Staatsrecht, Völkerrecht und Europarecht und Direktor des Menschenrechtszentrums der Universität Potsdam; Richter am Staatsgerichtshof der Freien Hansestadt Bremen

König, Doris; Prof. Dr., Bucerius Law School, Hamburg, Hochschule für Rechtswissenschaft

MacLaren, Malcolm; M.A., LL.M., Research Fellow, Institute for Public International Law and Comparative Constitutional Law, University of Zürich

Magiera, Siegfried; Prof. Dr., M.A. (Political Science), Lehrstuhl für öffentliches Recht, insbes. Völker- und Europarecht/Jean-Monnet-Lehrstuhl für Europarecht an der Deutschen Hochschule für Verwaltungswissenschaften Speyer

Matscher, Franz; em. Univ.-Prof., DDr. Dr. h. c., Universität Salzburg

Morrison, Fred L.; Popham Haik Schnobrich/Lindquist and Vennum Professor of Law University of Minnesota Law School

Neuhold, Hanspeter; Prof. Dr., Professor für Völkerrecht und Internationale Beziehungen, Universität Wien

Nolte, Georg; Prof. Dr., Inhaber des Lehrstuhls für Öffentliches Recht, Völkerrecht und Europarecht an der Juristischen Fakultät der Ludwig-Maximilians-Universität München

Oellers-Frahm, Karin; Dr. iur., Wissenschaftliche Referentin am Max-Planck-Institut für ausländisches öffentliches Recht und Völkerrecht

Oppermann, Thomas; emer. o. Prof. Dr. iur. Dres h. c., Juristische Fakultät der Eberhard-Karls-Universität Tübingen

Peters, Anne; Prof. Dr. iur., LL.M. (Harvard), Ordinaria für Völker- und Staatsrecht, Universität Basel

Rauschning, Dietrich; Professor Dr. Dr. h. c., em. o. Professor an der Universität Göttingen, ehemaliger Richter an der Human Rights Chamber for Bosnia and Herzegovina, Leitender Koordinator der Eurofakultät – Rechtswissenschaft – an der Staatlichen Universität Kaliningrad

Rendtorff, Trutz; Prof. Dr. theol. Dr. theol. h. c. (Leipzig) et Dr. jur. h. c. (Kiel), Professor em. für Systematische Theologie mit Schwerpunkt Ethik an der Ludwig-Maximilians-Universität München

Riedel, Eibe; Prof. Dr., Inhaber des Lehrstuhls für Deutsches und Ausländisches Öffentliches Recht, Völkerrecht und Europarecht, Fakultät für Rechtswissenschaft und Volkswirtschaftslehre der Universität Mannheim

Rudolf, Walter; em. Prof., Dr., Universität Mainz, Landesbeauftragter für den Datenschutz, Mitglied des Ständigen Schiedsgerichtshofs, Membre de l'Institut de Droit International

Schmidt-Jortzig, Edzard; Prof. Dr., Bundesminister a. D., Lehrstuhl für Öffentliches Recht, Christian-Albrechts-Universität zu Kiel

Schreuer, Christoph; Dr., Professor am Institut für Europarecht, Internationales Recht und Rechtsvergleichung, Abteilung für Völkerrecht und Internationale Beziehungen, Universität Wien

Senghaas, Dieter; Prof. Dr. Dr. h. c., Professor für internationale Politik und internationale Gesellschaft, insbesondere Friedens-, Konflikt- und Entwicklungsforschung am Institut für Interkulturelle und Internationale Studien an der Universität Bremen

Senghaas-Knobloch, Eva; Prof. Dr., Forschungszentrum Nachhaltigkeit (artec), Universität Bremen; Schwerpunkt: Arbeitswissenschaft unter besonderer Berücksichtigung von Humanisierungsforschung und internationaler Regelwerke

Siehr, Kurt; Prof. Dr., em. Ordinarius für Privatrecht, Internationales Privatrecht und Rechtsvergleichung, Universität Zürich; freier Mitarbeiter des Max-Planck-Instituts für ausländisches und internationales Privatrecht, Hamburg

Starck, Christian; Prof. Dr. iur. utr., em. Professor des öffentlichen Rechts an der Universität Göttingen, ord. Mitglied der Akademie der Wissenschaften zu Göttingen, Richter des Niedersächsischen Staatsgerichtshofs

Stein, Torsten; Prof. Dr., Direktor des Europa-Instituts, Lehrstuhl für Europarecht, Europäisches Öffentliches Recht und Völkerrecht, Rechts- und Wirtschaftswissenschaftliche Fakultät der Universität des Saarlandes

Stoll, Peter-Tobias; Prof. Dr., Institut für Völkerrecht, Abteilung für Internationales Wirtschaftsrecht, Juristische Fakultät der Georg-August-Universität Göttingen

Tams, Christian J.; Dr. jur., LL.M. (Cambridge), Christian-Albrechts-Universität Kiel, Habilitand am Walther-Schücking-Institut für Internationales Recht

Thürer, Daniel; Prof. Dr. iur., Dr. rer. publ. h. c.; Director of the Institute for Public International Law and Comparative Constitutional Law as well as of the Europa Institute at the University of Zürich; Member of the International Committee of the Red Cross, of the Permanent Court of Arbitration in the Hague, of the European Commission against Racism and Intolerance; Deputy Chairman of the German Society of International Law; Member of the Executive Committee of the International Commission of Jurists

Tietje, Christian; Prof. Dr., LL.M (Michigan) Direktor des Instituts für Wirtschaftsrecht, Leiter der Forschungsstelle für Transnationales Wirtschaftsrecht, Lehrstuhl für Öffentliches Recht, Europarecht und Internationales Wirtschaftsrecht, Juristische Fakultät der Martin-Luther-Universität Halle-Wittenberg

Tomuschat, Christian; Professor Dr. Dr. h. c., Humboldt-Universität zu Berlin, Institut für Völker- und Europarecht, Mitglied des Institut de droit international

Vagts, Detlev F.; Prof., Bemis Professor of Law, Harvard Law School

Graf Vitzthum, Wolfgang; Prof. Dr. Dr. h. c., LL.M. (Columbia), Direktor des Seminars für Völker- und Europarecht, Lehrstuhl für Öffentliches Recht einschließlich Völkerrecht, Juristische Fakultät der Eberhard Karls Universität Tübingen

Wolfrum, Rüdiger; Prof. Dr. Dr. h. c., Richter am Internationalen Seegerichtshof, Direktor am Max-Planck-Institut für ausländisches öffentliches Recht und Völkerrecht, Heidelberg

Zellentin, Gerda; (em.) Prof. Dr. disc. pol., Lehrstuhl für Politikwissenschaft, Bergische Universität, Wuppertal

Zemanek, Karl; em. Univ.-Prof., Dr., Institut für Europarecht, Internationales Recht und Rechtsvergleichung, Abteilung für Völkerrecht und Internationale Beziehungen, Universität Wien

Zimmermann, Andreas; Prof. Dr., LL.M. (Harvard), Direktor des Walther-Schücking-Instituts für Internationales Recht der Universität Kiel, Lehrstuhl für Öffentliches Recht mit Schwerpunkt Völker- und Europarecht, Juristische Fakultät der Christian-Albrechts-Universität zu Kiel

Publikationen von Jost Delbrück bei Duncker & Humblot

Jost Delbrück: **Die Konstitution des Friedens als Rechtsordnung.** Zum Verständnis rechtlicher und politischer Bedingungen der Friedenssicherung im internationalen System der Gegenwart. Hrsg. von Klaus Dicke, Stephan Hobe, Karl-Ulrich Meyn, Eibe Riedel und Hans-Joachim Schütz
Schriften zum Völkerrecht, Band 121
348 S. 1996 ⟨3-428-08586-8⟩ € 46,– / sFr 81,–

Recht im Dienst des Friedens. Festschrift für Eberhard Menzel zum 65. Geburtstag am 21. Januar 1976. Hrsg. von Jost Delbrück, Knut Ipsen und Dietrich Rauschning
Frontispiz; XI, 660 S. 1975 ⟨3-428-03540-2⟩ Lw. € 80,– / sFr 138,–

Völkerrecht und Kriegsverhütung. Zur Entwicklung des Völkerrechts als Recht friedenssichernden Wandels. Referate, Berichte und Diskussionen eines Symposiums, veranstaltet vom Institut für Internationales Recht an der Universität Kiel vom 22. – 24. 11. 1978. Hrsg. von Jost Delbrück
306 S. 1979 (VIIR 82) ⟨3-428-04551-3⟩ € 44,– / sFr 78,–

Das neue Seerecht. Internationale und nationale Perspektiven. Referate und Diskussionen eines Symposiums veranstaltet vom Institut für Internationales Recht an der Universität Kiel vom 1. – 4. 12. 1982. Hrsg. von Jost Delbrück
258 S. 1984 (VIIR 89) ⟨3-428-05596-9⟩ € 46,– / sFr 81,–

The Future of International Law Enforcement. New Scenarios – New Law? Proceedings of an International Symposium of the Kiel Institute of International Law, March 25 to 27, 1992. Ed. by Jost Delbrück / Ursula E. Heinz (Ass. Ed.)
188 S. 1993 (VIIR 115) ⟨3-428-07643-5⟩ € 36,– / sFr 64,–

Allocation of Law Enforcement Authority in the International System. Proceedings of an International Symposium of the Kiel Institute of International Law, March 23 to 25, 1994. Ed. by Jost Delbrück / Ursula E. Heinz (Ass.Ed.)
197 S. 1995 (VIIR 117) ⟨3-428-08335-0⟩ € 40,– / sFr 71,–

New Trends in International Lawmaking – International 'Legislation' in the Public Interest. Proceedings of an International Symposium of the Kiel Walther-Schücking-Institute of International Law, March 6 to 8, 1996. Ed. by Jost Delbrück / Ursula E. Heinz (Ass. Ed.)
230 S. 1997 (VIIR 121) ⟨3-428-09140-X⟩ € 52,– / sFr 90,–

International Law of Cooperation and State Sovereignty. Proceedings of an International Symposium of the Kiel Walther-Schücking-Institute of International Law, May 23 – 26, 2001. Ed. by Jost Delbrück / Ursula E. Heinz (Ass.Ed.)
219 S. 2002 (VIIR 139)⟨3-428-10836-1⟩ € 52,– / sFr 90,–

Duncker & Humblot · Berlin

Internet: http://www.duncker-humblot.de

VERÖFFENTLICHUNGEN DES WALTHER-SCHÜCKING-INSTITUTS FÜR INTERNATIONALES RECHT AN DER UNIVERSITÄT KIEL

Herausgegeben von Jost Delbrück, Rainer Hofmann, Andreas Zimmermann

141 Markus Eichhorst: **Rechtsprobleme der United Nations Compensation Commission.** 255 S. 2002 ⟨3-428-10595-8⟩ € 52,– / sFr 88,–

142 Dominik Ziegenhahn: **Der Schutz der Menschenrechte bei der grenzüberschreitenden Zusammenarbeit in Strafsachen.** 587 S. 2002 ⟨3-428-10905-8⟩ € 82,– / sFr 138,–

143 Eibe Riedel: **Die Universalität der Menschenrechte.** Philosophische Grundlagen – Nationale Gewährleistungen – Internationale Garantien. Hrsg. von Christian Koenig / Ralph Alexander Lorz. Frontispiz; 404 S. 2003 ⟨3-428-10746-2⟩ € 72,– / sFr 122,–

144 Andreas Zimmermann (Ed.) / Ursula E. Heinz (Ass. Ed.): **International Criminal Law and the Current Development of Public International Law.** Proceedings of an International Symposium of the Kiel Walther Schücking Institute of International Law May 30 – June 2, 2002. 254 S. 2003 ⟨3-428-11091-9⟩ € 58,– / sFr 98,–

145 Philipp A. Zygojannis: **Die Staatengemeinschaft und das Kosovo.** Humanitäre Intervention und internationale Übergangsverwaltung unter Berücksichtigung einer Verpflichtung des Intervenienten zur Nachsorge. 279 S. 2003 ⟨3-428-11113-3⟩ € 65,80 / sFr 111,–

146 Frank Riemann: **Die Transparenz der Europäischen Union.** Das neue Recht auf Zugang zu Dokumenten von Parlament, Rat und Kommission. 331 S. 2004 ⟨3-428-11284-9⟩ € 74,80 / sFr 126,–

147 Jasper Finke: **Die Parallelität internationaler Streitbeilegungsmechanismen.** Untersuchung der aus der Stärkung der internationalen Gerichtsbarkeit resultierenden Konflikte. 399 S. 2004 ⟨3-428-11400-0⟩ € 89,80 / sFr 152,–

148 Katharina Penev: **Minderheitenrechte der Araber in Israel.** Völker- und staatsrechtliche Perspektiven. 277 S. 2004 ⟨3-428-11475-2⟩ € 68,– / sFr 115,–

149 Andreas Zimmermann (Hrsg.), unter Mitwirkung von Ursula E. Heinz: **Deutschland und die internationale Gerichtsbarkeit.** Vortragsreihe am Walther-Schücking-Institut für Internationales Recht an der Universität Kiel im Wintersemester 2002/03 und Sommersemester 2003. 119 S. 2004 ⟨3-428-11706-9⟩ € 54,– / sFr 91,–

150 Alexander Schultz: **Das Verhältnis von Gemeinschaftsgrundrechten und Grundfreiheiten des EGV.** 201 S. 2005 ⟨3-428-11510-4⟩ € 69,80 / sFr 118,–

151 Ellen Schulte: **Individualrechtsschutz gegen Normen im Gemeinschaftsrecht.** 240 S. 2005 ⟨3-428-11715-8⟩ € 65,80 / sFr 111,–

152 Robin Geiß: **„Failed States".** Die normative Erfassung gescheiterter Staaten. 345 S. 2005 ⟨3-428-11615-1⟩ € 82,– / sFr 138,–

153 Judith Wieczorek: **Unrechtmäßige Kombattanten und humanitäres Völkerrecht.** 397 S. 2005 ⟨3-428-11770-0⟩ € 89,80 / sFr 152,–

154 Rainer Hofmann, Andreas Zimmermann (Hrsg.) unter Mitwirkung von Ursula E. Heinz: **Eine Verfassung für Europa.** Die Rechtsordnung der Europäischen Union unter dem Verfassungsvertrag. Vortragsreihe am Walther-Schücking-Institut für Internationales Recht an der Universität Kiel im Wintersemester 2003/04 und Sommersemester 2004. 223 S. 2005 ⟨3-428-11952-5⟩ € 64,– / sFr 108,–

Duncker & Humblot · Berlin

German Yearbook of International Law

Jahrbuch für Internationales Recht

Volume 47 · 2004

Founders: **Rudolf Laun · Hermann von Mangoldt**

Editors: **Jost Delbrück, Rainer Hofmann, Andreas Zimmermann**
Assistant Editors: **Björn Elberling, Nilmini Silva-Send**

Walther-Schücking-Institut für Internationales Recht
an der Universität Kiel

1004 pp. 2005 ⟨3-428-11853-7⟩ Geb. € 138,– / sFr 233,–

Contents: Forum: *Rainer Hofmann:* The German Federal Constitutional Court and Public International Law: New Decisions, New Approaches? — *Petros C. Mavroidis:* Cosi Fan Tutti [sic] – Tales of Trade and Development, Development and Trade — **Focus Section: Africa and International Law:** *Mohammed Bedjaoui:* La contribution en demi-teinte de l'Afrique au développement du droit international — *Bahame Tom Mukirya Nyanduga:* Refugee Protection under the 1969 OAU Convention Governing the Specific Aspects of Refugee Problems in Africa — *Jean-Francois Durieux* and *Agnès Hurwitz:* How Many Is Too Many? African and European Legal Responses to Mass Influxes of Refugees — *Hennie Strydom:* South Africa and International Law – From Confrontation to Cooperation — *Natalie Klein:* State Responsibility for International Humanitarian Law Violations and the Work of the Eritrea Ethiopia Claims Commission So Far — *Mariano J. Aznar-Gómez* and *Juan M. Ortega Terol:* Spain and Its Former African Territories: A General Survey of Current Cooperation — **General Articles:** *Knut Dörmann* and *Laurent Colassis:* International Humanitarian Law in the Iraq Conflict — *Andrea Bianchi:* Dismantling the Wall: The ICJ's Advisory Opinion and Its Likely Impact on International Law — *David Kretzmer:* The Supreme Court of Israel: Judicial Review during Armed Conflict — *Robin Geiss:* Failed States – Legal Aspects and Security Implications — *Nicki Boldt:* Outsourcing War – Private Military Companies and International Humanitarian Law — *Angelika Siehr:* Derogation Measures under Article 4 ICCPR, with Special Consideration of the 'War Against International Terrorism' — *Anja Klug:* Harmonization of Asylum in the European Union – Emergence of an EU Refugee System? — *Birte Siemen:* The EU-US Agreement on Passenger Name Records and EC-Law: Data Protection, Competences and Human Rights Issues in International Agreements of the Community — *Ronald Steiling* and *Alexander Schultz:* Changes and Challenges to the EU Judicial System after the Constitutional Treaty – An Overview — *Tilmann Laubner:* Relieving the Court of Its Success? – Protocol No. 14 to the European Convention on Human Rights — **Reports** — **Book Reviews** — **Books Received** — **List of Contributors**

Duncker & Humblot · Berlin